ISBN 978-0-266-34947-1
PIBN 11018418

English
Français
Deutsche
Italiano
Español
Português

www.forgottenbooks.com

Mythology Photography **Fiction**
Fishing Christianity **Art** Cooking
Essays Buddhism Freemasonry
Medicine **Biology** Music **Ancient**
Egypt Evolution Carpentry Physics
Dance Geology **Mathematics** Fitness
Shakespeare **Folklore** Yoga Marketing
Confidence Immortality Biographies
Poetry **Psychology** Witchcraft
Electronics Chemistry History **Law**
Accounting **Philosophy** Anthropology
Alchemy Drama Quantum Mechanics
Atheism Sexual Health **Ancient History**
Entrepreneurship Languages Sport
Paleontology Needlework Islam
Metaphysics Investment Archaeology
Parenting Statistics Criminology
Motivational

JOURNAL

DES

TRIBUNAUX

REVUE DE JURISPRUDENCE

JOURNAL

DES

TRIBUNAUX

REVUE DE JURISPRUDENCE

37me année. — 1889.

LAUSANNE
Imprimerie CORBAZ & Comp.
—
1889

Para

Redac
Admi
Abon

Ano

JOURNAL DES TRIBUNAUX

REVUE DE JURISPRUDENCE

Paraissant à Lausanne une fois par semaine, le Samedi.

Rédaction : M. CHARLES SOLDAN, conseiller d'Etat, à Lausanne.
Administration : M. L. ROSSET, greffier du Tribunal cantonal, à Lausanne.
Abonnements : 12 fr. par an ; 7 fr. pour six mois. Pour l'étranger, le port en sus. On s'abonne à l'imprimerie CORBAZ & Cie, chez l'administrateur, M. ROSSET, et aux bureaux de poste.
Annonces : 20 c. la ligne ou son espace. S'adresser à l'imprimerie CORBAZ & Cie.

Questions de droit civil fédéral.

IV.

Des gérants dans la société en nom collectif et de leurs pouvoirs (CO., art. 560 à 563 incl.).

Les sociétés sont des abstractions ; elles ne peuvent donc agir par elles-mêmes. Leur volonté se manifeste et leurs actes sont accomplis par des représentants qui, dans la société en nom collectif, ont reçu le nom de *gérants*. En règle générale, les statuts désigneront la ou les personnes auxquelles la gestion sera confiée. Mais si le droit de gérer n'a pas été abandonné à chacun des associés séparément, il sera nécessaire que le registre du commerce en fasse mention, pour qu'une semblable clause devienne opposable aux tiers. C'est ce qui découle déjà de l'article 553, chiffre 4 ; c'est ce qu'exprime, en propres termes,

l'art. 560 [1] : *Si le registre du commerce ne contient aucune men-*
tion contraire relativement aux pouvoirs des associés, les tiers
sont fondés à admettre que chaque associé a le droit d'agir au
nom de la société. Il est, en conséquence, de principe que tous
les associés sont gérants et peuvent, séparément (cfr. art. 561),
représenter la société. Pour que ce droit soit valablement restreint, qu'il ne puisse être exercé, à l'égard des tiers tout au
moins, que par certains associés, séparément ou collectivement,
ou collectivement par tous les associés, il faut une inscription
correspondante sur le registre du commerce.

Il se peut aussi que le mandat de gérer soit retiré à l'un des
associés ; ce retrait doit de nouveau être inscrit pour être opposable aux tiers (cfr. art. 861, 863) et ne peut, au surplus, être
provoqué — s'il n'y a pas consentement — qu'en application de
l'art. 539 (cfr. art. 555, al. 2).

MM. Schneider et Fick se sont demandé quel était le sens des
mots suivants de l'art. 560 : « les tiers sont *fondés* à admettre »,
etc. Les tiers sont-ils obligés d'admettre que, faute d'inscription
du contraire sur le registre, chaque associé a un droit absolu de
représentation ? Ou bien peuvent-ils exiger que, même en l'absence d'une pareille inscription, il apporte la preuve qu'il est
autorisé à représenter la société ? MM. Schneider et Fick répondent affirmativement à cette dernière question. Nous ne croyons
pas qu'un associé ait à se légitimer comme représentant de la
société, puisqu'il est au bénéfice de la présomption légale de
l'art. 560. Et puis, les tiers pourront toujours se refuser à contracter, s'ils ont des doutes sur les pouvoirs de l'associé qui s'a-
dresse à eux. Et puis, s'il y a litige et qu'un associé intervienne
au nom de la société, ce sera vraisemblablement à la partie adverse à se renseigner et à effectuer, le cas échéant, la preuve du
défaut de légitimation, puisque, *de lege*, chaque associé est un
représentant de la société [2] ; il suffira, en résumé, que l'associé
justifie de sa qualité de membre de la société en nom collectif.

La gestion sera toujours confiée soit à un, soit à plusieurs,

----

[1] C. civ. fr., 1859, chiffre 1 ; C. comm. all., 115 ; C. zur., 1266, 1275. *Ha-*
berstich, II, 387 ; *Jacottet*, 318 ; *Schneider et Fick*, 434 ; *Hafner*, 169 ; *Revue*
de jur. féd., IV, 189.

[2] Si l'associé est un incapable (mineur, interdit, etc.), sa capacité d'agir
au nom de la société se règle d'après les art. 29 et suiv. CO.

soit à tous les associés ; lorsque les associés seront peu nombreux, ils exerceront d'habitude tous, soit séparément, soit collectivement, les pouvoirs de gérants. Nous venons de voir, en traitant de l'art. 560, qu'en principe, tous les associés sont fondés à agir au nom de la société et à l'obliger, à moins que le registre du commerce ne contienne une mention contraire. Il semblerait, à lire l'art. 560, que l'existence sur le registre et la publication d'une inscription en vertu de laquelle tous les associés ne seraient pas autorisés à représenter la société, il semblerait qu'une inscription de cette nature dût suffire pour être opposable aux tiers. Ainsi A. et B. forment une société en nom collectif; les statuts confèrent la gestion exclusivement à B. ; cette circonstance est inscrite au registre et publiée; A. traite pour le compte de la société avec un tiers qui ignore son défaut de qualité; A. n'oblige pas la société, quand bien même le tiers serait de bonne foi, n'aurait pas connu l'inscription qui attribuait à B. le droit exclusif de représenter la société. Voilà, paraît-il tout d'abord, le sens de l'art. 560, et l'on comprendrait malaisément une interprétation différente. Mais l'art. 561 [1] n'est-il pas en contradiction flagrante avec le précédent [2] ?

Chaque associé, dit-il, *autorisé à représenter la société, a le droit de faire au nom de celle-ci tous les actes juridiques et toutes les affaires que comporte le but de la société. Toute clause qui limiterait ses pouvoirs est nulle et de nul effet à l'égard des tiers de bonne foi. Est excepté le cas où, d'après l'inscription faite sur le registre du commerce, la société ne peut être engagée que par la signature collective de plusieurs [3] des associés.* A rapprocher les art. 560 et 561, on croirait se trouver en présence d'un véritable rébus juridique. D'une part (art. 560), c'est l'inscription au registre qui rend les dispositions particulières sur le droit de représentation opposables aux *tiers*, qu'ils soient de

---

[1] C. comm. fr., 22; C. comm. all., 114, al. 1, 116; C. zur., 1278. *Haberstich*, II, 387; *Jacottet*, 318; *Schneider et Fick*, 435; *Hafner*, 169; *Journal des Tribunaux*, XXX (1882), 67; *Revue de jur. féd.*, IV, 189 et suiv. (Cet arrêt ne résout pas la question du conflit entre les art. 560 et 561, mais il est en opposition évidente avec la décision du Bureau fédéral du registre du commerce que nous reproduisons en substance ci-après, p. 5, note 2.)

[2] M. Haberstich signale cette « disharmonie » et cherche aussi à l'expliquer, mais sans y parvenir, si nous l'avons bien compris.

[3] Ou de tous les associés, naturellement.

bonne ou de mauvaise foi ; d'autre part (art. 561), sauf le cas où le registre du commerce porte que la signature collective est nécessaire, ces mêmes dispositions particulières, inscrites et publiées ou non, ne sont pas opposables aux *tiers de bonne foi*. Si nous ne faisons erreur, ces textes ne se contredisent pas autant que leur rédaction, évidemment défectueuse, pourrait le faire supposer. Voici, selon nous, comment il convient de les entendre :

L'art. 560 nous apprend *par qui* la société est représentée ; l'art. 561 nous indique la *somme des pouvoirs* appartenant à ceux qui ont qualité pour la représenter. L'art. 560 dit, pour nous exprimer plus clairement encore : A défaut d'inscription du contraire au registre du commerce, chaque associé est autorisé à agir séparément au nom de la société ; s'il y a inscription du contraire, elle est opposable à tous les tiers, en ce qui concerne les personnes qualifiées pour remplir les fonctions de gérants. L'art. 561 ajoute : Les personnes qui, dans les limites posées par l'art. 560 (« chaque associé autorisé — de par la loi ou de par une clause inscrite des statuts — à représenter la société », etc.), ont le droit de représentation, peuvent faire au nom de la société tous les actes que comporte le but social ; leurs pouvoirs de faire valablement tous ces actes à l'égard des tiers de bonne foi (seulement) ne peuvent être valablement restreints, soit par une clause des statuts, inscrite ou non, soit par une inscription au registre du commerce (par exemple, que tel associé-gérant n'aurait pas qualité de souscrire des engagements de change, ou d'acheter des immeubles, ou d'en aliéner) ; ou, du moins, ils ne peuvent l'être que dans une hypothèse, lorsque le registre du commerce mentionnera que certains ou tous les actes à accomplir au nom de la société n'engageront cette dernière que par la signature collective de tous les associés-gérants. En résumé, l'art. 560 se réfère à la *désignation* des gérants ; l'art. 561 a trait à *l'étendue de leurs pouvoirs*. Cette explication se justifie encore par la comparaison des dits articles avec les articles du Code de commerce allemand auxquels ils ont été empruntés (115, d'un côté, 114, al. 1, et 116, de l'autre). L'art. 116, qui correspond à notre art. 561, al. 2, parle d'une *Beschränkung des Umfanges der Befugniss*, soit de restrictions apportées à l'étendue des pouvoirs, alors que notre loi emploie l'expression amphibologique de : *Vertretungsbefugniss* (faculté de représenter), qui signifie aussi bien la qualité de représentant que l'étendue du droit de représentation.

Nous revenons à l'art. 561. Chaque associé autorisé à représenter la société peut faire en son nom toutes les affaires qui rentrent dans la poursuite du but social. S'il n'est pas autorisé à la représenter ou si le droit qui lui avait été conféré à cet effet lui a été enlevé et que cette circonstance ait été inscrite au registre du commerce et publiée, il est incapable d'engager la société, ensorte que les tiers, même de bonne foi, qui contractent avec lui n'ont à s'en tenir qu'à lui personnellement et non point à la société. Mais un associé autorisé à représenter — à moins encore que le registre du commerce ne mentionne que, pour tels actes ou pour tous les actes, la société n'est liée que par la signature collective de plusieurs ou de tous les associés [1], — un associé autorisé à représenter la société peut acquérir, aliéner, ester en justice, s'obliger en général au nom de la société, sans le concours de ses coassociés. Ses pouvoirs, l'exception entre parenthèses réservée, sont absolus, et toute clause qui les limiterait n'est pas opposable aux tiers de bonne foi, c'est-à-dire aux tiers qui n'en ont pas eu connaissance. Les tiers de mauvaise foi, par contre, ceux qui n'ignorent pas telle ou telle restriction apportée aux pouvoirs d'un associé-gérant, soit parce qu'ils l'ont trouvée mentionnée sur le registre du commerce, soit parce qu'ils ont eu sous les yeux les statuts qui la consacrent, ne peuvent se prévaloir de ce que l'art. 561, al. 1, permet à l'associé-gérant de faire au nom de la société toutes les affaires que comporte le but social [2].

---

[1] La clause de signature collective, inscrite au registre, est opposable même aux tiers qui en ignoraient l'existence.

[2] Des restrictions autres que celles du 3º alinéa de l'art. 561 peuvent-elles être inscrites au registre ? Le *Bureau fédéral du registre du commerce* estime que *non*, pour les motifs suivants : « De même que pour le fondé de procuration (art. 423), l'étendue des pouvoirs de l'associé d'une société en nom collectif, autorisé à représenter la société, est légalement déterminée (art. 561) ; il en est autrement pour les autres pouvoirs conférés (art. 426) et pour les attributions des membres des sociétés simples (543, al. 3) dont la nature et l'étendue découlent du contrat intervenu entre le représentant et le représenté... L'étendue des pouvoirs déterminés par l'art. 561 pour les associés autorisés à représenter une société en nom collectif ne peut être modifiée par des dispositions particulières ; dans le cas contraire, cette institution perdrait la majeure partie de sa

Une question encore : Que doit-on entendre par « tous les
actes juridiques et toutes les affaires que comporte le but de la
société » ? Les circonstances de fait sont décisives, car le but
social varie avec chaque société. Il conviendra de ne point soumettre cet art. 561, al. 1 à une interprétation restrictive, et la
société ne pourra prétendre qu'un gérant n'a pas agi dans les
limites posées ci-dessus que si les tiers avec lesquels il a contracté ont été de mauvaise foi, c'est-à-dire s'ils ont su ou dû savoir que l'affaire conclue ne rentrait pas dans le cadre des opérations sociales. En thèse générale, les associés-gérants seront
autorisés à vendre et à acheter des marchandises, à faire des

valeur, qui consiste précisément dans le fait que le public n'a pas à apprécier, dans chaque cas spécial, si un associé en nom collectif dûment
autorisé à représenter la société peut contracter valablement ou si l'é-
tendue de ses pouvoirs s'y oppose. Aussi l'inscription de telles limitations
de pouvoirs n'est-elle tolérée dans aucun des pays chez lesquels l'institution du registre du commerce a été introduite. » On fait remarquer, en
outre, que, dans les quatre projets de Code fédéral, et jusqu'à la rédaction définitive, le texte de l'art. 561, al. 2, portait le mot : *tiers*, au lieu
de : *tiers de bonne foi*, mais que cette substitution d'une expression à une
autre, ayant sans doute eu lieu par une commission de rédaction, n'a pas
la valeur qu'on pourrait lui attribuer. Voir, sur cette question, *Journal
des Tribunaux*, XXXIV (1886), 385 et suiv., et *Revue de jur. féd.*, IV, 189
et suiv. — L'opinion du Bureau fédéral du registre du commerce nous
paraît sujette à caution, bien qu'elle soit appuyée de deux préavis, l'un
émanant du Département de justice, l'autre de M. le professeur Dr Paul
Speiser. Les mots « tiers de bonne foi » signifient, selon nous, — car on
ne peut les assimiler au mot « tiers » tout court et l'on doit toujours admettre que les mots ont un sens, même et surtout pour le législateur, —
qu'une restriction, même mentionnée sur le registre et, par conséquent,
susceptible d'y être inscrite, n'est pas opposable aux tiers dont parle
l'art. 561, al. 2. Du reste, l'office du registre du commerce a-t-il le droit
de refuser des inscriptions qui lui sont demandées et qui n'ont rien de
contraire à la loi ? Enfin, est-il impossible, en application de l'art. 561,
al. 3, de déterminer valablement à l'égard des tiers, par une inscription
au registre du commerce, que la signature collective des gérants est indispensable pour certaines opérations, pour s'obliger, par exemple, au-
delà d'une certaine somme au nom de la société, ou pour acquérir des
immeubles ? De quel droit le Bureau fédéral du registre du commerce
refuserait-il une semblable inscription ? MM. *Haberstich* et *Jacottet* partagent, croyons-nous, notre manière de voir ; sans s'expliquer catégoriquement, ils paraissent admettre néanmoins que des restrictions aux pouvoirs des gérants ne sauraient être refusées à l'inscription.

baux, à contracter des emprunts, à recevoir des capitaux, à en donner quittance, à intenter des procès, à y résister, à poursuivre les débiteurs de la société, à vendre et acquérir des immeubles, à les grever de services fonciers ou d'hypothèques, etc., pour autant que le but social le comportera.

La loi restreint cependant les pouvoirs des associés-gérants dans le cas de l'art. 562[1], que nous pouvons rattacher à la présente notice : *La nomination d'un fondé de procuration exige le consentement de* TOUS *les associés-gérants. Mais chacun d'eux peut révoquer valablement, par rapport aux tiers, la procuration donnée.* Il s'agit, en l'espèce, du fondé de procuration, du « procuriste » de l'art. 422 (cfr. 424), c'est-à-dire d'un mandataire investi des droits les plus étendus ; quant aux pouvoirs plus restreints d'un mandataire commercial, d'un voyageur de commerce ou de tout autre mandataire, ils peuvent être valablement constitués par un seul des gérants.

Le consentement de *tous* les associés-gérants pour la nomination d'un fondé de procuration peut être exprès ou tacite, à la seule condition qu'il émane de tous ceux qui ont qualité de le donner. Mais M. Hafner pense, avec raison, que, par une disposition des statuts, chacun des gérants peut obtenir la faculté de nommer de son chef un « procuriste ». Au contraire, les statuts ne pourraient enlever, même si une inscription à cet effet avait eu lieu au registre du commerce, le droit conféré à chaque gérant de révoquer valablement et en tout temps à l'égard des tiers la procuration délivrée, car les intérêts et la responsabilité de chacun d'entre eux sont trop fortement engagés pour qu'une clause du contrat puisse les contraindre à souffrir un fondé de procuration qui agirait en opposition avec l'avantage le plus évident de la société ou qui ne serait qu'un rouage inutile dans l'association. Toutefois, pour que cette révocation lie les tiers de bonne foi, il est indispensable qu'elle soit inscrite au registre (cfr. art. 425, al. 2). Le Code de commerce allemand (art. 118) porte que les effets de la nomination comme de la révocation se produisent à l'égard des tiers, quand bien même l'un ou l'autre de ces faits n'émanerait que d'un seul associé-gérant.

Les associés qui n'ont pas la gestion ne peuvent ni nommer

---

[1] C. comm. all., 118. *Haberstich*, II, 389 ; *Jacottet*, 319 ; *Schneider et Fick*, 436 ; *Hafner*, 169.

ni révoquer un fondé de procuration ; ils ne peuvent agir que par l'organe des gérants, en s'appuyant sur l'art. 531, sauf à invoquer l'art. 538 pour le cas où il ne serait point satisfait à leurs vœux.

Nous avons appris que, si le registre du commerce ne renfermait aucune mention contraire, tous les associés avaient séparément le droit de représenter la société, mais que ce droit pouvait être attribué à un ou quelques-uns des associés seulement. L'art. 563 [1] dispose: *La société devient créancière ou débitrice par l'effet des actes accomplis en son nom par un associé autorisé à la représenter. Peu importe que ces actes aient été accomplis expressément au nom de la société, ou que l'intention d'agir pour elle ressorte seulement des circonstances.* Ceci n'est qu'une conséquence du principe général posé aux art. 36 et 37. Mais la société peut-elle être obligée par les actes d'un associé autorisé à la représenter, même lorsqu'ils n'ont pas été faits sous la *signature sociale ?* Evidemment, pourvu que les tiers-contractants effectuent alors la preuve que l'associé avait « l'intention d'agir » pour la société. En réalité, l'art. 563 n'exige nullement la signature sociale; si elle a été donnée, ce sera à la société qu'incombera la preuve du fait que l'opération était étrangère au but social et que les tiers-contractants étaient de mauvaise foi (s'ils étaient *bonæ fidei*, la société sera engagée même par des actes de cette nature). C'est, depuis le Code de commerce français de 1807, la doctrine qui est admise en France, malgré le texte de l'art. 22 du dit Code, tandis que l'Ordonnance de 1673 adoptait le système contraire. Le Code de commerce allemand (art. 114, al. 2) s'exprime à peu près dans les mêmes termes que notre art. 563.

N'oublions pas que les *engagements de change* (même solution pour les *chèques)* doivent être contractés sous la signature sociale pour obliger la société (cfr. art. 722, chiffre 5, 825, chiffre 5, et 830, chiffre 5). V. ROSSEL.

---

[1] C. comm. fr., 22; C. comm. all.; 114, al. 2; C. zur., 1294, 1303. *Haberstich*, II, 887; *Jacottet*, 319; *Schneider et Fick*, 487; *Hafner*, 170.

TRIBUNAL FÉDÉRAL
Traduction partielle d'un arrêt du 3 novembre 1888.

Compensation. — Créance acquise par un débiteur du failli contre ce dernier, avant l'ouverture de la faillite. — But et portée de l'art. 137 CO.

Masse Schildknecht contre Huber et Æbi.

En disposant que le juge prononce librement, en tenant compte des circonstances, lorsque la compensation est contestée, l'art. 137 CO. a simplement entendu dire qu'il n'est pas lié par les règles de la procédure cantonale en matière de preuves; mais il n'a pas entendu abandonner à sa libre appréciation la question de la validité ou de la nullité de l'acte, eu égard aux faits constatés.

La compensation d'une dette contractée envers le failli avec une créance acquise contre lui par le débiteur, avant l'ouverture de la faillite, ne peut être contestée, même si l'acquéreur connaissait l'insolvabilité de son créancier, que si l'acquisition a eu lieu dans le but de porter préjudice à la masse.

Dans une cause pendante entre la masse en faillite de J.-A. Schildknecht, à Mooshub (Saint-Gall), demanderesse, Oscar Huber, à Winterthour, défendeur, et J. Æbi, à Gossau, appelé en cause, la partie défenderesse soutenait entre autres que l'article 137 CO. doit être entendu dans ce sens que le juge peut admettre la compensation, suivant les circonstances, même s'il est établi qu'un débiteur du failli a acquis, avant l'ouverture de la faillite, mais alors qu'il avait connaissance de l'insolvabilité de son créancier, une créance contre lui, en vue de se procurer ou de procurer à un tiers, par la compensation, un avantage au préjudice de la masse. A l'appui de cette interprétation, on invoquait la disposition finale de l'art. 137 précité, d'après laquelle « le juge prononce librement, en tenant compte des circonstances. »

Le Tribunal fédéral a repoussé cette manière de voir par les considérants ci-après :

« En disposant que « le juge prononce librement, en tenant » compte des circonstances », le membre de phrase qui termine l'art. 137 CO. n'autorise nullement le juge à faire application ou à ne pas faire application, suivant les circonstances et selon son bon plaisir, du principe juridique posé dans la première partie de l'article. La loi se borne à statuer que le juge prononce librement, c'est-à-dire sans être lié à cet égard par les règles de procédure formelle cantonale en matière de preuves, sur la question de fait consistant à savoir si l'on se trouve dans le cas prévu par la dite disposition, en d'autres termes si le débiteur a effectivement eu connaissance de l'insolvabilité du créancier et s'il a agi en vue de se procurer ou de procurer à un tiers un avantage au préjudice de la masse. Si le législateur avait entendu abandonner à la libre appréciation du juge non-seulement la question de preuve, mais encore celle de la validité ou de la nullité de l'acte vu les circonstances du cas, il aurait certainement exprimé son intention d'une manière non équivoque. Telle qu'elle est conçue, la disposition finale de l'art. 637 ne peut avoir une portée autre que celle de la disposition tout à fait analogue de l'art. 202, al. 2, CO., qui ne doit manifestement s'entendre que de l'appréciation des moyens de preuve (comparer, dans un sens qui paraît opposé, Schneider et Fick, *Commentar,* 2me édition, *ad* art. 137; Janggen, dans la *Zeitschrift des bernischen Juristenvereins,* t. 23, p. 438 et suiv.). »

Dans le même arrêt, le Tribunal fédéral s'est prononcé comme suit sur le but et la portée de l'art. 137 CO. :

« La loi entend frapper les manœuvres déloyales auxquelles certains débiteurs et créanciers d'un insolvable peuvent se livrer dans le but de frustrer la masse; elle veut empêcher, par exemple, que les débiteurs d'un insolvable s'acquittent à bon compte de leurs obligations en acquérant à vil prix des créances contre ce dernier, et les compensent ensuite, pour leur montant intégral, avec leur propre dette; elle veut empêcher, également, que soit par complaisance, soit moyennant indemnité, des débiteurs acceptent de compenser avec leurs dettes les prétentions de certains créanciers, afin de faire obtenir à ceux-ci un dividende auquel ils n'auraient pas droit dans la faillite, etc. En revanche, la compensation de la dette avec une créance même acquise en connaissance de l'insolvabilité du failli ne saurait être contestée lorsque le débiteur, en acquérant la dite créance, n'était guidé par aucune intention frauduleuse. En particulier, il ne peut être question d'une intention frauduleuse, ayant pour but de frustrer la masse, lorsque le débiteur, en acquérant une créance contre son créancier insolvable, en vue de compenser les deux obligations, n'avait d'autre but que d'accomplir une obligation pré-

existante, créée sans intention aucune de nuire au créancier.
Dans un pareil cas, en effet, le débiteur n'entend point se procurer à lui-même ou procurer à un tiers, par un abus du droit
de compensation, un avantage au préjudice de la masse, mais
seulement créer, en exécution d'une obligation par lui contractée, un état de fait conforme au droit et correspondant à ce
qu'il serait fondé à exiger même en cas de faillite. Les mêmes
principes doivent aussi être appliqués lorsque le débiteur, sans
être juridiquement tenu d'acquérir la créance, s'y est cru obligé
par erreur, mais de bonne foi. Car, dans ce cas encore, l'élément
de l'intention frauduleuse, exigé par la loi pour que la compensation puisse être contestée, fait défaut. »　　　　　C. S.

PRÉSIDENT DU TRIBUNAL FÉDÉRAL
Ordonnance du 14 décembre 1888.

**Condamnation prononcée par les tribunaux cantonaux. — Re-
cours de droit public au Tribunal fédéral. — Suspension de
l'exécution de la peine commencée. — Art. 63 de la loi sur
l'organisation judiciaire fédérale; art. 199, lettre c, de la loi
sur la procédure civile fédérale.**

Recours Stirling.

*En application de l'art. 63 de la loi sur l'organisation judiciaire fédérale,
le Président du Tribunal fédéral peut, dans le cas d'un recours de droit
public contre une condamnation pénale, ordonner la suspension de l'exécution de la peine, alors même que le recourant a commencé à la subir* [1].

Chaddie-Lillias Stirling, Ecossaise, capitaine à l'Armée du
Salut, a été condamnée par le Tribunal du dictrict d'Orbe, le
17 octobre 1888, en application de l'art. 1ᵉʳ de la loi du 22 janvier 1834 sur la liberté religieuse, à cent jours d'emprisonnement
et aux frais du procès.

Ensuite de ce jugement, la condamnée a été transférée dans
la prison centrale de Chillon, pour y subir sa peine.

[1] Comp., en ce qui concerne les mesures provisionnelles dans la compétence du Président du Tribunal fédéral, en cas de recours de droit public, Blumer-Morel, *Handbuch des schweizerischen Bundesstaatsrechtes*,
III, p. 182; Soldan, *Du recours de droit public au Tribunal fédéral*, p. 73
et 74.

Par écriture du 6 décembre 1888, Chaddie-Lillias Stirling a interjeté auprès du Tribunal fédéral un recours de droit public contre le jugement qui l'a condamnée, et a conclu à ce qu'il lui plaise annuler le dit jugement comme contraire à l'art. 4 de la constitution du canton de Vaud, et, subsidiairement, comme constituant un déni de justice.

Par écriture du même jour, la recourante a prié le Président du Tribunal fédéral de vouloir suspendre, en application de l'art. 63 de la loi sur l'organisation judiciaire fédérale, et jusqu'après la décision du Tribunal fédéral sur le recours interjeté, l'exécution de la peine de l'emprisonnement prononcée contre elle et qu'elle a commencé à subir.

En conséquence, elle a conclu à être immédiatement mise en liberté.

Par écriture du 10 décembre 1888, parvenue le 11 du même mois, le Conseil d'Etat du canton de Vaud s'est opposé à l'ordonnance de mesures provisionnelles requise, et a conclu au rejet de la requête y relative, attendu que l'art. 63 de la loi fédérale précitée ne fait que permettre au Président du Tribunal fédéral, sans lui en imposer aucunement l'obligation, d'ordonner, à la requête d'une partie, les mesures nécessaires pour le maintien de l'état de fait; attendu en outre que, dans l'espèce, la recourante a commencé à subir sa peine, de telle sorte qu'il ne s'agit point d'une suspension, mais d'une interruption de la dite peine, et attendu, enfin, que le recours ne se justifie pas au fond.

Le Président du Tribunal fédéral a rendu l'ordonnance ci-après :

En ce qui a trait à l'ordonnance de mesures provisionnelles demandée :

Considérant :

1° Qu'aux termes de l'art. 63 de la loi sur l'organisation judiciaire fédérale, le Président du Tribunal fédéral peut, sur la demande d'une partie, ordonner les mesures nécessaires pour le maintien de l'état de fait ;

2° Que, pour résoudre la question de savoir s'il y a lieu de faire usage de cette faculté dans l'espèce, il n'est nullement nécessaire de rechercher si le recours doit être admis au fond, attendu que le Tribunal fédéral lui-même aura à statuer sur cette question, une fois l'instruction de la cause terminée ;

3° Qu'en revanche, il faut tenir compte de la circonstance que, pour le cas où la demande en suspension de l'exécution de la peine, jusqu'à la décision du Tribunal fédéral sur le recóurs au fond, ne serait pas accordée, la recourante devrait subir en entier, ou du moins pour la plus grande partie, le reste de la peine prononcée contre elle, avant que le Tribunal fédéral ait pu rendre sa décision sur le recours, et qu'il serait ainsi causé à la requérante, pour le cas où son recours de droit public viendrait à être admis, un dommage difficile à réparer (art. 199, litt. *c*, de la loi sur la procédure à suivre par devant le Tribunal fédéral en matière civile);

4° Qu'il se justifie toutefois de n'accorder la suspension de l'exécution de la peine jusqu'après décision du Tribunal fédéral sur le recours de droit public, et la mise en liberté de la recourante, qu'à la condition que celle-ci, avant son élargissement, fournisse en mains du Conseil d'Etat du canton de Vaud le dépôt d'une somme d'argent en vue de garantir qu'elle ne cherchera pas, en cas de rejet de son recours par le Tribunal fédéral, à se soustraire par la fuite à l'exécution ultérieure du jugement attaqué;

Ordonne :

1° L'exécution de la peine de l'emprisonnement prononcée contre la recourante par le jugement du Tribunal de police du district d'Orbe du 17 octobre 1888 est suspendue jusqu'après la décision du Tribunal fédéral sur le recours interjeté, et le Conseil d'Etat du canton de Vaud est dès lors invité à mettre la recourante en liberté, à condition que celle-ci opère entre les mains de cette autorité le dépôt, à titre de caution, d'une somme de mille francs, laquelle sera acquise au fisc vaudois si la recourante venait, en cas de rejet de son recours de droit public par le Tribunal fédéral, à se soustraire par la fuite à l'exécution ultérieure de sa peine;

2° Communication de la présente ordonnance sera faite par écrit au Conseil d'Etat du canton de Vaud, ainsi qu'à la recourante.

France. — COUR D'APPEL DE PARIS (5ᵉ chambre).
Audience du 20 novembre 1888.

Dépôt. — Décès du déposant. — Héritier. — Demande en restitution formée contre le dépositaire. — Validité.

Bonnaire contre Méteyer.

La personne qui confie à un de ses amis une somme d'argent, à la charge de la remettre après sa mort à ses petits-enfants, fait un acte contraire à la loi.

Cette disposition, en effet, ne constitue ni un don manuel, ni une libéralité testamentaire, mais bien un dépôt qui prend fin par la mort du déposant. Lorsque le décès de ce dernier vient à se produire, c'est à sa succession seule que le dépositaire doit remettre les sommes qui lui ont été confiées en dépôt, et, s'il ne le fait pas, l'héritier est en droit de lui demander réparation du préjudice qu'il lui a causé.

Le sieur Bonnaire est décédé à Thiais, en décembre 1881. Craignant que la somme de 3000 fr. qu'il possédait ne fut dissipée par son fils, son seul héritier, il la confia à un de ses amis, le sieur Méteyer, à la condition de la remettre à ses petits-enfants, après sa mort.

Le sieur Méteyer, après le décès, exécuta les ordres qu'il avait reçus, mais le sieur Bonnaire, héritier de son père, lui fit sommation d'avoir à lui restituer cette somme.

Le sieur Méteyer déclara qu'il ne l'avait plus, l'ayant remise aux petits-enfants, auxquels d'ailleurs il avait lui-même fait des libéralités.

Par jugement du 11 mai 1886, le Tribunal civil de la Seine a déclaré le demandeur non recevable en sa demande, quant à présent, et ce par les motifs suivants :

Attendu que si de l'aveu de Méteyer, il résulte que ce dernier a reçu du *de cujus* certaines valeurs à la charge d'en faire un emploi déterminé, le demandeur ne justifie ni de sa qualité de seul et unique héritier, ni de l'importance de la succession ; qu'en l'état, la demande de Bonnaire fils n'est pas recevable et qu'il y a lieu de l'en débouter.

Bonnaire ayant interjeté appel de ce jugement, la Cour l'a infirmé, dit que Bonnaire fils justifie de sa qualité de seul et unique héritier de son père et condamné Méteyer à lui payer la somme de 800 fr. avec intérêts.

Motifs.

Sur la recevabilité de la demande,

Considérant que Bonnaire justifie par des actes réguliers, et notamment par un acte de notoriété du 26 novembre 1883 et l'intitulé d'un inventaire du 14 décembre 1886, qu'il est seul et unique héritier de Jean-Luc Bonnaire, son père, décédé à Thiais, le 13 décembre 1881, sans avoir fait de testament.

Que sa demande est donc recevable.

Sur la demande en restitution,

Considérant que Méteyer a reconnu, dans son interrogatoire du 6 mars 1888, qu'il avait reçu de Bonnaire père une certaine somme d'argent, avec mission de la remettre aux petits-enfants de ce dernier, Emile et Emilie Bonnaire, et qu'il s'était acquitté de ce mandat, postérieurement au décès de Bonnaire père.

Que cette conduite de Méteyer, quelle qu'ait été sa probité, est contraire à la loi.

Que la disposition de Bonnaire père ne constituait, en effet, ni un don manuel, ni une libéralité testamentaire, mais un dépôt; que le dépôt prend fin par le décès du déposant; qu'en conséquence, au décès de Bonnaire père, Méteyer était tenu de rendre les sommes dont il était resté dépositaire à la succession du déposant, soit dans l'espèce, à Bonnaire fils, héritier de son père.

Qu'en ne faisant pas cette restitution, Méteyer a causé à Bonnaire fils un préjudice dont il lui doit réparation.

Sur la quotité de la restitution :

Considérant qu'il résulte des pièces et documents et notamment d'une lettre d'Emile Bonnaire à sa sœur, en date à Santiago, du 17 février 1884, que la somme remise par Bonnaire père à Méteyer et versée par celui-ci aux petits-enfants, conformément aux intentions de leur grand-père, aurait été de 800 fr., le surplus des sommes touchées par Emilie ayant provenu des libéralités personnelles de Méteyer.

Qu'il échet de condamner Méteyer à payer à Bonnaire fils la somme de 800 fr., tant à titre de restitution que de dommages-intérêts.

Bibliographie.

Die schweizerische Bundesgesetzgebung. Nach Materien geordnete Sammlung der Gesetze, Beschlüsse, Verordnungen und Staatsverträge der schweizerischen Eidgenossenschaft, sowie der Konkordate. Herausgegeben und mit Anmerkungen versehen von Dr jur. P. WOLF, Advokat in Basel. Bâle, Kreis, éditeur, 1888.

La collection des lois fédérales, commencée en 1848, comprend aujourd'hui 20 volumes, et le 21ᵉ doit paraître sous peu. C'est dire que, malgré les répertoires officiels qui se trouvent dans chaque volume et malgré ceux publiés par différents jurisconsultes, notamment par MM. Gillièron et Hotz, elle n'est pas toujours très facile à consulter.

M. Wolf, avocat à Bâle, vient de faire paraître la première livraison d'un ouvrage reproduisant tous les actes législatifs fédéraux, d'une portée générale et encore en vigueur, par ordre de matières. Le fascicule que nous avons sous les yeux comprend la Constitution fédérale et les dispositions concernant le siège des autorités fédérales, les garanties politiques et de police en faveur de la Confédération, la responsabilité des autorités et fonctionnaires fédéraux, le serment de leur office, la garantie des constitutions cantonales, l'Assemblée fédérale, les élections et votations fédérales, la publication et la promulgation des lois fédérales, le Conseil fédéral et les employés fédéraux, enfin le droit de cité suisse et le heimatlosat. Les livraisons subséquentes (environ 12 au total) seront consacrées aux diverses branches de l'administration fédérale.

Le texte est accompagné de nombreux renvois et d'annotations qui, sans former un commentaire proprement dit, ont cependant une réelle utilité.

L'ouvrage de M. Wolf rendra certainement de bons services aux juristes et aux hommes d'affaires de la Suisse allemande. Il serait bien désirable qu'il pût en paraître aussi une édition française.   C. S.

Ch. SOLDAN, conseiller d'Etat, rédacteur.

Lausanne. — Imp. CORBAZ & Comp.

XXXVIIᵉ ANNÉE. Nᵒ **2.** SAMEDI 12 JANVIER 1889.

JOURNAL des TRIBUNAUX

REVUE DE JURISPRUDENCE

Paraissant à Lausanne une fois par semaine, le Samedi.

Rédaction : M. Charles Soldan, conseiller d'Etat, à Lausanne.

Administration : M. L. Rosset, greffier du Tribunal cantonal, à Lausanne.

Abonnements : 12 fr. par an; 7 fr. pour six mois. Pour l'étranger, le port en sus. On s'abonne à l'imprimerie Corbaz & Cⁱᵉ, chez l'administrateur, M. Rosset, et aux bureaux de poste.

Annonces : 20 c. la ligne ou son espace. S'adresser à l'imprimerie Corbaz & Cⁱᵉ.

TRIBUNAL FÉDÉRAL

Séance du 6 décembre 1888.

Port de l'uniforme dans la demeure particulière du militaire. — Voies de fait. — Juridiction militaire. — Art. 1ᵉʳ, lettre *b*, 92 et 181 de la loi fédérale du 27 août 1851 sur la justice pénale pour les troupes fédérales; art. 58 de la constitution fédérale.

Jenny-Beck contre Direction militaire de Fribourg.

En soumettant aux dispositions de ce code les militaires qui, en dehors du service, sont, à une occasion quelconque, revêtus de leur habit militaire, la loi fédérale du 27 août 1851 ne distingue nullement entre le soldat porteur de son uniforme dans sa demeure particulière et le soldat se trouvant hors de chez lui.

Le sieur Jean Jenny-Beck, capitaine d'administration et restaurateur à Morat, se trouvait le 1ᵉʳ juin 1888, au soir, après une inspection militaire, en uniforme dans son établissement,

en compagnie de quelques personnes. Après l'heure de fermeture se présenta le gendarme Vonlanthen, qui, en état d'ébriété,
apostropha le sieur Jenny et l'injuria, tout en constatant l'état
de contravention dans lequel il se trouvait. Il s'ensuivit une dis-
pute et une batterie, à la suite de laquelle le gendarme fut désarmé et mis à la porte.

Le lendemain 2 juin, Jenny signala ces faits à la Direction
militaire du canton de Fribourg et demanda la punition du
gendarme Vonlanthen, lequel, de son côté, adressa un rapport,
le 5 dit, à la même autorité.

Après enquête, le directeur militaire a infligé à J. Jenny-Beck
une punition de huit jours d'arrêts de rigueur à subir à ses frais
à la caserne de Pérolles, pour conduite inconvenante, ivresse et
voies de fait envers un agent de l'autorité; les deux tiers des
frais de l'enquête furent mis en outre à la charge du recourant,
par 32 fr. 35.

C'est contre cette décision que J. Jenny-Beck recourt au Tribunal fédéral, concluant à ce qu'il lui plaise l'annuler pour violation des art. 58 de la constitution fédérale et 5 de la constitution fribourgeoise, interdisant toute distraction du for du juge
naturel.

A l'appui de cette conclusion, le recourant fait valoir, en résumé :

Le 1er juin 1888, au soir, Jenny ne se trouvait plus sous la
juridiction militaire. L'art. 1er de la loi fédérale sur la justice
pénale pour les troupes fédérales du 27 août 1851 ne lui est pas
applicable; il ne vise que le port public de l'uniforme, ce qui
résulte de sa comparaison avec l'art. 92 ibidem. Or, dans l'espèce, les faits incriminés se sont passés dans le domicile de
Jenny, à une heure où l'établissement était fermé au public.

Le recourant ajoute que, pour le cas où son recours serait
écarté, il a adressé au Conseil fédéral un recours éventuel basé
sur l'application fausse et arbitraire du code pénal militaire.

Dans sa réponse, la Direction militaire conclut au rejet du
recours. Il est constaté qu'au moment où la scène en question
a eu lieu, J. Jenny-Beck portait son uniforme et que les faits
signalés se sont passés dans la salle à boire d'un établissement
public, en présence de plusieurs consommateurs, et par conséquent en public.

L'art. 92 précité de la loi fédérale du 27 août 1851 ne présente aucune similitude avec l'art. 1er; il vise seulement le cas où un citoyen usurpe un grade qu'il ne possède pas.

Le Tribunal fédéral a écarté le recours.

Motifs.

1. Le recourant estime avoir été soustrait à son juge naturel par le fait que la Direction militaire l'a considéré et puni comme se trouvant sous la juridiction militaire, alors que les faits visés ressortissaient à la compétence du juge pénal ordinaire.

La seule question litigieuse est, dès lors, celle de savoir si l'espèce actuelle est justiciable de l'autorité militaire, auquel cas il n'est pas contesté que la Direction militaire n'ait eu le droit, conformément à l'art. 181 de la loi fédérale sur la justice pénale pour les troupes fédérales, d'infliger la punition dont est recours.

2. Or, l'art. 1er, litt *b*, de la même loi, qui règle la compétence pénale des autorités militaires, dispose que « sont soumis aux » dispositions du présent code les militaires qui, en dehors du » service, sont, à une occasion quelconque, revêtus de leur habit » militaire. »

C'est en vain que le recourant voudrait contester l'application de cette disposition en l'espèce, par le motif que le dit article ne viserait que le port public de l'uniforme, et parce que le délit pour lequel le dit recourant a été puni aurait été commis dans son domicile, à une heure où celui-ci n'était pas accessible au public.

En effet, comme d'ailleurs la Direction militaire l'a fait justement remarquer dans sa réponse, le texte de l'art. 1er, litt. *b*, ci-haut reproduit, ne distingue nullement entre le soldat porteur de son uniforme dans sa demeure particulière, et le soldat se trouvant hors de chez lui; il exclut même toute distinction semblable, en astreignant aux dispositions pénales dont il s'agit les militaires revêtus de l'uniforme en dehors du service et à *une occasion quelconque.*

L'art. 92 de la même loi, qui punit le militaire portant *publiquement* les marques distinctives d'un grade qui ne lui appartient pas, ou une décoration à laquelle il n'a pas droit, prouve précisément que l'art. 1er n'a pas voulu faire de distinction de ce genre, et restreindre son application aux seuls cas de port public de l'habit militaire.

En ce faisant, le législateur a sans doute voulu imposer au

soldat, dans toutes les circonstances, le respect de son uuiforme et l'astreindre à la discipline militaire, dès le moment où il le revêt, que ce soit publiquement ou non.

3. Il résulte de ce qui précède qu'au moment où les faits relevés à la charge du recourant se sont passés, celui-ci était, du fait seul du port de son uniforme, justiciable de la juridiction militaire, et qu'il est, dès lors, superflu de rechercher si la salle où ces faits se sont produits doit être considérée, au moment où ils ont eu lieu, comme un établissement public ou comme un local privé.

———o—o———

Séance du 15 décembre 1888.

Accident de chemin de fer. — Négligence grave de la compagnie. — Calcul de l'indemnité. — Capital alloué de préférence à une rente. — Art. 2, 5, 6, 7 et 11 de la loi fédérale du 1er juillet 1875.

Compagnie Suisse Occidentale-Simplon contre enfants Cruchon.

En matière d'accidents de chemins de fer, le tribunal est libre d'allouer à titre d'indemnité un capital ou une rente. Le choix dépend des circonstances.

L'allocation d'un capital paraît préférable lorsque la victime, en raison d'une négligence grave à la charge de la compagnie, ne doit pas être indemnisée du chef seul de l'art. 5 de la loi fédérale du 1er juillet 1875, mais aussi en application de l'art. 7 de cette loi.

Avocats des parties :

MM Correvon, pour Compagnie S. O.-S., défenderesse et recourante.
Paschoud, pour enfants Cruchon, demandeurs et intimés.

———

Le 21 août 1886, le train express n° 12 de Berne à Lausanne, transportant environ quatre cents voyageurs et leurs bagages, et marchant à raison de 67 $^1/_2$ kilomètres à l'heure, a déraillé entre les gares de Schmitten et de Guin, près du poteau kilométrique 74, et plusieurs voyageurs et employés furent blessés.

Le même jour, Louis Cruchon, chef de train, avait été requis à la gare de Berne, par un agent principal des trains de la compagnie Suisse Occidentale-Simplon, de faire le service de conducteur et de serre-freins sur le train en question. Cruchon fut gravement blessé lors du déraillement de ce train ; transporté à l'hôpital de Fribourg, il y est décédé le 30 du même mois, ensuite des lésions graves et des opérations par lui subies ; âgé de 40 ans, il était employé de la compagnie recourante depuis 1874, et était, lors de son décès, chef de train de 3ᵉ classe. Il percevait comme tel un traitement fixe annuel de 1260 fr., plus 720 fr. pour déplacements.

Le défunt laisse une veuve et trois enfants, à savoir: a) Louise, née le 6 octobre 1877 ; b) Julia, née le 8 avril 1881 ; c) Jeanne, née le 17 juillet 1886.

Les dits enfants mineurs, figurant seuls comme demandeurs au présent procès, ont conclu devant la Cour civile du canton de Vaud à ce qu'il soit prononcé par sentence avec dépens, en application des art. 2, 5 et 7 de la loi fédérale sur la responsabilité des entreprises de chemins de fer, que la compagnie Suisse Occidentale-Simplon est leur débitrice et doit leur faire prompt paiement des valeurs suivantes : a) Pour Louise Cruchon, la somme de 8000 fr. ; b) pour Julia Cruchon, la somme de 8000 fr. ; c) pour Jeanne Cruchon, la somme de 8000 fr., soit au total d'une somme de 24,000 fr., portant intérêt au 5 % dès la première mise en demeure, soit dès le 19 novembre 1886 pour 20,000 fr., et dès la demande juridique, soit dès le 19 juillet 1887 pour le surplus.

Déjà par exploit du 2 septembre 1886, la compagnie avait offert à chacune des demanderesses de lui servir une rente annuelle et personnelle de 200 fr. jusqu'à l'âge de 16 ans, chacune de ces rentes devant s'éteindre le jour du décès de chaque titulaire ou le jour où chaque titulaire aura atteint le susdit âge de 16 ans, le tout contre remise à la compagnie défenderesse d'une quittance définitive de toute prétention présente et future ensuite de l'accident survenu à leur père L. Cruchon. Sous le bénéfice de cette offre, la compagnie a conclu, avec dépens, devant la Cour civile, à libération des conclusions de la demande, et, subsidiairement, à leur réduction.

Par convention du 28 juillet 1888, les parties en cause ont déclaré admettre l'état des faits tel qu'il résulte de l'arrêt du Tribunal fédéral du 9 juin 1888 en la cause dame Jex contre compagnie Suisse Occidentale-Simplon [1].

Par jugement du 4 octobre 1888, la Cour civile a condamné

[1] Voir *Journal des Tribunaux* de 1888, page 427.

la Compagnie : *a)* à payer aux enfants Cruchon la somme de
18,000 fr., soit six mille francs pour chacune, avec intérêt légal
dès la demande juridique ; *b)* aux dépens du procès.

Ce jugement se fonde, en substance, sur les motifs suivants :
Il doit être fait application, en l'espèce, non-seulement de
l'art. 5, mais aussi de l'art. 7 de la loi fédérale du 1ᵉʳ juillet
1875, vu la négligence grave établie à la charge de la compagnie. L'art. 6 de la même loi statue que l'indemnité doit être
fixée sous la forme d'un capital ou d'une rente ; mais pour fixer
une rente, il faut des motifs particuliers qui n'existent pas dans
l'espèce.

Cruchon touchait 1980 fr. par an, frais de déplacements compris ; il a été établi par la solution testimoniale donnée à l'allégué 11 qu'il employait environ les trois quarts de cette somme à
élever et à entretenir sa famille : en retranchant le quart de la
prédite somme pour l'entretien personnel de Cruchon et un
autre quart pour celui de sa femme, « il reste aux enfants la
moitié du traitement de leur père, soit environ 1000 fr., qui, ca-
pitalisés au denier cinq, font une somme de 15,000 fr. » Cette
dernière somme n'est, toutefois, pas suffisante pour réparer le
dommage subi par les enfants Cruchon ; en effet, leur père, préposé à la garde d'un frein, poste dangereux qu'il occupait au
moment de l'accident, a succombé en faisant son devoir ; il y a
lieu, vu ces circonstances, de porter à 18,000 fr., en application
de l'art. 7 précité, l'indemnité totale à allouer aux dits enfants.

La compagnie Suisse Occidentale-Simplon a recouru au Tribunal fédéral contre ce jugement, reprenant les conclusions
prises par elle devant l'instance cantonale, tout en maintenant
l'offre faite en faveur des enfants Cruchon.

Le Tribunal fédéral, admettant partiellement le recours, a
réduit l'indemnité à 13,200 fr. au total, soit 3100 fr. pour Louise,
4300 fr. pour Julia et 5800 fr. pour Jeanne Cruchon, les frais
étant mis à la charge de la compagnie.

Motifs.

2. La responsabilité à laquelle est astreinte la compagnie, à
teneur de la loi fédérale du 1ᵉʳ juillet 1875, n'est point contestée
par la recourante, laquelle admet aussi l'application, dans l'espèce, de l'art. 7 de la dite loi, statuant que, « dans le cas de dol
« ou de négligence grave, établi contre l'entreprise de transport,
» il peut être alloué au blessé ou aux parents de celui qui a été

» tué, une somme équitablement fixée, indépendamment de l'in-
» demnité pour le préjudice pécuniaire démontré. »

L'arrêt rendu par le Tribunal de céans en la cause dame Jex
contre Suisse Occidentale-Simplon le 9 juin 1888, dont les parties ont déclaré admettre l'état des faits, constate en effet que
l'accident de Guin est imputable à la négligence grave de la
compagnie, attendu qu'il s'est produit ensuite de la vitesse
anormale et antirèglementaire imprimée au train et du défaut
de simultanéité dans la manœuvre des freins. (V. *Recueil off.*,
vol. XIV, p. 271 et suiv.)

3. Dans cette situation, le litige se trouve régi tout d'abord
par l'art. 5, al. 2, de la loi précitée, lequel dispose que « celui
» dont l'entretien était, au moment de la mort, à la charge de
» la personne tuée, peut demander une indemnité, si par suite
» de la mort cet entretien lui est enlevé. »

Or il est établi que les trois intimées se trouvent encore dans
un âge où elles devaient être entretenues par leur père, et que,
jusqu'à sa mort, L. Cruchon s'est acquitté de cette obligation à
leur égard.

4. En ce qui concerne le montant de l'indemnité à allouer à
ces enfants, la Cour cantonale, en se fondant sur une solution
testimoniale, a admis que les parents Cruchon absorbaient, pour
leur entretien, la moitié du revenu de la victime, évalué à 1980
francs, alors que l'autre moitié environ était consacrée à celui
des trois enfants. Quels que soient les doutes qui puissent s'élever au sujet de l'exactitude de cette supputation, celle-ci n'en lie
pas moins le Tribunal fédéral, puisqu'il n'est point établi que la
Cour cantonale ait, en faisant cette constatation, commis une
erreur de droit et violé l'art. 11 de la loi fédérale.

En partant de cette base, les frais d'entretien de chacune des
enfants doivent être évalués en moyenne à 330 fr. par année. Or
le Tribunal fédéral a admis que l'obligation d'entretien durait
jusqu'à l'âge de 16 ans révolus, et il en résulte que, pour le cas
où l'indemnité due aux demanderesses devrait être payée au
moyen d'une rente, la compagnie serait tenue de servir à chacune des enfants Cruchon, jusqu'à ce qu'elles aient atteint l'âge
de 16 ans révolus, une rente de 330 fr. par année.

5. La question de savoir s'il y a lieu d'indemniser les intimées
au moyen d'une rente, ou par un capital une fois versé, doit tou-

tefois, dans les circonstances de la cause, être résolue en faveur
de ce dernier mode.

Bien que l'appréciation de la Cour cantonale, consistant à
dire que, pour fixer une rente, il faut des motifs spéciaux, ne
soit pas justifiée, attendu que l'art. 6 de la loi place sur la même
ligne l'indemnité sous la forme d'un capital, et celle consistant
en une rente, sans exiger aucunement, comme l'art. 6 de la loi
postérieure de 1881 sur la responsabilité des fabricants, l'assentiment de tous les intéressés, et que la dernière de ces formes
permette, dans certains cas, de garantir mieux les droits respectifs des parties, — l'allocation d'un capital se recommande
plutôt dans l'espèce par le motif que la partie demanderesse ne
doit pas être indemnisée du chef seul de l'art. 5, al. 2, précité,
mais encore en application de la disposition susrappelée de
l'art. 7 *ibidem*. Or la « somme équitablement fixée » dont parle
ce dernier article paraît, dans la règle, s'entendre d'un capital,
à l'exclusion d'une rente.

Dans ces conditions, il paraît plus correct de l'évaluer dans
son ensemble, au moyen d'une somme en capital.

C'est en vain que l'on objecterait que ce mode serait défavorable à la compagnie et peu équitable pour le cas où l'un des
enfants, par exemple, viendrait à décéder avant d'avoir atteint
sa seizième année ; dans ce cas, en effet, le père eût sans doute
reporté sur les survivants les ressources devenues ainsi disponibles, et il est vraisemblable, en outre, que Cruchon, dont les
qualités de bon père de famille ont été incontestées, aurait contribué encore, au-delà de ce terme légal, à l'éducation de ses
enfants.

6. En faisant application à chacune des enfants Cruchon des
principes qui précèdent, les indemnités auxquelles elles ont droit
doivent être calculées comme suit, en modification des appréciations de la Cour civile, qui impliquent une erreur de droit en
ce qu'elle n'a tenu aucun compte de la différence d'âge des in-
téressées et méconnu l'étendue de l'obligation d'entretien à la
charge du père :

a) Louise Cruchon, âgée de 9 ans lors de l'accident, a droit à
la rente annuelle de 330 fr. par an pendant 7 ans, ce qui représente un capital d'environ 2100 fr., payable dès la demande juridique, déduction faite des intérêts afférents au paiement anticipé.

b) Julia, âgée d'environ 5 ans à la même époque, a droit à la même rente pendant 11 ans; il y a lieu de lui allouer dès lors, par le motif ci-dessus, un capital de 3300 fr.

c) Jeanne, âgée d'un mois seulement lors du décès de son père, a droit à la même rente pendant 16 ans, à laquelle correspond un capital de 4800 fr.

Il y a lieu d'ajouter à ces indemnités, conformément au jugement de la Cour cantonale et aux termes de l'art. 7 de la loi précitée, une somme de 1000 fr. par enfant, soit de 3000 fr. en tout pour le préjudice moral considérable éprouvé par les demanderesses du fait de la mort prématurée de leur père.

En ce qui a trait aux intérêts, le prononcé cantonal n'a été attaqué par aucune des parties.

Vaud. — TRIBUNAL CANTONAL
Séances des 6 et 11 décembre 1888.

Succession d'un Français comprenant un immeuble situé dans le canton de Vaud. — Legs de cet immeuble. — Action en délivrance du legs. — Compétence des tribunaux vaudois. — Art. 2 Cc.; art. 9, 10, 11, lettres *e* et *f* et art. 127 Cpc.

Hoirs Rave contre Meunier.

Les exceptions énumérées à l'art. 11 Cpc. ne se rapportent qu'à la règle posée à l'art. 10 du dit Code et n'ont nullement trait au principe admis par l'art. 9, qui ne souffre aucune exception. Dès lors, l'action tendant à la délivrance d'un immeuble légué, sis dans le canton de Vaud, doit être portée devant les tribunaux vaudois, bien que la succession ait été ouverte en France. Le principe d'unité de la succession ne peut être appliqué que dans le cas d'une succession ouverte dans le canton.

Avocats des parties :
MM. CARRARD, pour hoirs Rave, recourants.
BERDEZ, pour Jeannette Meunier, intimée.

Dans une demande du 11 février 1887, Jeannette Meunier, à Coppet, a conclu à ce qu'il soit prononcé :

1° Qu'en vertu du codicille de J.-F.-E. Rave, du 1er janvier 1885, homologué le 25 octobre 1886, la demanderesse est propriétaire d'un immeuble sis à Coppet et du mobilier, linge et hardes qui s'y trouvent, conformément à l'inventaire dressé par l'office de paix du cercle de Coppet, le 10 décembre 1886 ;

2° Que les hoirs Rave doivent consentir à la délivrance du dit legs, et qu'à défaut par eux d'y avoir consenti, le jugement qui interviendra tiendra lieu d'acte authentique de délivrance de legs prévu à l'art. 3, lettre *c*, de la loi du 20 janvier 1882, sur l'inscription des droits réels immobiliers ;

3° Qu'en conséquence, sur le vu du jugement qui interviendra, l'immeuble ci-dessus sera inscrit au registre foncier du cadastre, comme étant la propriété de l'instante.

Dans une demande du 3 mars 1887, les hoirs Rave ont conclu *exceptionnellement* sur la demande déposée par Jeannette Meunier, à ce qu'il soit prononcé :

1° Que les tribunaux suisses, et en particulier le tribunal civil de Nyon, qui est nanti, sont incompétents pour prononcer sur les conclusions de la demande principale et qu'en conséquence la demanderesse au fond doit être renvoyée à mieux agir ;

2° Subsidiairement à la conclusion qui précède, que l'action de la demanderesse au fond doit être supendue jusqu'après jugement de l'action en nullité des testaments et codicilles qu'elle invoque, action intentée par les hoirs Rave devant le Tribunal de Trevoux (Ain), suivant exploit du 18 novembre 1886.

Dans sa réponse, Jeannette Meunier a conclu à libération des conclusions, tant principales qu'accessoires, prises contre elle par les hoirs Rave dans leur demande exceptionnelle.

Par jugement du 15 mars 1888, le Tribunal du district de Nyon a rejeté les conclusions, tant principales que subsidiaires, des hoirs Rave, et admis les conclusions libératoires de Jeannette Meunier. En conséquence, il s'est déclaré compétent pour statuer sur la demande de cette dernière, du 11 février 1887, et a condamné les hoirs Rave aux dépens du procès exceptionnel.

Les hoirs Rave ont interjeté deux recours contre ce jugement, l'un au Tribunal fédéral pour violation de la convention franco-suisse du 15 juin 1869, l'autre au Tribunal cantonal pour fausse application des lois vaudoises.

Par décision du 10 avril 1888, le Tribunal cantonal a suspendu son prononcé sur cette affaire jusqu'au moment où le Tribunal fédéral aurait statué sur le recours pendant devant lui.

Par arrêt du 27 octobre 1886 [1], le Tribunal fédéral, estimant en résumé que la convention franco-suisse est sans application au litige, a écarté le recours des hoirs Rave.

Le Tribunal cantonal a alors repris la cause et il a, de son côté, écarté le recours des hoirs Rave, maintenant ainsi le jugement du Tribunal du district de Nyon.

Motifs.

Considérant, à ce sujet, que les recourants soutiennent que l'action de Jeannette Meunier doit être intentée au lieu où le défunt Rave avait son dernier domicile, soit en France, et qu'ils fondent leur manière de voir soit sur les §§ e et f de l'art. 11 Cpc., soit parce qu'ils estiment qu'il s'agit dans l'espèce d'une action en délivrance de legs, c'est-à-dire d'une action personnelle au premier chef.

Considérant que par les conclusions de sa demande, Jeannette Meunier réclame la dévolution d'un legs immobilier, la propriété de l'immeuble qui lui est légué, ainsi que son inscription au contrôle des droits réels immobiliers.

Que l'on se trouve donc bien ici en présence d'une action immobilière, les conclusions de la demande devant servir de base pour déterminer la nature de l'action.

Que la seconde conclusion qui se rapporte exclusivement à la délivrance du legs ne saurait être séparée des deux autres, cette conclusion se liant intimement avec la première, qui est relative à la propriété de l'immeuble légué, et avec la troisième, qui vise l'inscription de l'immeuble au registre foncier du cadastre.

Que le procès actuel rentre, dès lors, dans la catégorie des actions réelles immobilières.

Considérant que l'art. 2 Cc. vaudois pose le principe que les immeubles, même ceux possédés par des étrangers, sont régis par la loi du canton.

Que ce principe, qui est d'ailleurs le même que celui posé à l'art. 3 Cc. français, est à la base de la souveraineté de l'Etat, puisqu'il se rapporte à la question de territoire et qu'il importe que les immeubles composant le territoire d'un pays soient soumis à la loi de ce pays et non à une loi étrangère.

Considérant, en outre, que l'action qui a pour objet un immeuble, ou un immeuble avec d'autres prétentions, ou un droit

[1] Voir *Journal des Tribunaux* de 1888, page 774.

sur un immeuble, doit, aux termes de l'art. 9 du Cpc., être intentée au lieu de situation de l'immeuble.

Que l'art. 10, qui détermine le for de toute action autre que
celle mentionnée à l'art. 9, admet certaines exceptions énumérées à l'art. 11.

Considérant que les exceptions de ce dernier article ne se rapportent, dès lors, qu'à la règle posée à l'art. 10 et n'ont nullement trait au principe admis par l'art. 9, qui ne souffre aucune
exception.

Que les §§ e et f de l'art. 11, qui indiquent un for spécial en
matière de succession et de réclamation de succession, ne peuvent donc être invoqués dans l'espèce, puisqu'il s'agit d'une action réelle immobilière dont la connaissance appartient au juge
de la situation de l'immeuble.

Que le principe d'unité de la succession invoqué par les recourants ne peut être appliqué que dans le cas d'une succession
ouverte dans le canton.

Quant aux meubles de la maison léguée, qui sont aussi revendiqués par la demanderesse :

Considérant que ces meubles ne sont que l'accessoire de l'immeuble lui-même et que leur revendication ne saurait changer
la nature du procès.

Considérant que dans ces circonstances, les conclusions de la
demande exceptionnelle des hoirs Rave ne sont pas fondées.

Considérant que les hoirs Rave ont, en outre, conclu subsidiairement à la suspension du procès jusqu'après jugement de
l'action en nullité de testament et codicille intentée par eux devant le Tribunal de Trevoux (département de l'Ain).

Considérant, à ce sujet, qu'aux termes de l'art. 127 Cpc., le
juge peut, d'office ou sur réquisition, suspendre l'instruction
d'un procès pour un temps déterminé, dans des cas de nécessité.

Considérant qu'il résulte de ce qui précède que le Tribunal
civil du district de Nyon a été reconnu compétent pour statuer
sur la demande de Jeannette Meunier.

Qu'il n'y a nullement nécessité à ce que son prononcé soit
suspendu jusqu'après le jugement de l'action intentée par les
hoirs Rave devant les tribunaux français.

France. — Tribunal de commerce de la Seine.
Audience du 22 novembre 1888.

Maison de commerce. — Ancien employé. — Maison concurrente. — Circulaires. — Clientèle. — Notoriété. — Concurrence déloyale.

Redfern and sons contre Williamson.

La notoriété d'une maison de commerce constitue son patrimoine, et les manœuvres qui ont pour but de le lui ravir en tout ou en partie constituent des actes de concurrence déloyale.

Commet un acte de concurrence déloyale, l'ancien employé d'une maison de commerce qui prend cette qualité sur ses factures, adresses ou annonces, cherchant ainsi à s'attirer sa clientèle en annonçant au public qu'il a été l'un des collaborateurs à la notoriété de cette maison.

M. Williamson, ancien coupeur de la maison Redfern and sons, s'est associé avec un ancien employé de la même maison, M. Mulligan, pour fonder, boulevard de la Madeleine, un établissement de tailleurs pour dames. Les deux associés ont répandu dans Paris des circulaires imprimées sur lesquelles ils avaient ajouté une mention manuscrite indiquant que M. Williamson avait été cinq ans coupeur de la maison Redfern et que M. Mulligan était resté quatorze ans dans les maisons Mamby et Redfern.

MM. Redfern and sons ont vu dans ces agissements des actes de concurrence déloyale et ils ont demandé au tribunal de faire défense à MM. Williamson et Mulligan de reproduire à l'avenir les énonciations ci-dessus, sous peine de 500 fr. par chaque contravention constatée. Ils ont réclamé de plus 10,000 fr. de dommages-intérêts et la publication du jugement à intervenir.

Le tribunal a fait droit à cette demande, en réduisant toutefois les dommages et intérêts à 2500 fr.

Motifs.

Sur la non-recevabilité de la demande :

Attendu que les défendeurs exposent qu'ils sont, ainsi que les demandeurs, sujets anglais ; que l'établissement principal de Redfern and sons est à Corves, île de Wight (Angleterre); que l'action ne serait donc pas recevable en France.

Mais attendu qu'il est constant que les parties en cause ont respectivement un établissement commercial à Paris; que les faits qui donnent lieu au litige ont eu lieu à Paris; que l'action dont s'agit est donc recevable en France et, par suite, devant ce siège.

Sur la concurrence déloyale et sur la défense à Williamson et Mulligan de publier aucune circulaire ni aucune annonce, soit d'avoir des entêtes de lettre ou papiers de commerce rappelant, de quelque façon que ce soit, leurs qualités d'anciens employés de la maison Redfern and sons, et ce à peine de 500 francs par chaque contravention constatée :

Attendu que les défendeurs soutiennent que Mulligan n'a point emporté la liste des clients de leurs anciens patrons.

Que, s'il est vrai qu'ils ont adressé à certains de ces clients des circulaires leur annonçant qu'ils venaient de fonder un établissement de tailleurs pour dames boulevard de la Madeleine, 15, en inscrivant *manuscritement* sur les dites circulaires que Williamson avait été l'employé de Redfern and sons en qualité de coupeur pendant cinq années et que Mulligan était demeuré pendant quatorze ans dans les maisons Manby et Redfern, ces énumérations sont absolument exactes.

Qu'ils n'ont donc fait qu'user de leur droit et que les demandeurs ne sauraient, dès lors, être fondés à leur en faire grief.

Qu'au surplus, le fait qui leur est reproché ne constituerait pas un acte de concurrence déloyale, et qu'enfin, et en tous cas, Redfern and sons ne justifieraient d'aucun préjudice.

Mais, attendu qu'il est de jurisprudence constante qu'à l'encontre de l'élève ou de l'apprenti, l'ancien employé d'une maison de commerce qui fonde un établissement rival de cette maison, ne peut prendre dans ses factures, adresses et annonces, la qualité d'ancien employé de la dite maison.

Qu'il ne saurait être, en effet, permis à un employé qui a travaillé dans une maison, de chercher à s'attirer sa clientèle en annonçant au public qu'il a été l'un des collaborateurs à sa notoriété.

Que la notoriété d'une maison de commerce constitue un patrimoine, et que quiconque se livre à des manœuvres ayant pour objet de le lui ravir en tout ou partie, pour en faire son profit personnel, commet à son égard un acte de concurrence déloyale qu'il échet aux tribunaux de réprimer.

Et attendu que, des faits et circonstances de la cause, il résulte, pour le tribunal, que les défendeurs n'ont eu d'autre objectif, en adressant les circulaires incriminées, que de s'approprier la notoriété des demandeurs.

Qu'ils n'ont jamais été que les employés salariés de ces derniers.

Que, dès lors, et sans qu'il y ait lieu de rechercher si Mulligan a, ou non, emporté la liste des clients de ses anciens patrons, il ressort de ce qui précède que les défendeurs ont excédé leur droit en insérant dans les dites circulaires les énonciations susvisées.

Que, contrairement à leurs allégations, ils ont donc bien fait un acte de concurrence déloyale au regard de Redfern and sons, et qu'il convient, par suite, d'accueillir les deux premiers chefs de la demande de ces derniers.

Sur les 10,000 francs dommages-intérêts :

Attendu que Redfern and sons justifient avoir subi un préjudice à raison de faits sus analysés.

Que Williamson et Mulligan sont d'autant plus répréhensibles dans leurs agissements, qu'invités par lettre du mandataire des demandeurs, en date du 28 février dernier, à cesser leur publicité dans les termes où ils la faisaient, et prévenus qu'à défaut il serait suivi, contre eux, dans les termes de droit, ils ont néanmoins continué cette publicité.

Et attendu que le tribunal trouve, dans les faits de la cause, des éléments suffisants pour fixer à la somme de 2500 fr. l'importance du préjudice éprouvé par Redfern and sons.

Qu'il convient d'accueillir ce chef de leur demande, à concurrence de la dite somme.

Sur la publication du jugement dans dix journaux :

Attendu que Redfern and sons seront suffisamment indemnisés du préjudice éprouvé par le paiement de la somme susindiquée.

Qu'il n'y a lieu d'ordonner la publication demandée.

Résumés d'arrêts.

Assurance. — L'art. 896 CO. ne réserve que les dispositions *spéciales* qui peuvent exister dans la législation cantonale en matière de contrat d'assurance. A défaut de telles dispositions, ce contrat est soumis aux règles générales établies par le Code fédéral des obligations.

TF., 9 novembre 1888. Enfants Krachbelz c. masse Walker.

Bail. — Le droit de rétention du bailleur sert à la garantie du loyer proprement dit, à l'exclusion de toutes autres créances accessoires, telles qu'une indemnité de résiliation pour défaut de paiement.

Cour de justice de Genève, 18 juin 1887. Bonnet et Zentler c. Pochelon et Duperret.

Chemins de fer. — Le fait de traverser un passage à niveau, bien que les barrières soient fermées et malgré une observation du garde-barrières, constitue une violation des prescriptions de police, dans le sens de l'art. 4 de la loi fédérale du 1er juillet 1875, et a pour effet de libérer la compagnie de toute responsabilité en cas d'accident, quelle que soit la cause immédiate de celui-ci.

La compagnie satisfait à ses obligations en veillant à la fermeture régulière des barrières; on ne saurait exiger d'elle qu'elle donne un avertissement verbal à ceux qui voudraient passer malgré les barrières fermées, ni surtout qu'elle les en empêche de force.

TF., 9 novembre 1888. Veuve et enfants Müller c. Nord-Est.

Exécution forcée. — Aucune disposition de la procédure civile non contentieuse ne prévoit un droit de recours quant à l'exécution forcée, sauf celui prévu à l'art. 535 Cpc., relatif au délai d'exécution accordé par le juge.

TC., 20 novembre 1888. Hoirs Martin c. Schopfer.

Recours. — L'art. 444 Cpc., lequel exige que l'acte de recours concluant à la nullité du jugement énonce séparément les divers moyens qui doivent entraîner la nullité, est aussi applicable aux causes jugées par les juges de paix.

TC., 27 novembre 1888. Genre c. Jaccard.

AVIS

Ch. SOLDAN, conseiller d'Etat, rédacteur.

Lausanne. — Imp. CORBAZ & Comp.

XXXVIIᵉ ANNÉE. Nᵒ 3.   SAMEDI 19 JANVIER 1889.

JOURNAL DES TRIBUNAUX

REVUE DE JURISPRUDENCE

Paraissant à Lausanne une fois par semaine, le Samedi.

Rédaction : M. CHARLES SOLDAN, conseiller d'Etat, à Lausanne.
Administration : M. L. ROSSET, greffier du Tribunal cantonal, à Lausanne.
Abonnements : 12 fr. par an; 7 fr. pour six mois. Pour l'étranger, le port en
sus. On s'abonne à l'imprimerie CORBAZ & Cⁱᵉ, chez l'administrateur, M. ROSSET,
et aux bureaux de poste.
Annonces : 20 c. la ligne ou son espace. S'adresser à l'imprimerie CORBAZ & Cⁱᵉ.

Droit de rétention du bailleur.

Le Code fédéral des obligations, en instituant le droit de rétention, a ouvert aux controverses juridiques une mine qui semble inépuisable. Ce droit destiné, dans l'intention du législateur,
à remplacer les privilèges spéciaux accordés par les lois cantonales aux droits résultant de certains contrats, a été imparfai-
tement défini et nécessite de nombreuses interprétations.

Une des applications spéciales du droit de rétention est le
droit du bailleur sur les meubles, en garantie du loyer. Ce droit
remplace, d'une manière très imparfaite, le privilège et le droit
de suite qui étaient concédés au bailleur par presque toutes les
législations cantonales. L'interprétation de l'art. 294 CO. qui
l'institue a soulevé de nombreuses questions que M. Edouard
Ernst, greffier du Tribunal cantonal de Lucerne, a cherché à
résoudre systématiquement et scientifiquement dans son étude

sur le *Droit de rétention du bailleur d'après l'art. 294 du Code fédéral des obligations* [1].

Le droit de rétention du bailleur prévu à l'art. 294 n'est point un cas particulier du droit de rétention institué par l'art. 224. Comme le dit M. Ernst, « la première condition de la *rétention*, c'est la *détention*, et le bailleur n'a pas la détention des objets sur lesquels il possède un droit de rétention. » En outre, pour que la garantie naisse, il faut, dans la règle, que la créance soit échue, tandis que le bailleur est garanti aussi pour le loyer de l'anuée courante. D'autre part, tandis que le droit de rétention garantit toutes les créances en connexité avec l'objet retenu, le droit de rétention du bailleur ne s'étend pas aux réclamations de dommages-intérêts et frais de justice pour inexécution des obligations du preneur [2].

Néanmoins, le législateur fédéral a voulu que le privilège du bailleur consistât en un droit de rétention et non, par exemple, en un droit de gage ou en un droit de suite. Il importe donc de déterminer ce qu'est, en doctrine, le droit de rétention. M. Ernst s'en réfère, sur ce point, à la définition donnée dans un jugement de la haute Cour de Bavière, du 29 mars 1881, disant que le droit de rétention « n'est pas autre chose qu'un cas de l'*exceptio doli*, fondée sur des contre-prestations qui sont en connexion avec la réclamation et concernent la chose. L'effet de cette exception est de permettre au défendeur de retenir la chose qu'il détient, ou d'autres prestations, aussi longtemps que l'exception n'a pas été écartée. »

Le droit de rétention ne serait donc, en principe, qu'un moyen défensif de procédure, mais le législateur fédéral a été plus loin ; afin que la situation de celui qui retient un objet pour se faire payer ne se prolonge pas indéfiniment, il a concédé au créancier le droit d'y mettre un terme, en réalisant, après avertissement, la vente juridique de la chose retenue, conformément aux règles prescrites par les législations cantonales pour la réalisation du gage.

---

[1] Eduard Ernst : *Das Retentionsrecht des Vermiethers, nach Art. 294 des schweizerischen Obligationenrechts* (extrait des *Katholische Schweizer-Blätter*, 1888, livraison 9-10).

[2] Arrêt du Tribunal fédéral du 17 septembre 1887 ; *Journal des Tribunaux*, 1887, p. 613.

Après avoir défini le droit de rétention, M. Ernst donne une interprétation fort complète de l'art. 294 ; il tranche la plupart des questions que soulève cet article, en serrant aussi près que possible le texte de la loi et en s'attachant à la nature juridique du droit de rétention.

Il résulte de cette étude que la garantie du bailleur cesse dès que les objets qui la constituaient ont quitté l'immeuble loué ; le bailleur n'a pas de droit de suite [1]. La garantie s'étend seulement aux créances résultant du loyer de l'année écoulée et de l'année courante et non aux réclamations pour réparations locatives ou dommages-intérêts. Le bailleur ne peut, en vertu du droit de rétention, obliger le preneur à garnir la maison de meubles en quantité suffisante ou à donner des sûretés capables de répondre du loyer.

Le droit de rétention ne s'étend qu'aux objets qui servent à l'arrangement ou à l'usage des lieux loués et non à l'argent, aux habits et aux valeurs, à moins que ces objets ne soient des marchandises garnissant, par exemple, le magasin d'un tailleur, d'un bijoutier ou d'un changeur.

Le droit de rétention appartient « à tout bailleur d'un immeuble ». Par conséquent, il appartient, dit M. Ernst, non-seulement à celui qui loue des appartements, mais aussi au propriétaire de magasins, caves, entrepôts, écuries, etc. Ce droit n'est pas attaché à la personne du bailleur, il peut le céder ; à teneur de l'article 190, la cession du droit de rétention est impliquée dans celle des autres créances contre le locataire.

Les restrictions apportées par le droit de rétention du CO. au privilège du bailleur tel qu'il existait auparavant sont loin d'être approuvées par M. Ernst. Voici ce qu'il dit de la suppression du droit de suite :

« Il ne peut y avoir aucun doute que cette disposition du CO. ne soit d'une grande portée pratique et ne soit fatale à beaucoup de bailleurs. Ceux-ci risquent à chaque instant de voir leur droit annihilé par un preneur de mauvaise foi, non-seulement lorsqu'ils ne demeurent pas sur les lieux, mais même lorsqu'ils habitent sous le même toit. Le bailleur n'a, en effet, qu'à s'absenter seulement une demi-journée, sans avoir pris les précautions né-

[1] Arrêt du Tribunal fédéral du 28 avril 1888 ; *Journal des Tribunaux*, 1888, p. 324.

cessaires, pour voir son droit de rétention rendu illusoire par un preneur peu consciencieux. Si le bail a pour objet un magasin ou un dépôt de marchandises, il sera toujours facile au preneur de soustraire peu à peu les objets soumis au droit de rétention, jusqu'à ce que le bailleur se trouve tout d'un coup en face d'un fait accompli de déplacement et soit ainsi frustré dans son droit. La règle que le droit de rétention du bailleur s'éteint avec l'enlèvement des meubles des lieux loués, renferme aussi, à certains égards, un encouragement pour le preneur oublieux de ses devoirs à se soustraire par des voies détournées aux justes prétentions du bailleur. C'est pourquoi il est fort à regretter que le législateur fédéral, séduit par le désir de créer un institut original, se soit fourvoyé de manière à ouvrir, tòute grande, la porte aux manœuvres frauduleuses. »

M. Ernst cite à ce propos M. le professeur Rossel qui, dans ses observations sur le droit de rétention (*Journal des Tribunaux* de 1888, page 614), fait aussi très justement remarquer que la faculté donnée au bailleur par l'art. 294, al. 3, de recourir à l'assistance de l'autorité pour le maintien de son droit est « presque toujours illusoire ».

Dans la plupart des cas, en effet, surtout si le bailleur n'est pas sur les lieux, ou si, pour trouver l'autorité compétente, il faut aller à une certaine distance, l'enlèvement du mobilier sera opéré avant qu'on ait pu obtenir l'assistance réclamée.

Ce n'est d'ailleurs pas seulement par le fait du preneur que le droit de rétention du bailleur peut être mis en péril, mais aussi par celui des autres créanciers du preneur. Cette garantie du bailleur devient, en effet, absolument nulle lorsqu'un créancier saisissant obtient de l'office le déplacement des objets soumis au droit de rétention; c'est ce qu'on a pu voir dans le canton de Vaud dans un cas récent:

Un créancier ayant séquestré du bétail garnissant une ferme et l'office se disposant à le déplacer, le bailleur s'adressa au juge de paix, autorité compétente à teneur de l'art. 107 de la loi d'organisation judiciaire, pour obtenir l'assistance prévue à l'art. 294, al. 3, CO. Le juge donna l'ordre de laisser les animaux dans la ferme, mais, quoique le bailleur eût mis toute la diligence possible, lorsque cet ordre fut exhibé à l'assesseur officiant, le bétail avait déjà été déplacé et l'office se refusa à le réintégrer. Le bailleur ayant recouru, en vertu de l'art. 505 Cpc., contre le refus de l'office de lui prêter l'assistance prescrite par la loi, le Tribunal cantonal, par arrêt du 20 novembre 1888, a écarté le recours, par le motif que la loi ne prévoit pas de recours contre une ordonnance d'exécution forcée. Si cet arrêt doit faire jurisprudence, le bailleur verra s'évanouir la garantie que la loi lui donne, sans aucun recours possible, toutes les fois qu'un créancier saisissant obtiendra de l'office le déplacement des objets garnissant les lieux loués, à moins qu'il ne soit admis que le déplacement, *lorsqu'il est ordonné par l'office*, n'éteint pas le droit de rétention.

Il serait d'autant plus nécessaire de parer à ce danger résultant pour le bailleur du déplacement en cas de saisie, que le projet de loi fédérale sur la poursuite, qui a voulu remédier jusqu'à un certain point aux lacunes du Code fédéral des obligations en introduisant un droit de suite en faveur du bailleur, donne (art. 98, al. 3) au créancier saisissant le droit de faire dans tous les cas déplacer les objets saisis, tandis qu'il n'accorde le droit de suite (art. 283, al. 4) que si les meubles ont été *enlevés clandestinement ou avec violence*, ensorte que le bailleur, *si son droit de rétention s'éteint avec le déplacement opéré d'office*, serait absolument désarmé vis-à-vis des autres créanciers du preneur qui, pour annihiler son droit, ne manqueraient pas de requérir le déplacement des objets qui lui servent de garantie.

Berne. — COUR D'APPEL ET DE CASSATION.
Traduction d'un arrêt du 13 avril 1888.

Cautionnement. — **Droit de la caution d'exiger des sûretés du débiteur principal.** — **Art. 511 CO.**

Masse Marggi contre J. Marggi.

Si la caution a le droit, dans certains cas, d'exiger des sûretés du débiteur
principal, ce droit ne saurait toutefois être exercé dans l'intention de
porter préjudice aux créanciers de ce dernier.

Jacob Marggi a souscrit de nombreux cautionnements en faveur de son frère Christian, et, afin de se mettre à couvert, il a passé avec lui, le 4 janvier 1887, un « contrat de garantie et de

vente », par lequel le second lui cédait son bétail pour le prix
de 4800 fr., payable par l'acquittement des créances caution-
nées. Trois jours après, Christian Marggi a remis son bilan ; le
passif excédant de beaucoup l'actif, les créanciers ont ouvert
action en nullité de la convention du 4 janvier 1887 et en restitution des objets vendus à Jacob Marggi. Ce dernier a résisté à
l'action, objectant qu'il s'était borné à exiger des sûretés du débiteur principal, ainsi que l'art. 511 CO. l'y autorisait.

La Cour d'appel et de cassation a donné gain de cause à la
masse.

Motifs.

La disposition contenue à l'art. 511 CO. a entendu réserver à
la caution le droit d'exiger du débiteur principal, le cas échéant,
une garantie personnelle ou réelle. En revanche, le législateur
n'a nullement voulu fournir à la caution un moyen détourné de
se procurer, sous prétexte de garantie, un avantage illicite au
détriment des autres créanciers, à la veille de la faillite du débiteur principal. En l'espèce, le contrat dit de garantie et de
vente, du 4 janvier 1887, n'a d'autre but que de transférer à la
caution toutes les obligations du débiteur principal, moyennant
l'abandon fait par ce dernier de son bétail en lieu de paiement.
Il ne s'agit donc pas seulement d'une *sûreté* fournie au défendeur pour le garantir des conséquences des engagements souscrits par lui, mais d'une *couverture* qui lui est faite en fraude
des droits des créanciers, et il convient dès lors d'admettre les
conclusions de la partie demanderesse.   C. S.

Vaud. — Tribunal cantonal.
Séance du 4 décembre 1888.

**Succession. — Refus d'envoi en possession. — Recours. —
Moyen préjudiciel. — Art. 505 et 934 Cpc.**

Dames Besson et consorts contre succession Reller.

*A l'exception de l'art. 934 Cpc., qui vise seulement l'héritier bénéficiaire,
aucune disposition de la loi ne prévoit un droit de recours contre une
décision accordant ou refusant l'envoi en possession d'une succession.*
*L'ordonnance d'envoi en possession peut être attaquée par celui qui y
a intérêt suivant les formes de la procédure contentieuse.*

Alfred Reller, en son vivant syndic de Vevey, est décédé le

23 juin 1888. Il a laissé trois actes de dernière volonté, dont les deux premiers ont été considérés comme révoqués par le troisième, portant la date du 3 août 1881. Par cet acte de dernière volonté, Reller instituait pour son héritière la commune de Vevey.

La dite commune a demandé le bénéfice d'inventaire de cette succession ; elle a ensuite déclaré l'accepter et elle a demandé d'être envoyée en possession.

Le 4 octobre 1888, le Président du Tribunal de Vevey a prononcé en faveur de la commune de Vevey l'envoi en possession de la succession Reller.

Le 24 octobre 1888, le procureur-juré Dupuis, agissant comme mandataire de Sophie Besson, Louise Eynard, Jenny Monnet et Henriette Deriaz, tantes du défunt, a déclaré accepter, au nom de celles-ci, la succession Reller et a demandé d'être envoyé en possession de la dite succession.

Le Président du Tribunal de Vevey, se fondant sur le motif que la commune de Vevey avait été envoyée en possession de la dite succession le 4 octobre 1888, a refusé d'envoyer en possession d'autres héritiers.

Le procureur-juré Dupuis a recouru contre ce prononcé, dont il demande la réforme en ce sens que les droits de ses mandataires soient réservés.

Dans son mémoire, la commune de Vevey soulève à l'encontre du recours les moyens suivants :

I. *Moyen préjudiciel.* Les recourantes doivent avoir donné au procureur-juré une procuration. Si cette procuration ne figure pas au dossier, il y a lieu d'écarter le recours préjudiciellement.

II. *Moyen de fond.* Il n'y a pas eu, en l'espèce, de refus de procéder de l'office et l'art. 934 Cpc. n'ouvre le recours qu'en faveur de l'héritier bénéficiaire auquel on refuse l'envoi en possession. A part ce cas, aucun droit de recours n'existe contre une ordonnance d'envoi en possession.

Le Tribunal cantonal a écarté le recours, tous droits étant cependant réservés aux recourantes, qui sont renvoyées à se pourvoir devant les tribunaux par la voie contentieuse.

Motifs.

Considérant, *sur le moyen préjudiciel,* que le prononcé du 24 octobre 1888 mentionne que le procureur-juré Dupuis, à Vevey, agit au nom et comme mandataire des instantes à la demande d'envoi en possession.

Que, selon ce prononcé, Dupuis serait autorisé à demander, au nom des recourantes, l'envoi en possession de la succession Reller.

Que, dès lors, il est censé autorisé aussi à recourir au Tribural cantonal contre la décision du Président de Vevey qui refuse de prononcer l'envoi en possession demandé.

Par ces motifs,

Le Tribunal cantonal écarte le moyen préjudiciel.

Statuant ensuite *sur le IIe moyen* et considérant qu'aux termes de l'art. 505 Cpc., un recours ne peut être exercé au Tribunal cantonal que dans les cas expressément prévus par la loi et en outre contre tout refus de procéder de l'office.

Qu'en l'espèce on ne saurait dire que le Président ait refusé de procéder, puisque au contraire il a statué sur la demande d'envoi en possession formulée par les recourantes.

Attendu que l'art. 934 Cpc., qui prévoit un recours au Tribunal cantonal, n'est pas applicable au cas actuel, puisqu'il ne s'occupe que du cas où le tribunal (soit le président) refuse d'envoyer en possession l'héritier bénéficiaire.

Que les recourantes n'ont ni demandé, ni obtenu le bénéfice d'inventaire.

Qu'aucune disposition de la loi ne prévoit, à l'exception de l'art. 934 Cpc., un droit de recours contre une décision accordant ou refusant l'envoi en possession.

Qu'en outre le Président du Tribunal de Vevey, ayant prononcé un premier envoi en possession de la succession Reller en faveur de la commune de Vevey, ne pouvait en prononcer un second en faveur des recourantes.

Qu'il y a lieu toutefois de réserver aux dites recourantes tous droits d'attaquer le premier envoi en possession par la voie de la procédure contentieuse.

———o—o———

Séance du 11 décembre 1888.

Preuve par titre. — Titre sous seing privé. — Dénégation de signature. — Tardiveté. — Art. 194 et 197 Cpc.

Hoirs Babelay contre Banque cantonale et Postes fédérales.

La partie qui, à l'audience présidentielle, admet sans opposition une preuve littérale annoncée par la partie adverse, est à tard pour contester, à l'au-

*dience au fond, la signature des titres sous seing privé produits anté-
rieurement à cette audience.*

Dans sa demande du 9 août 1887, la Banque cantonale vaudoise a conclu à ce qu'il soit prononcé que l'Administration des
postes suisses, II* arrondissement, est sa débitrice et doit lui
faire prompt paiement, avec intérêt à 5 °/., de la somme de 1300
francs.

Dans sa réponse, l'Administration fédérale des postes a conclu, tant exceptionnellement qu'au fond, à libération des fins de
la demande.

Par exploit du 19 juillet 1888, la Banque cantonale, après en
avoir obtenu l'autorisation de la défenderesse, a évoqué en garantie les héritiers de Daniel Babelay, qui sont dame Bichet, à
Burtigny, et dame Bovay, à Montherod, et a conclu, pour le cas
où les Postes fédérales obtiendraient gain de cause, à ce qu'il
soit prononcé :

Que la somme de 1300 fr. réclamée aux Postes doit être portée au débit du compte des hoirs Babelay à la Banque et que
ceux-ci doivent rembourser à la demanderesse tous les frais
qu'elle pourrait être appelée à payer à l'Administration des
postes.

Dans leur réponse, les hoirs Babelay ont conclu :

1* A libération des conclusions prises contre eux par la Banque cantonale ;

2* Reconventionnellement, à ce que la Banque cantonale soit
reconnue immédiatement débitrice des hoirs Babelay de la
somme de 1300 fr., valeur échue, portée sans droit au débit du
compte de Daniel Babelay à la Banque, et déposée en consignation judiciaire le 13 juillet 1888, avec les intérêts, toutes erreurs
ou omissions dans le compte-courant de la Banque étant réservées.

A l'audience préliminaire du président du Tribunal de Lausanne, du 6 septembre 1888, les Postes fédérales ont entrepris
la preuve des faits n°° 22, 25, 29 et 33 par le livre de récépissés
de la poste, en complétant cette preuve, sur la question de savoir
si la femme Babelay était porteur d'une autorisation de Daniel
Babelay, par l'audition de témoins.

Les hoirs Babelay ont admis ces preuves et leur genre sous
réserve d'y participer.

Le 25 septembre 1888, le conseil de l'Administration des postes a produit au greffe un onglet de 21 pièces, au nombre desquelles figurent des livres de récépissés.

A l'audience du Tribunal de Lausanne du 8 novembre, les hoirs Babelay ont contesté les signatures de Charlotte Babelay qui figurent sur les livres de récépissés de la poste produits par la défenderesse, déclarant contester formellement que les dites signatures soient celles de « Charlotte Babelay, veuve de Daniel. »

L'Administration des postes fédérales s'est opposée à ce que les hoirs Babelay corrigent tardivement l'erreur qu'ils ont commise lors de l'appointement à preuves, en oubliant de contester la signature des pièces indiquées comme preuve par les Postes fédérales. Ces pièces ont été soumises lors de l'appointement à preuves au mandataire des hoirs Babelay et il a été convenu entre parties qu'elles s'entendraient pour faire un seul bordereau des pièces produites. Fondées sur ces motifs, les Postes fédérales ont conclu par voie incidente à ce que la dénégation de signature faite par les hoirs Babelay soit écartée comme tardive et contraire aux art. 194 et suivants Cpc.

Les Postes fédérales ont conclu subsidiairement à ce que, pour le cas où la dénégation des hoirs Babelay serait admise, il soit procédé à une nouvelle audience présidentielle, dans laquelle les Postes seront admises à procéder conformément à l'art. 209 Cpc.

Les hoirs Babelay, tout en contestant en fait que les livres de récépissés de la Poste sur lesquels figurent les prétendues signatures de Charlotte Babelay, leur aient été soumis à l'audience préliminaire, ont reconnu qu'il avait été, en effet, entendu entre parties qu'elles s'entendraient pour faire la production des pièces invoquées par elles à titre de preuve. Ils ont, en conséquence, conclu avec dépens à libération des conclusions incidentes prises par les Postes fédérales.

La Banque cantonale a protesté contre les frais de la procédure à laquelle se sont livrés la défenderesse et les évoqués en garantie, et a conclu, contre celles de ces deux parties qui succombera, aux dépens résultant de la dite procédure.

Par jugement du dit jour, 8 novembre 1888, le Tribunal de Lausanne a admis les conclusions principales prises par l'Administration des postes et a condamné les hoirs Babelay aux frais de l'incident, tant vis-à-vis de l'Administration des postes que vis-à-vis de la Banque cantonale. Ce jugement est fondé, en résumé, sur les motifs suivants :

Si les hoirs Babelay estimaient avoir intérêt à se mettre au bénéfice des dispositions de l'art. 194 Cpc., ils devaient exiger la production effective et immédiate des pièces indiquées comme preuves sur les faits n" 22, 25, 29 et 33 ; ils auraient dû tout au moins demander à retarder leur détermination jusqu'après la production de ces pièces. Au surplus, depuis le 25 septembre les pièces indiquées comme preuves ont été produites au greffe et les hoirs Babelay auraient pu examiner les signatures actuellement critiquées, contester, le cas échéant, ces signatures et provoquer un complément d'appointement à preuves.

Au rapport de la sentence, les hoirs Babelay ont déclaré recourir au Tribunal cantonal, estimant l'incident suspensif.

L'Administration des postes et la Banque cantonale, tout en estimant que le recours n'est pas suspensif, ont déclaré, en évitation de frais, ne point s'opposer à ce qu'il soit déclaré comme tel.

Le recours a été écarté.

Motifs.

Considérant qu'aux termes de l'art. 194 Cpc., « en cas de » preuve littérale, l'instant produit immédiatement à l'audience » du président le titre dont il veut faire usage. »

Qu'à teneur de l'art. 197 du dit Code, si la signature du titre sous seing privé est contestée, il doit être procédé à l'audience du président, conformément aux art. 208 et suivants.

Que, dès lors, les hoirs Babelay auraient pu et même dû requérir la production immédiate des titres et pièces invoqués par l'Administration des postes.

Qu'en tout cas ils devaient demander de retarder leur détermination jusqu'au moment où ils auraient pu prendre connaissance des signatures invoquées à titre de preuve.

Attendu, d'ailleurs, que les pièces indiquées par l'Administration des postes comme moyens de preuve ont été produites au dossier le 25 septembre.

Que les recourants auraient pu en prendre connaissance au greffe et faire à ce moment toute dénégation ou réquisition qu'ils auraient estimées utiles à leur cause.

Que la dénégation qu'ils ont faite des signatures invoquées

était par conséquent tardive, puisqu'elle n'a eu lieu qu'à l'audience du jugement devant le tribunal.

———o—o———

Vaud. — COUR DE CASSATION PÉNALE.
Séance du 28 décembre 1888.

Injures. — Condamnation pénale prononcée par le juge de paix. — Recours adressé directement au Tribunal cantonal. — Moyen préjudiciel. — Art. 226 de la loi sur l'organisation judiciaire.

Nogarède contre Ramuz.

Le recours contre les jugements rendus par le juge de paix en matière pénale s'exerce par lettre chargée adressée dans les trois jours dès la communication du jugement au magistrat qui a prononcé.

Est irrégulier et doit être écarté préjudiciellement, le recours adressé directement au Tribunal cantonal.

Le 17 décembre 1888, le juge de paix du cercle de Nyon a condamné par défaut Louis-Ami Ramuz, meunier, à Chibliers, rière Gingins, à une amende de 20 fr. et aux frais, comme coupable du délit d'injures envers Marc Nogarède, ouvrier charpentier, à la Muraz, rière Nyon.

Nogarède a recouru contre ce jugement, estimant que le juge de paix n'était pas compétent pour statuer sur le délit commis par Ramuz.

Le recours a été écarté préjudiciellement.

Motifs.

Considérant qu'aux termes de l'art. 226 de la loi du 23 mars 1886 sur l'organisation judiciaire, le recours contre un jugement de juge de paix doit s'exercer par lettre chargée, dans les trois jours dès la communication du jugement, au juge de paix qui a prononcé.

Considérant que, dans l'espèce, Nogarède a adressé son recours directement au Tribunal cantonal et sans observer les formalités voulues ci-dessus.

Que, dès lors, son pourvoi est irrégulier et qu'il ne saurait être examiné.

———o—◁▷—o———

France. — Cour d'appel de Dijon (3° chambre).

Audience du 5 décembre 1888.

Diffamation par carte postale. — Loi du 11 juin 1887. — Délit successif. — Compétence du tribunal du lieu de la réception de la carte postale.

Affaire Pierron.

Le délit de diffamation par carte postale se commet non-seulement au lieu d'expédition de la carte incriminée, mais successivement dans tous les lieux où celle-ci a circulé à découvert.

En conséquence, le tribunal du lieu où elle a été reçue par le destinataire, diffamé, est compétent.

Attendu, en droit, que la loi du 11 juin 1887, en vue de combler une lacune existant dans la loi du 29 juillet 1881, sur la liberté de la presse, punit expressément l'expédition, par l'Administration des postes et télégraphes, d'une correspondance à découvert, contenant une diffamation ou une injure, et déclare que ces délits sont de la compétence des tribunaux correctionnels.

Attendu que cette loi, n'ayant pas organisé pour cette sorte de délits une procédure spéciale et restant muette sur la compétence territoriale, s'en réfère virtuellement, par cela même, à la loi précitée de 1881, dont elle est le corollaire, et aux principes généraux posés par le Code d'instruction criminelle.

Attendu qu'il résulte de ces dispositions législatives, et notamment des art. 23, 63, 69 du Code d'instruction criminelle, qu'au nombre des tribunaux correctionnels compétents pour connaître d'un délit se trouve le tribunal du lieu du délit.

Que tout revient donc à rechercher quel lieu peut être également considéré comme celui du délit déféré à la juridiction correctionnelle.

Attendu que pour cette détermination, il faut tenir compte, ici, d'une part de la nature spéciale du délit nouveau, prévu par la loi du 11 juin 1887, lequel est un délit *sui generis,* et d'autre part des circonstances spéciales à chaque espèce.

Attendu que, si le simple fait de mise à la boîte de la poste d'une correspondance à découvert, d'une carte postale, par exemple, qui contiendrait une diffamation ou une injure, peut révéler d'ores et déjà l'intention coupable de nuire, de la part de l'envoyeur, en général le but que s'est proposé celui-ci n'est atteint, et le préjudice constituant un des éléments essentiels du délit n'est réalisé définitivement que par la circulation à découvert de la carte postale incriminée et par sa remise au destinataire, ou par sa distribution au lieu où elle est adressée.

Attendu que, dans la plupart des cas, c'est ainsi seulement que la victime se trouve atteinte et frappée, que le scandale voulu éclate avec toute son intensité, et que le préjudice est causé avec sa gravité tout entière.

Attendu que lorsqu'il en est ainsi, le lieu où la carte postale est adressée ou distribuée est en réalité le lieu principal, le lieu véritable du délit, et que, par suite, la connaissance et la répression de celui-ci peuvent appartenir au tribunal dans le ressort duquel est située cette localité.

Attendu, en fait, que les correspondances incriminées ont été adressées, de Lille, par Pierron, au domicile du sieur Chavasse, à Dijon, là où il a son établissement de négociant en vins, et là où les correspondances incriminées pouvaient compromettre davantage son honneur et sa réputation et lui causer le plus de tort, au cas où ces correspondances seraient reconnues diffamatoires ou injurieuses.

Que, dans ces circonstances, c'est à bon droit que le tribunal correctionnel de Dijon s'est déclaré compétent.

Résumés d'arrêts.

Compétence. — Le juge de paix n'est compétent que pour statuer sur les prétentions personnelles ou mobilières n'excédant pas la valeur de 100 fr. (loi sur l'organisation judiciaire, article 105). S'il est nanti d'une prétention immobilière, il doit se déclarer incompétent, même d'office, à moins qu'une convention expresse, admettant sa compétence, n'ait été consignée au procès-verbal d'audience (art. 220).

TC., 4 décembre 1888. Margot-Ducret c. commune de Ste-Croix.

Faits. — Aux termes de l'art. 190 de la loi du 23 mars 1886 sur l'organisation judiciaire, l'art. 283 Cpc. n'est pas applicable aux causes jugées par le juge de paix. Dès lors, il n'est pas nécessaire que le juge donne à chaque fait sur lequel une

preuve testimoniale a été entreprise une solution, ainsi que
l'exige le dit art. 283; il suffit que tous les faits soient suffisamment rappelés dans le jugement.

TC., 27 novembre 1888. Genre c. Jaccard.

For. — L'article 59 de la constitution fédérale ne vise que les
réclamations de nature *civile*. Il ne saurait, dès lors, être invoqué en ce qui concerne les poursuites tendant au paiement
d'amendes.

TF., 24 novembre 1888. Sutermeister.

Naturalisation. — En prescrivant que le gouvernement cantonal nanti d'une déclaration de renonciation à la nationalité
suisse, en donne connaissance aux autorités de la commune
d'origine et fixe un délai d'opposition de quatre semaines au
plus, l'art. 7 de la loi fédérale du 3 juillet 1876 n'a pas entendu qu'une opposition faite après l'expiration de ce délai
soit non recevable. Le délai ci-dessus doit être envisagé comme
un simple délai d'ordre, d'autant plus que la question de savoir si les conditions exigées par la loi pour que la renonciation soit valable doit être examinée d'office.

TF., 19 octobre 1888. Weber.

Opposition. — Il·y a lieu à révocation du sceau accordé à une
opposition formée à une saisie pratiquée en vertu d'un jugement exécutoire, alors que cette opposition n'est appuyée
d'aucun titre postérieur au jugement constatant l'exécution
totale ou partielle (Cpc. 412 ; loi sur l'organisation judiciaire,
art. 214).

TC., 18 décembre 1888. Chablaix c. Dutoit.

Recours. — Le recours dirigé contre un jugement de juge de
paix et demandant que la cause soit renvoyée pour nouvelle
instruction, doit être envisagé comme un recours en nullité.

TC., 18 décembre 1888. Karlen c. Henchoz.

Recours. — L'art. 197 de la loi du 23 mars 1886 sur l'organisation judiciaire n'est applicable qu'aux recours dirigés contre les décisions rendues par les juges de paix en matière contentieuse. Cette disposition de la loi n'ayant point modifié
l'art. 507 Cpc., les recours en matière non contentieuse doivent être déposés au greffe de l'autorité dont relève l'acte.

TC., 11 décembre 1888. Wuillemier et Deléderray c. Laurent et consorts.

Saisie. — Aucune disposition de la procédure n'accorde au tiers saisi un droit de recours contre l'ordonnance que rend un juge de paix ensuite de saisie-arrêt.

Si le tiers saisi déclare que les objets saisis en ses mains appartiennent à une personne autre que le débiteur, le juge doit rendre une ordonnance de subrogation et non une ordonnance d'estimation et de vente (Cpc. 606).

TC., 11 décembre 1888. Wuillemier et Deléderray c. Laurent et consorts.

Sceau. — L'art. 25 Cpc., en posant le principe général que l'exploit ne peut être accordé que sur la réquisition personnelle de la partie instante, d'un fondé de pouvoir spécial, d'un procureur-juré ou d'un avocat, ne fait pas de distinctions. Il importe donc peu que l'exploit ne vise qu'une reprise de cause.

TC., 20 novembre 1888. Rosat c. Banque cantonale, soit Genton.

Séquestre. — Les lois cantonales peuvent prescrire qu'un séquestre n'est accordé que si l'instant répond des dommages et intérêts qu'il peut entraîner; elles peuvent aussi disposer, d'une manière générale, que le séquestre a lieu aux périls et risques de l'instant. Toutefois ces dispositions sont sans préjudice à l'action en dommages et intérêts prévue à l'art. 50 CO., s'il existe à la charge de l'instant un acte illicite dans le sens de cet article; en particulier, les cantons ne sauraient soumettre cette action à un délai de prescription plus que celui fixé à l'art. 69 CO.

En matière de séquestre, le dommage doit être envisagé comme se continuant aussi longtemps que dure le séquestre; en conséquence, la prescription de l'action en dommages et intérêts ne court que du jour où il est levé.

TF., 26 octobre 1888. Veuve Zeys c. frères Gonin.

Séquestre. — La question de savoir si un séquestre est régulier ou non tombe exclusivement sous l'application du droit cantonal. Le Tribunal fédéral n'est, dès lors, point compétent pour prononcer à ce sujet (loi sur l'organisation judiciaire fédérale, art. 29).

TF., 16 novembre 1888. Von Schweikhardt et Endress c. Rothschild.

Ch. SOLDAN, conseiller d'Etat, rédacteur.

Lausanne. — Imp. CORBAZ & Comp.

JOURNAL des TRIBUNAUX

REVUE DE JURISPRUDENCE

Paraissant à Lausanne une fois par semaine, le Samedi.

Rédaction : M. Charles Soldan, conseiller d'État, à Lausanne.

Administration : M. L. Rosset, greffier du Tribunal cantonal, à Lausanne.

Abonnements : 12 fr. par an; 7 fr. pour six mois. Pour l'étranger, le port en sus. On s'abonne à l'imprimerie Corbaz & Cᵉ, chez l'administrateur, M. Rosset, et aux bureaux de poste.

Annonces : 20 c. la ligne ou son espace. S'adresser à l'imprimerie Corbaz & Cᵉ.

TRIBUNAL FÉDÉRAL

Séance du 21 décembre 1888.

Résistance à l'autorité. — Extradition. — Condamnation pour une circonstance aggravante non mentionnée dans le mandat d'arrêt. — Art. 2, 8 et 9 de la loi fédérale du 24 juillet 1852 sur l'extradition de malfaiteurs ou d'accusés; art. 117, 118, 119, 120 et 235 Cp. vaudois; art. 255 Cpp. vaudois.

Recours Magnenat.

Même s'il a consenti volontairement à son extradition, le prévenu a le droit, dans le cas de poursuites pour un autre délit que celui à la base de la demande d'extradition, d'exiger qu'une nouvelle requête d'extradition soit formulée de ce chef.

Lorsque, une demande d'extradition ayant été faite, il se révèle plus tard une circonstance aggravante du délit, laquelle entraîne une peine plus grave, il n'est pas nécessaire de formuler une nouvelle demande

d'extradition, pourvu toutefois que le prévenu soit poursuivi réellement
pour l'acte délictueux mentionné dans le mandat d'arrêt et que cet acte
ne rentre pas dans une autre catégorie de crimes ou de délits.

————

Le 16 septembre 1888, le sergent de ville Santschy, à Rolle,
avise, par rapport écrit, le syndic de cette ville que le nommé
Eugène Magnenat avait délivré un prisonnier en usant d'effraction. Le 17 dit, le syndic transmet ce rapport au juge de paix
avec invitation d'ouvrir contre Magnenat une enquête pénale.

Le même jour, le juge de paix ordonne l'arrestation de l'in-
culpé Magnenat, qui s'était enfui à Genève, et transmet à cet
effet directement un double du mandat d'arrêt au Département
de justice et police de Genève.

Magnenat fut arrêté dans cette dernière ville le 18 septembre,
et, comme, de son propre aveu, il ne s'opposa pas à son extradition, il fut transporté le lendemain 19 à Rolle par la gendarmerie.

Une enquête pénale fut instruite contre Magnenat et le 26 du
même mois, le Juge de paix de Rolle le renvoya devant le Tribunal de police de ce district comme prévenu de s'être rendu
coupable des faits prévus aux art. 117, 119 et 120 du Code pénal
vaudois, délits commis au préjudice et contre les ordres des
autorités communales de Rolle, ainsi qu'à celui de dite commune.

Le 5 octobre 1888, le Président du Tribunal de police cite
Magnenat à comparaître devant ce tribunal comme prévenu de
résistance à la force publique, et le 11 dit, cet accusé fut condamné à quatre mois de réclusion et aux frais du procès et de
la détention préventive, en application des art. 117, 119, 120 et
64 du Code pénal.

Magnenat recourut à la Cour de cassation pénale contre ce
jugement de police par les motifs suivants :

1° Il n'est pas constaté que Magnenat se soit livré à des actes
de résistance contre un agent de la force publique.

2° Il n'était ni armé, ni porteur d'armes au sens légal de ces
mots.

3° L'extradition de Magnenat n'a été ni demandée, ni consentie, ni accordée pour résistance à l'autorité, mais bien pour
violation de domicile et menace.

4° Subsidiairement, parce qu'il n'est pas établi en fait qu'il ait résisté à un agent de la force publique dans l'exercice de ses fonctions.

La Cour, dans son arrêt du 2 novembre 1888 [1], constate d'abord que les faits suivants sont établis à la charge du condamné :

a) Il a, à Rolle, dans la soirée du 16 septembre précédent, résisté à l'agent de police Santschy dans l'exercice de ses fonctions; Magnenat était armé d'une hache, mais n'en a pas fait usage dans sa résistance.

b) Il a, à Rolle, le même jour, procuré des moyens d'évasion au sieur H. Eindiguer, alors légalement détenu dans la salle de police de Rolle, en faisant sauter avec une hache le verrou de la porte de la prison.

c) Il a outragé, par des termes grossiers et insultants, le garde-police Santschy dans l'exercice de ses fonctions.

La Cour de cassation, statuant, a écarté le recours par les motifs suivants :

Sur le premier moyen :

Si le jugement n'a pas spécifié les actes de résistance auxquels s'est livré Magnenat, il résulte cependant du dossier que le condamné a opposé une résistance active à l'agent de police Santschy. Pour que l'art. 117 Cp. soit applicable, il suffit de la simple résistance; il n'est pas nécessaire d'actes de violence, qui constituent alors les voies de fait prévues à l'art. 118.

Sur le second moyen :

Le jugement constate que Magnenat était armé d'une hache, qui est bien une arme meurtrière ou un instrument dangereux dans le sens de l'art. 235, § *a*, Cp. Au moment de sa résistance, Magnenat était porteur de cet instrument dangereux, avec lequel il brisait la fermeture de la porte de la prison où se trouvait Eindiguer; s'il n'a pas fait usage de sa hache contre l'agent Santschy, il eût pu le faire, puisqu'il reconnaît lui-même que dans ce moment-là il était très excité et que dans sa résistance il a gravement insulté l'agent de police. Le Tribunal de police a eu, dès lors, raison d'appliquer le 2e alinéa de l'art. 117 Cp.

Sur le 3e moyen :

Il résulte du dossier que Magnenat a été extradé comme prévenu de violation de domicile avec effraction pour libération

---

[1] Voir *Journal des Tribunaux* de 1885, page 766.

d'un détenu et menaces envers la police locale et qu'il a été condamné pour délit de résistance à l'autorité ; mais l'ordonnance du juge de paix de Rolle du 28 septembre 1888 renvoyait Magnenat pour résistance devant le Tribunal de police, et le prévenu n'a pas recouru contre la dite ordonnance ; il n'a d'ailleurs nullement critiqué, devant ce tribunal, l'informalité dont il se plaint aujourd'hui. Ce moyen est dès lors tardif.

Sur le 4° moyen :

Le jugement établit en fait que lorsque Magnenat a résisté à l'agent de police de Rolle, celui-ci était dans l'exercice de ses fonctions: cette constatation est définitive et la critique du recourant, de ce chef, ne peut être admise.

Sous date du 9 novembre écoulé, Magnenat a interjeté un recours de droit public auprès du Tribunal fédéral, complété le 15 dit, et concluant à ce qu'il lui plaise annuler le jugement du Tribunal de Rolle du 10 octobre et l'arrêt de la Cour de cassation pénale du 2 novembre, pour violation de la loi fédérale du 24 juillet 1852 sur l'extradition des malfaiteurs. A l'appui de ces conclusions, le recourant fait valoir :

Le délit pour lequel Magnenat a été condamné est celui de résistance à l'autorité, prévu à l'art. 117 Cp. ; or le prévenu avait été extradé pour violation de domicile avec effraction, pour libération d'un détenu et menaces envers la police locale, soit pour d'autres délits.

Lorsqu'il a consenti à son extradition, Magnenat ne savait pas qu'il était signalé pour un délit entraînant la peine de la réclusion. Or la loi fédérale garantit implicitement, à ses art. 8 et 9, le principe de la spécialité de l'extradition, en vertu duquel l'extradé ne peut pas être condamné pour des délits antérieurs ou autres que ceux pour lesquels l'Etat requis a consenti à sa remise. L'extradition de Magnenat, bien qu'elle ait eu lieu immédiatement et sans être précédée d'une demande du gouvernement vaudois, n'en est pas moins une véritable extradition aux termes de l'art. 8 précité, et ni l'Etat de Genève, ni Magnenat n'ont déclaré consentir à ce qu'un jugement intervienne pour résistance à l'autorité.

Le délit de résistance à l'autorité est d'ailleurs un de ceux pour lesquels les cantons ne sont pas tenus d'accorder l'extradition ; il n'est pas un de ceux prévus à l'art. 2 de la loi fédérale. C'est un délit complexe, qui peut rentrer dans la catégorie des délits politiques. Le délit commis par Magnenat n'appelle pas l'application de l'art. 117 Cp., qui prévoit la rébellion à main armée.

Dans sa réponse, le président du Tribunal de Rolle se borne à faire observer qu'il n'y a pas eu d'extradition proprement dite ; que Magnenat a été arrêté à Genève et qu'il n'a fait aucune opposition, ni à cette époque, ni lors du jugement, contre la prétendue irrégularité commise à son préjudice.

Dans son complément au recours, Magnenat explique que s'il n'a pas signalé ces irrégularités lors des débats, c'est qu'il ignorait son renvoi pour résistance à main armée ; il a aussitôt protesté contre le jugement.

Le Tribunal fédéral a écarté le recours.

Motifs.

1. Le Tribunal fédéral a toujours admis qu'un prévenu était en droit de recourir en s'appuyant sur la loi fédérale du 24 juillet 1852, mais seulement pour autant que la procédure déterminée par cette loi n'aurait pas été observée dans sa disposition portant qu'un canton qui veut poursuivre au pénal un malfaiteur ou un accusé domicilié dans un autre canton, doit préalablement adresser une demande d'extradition au canton du dit domicile (V. arrêts du Trib. féd. en les causes Mettler, *Rec.* III, p. 249, consid. 3 ; Martinoni, IV, 235 ; Wüthrich, VI, 80 ; Fähndrich, ibid. 217).

Dans l'espèce, la demande d'extradition n'a pas eu lieu ; elle était superflue par le fait que le juge de paix de Rolle avait transmis directement au Département de justice et police de Genève un double du mandat d'arrêt décerné contre Magnenat, domicilié à Rolle et en fuite depuis quelques heures seulement, avec injonction d'arrêter celui-ci en cas de découverte, après quoi ce prévenu, arrêté effectivement, a déclaré ne pas s'opposer à son transfert à Rolle.

Il est vrai que, même après avoir consenti volontairement à son extradition, le prévenu aurait le droit, dans le cas de poursuites pour un autre délit que celui à la base de la demande d'extradition, d'exiger qu'une nouvelle requête d'extradition soit formulée de ce chef.

2. Mais il n'est nullement établi que, dans le cas particulier, Magnenat ait été livré aux autorités vaudoises et condamné pour un délit autre que celui déjà mentionné dans le mandat d'arrêt.

Il résulte, en effet, de la teneur de cette pièce, adressée à l'autorité genevoise, que le recourant était bien poursuivi, entre autres, pour *résistance,* délit prévu et réprimé à l'art. 117 du Code pénal, lequel ne vise que les actes de résistance à un agent de la force publique dans l'exercice de ses fonctions.

Magnenat ayant volontairement consenti à son extradition dans ces conditions, il est certain qu'il a admis implicitement le motif d'extradition tiré de l'art. 117 précité.

3. Il est, en revanche, exact que ce mandat ne mentionne pas que Magnenat est aussi poursuivi en vertu de l'art. 117, alinéa 2, visant le cas où celui qui résiste est armé, bien qu'il ne fasse pas usage de ses armes, et que le dit mandat n'indique pas la peine de dix jours à dix mois de réclusion, prévue pour ce délit ainsi qualifié.

Il a été toutefois établi au cours de l'instruction ou des débats devant le Tribunal de police que Magnenat était armé d'une hache, et le juge lui a fait, en conséquence, application du prédit alinéa 2 de l'art. 117. Il y a donc lieu de se demander si, lorsqu'une circonstance aggravante du délit se révèle plus tard, laquelle entraîne une peine plus grave, il est nécessaire de formuler aussi une nouvelle demande d'extradition.

Cette question doit recevoir une solution négative, aussi longtemps que le prévenu est poursuivi réellement pour l'acte délictueux mentionné dans le mandat d'arrêt, et que cet acte ne rentre pas dans une autre catégorie de crimes ou de délits. C'est ainsi que le prévenu extradé pour vol peut être condamné pour vol qualifié. Or Magnenat n'a pas été puni pour un autre délit que celui de résistance prévu à l'art. 117 du Code pénal, et mentionné déjà dans le mandat d'arrêt.

Le Tribunal de céans n'est point compétent pour rechercher, d'ailleurs, si le Tribunal de police et la Cour de cassation ont fait une saine application de la loi pénale, ni si, en particulier, l'ordonnance de renvoi du 26 septembre 1888 tient un compte suffisant des dispositions de l'art. 255 Cpp.

4. Il est enfin sans importance que le délit de résistance ne figure pas au nombre de ceux pour lesquels la loi fédérale de 1852 statue que l'extradition devra être accordée, puisque ce délit était spécifié dans le mandat d'arrêt et que le recourant a consenti à son extradition conformément à cette pièce.

Genève. — Tribunal de commerce
Séance du 20 décembre 1888.

Billet de change. — **Prétendue dette de jeu.** — **Tiers porteur de bonne foi.** — **Art. 512 et 513 CO.**

Ramel et Demole contre Borsier.

Si une obligation de change, souscrite à titre de couverture pour des opérations de jeu, ne peut être poursuivie en justice, cette exception ne saurait toutefois être opposée au tiers porteur de bonne foi.

Les demandeurs requièrent le paiement de 2004 fr. 60, valeur, avec frais, d'un billet de change souscrit par Borsier, tandis que celui-ci, excipant de jeu, conclut à leur déboutement, avec dépens.

Attendu que le billet en question est souscrit *valeur en compte,* que, lors du protêt, Borsier a répondu à l'huissier que ce billet avait été signé par complaisance pour le sieur X., son bénéficiaire.

Attendu qu'aujourd'hui, assigné en paiement de son montant, il prétend que ce titre a pour origine une dette de jeu, ce qui est assez contradictoire avec sa première réponse.

Attendu que si, aux termes des art. 512 et 513 CO., le jeu ne donne ouverture à aucune action en justice et si une obligation de change, souscrite à titre de couverture pour de telles opérations, ne peut être poursuivie en justice, la loi, dans l'intérêt bien entendu du commerce et de la circulation fiduciaire, ajoute : « Toutefois le présent article ne déroge pas aux règles spéciales en matière de lettres de change. »

Attendu qu'une de ces règles incontestées est que le tiers porteur de bonne foi n'a point à s'immiscer dans les tractations qui ont donné naissance à un billet qu'il a en mains, et que s'il est régulier à la forme, il a le droit d'en requérir le paiement contre le souscripteur.

Attendu qu'il s'agit donc, en l'espèce, de savoir si Ramel et Demole étaient de bonne foi, lorsqu'ils ont accepté en paiement le billet dont il s'agit.

Attendu, à cet égard, que si, de la correspondance produite, il résulte qu'ils n'ignoraient pas que Borsier faisait des opérations de jeu à la Bourse avec le sieur X., il n'était pas établi pour eux que le billet dont s'agit avait précisément pour cause de telles opérations ; qu'un joueur peut très bien faire, avec le même banquier chez lequel il spécule, des opérations sérieuses absolument licites et donnant lieu à la création de titres de change.

Attendu que, ce point admis, si l'on considère la réponse faite au protêt, il est facile de voir que Borsier étant en relation d'affaires avec X., et celui-ci se trouvant gêné, il a cru lui rendre service en lui signant complaisamment le billet produit ; qu'un billet de complaisance est incontestablement valable vis-à-vis des tiers porteurs ; que sa mention « valeur en compte » ou d'autres faits n'ont pu avertir de cette origine, et qu'ainsi, quelque regrettable que soit pour lui la position où il s'est mis, le défendeur doit faire honneur à sa signature.

Attendu que cela est d'autant plus équitable, qu'en réalité rien n'est moins établi que les immenses opérations de jeu qu'aurait faites le défendeur, simple employé, avec le sieur X., et qui, si l'on en croit les papiers de ce dernier, se seraient montées en un seul mois à plus de 500,000 fr. ; que l'énoncé de ce simple chiffre, mis en regard de la position respective des sieurs X. et Borsier, montre qu'il s'agit là d'opérations purement fictives, destinées par le dit X. à faire croire aux intéressés à l'existence de créances en sa faveur ; que de telles déclarations étant, au fond, manifestement fausses, on ne saurait baser sur elles la preuve que le titre dont il est fait état a pour cause une dette de jeu.

Attendu que, vis-à-vis de tiers porteurs, cette exception ne doit être admise que lorsque la preuve du jeu est manifeste ; que dans le doute, il est, surtout en matière de change, de l'intérêt général de considérer la valeur souscrite comme licite.

Attendu, dès lors, qu'il y a lieu d'adjuger aux demandeurs leurs conclusions, avec dépens.

Vaud. — Tribunal cantonal.

Séance du 12 décembre 1888.

Procédure devant le président du Tribunal. — Preuve testimoniale. — Solution de fait irrégulière et insuffisante. — Jugement annulé. — Art. 283 et 436, § b, Cpc.

Cart contre Griffon.

Ne constitue pas une décision régulière et suffisante sur un point de fait prouvé par témoins, la réponse par laquelle le président déclare « s'en référer à la procédure. » Une telle réponse est de nature à entraîner la nullité du jugement.

Dans sa demande du 23 avril 1888, Joseph Griffon, aux Charbonnières, a conclu à ce qu'il soit prononcé qu'Aug.-Henri Cart, au Lieu, doit lui faire immédiat paiement de la somme de 154 fr. 25, à titre de répétition de l'indù, avec intérêt au 5 °/₀ dès le 23 février 1888, jour du paiement.

Dans sa réponse, Cart a conclu, tant exceptionnellement qu'au fond, à libération des fins de la demande.

Par jugement du 5 novembre 1888, le vice-président du Tribunal du district de La Vallée a admis partiellement les conclusions du demandeur, en ce sens que Cart est tenu de faire restitution immédiate à Griffon de la somme de 80 fr., valeur induement perçue par lui, mais sans intérêt. Les conclusions du défendeur ont été réduites dans le sens ci-dessus.

Statuant sur les frais, le vice-président a dit que chaque partie garderait les siens.

Cart a recouru contre ce jugement, dont il a demandé en première ligne la nullité pour les motifs suivants :

L'allégué n° 14 a été prouvé par témoins. Or, le juge de première instance n'a pas rendu de solution sur ce point de fait ; en tout cas la réponse qu'il a donnée est insuffisante.

Le recours a été admis et la cause renvoyée au Président du Tribunal de Cossonay.

Motifs.

Considérant qu'à l'audience préliminaire du 7 juillet 1888, le défendeur avait annoncé vouloir prouver par témoins son allégué 14, ainsi conçu :

« C'est seulement six mois après la remise de cette montre au

» demandeur que ce dernier a fait des réclamations au défendeur
» au sujet de la dite montre. »

Que dans son jugement, le vice-président a donné à cet allégué la réponse suivante:

« On s'en réfère à la procédure. »

Qu'en se référant simplement à la procédure, le président n'a pas donné à l'allégué une décision, ainsi que le veut l'art. 283 Cpc.

Que, dès lors, il y a lieu à nullité du jugement dont est recours, en vertu de l'art. 436, § b, du dit Code.

------◇--◇------

Séance du 13 décembre 1888.

Procédure devant le président du tribunal. — Conclusions reconventionnelles excédant la compétence de ce magistrat. — Jugement rendu nonobstant le défaut d'une convention des parties. — Nullité prononcée d'office. — Art. 57 et 220 de la loi sur l'organisation judiciaire ; art. 89 Cpc.

Meylan contre Grobéty et fils.

La disposition de l'art. 220 de la loi sur l'organisation judiciaire, à teneur de laquelle le juge incompétent doit, à moins d'une convention expresse des parties, renvoyer l'affaire dans l'état où elle se trouve au juge compétent, est d'ordre public. .

Dès lors le Tribunal cantonal, nanti d'un recours contre un jugement rendu par un magistrat incompétent, doit en prononcer d'office la nullité.

Dans une demande du 25 avril 1888, Henri Meylan, à l'Orient-de-l'Orbe, a conclu à ce qu'il plaise au président du Tribunal d'Orbe prononcer que Grobéty et fils, à Vallorbes, sont ses débiteurs et doivent lui faire prompt paiement de la somme de 128 fr. 10 et intérêt à 5 % dès la demande juridique, qu'ils lui redoivent pour solde de compte.

Dans leur réponse, Grobéty et fils ont conclu :

A. A libération des conclusions de la demande.

B. Reconventionnellement, à la condamnation de Meylan à leur payer la somme de 766 fr. 10, valeur échue, et l'intérêt au 5 %.

Statuant sur ces conclusions ensuite de l'instruction de la cause, le président du Tribunal civil d'Orbe a, par jugement du

8 novembre 1888, accordé aux défendeurs leurs conclusions, tant libératoires que reconventionnelles.

Meylan a recouru contre ce jugement, dont il a demandé la réforme.

Le Tribunal cantonal, soulevant d'office la question de la compétence du président du Tribunal, a annulé le jugement rendu par lui et renvoyé la cause au juge compétent.

Motifs.

Considérant, à ce sujet, que le demandeur a conclu au paiement d'une somme de 128 fr. 10 et que les défendeurs ont demandé reconventionnellement à être reconnus créanciers de Meylan d'une valeur de 766 fr. 10.

Considérant qu'aux termes de l'art. 57 de la loi sur l'organisation judiciaire du 23 mars 1886, le président juge toute prétention personnelle ou mobilière dépassant 100 fr. en capital, mais n'excédant pas 500 fr.

Qu'aux termes de l'art. 220 de la dite loi, les parties ne peuvent déroger aux règles fixées sur la compétence des juges et tribunaux que par une convention expresse consignée au procès-verbal d'audience, et qu'à défaut de cette convention, le juge incompétent doit renvoyer l'affaire dans l'état où elle se trouve au juge compétent.

Qu'une telle disposition est d'ordre public et que son admission par le législateur a eu pour effet d'abroger les règles posées à l'art. 89 Cpc. sur le déclinatoire.

Considérant que, dans l'espèce, les conclusions des parties excédaient la compétence du président et qu'il n'existe au dossier aucune convention expresse consignée au procès-verbal admettant cette compétence.

Que, dès lors, le président du Tribunal d'Orbe ne pouvait se nantir et qu'il devait renvoyer l'affaire au juge compétent.

Séance du 27 décembre 1888.

Demande de mise en faillite. — Débiteur non assigné. — Ordonnance annulée. — Art. 5 et 502 Cpc.

Diener frères et Cie contre Hirt et Cie.

Il y a lieu à nullité de l'ordonnance de mise en faillite prononcée contre un débiteur qui n'a été ni cité, ni entendu à l'audience.

L'irrégularité qui consiste à ne pas assigner la partie en cause ne saurait être considérée comme étant sans intérêt.

Par demande du 13 novembre 1888, le procureur-juré Rapin, à Vevey, agissant au nom de Hirt et Cⁱᵉ, à Soleure, a conclu à ce qu'il plaise au président du tribunal de Vevey prononcer la faillite de Diener frères et Cⁱᵉ et de J. Diener fils, à Veytaux, ce avec suite de dépens, ces derniers étant privilégiés lors de la répartition de l'actif.

Le 12 novembre 1888, le président du Tribunal de Vevey a ordonné une enquête à teneur de l'art. 34 de la loi du 14 décembre 1852 sur les sociétés commerciales.

Par exploit du 14 novembre 1888, le président a assigné J. Diener, négociant, à Veytaux, à son audience du 16 novembre, pour être entendu dans l'enquête dirigée contre lui ensuite de demande de mise en faillite formulée par Hirt et Cⁱᵉ, à Soleure.

Le 16 novembre 1888, le président a ordonné la discussion juridique des biens de la société Diener frères et Cⁱᵉ et de J. Diener fils.

Diener frères et Cⁱᵉ ont recouru contre cette ordonnance, dont ils demandent la nullité par le motif qu'ils n'ont été ni cités ni entendus dans l'enquête, ni à l'audience du 16 novembre 1888.

Le recours a été admis et l'ordonnance annulée.

Motifs.

Considérant qu'aux termes de l'art. 5 Cpc., il ne peut être rendu de jugement sans que les parties aient été entendues ou régulièrement citées.

Que l'exploit notifié le 14 novembre 1888 n'était adressé qu'à J. Diener fils et non à la société Diener frères et Cⁱᵉ.

Que la société Diener frères et Cⁱᵉ n'a ainsi pas été assignée pour l'audience du 16 novembre 1888.

Attendu que l'inobservation des formes prescrites par le Code de procédure civile entraîne la nullité de l'acte ou de l'instance, à moins cependant qu'elle ne soit sans intérêt réel ou qu'elle ait été acceptée tacitement ou expressément. (Cpc. 502.)

Que l'irrégularité qui consiste à ne pas assigner la partie en cause ne saurait être considérée comme étant sans intérêt.

Que cette irrégularité n'a été acceptée ni expressément ni tacitement.

Qu'il y a lieu, dès lors, à nullité de l'ordonnance rendue par le président du Tribunal de Vevey en ce qui concerne la société Diener frères et Cie.

Vu les art. 5 et 502 Cpc.

Vaud. — COUR DE CASSATION PÉNALE.
Séance du 28 décembre 1888.

Attentat à la pudeur. — Circonstance aggravante. — Question non posée au jury. — Jugement annulé. — Art. 200 et 201, § 4, Cp.; art. 380 modifié et 484, § i, Cpp.

Recours Bergier.

La Cour criminelle ne peut, sous peine de nullité de son jugement, prononcer une condamnation pour une circonstance aggravante dont l'existence ne résulte pas du verdict du jury.

Défenseur du recourant : M. FEYLER, licencié en droit.
M. le procureur général KAUPERT est intervenu.

Par arrêt du 20 novembre 1888, le Tribunal d'accusation a renvoyé Gustave-Armand Bergier, domestique à Eclépens, comme accusé d'avoir à plusieurs reprises commis, dès le mois de juillet 1888, rière Eclépens, des attentats à la pudeur sur les enfants Elise et Louis Magnenat, âgés de moins de 12 ans, délits auxquels paraissent applicables les art. 200, 64 et 23 du Cp.

Des débats et du verdict du jury, il est résulté que l'accusé Bergier était coupable d'avoir, à plusieurs reprises, commis dans le mois de juillet 1888 des attentats à la pudeur sur les enfants Elise et Louis Magnenat, âgés de moins de 12 ans.

Faisant application des art. 200, 201, § 4, 64 et 23 Cp., le Tribunal criminel du district de Cossonay a, par jugement du 12 décembre 1888, condamné Bergier à deux ans de réclusion, huit ans de privation générale des droits civiques et à tous les frais du procès.

Bergier a recouru contre ce jugement, dont il demande entre autres la nullité par le moyen suivant :

Bergier a été renvoyé en vertu de l'art. 200 du Cp. et, ensuite des débats intervenus, une seule question a été posée au jury, celle de culpabilité du délit prévu au dit art. 200. Le ministère public a admis ce programme. Le jury ayant rendu un verdict affirmatif, le procureur général a requis la peine de deux ans de réclusion, se basant sur les art. 200 et 201, § 4, du Cp.

La Cour a admis ces conclusions, prononçant ainsi le minimum de la peine prévue au dit art. 201; elle a donc admis des circonstances aggravantes et cette admission entraîne la nullité du jugement aux termes de l'art. 484, § i, Cpp.

Le recours a été admis et le jugement annulé, la cause étant renvoyée au Tribunal criminel de Lausanne.

Motifs.

Considérant qu'en effet le ministère public a requis la peine de deux ans de réclusion en se basant sur les art. 200 et 201, § 4, Cp.

Considérant que ce dernier article mentionnant une circonstance aggravante, il aurait dû être procédé conformément à l'art. 380 modifié Cpp., c'est-à-dire qu'une question spéciale aurait dû être posée au jury à ce sujet.

Que le jury n'ayant pas eu à répondre à une telle question, aucune condamnation ne pouvait être requise et prononcée en vertu de l'art. 201, § 4, Cp.

Qu'en condamnant Bergier en vertu de cet article, le Tribunal criminel a ainsi admis une circonstance aggravante, procédé qui doit entraîner la nullité du jugement en application de l'article 484, § i, Cpp.

Résumés d'arrêts.

Compétence. — Le juge de paix, nanti d'une réclamation personnelle et mobilière inférieure à 100 francs, doit nécessairement statuer en la cause. Il ne saurait décliner sa compétence par le motif que, dans l'exploit d'ouverture d'action, la partie demanderesse aurait fait des réserves au sujet d'autres questions litigieuses pendantes entre parties (loi sur l'organisation judiciaire, art. 105).

TC., 8 janvier 1889. Rigazzi et Chiocca c. Perrin.

Preuve testimoniale. — Des faits concrets, tels que démarches, pourparlers, remise de fonds, etc., peuvent être prouvés par

témoins, la Cour supérieure restant libre d'en tirer telles inférences que de droit.

TC., 8 janvier 1889. Delapraz c. Dulon.

Privilège. — Aux termes de l'art. 1575, § 5, Cc., un privilège
n'est accordé aux boulangers, bouchers et maîtres de pension
que pour les fournitures de subsistances faites au débiteur et
à sa famille. Les fournitures faites à des ouvriers auxquels le
débiteur donne la pension ne peuvent être considérées comme
privilégiées, les droits de préférence établis par la loi devant
être interprétés restrictivement.

TC., 28 décembre 1888. Mousquini et Gonthier c. Echenard.

Procureur-juré. — Le procureur-juré chargé d'une poursuite
n'a pas besoin d'une procuration spéciale de son mandant
pour recourir au Tribunal cantonal contre le tableau de répartition dressé à la suite de la saisie pratiquée par lui.

TC., 28 décembre 1888. Mousquini et Gonthier c. Echenard.

Recours. — Aucune disposition ni de la loi du 23 mars 1886
sur l'organisation judiciaire, ni du Code de procédure civile,
ne prévoit un recours contre la décision du juge de paix portant qu'il y a lieu de nommer des arbitres en application de
l'art. 114 de la première de ces lois.

TC., 18 décembre 1888. Possio frères et Lavanchy c. Bréchon.

Recours. — Les parties ne peuvent recourir contre les jugements rendus par les juges de paix que pour en faire prononcer la nullité dans les cas prévus à l'art. 195 de la loi sur
l'organisation judiciaire. Ne constitue pas un des motifs de
nullité prévus, la circonstance que le juge aurait fait une
fausse application de l'art. 286 Cpc., concernant les dépens.

TC., 27 décembre 1888. Commune de Gollion c. commune de Vullierens.

Recours. — Aucune disposition de la loi n'autorise le discutant
à recourir au Tribunal cantonal contre les décisions du liquidateur relatives à la liquidation des biens de la masse.

TC., 8 janvier 1889. Epoux Walter c. masse Walter.

Saisie. — Le fait par le créancier instant à la poursuite de s'informer auprès du tiers saisi sur la valeur due par celui-ci au
débiteur, ne peut être considéré comme une ouverture d'ac-

tion ou un procédé équivalent empêchant la péremption d'être encourue (Cpc. 718, § c).

L'art. 724 Cpc., statuant que la question de péremption est instruite et jugée sous forme d'opposition, conformément à la procédure contentieuse, n'est applicable qu'au débiteur saisi, et non à des créanciers en concours dans le tableau de répartition.

En établissant un tableau de répartition de valeurs saisies, le juge ne doit pas y admettre des poursuites périmées.

TC., 28 décembre 1888. Mousquini et Gonthier c. Echenard.

Sceau. — La loi ne prévoit aucun recours contre le sceau accordé par le juge de paix à un exploit de citation en conciliation.

TC., 28 décembre 1888. Nicaty c. Grobéty.

Tradition. — Le simple transfert verbal de la garde d'une chose mobilière, même accompagné de l'attouchement de celle-ci, ne constitue pas la mise en possession définie à l'art. 200 CO.; cette dernière suppose une transmission effective des moyens de disposer de la chose.

TF., 16 novembre 1888. Von Schweikhardt et Endress c. Rothschild.

Transaction. — Les transactions doivent se renfermer dans leur objet et ne régler que les différends qui s'y trouvent compris (Cc. 1530 et 1531).

Cour civile, 21 novembre 1888. Alesmonières c. Paccaud.

AVIS

L'administration du **Journal des Tribunaux** rachète des collections entières de ce journal, des volumes séparés et même des numéros isolés.

S'adresser à l'administrateur du journal, M. Rosset, greffier du Tribunal cantonal, à Lausanne.

Ch. Soldan, conseiller d'Etat, rédacteur.

Lausanne. — Imp. Corbaz & Comp.

XXXVII° ANNÉE. N° 5.   SAMEDI 2 FÉVRIER 1889.

JOURNAL DES TRIBUNAUX

REVUE DE JURISPRUDENCE

Paraissant à Lausanne une fois par semaine, le Samedi.

Rédaction : M. CHARLES SOLDAN, conseiller d'Etat, à Lausanne.
Administration : M. L. ROSSET, greffier du Tribunal cantonal, à Lausanne.
Abonnements : 12 fr. par an; 7 fr. pour six mois. Pour l'étranger, le port en
sus. On s'abonne à l'imprimerie CORBAZ & C¹°, chez l'administrateur, M. ROSSET,
et aux bureaux de poste.
Annonces : 20 c. la ligne ou son espace. S'adresser à l'imprimerie CORBAZ & C¹°.

M. le professeur F.-H. MENTHA, recteur de l'Académie de
Neuchâtel, a bien voulu promettre sa collaboration au *Journal
des Tribunaux*. Nous publions ci-après un premier article dû à
sa plume.

L'art. 30, alinéa 2, du Code des obligations est-il applicable à la femme mariée ?

L'art. 30 CO. statue :

« Les mineurs et les majeurs privés de la capacité de contracter ne peuvent s'obliger ou renoncer à des droits qu'avec le
consentement de leur représentant légal.

» *Ils n'ont pas besoin de ce consentement pour intervenir
dans un contrat ayant uniquement pour but de leur conférer
des droits ou de les libérer d'une obligation.* »

On demande si la disposition de ce 2° alinéa s'applique à la
femme mariée et abroge les lois cantonales qui lui interdisent
d'accepter une donation, même pure et simple, sans l'autorisation du mari.

1. Cette disposition, très simple et très raisonnable, serait sans doute mieux à sa place dans la loi fédérale sur la capacité civile que dans le Code des obligations : elle autorise, en effet, les incapables à intervenir seuls dans des actes soumis à la législation cantonale, puisque ce sont des libéralités, et que le Code fédéral des obligations ne s'occupe ni des donations, ni des remises de dettes à titre lucratif (CO. 10 et 141).

Au reste, les art. 3 et 6 de la loi sur la capacité civile renvoyant à l'art. 30 CO., il se trouve que cet article en fait aussi partie intégrante, et il suffit de lire les textes qui le rappellent pour se convaincre que notre principe ne constitue rien autre chose qu'une *exception* à la liberté laissée d'ailleurs aux cantons par la loi fédérale, d'organiser à leur gré l'incapacité des mineurs et des majeurs sous curatelle, et de lui donner l'étendue qu'il leur plaît.

2. Cette exception se justifie très aisément. Comme l'incapacité des mineurs et des majeurs sous curatelle n'est établie qu'en faveur de l'incapable, pour l'empêcher de compromettre ses droits par son inexpérience ou son incurie [1], il est naturel que cette incapacité cesse toutes les fois que l'incapable, par la nature de l'acte juridique qu'il fait, ne peut se procurer que des avantages. Il ne faut pas que l'incapacité dépasse le but que la raison lui assigne, et personne ne doit être plus incapable que son intérêt ne l'exige. Où le danger disparaît, la protection devient inutile, et il n'est pas besoin de beaucoup d'esprit pour s'enrichir par les largesses d'autrui.

Voilà pourquoi la loi fédérale veut que le mineur et le majeur sous curatelle puissent, à la seule condition qu'ils se rendent compte de ce qu'ils font (CO. 31), accepter une donation pure et simple sans le consentement de personne. La donation pourra se trouver nulle ou être révoquée pour d'autres causes, déterminées par le droit cantonal : jamais elle ne le sera à raison de l'incapacité du donataire. Toute disposition contraire du droit cantonal est abrogée évidemment en ce qui concerne les mineurs et les majeurs sous curatelle.

[1] Je ne parle pas ici de l'interdiction des individus condamnés à une détention (Loi féd. cap. civ., 5, 8°). La raison de cette incapacité est la nature même de la peine qui, devant séparer le condamné du monde extérieur, serait altérée s'il conservait l'exercice de ses droits et l'administration de sa fortune.

3. Mais si rien n'est plus certain quant à ces deux sortes d'incapables, puisque les art. 3 et 6 de la loi sur la capacité civile renvoient pour eux à l'art. 30 CO., en revanche le doute est permis à l'égard des femmes mariées, dont cette loi ne parle qu'avec beaucoup de discrétion dans son art. 7 :

« *La capacité des femmes mariées est régie, durant le mariage, par le droit cantonal. Sont réservées, quant aux femmes commerçantes, les dispositions de l'art. 35 du Code des obligations.* »

4. Conclure de ce texte que l'art. 35 CO. est seul applicable à la femme mariée, et que les autres dispositions de ce Code sur les incapables en général ne doivent pas lui être étendues, serait certainement raisonner avec peu de sens. Il est évident que les art. 30, al. 1, 32 et 33, s'appliquent pleinement à la femme mariée, bien qu'ils ne soient pas rappelés dans l'art. 7 de la loi sur la capacité civile. D'autre part, y suppléer aussi l'art. 30, al. 2, CO., et dire que la femme mariée, quelle que soit l'incapacité dont la frappe le droit cantonal, peut aujourd'hui, en vertu de cette règle du droit fédéral, accepter des libéralités sans l'autorisation de son mari, serait probablement téméraire. Il faut examiner les raisons pour lesquelles les lois cantonales peuvent interdire à la femme mariée d'accepter des donations sans le consentement du mari : ces raisons seules peuvent faire apercevoir quelle est la portée de la disposition que nous étudions, quelles lois cantonales elle abroge et quelles autres elle laisse en vigueur.

5. Il se peut que l'incapacité d'accepter sans autorisation des libéralités, mêmes pures et simples, ne soit infligée à la femme mariée que comme la conséquence d'une incapacité plus générale. Comme les contrats peuvent presque toujours avoir des suites fâcheuses, plusieurs législations privent l'incapable de la faculté de conclure seul aucun contrat quelconque, sans statuer d'exception pour les contrats purement lucratifs. L'incapacité protectrice de vendre, de louer, d'emprunter, etc., est devenue l'incapacité de faire aucun acte de la vie civile, par conséquent celle aussi d'accepter une donation. C'est ce que le Code des obligations ne souffre plus : il excepte désormais de l'incapacité protectrice des droits de fortune les actes lucratifs, qu'on ne peut guère, en effet, assimiler aux autres ; et toute incapacité établie dans un intérêt de bonne administration ne s'étend plus aujourd'hui qu'aux actes susceptibles de la compromettre.

Il suit de là que les législations cantonales qui n'interdisaient à la femme mariée d'accepter des libéralités sans autorisation que comme la conséquence — maladroite et irrationnelle — d'une incapacité de cette nature sont abrogées par l'art. 30, al. 2, CO., avec lequel elles sont en contradiction formelle.

Mais comment savoir si cette incapacité d'accepter des donations ne constitue que la conséquence d'une incapacité générale établie dans le seul intérêt d'une bonne administration ? Rien n'est plus facile. Tel est le cas toutes les fois qu'elle n'est attachée qu'à un régime matrimonial, de telle sorte que, mariée sous un autre régime, la femme puisse y échapper. Il est bien clair alors que c'est le régime matrimonial qui rend la femme incapable, et le régime matrimonial n'a pour objet que l'administration de la fortune des époux. Or, comme cette administration ne peut souffrir en aucune manière de libéralités qui seraient faites à la femme et acceptées par celle-ci, l'art. 30, al. 2, CO. abolit absolument cette incapacité que rien ne justifie.

6. En revanche, la loi peut interdire à la femme mariée d'accepter des libéralités sans le consentement du mari, pour de plus hautes et de meilleures raisons, dans l'intérêt de la bonne harmonie des époux et de la dignité de la famille. Il n'est pas difficile de comprendre que, dans certaines circonstances, il puisse·répugner au mari que sa femme reçoive des bienfaits d'une personne étrangère et contracte envers elle la dette parfois lourde de la reconnaissance : et le législateur peut lui fournir le moyen d'empêcher cet acte en rendant son autorisation nécessaire. Il ne s'agit plus ici de bonne administration : il s'agit de la soumission que la femme doit à son mari, chef de la famille, gardien de l'honneur de son nom. Cette incapacité tient donc à la constitution même de la famille, et le droit fédéral, qui ne s'occupe point d'une incapacité de cette nature, et auquel ces considérations échappent, ne saurait par conséquent l'abolir.

Le caractère moral de cette incapacité-là en fait une mesure d'ordre public, c'est-à-dire que, attachée au mariage lui-même, elle est indépendante de tout régime, ne peut être effacée par aucune convention. Telle est celle que statue l'art. 934 du Code français. La même décision s'impose lorsque la loi ne connaît qu'un seul régime matrimonial auquel les époux ne peuvent déroger : ce régime devient, dans toute son étendue, une partie essentielle de l'organisation de·la famille.

Nous concluons donc que le consentement du mari aux libéralités, même pures et simples, faites à sa femme, est toujours nécessaire, nonobstant l'art. 30, al. 2, CO., lorsque la législation cantonale en fait un attribut de la puissance maritale elle-même; tandis qu'il est superflu, comme contraire à ce même article, lorsque la législation cantonale n'y voit que la conséquence du droit exclusif d'administration du mari dans un régime qui n'est pas obligatoire. Il n'y a contradiction entre le droit fédéral et le droit cantonal que lorsque, sur un même objet, ils ont d'autres exigences : il n'y a aucune contradiction entre eux, lorsque leurs dispositions dissemblables ont des objets aussi différents que l'administration des biens et l'intérêt bien entendu de l'incapable, d'une part, la constitution de la famille et sa dignité, d'autre part.   F.-H. MENTHA.

Vaud. — TRIBUNAL CANTONAL.
Séance du 15 janvier 1889.

Demande de mise en faillite. — Appointement irrégulier. — Ordonnance annulée. — Art. 5 et 502 Cpc.

Röthlisberger contre Ferrier et consorts.

S'il est admissible que les parties soient réappointées verbalement à une audience pour une audience subséquente, il faut que le procès-verbal de la première séance fasse mention de ce réappointement et du fait que les parties se sont considérées comme dûment assignées.

A ce défaut, l'appointement doit être envisagé comme irrégulier et comme ne pouvant justifier un jugement par défaut.

Dans une demande du 30 novembre 1888, le procureur-juré Terry, à Nyon, agissant au nom de H. Ferrier & Cie, banquiers, à Genève, a conclu à ce qu'il plaise au président du tribunal de Nyon prononcer que St Röthlisberger, à Nyon, est déclaré en faillite et que ses biens sont mis en discussion.

Par acte du 3 décembre suivant, le procureur-juré Champrenaud, à Nyon, agissant au nom de Galopin & Cie, banquiers, à Genève, a déclaré se joindre à la susdite demande.

A son audience du 3 décembre, le président du tribunal de Nyon a procédé à l'enquête prévue par la loi sur les sociétés

commerciales (art. 34), entre autres par l'audition de Röthlisberger.

Le 5 décembre 1888, et après proclamation de Röthlisberger,
le président de Nyon a rendu un jugement par défaut ordonnant la discussion juridique des biens du dit Röthlisberger.

Celui-ci a recouru contre ce jugement par les motifs suivants :

I. Il n'a été ni entendu, ni régulièrement cité à l'audience du
5 décembre 1888.

II. Il n'est pas commerçant et n'est pas inscrit au registre du
commerce.

III. L'enquête n'est pas complète, car elle aurait établi que
Röthlisberger n'est pas commerçant.

Le recours a été admis et l'ordonnance annulée.

Motifs.

Considérant, sur le premier moyen, que le procès-verbal de
l'audience du 5 décembre 1888 porte que « le débiteur Röthlis-
» berger, assigné verbalement par le président, le 3 décembre
» courant, ne se présente pas ».

Que le procès-verbal de l'audience du 3 décembre ne mentionne pas que Röthlisberger ait été assigné verbalement pour
l'audience du 5 décembre.

Que s'il est admissible que les parties soient réappointées verbalement à une audience pour une audience subséquente, il faut
que le procès-verbal de la première séance fasse mention de ce
réappointement et du fait que les parties se sont considérées
comme dûment assignées.

Que dès lors Röthlisberger n'a pas été régulièrement assigné
pour l'audience du 5 décembre 1888.

Qu'aux termes de l'art. 5 Cpc. il ne peut être rendu de jugement sans que les parties aient été entendues ou régulièrement
citées.

Que l'inobservation des formes prescrites par le Code de
procédure civile entraîne la nullité de l'acte ou de l'instance
(Cpc. 502).

Que Röthlisberger n'ayant pas été régulièrement assigné pour
l'audience du 5 décembre 1888, le jugement rendu par le président ce jour-là est irrégulier et doit être annulé.

Vaud. — COUR CIVILE
Séances des 19, 27 et 28 décembre 1888.

Vente d'un fonds de commerce. — Réserve de la propriété jusqu'à paiement intégral du prix. — Concurrence déloyale. — Art. 16 et 50 CO.

Charles Serex contre masse Dumas.

La vente d'une chose mobilière sous réserve de propriété jusqu'au paiement intégral du prix est licite, aucune disposition du Code fédéral des obligations ne prohibant une convention de cette nature.

Celui qui, vendant un fonds de commerce, s'engage à ne pas établir un commerce faisant concurrence à celui de l'acheteur, est tenu à réparation s'il vient à manquer à cet engagement.

Avocats des parties :
MM. DUPRAZ, pour Ch. Serex, demandeur.
GAUDARD, pour masse Dumas, défenderesse.

Par convention notariée Dupraz, le 17 juin 1884, Ch. Serex s'est engagé à remettre son commerce de papeterie et reliure, situé rue des Deux-Marchés, 9, à Vevey, à Alexis Dumas, qui s'est, de son côté, engagé à reprendre le dit commerce le 25 septembre 1884.

Cet acte renferme, entre autres, les conditions suivantes :

« *Art. 2.* L'inventaire sera fait en commun par les contrac-
» tants, celui des marchandises sur prix de facture, celui du
» matériel sur prix à débattre. S'il survient un différend par
» rapport aux prix, il sera tranché par experts.

» *Art. 6.* Dumas paiera, le jour de sa prise de possession du
» commerce que veut lui remettre Serex, la somme de sept
» mille francs.

» *Art. 7.* Il paiera le solde du prix de ce commerce par an-
» nuités de 1500 fr., dont la première écherra le 31 janvier
» 1885 ; il paiera, en outre, l'intérêt à 3 % dès le 25 septembre
» 1884 sur le solde qu'il restera devoir.

» *Art. 9.* Serex s'engage à ne pas établir de commerce de
» papeterie et reliure soit en son nom, soit en celui d'une autre
» personne, à Vevey et dans le cercle de Montreux, sans le con-
» sentement de Dumas. »

Par acte reçu le 23 octobre 1884 par le notaire Dupraz, Alexis

Dumas a reconnu devoir au demandeur la somme de 19,605 fr. 90 cent. pour solde du prix non payé comptant des marchandises, mobilier, outils et machines que ce dernier a vendus et promis de vendre au premier. Dumas a promis de payer la somme ci-dessus par annuités consécutives de 1500 fr. chacune, et, en outre, de payer l'intérêt au 3 °/₀ dès le jour où il était entré en possèssion des meubles que lui a vendus et promis de vendre Serex.

Le dit acte indique que le capital de l'obligation de 19,605 fr. 90 cent. comprend 6491 fr. 70, prix du mobilier, machines et outils inventoriés par Serex et que Dumas promet acheter. Ces objets, ajoute l'acte, sont mis en la possession de Dumas, qui en jouira à titre de locataire à ses risques et périls, à charge de payer annuellement 3 °/₀ de leur prix et de les représenter en bon état ou d'en représenter la valeur, mais avec la réserve expresse qu'il n'en deviendra propriétaire que lorsqu'il aura payé intégralement la présente créance.

Après la remise de son commerce à Dumas, Serex est parti pour Paris, et une fois revenu il s'est établi le 25 décembre 1884 au faubourg St-Antoine, dans la première maison après le pont de la Veveyse, près de la place de la gare de Vevey. Dans cet atelier, Serex s'occupait personnellement de réglure, mais il occupait un ouvrier relieur du nom de Barbier, lequel était précédemment établi comme relieur en face de l'Hôtel-de-Ville, à Vevey.

Par circulaire du 1ᵉʳ janvier 1885 et par avis dans les journaux, Serex annonçait au public qu'il s'était établi maison Morel, député, « quartier St-Antoine ». Outre la réglure, dont il ne s'était pas occupé jusqu'alors, Serex offrait des registres, des comptes-courants, factures, etc.; il s'annonçait comme dépositaire spécial de deux bonnes maisons suisses, l'une fabriquant le papier, l'autre les enveloppes; il disait qu'il avait joint ces articles à sa fabrication et qu'il se permettrait de faire de temps en temps ses offres de service. Son papier à lettres l'indiquait comme fabricant de registres, marchand de papier et d'enveloppes.

Serex habitait toujours rue des Deux-Marchés, à Vevey, dans sa maison, dont il avait loué le magasin à Dumas, et au bas de sa circulaire du 1ᵉʳ janvier 1885 il annonçait que les lettres pouvaient être remises dans sa boîte, rue des Deux-Marchés.

En février 1885, Serex a laissé placer au-dessus de son atelier, au bord de la rue, une enseigne de relieur.

Barbier étant parti pour l'Amérique au bout de quelques mois, Renner et Roth, lithographes à Vevey, proposèrent à Serex de joindre à leur atelier de lithographie la papeterie, la reliure et la fabrication des registres et de l'intéresser à leurs affaires. Renner et Roth ont ouvert alors en mars 1886 un magasin et atelier de papeterie, reliure et fabrique de registres. Ce magasin était à peu de distance de celui de Dumas.

A l'occasion de la convention à signer entre Renner et Roth d'une part et Serex d'autre part, Serex a expliqué qu'il ne pouvait pas établir de commerce de papeterie et reliure en son nom et sous celui d'une autre personne, et il a prié un avocat de rédiger une convention, en lui recommandant d'en peser les termes, pour que ces termes ne le compromettent pas.

C'est Serex seul qui s'occupait de l'atelier de papeterie et reliure et qui dirigeait les ouvriers. Il était intéressé aux recettes de cet atelier et avait, outre un salaire fixe de six francs par jour, le 10 % du produit brut du dit atelier.

Dumas était travailleur, économe et connaissait son métier. Au début de 1888, Dumas a fait faillite et il laisse un gros déficit.

Serex a racheté en mises publiques l'actif du discutant Dumas et il exploite dès lors le commerce de papeterie et reliure du discutant comme autrefois.

Les fonds versés comptant par Dumas le 23 octobre 1884, ensuite de la convention du 17 juin 1884, lui ont été prêtés par des créanciers intervenus dans la faillite. Serex le savait et il savait également que Dumas n'avait pas d'actif personnel.

Lors de la rédaction de la convention du 17 juin 1884, Serex comptait s'établir comme imprimeur, mais les pourparlers qui ont eu lieu à ce sujet n'ont pas abouti.

Serex est intervenu dans la faillite de Dumas et, dans son intervention, qui porte le n° 8, il réclame entre autres :

A. La reprise en nature des objets se trouvant en mains du discutant, désignés dans la promesse de vente que le demandeur lui a passée par contrat notarié A. Dupraz le 23 octobre 1884, l'ensemble de ces objets taxés isolément atteignant la valeur de 6491 fr. 70.

B. Le paiement des sommes suivantes, qui lui sont dues en vertu du même acte, savoir :

1° L'intérêt au 3 °/. des objets promis vendus, soit de 6491 fr. 70 cent., à partir du 31 janvier 1877 jusqu'au jour où la remise de ces objets aura été effectuée en mains du demandeur Charles Serex.

2° 8114 fr. 20, pour solde en capital du prix des marchandises qui ont été vendues à Dumas par Serex, suivant le même acte et après avoir déduit la somme inscrite pour les objets prémentionnés.

3° L'intérêt 3 °/. l'an de ce solde, dès le 31 janvier 1887.

Dans une autre intervention, portant le n° 7, Serex demande, entre autres, le paiement du loyer à raison de 1000 fr., sans préjudice à une indemnité de résiliation sur laquelle les parties sont tombées d'accord.

Le 23 avril 1888, le liquidateur a répondu comme suit à l'intervention sous n° 8 du demandeur :

« J'ai l'avantage de vous informer qu'ensuite de la réponse
» que j'ai faite à votre intervention, je n'admets pas votre inter-
» vention dans sa forme : sont rejetés les chefs A et B, estimant
» que la masse est propriétaire du matériel et outils réclamés
» en nature, et partant de cette idée, je vous admets créancier
» en 6° classe de la masse pour 14,605 fr. 90, se décomposant
» comme suit : 6491 fr. 70, prix d'achat d'outils et matériel, et
» 8114 fr. 20, solde du prix des marchandises. »

Par sa réponse à l'intervention n° 7, le liquidateur a admis avec privilège le loyer réclamé jusqu'au 25 septembre 1888.

Par exploit notifié le 25 mai 1888, le procureur-juré Dupuis, à Vevey, agissant comme commissaire unique de la faillite Dumas, a avisé Serex qu'il changeait la réponse faite par le liquidateur à l'intervention sous le n° 8 et qu'il réduisait de 5000 fr. le chiffre pour lequel il avait été admis créancier en 6° classe par le liquidateur, « ces 5000 fr. étant dus par vous », dit l'exploit, « comme indemnité pour inexécution de vos engagements,
» ou subsidiairement, en vertu des art. 50 et suivants et 70 et
» suivants CO. Ainsi, au lieu d'être créancier de 8114 fr. 20
» pour prix impayé des marchandises, vous ne l'êtes plus de ce
» chef que de 3114 fr. 20 et cela en 6° classe, le surplus de la
» réponse du liquidateur étant maintenue en son entier. »

Ces réponses aux interventions de Serex sont basées :

La première, sur ce que dans l'acte du 17 juin 1884, Serex a vendu tout son atelier à Dumas sans se réserver la propriété du mobilier, des machines et outils.

La seconde, sur ce que Serex a causé un dommage à Dumas par la concurrence déloyale qu'il lui a faite en s'établissant à Vevey comme relieur alors qu'il se l'était interdit par la clause 9 de la convention du 17 juin 1884.

Désireux de régler à l'amiable le différend qui le divisait d'avec la masse, Serex a offert de payer jusqu'à 2000 fr., à compenser à tant moins de sa créance chirographaire, pourvu que cette offre mît fin à tout procès.

Par exploit du 13 juin 1888, Serex a ouvert action en changement de réponse à son intervention et, sous le bénéfice de l'offre ferme de se reconnaître débiteur de 800 fr. à compenser à tant moins de son intervention sous n° 8, il a conclu à faire prononcer :

1° Que la réponse faite par le liquidateur à son intervention n° 8 est nulle et de nul effet, pour autant qu'elle est contraire aux présentes conclusions.

2° Que le changement fait par le commissaire de la masse à la réponse du liquidateur à son intervention sous n° 8 à lui demandeur est nul et de nul effet.

3° Que l'intervention que le demandeur a faite sous n° 8 est admise et qu'en conséquence :

a) La faillite Dumas doit *lui restituer, en nature,* le mobilier, machines et outils dont il est demeuré propriétaire, suivant acte du 23 octobre 1884 et dont il a été pris inventaire estimatif (suit la teneur de cet inventaire, dont le montant total est de 6491 fr. 70 cent.).

b) Que lui, Charles Serex, est reconnu créancier de la masse et admis en 6° classe pour les sommes suivantes :

1° L'intérêt au 3 °/₀ de la valeur des objets promis vendus, soit de 6491 fr. 70, dès le 31 janvier 1887 au jour où la remise de ces objets aura été effectuée en mains du demandeur.

2° 8114 fr. 20, pour solde en capital du prix des marchandises qui ont été vendues à Dumas, suivant acte du 23 octobre 1884.

3° L'intérêt au 3 °/₀ l'an sur ce solde dès le 31 janvier 1887 au jour du paiement.

c) Subsidiairement, que, si le demandeur Serex doit être condamné, contre toute attente, à payer une indemnité, pour prétendue inexécution de ses engagements, l'indemnité de 5000 fr.

réclamée aujourd'hui doit être considérablement réduite et compensée à tant moins des 8114 fr. 20 que le commissaire Dupuis reconnaît être dus par la faillite.

Dans sa réponse, la masse des biens en discussion d'Alexis Dumas a conclu à libération des fins de la demande.

Statuant, la Cour civile a prononcé comme suit :

I. L'intervention que Serex a faite sous n° 8 dans la discussion Dumas est admise et comme conséquence :

a) La faillite Dumas doit lui restituer en nature le mobilier, machines et outils dont il est demeuré propriétaire suivant acte du 23 octobre 1884 et dont il a été pris un inventaire estimatif, s'élevant à la somme de 6491 fr. 70.

b) Serex est reconnu créancier de la masse Dumas et admis en 6ᵉ classe pour les sommes suivantes :

1° L'intérêt au 3 % de la valeur des objets promis vendus, soit de 6491 fr. 70, dès le 31 janvier 1887 au jour où la remise de ces objets aura été effectuée en mains de Serex.

2° 8114 fr. 20, pour solde en capital du prix des marchandises qui ont été vendues à Dumas suivant acte du 23 octobre 1884.

3° L'intérêt au 3 % l'an sur ce solde, dès le 31 janvier 1887 au jour du paiement.

II. Serex est débiteur de la masse Dumas et doit lui faire paiement, à titre de dommages-intérêts, de la somme de 2000 fr., qu'il pourra compenser à tant des 8114 fr. 20 dont il a été reconnu créancier de la masse.

III. Toutes les conclusions des parties, contraires à ce dispositif, sont écartées, chaque partie gardant les frais qu'elle a faits.

Motifs.

Considérant en droit, et en premier lieu sur la revendication du mobilier : Qu'il y a lieu de discuter ici la valeur de l'obligation du 23 octobre en regard de la convention du 17 juin 1884, la masse Dumas estimant que la dite obligation est un contrat simulé, contraire à la réelle intention des parties et ne pouvant modifier la convention du 17 juin, par laquelle Dumas ne s'est réservé la propriété d'aucun objet mobilier.

Considérant à ce sujet que, par la convention du 17 juin 1884, Serex s'est simplement engagé à remettre son commerce à Dumas sous certaines conditions, sans fixer aucun prix pour cette remise de commerce, qui ne devait avoir lieu que le 25 septembre 1884.

Que cet acte ne stipulait que les conditions préliminaires de la remise de commerce faite à Dumas, conditions que les parties, qui étaient capables de contracter, étaient libres de modifier ou de compléter à leur gré.

Que, notamment, Serex pouvait, lors de la fixation du prix définitif de la vente de son commerce, mettre la réserve de propriété du mobilier jusqu'au paiement de son titre.

Que Dumas a, du reste, admis cette clause par l'acte du 23 octobre 1884.

Qu'en effet, en présence des termes précis de cet acte, il ne saurait y avoir de doute sur l'intention des parties contractantes.

Que celles-ci ont voulu expressément réserver à Serex la propriété des objets inventoriés dans le dit acte, jusqu'au paiement intégral de sa créance, et que cette intention des parties est confirmée encore par la circonstance que l'acte spécifiait que Dumas jouirait des dits objets à titre de locataire et sous certaines conditions convenues.

Considérant que la vente d'une chose mobilière sous réserve de propriété jusqu'au paiement intégral du prix est incontestablement licite, aucune disposition du Code fédéral des obligations ne prohibant une convention de cette nature.

Qu'un tel arrangement implique une garantie en faveur du vendeur et que cette garantie n'est pas contraire à la loi.

Considérant, dès lors, que l'acte du 23 octobre 1884, qui n'a fait que compléter la convention du 17 juin, doit être envisagé comme valable et comme faisant règle entre les parties en cause.

Que le dit acte n'est nullement simulé, ainsi que le prétend la masse Dumas.

Qu'en outre, la défenderesse n'a pas établi qu'à cette époque Dumas eût des engagements, et qu'en admettant la clause de réserve de propriété, il portât préjudice à ses créanciers.

Considérant que, dans ces circonstances, Serex est fondé dans sa prétention d'obliger la masse Dumas à lui restituer les objets dont, à teneur de la réserve mentionnée dans l'acte du 23 octobre 1884, il a incontestablement conservé la propriété.

En ce qui concerne la concurrence déloyale : Considérant que, par la clause n° 9 de la convention du 17 juin 1884, Serex s'est engagé à ne pas établir de commerce de papeterie et reliure, soit en son nom, soit en celui d'une autre personne, à Vevey et dans le cercle de Montreux, sans le consentement de Dumas.

Que, pour apprécier cette clause n° 9 du contrat, il y a lieu de rechercher la commune intention des parties, sans s'arrêter aux dénominations ou aux expressions inexactes dont elles se sont servies (art. 16 CO.).

Considérant que Serex, qui était en pourparlers pour reprendre une imprimerie à Vevey, avait remis tout son commerce de papeterie et de reliure à Dumas avec l'intention de cesser ce genre d'affaires.

Que n'ayant pas réussi dans la reprise de l'imprimerie, il est allé s'établir avec un ouvrier au faubourg St-Antoine, dans la maison Morel, qui est la première après le pont de la Veveyse, près de la place de la gare de Vevey.

Considérant que, par l'expression « Vevey » employée dans l'art. 9 de la convention, il faut non-seulement entendre la ville de Vevey proprement dite, mais toute l'agglomération veveysanne, dont fait partie le faubourg St-Antoine, bien qu'attaché politiquement à la commune de Corsier.

Qu'en effet, il s'agissait bien dans l'intention des parties du Vevey commercial, c'est-à-dire de la ville et de son faubourg, Serex pouvant parfaitement servir son ancienne clientèle depuis la rive droite de la Veveyse et susciter à Vevey même une concurrence funeste à Dumas.

Qu'en s'établissant dès lors au faubourg St-Antoine et en prenant à son service un ouvrier relieur, Serex a contrevenu à l'art. 9 de la convention du 17 juin 1884.

Qu'il a encore violé d'une manière plus frappante son engagement en entrant dans la maison de lithographie Renner et Roth, située rue du Torrent, à Vevey, pour y faire la papeterie, la reliure et la fabrication des registres, tout en se réservant une participation sur le produit brut de son travail.

Qu'en s'associant avec Renner et Roth, il a établi un atelier de reliure sous le nom d'une autre personne, ce qu'il s'était expressément interdit par la convention du 17 juin.

Qu'en outre, Serex a toujours eu son appartement rne des Deux-Marchés, à Vevey, dans sa maison, dont il avait loué le magasin et l'atelier à Dumas.

Que, dans sa circulaire de janvier 1885, il disait que les lettres pouvaient être aussi remises dans sa boîte, rue des Deux-Marchés.

Que cette circulaire offrait des registres, des comptes-courants, factures, etc., du papier et des enveloppes, c'est-à-dire les articles principaux d'un magasin de papeterie.

Considérant qu'il résulte de ces diverses circonstances que Serex a commis une faute et qu'il a fait subir à Dumas un dommage qu'il doit réparer.

Considérant, quant à la quotité de ce dommage, que la masse Dumas a réclamé une somme de 5000 fr., mais qu'elle n'a pas établi comment elle était arrivée à ce chiffre.

Qu'il résulte de la solution testimoniale de l'allégué 21 que Serex a offert une somme de 2000 fr. à l'origine du procès, reconnaissant devoir réparer dans cette mesure le dommage qu'il a causé.

Que la masse Dumas n'a pas accepté cette offre.

Qu'il paraît cependant que ce chiffre de deux mille francs est suffisant pour indemniser la masse Dumas.

Vaud. — COUR DE CASSATION PÉNALE.
Séance du 28 décembre 1888.

Prévention d'escroquerie. — Libération. — Condamnation du prévenu à une partie des frais. — Recours admis. — Art. 231 de la loi sur l'organisation judiciaire.

Recours Francfort.

L'accusé acquitté ne peut être condamné à tout ou partie des frais que s'il est reconnu auteur du fait.

Ensuite de plainte portée contre lui par L. Dupuis, à Orbe, J.-F. Francfort, à Lausanne, a été renvoyé devant le Tribunal de police d'Aubonne sous prévention d'escroquerie commise au préjudice de Dupuis à l'occasion de la vente d'un cheval à celui-ci.

Le Tribunal de police,

Attendu que s'il est vrai que Francfort a laissé ignorer que le cheval qu'il remettait à Dupuis appartenait à sa femme, et qu'il ait dit être domicilié à Saint-Prex, où il habitait précédemment, alors qu'il demeurait réellement à Lausanne, il n'a cependaut pas pour cela employé de manœuvres frauduleuses pour abuser de la crédulité de Dupuis,

Que ces faits ne constituent, dès lors, pas le délit d'escroquerie, a libéré Francfort de sa mise en accusation.

Statuant sur les frais et vu les art. 444 Cpp. et 231 de la loi judiciaire du 23 mars 1886, le Tribunal de police d'Aubonne a condamné le plaignant Dupuis aux deux tiers des frais du procès et l'accusé Francfort à l'autre tiers.

Francfort a recouru contre ce jugement en ce qui concerne sa condamnation aux frais, estimant qu'il ne pouvait pas être chargé d'une partie des frais, puisqu'il n'avait pas été reconnu auteur du délit d'escroquerie dont il était accusé.

Le recours a été admis, Francfort étant ainsi libéré de tout paiement de frais.

Motifs.

Considérant, sur le pourvoi, que l'art. 231 de la loi sur l'organisation judiciaire, du 23 mars 1886, statue que, si l'accusé est acquitté, quoique reconnu auteur du fait, il peut être condamné à tout ou partie des frais.

Considérant que le jugement dont est recours a acquitté Francfort, en reconnaissant qu'il n'existait pas de fait d'escroquerie à sa charge.

Que Francfort n'a ainsi pas été reconnu auteur du fait, et que, dès lors, il ne pouvait être condamné au paiement d'une partie des frais.

Résumé d'arrêt.

Bail. — En cas de perte totale de la chose remise à ferme, le bailleur est libéré de toute obligation (Co. 145). Dès lors, le canton qui a affermé la perception de l'ohmgeld cantonal ne saurait être recherché en responsabilité ensuite de la suppression de l'ohmgeld par la Confédération.

TF., 21 décembre 1888. Schuler c. Glaris.

Ch. SOLDAN, conseiller d'Etat, rédacteur.

Lausanne. — Imp. CORBAZ & Comp.

JOURNAL DES TRIBUNAUX

REVUE DE JURISPRUDENCE

Paraissant à Lausanne une fois par semaine, le Samedi.

Rédaction : M. CHARLES SOLDAN, conseiller d'Etat, à Lausanne.

Administration : M. L. ROSSET, greffier du Tribunal cantonal, à Lausanne.

Abonnements : 12 fr. par an; 7 fr. pour six mois. Pour l'étranger, le port en sus. On s'abonne à l'imprimerie CORBAZ & Cie, chez l'administrateur, M. ROSSET, et aux bureaux de poste.

Annonces : 20 c. la ligne ou son espace. S'adresser à l'imprimerie CORBAZ & Cie.

TRIBUNAL FÉDÉRAL

Séance du 22 décembre 1888.

Accident de chemin de fer.— Définition du terme « exploitation ». — Fautes concurrentes d'une personne non employée pour le transport et de la compagnie. — Partage des responsabilités. — Art. 2 et 5 de la loi fédérale du 1er juillet 1875 ; § 60 du règlement de transport du 9 juin 1876.

Blanc contre Villa et compagnie Suisse Occidentale-Simplon.

L'exploitation d'une ligne de chemin de fer, dans le sens de l'art. 2 de la loi fédérale du 1er juillet 1875, comprend seulement le transport de voyageurs et de marchandises sur la voie, ainsi que les opérations préparatoires ou auxiliaires en rapport immédiat avec ce transport. Toutefois, dans certaines circonstances, des travaux ne rentrant pas dans l'exploitation proprement dite de la ligne peuvent être assimilés aux opérations d'exploitation au sens du prédit article, lorsqu'une circonstance, touchant à cette exploitation, comme la hâte résultant du passage inévitable et imminent d'un train, par exemple, a imprimé à ce travail un caractère particulièrement dangereux. Tel est le cas de l'employé qui cherche à dé-

barrasser la voie d'un animal furieux, au moment où des trains appro-
chent.

Lorsqu'un accident de chemin de fer est dû à des fautes concurrentes
de la compagnie et d'une personne non employée pour le transport, il y
a lieu de les charger chacune d'une part de responsabilité vis-à-vis de la
victime.

Avocats des parties :

MM. Dubois, pour L. Blanc, demandeur et recourant.
    Dupraz, pour compagnie Suisse Occidentale-Simplon, défenderesse
    et recourante.
    Morel, pour D. Villa, évoqué en garantie et recourant.

Le 25 août 1887, L. Blanc, aiguilleur à la gare de Lausanne,
a été victime d'un grave accident en s'efforçant de chasser de la
voie du chemin de fer un bœuf furieux qui s'élançait à la rencontre de deux trains, après avoir été déchargé de wagon, un
instant auparavant, par D. Villa, marchand de bestiaux, à Genève.

Dans l'action que Blanc a intentée ensuite de cet accident à
la compagnie Suisse Occidentale-Simplon, cette dernière a évoqué en garantie Villa.

Par jugement du 23 août 1888, publié à pages 579 et suivantes
du *Journal des Tribunaux* de 1888, la Cour civile du canton de
Vaud a alloué à Blanc une indemnité de 8000 fr., à la charge de
la compagnie, celle-ci pouvant cependant se faire rembourser
par Villa des onze douzièmes de cette somme.

Les trois parties ont recouru contre ce jugement au Tribunal
fédéral et ont pris devant cette autorité les conclusions suivantes :

Le demandeur conclut à ce qu'il soit prononcé que la compagnie Suisse Occidentale-Simplon doit lui payer, à titre d'indemnité représentant le préjudice qui lui a été causé par l'accident
du 25 août, la somme de 15,000 fr. avec intérêt au 5 °/₀ dès le 20
décembre 1887, jour de la demande juridique.

La compagnie Suisse Occidentale-Simplon, tout en maintenant l'engagement de payer au demandeur une pension annuelle
de retraite de 700 fr., conclut :

1° A libération des conclusions prises contre elle en demande
par l'aiguilleur Blanc, soit parce que l'accident dont ce dernier
a été victime n'est pas survenu dans l'exploitation, soit parce
qu'à supposer qu'il soit survenu dans l'exploitation, il est dû à

la négligence et à la faute de Villa, personne non employée au transport, soit pour tous autres motifs indiqués en réponse.

2° Subsidiairement, à ce que D. Villa, marchand de bestiaux, soit condamné à garantir la compagnie en capital, intérêts et frais, de toutes condamnations quelconques pouvant la frapper du chef de L. Blanc.

Enfin, D. Villa, évoqué en garantie, conclut à libération des conclusions qui ont été prises contre lui.

Le Tribunal fédéral a admis partiellement les recours, en ce sens que l'indemnité a été réduite de 8000 à 7000 fr., la répartition de cette somme entre la compagnie et Villa étant maintenue comme elle avait été fixée par la Cour civile.

Le Tribunal fédéral a, en outre, donné acte à Blanc de la déclaration de la compagnie par laquelle celle-ci s'est engagée à lui servir, sa vie durant, une pension annuelle de 700 fr.

Motifs.

2. La compétence du Tribunal fédéral en la cause est incontestable. La somme en litige est évidemment supérieure à 3000 francs, et il s'agit de l'application du droit fédéral, la demande étant basée sur les dispositions de la loi fédérale sur la responsabilité des compagnies de chemins de fer, et éventuellement sur les art. 50, 53 et 65 du Code des obligations. Cette compétence n'a d'ailleurs été contestée ni en ce qui concerne l'action ouverte par Blanc à la compagnie, ni relativement aux conclusions prises par celle-ci contre l'évoqué en garantie Villa. Rien ne s'oppose donc à l'entrée en matière sur les conclusions des parties.

Sur l'action en dommages-intérêts dirigée par le demandeur L. Blanc contre la compagnie :

3. La première question soulevée par la demande est celle de savoir si l'art. 2 de la loi fédérale du 1er juillet 1875 précitée est applicable en la cause, en ce que l'accident, qui a causé les lésions de la victime, doit être considéré comme étant survenu dans l'exploitation.

D'après la pratique constante du Tribunal fédéral, conforme à cet égard à la jurisprudence allemande, la disposition exceptionnelle de l'art. 2 de la loi fédérale, qui fait peser sur les entreprises de transport une présomption de responsabilité, n'est applicable qu'aux accidents occasionnés par l'action particulièrement dangereuse des forces et moyens spéciaux que ces entreprises mettent en œuvre, et non à ceux qui se sont produits en l'absence de toute corrélation avec ces causes de péril. Un accident arrivé lors du déchargement d'un wagon immobile sur les rails ne saurait dès lors être considéré comme s'étant produit dans l'exploitation, au sens technique spécial susmentionné, par le motif qu'il ne se trouve pas dans un rapport de cause à effet avec la mise en mouvement de locomotives ou de wagons, avec le transport des voyageurs ou des marchandises et les manœuvres sur rails qui y ont immédiatement trait. (V. entre autres arrêts du Trib. féd. en les causes Felber, 19 oct. 1883, *Rec.* IX, 526, consid. 6; Schmid, *Rec.* X, p. 125, consid. 2; Bertero, VIII, p. 795, consid. 3 [1], etc. Voir aussi Eger, *Reichshaftpflichtgesetz*, p. 13 et 14).

Il suit de là que l'exploitation, dans le sens de la loi sur la responsabilité des entreprises de chemins de fer, comprend seulement le transport de voyageurs et de marchandises sur la voie, ainsi que les opérations préparatoires ou auxiliaires en rapport immédiat avec ce transport.

Or, dans l'espèce, l'accident ne s'est pas produit directement lors du transport, puisque Blanc n'a pas été blessé par un wagon ou une locomotive en mouvement; l'animal qui en a été la cause n'a point été effarouché par le passage d'un train, mais s'est enfui d'un wagon en déchargement, et par conséquent au repos.

Il y a lieu, toutefois, d'admettre que Blanc a été blessé au moment où, accomplissant son devoir d'aiguilleur, il cherchait à chasser hors de la voie le bœuf furieux dont la présence constituait un danger sérieux pour les trains dont l'arrivée était imminente, et qu'à ce point de vue, cet acte se trouvait dans un rapport indéniable avec le mouvement du transport.

Le Tribunal de céans a, en effet, reconnu qu'une classification rigoureuse des accidents visés par l'art. 2 de la loi fédérale n'était pas possible, mais que dans de certaines circonstances, à apprécier dans chaque cas spécial, des travaux ne rentrant pas dans l'exploitation proprement dite de la ligne pouvaient être assimilés aux opérations d'exploitation au sens du prédit article, lorsqu'une circonstance, touchant à cette exploitation, comme la hâte résultant du passage inévitable et imminent d'un train, par exemple, a imprimé à ce travail un caractère particulière-

---

[1] Voir *Journal des Tribunaux* de 1883, p. 42.

ment dangereux. (V. arrêt du Trib. féd. en la cause Chaubert, *Rec.* IV, p. 283 et suiv. [1]). Or l'intervention de Blanc, cinq minutes avant l'arrivée du train de Neuchâtel, pour débarrasser la voie d'un animal furieux dont la présence constituait un péril évident, rentre précisément dans ces cas ; c'est par la considération de ce péril, menaçant le train dont l'arrivée était si proche, que la victime, mue par le sentiment louable de son devoir, a été atteinte en cherchant à conjurer le danger. Il faut donc admettre que l'aiguilleur Blanc a été blessé dans l'exercice d'un travail rentrant dans ses fonctions, et à l'occasion de l'exploitation du chemin de fer.

C'est avec raison que, vu les circonstances spéciales susrelatées, la Cour cantonale a estimé que l'accident dont il s'agit doit être assimilé à ceux survenus « dans l'exploitation », aux termes de l'art. 2 susvisé, cela d'autant plus que Blanc était, de par son règlement, tenu, ainsi que le constate la dite Cour, de repousser tous les objets qui venaient encombrer la voie.

4. Il n'est d'ailleurs nullement établi que l'accident puisse être imputé à la propre faute de la victime. La compagnie ne le prétend point ; seul, le sieur Villa veut voir une faute semblable dans le fait que Blanc s'est servi de son drapeau rouge pour arrêter le bœuf échappé, et aurait ainsi excité davantage encore l'animal furieux.

Il résulte, il est vrai, des constatations de fait de la cause qu'au dernier moment Blanc a déroulé son drapeau dans le but de faire fuir le bœuf, mais il n'est aucunement démontré que cette circonstance ait causé l'accident, ni même que Blanc, au moment où il s'est porté avec son drapeau au-devant de l'animal, ait su que celui-ci était en furie. En aucun cas, l'acte de Blanc, exécuté dans l'exercice de ses fonctions et en vue d'éloigner un péril imminent pour les trains allant entrer en gare, ne saurait être imputé à faute à son auteur vis-à-vis de la compagnie.

5. Sur l'admissibilité de l'exception formulée par la compagnie, consistant à répudier en tous cas sa responsabilité, en vertu de la disposition de l'art. 2 de la loi fédérale libérant l'entreprise de chemin de fer, si elle prouve que, sans qu'il y ait faute à elle imputable, l'accident est dû à la faute d'une personne non employée pour le transport, c'est-à-dire à la faute du sieur Villa, évoqué en garantie :

[1] Voir *Journal des Tribunaux* de 1878, p. 325.

A cet égard, le jugement cantonal établit définitivement en fait que le bœuf, cause de l'accident, se trouvait attaché dans le wagon et donnait des marques visibles de fureur ; que le sieur Villa, à l'encontre des observations de l'employé Barbey, lequel estimait que des précautions spéciales étaient nécessaires pour opérer le déchargement de l'animal, coupa la corde qui retenait celui-ci et lui rendit ainsi la liberté.

Une pareille conduite, de la part de Villa, est, d'une part, contraire aux dispositions du § 60 du règlement de transport du 9 juin 1876, édictant entre autres que le chargement et le déchargement des animaux ont lieu par l'expéditeur et le destinataire, qui doivent se conformer, pour ces opérations, aux indications des employés de la gare, — et elle implique, d'autre part, une faute lourde de la part de celui qui s'en est rendu coupable. Cette faute emprunte un caractère tout particulier de gravité à la circonstance que Villa, habitué, selon son propre dire, depuis vingt ans au déchargement du bétail, loin de se conformer aux indications du personnel de la gare, n'a pris, avant de rendre le bœuf surexcité à la liberté, aucune des mesures de précaution qui s'imposaient de son aveu même. C'est ainsi qu'il a négligé, sous le vain prétexte de ne pas avoir sous la main les cordes nécessaires, de lier les jambes de l'animal, de manière à l'empêcher de prendre l'allure de la course, ce qui eût certainement évité l'accident. Il est clair que, dans cette situation, la prudence la plus élémentaire eût dû engager Villa à se munir de ces cordes et à entraver l'animal avant de couper le lien qui le retenait dans le wagon, ou tout au moins, après l'avoir coupé, à laisser quelque temps le bœuf se calmer dans le wagon fermé.

Le sieur Villa est dès lors responsable des fautes, soit d'omission, soit de commission constatées à sa charge, et qui se trouvent dans un rapport indéniable de cause à effet avec l'accident, puisque, sans elles, l'animal furieux n'eût pu s'échapper, ni par conséquent atteindre et blesser Blanc dans sa course affolée.

6. Ensuite de ce qui précède, la compagnie devrait être, aux termes de l'art. 2 précité, déchargée de toute responsabilité, si aucune faute concurrente ne lui était imputable.

A cet égard, c'est à tort que le jugement cantonal voit un élément de faute reprochable à la compagnie dans le fait que l'employé Barbey s'est borné à donner des conseils à Villa et n'a pas dénoncé immédiatement le cas à ses supérieurs de la gare. Le règlement de 1876 ne prévoit que des « indications » et nulle part une intervention directe de la part d'un semblable employé; d'ailleurs il est bien évident que pendant que Barbey se serait absenté pour se rendre auprès du chef de gare, par exemple, Villa aurait eu plus que le temps nécessaire pour couper la corde retenant l'animal et pour mettre celui-ci en liberté.

La circonstance, relevée par le conseil de Villa dans sa plaidoirie de ce jour, que les employés de la gare auraient rendu le bœuf plus furieux encore en le poursuivant pour l'arrêter, ne saurait pas davantage être imputée à faute à la compagnie, puisque, en présence de l'irruption de l'animal sur les rails, le personnel de la gare avait le droit et le devoir de chercher à l'en éloigner.

En revanche, l'arrêt de la Cour relève avec raison, comme constituant une faute à la charge de l'entreprise de transport, le fait que le quai de déchargement des bestiaux à la gare de Lausanne ne présente pas toutes les garanties de sécurité nécessaires; qu'ensuite de son aménagement défectueux, les animaux doivent pénétrer sur les voies, et surtout que le jour de l'accident dont Blanc a été la victime, il n'existait aucun obstacle, ni aucune barrière entre les dites voies et le chemin d'issue du quai.

Les défectuosités signalées, et tout particulièrement l'absence de toute installation destinée à remplacer la barrière momentanément enlevée, constituaient un péril, qu'il eût été du devoir de la compagnie de reconnaître et de conjurer, dans l'intérêt de la sécurité du public et de ses propres employés.

Ayant omis de prendre les mesures nécessaires à cet effet, et qui auraient pu empêcher l'accident de se produire, la dite compagnie a commis également une faute, moins grave sans doute que celles relevées à la charge du sieur Villa, mais suffisante pour qu'elle ait encouru, de ce chef, une part de responsabilité vis-à-vis de la victime.

Dans ces circonstances, et vu le texte de l'art. 2 de la loi fédérale, qui ne décharge la compagnie de sa responsabilité en cas de faute d'un tiers non employé au transport qu'en l'absence de toute faute de sa propre part, c'est à juste titre que la Cour cantonale a condamné en première ligne la compagnie à réparer le dommage subi par le sieur Blanc, sauf à elle à faire valoir son recours contre le sieur Villa, pour la part de ce dommage mis à la charge de ce dernier. C'est bien ainsi, d'ailleurs, que la compagnie elle-même a compris la portée du prédit art. 2, en prenant sa conclusion subsidiaire tendant à ce que Villa soit condamné à la garantir, en capital, intérêts et frais, de toutes condamnations quelconques pouvant la frapper du chef de L. Blanc.

7. En ce qui concerne la quotité des indemnités à allouer au dit sieur Blanc, il y a lieu d'abord de donner acte à la compagnie de son engagement de servir à Blanc, sa vie durant, une pension annuelle de sept cents francs, sans reversibilité en faveur de sa veuve ou de son enfant.

En tenant compte de cet engagement, de la nature des lésions subies par Blanc, qui le rendent incapable pour toute sa vie d'un service actif, et lui enlèvent d'une manière durable la presque totalité de sa capacité de travail (loi du 1er juillet 1875, art. 5, al. 3); en tenant compte, en outre, du traitement de 1400 francs perçu par le demandeur, dont la cessation représente le préjudice pécuniaire subi par lui, de son âge de 56 ans et des données moyennes des tables d'assurances, l'on arrive à ce résultat que, pour assurer à Blanc une rente viagère de 700 fr., portion de son traitement non couvert par la pension de la compagnie, un capital de 8000 fr. est nécessaire et devrait lui être alloué.

Cette somme ne saurait, toutefois, être adjugée en entier au demandeur; il se justifie, conformément à la jurisprudence constante du Tribunal de céans, confirmée dans l'arrêt récent du 17 novembre 1888 en la cause Wursten contre Suisse Occidentale-Simplon, de la réduire, par la considération que, vu l'âge relativement avancé où se trouve Blanc, sa capacité de travail eût certainement, dans le cours ordinaire des choses, subi une diminution durant les quinze ans de vie moyenne qu'il peut espérer d'après les probabilités, cet élément de calcul ne paraissant pas avoir été pris en considération par la Cour; une réduction de mille francs de ce chef n'est point exagérée, et une indemnité totale de sept mille francs, en dehors de la pension viagère servie par la compagnie, apparaît comme un équivalent du préjudice souffert.

8. En ce qui a trait enfin au recours exercé par la compagnie contre Villa, il est évident qu'il ne peut porter que sur les 7000 francs d'indemnité, puisque la dite compagnie eût dû, en tout état de cause, aux termes de son ordre général n° 3, payer à

Blanc la pension de 700 fr. qu'elle s'est engagée à lui servir. Cette réclamation ne peut, en outre, comporter que la partie de l'indemnité de 7000 fr. mise à la charge du sieur Villa, ensuite de sa faute constatée. Cette faute est, comparativement à celle reconnue à la charge de la compagnie, de beaucoup la plus considérable, de telle façon que la proportion de onze douzièmes à un douzième, fixée par la Cour cantonale, paraît correspondre à la situation et doit être maintenue.

<hr />

Genève. — TRIBUNAL DE COMMERCE
Séance du 13 décembre 1888.

Billet de change. — Aval. — Prescription. — Art. 808, 813, 827 et 829 CO.

Crot contre Chaulmontet et Novel.

Tandis que le souscripteur d'un billet de change reste obligé envers le porteur, même après l'expiration du délai de prescription, jusqu'à concurrence du bénéfice qu'il aurait fait à ses dépens, le donneur d'aval est au contraire libéré à l'échéance de ce délai.

Le demandeur Crot a réclamé, d'entrée de cause, le paiement de 138 fr. 10 pour capital d'un billet de change souscrit à Genève, le 23 avril 1884, par Chaulmontet à l'ordre de Crot et avalisé par Novel.

Chaulmontet s'étant mis au bénéfice de l'art. 829 CO., qui dispose que l'action contre le souscripteur d'un billet de change, découlant du titre à raison de sa nature spéciale, est prescrite par trois ans, le demandeur ne base plus sa réclamation sur le dit titre, mais bien sur l'enrichissement illégitime et, par conséquent, sur les art. 813 et 827, § 12, du Code susvisé.

Le Tribunal de commerce a admis les conclusions de la demande contre Chaulmontet, mais a libéré Novel.

Motifs.

Quant à Chaulmontet :

Attendu qu'il a souscrit le billet dont s'agit ; que, dans ce billet, il s'engageait à payer 138 fr. 10 à Crot ; qu'il reconnaissait les devoir pour prix de marchandises ; qu'il est établi, en effet, qu'elles lui ont été fournies pour cette valeur et qu'elles n'ont pas été payées ; qu'ainsi la créance de Crot contre lui est justifiée et qu'il doit obtenir jugement pour le montant de la somme due ; que, par contre, s'il y eût eu, en l'espèce, des frais de protêt et de retour, ils n'eussent pu être réclamés à Chaulmontet, ensuite de la prescription invoquée.

Quant à Novel :

Attendu qu'il n'a signé le billet dont s'agit que comme avaliseur ; que néanmoins Crot estime qu'il en doit le montant.

Vu l'art. 808 CO.

Attendu que cet article spécifie que toute personne qui a joint sa signature comme donneur d'aval, est tenue pour tout ce qui est dû au porteur à raison de l'inexécution de l'engagement de change.

Attendu que, puisque le billet en question est prescrit, l'engagement de change ne subsiste plus et, comme conséquence, l'aval qui le concernait doit disparaître.

Attendu que cela est tellement vrai, qu'il a toujours été admis que le cautionnement pouvait être limité quant à sa valeur et à sa durée ; qu'en avalisant un billet de change, Novel a forcément donné à son cautionnement la limite extrême prévue par la loi pour pouvoir faire état du billet dont s'agit ; qu'il n'avait pas besoin de le dire expressément, puisque ce délai résulte de la loi, et qu'il ne peut dépendre du demandeur d'étendre l'engagement du défendeur au-delà de celui qu'il a voulu prendre.

Atendu que le législateur a si bien entendu que l'avaliseur d'un billet doit être libéré par la prescription de celui-ci, que, tandis qu'il déclare à l'art. 813 que l'accepteur et le tireur, pour la lettre de change, à l'art. 827, § 12, que le souscripteur et le premier endosseur, pour le billet, même après avoir été libérés par la prescription, restent obligés par les voies ordinaires envers le porteur, à concurrence du bénéfice qu'ils auraient fait à ses dépens, il ne dit nulle part que cette obligation est applicable au donneur d'aval.

Attendu que le bon sens explique ce silence de la loi ; qu'en effet, la caution ne fait aucun bénéfice aux dépens du porteur du billet, et qu'ainsi la réclamation adressée à Novel, étant basée précisément sur un bénéfice, doit être considérée comme peu sérieuse.

Attendu, en résumé, que, de même que l'aval soumet à la solidarité celui qui le donne, sans qu'il soit même nécessaire de le dire ; de même qu'il prive implicitement l'avaliseur du bénéfice de discussion du débiteur principal, cela en vertu de la seule loi, de même aussi il doit apporter, à celui qui l'a fait, les bénéfices attachés à la nature spéciale de cet engagement, tels que celui de pouvoir profiter de la prescription acquise.

Attendu que Novel doit, en conséquence, être mis hors de cause, ses dépens laissés à la charge du demandeur.

———o—⟨⟨⟩⟩—o———

Vaud. — TRIBUNAL CANTONAL
Séance du 10 janvier 1889.

Epoux français. — **Immeubles acquis dans le canton de Vaud.** — **Application du droit vaudois.** — **Art. 2, 1049 et 1089 Cc. vaudois.**

Perret contre dame Perret.

Quelle que soit la capacité des personnes qui peuvent posséder des immeubles dans le canton de Vaud, il n'y a pas lieu de tenir compte des dispositions des lois étrangères qui régissent cette capacité, lorsqu'il s'agit de la propriété immobilière.

L'art. 1049 du Code civil vaudois, interdisant à la femme mariée d'acquérir des immeubles par achat, durant le mariage, est applicable même à la femme française, vivant sous le régime de la communauté légale du droit français, en ce qui concerne l'acquisition d'immeubles sis dans le canton de Vaud.

Avocats des parties :

MM. ANDRÉ, pour J.-M. Perret, défendeur et recourant.
Gross, lic. en droit, pour dame Perret, demanderesse et intimée.

Dans une demande du 18 septembre 1888, Marie-Véronique Perret, née Gallay, à Lausanne, a conclu à ce qu'il soit prononcé contre son mari Jean-Marie Perret, tapissier, en cette ville :

1° Que divers immeubles actuellement inscrits au nom du défendeur Jean-Marie Perret, au cadastre de Lausanne, sont la propriété de la communauté existante entre le défendeur et la demanderesse ;

2° Qu'en conséquence les susdits immeubles doivent être inscrits aux registres des droits réels au nom de la communauté existant entre le défendeur Jean-Marie Perret et la demanderesse Marie Perret, née Gallay.

Dans sa réponse, Perret a conclu à libération des conclusions de la demande.

L'instruction de la cause a établi, entre autres, les faits suivants :

Les époux Perret, citoyens français, se sont unis par le mariage à St-Gingolphe (France), le 21 janvier 1861, sans qu'aucune convention particulière ait été faite en ce qui concerne leurs biens.

De St-Gingolphe, les époux Perret se sont fixés à Thonon puis ensuite à Lausanne, où ils sont encore aujourd'hui.

Le 17 décembre 1872, Jean-Marie Perret a, par acte reçu C. Dériaz, notaire, acquis de Jean-David Wenger des immeubles sis au territoire de Lausanne, lieu dit en l'Halle-St-Laurent, pour le prix de 45,000 fr.

Ces immeubles sont désignés depuis le 1er février 1888, soit dès l'établissement du nouveau cadastre, sous articles 2896 et 2897 et taxés 82,870 fr. Les dits immeubles sont grevés de divers titres hypothécaires ascendant ensemble au chiffre de 49,400 fr.

Par jugement définitif rendu le 9 juin 1886, par le Tribunal de 1re instance de l'arrondissement de Thonon et déclaré exécutoire dans le canton de Vaud, la demanderesse a obtenu sa séparation de corps. Le même jugement a ordonné le partage de la communauté ayant existé entre les époux et a désigné un notaire chargé d'opérer ce partage.

Les procédés faits jusqu'ici, soit en France, soit dans le canton de Vaud, pour arriver à un règlement des intérêts civils des époux, n'ont pas abouti.

Aujourd'hui Marie Perret requiert l'inscription au registre foncier des droits de co-propriété qu'elle estime avoir sur les immeubles acquis à Lausanne pendant le mariage, sauf à demander plus tard la licitation de ces immeubles, ou leur partage en nature, si la chose est possible.

Jean-Marie Perret reconnaît bien en principe que la demanderesse a droit à la moitié de la valeur des immeubles après paiement des dettes, mais lui refuse tout droit de co-propriété sur ces immeubles eux-mêmes et s'oppose à toute inscription nouvelle au registre foncier. A l'appui de son opposition, il invoque les art. 2 et 1049 Cc. vaudois.

Ensuite de ces faits, le Tribunal civil de Lausanne a, par jugement du 30 novembre 1888 :

a) Admis les conclusions de la demande, en ce sens que les immeubles désignés ci-dessus et qui sont actuellement inscrits au chapitre de Jean-Marie Perret ffeu Jean-Pierre Perret, doivent être portés comme propriété indivise de Jean-Marie ffeu Jean-Pierre Perret et de Marie Perret, née Gallay, aujourd'hui séparés de corps ;

b) Repoussé les conclusions libératoires du défendeur, et

c) Condamné ce dernier aux dépens.

Ce jugement est basé, entre autres, sur les considérations suivantes :

Le second paragraphe de l'art. 2 du Code civil vaudois n'est que l'affirmation générale du droit de souveraineté de l'Etat sur tous les immeubles situés sur son territoire et ne touche en aucune façon à la capacité civile des personnes qui peuvent les posséder. Perret n'a pas établi que la femme mariée de nationalité française soit soumise à des prohibitions particulières en ce qui concerne l'acquisition des immeubles ; il est, au contraire, acquis que la femme au bénéfice de la communauté légale devient par là même co-propriétaire des immeubles acquis pendant le mariage (art. 1401 Cc. français).

C'est en vain que Perret présente comme des prohibitions générales et de principe les dispositions des art. 1049 et 1089 du Code vaudois, qui ne sont que des règles particulières se rapportant à des régimes spéciaux. Ces règles, faites pour les Vaudois, ne peuvent valablement être invoquées alors qu'il s'agit des effets d'un mariage contracté en France par des Français. Les immeubles, objet du procès, ayant été acquis pendant le mariage des époux Perret, font partie de plein droit de la communauté qui régit leur association à défaut de convention particulière et Marie Perret ne peut faire procéder au partage ou à la licitation de ces immeubles qu'après avoir obtenu l'inscription de ses droits de co-propriété au registre foncier, à teneur de l'art. 15 de la loi du 20 janvier 1882 sur l'inscription des droits réels immobiliers.

Perret a recouru contre ce jugement, dont il demande la réforme, estimant, en résumé, que le Tribunal de première instance a fait une fausse application des dispositions relatives au droit matrimonial vaudois, concernant les biens des époux, dispositions qui sont d'ordre public.

Le Tribunal cantonal a admis le recours et alloué au défendeur Perret ses conclusions libératoires.

Motifs.

Considérant que l'art. 2, § 2, Cc. vaudois, statuant que les immeubles, même ceux possédés par des étrangers, sont régis par la loi du canton, pose un principe d'ordre public et qui ne souffre aucune exception.

Qu'il se rapporte à une question immobilière et de territoire et qu'il touche ainsi à la souveraineté de l'Etat.

Que, dès lors, quelle que soit la capacité des personnes qui peuvent posséder des immeubles dans le canton, il n'y a pas lieu de tenir compte des dispositions des lois étrangères qui régissent cette capacité, lorsqu'il s'agit de la propriété immobilière, mais qu'il faut appliquer exclusivement les lois du canton.

Considérant, à ce sujet, que l'art. 1049 Cc. vaudois statue que la femme, durant le mariage, ne peut acquérir d'immeubles par achat et que l'art. 1089 dispose que le mari est propriétaire des acquêts consistant en immeubles, à la charge de tenir compte de leur valeur, telle qu'elle est à l'époque de la dissolution du mariage.

Qu'il résulte de ces dispositions que le législateur vaudois a interdit d'une façon absolue à la femme mariée d'acquérir des immeubles par achat.

Que, dès lors, Marie Perret, bien qu'au bénéfice des règles du droit français régissant le régime matrimonial, n'a pu acquérir des immeubles dans le canton pendant son mariage, les dispositions relatives aux immeubles devant primer celles concernant la capacité des parties contractantes.

Que les dits immeubles ne peuvent donc être inscrits au registre foncier comme propriété indivise des époux Perret, mais qu'ils doivent rester inscrits au chapitre du mari seul.

———— ◦ ◆ ◦ ————

Zurich. — COUR D'APPEL.
Traduction d'un arrêt du 8 décembre 1888.

Agence matrimoniale. — Action de l'intermédiaire en paiement de la provision promise. — Immoralité. — Nullité de l'obligation. — Art. 17 CO.

Le fait de servir d'intermédiaire, moyennant rétribution, pour la conclusion de mariages, n'a en lui-même rien d'immoral. Mais l'agent matrimonial agit d'une manière immorale lorsqu'il procure un mariage qu'il sait être dénué de toute base morale, et, dans ce cas, il ne saurait être admis à poursuivre en justice le paiement de la provision stipulée.

Un agent matrimonial a ouvert action en paiement de la somme qui lui avait été promise, à titre de provision, par l'époux auquel il a fait conclure un mariage; mais il a été débouté de ses conclusions par la Cour d'appel de Zurich.

Motifs :

1. Le fait de servir d'intermédiaire, moyennant rétribution, . pour la conclusion de mariages, n'a en lui-même rien d'immoral. C'est ce que la Chambre des recours du Tribunal supérieur a déjà prononcé à plusieurs reprises (voir rapport de gestion du Tribunal supérieur pour 1883, page 4, et *Schweizer Blätter für handelsrechtliche Entscheidungen*, IV, page 237). Une telle institution répond au contraire à un besoin incontestable de la vie moderne, ainsi que le prouve le fait que le nombre des agences matrimoniales va toujours croissant, de même que celui des unions conclues par leur intermédiaire. Mais ce qui n'est pas moins incontestable, c'est qu'un des dangers de cette institution réside dans le fait que l'intermédiaire, ne poursuivant généralement qu'un but de lucre, peut facilement se laisser entraîner à procurer des mariages dénués de toute base morale *(welche jeglicher moralischer Grundlage entbehren)*. Si tel est le cas, c'est-à-dire s'il est établi que non seulement le défaut de base morale du mariage existe, mais encore qu'il était connu de l'agent matrimonial au début de ses opérations, l'acte auquel se livre cet intermédiaire doit être envisagé comme immoral, d'où suit que la promesse d'argent qui lui a été faite à titre de contre-prestation est nulle à teneur de l'art. 17 CO. Dans l'espèce, on se trouve dans ce cas, ce qui doit entraîner le rejet des conclusions du demandeur.

2. Il est incontestable, en effet, que le mariage qui a uni le défendeur avec la dame X. est dénué de toute base morale. Il résulte clairement du dossier que le défendeur, qui est âgé de 32 ans, failli, sans fortune et sans crédit, n'a épousé sa femme, âgée de 57 ans d'après les indications du demandeur, que pour son argent. Ce n'est pas, d'ailleurs, pour désintéresser peu à peu ses créanciers qu'il a contracté ce mariage, puisque, aussitôt celui-ci célébré, il n'a rien eu de plus pressé à faire que de renoncer à la jouissance des biens de sa femme, afin de les soustraire ainsi aux poursuites de ses créanciers.

3. Une autre question, moins simple à la vérité, est celle de savoir si le demandeur, en proposant au défendeur le mariage avec dame X., avait connaissance de la base immorale de l'union qu'il procurait. Toutefois une étude attentive du dossier doit conduire le juge à résoudre affirmativement cette question.

4. Le demandeur lui-même allègue qu'en s'adressant à lui pour la première fois, le défendeur lui a dit avoir besoin d'une femme possédant une certaine fortune, soit 10,000 marcs au minimum ; si elle avait 20,000 marcs ou davantage, ajoutait-il, ce serait encore mieux. Dans sa première lettre adressée au demandeur, le défendeur subordonne de même sa promesse d'une provision de 500 marcs à la condition que la femme que le demandeur lui procurerait possède une fortune de 10,000 à 20,000 marcs. Ses lettres subséquentes montrent encore plus clairement que l'argent est l'essentiel pour lui. C'est ainsi qu'il écrit le 29 octobre 1887 : « Je crois que la Brodmann sera la meilleure ; du reste, vous devez mieux le savoir que moi, puisque vous êtes plus au courant des circonstances », ce qui ne peut évidemment s'entendre que de la fortune à apporter. C'est la Brodmann qui possède la plus grande fortune, et c'est elle par conséquent, dans l'idée du défendeur, qui est le meilleur des partis dont il a été question. Dans sa lettre du 23 novembre, le défendeur expose qu'il ne saurait se résoudre à épouser une femme qui lui apporterait moins de 10,000 fr. ; le demandeur, ajoute-t-il, en trouvera certainement une pour lui, car il y a assez de dames riches à K. Les autres lettres démontrent aussi que c'est toujours l'argent qui a joué le rôle principal dans le choix des diverses personnes qui ont été proposées au défendeur. De plus, il paraît évident que le demandeur connaissait la situation financière déplorable du défendeur, en particulier le fait qu'il avait été déclaré en faillite dans le canton de Zoug, peu de temps auparavant, après être déjà tombé en état de déconfiture dans le canton de Zurich ; en effet, le demandeur a sans aucun doute pris des renseignements sur la solvabilité de son client, et, du reste, il s'est rendu personnellement chez lui une fois. Enfin, le demandeur a trouvé très naturel, si même il n'a pas provoqué ce fait, que l'une des dames proposées par lui passât trois jours chez le défendeur, sans que, du reste, celui-ci réussît à lui persuader le mariage ; le demandeur allègue lui-même qu'elle rentra chez elle mécontente, ne voulant plus rien savoir du défendeur. Quand, après divers essais infructueux de trouver une femme riche pour le défendeur, le demandeur lui a enfin proposé la dame X., qui possédait, d'après lui, une fortune de 26,000 marcs, et un trousseau valant 600 marcs, et qu'il a mis les futurs époux en relations, il devait, dès lors, savoir pertinemment que son client ne demandait à sa future épouse qu'une seule qualité, celle de posséder le plus d'argent et que tout le reste était purement accessoire à ses yeux. Dans ces circonstances, le demandeur ne saurait préten re avoir ignoré que le mariage conclu par son intermédiaire manquât de base morale.　　　　　C. S.

Ch. Soldan, conseiller d'Etat, rédacteur.

Lausanne. — Imp. Corbaz & Comp.

XXXVIIᵉ ANNÉE. Nº 7.   SAMEDI 16 FÉVRIER 1889.

JOURNAL des TRIBUNAUX

REVUE DE JURISPRUDENCE

Paraissant à Lausanne une fois par semaine, le Samedi.

Rédaction : M. CHARLES SOLDAN, conseiller d'Etat, à Lausanne.
Administration : M. L. ROSSET, greffier du Tribunal cantonal, à Lausanne.
Abonnements : 12 fr. par an ; 7 fr. pour six mois. Pour l'étranger, le port en sus. On s'abonne à l'imprimerie CORBAZ & Cⁱᵉ, chez l'administrateur, M. ROSSET, et aux bureaux de poste.
Annonces : 20 c. la ligne ou son espace. S'adresser à l'imprimerie CORBAZ & Cⁱᵉ.

Questions de droit civil fédéral.

V.

Le droit aux dividendes dans la société anonyme.

Le droit aux dividendes est — en théorie, du moins — le droit le plus important des actionnaires, comme aussi celui qu'ils exerceront le plus volontiers. Les capitalistes et, en général, les personnes qui participent à la fondation de sociétés anonymes par une prise d'actions, cherchent dans le dividende un revenu supérieur au taux ordinaire de l'intérêt, la différence entre ce taux et le chiffre du dividende étant envisagée comme une prime du risque couru par l'actionnaire.

La fixation du dividende et le mode de sa répartition font habituellement l'objet de dispositions statutaires ; sinon l'assemblée générale emploie les bénéfices comme elle l'entend, à moins encore que la loi n'en décide autrement (cfr. CO. art. 630, al. 1, et 631). La plupart du temps, les bénéfices ne sont pas entièrement distribués aux actionnaires ; une partie en est consacrée à former ou augmenter le fonds de réserve, à payer des tantièmes aux administrateurs, à couvrir les pertes subies, etc. L'art. 629 [1], al. 1, de notre Code s'exprime d'ailleurs comme suit : *Pendant la durée de la société, chaque actionnaire a droit à une part proportionnelle des bénéfices nets, pour autant que, d'après les statuts, il y a lieu de les répartir entre les actionnaires*, — c'est-à-dire pour autant qu'ils ne doivent pas recevoir une autre destination (fonds de réserve, tantièmes aux administrateurs, par exemple). Le dividende se calcule donc sur les bénéfices *nets*, qui seront déterminés par le bilan ; et le législateur a veillé à ce que des dividendes ne pussent être distribués d'une manière abusive (cfr. art. 656).

Presque toutes les lois récentes interdisent le paiement d'intérêts pour le capital-actions ; ainsi le Code de commerce allemand, art. 216, le Code de commerce hongrois, art. 163, le Code de commerce italien, art. 181. Le Code fédéral adopte le même principe, car il prohibe également la distribution d'acomptes sur le dividende probable de l'année *(Abschlagsdividende)*. Il faut que le résultat définitif de l'exercice annuel soit connu pour que des dividendes puissent être versés. Par contre, il peut parfaitement être convenu que les dividendes ne dépasseront pas un taux déterminé. Si la loi défend le paiement d'intérêts aux actionnaires et n'accorde que des dividendes, c'est que les actionnaires ne sont pas des créanciers de la société. Voici, du reste, le texte de l'art. 630 [2] : *Il ne peut être payé d'intérêt pour le capital-actions ; les dividendes ne peuvent être payés que sur le bénéfice net établi par le bilan annuel* [3] (al. 1). Il n'y a évidemment pas de « bénéfice net », tant que le capital-actions n'est pas reconstitué, s'il a été diminué par des pertes ; c'est ce qu'énonçait formellement le projet de M. Fick et l'on ne comprend pas

[1] C. comm. all. (revisé par la loi de 1884), art. 216, 217, al. 1. *Haberstich*, II, 507 ; *Jacottet*, 358 ; *Schneider et Fick*, 486 ; *Hafner*, 200.

[2] C. comm. all. 217. *Haberstich*, II, 504 ; *Jacottet*, 359 ; *Schneider et Fick*, 487 ; *Hafner*, 200 ; *Bing* : La société anonyme en droit italien, 216 ; *Journal des Tribunaux*, XXX (1882), 213.

[3] Si les bilans sont *semestriels* — et ils peuvent l'être — rien ne met obstacle à ce que des dividendes soient distribués semestriellement.

pourquoi cette disposition très sage a été supprimée par la Commission [1].

Notre Code renferme cependant une dérogation à la défense de payer des intérêts aux actionnaires. Le 2ᵐᵉ alinéa de l'art. 630 porte, en effet: *Toutefois, des intérêts d'un taux déterminé peuvent être convenus pour le temps que réclame, d'après les statuts, la préparation de l'entreprise jusqu'au commencement de l'exploitation normale.* C'est là ce qu'on appelle les *Bauzinsen.* On a prétendu, pour les justifier, que les capitalistes souscriraient difficilement des actions, s'ils étaient obligés de se passer de revenus pendant un temps peut-être long. Mais cette raison n'en est pas une, car toute société anonyme qui se dispose à payer des intérêts de cette sorte, durant la période de préparation, élève son capital d'autant. Soit une société au capital de 1 million; son exploitation normale ne doit commencer que deux ans à partir de sa constitution. Si elle ne paie pas, dans cet intervalle, d'intérêts à ses actionnaires, elle pourra se fonder avec le million qui lui est nécessaire; si elle en paie, elle fixera le chiffre de son capital, en l'augmentant de la valeur de ces intérêts. Supposons ces derniers du 5 %. Au lieu d'un capital de 1 million, la société devra émettre des actions pour onze cent mille francs, soit 1,000,000 + 100,000 fr., montant de deux années de *Bauzinsen,* puisqu'il faudra bien prendre ces intérêts quelque part. De cette façon, le public est induit en erreur; on lui demande le 10 % en sus de ce qui est indispensable, pour lui restituer ce 10 % en deux annuités de 5 %. On avait proposé, aux fins d'atténuer la prescription finale de l'art. 630, d'établir pour les *Bauzinsen* un intérêt maximum de 4 %. Cette proposition fut repoussée; le rejet en est d'autant plus regrettable que

[1] *Arrêts du Tribunal fédéral*, XII, 364: Les art. 630 et 656 n'autorisent la répartition d'un dividende que si le capital social versé subsiste intact, et si le bilan annuel, établi conformément à la loi, accuse un bénéfice net outre ce capital. Si le capital social a été diminué par des pertes et qu'un exercice subséquent produise un excédent de recettes, cet excédent doit servir en première ligne à la reconstitution du capital. Les créanciers d'une société anonyme ont d'ailleurs qualité pour s'opposer à une répartition de dividende qui porterait atteinte à l'intégrité du capital social v. *Journal des Tribunaux*, XXXIV (1886), 289. — Comme on le voit, le Tribunal fédéral supplée, par une interprétation extensive de la loi, l'absence du texte proposé par M. Fick. Et ce, à bon droit.

la teneur du deuxième alinéa de l'art. 630 est bien vague et que, pour obtenir de gros intérêts sur les actions pendant des années, les intéressés pourront assez facilement retarder de mauvaise foi l'époque de l' « exploitation normale », en l'ajournant, par une clause des statuts, à une date très éloignée.

On peut se demander si des *Bauzinsen* d'un taux déterminé n'ayant pas été prévus par les statuts, l'assemblée générale serait autorisée à en accorder ou à étendre le délai pour lequel ils avaient été promis à l'origine. L'assemblée générale peut certes en allouer, mais seulement pour le temps « que réclame, *d'après les statuts,* la préparation de l'entreprise », ou, — si l'on désirait une traduction à la fois plus exacte et plus claire, — pour le temps fixé par les statuts pour la préparation de l'entreprise jusqu'à l'exploitation normale. Si donc ce temps n'est pas fixé par les statuts (par exemple jusqu'au 1er mai 1892), il n'est pas dû de ces intérêts visés par l'art. 630, al. 2. Il n'en peut être exigé non plus pour une durée supérieure au temps de préparation indiqué dans le contrat de société[1] ; la disposition précitée de l'art. 630 est de droit exceptionnel et doit, par conséquent, s'interpréter restrictivement. La jurisprudence allemande admet, d'autre part, que l'actionnaire est, pendant le temps de préparation, créancier de la société, que dès lors cette dernière ne pourrait pas lui opposer valablement une décision de ne point payer les *Bauzinsen* convenus.

Le Code de commerce italien est, dans son art. 181[2], beaucoup plus sévère que notre Code fédéral : « Toutefois, dit-il, des intérêts à prélever sur le capital peuvent être expressément stipulés, dans les *sociétés industrielles* pour lesquelles une période de préparation est *nécessaire,* mais non au-delà de *trois ans,* ni au-dessus du 5 °/₀. Dans ce cas, le montant des intérêts à payer doit être calculé dans les frais de premier établissement et réparti avec eux à la charge des bilans qui auront des dividendes réels. » Comme l'on s'en convainc aisément à la lecture de cet article, le danger des *Bauzinsen* a été singulièrement diminué.

Une question encore : Ces intérêts étant un remboursement partiel du capital, la société peut-elle payer des dividendes avant que son capital soit reconstitué au moyen de bénéfices

---

[1] *Arrêts du R. O. H. G.*, XXII (1re période), 12 et 19.
[2] *Arrêts du R. G.*, IV, 108.

subséquents ? Oui, sans doute, car ces intérêts peuvent être envisagés comme des frais de premier établissement (cfr. art. 656, chiffre 1); mais il est naturel que, dans ce cas, des dividendes ne peuvent être touchés que si les *Bauzinsen* n'absorbent pas les bénéfices nets (cfr. art. 630, al. 1). Ajoutons que l'art. 630, et ceci va de soi, n'emporte nullement défense d'émettre des actions privilégiées ou de priorité.

L'art. 631 [1] prescrit, en outre : *Le dividende n'est fixé qu'après déduction des prélèvements statutaires en faveur du fonds de réserve. Si la consolidation de l'entreprise l'exige, l'assemblée générale a le droit, avant toute distribution de dividendes, de constituer des réserves, même en dehors des prélèvements prévus par les statuts.* Il ressort de cet article que la loi ne *rend pas obligatoire* la constitution d'un fonds de réserve, bien que le fonds de réserve soit une institution éminemment recommandable et sans laquelle une société anonyme repose fatalement sur des bases peu solides. La deuxième partie de l'art. 631 manque dans le Code de commerce allemand; un arrêt du *Reichsgericht,* du 4 mai 1881, n'en a pas moins conservé, pour l'Allemagne, la règle formulée par notre Code. Mais le Code de commerce allemand (art. 239 *b* et 185 *b*) va beaucoup plus loin que notre législation suisse, en ordonnant expressément la constitution d'un fonds de réserve qui comprendra : 1° le 5 °/₀ au moins des bénéfices nets, jusqu'à ce que les réserves atteignent le 10 °/₀ du capital social ou la fraction supérieure à ce chiffre déterminée par les statuts; 2° les profits résultant de l'émission au-dessus du pair des actions, lors de la formation de la société ou lors d'une augmentation du capital. L'art. 182 du Code de commerce italien contient une disposition de même nature (5 °/₀ des bénéfices nets au moins, jusqu'à ce que les réserves soient du vingtième du capital social). Malheureusement, notre législateur ne s'est pas préoccupé de cet élément essentiel à la bonne marche d'une société anonyme; si les statuts ne parlent pas du fonds de réserve, tous les bénéfices peuvent être distribués aux actionnaires ; et, *a fortiori,* les statuts peuvent prescrire qu'un dividende sera réparti avant tout prélèvement en faveur du fonds de ré-

---

[1] Loi française de 1867, art. 26; C. comm. all., 217, al. 1, et 259 *b. Haberstich,* II, 509; *Jacottet,* 359; *Schneider et Fick,* 488; *Hafner,* 401; *Bing,* l. c., 226 et suiv.

serve, sauf la disposition finale de l'art. 631, « si la consolidation
de l'entreprise exige », la création d'un fonds de réserve.

Il nous reste à traiter la question des *dividendes fictifs*, c'est-
à-dire de dividendes qui emportent une distribution, non pas des
fruits du capital, mais de fractions du capital lui-même. Comme
le capital social est le gage commun des créanciers de la société,
les actionnaires n'ont pas le droit de le réduire à leur profit au
détriment des dits créanciers. En théorie donc, tout dividende
fictif devrait être restitué par l'associé qui l'a touché. Mais, dans
la pratique, il serait bien difficile d'exiger ou d'obtenir cette
restitution. En effet, si les actions sont au porteur tout spécialement, il est inadmissible de réclamer au porteur d'une action
des dividendes fictifs touchés par un cédant peut-être et dont le
montant a influé sur le prix de cession du titre. Sans insister
sur ce point, nous voyons presque toutes les législations se placer
sur le terrain de l'art. 632 [1] de notre Code : *Dans aucun cas, les
actionnaires ne seront tenus de rapporter les dividendes ou intérêts qu'ils ont reçus de* BONNE FOI, — c'est-à-dire dans la
conviction, inspirée du reste par une erreur excusable, que ces
dividendes n'étaient en contradiction ni avec la loi, ni avec les
statuts. La répétition de dividendes perçus de *mauvaise foi* est,
sauf le cas de prescription acquise, toujours autorisée. Quant à
la bonne foi, elle doit exister à la fois au moment où la décision
relative au dividende est intervenue et à l'époque du paiement ;
mais c'est à celui qui la conteste de prouver qu'elle n'a pas
existé. Il s'est élevé, au sujet de l'art. 218 du Code de commerce
allemand, conforme à notre art. 632, d'assez nombreuses controverses :

Les bénéfices du précédent exercice sont absorbés par des
pertes ultérieures ; l'assemblée générale a-t-elle le droit de répartir des bénéfices qui se trouvent désormais annihilés par ces
pertes ? Des pertes sont essuyées avant la date fixée pour le
paiement des dividendes, mais après la décision de l'assemblée
générale qui a ordonné la distribution de ces derniers, ces dividendes peuvent-ils être versés, en ce sens que les actionnaires
qui les toucheront, en connaissance de cause, seront encore de
bonne foi ? Nous pensons que lorsque la répartition des béné-

---

[1] Loi française, 10, 45 ; C. comm. all., 218. *Haberstich*, II, 510 ; *Jacottet*,
359 ; *Schneider et Fick*, 489 ; *Hafner*, 201 ; *Bing*, l. c., 220 et suiv.

fices, en tant que bénéfices réels, doit être considérée comme virtuellement accomplie, soit en vertu des statuts, soit par suite d'une décision de l'assemblée générale, des pertes ultérieures ne peuvent compromettre le droit acquis aux actionnaires de percevoir leurs dividendes. Et, comme la Cour de cassation française l'a jugé dans l'affaire de l'*Union générale*, « la répartition des dividendes est accomplie, lorsque, les bénéfices étant constatés et attribués aux actionnaires, ceux-ci ont acquis un droit privatif sur la valeur répartie. Il n'est pas nécessaire que la distribution en ait eu lieu matériellement. » Un arrêt du *Reichsoberhandelsgericht*, du 10 septembre 1875, a prononcé d'autre part « que l'actionnaire d'une société en faillite a un droit de créance sur elle pour le montant du dividende fixé avant la déclaration de la faillite, mais échu seulement après celle-ci ; toutefois, si le dividende est *fictif*, l'actionnaire ne peut rien réclamer, parce que, en cas d'opposition des créanciers, il ne serait plus de bonne foi », — puisqu'il saurait, à l'époque du paiement, qu'il s'agit d'un bénéfice fictif.

Nous rappelons encore ici l'art. 627, al. 1.   V. ROSSEL.

Vaud. — TRIBUNAL CANTONAL.
Séance du 15 janvier 1889.

Séquestre-arrêt. — Paiement fait par le tiers saisi sans l'autorisation du créancier. — Action de celui-ci.

Schaub contre Rochat.

Dès le moment où il a connaissance du séquestre-arrêt, le tiers saisi ne peut plus payer valablement au débiteur sans l'autorisation du créancier. Il importe peu que l'ordonnance prononçant l'adjudication des valeurs saisies ne lui ait pas encore été signifiée.

Dans sa demande du 16 décembre 1887, A. Schaub, au Sentier, a conclu à ce qu'il soit prononcé que Aug. Rochat, aux Charbonnières, doit lui faire immédiat paiement de la somme de 150 fr. et intérêts dès la demande juridique, en vertu d'ordonnance de subrogation du 5 novembre 1886, et d'ordonnance d'adjudication du 16 septembre 1887.

Dans sa réponse du 27 février 1888, A. Rochat a conclu à libération des conclusions de la demande.

L'instruction de la cause a établi les faits suivants :

Victor Bouveret, au Laitelet (France), est débiteur de Schaub de diverses sommes, savoir :

1° 152 fr. 40, montant d'un état de frais réglé.

2° 100 fr. payés comme caution judiciaire.

3° L'intérêt au 5 °/₀ sur ces valeurs.

Par exploit du 6 août 1887 et pour parvenir au paiement de ces sommes, Schaub a pratiqué un séquestre-arrêt en mains de L. Golay, amodiateur, H. Rochat, à la Julie, et A. Rochat, sur tout ce qu'ils pourraient devoir ou détenir appartenant à Bouveret.

A l'audience du Juge de paix du cercle du Pont, du 16 septembre 1888, A. Rochat a déclaré qu'il « a placé pour l'étivage
» chez Bouveret quelques génisses ou génissons, il ne sait pas
» le nombre; qu'il n'a livré jusqu'à maintenant aucune valeur
» en espèces pour ce fait; que le prix payé généralement pour
» une génisse d'un an est de 13 à 15 fr. et pour celles plus âgées
» de 18 à 20 fr. Les valeurs qu'il doit sont disponibles à partir
» du présent mois. »

A. Rochat n'avait pas reçu l'exploit de séquestre-arrêt du 6 août 1887; il ne s'est présenté que sur le vu d'une lettre reçue le même jour de Schaub. Celui-ci, de son côté, n'a pas pu produire la copie du dit exploit munie de la relation.

Par ordonnance du 16 septembre, notifiée le 24 du même mois à A. Rochat, le Juge a prononcé l'adjudication en faveur de Schaub des valeurs dues par A. Rochat à Bouveret.

Par lettres du 28 septembre et 11 octobre, Schaub a invité le défendeur à déposer en mains du Juge de paix le compte de ce qui était dû à Bouveret.

Le défendeur reconnaît qu'il devait à Bouveret une somme de 140 fr., mais elle lui a été payée en deux fois, savoir 80 fr. le 13 septembre 1887 et 60 fr. le 20 septembre suivant. Ces paiements, dit Rochat, ont été effectués au chalet de la Laisinette, où résidaient le fils Rochat et son oncle, et avant que la notification de l'ordonnance d'adjudication, qui n'a eu lieu que le 24 septembre, ait pu être communiquée à ceux-ci, vu l'éloignement; au moment où ils ont eu connaissance de l'ordonnance, ils avaient déjà effectué les paiements de bonne foi.

Statuant sur ces faits, par jugement du 3 décembre 1888, le

président du Tribunal de La Vallée a repoussé les conclusions du demandeur et l'a condamné aux dépens. Ce jugement est fondé sur les motifs suivants : L'exploit de séquestre-arrêt du 6 août 1887 n'est pas parvenu à A. Rochat ou ne lui a pas été notifié; celui-ci ne pouvait donc empêcher en temps utile son fils de faire le paiement du 13 septembre. Quant au paiement du 20 dit, il a été fait de bonne foi, Rochat n'ayant pas reçu, avant cette date, communication de l'ordonnance d'adjudication et ne pouvant rentrer en possession de son bétail sans payer Bouveret.

Schaub a recouru contre ce jugement, dont il demande la réforme, concluant à l'adjudication de ses conclusions et subsidiairement au paiement par Rochat de 60 francs. Ce recours est fondé sur les motifs suivants :

1° Le séquestre des valeurs dues à Bouveret par Rochat était imposé dès le 6 août 1887; à partir de ce moment, Rochat n'avait plus le droit de faire valablement aucun paiement à d'autres qu'au subrogé Schaub.

2° L'intimé n'a pas allégué, à l'audience du 16 septembre, qu'il eût été fait un premier paiement de 80 fr., effectué à tort par son fils postérieurement au séquestre, et il n'a pas établi aux débats avoir ignoré le dit paiement.

3° L'intimé devait prévenir son fils du séquestre ; il l'a, en tout cas, connu le 16 septembre et il avait le temps d'empêcher tout au moins le paiement de 60 fr. livrés seulement le 20 septembre. Le recours conclut en outre à la compensation des dépens.

Dans son mémoire, Rochat soulève un moyen préjudiciel consistant à dire que Bouveret étant domicilié en France, Schaub ne pouvait diriger des poursuites contre lui en Suisse.

Le Tribunal cantonal a admis la conclusion subsidiaire du recours, le jugement de première instance étant réformé dans ce sens.

Motifs.

Statuant tout d'abord sur ce moyen préjudiciel et considérant que Rochat n'a aucune vocation à soulever, au nom de Bouveret, ce moyen tiré du traité entre la France et la Suisse, Bouveret étant seul fondé à invoquer un pareil moyen,

Le Tribunal cantonal écarte ce moyen préjudiciel.

Statuant ensuite sur le recours et considérant, en ce qui concerne le paiement de la somme de 80 fr., effectué par Rochat le 13 septembre 1887, que Schaub n'a pas produit l'exploit qu'il allègue avoir notifié à Rochat le 6 août 1887, imposant séquestre entre ses mains sur ce qu'il pouvait devoir à Bouveret.

Qu'il n'a pas établi que l'exploit du 6 août ait été notifié à Rochat.

Que, par conséquent, le paiement de 80 fr. qu'il a effectué le 13 du dit mois en mains de Bouveret ne saurait être critiqué.

Attendu, en ce qui concerne le paiement de la somme de 60 francs, effectué pour solde le 20 septembre, que, dès la date du 16 septembre 1887, Rochat avait connaissance du séquestre, puisqu'il avait été appelé à déclarer devant le Juge de paix quelles valeurs il pouvait devoir à Bouveret.

Qu'il importe peu que l'ordonnance d'adjudication ne lui ait été notifiée que le 24 septembre, puisque, dès le 16 de ce mois, il savait qu'il ne pouvait plus rien payer valablement à Bouveret sans l'autorisation du créancier.

Que le fait que c'est son fils qui a payé ce qui était dû à Bouveret ne saurait être pris en considération, parce qu'il devait immédiatement prendre toutes les mesures nécessaires pour empêcher qu'un tel paiement vînt à être effectué.

Que la circonstance que son fils se trouvait à une distance de 18 kilomètres n'a aucune importance en la cause, pas plus que les difficultés des communications, puisqu'il aurait, en tous cas, pu le prévenir entre le 16 et le 20 septembre.

Que, dès lors, Rochat a mal payé en remettant, le 20 septembre, à Bouveret la somme de 60 fr. et que, par conséquent, ce paiement ne peut porter aucun préjudice aux droits de Schaub.

————◦–◦————

Séance du 29 janvier 1889.

————

Procédure devant le juge de paix. — Faits et moyens nouveaux retranchés à tort. — Audition irrégulière d'un témoin. — Jugement annulé. — Articles 188 et 195, lettre *d*, de la loi sur l'organisation judiciaire.

————

Perrin contre Buache.

————

Il y a lieu à nullité du jugement, si le juge de paix retranche à tort des faits et moyens nouveaux invoqués par l'une des parties.

Par exploit du 13 novembre 1888, Ed. Buache, à Payerne, a

conclu à ce qu'il soit prononcé avec dépens que J. Perrin, au dit lieu, est son débiteur et doit lui payer immédiatement la somme de 72 fr. 20, pour sa part aux frais de la cause au nom de Wildberger et Cⁱᵉ, à Romont, contre Jeannette Cornamusaz, à Trey.

A l'audience du 27 novembre, Perrin a conclu par exception dilatoire, et avant tout procédé au fond, à libération des conclusions prises par le demandeur. Le défendeur a demandé le renvoi de cette audience au 11 décembre suivant, afin de pouvoir vérifier la correspondance et les pièces qu'il pouvait avoir chez lui.

A l'audience du 11 décembre, Buache a indiqué comme témoins A. Genier et W. Bertholet, à Bex. Le défendeur s'est opposé à ce qu'il soit suivi au jugement avant que la procédure soit complète, se réservant de déposer encore d'autres pièces dans la huitaine. Il s'est, en outre, opposé à toute preuve testimoniale que le défendeur voudrait entreprendre.

Le demandeur a conclu par voie incidente au rejet de la dictée et des faits nouveaux allégués par le défendeur à la dite audience.

A l'audience du 18 décembre, le juge a donné connaissance aux parties de la commission rogatoire qu'il avait décernée pour l'audition de Genier.

Par jugement du 22 décembre, rapporté en séance publique le 27 du même mois, le juge de paix a accordé au demandeur ses conclusions avec dépens.

Perrin a recouru contre ce jugement, dont il demande la nullité par les motifs suivants :

I. A l'audience du 11 décembre, le recourant s'était opposé à des preuves testimoniales annoncées par l'intimé. Le juge n'a statué sur cet incident que dans le jugement au fond au lieu de statuer immédiatement et par un jugement incident.

II. A cette même audience, le recourant avait allégué des faits et des moyens nouveaux. Le juge les a retranchés comme tardifs.

III. Les témoins n'ont pas été entendus à l'audience et en présence des parties.

Le recourant n'a pas été admis à discuter ses moyens oralement.

Le recours a été admis et la cause renvoyée au juge de paix de Grandcour.

Motifs.

Considérant que le recourant s'était opposé à la preuve testimoniale entreprise par Buache.

Que, dès lors, le juge aurait dû statuer sommairement par voie incidente sur cette opposition (Loi judiciaire, art. 188).

Attendu que le 27 novembre, Perrin avait demandé le renvoi de l'audience pour pouvoir vérifier la correspondance.

Qu'il se réservait ainsi implicitement de pouvoir alléguer, le cas échéant, de nouveaux faits.

Qu'il était en droit, dès lors, d'invoquer de nouveaux moyens à l'audience du 11 décembre.

Que c'est par conséquent à tort que le juge a retranché les faits et moyens nouveaux invoqués par Perrin.

Considérant que le témoin Genier n'a pas été entendu à l'audience et en présence des parties.

Que le procès-verbal ne mentionne pas que les parties aient convenu de faire entendre ce témoin par commission rogatoire.

Que, dès lors, cette audition est irrégulière.

Vu l'art. 195, lettre *d,* de la loi judiciaire.

Vaud. — Cour de cassation pénale

Séance du 28 décembre 1888.

Jugement de police. — Faits incomplets. — Nullité. —
Art. 524 Cpp.

Recours Givel.

Il y a lieu à nullité du jugement de police qui ne mentionne pas des faits desquels il semble résulter qu'une condamnation antérieure serait déjà intervenue pour le fait objet de la poursuite.

Jules-Edouard Givel, à Payerne, a été condamné, le 8 décembre 1888, par le président du Tribunal de Payerne, en application de l'art. 268 Cp., à six francs d'amende, aux frais et au paiement de quatre francs, à titre de dommages-intérêts, au plaignant, comme coupable d'avoir, le 3 août 1888, à Payerne, soustrait des produits du sol, soit de l'herbe non coupée appartenant à Louis Monney, la valeur de l'herbe dépassant deux francs, mais n'étant pas supérieure à dix francs anciens et Givel ayant agi avec discernement.

Givel a recouru contre ce jugement, dont il demande la nullité. Il estime qu'ayant été condamné pour le même fait par la municipalité de Payerne, il ne pouvait être condamné une seconde fois par le président du Tribunal.

Le jugement a été annulé et la cause renvoyée au président.

Motifs.

Considérant, sur le pourvoi, qu'il existe au dossier un récépissé du boursier communal de Payerne constatant, à la date du 22 septembre 1888, avoir reçu 6 fr. 60 pour des amendes prononcées contre les frères Paul et Edouard Givel.

Considérant que les faits admis dans le jugement dont est recours ne font aucune mention de cette circonstance et que, dès lors, ils ne paraissent pas complets.

Vu l'art. 524, § 2, Cpp.

Séance du 17 janvier 1889.

Prévention d'escroquerie. — Libération. — Art. 282 Cp.

Recours Piguet.

Le fait de séjourner un certain temps dans un hôtel, sans payer la note, ne constitue pas nécessairement une escroquerie.

Jules-Auguste Piguet, détenu au Sentier, a été condamné par le Tribunal de police du district de La Vallée, le 5 janvier 1889, à cent jours de réclusion, trois ans de privation générale des droits civiques, et aux frais de la cause, comme coupable d'un délit d'escroquerie au préjudice de Henri Baud, maître d'hôtel, au Sentier.

Piguet a recouru contre ce jugement. Il demande qu'il soit modifié dans le sens d'une diminution de la peine. Il fait valoir que le Tribunal a basé son jugement sur des faits qui n'ont aucun rapport avec la plainte.

Le recours a été admis et le recourant libéré de toute peine.

Motifs.

Considérant qu'il ne résulte pas des faits constatés par le jugement que le recourant se soit fait remettre quelque chose par Henri Baud, soit à l'aide d'un faux nom ou d'une fausse qualité, soit en s'attribuant un crédit mensonger ou en faisant naître des espérances ou des craintes chimériques, soit en employant toute autre manœuvre frauduleuse pour abuser de la crédulité du dit Baud.

Que si le recourant s'est présenté chez le syndic de la commune du Chenit sous un faux nom et une fausse qualité pour solliciter sa pitié, cette circonstance n'est nullement en rapport avec celles qui ont fait l'objet de la plainte.

Que dès lors on ne saurait arguer de ce fait pour prétendre que Piguet aurait commis une escroquerie au préjudice de Baud.

Que, d'autre part, le fait seul par le recourant d'avoir séjourné pendant un certain temps à l'hôtel de l'Union, tenu par Baud, sans avoir payé sa note, ne constitue pas nécessairement une escroquerie, mais relève plutôt de la justice civile.

Qu'ainsi les faits relevés à la charge de Piguet ne sont point constitutifs du délit d'escroquerie et que, par conséquent, l'article 282 du code pénal n'est pas applicable en l'espèce.

France. — TRIBUNAL CIVIL DE LA SEINE (2ᵉ chambre).
Audience du 14 décembre 1888.

Opérations de bourse. — Jeu. — Marché à terme. — Loi de 1885. — Petite Bourse des fonds publics. — Ordres imprimés. — Courtage. — Défaut de concours des agents de change. — Article 76 du Code de commerce. — Nullité des négociations des coulissiers.

Petite Bourse des fonds publics, en faillite, contre dame Masmann.

La loi du 28 mars 1885 a reconnu la légalité des marchés à terme sur effets publics et autres.
Mais, aux termes de l'article 76 du Code de commerce, ces marchés ne peuvent avoir lieu qu'avec le concours obligatoire des agents de change. La nullité des négociations d'effets publics par l'intermédiaire de coulissiers, sans le ministère de ces agents, est d'ordre public.

Attendu que Nizet, directeur, à Paris, rue Vivienne, 15, d'une maison de banque appelée la « Petite Bourse des fonds publics », prétendant avoir fait, en janvier 1887, pour le compte de la défenderesse, un certain nombre d'opérations se soldant, à son profit, par un compte de 97,273 fr. 15, a pratiqué diverses oppositions pour sûreté de cette somme et en avoir paiement.

Attendu que postérieurement à ces oppositions, Nizet a été déclaré en faillite, qu'il est actuellement sans domicile connu et représenté par Beaugé ès-noms, son syndic, qui poursuit le remboursement de cette créance, ainsi que la validité des oppositions pratiquées par Nizet.

Attendu que pour repousser la double action dont elle est l'objet, la dame Masmann oppose à Beaugé ès-noms deux exceptions tirées, l'une des dispositions de l'art. 1965 du Code civil sur le jeu, l'autre de l'art. 76 du Code de commerce et résultant de l'immixtion illicite dans le ministère de l'agent de change.

Sur le premier moyen, tiré de l'exception de jeu :

Attendu que la loi du 28 mars 1885 a autorisé la spéculation des marchés à terme et qu'il n'y a lieu de s'y arrêter.

Sur le moyen tiré de l'art. 76 du Code de commerce :

Attendu que les ordres imprimés d'achat et de vente signés par la dame Masmann, conformes à tous ceux que la « Petite Bourse des fonds publics » mettait à la disposition de sa clientèle, portaient littéralement les indications suivantes : « Je soussigné déclare acheter directement du directeur de la « Petite Bourse des fonds publics », aux conditions fixées au verso du présent... (La maison a droit à une bonification ou commission égale au courtage des agents de change sur les valeurs et à celui de la coulisse sur les rentes françaises)... La « Petite Bourse des fonds publics » vend et achète directement à terme de ses clients toutes les rentes et les valeurs cotées, etc. »

Attendu que ces indications, imprimées sur chaque ordre d'achat ou de vente, démontrent clairement que cet établissement entendait s'affranchir, contrairement aux dispositions impératives de l'art. 76 du Code de commerce, du concours obligatoire de l'agent de change dont la « Petite Bourse des fonds publics » percevait le courtage à titre de bonification.

Attendu que le concours de l'agent de change constitue actuellement pour le public une garantie encore plus impérieuse et plus efficace depuis que la loi de 1885 a reconnu la validité et la légalité des marchés à terme.

Que la nullité des négociations d'effets publics par l'intermédiaire de coulissiers sans le ministère d'agents de change est d'ordre public et qu'elle a pour sanction un refus d'action qui rend toute demande en justice non-recevable, soit qu'elle émane de l'intermédiaire sans qualité, soit qu'elle provienne de la personne qui a provoqué ou accepté son intervention.

Attendu, en fait, que la « Petite Bourse des fonds publics » ne produit aucun document quelconque établissant que son directeur se soit adressé à un agent de change pour les négociations dont s'agit.

Par ces motifs :

Déclare Beaugé ès-noms non-recevable en sa demande en paiement de 97,273 fr. 15 ; au surplus, mal fondé en icelle, ainsi que dans sa demande en validité d'oppositions.

Bibliographie.

Dictionnaire de droit international privé, par MM. René VINCENT et Edouard PÉNAUD. *Revue de l'année 1888*, suivie d'une table chronologique, par M. René VINCENT, avocat à la Cour d'appel de Paris. Paris, Larose et Forcel, 1889, 8 fr. (le dictionnaire avec le premier supplément, 25 fr.).

Nous avons déjà eu précédemment l'occasion de signaler aux lecteurs du *Journal des Tribunaux* l'œuvre éminemment utile et pratique que MM. Vincent et Pénaud ont entreprise en condensant dans leur *Dictionnaire de droit international privé* une quantité de décisions judiciaires, de notices sur les principaux actes législatifs et de renseignements de toute nature intéressant le droit international privé. Nous aurions pu et dû ajouter que cet ouvrage se recommande tout particulièrement aux juristes suisses par la large place qui y a été faite aux arrêts rendus par le Tribunal fédéral et les cours cantonales, spécialement en ce qui concerne l'application de la convention franco-suisse du 15 juin 1869.

Cette dernière remarque est surtout vraie du supplément, soit *Revue de l'année 1888*, que M. Vincent vient de faire paraître afin de compléter l'instrument de travail et de recherches qu'il a voulu offrir aux jurisconsultes. Nous éprouvons un réel plaisir à constater l'importance que l'auteur attache à la jurisprudence suisse. Nous ne pouvons aussi que le féliciter de son intention de publier chaque année un nouveau supplément destiné à maintenir le *Dictionnaire* au courant de la jurisprudence, de la doctrine et de la législation.   C. S.

Ch. SOLDAN, conseiller d'Etat, rédacteur.

Lausanne. — Imp. CORBAZ & Comp.

XXXVIIe ANNÉE. N° 8.   SAMEDI 23 FÉVRIER 1889.

JOURNAL DES TRIBUNAUX

REVUE DE JURISPRUDENCE

Paraissant à Lausanne une fois par semaine, le Samedi.

Rédaction : M. CHARLES SOLDAN, conseiller d'Etat, à Lausanne.
Administration : M. L. ROSSET, greffier du Tribunal cantonal, à Lausanne.
Abonnements : 12 fr. par an; 7 fr. pour six mois. Pour l'étranger, le port en sus. On s'abonne à l'imprimerie CORBAZ & Cie, chez l'administrateur, M. ROSSET, et aux bureaux de poste.
Annonces : 20 c. la ligne ou son espace. S'adresser à l'imprimerie CORBAZ & Cie.

TRIBUNAL FÉDÉRAL
Séance du 10 janvier 1889.

Emprunt contracté par un interdit. — Délit contre l'ordre public. — Poursuite dirigée contre un prévenu domicilié dans un autre canton, sans demande d'extradition. — Art. 2 de la loi fédérale du 24 juillet 1852; art. 339 du Code pénal fribourgeois.

Recours veuve Ruerat.

Le prévenu poursuivi pour un délit non mentionné à l'art. 2 de la loi fédérale sur l'extradition ne saurait se faire un grief de ce que les formalités qu'elle prescrit n'ont pas été observées à son égard.

Le 17 mai 1884, Jeanne Ruerat née Chuard, veuve de Jean-Abram, à Corcelles près Payerne, a emprunté à la Caisse hypothécaire du canton de Fribourg, par obligation notariée Quillet, la somme de 200 fr., et a donné comme hypothèque un immeuble situé dans le canton de Fribourg.

La femme Ruerat était placée sous le poids de l'interdiction civile et pourvue d'un curateur, lorsqu'elle a contracté avec la Caisse hypothécaire.

La Caisse hypothécaire créancière ayant voulu agir sur l'hypothèque pour se rembourser de sa créance, notifia une demande d'investiture.

Le curateur, qui n'apprit qu'à ce moment l'emprunt contracté par sa pupille, en référa à l'autorité pupillaire, qui lui donna pour directions d'opposer à la demande d'investiture et d'invoquer contre celle-ci la nullité du contrat pour cause d'incapacité.

Le procès fut porté devant le Tribunal de la Broye et la Cour de cassation de Fribourg; la Caisse hypothécaire succomba dans les deux instances et l'obligation hypothécaire fut annulée, vu l'incapacité de la débitrice.

A la suite de ces jugements, la Caisse hypothécaire introduisit une action pénale contre Jeanne Ruerat. Par l'organe de son directeur, elle adressa au préfet du district de la Broye une plainte pour le délit prévu aux art. 339 et 386 du Code pénal.

Par mandat du 26 octobre 1887, le juge d'instruction pour cet arrondissement a cité la veuve Ruerat à comparaître à son audience du 3 novembre suivant, pour être entendue comme prévenue d'abus de confiance.

La veuve Ruerat, âgée de 76 ans, ne donna pas suite à la citation; la cause fut suspendue jusqu'au mois de février 1888. Par arrêt du 11 dit, la Chambre d'accusation renvoya Jeanne Ruerat devant le Tribunal correctionnel de la Broye pour abus de confiance.

La cause fut assignée au 9 mars suivant, mais sous date du 3 de ce mois, l'avocat Blanc, à Avenches, contesta, par lettre au président du Tribunal de la Broye et au nom de la prévenue, la compétence des autorités fribourgeoises, et conclut à ce qu'il plaise à ce magistrat solliciter d'abord du Conseil d'Etat vaudois, aux termes de la loi fédérale du 24 juillet 1852, ou bien l'extradition de la femme Ruerat, ou bien l'autorisation de poursuivre la prévenue dans le canton de Vaud.

Par lettre du 7 mars 1888, la Caisse hypothécaire fribourgeoise, en sa qualité de partie civile, fit opposition à cette demande, et par arrêt du 24 octobre suivant, confirmant celui du 11 février, la Chambre d'accusation écarta la demande de la femme Ruerat, en application de l'art. 3 Cp., soumettant aux dispositions de ce Code tous les délits commis sur le territoire du canton.

Réassignée devant le Tribunal de la Broye sur le 7 décembre 1888, comme prévenue de délit contre l'ordre public, la veuve Ruerat a recouru au Tribunal fédéral, concluant à l'annulation des opérations du juge d'instruction, des arrêts de la Chambre d'accusation des 11 février et 24 octobre 1888, ainsi que de l'assignation susvisée.

A l'appui de ces conclusions, la recourante a fait valoir en substance :

Il y avait lieu, aux termes de la loi fédérale sur l'extradition précitée, de demander d'abord l'extradition de la femme Ruerat aux autorités cantonales de Vaud, domicile de la prévenue. Le fait délictueux reproché à cette femme rentre dans la catégorie de ceux énumérés dans la dite loi. La veuve Ruerat, en effet, s'est faussement donnée comme capable de contracter ; elle s'est procuré de l'argent en alléguant un fait faux et en supprimant un fait vrai, à savoir celui de son interdiction ; or, ce sont là les caractères de la fraude. Sans doute la recourante est assignée pour répondre d'un délit contre l'ordre public, mais les premières citations visaient le délit d'abus de confiance, prévu dans la loi fédérale sur l'extradition. L'art. 339 Cp. est compris, il est vrai, au chapitre des délits contre l'ordre public, mais cette dénomination ne lui enlève pas le caractère de la fraude, qui lui est donné par la plainte de la Caisse hypothécaire, laquelle allègue un dommage subi pour avoir été trompée par la femme Ruerat. Il ne faut pas s'arrêter au mot employé pour désigner un délit, mais aux circonstances de fait qui le constituent. L'article 386 de l'*ancien* Code pénal fribourgeois, invoqué à tort dans la plainte de la Caisse hypothécaire, a trait au même délit que celui prévu à l'art. 339 du nouveau Code. Or, l'ancien Code faisait figurer ce délit dans le titre de la fraude et de l'abus de confiance. Il s'ensuit que le fait imputé à la recourante était, jusqu'en 1874, date de la mise en vigueur du nouveau Code pénal, soumis, par sa dénomination même, à la loi fédérale sur l'extradition ; il constituait une des variétés de la fraude ; on n'a donc pas pu le soustraire aux formalités de cette loi en le rangeant sous une autre titulature.

Appelée à présenter des observations sur le recours, la Chambre d'accusation de Fribourg a déclaré se référer purement et simplement à ses arrêts des 11 février et 24 octobre 1888.

Le Tribunal fédéral a écarté le recours.

Motifs.

1. Il faut reconnaître, avec le recours, que le seul fait de la désignation, par une loi cantonale, d'un délit sous une appellation autre que celle que lui donne la loi fédérale sur l'extradition, ne saurait exclure l'application de la dite loi, alors qu'il est évident que, sous une dénomination différente, la loi cantonale désigne la même infraction. S'il était vrai, ainsi que le prétend la recourante, que l'acte délictueux prévu et réprimé à l'art. 339 du code pénal fribourgeois, et pour lequel elle a été renvoyée au correctionnel, implique l'abus de confiance ou la fraude, délit mentionné à l'art. 2 de la loi fédérale susvisée, il y aurait lieu d'admettre que cette loi est applicable en l'espèce et de renvoyer la partie plaignante à réclamer d'abord de l'autorité vaudoise compétente l'extradition de la prévenue, conformément aux dispositions de la dite loi.

2. S'il est vrai que la première assignation de la veuve Ruerat vise un abus de confiance, il convient de faire remarquer que la Caisse hypothécaire n'a point fondé sa plainte sur une fraude (art. 426 Cp.), mais qu'elle s'est bornée à invoquer l'article 339 précité du même code. Du reste il ne rentrait point dans les attributions du juge d'instruction, mais uniquement dans celles de la Chambre d'accusation, d'assigner au délit son véritable caractère (Cpp. art. 235); or l'arrêt d'accusation renvoie la prévenue au Tribunal correctionnel uniquement pour l'infraction prévue à l'art. 339 Cp.

Cet art. 339, figurant au Titre II du livre III de ce code, lequel traite des délits contre l'ordre public, ne suppose point l'existence de la fraude et fait abstraction de l'élément d'un dommage causé; il vise tous les cas, sans distinction, où un interdit, au mépris du jugement d'interdiction qui le frappe, passe un contrat, même sans intention frauduleuse. Aussi la seconde assignation adressée à la veuve Ruerat ne cite-t-elle la prévenue que pour infraction à l'ordre public, dans le sens de l'art. 339 précité.

Il résulte de tout ce qui précède que la recourante n'est point renvoyée devant le Tribunal fribourgeois de l'arrondissement de la Broye pour un des crimes et délits mentionnés à l'art. 2 de la loi fédérale sur l'extradition, et que les griefs tirés, par la veuve Ruerat, de la violation de cette loi, soit de la non-observation des formalités qu'elle prescrit, sont dénués de fonment.

Vaud. — TRIBUNAL CANTONAL.
Séance du 29 janvier 1889.

Demande de mise en faillite. — Débiteur inscrit au registre du commerce. — Effets de cette inscription. — Radiation postérieure aux poursuites. — Art. 1071 Cpc.; art. 34 de la loi du 14 décembre 1852 sur les sociétés commerciales.

Zimmermann contre Mandrin.

L'inscription d'une personne au registre du commerce a pour conséquence nécessaire de lui conférer la qualité de commerçant et, par conséquent, de la soumettre aux dispositions des lois spéciales à cette catégorie de citoyens, notamment à celle de l'art. 1071 Cpc.

Par demande du 27 décembre, D. Zimmermann, à Aigle, a conclu à ce qu'il plaise au Président du Tribunal d'Aigle prononcer la mise en faillite de F. Mandrin et ordonner la discussion de ses biens, conformément à la procédure civile.

A l'audience du Président, du 7 décembre 1888, Mandrin a conclu à libération de ces conclusions.

Par jugement du dit jour, le Président a écarté les conclusions de la demande et a accordé au défendeur ses conclusions libératoires. Ce jugement est fondé sur les motifs suivants :

Mandrin était agent d'affaires; l'exercice de cette profession n'implique pas nécessairement qu'il fût commerçant. Les quelques achats et reventes de titres qu'il a faits ne sont pas suffisants pour le faire considérer comme commerçant et son inscription au registre du commerce n'a pas pu, à elle seule, lui donner cette qualité, toute personne capable de s'obliger ayant le droit de se faire inscrire à ce registre (CO. 865). Ainsi, et bien que de son propre aveu Mandrin ait suspendu ses paiements et qu'il soit en dessous de ses affaires, les art. 1071 Cpc. et 34 de la loi sur les sociétés commerciales ne lui sont pas applicables.

Zimmermann a recouru contre ce jugement, concluant à ce qu'il soit réformé, la discussion juridique des biens de F. Mandrin étant ordonnée pour avoir lieu en la forme légale. Le recours est fondé, entre autres, sur le motif que Mandrin était inscrit au registre du commerce jusqu'au 20 novembre 1888; il est commerçant et il abuse du crédit d'une manière dangereuse pour l'ordre public.

Le Tribunal cantonal a admis le recours et dit qu'il y a lieu de prononcer la faillite de Mandrin.

Motifs.

Considérant qu'il résulte de l'enquête instruite par le Président du Tribunal d'Aigle, et des aveux mêmes de l'intimé, que celui-ci est au-dessous de ses affaires et qu'il a suspendu ses paiements.

Que Mandrin était inscrit au registre du commerce à l'époque où il est devenu débiteur du recourant et encore au jour où a été rendue l'ordonnance d'adjudication en vertu de laquelle agit Zimmermann.

Que la radiation de l'inscription au registre du commerce est, par conséquent, postérieure aux poursuites dirigées contre Mandrin.

Attendu que si toute personne capable de s'obliger par contrat peut se faire inscrire au registre du commerce, cette inscription a pour conséquence nécessaire de conférer à la personne que cela concerne la qualité de commerçant et, par conséquent, de la soumettre aux dispositions des lois spéciales à cette catégorie de citoyens.

Que notamment, et en vertu de l'art. 1071 Cpc., il est loisible au créancier d'un commerçant de demander la faillite de celui-ci, s'il est en état de déconfiture.

———◇——◇———

Vaud. — COUR DE CASSATION PÉNALE.
Séance du 22 janvier 1889.

Diffamation. — Jugement prétendu incomplet. — Condamnation à des dommages et intérêts envers la partie civile. — Article 524 Cpp.

Belet contre Blanc et Corbaz.

Dès le moment que le juge a constaté l'existence du délit de diffamation et qu'il a admis que le prévenu en est l'auteur, il n'a pas besoin d'autres motifs pour justifier une condamnation à des dommages et intérêts : la constatation du délit suffit pour établir que le plaignant a subi un dommage que le condamné doit être tenu de réparer.

———

Philippe Belet, agriculteur aux Côtes du Mont sur Lausanne, a été condamné, le 4 janvier 1889, par le Président du Tribunal de Lausanne, en application des art. 263 et 64 Cp., à 200 fr. d'amende, aux frais de la cause et au paiement de 100 fr. à Jules-Henri Blanc et de 200 fr. à Vincent Corbaz, les deux au Mont, plaignants, à titre de dommages-intérêts, comme coupable d'avoir, dans le courant des mois de mai, juin ou juillet 1888, dans le cercle du Mont, diffamé les plaignants Blanc et V. Corbaz, en prétendant méchamment et rendant public le fait que Blanc et Corbaz auraient fabriqué le testament de Jean-Louis Belet, oncle du prévenu.

Belet a recouru contre ce jugement, dont il demande la réforme et subsidiairement la nullité, par les motifs suivants :

A. *Réforme.* Aucune preuve n'a été entreprise tendant à établir que les propos diffamatoires tenus par le recourant ont causé un dommage matériel aux plaignants et porté une grave atteinte à leur situation personnelle. On ne voit, dès lors, pas comment le Président a néanmoins pu admettre les conclusions civiles des plaignants. On ne saurait admettre, en effet, qu'un dommage résulte nécessairement de propos diffamatoires constatés.

B. *Nullité.* Les faits admis par le jugement sont incomplets et insuffisants pour justifier l'allocation des conclusions en dommages-intérêts prises par les parties civiles.

Le recours a été écarté.

Motifs.

Examinant le pourvoi et, *sur la nullité,* considérant que les faits admis sont suffisamment complets.

Que, dès lors, il n'y a pas lieu à ouverture à nullité en application de l'art. 524 Cpp.

Que, du reste, on ne saurait admettre que l'on puisse demander la nullité partielle d'un jugement en vertu de l'art. 524.

Sur la réforme : Considérant que le Juge n'était pas tenu de justifier une condamnation à des dommages-intérêts dès le moment qu'il avait constaté l'existence du délit et qu'il avait admis que le prévenu en était l'auteur.

Qu'en effet, la constatation du délit était suffisante pour établir que les plaignants avaient subi un dommage que le condamné devait être tenu de réparer.

Qu'au surplus la Cour supérieure n'a pas de motifs pour modifier le chiffre des dommages alloués, les sommes fixées paraissant tenir compte d'une façon équitable des circonstances.

Séance du 5 février 1889.

Tribunal de police. — Substitut du préfet fonctionnant comme juge ad hoc. — Jugement annulé. — Art. 71 de la constitution du 1er mars 1885; art. 2, 330 et 332 Cpp.

Favrod-Coune et Henchoz contre Rosat.

Le substitut du préfet ne peut revêtir aucune fonction judiciaire, ni même fonctionner comme juge ad hoc.
Un tribunal composé irrégulièrement ne peut infliger aucune peine.
Les jugements qu'il a pu rendre doivent être frappés de nullité.

Par ordonnance rendue par le Juge de paix du cercle de Château-d'Œx, le 19 octobre 1888, modifiée ensuite de recours par arrêt du Tribunal d'accusation du 26 octobre, Josué Henchoz, éditeur du *Journal de Château-d'Œx*, à l'Etivaz, et Jules Favrod-Coune, docteur-médecin, à Château-d'Œx, ont été renvoyés devant le Tribunal de police du district du Pays-d'Enhaut, en vertu des art. 10, 18, 16, 21, 22 et 25 de la loi sur la presse, comme accusés d'avoir porté atteinte à l'honneur et à la considération d'Eloi Rosat, en employant des expressions ne renfermant pas l'imputation d'un fait.

A la réception du dossier de la cause, le Président du Tribunal du Pays-d'Enhaut, ainsi que, après lui, les juges Dubuis, Mottier et Pilet, ont demandé leur récusation à la Cour de cassation pénale, qui la leur a accordée.

A l'audience du 21 janvier, le juge Jaquillard, seul juge restant, appela à siéger les deux suppléants du Tribunal du Pays-d'Enhaut. Ces deux suppléants ayant également déclaré se récuser, en leur qualité de membres de la municipalité de Château-d'Œx et l'un d'eux pour cause de parenté avec les accusés, leur récusation a été admise.

Ensuite de cette récusation, le Président, procédant conformément aux art. 330 et 332 Cpp., a proposé aux parties une liste de six citoyens. L'officier du Ministère public a éliminé deux noms. Les accusés ont produit une déclaration portant en résumé qu'ils estimaient cette manière de procéder irrégulière, les art. 330 et 332 Cpp. ne paraissant pas applicables aux causes de police; qu'ils ne procèderaient, par conséquent, pas aux récusations, laissant au Président le soin de procéder à l'élimination par le sort et réservant tous droits de recours ensuite de cette formation de la Cour.

Ensuite de cette déclaration, le Président ayant procédé par voie de tirage au sort à l'élimination de deux des noms présentés, le Tribunal fut composé de Louis Morier, régent à Château-d'Œx, et d'Emile Morel, négociant à Rossinières.

.Par jugement du même jour, le Tribunal de police du Pays-d'Enhaut, composé comme il est dit ci-dessus, a condamné Josué Henchoz et Jules Favrod-Coune : 1° chacun à 75 fr. d'amende; 2° aux frais solidairement entre eux; 3° au paiement d'une somme de 100 fr. à titre de dommages-intérêts en faveur du plaignant; 4° à l'insertion du jugement dans la *Feuille des avis officiels* et à la communication à la partie lésée par extrait des registres, le tout aux frais des condamnés.

Par acte du 24 janvier 1889, Henchoz et Favrod-Coune ont déclaré recourir en nullité et en réforme contre ce jugement, et, dans un acte complémentaire de recours qu'ils ont fait parvenir au Président de la Cour de cassation pénale, ils ont invoqué les moyens suivants :

Nullité. Le Tribunal de police était constitué irrégulièrement, l'art. 332 du Cpp. n'étant pas applicable à la formation de ce Tribunal.

La liste proposée par le Président renfermait les noms de citoyens qui ne pouvaient faire partie d'une cour de justice, soit de l'inspecteur forestier Dubuis et du substitut du préfet Louis Morier, régent. Après les éliminations du Ministère public et celles opérées par le sort par le Président, Louis Morier, substitut du préfet, a effectivement siégé; ce fait constitue une violation de l'art. 71 de la constitution du canton de Vaud.

Réforme. I. Ni la plainte, ni l'ordonnance de renvoi, ni l'arrêt d'accusation ne précisent les passages prétendus injurieux.

II. L'art. 15 de la loi sur la presse ne protège pas les fonctionnaires communaux; le Président du Conseil communal n'est, du reste, même pas un fonctionnaire communal.

III. Les critiques adressées au Président du Conseil communal ne renferment aucune expression injurieuse.

Statuant sur ce recours, la Cour de cassation pénale a admis le moyen de nullité et renvoyé la cause au Tribunal de police de Lausanne, pour être instruite et jugée à nouveau.

Motifs.

Considérant qu'aux termes de l'art. 71 de la constitution du canton de Vaud du 1ᵉʳ mars 1885, « sous réserve des exceptions » prévues par la loi, aucun agent de l'autorité exécutive ou » autre employé révocable par le Conseil d'Etat ne peut remplir » des fonctions judiciaires. »

Que le substitut du préfet est un agent de l'autorité exécutive révocable par le Conseil d'Etat.

Qu'un fonctionnaire de cette catégorie ne pourrait revêtir aucune fonction judiciaire et que, par conséquent, il ne peut être appelé à remplir des fonctions judiciaires même temporaires, telles que celles de juge *ad hoc*.

Que Louis Morier est non-seulement régent, mais aussi substitut du préfet et qu'ainsi il ne pouvait fonctionner comme juge dans la cause actuellement soumise à la Cour de céans.

Attendu que le Tribunal de police du Pays-d'Enhaut, composé irrégulièrement par suite de la présence de Louis Morier, était incompétent pour infliger une peine aux recourants.

Qu'une telle irrégularité doit nécessairement entraîner la nullité du jugement, la disposition de l'art. 2 du Cpp. étant d'ordre public.

France. — TRIBUNAL CIVIL DE LA SEINE (1ʳᵉ chambre).
Audience du 22 janvier 1889.

Chirurgien. — Opération. — Responsabilité. — Demande en dommages-intérêts. — Rejet.

Gérard contre Poncet.

Si, en principe, les tribunaux ont le droit incontestable d'examiner si un médecin a commis une faute et une imprudence, ou s'il s'est écarté des règles de sa profession, il ne leur appartient pas de trancher des questions d'ordre scientifique, d'appréciation et de pratique médicale.

Ils ne sauraient davantage se prononcer sur l'opportunité d'une opération, sur la méthode préférable à employer et sur le meilleur traitement à suivre ; ils doivent se borner à rechercher s'il y a eu, de la part de l'homme de l'art, imprudence, négligence, défaut de soins, ou maladresse manifeste.

« Le Tribunal,

Attendu qu'il est constant en fait que Gérard, blessé à la jambe gauche, en 1859, à la bataille de Solférino, et amputé de la jambe droite à la suite de nouvelles blessures reçues le 19 janvier 1871 à la bataille de Buzenval, avait pu néanmoins remplir l'emploi dont il avait été pourvu en 1864 à la Caisse des dépôts et consignations, après sa réforme du service militaire.

Que dans les dernières années cependant, l'état de sa jambe gauche ayant empiré par suite de la réouverture périodique de sa blessure et le genou s'étant ankylosé, il s'est décidé, de l'avis des médecins, à entrer à l'hôpital du Val-de-Grâce pour y subir un traitement et au besoin une opération destinée à améliorer son sort.

Que le 24 février 1887, il entrait au Val-de-Grâce et remettait au docteur Poncet, médecin en chef de cet établissement, une note détaillée de tous les accidents survenus à la suite de sa blessure.

Attendu que le 17 février suivant, le docteur Poncet pratiquait une opération qui avait pour but d'amener le redressement au moins partiel de la jambe.

Que cette opération, dont les suites furent longues et douloureuses, n'eut pas le résultat qu'on espérait.

Que Gérard prétend, au contraire, que sa jambe est aujourd'hui atrophiée, déviée et définitivement perdue et qu'il est désormais incapable de remplir l'emploi qu'il avait occupé jusque-là.

Qu'à raison de ces faits et de leurs conséquences, dont il fait retomber la responsabilité sur Poncet, il lui réclame une somme de 50,000 fr. à titre de dommages-intérêts.

Qu'il conclut subsidiairement à une expertise et à une enquête.

Attendu, en principe, que si les tribunaux ont le droit incontestable d'examiner, dans les affaires qui leur sont soumises, si un médecin a commis une faute et une imprudence, ou s'il s'est écarté des règles de sa profession, il ne leur appartient pas de trancher la question d'ordre scientifique, d'appréciation et de pratique médicale.

Qu'ils ne sauraient davantage se prononcer sur l'opportunité d'une opération, sur la méthode préférable à employer et sur le meilleur traitement à suivre.

Que les questions purement techniques échappent à leur compétence, et qu'ils doivent se borner à rechercher s'il y a eu, de la part de l'homme de l'art, imprudence, négligence, défaut de soins ou maladresse manifeste.

Que le Tribunal doit donc examiner si, dans la cause actuelle, une faute de cette nature est imputable au défendeur.

Attendu que cette faute résulterait tout d'abord, suivant le demandeur, de ce que l'opération était inopportune et même contre-indiquée, à raison de l'état général démontré, et surtout de l'état local de la jambe.

Mais attendu, d'une part, qu'il résulte des écritures du demandeur lui-même que c'est sur le conseil d'autres médecins et dans l'intention de subir cette opération qu'il s'est fait admettre au Val-de-Grâce.

Que, d'autre part, c'est à la suite d'une période d'examen de près d'un mois, et après avoir appelé en outre deux confrères à visiter le malade, que Poncet s'est décidé à pratiquer l'opération.

Qu'il n'y a donc eu de sa part ni hâte, ni légèreté et que ces circonstances suffisent à faire écarter sur ce point l'allégation d'imprudence.

Qu'il appartenait au médecin seul d'apprécier s'il était préférable de tenter l'opération ou de s'abstenir.

Attendu que Gérard articule en second lieu que Poncet aurait encore commis une faute lourde en se servant pour l'opération d'un instrument nouveau dont il ignorait le mécanisme et dont il avait laissé le maniement au fabricant Mathieu qui était sans qualité pour faire une opération chirurgicale.

Mais attendu que cette allégation n'est appuyée d'aucun élément de preuve.

Que l'appareil dont il s'agit était inventé et employé depuis 1882 et qu'il n'était pas inconnu de Poncet puisqu'il a eu précisément la pensée de l'employer dans cette circonstance.

Que le Tribunal, qui ne peut apprécier le degré d'habileté ou de pratique d'un chirurgien, peut encore moins se prononcer sur l'emploi de tel ou tel instrument.

Qu'en tout cas, la présence du fabricant lui-même, assistant le chirurgien en qualité d'aide, loin de pouvoir être retenue comme un élément de faute à la charge de Poncet, était au contraire une circonstance favorable pour le succès de l'opération.

Attendu que Gérard reproche, en troisième lieu, à Poncet d'avoir refusé, malgré ses sollicitations les plus pressantes, de vérifier et de relâcher l'appareil destiné à obtenir le redressement de la jambe et la réduction de la fracture.

Mais, attendu que cette articulation tendrait en réalité à imputer à faute à un médecin de n'avoir pas cédé aux sollicitations d'un malade.

Qu'il résulte de ce qui précède qu'elle n'est pas pertinente.

Attendu que les autres allégations du demandeur sont dénuées de toute précision ou sont, dès à présent, démenties par tous les faits de la cause.

Que notamment l'imputation d'abandon relevée par lui n'est fondée à aucun degré.

Qu'il est constant, au contraire, que Poncet s'est fait suppléer auprès du malade toutes les fois qu'il était retenu par d'autres obligations.

Par ces motifs :

Déclare Gérard non recevable et mal fondé dans toutes ses demandes, fins et conclusions tant principales que subsidiaires.

L'en déboute et le condamne aux dépens. »

Audience du 26 janvier 1889.

Obligations. — Remboursement par tirage au sort.— Cessation de l'intérêt des obligations sorties. — Prétendue novation.

Maître contre Crédit foncier.

Lorsque des obligations au porteur sont remboursables par le tirage au sort, l'intérêt des obligations sorties au tirage cesse de plein droit. Le possesseur de ces titres, auquel incombe la charge de surveiller le tirage, ne peut réclamer ces intérêts, alors même que, par erreur, ils lui auraient été payés pendant un certain temps, et alors surtout que la compagnie débitrice a employé tous les moyens de publicité possibles pour faire parvenir le résultat du tirage à la connaissance des intéressés.

Le Tribunal,

Attendu que Maître réclame au Crédit foncier la somme de 361 fr. 94, montant de coupons d'obligations foncières sorties pour le remboursement en 1875 et 1879, et dont le paiement lui a été refusé au moment du remboursement du capital en 1879 ; que Maître prétend que ces coupons doivent lui être payés, soit parce que le Crédit foncier aurait commis une faute lourde en ne le prévenant pas de la sortie des obligations et en conservant dans ses caisses le capital devenu exigible, soit parce qu'une novation serait intervenue et que le Crédit foncier, ayant conservé la jouissance du capital de l'obligataire et l'ayant employé dans ses affaires, aurait consenti à lui servir les intérêts, ce qui a été réellement fait de 1871 à 1879 ;

Attendu, sur le premier motif, que, si la surveillance des employés du Crédit foncier paraît avoir manqué, puisque, pendant trois années, on a négligé de consulter les listes de tirage au sort au moment du paiement des coupons et que le capital des obligations est resté dans les caisses du Crédit foncier, il n'en est pas moins certain qu'aux termes du titre même remis entre les mains des obligataires, les obligations désignées par le sort sont remboursées au jour indiqué par la publication, et qu'à compter de ce jour les intérêts attachés aux obligations remboursables cessent de plein droit ; que cette stipulation faisait un devoir à l'obligataire de surveiller les listes de tirage au sort ;

Attendu, d'un autre côté, que le Crédit foncier a organisé un vaste système de publicité qui porte à la connaissance des obligataires les numéros sortis pour le remboursement ; que, le Crédit foncier ne pouvant prévenir individuellement les porteurs d'obligations qui lui sont inconnus, aucun autre avertissement ne saurait être donné ;

Attendu que le paiement des coupons après le tirage au sort, alors que les employés auraient pu consulter eux-mêmes les listes de tirage et prévenir le porteur, ne saurait relever celui-ci de sa propre négligence ;

Attendu que la novation alléguée ne résulte pas davantage des faits de la cause ; que, d'une part, la novation ne se présume pas (art. 1273 Cc.) ; que, d'autre part, l'opération prétendue serait en contradiction avec les statuts du Crédit foncier; qu'enfin le paiement des coupons d'intérêts postérieurement au tirage au sort s'explique par une erreur et ne saurait modifier la nature du contrat;

Attendu que, l'erreur commune une fois découverte, les parties se sont trouvées replacées sous la loi du pacte primitif: que, dès lors, le Crédit foncier est en droit de refuser le paiement d'intérêts ayant cessé de plein droit pour les obligations remboursables par suite d'un tirage au sort dûment publié,

Par ces motifs, déclare Maître non recevable et mal fondé en sa demande, l'en déboute et le condamne aux dépens.

Résumés d'arrêts.

Dépens. — Lorsque la condamnation principale prononcée contre plusieurs codéfendeurs n'établit pas de solidarité entre eux, il n'y a pas davantage lieu de les condamner solidairement aux dépens.

Le demandeur qui, par une transaction, met hors de cause plusieurs des codéfendeurs, aggrave par là la position des défendeurs restant au procès (CO. 168, dernier alinéa). Cette aggravation justifie une compensation de dépens (Cpc. 286, al. 2).

TC., 24 janvier 1889. Jaquier c. Chappuis.

Droit de collation. — La renonciation du collateur au droit de collation et la remise des biens constituant la collature ne libèrent pas de plein droit le collateur de toute obligation d'indemnité pour entretien futur des dits biens. Au contraire, toutes les fois qu'une pareille obligation d'entretien est liée au droit de patronage et que le patron perçoit des revenus du bénéfice soumis au droit de collation, le collateur est astreint à l'obligation d'entretien et, par conséquent, à indemniser le tiers qui assume la dite obligation (Hinschius, *System des katholischen Kirchenrechts,* III, 73; Schulte, *Katholisches und evangelisches Kirchenrecht,* p. 577).

TF., 18 janvier 1889. Paroisse d'Ueberstorf c. Etat de Berne.

Enrichissement illégitime. — On ne saurait envisager comme un paiement *volontaire*, mettant obstacle à l'action en répétition de l'indû, ainsi qu'il est dit à l'art. 72 CO., celui qui n'est consenti que pour éviter un prononcé d'otage.

TC., 17 janvier 1889. Dame Bertholet c. Aviolat-Monod.

Exception dilatoire. — L'exception dilatoire doit être présentée, conformément aux art. 157 et suivants Cpc., soit dans une demande exceptionnelle, soit dans la réponse au fond, au choix du défendeur. Elle ne saurait être soulevée pour la première fois dans un recours.

TC., 17 janvier 1889. Dame Bertholet c. Aviolat-Monod.

Expropriation. — Tous les griefs dirigés contre la décision d'une commission fédérale d'estimation peuvent faire l'objet d'un pourvoi au Tribunal fédéral, y compris celui consistant à dire que le dispositif de la décision serait obscur ou équivoque. La partie qui n'use pas de son droit de recours dans le délai prescrit par l'art. 35 de la loi fédérale du 1ᵉʳ mai 1850 sur l'expropriation pour cause d'utilité publique ne peut plus le faire dans la suite, alors même que la commission aurait donné à sa décision une interprétation défavorable à cette partie.

TF., 4 mai 1888. Compagnie du Gothard c. District d'Uri.

Opposition. — L'art. 208 de la loi sur l'organisation judiciaire fait une énumération limitative des cas où le débiteur peut faire opposition à un commandement de payer passé en force. Le juge doit refuser son sceau à l'exploit d'opposition qui ne rentre pas dans ces cas.

TC., 22 janvier 1889. Pilter c. dame Pelfini.

Privation des droits civiques. — Le délit de vol prévu à l'article 271, lettre *a*, rentrant dans la compétence ancienne du tribunal de police, à teneur de l'art. 14 de la loi du 23 décembre 1843, n'est pas puni de la peine accessoire de la privation des droits civiques (Cp. 300, § *c*).

CP., 12 février 1889. Mayor.

Procès-verbal. — Le procès-verbal d'audience fait pleine foi de son contenu aussi longtemps que l'inexactitude n'en a pas été établie par voie d'inscription de faux.

TC., 15 janvier 1889. Aviolat-Monod c. Dutoit.

Ch. SOLDAN, conseiller d'Etat, rédacteur.

Lausanne. — Imp. CORBAZ & Comp.

XXXVIIe ANNÉE. N° 9. SAMEDI 2 MARS 1889.

JOURNAL DES TRIBUNAUX

REVUE DE JURISPRUDENCE

Paraissant à Lausanne une fois par semaine, le Samedi.

Rédaction : M. CHARLES SOLDAN, conseiller d'Etat, à Lausanne.
Administration : M. L. ROSSET, greffier du Tribunal cantonal, à Lausanne.
Abonnements : 12 fr. par an; 7 fr. pour six mois. Pour l'étranger, le port en
sus. On s'abonne à l'imprimerie CORBAZ & Cie, chez l'administrateur, M. ROSSET,
et aux bureaux de poste.
Annonces : 20 c. la ligne ou son espace. S'adresser à l'imprimerie CORBAZ & Cie.

TRIBUNAL FÉDÉRAL

Traduction d'un arrêt du 25 janvier 1889.

**Bail à loyer. — Examen des lieux par le locataire avant l'entrée
en jouissance. — Prétendus défauts cachés de la chose louée;
souris, blattes et punaises. — Engagement solidaire entre plusieurs preneurs; décès de l'un d'eux. — Action en résiliation
du bail. — Art. 1er, 79, 80, 162, 166, 277, 292, 293, 324, 524 et
544 CO.**

Azzolini contre Geiger.

*Le locataire qui examine la chose louée avant de conclure n'est pas fondé à
se prévaloir dans la suite de défauts qu'il pouvait constater à première
vue et qui ont un caractère durable. En revanche, il est fondé à relever
les défauts provenant du mauvais état d'entretien de la chose louée, ainsi
que les inconvénients durables qui en amoindrissent notablement l'usage,
mais que le premier examen ne pouvait révéler.*

*Le fait qu'un logement est infesté de punaises peut constituer une cause
de résiliation du bail pour le preneur, si leur propagation est arrivée à*

un degré tel qu'elles ne puissent plus être détruites facilement par l'emploi de moyens ordinaires.

Il n'est pas indispensable que la solidarité résultant de la convention des parties soit stipulée d'une manière expresse ; l'intention de s'obliger solidairement peut découler des circonstances de fait qui accompagnent la convention. ·

Lorsque deux preneurs ont loué conjointement et solidairement une maison, le décès de l'un d'eux peut constituer pour l'autre une « circonstance grave » dans le sens de l'art. 292 CO., l'autorisant à dénoncer le bail avant son expiration normale, moyennant indemnité.

Albert Azzolini et Aurèle Brentani avaient l'intention d'établir à Lucerne un commerce de vins et de fonder à cet effet une société en nom collectif. Suivant acte du 23 octobre 1886, ils louèrent conjointement, pour la période du 16 mars 1887 au 16 mars 1892, une maison avec rez-de-chaussée, 3 étages, jardin, cour et dépendances, sise dans le quartier d'Obergrund, à Lucerne, et appartenant à Frédéric Geiger, capitaine de bateau à vapeur. Le prix de location était fixé à 3400 fr., payables à l'avance, par trimestres de 850 fr. Le bail prévoit un avertissement préalable de six mois pour donner congé ; il stipule, en outre, qu'au cas où, pendant la durée du bail, il se présenterait un amateur pour acheter la maison, les preneurs Azzolini et Brentani auraient la préférence à offres égales. Enfin les preneurs reprenaient pour leur compte une location du troisième étage, passée par le bailleur avec E. Müller-Hartmann, pour le temps du 15 mars 1887 au 15 mars 1888.

Azzolini et Brentani se proposaient d'utiliser les lieux loués soit pour l'exploitation du commerce de vins qu'ils projetaient de créer, soit pour leur logement particulier. Mais avant le terme fixé pour l'entrée en jouissance, Brentani tomba malade en Italie et ne put se rendre à Lucerne. Le second étage, qui lui avait été réservé, fut alors loué à des tiers, d'accord avec Azzolini. Quant à ce dernier, il entra dans l'appartement du premier étage, qui lui était destiné ; l'entrée en jouissance n'eut toutefois lieu qu'un certain temps après la date du 16 mars 1887, les parties étant tombées d'accord que le propriétaire ferait faire encore diverses réparations. Le premier trimestre de loyer fut payé par Azzolini seul. Brentani décéda le 31 mai 1887 et le 11 juin suivant ses héritiers dénoncèrent le bail pour le milieu de septembre, conformément à l'art. 293 CO., sans que le bailleur protes-

tât contre cette signification. De son côté, Azzolini donna aussi
congé, le 14 juin 1887, en se fondant sur le décès de son associé,
ainsi que sur les art. 293 et 277 CO.; il avait, en effet, peu après
son entrée en jouissance et déjà au mois d'avril, formulé diverses réclamations par lettre et par significations judiciaires, au
sujet de l'état des lieux loués. Ce congé, qui était aussi donné
pour le milieu de septembre, fut contesté immédiatement par le
bailleur.

En juillet 1887, Müller-Hartmann quitta l'appartement qu'il
avait occupé jusqu'alors, en déposant en mains du juge la somme
de 340 fr., solde du loyer dû par lui. Azzolini informa le propriétaire Geiger du départ de Müller, en l'invitant à prendre les
mesures qu'il lui conviendrait. Geiger ayant répondu à cette
sommation que les 340 fr. étaient à la disposition d'Azzolini,
celui-ci ouvrit action devant le tribunal du district de Lucerne,
concluant à faire prononcer la résiliation du bail pour le milieu
de septembre 1887. Geiger résista à cette demande, en concluant,
de son côté, au maintien de la location du 23 octobre 1886, dans
tout son contenu, et au paiement du second trimestre de loyer,
échu le 15 juin 1887, par 850 fr., plus les intérêts moratoires;
subsidiairement, et au cas où la résiliation anticipée du bail serait prononcée en vertu de l'art. 292 CO., le défendeur demandait le paiement d'une indemnité de 3200 fr., savoir 1700 fr.,
montant de six mois de loyer, et 1500 fr. à titre de réparation
du dommage que le demandeur lui avait causé, disait-il, en cri-
tiquant et en calomniant la maison louée.

Le tribunal de district de Lucerne a débouté le demandeur
Azzolini des fins de sa demande, et alloué au défendeur Geiger
ses conclusions principales.

Ensuite de recours, le Tribunal supérieur a prononcé comme
suit: Le bail est résilié pour le milieu de septembre 1887; en
revanche, le demandeur est tenu de payer au défendeur une indemnité de 1700 fr., avec intérêt dès le 15 septembre 1887, ainsi
que le second trimestre échu, par 850 fr. et intérêts. Les 340 fr.
déposés par Müller sont attribués au demandeur. Les autres
conclusions des parties sont repoussées et les dépens compensés.

Les deux parties ont recouru contre cet arrêt au Tribunal fédéral, en reprenant leurs conclusions primitives.

Le Tribunal fédéral a admis le recours du défendeur Geiger.
en ce sens que le bail du 23 octobre 1887 est maintenu dans tout

son contenu et Azzolini condamné à payer à Geiger le second
trimestre par 850 fr., plus les intérêts. En revanche, les 340 fr.
déposés par Müller sont mis à la disposition du demandeur.
Azzolini est de plus condamné à tous les frais, sauf un tiers des
frais d'avocat faits par Geiger devant les tribunaux cantonaux,
lequel est laissé à sa charge.

Motifs.

2. A l'appui de ses conclusions, le demandeur a prétendu, en
première ligne, que la chose louée lui aurait été remise dans un
état défectueux tel qu'il la rendait impropre à l'usage pour lequel elle avait été louée ou que, du moins, cet usage en était notablement amoindri; il a allégué, à cet égard, une série de défauts de nature à l'autoriser, selon lui, à se départir du contrat
conformément à l'art. 277 CO. L'instance antérieure a admis en
principe, sur ce point, que le locataire qui examine la chose
louée avant de conclure n'est pas fondé à se prévaloir de défauts
qu'il pouvait constater à la première inspection de la chose louée
et qui affectent un caractère durable, comme étant inhérents au
mode de construction, etc. Celui qui entend être logé commodément et d'une manière élégante n'a qu'à ne pas choisir un appartement dont la construction et l'arrangement laissent à désirer; s'il s'en contente néanmoins, il ne saurait se plaindre de
ce que les lieux loués ne sont appropriés qu'à l'usage auquel ils
ont été affectés dès l'origine; les inconvénients que présente un
appartement sont généralement compensés par la plus grande
modicité du prix du loyer et c'est au locataire de veiller à ce
qu'il y ait une juste proportion entre ce qu'il paie et ce dont il
jouit. En revanche, le preneur est fondé à se prévaloir de défauts
résultant de ce que le bailleur n'entretient pas la chose louée en
bon état, de même que des inconvénients durables qui en diminuent sensiblement l'usage, mais qu'il ne pouvait constater à
première vue. L'interprétation qui précède est absolument juste
et le Tribunal fédéral doit s'y rallier. Lorsqu'une maison ou un
appartement sont loués ensuite d'un examen des lieux, on doit
admettre que dans la règle, et sauf les engagements particuliers
que le bailleur a pu prendre, on n'a entendu garantir que le degré de commodité de la chose louée, tel qu'il tombe sous les sens
et tel qu'il se manifeste immédiatement à quiconque vient se
rendre compte de ses qualités et de ses défauts individuels; le
locataire ne doit donc en attendre et en considérer comme ga-

ranti que le degré de commodité, d'utilité, de confort, etc., que révèle à tout venant le premier examen de la chose louée. Il ne saurait, dès lors, relever dans la suite, comme constituant une inexécution des obligations du bailleur, des inconvénients réels, mais reconnaissables à première vue. Celui qui loue, par exemple, un appartement que le manque d'air et de lumière, ou une humidité manifeste rendent peu propre à servir de logement, ne saurait invoquer après coup ces défauts évidents pour obtenir la résiliation du bail. En louant un pareil appartement, le bailleur fournit à la vérité une chose qui doit, à un point de vue absolu, paraître très défectueuse et très peu appropriée à l'usage voulu ; mais il fournit ce qu'il a promis ; la chose louée est bien conforme à ce que le locataire a pu et dû supposer. En revanche, le bailleur a l'obligation de maintenir la chose louée dans un état d'entretien approprié aux circonstances ; il répond de plus des défauts durables qui, amoindrissant notablement l'usage de la chose louée, ne pouvaient être constatés à première vue et par le premier venu lors de l'examen usuel de celle-ci et, par conséquent, ne devaient pas rentrer dans les prévisions du locataire.

3. Etant donnés les principes établis ci-dessus, on doit admettre, avec les juges de seconde instance, qu'en l'espèce le locataire ne saurait se prévaloir, ainsi qu'il prétend être en droit de le faire, des inconvénients inhérents à la construction même et à la distribution de la maison, tels que la mauvaise fermeture des portes et des fenêtres, la construction imparfaite des appareils de chauffage et de cuisine, les défectuosités des parquets, etc. ; en effet, il pouvait s'en rendre compte à première vue. En ce qui concerne les défauts résultant d'un entretien insuffisant de la maison, défauts auxquels le bailleur était tenu de remédier, ce qu'il a d'ailleurs expressément promis, les premiers juges ont constaté que ces inconvénients n'étaient pas bien considérables et qu'il était facile de les faire disparaître ; que le bailleur a fait preuve de bonne volonté à cet égard ; qu'il a notamment fait réparer les portes et les serrures aussi bien que cela pouvait se faire ; qu'il a remplacé une partie des tapisseries, réparé des poêles endommagés, posé des vitres neuves, etc. ; que si le preneur avait, de son côté, montré de la bonne volonté à ce sujet, le bailleur aurait sans doute remédié d'une manière satisfaisante aux défauts de cette nature ; mais que précisément cette bonne volonté a fait défaut de la part du locataire ; qu'il résulte, par exemple, de la

déposition d'un témoin que le locataire a intentionnellement sali un papier que le propriétaire n'estimait pas devoir changer, dans le seul but de l'obliger à le remplacer, procédé qui n'était évidemment pas convenable. En présence de ces constatations de fait, qui ne reposent sur aucune erreur de droit, il est évident que le locataire n'était pas fondé à se prévaloir du défaut d'entretien de la chose louée pour se départir du contrat; en effet, c'est principalement à lui-même qu'il doit s'en prendre s'il n'a pas été remédié d'une manière complète aux inconvénients dont il se plaignait.

Une question plus délicate, en revanche, est celle de savoir si le locataire est fondé à demander la résiliation du bail en raison du fait, dûment établi, que la maison est infestée de vermine, savoir de blattes, cafards, souris et punaises, un tel défaut amoindrissant d'une manière notable l'usage de la chose louée et n'ayant pu être constaté à première vue. Quant à l'existence de souris, de blattes et de cafards dans une maison, c'est évidemment là un défaut qui ne justifierait la résiliation du bail, comme l'ont du reste admis les premiers juges, que dans des circonstances exceptionnelles, non établies en l'espèce, par exemple si l'infection s'était propagée à tel point qu'il ne serait plus possible d'y remédier par les moyens ordinaires; dans la règle, la présence de ces espèces de vermine (si répandues d'ailleurs qu'il ne se trouvera que bien rarement une maison qui en soit complètement indemne) ne pourra pas être envisagée comme amoindrissant notablement l'usage de la chose louée, mais on pourra seulement exiger du bailleur qu'il prenne lui-même les mesures nécessaires pour détruire ces parasites. Il en est autrement des punaises. Ces insectes, en effet, ne se bornent pas à rendre le séjour d'un appartement extrêmement désagréable et même, suivant le cas, absolument intolérable à ses habitants; ils sont de plus un danger d'infection permanent pour les effets et le mobilier du locataire. L'expérience a démontré, en outre, que lorsque la propagation des punaises est arrivée à un certain degré, elles ne peuvent plus être détruites que très difficilement et par des moyens dont l'emploi apporte un sérieux trouble à l'usage des lieux loués et dont l'efficacité absolue ne peut pas être garantie pour l'avenir. Lors donc qu'un logement est infesté de punaises d'une manière tant soit peu sérieuse et durable, on ne saurait, dans la règle, exiger du locataire qu'il continue le bail, à moins toutefois qu'étant données les circonstances locales, il n'ait dû s'attendre à cet inconvénient (comp. Seuffert, *Archiv*, t. 15, n° 115; t. 24, n° 29; t. 42, n° 291). En l'espèce, les premiers juges ont admis, en fait, que le défaut résultant de la présence de punaises dans la maison louée n'avait pas atteint un degré d'intensité suffisant pour entraîner la résiliation du bail. Cette manière de voir n'implique aucune erreur de droit. En effet, on n'a constaté que la présence d'un petit nombre de punaises, paraissant solitaires, et cela seulement dans certains locaux isolés, principalement dans quelques mansardes. Le propriétaire a, du reste, pris des mesures pour les détruire immédiatement. En présence de ces faits, on ne saurait voir une fausse application de la loi dans la circonstance que le Tribunal supérieur n'a pas estimé que l'infection des punaises fût suffisante pour justifier la résiliation immédiate du bail. C'est donc avec raison qu'il a admis que le demandeur n'était pas fondé à se départir du contrat en vertu de l'art. 277 CO.

4. Le demandeur a soutenu, en outre, être fondé à dénoncer le bail pour le milieu de septembre 1887, conformément à l'article 293 CO., par le motif que les héritiers de son colocataire ont donné congé pour cette date et que le propriétaire a accepté ce congé. A cet égard, il est évident, tout d'abord, que les hoirs Brentani avaient le droit de résilier le bail à teneur de l'art. 293 CO.; que, dès lors, le bailleur était tenu d'accepter le congé qu'ils lui signifiaient et qu'en conséquence cette acceptation n'a pu porter aucun préjudice à sa situation juridique. En ce qui concerne le surplus de ce moyen, la première instance a estimé que le bail passé par Brentani et Azzolini l'avait été conjointement par eux et pour la maison entière, donc pour un objet indivisible; elle a inféré de là que le décès de l'un des locataires, soit le congé donné par ses héritiers, n'avait pas eu pour effet de libérer l'autre preneur de ses engagements. La seconde instance a repoussé cette manière de voir, attendu que l'obligation principale des preneurs avait pour objet le paiement du loyer, c'est-à-dire une prestation absolument divisible. En revanche, elle a admis que le bail obligeait solidairement les deux locataires, et cela pour les motifs ci-après: Le bail du 23 octobre 1886 ne stipule pas, à la vérité, cette solidarité; la loi ne statue pas non plus expressément la solidarité de plusieurs preneurs, et, en présence de l'art. 162 CO., il ne paraîtrait guère admissi-

ble d'étendre par voie d'analogie. au contrat de bail, la solidarité établie à l'art. 324 CO. en ce qui concerne le prêt à usage.
En revanche, il résulte des pièces que Brentani et Azzolini ont
passé conjointement le bail litigieux en vue du commerce de
vins qu'ils se proposaient de fonder et que c'est à l'exploitation
de ce commerce que la maison louée devait être affectée, pour
une partie du moins. Ces circonstances étant établies, la seconde
instance en a conclu qu'on se trouvait en présence d'une société
simple, dans le sens de l'art. 524 CO. ; que, dès lors, les deux
locataires étaient tenus solidairement en vertu de l'art. 544 du
même Code, et que, malgré le congé signifié par les hoirs Brentani, Azzolini répondait envers le bailleur de l'exécution pour le
tout. C'est avec raison que la seconde instance a estimé qu'il ne
s'agissait point ici d'une obligation indivisible dans le sens des
art. 79 et 80 CO. Quant à la question de savoir si les deux preneurs sont obligés solidairement, l'art. 162 CO. n'admet la solidarité que si elle résulte d'une déclaration de volonté des débiteurs ou d'une disposition spéciale de la loi. En revanche,
l'art. 162 CO., qui s'éloigne intentionnellement à cet égard
d'autres législations, en particulier de l'art. 1202 du Code civil
français, n'exige pas que la solidarité soit stipulée d'une manière expresse ; dès lors, et conformément au principe général
consacré par l'art. 1er CO., la manifestation de la volonté de
s'obliger solidairement peut aussi être tacite (comp. Vogt, Anleitung, p. 106 et suiv. ; Schneider et Fick, Commentaire, 2e édition, p. 153). Il suit de là que non-seulement il n'est pas indispensable que la solidarité soit stipulée dans les termes dont se
sert la loi, mais encore que l'intention de s'obliger solidairement
peut être inférée des circonstances de fait, pourvu toutefois
qu'elles établissent clairement cette intention. Cependant il est
certain qu'il ne suffirait pas, pour que la solidarité doive être
admise, que le juge l'estimât utile et convenable, étant donnée
la nature du contrat ; ce serait aller à l'encontre du but de la
loi, qui n'admet la solidarité que si elle a été voulue par les
parties ou expressément établie par la loi. En revanche, il appartient au juge d'apprécier librement les circonstances de fait
de chaque cas particulier, en vue de rechercher si les parties ont
entendu s'obliger solidairement ou individuellement. En l'espèce, le Tribunal supérieur a négligé de rechercher si la solida-

rité, bien que non expressément stipulée dans le contrat de bail,
ne résulte cependant pas de l'ensemble des dispositions de ce
contrat ou d'autres circonstances de fait. L'examen de cette
question révèle une série d'indices tendant à démontrer que les
parties entendaient s'obliger solidairement. En effet, les preneurs ont loué la maison entière, pour un prix unique et dans
le but d'en jouir conjointement ; le premier trimestre a été payé
sans réserves ni difficultés par le demandeur seul, ce qui semble bien indiquer qu'il envisageait son engagement comme solidaire. Outre ces motifs, qui tendent à faire admettre que la solidarité était convenue tacitement, on doit aussi inférer des
faits constatés par les premiers juges qu'une société simple a
existé entre les preneurs et qu'ainsi on se trouve dans le cas de
la solidarité légale établie par l'art. 544 CO. Il est vrai que la
société en nom collectif qu'ils se proposaient de fonder n'avait
pas encore une existence juridique. Mais il n'en est pas moins
certain que, préalablement à la création définitive de cette société, ils étaient déjà tombés d'accord pour louer conjointement
la maison du défendeur, et cela dans le but d'y exploiter en
commun leur commerce, dans un but et à frais communs ; toutes
les conditions exigées pour qu'il y ait société simple, conformément à ce que prescrit l'art. 524 CO., sont donc réunies en l'espèce. Les deux preneurs étant ainsi tenus solidairement, le décès
de l'un d'eux n'a pu libérer l'autre ni de l'entier, ni d'une partie
de son obligation. On ne saurait en effet admettre, ainsi que le
conseil du demandeur l'a soutenu aujourd'hui, que la libération
de l'un des débiteurs solidaires ait entraîné celle de l'autre, conformément à l'art. 166, al. 2, CO. Ni la nature de l'obligation,
ni les circonstances de fait ne militent en faveur de cette thèse ;
au contraire, lorsqu'un bail a été contracté solidairement par
plusieurs preneurs, la nature et le but de l'obligation exigent
que chacun d'eux soit tenu d'exécuter le contrat dans tout son
contenu, bien que l'autre se trouve libéré ensuite de décès ou de
toute autre cause.

5. Le demandeur s'est encore prévalu devant les instances
cantonales du fait que le défendeur ne s'est pas opposé à ce que
Müller-Hartmann quittât les lieux loués. A l'audience de ce jour,
il a abandonné ce moyen, et incontestablement avec raison. En
effet, ainsi que les premiers juges l'ont fait remarquer, les

preneurs avaient repris pour leur compte le bail passé avec
Müller-Hartmann; c'était donc à eux et non au bailleur principal de voir s'ils entendaient ou non consentir à ce déména-
gement.

6. Le décès de l'un des preneurs n'autorisant pas le demandeur à résilier de son côté le bail pour le milieu de septembre
1887, sans indemnité, le Tribunal supérieur a estimé néanmoins
qu'il était fondé à en demander la résiliation en vertu de l'article 292 CO., moyennant l'offre d'un dédommagement complet ;
qu'en effet, le décès du cocontractant Brentani et l'impossibilité
qui en résultait d'ouvrir le commerce pour l'exploitation duquel
la maison avait été louée, doivent être envisagés comme des
« circonstances graves » justifiant la résiliation du bail avant
son expiration normale, conformément à l'art. 292 CO. On doit
reconnaître, à cet égard, qu'en général, lorsque plusieurs preneurs ont loué solidairement une maison ou un appartement
pour en jouir conjointement, le décès de l'un d'eux peut constituer pour l'autre une « circonstance grave » l'autorisant à dénoncer le bail avant son expiration normale. Mais, en l'espèce,
ce moyen ne saurait être admis. En effet, le demandeur ne s'est
jamais placé à ce point de vue, ni lorsqu'il a signifié son congé,
ni en cours de procès; il n'a jamais conclu ni principalement, ni
subsidiairement, à la résiliation du bail moyennant indemnité.
dans le sens de l'art. 292 CO. Au contraire, il a déclaré, dans sa
réplique en première instance, répudier expressément ce point
de vue. La Cour ignore ainsi s'il ne préfère pas maintenir le bail
dans son entier, plutôt que de le résilier moyennant indemnité;
elle doit, dès lors, repousser purement et simplement les conclusions tendant à la résiliation du bail, l'arrêt du Tribunal supérieur étant réformé et le jugement de première instance étant
rétabli sur ce point.

7. En ce qui concerne, enfin, les conclusions en dommages et
intérêts formulées par le défendeur et motivées sur ce que le
demandeur aurait répandu des bruits calomnieux au sujet de
sa maison, elles n'ont été prises qu'à titre éventuel, pour le cas
où ses conclusions principales seraient repoussées. Celles-ci lui
ayant été adjugées, les premières tombent par le fait. Quant à la
prétention du demandeur de ne payer l'intérêt moratoire du trimestre échu le 15 juin 1887 que sur 500 fr., c'est-à-dire après

déduction des 340 fr. déposés par Müller-Hartmann, elle ne saurait être admise en présence de ce qui a été dit sous chiffre 5 ci-dessus. C. S.

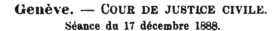

Genève. — COUR DE JUSTICE CIVILE.
Séance du 17 décembre 1888.

Société en nom collectif. — Faillite prononcée postérieurement à sa dissolution. — Art. 551 et 573 CO.

Mivelaz contre Comptoir d'escompte et consorts.

La dissolution de la société ne modifie en aucune façon les engagements contractés envers les tiers.
La faillite de la société en nom collectif peut être déclarée même après la dissolution, tant que le partage n'est pas terminé.

Rey et Mivelaz ont, aux termes d'un acte notarié, formé le 17 septembre 1885 une société en nom collectif sous la raison sociale Rey et Mivelaz, au capital de 36,000 fr., société ayant pour objet l'exploitation d'un commerce de cheveux et d'une fabrique de parfumerie et ses accessoires.

Cette société a été dissoute d'un commun accord à dater du 20 novembre 1886, l'associé Rey restant chargé de l'actif et du passif de la maison, qu'il devait continuer seul sous la raison J.-M. Rey. Une déclaration dans ce sens a été faite au bureau du registre du commerce, et publiée dans la *Feuille officielle du commerce.*

Le 15 février 1887, J.-M. Rey fut déclaré en état de faillite. Le 2 mars suivant, le Comptoir d'escompte de Genève exposait, par requête au Tribunal de commerce, que le bilan déposé par Rey n'était autre que celui de la société Rey et Mivelaz; que les engagements pris l'avaient été au nom de cette société, et que celle-ci n'avait point été libérée par ses créanciers; il demandait en conséquence la mise en état de faillite de la société Rey et Mivelaz.

Cette faillite fut déclarée le 3 mars 1887. Le 8 mars suivant, Mivelaz fit opposition au jugement déclaratif de la faillite et en demanda la rétractation, par le motif que la société Rey et Mivelaz avait été liquidée, qu'il n'existait donc plus de société

Rey et Mivelaz en liquidation, susceptible d'être déclarée en
état de faillite.

Sur le vu d'une déclaration de Mivelaz, qu'il consentait à ce
que les répartitions lui revenant dans la faillite Rey soient
d'abord attribuées au paiement des créanciers de l'ancienne société Rey et Mivelaz, et sous réserve de ses droits contre chacun
des associés, le Comptoir d'escompte consentit à la rétractation
de la faillite. Bousquet, syndic de la faillite Rey et Mivelaz,
s'opposa par contre à la rétractation, par le motif qu'il n'était
point garanti du paiement de la somme de 850 fr. à lui due
pour son administration de la faillite Rey et Mivelaz.

Le Tribunal de commerce, statuant incidemment, a décidé que
la faillite prononcée l'avait été régulièrement, et imparti un délai
à Mivelaz pour effectuer le paiement des frais dus par la faillite.

C'est de ce jugement qu'il a été interjeté appel par Mivelaz.
La question soumise à l'examen de la Cour de justice est celle
de savoir si la faillite de la société Rey et Mivelaz pouvait être
prononcée, malgré la dissolution antérieure de cette société.

La Cour a confirmé le jugement du Tribunal de commerce.

Motifs.

Considérant qu'aux termes de l'art. 551 CO., la dissolution
de la société ne modifie en aucune façon les engagements contractés envers les tiers.

Que le fait que les associés de la maison Rey et Mivelaz se
sont mis d'accord pour prononcer la dissolution de cette société,
ne saurait modifier la situation des créanciers de celle-ci et
avoir pour conséquence de les priver des moyens de contrainte
que leur donne la loi sur les faillites.

Considérant, d'autre part, qu'aux termes de l'art. 573 du
même code, la faillite de la société en nom collectif peut être
déclarée même après la dissolution, tant que le partage n'est
pas terminé; que la société Rey et Mivelaz n'a point été régulièrement liquidée, conformément aux prescriptions des art. 580
et suiv. CO.; qu'il n'a pas été nommé de liquidateur chargé de
réaliser l'actif de la société et d'établir le compte des associés
entre eux; que le partage auquel il a été procédé, lors de la
dissolution de la société, et d'après lequel un seul des associés
prenait à sa charge tout l'actif et tout le passif de la société,
n'est donc pas opposable aux tiers créanciers de la société dissoute; qu'en décider autrement serait permettre à une société

de modifier unilatéralement les conditions de ses engagements,
et de se substituer un tiers dans les obligations contractées par
elle; que ceux-ci étaient donc fondés à requérir la déclaration
de la faillite de la société Rey et Mivelaz, malgré sa dissolution,
celle-ci n'ayant pas été suivie d'une liquidation régulière.

<hr/>

Vaud. — TRIBUNAL CANTONAL.
Séance du 22 janvier 1889.

**Contestation entre patron et ouvrier. — Citation n'indiquant
pas l'heure de la comparution. — Assignation irrégulière. —
Jugement par défaut annulé. — Art. 5, 27 § b, 436 § f, et
442 Cpc.; art. 198 de la loi sur l'organisation judiciaire.**

Nicaty contre Grobéty.

*Bien que l'art. 198 de la loi sur l'organisation judiciaire statue que les
prononcés relatifs à des contestations entre patrons et ouvriers, quant au
contrat de louage de services, ne peuvent faire l'objet d'aucun recours,
cependant on doit admettre la nullité de tout jugement de ce genre, pour
lequel les parties n'ont pas été entendues ou assignées régulièrement.*

*La loi du 23 mars 1886 sur l'organisation judiciaire n'a pas abrogé
l'art. 442 Cpc., lequel demeure applicable à tous les jugements par défaut.*

*Il y a lieu à nullité du jugement par défaut rendu à la suite d'une
assignation qui n'indique pas l'heure de la comparution.*

Par exploit du 30 novembre 1888, L' Grobéty, à Vevey, a ouvert action à L' Nicaty, rière St-Légier, pour faire prononcer
qu'il est son débiteur et doit lui faire prompt paiement de la
somme de 72 fr. 10, pour solde de salaire, plus les frais d'un
commandement de payer.

A l'audience du 7 décembre 1888, Nicaty ne s'est pas présenté, ni personne en son nom et, procédant par défaut, le juge
de paix de la Tour-de-Peilz a accordé au demandeur ses conclusions et condamné le défendeur aux dépens.

Ce jugement par défaut a été signifié à Nicaty le 17 décembre 1888.

Nicaty a recouru en nullité contre ce jugement en vertu des
art. 300 et 436 Cpc., expliquant que l'exploit de citation du 30
novembre était irrégulier, attendu qu'il n'indiquait pas l'heure
de la comparution.

Dans son mémoire, Grobéty a soulevé les trois exceptions suivantes contre la recevabilité du recours de Nicaty :

1re exception. L'art. 198 de la loi judiciaire du 23 mars 1886, en application duquel a été rendu le jugement du 7 décembre 1886, ne prévoit pas de recours au Tribunal cantonal.

2me exception. L'art. 442 Cpc. n'étant pas applicable à l'espèce, le délai de recours expirait le 17 décembre 1888. Le recours, n'ayant été déposé que le 4 janvier 1889, est dès lors tardif.

3me exception. Le procès-verbal de l'audience du 7 décembre constate que Nicaty a été régulièrement assigné. Il devait donc, s'il l'estimait inexact, s'inscrire en faux contre le dit procès-verbal.

Le recours a été admis et le jugement annulé.

Motifs.

Examinant d'abord ces trois exceptions et, *sur la première,* considérant que l'art. 198 de la loi judiciaire statue en effet que les prononcés relatifs à des contestations entre patrons et ouvriers, quant au contrat de louage de services, ne peuvent faire l'objet d'aucun recours.

Mais attendu que l'on doit admettre la nullité de tout jugement pour lequel les parties n'ont pas été entendues ou assignées régulièrement, ce principe étant d'ordre public et ne souffrant aucune exception (art. 5 Cpc.),

La cour écarte ce moyen.

Sur la seconde exception, considérant que la loi judiciaire de 1886 n'a nullement abrogé l'art. 442 Cpc., lequel doit dès lors. être applicable à tous les jugements par défaut.

Qu'un délai de 20 jours était donc accordé à Nicaty pour recourir contre le jugement du 7 décembre, qu'il n'a connu que le 17 décembre, soit le jour de sa notification.

Que son recours du 4 janvier n'est dès lors pas tardif,

La cour écarte ce moyen.

Sur la troisième exception, considérant que bien que le jugement dise que Nicaty ait été assigné régulièrement, le recourant n'était pas tenu de s'inscrire en faux contre cette mention du procès-verbal.

Qu'en effet, une inscription de faux est inutile, Nicaty établissant par la production de son exploit que l'heure d'assignation n'a pas été indiquée dans cette pièce,

La cour écarte aussi ce moyen.

Sur le recours de Nicaty, considérant que l'exploit du 30 novembre 1888, assignant Nicaty pour l'audience du 7 décembre 1888, ne renferme pas l'indication de l'heure à laquelle cette audience devait avoir lieu.

Que, dès lors, l'assignation de Nicaty n'a pas été régulière, l'exploit devant indiquer le jour et l'heure de la comparution (art. 27, § *b*, Cpc).

Qu'en présence d'une disposition aussi impérative de la loi, il importe peu que Nicaty ait été vu le 7 décembre dans la salle d'attente des séances du juge de paix, sa présence dans cette salle n'établissant pas qu'il ait connu l'heure pour laquelle il était assigné.

Considérant qu'en présence d'une telle irrégularité, il y a lieu de faire application du § *f* de l'art. 436 Cpc.

Résumés d'arrêts.

Bail. — Si, avant l'expiration du délai de 30 jours assigné par le bailleur au preneur, conformément à l'art. 287 CO., le preneur paie le loyer en retard, le bailleur est déchu du droit d'invoquer ce retard pour obtenir la résiliation du bail.

Tribunal civil de Genève, 18 juin 1886. Mathieu-Saignol c. Chautant.

Capacité civile. — Pour autant que l'application du droit cantonal n'est pas expressément réservée, la capacité civile est régie par la loi fédérale du 22 juin 1881 pour toutes les transactions rentrant dans le domaine du droit civil et par conséquent aussi pour les ventes d'immeubles, bien que celles-ci soient soumises pour le reste aux dispositions du droit cantonal (par exemple en ce qui concerne les exceptions d'erreur, de dol, etc.) [1].

S'il est établi qu'au moment de la conclusion d'un contrat l'une des parties était incapable de contracter pour la cause

[1] Comp. arrêt Mikolajczak c. Brunner, *Journal des Tribunaux* de 1888, p. 23.

mentionnée à l'art. 4 de la loi fédérale du 22 juin 1881, le contrat est radicalement nul. Il importe peu que l'autre partie ait été de bonne foi. L'art. 6 de la loi prémentionnée n'est pas davantage applicable ; celui qui est privé de la conscience de ses actes est incapable de plein droit, sans qu'il doive préalablement être interdit.

TF., 2 février 1889. Hess c. Ott.

Déni de justice. — L'interprétation qu'une Cour cantonale donne à un contrat ne saurait être envisagée comme impliquant un déni de justice que si elle va directement à l'encontre de la saine logique ou d'un texte absolument clair.

TF., 25 janvier 1889. Cotting c. Girod.

Hypothèque. — La subrogation d'hypothèque constitue une transaction immobilière au premier chef. A teneur de l'art. 64 de la Constitution fédérale, elle tombe, dès lors, sous l'application du droit cantonal et non du droit fédéral.

TF., 1er février 1889. Bueche c. Rossé.

Recours. — Sous réservé de ce qui est prévu par l'art. 183 de la loi sur l'organisation judiciaire, en ce qui concerne le déclinatoire, aucun recours au Tribunal cantonal n'est accordé aux parties contre les jugements incidents rendus par les juges de paix. Ces recours ne peuvent être portés au Tribunal cantonal que conjointement avec le recours au fond et comme moyen de nullité du jugement, conformément à l'art. 195, lettre *d*, de la loi précitée.

CP., 5 février 1889. Olivier c. dame Griess-Bach.

Ch. SOLDAN, conseiller d'Etat, rédacteur.

AVOCAT

Lausanne. — Imp. CORBAZ & Comp.

XXXVIIᵉ ANNÉE. Nᵒ **10**.　　　SAMEDI 9 MARS 1889.

JOURNAL DES TRIBUNAUX

REVUE DE JURISPRUDENCE

Paraissant à Lausanne une fois par semaine, le Samedi.

Rédaction : M. CHARLES SOLDAN, conseiller d'Etat, à Lausanne.
Administration : M. L. ROSSET, greffier du Tribunal cantonal, à Lausanne.
Abonnements : 12 fr. par an ; 7 fr. pour six mois. Pour l'étranger, le port en sus. On s'abonne à l'imprimerie CORBAZ & Cⁱᵉ, chez l'administrateur, M. ROSSET, et aux bureaux de poste.
Annonces : 20 c. la ligne ou son espace. S'adresser à l'imprimerie CORBAZ & Cⁱᵉ.

TRIBUNAL FÉDÉRAL
Séance du 15 février 1889.

———

Affirmations calomnieuses dirigées par la voie de la presse contre la mémoire d'une personne décédée. — Action en dommages et intérêts des héritiers de celle-ci. — Admission. — Art. 55 CO.

———

Hoirs Pignat contre *Ami du Peuple*, soit Philipona.

———

Le fait de diriger, par la voie de la presse, des affirmations calomnieuses contre la mémoire d'une personne décédée constitue un acte illicite donnant ouverture à une action en dommages et intérêts de la part des héritiers du défunt, dans le sens de l'art. 55 CO.

———

Avocats des parties :

MM. GIROD, à Fribourg, pour hoirie Pignat, demanderesse et recourante.
HEIMO, à Fribourg, pour l'*Ami du Peuple*, soit Philipona, défendeur et intimé.

———

Le 15 janvier 1885 est décédé à Vouvry M. Hippolyte Pignat,

ancien conseiller d'Etat du Valais, en son vivant notaire et député au Grand Conseil.

Dans son numéro 5 du dimanche 1ᵉʳ février 1885, le journal l'*Ami du Peuple valaisan*, s'imprimant à Fribourg, publiait une correspondance dont suivent les principaux passages :

« Du Bas-Valais, 25 janvier 1885.

» Ce que certaines gens reprochent le plus ordinairement au clergé, c'est son esprit dominateur, son ambition et l'empire qu'il prétend exercer sur ceux qui se soumettent à ses lois. Laissez-vous prendre dans les rouages de sa puissance et de son despotisme, disent ces censeurs, votre vie tout entière devra être contrôlée par l'autorité ecclésiastique, et votre corps lui-même, après votre mort, n'échappera pas toujours à ses censures.

» Toutefois, ajoute-t-on, il est avec les gens d'église des accommodements : l'audace, la puissance, la richesse obtiennent facilement des concessions. Les rigueurs inflexibles sont pour les pauvres, les malheureux, les délaissés. Pour eux les foudres, les anathèmes. Pour les grands, les honneurs.

» Nous avons entendu ces récriminations se produire dernièrement avec force, à l'occasion de la mort d'un des matadors du radicalisme. Magistrat, conseiller d'Etat, riche, plein d'audace et de ressources, cet homme s'était, dès les premiers symptômes de nos dissensions civiles, constitué le promoteur de toutes les hostilités contre les conservateurs et contre le clergé. En plein Grand Conseil il avait déclaré qu'il n'avait pas besoin des prêtres, qu'il ne s'en servirait pas. A peine, cependant, eût-on appris qu'il arrivait à ses derniers moments, qu'on entendit dire un peu de tous côtés : « C'est une personnalité en vue, sa famille » est puissante, ses amis nombreux, vous verrez les manteaux » rouge et blanc, la croix et l'étoile, le bénitier et l'encensoir, » les cloches et la musique honorer sa dépouille mortelle. »

» En effet, qu'a-t-il manqué pour faire à cet ennemi du culte et de ses ministres un enterrement splendide ?...

» Qu'est-il donc arrivé ? Quelle éclatante réconciliation s'est donc opérée entre ce perpétuel ennemi de nos autorités civiles et religieuses et notre mère la sainte Eglise ? Nous connaissons les lois, les prescriptions de l'Epouse immaculée du Christ. Nous savons qu'elle préférerait voir jeter aux gémonies le corps d'un pécheur public, d'un apostat, d'un détenteur du bien d'autrui, d'un propagateur de fausses doctrines, d'un instigateur obstiné de l'impiété et du désordre, plutôt que de lui donner asile au milieu de ses enfants réunis en attendant le jour du repos éternel.

» Encore une fois, qu'est-il arrivé avant le trépas du 15 janvier, pour que l'autorité civile et religieuse ait honoré à ce point un homme qui toujours avait refusé le pardon qu'on lui offrait?

» Lorsque se manifesta un affaiblissement sensible dans les forces de ce coryphée de l'ancien radicalisme, l'autorité ecclésiastique, qui en avait été requise, transmit au prêtre destiné à réconcilier le moribond les règles à observer en pareille circonstance : règles toutes objectives, sans application à personne. On disait que le concordat de 1879 avait levé l'excommunication qui pesait sur les spoliateurs des biens ecclésiastiques, en tant qu'ils avaient agi comme membres ou instruments du gouvernement existant en Valais de 1847 à 1856; que toutefois l'obligation de restituer les vols particuliers, éventuellement commis par ces mêmes personnes, les censures encourues pour des faits et gestes non officiels n'avaient pas été levées par cet accord intervenu entre les deux puissances. On disait que si un homme de cette trempe se trouvait à l'agonie, le prêtre devait lui donner l'absolution sous condition, mais que les derniers sacrements (le saint Viatique et l'Extrême-Onction), qui donnent droit à l'enterrement ecclésiastique, ne pouvaient être accordés, à moins d'une rétractation publique par devant témoins, en tous cas, des erreurs enseignées, des scandales donnés, des calomnies proférées contre les personnes et contre les institutions, à moins encore d'une restitution des torts causés aux individus et aux sociétés. On déclarait de plus que si ces conditions n'étaient pas remplies, il n'était pas permis d'accorder au moribond les derniers sacrements et au défunt les honneurs de la sépulture.

» Ces prescriptions ont-elles été observées?... Pourquoi en douter?

» Nous pouvons même affirmer, et personne ne peut nous dire le contraire, que le malade dont il s'agit a fait un acte de foi sur tous les dogmes de notre sainte religion ; il a condamné ce qu'il a fait, dit et fait dire contre Dieu, contre l'Eglise et contre leb on exemple.

» Cette rétractation privée méritait une absolution privée. Nous n'avons pas pu apprendre si une rétractation publique s'en est suivie, si des restitutions ont eu lieu, etc.; peut-être fera-t-on plus tard une narration officielle de toute cette triste affaire. »

Dans son même numéro, le journal en question insérait une autre correspondance, datée « du centre », dans laquelle on lit entre autres :

« Bien qu'un proverbe dise : *de mortuis nihil nisi bene,* nous trouvons cependant ce portrait un peu trop flatté. M. Pignat, l'un des incamérateurs des biens du clergé (il s'en vantait et s'en faisait gloire, nous n'avons donc pas de raisons de le cacher), M. Pignat, croyons-nous, ne s'est jamais séparé du parti radical. »

Les hoirs Pignat, estimant que le contenu de ces articles, en particulier du premier, était de nature à porter une grave atteinte à leur honneur et à la mémoire du défunt, ont déposé à la préfecture de la Sarine, sous date du 27 avril 1885, une plainte pénale contre le journal l'*Ami du Peuple valaisan.*

Le Tribunal correctionnel de la Sarine a été nanti de cette plainte, et à la première audience, le 23 octobre 1885, Pie Philipona a déclaré assumer, en sa qualité de rédacteur du journal précité, la responsabilité de l'article, soit de la correspondance incriminée ; les plaignants se sont constitués partie civile et ont conclu à ce que P. Philipona soit condamné à leur payer, à titre de dommages-intérêts et sous réserve de la modération du juge, la somme de 3500 fr. et les dépens. L'accusé a conclu au rejet de cette demande.

Après de longs procédés d'instruction et l'audition de nombreux témoins en Valais, l'avocat de l'accusé a formellement déclaré renoncer à invoquer, dans la défense au fond, les dépositions des témoins figurant au dossier et vouloir plaider uniquement sur le texte et sur les termes des articles incriminés. En présence de cette déclaration, le Tribunal correctionnel, estimant dès lors inutiles les réquisitions de preuves formulées par la partie plaignante, a, par jugement du 9 mars 1888, écarté l'accusation de calomnie et d'injure ; il a considéré, en substance, que l'article incriminé ne contenait qu'un exposé des doctrines de l'Eglise catholique au regard de certains actes émanés du pouvoir civil et ne visait en tout cas le défunt H. Pignat qu'au point de vue de sa vie publique, que la presse a le droit d'apprécier. Statuant sur la réclamation civile, le Tribunal correctionnel a écarté cette demande, fondé sur le fait que les demandeurs n'avaient établi ni l'existence d'un dommage moral, ni l'existence d'un dommage matériel et que d'ailleurs la publication de l'article incriminé n'était pas de nature à porter atteinte à leur situation personnelle.

L'hoirie Pignat ayant recouru de la partie civile de ce jugement, la Cour d'appel, par arrêt du 21 novembre 1888, a réformé la sentence des premiers juges, admis la recourante dans sa demande d'indemnité, en réduisant toutefois celle-ci à 5 francs et mis les frais pour un huitième à la charge de la dite hoirie et pour sept huitièmes à celle de P. Philipona. La Cour se fonde, en substance, sur ce que, en dehors de l'exposé de doctrines auquel il avait le droit de se livrer, l'article incriminé se livre à des accusations et contient des allusions sortant du cadre d'une appréciation loyale et impartiale des faits ; c'est surtout le cas des affirmations de spoliation et de vol évidemment à l'adresse de feu H. Pignat. Le dit article n'a pas justifié de l'existence des actes qu'il reproche au défunt, et ces affirmations constituent dès lors un acte illicite de nature à porter une grave atteinte à la situation personnelle de celui qui en était l'objet, une faute qui donne naissance à un droit d'action en dommages-intérêts. Un dommage matériel n'ayant pas été établi, ni affirmé, un dommage moral a été, en revanche, occasionné par l'article dont il s'agit, mais en tenant compte des circonstances dans lesquelles se sont produits les allégués incriminés, il y a lieu de réduire considérablement la somme réclamée.

L'hoirie Pignat a recouru au Tribunal fédéral contre cet arrêt, en reprenant ses conclusions primitives tendant au paiement d'une somme de 3500 fr.

Le Tribunal fédéral a admis partiellement le recours, en ce sens que l'indemnité allouée à l'hoirie Pignat a été portée de 5 fr. à 300 fr. En outre, il a mis tous les dépens à la charge de Philipona.

Motifs.

2. La question de savoir si l'article incriminé implique réellement une diffamation de la mémoire du défunt notaire Pignat, et par là une atteinte grave portée à la situation personnelle des membres de l'hoirie demanderesse, a été résolue définitivement en fait par l'arrêt de la Cour, lequel constate qu'en dehors de ce qui apparaît, dans le dit article, comme l'exposé de doctrines

de droit canonique, il s'y trouve des accusations et des allusions assez transparentes pour indiquer au lecteur, entre autres, que le notaire Pignat détenait des biens mal acquis et se serait rendu coupable de vols particuliers, du chef desquels il était tenu à restitution.

En présence de ces allégations injurieuses, dont le manque absolu de justification de la part de l'auteur de l'article est également posé en fait par la Cour, c'est avec raison que l'arrêt dont est recours a considéré ces affirmations calomnieuses comme un acte illicite donnant ouverture à une action en dommages-intérêts, aux termes de l'art. 55 CO., et appelant l'allocation d'une indemnité.

3. L'appréciation de la Cour d'appel, relativement à la quotité du dommage causé, est, en revanche, d'autant plus susceptible d'être contrôlée par le Tribunal de céans, qu'elle se base uniquement sur les prétendues « circonstances dans lesquelles se sont produits les allégués incriminés », sans que le juge cantonal spécifie quelles ont été ces circonstances, suffisamment atténuantes, selon lui, pour faire réduire l'indemnité accordée à la somme infime de 5 francs.

Il n'est, au contraire, pas possible, en présence de la publicité de l'attaque et de la gravité de l'atteinte portée à la mémoire de feu Hippolyte Pignat, et par conséquent à l'honneur de sa famille, de découvrir en quoi ce qu'il y a de condamnable dans l'article dont il s'agit pourrait se trouver atténué par les « circonstances », surtout alors qu'une simple rétractation ou même explication de la part du journal défendeur eût suffi pour dissiper l'impression que l'article incriminé, dans son ambiguïté calculée, était sans doute destiné à produire.

4. Bien que la réparation d'un outrage de cette nature soit malaisée à supputer en argent, il n'en est pas moins évident à première vue que la somme allouée aux demandeurs à titre de dommages-intérêts doit être taxée d'insuffisante, et même de dérisoire, eu égard à l'atteinte portée à la situation des personnes en cause. En prenant en considération toutes les circonstances du procès, le Tribunal de céans estime qu'il y a lieu d'élever cette indemnité à la somme de trois cents francs.

Vaud. — Tribunal cantonal
Séance du 14 février 1889.

Billet de change presorit. — Saisie. — Opposition. — Prétendue novation. — Art. 92 de la loi du 4 juin 1829 sur les lettres de change et les billets à ordre ; art. 829 CO.

Weber contre Mœlsch.

En matière d'opposition à saisie, le débat doit être restreint aux limites fixées par l'opposant lui-même. Dès lors, si l'opposition est fondée sur un unique moyen tiré de la prescription du titre en vertu duquel la saisie a été pratiquée, le tribunal n'a pas à examiner si ce titre, éteint par novation, a été remplacé par un autre encore valable.

Avocats des parties :
MM. Feyler, lic. en droit, pour E. Weber, défendeur et recourant.
Ruchet, avocat, pour J. Mœlsch, demandeur et intimé.

Dans une demande du 26 janvier 1888, John Mœlsch, boulanger à Étoy, a conclu à ce qu'il soit prononcé contre Edouard Weber, à Genève :

1° Que le billet de change du 8 mars au 8 juin 1878, du capital de 2500 fr., en vertu duquel Edouard Weber a pratiqué une saisie mobilière générale au préjudice de Mœlsch, le 26 novembre 1887, est éteint ;

2° Qu'en conséquence la susdite saisie est nulle et de nul effet ;

3° Que la présente opposition est maintenue.

Dans sa réponse, Weber a conclu, de son côté :

1° A libération des conclusions de la demande et au maintien de sa saisie du 26 novembre 1887 ;

2° Reconventionnellement, que John Mœlsch est son débiteur et doit lui faire prompt paiement de la somme de 2204 fr. 85 et intérêt 5 °/₀ dès le 8 juin 1878.

Par jugement incident du 18 août, confirmé par arrêt du 18 septembre 1888, les conclusions reconventionnelles du défendeur ont été retranchées du procès.

L'instruction de la cause a établi entre autres les faits suivants :

Par exploit du 26 novembre 1887, Weber a pratiqué au préjudice de Mœlsch une saisie mobilière générale pour être payé

avec dépens de la somme de 2200 fr., montant d'un billet de
change du 8 mars au 8 juin 1878, avec intérêt 5 %, dès cette
dernière date, plus les frais de protêt, de poursuites et de commissions.

Par exploit du 12 décembre 1887, Mœlsch a opposé à cette
saisie, estimant que le billet en vertu duquel elle est pratiquée
est prescrit soit en vertu de la loi vaudoise de 1829, soit en vertu
du Code fédéral des obligations.

Par jugement du Tribunal de commerce de Genève du 5 avril
1878, Mœlsch a été condamné à payer à Weber la somme de
2204 fr. 85 et intérêt en vertu du billet du 8 juin 1878. Ce jugement a été notifié le 26 août 1878 à Mœlsch, qui avait fait défaut.

Mœlsch a été déclaré en faillite le 26 décembre 1878, par le
Tribunal de commerce de Genève. La faillite a été déclarée close
pour insuffisance d'actif, le 16 janvier 1879, par jugement de ce
même Tribunal.

Vu ces faits et estimant, en résumé, que le jugement du 5
avril 1878 a eu pour effet de créer un nouveau titre, donnant
droit à Weber à une action nouvelle ; que celui-ci n'a pas fondé
sa saisie sur le dit jugement, mais seulement sur le billet de
change, lequel est éteint par novation, le Tribunal civil de Morges a, par jugement du 11 janvier 1889, accordé au demandeur
ses conclusions avec dépens.

Weber a recouru contre ce jugement, dont il demande la réforme par les motifs suivants : Dans l'espèce, le moyen unique
d'opposition invoqué par le demandeur est la prescription ; or
le Tribunal de Morges, en reconnaissant que le billet, fondement
de la saisie, était éteint par la novation, a reconnu du même
coup que la prescription n'a pu s'accomplir. Une obligation ne
pouvant être éteinte à la fois par novation et par prescription, il
en résulte que le moyen invoqué par Mœlsch n'est pas suffisant
et que son opposition doit être écartée et la saisie maintenue.

Le recours a été rejeté.

Motifs.

Considérant qu'il résulte du dossier de la cause que la saisie
de Weber a été pratiquée au préjudice de Mœlsch en vertu du
billet du 8 juin 1878.

Que l'opposition de Mœlsch est fondée sur ce que le dit billet
serait prescrit.

Considérant, dès lors, que pour juger le procès il n'y a lieu que d'examiner la question de prescription, le débat devant être restreint aux limites fixées par l'opposant lui-même.

Que, du reste, Mœlsch ne pouvait opposer que par des moyens spéciaux au billet de change et qu'il n'avait pas à invoquer la novation qui résulterait du jugement du Tribunal de commerce de Genève, du 5 avril 1878.

Considérant que le dit billet de change, du 8 juin 1878, était prescrit le jour de la saisie, 26 novembre 1887, soit en vertu de l'art. 92 de la loi vaudoise du 4 juin 1829, soit en vertu de l'article 829 CO.

Que, dans ces circonstances, l'opposition de Mœlsch est fondée.

— —o—o—

Vaud. — Président du Tribunal d'Aigle
Séance du 4 février 1889.

Salaire payé en nature. — Cession de ce salaire faite par le débiteur avant son échéance. — Défaut de mise en possession. —Droits préférables des créanciers saisissants.— Art. 199 CO.; art. 555 Cpc.

Kohly contre Dormond.

La cession d'un salaire, faite avant l'échéance de celui-ci, ne peut être opposée à un tiers, à moins qu'elle n'ait eu lieu en faveur de l'un des fournisseurs privilégiés par le § 5 de l'art. 1575 Cc. Il importe peu que le salaire doive être payé en nature, l'art. 199 CO. exigeant, au contraire, la mise en possession, pour que le transfert de propriété mobilière soit opposable aux tiers.

Avocats des parties :
MM. Métraux, pour F. Kohly, demandeur.
Weith, licencié en droit, pour J. Dormond, défendeur.

Par exploit du 15 octobre 1888, le défendeur Jules Dormond, négociant à Chésières, a pratiqué une saisie-arrêt au préjudice de son débiteur François Nicollier, à Arveyes, pour parvenir au paiement de la somme de 188 fr. 55, et accessoires, sous déduction de 68 fr. reçus à compte. Cette saisie-arrêt était imposée en mains de L' Dormond, à Chesières, sur environ une toise et demie de foin revenant au débiteur Nicollier pour sa part existant sur la montagne de Plan-du-Four, que ce dernier a fauchée un tiers pour lui ; — en mains de Félix Ansermet, à Arveyes, sur la part de bardeaux que F' Nicollier a confectionnés, la moitié pour son compte, soit sur sept chars pour sa part; — en outre, sur tout ce que ces deux personnes pourraient devoir au même Nicollier ou avoir en leur possession lui appartenant, en dehors du bois et du foin ci-dessus. Les parts de bardeaux et de foin revenaient à Nicollier pour son salaire du travail qu'il avait exécuté d'une part pour Ansermet en fabriquant les bardeaux, d'autre part pour L' Dormond, en fauchant une récolte de foin d'une montagne en Plan-du-Four.

Le demandeur François Kohly, à Arveyes, a acheté les sept chars de bardeaux pour le prix de 96 fr. comptant, rendus à Arveyes ; ce prix a été payé le 28 mars 1888. Le demandeur a, en outre, acheté le foin du Plan-du-Four le 10 juillet 1888, pour le prix de 40 fr., payé comptant. Ni les bardeaux ni le foin n'ont été déplacés; ils sont constamment restés en possession des tiers saisis.

S'estimant propriétaire des objets saisis par Dormond, Kohly a opposé à la saisie-arrêt pratiquée par ce dernier.

Le défendeur Dormond a conclu à libération des fins de la demande et, reconventionnellement, à la nullité des ventes alléguées par le demandeur.

Statuant, le Président du Tribunal d'Aigle a écarté les conclusions de la demande, ainsi que les conclusions reconventionnelles de la réponse et accordé au défendeur Dormond ses conclusions libératoires.

Motifs.

Considérant que ni les bardeaux ni le foin n'ont été déplacés ; qu'ils sont encore en possession des tiers saisis.

Que Nicollier est insolvable; qu'un acte de défaut de biens a été délivré, le 20 avril 1887, contre lui par l'huissier-exploitant du cercle d'Ollon.

Que les ventes et cessions faites en faveur de Kohly ont eu lieu avant l'échéance du salaire dû à Nicollier par ceux pour lesquels les fournitures et travaux (fauchage et fabrication de bardeaux) ont été faits.

En droit, considérant que le foin et les bardeaux saisis à Nicollier constituant un salaire promis à ce dernier par Louis Dormond et Félix Ansermet, pour prix du travail qu'il devait exécuter pour eux, et que ce salaire n'étant pas échu au moment où la cession en a été faite à Kohly, en ce sens que la récolte du foin et la fabrication des bardeaux n'étaient pas effectuées, la dite cession ne peut être opposée à un tiers, à moins qu'elle n'ait eu lieu en faveur d'un des fournisseurs privilégiés par le § 5 de l'art. 1575 du Code civil.

Qu'il n'est pas établi que Kohly se trouve dans ce cas.

Qu'en outre, pour que la propriété mobilière soit transférée en vertu d'une convention, il faut que l'acquéreur ait été mis en possession (CO. art. 199).

Que cette mise en possession n'a pas eu lieu dans l'espèce, ni par la tradition réelle, ni d'une autre manière.

Qu'ainsi la convention intervenue entre Nicollier et Kohly n'a pu avoir pour effet de transférer à ce dernier la propriété du foin et des bardeaux qui en ont fait l'objet.

Qu'il n'est pas établi que la vente faite par Nicollier à Kohly soit simulée ni frauduleuse.

Zurich. — TRIBUNAL DE COMMERCE
Traduction d'un jugement du 14 décembre 1888.

Marché de vin. — Vente sur échantillon. — Vin tourné à l'aigre. — Laissé pour compte. — Art. 243, 245 et 246 CO.

Ghiron Consolo contre Herdy et Güntert.

En matière de vente sur échantillon, le vendeur ne répond pas seulement de la conformité de la marchandise vendue avec l'échantillon fourni; il est encore tenu à garantie, comme tout vendeur quelconque, en vertu de l'article 243 CO., à raison des défauts qui enlèvent à la chose sa valeur et son utilité prévue, ou qui les diminuent sensiblement.

Ainsi, dans un marché de vin, le vendeur garantit, sauf convention contraire, que le vin vendu est propre à la consommation. L'état de la marchandise vendue doit s'apprécier au moment de sa livraison à l'endroit convenu.

Michel Speich, agent à Zurich de la maison Ghiron Consolo, à Casale Montferato (Italie), a remis en mars 1888 des échantillons de vins piémontais à Herdy et Güntert, marchands de vin à Aussersihl. Après avoir examiné ces échantillons, consistant en deux flacons de demi-litre chacun, Herdy et Güntert ont commandé un wagon du vin offert, au prix de 32 fr. l'hectolitre, rendu franco à Zurich, valeur trois mois. Dans la lettre adressée par l'agent à sa maison, il est dit que les acheteurs, ayant déjà eu des difficultés avec la commission sanitaire, entendaient que le vin à livrer fût garanti naturel.

Le vin acheté a été expédié le 26 mars 1888 en 9 fûts et est arrivé le 2 avril suivant en gare de Zurich. La lettre accompagnant la facture, qui s'élève à 1744 fr., assurait les acheteurs que la marchandise était conforme à l'échantillon et parfaitement naturelle, ce que constaterait d'ailleurs l'expertise chimique.

Le 4 avril, Herdy et Güntert écrivirent à la maison demanderesse que le vin fourni était accepté par eux à condition qu'il fût reconnu par l'analyse chimique être du vin piémontais naturel; puis, le 8 avril, ils informaient le vendeur qu'ils étaient dans l'obligation de le lui laisser pour compte, attendu que l'expertise avait démontré qu'il avait tourné à l'aigre et renfermait une forte proportion d'acide acétique.

Le vendeur ayant refusé de reprendre le vin fourni, a ouvert action à Herdy et Güntert en paiement du montant de sa facture.

Les défendeurs ont conclu à libération et demandé la résiliation du marché, estimant que le vendeur doit répondre non-seulement des qualités expressément garanties, mais encore de celles tacitement convenues entre parties.

Le Tribunal de commerce a débouté la maison Ghiron Consolo des fins de sa demande.

Motifs.

1. Le demandeur conclut au paiement du prix d'une fourniture de vin, que les défendeurs refusent d'accepter comme étant de qualité non-recevable. Les parties sont d'accord pour admettre que le marché a été conclu ensuite de la remise d'un échantillon aux défendeurs; quant à ces derniers, ils refusent de prendre livraison non pas seulement parce que la marchandise fournie ne serait pas conforme à l'échantillon, mais encore parce qu'elle manquerait d'une qualité tacitement convenue entre parties; ils prétendent en effet que le vin a tourné à l'aigre et est imbuvable. Le demandeur, de son côté, estime ne devoir répondre que d'une seule chose, savoir que le vin soit naturel et conforme à l'échantillon. Cette manière de voir ne saurait toutefois être admise.

2. D'après l'art. 243 CO., le vendeur est tenu de garantir l'acheteur tant à raison des qualités promises qu'à raison des défauts qui enlèvent à la chose sa valeur ou son utilité prévue, ou qui les diminuent sensiblement. Cette obligation du vendeur n'est aucunement restreinte par le fait qu'il s'agit d'une vente sur échantillon. Ce genre spécial de vente ne se distingue de la vente ordinaire que par ceci : c'est que la comparaison de la marchandise vendue et de l'échantillon sert de critère absolu pour constater l'existence ou la non-existence des qualités *promises;* quant aux autres qualités qui doivent être envisagées comme promises tacitement, l'obligation de garantie du vendeur subsiste pleine et entière. En d'autres termes, en matière de vente à l'échantillon, la garantie du vendeur ne se borne pas à ce qui résulte de la loi elle-même; elle s'étend encore aux qualités que possède l'échantillon. Toutefois il y a lieu d'appliquer aussi à la vente sur échantillon la disposition de l'article 245 CO., à teneur de laquelle le vendeur n'est pas tenu des défauts dont l'acheteur aurait pu s'apercevoir lui-même avec une attention suffisante. Il suit de là que le vendeur ne répond pas des défauts qui affectaient manifestement l'échantillon, à moins, toutefois, qu'il n'ait affirmé que la marchandise à livrer en serait indemne. Si donc il était établi que l'échantillon remis aux défendeurs avait déjà tourné à l'aigre et cela à un degré tel que l'acheteur aurait dû s'apercevoir immédiatement de ce défaut, le demandeur serait libéré de toute obligation de garantie. Or ce dernier a contesté au contraire, à l'audience au fond, que l'échantillon lui-même eût été acide; il doit, dès lors, être considéré comme ayant renoncé à l'exception tirée du fait que les défauts signalés auraient pu être constatés lors du premier examen.

3. Etant donné l'usage habituel qu'on fait de cette boisson, on doit admettre que lors d'un marché de vin il est tacitement convenu entre les parties que le liquide à fournir sera sain, c'est-à-dire approprié à la consommation; le vendeur sera donc tenu à garantie tant à raison de cette qualité tacitement promise, qu'à raison de la conformité de la marchandise avec l'échantillon. De faibles traces d'acide acétique se remarquent dans tout vin quelconque, mais les défendeurs ont entrepris de prouver que le vin litigieux renfermait une proportion d'acide excessive et que l'existence de ce défaut avait déjà été constatée lors de l'arrivée de la marchandise à Zurich.

4. Au point de vue de la garantie du vendeur, c'est évidemment l'état de la marchandise au moment de sa livraison à l'endroit convenu qu'on doit prendre en considération; c'est à partir de ce moment, en effet, que les risques de détérioration et d'altération passent à l'acheteur. En l'espèce, la correspondance des parties établit clairement que l'obligation devait être exécutée au lieu du domicile des acheteurs. C'est ce qui résulte, d'une part, de la circonstance que la marchandise était livrable « franco Zurich »; d'autre part, du fait que la facture ne renferme aucune indication portant que l'expédition aurait lieu aux périls et risques des acheteurs. Les risques provenant du transport sont donc demeurés à la charge du vendeur jusqu'à l'arrivée de la marchandise au lieu de destination; la preuve par témoins offerte par le demandeur dans le but d'établir que lors du chargement effectué en Italie le vin n'aurait pas été acide est ainsi sans importance au procès.

5. A teneur de l'art. 248 CO., l'acheteur qui prétend que la chose expédiée d'un autre lieu est défectueuse doit en faire constater l'état régulièrement et sans retard. Le mode de procéder suivi en l'espèce par les défendeurs ne peut guère être envisagé comme une constatation régulière. Il aurait fallu, tout au moins, prélever les échantillons en présence d'un fonctionnaire communal et dresser procès-verbal de l'opération. Toutefois, les défendeurs ont entrepris de prouver que l'acidité existait déjà lors de la réception du vin, et cela par le rapport du chimiste municipal en date du 7 avril 1888; de plus, ils ont entrepris d'établir par témoins que l'échantillon remis à cet expert provenait bien du vin litigieux. La preuve de ces faits doit être considérée comme ayant été faite.

En effet, il résulte de l'audition des témoins, dont la déposition paraît digne de foi, bien qu'ils soient les employés et par conséquent sous la dépendance des défendeurs, que le lendemain du jour de la réception du vin il a été procédé au prélèvement d'échantillons de la manière suivante : la bonde de plusieurs fûts a été enlevée, puis on en a tiré du vin dans une grande bouteille; un flacon plus petit a ensuite été rempli au moyen de celle-ci et remis aussitôt au chimiste municipal chargé de l'expertise, par les soins du voyageur du demandeur. Les témoins ne sont pas complètement d'accord, il est vrai, au sujet du nombre des fûts qui ont été ouverts; l'un a parlé de 4 à 5 fûts, un autre de 5 à 6 ; il est certain toutefois, et c'est là l'essentiel, que les échantillons ont été prélevés sur la plus grande partie des fûts, de telle sorte qu'on ne saurait s'arrêter à l'objection du demandeur qui insinue que l'échantillon proviendrait d'un seul fût et précisément d'un fût dont le contenu se trouvait gâté, tandis que tel n'était pas le cas pour les autres. La vente portant en tout sur neuf fûts, il était suffisant, pour établir la qualité moyenne du vin, de prélever des échantillons sur 4 à 5 fûts, bien que, cela va de soi, il eût été plus correct encore de les prélever sur chacun des 9 fûts.

6. Dans son rapport écrit, l'expert Konradin conclut en disant que si les constatations du chimiste municipal doivent être tenues pour vraies, ce qui est le cas, ainsi qu'il vient d'être établi, il y a lieu d'admettre que le vin avait déjà tourné à l'aigre lors de son arrivée à Zurich, bien qu'à cette époque, sans doute, l'acidité ne fût pas aussi prononcée qu'aujourd'hui » ; on doit admettre, de plus, que le vin ne peut pas être utilisé actuellement comme vin de table, non plus que pour des coupages. Des renseignements fournis ce jour par l'expert, il résulte en outre que l'acidité n'a pas beaucoup augmenté depuis l'expertise faite par le chimiste municipal, qu'à ce moment déjà la quantité d'acide constatée ne permettait pas d'employer le vin pour la boisson ou pour des coupages, et que le défaut actuel n'est que la conséquence normale de celui qui existait déjà lors de la réception.

Dans les questions qu'il a soumises à l'expert, ainsi que dans son écriture du 16 novembre 1888, le représentant du demandeur a cherché à établir que le vin vendu par lui était destiné à être mélangé avec des vins artificiels, des vins de raisins secs ou autres produits analogues qui ne renferment pas assez d'acide : il a, en conséquence, voulu poser à l'expert la question de savoir si, même dans son état actuel, le vin ne pourrait pas être employé encore pour cet usage. Le Tribunal ne peut, toutefois, entrer à cet égard dans les vues du demandeur ; en effet, il n'a pas été allégué, dans le débat au fond, que le vin dût être employé à l'usage indiqué, et, d'autre part, il y a lieu d'admettre, jusqu'à preuve du contraire, que la marchandise achetée l'est en vue de son usage habituel et principal et non en vue d'un usage anormal et peu avouable.

7. Comme il a été établi dans les considérants figurant en

tête du présent jugement que le demandeur répond non-seulement de la conformité de la marchandise avec l'échantillon fourni, mais encore de la bonne qualité du vin au point de vue hygiénique, il y a lieu, en présence des constatations de l'expertise, d'admettre l'exception des défendeurs tendant à la résiliation du marché et de débouter, en conséquence, le demandeur des fins de son action.   C. S.

Résumé d'arrêt.

Commerçant. — Doit être envisagé comme un commerçant, celui qui exploite un hôtel et se livre, à ce titre, à des opérations commerciales. Il importe peu qu'il ne soit pas inscrit au registre du commerce, cette circonstance n'ayant pas pour effet de le soustraire aux dispositions des lois cantonales sur la mise en faillite des commerçants.

TC., 21 février 1889. Röthlisberger c. Ferrier et Comp. et consorts.

Ch. Soldan, conseiller d'Etat, rédacteur.

AVOCATS

Le bureau de MM. **BERNEY, avocats,** est ouvert à Lausanne, rue Beau-Séjour, 6.

AVOCAT

M. **Auguste DURAND** a ouvert son bureau à Lausanne, **21, place de la Palud, 21** (premier étage), maison Morin, pharmacien.   H1816L

Lausanne. — Imp. Corbaz & Comp.

JOURNAL DES TRIBUNAUX

REVUE DE JURISPRUDENCE

Paraissant à Lausanne une fois par semaine, le Samedi.

Rédaction : M. CHARLES SOLDAN, conseiller d'Etat, à Lausanne.
Administration : M. L. ROSSET, greffier du Tribunal cantonal, à Lausanne.
Abonnements : 12 fr. par an; 7 fr. pour six mois. Pour l'étranger, le port en sus. On s'abonne à l'imprimerie CORBAZ & Cⁱᵉ, chez l'administrateur, M. ROSSET, et aux bureaux de poste.
Annonces : 20 c. la ligne ou son espace. S'adresser à l'imprimerie CORBAZ & Cⁱᵉ.

Nécrologie.

La Mort continue à faucher impitoyablement dans les rangs des juristes vaudois et sa moisson est riche. Il y a quelques mois, c'était **Ami Bornand**, ancien juge cantonal et conseiller d'Etat, directeur de la Caisse hypothécaire et l'un des éditeurs du *Code civil expurgé* et du *Répertoire raisonné des lois,* que le canton de Vaud tout entier accompagnait à sa dernière demeure. A ce grand connaisseur de la législation et de la pratique vaudoise a succédé dans la tombe l'avocat **Charles Gilliéron**, secrétaire du procureur général, enlevé prématurément au parquet et à la science, où son *Répertoire des lois fédérales* et son excellente traduction du *Manuel du droit fédéral des obligations* de M. Haberstich lui assignaient un rang justement mérité. Puis est venu le tour de l'avocat **Louis Fauquez**, juriste à l'esprit cultivé et délié, orateur plein de verve et d'originalité, auquel le *Jour-*

nal des Tribunaux doit d'être entré dans la voie qu'il poursuit
depuis 1877.

Aujourd'hui, c'est le décès inattendu du professeur **Henri
Carrard** qui crée un vide de plus dans l'élite des jurisconsultes
vaudois.

Les journaux quotidiens ont déjà retracé sa carrière d'homme
public et de savant. Qu'il nous soit permis de rappeler ici, en
peu de mots, les principales œuvres de cet éminent juriste, qui
fut en même temps un des meilleurs connaisseurs de notre histoire nationale.

C'est en 1869 que Henri Carrard, précédemment avocat,
substitut du procureur général, puis président du Tribunal de
Lausanne, fut appelé comme professeur de droit commercial et
de droit public et international à l'Académie de Lausanne, et
c'est à partir de cette date que s'accentue son activité littéraire.
A ce moment-là, une grande question s'agitait dans les milieux
juridiques de la Suisse; l'unification du droit civil, vivement réclamée par M. S. Kaiser, dans le fameux rapport qu'il avait présenté en 1868 à la réunion annuelle des juristes tenue à Soleure,
préoccupait tous les esprits. Henri Carrard, tout en étant opposé
à une centralisation absolue, pensait qu'une entente entre cantons pourrait amener de grands progrès. Telle fut la thèse qu'il
développa dans le remarquable article qu'il publia en 1869 dans
le *Journal des Tribunaux,* sous ce titre: *De l'unification de la
législation civile* [1]. Le passage suivant résume sa conclusion:

« Si les cantons, écrivait-il, possèdent des législations et une
jurisprudence qui méritent de vivre et qui ne peuvent pas disparaître sans entraîner avec elles les principes sur lesquels repose
la Confédération, c'est une preuve de la richesse de la Suisse.
Les avantages que l'unité absolue procure à de puissants Etats
nous sont inaccessibles; tenons-nous-en donc aux doctrines qui
ont rendu notre vie intérieure suisse si riche, si variée, si origi-
nale et si libre. Ces principes n'excluent pas le progrès en commun dans les domaines où la centralisation est nécessaire; ils
excluent encore moins le progrès à l'intérieur de chaque canton.
Le champ reste ouvert à la rivalité des cantons qui a déjà été
féconde en heureux résultats; elle en produira toujours de meilleurs, si, renonçant à s'isoler, chaque canton cherche à appren-

[1] Pages 82 et suiv., 97 et suiv.

dre quelque chose des autres. Toute occasion de nous rapprocher sera bien venue. Que ce sentiment nous pénètre et nous anime. N'oublions pas que nous sommes les membres d'un tout et que ni les membres ne peuvent vivre sans le tout, ni le tout sans les membres. »

Ces sages conseils furent écoutés. Le peuple suisse repoussa le projet de constitution ultra-centralisateur de 1872, pour s'en tenir, dans la constitution de 1874, à l'unification des matières du droit se rapportant au commerce et aux transactions mobilières, à la capacité civile, à la poursuite pour dettes et à la faillite. On reconnaissait que l'unification du droit de famille, du droit de succession, du droit des choses, à supposer qu'elle fût désirable, ne pourrait se faire que dans un avenir éloigné et après une étude approfondie. Henri Carrard, ici encore, avait fait appel à la sagesse et à la prudence des juristes suisses, en leur montrant, dans son remarquable rapport à la réunion de Coire de 1873, quelles étaient les principales divergences qui existaient entre les principes de droit civil prévalant dans la Suisse allemande et ceux prévalant dans la Suisse romande, et de quelle manière on pourrait le mieux les concilier.

Après de tels services rendus à la cause du développement de notre droit national, il était naturel que le professeur Carrard fût appelé à jouer un rôle important dans l'élaboration des lois fédérales prévues par la constitution de 1874. Il fit, en effet, partie soit de la commission législative du Code fédéral des obligations, soit de celle chargée de préparer le projet de loi sur la poursuite pour dettes et la faillite. Tous ceux qui ont suivi de près ces travaux savent quelle grande part il y prit et combien ses conseils étaient écoutés.

Mais à côté de ces préoccupations législatives, Henri Carrard ne négligeait ni son enseignement, ni l'étude scientifique des domaines les plus divers du droit et de l'histoire.

Le *Journal des Tribunaux* et la Société suisse des juristes lui doivent plusieurs études excellentes à consulter encore aujourd'hui. Citons tout particulièrement celle sur l'*Utilisation des eaux courantes*, datant de 1869 [1], et celle contenant une *Explication de la loi fédérale du 22 juin 1881 sur la capacité civile* [2]; puis son rapport présenté en 1883, à la réunion des juris-

---

[1] Voir *Journal des Tribunaux* de 1869, p. 425, 441, 457, 473 et 489.
[2] Voir *Journal des Tribunaux* de 1881, page 609.

tes à St-Gall, sur les dispositions des lois cantonales en matière de preuve, dans leur rapport avec celles du Code fédéral des obligations sur la validité des contrats.

Plusieurs gros procès portés devant les tribunaux pendant ces dernières années ont également provoqué de la part du professeur Carrard des consultations témoignant d'une étude approfondie du sujet et de vastes connaissances juridiques. Celle donnée par lui sur la nature juridique des concessions de chemins de fer, à propos du procès relatif au quatrième train de la ligne de la Broie, a été publiée ; il en est de même de celle relative au procès des eaux du Léman, aujourd'hui réglé à l'amiable entre Vaud et Genève.

Dans le domaine de l'histoire, Henri Carrard s'est occupé avec prédilection de la période de Savoie. Son étude sur le *Combat de Chillon* a paru dans le premier volume de la nouvelle série des *Mémoires et documents* de la Société d'histoire de la Suisse romande, dont il était le président honoraire. Un autre travail, non moins intéressant, a été publié en 1886 à Turin, dans les *Miscellanea di storia italiana*, sous ce titre : *Une commune vaudoise au treizième siècle. Les statuts de Pierre de Savoie et la Charte de Moudon.*

Telles sont quelques-unes des œuvres de l'homme de bien et du savant que le canton de Vaud a eu la douleur de perdre. Elles lui survivront longtemps encore, utiles à tous ceux qui, dans la suite, étudieront les institutions de notre pays, et leur apprenant à l'aimer comme il l'aimait lui-même.   C. S.

Genève. — TRIBUNAL CIVIL.

Séance du 23 juillet 1887.

Bail à loyer. — Travaux troublant la jouissance du preneur. — Action directe de celui-ci contre l'entrepreneur. — Irrecevabilité.

Demoiselle Favre contre Avril frères.

Si le preneur estime être troublé dans la paisible jouissance de la chose louée par des travaux que le bailleur y fait exécuter, c'est à ce dernier qu'il doit en demander compte; mais il ne saurait actionner directement l'entrepreneur des dits travaux.

Attendu, en fait, que la demanderesse tient à bail un local dans une maison sise à Genève, rue Rousseau, et appartenant à un sieur Excoffier.

Que le bailleur a fait exécuter dans son immeuble diverses réparations et aménagements; qu'il a chargé de ces travaux Avril frères, entrepreneurs.

Qu'il a fait notamment percer le plafond et le plancher du magasin de demoiselle Favre pour y passer une colonne destinée à l'écoulement des eaux ménagères.

Attendu que, par exploit enregistré le 5 courant, la demanderesse a fait aux sieurs Avril sommation de cesser leurs travaux, d'enlever la colonne en question, et les a assignés à ces fins devant le Tribunal.

Qu'elle leur réclame, en outre, 500 fr. à titre de dommages-intérêts, pour le préjudice que lui ont causé les travaux en question.

Attendu, en résumé, que la demanderesse se plaint d'un trouble apporté dans la jouissance paisible de la chose louée.

Que l'auteur de ce trouble est, non pas les sieurs Avril qui n'agissent que par ordre et pour le compte du propriétaire, mais le sieur Excoffier à qui seul ils doivent compte de l'exécution de leur mandat.

Qu'il n'existe, dès lors, aucun lien de droit entre la demanderesse et les défendeurs actuels, partant aucune action.

Que sa demande est, dès lors, irrecevable, et qu'elle doit en être déboutée avec dépens.

Vaud. — Tribunal cantonal.
Séance du 12 février 1889.

Droit matrimonial quant aux biens. — Meubles achetés des deniers de la femme, mais non reconnus par le mari. — Saisie de ces meubles par un créancier du mari; validité. — Art. 119 Cc.

Dame Parisod contre Banque cantonale.

D'après les principes de la législation vaudoise concernant le régime matrimonial, les meubles achetés pendant le mariage sont la propriété du mari, alors même qu'ils auraient été payés au moyen de fonds provenant de la fortune de la femme.

_____

Dans sa demande du 3 septembre 1888, l'agent d'affaires Corthésy, à Cully, qui agit au nom de Louise Parisod née Cardinaux, femme séparée de biens de Fr. Parisod, à Villette, a conclu à ce qu'il soit prononcé contre la Banque cantonale vaudoise :

1° Que la saisie réelle du 16 juin 1888, imposée par la Banque cantonale au préjudice de Parisod, est nulle et de nul effet, pour autant qu'elle porte sur divers objets désignés dans la demande, qui sont la propriété de la demanderesse.

2° Que son opposition est maintenue.

Dans sa réponse, le procureur-juré Deprez, agissant au nom de la Banque cantonale, a conclu à ce qu'il soit prononcé :

1° Que la Banque cantonale est libérée des fins de la demande.

2° Que la saisie réelle du 26 juin 1888, imposée par la Banque au préjudice de Parisod, est maintenue.

L'instruction de la cause, au cours de laquelle sont intervenues des preuves testimoniales, a établi les faits suivants :

Les époux Parisod-Cardinaux ont passé, avant leur mariage, devant le notaire Paschoud, le 23 février 1877, un contrat de mariage qui établit entre eux la communauté d'acquêts. Pour tenir lieu de l'inventaire prévu par l'art. 1086 Cc., l'épouse a déclaré qu'elle possédait au moment du mariage un trousseau en meubles et linge, que les parties évaluent à 1200 fr., et une cédule qui lui est due par son frère.

Bien que le contrat de mariage stipulât qu'il serait passé reconnaissance des objets apportés par l'épouse, cela n'a pas eu lieu.

François Parisod devait à la Banque une somme de 500 fr. et accessoires. Pour parvenir au paiement de cette somme, la dite Banque a fait mettre sous le poids de la saisie réelle entre autres certains objets mobiliers dont dame Parisod prétend aujourd'hui être propriétaire, alléguant que ces objets ont été commandés avant son mariage, mais qu'ils n'ont été payés que plus tard, au moyen de valeurs qu'elle a retirées d'un carnet qu'elle possédait à la Caisse d'épargne cantonale. Il résulte de la preuve testimoniale de l'allégué n° 10 que les meubles meublants saisis ont été fournis par J.-S. Bastian, menuisier rière

Villette, à dame Parisod en juillet 1878, soit après le mariage; divers autres articles de toilerie, literie et vêtements ont été fournis à dame Parisod soit avant, soit après le mariage. Celle-ci avait en dépôt à la Caisse d'épargne une somme de 3059 fr. 60 cent., mais depuis le 8 mars 1877, date de son mariage, elle a successivement retiré cette valeur.

Ensuite de ces faits et par jugement du 9 janvier 1889, le Président du Tribunal de Lavaux a écarté les conclusions de la demande, admis celles de la réponse et condamné la défenderesse aux dépens. Ce jugement est fondé sur les motifs suivants :

Les meubles ont été fournis par Bastian et lui ont été payés après la célébration du mariage.

Louise Parisod n'a pu les payer de ses deniers, puisque le mari a, durant le mariage, l'administration et la jouissance des biens de sa femme; ces meubles ne sont donc pas la propriété de la demanderesse. Quant à la lingerie, les notes des fournisseurs qui sont produites ne suffisent pas à prouver la propriété de dame Parisod.

Louise Parisod a recouru contre ce jugement, dont elle demande la réforme, entre autres par les motifs suivants :

Le contrat de mariage prouve qu'elle possédait au moment de son union avec son mari un trousseau en meubles et lingerie évalué à 1200 fr. et une obligation de 1000 fr. Mais si le mobilier n'existait pas, il a été commandé avant le mariage, mais livré seulement après. Les factures ont été faites en son nom; c'est elle qui les a payées au moyen de l'argent qu'elle a apporté en mariage à son mari.

Comme ce mobilier n'a pas été dénaturé et que son mari ne lui en a pas passé reconnaissance, il n'en est pas devenu propriétaire.

Le recours a été écarté.

Motifs.

Considérant que dame Parisod n'a pas établi que les objets dont elle revendique la propriété aient été apportés par elle en mariage à son mari.

Qu'au contraire, il résulte de la preuve testimoniale entreprise sur l'allégué 10, que les meubles meublants fournis par Bastian n'ont été livrés qu'après le mariage des époux Parisod-Cardinaux.

Que le mari de la recourante n'a passé en faveur de celle-ci aucune reconnaissance des objets qu'elle avait apportés lors du mariage.

Que, d'après les principes de notre législation concernant le régime matrimonial, les meubles achetés pendant le mariage sont la propriété du mari, alors même qu'ils auraient été payés au moyen de fonds provenant de la fortune de la femme.

Que, du reste, et aux termes de l'art. 119 Cc., la femme ne peut, durant le mariage, passer aucun contrat ni s'obliger sans le consentement de son mari et de deux de ses plus proches parents.

Attendu que bien que la recourante ait établi qu'elle a acheté avant son mariage divers articles de lingerie et des vêtements, les factures acquittées qu'elle produit ne prouvent nullement que les objets qu'elle réclame sont les mêmes que ceux qu'elle a acquis avant le 8 mars 1877.

Séance du 20 février 1889.

Production de pièces demandée en vue d'une expertise. — Incident. — Recours non suspensif. — Art. 113, 194 et suiv. Cpc.

Nobs contre Rebeaud.

Aucune disposition de la procédure ne réserve la suspension de l'instruction du procès en cas de recours contre un incident en matière de production de pièces en vue d'une expertise.

Dans une demande du 26 octobre 1887, D. Nobs, à Yvonand, a conclu à ce qu'il plaise à la Cour civile prononcer que F. Rebeaud, au dit lieu, est son débiteur et doit lui faire prompt paiement, avec intérêt 5 %. dès la demande juridique, de la somme de 4439 fr. 91 pour solde de compte au 19 novembre 1883.

Dans sa réponse, Rebaud a conclu à libération de la demande.

Dans sa demande, Nobs a allégué, entre autres, sous n° 3, que selon compte produit, Rebeaud lui redoit, pour sa part, la somme de 4439 fr. 91.

A l'audience présidentielle du 23 décembre 1887, Nobs a demandé à prouver cet allégué n° 3 par le compte produit et par expertise. Le président de la Cour civile a désigné comme expert M. P. Jaccottet, à qui le dossier a été envoyé.

Par lettre du 28 août 1888, l'expert a fait savoir qu'il lui était impossible de procéder à l'expertise, attendu qu'il n'avait pu obtenir les pièces nécessaires à l'examen du compte litigieux, pièces se trouvant en la possession du défendeur Rebeaud.

Les parties ont été avisées de ce résultat négatif de l'expertise.

Le 11 décembre 1888, le président de la Cour civile a appointé l'audience du jugement au mercredi 9 janvier 1889.

Par exploit du 8 janvier, Nobs a cité Rebeaud devant le président de la Cour civile pour voir prononcer que les pièces énumérées dans le dit exploit doivent être immédiatement produites par Rebeaud au dossier de la cause pour pouvoir être remises à l'expert. L'audience de jugement a, en conséquence, été renvoyée.

A l'audience présidentielle du 21 janvier 1889, Rebeaud a conclu à libération des conclusions de l'exploit de Nobs du 8 janvier.

Statuant, le Président de la Cour civile, estimant, en résumé, que la réquisition de Nobs tendant à obtenir la production de nouvelles pièces est tardive, a débouté le demandeur des conclusions de son exploit et accordé avec dépens au défendeur ses conclusions libératoires prises à l'audience du 21 janvier 1889.

Au rapport de la sentence, Nobs a déclaré recourir.

Dans son mémoire, Rebeaud a soulevé un moyen préjudiciel, estimant que l'incident dont il s'agit n'est pas suspensif.

Ce moyen a été admis et le recours écarté préjudiciellement.

Motifs.

Considérant qu'aux termes de l'art. 113 Cpc., le jugement incident ne suspend pas l'instruction du procès, sauf les cas expressément réservés.

Considérant que, dans l'espèce, il s'agit d'un incident relatif à l'expertise et non d'une difficulté concernant la preuve littérale.

Que les art. 194 et suivants Cpc. ne sont, dès lors, pas applicables.

Considérant qu'aucune disposition de la procédure ne réserve la suspension de l'instruction du procès en cas de recours contre un incident en matière d'expertise.

Que, dès lors, le recours de Nobs ne saurait être examiné, le jugement incident du 21 janvier 1889 n'étant pas suspensif.

Zurich. — Tribunal de commerce.
Traduction d'un jugement du 30 novembre 1889.

Obligation au porteur frappée d'opposition. — Vente. — Action de l'acquéreur en résiliation du marché. — Prétendu défaut de la chose vendue et prétendue éviction. — Art. 192, 205, 206, 229, 235 et 243 CO.

Walker contre Bernhardt.

L'art. 243 CO., relatif à la garantie des défauts de la chose vendue, ne vise que des défauts matériels, et non des vices juridiques.

L'obligation que l'art. 235 CO. impose au vendeur de garantir l'acheteur en cas d'éviction n'existe qu'autant que les prétentions du tiers, qui troublent l'acheteur dans sa possession, sont juridiquement fondées.

Aloys Bernhardt, banquier, à Zurich, a acquis le 1er octobre 1887, d'une personne disant s'appeler Emma Schöppener, à Aussersihl, 2 obligations au porteur de la Société du Panama, savoir l'obligation n° 319,496, du capital de 1000 fr., et celle n° 166,535, de 500 fr. L'acquisition a eu lieu pour le prix total de 588 fr. Le même jour, Bernhardt a revendu les titres au banquier Emile Walker, à Zurich, pour 597 fr. Ce dernier les fit vendre, à son tour, par le Crédit lyonnais, à Paris, mais fut informé, déjà le 6 octobre, que les deux obligations étaient frappées d'opposition à l'instance d'un nommé Rey, à Paris. Walker a alors remis au Crédit lyonnais deux autres titres qu'il a acquis au prix de 600 fr. 50, puis il a ouvert action à Bernhardt en remboursement de cette valeur et en résiliation du marché passé entre parties, offrant de lui restituer les deux obligations n° 319,496 et 166,535.

Le Tribunal de commerce a débouté Walker des fins de son action.

Motifs.

1. Le procès actuel est introduit sous la forme d'une action en garantie dirigée par le vendeur contre l'acheteur. L'acheteur conclut, en effet, à la résiliation du contrat de vente passé entre parties le 1er octobre 1887 au sujet de 2 obligations du Panama; il demande, en outre, le remboursement du prix d'achat, avec intérêts, ainsi que des frais qu'il a dû faire. A l'appui de ces conclusions, le demandeur invoque en première ligne les dis-

positions de la loi concernant la garantie des défauts de la chose vendue (CO. 243 et suivants); en seconde ligne, celles relatives à la garantie en cas d'éviction (CO. 235 et suivants).

2. Quant au premier moyen, le demandeur le précise en disant que les deux obligations que le défendeur lui a vendues étaient entachées d'un vice qui leur enlevait leur valeur ou leur utilité prévue, ou la diminuait sensiblement. L'utilité prévue de ces titres serait, au dire du demandeur, la faculté de les revendre, la marchandise devant être négociable; or tel n'était point le cas des obligations litigieuses, puisqu'elles étaient frappées d'opposition à l'instance d'un tiers. Cette argumentation ne saurait toutefois être admise.

3. Il paraît certain, en effet, que l'art. 243 CO. ne vise que des qualités et des défauts matériels de la chose vendue; or ce n'est point de pareils vices qu'il s'agit en l'espèce. La vente avait pour objet les créances incorporées dans les deux obligations contre la Société du Panama; or des créances ne peuvent pas être entachées de défauts matériels, mais seulement de vices juridiques. Il est vrai que le commentaire de M. Hafner, à l'article 243, al. 1, CO., mentionne aussi la garantie due par le cédant en cas d'insolvabilité du débiteur et renvoie, à ce sujet, à l'art. 192, al. 2; mais il ne résulte aucunement de là que le commentateur ait entendu envisager l'insolvabilité du débiteur d'un titre garanti par le cédant comme un défaut matériel de la chose vendue; en effet, l'art. 192 est aussi cité par M. Hafner à propos de l'art. 235, qui traite de la garantie en cas d'éviction. C'est aussi ce que fait le commentaire de MM. Schneider et Fick, au dit endroit, note 2, al. 2.

4. Le prétendu vice dont seraient entachées les obligations litigieuses consiste, au dire du demandeur, dans le fait que l'interdiction de payer faite à la Société du Panama mettrait le porteur dans l'impossibilité de faire valoir les créances qu'elles constatent, c'est-à-dire de toucher les intérêts et le capital, et de les négocier. Mais ce fait ne prouve aucunement que les titres, non plus que les droits de créance qu'ils représentent, soient entachés d'un vice par eux-mêmes; au contraire, le fait que la société débitrice refuse ou est empêchée par un tiers de payer les coupons échus, de même que la circonstance que l'acquéreur ne peut plus négocier les titres de bonne foi, doit simplement être envisagé comme un trouble apporté à la jouissance du droit

cédé. Si donc il existe un vice en l'espèce, il résulte non pas de
la mauvaise qualité de la chose vendue, mais de la situation juridique de l'acheteur, qui ne lui permet pas de posséder et de
jouir à titre de propriétaire. Le vendeur n'a donc pas rempli l'obligation qu'il avait, à teneur de l'art. 229 CO., de transférer à
l'acheteur la propriété et la jouissance de la chose.

5. L'art. 235 CO., qui se rattache à l'art. 229, dispose que le
vendeur est tenu de garantir l'acheteur de l'éviction qu'il souffre
dans la totalité ou partie de la chose vendue, en vertu d'un droit
qui compétait déjà à un tiers au moment de la vente. Or, sauf le
cas où l'acquisition de choses mobilières ou de titres au porteur
a eu lieu de mauvaise foi, une éviction n'est juridiquement
possible, en cas de bonne foi de l'acquéreur, que s'il a acheté
des choses mobilières ou des titres au porteur perdus ou volés
(CO. 205 et 206). Si les obligations litigieuses n'ont été ni volées
ni perdues, le défendeur, en sa qualité d'acquéreur de bonne foi,
en a acquis la propriété et il a valablement pu les transférer au
demandeur, encore que celui qui les avait aliénées n'en fût pas
propriétaire (CO. 205). Si, au contraire, les dites obligations ont
été volées, ainsi que le prétend le défendeur, il est évident que
soit d'après le droit français (art. 2279 du Code civil), soit d'après l'art. 206 CO., le volé n'a pas perdu son droit de propriété;
qu'en conséquence le défendeur n'est pas devenu propriétaire
des titres litigieux et n'a pu en transférer valablement la propriété. Dans ce cas, en effet, le défendeur n'a pas transféré à
l'acheteur la pleine propriété et la pleine jouissance de la chose,
d'où suit que le vendeur est tenu à garantie, bien que l'acheteur se trouve matériellement possesseur des titres et des coupons; en effet, le vendeur garantit aussi à l'acheteur la pleine
jouissance du droit cédé.

6. D'autre part, le seul fait que l'opposition obtenue et signifiée par Joseph Rey, conformément à la loi française du 15 juin
1872 relative aux titres au porteur, empêche le demandeur de
toucher les intérêts des obligations litigieuses et de les négocier
(art. 2 et 12 de la dite loi), ne suffit pas à fonder l'action en garantie contre le défendeur. En effet, le vendeur n'est pas tenu de
garantir l'acheteur du trouble apporté par un tiers à la possession de la chose vendue ou à la jouissance du droit cédé, alors
que ce trouble résulte de prétentions qui, bien qu'existant déjà
au moment de la vente, ne reposent sur aucun fondement juridi

que. L'obligation de garantie en cas d'éviction est, en effet, subordonnée à la condition que le trouble de possession ait lieu en vertu d'un droit compétant au tiers. (Voir le développement de cette thèse dans l'arrêt rendu par la Cour de cassation, le 8 septembre 1884, dans la cause Schläpfer contre Walker, cons. 4 et 5, *Schweizer Blätter für handelsrechtliche Entscheidungen*, III, 278.) Il n'a pas été allégué qu'il aurait été convenu tacitement que l'acheteur serait fondé à résilier le marché au cas où il se trouverait que les titres étaient frappés d'opposition. Il va sans dire que c'est au demandeur qu'il incombe d'établir que le tiers était en droit de provoquer la défense de payer; c'est là, en effet, une condition à la base de l'action en garantie. Il doit prouver, dès lors, que c'est sans le consentement de Rey, instant à l'opposition, que ce dernier a été dépossédé des titres litigieux, en d'autres termes, qu'il les a perdus ou qu'ils lui ont été volés. Car si, comme le prétend le défendeur, c'est volontairement que Rey s'est dénanti des dites obligations, le tiers porteur est fondé à contester et à faire annuler par les tribunaux français l'opposition qu'il a formée sans droit (art. 1er et 12 de la loi française du 15 juin 1872).

7. Si l'on recherche maintenant s'il est établi que les titres litigieux aient été volés à Joseph Rey, ainsi que l'allègue le demandeur, on est amené à répondre négativement, ce qui doit entraîner le rejet des conclusions de la demande. (La suite de ce considérant analyse les faits de la cause et établit qu'ils sont insuffisants pour faire admettre le prétendu vol.)   C. S.

France. — TRIBUNAL CIVIL DE LA SEINE (5e chambre).
Audience du 6 février 1889.

Médecin. — Honoraires. — Majoration de note. — Demande en paiement d'une somme supplémentaire. — Rejet.

Bonhomme contre dame Huet.

Un médecin, comme toute autre personne ayant droit à une rémunération, est lié en principe par le taux qu'il en a lui-même déterminé.

Par exemple, s'il a fixé le prix de ses visites à 8 francs, il ne peut réclamer plus tard un chiffre supérieur, sous prétexte qu'il aurait appris ultérieurement que la fortune de sa cliente permettait une demande d'honoraires plus élevée.

————

« Le Tribunal,

Sur les cinquante et une visites faites durant le premier semestre de 1886 :

Attendu que des documents de la cause il résulte que la première note d'honoraires envoyée par Bonhomme à la dame Huet, le 21 juillet 1886, était ainsi libellée : « Cinquante-et-une visites, ensemble 400 francs. »

Que son quantum ayant été trouvé trop élevé, Bonhomme en a, le 26 du même mois, expédié une seconde qui portait le prix de ces visites à la somme de 510 francs, et qu'enfin, sur les représentations à lui faites en raison de cette substitution, il a, par une lettre du 30 du dit mois, laquelle sera enregistrée avec le présent jugement, réclamé 1020 francs, chiffre qu'il a reproduit dans sa demande.

Attendu qu'en cet état des faits, le Tribunal n'a pas à déterminer le prix des visites, eu égard aux déplacements de Bonhomme, à sa valeur médicale et à la situation de fortune de la dame Huet.

Que la question est tout entière dans le point de savoir si Bonhomme a valablement majoré le montant de ses honoraires en portant successivement à 10 et à 20 francs le prix des visites que primitivement il avait fixé à 8 francs l'heure.

Attendu qu'un médecin, comme toute autre personne ayant droit à une rémunération, est lié en principe par le taux qu'il en a lui-même librement déterminé.

Que peu importe, dans l'espèce, que la dame Huet ait cru devoir demander tout d'abord la réduction d'une note qui n'avait rien d'exagéré.

Que peu importe encore que Bonhomme ait appris ultérieurement que la fortune de sa cliente aurait pu l'autoriser à réclamer des honoraires plus élevés ; que donnant des soins depuis longtemps déjà à la dame Huet, il était à même de connaître sa situation pécuniaire, et qu'il n'excipe d'ailleurs d'aucune dissimulation qui aurait eu pour but et pour effet de l'induire en erreur sur ce point.

Attendu qu'ayant cru ne devoir réclamer que 400 francs, tant pour ne pas contrarier sa cliente qu'en raison des fréquentes visites qu'il lui avait faites en janvier, Bonhomme a ainsi librement apprécié le montant de ses honoraires, et que, dès lors, il n'est pas fondé à prétendre aujourd'hui à une condition meilleure que celle qu'il s'est faite lui-même.

Que les offres de 400 francs sont donc suffisantes.

Qu'en ce qui touche les neuf visites faites en janvier 1886 :

Attendu que les 100 francs offerts représentent et au-delà le chiffre de 10 francs par visite, que Bonhomme fixait dans sa note du 26 juillet, pour les soins antérieurs; que cette somme est d'ailleurs suffisamment rémunératrice.

Par ces motifs :

Donne acte aux héritiers de la dame Huet de ce qu'ils déclarent reprendre l'instance suivie avec leur mère décédée.

Valide les offres faites à Bonhomme par la dame Huet, suivant procès-verbal du 16 août 1886, ensemble la consignation qui les a suivis le 25 du même mois, les déclare libératoires.

En conséquence, dit Bonhomme mal fondé en sa demande, l'en déboute et le condamne aux dépens faits depuis et y compris ceux du procès-verbal d'offres, les frais antérieurs incombant aux consorts Huet. Autorise ces derniers à retenir sur la somme consignée le montant des frais exposés par eux et leur auteur. »

Résumé d'arrêt.

Condition. — En disposant qu'en principe l'accomplissement de la condition résolutoire n'a point d'effet rétroactif, l'article 174, al. 2, CO. ne formule pas un principe de droit impératif, mais une simple règle d'interprétation, qui n'exclut pas la convention contraire des parties.

TF., 8 février 1889. Mosimann et Lehmann c. Hofer.

Ch. SOLDAN, conseiller d'Etat, rédacteur.

Lausanne. — Imp. CORBAZ & Comp.

XXXVIIe ANNÉE. N° 12.   SAMEDI 23 MARS 1889.

JOURNAL des TRIBUNAUX

REVUE DE JURISPRUDENCE

Paraissant à Lausanne une fois par semaine, le Samedi.

Rédaction : M. Charles Soldan, conseiller d'Etat, à Lausanne.
Administration : M. L. Rosset, greffier du Tribunal cantonal, à Lausanne.
Abonnements : 12 fr. par an ; 7 fr. pour six mois. Pour l'étranger, le port en sus. On s'abonne à l'imprimerie Corbaz & Cie, chez l'administrateur, M. Rosset, et aux bureaux de poste.
Annonces : 20 c. la ligne ou son espace. S'adresser à l'imprimerie Corbaz & Cie.

TRIBUNAL FÉDÉRAL
Séance du 23 février 1889.

Accident de chemin de fer. — Sens du terme « exploitation ». — Responsabilité civile de la compagnie. — Art. 2, 3 et 5 de la loi fédérale du 1er juillet 1885.

Apothéloz contre compagnie Suisse Occidentale-Simplon.

Pour que l'art. 2 de la loi fédérale du 1er juillet 1875 sur la responsabilité des chemins de fer soit applicable, il n'est pas nécessaire que la victime ait été blessée ou tuée dans l'exercice de ses fonctions ; il suffit que l'accident soit arrivé dans l'exploitation, soit pendant le transport de voyageurs ou de marchandises, ou lors d'opérations préparatoires ou auxiliaires en rapport immédiat avec ce transport.

Le transport d'un train de ballast doit être envisagé comme rentrant dans l'exploitation, au sens de l'article précité.

Avocats des parties :
MM. BARBEZAT, à Fleurier, p^r Th.-L. Apothéloz, demandeur et recourant.
VAUCHER, à Fleurier, pour compagnie Suisse Occidentale-Simplon, défenderesse et intimée.

Le demandeur Théophile-Louis Apothéloz était aiguilleur au

service de la Suisse Occidentale-Simplon à la station de Fleurier, et percevait en dernier lieu en cette qualité un salaire annuel de 1020 fr.; il était aussi employé au chargement et au déchargement des wagons de marchandises. Le 30 août 1886, à 3 heures environ de l'après-midi, il eut la jambe fracturée ensuite du tamponnement, par un train de ballast, d'un wagon qu'il était occupé à décharger. C'est ensuite de cette lésion qu'il ouvrit à la compagnie Suisse Occidentale-Simplon une action en paiement de 8000 fr. de dommages-intérêts.

Aux termes du jugement dont est recours, l'accident s'est produit dans les circonstances ci-après :

Les sieurs Quadri frères, à Couvet, avaient entrepris les travaux de terrassement et de pose de la voie de la ligne ferrée Fleurier-Buttes. Le 30 août 1886, à 3 heures environ de l'aprèsmidi, l'un de ces entrepreneurs, Dominique Quadri, amenait à la gare de Fleurier, en venant de l'Est, un train de ballast provenant des tranchées de cette ligne en construction. Dans le but de faire entrer ce train sur la voie en cul de sac de la halle aux marchandises, Quadri, après avoir tourné une aiguille, dirigea le dit train par la voie d'évitement, sur laquelle stationnaient à ce moment cinq wagons : dans le dernier de ceux-ci (le plus éloigné de l'aiguille), arrêté devant la porte de la halle aux marchandises, se trouvaient deux employés de la compagnie, Apothéloz, aiguilleur, et Huguin, pointeur, qui travaillaient au déchargement et au pointage des marchandises. Pour obtenir sur la voie d'évitement la place nécessaire à la manœuvre qu'il exécutait, Quadri fit refouler au fond de la voie du côté ouest, par le train qu'il dirigeait, les cinq wagons qui se trouvaient près de la halle; il effectua ce refoulement en tamponnant les dits wagons par son train, qui les mit en mouvement dans la direction de l'ouest.

Apothéloz et Huguin n'avaient pas été avertis de cette manœuvre; Quadri prétend, en revanche, avoir donné un signal au moyen du sifflet de la locomotive.

Un jeune homme qui vit le train manœuvrer et s'approcher du wagon en déchargement, cria aux deux employés qui s'y trouvaient : « Gare ! sauvez-vous ! » Huguin, qui était placé sur le pont-volant de déchargement pour faire le pointage, put facilement sauter du wagon dans la halle, tandis qu'Apothéloz, qui était dans le wagon et qui voulut encore enlever le pont de déchargement, fut pris par une jambe entre le montant de la porte de la halle et le pont qui dévia par le mouvement de recul du wagon; c'est alors que sa jambe droite fut gravement fracturée.

Apothéloz fut transporté aussitôt à l'hôpital de Fleurier. Le médecin constata une fracture compliquée de la jambe, avec plaies et déchirures des tissus sous-cutanés et musculaires, et sortie du tibia et du péroné; plus tard le médecin constata de la gangrène, de la carie de quelques parties des os et il dut sortir quelques esquilles.

Apothéloz demeura en traitement jusqu'au 30 août 1887; à cette date, soit pendant une année à partir de l'accident, la compagnie a continué de lui payer son salaire et lui a procuré les soins du médecin et les médicaments.

D'un rapport médico-légal signé par quatre médecins, le 8 août 1888, il résulte en substance que, pour pouvoir faire quelques pas, Apothéloz doit mettre un soulier spécial; même alors, il marche sur le côté extérieur du pied droit et le talon est complètement tordu. Le pied est dans la position d'un pied de cheval, la plante en étant tournée en dedans: au tiers inférieur de la jambe droite, on remarque de nombreuses cicatrices adhérant à l'os; il y a encore, d'un côté, de la rougeur et de la douleur à la pression. Les deux fragments de la jambe droite sont soudés dans un angle ouvert en avant; le fragment inférieur s'éloigne de 3 $^1/_2$ centimètres de la perpendiculaire et il existe, en outre, une dislocation en dehors de ce fragment. Dans cette situation, Apothéloz est obligé de porter un bandage préservatif et de se servir d'une canne pour la marche; dans l'état actuel de sa jambe, il n'est pas capable de gagner sa vie avec les métiers qu'il exerçait précédemment. Son état lui permet de vaquer à des travaux sédentaires et d'exercer une profession qui n'exigerait pas des courses fréquentes, mais il ne pourrait être amélioré qu'au moyen d'une opération qui peut présenter des dangers pour la vie.

La compagnie ayant conclu au rejet des conclusions de la demande, et subsidiairement à leur réduction au minimum, le Tribunal cantonal, par jugement du 6 novembre 1888, a condamné la compagnie Suisse Occidentale-Simplon à payer au demandeur la somme de 4000 fr. pour le préjudice que lui a causé l'accident du 30 août 1886.

Ce jugement se fonde, en résumé, sur les motifs suivants:

L'accident est survenu durant un travail exécuté pour la compagnie, Apothéloz étant dans l'exercice régulier de ses fonctions d'employé. Il y a lieu dès lors de faire application de la loi fédérale du 1er juillet 1875 sur la responsabilité des entreprises de chemins de fer, et en particulier de l'art. 2 de cette loi. En outre, des fautes ont été commises par des employés de la compagnie, qui en est responsable aux termes de l'art. 3 de la même loi. Le chef de gare, en particulier, occupé dans son bureau, a laissé exécuter les manœuvres dans sa gare par Quadri, personne étrangère au service des chemins de fer et qui, dans son ignorance des prescriptions règlementaires, a négligé les précautions nécessaires pour les manœuvres, faites en dehors de toute surveillance de la part du chef de gare. Le mécanicien aurait dû se refuser d'exécuter les ordres d'une personne incompétente et non autorisée. La direction Suisse Occidentale-Simplon n'aurait pas dû accepter une telle personne en qualité de chef de transport. Quadri, en agissant ainsi sans autorisation, a agi à la légère; les cinq wagons qui se trouvaient sur la voie n'étaient pas calés et les freins n'en étaient pas serrés. Sur tous ces points les règlements n'ont pas été observés et la responsabilité de la compagnie se trouve engagée. D'autre part, aucune faute ne peut être imputée à Apothéloz, qui, dans l'ignorance où il était de la manœuvre dirigée par Quadri, travaillait dans le wagon au moment où il fut tamponné, en sortit précipitamment se croyant en danger, et chercha à retirer le pont de déchargement. Dans ces circonstances, une indemnité est due au demandeur pour le préjudice pécuniaire qu'il a éprouvé. Vu les conclusions des rapports médicaux et l'âge de la victime (41 1/2 ans au moment de l'accident), une indemnité de 4000 fr. paraît équitable.

F.-L. Apothéloz a recouru contre ce jugement au Tribunal fédéral, en reprenant ses conclusions tendant au paiement de la somme de 8000 fr. ou de ce que justice connaîtra.

La compagnie Suisse Occidentale-Simplon a conclu à la confirmation du jugement dont est recours.

Le Tribunal fédéral a admis partiellement le recours, en ce sens qu'il a porté l'indemnité accordée à Apothéloz de 4000 à 7000 fr.

Motifs.

2. La défenderesse a reconnu, soit devant le Tribunal cantonal, soit à l'audience de ce jour, l'applicabilité à l'espèce ac-

tuelle de la loi fédérale sur la responsabilité des compagnies de chemins de fer en cas d'accidents, en ce sens qu'elle a conclu uniquement à la confirmation du jugement de première instance.

Dans son plaidoyer devant le Tribunal de céans, elle a, toutefois, émis des doutes sur la question de savoir si l'accident s'est produit dans l'exploitation et si l'art. 2 de la loi fédérale était applicable en la cause, mais ces doutes sont entièrement dénués de fondement. Il est vrai que le prédit article ne suppose point, ainsi que la Cour cantonale paraît l'admettre, que la victime ait été blessée ou tuée dans l'exercice de ses fonctions, mais prévoit que l'accident est arrivé dans l'exploitation, soit pendant le transport de voyageurs ou de marchandises, ou lors d'opérations préparatoires ou auxiliaires en rapport immédiat avec ce transport. (V. arrêts du Trib. féd. en les causes Felber, 19 octobre 1883. *Rec.* IX, 526, consid. 6 ; Schmid. *Rec.* X, p. 125, consid. 2 ; Bertero, VIII, 795, consid. 3 [1] ; Blanc c. Villa et S. O.-S., 22 décembre 1888, consid. 3 [2]). Or tel a été certainement le cas dans l'espèce. Il est, en effet, incontesté que l'accident est arrivé lors du déchargement d'un wagon mis en mouvement par un train de ballast conduit par le sieur Quadri, et que c'est précisément ce mouvement qui a déterminé l'accident. Or le transport d'un train de ballast a toujours été considéré comme rentrant dans l'exploitation, au sens de l'article précité.

Dans cette situation, la compagnie ne pourrait répudier sa responsabilité que si elle prouvait, conformément aux dispositions du même article, que l'accident est dû soit à une force majeure, soit à la faute de celui-là même qui a été tué ou blessé, soit enfin à la négligence ou à la faute des voyageurs ou d'autres personnes non employées pour le transport, sans qu'il y ait eu faute imputable à la compagnie.

La défenderesse a, en effet, prétendu que le demandeur avait causé lui-même l'accident, en tout ou en partie, par sa propre faute, et que par ce motif il avait perdu tout au moins son droit à une pleine et entière indemnité.

3. A cet égard, il y a lieu d'écarter d'abord l'allégation formulée dans la plaidoirie de ce jour par le conseil de la compagnie, qu'au moment de l'accident, Apothéloz eût dû se trouver

---

[1] *Journal des Tribunaux* de 1888, p. 42.

[2] Voir pages 81 et suivantes du présent volume.

à l'aiguille. Non-seulement cet allégué est entièrement nouveau et ne saurait, aux termes de l'art. 30 de la loi sur l'organisation judiciaire fédérale, être pris en considération par le Tribunal de céans, mais il se trouve en contradiction la plus directe avec l'exposé des deux parties devant l'instance cantonale, ainsi qu'avec l'état de fait établi par le dit Tribunal et qui lie le Tribunal fédéral aux termes de l'article susvisé. Il a été reconnu en procédure que le demandeur avait été préposé au déchargement du wagon de marchandises, et il est établi soit par l'audition du chef de gare et de Quadri, soit par le rapport du directeur de la compagnie, qu'Apothéloz n'avait point, ainsi que cela aurait dû avoir lieu, été averti de la manœuvre qu'allait exécuter le train de ballast et qu'il l'ignorait absolument jusqu'au moment où le cri de : « Sauvez-vous ! » a retenti et où l'accident s'est produit.

Il est, d'une manière générale, établi que cette manœuvre impliquait une violation des règlements sur la matière, attendu que Quadri n'y était nullement autorisé et ne pouvait l'être aux termes des dits règlements.

C'est, en outre, à tort que la compagnie veut voir un élément de faute à la charge d'Apothéloz dans le fait qu'en cherchant à se sauver, il a voulu encore éloigner le pont de déchargement. A supposer même que le jugement cantonal doive être interprété dans ce sens que la tentative d'enlèvement du dit pont se trouve dans un rapport de cause à effet avec l'accident survenu, il ne saurait être fait grief au demandeur d'avoir cherché instinctivement, au moment de la collision, à faire disparaître cet obstacle et à diminuer un péril imminent.

Au surplus, la preuve tentée par la compagnie qu'Apothéloz se serait trouvé pris de boisson le jour de l'accident, n'a, ainsi que la défenderesse l'a reconnu elle-même à l'audience de ce jour, point été rapportée.

4. Dans ces circonstances, et attendu que la demande n'est point fondée sur l'art. 7 de la loi susmentionnée, il est sans importance qu'une faute ait été commise par les employés de la compagnie défenderesse, dont celle-ci est responsable à teneur de l'art. 3 de la même loi; d'ailleurs la dite compagnie n'a point sérieusement tenté aujourd'hui de réfuter les constatations de la Cour cantonale sur ce point, lesquelles se basent elles-mêmes sur le rapport, demeuré inattaqué, de l'ingénieur fédéral du contrôle Dinkelmann.

5. La responsabilité de la compagnie étant établie à teneur de ce qui précède, et reconnue au reste implicitement par la défenderesse, il s'agit seulement de déterminer la quotité de l'indemnité à laquelle Apothéloz a droit du chef de l'accident dont il a été la victime.

A cet égard, c'est la disposition de l'art. 5, al. 3, de la loi fédérale du 1ᵉʳ juillet 1875 qui est applicable, statuant qu'en cas de lésions corporelles, l'indemnité doit comprendre les frais de guérison et le préjudice pécuniaire que l'incapacité de travail, totale ou partielle, durable ou passagère, a causé à la personne blessée.

Le jugement cantonal, en fixant à 4000 fr. le chiffre de cette indemnité, se borne à déclarer que le demandeur avait 41 ¹/₂ ans à l'époque de l'accident, et que cette somme paraît équitable. En revanche, la Cour cantonale ne dit rien de la mesure dans laquelle la capacité de travail du demandeur se trouve diminuée ensuite de l'accident. Il est par conséquent non-seulement possible, mais il doit être admis, vu les circonstances de la cause, que le Tribunal cantonal n'a pas apprécié comme le veut la loi cet élément d'indemnité et a fait ainsi une fausse application de celle-ci.

En présence de cette lacune du jugement cantonal, il appartient au Tribunal fédéral de déterminer lui-même ce facteur et d'évaluer l'indemnité après en avoir tenu compte. Or il résulte de cet examen que l'indemnité de 4000 fr. allouée est trop peu élevée.

D'après les constatations du rapport médico-légal, résumées dans les faits du présent arrêt, il est incontestable que la capacité de travail du demandeur a été diminuée dans une mesure très considérable, allant certainement jusqu'à la moitié environ. Le gain annuel d'Apothéloz s'étant élevé à 1020 fr., il a droit à un capital représentant une rente de 500 fr. environ, calculée une année après l'accident, puisque la compagnie a payé au demandeur, outre les frais de guérison, son traitement entier pendant la durée de son incapacité de travail totale, soit une année durant, à partir du 30 août 1886, jour de l'accident.

En prenant en outre en considération qu'Apothéloz n'a pas réclamé d'intérêts dès le 30 août 1887 et que l'indemnité doit être dès lors déterminée, ainsi que le demandeur l'a déclaré aujourd'hui, au jour du jugement, il apparaît qu'une somme de 7000 fr. constitue un juste équivalent pour le préjudice pécuniaire causé par l'incapacité de travail partielle, mais durable, dont Apothéloz se trouve affligé.

Genève. — TRIBUNAL DE COMMERCE
Séance du 20 décembre 1888.

Louage d'ouvrage. — Exécution tardive. — Dommages et intérêts alloués sous forme de dépens. — Art. 124 CO.

Jeanneret contre Bornand.

Les dommages et intérêts alloués à une partie pour exécution tardive d'un ouvrage par l'autre partie, peuvent, suivant le cas, consister dans les dépens du procès.

Quant à la demande principale :

Attendu qu'elle est reconnue exacte et que, d'entrée de cause, le défendeur a offert la somme réclamée par porté-fort de son avocat.

Quant à la demande reconventionnelle :

Attendu qu'il est constant que Bornand a remis, le 19 septembre 1887, au demandeur, six mouvements pour faire l'échappement ; qu'il est également établi, et que cela résulte des pièces dont il est fait état, que Jeanneret a, depuis cette date, livré pour une somme assez importante de travail à sa partie adverse ; que celle-ci, chaque fois qu'elle lui remettait une commande, lui disait de faire passer les montres de 12 lignes avant celles de 19 lignes confiées auparavant.

Attendu que, dans sa lettre du 7 septembre dernier, Bornand dit notamment que si les pièces ne lui sont pas remises dans les premiers jours, il les laissera pour compte ; qu'il ajoute : « J'aurai beaucoup de peine à les faire accepter, si je ne les termine pas avant quinze jours ; on me les laissera pour compte, et je vous en ferai subir les conséquences. »

Attendu que Jeanneret remit immédiatement trois des échappements dont s'agit à Bornand et les trois autres le 18 septembre, soit une dizaine de jours plus tard ; qu'ils ont donc été en mains du défendeur à temps voulu pour qu'il puisse faire le nécessaire relativement à leur vente ; qu'ainsi il ne peut aujourd'hui, après avoir envoyé la lettre du 7 septembre susvisée, revenir en arrière et réclamer des dommages-intérêts à Jeanneret pour non-vente de la dite marchandise.

Attendu, par contre, qu'il est indéniable qu'en dépit des autres travaux effectués, celui-ci a mis une certaine négligence à faire les échappements en question ; qu'à plusieurs reprises il a reçu des réclamations à leur sujet ; qu'il est dès lors équitable, en présence de ces mises en demeure et de l'art. 124 CO., de dire que le demandeur doit à sa partie adverse des dommages-intérêts basés précisément sur ce retard.

Attendu qu'en tenant compte des faits de la cause, le Tribunal estime qu'il suffit d'arbitrer ces dommages-intérêts aux dépens.

Vaud. — TRIBUNAL CANTONAL.
Séance du 21 février 1889.

Testament. — Prétendue aliénation mentale du testateur. — Preuve testimoniale. — Art. 440 Cpc.

Belet contre Blanc.

Lorsque les parties ont admis la preuve testimoniale d'un allégué portant que le testateur était sain d'esprit au moment de la confection du testament, la décision du Tribunal sur ce point de fait est définitive et lie le Tribunal cantonal.

Avocats des parties :

MM. PRÉLAZ, pour J.-Isaac Belet, demandeur et recourant.
MÉTRAUX, pour Henri Blanc, défendeur et intimé.

Dans une demande du 13 septembre 1888, J.-Isaac Belet et Ph. Belet, au Mont, ont conclu à ce qu'il soit prononcé :

1° Que le testament de J.-L. Belet, daté du 23 août 1887, homologué à l'audience du juge de paix de Romanel, le 14 mai 1888, est annulé ;

2° Qu'en conséquence, Jules Blanc-Belet doit restituer la succession de J.-L. Belet, afin qu'elle soit dévolue aux héritiers naturels de ce dernier, conformément aux dispositions légales sur les successions *ab intestat*.

Dans sa réponse, Blanc a conclu à libération, avec dépens, des fins de la demande.

L'instruction de la cause, dans laquelle des preuves testimoniales ont été entreprises, a établi entre autres les faits suivants :

A son audience du 14 mai 1888, le juge de paix de Romanel a homologué le testament suivant :

« Je soussigné Jean-Louis Belet, en Martinet rière le Mont,
» déclare instituer pour mon héritier mon neveu Jules Blanc-
» Belet, à charge de m'entretenir ma vie durant.
» Martinet, le 23-août 1887.
» Signé : Jean-Louis Belet. »

Isaac Belet, frère du testateur, et Philippe Belet, son neveu, ont ouvert action à Jules Blanc-Belet pour faire prononcer la nullité de ce testament, en se fondant sur le fait que J.-L. Belet n'aurait pas été sain d'esprit lors de la confection du dit testament.

J.-L. Belet avait des idées noires, était mélancolique, mais il n'est pas établi qu'il fût en état habituel d'imbécillité ou de démence, ni surtout qu'il ne fût pas sain d'esprit lorsqu'il a écrit le testament du 23 août 1837 (solution testimoniale n° 4).

Belet a été deux fois interné dans l'établissement des aliénés du Champ-de-l'Air, la dernière fois du 17 mars au 4 juillet 1873. Les registres de l'établissement portent qu'il était atteint de manie chronique et qu'il est sorti amélioré. Depuis sa sortie du Champ-de-l'Air, J.-L. Belet, qui parlait très peu, a fait quelques excentricités, mais pas d'actes desquels on puisse conclure qu'il n'était pas sain d'esprit (solution 23).

Il n'a jamais consulté de médecins et il n'a jamais été nécessaire d'en appeler auprès de lui, de même que son état n'a pas nécessité des soins spéciaux durant le même espace de temps (solution 24).

Au printemps de 1887, le défendeur écrivit à la municipalité du Mont qu'il ne voulait pas garder son oncle aux conditions qu'on lui faisait, vu qu'il était trop exigeant et trop pénible. Ensuite de cette lettre, la municipalité requit de la justice de paix la nomination d'un curateur. Après sa nomination, le curateur réunit les parents de J.-L. Belet pour s'entendre avec eux sur les mesures à prendre en vue d'assurer à ce dernier son logement et sa pension. Ses parents, y compris les demandeurs, estimèrent qu'il n'y avait pas lieu de garder un curateur, déclarant à celui-ci que s'il ne se retirait pas, ils s'adresseraient à la justice de paix pour obtenir sa révocation (solution 8).

Ph. Belet, sur les instances du défendeur, consentit alors à prendre chez lui J.-L. Belet, mais ne vint pas le chercher (solutions 19 et 20).

En cours d'instruction du procès, soit le 11 août 1888, Philippe Belet, estimant le testament faux, a déposé une plainte à la suite de laquelle une enquête a été ouverte. Dans cette enquête, le juge d'instruction a entendu un certain nombre de témoins et fait procéder à des expertises en écriture qui ont consisté, entre autres, à comparer le testament incriminé avec quelques rares signatures du testateur.

Le 13 décembre 1888, le Tribunal d'accusation a prononcé qu'il n'y avait pas lieu de suivre à la cause pénale.

Ensuite de ces faits, le Tribunal civil de Lausanne a estimé, en résumé, que le testament incriminé émane bien du testateur J.-L. Belet, lequel était sain d'esprit lorsqu'il a écrit cet acte ; que, du reste, le dit acte tenait équitablement compte de certaines circonstances en faveur de l'héritier institué, puisque pendant de nombreuses années le testateur avait été soigné et entretenu par P. Belet, beau-père de Jules Blanc, et que ce dernier avait continué ces services en se contentant pour toute rémunération du modeste revenu des terres appartenant au testateur, lequel était insuffisant comme prix de pension.

En conséquence, le Tribunal de Lausanne a, par jugement du 14 janvier 1889, repoussé les conclusions des demandeurs, admis les conclusions libératoires du défendeur et condamné les demandeurs aux dépens.

Isaac Belet et Ph. Belet ont recouru contre ce jugement, mais Ph. Belet n'a pas signé le recours, lequel doit, dès lors, être envisagé comme interjeté par Isaac Belet seul.

Le pourvoi d'Isaac Belet est fondé sur les considérations suivantes :

L'allégué 4, prouvé par témoins, qui dit que J.-L. Belet était sain d'esprit, contient une appréciation médicale que le Tribunal cantonal peut revoir, la solution donnée à cet allégué n'étant pas définitive. Or, une pareille solution est contraire aux dépositions des témoins. Il ressort, en effet, de ces dépositions, qu'au moment où il a écrit son testament, J.-L. Belet était depuis de longues années atteint de manie chronique, c'est-à-dire d'un état de démence permanent dont il ne s'est jamais guéri. Dans ces circonstances, c'est à tort que le Tribunal de Lausanne a écarté les conclusions des demandeurs.

Le pourvoi a été écarté.

Motifs.

Considérant que la question à juger dans l'espèce était celle de savoir si J.-L. Belet était sain d'esprit à l'époque où il a fait son testament.

Que pour établir cet état mental, les demandeurs n'ont pas

détaillé les circonstances desquelles cet état pourrait résulter, mais qu'ils se sont bornés à alléguer un simple fait contenant une appréciation générale sur la santé du testateur.

Qu'ils ont demandé à prouver cet allégué par témoins et que cette preuve a été admise.

Considérant que si la preuve testimoniale ne peut concerner que des faits matériels et ne doit pas s'étendre à la solution juridique de la question en litige, les demandeurs ont contrevenu eux-mêmes à ce principe en procédant comme ils l'ont fait.

Considérant qu'aux termes de l'art. 440 Cpc., les décisions du Tribunal sur les points de fait établis par témoignages sont définitives.

Que, dans l'espèce, il résulte de la solution de l'allégué n° 4, qui ne peut dès lors être revue par la Cour supérieure, que J.-L. Belet était sain d'esprit à l'époque où il a fait son testament.

Que, dès lors, le dit acte, attaqué seulement pour cette cause, doit être reconnu comme valable et doit déployer tous ses effets.

Considérant que les faits allégués à la séance de ce jour dans les plaidoiries du recourant, tendant à détruire la solution testimoniale ci-dessus, ne sauraient être examinés, ces faits n'ayant pas été allégués en première instance et n'ayant fait l'objet d'aucune preuve.

Que, dans ces circonstances, la Cour supérieure n'a pas les éléments nécessaires pour revoir le jugement en question.

France. — Tribunal civil de Muret (Haute-Garonne).
Audience du 14 février 1889.

Sucrage des vendanges. — Qualité loyale et marchande du vin sucré. — Validité de la vente. — Art. 1109, 1110, 1641 et 1642 du Code civil français.

Lacaze et Loisier contre de Pallanning.

Un acheteur ne peut se plaindre, en principe, de ce que le vin qui lui a été livré avait subi, à l'état de vendanges, une addition de sucre, cette circonstance n'ayant pu, en effet, influer sur les qualités substantielles de la chose et intéressant seulement une de ces qualités accessoires au sujet desquelles l'erreur ne vicie le contrat que si des explications ont été échangées par les contractants ou si le vendeur s'est rendu coupable d'une réticence frauduleuse.

Il est scientifiquement acquis que les moûts soumis au sucrage donnent des vins tout à fait comparables aux vins naturels, si toutefois l'emploi du sucre est pratiqué avec discernement et mesure.

Ainsi une addition de quatorze cents grammes de sucre par hectolitre de vin, qui est inférieure au quart de la tolérance légale, ne saurait être considérée comme une altération du produit naturel, et, en conséquence, l'acheteur, bien qu'ayant ignoré l'emploi d'un procédé de sucrage réduit à ces proportions modérées, n'est pas fondé à en tirer grief contre le vendeur et à contester au vin vendu ses qualités loyales et marchandes.

« Attendu que les demandeurs ont acheté, à raison de 31 fr. l'hectolitre, la récolte en vins du sieur de Pallanning, s'élevant à 2100 hectolitres environ.

» Que le marché a été conclu après dégustation par les acheteurs et délivrance d'échantillons par le vendeur ; qu'enfin un important acompte a été payé.

» Attendu que les sieurs Lacaze et Loisier ayant, dans la suite, appris incidemment et par la déclaration même du propriétaire que le vin provenait de vendanges qui avaient subi l'opération du sucrage, ont refusé d'exécuter le contrat et qu'ils en demandent aujourd'hui la nullité en justice.

» Attendu que cette partie invoque, en premier lieu, à l'appui de sa prétention, la disposition des art. 1109 et 1110 du Code civil et argue de l'erreur qui aurait entaché le consentement qu'elle aurait donné au contrat.

» Attendu, à cet égard, que le litige pendant ne paraît pas au Tribunal susceptible d'être résolu en principe par interprétation des textes de la loi précitée ; qu'en effet, suivant la doctrine la plus sûre, l'erreur n'est une cause de nullité des conventions que lorsqu'elle porte sur une des qualités substantielles de la chose et qu'on doit entendre par là les propriétés dont la réunion détermine la nature spécifique de l'objet et permet de le distinguer, d'après les notions communes, des objets de toute autre espèce.

» Que, sans doute, l'erreur portant sur quelque autre qualité plus ou moins importante peut bien entraîner la nullité du contrat, mais qu'il n'en est ainsi que lorsqu'une pareille qualité a fait l'objet d'explications formelles de la part des contractants et qu'elle est ainsi devenue une condition de la convention, ou bien, lorsque le vendeur s'est rendu coupable de quelque déguisement frauduleux de la vérité (Aubry et Rau, § 343 *bis*, texte et notes 2 et 3), que la simple réticence ne saurait suffire pour justifier l'action en nullité de l'autre partie ; que c'est à l'acheteur à interpeller le vendeur et à s'enquérir des qualités accessoires de la chose ; que c'est à lui, en effet, qui a l'initiative du contrat de vente, et qui joue le rôle actif dans la conclusion, à

se montrer diligent et prévoyant ; qu'on ne peut exiger du vendeur que de la loyauté et de la bonne foi.

» Qu'on n'intervertirait pas sans danger à cet égard les droits
et obligations que l'usage et les règles du droit ont consacrées
en matière de vente ; que la stabilité des contrats ne tarderait
pas à être compromise ; que si, en effet, le vendeur était tenu à
énumérer les qualités accidentelles et secondaires de la marchandise, l'acheteur étant autorisé à garder le silence sur ses
intentions et ses désirs, il serait toujours facile pour l'acquéreur
de mauvaise foi de découvrir, après coup, quelque circonstance
passée d'abord inaperçue et de l'invoquer pour s'affranchir d'un
contrat que les variations du prix auraient rendu onéreux.

» Attendu que la solution du litige, envisagé au point de vue
proposé en premier lieu par les demandeurs, ne peut être douteuse, si on met ces principes de droit en relation avec les données que la science fournit touchant le sucrage des vendanges.

» Qu'il résulte, en effet, du rapport dressé par M. Demas en
1882 et adopté à l'unanimité par une commission qui réunissait
les sommités scientifiques du pays, que le sucrage est, en principe, « une pratique bienfaisante » ; qu'il constitue « une opération honnête, avouable et praticable au grand jour », qu'enfin
l'on « sait par une expérience répétée et des résultats authenti-
ques, que les moûts soumis au sucrage donnent des vins tout à
fait comparables aux vins naturels. »

» Attendu, dès lors, que les demandeurs ne peuvent être admis à se plaindre, en principe, que le vin qu'ils ont acheté ait
subi, à l'état de vendanges, une addition de sucre ; que cette circonstance n'a pu, en effet, influer sur les qualités substantielles
de la chose ; qu'elle intéresse seulement une de ces qualités accessoires au sujet desquelles l'erreur ne vicie le contrat que si
des explications ont été échangées par les contractants ou si le
vendeur s'est rendu coupable d'une dissimulation frauduleuse
de la vérité ; qu'enfin c'était aux consorts Lacaze à se renseigner
avant de contracter, et à provoquer sur ce point les explications
du propriétaire qui les eût fournies avant la vente avec la même
loyauté qu'après sa conclusion.

» Attendu, d'un autre côté, que les demandeurs poursuivent
la résiliation du marché auquel ils ont concouru en se fondant
sur les art. 1641 et 1642 du Code civil, relatifs aux vices de la
chose vendue.

» Attendu que c'est bien, en effet, sur ce terrain que, suivant le Tribunal, la question qui divise les parties doit être portée et résolue ; qu'il résulte, en effet, du rapport prémentionné de M. Dumas, que si le sucrage des vendanges pratiqué avec discernement et mesure donne des vins qui ne diffèrent en rien des vins naturels, ce procédé se prête, comme tout autre, à des abus, et que, poussé à l'excès, il produit un liquide qui n'a du vin que la couleur et une certaine dose d'alcool.

» Attendu qu'entre ces deux termes, extrêmes, marqués l'un par le sucrage prudent et légitime, l'autre par l'abus et la spéculation frauduleuse, un nombre illimité de cas peut trouver place et donner lieu à des litiges susceptibles de solutions différentes.

» Mais que les faits de la cause ne laissent aucun doute sur celle qu'il convient de donner au différend pendant entre parties.

» Qu'il résulte, en effet, d'un document émané de l'administration des contributions indirectes, que le sieur de Pallanning, qui a récolté 2100 hectolitres de vin environ, a mêlé à sa vendange 3000 kilogrammes de sucre, soit une proportion de 1400 grammes environ par hectolitre ; que cette quantité ne pouvait pas relever d'un degré entier le titre alcoolique du vin, et qu'elle est inférieure au quart de la tolérance légale (décret du 22 juillet 1885, § 6).

» Attendu que, dans cette mesure, l'addition de sucre « améliore la qualité des vins », développe les ressources propres de la vendange en éléments éthérés et augmente ainsi la saveur et le bouquet de la boisson.

» Qu'il n'est donc pas possible, en pareil cas, d'arguer d'altération de la marchandise et de vice caché.

» Attendu, il est vrai, que les demandeurs allèguent que du vin ainsi obtenu offre moins de résistance au transport sous les latitudes tropicales, et ne se prête pas, par conséquent, au commerce d'exportation auquel la maison Lacaze destinait celui qu'elle a acheté.

» Attendu que c'est là un fait incertain dont la preuve n'est ni rapportée, ni offerte, et qui est en contradiction avec les données actuelles de la science.

» Que, d'ailleurs, fût-elle vérifiée, cette circonstance ne saurait suffire pour entraîner la résiliation de la vente en vertu des art. 1641 et 1642 précités ; que le simple défaut qui rendrait la marchandise impropre à une destination spéciale et exceptionnelle ne peut être assimilé au vice caché que la loi a prévu ; que la Cour de cassation a nettement posé les principes en cette matière, dans un arrêt du 5 janvier 1876.

» Qu'il résulte de cette décision que la vente doit être maintenue toutes les fois que les vins sont de qualité loyale et marchande, qu'ils ne contiennent aucun mélange frauduleux, en dehors des usages généralement adoptés dans le pays et bien connus de l'acheteur.

» Attendu qu'il n'est pas une seule de ces conditions qui ne se trouve reproduite dans l'espèce soumise au Tribunal ; que même l'hypothèse de l'arrêt était de nature à soulever de plus graves difficultés ; qu'il s'agissait, en effet, d'une forte addition de plâtre, substance hétérogène qui a pour effet de masquer les défauts du vin et de lui donner des qualités de pure apparence ; que l'emploi modéré du sucre renforce simplement un élément naturel des moûts de raisins et développe dans le vin des qualités réelles.

» Attendu, en conséquence, que la demande des sieurs Lacaze et Loisier, tendant à faire prononcer soit la nullité, soit la résiliation de la vente de vin conclue avec le sieur de Pallanning, le 21 décembre dernier, doit être rejetée et ce contrat maintenu dans ses dispositions principales ; qu'il convient d'en régler les conditions secondaires ; que notamment les acheteurs doivent payer le complément d'acompte s'élevant à 5000 fr. qu'ils se déclaraient prêts à solder lors de leur dernière entrevue avec leur vendeur ; qu'enfin il y a lieu de prolonger le délai de retirement jusqu'au 31 mars prochain, à raison du retard que la présente instance a entraîné.

» Par ces motifs,

» Le Tribunal a démis et démet les sieurs Lacaze et Loisier des fins de la demande qu'ils ont introduite contre le sieur de Pallanning, dit, par suite, que la vente du vin conclue le 21 décembre dernier sortira son plein et entier effet, et que l'enlèvement de la marchandise aura lieu avant le 31 mars prochain, condamne les demandeurs à payer sans délai le complément d'acompte de 5000 fr., et les condamne, en outre, aux dépens. »

(Gazette des Tribunaux.)

Ch. SOLDAN, conseiller d'Etat, rédacteur.

Lausanne. — Imp. CORBAZ & Comp.

XXXVIIe Année. N° **13.**   Samedi 30 Mars 1889.

JOURNAL des TRIBUNAUX

REVUE DE JURISPRUDENCE

Paraissant à Lausanne une fois par semaine, le Samedi.

Rédaction : M. Charles Soldan, conseiller d'Etat, à Lausanne.
Administration : M. L. Rosset, greffier du Tribunal cantonal, à Lausanne.
Abonnements : 12 fr. par an; 7 fr. pour six mois. Pour l'étranger, le port en
sus. On s'abonne à l'imprimerie Corbaz & Cie, chez l'administrateur, M. Rosset,
et aux bureaux de poste.
Annonces : 20 c. la ligne ou son espace. S'adresser à l'imprimerie Corbaz & Cie.

TRIBUNAL FÉDÉRAL
Séance du 2 mars 1889.

**Recours de droit civil au Tribunal fédéral. — Détermination de
la valeur litigieuse. — Art. 29 de la loi sur l'organisation judiciaire fédérale; art. 94 de la procédure civile fédérale.**

H. Gyr contre Mottaz-de Geer.

*Lors de la détermination de la valeur du litige porté devant le Tribunal
fédéral par la voie d'un recours de droit civil, on ne doit prendre en considération que la réclamation principale, à l'exclusion de ses accessoires,
tels qu'intérêts et dividendes. La question de compétence doit d'ailleurs être
examinée d'office par le Tribunal fédéral, sans qu'il soit lié à cet égard
par les déclarations des parties.*

Avocats des parties :

MM. Dubois, pour H. Gyr, défendeur et recourant.
Paschoud, pour Mottaz-de Geer, demandeur et intimé.

C. Mottaz-de Geer, banquier à Montreux, a conclu, par demande du 8 juin 1888 devant la Cour civile du canton de Vaud, ce qu'il soit prononcé avec dépens contre H. Gyr, à Lausanne :

1° Qu'il est propriétaire de tous les titres et valeurs appartenant précédemment à Mme Clémentine, née Moura, veuve de Jonas Morel, à Lausanne, déposant en mains de la Justice de paix de Prez (canton de Fribourg). Ces titres sont, sauf erreur ou omission, les suivants, savoir :

3 actions du Crédit gruyérien, avec coupon de 1886 à 1887 ;

2 dites du chemin de fer Bulle-Romont ;

1 coupon de dépôt à la Caisse d'amortissement de Fribourg de 116 fr., avec coupon au 1er juillet 1888 ;

Une part de dame Morel à des titres contre M. Repond, curé, s'élevant à 368 fr. 15, et intérêt dès le 7 février 1881.

2° Qu'en conséquence les cessions qui auraient été faites au défendeur par dame Morel-Moura, postérieurement aux titres du demandeur, sont nulles et de nul effet et de nulle valeur.

3° Que sur le vu du jugement définitif qui interviendra, la Justice de paix de Prez, canton de Fribourg, ou tout autre détenteur, devra remettre à C. Mottaz les titres prémentionnés, qui appartenaient précédemment à dame Morel-Moura.

4° Que pour le cas où le demandeur Mottaz ne pourrait pas retirer les dits titres et valeurs et en prendre possession par suite des cessions qui auraient été faites au défendeur et dont la nullité est demandée, le défendeur est son débiteur et doit lui faire prompt paiement de la somme de 3063 fr. 25 avec intérêt à 5 %. l'an dès le 22 février 1888.

5° Plus subsidiairement, que H. Gyr est son débiteur et doit lui faire prompt paiement de la somme de 3063 fr. 25, avec intérêt au 5 %. dès le 22 février 1888, à titre de dommages-intérêts.

Le défendeur H. Gyr, marchand de vins à Lausanne, a conclu avec dépens à libération des fins de la demande.

Statuant en la cause, la Cour civile a, par arrêt rapporté en séance publique le 28 novembre 1888 [1], admis les conclusions principales de la demande et débouté le défendeur de ses conclusions libératoires, en le condamnant aux dépens.

[1] Voir ce jugement à pages 833 et suiv. du *Journal des Tribunaux* de 1888.

H. Gyr a recouru au Tribunal fédéral contre cet arrêt; l'intimé Mottaz-de Geer a excipé de l'incompétence de ce Tribunal.

Statuant sur la dite exception, le Tribunal fédéral l'a admise et a décidé de ne pas entrer en matière sur le recours.

Motifs.

1. Il s'agit dans l'espèce de prétentions civiles pour lesquelles les jugements cantonaux ne peuvent être portés par voie de recours devant le Tribunal fédéral, à teneur de l'art. 29 de la loi sur l'organisation judiciaire fédérale, que si l'objet du litige atteint une valeur, en capital, de 3000 fr. au moins. Il y a donc lieu d'examiner si cette valeur est atteinte.

2. A cet égard, la circonstance que les deux parties ont évalué, devant la Cour civile cantonale, le montant du litige à 3063 francs, afin d'asseoir la compétence de la dite Cour, ne saurait être décisive.

En effet, même en admettant que les conditions de la compétence de la Cour civile vaudoise, en particulier en ce qui a trait à la valeur du litige, coïncident avec les réquisits du recours au Tribunal fédéral, le fait de cette déclaration des deux parties ne dispense nullement le Tribunal de céans d'examiner d'office si ces conditions se trouvent réalisées dans le cas particulier.

3° Or l'art. 29, alinéas 1er et 2e, de la loi sur l'organisation judiciaire fédérale statue que dans les causes où il s'agira de l'application des lois fédérales par les tribunaux cantonaux, chaque partie peut recourir, pour obtenir la réforme du jugement au fond rendu par la dernière instance cantonale, lorsque l'objet du litige sera d'une valeur d'au moins 3000 fr. en capital.

Cette disposition a évidemment pour but, en conformité avec l'art. 94, al. 2, de la procédure civile fédérale, de ne laisser prendre en considération, lors de la détermination de la valeur du litige, que la réclamation principale, à l'exclusion de ses accessoires, tels qu'intérêts et dividendes.

4. D'après ce qui précède, la valeur du litige nécessaire ne peut être considérée comme existant, au moins en ce qui concerne les trois premières conclusions de la demande, lesquelles tendent, d'une part, à faire reconnaître le demandeur, en sa qualité de cessionnaire, comme créancier, soit propriétaire des titres et créances mentionnés dans la conclusion 1, et, d'autre part, à faire annuler la cession postérieure consentie en faveur du défendeur.

En effet, la valeur en capital des créances s'élève, si l'on tient compte de leur valeur nominale, à 2984 fr. 15 seulement, et il n'est point prouvé que leur valeur réelle, suivant cours, atteigne un montant supérieur. D'après le rapport de la Justice de paix de Prez, qui n'a point été contesté aujourd'hui, cette valeur réelle ne serait que de 2848 fr. 15. Il est évident que les parties, en évaluant à 3063 fr. la valeur du litige, y ont compris les intérêts et dividendes.

5. En revanche, la valeur de 3000 fr. existerait au regard des conclusions 4 et 5. Le montant de 3063 fr. 25 qu'elles réclament *éventuellement* n'est, en effet, qu'une demande de dommages-intérêts pour la perte subie par le demandeur en capital, intérêts et dividendes, au cas où ses trois premières conclusions seraient repoussées, c'est-à-dire où sa cession seraient déclarée nulle ; à cet égard, les intérêts et dividendes sont une partie constitutive d'une seule et même réclamation principale. Au sujet de cette conclusion en dommages-intérêts, il n'existe qu'une seule prétention, formant un tout et se composant des réclamations principales et des intérêts, comme facteurs autorisés au même titre.

6. Toutefois la circonstance que le Tribunal fédéral serait compétent pour examiner le recours à ce point de vue, ne saurait avoir pour conséquence de fonder sa compétence relativement aux trois premières conclusions. En effet, bien que ces diverses conclusions se trouvent réciproquement dans le rapport de conclusions principales et éventuelles, il s'agit dans l'espèce de droits bien différents, et les conclusions éventuelles reposent sur une base différente.

Il faut donc rechercher et déterminer séparément si les conditions du recours au Tribunal de céans existent, soit relativement aux conclusions principales, soit au regard des conclusions éventuelles. Or, dès le moment où le Tribunal fédéral n'est pas compétent en ce qui concerne les trois premières conclusions, le prononcé de la Cour cantonale sur ce point demeure en force, et les conclusions éventuelles sont sans objet.

Genève. — TRIBUNAL CIVIL.

Audience du 8 novembre 1887.

Fabricants. — Accident survenu hors du local de la fabrique. — Action en indemnité; libération. — Art. 1er et 2 de la loi fédérale du 25 juin 1881; art. 50 CO.

Mégard contre Tarpin.

La loi fédérale du 25 juin 1881, sur la responsabilité civile des fabricants, n'est point applicable aux accidents survenus hors des locaux de la fabrique et en dehors de son exploitation.

Il résulte des témoignages recueillis que Mégard, ouvrier de Tarpin, constructeur mécanicien, dont la fabrique est située à Genève à la Coulouvrenière, travaillait, le 15 janvier de cette année, pour le compte de son patron, à la brasserie de Saint-Jean, aussi à Genève.

Qu'en perforant un bloc de pierre avec un burin, un éclat de la pierre l'atteignit à l'œil gauche.

Qu'il blessa cet organe, et détermina une cataracte compliquée d'inflammation.

Que, s'il n'est pas encore certain que l'œil blessé soit perdu, il est d'ores et déjà sûr que sa vision ne sera désormais guère utile.

Pour obtenir la réparation de ce préjudice, Mégard a prétendu être au bénéfice de la loi fédérale sur la responsabilité civile des fabricants, du 25 juin 1881, mais le Tribunal l'a débouté des fins de sa demande.

Motifs.

Considérant que tout établissement industriel, où un nombre plus ou moins considérable d'ouvriers sont occupés simultanément et régulièrement, hors de leur demeure et dans un local fermé, doit être considéré comme fabrique, etc... (art. 1er de la loi fédérale concernant le travail dans les fabriques, du 23 mars 1877).

Que celui qui, selon cette définition, exploite une fabrique (fabricant) est responsable du dommage causé à un employé ou à un ouvrier tué ou blessé dans les locaux de la fabrique et par son exploitation, lorsque l'accident qui a amené la mort ou les blessures a pour cause une faute imputable soit à lui-même, soit à un mandataire, représentant, directeur ou surveillant, dans l'exercice de ses fonctions.

Que le fabricant, lors même qu'il n'y aurait pas faute de sa part, est responsable du dommage causé à un employé ou à un ouvrier tué ou blessé dans les locaux de la fabrique et par son exploitation, à moins qu'il ne prouve que l'accident a pour cause, ou la force majeure, ou des actes criminels ou délictueux imputables à d'autres personnes que celles mentionnées à l'article 1er, ou la propre faute de celui-là même qui a été tué ou blessé (art. 1er et 2 de la loi fédérale sur la responsabilité civile des fabricants, du 25 juin 1881).

Attendu que l'accident dont a été victime Mégard, le 15 janvier 1887, n'est point survenu dans les locaux de la fabrique de Tarpin, ni par son exploitation.

Que la loi d'exception du 25 juin 1881 susvisée n'est conséquemment pas applicable en l'espèce.

Que celle-ci est régie par la loi générale, soit par le Code fédéral des obligations, art. 50 et suiv.

Que l'enquête à laquelle il a été procédé n'établit en aucune façon que le dommage causé au demandeur l'ait été à dessein par le défendeur, ou par sa négligence ou son imprudence.

Que Mégard ne l'a pas même allégué.

Que Tarpin le dénie catégoriquement.

Qu'en cette occurrence, l'action en dommages et intérêts à lui intentée par le demandeur n'est pas fondée.

Vaud. — TRIBUNAL CANTONAL.
Séance du 19 février 1889.

Saisie en mains tierces portant sur un usufruit mobilier et un usufruit immobilier. — Exploit unique. — Informalité. — Articles 556, 601 et suiv., 612, 683, 684 et 687 Cpc.

Saugy contre Banque cantonale.

Il n'est pas admissible que le créancier procède par un seul exploit à la saisie d'un usufruit mobilier et à celle d'un usufruit immobilier. Pour la première, il y a lieu de se conformer aux art. 601 et suiv. Cpc., et, pour la seconde, aux art. 683 et suivants du même Code.

Pour parvenir au paiement avec dépens de diverses valeurs

qui lui sont dues par Alexandre Saugy, à Rougemont, la Banque cantonale vaudoise a, par exploit du 13 décembre 1888, imposé saisie en mains de D. Saugy, curateur d'Emile Saugy, fils du débiteur, sur l'usufruit auquel celui-ci a droit sur les biens de son fils, en quoi qu'ils puissent consister, ainsi que sur l'usufruit d'immeubles appartenant au tiers saisi.

A l'audience du Juge de paix de Rougemont, du 19 janvier 1889, D. Saugy a déclaré que son pupille est propriétaire d'un capital de 3000 fr. déposé à la Caisse de consignation à Château-d'Œx, qui rapporte 135 fr. par an. L'immeuble dont il est propriétaire rapporte 250 fr. par an.

La Banque cantonale a requis une ordonnance d'adjudication des valeurs saisies, s'élevant à 597 fr., y compris le traitement du débiteur saisi comme garde-forêt, s'élevant à 162 fr., et son traitement comme organiste de Rougemont, s'élevant à 100 fr.

Par ordonnance du 19 janvier 1889, le Juge de paix de Rougemont a prononcé en faveur de la Banque une ordonnance d'adjudication et a fixé à la somme de 60 fr. par an la valeur qui devrait être prélevée par le tuteur *ad hoc* d'Emile Saugy sur le produit des capitaux et des immeubles dont A. Saugy a l'usufruit, et cela jusqu'à concurrence du montant des titres qui ont fondé la poursuite en capital et tous accessoires de droit.

A. Saugy a recouru contre cette ordonnance, concluant :

a) A ce que l'ordonnance d'adjudication soit écartée et ne puisse déployer aucun effet.

b) Subsidiairement, et pour le cas où contre toute attente cette ordonnance serait envisagée comme une ordonnance de subrogation ensuite de saisie d'usufruit, à ce qu'elle soit aussi écartée, le Juge n'ayant pas pris en considération les art. 684 et 556 Cpc. L'usufruit ne peut être saisi, parce qu'il ne suffit pas à l'entretien d'Emile Saugy; l'ordonnance n'est en outre pas conforme à l'art. 687, § 2, Cpc.

Ce recours est fondé en résumé sur les motifs suivants :

L'exploit de saisie ne portait pas sur le traitement d'organiste et de garde-forêt du recourant, tandis que l'ordonnance fait mention de ces deux traitements. Le revenu net d'Emile Saugy, après déduction des impôts et salaire du tuteur, n'est que de 325 fr. et cette somme ne suffit pas à l'entretien du dit Emile Saugy. Le Juge aurait dû prononcer une ordonnance de subrogation et non d'adjudication. Aux termes de l'art. 687 Cpc., en cas de saisie d'usufruit, la subrogation ne peut déployer ses effets que pendant 3 ans et 30 jours. Or, pour payer toute la créance de la Banque, il faudrait que l'ordonnance du 19 janvier sortît ses effets pendant 9 ans et 11 mois.

Le Tribunal cantonal a admis le recours dans le sens des considérants ci-dessous.

Motifs.

Considérant que l'exploit de saisie en mains tierces, du 13 décembre 1888, ne mentionnait pas les traitements que L.-A. Saugy perçoit en sa qualité de garde-forêt et d'organiste de Rougemont.

Que, du reste, aucun exploit n'a été notifié aux débiteurs de ces traitements pour les aviser de la saisie.

Que c'est ainsi à tort qu'à l'audience du 19 janvier il a été fait mention de ces deux traitements et, par conséquent, il y a lieu d'en faire abstraction complète dans la cause actuelle.

Attendu qu'il n'est pas admissible que le créancier procède par un seul exploit à la saisie d'un usufruit mobilier et à la saisie d'un usufruit immobilier.

Que, par conséquent, tout le revenu des biens d'Emile Saugy ne pouvait faire l'objet d'un seul exploit de saisie, puisque les biens du dit Saugy se composent d'une part d'un capital mobilier déposé à la Caisse de consignation de Château-d'Œx, et, d'autre part, de divers immeubles.

Que, pour la saisie d'usufruit mobilier, la Banque aurait dû procéder conformément aux art. 601 et suiv. Cpc., c'est-à-dire suivant les formes prescrites pour la saisie en mains tierces.

Que, dès lors, le Juge aurait dû fixer par une ordonnance la somme annuelle à prélever sur les revenus mobiliers d'Emile Saugy pour être versée en mains de la Banque, à tant moins de sa créance (Cpc. 612).

Attendu, d'autre part, que l'usufruit dont jouit le recourant sur les biens immobiliers de son fils aurait dû être saisi conformément aux art. 683 et suiv. Cpc.

Que le Juge aurait dû, par une ordonnance spéciale, déterminer le montant de la réserve prévue par l'art. 556 Cpc. en faveur du débiteur et de sa famille (684).

Qu'en outre, il aurait dû fixer le temps pendant lequel son ordonnance devait déployer ses effets, en tenant compte du 2° alinéa de l'art. 687 Cpc.

Qu'il y a lieu, dès lors, de renvoyer la cause au Juge de paix de Rougemont pour qu'il procède conformément aux dispositions légales ci-dessus rappelées.

Considérant cependant que le recourant a conclu à la réduction de la somme annuelle dont le Juge a ordonné le prélèvement en faveur de la Banque cantonale.

Que bien que la cause soit renvoyée au Juge pour qu'il procède plus régulièrement, le Tribunal cantonal peut cependant examiner d'ores et déjà les griefs formulés contre le chiffre fixé pour la retenue et, en ce faisant, éviter peut-être un nouveau recours et de nouveaux frais.

Attendu que c'est à tort que le recourant invoque le fait que les revenus des biens de son fils ne suffisent pas à l'entretien de celui-ci, vu son état de maladie.

Que le revenu de ces biens doit servir à l'ensemble de la famille et non-seulement au nu-propriétaire.

Mais, attendu que la retenue de 60 fr. ordonnée par le Juge paraît trop forte en raison des circonstances de la cause.

Qu'il paraît équitable de la réduire à 40 fr., somme que le Juge ne pourra dépasser quand il rendra, comme il est dit ci-dessus, les deux ordonnances de retenue sur les revenus mobiliers et immobiliers du fils Saugy.

Séance du 20 février 1889.

Penchant pour la boisson. — Prodigalité. — Interdiction. — Art. 288 Cc.

Veuve K. contre dame D.

Doit être interdit celui qui, par son penchant pour la boisson, se laisse entraîner à des dépenses qui excèdent son revenu.

Dans sa demande remise à la Justice de paix de Bex le 9 novembre 1888, Louise D., née K., a conclu avec dépens à ce qu'il plaise au Tribunal prononcer l'interdiction de sa mère veuve K., née A.

A l'audience du Tribunal d'Aigle du 9 janvier 1889, veuve K. a conclu à libération des fins de la demande et à ce que l'instante soit condamnée aux frais, sa demande en interdiction étant abusive.

L'instruction de la cause, au cours de laquelle sont intervenues des preuves testimoniales, a établi les faits suivants :

Par jugement rendu le 31 octobre 1887, le Tribunal a prononcé la semi-interdiction de veuve K., pour cause de prodigalité, après avoir admis comme constant qu'elle se livrait à la boisson et qu'elle dilapidait ce qu'elle possédait pour satisfaire à ce penchant, se rendant ainsi incapable de gérer convenablement ses affaires.

Ensuite de ce jugement, la Justice de paix de Bex a nommé à veuve K. un conseil en la personne d'Alfred Genier, à Bex.

Dans le dernier compte qu'il a rendu à la Justice de paix, le 24 septembre 1888, le conseil de veuve K. s'exprimait comme suit : « Je fais observer que les revenus locatifs et l'intérêt sur
» les créances ne suffiront pas à l'entretien de M⁻ᵉ K., étant
» donnés ses dépenses excessives et son penchant invétéré pour
» la boisson, la prodigalité, et cela d'autant plus que la semi-
» interdiction ne confère pas à son conseil les droits et pouvoirs
» qu'il devrait avoir afin de mettre un terme à cet état de cho-
» ses déplorable. J'estime que le produit des immeubles et les
» intérêts sont suffisants pour son entretien, et même au-delà,
» mais pour cela, il faut une interdiction complète ; en outre
» des valeurs remises par moi et indiquées dans ce compte, elle
» a reçu dans le courant de l'année environ 380 fr. »

Ce compte a été corroboré par la Justice de paix le 4 octobre 1888.

Pendant l'année de la semi-interdiction, veuve K. a dépensé environ 1880 fr. (solution n° 7). Outre ces dépenses, elle est logée dans un bâtiment lui appartenant et n'a, par conséquent, aucun loyer à payer (solution 8). Elle a continué à boire beaucoup et à dépenser son argent pour cela (solution 9). Elle boit encore plus qu'auparavant, elle est fréquemment ivre et laisse même des traces de son ivresse sur le plancher des cafés qu'elle fréquente (solution 10).

Les notes des fournisseurs comprennent à peu près tout ce qui est nécessaire pour son ménage (solution 11).

Elle a fait construire un hangar qui coûtera quelques centaines de francs, qu'elle n'a pas payé et qui est sans utilité pour elle (solutions 14 et 15).

En sus de son revenu, l'intérêt de son capital étant calculé à 4 %, elle a dépensé environ 900 fr. (solution 17).

Tous les efforts du conseil de veuve K. pour lui faire restreindre ses dépenses en lui représentant qu'elles excédaient ses ressources ont été inutiles (solution 21).

Ensuite de ces faits et par jugement du 9 janvier 1889, le Tribunal civil d'Aigle a admis que veuve K. était prodigue et a, en conséquence, prononcé son interdiction. Veuve K. a, en outre, été condamnée aux dépens.

Elle a recouru contre ce jugement, dont elle demande la réforme, prétendant que les faits admis par le Tribunal n'étaient pas conformes à la vérité.

Le recours a été écarté.

Motifs.

Considérant qu'il résulte des comptes fournis par le conseil de veuve K. que malgré la semi-interdiction qui a été prononcée contre elle le 31 octobre 1887, elle a continué à dépenser plus que son revenu.

Que bien qu'elle ait été pourvue d'un conseil, elle n'en a pas moins en une année dépensé environ 900 fr. de plus que son revenu, bien qu'elle n'ait aucun loyer à payer, puisqu'elle habite une maison qui lui appartient.

Que la recourante, quoique ayant touché tous ses revenus, a contracté encore un certain nombre de dettes que son conseil a dû payer.

Attendu qu'il résulte des solutions rendues par le Tribunal de jugement que veuve K. a des goûts dispendieux, entre autres celui de la boisson, et que ce dernier n'a fait que s'aggraver depuis un an.

Que les frais de son ménage ne s'élèvent guère qu'à 900 fr. et qu'elle a dépensé le reste, soit une somme égale, sans qu'on puisse se l'expliquer autrement que par les dépenses qu'elle fait pour satisfaire son penchant pour la boisson.

Que cette ivrognerie de veuve K. constitue une prodigalité, puisqu'elle l'entraîne à dépenser plus que ses revenus.

Vu l'art. 288 Cc.

Vaud. — COUR DE CASSATION PÉNALE.

Séance du 19 février 1889.

Jugement pénal. — **Recours déposé au greffe en dehors des heures de bureau.** — **Tardiveté.** — **Art. 497 Cpp.; art. 160 de la loi sur l'organisation judiciaire; arrêté du 13 novembre 1886.**

Recours Hirsig.

Le recours doit être déposé au greffe dans les heures d'ouverture de ce bureau, telles qu'elles sont fixées par l'arrêté du Conseil d'Etat rendu en vertu de l'art. 160 de la loi du 23 mars 1886 sur l'organisation judiciaire.

Par jugement du 1er février 1889, le Tribunal de police d'Avenches a condamné Pierre Hirsig, à Avenches, à 42 jours de réclusion, 200 fr. d'amende et deux ans de privation générale des droits civiques, pour escroquerie commise au préjudice de Genilloud.

Par dépêche télégraphique expédiée de Lausanne le 4 février et parvenue au greffe du Tribunal d'Avenches le dit jour à 5 heures 15 minutes du soir, Hirsig a déclaré recourir à la Cour de cassation pénale contre le jugement du 1er février.

Le lendemain 5 février, à 9 heures du matin, Hirsig a déposé au greffe une pièce intitulée « recours » dans laquelle il conclut à la réforme du jugement.

Dans son préavis, le substitut du Procureur général a soulevé un moyen préjudiciel, consistant à dire que le recourant ne s'est pas conformé à l'art. 497 Cpp. et que le recours a été déposé au greffe en dehors des heures d'ouverture de ce bureau.

Ce moyen préjudiciel a été admis et le recours écarté.

Motifs.

Considérant que Hirsig a déclaré recourir contre le jugement du 1er février par une dépêche télégraphique, parvenue au greffe du Tribunal d'Avenches le 4 février, à 5 heures 15 minutes du soir.

Attendu qu'aux termes de l'art. 497 Cpp., celui qui veut recourir en cassation doit en faire la déclaration au greffe du Tribunal dans les trois jours dès celui du jugement.

Que le recours doit être déposé au greffe dans les heures d'ouverture de ce bureau, telles qu'elles ont été fixées par un arrêté du Conseil d'Etat rendu en vertu de l'art. 160 de la loi de 1886 sur l'organisation judiciaire.

Que cet arrêté, qui porte la date du 13 novembre 1886 [1], indique que le greffe du Tribunal d'Avenches est ouvert, les jours ouvrables, de 9 heures à midi et de 3 heures à 5 heures.

Que le recours déposé à 5 h. 15 min. a été ainsi produit après l'heure officielle de fermeture du greffe, et, par conséquent, après le délai fixé par l'art. 497 Cpp.

Que l'acte de recours déposé le 5 février 1889 est tardif comme la déclaration résultant de la dépêche du 4 février.

Qu'ainsi le recours de Hirsig est tardif et ne saurait être examiné par la Cour supérieure.

Séance du 26 février 1889.

Contravention en matière de péages. — Indemnité réclamée par l'Administration fédérale des péages pour honoraires d'avocat. — Admission.

Péages fédéraux contre Gruet.

La Cour de cassation pénale peut revoir le jugement de police en ce qui concerne les dommages et intérêts réclamés par la partie civile pour intervention d'un avocat dans le procès pénal.

L'Administration fédérale des péages, poursuivant devant l'autorité judiciaire la répression d'une contravention, peut, comme partie civile, se faire assister d'un avocat, si le prévenu est aussi pourvu d'un défenseur.

Par ordonnance du 21 décembre 1888, le juge de paix du cercle de Gingins, ensuite de plainte du Directeur des péages pour le Ve arrondissement, a prononcé le renvoi d'Eugène Gruet devant le Tribunal de police de Nyon comme prévenu d'avoir introduit de France en Suisse, par une route non permise en matière de péages, une vache, et d'avoir omis de la déclarer comme sujette aux droits.

A l'audience du Tribunal de police du district de Nyon, du 5

---

[1] Cet arrêté a été abrogé et remplacé, à partir du 1er mars 1889, par un nouvel arrêté portant la date du 15 janvier 1889 et adopté par le Conseil d'Etat pour faire droit à une observation de la commission de gestion du Grand Conseil.

février 1889, l'Administration fédérale des péages a conclu à ce qu'il plaise à la Cour prononcer :

I. Que l'amende de 200 fr. infligée par l'Administration des péages fédéraux à Eugène Gruet-Vaudelle, domicilié aux Laudes près la Cure, St-Cergues, est maintenue.

II. Que le droit d'entrée de 20 fr. et le droit de finance sanitaire de 90 cent. doit être payé par Eugène Gruet-Vaudelle.

III. Que l'amende de 200 fr. est convertissable en prison conformément à l'art. 28 de la loi du 30 juin 1849.

IV. Qu'à titre de dommages-intérêts et de couverture de frais, Eugène Gruet est le débiteur de l'Administration fédérale des péages et doit lui faire immédiat paiement :

a) De 20 fr. pour honoraires et déboursés du vétérinaire pour sa visite du 29 octobre 1888 ;

b) De 10 fr. pour déboursés du receveur aux péages de la Cure, pour dépêche, vacations et transport des gendarmes, procès-verbal, etc. ;

c) De 114 fr. 90 pour honoraires et déboursés de l'avocat de l'Administration des péages, se décomposant comme suit :

Consultation, conférences, étude de pièces, rédaction de plainte, directions diverses, conclusions écrites . Fr.	50	15
Transport à Nyon et journée . . . . »	14	75
Assistance en tribunal, plaidoyer . . . . . »	40	—
Etude du jugement . . . . »	10	—
Total . . Fr.	114	90

Ces sommes étant dues par Eugène Gruet-Vaudelle indépendamment des sommes dues à l'office du Tribunal, aux officiers ministériels pour leurs enquêtes, procès-verbaux, audience, etc., etc., et aux témoins, et indépendamment des sommes dont Eugène Gruet-Vaudelle serait ultérieurement débiteur en cas de continuation du litige.

Par son jugement du dit jour, le Tribunal de Nyon a reconnu Gruet coupable de contrebande à la frontière et l'a en conséquence condamné :

1° Au paiement du droit d'entrée simple par 20 fr. 90 ;

2° A une amende de 200 fr. convertissable en cas de non-paiement en emprisonnement.

Le Tribunal a ainsi admis les conclusions de la partie civile sous N°° I, II et III. Il a admis, en outre, la conclusion sous N° IV, lettres *a* et *b*, mais repoussé celle sous lettre *c*.

L'Administration des péages a recouru contre ce jugement, dont elle demande la réforme dans le sens de l'adjudication des conclusions civiles par elle prises devant le Tribunal de Nyon. Elle conclut : *a)* A ce qu'à titre de dommages-intérêts, la Cour lui alloue pour ses frais de recours la somme de 40 fr.;

b) A ce que Gruet soit condamné à tous les frais du recours.

Le recours a été admis en ce sens que la conclusion IV, *c*, prise par les Péages fédéraux lui est allouée, mais réduite à la somme de 65 fr. La Cour a, en outre, alloué aux Péages fédéraux une somme de 30 fr. à titre de dépens du recours.

Motifs.

Considérant que la Cour de cassation peut revoir le jugement dont est recours en ce qui concerne les dommages-intérêts réclamés par l'Administration des péages, puisqu'il s'agit en l'espèce de savoir si une indemnité est due pour l'intervention d'un avocat dans un procès pénal.

Que la Cour a ainsi tous les éléments nécessaires pour fixer elle-même le chiffre de cette indemnité.

Attendu que c'est à tort que le Tribunal de Nyon n'a pas accordé à l'Administration des péages une indemnité pour frais d'avocat.

Qu'en effet la partie civile était fondée à se faire assister d'un avocat en raison de ce que Gruet avait choisi un défenseur et par le fait qu'elle ne savait pas si le Ministère public interviendrait à l'audience.

Qu'il y a lieu, cependant, de réduire les dommages-intérêts réclamés à la somme de 65 fr., qui paraît suffisante pour couvrir les frais de la partie civile.

Considérant que la recourante a dû faire des frais pour obtenir l'allocation par la Cour de céans des indemnités réclamées en première instance.

Qu'il y a lieu, dès lors, de lui accorder à titre de dépens une somme de trente francs.

Résumé d'arrêt.

Donation. — Une donation peut être déguisée sous la forme d'un acte à titre onéreux, si elle a une cause licite. En conséquence, un amant qui signe une reconnaissance de dette en faveur de sa maîtresse contracte une obligation valable qu'il peut être tenu d'exécuter.

Trib. civil de la Seine, 26 février 1889. Lefèvre c. hoirs Parain.

Bibliographie.

Die schweizerische Bundesgesetzgebung. Herausgegeben und mit Anmerkungen versehen von Dr jur. P. Wolf, Advokat in Basel. Seconde livraison. Bâle, Kreis, éditeur, 1889.

Dans un numéro précédent (voir page 16 de ce volume), nous avons indiqué le but que s'est proposé M. l'avocat Wolf en publiant une collection raisonnée et annotée des lois fédérales.

La livraison qui vient de paraître a une importance particulière. Elle renferme en effet un bon nombre de lois civiles importantes, en particulier le Code fédéral des obligations, ainsi que les lois concernant la propriété littéraire et celles relatives à la protection des marques de fabrique et des brevets d'invention; de plus, la législation en matière de fabriques et de contrôle des matières d'or et d'argent.

Ainsi que nous l'avons déjà dit, l'ouvrage que M. Wolf a entrepris de faire paraître comble une lacune réelle; s'il paraissait aussi en français, il trouverait certainement le meilleur accueil dans la Suisse romande.   C. S.

Ch Soldan. conseiller d'Etat, rédacteur.

XXXVIIe Année. N° **14.**   Samedi 6 Avril 1889.

JOURNAL des TRIBUNAUX

REVUE DE JURISPRUDENCE

Paraissant à Lausanne une fois par semaine, le Samedi.

Rédaction : M. Charles Soldan, conseiller d'Etat, à Lausanne.
Administration : M. L. Rosset, greffier du Tribunal cantonal, à Lausanne.
Abonnements : 12 fr. par an ; 7 fr. pour six mois. Pour l'étranger, le port en
sus. On s'abonne à l'imprimerie Corbaz & Cie, chez l'administrateur, M. Rosset,
et aux bureaux de poste.
Annonces : 20 c. la ligne ou son espace. S'adresser à l'imprimerie Corbaz & Cie.

TRIBUNAL FÉDÉRAL
Séance du 22 février 1889.

**Cautionnement destiné à garantir la gestion d'un fonction-
naire public. — Défaut de surveillance de la part de l'administration. — Déficit. — Libération des cautions.**

Argovie contre cautions Beck (hoirs Ehrsam et consorts).

---

*En matière de cautionnement destiné à garantir la gestion d'un fonction-
naire public, la caution est fondée à exiger de l'administration dont il
relève qu'elle exerce à son égard une surveillance conforme à ce que prescrivent les dispositions légales ou règlementaires en vigueur. Une négligence grave de l'administration à cet égard doit entraîner la libération des
cautions.*

Albert Beck, à Aarau, fut appelé, en 1853, par le Conseil
d'Etat du canton d'Argovie aux fonctions de caissier cantonal,

dans lesquelles il fut maintenu, à la suite de diverses réélections, jusqu'à sa mort, survenue en 1884. Après son décès, il fut procédé à une vérification de la caisse cantonale, ainsi que de la caisse de divers fonds spéciaux gérés par Beck; cette inspection amena la constatation d'un déficit de 67,287 fr. 88, dont 6012 francs 84 cent. furent portés au compte des fonds spéciaux.

Ensuite de ces faits, au sujet desquels une enquête fut instruite à la requête des cautions de l'office de Beck, l'Etat d'Argovie a ouvert action à ces dernières devant le Tribunal fédéral, aux fins de les faire condamner au paiement du déficit constaté, après déduction d'une somme de 9031 fr. 75, perçue par l'Etat dans la liquidation juridique de la succession de Beck.

Les cautions ont conclu à libération des fins de la demande, soit parce que plusieurs d'entre elles n'avaient cautionné Beck qu'à une époque où le déficit existait déjà pour un chiffre plus ou moins élevé, soit parce que l'Etat aurait, selon elles, causé lui-même le préjudice dont il a été victime, en ne surveillant pas Beck d'une manière suffisante.

Le Tribunal fédéral, admettant ces deux moyens de libération, a débouté l'Etat d'Argovie des conclusions de sa demande. Cette décision est motivée principalement par des considérants de fait; toutefois l'arrêt discute aussi d'une manière générale la question de savoir dans quelle mesure la négligence apportée par l'administration dans la surveillance du fonctionnaire dont elle s'est fait garantir la gestion par un cautionnement est de nature à libérer la caution de son engagement. Voici, en traduction, le passage de l'arrêt consacré à cette question de principe :

« Il est exact que ni le Code fédéral des obligations, sous l'application duquel tombe le dernier cautionnement de l'office du caissier Beck, ni le Code civil du canton d'Argovie, qui était en vigueur antérieurement au 1er janvier 1883, ne renferment des dispositions expresses à teneur desquelles le patron ou l'administration répondraient vis-à-vis des cautions d'une surveillance suffisante de l'employé dont la gestion a été garantie par un cautionnement. Il est, de plus, incontestable qu'en l'espèce l'acte de cautionnement n'astreint pas expressément l'Etat à une telle obligation. Néanmoins la nature particulière du rapport juridique dont il s'agit et les principes de bonne foi doivent faire admettre qu'en matière de cautionnement destiné à garantir la gestion d'un fonctionnaire public, l'administration doit répondre tout au moins de la faute grave. La caution qui s'engage en faveur d'un employé soumis à une surveillance et à un contrôle réguliers suppose et est en droit de supposer que ce contrôle sera effectivement exercé, au moins dans ce qu'il a d'essentiel; elle ne peut s'attendre à ce que l'administration supérieure le néglige gravement; c'est dans ces idées et en ayant confiance non-seulement dans l'employé, mais encore dans l'administration, ses institutions et sa prudence, qu'elle consent à s'engager. Une gestion soumise à un contrôle régulier par des organes spéciaux de surveillance est, en effet, tout autre chose qu'une gestion non contrôlée; lors surtout qu'il s'agit de caisses aux employés desquelles des sommes importantes sont continuellement confiées, il n'y aurait certainement que bien peu de gens pour consentir à s'engager, pour un temps assez long et par un cautionnement illimité, alors qu'ils sauraient qu'il est loisible au caissier de disposer sans contrôle des valeurs qui lui sont confiées et à l'administration dont il relève, de s'abstenir purement et simplement de toute surveillance à l'égard de son employé. Les cautionnements destinés à garantir la gestion d'un fonctionnaire public sont au contraire régulièrement donnés dans la supposition qu'il incombe à l'administration d'exercer à son égard une surveillance conforme à ce qu'exigent les circonstances et à ce que prescrivent les dispositions légales et règlementaires. En manquant gravement à ce devoir de surveillance, l'Etat méconnaît l'esprit et le but de la convention; il agit contrairement à ce que la bonne foi, qui doit présider à l'exécution des contrats, doit faire considérer comme tacitement convenu.

» En effet, le cautionnement destiné à garantir la·gestion d'un officier public diffère du cautionnement ordinaire en ce qu'il n'est pas donné pour sûreté d'une obligation déjà existante ou d'une obligation future dont la naissance est voulue par les parties ; il a au contraire pour but d'assurer l'exécution d'une obligation dont la naissance n'est voulue ni par la caution, ni par le créancier, et qui ne peut devoir son existence qu'à des actes illicites commis par le fonctionnaire, contrairement à l'intention concordante des parties contractantes. Etant donnée cette particularité du rapport juridique existant entre elles, il convient et il est conforme à sa nature d'admettre qu'il ne saurait dépendre de celle des parties en faveur de laquelle le cautionnement est contracté, de contribuer par son dol ou par sa faute grave à la naissance de l'obligation qu'il est destiné à garantir. En l'espèce ces principes, qui sont généralement admis par la jurisprudence (voir, outre les citations des défendeurs, encore Seuffert, *Archiv*, 31, n° 322, et Hasenbalg, *Bürgschaft*, p. 724 et 725), notamment par celle des tribunaux suisses, peuvent être appliqués avec d'autant moins d'hésitation que l'Etat d'Argovie reconnaît lui-même que les cautions étaient fondées à attendre et à exiger de lui l'observation non pas de précautions quelconques, mais tout au moins de celles prescrites. Or, dans le cas particulier, il n'est pas douteux que l'Etat ou ses organes administratifs ont gravement négligé le contrôle qu'on était en droit d'exiger d'eux et que les malversations de Beck, telles qu'elles se sont produites, n'ont été rendues possibles que grâce à ce défaut de surveillance ».

La suite de l'arrêt s'attache à établir ce point par l'examen des faits de la cause ; le Tribunal fédéral relève en particulier que pendant toute la durée de ses fonctions, la caisse de Beck n'a été vérifiée qu'une seule fois, les autres inspections n'ayant porté que sur la régularité des écritures.   C. S.

Vaud. — Tribunal cantonal.
Séance du 26 février 1889.

Traite « sans frais ». — Défaut de présentation à l'échéance. — Frais de retour non exigibles du tiré. — Refus de payer ; offres insuffisantes. — Compensation de dépens. — Art. 763 CO.; art. 286 Cpc.

Vez-Mairet contre Gautier Pozzy et Cie.

Bien qu'une traite porte la mention « sans frais », elle n'en doit pas moins être présentée au tiré lors de son échéance.

La preuve que la présentation a eu lieu incombe au tireur.

Les frais de retour d'une traite qui n'a pas été présentée au tiré ne peuvent être exigés de celui-ci.

Dans une demande du 22 septembre 1888, le procureur-juré Matthey, à Lausanne, qui agit au nom de Gautier Pozzy et Cie, à Paris, a conclu à ce qu'il soit prononcé que Ch. Vez-Mairet, forgeron, à Lausanne, est leur débiteur et doit leur faire prompt paiement de la somme de 123 fr. 45, avec intérêt au 5 °/₀ dès la demande juridique, pour prix des marchandises vendues et livrées selon facture du 19 octobre 1886 et frais.

Dans sa réponse, Ch. Vez-Mairet a offert de payer la somme de 107 fr. 90 et, sous bénéfice de cette offre, il a conclu à libération des conclusions de la demande.

L'instruction de la cause a établi les faits suivants :

La maison Gautier Pozzy et Cⁱᵉ a fourni à Vez des marchandises qui ont été facturées le 19 octobre 1886 par 107 fr. 90. La facture porte que la dite maison se couvrira de cette somme par une traite qui devait être présentée le 28 février suivant.

En effet, cette maison a tiré à cette échéance un mandat d'encaissement de 107 fr. 90 à l'ordre de l'Union vaudoise du Crédit, qui est revenu impayé grevé de 1 fr. de frais.

Une seconde traite, comprenant le capital primitif, les frais de retour de la première et 1 fr. 10 pour nouvelle négociation, fut tirée à l'échéance du 15 avril 1887 et revint également impayée avec la mention « Présentée sans résultat », et grevée de 1 fr. 30 de frais. Une troisième traite de 111 fr. 30 fut tirée à l'échéance du 31 mai et revint encore avec la mention « impayée » et grevée de 1 fr. 50 de frais.

Entin les créanciers disposèrent d'une quatrième traite de 112 fr. 80 à l'échéance du 30 juin 1887, qui fut protestée le 2 juillet 1887 et retournée avec 10 fr. 65 de frais. L'acte de protêt mentionnait que Vez n'était pas d'accord avec le capital réclamé et protestait contre le défaut de présentation des traites précédentes.

Par exploit du 20/22 août 1887, les demandeurs ont ouvert action pour obtenir paiement de la somme de 123 fr. 45, montant de leur facture et des frais de retour des différentes traites.

Ensuite de ces faits et par jugement du 23 janvier 1889, le président du Tribunal de Lausanne a admis les conclusions des demandeurs, mais réduites à la somme de 107 fr. 90, avec intérêt dès le 22 août 1887; Vez a été condamné à supporter ses propres frais et à payer le tiers de ceux des demandeurs.

Ce jugement est fondé sur les motifs suivants :

Les traites remplissent les conditions des lettres de change et doivent être considérées comme telles. Elles auraient dû être présentées à l'échéance au domicile du tiré. C'est au tireur à prouver la présentation, ce qui n'a pas eu lieu en l'espèce ; les tireurs ne peuvent donc pas réclamer les frais de retour des traites. Par contre, lors du protêt, Vez aurait dû offrir le paiement du montant de la facture. Il aurait dû faire cette même offre à l'audience de conciliation, en ajoutant l'intérêt dès le jour où le paiement devait être effectué. Il a obligé ainsi les demandeurs à suivre au procès.

Vez a recouru contre ce jugement en ce qui concerne la répartition des dépens, en se fondant sur les motifs suivants : Ce sont les frais, s'élevant à 15 fr. 55, qui ont été la seule cause du procès. Gautier Pozzy et Cᶦᵉ n'avaient pas le droit de les réclamer, les traites n'ayant pas été présentées. Les conclusions de Vez ont été admises par le Président; il ne devait donc pas être condamné à supporter une partie des dépens de la partie adverse. Quand il a fait ses offres, il ne devait que 90 c. d'intérêt.

Gautier Pozzy et Cᶦᵉ, dans le mémoire qu'ils ont envoyé au Tribunal cantonal, ont conclu à la réforme du jugement et à l'adjudication des conclusions de la demande.

Le recours a été écarté et le jugement maintenu.

Motifs.

Considérant que bien que la première traite tirée par Gautier Pozzy et Cᶦᵉ sur Vez porte la mention « sans frais », elle n'en aurait pas moins dû être présentée à son échéance à celui-ci (CO. 763).

Que les tireurs n'ont pas établi que la présentation ait eu lieu, bien que cette preuve leur incombât.

Que cette formalité n'ayant pas été remplie, les tireurs ne sauraient être admis à réclamer au tiré le montant des frais occasionnés par le retour des traites.

Que c'est, dès lors, avec raison que le Président du Tribunal de Lausanne a réduit les conclusions de la demande en retranchant les frais de retour des traites.

Attendu, en ce qui concerne les dépens de première instance, que Vez aurait dû, lorsque la traite au 30 juin 1887 lui a été présentée, offrir le paiement de la facture, soit la somme de 107 fr. 90.

Que, de même, il aurait dû, à l'audience de conciliation, offrir le paiement de cette somme et de l'intérêt couru dès le jour où la facture était exigible, soit dès le 28 février 1887.

Que les offres faites dans la réponse étaient insuffisantes, puisqu'elles ne comprenaient ni les intérêts ci-dessus mentionnés, ni les frais faits à ce moment.

Qu'ainsi Vez-Mairet a provoqué le procès actuel en ne répondant pas aux lettres qui lui étaient adressées par ses créanciers et en ne faisant pas, dès l'origine, des offres suffisantes.

Que, dès lors, c'est avec raison que le Président du Tribunal de Lausanne a fait application, en l'espèce, de l'art. 286, 3ᵉ al., Cpc.

Séance du 26 février 1889.

Jugement par défaut prononcé par le juge de paix. — Incompétence de ce magistrat. — Nullité. — Déclinatoire soulevé d'office. — Art. 183, 195, § a, et 220 de la loi sur l'organisation judiciaire; art. 436, § a, Cpc.

Institution des diaconesses de St-Loup contre Vauthey.

En prévoyant les cas de nullité des jugements rendus par les juges de paix, l'art. 195 de la loi sur l'organisation judiciaire ne fait pas de distinction entre les jugements par défaut et ceux rendus en contradictoire.

Lorsque le déclinatoire est soulevé dans une cause portée devant le juge de paix, ce magistrat doit se déterminer sur cette question avant tout procédé ultérieur.

Par exploit du 17 décembre 1888, l'Institution des diaconesses de St-Loup a pratiqué une saisie mobilière générale au préjudice de C. Vauthey, à Granges sous Trey, pour être payée, avec dépens, de 75 fr. 65 et intérêt, montant d'un état de frais du 29 octobre, ensuite de passé-expédient du 10 octobre 1888.

Par exploit du 29 décembre, Vauthey a opposé à cette saisie, concluant à ce qu'il soit prononcé :

1ᵉ Qu'il ne doit pas la réclamation qui lui est faite, celle-ci étant éteinte par compensation.

2ᵉ Que la saisie du 17 décembre est nulle et de nul effet.

Dans sa réponse, l'Institution des diaconesses de St-Loup a conclu au rejet de l'opposition.

a) Par voie exceptionnelle :

1ᵉ Attendu qu'elle est fondée sur une prétention de 463 fr. 30 qui est contestée, qui n'a fait l'objet d'aucune action régulière et d'aucune conclusion et qui est d'ailleurs hors de la compétence du Juge de paix.

2° Attendu que la défenderesse n'est plus propriétaire des immeubles loués à Vauthey et que la réclamation de celui-ci ne peut, dès lors, plus être poursuivie contre la saisissante.

b) Au fond, l'opposition de Vauthey étant sans fondement.

A l'audience du 8 janvier, l'Institution des diaconesses, représentée par Chevalier, commis du procureur-juré Perrin, à Payerne, a requis la comparution personnelle de Vauthey. Le procureur-juré Jaton, mandataire de Vauthey, a admis cette demande et requis de Chevalier la justification de ses pouvoirs, ainsi que la comparution personnelle du directeur de l'Institution de St-Loup.

Chevalier a demandé un délai de huit jours pour justifier de sa vocation, délai qui lui a été accordé par le Juge de paix, lequel a condamné Chevalier aux frais, vu le renvoi occasionné.

A l'audience du 15 janvier 1889, Vauthey a comparu, mais Chevalier s'est présenté seul avec une procuration.

Vauthey, vu les art. 69 Cpc. et 192 de la loi judiciaire, a requis la proclamation du directeur de l'Institution de St-Loup, ainsi que jugement par défaut.

Chevalier a demandé un nouveau délai de huit jours, en expliquant qu'il avait oublié d'aviser le directeur.

Que Vauthey a demandé de plus l'éconduction d'instance de Chevalier, par le motif que sa procuration n'était pas signée du directeur de l'établissement.

Statuant, le Juge de paix du cercle de Payerne a, le dit jour 15 janvier 1889, accordé par défaut au demandeur ses conclusions avec suite de dépens.

L'Institution des diaconesses de St-Loup a recouru contre ce jugement, dont elle demande la nullité en vertu de l'art. 195, §§ *a* et *b*, de la loi judiciaire du 23 mars 1886. Elle estime, entre autres, que dès le moment qu'elle avait soulevé le déclinatoire, le Juge de paix aurait dû se déclarer incompétent et renvoyer l'affaire au Président du Tribunal de Payerne.

Dans son mémoire, Vauthey a estimé que ce moyen de nullité ne pouvait être invoqué contre un jugement par défaut, l'article 195 de la loi judiciaire ne visant que les jugements rendus en contradictoire.

Le Tribunal cantonal a admis le recours, annulé le jugement et renvoyé l'affaire au juge compétent, soit le Président du Tribunal du district de Payerne.

Motifs.

Considérant à ce sujet que l'art. 195 de la loi de 1886 ne fait pas de distinction entre les jugements par défaut et ceux rendus en contradictoire.

Que, dès lors, la nullité d'un jugement par défaut peut aussi être prononcée en vertu de cette disposition légale.

Considérant, sur le recours lui-même, que dans sa réponse l'Institution des diaconesses de St-Loup a soulevé le déclinatoire, estimant que le Juge de paix était incompétent, la prétention de Vauthey pour opposer à la saisie s'élevant à la somme de 463 fr. 30.

Que, dès lors, le Juge aurait dû se déterminer sur cette question avant tout procédé ultérieur (art. 183 de la loi judiciaire).

Que, du reste, vu la prétention de Vauthey opposée à la saisie de la société défenderesse, le Juge de paix devait se déclarer d'office incompétent aux termes de l'art. 220 de la dite loi et renvoyer l'affaire dans l'état où elle se trouvait au juge compétent.

Que le jugement par défaut du 15 janvier 1889 a, dès lors, été rendu par un juge incompétent et qu'il doit, en conséquence, être annulé en vertu des art. 195, § *a*, de la loi judiciaire de 1886 et 436, § *a*, Cpc.

Séance du 5 mars 1889.

Bail à loyer. — Séquestre pratiqué par le bailleur malgré l'offre de paiement du loyer. — Résiliation du bail accordée au preneur avec dommages et intérêts.— Art. 287, 292 et 310 CO.

Grin contre Decoppet.

Est abusif, le séquestre pratiqué par le bailleur pour obtenir le paiement d'un loyer dont le prix lui est offert comptant. Un tel procédé rendant la continuation du bail intolérable au preneur, la résiliation doit en être accordée à ce dernier avec dommages et intérêts.

Par demande du 20 septembre 1889, Etienne Grin, à Yverdon, a conclu à ce qu'il soit prononcé :

1° Que Julien Decoppet, à Yverdon, est débiteur du demandeur et doit lui faire prompt paiement de la somme de 150 fr. et intérêt légal dès le 16 août 1888, pour un semestre de loyer

échu le 24 juin précédent, sous déduction de la somme de
97 fr. 85, valeur que reconnaît devoir le demandeur sur la note
du 6 juillet, se montant à 103 fr. 50, et qu'il compense avec sa
prétention.

2° Que le séquestre opéré par le demandeur au préjudice de
Julien Decoppet, le 16 août 1888, est régulier et qu'il peut y être
suivi.

3° Que Decoppet est débiteur du demandeur et doit lui payer,
avec intérêt légal dès le 25 août 1888, modération de justice réservée, la somme de 75 fr. à titre de dommages-intérêts :

a) Pour avoir occupé sans droit et endommagé une portion
du jardin du demandeur, soit l'aspergière et une plate-bande;

b) Pour dommage causé à un vase de cave loué du demandeur et qui a été déplacé sans droit ;

c) Pour dommage au fourneau du vendage.

Dans sa réponse, Decoppet a pris les conclusions suivantes :
Sous réserve de la déduction offerte ci-après, le défendeur
conclut à libération avec dépens des fins de la demande.

Reconventionnellement, il conclut à ce qu'il soit prononcé que
le demandeur E. Grin est débiteur envers le défendeur et doit
faire prompt paiement à ce dernier de la somme de 500 fr., à
titre de dommages-intérêts, vu le congé intempestif donné par
le demandeur et le séquestre abusif qu'il a opéré. Déduction est
offerte, sur cette somme de 500 fr., du solde du fermage au 24
juin dernier, par 52 fr. 15. En outre, on offrira déduction, en
temps et lieu, du fermage couru dès le 24 juin.

A l'audience préliminaire du 7 décembre 1888, et en évitation
d'ultérieures difficultés, les parties ont convenu de réunir dans
le procès actuel toutes les questions litigieuses entre elles relatives à l'exécution et à la résiliation du bail du 1ᵉʳ octobre 1887
et de les soumettre au jugement du président, alors même que le
montant de leurs conclusions dépasserait sa compétence. En
particulier, le défendeur a admis la partie demanderesse à
prendre des conclusions plus étendues que celles de la demande,
sous réserve de sa détermination.

Le demandeur a conclu à libération des fins de la réponse et,
reconventionnellement, à ce qu'il soit prononcé que Decoppet
est son débiteur et doit lui faire immédiat paiement de la somme
de 225 fr. pour location du 1ᵉʳ octobre au 24 décembre 1887 et

du 24 juin au 30 décembre 1888. Il a conclu, subsidiairement, à ce que le bail du 1er octobre 1887 soit résilié par la faute et à la charge du preneur pour inexécution des conditions, et avec tous dommages-intérêts, sous modération de justice.

Le défendeur, renouvelant l'offre contenue en réponse, et bien que le dernier semestre du fermage ne soit pas encore échu, a consenti à ce que de ses propres conclusions reconventionnelles il soit déduit une somme de 277 fr. 15 pour solde de tout fermage au 1er janvier 1889.

L'instruction de la cause, au cours de laquelle sont intervenues des preuves testimoniales, a établi les faits suivants :

Et. Grin a remis à bail à Julien Decoppet, à partir du 1er octobre 1887, pour le prix de 300 fr. par an, payable à Noël et à la Saint-Jean, son café des *Petits Champs*, avec logement, etc., ainsi que la partie du jardin attenante à la maison, à l'exception de l'aspergière. Ce bail était conclu pour trois ans et devait prendre fin le 1er octobre 1890.

Par lettre du 21 avril 1888, Grin a donné congé à son locataire pour le 22 octobre 1888.

Le 24 juin, il a refusé de recevoir du défendeur le paiement comptant du fermage échu.

Par lettre chargée du 27 juin 1888, Decoppet a répondu à Grin qu'il ne consentait à la résiliation du bail pour le 22 octobre 1888 que moyennant paiement comptant d'une indemnité de 600 fr., sous déduction du fermage couru, et qu'il ne délaisserait pas les lieux loués tant que cette indemnité ne lui aurait pas été payée.

Par exploit du 16 août 1888, Grin a opéré au préjudice de son locataire un séquestre pour parvenir au paiement d'un semestre de location au 24 juin 1888, soit 150 fr., sous déduction de 97 fr. 85, reçus du locataire.

Pour pouvoir disposer librement des objets séquestrés, le défendeur a déposé en mains du juge de paix d'Yverdon, le 17 août 1888, une somme de 285 fr.

Par exploit du 24-25 août 1888, Grin a notifié à Decoppet, conformément à l'art. 287 CO., qu'un délai de 30 jours lui était fixé pour payer le prix de location arriéré, à défaut de quoi le bail serait résilié de plein droit à l'expiration du dit délai.

Par exploit du 25 octobre 1888, Grin a sommé Decoppet de

quitter les lieux loués dans le délai de 4 jours et de lui en faire remise, à défaut de quoi il serait suivi au déguerpissement, même par la force.

Par convention passée entre parties en cours de procès, Grin a renoncé provisoirement à la demande de déguerpissement qu'il avait formulée par exploit du 25 octobre 1888. De son côté, Decoppet s'engageait à quitter les lieux loués le 1er janvier 1889; il restait entendu que cette convention ne réglait que la date de la sortie et laissait subsister les droits des parties, tels qu'elles les avaient formulées dans leurs conclusions, le prix de location courant jusqu'au jour de la sortie du locataire.

Ensuite de ces faits et par jugement du 24 janvier 1889, le président du Tribunal d'Yverdon a rejeté les conclusions du demandeur, accordé au défendeur ses conclusions libératoires et reconventionnelles, en réduisant toutefois celles-ci à 72 fr. 80, et condamné Grin à tous les dépens. Ce jugement est fondé, en résumé, sur les motifs suivants :

Le contrat passé entre Grin et Decoppet est un bail à loyer soumis aux règles des art. 274 à 295 CO.

Les débats n'ont établi à la charge de Decoppet aucun fait pouvant motiver la demande en résiliation du bailleur. Au contraire, Decoppet a usé des lieux loués en bon père de famille et n'a causé aucun dommage. Grin ne peut se plaindre de n'avoir pas été payé à l'échéance, puisque le 24 juin 1888 il a refusé de recevoir du demandeur, avec lequel il était en compte, le loyer échu. Il ne pouvait rompre le bail sans indemniser Decoppet; il n'était pas fondé à faire un séquestre ou à demander le déguerpissement de Decoppet. La résiliation qu'il a notifiée au locataire était intempestive et lui a causé un dommage évalué à 350 fr. Mais Decoppet doit à Grin, pour loyer, 277 fr. 15, qu'il y a lieu de compenser.

Grin a recouru contre ce jugement.

Il abandonne ses conclusions en dommages-intérêts pour dommages causés aux vases de cave, au jardin et au fourneau, ainsi que pour abus dans la jouissance des lieux loués. Le recours ne porte ainsi plus que sur les points suivants :

1° Il demande le maintien du séquestre du 16 août 1888;

2° Il réclame le paiement du loyer dû par Decoppet, par 277 fr. 15, sous déduction de 97 fr. 85, reçus à compte;

3° C'est à tort qu'il a été condamné à une indemnité de résiliation et à des dommages-intérêts, son séquestre n'étant point abusif.

Le recours a été écarté.

Motifs.

Considérant que le prix de location du bail, fixé à 300 fr. par an, était payable par semestre échu le 24 juin et le 25 décembre de chaque année.

Que le 24 juin 1888, Grin avait refusé de recevoir de Decoppet le paiement comptant du loyer échu à cette date (solution de l'allégué 27).

Que, de plus, déjà avant cette date, les parties étaient en compte et que le recourant avait refusé de régler ce compte avec son locataire (solution n° 28).

Que, dès lors, c'est sans droit que, le 16 août suivant, le recourant a pratiqué au préjudice de Decoppet un séquestre qui est ainsi abusif, puisque le paiement de la valeur, objet de la réclamation, lui avait été offert à son échéance.

Attendu que le président a bien admis, comme le réclamait le recourant, que Decoppet lui devait une somme de 277 fr. 15, pour loyer arrêté à la date du 1er janvier 1889, valeur que ce magistrat a compensée avec l'indemnité qu'il a allouée à l'intimé.

Qu'ainsi il a fait droit à la réclamation du recourant sur ce point.

Considérant qu'il résulte des solutions de fait, rendues par le président du Tribunal d'Yverdon, que Decoppet usait des lieux loués en bon père de famille et conformément aux clauses du bail.

Qu'il a offert à Grin, le 24 juin 1888, le paiement du loyer échu à cette date.

Que, dès lors, c'est sans droit que le recourant lui a annoncé qu'il résiliait le bail pour le 22 octobre 1888.

Qu'en réponse à cet avis de résiliation, Decoppet a fait écrire à Grin qu'il ne consentirait à quitter les lieux loués que moyennant indemnité de 600 fr.

Attendu que le preneur était en droit, en vertu de l'art. 310 CO., tout en acceptant la résiliation du bail, de réclamer des dommages-intérêts et de ne quitter les lieux loués que quand l'indemnité lui aurait été payée.

Qu'en effet, le fait seul des procédés du bailleur à son égard devait lui rendre la continuation du bail intolérable.

Considérant que le Tribunal de céans n'a pas en mains les éléments suffisants pour modifier le chiffre de l'indemnité accordée par le président du Tribunal d'Yverdon.

Qu'il y a, dès lors, lieu de maintenir le chiffre de 350 fr.

Vaud. — Cour de cassation pénale.
Séance du 5 mars 1889.

Attentat à la pudeur. — Renonciation de l'accusé au jury. — Portée de cette déclaration. — Art. 201, § 1, Cp.; art. 85 de la loi sur l'organisation judiciaire.

Ministère public contre Arm.

Lorsque l'accusé déclare renoncer au jury, et que cette déclaration est confirmée par son défenseur, la Cour criminelle est tenue de constater à sa charge le délit tel qu'il résulte de l'arrêt d'accusation. En effet, en faisant une telle déclaration, l'accusé se reconnaît coupable des faits mis à sa charge par cet arrêt.

M. le substitut Decoppet a soutenu le recours.
Défenseur d'office d'Arm : M. le licencié en droit Weith.

Par arrêt du 15 janvier 1889, le Tribunal d'accusation a prononcé le renvoi d'Adolphe Arm devant le Tribunal criminel d'Avenches comme accusé d'avoir, le jeudi 20 décembre 1888, sur la route de Faoug à Sallavaux, attenté, avec violence, à la pudeur d'Adèle G., née le 31 décembre 1873.

Par déclaration du 24 janvier 1889, Arm a renoncé au jury; cette déclaration a été confirmée par son défenseur d'office.

Par jugement du 14 février 1889, le Tribunal criminel d'Avenches a condamné Arm à une année de réclusion, à la privation générale des droits civiques pendant deux ans et aux frais de la cause.

Le Ministère public a recouru contre ce jugement, concluant à ce qu'il soit réformé en ce sens qu'il soit fait application de l'art. 201 1° du Code pénal, puisque l'attentat à la pudeur commis par Arm l'a été avec violence sur une jeune fille de moins de 15 ans.

Ce recours est fondé sur le motif que Arm avait demandé qu'il fût procédé au jugement sans l'assistance du jury, se reconnaissant ainsi coupable des faits mis à sa charge par l'arrêt d'accusation. La Cour de jugement ne pouvait, dès lors, qualifier le délit différemment.

La Cour de cassation a admis le recours et condamné Arm à deux ans de réclusion.

Motifs.

Considérant que l'accusé avait déclaré renoncer au jury, se reconnaissant ainsi coupable des faits mis à sa charge par l'arrêt d'accusation.

Que cette déclaration avait été ratifiée par son défenseur conformément à l'art. 85 de la loi sur l'organisation judiciaire.

Que la Cour criminelle ne pouvait faire autre chose que de constater à la charge de Arm le délit mis à sa charge par l'arrêt d'accusation et de faire application de la peine prévue par l'article 201 1° du Code pénal.

Qu'en effet, Arm est coupable d'avoir commis un attentat à la pudeur, avec violence, sur la personne d'Adèle G., âgée de moins de 15 ans.

Que, dès lors, en raison de l'âge de la victime de l'attentat, il y aurait lieu de faire application de l'art. 201 1° du Code pénal et de doubler, par conséquent, dans son minimum la peine prévue par le premier alinéa de l'art. 200 du même Code.

Résumés d'arrêts.

Exploit. — Le seul fait que deux personnes sont cautions solidaires de la même cédule ne saurait constituer entre elles ni une société civile, ni une indivision. En conséquence, l'exploit qui leur est adressé doit être notifié à chacune d'elles; il ne suffit pas qu'il le soit à l'une seulement. En effet, la disposition de l'art. 24, lettre *g*, Cpc. constitue une exception à la règle générale et doit, dès lors, être interprétée restrictivement.

TC., 20 mars 1889. Caisse de consignation c. hoirs Bertholet et Allamand.

Mandat. — L'intermédiaire qui, chargé de vendre un fonds de commerce, a présenté un acquéreur sérieux, se trouve avoir rempli son mandat et a droit à une commission, alors même que la vente primitivement conclue aurait été résiliée avant l'entrée en possession de l'acquéreur.

Trib. de commerce de la Seine, 22 février 1889. André c. veuve Humbert et Boniface.

Recours. — L'art. 507 Cpc. n'a pas été abrogé par la loi du 23 mars 1886 sur l'organisation judiciaire. Dès lors, les recours interjetés contre les décisions rendues par les juges de paix en matière non contentieuse doivent être déposés non en mains de ces magistrats, mais au greffe de la justice de paix, dans les heures fixées pour l'ouverture de ces bureaux par l'arrêté du Conseil d'Etat.

TC., 26 février 1889. Heer c. Hantsch et fils.

Tribunal fédéral. — L'art. 27 de la loi sur l'organisation judiciaire fédérale ne soumet point à la connaissance du Tribunal fédéral les litiges entre un particulier et une corporation, par exemple une commune.

TF., 8 mars 1889. Bellamy c. Ville et Etat de Genève.

———o·o———

Société du Journal des Tribunaux.

———

L'assemblée générale ordinaire des actionnaires est convoquée pour le **samedi 20 avril 1889**, à 3 heures précises de l'après-midi, au cercle de Beau-Séjour, à Lausanne (salle de la bibliothèque, au 1er étage), dans le but de recevoir les comptes de l'exercice de 1888.

Ces comptes, ainsi que le bilan, sont à la disposition de MM. les actionnaires, chez l'administrateur du journal, M. L. Rosset, au greffe cantonal. Un résumé en est d'ailleurs adressé à chaque actionnaire avec la lettre de convocation.

Il est rappelé qu'à teneur de l'article 9 des statuts, un actionnaire n'a droit qu'à une voix, quel que soit le nombre de ses actions, et qu'il ne peut se faire représenter que par un autre actionnaire.

Ch. SOLDAN, conseiller d'Etat, rédacteur.

Lausanne. — Imp. CORBAZ & Comp.

XXXVIIᵉ ANNÉE. Nᵒ **15.** SAMEDI 13 AVRIL 1889.

JOURNAL des TRIBUNAUX

REVUE DE JURISPRUDENCE

Paraissant à Lausanne une fois par semaine, le Samedi.

Rédaction : M. Charles Soldan, conseiller d'Etat, à Lausanne.
Administration : M. L. Rosset, greffier du Tribunal cantonal, à Lausanne.
Abonnements : 12 fr. par an ; 7 fr. pour six mois. Pour l'étranger, le port en
sus. On s'abonne à l'imprimerie Corbaz & Cⁱᵉ, chez l'administrateur, M. Rosset,
et aux bureaux de poste.
Annonces : 20 c. la ligne ou son espace. S'adresser à l'imprimerie Corbaz & Cⁱᵉ.

TRIBUNAL FÉDÉRAL
Traduction d'un arrêt du 1ᵉʳ mars 1889.

**Vente immobilière. — Prix fixé d'après les anciennes mesures.
— Prétendue nullité du contrat. — Art. 14 et 15 de la loi fédérale sur les poids et mesures, du 3 juillet 1875.**

Züger contre Ziltener.

*En prescrivant que, dans les contrats nouveaux, toutes mentions relatives
aux poids et aux mesures devront être faites conformément aux dispositions de la loi fédérale du 3 juillet 1875, le législateur n'a pas entendu
frapper de nullité les conventions dans lesquelles les parties auraient indiqué des poids ou mesures non conformes au système légal. Il ne s'agit
là que d'une prescription relative à la police des transactions et non
d'une disposition ayant trait à la validité des conventions.*

Avocats des parties :

MM. Legler, à Glaris, pour X. Züger, demandeur et recourant.
Berdez, à Lausanne, pour A. Ziltener, défendeur et intimé.

Par acte du 7 mai 1888, Xavier Züger, à Schübelbach (Schwytz), a acheté d'Antoine Ziltener, au dit lieu, un immeuble sis dans la localité prémentionnée, en payant comptant une somme de 1200 fr. L'acte de vente fixe le prix à 3 fr. la *toise carrée* et prévoit que la contenance fera l'objet d'un mesurage.

Dans la suite, Züger a ouvert action à Ziltener aux fins de faire prononcer la nullité de la vente prémentionnée et la restitution de l'acompte payé, attendu que l'indication de mesure employée dans l'acte est contraire aux prescriptions de la loi fédérale sur les poids et mesures, du 3 juillet 1875 ; or de pareils contrats sont nuls et de nul effet à teneur de l'art. 14 de cette loi.

Les deux instances cantonales ayant débouté le demandeur des fins de sa demande, celui-ci a exercé un recours de droit civil au Tribunal fédéral.

Tout en se reconnaissant compétent, puisque le recours arguë de la fausse application de la loi fédérale du 3 juillet 1875, le Tribunal fédéral a écarté le pourvoi par les considérants ci-après :

« 3° Quant au fond, le recours est évidemment mal fondé. La loi fédérale sur les poids et mesures est une loi administrative, et la disposition de son art. 14, d'après laquelle, « dans les contrats nouveaux, toutes mentions relatives aux poids et aux mesures devront être faites conformément aux dispositions de la présente loi », ne renferme qu'une prescription concernant la police des transactions. Le législateur n'a pas entendu frapper de nullité les contrats stipulés, contrairement à cette disposition, avec la mention de poids et mesures autres que les types légaux ; aussi la loi ne renferme-t-elle aucune sanction de cette nature. Lorsqu'il a réglé le système des poids et mesures, le législateur fédéral n'avait aucunement l'intention de légiférer sur les conditions de validité des conventions et d'ériger l'indication de mesures autres que celles légales en cause de nullité d'un contrat ; c'est à la législation en matière de droit privé, laquelle n'appartient du reste que pour une partie à la Confédération, qu'il demeurait réservé de régler les conditions de validité des contrats. Au surplus, l'inobservation d'une prescription relative à la police des transactions, telle que celle dont il s'agit en l'espèce, ne saurait, pas plus qu'une contravention aux lois sur le timbre, par exemple, entraîner la nullité d'un contrat, à moins toutefois qu'une conséquence aussi rigoureuse ne résulte expressément de la loi elle-même. Les prescriptions légales relatives au système des poids et mesures ont à la vérité une certaine importance au point de vue du droit privé, en ce sens que chaque partie est évidemment en droit d'exiger que la livraison ait lieu conformément aux mesures et aux poids légaux, ou que, dans une convention, les indications de poids et mesures soient conformes au système légal, etc. Mais, quant au reste, c'est aux autorités administratives qu'il incombe de veiller à l'observation de la loi fédérale sur les poids et mesures ; c'est ce qui résulte de tout le contexte de la loi ; aussi les contraventions à cette dernière, dans les cas prévus, sont-elles réprimées par de simples pénalités, à l'exclusion d'autres sanctions. En ce qui concerne spécialement les contraventions à l'art. 14 de la loi, elles ne paraissent pas tomber sous le coup des pénalités prévues à l'art. 15 ; néanmoins, elles n'échappent pas à toute répression, attendu qu'elles doivent donner lieu à des poursuites, ou tout au moins à des mesures disciplinaires contre les fonctionnaires publics, notaires et autres officiers de ce genre qui, en n'observant pas la disposition plus haut citée, ont manqué aux devoirs de leur office ».   C. S.

Vaud. — TRIBUNAL CANTONAL.
Séance du 19 mars 1889.

Accident de fabrique. — Etablissement non soumis à la loi fédérale. — Nombre des ouvriers employés. — Preuve testimoniale. — Art. 14 de la loi du 25 juin 1881 sur la responsabilité civile des fabricants ; art. 10 de la loi du 26 avril 1887 sur l'extension de la responsabilité civile ; art. 50 et 51 CO. ; article 227 Cpc.

Jaquerod contre Seewer.

La question de savoir si un établissement industriel doit être rangé dans la catégorie des fabriques soumises aux lois fédérales des 25 juin 1881 et 26 avril 1887 est du ressort du Conseil fédéral.

En conséquence, l'allégué consistant à dire qu'un tel établissement emploie plus de cinq ouvriers n'est pas pertinent en la cause pour autant qu'il s'agit de l'application de ces lois ; la preuve en doit toutefois être permise, si l'action est aussi fondée sur les art. 50 et suivants CO.

Dans une demande du 23 novembre 1888, Pierre Seewer, à

Aigle, a conclu à ce qu'il soit prononcé par la Cour civile que Aug. Jaquerod, au dit lieu, est son débiteur et doit lui faire prompt paiement de la somme de 3500 fr., avec intérêt 5 °/₀ dès le 4 septembre 1888, sous modération de justice.

Dans sa réponse, Jaquerod a conclu tant exceptionnellement qu'au fond à ce qu'il plaise à la Cour débouter le demandeur des fins de sa demande ; très subsidiairement, et pour le cas où la Cour ferait application de la législation fédérale sur la responsabilité spéciale et ne mettrait d'ailleurs pas le défendeur au bénéfice d'une des exceptions prévues à l'art. 2 de la loi fédérale du 25 juin 1881, il conclut à ce qu'il plaise à la Cour dire et prononcer que la somme de 486 fr. 30 sera déduite de l'indemnité civile accordée à Seewer.

A l'audience préliminaire, Seewer a demandé à prouver par témoins son allégué n° 13, ainsi conçu :

« *N° 13.* A maintes reprises, le nombre des ouvriers employés » dans l'usine Jaquerod est supérieur à cinq. »

Jaquerod s'est opposé à cette preuve, par le motif que le dit allégué tend à établir d'une manière détournée que l'usine du défendeur est une fabrique, que la qualité de fabrique d'un établissement industriel ne peut être constatée que par les autorités administratives et que le dit allégué n'a aucune influence sur la cause.

Statuant, le président de la Cour civile a, par jugement incidentel du 25 février 1889, écarté l'opposition à preuve du défendeur, maintenu la preuve testimoniale entreprise sur le fait n° 13 et dit que les frais suivront le sort de la cause au fond.

Jaquerod a recouru contre ce jugement incident au Tribunal cantonal.

Le recours a été écarté.

Motifs.

Considérant que Seewer base sa demande de dommages-intérêts sur les lois fédérales des 25 juin 1881 et 26 avril 1887 sur la responsabilité civile des fabricants et que Jaquerod conteste que ces lois lui soient applicables, son établissement n'étant pas une fabrique.

Considérant que l'usine de Jaquerod ne se trouve pas dans la liste des fabriques, mais que, néanmoins, la question de savoir si un accident survenu dans cet établissement doit être soumis aux dispositions de la loi de 1881 est tranchée en dernier ressort par le Conseil fédéral, qui décide après avoir pris le préavis du gouvernement du canton.

Considérant, dès lors, que les tribunaux ne sont pas compétents pour trancher la question de savoir si un établissement industriel doit être rangé dans la catégorie des fabriques, une telle décision étant du ressort de l'autorité administrative.

Considérant, d'autre part, que le § 2 de l'art. 1er de la loi du 26 avril 1887 admet que la loi de 1881 est aussi applicable aux industries dont les patrons occupent pendant le temps du travail plus de cinq ouvriers en moyenne, et que c'est pour se mettre au bénéfice de cette disposition que Seewer a allégué le fait n° 13 ci-dessus.

Mais attendu que l'art. 10 de la loi de 1887 renvoyant à l'article 14 de la loi de 1881, la question de savoir si l'usine Jaquerod occupe plus de cinq ouvriers et si la loi sur les fabriques lui est applicable, appartient aussi au Conseil fédéral en dernier ressort et par conséquent à l'autorité administrative.

Que, dès lors, à supposer qu'il soit établi par témoins que l'usine Jaquerod ait plus de cinq ouvriers et qu'elle soit une fabrique, les tribunaux seront incompétents pour dire que les lois fédérales sont applicables.

Qu'à ce premier point de vue, la preuve de l'allégué 13 est inutile, qu'elle ne change pas l'état de la question, l'autorité administrative étant seule compétente pour la trancher, et cette autorité n'ayant pas à s'inquiéter de la solution que les tribunaux pourraient lui donner.

Considérant cependant que Seewer ne fonde pas seulement son action sur les lois fédérales rappelées plus haut, mais qu'il invoque aussi les art. 50 et suivants CO.

Considérant qu'à ce second point de vue l'on ne saurait dire que l'allégué 13 n'est pas pertinent en la cause et qu'il y a lieu de faire application de l'art. 227 Cpc.

Qu'en effet, pour établir le dommage qui lui a été causé, Seewer est en droit d'invoquer toutes les circonstances dans lesquelles l'accident dont il se plaint lui est arrivé.

Qu'aux termes de l'art. 51 CO., le juge devant tenir compte de toutes les circonstances, il est impossible de dire d'avance que telle ou telle circonstance est sans influence au procès et d'en empêcher la preuve comme non pertinente (227 Cpc.).

France. — COUR D'APPEL DE CHAMBÉRY.

Audience du 5 février 1889.

Conventions franco-suisses de 1828 et de 1869. — Partage de communauté. — Compétence. — Non-assimilation d'un partage de communauté à une action personnelle et mobilière.

Epoux Simond-Pralon contre hoirs Pralon.

Les traités franco-suisses de 1828 et 1869 ne règlent la compétence qu'en matière de successions. Il est dès lors impossible, en l'absence de dispositions spéciales visant les partages de communauté, d'appliquer à ces partages les principes édictés pour les partages de successions. Une demande en partage de communauté ne peut être assimilée à une action personnelle et mobilière réglementée par les deux conventions précitées. Dans ces conditions, le droit commun conserve son empire et c'est le Tribunal dans le ressort duquel étaient domiciliés les époux au moment de la dissolution de la communauté qui doit connaître de l'action tendant au partage de cette communauté.

Attendu que le jugement du 16 février 1888, par lequel le Tribunal de Bonneville s'est déclaré incompétent pour connaître de l'instance en partage introduite à la requête des mariés Paul-André Simond et Marie-Antoinette Pralon contre François Périllat, en sa qualité de tuteur des mineures Pralon, et contre Laurent-François Pralon, est motivé par cette considération que la succession du sieur Claude-François Pralon, père et aïeul des parties, naturalisé citoyen suisse le 14 février 1874 et décédé à Genève le 11 mars 1887, s'est ouverte dans cette ville et qu'en conséquence, aux termes soit de l'art. 5 du traité international franco-suisse du 17 juin 1869, soit des art. 59 du Code de procédure civile et 822 du Code civil, les Tribunaux genevois étaient seuls compétents pour connaître de cette instance.

Mais attendu qu'il ressort clairement des termes de l'exploit introductif d'instance signifié à la requête des demandeurs qu'il ne s'agissait pas du partage de la succession de Claude-François Pralon, mais seulement du partage de la communauté ayant existé entre le dit Claude-François Pralon et Marie-Sophie Coste, mariés sans contrat, le 21 novembre 1862, à Chêne-Bourg, territoire genevois, alors que cette dernière est décédée le 30 janvier 1866, antérieurement à la naturalisation de Claude-Franç. Pralon comme citoyen suisse et que, soit elle-même, soit celui-ci, avaient incontestablement la qualité de Français.

Qu'il résulte de ces constatations que le Tribunal de Bonneville a évidemment commis une erreur ; qu'il n'avait pas à tenir compte du lieu où s'était ouverte la succession de François Pralon ; qu'à ce point de vue le jugement par lequel il s'est déclaré incompétent ne peut être maintenu, et qu'il y a, dès lors, lieu d'examiner si, étant donnés le libellé de l'exploit introductif, les documents versés au débat et les prescriptions de la loi, le Tribunal de Bonneville était ou non compétent pour connaître de l'action dont il était saisi.

Attendu que, d'après le libellé même de l'exploit d'ajournement, la demande tendait au partage de la communauté ayant existé entre Claude-François Pralon et Marie-Sophie Coste, en deux lots égaux, pour un de ces lots être attribué par égales parts à Laurent-François et à Marie-Antoinette Pralon, comme héritiers de leur mère, Marie-Sophie Coste, deuxième femme de Claude-François Pralon.

Attendu tout d'abord qu'en supposant que l'action introduite dans ces termes visât également le partage de la succession de Marie-Sophie Coste, c'est au Tribunal de Bonneville qu'elle devait être portée.

Qu'en effet, Marie-Sophie Coste avait épousé Claude-François Pralon en 1862, longtemps avant que ce dernier eût été naturalisé Suisse et alors qu'il était citoyen français ; que, de plus, les documents placés sous les yeux de la Cour prouvent que s'il pouvait avoir à cette époque une résidence de fait sur le territoire genevois, la commune de Taninges dont il était originaire n'avait pas encore cessé d'être le lieu de son domicile légal ; que ce fait résulte suffisamment du certificat de la Chancellerie d'Etat de Genève, attestant qu'avant son admission comme citoyen genevois, prononcée seulement le 16 février 1874, le dit Claude-François Pralon était ressortissant de la commune de Taninges.

Qu'il suit de là que Marie-Sophie Coste, qui avait le même domicile que son mari, étant décédée en 1866, alors que ce dernier était Français et encore légalement domicilié en France, était elle-même restée française et que le lieu de son dernier domicile était la commune de Taninges ; que, dans ces conditions et en conformité aussi bien de l'art. 3 du traité international du 31 décembre 1828 que de l'art. 5 du traité du 15 juin 1869, c'est le Tribunal de Bonneville, dans l'arrondissement dúquel est située cette commune, qui devait être saisi de l'action en partage de la succession.

Mais attendu, d'ailleurs, qu'il n'est pas exact de dire que la demande formée par les mariés Simond et Pralon s'étendît au partage de cette succession ; que la simple indication qu'un des deux lots formés par l'effet du partage de la communauté ayant existé entre les père et mère de la demanderesse, devait être attribué par égales parts à Laurent-François et à Marie-Antoinette Pralon comme héritiers de leur mère, ne pouvait avoir à elle seule une telle portée, alors que le surplus de l'exploit d'ajournement et les conclusions qu'il formule n'étaient manifestement applicables qu'au seul partage de cette communauté.

Que si les appelants ont pris de ce chef, et en ce qui touche la succession de Marie-Sophie Coste, des conclusions précises devant la Cour, ces conclusions constituent une demande nouvelle dont le Tribunal de première instance n'a pas été saisi et qui, en l'état, ne peut être portée devant la juridiction d'appel.

Attendu, en ce qui touche la demande en partage de la communauté, que la compétence du Tribunal de Bonneville était également certaine.

Attendu, en effet, qu'aucune des dispositions des deux traités internationaux de 1828 et de 1869 précités ne fait mention d'une instance de cette nature au point de vue des règles spéciales de compétence édictées par ces traités ; qu'ils parlent exclusivement des successions et des contestations entre cohéritiers, et que rien n'autorise à suppléer à leur silence.

Attendu, d'autre part, qu'il n'est pas possible de classer une action en partage de communauté dans la catégorie des demandes personnelles et mobilières visées par l'art. 1er du traité de 1869, comme par l'art. 3 du traité de 1828, et qui doivent être, aux termes du droit commun, portées devant le tribunal du domicile du défendeur.

Qu'en effet, une telle action n'a pas sa base dans une obligation personnelle contractée par le défendeur envers le demandeur, mais qu'elle procède d'un droit réel de co-propriété sur les biens ou valeurs qui doivent être l'objet du partage ; qu'ainsi une demande de cet ordre constitue essentiellement une action mixte à l'égard de laquelle la compétence, à défaut de toute disposition restrictive des traités internationaux, peut, en conformité des règles du droit commun, spécialement de l'art. 14 du Code civil, être portée devant les tribunaux français, alors même que le défendeur serait étranger, si le demandeur est lui-même Français, ce qui se rencontre dans l'espèce, car, en admettant que, par suite de la naturalisation suisse acquise par son père durant sa minorité, Marie-Antoinette Pralon ait pu devenir et rester elle-même étrangère pendant un certain temps, son mariage avec un Français, le sieur Simond, lui avait rendu, en vertu de l'art. 12 du Code civil, la qualité de Française.

Qu'ainsi le Tribunal de Bonneville, dans l'arrondissement duquel les époux Pralon et Coste étaient légalement domiciliés, ainsi qu'il a été dit précédemment, lors du décès de Marie Coste et de la dissolution de la communauté existant entre elle et son mari, était compétent pour connaître de l'instance en partage introduite par les mariés Simond et Pralon et qu'il y a lieu, en réformant son jugement, de faire droit, quant à ce, à l'appel de ces derniers.

Attendu que le Tribunal de Bonneville n'ayant prononcé que sur la question de compétence, c'est le cas de renvoyer devant lui la cause et les parties, pour être conclu et statué ce qu'il appartiendra sur le fond même de l'instance.

(Gazette des Tribunaux.)

France. — COUR D'APPEL DE PARIS (1re chambre).
Audience du 26 mars 1889.

Action en divorce. — Epoux suisses. — Incompétence des tribunaux français. — Mesures provisoires; provision « ad litem ». — Compétence. — Art. 1er, 2, 10 et 11 de la convention franco-suisse du 15 juillet 1869.

Dame Galli contre Galli.

La convention diplomatique de 1869, entre la France et la Suisse, n'établit la compétence réciproque des tribunaux des deux nations qu'en vue des contestations pouvant se résoudre en une condamnation à une somme d'argent; elle ne s'applique pas aux actions en divorce ou en séparation de corps.

Le tribunal français, saisi d'une de ces actions, reste toutefois compétent, suivant une jurisprudence constante, pour statuer sur les mesures

concernant le domicile assigné à la femme, la garde des enfants, la pen-
sion alimentaire et les mesures conservatoires.

Quant à la provision ad litem, si, en principe, il n'appartient qu'au tri-
bunal compétent pour connaître d'une demande en séparation de corps
ou en divorce de l'allouer à la femme, il appartient cependant au tribunal
compétent pour connaître des mesures provisoires que ces demandes com-
portent, d'allouer à la femme, privée de la jouissance de ses biens, une
somme suffisante pour faire face aux dépenses du voyage qu'elle est obli-
gée d'entreprendre pour porter sa demande devant le tribunal étranger
compétent, et toutes autres dépenses préliminaires à l'introduction de la
procédure elle-même.

———

Dame Galli a introduit contre son mari une demande en divorce devant le Tribunal civil de la Seine. Les époux sont
suisses.

Le Tribunal a rendu le 10 mars 1888 le jugement que voici :

« Attendu qu'à la demande en divorce formée par la dame
Galli contre son mari, celui-ci oppose une exception d'incompétence basée sur son extranéité.

Attendu qu'il est constant que Galli est né dans le canton du
Tessin de parents suisses.

Qu'il est établi par les pièces produites que bien que résidant
en France depuis un certain nombre d'années, il n'a nullement
l'intention de renoncer à sa nationalité d'origine.

Attendu que les questions se rattachant à la compétence judiciaire et à l'exécution des jugements en matière civile entre
Français et Suisses ont fait l'objet d'une convention diplomatique encore en vigueur, ratifiée par les deux puissances les 3
juillet et 2 août 1869.

Que cette convention doit être la loi des parties.

Que l'art. 11 dispose que le tribunal suisse ou français devant
lequel sera portée une demande qui, d'après les articles précé-
dents, ne serait pas de sa compétence, devra, d'office et même
en l'absence du défendeur, renvoyer les parties devant les juges
qui doivent en connaître.

Qu'il suit de là que la fin de non-recevoir opposée par la dame
Galli et fondée sur ce que, lors du préliminaire de conciliation,
le sieur Galli n'a pas décliné la compétence du tribunal français, ne saurait être accueillie.

Qu'il y a lieu de remarquer d'ailleurs que Galli a fait défaut
devant M. le président du Tribunal, et qu'en conséquence, il ne

saurait être considéré comme ayant même tacitement accepté la juridiction française.

Sur le fond de l'exception d'incompétence :

Attendu que la convention de 1869 entre la France et la Suisse, au lieu d'accorder, comme -certaines conventions, notamment celle avec l'Espagne, d'une façon générale, le libre accès devant les tribunaux des puissances contractantes pour toutes matières, soit en demandant, soit en défendant, spécifie, au contraire, d'une façon précise, dans ses divers articles, notamment dans les art. 1er, 2 et 10, la nature des actions pour lesquelles les tribunaux des deux pays sont déclarés compétents.

Qu'en effet, l'art. 1er de la convention définit les contestations qui, aux termes de l'art. 2, peuvent être portées par les Français devant la juridiction suisse, et par les Suisses devant la juridiction française; que ce sont les contestations en matière mobilière, personnelle, civile ou commerciale et les actions en garantie qui en sont la suite.

Que les expressions dont se sont servis les rédacteurs de la convention indiquent manifestement qu'ils n'ont eu en vue que les contestations pouvant se résoudre en une condamnation à une somme d'argent et qu'ils n'ont réellement entendu appliquer la convention aux actions en divorce ou en séparation de corps.

Qu'en effet, si ces actions sont des actions personnelles, elles sont d'une nature spéciale, puisqu'elles ont pour but et pour effet de modifier l'état des parties en cause.

Qu'au moment où la convention diplomatique de 1869 a été promulguée, la législation des deux pays était complètement différente, le divorce se trouvant prohibé en France, et la Suisse n'admettant pas la séparation de corps.

Qu'on ne peut admettre que les parties contractantes aient eu l'intention de contraindre leurs tribunaux respectifs à juger des époux étrangers d'après un statut personnel prescrit par la loi du pays où le jugement est rendu.

Attendu que cette interprétation se trouve confirmée non-seulement par les travaux qui ont préparé la convention et par la jurisprudence aujourd'hui constante des tribunaux suisses, mais encore par l'art. 43 de la loi fédérale du 24 décembre 1874 sur l'état civil, qui, évidemment dans le but de faciliter l'exécution de la convention, dispose qu'à défaut d'un domicile dans la Confédération, l'action en divorce peut être intentée au lieu d'origine (bourgeoisie) ou au dernier domicile du mari en Suisse.

Que, des principes exposés ci-dessus, il suit que l'exception d'incompétence opposée par Galli à l'action en divorce de sa femme est justifiée.

En ce qui concerne les mesures provisoires :

Attendu qu'il est de jurisprudence constante que les tribunaux français sont compétents pour statuer sur les mesures concernant le domicile assigné à la femme, la garde des enfants, la pension alimentaire et les mesures conservatoires.

Attendu qu'il y a lieu, en ce qui concerne la garde de l'enfant mineur, issu du mariage, et la pension alimentaire, de confirmer l'ordonnance de M. le président du tribunal en date du 3 août 1887.

Mais qu'il ne saurait être fait droit à la demande de provision *ad litem,* cette demande étant intimement liée au fond du débat, sur lequel le Tribunal est incompétent, et le Tribunal ne pouvant en fixer le montant qu'en raison des frais nécessités par la procédure suisse, qui peut différer complètement de la procédure française ; que, d'ailleurs, cette procédure n'est pas ouverte.

Sur la demande en main-levée des saisies-arrêts pratiquées par la dame Galli : 1° entre les mains des sieurs Righetti ; 2° de la Société générale ; 3° du canal de Panama ; 4° de la compagnie du Gaz ; 5° du ministre des finances ; 6° de la compagnie de l'Ouest Algérien ; 7° de M. de Rothschild.

Attendu que la dot de la dame Galli est restée déposée entre les mains des sieur et dame Righetti, ses père et mère ; que le maintien de cette saisie-arrêt suffira pour garantir les droits éventuels de la dame Galli.

Que les autres saisies-arrêts sont sans objet et que main-levée doit en être donnée.

Par ces motifs,

Le Tribunal déclare la dame Galli non-recevable et mal fondée en ses conclusions prises par elle, tendant à faire déclarer le sieur Galli non-recevable à opposer l'exception d'incompétence ;

Se déclare incompétent pour statuer au fond sur la demande en divorce de la dame Galli ;

Se déclare compétent pour statuer sur les mesures provisoires et conservatoires ;

Maintient dans toutes ses dispositions l'ordonnance de M. le président du Tribunal en date du 3 août 1887, etc.;

Ordonne l'exécution provisoire en ce qui concerne la garde de l'enfant et la pension;

Dit, néanmoins, que les dispositions du présent jugement concernant les mesures provisoires et conservatoires cesseront d'avoir leur effet si, dans un délai de six mois à partir du présent jugement, la dame Galli ne justifie pas avoir régulièrement saisi de son action en divorce le Tribunal compétent;

Condamne la dame Galli aux dépens. »

Appel ayant été interjeté, la Cour a statué en ces termes:

« Sur la fin de non-recevoir opposée par la dame Galli à l'exception d'incompétence proposée par son mari à sa demande en divorce et sur l'exception d'incompétence elle-même:

Adoptant les motifs des premiers juges,

· Sur les mesures provisoires:

Considérant que l'intimé reconnaît la compétence du Tribunal de la Seine pour en connaître;

Qu'il y a lieu seulement pour la Cour d'examiner le mérite des conclusions de l'appelante relativement au taux de la pension alimentaire qui lui a été allouée, aux saisies-arrêts par elle pratiquées, et à la provision *ad litem* par elle réclamée.

En ce qui concerne la pension alimentaire:

Considérant que la somme de 25 fr. par mois allouée par les premiers juges est insuffisante pour permettre à la dame Galli de subvenir à ses dépenses personnelles et à celle de son jeune enfant.

Qu'il paraît équitable, en raison de l'apport dotal de l'appelante, de fixer cette pension à 50 fr. par mois et d'autoriser à titre provisoire la dame Galli à toucher directement de son père, et sur ses simples quittances, les intérêts de la somme de 10,000 francs dont il est débiteur envers son gendre, le dit paiement devant éteindre jusqu'à due concurrence la pension alimentaire mise à la charge de Galli.

Sur la provision *ad litem*:

Considérant que si, en principe, il n'appartient qu'au tribunal compétemment saisi d'une demande en séparation de corps ou en divorce, d'allouer à la femme une provision *ad litem*, il appartient au tribunal compétent pour connaître des mesures provisoires que ces demandes comportent, d'allouer à la femme privée de la jouissance de ses biens, somme suffisante pour faire face, comme dans l'espèce, aux dépenses de voyage qu'elle est obligée d'entreprendre pour porter sa demande devant le tribunal étranger compétent, et toutes autres dépenses préliminaires à l'introduction de la procédure elle-même.

Qu'à ce titre, il y a lieu d'allouer à la dame Galli une provision de 150 fr.

Sur les saisies-arrêts :

Considérant que la dot de la femme Galli s'élève à 13,500 fr., dont 10,000 fr. en argent et 3500 fr. en mobilier, y compris son trousseau.

Qu'il n'est point justifié dès à présent que la femme ait reçu l'intégralité des objets mobiliers qu'elle s'est constitués en dot.

Considérant, d'autre part, que ses reprises devront comprendre, en cas de divorce prononcé, non-seulement le montant de ses apports dotaux, mais encore sa part dans les acquêts de communauté.

Que si des documents de la cause il ressort que les bénéfices de la communauté ont dû être modestes, il en résulte néanmoins que l'appelante peut légitimement espérer recouvrer de ce chef une certaine somme pour laquelle elle est en droit et a été autorisée par le président du Tribunal à opérer des saisies-arrêts entre les mains des personnes dénommées dans ses conclusions.

Qu'il serait toutefois exorbitant et injuste de faire porter ces saisies-arrêts sur les revenus des sommes ou valeurs saisies, à l'exception de celle pratiquée entre les mains de Righetti, père de la saisissante; que ces revenus sont nécessaires aux besoins du mari, obligé comme sa femme de faire face aux frais de sa défense.

Par ces motifs,

Confirme le jugement dont est appel dans ses dispositions relatives à la fin de non-recevoir opposée à l'exception d'incompétence proposée par Galli et la demande principale de sa femme, et l'exception d'incompétence elle-même;

Confirme encore le dit jugement dans sa disposition relative à la garde de l'enfant, et au maintien de la saisie-arrêt pratiquée entre les mains de Righetti père; autorise, en outre, dès à présent et à titre provisoire, la dame Galli à toucher directement de son père, sur ses seules quittances, mais en acquit de la pension de 50 fr. par mois qui est allouée par le premier arrêt, les intérêts produits ou à produire par la somme saisie.

Réformant au contraire le dit jugement :

Condamne Galli à payer à sa femme une provision de 150 fr. destinés à couvrir les dépenses du voyage qu'elle va être obligée de faire en Suisse pour introduire son action et toutes autres dépenses préliminaires à la procédure elle-même ;

Maintient, en outre, toutes les saisies-arrêts pratiquées par la dame Galli, mais réduit au capital seulement celles pratiquées entre les mains de la Société générale, du canal de Panama, de la compagnie du Gaz, du ministre des finances et de Rothschild ;

Autorise en conséquence Galli à toucher de ces tiers-saisis tous intérêts échus ou à échoir ;

Maintient dans son intégralité la saisie-arrêt pratiquée entre les mains de Righetti ;

Maintient toutes les autres dispositions du jugement, spécialement celle par laquelle les premiers juges ont subordonné l'exécution des mesures provisoires à l'introduction de la demande dans le délai de six mois, lequel ne commencera à courir qu'à partir du délai de huitaine à partir de la signification du présent arrêt ;

Rejette comme mal fondées toutes les autres conclusions des parties, spécialement les conclusions additionnelles de l'intimé ;

Fait masse des dépens de première instance et d'appel pour être supportés par moitié. »

Résumés d'arrêts.

Recours. — L'art. 913 Cpc. ne prévoit aucun recours contre la décision du juge de paix donnant acte à des héritiers de leur renonciation à une succession.

TC., 5 mars 1889. Allaz c. enfants Belet.

Retrait. — Si l'ordonnance de revestiture n'a pas été signifiée régulièrement dans le délai prévu à l'art. 665 Cpc. au créancier de rang égal ou postérieur, le droit de retrait appartenant à ce créancier ne se prescrit que par dix ans dès la date de l'ordonnance de mise en possession.

TC., 20 mars 1889. Caisse de consignation c. hoirs Bertholet et Allamand.

Saisie. — Aucune disposition de la loi ne prescrit la communication d'une ordonnance rendue en vertu de l'art. 603, al. 1, Cpc., dans le cas où l'instant à la saisie en mains tierces fait défaut. Dès lors, le délai de recours contre cette ordonnance court dès le jour où elle a été rendue et non dès celui où l'intéressé en a eu connaissance.

TC., 19 mars 1889. Crédit d'Aigle c. Michaud-Burky.

Tribunal féderal. — En matière de recours de droit public dirigés contre des lois, le délai de recours ne part que du jour de la publication officielle de la loi qui la rend obligatoire pour tous. Il en est ainsi même si la loi entre en vigueur à la suite de son acceptation par le peuple; cette dernière ne pouvant suppléer à la promulgation de la loi, on ne saurait faire courir le délai de recours dès le jour de la votation populaire.

TF., 1er mars 1889. Spiess et Moser.

Société du Journal des Tribunaux.

L'assemblée générale ordinaire des actionnaires est convoquée pour le **samedi 20 avril 1889**, à 3 heures précises de l'après-midi, au cercle de Beau-Séjour, à Lausanne (salle de la bibliothèque, au 1er étage), dans le but de recevoir les comptes de l'exercice de 1888.

Ces comptes, ainsi que le bilan, sont à la disposition de MM. les actionnaires, chez l'administrateur du journal, M. L. Rosset, au greffe cantonal. Un résumé en est d'ailleurs adressé à chaque actionnaire avec la lettre de convocation.

Il est rappelé qu'à teneur de l'article 9 des statuts, un actionnaire n'a droit qu'à une voix, quel que soit le nombre de ses actions, et qu'il ne peut se faire représenter que par un autre actionnaire.

Ch. SOLDAN, conseiller d'Etat, rédacteur.

Lausanne. — Imp. CORBAZ & Comp.

XXXVIIe ANNÉE. N^o **16**.   SAMEDI 20 AVRIL 1889.

JOURNAL des TRIBUNAUX

REVUE DE JURISPRUDENCE

Paraissant à Lausanne une fois par semaine, le Samedi.

Rédaction : M. CHARLES SOLDAN, conseiller d'Etat, à Lausanne.

Administration : M. L. ROSSET, greffier du Tribunal cantonal, à Lausanne.

Abonnements : 12 fr. par an; 7 fr. pour six mois. Pour l'étranger, le port en sus. On s'abonne à l'imprimerie CORBAZ & Cie, chez l'administrateur, M. ROSSET, et aux bureaux de poste.

Annonces : 20 c. la ligne ou son espace. S'adresser à l'imprimerie CORBAZ & Cie.

SOMMAIRE. — *Tribunal fédéral :* Epoux Zgraggen; divorce pour cause d'abandon malicieux ; nature de la sommation judiciaire prescrite par la loi. — Stirling; prosélytisme salutiste; loi vaudoise sur la liberté religieuse ; prétendue inconstitutionnalité de cette loi et prétendu déni de justice. — *Président du Tribunal du district de Lausanne :* König c. Chavannes-Burnat et Cie ; accident de fabrique; assurance des ouvriers; calcul de l'indemnité. — *Etats de frais :* circulaire du Tribunal cantonal. — *Résumé d'arrêt.*

TRIBUNAL FÉDÉRAL
Traduction d'un arrêt du 6 décembre 1888.

Divorce pour cause d'abandon malicieux. — Nature et portée de la « sommation judiciaire » prévue à l'art. 46, lettre *d*, de la loi fédérale sur l'état civil et le mariage.

Epoux Zgraggen.

La « sommation judiciaire » prévue à l'art. 46, lettre d, *de la loi fédérale sur l'état civil et le mariage doit être faite antérieurement à l'ouverture de l'action en divorce pour cause d'abandon malicieux. Elle constitue un procédé laissé à l'initiative de la partie, et non un acte d'instruction fait par le juge en cours d'instance.*

Dans un arrêt rendu le 6 décembre 1888 dans la cause en divorce des époux Zgraggen, le Tribunal fédéral s'est prononcé comme suit au sujet de la nature et de la portée de la sommation judiciaire prévue à l'art. 46, lettre *d*, de la loi fédérale sur l'état civil et le mariage, en cas d'action en divorce basée sur l'abandon malicieux.

« Il va de soi que la nature et la portée de la sommation judiciaire fixant un délai pour le retour, prévue à l'art. 46, lettre *d*, de la loi fédérale sur l'état civil et le mariage, sont réglées par la dite loi d'une manière uniforme pour toute l'étendue de la Confédération et qu'il ne saurait dépendre des lois de procédure cantonale de les déterminer différemment. Quant à l'interprétation de la disposition précitée, il paraît évident, tout d'abord, en présence du texte et du but de la loi, qu'elle n'a pas entendu exiger que préalablement à l'action en divorce pour cause d'abandon, on doive intenter une première action en reprise de la vie commune, c'est-à-dire qu'un procès préliminaire doive être instruit et jugé sur la question de savoir si la partie demanderesse est en droit d'exiger le retour de l'autre époux ; la notion d'une telle action en reprise de la vie commune est en effet absolument étrangère à notre loi. En revanche, on doit se demander si, d'après le but et l'esprit de la loi, la notification de la « sommation judiciaire » fixant un délai de six mois pour le retour, à laquelle est évidemment subordonné le droit d'obtenir le divorce pour cause d'abandon malicieux, constitue aussi une condition préalable du droit d'intenter l'action en divorce, en ce sens qu'elle devrait nécessairement précéder l'ouverture d'action et avoir lieu sans que le juge examine les faits de la cause, ou si, au contraire, cette sommation ne doit être notifiée qu'en cours d'instance, après audition des parties et examen des faits par le juge. En d'autres termes, il s'agit de savoir si le législateur a considéré la sommation judiciaire prévue à l'art. 46, lettre *d*, précité comme une mise en demeure adressée par l'une des parties à l'autre, sous l'autorité du juge, mais avant l'ouverture de l'action, ou, au contraire, comme un prononcé interlocutoire rendu en cours d'instance. D'après les renseignements que le Tribunal fédéral a pu se procurer à cet égard, les lois cantonales rendues en exécution de la loi fédérale sur l'état civil et le mariage, pour autant qu'elles renferment des dispositions sur ce point spécial, ont adopté la première alternative (voir loi fribourgeoise du 27 novembre 1875, art. 94, et loi d'Obwald du 30 avril 1876, art. 6) et c'est aussi ce point de vue qui l'emporte dans la pratique. Cette interprétation paraît d'ailleurs la plus justifiée. Le terme « richterliche Aufforderung » ou .

« sommation judiciaire » dont se sert la loi indique bien plutôt une mise en demeure signifiée par la partie, sous l'autorité du juge, qu'un prononcé interlocutoire. Si le législateur avait entendu considérer la sommation judiciaire non point comme une condition mise à l'ouverture de l'action en divorce, mais comme une partie intégrante de la procédure qui en est la conséquence, il aurait sans doute manifesté cette intention d'une manière non équivoque ; à cet effet, il aurait sans doute fixé d'abord les conditions du divorce pour cause d'abandon malicieux, puis statué que nonobstant la preuve de l'existence des conditions requises, le juge ne doit pas prononcer d'emblée le divorce, mais fixer préalablement encore un délai pour le retour de l'époux coupable. C'est ce que le législateur n'a pas fait ; au contraire, il traite de la même manière le cas où la sommation judiciaire est restée sans effet et celui où l'abandon malicieux dure depuis deux ans, considérant ainsi la sommation comme une condition mise à l'ouverture de l'action. Ce que la loi a voulu, c'est que, avant de demander son divorce, l'époux abandonné somme encore une fois son conjoint de reprendre la vie commune, et, pour que cette sommation revête un caractère sérieux et qu'elle puisse être constatée d'une manière authentique, elle prescrit qu'elle ait lieu sous l'autorité du juge ».   C. S.

Séance du 15 mars 1889.

Prosélytisme salutiste. — Loi vaudoise du 22 janvier 1834 sur la liberté religieuse. — Prétendue inconstitutionnalité de cette loi et prétendu déni de justice. — Art. 4, 49 et 50 de la Constitution fédérale ; art. 59 de la loi sur l'organisation judiciaire fédérale ; art. 12 de la Constitution vaudoise de 1861 ; art. 4 de la Constitution vaudoise de 1885.

Recours Stirling.

Un recours pour violation de l'art. 4 de la Constitution fédérale ne peut se justifier que lorsque le recourant a épuisé toutes les instances cantonales ; en effet, ce n'est qu'à partir de ce moment qu'il peut être question d'un déni de justice de la part des autorités cantonales.

La loi vaudoise du 22 janvier 1834 sur la liberté religieuse n'a point été abrogée par la Constitution de 1861 et ne se trouve point en contradiction avec celle-ci, pour autant qu'elle protège le droit du père de famille de diriger l'éducation religieuse de ses enfants.

Ensuite de plainte en date du 24 septembre 1888, adressée

par le sieur Rodolphe Wildi et huit consorts au Juge de paix du cercle d'Orbe contre demoiselle Chaddie-Lillias Stirling, capitaine à l'Armée du Salut, pour actes de prosélytisme en religion, exercés contre leurs enfants, le prédit magistrat a renvoyé la cause devant le Tribunal de police du district d'Orbe.

Dans son audience du 17 octobre suivant, et après avoir entendu vingt-trois témoins, le dit Tribunal a condamné la demoiselle Stirling à subir cent jours d'emprisonnement et à payer les frais du procès.

Ce jugement se fonde, en résumé, sur les motifs suivants :

Il résulte des débats que non-seulement l'accusée, mais encore une lieutenante de l'Armée du Salut, dont le nom n'a pas été indiqué, ont engagé les enfants des plaignants, tous âgés de moins de 12 ans, à se rendre dans le local de l'Armée du Salut et à y amener leurs petits camarades.

Le 15 septembre 1888, les enfants des plaignants étaient réunis dans ce local, à Orbe; ils y ont chanté et accompli d'autres actes du culte de l'Armée du Salut, sous la direction de l'accusée Stirling. Il a été bien établi que ni cette dernière, ni sa lieutenante ne se sont inquiétées de demander aux parents des enfants s'ils permettaient à ceux-ci de fréquenter les réunions salutistes; plusieurs de ces enfants avaient d'ailleurs, déjà avant le 15 septembre, assisté à des réunions semblables. Par ces faits, demoiselle Stirling est coupable de prosélytisme religieux exercé secrètement et à l'insu des chefs de famille, et contre la volonté de ceux-ci, envers leurs enfants mineurs; il y a donc lieu de lui appliquer l'art. 1ᵉʳ de la loi du 22 janvier 1834 sur la liberté religieuse.

La condamnée a commencé à subir sa peine au château de Chillon, et, le 6 décembre 1888, elle a demandé au Président du Tribunal fédéral de vouloir ordonner, ensuite du recours déposé par elle auprès de ce Tribunal contre le jugement qui précède, la suspension de sa peine et sa mise en liberté, conformément à l'art. 63 de la loi sur l'organisation judiciaire fédérale.

Par décision en date du 14 dit[1], le Président du Tribunal fédéral a ordonné que l'exécution de la peine de l'emprisonnement prononcée contre la recourante est suspendue jusqu'après la décision de ce Tribunal sur le recours interjeté, et que le Conseil

[1] Voir cette décision à page 11 de ce volume.

d'Etat de Vaud est invité à mettre la recourante en liberté, à condition que celle-ci opère, entre les mains de cette autorité, le dépôt d'une somme de 1000 fr. à titre de caution, ce qui eut lieu.

Le recours de demoiselle Stirling, déposé au Tribunal fédéral le 6 décembre 1888, conclut à ce qu'il lui plaise annuler le jugement rendu contre elle par le Tribunal de police du district d'Orbe, comme contraire à l'art. 4 de la Constitution du canton de Vaud, et, subsidiairement, annuler le dit jugement comme constituant un déni de justice et violant l'art. 4 de la Constitution fédérale.

La recourante estime : 1° Que la loi de 1834, en vertu de laquelle elle a été condamnée, a été abrogée implicitement par des dispositions constitutionnelles subséquentes et que son application est ainsi contraire à l'art. 4 de la Constitution vaudoise, lequel pose le principe : *nulla pœna sine lege.*

2° Qu'à supposer même que la loi de 1834 soit encore en vigueur, il a été fait, à l'égard de la recourante, une application arbitraire du droit, basée sur un simple prétexte, qui constitue un déni de justice et viole le principe d'égalité devant la loi garanti par l'art. 4 de la Constitution fédérale.

A l'appui de cette double thèse, le recours fait valoir en substance :

L'acte de médiation et la Constitution vaudoise de 1814 étaient muets sur le principe de la liberté religieuse, et les Constitutions de 1831 et de 1845 se bornaient à garantir l'intégrité de l'Eglise nationale évangélique réformée. La liberté religieuse n'existait pas sous ces constitutions, ce qui permit à la loi du 20 mai 1824 contre une nouvelle secte religieuse d'interdire « tout acte de prosélytisme ou de séduction tendant à gagner à cette secte. » Cette loi fut rapportée par celle du 22 janvier 1834, proscrivant et réprimant d'une amende jusqu'à 600 fr., ou d'une prison de discipline jusqu'à une année, sur la plainte du chef de famille, les actes de prosélytisme religieux qui seraient exercés, ou secrètement et à son insu, ou dans son domicile et contre sa volonté, envers sa femme, ses enfants mineurs, ses pupilles et commensaux mineurs.

Le décret du 7 juin 1849 remit en vigueur les interdictions de la loi de 1824, et laissa subsister la loi de 1834, mais une loi du 19 mai 1859 abrogea à son tour le décret de 1849 en statuant que les dispositions de la loi de 1834, concernant le prosélytisme, restent en vigueur.

Mais dès lors la Constitution vaudoise de 1861 proclama par son art. 12 la liberté absolue des cultes, en exigeant simplement que leur exercice fût conforme aux lois générales du pays et à celles concernant la police extérieure des cultes.

Le prosélytisme est autorisé par cet article, car la liberté religieuse implique celle de chercher à faire partager les opinions que l'on professe, pourvu que l'on ne se serve pas à cet effet de manœuvres dolosives ou de moyens immoraux. La loi de 1834 est une loi d'exception, qui ne saurait subsister sous le régime de la liberté religieuse complète. En outre, en présence des dispositions de la Constitution fédérale de 1874, il ne saurait y avoir de prosélytisme coupable, dans le sens de la loi de 1834, vis-à-vis des femmes mariées et des enfants âgés de plus de 16 ans.

Si la loi de 1834 était encore en vigueur, elle serait applicable à tous et il faudrait punir le pasteur de l'Eglise nationale qui voudrait regagner à cette Eglise des enfants, salutistes de par la volonté de leur père. Les moniteurs et monitrices d'écoles du dimanche, les organisateurs d'arbres de Noël, en distribuant des traités, brochures, etc., font du prosélytisme bien plus dangereux que celui réprimé par le Tribunal d'Orbe, puisqu'il s'exerce par des dons ou des promesses, et pourtant jamais on n'a considéré ces actes comme des délits ; on n'a jamais demandé aux organisateurs d'écoles du dimanche de justifier de l'autorisation des parents, parce qu'on a toujours considéré, depuis 1861, que la loi de 1834 était implicitement abrogée, soit par la Constitution vaudoise de 1861, soit par l'art. 2 des dispositions transitoires de la Constitution de 1874.

A supposer que la loi de 1834 fût restée debout, le jugement d'Orbe implique en tout cas un déni de justice contraire à l'art. 4 de la constitution fédérale.

Pour que la loi de 1834 soit applicable, il faut qu'il y ait eu des *actes* de prosélytisme, que ces actes soient exercés à l'insu du chef de famille et envers certaines personnes déterminées. Or de ces trois conditions, la troisième seule se trouve réalisée dans l'espèce. Le jugement ne constate aucun *acte* à la charge de demoiselle Stirling, qui n'a agi que par des exhortations, par la persuasion, et non par des faits matériels comme dons, promesses, menaces, artifices ou manœuvres quelconques. En fait d'actes, le jugement n'en constate qu'à la charge des prétendues victimes, des enfants eux-mêmes, qui ont chanté dans l'assemblée.

Le jugement n'établit point que les actes reprochés à demoiselle Stirling aient eu lieu secrètement et à l'insu des parents, et néanmoins il la déclare coupable de prosélytisme religieux. Le jugement ne constate pas davantage que les dits enfants ont été amenés, par les actes dolosifs de demoiselle Stirling, à participer au culte de l'Armée du Salut.

Enfin le Tribunal de police constate la complicité d'une lieutenante anonyme, sans faire une distinction entre les agissements de cette compagne et ceux de demoiselle Stirling, sans attribuer le rôle principal à la condamnée.

La question essentielle de la culpabilité ne résulte pas des points de fait constatés par le jugement. On a voulu s'emparer des paroles adressées par demoiselle Stirling et sa compagne à des enfants, pour condamner l'Armée du Salut dans la personne d'un de ses officiers ; on a cru découvrir des prétextes, et on les a transformés en considérants, au mépris de la loi pénale, qui veut des faits et des actes. L'application de la loi de 1834 à la recourante est donc arbitraire et ne peut subsister.

Dans sa réponse, le Conseil d'Etat de Vaud conclut au rejet du recours.

Il ne peut, selon lui, être question de déni de justice en ce qui concerne le jugement attaqué, lequel a été rendu à la suite d'une enquête et de débats réguliers, ainsi qu'en application d'une loi existante.

La loi de 1834 est, quant à son principe, absolument constitutionnelle : elle fait rentrer toutes les associations religieuses sous l'empire du droit commun et n'est point une loi d'exception, comme l'était celle du 20 mai 1824 ; elle punit sans distinction de confession ou de secte tous les actes de prosélytisme exercés secrètement et à l'insu du chef de famille ou contre sa volonté. Ni la loi du 19 mai 1859, abrogeant le décret du 7 juin 1849 interdisant les réunions religieuses non garanties par la constitution ou par la loi, ni les assemblées constituantes de 1861 et de 1884-85 n'ont abrogé cette loi ; la loi de 1859 statue même expressément, à son art. 2, que ses dispositions resteraient en vigueur. La loi de 1834 dispose pour tous également et ne viole point le principe de l'égalité devant la loi.

Elle ne porte pas davantage atteinte à la liberté individuelle, dès l'instant où la condamnation dont se plaint la recourante a été régulièrement prononcée en vertu d'une loi compatible avec la constitution.

La loi du 22 janvier 1834 est également compatible avec les dispositions constitutionnelles garantissant la liberté de conscience et celle des cultes. Ces libertés ne sont point illimitées et la constitution fédérale pose elle-même le principe que la personne qui exerce l'autorité paternelle ou tutélaire a le droit de disposer de l'éducation religieuse des enfants jusqu'à l'âge de 16 ans révolus. Or, ce droit doit avoir une sanction, qui ne peut consister qu'en une pénalité, frappant l'auteur d'actes de prosélytisme, non point parce qu'il appartient à telle ou telle association religieuse, mais parce qu'il porte atteinte aux droits de la puissance paternelle garantis par la constitution.

Si la loi de 1834 a été rarement appliquée, elle n'en répond pas moins à un besoin légitime de paix publique, et les actes de prosélytisme, en tant qu'ils sont exercés sur des enfants de moins de 16 ans, tombent certainement, aujourd'hui encore, sous le coup de cette loi, bien que celle-ci doive, sur certains points, être mise en harmonie avec la constitution fédérale de 1874. Dans l'espèce, la recourante a été condamnée pour de pareils actes exercés sur des enfants de moins de 12 ans, et la poursuite a eu lieu sur plainte des chefs de famille.

Appelé aussi à présenter ses observations sur le recours, le Tribunal de police d'Orbe conclut de même à son rejet :

Sans s'étendre spécialement sur le côté juridique et constitutionnel de la question, le dit Tribunal insiste sur le fait que c'est la plainte de six chefs de famille qui a motivé le jugement du 17 octobre 1888 : le chef de la police avait avisé la lieutenante et un soldat de l'Armée du Salut que ces réunions d'enfants de moins de 16 ans n'étaient pas permises. Le prédit jugement constate que c'est l'accusée Stirling qui a engagé les enfants à se rendre dans le local et que c'est sous sa direction qu'ils y ont accompli divers actes du culte. D'ailleurs, c'est la demoiselle Stirling qui a engagé ces enfants à aller chercher leurs camarades et à apporter de l'argent dans la prochaine réunion pour acheter des cantiques. Les parents ont tous déclaré ignorer que leurs enfants fréquentassent les réunions de l'Armée. La demoiselle Stirling avait conscience de sa culpabilité, puisqu'elle a demandé à ces enfants s'ils avaient l'autorisation de leurs parents, question à laquelle ils ont répondu négativement. Les réunions dont il s'agit étaient d'ailleurs spécialement organisées pour les enfants, le samedi après midi, alors qu'il n'y avait pas d'école et que les enfants se trouvaient nombreux dans la rue.

Si la lieutenante n'a pas été condamnée, c'est qu'elle n'était pas en accusation, et ce fait ne diminue en rien la responsabilité de demoiselle Stirling.

Enfin, le Tribunal proteste contre les insinuations qui terminent le recours; son jugement n'a été dicté par aucun esprit de haine ou de persécution: il n'a pas cherché de prétextes pour condamner, mais il a prononcé sur des faits précis en exécution d'une loi existante. Demoiselle Stirling, qui a joui longtemps à Orbe de la protection de l'autorité, aussi bien locale que judiciaire, n'a pas compris que cette protection lui imposait le devoir de respecter la loi.; ses agissements à l'égard d'enfants de moins de 16 ans ont porté atteinte au droit constitutionnel des pères de famille; le Tribunal ne pouvait méconnaître ce droit sans commettre à l'égard des parents un vrai déni de justice.

Le Tribunal fédéral a écarté le recours.

Motifs.

1. Le recours, en tant que visant un prétendu déni de justice, soit la violation de l'art. 4 de la constitution fédérale, n'est point fondé. Ainsi, en effet, que ce Tribunal l'a toujours admis, un recours pour violation de l'art. 4 de la constitution fédérale ne peut se justifier que lorsque le recourant a épuisé toutes les instances cantonales, puisque ce n'est qu'à partir de ce moment qu'il peut être question d'un déni.de justice de la part des autorités cantonales (v. arrêt en la cause Paroisse évangélique réformée de Lucerne, *Recueil*, VIII, page 154). Or, la recourante n'a pas porté devant la Cour de cassation pénale du canton de Vaud ses griefs relatifs au jugement attaqué, bien que le dit jugement mentionne expressément qu'elle a été avisée du délai légal pour recourir; elle a commencé à subir sa peine et ce n'est qu'au bout de plusieurs semaines qu'elle a formulé sa réclamation, par la voie du présent recours, au Tribunal de céans.

2. La question de savoir si le jugement incriminé implique une violation des art. 49 et 50 de la constitution fédérale échappe également à la compétence du Tribunal fédéral. A la réserve des cas où il s'agirait d'une atteinte portée à des constitutions can-

tonales garantissant la liberté de conscience et le libre exercice des cultes dans une mesure plus étendue que ne le font les articles précités, ce qui n'est point prétendu dans l'espèce, les contestations ayant trait à ces dispositions constitutionnelles fédérales sont réservées, aux termes de l'art. 59, chiffre 6°, de la loi sur l'organisation judiciaire, à la compétence soit du Conseil fédéral, soit de l'Assemblée fédérale.

3. En revanche, le Tribunal fédéral est compétent, en vertu du principe posé au prédit art. 59, pour examiner le moyen du recours fondé sur ce que la loi de 1834 aurait été abrogée implicitement par la constitution cantonale de 1861, et sur ce que, dès lors, la condamnation prononcée contre demoiselle Stirling emporterait une violation de l'art. 4 de la constitution vaudoise actuelle, disposant que nul ne peut être poursuivi ou arrêté que dans les cas déterminés par la loi et selon les formes qu'elle prescrit.

Selon la recourante, l'abrogation de la loi de 1834 résulterait de l'art. 12 de la constitution de 1861 susvisée, disposant que les cultes sont libres et que leur exercice doit être conforme aux lois générales du pays et à celles qui concernent la police des cultes.

Cette allégation ne saurait toutefois être admise. La disposition de la loi de 1834 interdisant les actes de prosélytisme qui seraient exercés à l'insu du chef de famille, ou contre sa volonté, envers ses enfants mineurs, est d'une portée générale et vise, sans distinction de communauté religieuse, des actes portant atteinte à l'autorité paternelle, dont il est uniquement question dans l'espèce. Il est donc inexact de qualifier cette disposition de loi d'exception ou de mesure de circonstance; on ne saurait davantage admettre, ce qui serait la conséquence de la thèse du recours, que le principe de la liberté des cultes, garanti à l'article 12 de la constitution vaudoise de 1861, puisse aboutir à supprimer le droit du père de famille de diriger l'éducation religieuse de ses enfants, droit qui se trouve d'ailleurs expressément réservé aussi par la constitution fédérale de 1874, laquelle va plus loin que la constitution vaudoise de 1861, en ce qui concerne la garantie de la liberté des cultes et de conscience. Pour autant donc que la loi de 1834 protège également ce droit du père de famille, elle ne se trouve point en contradiction avec la constitution de 1861.

Dès l'instant où la prédite loi ne doit point être considérée comme abrogée, le grief du recours tiré de la violation de l'adage *nulla pœna sine lege* est dépourvu de fondement.

4. Il va sans dire que le Tribunal fédéral, dont les attributions ne sont point celles d'une cour de cassation en matière pénale, n'a pas à se préoccuper de la question de l'application de la peine faite par le Tribunal de jugement, ni, par conséquent, à rechercher si, eu égard aux circonstances de la cause, la condamnation qui a frappé la recourante n'est pas hors de toute proportion avec la gravité des faits relevés à sa charge.

Vaud. — Président du Tribunal du district
DE LAUSANNE
Séance du 14 mars 1889.

Accident de fabrique. — Assurance des ouvriers. — Participation du fabricant au paiement des primes. — Calcul de l'indemnité due au lésé. — Art. 6 et 9 de la loi fédérale du 25 juin 1881.

König contre Chavannes-Burnat et Cie.

A teneur de l'art. 9 de la loi fédérale du 25 juin 1881, lorsque l'ouvrier de fabrique victime d'un accident a droit à une assurance, il suffit que le fabricant ait payé la moitié des primes pour qu'il puisse imputer la somme totale reçue de la compagnie d'assurance à tant moins de l'indemnité qu'il doit supporter.

En disposant que le fabricant n'a droit à cette déduction que lorsque l'assurance à laquelle il contribue comprend tous les accidents et toutes les maladies, le 3me alinéa de l'art. 9 précité ne vise que les maladies ou accidents survenus à l'ouvrier dans l'exercice de sa profession et en corrélation directe avec son travail.

Avocats des parties :

MM. Weith, licencié en droit, pour J. König, demandeur.
Correvon, avocat, pour Chavannes-Burnat et Cie, défendeurs.

Le 1er janvier 1888, un employé de la Suisse Occidentale, vers les 7 heures du soir, a avisé Jacob König, ouvrier de MM. Chavannes-Burnat et Cie, que le compteur du dépôt des machines à la gare de Lausanne était gelé. König s'est immédiatement rendu sur place pour remédier à cet accident.

En faisant son travail et grâce à l'obscurité qui régnait en cet endroit, König est malheureusement tombé dans un fossé et s'est fracturé le poignet gauche. Cette lésion a entraîné pour lui une incapacité de travail complète, du 2 au 25 janvier, et, du 26 janvier au 2 février, une incapacité partielle, en ce sens qu'il a pu gagner la moitié du salaire habituel de son travail.

Chavannes-Burnat et C^{le} ont assuré leurs ouvriers auprès de la société suisse d'assurances à Winterthour, suivant police N° 35547. En vertu de cette police, König a touché une somme de 140 fr., soit son salaire pendant 24 jours d'incapacité totale de travail, calculés en chiffres ronds à 5 fr., et 8 jours d'incapacité partielle, à raison de 2 fr. 50 par jour. Dans ce compte, les dimanches n'ont pas été défalqués.

Le 2 mai 1888, le Département de l'agriculture et du commerce a avisé König qu'indépendamment de l'indemnité qu'il avait reçue, il avait droit de réclamer à ses patrons, en vertu des art. 6 et 9 de la loi fédérale du 25 juin 1881, une indemnité de 162 fr., plus les frais de médecin et de pharmacie.

Ensuite de cette lettre, König a ouvert action à Chavannes-Burnat et Cie, concluant au paiement de 162 fr., représentant 27 journées de travail à raison de 6 fr. par jour, et, en outre, de 13 fr. 90 pour frais de pharmacie et de médecin occasionnés par l'accident.

A l'appui de ses conclusions, le demandeur dit qu'en fait les ouvriers de Chavannes-Burnat et Cie contribuaient pour une moitié aux primes d'assurance payées à la « Winterthur » et que les retenues qui leur étaient faites pour cela empêchent les défendeurs de se mettre au bénéfice de l'art. 9 de la loi fédérale du 25 juin 1881 sur la responsabilité civile des fabricants. König invoque d'ailleurs le 3ᵉ alinéa du dit article et allègue que l'assurance contractée par Chavannes-Burnat et Cie ne le garantissait pas de tous les accidents et de toutes les maladies et que dès lors les défendeurs tombent sous le coup de l'exception prévue dans ce paragraphe. Il aurait ainsi droit à une nouvelle indemnité indépendante de celle payée par la compagnie d'assurance.

Les défendeurs ont contesté cette manière de voir, estimant qu'ayant contribué dans une proportion même plus forte que celle prévue par la loi à l'acquisition de l'assurance, ils ont droit à imputer sur l'indemnité qui peut être due à leur ouvrier la totalité de ce que ce dernier a reçu de la compagnie. En conséquence, Chavannes-Burnat et Cie ont conclu à libération ; subsidiairement et pour le cas où le Président admettrait que l'indemnité légale est supérieure à 140 fr., à ce qu'il soit prononcé que cette somme doit être imputée sur le montant de la dite indemnité légale.

En cours des débats, M. Rodolphe Chabloz a été appelé en qualité d'expert pour examiner les livres de la maison Chavannes-Burnat et Cie et pour constater les conditions dans lesquelles König travaillait dans les ateliers de cette maison.

Statuant, le Président a repoussé les conclusions de Jacob König, admis les conclusions libératoires de Chavannes-Burnat et Cie, et, éventuellement, donné acte à ces derniers des réserves qu'ils ont faites contre la compagnie de Winterthour. König a été condamné, en outre, à tous les frais.

Motifs.

Considérant qu'en principe les défendeurs reconnaissent que le 1er janvier 1888, et pour cause de force majeure, Jacob König a été appelé à travailler pour leur compte à la gare de Lausanne et que c'est pendant ce travail qu'il s'est fracturé le poignet gauche.

Qu'ils ne contestent pas leur responsabilité et le droit de König de percevoir une indemnité pour l'incapacité de travail qu'il a subie.

Considérant qu'à teneur de l'art. 6 de la loi sur la responsabilité civile des fabricants, König peut réclamer les frais qui lui ont été occasionnés par sa maladie, soit ceux de médecin et de pharmacie, par 13 fr. 90.

Qu'il a droit, en outre, à la réparation du préjudice résultant pour lui de l'accident, c'est-à-dire au prix du travail dont il a été privé.

Qu'il résulte de la déclaration médicale du docteur Demiéville, et du dire du demandeur lui-même, que l'accident du 1er janvier 1888 a eu pour conséquence une incapacité de travail totale de 24 jours et une incapacité partielle de 8 jours, tous les dimanches comptés.

Que suivant l'expertise, le travail de König était de 46 centimes l'heure et le travail moyen de 10 $^7/_{10}$ heures par jour, et qu'ainsi il gagnait 4 fr. 92.

Que sur les 24 jours d'incapacité de travail complète, il y a lieu de déduire trois dimanches et un dimanche sur les 8 jours d'incapacité partielle.

Qu'il reste ainsi :

21 jours à 4 fr. 92, soit . . . . Fr. 103 32
et 7 jours à 2 fr. 46, puisque pendant cette seconde
période König a pu gagner sa demi-journée . . » 17 22
Frais de médecin et pharmacie . . . . . . » 13 90
                                              Fr. 134 44

Que l'indemnité complète à laquelle König peut prétendre est donc de 134 fr. 44 et qu'ayant reçu de la Compagnie d'assurance 140 fr., il a touché une somme supérieure à celle qui lui revenait.

Considérant qu'à teneur de l'art. 9 de la loi du 25 juin 1881, il suffit que le fabricant ait payé la moitié des primes pour qu'il puisse imputer la somme reçue de la Compagnie d'assurance à tant moins de l'indemnité qu'il avait à supporter.

Que, dans l'espèce, la police d'assurances fixait une prime totale de 16 °/₀₀ et que l'expert a constaté que par les retenues qui lui étaient faites, König en avait payé 6.97 °/₀₀ ou 7.57 °/₀₀, suivant que l'on tient compte ou pas de ses indemnités de déplacement.

Que dans l'une et l'autre des deux alternatives, Chavannes-Burnat et Cⁱᵉ contribuaient pour plus de la moitié au paiement des primes et que c'est à bon droit qu'ils invoquent les dispositions du premier paragraphe de l'art. 9 de la loi.

Que, dans le système défendu par König, l'ouvrier victime d'un accident percevrait une double indemnité, bien supérieure à ce qu'il aurait gagné en temps ordinaire, et le patron serait appelé à payer deux fois, savoir sa quote-part aux primes et l'indemnité complète, telle qu'elle serait due s'il n'y avait pas eu d'assurance.

Qu'un pareil système serait contraire à l'équité et aux principes de droit et ne saurait être appliqué qu'en vertu de textes de loi très explicites, qu'on ne trouve pas dans la législation à laquelle sont soumis les fabricants.

Considérant que pour donner au dernier alinéa de l'art. 9 de la loi précitée sa véritable signification, il convient de ne pas le prendre isolément, mais de le rapprocher au contraire des autres articles dans lesquels il est question de maladies et d'accidents, pour se rendre compte de la portée que le législateur a attribuée à ces mots.

Qu'en opérant ce rapprochement, il apparaît que la loi a voulu réparer dans la mesure du possible les conséquences de maladies ou d'accidents survenus à l'ouvrier dans l'exercice de sa profession et en corrélation directe avec son travail, et n'a nullement entendu rendre le patron responsable d'accidents ou de maladies quelconques.

Considérant que la police conclue entre Chavannes-Burnat et Cⁱᵉ et la société d'assurance de Winterthour a eu pour but, ainsi que cela résulte de son intitulé lui-même, de couvrir les défendeurs de toutes les conséquences de la responsabilité civile résultant de l'application de la loi du 25 juin 1881, et comprend ainsi tous les accidents et toutes les maladies dont cette loi s'occupe.

Qu'ainsi Chavannes-Burnat et Cⁱᵉ ne sont nullement sous le coup de l'exception prévue au dernier alinéa de l'art. 9.

Il n'y a pas eu recours.

Etats de frais.

En date du 10 avril 1889, le Tribunal cantonal vaudois a adressé aux avocats et aux procureurs-jurés du canton la circulaire suivante :

« L'art. 192 du Code de procédure civile statue que les parties fournissent leur état de frais après le jugement.

Cette disposition est évidemment aussi applicable aux causes jugées par le Tribunal cantonal. C'est ce que rappelle du reste la note au pied de la lettre du greffe cantonal avisant les parties du jour fixé pour le jugement du recours, note disant que les états de frais du Tribunal cantonal doivent être fournis pour leur règlement, *aussitôt l'arrêt rendu.*

Le Tribunal cantonal a constaté que ces directions ne sont que très rarement appliquées et que la plupart des avocats et des procureurs-jurés laissent écouler un temps considérable après le jour où l'arrêt a été rendu et celui où ils déposent l'état de frais. C'est là un mode de procéder qui offre de sérieux inconvénients et qui doit être absolument modifié, car le règlement de ces états de frais est rendu difficile lorsqu'il s'est écoulé un temps considérable et que les parties ont retiré les pièces du dossier.

En conséquence, il vous est rappelé que dès ce jour vous aurez à déposer vos états de frais au moins dans *les vingt jours* qui suivent l'arrêt du Tribunal cantonal, en les accompagnant de l'état de frais de première instance, toutes les fois que ceux-ci peuvent avoir de l'influence sur la modération de l'état de frais du Tribunal cantonal, en ce qui concerne le cinquième des honoraires de l'avocat.

Les pièces du dossier ne seront pas restituées aux parties avant que le règlement des frais ait été opéré.

Vous êtes également priés d'écrire les dits états de frais sur papier timbré exigé par la loi, et avec de l'encre communicative, pour éviter au greffe cantonal des copies inutiles.

Il va sans dire que la même régularité doit être pratiquée pour les états de frais de première instance qui ne passent pas sous les yeux du président du Tribunal cantonal. »

Résumé d'arrêt.

Louage de services. — En disposant que, s'il y a de justes motifs, chacune des parties peut demander la résiliation du contrat de louage de services avant le terme fixé, l'art. 346 CO. n'a pas entendu que l'existence d'un motif de résiliation doive être préalablement établie par un jugement. Mais celle des parties qui met fin au contrat par un acte de volonté unilatéral est tenue de démontrer, en cas de contestation à ce sujet, que les faits justifiaient la résiliation. A cet effet, elle doit s'appuyer sur des faits précis et non point seulement sur des appréciations générales de tierces personnes.

Lorsque, dans un contrat de louages de services, l'employé est prêt à continuer ses services, malgré le refus du maître de les recevoir, il ne peut pas demander l'exécution du contrat, mais seulement des dommages et intérêts. Ces derniers consistent dans le montant du salaire convenu, sous déduction du bénéfice que l'employé a pu retirer du fait que l'attitude du maître l'a, de son côté, libéré de ses obligations. En revanche, il n'y a lieu d'allouer à l'employé une indemnité plus étendue (par exemple pour atteinte à son crédit, plus grande difficulté de se placer, etc.) que si la résiliation du contrat implique à la charge du maître un acte illicite et quasi-délictueux dans le sens des art. 50 et suiv. CO.

TF., 9 mars 1889. Schon c. Société anonyme dynamite Nobel.

Ch. SOLDAN, conseiller d'Etat, rédacteur.

Lausanne. — Imp. CORBAZ & Comp.

XXXVIIᵉ ANNÉE. Nᵒ **17**. SAMEDI 27 AVRIL 1889.

JOURNAL des TRIBUNAUX

REVUE DE JURISPRUDENCE

Paraissant à Lausanne une fois par semaine, le Samedi.

Rédaction : M. CHARLES SOLDAN, conseiller d'Etat, à Lausanne.
Administration : M. L. ROSSET, greffier du Tribunal cantonal, à Lausanne.
Abonnements : 12 fr. par an; 7 fr. pour six mois. Pour l'étranger, le port en
sus. On s'abonne à l'imprimerie CORBAZ & Cⁱᵉ, chez l'administrateur, M. ROSSET,
et aux bureaux de poste.
Annonces : 20 c. la ligne ou son espace. S'adresser à l'imprimerie CORBAZ & Cⁱᵉ.

Questions de droit civil fédéral.

VI

Responsabilité dans la société anonyme.

Le but de cette notice est uniquement d'expliquer les art. 671
à 675 du Code fédéral des obligations. On sait que diverses législations modernes ne se sont pas bornées à consacrer le principe de la responsabilité, même solidaire, des fondateurs et de
certains organes des sociétés anonymes (administration et contrôle). La responsabilité civile est une garantie, sans conteste,
pour les actionnaires et pour les créanciers de la société; mais
cette garantie devient parfaitement illusoire en cas d'insolvabilité des personnes responsables. C'est pourquoi nombre de lois
nouvelles renferment des dispositions pénales plus ou moins sé-
vères, de nature à sanctionner avec plus d'efficacité les règles
sur les devoirs des fondateurs, administrateurs et contrôleurs.
Ces mesures répressives sont d'autant plus recommandables que
les codes pénaux eux-mêmes, remontant la plupart à une époque où le souci de l'intérêt public s'imposait moins à l'attention
du législateur, n'ont pas prévu, en général, les infractions dont

ces personnes pouvaient se rendre coupables ; il semble que des mesures analogues auraient dû trouver d'autant plus facilement accueil dans notre Code fédéral, que le droit pénal de nos vingt-cinq cantons et demi-cantons ne renforce pas du tout ou ne renforce pas suffisamment la sanction purement civile fournie par les art. 671 et suivants. Assurément, les infractions qui auront un caractère criminel seront punies, si la législation cantonale le permet. N'est-il pas regrettable que nous soyons livrés à l'incertitude et à l'arbitraire dans un domaine aussi important ? On a craint peut-être que l'introduction de dispositions pénales dans le texte de notre Code ne fût inconstitutionnelle. Ces scrupules eussent été peu fondés, selon nous, aussi peu fondés que ceux qui auraient pu déterminer le législateur à faire abstraction des pénalités de l'art. 864, par exemple.

Comme modèles de législation sur la matière, nous mentionnons le Code de commerce allemand revisé (art. 249 et suiv.), qui est d'une extrême rigueur, la loi belge de 1873 et le Code de commerce italien (art. 249 et suiv.).

I. **A l'égard des fondateurs.** On a fait de tristes expériences avec les fondateurs de nombreuses sociétés anonymes. Circulaires et prospectus mensongers, retentissantes et frauduleuses réclames, manœuvres employées pour se créer des avantages excessifs lors de la constitution, tous les stratagèmes ont servi à tromper des souscripteurs crédules. Notre loi s'est préoccupée de cette situation ; elle a voulu y porter remède. L'art. 671 [1] donne, en ces termes, une *actio doli* restreinte aux victimes de la spéculation : *Ceux qui* [2] *ont coopéré* (d'une manière ou d'une au-

[1] Loi française de 1867, 42 et suiv.; C. com. all. 249. *Haberstich*, II, 600, 602 ; *Jacottet*, 874 ; *Schneider et Fick*, 517 ; *Hafner*, 217 ; *Mess. Cons. féd.*, 67 ; *Mentha*, Critiques, etc., 76 et suiv.; *de Muralt*, Fondation des sociétés anonymes (Lausanne, 1887), 198 et suiv.; *Zeitschrift des bernischen Juristenvereins*, XXIV, 458 et suiv.

[2] Cet article est mal traduit. Le texte allemand emploie le singulier : *Wer bei der Gründung* etc., ce qui fait comprendre que le mot: *solidairement* qui figure à l'art. 674 (où le pluriel est employé) n'ait pas trouvé place dans ce texte. Mais à lire le texte français de l'art. 671 et à le rapprocher de l'art. 674, on pourrait croire que c'est à dessein que la loi n'a pas proclamé le principe de la responsabilité *solidaire* des fondateurs. Il n'en est rien ; les fondateurs sont bien solidairement responsables, en application de l'art. 60 et dans les limites fixées par cet article.

tre, et non-seulement les fondateurs proprement dits) *à la fondation d'une société anonyme sont responsables, soit envers la société, soit envers chaque actionnaire ou créancier de la société, du dommage qu'ils leur ont causé :*

1° *En formulant ou en répandant* SCIEMMENT, *dans des circulaires ou des prospectus, des assertions mensongères ;*

2° *En concourant* SCIEMMENT *à dissimuler ou à déguiser dans les statuts des apports ou transmissions de biens, ou des avantages accordés à certains actionnaires ou à d'autres personnes, contrairement à l'art. 619, al. 1 ;*

3° *En contribuant* SCIEMMENT *à faire inscrire la société sur le registre du commerce, en vertu d'une attestation ou d'un acte contenant des assertions mensongères.*

Comme nous l'avons dit, l'art. 671 ne donne aux lésés qu'une *actio doli* restreinte aux trois cas ci-dessus ; il limite donc, en sacrifiant les droits des souscripteurs abusés et la sécurité du crédit public, le principe général de la responsabilité non contractuelle déterminée par les art. 50 et suivants. S'il fallait interpréter littéralement l'art. 671, notre loi, en place de sanctionner avec plus de force la responsabilité des fondateurs, aurait créé en faveur de ces derniers une situation tout à fait privilégiée. Tandis qu'un simple particulier, — vous ou moi — répond non-seulement de son dol, mais encore de ses fautes et négligences, les fondateurs de sociétés anonymes ne répondent que de leur dol. C'est absurde et il paraît presque impossible que le législateur ait voulu cela. Quoi ! il serait nécessaire que le lésé prouvât à la fois qu'il a été trompé et que les fondateurs l'ont trompé *sciemment ?* Tout inintelligible que cela soit, le texte de l'article 671 ne permet guère une autre interprétation ; il conviendra, cependant, d'interpréter le mot « sciemment » d'une façon aussi large que possible, afin de ne point attribuer une sorte de prime aux spéculations déloyales. Il faudra tout spécialement assimiler au *dolus*, la *luxuria*, les grossières et inexcusables imprudences.

Après ces quelques observations, revenons à l'art. 671 lui-même. Il ne règle pas que la responsabilité des fondateurs proprement dits, mais de « *tous ceux qui ont coopéré* à la fondation d'une société anonyme », d'une manière quelconque, banquiers, notaires, etc. Il est vrai que la preuve du dol sera bien malaisée à rapporter à l'égard de ces derniers. La responsabilité dérivée de l'article 671 est *solidaire,* ainsi que nous l'avons établi en note (cfr. art. 60 C. O.). Quant au mot : *sciemment,* il implique l'idée d'une fraude, d'un dol, ensorte que la *simple négligence* ne fait point encourir de responsabilité. Nous admettrions néanmoins, comme nous l'avons indiqué plus haut, qu'une négligence inexcusable doit être assimilée au dol. Un fondateur, par exemple, n'a pas su, mais il *aurait dû savoir,* en agissant selon les principes de la plus élémentaire prudence, que le prospectus par lui lancé renfermait des assertions mensongères ; il pourrait être recherché en dommages et intérêts.

Nous n'insistons pas sur les trois cas de responsabilité de l'art. 671. Relevons toutefois que l'art. 24 CO. peut être invoqué par le souscripteur induit en erreur, dans l'hypothèse du 1er al. de l'art. 671, et que les garanties assumées ou les assurances données par les fondateurs peuvent étendre la responsabilité légale.

Quels sont maintenant les ayants droit à l'action en responsabilité ? La *société* d'abord, mais elle n'entrera guère en ligne de compte relativement au chiffre 1 de l'art. 671, car il est difficile de supposer que des circulaires ou des prospectus aient pu lui causer du préjudice ; puis, chaque *actionnaire* ou souscripteur, et enfin chaque *créancier,* notamment chaque obligationnaire. Il est évident que si le dommage occasionné l'est tout ensemble à la société et aux actionnaires, les fondateurs ne peuvent être tenus qu'à le réparer intégralement une fois, mais non deux.

Les projets disposaient aussi que la société était responsable vis-à-vis des tiers du dommage causé par ses représentants, employés et ouvriers dans l'exercice de leurs fonctions. On a supprimé les prescriptions spéciales à ce sujet comme faisant double emploi avec celles des art. 62 et 115.

II. **Dans le cas de l'art. 672.** Sans exclure la responsabilité de la société elle-même (cfr. art. 62 et 115), à raison des actes accomplis par ses mandataires, dans l'éventualité de l'art. 672 [1], cet article nous apprend que : *Si une société anonyme déjà constituée a émis des actions ou des obligations, soit pour son compte,*

---

[1] Loi franç., 44. *Haberstich,* II, 603 ; *Hafner,* 218.

soit pour celui des tiers, tous ceux [1] *qui ont coopéré à l'émission sont responsables, envers tout actionnaire ou obligationnaire, du dommage provenant du fait qu'ils auraient* SCIEMMENT *publié ou répandu des circulaires ou prospectus renfermant les assertions mensongères.* Ici encore, la loi exige la preuve du *dol,* ou tout au moins d'une négligence inexcusable, comme nous l'avons admis ad art. 671. La responsabilité entre plusieurs auteurs est *solidaire* (cfr. art. 60). Les ayants droit à s'en prévaloir ne sont que les *actionnaires* ou les *obligationnaires,* mais non la société, car il n'est guère possible qu'elle soit lésée par des manœuvres du genre de celles que l'art. 672 tente de réprimer. Par contre, la société, actionnée en responsabilité suivant l'art. 62 ou l'art. 115, pourra recourir contre les auteurs du préjudice qu'elle aura été tenue de réparer.

III. **A l'égard des administrateurs et contrôleurs.** Les fonctions des administrateurs et des contrôleurs ont un double caractère ; ils sont et des mandataires de la société et des magistrats sociaux. Comme mandataires, ils sont responsables de leur gestion ; comme magistrats, de l'observation de la loi et des statuts. Le fondement, comme aussi l'étendue de leur responsabilité, diffère donc de celle prévue sous art. 671 et 672. Alors que, dans les espèces de ces deux articles, la responsabilité repose sur les art. 50 et suivants, en y dérogeant toutefois, celle des art. 673 et suivants est de nature *contractuelle*, précisément parce que les administrateurs et contrôleurs sont des mandataires de la société. Mais, comme nous le verrons, et en opposition au principe que la faute contractuelle ne donne droit à des dommages et intérêts qu'*inter partes,* la responsabilité des personnes dénommées ci-haut existe envers les actionnaires et créanciers, aussi bien qu'envers la société. En droit français, au contraire, les actionnaires et créanciers n'ont que l'action basée sur les art. 1382 et suivants du Code civil, car, ainsi que le reconnaît la jurisprudence, le « mandat donné par une société anonyme à ses administrateurs est un mandat social qui ne lie ceux-ci qu'envers la collectivité des associés et qui ne peut, dès

---

[1] On a traduit : *jeder*, par : « tous ceux qui ». Nous devons donc reproduire l'observation ci-dessus quant à la *solidarité* Il y a responsabilité solidaire dans le cas de l'art. 672 comme dans celui de l'art. 671, pour les mêmes motifs et dans les mêmes limites.

lors, engendrer contre eux qu'une action sociale. » (Arrêt de la Cour de Paris, du 16 avril 1870.)

Les membres de l'administration (cfr. art. 649) *et les contrôleurs* (cfr. art. 659) *sont solidairement responsables envers la société des dommages qu'ils lui causent en violant ou en négligeant leurs devoirs* (art. 673 [1]). Les caractères généraux de cette responsabilité seront fixés par l'applicatiou des art. 110, 113 et 116, qui traitent des conséquences de la faute contractuelle. Cette responsabilité est d'ailleurs *solidaire*. Mais il va de soi que les administrateurs ou contrôleurs dissidents, c'est-à-dire ceux qui n'ont pas adhéré à la délibération dont découle la responsabilité, ou ceux qui ont protesté contre elle, il va sans dire que ces personnes-là ne sout nullement passibles de dommages et intérêts, puisqu'aucune faute ne leur est imputable; il en sera de même des absents, s'ils établissent que leur absence était excusable; en ce qui concerne ceux qui se seront abstenus, la responsabilité sera entière, car la faute peut consister dans une omission aussi bien que dans un acte. On peut se demander néanmoins si les administrateurs qui se sont opposés, ont protesté ou n'ont pas pris part à la délibération par suite d'absence justifiée, n'ont pas, pour s'exonérer de toute responsabilité, à nantir l'assemblée générale de transgressions de la loi ou des statuts; la loi belge (art. 52), le Code hongrois (art. 191), le Code italien (art. 149) exigent formellement des administrateurs qui n'ont pas concouru à prendre la décision incriminée qu'ils en informent la société, pour mettre leur responsabilité à couvert. Notre loi ne dit rien de pareil, malheureusement; il suffira donc que les administrateurs ou contrôleurs prouvent qu'ils ne se sont pas rendus coupables d'une faute pour être déchargés; nous croyons cependant que, dans certains cas, l'omission par les opposants ou les absents de faire connaître une décision illégale, dans le sens de l'art. 673, aux organes compétents de la société pourra être envisagée comme une véritable faute. Quand l'administration est confiée à des directeurs, la responsabilité du Conseil s'entend surtout du défaut de surveillance; les directeurs nommés en conformité de l'art. 650, sont, du reste, quant à leur responsabilité, soumis aux art. 673 et 674.

[1] Loi française, 42 et suiv.; C. com. all., 241, 249 et suiv.; *Haberstich*, II, 605; *Jacottet*, 375; *Schneider et Fick*, 518; *Hafner*, 218; *Bing*, La société anonyme en droit italien, 330 et suiv.; *Rapp. comm. Cons. nat.*, 33.

Les administrateurs et contrôleurs ne sont pas responsables qu'envers la société comme telle. Il peut se faire que les actionnaires et les créanciers éprouvent un dommage qui se confonde avec celui dont souffre la société ; il se peut également que le dommage par eux subi n'atteigne en rien la société. On pourrait s'imaginer que c'est dans cette dernière alternative uniquement que la loi donne à chacun des actionnaires et des créanciers le droit d'actionner les administrateurs et contrôleurs en indemnité, et que, dans l'autre cas, il n'y aurait lieu qu'à une action sociale. Il n'en est pas ainsi ; on n'a pas voulu immoler les droits de certains actionnaires ou créanciers aux hasards d'une décision de l'assemblée générale, décision que les organes fautifs ont pu faire rendre selon leurs vœux. Mais qu'arrivera-t-il si du préjudice a été causé tout ensemble à la société comme telle ainsi qu'aux actionnaires et aux créanciers, et si le préjudice causé à l'une et aux autres se confond en totalité ou en partie ? Dans quelle mesure et suivant quel mode la réparation s'en opèrera-t-elle ? Il est incontestable que si la société elle-même en est indemnisée, sa situation s'en trouve améliorée ; partant, la valeur des actions et des créances augmente, et chacun des actionnaires ou des créanciers autorisés à réclamer des dommages et intérêts devra restreindre ou même abandonner ses réclamations, suivant que la réparation faite à la société amoindrira ou effacera complètement son propre préjudice. La solution est différente, lorsque les actionnaires ou les créanciers actionnent les premiers en réparation ; ce qu'ils obtiendront de ce chef ne profite en rien à la société, si bien que les administrateurs ou contrôleurs fautifs pourraient être condamnés deux fois à réparer le même préjudice, d'abord envers les actionnaires et créanciers, ensuite à l'égard de la société. Ce serait injuste ; aussi convient-il, comme l'a proposé M. Wächter dans le travail cité en note ad art. 674, non-seulement de permettre aux organes sociaux responsables d'indemniser en première ligne la société, afin qu'ils ne puissent être contraints à payer deux fois, mais d'interdire aux créanciers et actionnaires la poursuite de tous dommages et intérêts qui se confondraient avec ceux de la société, aussi longtemps que la société est en droit de les réclamer ; dès que la société a obtenu réparation ou a renoncé à l'exiger, les actionnaires et les créanciers peuvent agir en réparation du préjudice qu'ils ont éprouvé directement et qui n'est point couvert par les indemnités versées à la société. N'oublions point que les actionnaires ont à déduire du montant des dommages et intérêts à eux dus non pas ce que la société aurait pu réclamer pour elle et qu'elle n'a peut-être obtenu qu'en partie, mais exclusivement ce qu'elle a reçu.

Nous avons anticipé sur les dispositions que voici de l'article 674 [1] : *Les membres de l'administration et les contrôleurs sont solidairement responsables, envers chacun des actionnaires et créanciers de la société, de tous dommages qu'ils leur ont causés en manquant volontairement aux devoirs que leur imposent leurs fonctions respectives.* Envers la société, les dits organes répondent même de leur simple négligence, en vertu de l'art. 673 ; envers chacun des actionnaires et créanciers, ils ne répondent que de leur *dol*, ce qui résulte du mot « volontairement » *(absichtlich)*; il ne suffit même pas d'une violation consciente, il faut qu'elle soit volontaire, qu'elle ait lieu à dessein. Suivant la commission du Conseil national, l'art. 674 exclut la responsabilité en cas de négligence grave et la restreint à la violation intentionnelle des devoirs imposés aux membres de l'administration et du contrôle. La responsabilité est *solidaire*, sous les réserves exposées plus haut, quant aux administrateurs et contrôleurs dissidents. Ajoutons qu'en thèse générale, les créanciers sociaux ne pourront, à moins que leurs titres, leurs obligations, par exemple, ne soient au porteur, agir en responsabilité qu'après la déclaration de faillite de la société, puisque c'est à cette date seulement qu'un préjudice pourra être constaté à leur encontre (cfr. art. 675 *in fine).*

Rappelons encore ici les cas spéciaux de responsabilité prévus par les art. 623, 667, 669, 670. Voir aussi art. 661.

Les statuts peuvent, du reste, étendre la responsabilité des art. 671 et suiv., non la restreindre, les dispositions contenues dans ces articles étant considérées comme d'ordre public par le législateur.

---

[1] Loi française, 42 et suiv. C. com. all. 241. *Haberstich*, II, 606; *Jacottet*, 375; *Schneider et Fick*, 519; *Hafner*, 218; *Bing*, 880 et suiv., *Zeitschrift für schweiz. Recht*, XXIX, 381 et suiv. (un travail de M. H. Wächter sur l'art. 674); *Rapp. Comm. Cons nat.*, 88. *Arrêts du T. f.*, XII, 366.

IV. **Dispositions communes aux cas des art. 671, 672, 674.**
L'art. 675[1] nous apprend à ce sujet que : *Lorsque, par décision
de l'assemblée générale, ceux qui pourraient être poursuivis en
dommages et intérêts en vertu des art. 671, 672, 674, ont été
libérés de leur responsabilité, cette décision n'est opposable à un
actionnaire que s'il y a adhéré, ou s'il n'a formé aucune opposition dans les* SIX MOIS *à dater du moment où il en a eu connaissance, ou s'il a acheté ses actions postérieurement à la décision
et en parfaite connaissance de cause* (al. 1). Au contraire, une
décision de l'assemblée générale exonérant les organes sociaux
de la responsabilité de l'art. 673 serait obligatoire pour la société comme telle ; si le dommage causé à la société l'était du
même coup aux actionnaires, il est naturel que cette décharge
de l'assemblée générale ne lierait ces derniers que dans les limites tracées par l'art. 675. L'opposition qui doit intervenir dans
les *six mois* en vertu de l'art. 675, n'est soumise à aucune condition de forme ; il sera bon néanmoins de procéder par voie de
signification. En ce qui a trait aux actionnaires qui auraient
vendu leurs titres, ou aux détenteurs de titres au porteur qui
les auraient aliénés, ils peuvent actionner, même après l'aliénation, les administrateurs ou contrôleurs en responsabilité, si les
fautes intentionnelles de ceux-ci, connues du public, ont provoqué une diminution du prix de vente ; mais leur action déri-
vera, dans ces circonstances, des art. 50 et suivants, non de l'article 674.

L'al. 2 de l'art. 675 porte au surplus : *Les créanciers de la société ne peuvent faire valoir les droits que leur confèrent ces
mêmes articles* (671, 672, 674) *qu'après la mise en faillite de la
société, à moins que leurs créances ne résultent de titres au porteur.* En effet, sauf les détenteurs de titres au porteur qui jouis-
sent d'une faveur spéciale, les créanciers seront, tant que la société n'est pas en faillite, renvoyés à s'adresser à la société.

V. **Prescription de l'action en responsabilité.** 1° *A l'égard
des cas des art. 672, 673, 674.* La loi n'établissant pas de délai

---

[1] Loi française, 17, 39. *Haberstich*, II, 607 ; *Jacottet*, 376 ; *Schneider et
Fick*, 519 ; *Hafner*, 218 ; *Rapp. comm. Cons. d'Etat du canton de Genève*,
34 ; *Rapp. Société industrielle et commerciale du canton de Vaud*, 124. *Arrêts du T. f.*, XII, 366.

particulier de prescription dans ce domaine, sous réserve de ce qu'exprime l'art. 675 al. 1, nous retombons sous l'application de la règle générale de l'art. 146, c'est-à-dire que la dite action se prescrit en *dix ans*. Mais comme l'approbation de la gestion par l'assemblée générale (cfr. art. 644) implique, dans la règle, une décharge pour les organes de l'administration et du contrôle, le délai de la prescription ordinaire sera le plus souvent remplacé par celui de six mois de l'art. 675 al. 1, pour les actionnaires opposants. Il va de soi que les décisions de l'assemblée générale ne lient point les créanciers en cette matière; ils auront dix ans à partir du moment où ils ont pu faire valoir leurs droits (cfr. art. 675 *in fine*).

2° *A l'égard du cas de l'art. 671*. Il s'agit, en l'espèce, d'une responsabilité dérivant d'une faute non contractuelle; nous adopterions, par analogie, la prescription *annale* (et, sous certaines conditions, *décennale*) de l'art. 69, puisqu'aussi bien les art. 50 et suivants sont applicables sous réserve des dérogations portées en l'art. 671. V. ROSSEL.

Vaud. — TRIBUNAL CANTONAL.
Séances des 21 et 28 mars 1889.

Action en réclamation de bourgeoisie. — Titres n'émanant pas de la commune défenderesse. — Valeur probante. — Loi III, fol. 481, et loi IV, fol. 27, du coutumier de Vaud.

Commune de Forel contre Briod.

En matière d'action en réclamation de bourgeoisie, on ne saurait, d'une manière absolue, refuser toute valeur probante à des titres ou documents n'émanant pas de la commune défenderesse. En pareille matière, il y a lieu de distinguer suivant les cas et de permettre la preuve de l'indigénat par tous les moyens de nature à former l'opinion du juge.

Sous le coutumier de Vaud, la qualité de bourgeois était exigée des justiciers.

Avocats des parties :

MM. PASCHOUD, pour commune de Forel sur Lucens, défenderesse et recourante.

RUCHET, pour J.-L.-F. et Ant.-Ad. Briod, demandeurs et intimés.

Dans une demande du 23 avril 1887, J.-L.-F. Briod allié Germond, à Lucens, et Antoine-Ad. Briod, rière Villeneuve (Fribourg), ont conclu à ce qu'il plaise au Tribunal prononcer qu'ils sont bourgeois de la commune de Forel sur Lucens et doivent, comme tels, être admis à jouir des avantages attachés à ce droit de bourgeoisie et à en supporter les charges, les demandeurs conservant, du reste, la bourgeoisie de la commune de Lucens.

Dans sa réponse, la commune de Forel a conclu à libération des conclusions de la demande.

L'instruction de la cause, dans laquelle des preuves par titres, par témoins et une expertise sont intervenues, a établi entre autres les faits suivants :

Le demandeur Ant.-Ad. Briod allié Badoux, né en 1847, est le fils de Ch.-Fr., né en 1805, de J.-Jacob allié Senn, issu de P.-Ab. allié Jaton, descendant de J.-D. allié Bettex, lequel était l'un des trois fils de Ab. Briod allié Favre, né en 1645.

J.-L.-Fréd. Briod-Germond, né en 1828, demandeur au procès actuel, est l'un des descendants directs de Jacob Briod allié Chappuis, né en 1670, de l'auteur commun Abram Briod allié Favre.

Le dit Ab. Briod avait encore trois autres fils : Jaques-François, né en 1671; Isaac, né en 1683, et Pierre, né en 1690, dont le premier et le dernier sont décédés sans postérité.

Isaac Briod, qui est mort en 1762, a laissé quatre fils dont les descendants sont actuellement reconnus bourgeois de la commune de Forel.

Abraham Briod, le chef de la famille Briod, a été baptisé le 9 mars 1645; il était indiqué, sur le livre des baptêmes de l'église de Courtilles, comme ressortissant de Forel et le manuel de la Cour de Forel, de laquelle il était justicier, l'indique comme étant de Forel.

Le registre des naissances de l'arrondissement d'état civil, volume ancien, porte également Abraham Briod comme étant de Forel.

En date du 23 août 1788, la commune de Forel a délivré un certificat de bourgeoisie à J.-Sam. Briod allié Martin, fils de Jean Briod-Michod.

J.-L.-Fréd. Briod-Germond avait comme bisaïeul Jean Briod allié Michod, fils de Jacob Briod allié Chappuis.

Jean-Rod. Briod, du château de Courtilles, né en 1814 et descendant direct de Jean Briod-Michod, a été, lors du mariage de sa fille avec A. Pidoux, sollicité par la municipalité de Forel de renoncer à son droit de bourgeoisie de la dite commune.

Il résulte des actes d'origine délivrés par la commune de Forel à J.-S. fils de Ab.-D. Briod et à Jean-Jaq. fils de F.-Siméon Briod, que les titulaires sont les descendants directs d'Isaac Briod, fils d'Ab., mort en 1762, et par conséquent les collatéraux des demandeurs.

Par jugement du 24 janvier 1889, le Tribunal civil du district de Moudon a admis les conclusions des demandeurs, repoussé celles libératoires de la défenderesse et condamné la commune de Forel aux dépens du procès. Ce jugement est fondé entre autres sur les considérations suivantes :

Il résulte du rapport d'expertise et des pièces du procès que la filiation des demandeurs est clairement établie et qu'ils sont incontestablement les descendants directs de Ab. Briod, né en 1645, bourgeois de Forel et justicier de la Cour de Forel même en 1716, ainsi que le constate le manuel de cette Cour. Les demandeurs ne sont pas en possession d'actes d'origine délivrés par la commune de Forel, mais, d'un autre côté, celle-ci a reconnu comme bourgeois des descendants d'un des fils d'Ab. Briod. Dès lors, la qualité de bourgeois doit être accordée aux descendants directs des autres fils du dit Ab. Briod, entre autres aux demandeurs. Les documents produits au dossier constituent des actes qui émanent de la commune de Forel et indiquent que Ab. Briod, chef de la famille Briod, et ses descendants siégeaient en qualité de justiciers de Forel. Or, à cette époque les droits, charges et honneurs étaient généralement le privilège des bourgeois habitant la commune. Ab. Briod et ses descendants étaient donc bien bourgeois de Forel. Enfin les armoiries des demandeurs sont identiques à celles des familles reconnues bourgeoises de Forel et l'arbre généalogique produit démontre que les familles Briod, bourgeois de Forel, et celles dont on réclame la bourgeoisie ont un auteur commun, soit Ab. Briod, né en 1645.

La commune de Forel a recouru contre ce jugement, dont elle demande la réforme par les motifs suivants : On ne peut accorder la valeur de pièces probantes à des actes qui n'émanent pas de la commune dont on réclame la bourgeoisie et dans lesquels elle n'est pas intervenue; or il n'existe au dossier du procès actuel aucune pièce, émanant de la commune de Forel, constatant que les demandeurs, soit leurs ascendants en ligne directe, étaient bourgeois de la dite commune de Forel. Le Tribunal de Moudon n'a pas tenu compte de ce principe et il a jugé par simple conviction morale sans fonder son jugement sur de véritables titres, car le manuel de la Cour de Forel, invoqué par le juge de première instance, n'a pas une valeur supérieure aux renseignements fournis par les actes de l'état civil, par les minutes de notaires et par d'autres pièces que l'expert n'a pas reconnu émaner de la commune de Forel. Le Tribunal a, en outre, à tort fondé son opinion sur celle des historiens et des archivistes et il ne pouvait également tenir compte des armoiries de la famille des demandeurs

Le recours a été écarté et le jugement maintenu.

Motifs.

Considérant qu'il résulte soit de l'expertise Piot, soit de l'arbre généalogique produit, que les demandeurs sont bien des descendants directs d'Ab. Briod, né en 1645.

Que, dès lors, il y a lieu de rechercher si Ab. Briod était bourgeois de la commune de Forel.

Considérant que pour établir cette bourgeoisie, les demandeurs ont produit au procès divers pièces, titres et anciens documents, que la commune de Forel estime ne pas constituer des pièces probantes, attendu qu'elles n'émanent pas d'elle.

Considérant que l'on ne saurait admettre d'une façon absolue la théorie de la commune de Forel.

Qu'en effet, l'action en réclamation de bourgeoisie ne peut pas toujours être basée sur des titres émanant de la commune de laquelle la bourgeoisie est réclamée, comme par exemple un acte d'origine ou une pièce authentique équivalente.

Qu'en pareille matière il y a lieu de distinguer suivant les cas et de permettre la preuve de l'indigénat par d'autres moyens.

Qu'avec le système de la recourante, il serait presque impossible d'établir le droit à la bourgeoisie, puisque dans la majeure partie des cas, les demandeurs ne possèdent aucun titre de la commune dont ils se prétendent bourgeois.

Que, du reste, dans le cas particulier, la commune de Forel ne possède ni archives, ni registre d'inscription des bourgeois.

Considérant, dès lors, qu'il y a lieu de voir si les pièces produites par les demandeurs établissent leurs droits à la bourgeoisie de Forel.

Considérant que les demandeurs ont, en premier lieu, produit le manuel de la Cour de Forel, document qui présente tous les caractères d'authenticité désirables et qui concerne l'administration de la justice dans la seigneurie de Forel, bailliage de Moudon.

Que la Cour de Forel s'occupait des affaires litigieuses ou autres (homologations de testaments, licitations d'immeubles, partages, etc.) concernant soit des personnes domiciliées à Forel, soit des biens situés dans cette commune.

Que dans le manuel de cette Cour, commencé le 14 septembre 1715, terminé le 22 septembre 1761, Ab. Briod, qui était justicier de Forel, c'est-à-dire juré ou juge de la Cour, ainsi que son fils Isaac, qui lui a succédé en cette qualité le 14 mars 1716, sont désignés l'un et l'autre non-seulement comme justicier, mais qu'à diverses reprises ils sont indiqués comme étant « de Forel », « de ce lieu ».

Que ces expressions voulaient bien dire que Ab. Briod et son fils Isaac étaient bourgeois de Forel, le mot de bourgeois étant généralement sous-entendu, comme il l'est encore de nos jours dans la plupart des actes notariés ou autres désignant des personnes.

Considérant en outre que la qualité de bourgeois était d'autant plus exigée des justiciers que suivant la loi III, fol. 481 du coutumier de Vaud, rappelée par Porta dans sa *Formalité,* page 19, les suppléants des justiciers devaient être choisis parmi les bourgeois.

Que, du reste, pour exercer les fonctions de justicier, cette qualité de bourgeois était nécessaire, attendu qu'à cette époque surtout les charges et emplois étaient l'apanage de la bourgeoisie.

Qu'en effet, sous le coutumier de Vaud, la loi IV, fol. 27, exigeait que les membres du Petit Conseil de chaque commune fussent bourgeois de celle-ci et que même depuis l'indépendance du canton de Vaud, il fallait être bourgeois de la commune pour pouvoir faire partie de la municipalité.

Que c'est seulement la constitution vaudoise du 4 août 1814 qui a permis de prendre des non-bourgeois comme municipaux, mais en réservant cependant aux bourgeois les trois quarts des places, soit dans la municipalité, soit dans le conseil communal.

Considérant, en outre, que la délibération de la Cour de Forel, du 14 mars 1716, constate, à propos du remplacement de Ab.

Briod comme justicier par son fils Isaac, que ce dernier « fonctionne la charge de communier avec bien de l'approbation ».

Considérant qu'Isaac Briod exerçait donc, outre celles de justicier, des fonctions communales à Forel, d'où l'on doit déduire d'autant mieux qu'il était bien bourgeois de Forel.

Considérant, d'autre part, qu'il résulte des autres documents produits que chaque fois qu'il est question du justicier, Ab. Briod, chef de la famille, ou bien de ses enfants, on les indique toujours comme étant « de Forel », de « ce lieu », « de céans ».

Que cette indication se retrouve surtout dans le registre de reconnaissance des censes de Lucens, de 1699, et dans les minutes du notaire Berthex, dès 1607 à 1699.

Qu'elle existe aussi dans le manuel du conseil de bourgeoisie de Lucens de 1789 à 1796, ainsi que dans le registre de la municipalité de Lucens de 1822.

Considérant qu'il résulte de ces preuves et de l'ensemble des faits de la cause que Ab. Briod était bien bourgeois de Forel.

Qu'il doit, dès lors, en être de même de ses descendants, c'est-à-dire des demandeurs au procès actuel, puisqu'il n'a pas été établi qu'eux ou leurs ancêtres aient renoncé à leur droit de bourgeoisie à la commune de Forel.

L'arrêt qui précède présente certainement de l'intérêt. Le Tribunal cantonal a été appelé à se prononcer à diverses reprises sur des questions de ce genre, spécialement le 28 novembre 1860, dans l'arrêt Golay c. commune du Chenit, et le 15 mars 1876, dans l'arrêt commune de Bottens c. Guédon et commune de Froideville [1].

Ce dernier arrêt avait réformé le jugement du Tribunal du district d'Echallens et paraissait poser le principe que, pour être en droit de réclamer la bourgeoisie d'une commune vaudoise, le requérant devait pouvoir fournir des actes émanant de la commune elle-même. C'est ce point de vue qui a été défendu par le conseil de la commune de Forel; mais le Tribunal cantonal n'a pas admis cette doctrine et est revenu dans une certaine mesure de l'opinion précédemment adoptée, qui nous paraît, en effet, trop absolue.

[1] Voir *Journal des Tribunaux*, année 1861, page 29, et année 1876, p. 72.

Résumés d'arrêts.

Assignation. — Si le défendeur n'a pas été régulièrement assigné, le juge peut d'office ordonner le renvoi de l'audience; en effet, ce cas doit être envisagé comme un cas de force majeure dans le sens de l'art. 290 Cpc.

TC., 26 mars 1889. Chablaix c. Derendiger.

Cautionnement. — La circonstance que l'acte de cautionnement ne désigne pas d'une manière précise la personne en faveur de laquelle le cautionnement est donné, n'a pas pour effet d'invalider celui-ci. En effet, le cautionnement peut être donné pour une obligation non encore contractée et en faveur d'un créancier non encore déterminé (CO. 491).

Cour d'appel de Zurich, 16 février 1889. Rothschild c. Schmid et Keller.

Délai. — Le défendeur qui entend se prévaloir de ce que le délai de comparution prévu à l'art. 176 de la loi sur l'organisation judiciaire n'a pas été observé, doit ou bien ne pas se rendre à la citation, ou bien comparaître à l'audience et soulever par dictée au procès-verbal le moyen tiré de l'inobservation de la loi, auquel cas il peut demander le renvoi de l'audience. Si, au contraire, il se présente à l'ouverture de l'audience, sans soulever ce moyen, il est réputé avoir couvert le vice dont la citation était entachée.

TC., 26 mars 1889. Chablaix c. Derendiger.

Ch. SOLDAN, conseiller d'Etat, rédacteur.

Société du Journal des Tribunaux.

L'assemblée générale des actionnaires du 20 avril a fixé à **2 fr. 50** par action le montant du dividende pour l'année 1888.

Ce dividende est payable dès ce jour chez l'administrateur du journal, M. **Rosset**, greffier du Tribunal cantonal, sur présentation du coupon n° 8. MM. les actionnaires sont instamment priés de bien vouloir le retirer.

A VENDRE, en bloc ou séparément, les recueils des lois fédérales et cantonales. — S'adresser au bureau du journal.

Lausanne. — Imp. CORBAZ & Comp.

XXXVIIᵉ ANNÉE. N° 18. SAMEDI 4 MAI 1889.

JOURNAL DES TRIBUNAUX

REVUE DE JURISPRUDENCE

Paraissant à Lausanne une fois par semaine, le Samedi.

Rédaction : M. Charles Soldan, conseiller d'Etat, à Lausanne.
Administration : M. L. Rosset, greffier du Tribunal cantonal, à Lausanne.
Abonnements : 12 fr. par an ; 7 fr. pour six mois. Pour l'étranger, le port en sus. On s'abonne à l'imprimerie Corbaz & Cⁱᵉ, chez l'administrateur, M. Rosset, et aux bureaux de poste.
Annonces : 20 c. la ligne ou son espace. S'adresser à l'imprimerie Corbaz & Cⁱᵉ.

TRIBUNAL FÉDÉRAL
Séance du 22 mars 1889.

Mise sous régie d'une commune. — Prétendue violation de l'autonomie communale garantie par les art. 56 à 68 de la constitution du Valais. — Art. 4 de la constitution fédérale ; art. 62 de la loi sur l'organisation judiciaire fédérale.

Conseil communal de Zermatt contre Valais (affaire Seiler).

Lorsque la question de la constitutionnalité d'une décision imposant à une commune la réception d'un nouveau bourgeois a été tranchée définitivement par toute la série des autorités compétentes, il y a chose jugée à cet égard.

Le refus persistant et obstiné de la dite commune de délivrer à son nouveau ressortissant un diplôme de bourgeois, malgré les ordres réitérés de l'autorité supérieure, justifie, aux termes de la constitution valaisanne, la suspension du conseil communal et l'institution d'une régie temporaire.

La loi valaisanne du 23 novembre 1870 sur les bourgeoisies statue, à son art. 10, que « les bourgeoisies doivent faciliter aux » Valaisans, domiciliés dans la commune depuis 5 ans, l'acqui-

» sition du droit de bourgeoisie » et que « si le droit de bour-
» geoisie est refusé sans motif légitime, le postulant peut récla-
» mer au Conseil d'Etat, qui décide sur les motifs de refus, et
» qui, pour la fixation du prix, doit prendre en considération
» l'intérêt du capital de réception combiné avec la fortune et
» les revenus de la bourgeoisie. »

Voulant profiter du bénéfice de ces dispositions, Alexandre
Seiler, maître d'hôtel à Zermatt et bourgeois de Blitzingen (district de Conches), s'adressa, par mémoire du 10 janvier 1874, au
Conseil d'Etat du Valais pour obtenir d'être reçu en qualité de
bourgeois dans la commune de Zermatt, attendu que l'assemblée des bourgeois de cette commune lui avait refusé, à une
grande majorité, son agrégation, par décision du 8 janvier précédent.

Le Conseil communal de Zermatt s'opposa à cette requête, en
alléguant entre autres que la condition de 5 ans de domicile
n'était pas remplie, le requérant Seiler ne séjournant chaque
année que quelques mois d'été à Zermatt et ayant son domicile
réel à Brigue.

Par arrêté du 3 avril 1874, le Conseil d'Etat décida que l'assemblée bourgeoisiale de Zermatt ne pouvait se refuser à accorder à A. Seiler le droit de bourgeoisie, contre un prix d'achat
à fixer d'un commun accord, ou, à défaut d'entente, par le Conseil d'Etat.

Cet arrêté se fonde sur les dispositions de l'art. 10, précitées,
de la loi du 23 novembre 1870.

Le Conseil communal de Zermatt, persistant à prétendre que
A. Seiler ne se trouvait pas dans les conditions prévues par
la dite loi, recourut au Grand Conseil, qui, sous date du 26 mai
suivant, rejeta le recours, estimant que le Conseil d'Etat avait
agi dans les limites de sa compétence et de la légalité.

La commune de Zermatt, prétendant que cette décision était
prise en violation de l'art. 51 de la constitution cantonale (60
de la constitution actuelle), recourut au Conseil fédéral, lequel,
en date du 23 novembre 1874, écarta également le recours.

Cette disposition constitutionnelle stipule que l'assemblée
bourgeoisiale délibère (le texte allemand dit *verfügt*) sur la réception des nouveaux bourgeois.

Dans son arrêté susvisé, le Conseil fédéral déclare que la décision attaquée n'implique aucune violation de l'art. 51 de la

constitution, cette disposition ne donnant point à l'assemblée bourgeoisiale le droit de décider irrévocablement et définitivement sans recours, ni appel, sur toute demande d'agrégation à la bourgeoisie, et l'art. 58 de la constitution cantonale, ainsi que la loi du 23 novembre 1870, obligeant le Conseil d'Etat à intervenir en cas de réclamation d'un intéressé.

La commune de Zermatt adressa un dernier recours aux Chambres fédérales, qui l'écartèrent, le Conseil des Etats, sous date du 11 mars 1875, et le Conseil national le 18 dit.

En exécution de ces déclarations de rejet, le Conseil d'Etat prit, le 21 avril 1875, un arrêté conférant à A. Seiler et à ses descendants le droit de bourgeoisie de Zermatt; considérant que la fortune bourgeoisiale s'élève à 140,000 fr. et le nombre des ménages de bourgeois à 110 environ, le Conseil d'Etat fixa à 2000 fr. le prix de cette agrégation.

Malgré cet arrêté définitif, il ne paraît pas que l'admission de Seiler à la bourgeoisie soit devenu un fait accompli. Il résulte d'une lettre de l'avocat Graven, du 10 février 1888, que par un acte du 5 novembre 1878, passé entre Seiler et la commune, celle-ci, en donnant à bail au dit Seiler les deux hôtels de la bourgeoisie, s'est également mise d'accord avec lui sur sa participation à la jouissance des avoirs bourgeoisiaux et sur la suspension des contestations entre parties au sujet de sa demande d'acquisition du droit de bourgeoisie.

Le 8 février 1888, A. Seiler a informé le Conseil d'Etat que, s'étant adressé aux autorités communales de Zermatt pour obtenir le diplôme de bourgeoisie, il s'était heurté à un refus formel; il demandait l'intervention du Conseil d'Etat.

Dans sa séance du 24 février 1888, cette autorité a décidé que la commune de Zermatt serait invitée à délivrer à A. Seiler un diplôme de bourgeoisie; par délibération du 19 mars suivant, l'assemblée bourgeoisiale s'y refusa catégoriquement.

Le 22 mars, le Conseil d'Etat maintint sa décision précédente, et, le 1er mai 1888, il fixa à la commune un délai jusqu'au 20 dit, pour la remise de l'acte de bourgeoisie, à défaut de quoi un poste de gendarmerie serait placé dans la localité aux frais de la commune.

Ce délai s'étant écoulé, ainsi qu'une prolongation de 48 heures, sans que la commune eût obtempéré aux ordres du gouvernement, le Conseil d'Etat, dans sa séance du 24 mai, décida d'établir dans la commune de Zermatt et à ses frais un poste de gendarmerie pour y demeurer jusqu'à ce que force fût restée à la loi.

La promesse, faite au nom de la commune de Zermatt par l'avocat Graven, de remettre jusqu'au 21 juin l'acte de bourgeoisie demandé, demeura également sans effet.

Par message du 24 novembre 1888, le Conseil d'Etat porta la question à la connaissance du Grand Conseil, qui, sous date du 30 dit, décida, contrairement à l'opinion exprimée dans le dit message, que le Conseil d'Etat était en droit de délivrer lui-même le diplôme de bourgeoisie, d'inviter « le Conseil d'Etat à » se conformer strictement aux dispositions de l'art. 43 de la » constitution par la mise sous régie de la commune de Zer- » matt, afin qu'un diplôme de bourgeois soit délivré à M. Seiler, » en conformité des décisions antérieures prises par le Grand » Conseil. » Un dernier délai de 15 jours était accordé à la commune à cet effet.

Dans sa séance du 10 décembre suivant, le Conseil d'Etat décida de communiquer la décision du Grand Conseil à la commune de Zermatt par l'organe du préfet de Viège, au moyen de deux publications, les 16 et 23 dit, et de convoquer l'assemblée bourgeoisiale pour cette dernière date.

Ces délais s'étant écoulés de nouveau sans effet, le Conseil d'Etat décida, le 8 janvier, de soumettre la commune à une régie totale, sans limite de durée et exercée par un conseil de trois membres. Le 14 du même mois, le Conseil d'Etat, en exécution de ce qui précède, fixa au 16 dit la date de l'arrêté à porter.

Le 16 janvier 1889, cette même autorité, considérant que l'attitude de la commune constitue un acte de résistance formel aux ordres des pouvoirs publics supérieurs du canton, et en exécution de l'art. 43, n° 8, de la constitution, a pris l'arrêté ci-après :

Art. 1. Le Conseil communal de Zermatt est suspendu de ses fonctions.

Art. 2. Une commission de trois membres est chargée de la régie administrative de la commune. Toutes les attributions incombant au Conseil communal sont en conséquence déférées à cette commission.

Art. 3. Les fonctionnaires et les employés des services publics nommés par le Conseil sont maintenus.

Art. 4. Si la commune de Zermatt se soumet à délivrer le

diplôme de bourgeoisie à A. Seiler et à sa famille, la régie sera levée. Dans le cas contraire, le diplôme sera délivré par la commission de régie.

Art. 5. Le Conseil suspendu est tenu de remettre les protocoles, livres de comptabilité et autres documents, ainsi que le sceau de la commune, à la commission de régie.

Art. 6. Les frais de la régie sont à la charge de la commune, sauf son recours contre les administrateurs en défaut.

Art. 7. Le conseil de régie rend compte de sa gestion au Département de l'intérieur.

C'est contre cet arrêté que le Conseil communal de Zermatt, au nom de dite commune, recourt au Tribunal fédéral, concluant à ce qu'il lui plaise l'annuler comme contraire aux articles 56 à 68 de la constitution, garantissant l'autonomie des communes, et à l'art. 4 de la constitution fédérale.

Dans sa réponse, le Conseil d'Etat a conclu au rejet du recours.

Le Tribunal fédéral a écarté le recours.

Motifs.

1. Il y a lieu d'éliminer du débat tous les faits et arguments relatifs à la première période de la contestation, terminée par l'arrêté du Conseil d'Etat du 21 avril 1875, conférant à A. Seiler et à sa famille le droit de bourgeoisie de Zermatt, en application de l'art. 10 de la loi du 23 novembre 1870, et pour la somme de 2000 fr.

Cet arrêté, en effet, ne fait que consacrer la décision du même Conseil d'Etat en date du 3 avril 1874, statuant que l'assemblée bourgeoisiale de Zermatt ne pouvait se refuser à accorder au dit A. Seiler son agrégation comme bourgeois, décision confirmée, ensuite de divers recours successifs de la commune, par le Grand Conseil du Valais, par le Conseil fédéral et par les deux Chambres fédérales, appelées, sous le régime de la constitution fédérale de 1848, à connaître des contestations de droit public en matière de violations constitutionnelles. La question de la constitutionnalité de la décision imposant à la commune de Zermatt la réception de Seiler comme bourgeois a donc été tranchée alors définitivement par toute la série des autorités compétentes; il y a donc à cet égard chose jugée (v. arrêts du Tribunal fédéral en la cause Niederberger, *Rec.* III, p. 661; VIII, 53).

C'est en vain que le recourant se prétendrait au bénéfice du principe autorisant les citoyens à recourir en tout temps contre des actes d'exécution rendus en conformité des lois générales dont ils estiment que les dispositions portent préjudice ou atteinte à leurs droits constitutionnels. En effet, la contestation soulevée en 1874 par la commune de Zermatt n'avait point pour objet la constitutionnalité de la loi de 1870, mais uniquement l'application qui en avait été faite au cas particulier du sieur Seiler. L'arrêté du 21 avril 1875 n'a, dès lors, jamais cessé d'être en vigueur, et le Tribunal de céans n'a point à entrer en matière sur les griefs du recours, en tant qu'ils ont trait à cet acte de l'autorité administrative cantonale, reconnu constitutionnel par toutes les autorités supérieures compétentes, fédérales et cantonales.

2. Le recours n'est dirigé, de l'aveu même du Conseil communal, que contre l'arrêté du 16 janvier 1889, suspendant cette autorité de ses fonctions et transférant toutes ses attributions à un conseil de régie, ensuite du refus persistant et obstiné de ce Conseil de délivrer au sieur Seiler son diplôme de bourgeois, malgré les ordres réitérés du Conseil d'Etat.

C'est sans aucune raison, d'abord, que le recours tire argument de ce que la suspension du dit Conseil de ses fonctions impliquerait une dépossession arbitraire, contraire aux garanties constitutionnelles en matière d'autonomie communale.

L'art. 43, chiffre 8, de la constitution cantonale attribue, en effet, sans restriction au Conseil d'Etat le droit de suspendre les autorités administratives qui refusent d'exécuter ses ordres, sauf à l'autorité exécutive à en référer au Grand Conseil à sa première session.

Or il ne peut être contesté que, dans l'espèce, la mesure dont se plaint le Conseil recourant a été prise dans les termes mêmes de ce texte constitutionnel et il résulte de tous les faits de la cause que les conditions d'application de cette faculté se trouvaient surabondamment remplies. En présence de la rénitence de l'autorité communale et de ses refus réitérés de se soumettre aux injonctions du Conseil d'Etat, la mesure en question était non-seulement légitime et indiquée, mais il faut encore reconnaître que le gouvernement cantonal, en multipliant les délais et les mises en demeure à l'égard de la commune récalcitrante, a usé de ménagements, alors que l'attitude de ses administrés était loin de lui en faire un devoir. La nécessité d'une semblable mesure, en vue de briser une insubordination contraire à l'ordre public, était incontestable en présence d'une opposition qui ne s'est jamais relâchée, et que ses auteurs ont, jusque dans la procédure devant le Tribunal de céans, déclaré ne pas vouloir abandonner ; c'est ainsi que dans sa réplique, le Conseil communal fait dépendre encore sa soumission de diverses conditions, et se réserve, entre autres, de contester tous les effets et la validité du diplôme de bourgeoisie, aussitôt qu'il aura été remis à l'impétrant.

D'un autre côté, le Conseil d'Etat a déclaré vouloir soumettre la suspension prononcée à l'approbation du Grand Conseil, après avoir déjà demandé au préalable les directions de ce corps dans le message du 24 novembre 1888.

Il ressort de tout ce qui précède que le Conseil recourant ne peut attribuer qu'à ses propres agissements l'état de choses dont il se plaint aujourd'hui.

3. C'est en outre en vain que le recours veut voir une atteinte aux droits constitutionnels de la commune de Zermatt, dans la circonstance que la suspension prononcée a été totale, alors qu'elle ne devait être que partielle, en vue de la délivrance de l'acte de bourgeoisie litigieux.

Ni la constitution cantonale, ni la décision du Grand Conseil du 30 novembre, ni l'arrêté du Conseil d'Etat lui-même ne font une semblable distinction, mais ces autorités se bornent à déclarer que la régie sera levée en cas de soumission de la commune.

Or cette éventualité ne s'est pas présentée, puisque non-seulement la dite commune n'a pas délivré le diplôme contesté, mais qu'elle a mis obstacle, jusqu'au 13 mars 1889, en refusant le sceau à la commission de régie, à ce que celle-ci libellât ce document.

La suspension totale d'un Conseil communal de ses fonctions pour cause d'insubordination et son remplacement par une régie temporaire n'est d'ailleurs point une innovation suggérée par le cas actuel, mais il a été allégué par l'Etat, sans que la partie recourante l'ait contesté, qu'une semblable mesure administrative a été prise dans diverses autres circonstances.

4. Enfin le moyen consistant à prétendre que le Conseil communal n'a jamais été mis en demeure de délivrer le diplôme en

question et que cet office rentre dans les attributions du conseil des bourgeois, est sans aucune valeur.

D'une part, en effet, le recourant a dû reconnaitre qu'aux termes des dispositions de l'art. 56, dernier alinéa, de la constitution valaisanne, la commune de Zermatt ne possède pas de conseil des bourgeois, mais seulement un conseil de commune, et, d'autre part, il ne peut être sérieusement contesté, aux termes de l'art. 5 de la loi du 2 juin 1851 sur l'administration communale, que c'est à cette dernière volonté qu'incombe, par l'intermédiaire de son président et de son secrétaire, l'exécution de tous les ordres du Conseil d'Etat et l'expédition de tous les actes officiels du ressort de la commune.

Or en présence des ordres intimés par le Conseil d'Etat à la commune de Zermatt en vue de la remise du diplôme Seiler, le Conseil communal, autorité exécutive et seul représentant légal de la dite commune, est mal venu à prétexter sa prétendue ignorance.

Les nombreuses correspondances échangées entre le président du Conseil de commune, le Département de l'intérieur et le Conseil d'Etat prouvent à la dernière évidence que la commune de Zermatt ne peut sérieusement prétexter ignorance des décisions gouvernementales.

L'assemblée bourgeoisiale de Zermatt est bien chargée, à teneur de l'art. 60 de la constitution, de délibérer sur la réception de nouveaux bourgeois, mais dans le cas d'Alexandre Seiler, il s'agissait de l'application à un citoyen valaisan de l'art. 10 de la loi de 1870, qui donne au gouvernement cantonal la compétence d'ordonner de son chef l'acquisition du droit de bourgeoisie et d'en fixer le prix. Or cette question ayant été définitivement résolue au point de vue constitutionnel en 1874-75, l'assemblée bourgeoisiale de Zermatt n'avait plus à en délibérer, et c'était au Conseil communal, autorité exécutive, à se soumettre aux ordres du Conseil d'Etat, rendus en conformité de la loi et sanctionnés par le Grand Conseil, autorité souveraine du canton (constitution du Valais, art. 34, n° 15).

5. Le recours étant dénué de fondement et apparaissant comme téméraire et interjeté dans le but de prolonger une résistance abusive, il se justifie d'infliger au Conseil communal recourant un émolument de justice en application de l'art. 62, al. 2, de la loi sur l'organisation judiciaire fédérale.

Bâle - Ville. — TRIBUNAL CIVIL
Traduction d'un jugement du 5 février 1889.

Billet de banque non valable. — Change. — Erreur des deux parties. — Recours de l'acquéreur du billet contre le cédant. — Art. 18, 19, 23 et 192 CO.

Kaiser contre Eckenstein et Maier.

L'opération consistant à changer un billet de banque ne doit pas être envisagée comme une cession, mais comme une vente-achat, chaque titre étant considéré comme une marchandise distincte. Dès lors, si la partie qui a changé un billet non valable et celle qui l'a accepté croyaient toutes les deux de bonne foi qu'il s'agissait d'un titre valable, la découverte de l'erreur autorise celle qui a reçu le billet à se faire rembourser par l'autre le prix qu'elle en a payé.

Le 6 juin 1888, J. Mauderli, employé du brasseur Eckenstein, à Bâle, a fait changer pour le compte de celui-ci, au bureau de l'agent d'émigration Kaiser, un billet de banque de cent dollars, de l'Etat du Missouri. En l'absence de son patron, l'employé de Kaiser a payé 515 fr. contre le dit billet. A son retour, Kaiser a constaté que ce dernier était sans valeur et a nanti la police. L'enquête a établi que le billet en question avait été remis, comme n'ayant aucune valeur, par un nommé Georg à F. Reutlinger; que celui-ci le remit à son tour à F. Maiworm, en le chargeant de le réaliser, et que Maiworm le changea contre 480 fr. à l'aubergiste Maier, le 5 juin. Maier le donna, de son côté, en paiement à Eckenstein, qui ne l'accepta qu'à la condition qu'il fût reconnu valable, et le fit changer chez Kaiser.

Ensuite de ces faits et fondé sur ce qu'il s'était trouvé dans une erreur essentielle au moment où le billet avait été changé, Kaiser a réclamé juridiquement à Eckenstein le remboursement des 515 fr. payés par le premier. Le défendeur, de son côté, a dénoncé l'instance à D. Maier, lequel a pris sa place au procès, concluant à libération des fins de la demande par les motifs suivants : Le billet litigieux est un titre de créance au porteur contre l'Etat du Missouri ; ce titre a été cédé et remis à Kaiser moyennant le paiement de 515 fr. Or, à teneur de l'art. 192 CO., le cédant est bien garant de l'existence de la créance, mais non de son paiement. En l'espèce, le billet est certainement véritable et il n'est pas établi qu'on ne puisse le faire valoir contre l'Etat du Missouri. Subsidiairement, le défendeur estime que le demandeur a commis une faute, en ce sens qu'il aurait dû savoir que le billet était sans valeur, et, en refusant de le recevoir, informer les défendeurs de ce fait, ce qui leur eût permis de s'en tenir à leurs propres cédants.

Le Tribunal civil a donné gain de cause au demandeur.

Motifs.

L'examen du billet de cent dollars litigieux fait voir qu'il n'est pas complet. Il y manque le numéro d'ordre et la signature du *fund commissioner;* de plus, la date de 1869 est le résultat ou d'une falsification ou d'une erreur commise par un particulier; en effet, en 1869, soit quatre ans et demi après la fin de la guerre de sécession américaine, l'Etat n'avait plus à émettre de bons de défense nationale du genre de celui qui fait l'objet du procès actuel. Il s'agit donc manifestement d'un billet qui n'a jamais été régulièrement émis, mais qui est tombé entre les mains du public par hasard ou à la suite d'un délit et qui a continué dès lors à circuler à titre de curiosité, ainsi que le prouvent les annonces commerciales qui y ont été imprimées. D'autre part, il est hors de doute qu'au moment où ce billet a été changé, les deux parties croyaient de bonne foi qu'il s'agissait d'un billet américain valable. Elles n'ont contracté l'une avec l'autre que parce qu'elles se trouvaient toutes les deux dans l'erreur au sujet de la nature de ce titre. Or, cette erreur était essentielle. Dans le commerce des titres, chaque titre est en effet envisagé comme une marchandise qu'on vend ou qu'on achète. Le défendeur n'a pas cédé une créance au demandeur; il lui a vendu un titre qui était censé conférer au porteur un droit de créance contre l'Etat du Missouri. Un titre de ce genre est tout autre chose qu'un imprimé imitant un billet de banque et créé dans un but de divertissement ou analogue. Il suit de là que le contrat intervenu entre les parties, étant entaché d'une erreur essentielle, n'obligeait ni l'une ni l'autre (CO. 18 et 19, al. 3) et qu'en conséquence le demandeur est fondé à exiger le remboursement du prix qu'il a payé.

On peut se demander toutefois si, à teneur de l'art. 23 CO., il n'est pas tenu à des dommages et intérêts, parce que l'erreur proviendrait d'une imprudence à sa charge. Mais le défendeur Eckenstein n'a subi aucun préjudice, puisqu'il n'a accepté le billet reçu de Maier que pour la valeur qu'il en tirerait lui-même et qu'en conséquence Maier est tenu de lui rembourser ce qu'il doit restituer au demandeur, ce à quoi il s'est du reste déclaré prêt. Quant à Maier, il n'existe aucun rapport de cause à effet entre la prétendue imprudence du demandeur et le dommage causé, puisque Maier a accepté le billet de Maiworm et l'a changé contre espèces antérieurement au moment où il a été présenté à son tour au demandeur. Si donc, le 5 juin, Maier a livré à Maiworm une valeur qu'il ne peut plus se faire rembourser aujourd'hui, vu l'insolvabilité de ce dernier, ce n'est qu'à sa propre imprudence et non à celle du demandeur qu'il doit s'en prendre. Au surplus, il résulte des pièces de l'enquête que Maier a eu connaissance de la non-validité du billet l'après-midi même où il a été changé au bureau Kaiser, ensuite de la plainte portée à ce dernier à la police, de telle sorte que le défendeur ne saurait pas davantage exciper d'un défaut d'avertissement en temps utile.   C. S.

Vaud. — Tribunal cantonal.
Séance du 21 mars 1889.

Vente attaquée comme simulée et frauduleuse. — Preuve testimoniale. — Solution de fait liant le Tribunal cantonal.

Elisa Meylan contre John Capt.

Lorsque la partie qui invoque une vente à l'appui d'un droit de propriété qu'elle revendique, ne s'oppose pas à la preuve testimoniale d'allégués tendant à établir que cette vente est simulée et frauduleuse, elle ne saurait protester plus tard contre la solution donnée à ces allégués par le premier juge. Cette solution est définitive et lie le Tribunal cantonal.

Dans sa demande du 12 novembre 1888, Elisa Meylan, à Combenoire, a conclu à ce qu'il soit prononcé contre le notaire John Capt, au Sentier :

1° Que la saisie réelle du 24 septembre 1888 est nulle et de nul effet, en tant qu'elle porte sur les objets désignés sous n°° 1 à 10 du procès-verbal de l'huissier-exploitant, auquel soit rapport quant à leur désignation.

2° Que l'opposition est maintenue.

Dans sa réponse, John Capt a conclu à ce qu'il soit prononcé, tant exceptionnellement qu'au fond :

1° Que le défendeur est libéré des conclusions de la demande, libre cours étant laissé à sa saisie.

2° Reconventionnellement, que les ventes alléguées par la demanderesse sont nulles et de nul effet.

A l'audience du Président du Tribunal de La Vallée, les parties ont convenu de laisser juger la cause par ce magistrat, alors même que les conclusions reconventionnelles tendent à la nullité d'une vente immobilière.

L'instruction de la cause, au cours de laquelle sont intervenues des preuves testimoniales, a établi les faits suivants :

Par exploit du 22 août 1888, John Capt a pratiqué une saisie mobilière générale au préjudice d'A⁺⁺-H⁺ Meylan, pour parvenir au paiement d'une somme de 190 fr. due par le billet de change à l'échéance du 1ᵉʳ août.

Ensuite de cette saisie, l'huissier-exploitant a placé sous le poids de la saisie réelle un certain nombre d'objets mobiliers, dont la taxe s'élève, suivant procès-verbal du 24 septembre 1888, à 302 fr. 50.

Elisa-Méry Meylan a fait opposition à cette saisie, en invoquant le fait qu'elle serait propriétaire des objets saisis, en vertu de vente consentie en sa faveur par son père, le 5 mai 1888.

Par acte notarié Piguet fils, le 28 avril 1888, Meylan a vendu à sa fille majeure, Elisa-Méry Meylan, les immeubles qu'il possédait dans la commune du Lieu, le prix de vente « étant payé » par l'engagement que prenait l'acquéreuse d'acquitter, à la » décharge du vendeur, l'obligation hypothécaire créée le 21 juin » 1883 en faveur de Fanny Guignard. »

La vente mobilière du 5 mai 1888 est simulée (solution du fait n° 7); elle est frauduleuse (n° 8); E.-M. Meylan ne possédait aucune fortune personnelle au moment de la vente (n° 12); la demanderesse connaissait, au moment de la vente, les engagements de son père (n° 14). Avant les ventes mobilière et immobilière, H.-A. Meylan avait cherché à frustrer ses créanciers en faisant, en faveur de la demanderesse, une donation entre vifs, dont l'homologation a été cependant refusée par le vice-président du Tribunal, qui la considérait comme frauduleuse (n° 16). Les immeubles vendus à la demanderesse sont à leur valeur (n° 17).

Ensuite de ces faits, et par jugement du 28 janvier 1889, le Président a repoussé les conclusions n°° 1 et 2 de la demande et accordé les conclusions n°° 1 et 2 de la réponse, avec suite de tous dépens. Ce jugement est fondé, en résumé, sur les motifs suivants :

Les ventes incriminées présentent bien le caractère de la fraude ; elles causent un préjudice à Capt, puisque Meylan ne possède plus rien, s'étant dépouillé de tout son avoir en faveur de sa fille.

Elisa Meylan a recouru contre ce jugement, dont elle demande la réforme en résumé par les motifs suivants :

Pour qu'un acte puisse être annulé comme frauduleux, il faut que l'intention des parties de frauder les créanciers soit établie. Tel n'est pas le cas en l'espèce, puisque la recourante paie par acomptes les créanciers de son père. Par suite des circonstances de la cause et de la manière dont s'est fait l'appointement à preuves, le Président a tranché par des solutions de fait la question, toute de droit, de fraude et de simulation des actes. Ces solutions ne sauraient lier la Cour supérieure, qui peut toujours examiner les questions de droit.

Le Tribunal cantonal a admis partiellement le recours, en ce sens que la conclusion de la réponse par laquelle Capt demandait la nullité de la vente *immobilière* du 28 avril 1888 a été écartée. En revanche la vente *mobilière* du 5 mai 1888 a été annulée comme frauduleuse et simulée, la saisie réelle du 24 septembre 1888 étant ainsi maintenue.

Les dépens ont été compensés.

Motifs.

Considérant qu'à l'audience d'appointement des preuves, Capt a déclaré vouloir prouver par témoins ses allégués n°° 7 et 8, tendant à établir que la vente mobilière du 5 mai 1888 était simulée et frauduleuse.

Que la recourante, ne s'étant point opposée à ces preuves à l'audience préliminaire, ne saurait être admise à protester aujourd'hui contre les solutions données à ces allégués.

Que la Cour n'a pas d'autres éléments que les solutions données par le Président aux allégués 7 et 8 pour apprécier la valeur de la vente mobilière et pour trancher les questions de fraude et de simulation.

Que dans ces conditions, le Tribunal cantonal ne peut apprécier si les critiques du recourant sont fondées ou pas.

Attendu, par contre, qu'il ne résulte d'aucun des faits de la cause que la vente immobilière du 28 avril 1888 ait été faite en fraude des droits des créanciers de H^{ri}-A^{se} Meylan.

Que cette preuve ne résulte nullement du fait que le vice-président du Tribunal de La Vallée a refusé d'homologuer la donation que le dit Meylan voulait faire à sa fille.

Que, du reste, les immeubles ont bien été vendus à leur valeur réelle (solution n° 17).

Attendu, en ce qui concerne les dépens, que Capt n'a pas obtenu l'adjudication de l'entier de ses conclusions, puisque celle relative à la nullité de la vente immobilière n'a pas été admise par la Cour de céans.

------ ◦--◦ ------

Séance du 26 mars 1889.

Réponse déposée tardivement. — Conséquences de cette informalité. — Incident. — Recours. — Art. 113, 164 et 174 Cpc.

Schumacher contre Paroisse catholique de Montreux.

Le prononcé relatif à un retranchement · de conclusions ne peut être assimilé au jugement incident proprement dit ; il doit plutôt être envisagé comme un jugement au fond, susceptible d'un recours suspensif.

La seule conséquence de la tardiveté du dépôt de la réponse est que les conclusions prises dans cette écriture ne peuvent être reconventionnelles ; on ne saurait prononcer le retranchement de la réponse pour ce motif.

Dans une demande du 8 janvier 1889, D. Schumacher, à Montreux, a conclu à ce qu'il soit prononcé que la paroisse catholique de Montreux est sa débitrice et doit lui faire immédiat paiement de la somme de 1033 fr. 85 avec intérêt légal.

Dans sa réponse, la paroisse catholique de Montreux a conclu, tant exceptionnellement qu'au fond, à libération des conclusions de la demande, offrant à Schumacher de lui payer de suite sa note de 2818 fr. 90, après que celle-ci aura été réglée soit par l'architecte de l'entreprise, soit par des experts arbitres.

A l'audience préliminaire du 23 février, le demandeur a conclu par la voie incidente :

1° Au retranchement de la réponse produite, ou subsidiairement, des conclusions tant exceptionnelles qu'en déclinatoirc de dite réponse;

2° Au renvoi de l'audience préliminaire après prononcé sur le premier incident, et ce aux frais de la paroisse défenderesse, afin que le demandeur puisse procéder, s'il y a lieu, à une évocation en garantie ou à un appel en cause et se déterminer sur les faits allégués si ces faits restent au procès, le demandeur faisant la réserve expresse de pouvoir procéder avant la nouvelle audience préliminaire à l'évocation en garantie ou à appel en cause.

La défenderesse a conclu:

1° A libération de la première conclusion, attendu qu'aucune disposition de la procédure n'autorise le retranchement d'une réponse produite, même tardivement.

2° A libération de la conclusion n° 2, tous les faits allégués en réponse étant personnels à Schumacher, lequel est présent à l'audience et rien n'empêchant une détermination immédiate de sa part.

Statuant, le président du tribunal de Vevey a, par jugement incidentel du 23 février 1889, écarté la première conclusion incidente du demandeur, admis la seconde conclusion et ordonné le renvoi de l'audience aux frais de la partie défenderesse.

Au rapport de la sentence, le demandeur a déclaré recourir au Tribunal cantonal.

Dans son mémoire, la défenderesse a conclu:

I. Exceptionnellement, au rejet du recours de Schumacher, celui-ci étant prématuré, un recours suspensif n'étant pas prévu par la procédure (Cpc. 113).

II. Au fond, au rejet du même recours et au maintien du prononcé présidentiel.

Le Tribunal cantonal a écarté le recours.

Motifs.

Examinant en premier lieu cette exception et considérant que le prononcé relatif à un retranchement de conclusions ne peut être assimilé au jugement incident proprement dit, tel qu'il est prévu par le code de procédure civile, mais qu'il doit être envisagé comme jugement au fond.

Attendu, en effet, que bien que cette question soit instruite et jugée dans la forme incidente, elle n'en constitue pas moins une partie du fond du procès.

Que dès lors on ne saurait dire avec l'intimé qu'une telle question n'est pas susceptible de recours au Tribunal cantonal.

Que du reste il y a un intérêt majeur à ce que cette autorité puisse revoir le prononcé qui retranche les conclusions d'un procès.

Le Tribunal cantonal écarte l'exception.

Sur le fond :

Considérant en premier lieu que la question de déclinatoire soulevée dans les conclusions des parties a été sortie du procès, la défenderesse ayant déclaré retirer son allégué nᵒ 18 relatif à cet objet.

Considérant, d'autre part, qu'aucune disposition de la procédure ne prévoit le cas où la réponse puisse être mise de côté.

Que la seule conséquence de la tardiveté du dépôt de la réponse est que les conclusions prises dans cette écriture ne peuvent être reconventionnelles (164 et 174 Cpc.).

Qu'en l'espèce, la défenderesse n'a pris que des conclusions purement libératoires.

Que dès lors la première conclusion incidentelle du demandeur n'est pas fondée.

Ch. SOLDAN, conseiller d'Etat, rédacteur.

Lausanne. — Imp. CORBAZ & Comp.

XXXVIIe ANNÉE. N° 19. SAMEDI 11 MAI 1889.

JOURNAL DES TRIBUNAUX

REVUE DE JURISPRUDENCE

Paraissant à Lausanne une fois par semaine, le Samedi.

Rédaction : M. CHARLES SOLDAN, conseiller d'Etat, à Lausanne.
Administration : M. L. ROSSET, greffier du Tribunal cantonal, à Lausanne.
Abonnements : 12 fr. par an ; 7 fr. pour six mois. Pour l'étranger, le port en sus. On s'abonne à l'imprimerie CORBAZ & Cie, chez l'administrateur, M. ROSSET, et aux bureaux de poste.
Annonces : 20 c. la ligne ou son espace. S'adresser à l'imprimerie CORBAZ & Cie.

TRIBUNAL FÉDÉRAL
Séance du 5 avril 1889.

Bail. — Congé prétendu irrégulier. — Recours de droit civil au Tribunal fédéral. — Calcul de la valeur litigieuse. — Art. 281 et 290 CO.; art. 29 de la loi sur l'organisation judiciaire fédérale.

Soutter, Goss et Zoppino contre Taponnier et Cie.

En matière de contestations sur la durée d'un bail ou la régularité d'un congé signifié, la détermination de la valeur litigieuse doit se faire en prenant pour maximum le montant total du loyer afférent à la période objet de la contestation.

Par arrêt du 4 février 1889, la Cour de justice civile de Genève, statuant en la cause pendante entre les sieurs F. Soutter,

J.-E. Goss et J. Zoppino contre Taponnier et C^{le}, tous à Genève, en matière de résiliation, soit dénonciation de bail, a prononcé comme suit :

La Cour admet l'appel interjeté par Taponnier et C^{le} du jugement rendu contre eux par le Tribunal civil, le 8 janvier 1889 ; au fond, réforme le dit jugement, et, statuant à nouveau, dit que le congé signifié à Taponnier et C^{le}, à la requête de Soutter et consorts, par exploit du 1er novembre 1888, est nul et le met à néant, — condamne Soutter et consorts solidairement aux dépens de première instance et d'appel.

Soutter, Goss et Zoppino ont recouru contre cet arrêt au Tribunal fédéral, concluant à ce qu'il lui plaise le réformer, déclarer valable le congé donné le 1er novembre 1888 à Taponnier et C^{le} et condamner ceux-ci aux dépens.

Taponnier et C^{le} ont soulevé en première ligne l'exception d'incompétence du Tribunal de céans, et subsidiairement, conclu à ce qu'il lui plaise confirmer l'arrêt dont est recours.

Le Tribunal fédéral a admis l'exception d'incompétence et n'est pas entré en matière sur le recours.

Motifs.

En fait : 1. Par acte sous seing privé du 23 juin 1884, enregistré le 23 février 1888, Taponnier et C^{le} ont loué de J.-H. Ferrier, propriétaire à Genève, un local dans sa maison sise place du Molard, 15, pour six ans et pour le prix annuel de 1730 fr., payable par six mois, d'avance.

Par acte Rivoire, notaire, du 27 octobre 1888, Ferrier a vendu sa maison à Soutter et consorts, et ceux-ci ont signifié congé à Taponnier et C^{le} pour le 15 avril 1889, par exploit du 1er novembre 1888.

Taponnier et C^{le} ont protesté contre ce congé qu'ils tenaient pour irrégulier et ont déclaré le considérer comme nul et non avenu, par exploit du 14 novembre ; le 23 dit, ils ont assigné Soutter et consorts devant le Tribunal civil pour en entendre prononcer la nullité.

A l'appui de leur demande en nullité du congé, Taponnier et C^{le} faisaient valoir : *a)* Qu'il n'est pas conforme aux délais prévus par les art. 281 et 290 CO. ; *b)* que le bail, étant enregistré, ne peut être rompu par la vente de l'immeuble.

Par jugement du 8 janvier 1889, le Tribunal civil a débouté Taponnier et C^{le} de leurs conclusions. Ceux-ci ayant interjeté appel de ce jugement, la Cour de justice civile l'a réformé et statué ainsi qu'il a été dit plus haut, par les motifs suivants :

L'art. 281 CO., applicable en la cause, décide que si, pendant la durée du bail, le bailleur aliène la chose louée, le preneur n'a pas le droit d'exiger du tiers détenteur la continuation du bail, à moins que celui-ci ne s'y soit obligé. Le même article ajoute, il est vrai, qu'il n'est point dérogé par là aux effets particuliers de l'inscription du bail sur les registres fonciers, hypothécaires ou autres analogues, tels qu'ils peuvent être réglés par le droit cantonal. Mais le législateur fédéral n'a pas entendu conférer à l'enregistrement du bail, dans un registre non public, comme il est pratiqué à Genève, les mêmes effets qu'à son inscription sur les registres fonciers ou hypothécaires.

En outre, l'acquéreur n'a pas observé les délais de dénonciation, soit de congé, fixés à l'art. 290, 1° et 2°, CO., et sans l'observation desquels le dit acquéreur ne peut expulser le preneur (CO. 281, al. 2). En effet, les termes de six mois prévus à l'article 290 précité tombaient dans l'espèce sur le 31 janvier et le 31 juillet 1889, et en signifiant le congé le 1er novembre 1888 seulement, Soutter et consorts n'ont pas donné à Taponnier et Cie l'avertissement préalable de trois mois fixé au même article.

Les recourants prétendent d'abord que l'objet du litige est d'une valeur indéterminée, et, éventuellement, qu'elle dépasse 3000 fr.; le capital engagé par eux dans l'immeuble de la place du Molard étant de 310,000 fr. et cet immeuble devant être démoli et reconstruit à partir du 1er mai prochain, la perte d'intérêts pour trois mois seulement serait de 3875 fr. Au fond, les recourants estiment que l'acquéreur, qui ne s'y est pas engagé, n'est pas lié par les baux consentis par son vendeur, si ceux-ci n'ont été érigés en droits réels; Soutter et consorts ont donc valablement donné congé pour le 15 avril en accordant un délai de plus de trois mois, même sans avoir observé les termes du bail; éventuellement, ils allèguent que le dernier jour utile pour donner le congé est le 1er, pour le 31 du troisième mois; à ce point de vue encore, le congé donné serait valable.

Les intimés Taponnier et Cie, après avoir excipé d'abord, comme il a été dit, de l'incompétence du Tribunal fédéral, s'attachent au fond à démontrer qu'aux termes de l'art 281, n° 3, CO., la vente ne rompt pas un bail enregistré, et que le 31 oc-

tobre 1888 était le dernier jour auquel le congé pouvait être
donné pour le 31 janvier suivant.

En droit: Sur l'exception d'incompétence soulevée par la partie opposante en recours,

2. Le litige a été introduit par les conclusions de Taponnier
et Cⁱᵉ, tendant à faire déclarer nul et de nul effet le congé signifié par exploit du 1ᵉʳ novèmbre 1888, congé se rapportant
au bail conclu entre le dit demandeur et le sieur Jaques-Henri
Ferrier, le 1ᵉʳ août 1884, et expirant le 1ᵉʳ août 1890.

Or, le Tribunal fédéral a déjà prononcé à diverses reprises,
dans des contestations sur la durée d'un bail, que la valeur litigieuse devait être taxée au maximum au montant total du loyer
afférent à la période objet de la contestation. (Voir arrêts du
Trib. féd. en les causes Gaudin contre Naville et Keck, 22 mai
1885 [1]; Patriziato di Torricella et Taverne contre Casari et Gab-
bani, 4 mai 1888 [2].) Il est évident que, dans la règle, la valeur du
litige sera sensiblement moins considérable que ce montant,
aussi bien pour le bailleur que pour le preneur, mais eu égard
à la difficulté que présenterait la détermination certaine de cette
valeur dans la plupart des cas de cette nature, il a paru indiqué
de considérer le dit montant comme étant la valeur litigieuse,
ainsi que cela a d'ailleurs été admis dans plusieurs législations.
(Voir, par exemple, art. 8 de la procédure civile allemande.)
Bien que, dans l'espèce, le preneur ne se trouve pas au procès
en face du bailleur, mais que la cause se démène entre le preneur et l'acquéreur de l'immeuble loué, sur la question de savoir si et sous quelles conditions le preneur doit évacuer les lieux
loués avant l'expiration du contrat de bail, il y a lieu néanmoins
d'appliquer la même règle en ce concerne l'appréciation de la
valeur de l'objet du litige, d'autant plus qu'il n'est point établi
que cette application ne se justifie pas aussi pour des cas semblables. En effet, si les recourants font valoir que les lieux loués,
qu'ils ont acquis pour 130,000 fr., ainsi que d'autres bâtiments
pour 180,000 fr., étaient destinés à être démolis et que par ce
motif ils ont signifié le congé aux autres locataires, qui l'ont
accepté pour le 15 avril, cette considération est sans importance
en ce qui concerne la supputation de la valeur du litige actuel,

[1] Voir *Journal des Tribunaux* de 1885, p. 449.
[2] *Ibid.*, année 1888, p. 415.

puisque, en dehors de ce qu'il n'est point certain que les recourants pourraient relouer ou utiliser les appartements en question dès le 15 avril 1889 jusqu'à l'époque où les intimés devront quitter le leur, — les circonstances alléguées par les dits recourants sont entièrement étrangères au bail litigieux et ne touchent aucunement les locataires ; elles ne sauraient être prises en considération lors de la supputation de la valeur de la contestation ; c'est, au contraire, uniquement la valeur qui se rattache au bail relatif à la possession de l'appartement en litige qui est décisive à cet égard. Or, il n'est point établi que cette valeur, si l'on se place uniquement au point de vue du tiers acquéreur, soit supérieure au prix de location jusqu'au 31 juillet 1890. Une somme de 3000 fr., de l'existence de laquelle dépend la recevabilité du recours au Tribunal fédéral, n'est, dès lors, point en conteste, puisque le loyer annuel ne se monte qu'à 1730 fr. et que la valeur du litige, soit le loyer à partir du 15 avril 1889 au 31 juillet 1890, à supposer que les recourants ne puissent pas provoquer la résiliation avant cette dernière date, ne dépasserait pas 2234 fr. 60.

<hr/>

Genève. — TRIBUNAL DE COMMERCE
Audience du 10 janvier 1889.

Lettre de change acceptée en France. — Changement de domicile du tiré. — Prétendue prescription. — Application de la loi française.

Dumollard contre Martin.

La prescription des lettres de change est régie par la loi du lieu où l'effet a été créé et accepté. Le changement de domicile du débiteur ne saurait soustraire les parties aux lois qui les dominaient irrévocablement dès le moment où le contrat s'est formé.

Quant à la prescription invoquée :
Attendu que la lettre de change dont le paiement est requis a été tirée en France par un négociant français, le 19 décembre 1883 ; qu'elle était payable le 20 mars 1884 ; que le tiré en est Martin, lequel l'a acceptée et demeurait, lors de cette acceptation, en France ; qu'enfin les endossements ont tous été faits dans ce dernier pays ;

Attendu que si le changement de domicile du débiteur a pu opérer attribution de juridiction, il n'a pas soustrait les parties aux lois qui les dominaient irrévocablement dès le moment où le contrat s'est formé ; que dès lors elles restent soumises, quant au mode de libération, aux règles législatives du pays où le titre a été créé ; qu'admettre le contraire, ce serait, dans certains cas, autoriser un débiteur de mauvaise foi à essayer de se libérer de sa dette par un simple changement de domicile, ce qui n'est pas admissible ; que le bon sens et l'équité montrent que, lors de la création d'une lettre de change et de son acceptation, les parties ont voulu forcément se mettre au bénéfice des lois du lieu où cette création a été opérée et cette acceptation donnée ;

Attendu que la prescription applicable en l'espèce est, dès lors, celle de la loi française ; que l'art. 189 du Code de commerce la fixe à 5 ans dès le jour du protêt ;

Attendu que la traite dont s'agit étant échue en mars 1884, la prescription n'est donc point acquise ;

Attendu enfin que, tout en affirmant avoir payé cette lettre de change, le défendeur n'offre pas de prouver la vérité de cette affirmation, qui est contredite par le fait que le titre se trouve en mains de Dumollard ;

Attendu, dès lors, que jugement doit être prononcé en faveur de ce dernier, avec dépens.

Genève. — TRIBUNAL DE COMMERCE
Audience du 17 janvier 1889.

Faillite du débiteur principal. — Concordat. — Recours de la caution qui a payé la totalité de la dette contre le failli. — Force obligatoire du concordat à son égard. — Art. 504 CO.

Kessmann contre Senn.

Les coobligés du failli concordataire, qui ont payé le créancier de celui-ci, ne peuvent recourir contre lui, proportionnellement aux paiements qu'ils ont faits à sa décharge, qu'à concurrence des dividendes afférents dans le concordat à la créance par eux réglée. Le failli est ainsi libéré, même vis-à-vis d'eux, pour tout ce qui excède la somme à laquelle le concordat a réduit la dite créance.

Le demandeur Kessmann réclame le paiement de 795 fr. 95,

tandis que Senn se borne à offrir, à leur échéance, les dividendes revenant à Keller et Löhse sur la créance de ces derniers, admise au passif concordataire du défendeur.

Attendu que Keller et Löhse ont fait des fournitures à Senn; que, pour celles-ci, Kessmann s'est porté caution; que le débiteur principal étant tombé en faillite, les créanciers susvisés se firent admettre au passif de celle-ci et réclamèrent le montant de ce qui leur était dû à la caution; que cette dernière souleva diverses objections; qu'un procès s'ensuivit et qu'il se termina par la condamnation du demandeur.

Attendu que Kessmann déclare avoir, ensuite de cette décision de justice, désintéressé en capital, intérêts et frais, Keller et Löhse, et qu'il requiert, de celui qu'il a cautionné, le remboursement intégral de ce qu'il leur a remis.

Vu l'art. 504 CO.,

Attendu qu'aux termes de cet article, la caution qui a payé est subrogée aux droits du créancier jusqu'à concurrence de ce qu'elle a payé.

Attendu qu'ensuite du concordat intervenu le 4 août 1888, homologué le 4 octobre suivant, Keller et Löhse n'avaient, pour le montant de leur créance, que le droit de toucher, lors de leurs échéances, les tantièmes promis par le failli; que, dès lors, c'est seulement à ces tantièmes, pour le paiement de la somme capitale due et par lui remboursée, que peut prétendre Kessmann; qu'il est, en effet, hors de contestation que les coobligés du failli concordataire, qui ont payé le créancier de celui-ci, ne peuvent recourir contre lui, proportionnellement aux paiements qu'ils ont faits à sa décharge, qu'à concurrence des dividendes afférents dans le concordat à la créance par eux réglée et que le failli est libéré, même vis-à-vis d'eux, pour tout ce qui excède la somme à laquelle le concordat a réduit la dite créance.

Attendu qu'accepter le contraire ce serait permettre, pour une créance qui a figuré au vote du concordat, qui est soumise aux clauses de cet acte, d'être payée ensuite, par une sorte de privilège, intégralement, tandis que les autres ne jouiraient pas du même avantage; que le principe soutenu par Kessmann, une fois généralisé, n'aboutirait à rien moins, si ce cas se répétait souvent dans la même faillite, qu'à détruire indirectement, vis-à-vis du failli, le bénéfice de son concordat; qu'un tel résultat est inadmissible, et qu'ainsi le demandeur doit être débouté de ses conclusions.

Quant aux frais du procès soutenu par Kessmann :

Attendu que rien ne l'obligeait à agir comme il l'a fait ; qu'il s'est à tort refusé à satisfaire Keller et Löhse ; qu'il s'est laissé assigner et qu'ainsi il doit supporter seul les conséquences de sa décision malheureuse.

Vaud. — Tribunal cantonal.
Séance du 26 mars 1889.

Tierce opposition. — Preuve testimoniale. — Solution de fait ne correspondant pas à l'allégué. — Recours. — Article 436, lettre c, Cpc.

Pochon contre Ponnaz.

En résolvant les points de fait sur lesquels une preuve testimoniale a été entreprise, le juge doit se borner à donner à chaque allégué une réponse correspondant à la question qui lui a été posée. Il peut, il est vrai, ajouter à sa réponse une explication de nature à en atténuer la portée, mais il ne saurait en aucun cas être admis à introduire au procès, par la solution donnée à un allégué, des moyens d'opposition qui n'ont pas été invoqués en procédure par la partie intéressée.

Le fait que le président a ajouté à sa réponse une explication n'ayant aucun rapport avec la question posée ne saurait toutefois entraîner la nullité du jugement ; le Tribunal cantonal doit simplement, en cas de recours, faire abstraction de cette explication.

Par exploit des 18-19 septembre 1888, Alfred Pochon, à Genève, a pratiqué une saisie mobilière contre M.-L. Ponnaz-Deprez, à Lausanne, pour parvenir au paiement de la somme de 125 fr. 65, montant d'un état de frais ; la saisie réelle a porté sur les objets suivants : un bureau-bonheur du jour, une table à manger, un fauteuil, une pendule ronde, 6 chaises rembourrées et un canapé.

Par exploit du 13 novembre 1888, Mathilde Ponnaz, à Lausanne, a opposé à cette saisie, prétendant être propriétaire de ces objets.

A l'audience de conciliation et dans sa réponse, Pochon a admis cette opposition en ce qui concerne le bureau-bonheur du jour, mais a conclu à libération pour le surplus.

Pour établir sa qualité de propriétaire des objets qu'elle revendique, Mathilde Ponnaz a produit un acte de vente intervenu entre elle et son père, le 16 avril 1888, énumérant les meubles achetés pour une somme totale de 731 fr. Le premier article de l'inventaire est conçu en ces termes : « Un bureau-bonheur du » jour, plusieurs attirails de ménage, brosses, malles, caisses, » tableaux, un banc de jardin, 85 fr. »

Les autres articles de l'inventaire ne font pas mention des objets revendiqués.

D'autre part, Mathilde Ponnaz a entrepris une preuve testimoniale sur son allégué n° 7, ainsi conçu :

« Les objets mentionnés dans l'acte de vente du 16 avril 1888 » sont ceux indiqués sous allégué n° 2 et sur lesquels la saisie » a porté. »

Le président a donne à cet allégué la solution suivante :

« Non, sauf un bureau-bonheur du jour ; mais il est constant » qu'en novembre 1887, Mathilde Ponnaz a acquis un certain » nombre de meubles qui avaient été saisis au préjudice de son » père et qu'elle en a payé le prix en mains de l'huissier-exploi-» tant, par 248 fr. Au nombre des meubles dont elle est deve-» nue propriétaire figurent le fauteuil, les 6 chaises rembourrées » et le canapé aujourd'hui frappés de la saisie instée par Alfred » Pochon contre dame Ponnaz. »

· Ensuite de ces fais et par jugement du 20 février 1889, le président a admis les conclusions de la demanderesse, mais pour autant seulement qu'elles s'appliquent aux objets ci-après : un bureau-bonheur du jour, un fauteuil, 6 chaises rembourrées et le canapé ; les conclusions du défendeur étant repoussées dans ces limites. Vu la réduction des conclusions de chacune des parties, les dépens ont été compensés en ce sens que chaque partie garde ses frais.

Ce jugement est fondé en résumé sur les motifs suivants :

L'acte de vente du 16 avril 1888 ne mentionne expressément aucun des meubles saisis par Pochon, à l'exception du bureau-bonheur du jour ; les autres objets saisis ne peuvent pas être considérés comme rentrant dans cette vente. Par contre, il résulte de la preuve testimoniale entreprise par Mathilde Ponnaz, qu'en 1887 elle a acquis un certain nombre de meubles qui avaient été saisis au préjudice de son père, et qu'elle en a payé le prix par 248 fr. ; au nombre de ces meubles figurent plusieurs de ceux saisis par Pochon ; elle peut donc en revendiquer la propriété.

Pochon a recouru contre ce jugement, dont il demande la nullité et subsidiairement la réforme par les motifs suivants :

Nullité. Le président n'a pas donné une solution régulière au fait n° 7. Cet allégué avait trait uniquement à une question d'identité entre les meubles saisis et ceux mentionnés dans l'acte de vente du 16 avril 1888. Le président ne pouvait, dès lors, introduire au débat une question toute nouvelle, qui ne lui avait pas été posée.

Réforme. Il n'y a lieu de prendre en considération dans la solution donnée par le président à l'allégué n° 7 que la première partie, qui tranche négativement le dit allégué. L'adjonction étrangère au procès doit être retranchée. Dès lors, sauf pour le bureau-bonheur du jour, la propriété de Mathilde Ponnaz n'est pas établie et elle doit succomber dans son opposition.

Le Tribunal cantonal a admis le recours et alloué à Pochon les conclusions de sa réponse.

Motifs.

Considérant tout d'abord, sur la nullité demandée, que le président du Tribunal de Lausanne a donné une solution conformément à la loi à l'allégué n° 7, dont la preuve avait été entreprise par témoins.

Que le fait qu'il a ajouté à sa réponse une explication n'ayant aucun rapport avec la question qui lui était posée, ne saurait pas entraîner la nullité du jugement, puisque cela n'empêche nullement la Cour supérieure de statuer en la cause.

Qu'il résulte, en effet, clairement de la solution donnée à l'allégué n° 7 que les meubles saisis, à l'exception du bureau-bonheur du jour, ne figuraient pas dans l'acte de vente du 16 avril 1888.

Que, dès lors, l'art. 436, *c*, du Cpc. n'est pas applicable en l'espèce.

Par ces motifs, le Tribunal cantonal écarte le moyen de nullité.

Statuant ensuite sur le moyen de réforme, et considérant qu'il y a lieu de faire abstraction, en l'espèce, de toute la dernière partie de la solution donnée par le président du Tribunal de Lausanne à l'allégué n° 7.

Qu'en effet, le juge doit se borner à donner à chaque allégué sur lequel une preuve testimoniale a été entreprise, une réponse correspondant à la question qui lui est posée.

Qu'il peut, il est vrai, ajouter à sa réponse une explication de nature à en atténuer la portée, mais qu'il ne saurait en aucun cas être admis à introduire au procès, par la solution donnée à un allégué, des moyens d'opposition qui n'ont pas été invoqués en procédure par la partie intéressée.

Que lors de l'instruction du procès, aucun allégué quelconque n'a porté sur l'achat par Mathilde Ponnaz des objets provenant de son père.

Attendu que c'est ainsi à tort que le président a constaté, en réponse à l'allégué ci-dessus, qu'une partie des meubles revendiqués avaient été rachetés par Mathilde Ponnaz lors d'une précédente saisie pratiquée au préjudice de son père.

Que, par conséquent, il n'y a lieu de tenir compte que de la première phrase de la solution donnée à l'allégué n° 7, qui constate que les objets mentionnés dans l'acte de vente du 16 avril 1888 ne sont pas ceux sur lesquels la saisie a porté, à l'exception toutefois du bureau-bonheur du jour.

Qu'ainsi la demanderesse n'a pas fait la preuve que les objets revendiqués soient sa propriété.

Séance du 2 avril 1889.

Succession d'une femme mariée. — Testament. — Mari non institué héritier. — Créances. — Envoi en possession du mari. — Recours admis. — Art. 908 Cpc.

Hoirs d'Uranie Junod contre Junod.

Le juge à qui est demandé l'envoi en possession d'une succession ne peut l'ordonner que si le requérant justifie de sa qualité d'héritier. Il ne saurait en particulier envoyer en possession le mari, non institué héritier dans le testament de sa femme, par le motif que la succession comprendrait des créances qui seraient en réalité sa propriété, et non celle de la femme.

Par testament homologué par le juge de paix du cercle de Ste-Croix le 23 janvier 1889, Uranie née Cuendet, femme de Lucien Junod, à Ste-Croix, a institué pour héritiers : 1° Ses deux sœurs Louise Meylan et Nanette Junod; 2° les enfants de sa sœur Marie, femme de Jérémie Jaccard. Elle a en outre fait un legs de 200 fr. en faveur de son mari Lucien Junod, et un legs de 20 fr. aux pauvres de la commune de Ste-Croix.

L'inventaire qui a été pris de cette succession donne en résumé :

1° Mobilier . . . . Fr. 176.30
2° Habillements . . . . » 123.20
3° Créances argent . . . . » 4045.45
4° Bétail . . . . » 15.—
5° Immeubles . . . . » 4034.—

Total, Fr. 8393.95

Par lettre du 21 février 1889, les héritiers d'Uranie Junod, tout en protestant contre l'intention du juge de paix de prononcer l'envoi en possession des créances en faveur de Lucien Junod, ont requis d'être envoyés en possession de l'universalité des biens de la succession, tant des créances que des immeubles.

Par lettre du 26 février 1889, adressée au juge de paix du cercle de Ste-Croix, Lucien Junod a requis ce magistrat de prononcer en sa faveur l'envoi en possession des biens compris dans l'inventaire dressé par l'office de paix après la mort d'Uranie Junod, à l'exception des immeubles et des objets et valeurs portés dans la reconnaissance passée par le requérant en faveur de sa femme le 21 septembre 1854.

Cette requête est fondée sur le motif que la femme mariée ne peut passer aucun contrat en sa faveur (Cc. art. 119) et que les créances que le requérant réclame ont toutes été créées durant le mariage.

Par ordonnance du 27 février 1839, le juge de paix de Sainte-Croix a prononcé en faveur de Lucien Junod l'envoi en possession des biens compris dans l'inventaire dressé par l'office de paix, à l'exception des immeubles et des objets mobiliers et valeurs reconnus à Uranie Junod, dont l'envoi en possession a été prononcé en faveur des héritiers testamentaires.

Les hoirs d'Uranie Junod ont recouru contre cette ordonnance, concluant à ce qu'il soit prononcé avec dépens :

1° Que l'ordonnance d'envoi en possession rendue le 27 février est nulle et de nul effet en ce qui concerne Lucien Junod.

2° Que les héritiers de dame Uranie Junod sont envoyés en

possession de l'universalité des biens de la succession de celle-ci, les droits du mari sur les créances et l'argent comptant de sa femme restant réservés. Ce recours est fondé en résumé sur les motifs suivants :

En présence de l'art. 908 Cpc., le juge ne pouvait envoyer en possession Lucien Junod que s'il justifiait de sa qualité d'héritier ; or il ne l'est pas. Le juge ne pouvait préjuger en sa faveur la question de propriété des créances de la femme ; s'il estime avoir des droits sur ces valeurs, il doit les revendiquer devant les tribunaux.

Le recours a été admis.

Motifs.

Considérant que Lucien Junod n'a point été institué héritier d'Uranie Junod par le testament de celle-ci.

Qu'aux termes de l'art. 908 Cpc., le juge à qui est demandé l'envoi en possession d'une succession ne peut l'ordonner que si le requérant justifie de sa qualité d'héritier.

Que c'est dès lors à tort que le juge a prononcé l'envoi en possession d'une partie des biens dépendant de la succession d'Uranie Junod en faveur du mari de la défunte.

Qu'en l'espèce le juge de paix de Ste-Croix a refusé de prononcer l'envoi en possession de l'universalité de la succession d'Uranie Junod en faveur des héritiers testamentaires de celle-ci.

Qu'il y a lieu, en conséquence, de révoquer l'ordonnance du 27 février 1889 et de renvoyer la cause au juge de paix, pour qu'il prononce un envoi en possession conformément à l'article 908 Cpc.

Séance du 2 avril 1889.

Etat de frais. — Saisie. — Opposition. — Sceau révoqué. — Art. 192, 412 et 549, lettre *e*, Cpc.

Dame Chenuz-Manigley contre Chenuz.

Pour qu'un état de frais soit définitif et exécutoire, il suffit que le juge modérateur ait donné avis du règlement par lettre à chacune des parties et qu'aucune d'elles n'ait interjeté recours dans les dix jours dès cet avis. Aucune disposition de la procédure ne prévoit que l'état de frais doive être pourvu de la déclaration d'exécution.

L'absence d'avis du règlement ne saurait avoir d'autre conséquence

*que d'autoriser la partie non avisée à recourir au Président du Tribunal
cantonal après le délai prévu par l'art. 192 Cp.*

Par exploit du 14 février 1889, Lucie née Manigley, femme
divorcée de M.-H. Chenuz, à Yens, a pratiqué, au préjudice de
M.-H. Chenuz, à Montricher, une saisie-arrêt pour parvenir au
paiement de la somme de 408 fr. 65, montant d'un état de frais
réglé le 12 janvier 1889.

Par exploit du 27 février 1889, le procureur-juré Michaud, à
Cossonay, agissant au nom de M.-H. Chenuz, a fait opposition à
cette saisie, prétendant que les frais réclamés ont été payés
avant la modération ; que, de plus, il n'a pas reçu l'avis de modération et que l'état de frais ne revêt pas la forme exécutoire.

Par acte du 11 mars 1889, Lucie Manigley a recouru contre
le sceau de cette opposition, en se fondant sur les art. 412 et 413
Cpc., l'état de frais réglé conformément à la loi, auquel l'exé-
quatur n'est pas nécessaire, devant être assimilé au jugement
exécutoire. M.-H. Chenuz n'a produit aucun titre postérieur au
jugement constatant l'exécution ; il n'a pas davantage établi qu'il
n'a pas reçu l'avis de modération.

Dans le mémoire qu'il a fait parvenir au Tribunal cantonal,
Chenuz constate que les actes invoqués par la recourante ne
sont pas produits au dossier et il proteste contre toute production qui serait faite devant le Tribunal cantonal, requérant la
non-admission des pièces qui seraient jointes au dossier.

Le recours a été admis et le sceau de l'opposition révoqué.

Motifs.

Considérant tout d'abord que l'état de frais a dû être produit
au juge de paix au moment où il a accordé son sceau à l'exploit
de saisie.

Que, dès lors, cet état de frais doit être considéré comme
ayant été produit en temps utile et doit être maintenu au dossier, bien qu'il ne soit parvenu au Tribunal cantonal que postérieurement au recours.

Attendu que l'état de frais réglé conformément à la loi est
admis comme ayant la forme exécutoire (Cpc. 549, lettre *e*).

Que, pour qu'un état de frais soit définitif, il suffit que le juge
modérateur ait donné avis du règlement par lettre à chacune
des parties et qu'aucune d'elles n'ait interjeté recours dans les
dix jours dès cet avis (Cpc. 192).

Qu'aucune disposition de la procédure ne prévoit que l'état de frais doive être pourvu de la déclaration d'exécution.

Que si Marc-H. Chenuz voulait se prévaloir du fait qu'il n'aurait pas été avisé du règlement, c'était à lui à établir que la lettre d'avis ne lui était pas parvenue.

Qu'au surplus, l'absence d'avis ne saurait avoir d'autre conséquence que de l'autoriser à recourir au président du Tribunal cantonal après le délai prévu par l'art. 192 Cpc.

Considérant, d'autre part, que Chenuz n'a pas établi avoir payé les frais qui lui sont réclamés actuellement.

Qu'il n'a pas établi en la cause la transaction qu'il invoque dans son opposition.

Vu l'art. 412 Cpc.

Séance du 16 avril 1889.

Procédure devant le juge de paix.— Expert entendu à nouveau après la clôture des débats et en l'absence des parties. — Jugement annulé. — Art. 3 et 436 Cpc.

Matthey contre Cornu.

Il est inadmissible que le juge puisse, après la clôture des débats et en l'absence des parties, recevoir de nouveaux renseignements de l'expert entendu en la cause. Bien qu'une pareille irrégularité ne rentre dans aucun des cas prévus à l'art. 436 Cpc., on ne saurait laisser subsister un jugement rendu dans de telles conditions, l'art. 3 Cpc. étant une disposition d'ordre public dont la violation ne doit pas être tolérée.

Par exploit du 14 janvier 1889, F° Cornu, à Reverolles, a assigné Jules Matthey, au dit lieu, à paraître à l'audience du juge de paix de Collombier du 21 janvier, concluant à ce que ce dernier soit reconnu son débiteur de la somme de 50 fr., avec intérêts au 5 %. dès la demande juridique.

Le dit jour le juge, vu l'absence de Matthey, a rendu un jugement par défaut contre lui, accordant au demandeur les conclusions par lui prises, avec dépens.

Par exploit du 11 février 1889, Matthey a assigné Cornu en relief et reprise de cause.

Un expert a été entendu sur la valeur de la porte dont le demandeur réclamait le paiement.

Par jugement rapporté en séance publique le 18 mars 1889, le juge de paix de Collombier a alloué au demandeur ses conclusions. Les dépens ont été mis à la charge du défendeur, le demandeur devant cependant supporter une partie des frais du jugement annulé.

Par acte du 26 mars 1889, Matthey-Barrat a déclaré recourir contre ce jugement, dont il demande la nullité, en se fondant sur le fait que le juge a poursuivi l'instruction du litige après la clôture des débats, en accueillant le lendemain de l'audience les explications de l'expert Berthet qui avait été entendu en la cause. Par ce fait les parties, et notamment le recourant, n'ont pas pu discuter en contradictoire la preuve entreprise par le moyen de l'expertise.

Par acte du 28 mars 1889, F⁺ Cornu a également exercé un recours au Tribunal cantonal, mais uniquement parce que sa partie adverse a recouru et pour éviter une condamnation aux dépens.

Le recours a été admis et le jugement annulé.

Motifs.

Attendu que dans les considérants de droit de son jugement, le juge a consigné ce qui suit :

« Le lendemain de l'audience, l'expert Berthet s'est présenté
» au bureau du juge de paix et a dit qu'il avait fait une er-
» reur dans l'évaluation de la porte fournie par Cornu à Mat-
» they, etc. »

Qu'aux termes de l'art. 3 Cpc., le juge doit veiller, entre autres, à ce que l'égalité soit maintenue entre parties.

Que les parties n'ont pas assisté à l'audition de l'expert Berthet, qui a été entendu par le juge de paix à son bureau après la clôture des débats, et qu'elles n'ont pu discuter contradictoirement les indications fournies par l'expert.

Qu'il est inadmissible que le juge puisse recevoir en dehors de l'audience et en l'absence des parties des renseignements au sujet des causes qu'il est appelé à juger.

Que bien qu'une telle irrégularité ne rentre dans aucun des cas de nullité prévus par l'art. 436 Cpc., on ne saurait laisser subsister un jugement rendu dans de telles conditions, l'art. 3 du Cpc. étant une disposition d'ordre public dont la violation ne saurait être tolérée.

Ch. SOLDAN, conseiller d'Etat, rédacteur.

Lausanne. — Imp. CORBAZ & Comp.

JOURNAL des TRIBUNAUX

REVUE DE JURISPRUDENCE

Paraissant à Lausanne une fois par semaine, le Samedi.

Rédaction : M. Charles Soldan, conseiller d'Etat, à Lausanne.

Administration : M. L. Rosset, greffier du Tribunal cantonal, à Lausanne.

Abonnements : 12 fr. par an; 7 fr. pour six mois. Pour l'étranger, le port en sus. On s'abonne à l'imprimerie Corbaz & Cⁱᵉ, chez l'administrateur, M. Rosset, et aux bureaux de poste.

Annonces : 20 c. la ligne ou son espace. S'adresser à l'imprimerie Corbaz & Cⁱᵉ.

Jules Pellis.

C'est avec une vive douleur que nous enregistrons le décès de l'avocat Jules Pellis, l'un des doyens du barreau vaudois.

Fils de l'avocat Louis Pellis qui a si longtemps rédigé le *Journal des Tribunaux,* Jules Pellis a lui-même toujours témoigné une grande bienveillance à cette publication, qu'il aidait de ses conseils et appuyait de toutes ses forces.

Dans le barreau, Jules Pellis avait su conquérir l'affection de tous ses confrères. Sa courtoisie était proverbiale, et l'entrain qu'il mettait en toutes choses lui valait tout particulièrement la sympathie des jeunes. Et pour l'avocat de la partie adverse, c'était toujours un plaisir de jouter avec ce contradicteur élégant et disert qui, la plaidoirie terminée, redevenait le plus aimable compagnon de route ou le plus gai voisin de table.

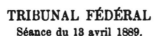

TRIBUNAL FÉDÉRAL
Séance du 13 avril 1889.

Société anonyme. — Faillite. — Réclamation aux actionnaires du montant non versé de leur souscription. — Election de domicile. — Jugement par défaut rendu en France. — Exequatur en Suisse. — Art. 1er, 3, 16 et 17 de la convention franco-suisse du 15 juin 1869.

Compagnie d'assurance l'*Armement* contre X. et consorts.

En droit français, le syndic de la faillite représente aussi bien le failli que ses créanciers; en poursuivant la réalisation des créances du failli, il agit toujours en qualité de représentant direct ou indirect de ce dernier. Dès lors, il peut, aussi bien que les créanciers eux-mêmes, invoquer une élection de domicile faite en faveur de ceux-ci; le domicile élu par une partie persiste après l'ouverture de la faillite.

Le for contractuel doit être présumé valable et, par conséquent, déployer ses effets aussi longtemps que la nullité du contrat dont il découle n'a pas été établie.

Le 1er décembre 1879 a été constituée, à Paris, une société anonyme sous la dénomination de l'*Armement*, compagnie nationale d'assurances du matériel flottant sur mer, fleuves, rivières et canaux, au capital de deux millions et demi, porté à cinq millions le 10 du même mois, et à dix millions le 5 mars 1881.

Le 7 août 1883, l'assemblée générale des actionnaires résolut la dissolution et la liquidation de la société. Le comité de liquidation décida des appels de fonds successifs, l'un de 35 fr. et un second de 100 fr. par action.

Le 10 septembre 1884, le Tribunal de commerce de la Seine a déclaré la faillite de la société et chargé M. Beaujeu, syndic de faillites à Paris, de procéder à la liquidation.

Le syndic réclama des actionnaires le solde entier du capital souscrit, mais un certain nombre d'entre eux, dont X. et consorts, domiciliés dans le canton de Vaud, ne donnèrent aucune suite à cette sommation. Le syndic Beaujeu introduisit alors, en mai 1887, devant le Tribunal de commerce de la Seine, des actions contre ces derniers, en se fondant sur l'art. 59, al. 1, 7 à 9 des statuts de la société, dont le premier dispose que « toutes » les contestations qui peuvent s'élever entre les associés sur » l'exécution des présents statuts sont soumises à la juridiction » des tribunaux de Paris », et les §§ 7 à 9 : « En cas de contes- » tations, tout actionnaire sera tenu de faire élection de domi- » cile à Paris, et toutes notifications et assignations seront va- » lablement faites au domicile par lui élu, sans avoir égard à » sa demeure actuelle.

» A défaut d'élection de domicile, les notifications judiciaires » et extrajudiciaires seront valablement faites au parquet du » Tribunal civil de la Seine.

» Le domicile, élu formellement ou implicitement, entraînera » attribution de juridiction aux tribunaux compétents de la » Seine, tant en demandant qu'en défendant. »

Ces actions tendaient au paiement du solde non versé par X. et consorts.

Les défendeurs conclurent à ce que le Tribunal de commerce de la Seine se déclarât incompétent, par le motif qu'ils étaient Suisses, domiciliés en Suisse, et qu'aux termes de la convention franco-suisse du 15 juin 1869, ils devaient être poursuivis au lieu de leur domicile. Ils faisaient valoir que le domicile imposé par l'art. 59 des statuts de la société l'*Armement* ne constitue pas le domicile élu tel qu'il avait été prévu à l'art. 3 du traité de 1869, lequel entendait parler d'une élection de domicile expresse, spéciale et formelle, choisie et acceptée librement par les défendeurs suisses, et non pas d'une élection de domicile implicite et forcée; que l'art. 59 des statuts n'est, d'ailleurs, pas applicable dans l'espèce, par le motif qu'il n'est relatif qu'aux contestations qui pouvaient s'élever entre les associés, tandis que le syndic ne représentait que les tiers créanciers qui n'é- taient. ni actionnaires, ni associés.

Par jugement du 20 septembre 1887, le Tribunal de commerce de la Seine s'est déclaré compétent par les motifs dont suit la substance :

Les défendeurs, en souscrivant des actions de la compagnie

d'assurance l'*Armement*, ont déclaré par cela même se soumettre aux statuts de la société, dont ils reconnaissent avoir pris connaissance au préalable. Ces statuts les obligeaient à faire élection de domicile à Paris et à consentir attribution de juridiction au Tribunal de commerce de cette ville. Si, dans l'espèce, les défendeurs, souscripteurs d'actions de la société et adhérents à ses statuts, ont déclaré valables à leur égard les significations d'actes qui leur seraient faites au parquet du Procureur de la République, à défaut de domicile par eux spécialement élu, ils l'ont fait expressément et en toute liberté, et il ne peut être question dans ces circonstances de l'application du traité du 15 juin 1869. La faillite de la société l'*Armement*, société française, — faillite déclarée et ouverte à Paris, — doit être réglée par la loi française qui établit, contrairement à la distinction présentée par les défendeurs dans leurs conclusions, que le syndic est à la fois le représentant du failli et de la masse créancière.

Le même tribunal, statuant au fond et considérant que les conclusions de la demande ne sont pas contestées par les défendeurs, a adjugé au syndic demandeur ses dites conclusions.

En mai 1888, l'avocat de Meuron, au nom de M. Beaujeu, a demandé au Conseil d'Etat du canton de Vaud l'exequatur de ces jugements, et peu après, M. Penelle à Paris, liquidateur de l'*Armement*, a chargé le même avocat de poursuivre l'exécution des jugements en question.

Cette demande d'exequatur se fondait sur les art. 18 et 59 des statuts sociaux, rapprochés des art. 3, 15 et suivants du traité franco-suisse. L'art. 18 précité dispose que tout actionnaire est tenu d'élire un domicile où toute notification et tous exploits extrajudiciaires seront valablement faits et signifiés, et qu'à défaut d'élection de domicile, celle-ci a lieu de plein droit pour les notifications judiciaires et extrajudiciaires au parquet du procureur de la République près le Tribunal de première instance du département de la Seine.

X. et consorts ont conclu au rejet de la dite demande, en contestant que les prédits jugements procèdent d'un tribunal compétent.

A l'appui de leur opposition, ils ont fait valoir :

1. Aux termes de l'art. 59 des statuts, le Tribunal de commerce de la Seine n'est compétent qu'au regard des contestations qui peuvent s'élever entre associés, tandis que les juge-

ments dont il s'agit sont intervenus entre les créanciers de l'*Armement* et des associés ; les créanciers ne sont point en droit d'invoquer l'art. 59 des statuts. La disposition de cet article, al. 1, est d'ailleurs aussi incorrecte que possible, puisqu'elle semble exclure de la compétence spéciale les litiges entre la société et l'un des sociétaires, et ne viser qu'un litige entre deux associés : les statuts des sociétés vaudoises sont bien plus précis et parlent des « contestations des actionnaires entre eux et entre les actionnaires et la société. » Ce point est d'ailleurs sans importance, puisque la faillite ne représente pas réellement le failli, mais seulement ses créanciers.

2. L'invalidité des engagements pris en souscrivant leurs actions, attendu que cette souscription a été le résultat du dol et de l'erreur sur la substance de la chose.

A l'appui de ce moyen, les dits opposants produisaient un rapport du commissaire de la compagnie, du 10 juillet 1883, lequel contient entre autres les passages suivants :

« J'ai été trompé et ne suis pas le seul, le conseil l'a été aussi,
» ainsi que vous-mêmes, lorsqu'après avoir pris connaissance
» des comptes, vous les avez approuvés dans votre dernière as-
» semblée. Toutes les explications que j'ai demandées en véri-
» fiant m'ont été données ; elles reposaient malheureusement
» sur des bases fausses. »

Ils s'appuyaient en outre sur un rapport de l'avocat de Seigneux, à Genève, chargé par un certain nombre de porteurs d'actions de se rendre à Paris pour examiner la situation, rapport constatant que c'est avec beaucoup de difficultés que cet homme de loi a pu recueillir quelques données. Selon lui, la reconstitution des livres était devenue absolument nécessaire, parce que le directeur Foujès avait dissimulé certains contrats et passé des écritures erronées.

Un certain nombre de pièces et documents ont été saisis par le juge d'instruction, qui n'en veut donner communication à personne. Le rapport ajoute que deux procès sont en cours : l'un devant la justice pénale, fondé sur une plainte portée contre le directeur et le conseil d'administration pour violation de la loi sur les sociétés : l'autre est une action en nullité de la société.

Les opposants à la demande d'exequatur alléguaient, en outre, qu'il va de soi qu'ils n'auraient pas acquis de nouvelles actions au-dessus du pair, si une comptabilité mensongère et des bilans frauduleux n'avaient pas fait croire que l'entreprise, déjà ruinée à cette époque, réalisait d'énormes bénéfices; ils n'ont pas pu jusqu'ici invoquer ce moyen de libération, d'abord, parce qu'ils ne voulaient, ni ne pouvaient aborder le fond devant une juridiction dont ils déclinaient la compétence, et ensuite parce que l'exception de dol était plus difficile à opposer à des tiers qu'à des associés, dont plusieurs étaient les auteurs et les complices du dol. Mais, sur le terrain de la compétence, ils contestent leur qualité d'actionnaires de l'*Armement*. Il n'y a donc pas possibilité d'appliquer ici l'art. 59 des statuts, parce que l'adhésion des opposants à la société a été viciée, par dol ou par erreur, la société n'ayant, d'ailleurs, jamais eu d'existence légale, le directeur n'ayant jamais libéré ses actions du quart exigé par la loi et les statuts.

3. La circonstance que ce n'est plus aujourd'hui la faillite de l'*Armement*, en faveur de laquelle les jugements ont été rendus, mais la société concordataire qui sollicite l'exequatur, est sans intérêt juridique, puisqu'il faut se reporter au jour où les dits jugements ont été prononcés, pour savoir si le Tribunal nanti était ou non compétent. Cette circonstance est d'autant moins importante que l'incompétence du Tribunal de commerce de la Seine a empêché les défendeurs de soulever des moyens de défense au fond dont la valeur est bien plus grande vis-à-vis de la société que vis-à-vis de la faillite.

Par décision du 13 décembre 1888, le Conseil d'Etat de Vaud a rejeté la demande d'exequatur formulée par la société l'*Armement*, par les motifs suivants :

Les jugements dont l'exécution est demandée ont été rendus entre la faillite, soit les créanciers de la société l'*Armement* et X. et consorts. Il ne s'agissait point, dès lors, d'une contestation entre associés rentrant au nombre de celles que l'art. 59 des statuts de cette société a soumises à la juridiction des tribunaux de Paris. En effet, la faillite représente les créanciers et non la société et encore moins un associé quelconque. La partie instante à l'exécution reconnaît elle-même que le syndic Beaujeu représentait des tiers créanciers. Il importe peu que postérieurement à la demande d'exequatur formée par la faillite de l'*Armement*, cette société ait été mise au bénéfice d'un concordat : il s'agit de savoir si la compétence du Tribunal de commerce de la Seine était fondée au moment où il a rendu les jugements dont l'exécution est demandée. Or une élection de domicile à Paris pour l'action ouverte à X. et consorts ne résulte point, ainsi qu'il a été dit, de l'art. 59 des statuts ; elle ne résulte pas davantage de leur art. 18, qui ne vise manifestement que les notifications concernant des actions mentionnées à l'art. 59.

L'art. 3 de la convention franco-suisse du 15 juin 1869 ne saurait donc être invoqué en l'espèce pour justifier la compétence du Tribunal de commerce de la Seine, et l'on doit s'en tenir à la disposition de l'art. 1er de cette convention. C'est, dès lors, devant les tribunaux suisses que l'action aurait dû être portée et l'autorité vaudoise est fondée à en refuser l'exécution aux termes de l'art. 17, chiffre 1°, du même traité.

C'est contre cette décision que la compagnie d'assurances l'*Armement* recourt au Tribunal fédéral, concluant à ce qu'il lui plaise annuler la dite décision et accorder l'exequatur aux jugements rendus le 20 septembre 1887 par le Tribunal de commerce de la Seine contre X. et consorts. A l'appui de son recours, la compagnie invoque de nouveau les art. 3 de la convention de 1869, et 59, al. 7, des statuts de l'*Armement*.

L'obligation, pour les actionnaires, d'élire domicile à Paris est absolue et n'existe pas seulement pour les contestations entre associés ; il suffit qu'il y ait contestation et qu'une des parties soit actionnaire de l'*Armement* pour qu'il y ait élection de domicile à Paris dans le sens de l'art. 3 de la convention. Or le litige actuel est bien né à la suite de réclamations dirigées contre les défendeurs en leur qualité d'actionnaires; cela suffit, et peu importe la qualité de la partie demanderesse.

L'art. 59 des statuts ne veut pas dire que le Tribunal de commerce de la Seine n'est compétent que pour les contestations entre associés, mais il signifie que cette compétence existe aussi pour ces litiges. Même en admettant que le Tribunal de Paris ne soit compétent que lorsque la contestation a surgi entre associés, le dit tribunal était compétent pour rendre les jugements incriminés. Il s'agit bien de contestations entre associés, puisque le syndic de la faillite représente à la fois le failli, soit la compagnie l'*Armement*, et ses créanciers. La société n'étant autre chose que la collectivité des actionnaires, si le syndic représente la société, il représente les associés; l'action sociale devient ainsi une véritable contestation entre associés.

Les opposants au recours sont des actionnaires, souscripteurs ou acquéreurs d'actions. S'ils veulent faire prononcer la nullité des engagements par eux contractés, ils doivent se porter demandeurs, et aussi longtemps qu'ils ne l'ont pas fait, ils restent associés.

X. et consorts ont conclu au rejet du recours, en reprenant les arguments par eux invoqués devant le Conseil d'Etat et spécialement par le motif que la faillite l'*Armement,* tiers créancier, ou représentant essentiellement les tiers créanciers, ne peut invoquer un for exceptionnel, créé uniquement en faveur des contestations entre associés seulement.

Les opposants au recours ont, en outre, produit au dossier une consultation de M. le professeur Ernest Roguin, à Lausanne, qu'ils déclarent considérer comme partie intégrante de leurs écritures, et dont il sera tenu compte dans les motifs du présent arrêt.

Le Tribunal fédéral a admis le recours et accordé l'exequatur des jugements rendus à l'instance de l'*Armement* contre X. et consorts.

Motifs.

1. La production des pièces énumérées à l'art. 16 de la convention du 15 juin 1869 entre la Suisse et la France, pour que l'exécution de jugements français puisse être poursuivie en Suisse, se trouve effectuée dans l'espèce: en conséquence, la demande d'exécution formulée par la compagnie l'*Armement* ne pourrait être refusée que dans le cas prévu au chiffre 1° de l'art. 17, savoir si la décision émane d'une juridiction incompétente. Il est, en effet, incontesté que les autres motifs de refus, prévus aux chiffres 2 et 3 du même article, sont sans application.

2. Comme les jugements rendus par le Tribunal de commerce de la Seine ont trait à des contestations en matière mobilière et personnelle entre Français d'une part et Suisses d'autre part, ce sont les art. 1er et 3 de la même convention de 1869 qui sont décisifs en ce qui touche la question de compétence. Ils disposent, le premier, que le demandeur sera tenu de poursuivre son action devant les juges naturels du défendeur, sauf le cas d'élection de domicile dans un lieu autre que celui du domicile du défendeur, — et l'art. 3, qu'en pareil cas, les juges du lieu du domicile élu seront seuls compétents pour connaître des difficultés auxquelles l'exécution du contrat pourra donner lieu.

3. Le litige porte sur l'exécution d'un contrat, à savoir du

contrat de société qui lie les actionnaires de l'*Armement*, soit sur l'exécution des statuts de cette compagnie.

Ces statuts, après avoir fixé le capital des dites actions, prescrivent à l'art. 6, al. 2, que toute souscription d'action emporte l'obligation de verser ce montant dans les conditions et délais fixés, et à l'art. 7, qu'à la clôture de la souscription, le quart du capital, soit 125 fr. par action, sera versé par les souscripteurs, aucun autre appel ne pouvant être fait, à moins que la perte n'atteigne la moitié du premier quart versé. Or il est incontesté que cette dernière éventualité s'est présentée, et les opposants au recours reconnaissent qu'ils ont souscrit le nombre d'actions plus haut indiqué, qu'ils ont eu connaissance des statuts et que ces statuts les obligeaient à opérer les versements demandés.

La consultation produite à l'appui du recours objecte, il est vrai, « qu'un débat sur la libération des actions, après liquida-» tion, ne semble pas porter sur l'exécution des statuts, mais » bien sur l'application de la loi générale régissant les socié-» tés. » Mais il est évident qu'il s'agit, dans l'espèce, d'un débat, non pas après, mais *pendant* la liquidation, puisque c'est précisément en vue d'arriver à liquider les dettes sociales que l'appel du montant restant dû sur les actions a été adressé aux actionnaires. La société n'est nullement dissoute par le fait de la liquidation, mais elle continue à exister et les statuts demeurent en force jusqu'à ce que cette liquidation soit terminée ; cela est si vrai, que les dispositions de ces statuts justifient seules l'appel des versements sur les actions.

De même la faillite n'entraîne pas sans autres la dissolution de la société ; si tel était le cas, celle-ci ne pourrait se relever par concordat. La personnalité juridique de la société persiste jusqu'à sa complète liquidation et la dite société ne perd, par la faillite, que la faculté de disposer librement de ses biens, laquelle est transférée à l'administration de la faillite ; c'est du transfert de cette faculté que procède seul le droit du liquidateur d'appeler les versements sur les actions souscrites.

4. Ceci étant, il y a lieu de rechercher si les opposants au recours doivent être réputés avoir fait, aux termes de l'art. 59 des statuts, élection de domicile à Paris.

Cette question doit recevoir une solution affirmative. En effet, ni devant le Tribunal de commerce, ni dans leur mémoire au Conseil d'Etat de Vaud, les dits opposants n'ont contesté d'une manière positive que l'art. 59 précité ne contienne attribution de domicile à Paris pour les contestations entre la société et les associés, attribution de domicile résultant avec certitude du rapprochement de cet article avec la disposition de l'art. 3 de la convention franco-suisse ; au contraire, X. et consorts se bornent, dans le prédit mémoire, à critiquer la rédaction de l'article 59 des statuts, par le motif qu'il ne mentionne pas expressément ces contestations ; il en résulte qu'aux yeux des opposants au recours eux-mêmes, les contestations entre la société et les associés doivent être portées devant le for social, soit au siège de la société.

Ce sont là évidemment la portée et le sens de ces dispositions statutaires, si on les examine en recherchant l'intention des parties. Les statuts des sociétés par actions contiennent d'ailleurs, pour ainsi dire, constamment la prescription que les contestations sur des prétentions de la société contre ses actionnaires doivent être portées devant les tribunaux de son siège, ce qui s'explique facilement par la raison que c'est là que se trouvent généralement la plupart des documents du litige et qu'en outre la société a un intérêt majeur à ne pas être tenue d'aller soutenir des procès au domicile de ses actionnaires, dispersés dans différents pays.

Il est incontestable qu'en l'absence de la disposition de l'article 59, alinéa 1er, des dits statuts, la compétence des tribunaux de Paris ne pourrait faire l'objet d'aucun doute, aux termes des alinéas 7 et 9 *ibidem,* lesquels édictent qu'en cas de contestation « tout actionnaire sera tenu de faire élection de domicile à Paris, » et que cette élection de domicile entraînera attribution de ju- » ridiction aux tribunaux de la Seine, tant en demandant qu'en » défendant. »

L'art. 59, alinéa 1er précité, ne change rien à cette attribution de juridiction, en prescrivant que les contestations qui peuvent s'élever entre associés sur l'exécution des statuts seront soumises aux tribunaux de Paris.

Il ne peut être soutenu que cette disposition veuille soumettre aux tribunaux de Paris seulement les contestations s'élevant entre associés individuels, le contraire résulte avec évidence de l'art. 59, al. 2, et, du reste, des contestations sur l'exécution des statuts ne peuvent surgir qu'entre des associés individuels et la collectivité des autres, c'est-à-dire la société elle-même. Une autre interprétation enlèverait à l'art. 59, alinéa 1ᵉʳ, toute signification. D'ailleurs, toutes les contestations sur l'exécution des statuts entre la société et les associés ne sont autre chose en réalité que des contestations entre associés, car matériellement les droits de la société par actions ne sont que les droits des asssociés, représentés par les organes sociaux.

5. Quant au moyen principal des opposants au recours, consistant à prétendre que les créanciers de l'*Armement*, soit le syndic de la faillite, sont des tiers étrangers au contrat, et qu'ils ne sauraient être autorisés, dès lors, à faire état de l'art. 59 des statuts, il est certain que pour prononcer sur la demande d'*exequatur*, il y a lieu de remonter à l'époque des jugements et que le sort de la dite demande dépend de la question de savoir si la partie qui a réclamé et obtenu les dits jugements était recevable à invoquer l'article précité, en d'autres termes, si le Tribunal de commerce de la Seine était compétent pour juger, en application de cet article, la contestation née entre le syndic de la faillite et les opposants au recours.

Les dits opposants, ainsi que le Conseil d'Etat, considèrent comme décisif à cet égard le fait que le syndic Beaujeu, demandeur au procès, était le représentant des tiers créanciers, et nullement de la société ou des actionnaires individuellement, tandis que la recourante, d'accord avec la doctrine et la pratique françaises, et en particulier avec les jugements dont l'exécution est demandée, prétend que le syndic représente aussi bien le failli que ses créanciers.

6. Or le droit français reconnaît à cet égard que le failli continue, même après l'ouverture de la faillite, à posséder des droits sur ses biens dévolus à la masse. L'art. 443, al. 1ᵉʳ, du Code de commerce dispose que « le jugement déclaratif de la faillite emporte de plein droit le *dessaisissement* pour le failli de l'*administration* de tous *ses* biens », et suppose ainsi que ces droits sur les biens ne se trouvent point détachés de la personne du dit failli. Cela résulte, en outre, d'autres dispositions du même code, entre autres de l'art. 534, aux termes duquel les syndics sont chargés de poursuivre la vente des biens mobiliers et immobiliers du *failli*, et la liquidation de *ses dettes* actives et passives, — ainsi que de l'art. 519, statuant « qu'aussitôt après que le jugement d'homologation du concordat sera passé en force de chose jugée, les syndics remettront au failli l'universalité de

» *ses biens,* livres, papiers et effets. » Seul le droit d'administrer les dits biens et d'en disposer, se trouve, par le fait de la faillite, enlevé au failli et transféré au syndic de la masse.

Il est indifférent, au point de vue de la solution à donner au recours, que ce droit d'administrer et de disposer des biens de la masse soit transféré aux créanciers du failli, soit au syndic, comme leur représentant, ou que ce transport ait lieu plutôt à la personne du syndic comme liquidateur judiciaire, puisque, dans l'un comme dans l'autre cas, le syndic représente le failli, dans la première éventualité indirectement, et directement dans la seconde.

Dès l'instant où il faut admettre que les biens de la masse demeurent la propriété du failli, il en résulte nécessairement, d'après les règles du droit et de la logique, que le syndic, en poursuivant la réalisation des créances du failli, agit toujours en qualité de représentant direct ou indirect de ce dernier, qu'il poursuit en son lieu et place « la liquidation des dettes *actives* et passives du dit failli. » (Code de commerce, art. 534.)

Dans cette situation, le syndic est,— aussi bien que le seraient les créanciers eux-mêmes, s'ils pouvaient se passer de son intermédiaire, — autorisé sans aucun doute à invoquer la prorogation de for stipulée à l'art. 59 des statuts, et il n'est point contraint à poursuivre, dans les pays les plus divers, les actionnaires de la societé, à raison de l'exécution de leurs engagements. La pratique française reconnaît d'ailleurs expressément que le domicile élu par une partie persiste après l'ouverture de la faillite (v. Sirey, *Code civil annoté,* 3ᵉ édit., art. 111, nᵒ 7), tandis que l'opinion contraire ne se trouve corroborée ni dans la jurisprudence, ni dans la doctrine.

7. Il reste à examiner le moyen subsidiaire consistant à dire que les opposants au recours ne sont pas en droit des actionnaires, leur consentement ayant été vicié par dol ou par erreur sur la substance de la chose.

Bien que X. et consorts n'aient pas invoqué ce moyen, au point de vue de la question de compétence, devant le Tribunal de commerce de la Seine, cette circonstance ne saurait les empêcher d'en faire état dans l'instance actuelle relative à la question d'exequatur.

Les opposants au recours paraissent croire qu'il leur suffit de prétendre avoir souscrit ou acquis leurs actions ensuite de dol ou d'erreur, pour écarter la compétence des tribunaux français jusqu'à droit connu sur cette question.

Une pareille prétention est certainement inadmissible.

Les sieurs X. et consorts ne contestent point leur capacité de s'obliger au moment de leur souscription d'actions, pas plus qu'ils ne critiquent la régularité de cette souscription au point de vue de la forme. Ils se bornent à exciper de l'erreur sur la substance et du dol.

Il ne saurait, d'abord, être question d'une erreur sur la substance, puisque les dits opposants au recours reconnaissent avoir voulu souscrire des actions de l'*Armement* et avoir eu connaissance des statuts sociaux.

En ce qui concerne le dol, il n'invalide point sans autres le contrat, ni en droit français, ni en droit suisse, mais il le rend seulement attaquable (Cc. français, art. 1117; CO., art. 24). Les opposants au recours étaient en droit d'ouvrir une action en nullité des actes qui leur paraissaient en être entachés, ou d'opposer l'exception de dol à l'action en exécution du contrat. Cette action en nullité ayant pour objet non l'exécution, mais l'annulation du contrat, eût dû être intentée au for de la société l'*Armement*.

En revanche, et aux termes des art. 3 de la convention franco-suisse et 59 des statuts, le Tribunal du domicile élu était seul compétent pour prononcer sur l'action en exécution du contrat. En présence de ces dispositions, la société l'*Armement* ne pouvait être obligée, par le fait de l'exception de dol opposée par les défendeurs, à porter l'action sociale devant le for de leur domicile.

Il y aurait lieu tout au plus de se demander si la recourante ne devrait pas être tenue de faire trancher d'abord, au moyen d'une action préalable à ouvrir devant le juge du domicile de X. et consorts, la question de la validité de la souscription d'actions. Mais cette question doit certainement, eu égard aux faits résultant du dossier, recevoir une solution négative. Le Tribunal de céans a reconnu qu'il ne suffit point de contester les obligations résultant d'un contrat dans lequel un for spécial a été convenu par les parties, pour libérer le défendeur de l'obligation de procéder devant ce *forum prorogatum*; qu'autrement, il dépendrait entièrement du défendeur de se soustraire au for stipulé, en contestant la validité du dit contrat, et que, jusqu'à preuve de sa nullité, le for contractuel, consenti par le défendeur, doit être présumé valable et par conséquent déployer ses effets (v. arrêt du Trib. féd. en la cause Butikofer, *Rec.* VI, p. 6 et suivantes).

8. Or même s'il fallait examiner, à propos du présent recours de droit public, cette question de la validité de la souscription d'actions, — et en dehors de la question de savoir si l'exception de dol peut être opposée à la société elle-même, soit à ses créanciers, ou si les opposants au recours n'auraient pas plutôt à rechercher à cet égard les personnes, auteurs prétendus du dit dol, — il faudrait reconnaître que X. et consorts n'ont point apporté la preuve de ce dol qu'ils invoquent . . . .
. . . Aucun de ces trois consorts n'a, avant la demande d'exécution des jugements du Tribunal de Paris, contesté la validité de sa souscription. La circonstance que les prospectus et autres annonces, — lesquels n'ont d'ailleurs pas même été produits au dossier, — ont vraisemblablement fait espérer aux souscripteurs des bénéfices considérables, lesquels ne se sont point réalisés, et le fait que le versement du montant total des actions a été appelé contrairement aux prévisions des opposants au recours, ne sont point constitutifs de dol et ne peuvent être invoqués par eux comme viciant leur consentement. Celui qui souscrit un acte doit peser, et, le cas échéant, supporter toutes les conséquences de cet acte.

Dans cette situation, l'exécution requise ne peut être refusée par le motif subsidiaire tiré du défaut de validité du consentement de X. et consorts.

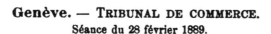

Genève. — TRIBUNAL DE COMMERCE.
Séance du 28 février 1889.

Chemin de fer. — Interruption du service par les neiges. — Changement de ligne par quelques voyageurs. — Action en restitution du prix du parcours non effectué et en dommages et intérêts. — Rejet. — Art. 145 CO.

Henneberg et Goss contre Paris-Lyon-Méditerranée.

La circonstance que l'abondance des neiges interrompt momentanément la circulation des trains ne peut être envisagée comme une impossibilité d'exécuter l'obligation, devant entraîner l'extinction de celle-ci et la restitution du prix payé, à teneur de l'art. 145 CO.

Henneberg et Goss ont pris chacun, en 1888, un billet circulaire première classe, Genève-Italie, *via* Vintimille aller, *via* Modane retour. Lorsqu'ils se trouvèrent sur le point de revenir à Genève, le service subit une interruption entre Turin et Modane, produite par l'abondance des neiges; ils crurent donc devoir prendre la ligne du Gothard, et ils réclament au Paris-Lyon-Méditerranée, soit le prix du parcours non effectué, soit les dépenses que ce retard aurait nécessitées.

Le Tribunal les a déboutés des fins de leur action.

Motifs.

Vu l'art. 145 CO.

Attendu que l'obligation s'éteint lorsque, par suite des circonstances non imputables au débiteur, il devient impossible de l'exécuter; que, dans ce cas, s'il y a contrat bilatéral, le débiteur est tenu de restituer ce qu'il a déjà reçu de l'autre partie.

Attendu qu'il y aurait donc lieu à restitution par le P.-L.-M. de ce qu'il a touché des demandeurs pour le parcours effectué, si vraiment il était devenu impossible de le faire; que tel n'a pas été le cas, en l'espèce; que ce parcours a seulement été empêché par une circonstance de force majeure pendant un très petit laps de temps; qu'on ne saurait donc assimiler cet empêchement momentané aux empêchements définitifs, dont MM. Schneider et Fick donnent quelques exemples, à propos de l'article susvisé, dans leur commentaire.

Attendu que le cas de force majeure domine aussi bien le transporteur que les voyageurs; que, pour les uns et les autres, les désagréments qui en résultent, tout certains qu'ils soient, ne sauraient donner action contre leur partie adverse, laquelle ne peut en être ni de près ni de loin responsable; que, dans de telles circonstances, Henneberg et Goss, auxquels leur transport Turin-Genève n'a nullement été refusé, devaient attendre pour le faire, le moment où l'empêchement naturel signalé aurait disparu; que, n'ayant pas procédé ainsi, ils se trouvent exactement dans la position de quelqu'un qui a pris un billet pour un parcours et un jour determinés, et qui volontairement n'exécute point ce parcours; que, dans un cas pareil, là prestation du chemin de fer n'a pas été faite et que, néanmoins, le prix de cette prestation lui est acquis, parce que cette non-exécution ne résulte nullement de la faute du transporteur.

Vu, au surplus et par analogie, l'art. 4, § 11, de la loi fédérale de 1875.

<hr />

Vaud. — TRIBUNAL CANTONAL.

Séance du 2 avril 1889.

Suspension de cause. — Décision prise par le Président sans audition régulière des parties. — Nullité. — Art. 5, 109, 110 et 127 Cpc.

Ægerter contre dame Montandon.

Lorsque l'incident tendant à la suspension du procès est élevé hors de l'audience, la partie requérante à l'incident doit assigner la partie adverse à comparaître devant le magistrat. Il y a lieu à nullité du prononcé rendu sur cet incident sans que la partie opposante à la suspension ait été ni entendue, ni même régulièrement citée.

Dans sa demande du 12 janvier 1889, Emile Ægerter-Jaccard, à Lachaux (Ste-Croix), a conclu à ce qu'il plaise au Président du Tribunal de Grandson prononcer que dame Elisa Montandon, à Ste-Croix, est sa débitrice et doit lui faire prompt paiement, avec intérêt à 5 °/₀ dès le 27 novembre 1888, de la somme de 150 fr., pour solde d'un compte d'objets vendus et de salaires.

A l'audience du Juge de paix du cercle de Ste-Croix du 13 février 1889, il a été fait la convention suivante :

« Vu l'action pendante devant le Président du Tribunal de
» Grandson, il ne peut être suivi à la présente action. Un nou-
» veau sursis est en conséquence convenu et accordé sans date
» fixe. Les parties seront assignées par lettre, à la réquisition
» du demandeur, dès que faire se pourra. »

Dans sa requête du 20 février 1889, dame Montandon exposait ce qui suit :

Le 19 novembre 1888, elle a ouvert action à Ægerter devant le Juge de paix de Ste-Croix pour arriver au règlement du compte entre parties. Au lieu de suivre à ce procès, Ægerter a ouvert action dans la compétence du Président, pour arriver au même règlement de compte. La requérante demande, en conséquence, que ce dernier procès soit suspendu jusqu'à droit connu sur la première action ; il y a lieu à terminer le premier procès, sans en plaider concurremment un second portant sur le même objet.

Le 2 mars 1889, le Président du Tribunal de Grandson a ordonné la suspension du procès intenté dans sa compétence.

Emile Ægerter a recouru contre cette décision, dont il demande la révocation par les motifs suivants :

I. Le jugement incident dont est recours a été rendu sans que les parties aient été entendues ou duement appelées (art. 5 Cpc.). Il y avait lieu de procéder par voie d'assignation.

II. La suspension n'était pas nécessaire ; elle ne se justifie absolument pas (art. 127).

III. A l'audience du Juge de paix de Ste-Croix, le 13 février 1889, les parties ont convenu de suspendre le procès pendant devant ce magistrat. Cette convention de suspension fait loi entre parties ; il n'y avait pas lieu de suspendre la cause pendante devant le Président.

Le recours a été admis et la décision du Président annulée.

Motifs.

Considérant, sur le premier moyen, que puisqu'il y avait divergence entre parties sur la portée de la convention passée à l'audience du Juge de paix de Ste-Croix du 13 février 1889, l'art. 127 Cpc. n'était pas applicable.

Attendu que les difficultés auxquelles donnent lieu les procédés d'instruction sont jugées par voie incidente (Cpc. art. 109).

Que, lorsque l'incident est élevé hors de l'audience, la partie requérante à l'incident doit assigner la partie adverse à comparaître devant le magistrat (Cpc. 110).

Qu'en l'espèce, le Président a rendu un jugement sans que le demandeur ait été ni entendu, ni même régulièrement cité.

Qu'une telle irrégularité est d'ordre public et doit nécessairement entraîner la nullité du prononcé (Cpc. art. 5).

------o--o------

Séance du 4 avril 1889.

Séparation de corps. — Pension due pour l'entretien d'un enfant. — Prescription suspendue entre époux. — Art. 1661 et 1680 Cc.; art. 147, § 1er, et 153, § 3, CO.

Déglon contre dame Déglon.

Lors même que des époux sont séparés de corps, le mariage n'en subsiste

2

*pas moins. Dès lors, on ne saurait admettre que la prescription coure
entre époux simplement séparés de corps.*

Dans une demande du 7 décembre 1888, S. Déglon, à Lausanne, a conclu à ce qu'il plaise au Tribunal prononcer que le mariage contracté entre lui et Louise dite Julie née Barraud, le 6 septembre 1877, est dissous par le divorce pour les clauses prévues à l'art. 47 de la loi fédérale de 1874, la réconciliation des époux n'ayant pu avoir lieu.

Dans sa réponse, la défenderesse a pris les conclusions suivantes :

Louise dite Julie Déglon, à Bussigny, accepte les conclusions prises contre elle par Sam. Déglon, tout en faisant observer que si elle avait eu les moyens pécuniaires nécessaires, elle aurait, il y a longtemps, ouvert la présente action sans en laisser le droit à S. Déglon. Elle conclut, en outre, à ce que le demandeur soit reconnu son débiteur et lui fasse prompt paiement de la somme de 160 fr., pour seize mois de pension de l'enfant décédé. Quant aux dépens et vu que le demandeur n'a pas conclu à ce qu'ils lui soient alloués, elle proteste pour tous les frais et demande l'adjudication des siens.

L'instruction de la cause a établi les faits suivants :

Les époux Déglon se sont unis par le mariage le 6 septembre 1877, et le 20 mai 1878 le Tribunal de Lausanne a rendu un jugement prononçant leur séparation de corps pour le terme de deux ans. L'enfant à naître était confié à sa mère, moyennant une pension de 10 fr. par mois que le père était tenu de lui servir.

Cet enfant est décédé à l'âge de 16 mois, et le père redoit pour la pension une somme de 110 fr.

Dès le jugement du 20 mai 1878, les époux Déglon ont toujours été séparés, et, en fait, cette séparation dure depuis plus de dix ans.

Vu ces faits, le Tribunal civil de Lausanne, faisant application de l'art. 47 de la loi fédérale de 1874, a, par jugement du 21 février 1889, prononcé le divorce des époux Déglon et dit que chaque partie gardera ses propres frais.

Statuant sur la conclusion de la défenderesse relative à la pension due par le mari Déglon, le Tribunal l'a admise, mais réduite à la somme de 110 fr., représentant 11 mois de pension à 10 fr. par mois.

Déglon a recouru contre ce jugement en ce qui concerne la pension seulement. Il estime que c'est à tort que le Tribunal a admis qu'il était redû 11 mois de pension et repoussé la prescription, appliquant la prescription décennale. C'est là une erreur. Il ressort du dossier que la dernière pension a été payée en 1879. Aussi bien sous notre ancien Code civil, art. 1680, que sous l'empire du Code fédéral des obligations, art. 147, § 1°, les redevances périodiques se prescrivent par cinq ans ; c'est donc à tort que la prescription n'a pas été admise.

Le Tribunal cantonal a écarté le pourvoi.

Motifs.

Considérant, en effet, que soit l'art. 1680 Cc., soit l'art. 147, § 1°, CO., indiquent que les redevances périodiques se prescrivent par cinq ans.

Mais attendu que cette règle souffre diverses exceptions.

Qu'en effet, l'art. 1661 Cc. dit que la prescription ne court point entre les époux et que l'art. 153, § 3°, CO. statue que la prescription ne court point et que, si elle a commencé, elle est suspendue à l'égard des créances des époux l'un contre l'autre pendant la durée du mariage.

Considérant qu'en présence des textes formels de ces deux articles, l'on ne peut admettre que la prescription coure entre des époux simplement séparés de corps.

Que la séparation de corps crée une position provisoire entre les époux, mais que le mariage n'en subsiste pas moins.

Séance du 10 avril 1889.

Propriétaire construisant sur son fonds. — Opposition fondée sur un prétendu droit de passage. — Servitude non établie. — Dommages et intérêts. — Jugement rendu, mais non prononcé immédiatement. — Moyen de nullité. — Art. 190, 392 et 436 Cpc.; art. 50 CO.; art. 8 de la loi du 22 mai 1875 sur la police des constructions.

Dame Louis contre Clément.

L'informalité résultant de ce que le procès-verbal ne mentionne pas que le jugement, dont le prononcé a dû être renvoyé, a néanmoins été rendu immédiatement, n'est pas de nature à entraîner la nullité du jugement.

Le recours au Conseil d'Etat prévu à l'art. 8 de la loi du 22 mai

1875 sur la police des constructions ne peut s'exercer que contre la déci-
sion de la municipalité faisant opposition au projet de construction. Le
Conseil d'Etat n'est, du reste, pas compétent pour statuer sur la question
de savoir s'il existe ou non une servitude de passage, cette question étant
de la compétence exclusive des tribunaux.

Le fait de s'opposer à une construction projetée en invoquant une ser-
vitude qu'on n'est pas en mesure de prouver, constitue une imprudence
pouvant obliger son auteur à la réparation du préjudice causé.

Avocats des parties :

MM. F. Secretan, licencié en droit, pour dame Louis, défenderesse et
recourante.
Schnetzler, avocat, pour F. Clément, demandeur et intimé.

Dans sa demande du 17 février 1888, Félix Clément, négociant, à Rolle, a conclu à ce qu'il plaise au Tribunal prononcer
contre la défenderesse Annette Louis née Collioud, au dit lieu :

1° Que la maison que le demandeur possède à Rolle, désignée
au cadastre de cette ville, sous art. 72, plan fol. 1, du n° 141, et
art. du 262, plan fol. 1, du n° 140, n'est assujettie à aucune servitude de passage en faveur des immeubles désignés au cadastre
comme suit :

Art. 334, plan fol. 1, du n° 133, place.
» 333, » 1, » 134, atelier de menuisier,
immeubles qui sont la propriété de la défenderesse dame Louis;

2° Qu'en conséquence, l'opposition du 29 avril 1887, formée
par Annette Louis, est écartée comme étant nulle et de nul effet;

3° Qu'à titre de dommages-intérêts, en raison du dommage
causé par la défenderesse au demandeur, elle est débitrice de ce
dernier et doit lui faire prompt paiement des sommes suivantes,
modération de justice réservée, en ce qui concerne les conclusions *a* et *b* :

a) 600 fr., avec intérêt au 5 °/₀ dès le 10 juin 1887 jusqu'au
19 janvier 1888 ;

b) 3 fr. par jour, dès le 19 janvier 1888 à ce jour ;

c) 50 fr., montant des frais d'expertise payés par le demandeur à l'architecte Simon, à Aubonne, avec intérêt au 5 °/₀ dès
le 19 janvier 1888.

Dans sa réponse, dame Louis a conclu, tant exceptionnellement
qu'au fond, à libération avec dépens des conclusions de la demande. Pour le cas où son moyen exceptionnel serait écarté, la
défenderesse conclut reconventionnellement à ce qu'il plaise au

Tribunal prononcer que les immeubles du demandeur sis à Rolle, désignés au cadastre de cette commune sous art. 260, plan fol. 1, n° 137 ; art. 72, plan fol. 1, du n° 141, et art. du 262, plan fol. 1, du n° 140, sont grevés d'une servitude de passage en faveur des immeubles de la défenderesse, ainsi désignés au cadastre : art. 334, plan fol. 1, du n° 133 ; art. 333, plan fol. 1, du n° 134, et que cette servitude doit s'exercer ainsi qu'il est dit sous allégué 35 de la réponse.

L'instruction de la cause, au cours de laquelle sont intervenues des preuves testimoniales et par expertise, a établi les faits suivants :

Félix Clément est propriétaire d'un immeuble désigné comme suit au cadastre de la commune de Rolle : art. 72, plan fol. 1, du n° 141, à Rolle ; portion de maison, soit demie de passage indivis, avec caveau de 14 mètres ; art. du 262, plan fol. 1, art. du 140, à Rolle, le rez-de-chaussée d'une maison d'habitation, plus galetas à l'étage, de 73 mètres ; art. du 260, plan fol. 1, n° 137, à Rolle, place de 65 mètres.

Annette Louis est propriétaire des immeubles désignés comme suit au cadastre de la commune de Rolle : art. 334, plan fol. 1, n° 133, à Rolle, place de 15 mètres ; art. 333, plan fol. 1, n° 134, à Rolle, atelier de menuisier de 57 mètres.

Au commencement de l'année 1887, Clément, ayant l'intention de procéder à la reconstruction de sa maison, a soumis à la municipalité de Rolle le plan de ses travaux. Une enquête a été ouverte au sujet de cette demande, conformément à la loi sur la police des constructions.

Par acte déposé au greffe municipal le 29 avril 1887, dame Louis s'est opposée à la reconstruction projetée par Clément, alléguant que le plan déposé ne tenait pas compte d'un droit de passage dû par les immeubles Clément à sa maison.

Par lettre du 3 mai 1887, la municipalité de Rolle avisa Clément qu'elle ne faisait pas d'opposition à son projet de reconstruction et lui adressa en même temps l'acte d'opposition déposé par dame Louis.

Par lettre du 5 mai 1887, le demandeur a mis la défenderesse en demeure de formuler ses prétentions d'une manière précise et cela avant le 9 mai 1887, en produisant les pièces à l'appui.

Cette lettre étant restée sans réponse, Clément somma dame Louis, par exploit du 9/10 juin 1887, de lui communiquer dans les 24 heures les titres sur lesquels elle prétendait fonder sou opposition, en l'informant que si elle n'obtempérait pas à cette sommation, il commencerait les travaux, se réservant de réclamer des dommages-intérêts pour le préjudice causé par l'opposition.

Annette Louis n'ayant fait aucune réponse à cette sommation, Clément l'a fait citer par exploit du 27 juin 1887, en nomination d'un expert dont la mission était :

a) De constater et de décrire avec détails l'état actuel de la maison dont Clément est propriétaire;

b) De dresser un plan avec profils de la dite maison dans son état actuel.

Les frais de cette expertise se sont élevés à 50 fr.

Par exploit du 10 octobre 1887, Félix Clément a avisé dame Louis qu'il la rendait responsable du dommage qu'elle lui causait et il lui annonçait qu'il prendrait contre elle des conclusions en dommages-intérêts à raison du préjudice que lui occasionnait son opposition ; il la sommait, enfin, d'avoir à prendre position.

La défenderesse n'a donné aucune suite à cette sommation.

Les preuves entreprises par dame Louis n'ont pas abouti, en ce sens qu'elle n'a pu établir ni par titres, ni par témoins l'existence du droit de passage qu'elle invoquait.

Eusuite de ces faits et par jugement du 1er mars 1889, le Tribunal de Rolle a prononcé comme suit : Il a rejeté l'exception soulevée par dame Louis. Les conclusions 1 et 2 du demandeur ont été admises et les conclusions reconventionnelles de la réponse ont, en conséquence, été repoussées.

La conclusion n° 3 de la demande a été admise dans les termes suivants :

« A titre de dommages-intérêts en raison du dommage causé par elle au demandeur, la défenderesse est débitrice de ce dernier et doit lui faire prompt paiement des sommes suivantes :

» *a)* 400 fr. avec intérêts au 5 °/₀ dès le 10 juin 1887, pour le dommage causé dès le jour de la première sommation jusqu'à celui de l'ouverture d'action.

» *b)* 1 fr. 50 par jour dès le 19 janvier 1888, jour de l'ouverture d'action, à ce jour et avec intérêt à 5 °/₀ dès aujourd'hui.

» *c)* 50 fr., montant des frais d'expertise payés par le demandeur à M. l'architecte Simon, à Aubonne, avec intérêts à 5 °/₀ dès le 19 janvier 1888. »

Dame Louis a, en outre, été condamnée aux dépens.

Ce jugement est fondé en résumé sur les motifs suivants :

En ce qui concerne l'exception : il n'est pas loisible à chacun de s'opposer à une construction, s'il n'a pas des droits à invoquer ; la défenderesse affirmait avoir un droit positif de passage sur les immeubles de Clément, elle devait en faire la preuve. Après ses sommations qui restaient infructueuses, Clément ne pouvait faire autrement que d'ouvrir action pour lever l'oposition de dame Louis. L'art. 392 Cpc. était sans application, puisque le passage n'était pas utilisé depuis plusieurs années.

En ce qui concerne le fond : il résulte des solutions de fait intervenues que dame Louis n'a pu établir le droit de passage qu'elle réclame. D'autre part, en formulant une opposition à la construction de Clément, elle a obligé celui-ci à retarder ses travaux, de sorte qu'il n'a pas pu jouir de ses immeubles pendant un certain temps, à tel point qu'au commencement de mars, les constructions n'étaient pas terminées. Clément a dû faire des frais et démarches qui lui ont causé un dommage. Comme dame Louis a fait son opposition sans aucun droit quelconque, elle est responsable du dommage qu'a subi Clément.

Dame Louis a recouru contre ce jugement, dont elle demande la nullité et subsidiairement la réforme par les motifs suivants :

A. *Nullité.* Le Tribunal a violé l'art. 190 Cpc. En effet, les débats ont été déclarés clos le 26 février, dans l'après-midi, et le jugement n'a été rapporté en séance publique que le 1er mars. La mention de la cause du renvoi ne figure pas au procès-verbal.

B. *Réforme.* Dame Louis reprend son moyen exceptionnel. L'opposition faite dans l'enquête administrative ne devait pas empêcher Clément de construire. Le procédé de Clément constitue une véritable provocation à la demande, qui n'est pas prévue ni autorisée par le code de procédure civile. Clément ne pouvait obliger dame Louis à faire le procès actuellement.

En ce qui concerne les dommages-intérêts, la recourante conteste que l'opposition faite par elle ait été de nature à causer un dommage à Clément. Au reste, Clément a écrit et notifié par exploit à dame Louis que si elle ne faisait pas connaître d'une façon positive les droits qu'elle réclamait, il passerait outre et ferait sa construction.

Le recours a été écarté en son entier.

Motifs.

Considérant, *sur la nullité demandée*, que le 26 février, dans l'après-midi, après la clôture de l'audience publique, le Tribunal a procédé immédiatement au jugement à huis clos.

Qu'il résulte du procès-verbal de l'audience du 1ᵉʳ mars que le jugement n'ayant pu être rédigé le 26 février, le prononcé a dû être renvoyé au susdit jour 1ᵉʳ mars.

Qu'ainsi il a été satisfait aux exigences de l'art. 190 Cpc., aux termes duquel le jugement doit être rendu immédiatement.

Qu'en tout état de cause, il y a lieu de tenir compte du temps nécessaire pour rédiger le jugement.

Que le jugement aurait dû mentionner, il est vrai, le motif pour lequel le prononcé a été retardé jusqu'au 1ᵉʳ mars, cette irrégularité n'étant cependant pas de nature à entraîner la nullité du jugement.

Que l'art. 436 Cpc. ne mentionne point comme cause de nullité le motif invoqué par la recourante.

Que l'énumération de cet article est limitative et que cette disposition ne saurait être étendue à d'autres cas que ceux qui y sont expressément prévus,

Par ces motifs, le Tribunal cantonal écarte le recours en ce qui concerne la nullité demandée.

Considérant ensuite, *sur le moyen exceptionnel*, que dame Louis avait fait un acte positif d'opposition à la construction projetée par Clément, prétendant avoir droit à un passage à travers l'immeuble de celui-ci.

Que Clément, en présence de cette opposition, ne pouvait entreprendre ses constructions, puisqu'il s'exposait à voir ensuite dame Louis réclamer le dit passage et à être peut-être obligé de modifier ses travaux, ou même de les démolir, si les prétentions de la recourante venaient à être admises par les tribunaux.

Attendu que Clément ne pouvait pas, en l'état de la cause, procéder conformément à l'art. 8 de la loi sur la police des constructions et recourir au Conseil d'Etat, ce recours ne pouvant s'exercer que contre la décision de la municipalité faisant opposition au projet de construction.

Que le Conseil d'Etat n'est pas compétent pour statuer sur la question de savoir s'il existe ou non une servitude de passage, cette question étant de la compétence exclusive des tribunaux.

Considérant que Clément ne pouvait pas davantage procéder,

ainsi que le prétend la recourante, conformément à l'art. 392 Cpc., puisque le passage réclamé par dame Louis n'était pas utilisé par celle-ci, et que, dès lors, on ne saurait dire qu'il s'agit d'un passage abusif.

Attendu, dès lors, que Clément n'avait pas d'autre moyen, en présence de la manière de procéder de dame Louis, pour pouvoir construire sans courir de risques, que d'intenter la présente action et de faire prononcer par les tribunaux que la recourante n'avait droit à aucun passage à travers sa maison.

Que, par conséquent, l'exception soulevée par la recourante n'est pas fondée,

Par ces motifs, le Tribunal cantonal écarte ce moyen exceptionnel.

Considérant, enfin, *sur la question de savoir si des dommages-intérêts sont dus par dame Louis en raison de son opposition,* que par ses procédés, dame Louis a retardé Clément dans ses constructions et l'a ainsi privé pendant un laps de temps prolongé de l'usage complet de son immeuble.

Qu'ainsi dame Louis a causé à Clément un dommage.

Attendu que la recourante, en faisant opposition à la construction projetée par Clément, a commis une imprudence, puisque sa réclamation n'était appuyée sur aucun titre et aucun témoignage.

Que, dès lors, elle est tenue de réparer le dommage qu'elle a causé sans droit à Clément (CO. 50).

Que le dommage subi par Clément consiste, d'une part, en la perte de loyers qu'il a subie, et, de l'autre, en la somme qu'il a payée à l'expert Simon, qui avait été appelé à constater l'état de l'immeuble.

Que c'est donc avec raison que le Tribunal de Rolle a accordé à l'intimé ses conclusions en dommages-intérêts.

Vaud. — COUR DE CASSATION PÉNALE.
Séance du 16 avril 1889.

Pratique illégale de la médecine. — Contravention. — Art. 22, 23 et 233 de la loi du 13 mars 1886 sur l'organisation sanitaire; art. 499 Cpp.

Ministère public contre Paccard.

L'art. 23 de la loi sur l'organisation sanitaire, autorisant les médecins

étrangers à venir dans le canton en consultation lorsqu'ils sont expressément appelés et pourvu que cette pratique exceptionnelle ne constitue pas un exercice périodique et régulier de leur art, ne peut être invoqué par un simple rhabilleur soit rebouteur.

La circonstance qu'une personne non autorisée à pratiquer l'art de guérir n'a pas fait d'offres de services, mais s'est simplement rendue à des appels de malades qui demandaient ses soins avec insistance, n'a pas pour effet d'empêcher l'application des dispositions pénales de la loi.

———

Pendant les mois de décembre 1888 et janvier 1889, H. Huguet-Monnard, qui s'était fracturé une jambe, a reçu les soins médicaux de Nicodème Paccard, rebouteur à Genève.

Par lettre du 15 janvier 1889, le département de l'intérieur a dénoncé Paccard au préfet du district de Rolle pour contravention à la loi sanitaire.

Le 21 janvier 1889, le dit préfet a prononcé contre Paccard, en application de l'art. 233 de la loi sanitaire du 13 mars 1886, une amende de 300 fr. pour pratique illégale de la médecine.

Paccard est en état de récidive, ayant déjà été condamné pour contravention à la loi sanitaire à une amende de 50 fr. par le Tribunal de police de Rolle le 14 mars 1887; — par le préfet de ce district à une amende de 300 fr., le 9 mai 1887; — par le Tribunal de police de Nyon, le 11 juillet 1876, à une amende de 20 fr., et le 3 octobre de la même année à une amende de 5 fr.

Paccard ayant recouru contre le prononcé préfectoral du 21 janvier 1889, le Tribunal de police de Rolle a, par jugement du 11 mars 1889, admis ce recours et libéré en conséquence Paccard de l'amende prononcée contre lui. Ce jugement est fondé en résumé sur les motifs suivants :

Huguet, ne pouvant se faire transporter à Genève, a prié avec instance Paccard de lui donner ses soins. En cédant à cet appel pressant, celui-ci ne saurait avoir contrevenu à la loi sur la police sanitaire. La loi a voulu protéger les citoyens contre les personnes qui donnent des soins aux malades sans aptitudes spéciales; mais ceux-ci sont toujours libres de recourir aux lumières des personnes en lesquelles elles ont confiance. Du reste, dans le cas particulier, Paccard n'a fait aucune offre de service, mais s'est borné à se rendre à l'appel de Huguet.

Le Procureur général a recouru contre ce jugement, dont il demande la réforme en ce sens que l'amende prononcée par le préfet de Rolle soit maintenue, Paccard étant condamné aux frais. Ce recours est fondé sur les motifs suivants :

Paccard ne rentre dans aucune des catégories de personnes autorisées à pratiquer l'art de guérir dans le canton, telles qu'elles sont fixées par l'art. 22 de la loi sur la police sanitaire du 13 mars 1886 ; il ne saurait pas davantage être mis au bénéfice de l'art. 23 de la dite loi. Le fait que Paccard a été appelé par un malade pour lui donner des soins et qu'il n'a pas offert ses services ne saurait permettre de faire en sa faveur une exception à la loi. Il y a lieu, dès lors, de réformer le jugement du 11 mars 1889, qui a faussement appliqué la loi, et de maintenir l'amende prononcée par le préfet du district de Rolle.

Dans le mémoire qu'il a fait parvenir à la Cour de cassation pénale, Paccard soulève un moyen préjudiciel consistant à dire que le recours est tardif, puisqu'il n'a été déposé au greffe que le 18 mars, alors que le jugement avait été rendu le 11 du dit mois.

La Cour de cassation pénale a écarté ce moyen préjudiciel et admis le recours du Ministère public, en ce sens que l'amende de 300 fr. prononcée par le préfet contre Paccard a été maintenue.

Motifs.

Considérant qu'il résulte d'une déclaration émanant du Procureur général lui-même, que le jugement rendu le 11 mars lui est parvenu le 16 du dit mois.

Que, dès lors, le délai de recours accordé au Ministère public par l'art. 499 Cpp. n'expirant que le 19 mars, le recours qui a été déposé au greffe le 18 mars a été interjeté en temps utile.

La Cour de cassation pénale, à la majorité absolue, écarte ce moyen préjudiciel.

Statuant ensuite sur le recours et considérant qu'aux termes de l'art. 233 de la loi sur la police sanitaire du 13 mars 1886, toute personne qui exerce illégalement une partie quelconque de l'art de guérir est punie par une amende qui ne peut excéder 300 francs.

Que Paccard ne rentre dans aucune des catégories de personnes autorisées par l'art. 22 de la dite loi à pratiquer l'art de guérir.

Que l'on ne saurait faire application en l'espèce de l'art. 23

de la même loi, Paccard n'étant point médecin, mais simplement rhabilleur, soit rebouteur.

Que le fait qu'il n'a pas fait d'offres de services, mais qu'il s'est simplement rendu à des appels de malades qui demandaient ses soins avec insistance, ne saurait avoir pour effet d'empêcher que les dispositions pénales de la loi ne lui soient applicables.

Que, dès lors, c'est à tort que le Tribunal de Rolle a libéré Paccard de l'amende qui avait été prononcée contre lui par le préfet de ce district.

Thurgovie. — TRIBUNAL SUPÉRIEUR.
Traduction d'un arrêt du 31 janvier 1889.

Tramway à vapeur. — Cheval emporté. — Accident. — Action en responsabilité. — Libération de la compagnie. — Art. 2 de la loi fédérale du 1er juillet 1875.

Kollbrunner contre tramway Frauenfeld-Wyl.

En thèse générale, les compagnies de chemin de fer, qu'il s'agisse d'une ligne à voie normale ou d'un tramway, ne sauraient être rendues responsables du fait qu'un cheval s'emporte à l'approche d'un train et qu'il en résulte un accident.

Le 18 juillet 1888, U. Kollbrunner se trouvait à Münchweilen, sur la route publique, avec sa voiture attelée d'un cheval, lorsqu'il rencontra un train du tramway à vapeur Frauenfeld-Wyl. Il descendit de voiture, tenant le cheval par la bride; mais malgré cette précaution, au moment de l'approche du train, il ne put le retenir; l'animal s'emporta, renversa son conducteur et lui passa sur le corps avec l'avant-train de la voiture, qui s'était détaché.

Ensuite des lésions qu'il a reçues à cette occasion, Kollbrunner a réclamé au tramway Frauenfeld-Wyl une indemnité s'élevant au total à 221 fr. 60. A l'appui de cette réclamation, qu'il fonde sur l'art. 2 de la loi fédérale du 1er juillet 1875 sur la responsabilité des chemins de fer, le demandeur allègue que l'accident a été causé par l'exploitation de la ligne; qu'il n'y a eu en l'espèce ni force majeure, ni faute de la victime elle-même. Subsidiairement, le demandeur offre encore d'établir qu'il y a eu faute de la part du personnel du chemin de fer, en ce sens que le tramway n'a pas ralenti sa marche et ne s'est pas arrêté à temps.

La compagnie défenderesse, de son côté, conteste que l'accident ait été causé par l'exploitation de la ligne; il est dû, au contraire, au caractère vicieux du cheval et à la maladresse du demandeur; quant au personnel du tramway, il a pris les mesures de précaution nécessaires.

Les deux instances ont débouté le demandeur des fins de son action, le Tribunal supérieur par les considérants ci-après:

« Il est vrai que la loi fédérale sur la responsabilité des chemins de fer est aussi applicable aux tramways. Toutefois, il ne saurait en être fait application en l'espèce, attendu que l'art. 2 de cette loi n'a trait qu'aux accidents survenus dans l'exploitation, c'est-à-dire à ceux qui ont pour cause une rencontre directe et matérielle entre la voie ou le train qui s'y trouve et la personne lésée. La circonstance qu'un cheval s'emporte au passage d'un train et qu'il en résulte un accident ne saurait en général entraîner la responsabilité de la compagnie, pas plus lorsqu'il s'agit d'un tramway que lorsqu'il s'agit d'une ligne à voie normale. »

La suite de l'arrêt établit que le personnel du tramway a pris toutes les mesures de précaution que lui imposait la concession qu'il a obtenue du canton de Thurgovie, en ce qui concerne le ralentissement de la marche et l'arrêt du train, et que le cheval du demandeur devait être particulièrement sur l'œil, ce qui aurait dû engager le demandeur à être plus prudent qu'il ne l'a été en fait.   C. S.

France. — JUSTICE DE PAIX DU DEUXIÈME CANTON DE LYON.

Audience du 25 janvier 1889.

Vêtement remis par un consommateur à un garçon de café. — Disparition de l'objet. — Responsabilité du maître de l'établissement.

Le propriétaire d'un café est directement responsable de la perte ou du vol du vêtement remis par un consommateur à un des garçons de l'établissement.

Cette responsabilité dérive du contrat de dépôt volontaire qui naît taci- tement de la remise de l'objet au préposé du maître de l'établissement.

———

Vu les art. 1921, 1927, 1928, 1952, 1953 et 1384 du Code civil.

Attendu qu'il est acquis aux débats que le demandeur a re- mis, en entrant au café du XIX⁰ siècle, son sabre, son képi et sa pèlerine à l'un des garçons de service.

Que le garçon a immédiatement porté les dits objets dans une pièce contiguë, sans en avoir demandé la permission, ni reçu l'ordre.

Que le demandeur est monté au bout de quelques instants dans une salle louée par le défendeur aux officiers de l'armée territoriale dont fait partie le demandeur.

Qu'à l'issue du banquet servi par le défendeur aux dits offi- ciers dans la dite salle, le demandeur est descendu au café et a réclamé son sabre, son képi et sa pèlerine au garçon à qui il les avait remis à son arrivée et que le garçon lui a rendu son sabre et son képi, mais non sa pèlerine, dont il n'a pu jusqu'à ce jour obtenir la restitution.

Attendu qu'il s'agit, pour la solution du procès, de savoir si le défendeur est ou n'est pas responsable de la perte de la pèle- rine remise au garçon de service employé dans son établis- sement.

Attendu qu'il résulte des faits et circonstances de la cause qu'il s'est formé tacitement un contrat de dépôt volontaire entre le demandeur et le garçon de service dans les fonctions aux- quelles le garçon était employé par le défendeur.

Attendu, en effet, que le dit garçon a reçu la pèlerine des mains du demandeur ; qu'il a porté de lui-même cette pèlerine dans une pièce contiguë.

Attendu qu'en plaçant la dite pèlerine hors la vue du deman- deur, dans une salle qui n'était ni celle du café, ni celle du ban- quet, le garçon a suffisamment manifesté son intention de la surveiller lui-même.

Attendu que cette surveillance s'imposait d'autant plus au défendeur qu'il faisait dans la circonstance, à l'égard du deman- deur et de ses collègues, office de traiteur ou de restaurateur, office qui n'est pas sans analogie avec celui d'aubergiste ou d'hô- telier.

Attendu que la négligence du garçon dans la surveillance

dont il s'était chargé engage la responsabilité du patron qu'il représentait dans la partie de service à laquelle celui-ci l'avait préposé.

Attendu que cette responsabilité est encourue à titre principal et non subsidiaire, en vertu d'un traité précis ; d'où suit que le défendeur a pu être mis directement en cause.

Attendu que le Tribunal possède les éléments nécessaires pour apprécier l'indemnité due au demandeur en réparation du préjudice que lui fait éprouver la perte de sa pèlerine.

Attendu que la partie qui succombe est passible de dépens,

Par ces motifs, le Tribunal de paix, vidant son délibéré et statuant en dernier ressort, condamne le défendeur à payer au demandeur, pour les causes de la demande, avec intérêts depuis la dite demande, la somme de 30 fr.

Le condamne, en outre, aux dépens de l'instance.

Bibliographie.

Die schweizerischen Handels- und Gewerbeordnungen *(Les ordonnances suisses concernant le commerce et l'industrie)*, par M. le Dr J. SCHOLLENBERGER, à Zurich. Première moitié. Zurich, Albert Müller, éditeur, 1889. Brochure de 95 pages.

Sous le titre général de *Vergleichende Darstellungen aus dem öffentlichen Rechte der schweizerischen Kantone*, M. le Dr Schollenberger, à Zurich, a entrepris de faire paraître une série d'études de droit comparé traitant diverses matières de droit public des cantons suisses. Un premier opuscule, dont la critique a dit beaucoup de bien, était consacré aux droits individuels garantis en Suisse : égalité devant la loi, liberté du commerce et de l'industrie, droit d'établissement, liberté de croyance et de conscience, droit au mariage, liberté de la presse, droit d'association, droit de pétition, garantie du juge naturel, liberté individuelle, garantie des droits acquis.

La seconde brochure que M. Schollenberger vient de publier traite de questions d'un intérêt plus direct et plus pratique. Le lecteur y trouvera tout d'abord un exposé systématique des décisions auxquelles l'application de l'art. 31 de la constitution fédérale a donné lieu de la part de l'autorité fédérale ; puis des renseignements intéressants et condensés sur les dispositions législatives cantonales, concernant le commerce et l'industrie en général, et spécialement le colportage, les marchés, les prêts sur gages, l'usure, etc.

Résumés d'arrêts.

Auberges. — L'art. 31 modifié, lettre c, de la constitution fédérale, lequel réserve de nouveau aux cantons le droit de soumettre l'exercice du métier d'aubergiste aux restrictions exigées par le bien-être public, ne crée pas par lui-même du droit cantonal et n'a pas pour effet de faire revivre de plein droit les restrictions précédemment consacrées par la législation cantonale. mais abrogées par le texte primitif de l'art. 31 précité. Pour que ces dispositions antérieures puissent rentrer en vigueur, il ne suffit pas d'une décision de l'autorité administrative, mais il faut un acte législatif.

TF., 2 février 1889. Haurī c. Argovie.

Bail. — Doivent être envisagés comme servant « à l'arrangement ou à l'usage » des lieux loués, dans le sens de l'art. 294 CO., et sont, par conséquent, soumis au droit de rétention du bailleur, tous les meubles dont le mode d'emploi se trouve en connexité naturelle et directe avec le local qu'ils garnissent. Tels sont des chars remisés dans une cour. La circonstance qu'il est nécessaire, pour les utiliser, de les sortir temporairement de leur remise, n'est point un obstacle à l'exercice du droit de rétention du bailleur.

Cour d'appel de Zurich, 19 mars 1889. Escher Wyss et Cᵉ c. Fuog.

Domicile. — Le principe que la femme mariée n'a d'autre domicile que celui de son mari, ne souffre pas d'exception en cas de séparation de biens et de fait; même dans ce cas, le mari reste le chef de la communauté et la femme n'exerce la libre administration de ses biens propres que moyennant certaines restrictions.

TF., 12 avril 1889. Dame Meyer.

Ch. Soldan, conseiller d'Etat, rédacteur.

Lausanne. — Imp. Corbaz & Comp.

XXXVIIᵉ ANNÉE. Nº **22**.   SAMEDI 1ᵉʳ JUIN 1889.

JOURNAL DES TRIBUNAUX

REVUE DE JURISPRUDENCE

Paraissant à Lausanne une fois par semaine, le Samedi.

Rédaction : M. CHARLES SOLDAN, conseiller d'Etat, à Lausanne.
Administration : M. L. ROSSET, greffier du Tribunal cantonal, à Lausanne.
Abonnements : 12 fr. par an ; 7 fr. pour six mois. Pour l'étranger, le port en sus. On s'abonne à l'imprimerie CORBAZ & Cⁱᵉ, chez l'administrateur, M. ROSSET et aux bureaux de poste.
Annonces : 20 c. la ligne ou son espace. S'adresser à l'imprimerie CORBAZ & Cⁱᵉ.

TRIBUNAL FÉDÉRAL
Séance du 12 avril 1889.

Époux français domiciliés en Suisse. — Partage de communauté. — Compétence. — Art. 3 du traité franco-suisse du 18 juillet 1828 et art. 5 de la convention du 15 juin 1869.

Dame Simond-Pralon contre hoirs Pralon.

Ni la convention franco-suisse du 15 juin 1869, ni celle du 18 juillet 1828 qui l'a précédée, n'ont réglé ce qui concerne les droits et rapports de famille entre les époux ressortissants des deux pays contractants, en particulier leurs droits quant aux biens de la communauté.

Dame Josephte-Sophie Coste s'est mariée en 1862 avec Claude-François Pralon ; tous deux étaient ressortissants français. Le 30 janvier 1866, la dame Pralon, née Coste, est décédée dans le canton de Genève, laissant pour héritiers les deux enfants issus de son mariage, Laurent-François Pralon et Marie-Antoinette

Pralon, actuellement femme Simond, recourante. Au moment de sa mort, la dame Pralon était citoyenne française, ainsi que son mari.

· Ces époux avaient vécu sous le régime de la communauté de biens, et la succession de dame Pralon, née Coste, ne se composait que de sa part dans la communauté légale.

A l'époque du décès de leur mère, les deux enfants Pralon étaient mineurs; ils demeurèrent auprès de leur père, qui ne provoqua jamais le partage de la succession de sa femme, ni de la communauté ayant existé entre elle et lui.

En 1867, Claude-François Pralon s'est remarié, et le 14 février 1874 il a été admis à la naturalisation genevoise. Le 11 mars 1887 il est décédé à Genève, en laissant, outre les deux enfants susindiqués, deux enfants de ce dernier mariage.

Par testament authentique du 9 mars 1887, Claude-François Pralon a légué par préciput et hors part à son fils Laurent-François Pralon le quart de tous ses biens meubles et immeubles.

Le 2 juillet 1887, la dame Simond, née Pralon, intenta en France, devant le Tribunal de Bonneville, à son frère Germain et au sieur Périllat, tuteur de ses sœurs consanguines, une action en partage de la communauté ayant existé entre sa mère et son père. Les défendeurs excipèrent d'incompétence devant le prédit tribunal, et, par exploit du 22 août 1887, Périllat introduisit, devant le Tribunal civil de Genève, une demande en partage, tant de la communauté légale de biens ayant existé entre feu Claude-François Pralon et Josephte-Sophie Coste, que de la succession du dit Claude-François Pralon.

La dame Simond s'opposa à la demande formée par Périllat, à laquelle s'était joint Laurent-François Pralon; elle contestait la compétence des tribunaux genevois pour statuer sur la demande en partage de la communauté; Laurent-François Pralon a conclu en outre à ce qu'il fût procédé au partage de la succession.de sa mère, dame Josephte-Sophie Pralon, née Coste.

Par jugement du 22 mai 1888, le Tribunal civil, et par arrêt du 22 octobre suivant, la Cour de justice de Genève ont écarté l'exception d'incompétence soulevée par la dame Simond.

Le dit arrêt a prononcé que les tribunaux genevois sont compétents pour connaître des demandes en liquidation et partage de la communauté ayant existé entre Claude-François Pralon et Josephte-Sophie Coste et de la succession de Claude-François Pralon ; qu'en revanche, les tribunaux français ont compétence pour connaître de la demande en partage de la succession de feue Josephte-Sophie Coste, femme Pralon, formée par Laurent-François Pralon.

C'est contre cet arrêt, pour autant qu'il admet la compétence des tribunaux genevois pour connaître du partage de la communauté Pralon-Coste, que recourt la dame Marie-Antoinette Simond, née Pralon ; elle conclut à ce qu'il plaise au Tribunal fédéral dire et prononcer, en application des traités du 18 juillet 1828 et du 15 juin 1869 entre la Suisse et la France, que le dit arrêt a mal jugé en admettant la compétence des tribunaux genevois pour connaître du partage de la communauté Pralon-Coste ; dire au contraire que c'est devant le Tribunal français du dernier domicile en France de dame Pralon-Coste que l'action en partage de cette communauté devra être portée.

A l'appui de ces conclusions, la recourante fait valoir en substance :

La dame Pralon née Coste, ressortissante française, est décédée à Genève en 1866, sous l'empire du traité de 1828 entre la Suisse et la France, lequel dispose à son art. 3 que les contestations qui pourraient s'élever entre les héritiers d'un Français mort en Suisse, à raison de sa succession, seront portées devant le juge du dernier domicile que le Français avait en France.

La communauté des biens s'étant trouvée dissoute par le fait du décès, les tribunaux français, — soit, dans l'espèce, le Tribunal de Bonneville, — sont compétents pour statuer sur le partage des biens de la succession, lesquels ne se composent que de la part de la prédite dame Pralon dans la communauté. Il est indifférent, à cet égard, que jusqu'ici ce partage n'ait pas encore eu lieu et que le mari ait obtenu en 1874 la naturalisation suisse. Le recours ne dit point en quoi l'arrêt attaqué emporterait également une violation du traité, soit convention, du 15 juin 1869.

Les opposants au recours concluent à son rejet, principalement par les motifs ci-après :

Le traité de 1828 ne parle pas des contestations qui pourraient s'élever à raison d'une communauté. C'est toujours la loi du pays où s'établit l'association conjugale qui en régit les effets, quelle que soit la nationalité des époux. Si les époux se marient dans le canton de Genève, comme c'est le cas, et que les faits concomitants de la célébration de leur mariage prouvent que leur association conjugale a pris domicile dans le canton de Genève, qu'elle y a constamment fonctionné jusqu'à sa dissolution naturelle par la mort de l'un des époux, comme c'est le cas, ce sont les tribunaux du lieu de ce domicile de l'association conjugale qui sont seuls compétents pour statuer sur le partage des biens de la communauté. C'est, du reste, en ce sens que le Tribunal français de Bonneville s'est prononcé sur la demande en partage de communauté formée devant lui par la dame Simond.

Appelé à présenter ses observations sur le recours, le Président de la Cour de justice de Genève estime également que les traités de 1828 et de 1869 n'ont point trait au partage des communautés légales entre époux et que leur liquidation reste régie par les principes de droit particuliers à l'État sur le territoire duquel les époux, même étrangers, étaient domiciliés. A l'appui de cette opinion, la même réponse se réfère à la jurisprudence du Tribunal fédéral en cette matière.

Le Tribunal fédéral a écarté le recours.

Motifs.

1. Le Tribunal fédéral a reconnu, à diverses reprises, que le traité de 1869 entre la Suisse et la France ne statue ni expressément, ni implicitement que l'action en partage des biens de la communauté doit être intentée devant le juge du pays dont les époux étaient ressortissants. Le dit traité reconnaît la compétence de ce juge uniquement en ce qui concerne les actions relatives à la liquidation et au partage d'une *succession*, ainsi qu'en ce qui a trait à la mise sous tutelle et à l'administration des biens des pupilles, mais il ne règle aucunement ce qui concerne les droits et rapports de famille entre les époux ressortissants des deux pays contractants, en particulier leurs droits quant aux biens de la communauté (v. arrêts en les causes Kapps, *Rec.* I, p. 395; Diggelmann, XI, 341 et suiv.). Le Tribunal de céans, entre autres, n'a pas admis que l'art. 5 du traité susvisé, statuant que toute action relative à la liquidation et au partage d'une succession sera portée devant le Tribunal de l'ouverture de la succession, c'est-à-dire s'il s'agit d'un Français mort en Suisse, devant le Tribunal de son dernier domicile en

France, et réciproquement, fût applicable à l'action en partage des biens de la communauté, laquelle n'est point de nature successorale (v. arrêt en la cause Kopf, *Rec.* IX, p. 505, 3).

La jurisprudence des tribunaux français est, d'ailleurs, constante dans le même sens (v. Curti, *Der Staatsvertrag mit Frankreich*, p. 84 et suiv.).

2. Or bien que la question de for litigieuse en l'espèce ne soit pas régie par le traité de 1869, puisqu'elle se rapporte à une communauté dissoute en 1866 et qu'elle doive, dès lors, être régie par les dispositions du traité de 1828, en vigueur à cette dernière date, la solution à lui donner est la même, puisque l'art. 3 de ce traité ne va certainement pas plus loin que l'art. 5 de la convention de 1869 et ne peut être interprété comme pouvant avoir pour effet de soustraire les actions en partage de la communauté au for où celle-ci existait lors de sa dissolution.

3. Si la Cour d'appel de Chambéry, dans son arrêt du 5 février 1889 [1], a réformé le jugement rendu par le Tribunal de Bonneville le 16 février 1888 et a reconnu la compétence de ce Tribunal pour connaître de l'action en partage introduite par les époux Simond-Pralon, la dite Cour se fonde uniquement sur l'art. 14 du Code civil français et elle reconnaît expressément, dans les considérants de cet arrêt, « qu'une des dispositions des deux traités internationaux de 1828 et de 1869 ne fait mention d'une instance de cette nature au point de vue des règles spéciales de compétence édictées par ces traités, lesquels parlent exclusivement des successions et des contestations entre cohéritiers. »

Il résulte de ce qui précède qu'en reconnaissant, dans ces circonstances, les tribunaux genevois compétents pour statuer sur la demande en partage des biens dépendant de la communauté légale ayant existé dans le canton de Genève entre feu Claude-François Pralon et Josephte-Sophie Coste, domiciliés dans le dit canton lors de leur mariage, l'arrêt attaqué n'a commis aucune violation des traités internationaux invoqués.

[1] Voir cet arrêt à page 230 de ce volume.

Vaud. — Tribunal cantonal.
Séance du 9 avril 1889.

Jugement par défaut. — Assignation notifiée irrégulièrement. —
Nullité. — Art. 34, 35 et 436, lettre *f*, Cpc.; art. 195 de la loi sur
l'organisation judiciaire.

Dame Wulliemier contre Monnard et Pitton.

La circonstance que la partie intimée déclare se désister du jugement par
défaut qu'elle a obtenu, ne dispense pas le Tribunal cantonal de statuer
sur le recours exercé contre ce dernier, tant que ce recours n'est pas re-
tiré.

Lorsque la partie citée, bien que momentanément absente du pays, a
néanmoins son domicile dans le canton, la notification de l'exploit qui
lui est adressé doit se faire conformément à l'art. 34 Cpc., et non confor-
mément à l'art. 35.

Par exploit notifié le 12 février 1889, conformément à l'article 35 Cpc., le procureur-juré Michaud, à Cossonay, agissant au
nom de Henri Monnard, boulanger, à Daillens, et Frédéric Pitton, cordonnier, à Cossonay, a donné citation à Charlotte Wulliemier, à Cuarnens, à comparaître à l'audience du juge de paix
de l'Isle, le 19 février 1889, pour voir prononcer :

1° Qu'ensuite de l'ordonnance du dit juge du 6 novembre
1888, modifiée ensuite d'arrêt du Tribunal cantonal du 29 décembre suivant, afin que les instants puissent suivre à leur saisie conformément à la loi jusqu'à complet paiement de leurs
créances contre A. Delederrey, à Penthaz, et tous accessoires,
elle doit immédiatement leur délivrer : une commode, 6 chaises
à placet, une table ronde et une garderobe en noyer à deux
portes ;

2° Que si, une fois le jugement à intervenir devenu définitif,
elle refuse de délivrer ces meubles, il sera procédé même par
voie d'exécution forcée à ses frais.

Charlotte Wulliemier n'ayant pas comparu à l'audience du 19
février 1889, le Juge de paix, jugeant par défaut, a accordé aux
demandeurs leurs conclusions avec suite de tous dépens. Le 27
février 1889, ce jugement a été notifié à Charlotte Wulliemier
par lettre chargée.

Par acte du 14 mars 1889, le procureur-juré Ecoffey, à Cossonay, agissant au nom de Charlotte Wulliemier, a recouru contre ce jugement, dont il demande la nullité. Ce recours est fondé

sur les art. 436 *f*, Cpc. et 195 de la loi judiciaire de 1886 : la recourante n'a pas été assignée régulièrement à l'audience du 19 février 1889, n'ayant jamais reçu notification de l'exploit d'ouverture d'action. Cet exploit ne pouvait lui être notifié conformément à l'art. 35 Cpc. Bien qu'elle ait été absente de Cuarnens du 10 décembre 1888 au 16 février 1889, elle n'en a pas moins conservé son domicile dans cette localité.

Dans le mémoire qu'il a fait parvenir au Tribunal cantonal, le procureur-juré Michaud a soulevé un moyen préjudiciel, consistant à dire que le procureur-juré Ecoffey n'a produit aucune procuration et que, dès lors, il n'a pas vocation à agir au nom de la recourante.

Par acte du 29 mars 1889, le procureur-juré Michaud a « déclaré se désister du jugement par défaut obtenu à son instance au nom d'Henri Monnard et Frédéric Pitton contre Charlotte Wulliemier, et offrir les frais relatifs au recours en nullité. »

Le recours a été admis et le jugement annulé.

Motifs.

Considérant tout d'abord, *en ce qui concerne le désistement annoncé par les intimés,* que ceux-ci ne pouvaient se désister du jugement du 19 février 1889.

Que le dit jugement ne peut être annulé autrement que par un arrêt de la Cour supérieure.

Que, dès lors, et malgré le désistement des intimés, le Tribunal cantonal doit statuer sur le recours, puisque celui-ci n'a pas été retiré.

Considérant ensuite, *sur le moyen préjudiciel soulevé par les intimés,* que le procureur-juré Ecoffey a produit en mains du juge de paix de l'Isle, le même jour que le recours, une procuration émanant de Charlotte Wulliemier, légalisée dans la journée.

Que, dès lors, le procureur-juré Ecoffey avait vocation à interjeter recours au nom de dame Wulliemier contre le jugement du 19 février 1889.

Par ces motifs, le Tribunal cantonal écarte ce moyen préjudiciel.

Statuant enfin sur le recours et considérant qu'il résulte d'une déclaration émanant du syndic de la commune de Cuarnens, que la recourante est domiciliée dans cette commune.

Que bien qu'elle se soit absentée de son domicile dès le 10 décembre 1888 au 16 février 1889, pour se rendre à Paris, toutes les notifications la concernant devaient être faites conformément à l'art. 34, 4° alinéa, Cpc.

Que, dès lors, si personne ne se trouvait en la demeure de dame Wulliemier, à qui l'exploit du 12 février 1889 pût être remis, il y avait lieu de faire afficher l'un des originaux de l'exploit à la porte de la dite demeure en présence de deux témoins.

Que le mode de notification de l'exploit d'ouverture d'action adopté par les intimés étant ainsi irrégulier, il y a lieu de faire application en l'espèce de l'art. 436 *f* du Cpc.

Séance du 16 avril 1889.

Jugement exécutoire. — Saisie. — Opposition. — Moyen tiré de la compensation. — Sceau révoqué. — Recours déposé en mains du juge. — Art. 131 CO.; art. 412 Cpc.; art. 197 de la loi sur l'organisation judiciaire.

Gétaz contre Lévy.

L'art. 197 de la loi sur l'organisation judiciaire, disposant que les recours contre les jugements des juges de paix doivent être déposés en mains de ces magistrats, concerne toutes les décisions rendues par eux en matière contentieuse. Il n'y a pas lieu de faire une distinction entre les causes que le juge de paix est appelé à juger dans sa compétence et celles dans lesquelles il se borne à donner son sceau à l'exploit d'ouverture d'action et à tenter la conciliation.

L'exception de compensation ne saurait être soulevée comme moyen d'opposition contre une saisie pratiquée en exécution d'un jugement définitif.

Par exploit du 13 février 1889, P. Gétaz, à Aubonne, cessionnaire de Louis Lecoultre, au dit lieu, a pratiqué une saisie mobilière générale au préjudice de A. Lévy, marchand de chevaux, à Aubonne, pour parvenir au paiement de la somme de 234 fr. 40, qui lui est due pour montant d'un état de frais réglé ensuite d'un jugement rendu contre Lévy par le président du Tribunal d'Aubonne, le 30 octobre 1888.

Par exploit notifié le 15 mars 1889, A. Lévy a fait opposition à cette saisie, invoquant les moyens suivants :

1° La cession dont se prévaut Gétaz est nulle de plein droit, Lecoultre étant en faillite.

2° A supposer que cette cession soit valable, la signification de la dite cession, exigée par l'art. 548 Cpc., n'a pas été régulièrement faite à l'instant ; le titre n'est donc pas exécutoire en faveur de Gétaz.

3° Lévy est créancier de Lecoultre du montant d'un billet de change de 800 fr., échu la demie le 18 novembre, et l'autre demie le 31 décembre 1888.

Usant du droit que lui donnent les art. 189, 131, 136 CO., il oppose l'exception de compensation.

Gétaz a recouru contre le sceau accordé à cette opposition, pour autant que cet exploit renferme un troisième moyen d'opposition consistant « en l'exception de compensation que Lévy » prétend opposer en vertu d'un billet de change de 800 fr. »

Dans le mémoire qu'il a fait parvenir au Tribunal cantonal, Lévy soulève deux moyens préjudiciels consistant à dire :

Le *premier,* que le recours aurait dû être déposé au greffe de paix et non en mains du juge. L'art. 197 de la loi judiciaire prévoit un recours déposé en mains du juge, mais cette disposition ne s'applique qu'aux causes rentrant dans la compétence de ce magistrat.

Le *second,* que le sceau ne pouvant être refusé pour les deux premiers moyens d'opposition, ne peut pas être refusé pour le troisième, ce moyen devant être porté devant le Tribunal en même temps que les deux premiers.

Le Tribunal cantonal a admis la conclusion subsidiaire du recours, en ce sens que le sceau de l'exploit du 15 mars 1889 est révoqué en ce qui concerne le troisième moyen d'opposition, lequel est ainsi retranché du procès.

Motifs.

Statuant tout d'abord sur ces moyens préjudiciels, et considérant, sur le premier de ces moyens, qu'aux termes de l'art. 197 de la loi sur l'organisation judiciaire de 1886, les recours contre les jugements des juges de paix doivent être déposés en mains de ces magistrats.

Que cette disposition concerne les recours formés contre toutes les décisions rendues par les juges de paix en matière contentieuse.

Qu'il n'y a pas lieu de faire une distinction entre les causes que ce magistrat est appelé à juger dans sa compétence, et celles dans lesquelles il se borne à donner son sceau à l'exploit d'ouverture d'action et à tenter la conciliation.

Qu'au contraire, il y a lieu de faire application de l'art. 197 sus-rappelé à toutes les décisions prises par le juge dans sa compétence en matière contentieuse, notamment au sceau qu'il accorde à un exploit d'opposition, alors même que l'opposition elle-même excède sa compétence.

Par ces motifs, le Tribunal cantonal écarte ce moyen préjudiciel.

Statuant ensuite sur le second moyen préjudiciel et considérant que bien que le procès sur opposition doive suivre son cours en tout état de cause en ce qui concerne les deux premiers moyens d'opposition, il n'en est pas moins loisible au Tribunal cantonal de retrancher le troisième moyen, s'il est contraire à l'art. 412 Cpc.

Qu'en effet, à teneur de cette disposition, le débiteur ne peut plus opposer au fond à une saisie pratiquée en vertu d'un jugement exécutoire.

Que, dès lors, on ne saurait admettre que l'instruction de la cause portât sur un moyen qui serait directement contraire à la disposition de l'art. 412.

Que si on admettait la manière de voir de l'intimé, il suffirait à la partie qui voudrait faire opposition à une saisie pratiquée en vertu d'un jugement exécutoire, d'invoquer un moyen de forme pour pouvoir discuter un moyen de fond qui ne pourrait pas être examiné séparément.

Par ces motifs, le Tribunal cantonal écarte aussi ce moyen préjudiciel.

Statuant enfin sur le recours et considérant que bien que l'article 131 CO. admette la compensation de deux créances, alors même que l'une d'elles est contestée, il n'en résulte point que le débiteur au préjudice duquel est pratiquée une saisie en vertu d'un jugement exécutoire, puisse opposer la compensation en se fondant sur une créance dont il serait porteur vis-à-vis du créancier saisissant.

Que si l'exception de compensation peut être soulevée dans le procès au fond, on ne saurait dire qu'elle puisse être opposée dans la procédure en exécution d'un jugement définitif.

Attendu que la procédure en exécution des jugements est réglée par les lois cantonales et que l'entrée en vigueur du Code fédéral des obligations ne saurait avoir eu pour effet de modifier les dispositions de procédure des législations cantonales.

Considérant qu'aux termes de l'art. 412 Cpc., si la saisie a lieu en vertu d'un jugement exécutoire, il ne peut être opposé sur le fond, et que le juge doit refuser le sceau, à moins que l'opposition ne soit appuyée d'un titre postérieur au jugement constatant l'exécution totale ou partielle.

Que le moyen tiré de la compensation ne saurait être assimilé à un titre postérieur.

Que si le troisième moyen opposé par Lévy avait été présenté seul, le sceau de l'exploit aurait dû être refusé.

Que, dès lors, il y a lieu de révoquer le sceau de l'exploit du 15 mars 1889 en ce qui concerne le troisième moyen, tout en le maintenant pour les deux premiers, qui sont des moyens purement de forme, l'instruction du procès étant en conséquence limitée aux deux premiers moyens à l'exclusion du troisième.

Séance du 7 mai 1889.

Société anonyme française. — Faillite. — Succursale en Suisse, non inscrite au registre du commerce. — Responsabilité personnelle de ceux qui ont agi au nom de la société. — Article 623 CO.; art. 6, 15 et 17 de la convention franco-suisse du 15 juin 1869.

Société laitière de l'Est, en faillite, contre Genoud et Peyraud et consorts.

Lorsqu'une société anonyme française, ayant son siège principal en France et une succursale en Suisse, ne s'est pas fait inscrire au registre du commerce en Suisse et .n'y a pas non plus fait inscrire sa succursale, l'art. 6 de la convention franco-suisse du 15 juin 1869 ne lui est pas applicable en cas de faillite. Ceux qui ont agi en son nom sont personnellement et solidairement responsables des engagements qu'ils ont pris envers des tiers.

Suivant statuts déposés à Besançon, en l'étude du notaire Fricker, le 15 avril 1882, il a été fondé une société anonyme ayant pour objet la fabrication de tous les produits qui dérivent du lait et pour raison commerciale « Société laitière de l'Est, compagnie franco-suisse. »

Cette société avait son siège social à Besançon, et deux établissements en Suisse, dont l'un à Avenches. Le dit établissement n'a pas été inscrit au registre du commerce, malgré les démarches faites par les autorités compétentes pour provoquer cette inscription, spécialement par le Tribunal cantonal vaudois, ainsi que cela ressort de sa lettre du 5 décembre 1888.

Par jugement du 5 février 1889, du Tribunal de commerce de Besançon, la dite société a été déclarée d'office en faillite, comme étant en état de cessation de paiements. Ce jugement a été soumis, le 12 mars 1889, au Conseil d'Etat du canton de Vaud qui en a permis l'exécution dans le canton, « sous réserve du droit » de recours prévu à l'art. 17 de la convention franco-suisse du » 15 juin 1869. »

Dans une lettre spéciale datée du 12 mars 1889, adressée à l'avocat Gaulis, conseil de la compagnie Franco-Suisse, le Conseil d'Etat indique comme suit les motifs qui l'ont engagé à accorder l'exequatur :

Les pièces exigées par l'art. 16 de la convention franco-suisse du 15 juin 1869 ont été produites; la partie contre laquelle l'exécution est poursuivie n'a formulé aucune opposition.

Si la société a fait des opérations à Avenches, elle n'y a jamais eu une succursale régulière inscrite au registre du commerce.

La convention franco-suisse a entendu consacrer le principe de l'unité de la faillite; en tout état de cause, l'opposition des créanciers vaudois et fribourgeois de la Société laitière ne rentre dans aucun des cas prévus à l'art. 17 de la convention prémentionnée et ils n'ont ainsi pas qualité pour intervenir dans le présent débat.

Le 28 mars 1889, le procureur-juré Jaton, mandataire de M. Violet, syndic de la faillite de la compagnie franco-suisse, s'est présenté à l'audience du président du tribunal d'Avenches, demandant, conformément à sa requête du 21 mars :

a) La mise à exécution effective dans le canton de Vaud du jugement déclaratif de faillite rendu le 5 février 1889 par le Tribunal de commerce de Besançon ;

b) La publication de l'avis de faillite dans la *Feuille des avis officiels* du canton de Vaud ;

c) La prise d'inventaire et la taxe de l'actif dans le canton ;

d) La remise à M. Violet, après inventaire et taxe, des biens que la société pourrait posséder dans le canton et même de ceux qui pourraient se trouver sous séquestre, afin d'être vendus et le prix réparti conformément aux règles fixées par la convention entre la France et la Suisse.

Le procureur-juré Hermann, à Avenches, agissant au nom de deux groupes de créanciers de la société laitière de l'Est, a pris les conclusions suivantes :

a) Au nom de Genoud et Peyraud, Hermann a conclu au rejet des requêtes présentées par le procureur-juré Jaton au nom du syndic de la faillite, expliquant que ses mandants ont séquestré, au préjudice des administrateurs de la succursale d'Avenches de la compagnie Franco-Suisse, les biens possédés par cette succursale et intenté à ces administrateurs un procès sur séquestre tendant au paiement des fournitures que les dits Genoud et Peyraud ont faites pour la dite succursale;

b) Au nom de Gendre et consorts, le procureur-juré Hermann a conclu à ce que les requêtes du procureur-juré Jaton soient écartées.

Subsidiairement, à ce qu'il soit prononcé que la succursale d'Avenches de la compagnie franco-suisse fera l'objet d'une faillite distincte à Avenches, sous l'autorité du juge vaudois, l'actif et le passif de cette faillite devant être séparés de ceux des autres établissements que possède la compagnie franco-suisse, ainsi que de l'actif et du passif du siège central de la société.

Plus subsidiairement, pour le cas où les requêtes adverses seraient admises, Hermann a conclu à ce que le président veuille bien ordonner, en outre, qu'un appel sera adressé par la voie de la *Feuille des avis officiels* aux créanciers de la succursale d'Avenches, avec avis qu'ils peuvent déposer leurs interventions au greffe du Tribunal d'Avenches et que les prétentions des créanciers intervenus seront transmises par l'office du greffe au syndic de la faillite à Besançon.

Hermann a expliqué que ses mandants ont intenté à la succursale d'*Avenches* de la compagnie franco-suisse des procès sur séquestre tendant au paiement des fournitures qu'ils ont faites à cet établissement.

Par jugement du 28, rendu public le 29 mars 1889, le Président du Tribunal du district d'Avenches a écarté les requêtes de Jaton au nom de la société laitière de l'Est et ordonné la li-

quidation juridique des biens de cette société, biens situés dans
le canton de Vaud, pour être traitée dans les formes de la procédure vaudoise, sous la direction d'un liquidateur nommé par
le Président et sous la surveillance de l'office du Tribunal du
district, sous réserve que les prétentions des créanciers et le
produit des ventes mobilières et immobilières, après paiement
des privilèges, seront transmis au syndic de la masse, à Besançon, conformément à l'art. 6 de la convention du 15 juin 1869.

Les parties ont recouru en réforme contre ce prononcé. La
société laitière de l'Est se fonde sur les art. 6 et 15 du traité
franco-suisse du 15 juin 1869, ainsi que sur l'ordonnance d'exequatur accordée par le Conseil d'Etat au jugement du Tribunal
de commerce de Besançon. Genoud et Peyraud et Gendre et consorts estiment que les tribunaux vaudois ne sauraient connaître
la compagnie franco-suisse, qui n'est pas inscrite en Suisse au
registre du commerce.

Le Tribunal cantonal, admettant le moyen soulevé par Genoud
et consorts, a écarté les requêtes du syndic de la faillite de la
société laitière de l'Est, et réformé le prononcé du Président du
Tribunal d'Avenches, en ce sens que l'ordonnance de faillite de
la succursale à Avenches de la dite société est révoquée.

Motifs.

Examinant les pourvois et, en premier lieu, *ce qui concerne la
valeur et la portée de l'exequatur accordé par le Conseil d'Etat
au jugement du Tribunal de commerce de Besançon :*

Considérant qu'à teneur de l'art. 17 de la convention conclue
entre la France et la Suisse le 15 juin 1869, l'autorité saisie de
la demande d'exécution d'un jugement ne doit pas entrer dans
la discussion du fond de l'affaire.

Considérant qu'en accordant l'exequatur du jugement de Besançon, le Conseil d'Etat s'est conformé simplement à cette disposition en constatant que les conditions prévues à cet art. 17, relatives uniquement aux formes de tout jugement, étaient remplies.

Considérant que c'est là toute la portée à attribuer à la décision du Conseil d'Etat, laquelle ne préjuge en aucune façon la
question soumise aujourd'hui au Tribunal cantonal.

Que, dès lors, la société laitière de l'Est ne saurait se fonder
sur l'exequatur du jugement de Besançon pour demander la réforme du prononcé du Président du Tribunal d'Avenches.

Le Tribunal cantonal écarte ce moyen.

Statuant ensuite sur le moyen de Gendre et consorts et de Genoud et Peyraud consistant à dire *que la succursale d'Avenches de la société laitière de l'Est n'ayant pas été inscrite au registre du commerce, les tribunaux suisses ne sauraient connaître une telle société :*

Considérant que la société laitière de l'Est, compagnie franco-suisse, dont le siège social est à Besançon, est propriétaire d'immeubles, ainsi que d'installations industrielles à Avenches.

Qu'à la tête de l'établissement d'Avenches se trouvait un directeur permanent, muni d'un permis d'établissement, et qui passait de son chef des marchés avec les fournisseurs de matières premières, les ouvriers, les entreprises de transport, etc.

Considérant que, dans ces conditions, le dit établissement ne peut être envisagé comme simple usine, mais qu'il doit être considéré comme une véritable succursale de l'établissement principal, ainsi que l'a, du reste, constaté le Président du Tribunal d'Avenches.

Considérant qu'aux termes de l'art. 623 CO., la société anonyme n'acquiert la personnalité civile que par l'inscription au registre du commerce, et que, suivant l'art. 624 du même code, si la société a des succursales, elles doivent être inscrites sur le registre du lieu où elles sont établies, avec référence à l'inscription concernant l'établissement principal.

Considérant que la société laitière de l'Est, qui est une société anonyme, ne s'est pas fait inscrire au registre du commerce en Suisse et qu'elle n'a pas non plus fait inscrire sa succursale d'Avenches, et cela malgré les démarches faites auprès d'elle par les autorités compétentes.

Que, dès lors, elle n'a pas acquis la personnalité civile et que sa succursale d'Avenches n'a ainsi pas d'existence légale dans le canton de Vaud.

Que l'on se trouve, dans l'espèce, en présence d'une association impersonnelle, irresponsable, sans existence juridique et qui, dès lors, ne peut être mise en faillite.

Considérant que, dans cette situation, l'art. 6 de la convention franco-suisse n'est pas applicable, la société laitière de l'Est n'ayant aucun établissement de commerce en Suisse dans le sens juridique du mot.

Considérant qu'aux termes de l'art. 623 CO., ceux qui ont agi au nom d'une société avant que l'inscription au registre du commerce ait été opérée, sont personnellement et solidairement responsables.

Considérant que cette règle est évidemment applicable aux succursales qui doivent être inscrites au registre du commerce.

Que les créanciers suisses ont dès lors le droit d'exercer des poursuites contre les biens de ceux qui ont agi au nom de la succursale d'Avenches de la société laitière de l'Est.

Résumés d'arrêts.

Discussion.— L'autorisation de plaider accordée au liquidateur par le commissaire (Cpc. 752, § *c,* et 746) est une autorisation générale qui ne renferme aucune restriction. Dès lors cette autorisation ne peut être accordée conditionnellement, le bien ou le mal fondé d'une cause devant être apprécié par le magistrat chargé de juger le procès.

TC., 9 avril 1889. Masse Demoinsel c. Vernet.

Presse. — La liberté de la presse n'est point absolue et, pas plus que la manifestation verbale de la pensée, elle ne saurait assurer l'impunité en matière d'injures ou de diffamation. Elle ne peut aller jusqu'à autoriser un correspondant de journal à publier des faits calomnieux et attentatoires à l'honneur ou à la situation personnelle des citoyens (art. 55 de la constitution fédérale).

TF., 30 mars 1889. Sandmeier c. Pradel.

Recours. — Les parties ne peuvent recourir contre les jugements rendus par les juges de paix que pour en faire prononcer la nullité (art. 195 de la loi sur l'organisation judiciaire).

TC., 9 avril 1889. Masse Demoinsel c. Vernet.

Revision. — Si la demande de revision suspend l'exécution du jugement (Cpp. 549, § 2), elle ne saurait avoir pour effet de suspendre le prononcé de la cour de cassation sur le recours interjeté contre le même jugement. Il y a seulement lieu à suspendre l'exécution de ce dernier jusqu'à droit connu sur la demande de revision.

CP., 16 avril 1889. Morel.

Ch. Soldan, conseiller d'Etat, rédacteur.

Lausanne. — Imp. Corbaz & Comp.

XXXVIIᵉ ANNÉE. Nᵒ 23. SAMEDI 8 JUIN 1889.

JOURNAL DES TRIBUNAUX

REVUE DE JURISPRUDENCE

Paraissant à Lausanne une fois par semaine, le Samedi.

Rédaction : M. CHARLES SOLDAN, conseiller d'Etat, à Lausanne.
Administration : M. L. ROSSET, greffier du Tribunal cantonal, à Lausanne.
Abonnements : 12 fr. par an ; 7 fr. pour six mois. Pour l'étranger, le port en sus. On s'abonne à l'imprimerie CORBAZ & Cᵉ, chez l'administrateur, M. ROSSET et aux bureaux de poste.
Annonces : 20 c. la ligne ou son espace. S'adresser à l'imprimerie CORBAZ & Cᵉ.

TRIBUNAL FÉDÉRAL
Séance du 17 mai 1889.

Marchandises remises à un tiers pour la vente en commission. — Billets de complaisance souscrits par le commissionnaire au commettant. — Faillite. — Droit de rétention. — Art. 224, 226 et 442 CO.

Masse Bourquin contre masse Augsburger.

Le commissionnaire jouit d'un droit de rétention sur les marchandises en commission ou sur le prix qui en a été réalisé, pourvu que sa créance soit échue et qu'il y ait connexité entre celle-ci et la chose retenue. Si les deux parties sont des commerçants, il suffit, pour qu'il y ait connexité, que la créance et la possession de la chose résultent de leurs relations d'affaires.

Edouard Bourquin, fabricant d'horlogerie à Fleurier, a, sur les offres de services qui lui étaient faites par Paul Augsburger, négociant à Genève, chargé celui-ci de le représenter dans cette ville, et il fut convenu entre les parties que Bourquin enverrait des montres en commission à Augsburger, qui les vendrait pour son compte moyennant une commission sur le prix de vente.

Ensuite de cette entente, Bourquin envoya, dès le mois de novembre 1886, des montres diverses en or, argent et métal, ainsi que des étuis pour une valeur d'environ 20,000 fr. au sieur Augsburger en consignation, c'est-à-dire aux fins de les vendre en commission. Augsburger vendit en effet une partie considérable de ces marchandises, en perçut le prix et devint ainsi débiteur de Bourquin.

En revanche, Augsburger souscrivit à l'ordre de Bourquin un grand nombre de billets de complaisance, pour une somme de plus de 25,000 fr., effets portant la mention « valeur reçue en marchandises » et que Bourquin mit en circulation.

Le 13 février 1888, Bourquin fut déclaré en faillite, et suivant procès-verbal du 10 mars 1888, le syndic de cette faillite a fait saisir au domicile d'Augsburger toutes les montres que ce dernier avait en sa possession et provenant de Bourquin. Augsburger opposa à cette demande qu'il était devenu propriétaire des montres saisies pour les avoir payées avec des billets qu'il avait souscrits à l'ordre de Bourquin ; Augsburger ajouta qu'il avait vendu les autres montres et que s'il avait pu prévoir la mesure dont il était l'objet, on n'aurait pas retrouvé celles sur lesquelles a porté la saisie.

La faillite Bourquin assigna en même temps Augsburger devant le Tribunal civil de Genève, aux fins de faire reconnaître la validité de la saisie et le droit de propriété de la dite faillite sur les montres saisies. Augsburger opposa à cet exploit, en se prétendant également propriétaire des mêmes objets. Par jugement du 10 novembre 1888, le Tribunal civil se déclara incompétent pour trancher la question de propriété des montres en litige.

Augsburger étant aussi tombé en faillite dans l'intervalle, la faillite Bourquin ouvrit action à la faillite Augsburger devant le Tribunal de commerce de Genève, concluant, attendu que les montres saisies proviennent sans conteste de Bourquin, que Augsburger a reconnu qu'elles n'étaient qu'en consignation entre ses mains et appartenaient à Bourquin, le dit Augsburger n'ayant payé aucun des billets de complaisance souscrits par lui et se trouvant débiteur de la faillite Bourquin de plus de 15,000 fr., à ce qu'il plaise au dit Tribunal prononcer que les marchandises énumérées dans l'exploit introductif d'instance sont la propriété de la faillite Bourquin, qui en reprendra immédiatement la libre disposition et jouissance, condamner au besoin la faillite Augsburger à les lui restituer dans les 48 heures du jugement à intervenir, et ce à peine de 100 fr. de dommages-intérêts pour chaque jour de retard.

La faillite Augsburger contesta le bien-fondé de la saisie, attendu que les marchandises revendiquées sont sa propriété et forment la contre-partie de moins du tiers des billets de change souscrit par Augsburger à Bourquin; que de l'aveu de Bourquin, consigné dans plusieurs lettres, les marchandises expédiées par lui à Augsburger devaient être vendues par ce dernier pour servir à l'acquittement des échéances; que si Augsburger a commis la faute de ne pas garder constamment par devers lui assez de marchandises pour se couvrir du montant des billets souscrits par lui, il serait injuste de le dépouiller encore des 7000 fr. environ qu'il avait en mains, alors qu'il a souscrit à l'ordre de Bourquin pour 24,851 fr. 05 de billets, dont le montant a été touché par ce dernier, et fait l'objet des réclamations des créanciers de Bourquin à la masse Augsburger. Fondée sur ces motifs, la faillite Augsburger a conclu au déboutement de la demanderesse et à ce que celle-ci soit condamnée à lui payer 500 fr. à titre de dommages-intérêts.

Par jugement du 24 janvier 1889, le Tribunal de commerce a débouté la demanderesse de ses conclusions, estimant que les arrangements intervenus entre parties doivent être interprétés dans le sens de la constitution d'un droit de gage, concédé à Augsburger par Bourquin sur les montres en litige et ce comme garantie ou couverture des effets de complaisance souscrits par le premier.

La faillite Bourquin ayant appelé de ce jugement, la Cour de justice l'a réformé en ce sens que la faillite Bourquin est reconnue propriétaire des marchandises saisies à sa requête au domicile d'Augsburger, suivant procès-verbal du 10 mars 1888; que la dite faillite est déboutée du surplus de ses conclusions, et que la faillite Augsburger est fondée à exercer un droit de rétention sur les dites marchandises, à concurrence des sommes dont elle justifiera être créancière de l'appelante. Cet arrêt est fondé sur les motifs suivants :

L'appel soulève les deux questions ci-après, à savoir :

1° Augsburger est-il devenu propriétaire des marchandises

saisies pour avoir souscrit des billets de change à l'ordre de Bourquin?

2° A défaut du droit de propriété auquel il prétend, le Tribunal de commerce a-t-il pu lui reconnaître un droit de gage ou de rétention sur les dites marchandises?

Sur la première question, il est intervenu entre les parties un contrat de commission et il résulte du dossier que jamais il n'a été dans l'intention d'Augsburger de payer par ses billets de complaisance les marchandises qu'il avait reçues de Bourquin et qu'il déclare n'avoir détenues qu'en consignation. Dans cette situation, la faillite Augsburger ne peut prétendre être devenue propriétaire des dites montres.

Sur la seconde question, les porteurs des billets en question en réclament le paiement à Augsburger, et ils sont intervenus de ce chef dans sa faillite pour la somme de 24,851 fr. 05. Dans l'intention de Bourquin, et aux termes de nombreuses pièces du dossier, la possession des montres par Augsburger devait garantir à celui-ci le paiement à leur échéance des billets que Bourquin lui faisait souscrire. Par suite, la masse Augsburger est fondée à faire valoir contre la masse Bourquin le droit de rétention qui résulte de l'art. 224 CO. Peu importe que la faillite Augsburger n'ait pas invoqué ce droit, les juges n'étant pas limités dans leur appréciation des droits des parties aux seuls moyens qu'elles invoquent.

Toutefois les premiers juges, en décidant que la faillite Augsburger avait un droit de rétention sur les marchandises saisies, n'auraient dû débouter la faillite Bourquin que de la partie de ses conclusions tendant à faire prononcer qu'elle en reprendrait la libre disposition.

La faillite Bourquin a recouru contre cet arrêt au Tribunal fédéral, concluant à ce qu'il lui plaise :

1° Confirmer l'arrêt de la Cour de Genève du 18 mars 1889, en tant qu'il a déclaré la faillite Bourquin propriétaire des montres revendiquées.

2° Le réformer en tant qu'il a déclaré la faillite Augsburger créancière de la faillite Bourquin et lui a conféré un droit de gage ou de rétention sur les montres saisies.

Réserver à la faillite Bourquin tous ses droits pour régler compte avec la faillite Augsburger, et pour y produire ; débouter la faillite Augsburger de toutes conclusions contraires ; la condamner dans tous les cas, et même si l'arrêt attaqué était maintenu au fond, en tous les dépens de première instance et d'appel; la condamner, en outre, à payer à la recourante un émolument de 100 fr. pour dépens par devant le Tribunal fédéral.

La faillite Augsburger, par l'organe de son conseil, a conclu au rejet du recours et au maintien de l'arrêt attaqué.

Le Tribunal fédéral a décidé de ne pas entrer en matière sur le recours en tant qu'il a trait à un droit de propriété ou à un droit de gage de la faillite Augsburger sur les marchandises en litige; il n'est pas non plus entré en matière, pour cause d'incompétence, sur la question de savoir si la Cour de justice était autorisée à admettre, par des motifs de procédure, le moyen tiré d'un droit de rétention. Quant au surplus, le recours a été écarté et l'arrêt de la Cour de justice confirmé.

Motifs.

2. La compétence du Tribunal fédéral en la cause ne peut faire l'objet d'aucun doute. La valeur des montres litigieuses, objets de la saisie de la faillite Bourquin, est évaluée par la défenderesse, dans sa réponse au Tribunal de commerce, à la somme de 7000 fr. environ, et il ne résulte point du dossier que cette affirmation ait jamais été contredite; il y a donc lieu d'admettre que la valeur du litige devant la dernière instance cantonale était en tout cas supérieure à 3000 fr. En outre, en dehors des points de procédure dont il sera fait mention plus loin, les questions principales que soulève le procès et sur lesquelles l'arrêt dont est recours a statué, appellent l'application du Code fédéral des obligations. Ainsi se trouvent réalisées les conditions desquelles l'art. 29 de la loi sur l'organisation judiciaire fédérale fait dépendre la compétence du Tribunal de céans.

3. La Cour de justice a prononcé que la défenderesse n'avait aucun droit de propriété sur les marchandises saisies, lesquelles appartenaient à la masse Bourquin. La faillite Augsburger n'ayant point recouru au Tribunal fédéral contre cette décision et ayant, au contraire, dans son écriture du 1ᵉʳ mai courant, déclaré expressément conclure au maintien de l'arrêt attaqué, il n'y a plus lieu de statuer, dans l'instance actuelle, sur cette question de propriété. Cette question n'eût d'ailleurs pas été susceptible d'une solution différente de celle qu'elle a reçue de la Cour cantonale, attendu qu'il n'est aucunement établi par

la correspondance et par les pièces produites que le sieur Augsburger ait jamais acheté la marchandise consignée entre ses mains, ni qu'il l'ait payée au moyen des lettres de change souscrites par lui. L'arrêt de la dite Cour doit donc continuer à sortir son effet sur ce point.

4. Le Tribunal de commerce, dans les considérants de son jugement, avait admis en faveur de la défenderesse un droit de gage sur les montres saisies en ses mains et repoussé toutes les conclusions de la demande en se fondant sur ce motif. L'arrêt de la Cour, toutefois, n'a plus reconnu l'existence d'un semblable droit de gage, mais seulement un droit de rétention, à teneur de l'art. 224 CO., sur les dites marchandises jusqu'à concurrence des sommes dont la demanderesse justifiera, après compte fait entre parties, être créancière de sa partie adverse. La défenderesse s'étant bornée, ainsi qu'il vient d'être dit, à conclure au maintien de l'arrêt cantonal, il est superflu de rechercher si elle est au bénéfice du prédit droit de gage et d'examiner si elle a invoqué un droit semblable dans le procès actuel; l'arrêt dont est recours doit, dès lors, également demeurer en force à cet égard.

5. Il reste seulement à examiner si c'est avec raison que la Cour de justice a admis, en faveur de la défenderesse, un droit de rétention en application de l'art. 224 CO. précité, jusqu'à concurrence des prétentions dont elle justifierait au regard de la faillite Bourquin, demanderesse.

Aux termes de l'art. 442 du même Code, le commissionnaire a, sur les marchandises en commission ou sur le prix qui a été réalisé, le droit de rétention défini à l'art. 224 *ibidem*, lequel dispose à son alinéa 1er qu'en « dehors des cas expressément » prévus par la loi, le créancier jouit, lorsque sa créance est » échue, d'un droit de rétention sur les biens meubles et les » titres qui se trouvent à sa disposition, du consentement du » débiteur, pourvu qu'il y ait connexité entre la créance et la » chose retenue. »

Or, les trois conditions auxquelles la disposition qui précède subordonne l'exercice d'un droit de rétention se trouvent réalisées dans l'espèce.

En effet :

a) Le fabricant d'horlogerie Bourquin, à Fleurier, a fourni au négociant Augsburger, à Genève, des marchandises pour qu'il les vendît en commission ; en revanche, Augsburger a souscrit à l'ordre de Bourquin des effets de complaisance causés « valeur reçue en marchandises », et Bourquin a autorisé Augsburger à diverses reprises à vendre les marchandises consignées entre ses mains, afin d'en affecter le prix au paiement de ces effets à l'échéance. Les deux parties étant tombées en faillite, les masses respectives ont pris leur place, et, ainsi que le constate la Cour cantonale, les porteurs des effets de change souscrits par Augsburger sont intervenus dans sa faillite pour le montant de 24,851 fr. 05, somme pour laquelle la défenderesse s'estime créancière de la faillite Bourquin.

La question de savoir si cette créance se trouve compensée, en tout ou en partie, ainsi que le prétend la demanderesse, par le prix de vente de marchandises perçu par Augsburger, n'est point à résoudre dans l'instance actuelle, mais pourra l'être seulement après l'issue du présent procès et l'établissement des comptes entre les deux masses respectives, conformément à la réserve formulée dans ce sens par la demanderesse, et il est évident que le droit de rétention reconnu en faveur de la faillite Augsburger ne pourra être exercé alors que pour autant que celle-ci aura justifié de l'existence d'une créance vis-à-vis de sa partie adverse, après le règlement des comptes et du chef des billets de complaisance susvisés.

Il est, à cet égard, indifférent que la créance de la défenderesse fût ou non échue, lors de la saisie des marchandises et de l'ouverture de l'action, puisque l'art. 226 CO. stipule que si le débiteur est en faillite, le droit de rétention peut être exercé même pour la garantie d'une créance non échue, et qu'au moment du début du procès, le sieur Bourquin se trouvait déjà en faillite ;

b) Il est de même incontestable que les marchandises saisies le 10 mars 1888 par la demanderesse en mains du sieur Augsburger se trouvaient alors à la disposition de celui-ci du consentement de Bourquin, qui les avait envoyées à Augsburger afin qu'il les vendît en commission ;

c) Enfin l'existence d'une connexité entre la créance et la chose retenue ne peut être contestée, Bourquin et Augsburger devant être considérés comme commerçants en ce qui a trait aux opérations relatives à l'objet du litige (voir message du Conseil fédéral concernant le Code fédéral des obligations et le *Commen-*

taire de Schneider et Fick, *ad* art. 224, chiffre 6), et l'alinéa 2 du même art. 224, prescrivant qu'entre commerçants il suffit, pour qu'il y ait connexité, que la créance et la possession de la chose résultent de leurs relations d'affaires. Or, dans l'espèce, la créance de la défenderesse a sa source dans les billets de complaisance souscrits par Augsburger à l'ordre de Bourquin, sans que le premier ait été en réalité débiteur du second, et les marchandises retenues font partie de celles que Bourquin avait envoyées à Augsburger, pour les faire vendre à la commission par son entremise.

Toutes les conditions de l'exercice du droit de rétention, aux termes du Code fédéral des obligations, se trouvant ainsi réalisées, il en résulte que la seconde partie des conclusions de la demande, — tendant à autoriser la faillite Bourquin à reprendre immédiatement la libre disposition et jouissance des marchandises saisies, à peine de dommages-intérêts en cas de retard, — ne saurait être accueillie.

6. La recourante tire enfin argument de ce que la défenderesse n'a jamais invoqué un droit de gage ou de rétention devant les instances cantonales et qu'à ce point de vue, la Cour de justice n'était pas autorisée à reconnaître un droit de rétention en faveur de la faillite Augsburger.

Quel que puisse être le bien fondé de cette critique, en présence de la circonstance que la Cour a en effet statué sur une question de droit de rétention qui, aux termes des actes du dossier, ne lui était pas soumise par les parties, la question de savoir si, conformément à la législation genevoise, le juge était autorisé, comme le dit l'arrêt, à apprécier les droits des parties en sortant des moyens par elles expressément invoqués, est une question de procédure appelant l'application exclusive du Code genevois sur cette matière: elle se soustrait, dès lors, au contrôle du Tribunal de céans, lequel n'est point compétent pour rechercher si le juge cantonal, en application de la procédure cantonale, était en droit d'admettre le moyen tiré d'un droit de rétention, dont les parties n'avaient fait état ni en première, ni en deuxième instance. Le dispositif de l'arrêt de la Cour sur les frais repose également sur l'application de la procédure cantonale et ne saurait, dès lors, pas être revu par le Tribunal fédéral, qui n'est point dans le cas de modifier le prédit arrêt au fond.

Vaud. — COUR CIVILE.

Séances des 15, 21 et 22 mai 1889.

Ouvrier de fabrique. — Lésion. — Cause incertaine. — Arrangement amiable et renonciation à toute réclamation ultérieure. — Action en responsabilité. — Libération. — Art. 2, 10 et 12 de la loi fédérale du 25 juin 1881 sur la responsabilité civile des fabricants.

Cometta contre Société lausannoise du gaz et Société d'assurances
Le Soleil-Sécurité générale.

Si l'art. 10 de la loi fédérale du 25 juin 1881 interdit aux fabricants de limiter ou d'exclure d'avance leur responsabilité civile, il ne s'oppose point, en revanche, à ce que le lésé déclare, postérieurement à l'accident, renoncer à toute réclamation et libérer le patron de toute responsabilité quelconque.

Avocats des parties :

MM. WEITH, lic. en droit, pour enfants Cometta, demandeurs.
DE MEURON, avocat, pour Société du gaz, défenderesse.
BOICEAU, avocat, pour compagnie *Le Soleil*, évoquée en garantie.

Le demandeur François Cometta a été employé pendant plusieurs années à l'usine de la société du gaz, à Lausanne, d'abord comme chauffeur, puis comme chef-chauffeur. Au 15 janvier 1887, son salaire était de 4 fr. 25 par jour; dès lors il a été réduit à 4 fr.

Le 18 janvier 1887, Cometta était occupé à déluter le combustible à l'entrée d'un des fourneaux de l'usine, lorsqu'il fut subitement appelé par un ouvrier pour aller fermer le robinet d'un gazomètre voisin. Se rendant à cet appel, Cometta s'est heurté contre l'un des angles de la caisse d'un tombereau qui se trouvait là; ce choc a produit une contusion.

Le 18 janvier à midi, Cometta a quitté son service en se plaignant d'une douleur au fondement, qui provenait, disait-il, d'une chute dans l'escalier du jardin où il aurait glissé sur la glace. Cometta n'a pu indiquer au contremaître qui l'interrogeait la date exacte de cette chute.

Le bulletin rédigé le 20 janvier 1887 par le Dr Alfred Secretan, définit l'accident : « contusion de la fesse par une chute » et il indique comme durée probable de la maladie 7 jours. Vers le 15 mars 1887 un ulcère a été constaté dans le voisinage de l'anus.

Le 30 avril 1887, Cometta a signé la pièce suivante, intitulée
« Quittance de sinistre » :

« Je soussigné François Cometta, demeurant à Lausanne,
» reconnais avoir reçu par les mains de la compagnie d'assu-
» rances *Le Soleil-Sécurité générale et Responsabilité civile*
» *réunies*, société établie à Paris, 7, Cité d'Antin, la somme de
» cent quatre-vingt-treize francs cinquante centimes, indemnité
» me revenant à raison de l'accident dont j'ai été victime le 19
» janvier 1887 en travaillant pour le compte de la Société de
» gaz et d'éclairage de Lausanne. Au moyen de ce paiement, je
» me déclare suffisamment indemnisé et par suite je renonce à
» tout recours et à toutes réclamations ou actions, soit contre
» la dite compagnie, soit contre la dite Société de gaz, au sujet
» du dit accident, qu'elles qu'en puissent être les conséquences
» ultérieures.

» Fait à Lausanne, le trente avril mil huit cent quatre-vingt-
» sept.

» Lu et approuvé,   (Signé) Cometta. »

Cometta a repris son travail à l'usine le 1ᵉʳ juin et l'a quitté
le 5 du même mois. Il est entré à l'Hôpital cantonal dans le
courant de juillet et à la fin de ce mois, le Dʳ Roux, chirurgien
de l'Hôpital, a constaté chez le demandeur une carie de l'os
pubis et décidé d'opérer la résection de cet os.

Depuis l'opération pratiquée à la fin de 1887, le malade ne
s'est pas rétabli, son état a empiré et il est décédé en cours de
procès (19 juin 1888).

La société du gaz n'a pas déclaré à l'autorité compétente
l'accident survenu dans son usine le 18 janvier et pour ce fait
elle a été condamnée à une amende de 18 fr. le 29 mai 1888, par
le Président du Tribunal de Lausanne.

Pendant la maladie, le notaire Paquier, représentant la compagnie d'assurances *Le Soleil*, a remis à la femme Cometta une
somme de 60 fr.

Du 18 janvier au 30 avril, Cometta a reçu directement de la
Société du gaz la moitié de son salaire, soit 188 fr.; plus tard,
il a reçu un secours de 20 fr., et, dès le 1ᵉʳ mars, il a reçu en
don chaque semaine 60 kilog. de coke.

Plus tard, dame Cometta s'est rendue de nouveau chez le directeur, qui l'a repoussée en disant que Cometta avait signé une
renonciation.

Le demandeur était le seul soutien de sa famille, qu'il entretenait par son travail.

Dans la nuit du 9 au 10 janvier 1887, Cometta, chef d'escouade, et les ouvriers Soldarini, Léderrey et Bähni ont ouvert la porte d'entrée de l'usine à gaz et se sont rendus dans un café à Ouchy où ils ont bu une certaine quantité de vin. Le contremaître s'étant aperçu de la disparition du personnel de nuit a refermé la porte d'entrée à clef.

Cometta et ses compagnons, rentrant avant 11 heures, ont escaladé la balustrade qui clôt la cour de l'usine au midi; cette balustrade se compose d'un mur peu élevé surmonté d'une haute grille; les barreaux de celle-ci se terminent en pointes reliées entre elles par des festons acérés en fer. L'escalade de la balustrade, soit grille qui ferme la cour de l'usine à gaz au midi, présente des difficultés et des dangers.

Avant le 18 janvier, Cometta s'était plaint de douleurs à la fesse.

Le 14 février 1878, la société lausannoise du gaz a souscrit, auprès de la compagnie d'assurances *Le Soleil*, un complément de police collective garantissant la responsabilité civile de la société du gaz, à raison des accidents pouvant atteindre ses ouvriers et employés.

L'agent principal de la compagnie *Le Soleil*, à Lausanne, a été avisé, le 19 janvier 1887, de l'accident survenu à Cometta.

Ensuite de ces faits, et par exploit du 23 février 1888, Cometta a ouvert action à la société du gaz, devant la Cour civile, concluant au paiement, avec intérêt au 5 %. dès la demande juridique, de la somme de 5000 fr., à titre de dommages-intérêts, déduction offerte de 253 fr. 50 reçus à compte.

Après le dépôt de la demande, François Cometta est décédé et ses héritiers, soit sa veuve et ses filles, ont pris place au procès.

La société lausannoise d'éclairage et de chauffage par le gaz, défenderesse, représentée par son directeur-gérant, J. Regamey, à Lausanne, a évoqué en garantie la compagnie d'assurances *Le Soleil* et a conclu, tant exceptionnellement qu'au fond, à libération des conclusions de la demande. Subsidiairement, et pour le cas où le demandeur obtiendrait l'adjudication de tout ou partie de ses conclusions, la défenderesse a conclu à ce qu'il plaise à la Cour condamner la compagnie d'assurances *Le So-*

leil-Sécurité générale et responsabilité civile réunies, à Paris, à lui rembourser, avec dépens, toutes les sommes qu'elle pourrait être condamnée à payer au demandeur, en capital, intérêts et frais.

La société d'assurances *Le Soleil,* évoquée en garantie, a conclu, tant exceptionnellement qu'au fond, à libération des conclusions prises contre elle par la société lausannoise d'éclairage et de chauffage par le gaz. Subsidiairement, et pour le cas où la compagnie du gaz viendrait à succomber, les conclusions libératoires ci-dessus étant d'ailleurs écartées, elle a conclu à ce que la somme pour laquelle la société du gaz est admise à exercer son recours contre elle ne peut, en aucun cas, excéder 4000 fr. en capital, intérêts et frais duement modérés, y compris les sommes déjà payées à titre d'indemnité ou de secours pour ce sinistre.

Statuant, la Cour civile a écarté les conclusions de la demande et admis celles libératoires, tant exceptionnelles que de fond, de la société du gaz. Tous les dépens ont été mis à la charge de la partie demanderesse.

Motifs.

Considérant, *en droit,* qu'à la réclamation de Cometta, la société du gaz a d'abord opposé les deux moyens exceptionnels suivants :

Ier moyen. Plus de trois mois après le moment où il a annoncé l'accident, Cometta a déclaré renoncer à toute réclamation contre la compagnie du gaz ; celle-ci est donc libérée de toute responsabilité.

IIe moyen. L'action de Cometta est prescrite à teneur de l'art. 12 de la loi fédérale sur la responsabilité civile des fabricants du 25 juin 1881.

Considérant, sur le *Ier moyen,* que, le 30 avril 1887, Cometta a signé la pièce transcrite plus haut et intitulée : « Quittance de sinistre », dans laquelle il a déclaré qu'au moyen du paiement de 193 fr. 50 qui lui était fait pour indemnité de l'accident du 18 janvier 1887, il était suffisamment indemnisé et qu'il renonçait à toutes réclamations ou actions, soit contre la société du gaz, soit contre la compagnie d'assurances *Le Soleil,* au sujet du dit accident, quelles qu'en puissent être les conséquences ultérieures.

Considérant que cette renonciation a été librement consentie par Cometta qui, du reste, ne l'a pas attaquée dans son procès, en invoquant, par exemple, l'erreur, la violence ou le dol.

Que cet acte doit, dès lors, être envisagé comme valable et qu'il doit sortir tous ses effets.

Considérant que l'art. 10 de la loi fédérale du 25 juin 1881, qui interdit aux fabricants de limiter ou d'exclure d'*avance* leur responsabilité civile, n'est pas applicable à l'espèce, contrairement à ce que prétend le demandeur.

Qu'en effet, la déclaration de Cometta ne constitue pas le cas visé par cet article, puisqu'il s'agit ici d'une renonciation postérieure, et de plus de trois mois, à l'accident.

Considérant que la renonciation du 30 avril 1887 est formelle et expresse et qu'elle libère la défenderesse de toute responsabilité quelconque.

Que, dès lors, le demandeur ne saurait être admis à revenir aujourd'hui sur la décharge qu'il a donnée,

La Cour civile admet ce moyen.

Considérant, *sur le II⁰ moyen*, qu'aux termes de l'art. 12 de la loi fédérale du 25 juin 1881, les actions en dommages-intérêts prévues par la dite loi se prescrivent par un an, à compter du du jour de l'accident qui a amené la mort ou les blessures, ou du jour où la maladie a été constatée officiellement comme affection spéciale engendrée par l'exploitation industrielle.

Considérant que, dans l'espèce, la prescription doit commencer à courir du jour de l'accident, Cometta se plaignant d'un accident et non d'une affection spéciale engendrée par l'exploitation industrielle.

Considérant que l'accident dont se plaint Cometta a eu lieu le 18 janvier 1887 et que l'action actuelle n'a été ouverte que le 23 février 1888, soit plus d'un an après.

Que, dès lors, la dite action est prescrite.

Que le demandeur ne saurait se mettre au bénéfice de la disposition de l'art. 8, dernier alinéa, de la loi fédérale du 26 avril 1887 sur l'extension de la responsabilité civile, cette loi n'étant entrée en vigueur que le 1ᵉʳ novembre 1887, soit postérieurement à l'accident,

La Cour civile admet aussi ce moyen.

Sur le fond, considérant qu'avant l'accident du 18 janvier 1887, Cometta s'était plaint de douleurs à la fesse et que le dit jour, 18 janvier, en quittant son service, il a déclaré être atteint d'une douleur au fondement provenant, disait-il, d'une chute dans l'escalier du jardin, où il aurait glissé sur la glace.

Que Cometta n'a, du reste, pas pu indiquer au contre-maître qui l'interrogeait la date exacte de cette chute.

Que le bulletin médical rédigé le 20 janvier 1887 par le docteur Secretan définit l'accident : « Contusion de la fesse par une chute. »

Que, d'autre part, la société du gaz estime que les lésions constatées sur Cometta ont leur origine dans l'escalade de la grille à laquelle Cometta s'est livré dans la nuit du 9 au 10 janvier 1887.

Considérant qu'il n'a pas été établi au procès que soit la chute dans l'escalier, soit le choc du 18 janvier 1887, aient été la cause déterminante de la maladie et de la mort de Cometta.

Qu'il n'a pas été prouvé non plus que Cometta se soit blessé en escaladant la grille de l'usine dans la nuit du 9 au 10 janvier 1887.

Considérant que dans ces circonstances il est impossible de déterminer d'une manière précise les causes de la maladie dont est atteint Cometta et qui a entraîné sa mort.

Qu'il n'existe ainsi, dans l'espèce, aucun rapport de cause à effet.

Considérant que l'art. 2 de la loi fédérale de 1881 ne saurait être applicable à l'espèce, puisqu'il n'a pas été établi au procès que le dommage dont se plaint le demandeur lui ait été causé dans les locaux de la fabrique et par son exploitation.

Que, dès lors, les conclusions de la demande ne sont pas fondées,

La Cour civile écarte les dites conclusions.

Sur les conclusions prises par la société du gaz contre la compagnie d'assurances Le Soleil, considérant que l'évoquée en garantie a soulevé dans sa réponse les quatre exceptions suivantes :

I. La réclamation de la compagnie du gaz est prescrite.

II. Les prétentions de la défenderesse ne peuvent en aucun cas dépasser la somme assurée de 4000 fr., y compris tous les frais.

III. La quittance du 30 avril contient une convention valable qui doit être maintenue.

IV. A supposer que par le fait d'avoir omis de dénoncer l'accident à l'autorité compétente, la société du gaz fût déchue du droit d'opposer la prescription annale, ce fait constituerait de sa part une faute grave à l'égard de la compagnie d'assurances, qui ne pourrait être tenue d'en supporter les conséquences.

Sur la Ire exception, considérant que le contrat conclu entre la compagnie d'assurances *Le Soleil* et la société du gaz porte à l'art. 3, *in fine*, des conditions générales la clause que toute réclamation contre la compagnie d'assurances est prescrite après un délai d'un an à partir de l'accident.

Considérant que l'accident dont s'est plaint Cometta lui est arrivé le 18 janvier 1887 et la réclamation contre la compagnie d'assurances n'a été formulée par la société du gaz que le 23 mai 1888.

Que le délai d'un an prévu par la police était, dès lors, écoulé et que la réclamation de la société du gaz est ainsi prescrite,

La Cour admet cette exception.

Sur la IIe exception, considérant que la compagnie d'assurances ne peut être tenue de payer à la société du gaz que le montant de la somme qu'elle a assurée dans son contrat, soit 4000 fr., étant compris dans cette valeur les honoraires et frais de toute nature occasionnés par les instances judiciaires.

Que, dès lors, à supposer que la société du gaz ait été condamnée à payer à Cometta la somme de 5000 fr. demandée par lui, elle ne pourrait réclamer à la compagnie d'assurances qu'une valeur de 4000 fr. au maximum,

La Cour admet cette cette exception.

Sur la IIIe exception, considérant que la question de savoir si la quittance de sinistre du 30 avril 1887 renferme une convention valable, a déjà été tranchée lors de la discussion de la Ire exception soulevée par la société du gaz,

La Cour admet aussi cette exception.

Sur la IVe exception, considérant qu'il a été établi plus haut que la loi fédérale du 26 avril 1887 n'était pas applicable à l'espèce et que la prescription annale devait courir du jour de l'accident.

Que, pour le cas où cette loi aurait été applicable et la prescription suspendue, la compagnie d'assurances ne saurait être rendue responsable de la faute qu'aurait commise la société du gaz en ne dénonçant pas l'accident arrivé à Cometta à l'autorité compétente,

La Cour admet aussi cette exception.

Sur le fond, considérant qu'il résulte de ce qui a été dit plus haut que l'action de Cometta n'est pas fondée et qu'ainsi il n'y a pas lieu de lui allouer ses conclusions en dommages-intérêts contre la société du gaz.

Que, dès lors, les conclusions prises par la société du gaz contre la compagnie *Le Soleil* ne sauraient être admises.

Résumés d'arrêts.

Bail. — Bien que le Code fédéral des obligations ne consacre expressément ce principe qu'en ce qui concerne le bail à ferme (art. 317), on doit cependant aussi admettre en matière de bail à loyer que le preneur est tenu de restituer la chose louée en bon état, à la fin du bail. Si, à la fin du bail, le preneur ne peut pas restituer la chose louée, il est tenu à des dommages et intérêts, en vertu de l'art. 110 CO., à moins qu'il ne prouve qu'aucune faute ne lui est imputable.

Cour d'appel de Zurich, 30 mars 1889. Meier c. Isler.

Constitut possessoire. — Pour qu'il y ait constitut possessoire dans le sens de l'art. 202 CO., il ne suffit pas que celui qui aliène une chose sans s'en dessaisir ait l'intention d'en transférer la possession à l'acquéreur; il faut encore qu'il garde la chose entre ses mains en vertu d'un rapport de droit particulier *(besonderes Rechtsverhältniss)*. Il importe peu que ce rapport de droit résulte d'une convention ou d'une disposition de la loi, du droit de famille, par exemple.

La nullité d'une semblable mise en possession à l'égard des tiers doit d'ailleurs être prononcée toutes les fois qu'elle a pour but de les léser; il suffit, à cet égard, que les deux parties aient su que l'aliénation compromettrait les droits des tiers, lesquels, sans cela, auraient été payés intégralement ou pour une partie; il n'est pas nécessaire qu'elles aient agi dans une intention proprement dolosive.

TF., 26 avril 1889. Dame Steiner c. masse Steiner.

Ch. SOLDAN, conseiller d'Etat, rédacteur.

Lausanne. — Imp. CORBAZ & Comp.

XXXVIIᵉ ANNÉE. Nᵒ **24**.   SAMEDI 15 JUIN 1889.

JOURNAL des TRIBUNAUX

REVUE DE JURISPRUDENCE

Paraissant à Lausanne une fois par semaine, le Samedi.

Rédaction : M. Charles Soldan, conseiller d'Etat, à Lausanne.

Administration : M. L. Rosset, greffier du Tribunal cantonal, à Lausanne.

Abonnements : 12 fr. par an; 7 fr. pour six mois. Pour l'étranger, le port en sus. On s'abonne à l'imprimerie Corbaz & Cᵉ, chez l'administrateur, M. Rosset et aux bureaux de poste.

Annonces : 20 c. la ligne ou son espace. S'adresser à l'imprimerie Corbaz & Cᵉ.

TRIBUNAL FÉDÉRAL
Séance du 4 mai 1889.

Agence d'émigration. — Succursale soit sous-agence. — Imposition du produit du travail de cette dernière au lieu de son siège. — Prétendue double imposition. — Art. 59 de la loi sur l'organisation judiciaire fédérale; art. 5, 6 et 8 de la loi fédérale du 24 décembre 1880 sur les agences d'émigration.

Ph. Rommel et Cᵉ contre Etat de Vaud et Etat de Bâle.

Les bénéfices réalisés par l'exploitation de la succursale d'une maison de commerce sont soumis à l'impôt dans le canton sur le territoire duquel cette succursale a son siège.

A teneur de la loi fédérale du 24 décembre 1880, les sous-agences d'émigration doivent être envisagées comme des succursales de la maison principale.

Par décision du 31 mai 1888, la commission d'impôt du district de Lausanne a mis l'agence d'émigration Rommel et Cie, à Bâle, au nombre des contribuables vaudois pour les bénéfices réalisés par cette maison par son représentant, soit sa sous-agence à Lausanne; elle fut taxée à 373 fr. 50 pour l'année 1888, en application de l'art. 9, litt. c, de la loi vaudoise d'impôt sur la fortune mobilière, du 21 août 1886, soumettant à l'impôt mobilier « les personnes et les sociétés qui, ne résidant pas ou » n'ayant pas leur siège dans le canton, y ont un établissement, » une succursale, ou y exercent une industrie permanente. »

Dans le courant de décembre 1888, Rommel et Cie ont réclamé à la commission centrale et au receveur de Lausanne, soit au Département des finances. Ces deux autorités ayant écarté la dite réclamation, Rommel et Cie s'adressèrent par écriture du 10 janvier 1889 au Conseil d'Etat du canton de Vaud; cette nouvelle réclamation paraît avoir été transmise à la commission centrale, laquelle, par lettre du 25 février suivant, avise Rommel et Cie qu'après examen du recours, elle a évalué, pour 1888, à 10,000 fr. le produit du travail de la dite maison dans le canton de Vaud, soumis à l'impôt mobilier en vertu de la loi précitée. Cette décision se fonde sur ce que le recours n'a pas été déposé dans le délai prescrit par l'art. 50 de la dite loi, et, au fond, sur les motifs ci-après:

« La société Rommel et Cie est, aussi bien que les autres so-
» ciétés suisses ayant des agences dans le canton, astreinte à
» l'impôt sur les bénéfices de son agence, en vertu de l'art. 9,
» § c, de la loi du 21 août 1886, qui est, du reste, conforme à la
» jurisprudence du Tribunal fédéral sur la matière.

» S'il y a double imposition, c'est au canton de Bâle à rem-
» bourser à la société Rommel et Cie l'impôt qu'il peut avoir
» prélevé sur les bénéfices faits dans le canton de Vaud; c'est
» ainsi que le canton de Vaud doit rembourser à la société d'as-
» surance sur la vie « La Suisse », la partie d'impôt afférente aux
.» bénéfices faits par elle dans d'autres cantons où elle est im-
» posée pour ces bénéfices. »

C'est contre ces décisions que Rommel et Cie recourent au Tribunal fédéral, concluant à ce qu'il lui plaise prononcer:

1° Que l'impôt perçu de cette maison par l'Etat de Vaud est illégal et doit être restitué à la recourante, qui, menacée de poursuites, s'était exécutée sous toutes réserves;

2° Eventuellement, que l'impôt perçu par l'Etat de Vaud doit être déduit de l'impôt sur le revenu payé par la recourante à Bâle.

A l'appui de ces conclusions, Rommel et Cⁱᵉ font valoir:

M. Ruffieux, sous-agent de la maison recourante à Lausanne, n'est redevable à l'Etat de Vaud que de l'impôt sur sa fortune mobilière et les bénéfices qu'il fait pour son compte dans cette ville, où il est établi: c'est lui qui est inscrit au registre du commerce, et non Ph. Rommel et Cⁱᵉ, dont le domicile exclusif est à Bâle, et qui y sont tenus à payer l'impôt sur la totalité de leurs bénéfices, sans qu'il leur soit permis de déduire ceux résultant de leurs nombreuses sous-agences dans diverses villes de la Suisse. Dans ces conditions, M. Ruffieux ne saurait être soumis à l'impôt pour les bénéfices réalisés à Lausanne par la maison recourante, dont il n'est que le commissionnaire. En appliquant l'impôt mobilier comme elles l'ont fait, les autorités vaudoises ont confondu la qualité de sous-agent exercée par M. Ruffieux, avec un établissement ou une succursale de la maison Rommel et Cⁱᵉ à Lausanne: la maison recourante ne possédant aucun établissement de ce genre en dite ville, c'est à tort qu'il lui a été fait application de l'art. 9, litt. c, précité.

Appelé à présenter ses observations sur le recours, le Conseil d'Etat de Bâle-Ville conclut à l'admission du recours, et éventuellement, pour le cas où le Tribunal fédéral viendrait à admettre le droit de l'Etat de Vaud à exiger l'impôt litigieux, à ce qu'il soit reconnu que les recourants sont autorisés à déduire de leur revenu, soumis à l'impôt à Bâle, la part frappée par le fisc vaudois. Le Conseil d'Etat s'en remet d'ailleurs à l'appréciation du Tribunal de céans sur la question de savoir si M. Ruffieux doit être considéré comme un simple commissionnaire, ou plutôt comme un mandataire commercial dans le sens de l'article 426 CO.

Dans sa réponse, l'Etat de Vaud conclut au rejet du recours, soit pour cause de tardiveté, soit, au fond, par les motifs ci-après:

Même en admettant que le Tribunal fédéral puisse examiner· la question de l'application de la loi vaudoise d'impôt, ce qui est contesté, il est hors de doute que la sous-agence de Rommel et Cⁱᵉ, à Lausanne, doit être considérée comme constituant une filiale astreinte à l'impôt pour les bénéfices qu'elle y fait. La dite sous-agence a à Lausanne un siège, un bureau, elle y conclut des contrats directement avec les émigrants. Rommel et Cie doivent, dès lors, être réputés exercer dans cette ville une industrie permanente et ils tombent sous l'application de l'art. 9, litt. *c*, de la loi vaudoise d'impôt.

Le Tribunal fédéral a écarté la conclusion principale du recours, mais a admis la conclusion subsidiaire, en ce sens que Rommel et Cie sont autorisés à déduire, de la somme de leur revenu imposé à Bâle, la part du dit revenu provenant de la sous-agence de Lausanne.

Motifs.

1. A supposer même, ce qui paraît résulter du dossier, que les recourants n'aient réclamé qu'en décembre 1888 contre la décision de la commission de district, à eux communiquée le 31 mai de la même année, le recours actuel, dirigé aussi contre la décision de la commission centrale du 25 février 1889, a été en tout cas interjeté, en ce qui concerne cette dernière décision, dans le délai de 60 jours prévu à l'art. 59 de la loi sur l'organisation judiciaire fédérale, puisqu'il a été déposé au greffe fédéral sous date du 8 mars suivant. L'exception de tardiveté ne saurait, dès lors, être accueillie.

2. Le recours soulevant une question de double imposition, la compétence du Tribunal de céans est évidemment fondée aux termes de l'art. 59 précité, même au regard de l'application d'une loi d'impôt cantonale. La deuxième exception soulevée par l'Etat de Vaud doit donc être également repoussée.

Au fond, il y a lieu seulement de rechercher si la sous-agence de Rommel et Cie, à Lausanne, doit être considérée comme une succursale ou filiale, en d'autres termes, comme un établissement commercial, auquel cas, conformément à la pratique constante du droit fédéral en pareille matière, les bénéfices réalisés par l'exploitation d'une semblable succursale sont soumis à l'impôt dans le canton sur le territoire duquel elle a son siège. (V. entre autres, arrêts du 20 mai 1882 en la cause Konsumverein Aarau, *Rec.*, VIII, 160, du 27 juin 1879 ; Mechanische Bindfadenfabrik Schaffhausen, *ibid.* V, 146 et suivantes.)

Or toutes les circonstances de la cause concourent à faire admettre que la sous-agence de F. Ruffieux, à Lausanne, apparaît bien comme une filiale de la maison, soit agence d'émigration Ph. Rommel et Cie, à Bâle ; cette qualité résulte également des dispositions de la loi fédérale sur les agences d'émigration du 24 décembre 1880.

L'art. 5 de la dite loi, en statuant qu'il est loisible aux agents de se faire *représenter* par des sous-agents, reconnaît déjà implicitement à ceux-ci la qualité de mandataire de l'agent principal ; l'art. 6 ajoute que les agents sont responsables personnellement, vis-à-vis des autorités, de la gestion de leurs sous-agents, et l'art. 8 prévoit que les agents sont tenus de faire au Conseil fédéral les communications qu'il réclame au sujet de tous les contrats qu'ils passent, et par conséquent aussi de ceux conclus en leur nom par leurs sous-agents. En outre, le Conseil fédéral, dans le règlement d'exécution du 10 juillet 1888, pour la loi fédérale du 22 mars même année, concernant les opérations des agences d'émigration, se réserve de révoquer les sous-agents qui feraient des opérations d'émigration pour leur propre compte. (V. dit règlement, art. 22, litt. *c.*)

Il résulte de ce qui précède que les contrats liés par les sous-agences le sont au nom de l'agence principale, seule responsable de leur exécution. Les contrats passés à Lausanne sont ainsi conclus au nom de l'agence Rommel et Cie, et, dans ces circonstances, la sous-agence administrée par E. Ruffieux réunit bien tous les caractères d'une succursale, soit filiale de l'établissement principal. Cette situation ressort d'ailleurs des annonces de l'agence Rommel et Cie elle-même, produites au dossier, laquelle désigne une de ses sous-agences sous la dénomination de « succursale ».

3. Dans ces conditions, et vu la jurisprudence constante mentionnée ci-dessus, il y a lieu de reconnaître que le fisc vaudois était en droit de soumettre à l'impôt les bénéfices réalisés par la sous-agence, soit succursale de l'agence d'émigration Rommel et Cie, à Lausanne.

La dite maison étant toutefois astreinte à payer à son siège à Bâle l'impôt sur la totalité de son revenu, soit de ses bénéfices, il naît de ce chef une double imposition et il se justifie, pour la faire disparaître, d'autoriser les recourants, conformément à la conclusion subsidiaire formulée par le recours et par l'Etat de Bâle, à déduire de la somme totale des revenus pour lesquels ils étaient imposés jusqu'ici à Bâle, la part de ces revenus provenant de la sous-agence de Lausanne.

Vaud. — Tribunal cantonal.

Séance du 7 mai 1889.

Procédure devant le juge de paix. — Conclusions reconventionnelles excédant la compétence de ce magistrat. — Renvoi de
la cause au Président. — Nouvelle citation. — Chose jugée. —
Art. 90 et 166 Cpc.; art. 183 et 220 de la loi sur l'organisation
judiciaire.

Veuve Schär contre Baussmann.

---

*Lorsque, les conclusions reconventionnelles prises devant lui dépassant sa
compétence, le juge de paix a renvoyé toute la cause au président et que ce
jugement est devenu définitif faute de recours, la partie instante ne saurait réassigner le défendeur devant le juge de paix pour voir prononcer
sur ses conclusions.*

Par exploit du 11 décembre 1888, veuve Schär, à Rolle, a ouvert action à Baussmann, au dit lieu, pour, après la tentative de
conciliation, entendre prononcer que le défendeur doit lui payer
pour solde de compte la somme de 44 fr. 50.

A l'audience du juge de paix du cercle de Rolle, du 18 décembre 1888, après la tentative infructueuse de conciliation,
Frédéric Baussmann a conclu à libération, avec dépens, et reconventionnellement au paiement de la somme de 131 fr. 50.

Cette somme excédant la compétence du juge, ce magistrat
s'est déclaré d'office incompétent, en vertu de l'art. 220 de la loi
judiciaire et a renvoyé l'affaire, dans l'état où elle se trouvait, au
président du Tribunal du district de Rolle.

Par exploit du 29 janvier 1889, veuve Schär a réassigné Baussmann devant le juge de paix de Rolle pour voir prononcer sur
ses conclusions tendant au paiement de la susdite somme de
44 fr. 50.

Baussmann fit parvenir au juge des conclusions écrites, mais
il ne comparut pas à l'audience et en conséquence jugement par
défaut fut rendu contre lui.

Par exploit notifié le 4 mars 1889, Baussmann assigna veuve
Schär en relief et en reprise de cause pour l'audience du juge de
paix du 12 mars suivant. Dans cet exploit, Baussmann a conclu
entre autres à ce qu'il soit prononcé que la demande qui faisait
l'objet de l'exploit du 29 janvier 1889 ayant déjà été renvoyée
par un jugement devenu définitif, avec les conclusions reconven-

tionnelles du défendeur, devant le président du Tribunal de Rolle, et ce magistrat étant ainsi nanti de la cause, elle doit être reprise devant lui en l'état où elle se trouve; — subsidiairement, que le défendeur est libéré des conclusions de la demande, et, reconventionnellement, que la demanderesse doit régler compte avec l'instant au relief et doit lui payer pour solde la somme de 131 fr. 50, avec intérêt au 5 °/₀ dès la notification. Cette conclusion étant supérieure à la compétence du juge de paix, la cause devra, dit l'exploit, être renvoyée dans l'état où elle se trouve au juge compétent.

A l'audience du 19 mars 1889, veuve Schär a conclu à ce qu'il soit prononcé, en application des art. 166 et 90 Cpc. et 183 de la loi judiciaire :

1° Que le juge de paix est compétent, en tout état de cause, pour procéder à la conciliation des parties.

2° Qu'il est compétent pour prononcer sur les conclusions de la partie demanderesse tendant au paiement de la somme de 44 fr. 50 et accessoires.

3° Qu'il est, par contre, incompétent pour prononcer sur les conclusions reconventionnelles du défendeur.

4° Qu'en conséquence, les conclusions reconventionnelles sont écartées par voie d'exception dilatoire avant toute défense au fond (loi judiciaire, art. 183), le défendeur étant renvoyé à mieux agir et à ouvrir une action directe contre veuve Schär, s'il estime en avoir les motifs, et lorsque l'incident sur déclinatoire aura été définitivement liquidé, veuve Schär procédera sur le fond.

Par jugement du 26 mars 1889, le juge de paix de Rolle, prononçant sur l'incident, s'est déclaré incompétent pour statuer sur la cause au fond et l'a renvoyée, en vertu de l'art. 220 de la loi judiciaire, au président du Tribunal de Rolle, et ce en l'état où elle se trouve, les frais devant suivre la cause.

Au rapport de la sentence, le mandataire de veuve Schär a déclaré recourir au Tribunal cantonal.

Le recours a été écarté.

Motifs.

Considérant qu'aux termes de l'art. 220 de la loi judiciaire de 1886, à moins de convention contraire et expresse des parties, le juge qui est nanti d'une affaire que la loi n'a pas mise dans sa compétence, doit la renvoyer dans l'état où elle se trouve au juge compétent.

Que Baussmann ayant, à l'audience du 18 décembre 1888, pris des conclusions excédant la compétence du juge de paix, c'est avec raison que ce magistrat s'est déclaré incompétent d'office et a renvoyé la cause au président du Tribunal de Rolle dans l'état où elle se trouvait.

Que ce jugement est devenu définitif faute de recours dans le délai légal et que c'est dès lors à tort que veuve Schär a cité à nouveau Baussmann pour voir statuer sur les conclusions de son premier exploit.

Qu'il n'est pas exact de dire, ainsi que le fait le recourant, que le juge doit tenter la conciliation, cette opération ayant déjà eu lieu à l'audience du 18 décembre 1888.

Considérant, d'autre part, que la cause étant renvoyée au juge compétent *dans l'état où elle se trouve*, c'est à tort que le recourant prétend qu'il serait obligé de déposer devant le président du Tribunal de Rolle une demande, l'exploit d'ouverture d'action tenant lieu de cette pièce.

Que, dès lors, tous les procédés faits par l'agent d'affaires Jaquier au nom de veuve Schär, postérieurement au jugement du 18 décembre 1888, sont abusifs et que la recourante doit en supporter les frais.

Séance du 14 mai 1889.

Défaut de l'une des parties. — Cas de force majeure. — Refus de rendre un jugement par défaut. — Vente. — Prétendue résiliation. — Art. 290 Cpc.; art. 230 et 246 CO.

Griffon contre Cart.

Si le juge sait que la partie défaillante est empêchée de comparaître, par exemple en raison d'un cas de force majeure, il doit ordonner le renvoi d'office. Aucun recours n'est d'ailleurs prévu contre l'appréciation que le juge fait d'un pareil cas.

Dans sa demande du 23 avril 1888, Joseph Griffon, fromager aux Charbonnières, a conclu à ce qu'il plaise au Président prononcer que Auguste-Henri Cart, à la Frane, doit lui faire immédiat paiement de la somme de 150 fr. 25, à titre de répétition de l'indû, avec intérêt au 5 %. dès le 23 février 1888, jour du paiement.

Dans sa réponse, Cart a conclu, tant exceptionnellement qu'au fond, à libération des conclusions de la demande.

Un premier jugement rendu le 5 novembre 1888 par le vice-président du Tribunal du district de La Vallée a été annulé par arrêt du Tribunal cantonal du 12 décembre suivant, la cause étant renvoyée au Président du Tribunal du district de Cossonay.

A l'audience du Président du Tribunal de Cossonay du 15 février 1889, le demandeur s'est présenté assisté de son avocat, mais le défendeur ne s'étant pas présenté, son conseil a conclu à ce qu'il plaise au Président prononcer que l'audience fixée au 15 février 1889 est renvoyée, Cart n'ayant pas pu se présenter par suite de circonstances indépendantes de sa volonté et d'un cas de force majeure.

Le demandeur s'est opposé à cette réquisition, la partie défenderesse n'étant ni personnellement présente, ni régulièrement représentée.

Par jugement incident du dit jour, le Président a accordé le renvoi demandé, l'audience étant réappointée au 5 mars suivant, les frais devant suivre le sort de la cause. Ce jugement est fondé sur les motifs suivants :

En raison de la forte quantité de neige, les trains du chemin de fer ont été retardés et les parties n'ont pu se trouver à l'audience pour l'heure fixée. Il y a lieu, en conséquence, d'admettre que Cart a été empêché de se rendre à l'audience pour cause majeure et d'ordonner le renvoi (art. 290 Cpc.).

L'instruction de la cause, au cours de laquelle sont intervenues des preuves testimoniales et par expertise, a établi les faits suivants :

Dans le courant du mois de mai 1886, Cart s'est chargé de procurer à Griffon une montre, sans avoir fixé le nombre de carats et ce pour le prix de 142 fr. 50. La montre fournie par Cart était de 14 carats.

Sur la proposition de Griffon, il y eut entre parties des pourparlers ayant pour but la reprise par Cart de la montre fournie à Griffon, mais aucune convention en restitution de la dite montre n'est intervenue. Griffon paya un acompte de 10 fr. sur le prix de la montre.

Dans les premiers jours de juin 1887, Griffon, prétendant que Cart s'était engagé à reprendre la montre litigieuse et que la somme de 10 fr. versée par lui l'avait été à titre de dommages-intérêts pour résiliation du marché, la déposa à l'hôtel du Cygne, où Cart devait la retirer, ce qui n'eut pas lieu.

Le 8 décembre 1887, Cart fit notifier à Griffon un commandement de payer la somme de 132 fr. 50. Celui-ci n'ayant pas fait opposition dans le délai légal, a payé la somme de 154 fr. 25, qui comprend le montant des frais de poursuites.

Statuant sur ces faits et par jugement du 5 mars 1889, le Président du Tribunal de Cossonay a débouté le demandeur de ses conclusions et a accordé au défendeur ses conclusions libératoires. Tous les dépens, tant du jugement annulé que de Tribunal cantonal et du jugement du 5 mars, ont été mis à la charge de Griffon.

Ce jugement est fondé en résumé sur les motifs suivants :

Griffon avait commandé à Cart une montre pour le prix de 142 fr. 50. Elle lui a été fournie et il en a pris livraison sans observation. Plusieurs mois après, Griffon a fait des réclamations au sujet de la montre et a demandé à résilier le contrat, ce qui n'a cependant pas été admis par Cart. Griffon n'est, dès lors, pas fondé à répéter ce qu'il a payé à Cart pour prix de la montre.

Griffon a déclaré recourir contre ce jugement, dont il demande la nullité et subsidiairement la réforme par les motifs suivants :

Nullité. La cause au fond était appointée au 15 février 1889; le défendeur ne s'est pas présenté. Son avocat, qui n'avait pas de procuration, a requis le renvoi de l'audience, le défendeur ayant été empêché d'arriver pour l'audience ensuite de force majeure. Le recourant s'était opposé au renvoi et avait requis jugement par défaut. C'est à tort que le Président a accordé le renvoi et a refusé le jugement par défaut. Il y a, dès lors, lieu à nullité de la décision rendue par le Président du Tribunal de Cossonay le 15 février et du jugement le 5 mars.

Réforme. Le Président a fait une fausse application des articles 229, 260, 70 et suivants du CO.

Plus subsidiairement, Griffon conclut à ce que les frais de l'audience du 15 février soient mis à la charge de Cart.

Le recours a été écarté.

Motifs.

Considérant, tout d'abord, sur la *nullité demandée*, qu'aux termes de l'art. 290 Cpc., si le juge sait que la partie est empêchée de comparaître, entre autres pour cause majeure, il ordonne le renvoi d'office.

Que, le 15 février, le Président du Tribunal de Cossonay était informé que Cart et son mandataire Meylan avaient été empêchés de se rendre à l'audience en raison d'une forte chute de neige qui avait provoqué des retards dans la marche des trains. .

Que c'est, dès lors, avec raison que le Président a ordonné le renvoi de l'audience au 15 février (Cpc. 290).

Qu'au surplus, le président était compétent pour apprécier le cas de force majeure, aucun recours n'étant prévu contre une telle décision.

Par ces motifs, le Tribunal cantonal repousse la nullité demandée.

Considérant, *sur le recours en réforme*, que le recourant avait commandé à Cart une montre en or pour le prix convenu de 142 fr. 50.

Que Griffon a pris livraison de cette montre sans faire aucune observation.

Que ce n'est que six mois après la livraison de l'objet à lui fourni que Griffon a élevé des réclamations qui n'ont pas été admises.

Que, dès lors, le recourant doit à Cart le prix de la montre litigieuse (CO. 230 et 246).

Attendu qu'il résulte de ce qui est dit ci-dessus que Cart n'a pas reçu sans cause la somme de 154 fr. 25 que lui a payée Griffon en vertu du commandement de payer du 8 décembre 1887.

Que, dès lors, Griffon n'est pas fondé à réclamer la restitution d'une somme qui était justement due à Cart.

Vaud. — Cour civile.
Séances des 22 et 23 mai 1889.

Accident survenu à un ouvrier en dehors des locaux de la fabrique. — Action en responsabilité. — Libération du patron. — Art. 2 de la loi fédérale du 25 juin sur la responsabilité civile des fabricants; art. 3 de la loi fédérale du 26 avril 1887 sur l'extension de la responsabilité civile.

Enfants Baur contre Miauton.

Ce n'est qu'à partir du 1er novembre 1887 et en application de la loi fédé-

rale du 26 avril 1887 que la responsabilité civile des fabricants a été étendue en ce sens que les accidents survenus hors des locaux de la fabrique, mais lors de travaux en corrélation avec l'exploitation de celle-ci, sont assimilés aux accidents arrivés dans la fabrique. En ce qui concerne les accidents antérieurs à cette date, le fabricant ne peut être rendu responsable que si le dommage causé à l'employé l'a été dans les locaux de la fabrique et qu'il soit la conséquence de l'exploitation de celle-ci.

Avocats des parties :

MM. WEITH, licencié en droit, pour enfants Baur, demandeurs.
CORREVON, avocat, pour E. Miauton, défendeur.

Jean-Jaques Baur était ouvrier d'Ernest Miauton, serrurier-appareilleur, à Montreux.

Le 29 septembre 1887, Baur travaillait à la réparation d'un ascenseur à l'hôtel Breuer, à Bon-Port.

Il travaillait au-dessous de la cage de l'ascenseur et, à un moment donné, l'appareil, insuffisamment retenu, est tombé d'une hauteur d'environ 2 mètres et a atteint et tué Baur.

Baur laisse une veuve et six enfants encore mineurs.

Ce sont Harder et Cie, constructeurs, à Bâle, qui avaient entrepris les réparations à exécuter à l'ascenseur de l'hôtel Breuer et non Miauton, qui est demeuré étranger à ces travaux.

Harder et Cie ont envoyé à Montreux un contre-maître, M. Linderme, et comme cela avait déjà eu lieu plusieurs fois, ce dernier a prié Miauton de lui procurer un ouvrier pour travailler aux réparations à faire au dit ascenseur; comme dans les occasions précédentes, Miauton a procuré à Harder et Cie l'ouvrier Jean-Jacques Baur.

Au moment où s'est produit l'accident dont Baur a été victime, celui-ci travaillait sous les ordres du contre-maître de Harder et Cie, M. Linderme, et pour le compte de ces derniers.

Antérieurement aux réparations exécutées par lui le 29 septembre 1887, Baur avait déjà fait à réitérées fois, pendant les années 1885, 1886 et 1887, diverses réparations au dit ascenseur.

La réparation que devait faire Baur le 29 septembre 1887, au moment où l'accident s'est produit, consistait dans le changement de garniture du presse-étoupe du piston de l'ascenseur. Pour effectuer cette réparation, l'eau devant être enlevée, Linderme et Baur, qui travaillaient en commun, devaient élever la cage de l'ascenseur de 1 m. 50 à 1 m. 80 environ au-dessus du palier de l'hôtel, en la soutenant au moyen de deux poutrelles ou étançons.

Au moment où l'eau a été enlevée et où elle a cessé par conséquent de soutenir l'ascenseur, le plancher de la cage a cédé et la cage est tombée ainsi de tout son poids sur le palier, écrasant Baur dans sa chute. Le plancher de la cage de l'ascenseur était en bois de sapin et il reposait sur un châssis en fonte fixé sur la tige du piston.

Ensuite de ces faits, les enfants Baur ont ouvert action à Ernest Miauton devant la Cour civile, concluant, sous offre de déduire 3500 fr. reçus à compte, à ce qu'il plaise à cette cour prononcer que le défendeur est leur débiteur et doit leur faire immédiat paiement, avec intérêt au 5 °/₀ dès la demande juridique, de la somme de 15,000 francs.

Le défendeur Miauton a conclu à libération des fins de la demande ; de plus, et dans tous les cas, à ce qu'il soit prononcé que la société « La Zurich », compagnie d'assurance contre les risques de transport et les accidents, doit le garantir de toutes les conséquences du présent procès.

Le 1ᵉʳ mars 1889, le défendeur et la compagnie « La Zurich » ont fait parvenir une déclaration constatant qu'ensuite d'entente entre eux, la dite compagnie cessait dès ce jour de figurer au procès.

Statuant, la Cour civile a écarté les conclusions des enfants Baur et admis celles libératoires de Miauton.

Motifs.

Considérant, *en droit*, qu'à l'appui de leurs conclusions, les demandeurs invoquent les dispositions de la loi fédérale du 25 juin 1881 sur la responsabilité civile des fabricants, et spécialement l'art. 2 de cette loi, visant le cas de responsabilité du fabricant, alors même qu'il n'y aurait aucune faute de sa part.

Considérant que pour que le fabricant puisse être rendu responsable dans un cas semblable, la loi exige deux conditions essentielles, savoir : que le dommage causé à l'employé l'ait été dans les locaux de la fabrique et que ce dommage soit la conséquence de l'exploitation de la dite fabrique.

Considérant que ces deux conditions sont expressément indiquées dans l'art. 2 de la loi et que l'intention du législateur a bien été qu'elles fussent remplies pour pouvoir admettre la responsabilité du fabricant.

Considérant que, dans l'espèce, l'accident arrivé à Baur est survenu à l'hôtel Breuer, à Bon-Port, et non dans la fabrique, soit atelier du défendeur Miauton, à Montreux.

Qu'il n'a pas non plus eu lieu à l'occasion de l'exploitation de l'industrie de Miauton, puisque à ce moment-là Baur travaillait pour le compte de Harder et Cie.

Considérant, dès lors, que la loi du 25 juin 1881 n'est pas applicable à l'espèce et qu'ainsi c'est à tort que les demandeurs réclament aujourd'hui une indemnité à Miauton en se fondant sur ces dispositions exceptionnelles, qui ne sauraient être interprétées extensivement.

Considérant que ce n'est qu'à partir du 1er novembre 1887 et en application de la loi fédérale du 26 avril 1887, que la responsabilité civile des fabricants a été étendue en ce sens que les accidents survenus hors des locaux de la fabrique, mais lors de travaux en corrélation avec l'exploitation de celle-ci, sont assimilés aux accidents arrivés dans la fabrique.

Considérant que l'application de cette loi ne saurait être demandée en l'espèce, puisqu'elle n'est entrée en vigueur que le 1er novembre 1887 et que l'accident qui a entraîné la mort de Baur est arrivé le 29 septembre 1887.

Vaud. — COUR DE CASSATION PÉNALE.

Séance du 7 mai 1889.

Vol. — Circonstance aggravante non indiquée dans l'ordonnance de renvoi. — Jugement de police. — Recours écarté. — Articles 442 et 490 *b* **et** *c* **Cpp.**

Recours Pidoux.

Lorsqu'il résulte des débats que le délit est accompagné de circonstances aggravantes non mentionnées dans l'ordonnance de renvoi, le tribunal de police n'est tenu de se déclarer incompétent que si ces circonstances nouvelles sortent le délit de sa compétence.

Par ordonnance du 23 mars 1889, le Juge de paix du cercle de Belmont a prononcé le renvoi de Louis Pidoux, à Gressy, devant le Tribunal de police d'Yverdon comme prévenu de vol avec effraction au préjudice d'Alfred Bornoz, délits auxquels paraissent applicables les art. 271 § *b*, 272 2° et 12° et 36 § *b*, du Code pénal.

Ensuite des débats et par jugement du 22 avril 1889, le Tribunal de police a constaté à la charge de Pidoux le délit de vol avec effraction commis de nuit dans un bâtiment soit logement habité et l'a, en conséquence, condamné à quatre mois de réclusion, trois ans de privation générale des droits civiques et aux frais de la cause.

Par acte du 24 avril 1889, Pidoux a recouru contre ce jugement, dont il demande la nullité, en vertu de l'art. 490 *b* et *c*, du Cpp., par le motif suivant :

Le Tribunal a appliqué l'art. 273 Cp. qui n'était pas mentionné dans l'ordonnance de renvoi et qui a été ajouté, après coup, par une main étrangère; il n'a donc pas été avisé par l'ordonnance de renvoi de l'application de cet article et n'a pas pu recourir au Tribunal d'accusation.

Le recours a été écarté.

Motifs.

Considérant qu'aux termes de l'art. 442 Cpp., le Tribunal de police peut, d'office, se déclarer incompétent entre autres lorsqu'il résulte des débats que le délit est accompagné de circonstances nouvelles qui le sortent de sa compétence.

Mais attendu qu'en l'espèce les circonstances aggravantes relevées à la charge de Pidoux par le Tribunal de police d'Yverdon ne sortaient pas le délit de la compétence de ce Tribunal.

Que, dès lors, le Tribunal de jugement n'était pas tenu de se déclarer incompétent.

Résumés d'arrêts.

Bail. — La disposition de l'art. 292 CO., d'après laquelle, en cas de résiliation du bail à raison de circonstances graves qui en rendent la continuation intolérable, l'indemnité ne peut être inférieure au loyer d'un semestre, ne saurait être étendue par analogie au cas où la résiliation résulte de la faillite du bailleur (CO. 281). Dans ce cas, l'indemnité doit être calculée d'après le préjudice réellement éprouvé.

Cour d'appel de Zurich, 13 avril 1889. Compagnie Singer c. X.

Code fédéral des obligations. — La clause par laquelle l'une des parties s'interdit de faire concurrence à l'autre, quoique pouvant être ajoutée à des contrats divers (vente, bail, louage de services, etc.), constitue toujours une convention de la nature de celles régies par le Code fédéral des obligations. Dès lors, bien qu'une telle clause se trouve insérée dans une vente immobilière, elle n'en est pas moins régie par le droit fédéral en ce qui concerne sa validité et ses effets. En revanche, c'est le droit cantonal qui régit la question de savoir si la non-exécution d'une telle clause peut entraîner la résiliation de la vente elle-même.

TF., 27 avril 1889. Heierli-Hartmann.

Mesures provisionnelles. — L'art. 108 de la loi sur l'organisation judiciaire vise les cas où il s'agit d'intervenir dans les désordres ou dissensions domestiques, mais il ne s'applique nullement au règlement des intérêts civils des époux. La femme mariée qui prétend avoir droit à se faire remettre les objets mobiliers qui lui ont été reconnus par son mari, par le motif que celui-ci manifesterait l'intention de quitter clandestinement son domicile en les emportant, doit procéder par voie de mesures provisionnelles.

TC., 16 avril 1889. Bruschi c. dame Bruschi.

BARREAU. — Dans sa séance du 11 juin 1889, le Tribunal cantonal a délivré le brevet d'*avocat* à M. Charles *Pilicier*, licencié en droit, à Yverdon, ensuite des examens qu'il a subis.

Ch. SOLDAN, conseiller d'Etat, rédacteur.

Lausanne. — Imp. CORBAZ & Comp.

XXXVIIe ANNÉE. No **25**.   SAMEDI 22 JUIN 1889.

JOURNAL des TRIBUNAUX

REVUE DE JURISPRUDENCE

Paraissant à Lausanne une fois par semaine, le Samedi.

Rédaction : M. CHARLES SOLDAN, conseiller d'Etat, à Lausanne.
Administration : M. L. ROSSET, greffier du Tribunal cantonal, à Lausanne.
Abonnements : 12 fr. par an; 7 fr. pour six mois. Pour l'étranger, le port en
  sus. On s'abonne à l'imprimerie CORBAZ & Cie, chez l'administrateur, M. ROSSET
  et aux bureaux de poste.
Annonces : 20 c. la ligne ou son espace. S'adresser à l'imprimerie CORBAZ & Cie.

SOMMAIRE. — *Tribunal fédéral :* Gasser c. Grandjean et consorts et
  Armes réunies; bail à ferme; exploitation rendue impossible; résiliation
  avec dommages et intérêts. — Dupuis frères c. Balland et Cie et Dériaz;
  bail à loyer; prétendu état défectueux des lieux loués. — *Académie de
  Lausanne.*

TRIBUNAL FÉDÉRAL
Séance du 18 mai 1889.

**Bail à ferme. — Délivrance du domaine dans un état qui en
  rend l'exploitation impossible. — Résiliation du bail avec
  dommages et intérêts à la charge du bailleur. — Quotité de
  l'indemnité. — Art. 116, 117, 122 à 125, 277, 300 et 310 CO.**

Gasser contre Grandjean et consorts et société des Armes réunies.

---

*Lorsque la chose remise à ferme est délivrée dans un état tel qu'elle soit im-
propre à l'usage, soit à l'exploitation pour lesquels elle a été louée, le preneur a le droit de se départir du contrat conformément aux art. 122 et
suivants CO.; il a, en outre, droit à des dommages et intérêts si le bailleur est en faute. Pour déterminer la quotité de ces dommages et intérêts,
le juge peut prendre en considération, par analogie, la disposition de
l'art. 310 CO.*

Le 14 octobre 1885, le demandeur Alcide Gasser, précédemment à la montagne de Villeret (Jura bernois), d'une part, et les
défendeurs Jules Grandjean, Constant et Numa Girard, à la
Chaux-de-Fonds, d'autre part, ont conclu un bail à ferme par

lequel ces derniers ont remis à bail à Gasser les biens-fonds
dont ils sont propriétaires à la Chaux-de-Fonds, et connus sous
la dénomination de Ferme du Petit-Château et Haut-des-Combes,
avec champs, prés et pâturages. Ce bail a été conclu pour trois
ans, sans dédite, de Saint-Georges (23 avril) 1886, à Saint-
Georges 1889, pour le prix annuel de 2800 fr.

Ce bail stipule entre autres, sous chiffres 13, 14 et 16, les clauses ci-après :

« En cas de vente du domaine, le preneur devra achever son
» bail en se conformant aux articles du présent acte. Toutefois,
» si l'acquéreur se réservait de pouvoir disposer de la propriété
» avant l'expiration du terme, le fermier ne pourrait s'y oppo-
» ser et il devrait quitter à l'une des prochaines époques de
» Saint-Georges, au choix du nouveau propriétaire, moyennant
» en être prévenu six mois à l'avance et être indemnisé conve-
» nablement à dire d'experts.

» Si, par suite de vente ou pour autres causes, des parties du
» domaine dont le retenant aurait eu la jouissance, venaient à
» être détachées, le prix du bail serait réduit dans une propor-
» tion équitable et égale à celle du terrain distrait, comparati-
» vement à la portion restante et eu égard à la nature du ter-
» rain.

» Si le domaine est vendu pendant la durée du présent bail,
» les propriétaires se réservent de pouvoir le résilier à une époque
» de Saint-Georges moyennant un avertissement préalable de
» six mois au moins et une indemnité en espèces de 500 fr. »

Après la signature du bail, et avant l'entrée en jouissance du
locataire, les propriétaires ont vendu à la société de tir les Armes
réunies la plus grande partie du domaine affermé, y compris la
ferme du Petit-Château, sans aviser le preneur. La société sus-
nommée a fait ces acquisitions pour y établir des constructions
permanentes de tir, un stand et une ciblerie; c'est également
sur cet emplacement que se sont élevées les constructions du tir
cantonal de 1886. Toutes ces constructions étaient commencées
avant le 23 avril 1886.

L'acte de transport a été passé le 8 mai suivant et il porte que
la société des Armes réunies est subrogée aux droits et obligations des vendeurs pour le bail conclu avec Alcide Gasser.

Dans l'intervalle, soit le 31 décembre 1885, la société avait
informé Gasser de son acquisition et des pourparlers eurent lieu

en vue de déterminer l'indemnité que la société reconnaissait devoir en principe, si le bail sortait ses effets.

Le 14 avril 1886, Gasser fit signifier à Jules Grandjean et consorts et à la société des Armes réunies un exploit par lequel il les informait des dits pourparlers et leur notifiait, dans le cas où aucun engagement ne serait conclu jusqu'à la St-Georges, qu'il exigera que l'immeuble lui soit délivré en entier, sans retenue d'aucune partie, dans un état approprié à l'exploitation rurale pour laquelle il a été loué, et qu'il les rend, le cas échéant, responsables de tout dommage.

Le 17 avril, le conseil de Gasser a informé l'un des défendeurs de la rupture des négociations avec la société des Armes réunies et l'a avisé que Gasser doit rendre sa ferme et vendre son bétail avant la Saint-Georges; qu'il se présentera au Petit-Château le 24 avril pour en prendre possession, si, par impossible, ce domaine est dans un état approprié à l'exploitation rurale et tel qu'il l'a loué (CO. art. 300); sinon, qu'il se retirera en se réservant tous ses droits.

Le 20 dit, Grandjean et consorts ont répondu qu'ils protestent contre les procédés de Gasser, puisque le domaine lui a été loué avec la réserve de pouvoir en distraire des parties; que Gasser doit entrer en possession du domaine, sauf indemnité équitable, et que c'est d'ailleurs à la société des Armes réunies qu'il devra s'adresser pour toutes communications ultérieures. En outre, le lendemain 21 avril, les mêmes ont fait notifier à Gasser qu'ils tiennent sa signification du 14 dit pour nulle et non avenue.

Les 26/30 du même mois, Gasser a signifié à Grandjean et consorts, ainsi qu'à la société des Armes réunies, qu'ayant constaté que le domaine ne se trouvait pas, à la date fixée par le bail, dans un état approprié à l'usage prévu lors de la signature du contrat, il se départ du dit contrat, se fondant sur les articles 300, 123 et 124 CO.

Le 29 avril, Gasser avait reçu de son côté un exploit de Grandjean et consorts, le sommant d'occuper dans les vingt-quatre heures les lieux loués et lui donnant acte qu'ayant disposé d'une partie du terrain loué, en vue des constructions du tir cantonal, ils sont prêts à lui tenir compte d'une réduction de moitié du prix convenu pour l'année courante, et, pour les années suivantes, d'une indemnité de moins-value.

Le 25 mai, Grandjean et consorts ont notifié à Gasser que se basant sur sa faute et sur la non-exécution du contrat de sa part, ils se départent aussi du contrat, réservant leurs droits et des dommages-intérêts.

Gasser a mis en vente, le 22 avril 1886, son bétail, ses instruments aratoires et des meubles ; ces objets ont été adjugés en vente publique pour la somme totale de 5582 fr. 50, soit pour 315 fr. 50 de moins que l'évaluation portée au procès-verbal d'estimation. Gasser a quitté à ce moment le domaine qu'il exploitait sur la montagne de Villeret et a repris une petite propriété près de Saint-Imier.

Il résulte enfin d'une constatation du Tribunal cantonal que durant l'année 1886, soit de Saint-Georges 1886 à Saint-Georges 1887, l'immeuble du Petit-Château a rapporté à la société des Armes réunies une somme de 1790 fr.

Par jugement du 6 mars 1889, le Tribunal cantonal a condamné Grandjean et consorts et la société des Armes réunies à payer à Gasser la somme de 1000 fr. à titre de dommages-intérêts, et a mis en outre à la charge des défendeurs les frais du Tribunal cantonal, liquidés à 129 fr.

Ce prononcé est fondé, en substance, sur les motifs suivants :

La distraction d'une partie du domaine avant la mise à exécution du bail, et le fait que le fermier était privé, pendant la première année, d'une assez grande partie du domaine et pendant les années suivantes d'une moins grande partie, étaient de nature à amoindrir notablement l'usage de l'immeuble loué, lequel n'a pas été délivré au preneur dans l'état où celui-ci devait s'attendre à le recevoir à teneur de son bail ; le preneur a donc été en droit de se départir de son contrat.

En vendant une partie de leur immeuble à la société des Armes réunies dans les circonstances susrelatées, les défendeurs ont dépassé la limite du droit qu'ils s'étaient réservé dans leur contrat, ils ont ainsi commis une faute, mais légère seulement en présence des clauses de leur acte et de leurs offres d'arrangement. Ils doivent dans cette mesure à Gasser, aux termes de l'art. 51 CO., la réparation du préjudice qu'il a éprouvé du chef de la vente de son bétail et de la nécessité où il s'est trouvé de chercher un nouvel établissement.

Gasser a recouru contre ce jugement au Tribunal fédéral, concluant à ce qu'il soit réformé en ce sens que l'indemnité soit portée au chiffre de 5000 fr. ou ce que justice connaîtra.

La partie intimée a déclaré accepter le dit jugement et a conclu au rejet du recours.

Le Tribunal fédéral a admis le recours et porté l'indemnité allouée à Gasser à 3000 fr.

Motifs.

2. La compétence du Tribunal fédéral, — laquelle n'est d'ailleurs contestée d'aucune part, — est indéniable, puisque la somme en litige devant le Tribunal cantonal était supérieure à 3000 fr. et qu'il s'agit de l'inexécution d'un contrat régi par le droit fédéral.

La cause appelle en outre l'appréciation des conséquences de faits juridiques et de sommations échangées entre parties en avril 1886, à l'occasion du contrat lié le 14 octobre 1885, soit depuis l'entrée en vigueur du Code des obligations.

3. La partie intimée n'ayant pas recouru contre le jugement du Tribunal cantonal, et ayant, au contraire, conclu expressément à sa confirmation, il en résulte qu'elle admet, avec le dit Tribunal, l'application des art. 277 et 300 CO., disposant que si la chose est délivrée dans un état tel qu'elle soit impropre à l'usage, soit à l'exploitation pour lesquels elle a été louée, ou que cet usage soit notablement amoindri, le preneur a le droit de se départir du contrat conformément aux art. 122 à 125 du même code, et que, si le bailleur est en faute, le preneur a droit, en outre, à des dommages-intérêts.

La question de responsabilité étant ainsi résolue, il y a lieu seulement de déterminer la quotité de ces dommages-intérêts, en prenant en considération les circonstances de la cause et les dispositions de la loi.

4. Il est, à cet égard, tout d'abord constant que dès avant le 23 avril 1886, époque fixée pour l'entrée en jouissance du preneur, les intimés, soit la société des Armes réunies, acquéreurs de la plus grande partie du domaine loué, avaient, par des travaux et constructions, mis la chose louée dans un état tel, que l'exploitation du dit domaine était devenue impossible dans les conditions prévues par le contrat de bail ; que le preneur s'est vu, dès lors, dans la nécessité de se départir du dit contrat, de se défaire à perte de son bétail et de ses instruments aratoires et de chercher un nouvel établissement, au prix de sacrifices de temps et d'argent incontestables.

Ces faits constituent pour le demandeur Gasser un préjudice

certain, qui a pu être prévu au moment de la conclusion du contrat comme une conséquence immédiate de son inexécution; il appartient au juge d'en tenir large compte dans l'évaluation du dommage, en conformité de l'art. 116 CO., alors que les défendeurs, ne consultant que leurs convenances du moment, sans se préoccuper des droits concédés au fermier par le bail, ont, par leur faute, rendu impossible l'exécution du dit contrat.

5. Cette faute est lourde, car les bailleurs, et l'acquéreur qu'il s'était substitué, avaient été, soit par l'interpellation de l'ayant-droit au bail, soit par l'effet du contrat (art. 117 et 123 CO.), mis en demeure de respecter leurs obligations contractuelles et avisés des conséquences résultant nécessairement de la non-délivrance du domaine destiné à une exploitation agricole; c'est au dernier moment que le fermier s'est vu privé des avantages et de la situation que lui assurait son contrat, sans avoir pu prendre les mesures propres à sauvegarder ses intérêts. Les dommages-intérêts à allouer au demandeur doivent donc être compensatoires du préjudice susvisé.

Le législateur fédéral, à l'art. 310 CO., a déclaré qu'en cas de résiliation d'un bail à ferme ensuite de circonstances graves qui en rendent la continuation intolérable à l'une des parties, l'indemnité à payer par celle qui rompt le contrat ne peut être inférieure au fermage d'une année.

Quoique cette disposition spéciale à la matière ne soit pas directement applicable, il y a lieu toutefois de la prendre en considération par analogie et d'élever à la somme de trois mille francs l'indemnité fixée à mille francs par les premiers juges.

En effet, dans les circonstances spéciales de la cause, la situation faite au fermier Gasser est certainement assimilable à celle d'un fermier qui serait déjà entré en possession du domaine loué.

6. La circonstance, relevée par le jugement cantonal, que la société des Armes réunies avait, en son temps, offert au recourant une indemnité, également insuffisante, de 1400 fr., ne saurait avoir pour effet d'atténuer la responsabilité de la partie défenderesse, ni, par conséquent, d'entraîner une diminution de l'indemnité due par celle-ci ensuite de ses agissements arbitraires.

Séance du 24 mai 1889.

Bail à loyer. — Prétendu état défectueux des lieux loués. — Conclusion en dommages et intérêts opposée à l'action en paiement du loyer. — Rejet. — Art. 276 et 277 CO.; art. 30 de la loi sur l'organisation judiciaire fédérale.

Dupuis frères contre Balland et Cⁱᵉ et Dériaz.

Si les vices et défauts de la chose louée peuvent autoriser le preneur à se départir du contrat ou à exiger une réduction proportionnelle du loyer, ils ne justifient une demande en dommages et intérêts de sa part que s'il existe une faute à la charge du bailleur. C'est, du reste, au preneur qui est entré en jouissance des lieux objet du bail, qu'incombe la preuve que ces locaux se trouvent dans un état qui les rend impropres à l'usage pour lequel ils ont été loués.

Le Tribunal fédéral, nanti par la voie d'un recours de droit civil, ne saurait entrer en matière sur les offres de preuves des parties tendant à établir des faits pertinents, mais écartées par les tribunaux cantonaux, non pour fausse appréciation de leur pertinence, mais par le motif que le contraire de ce que ces preuves visaient était déjà établi au procès.

Balland et Cⁱᵉ, fabricants de remontoirs, et Dupuis frères, tailleurs de diamants, à Genève, ont eu en vue la création d'une usine pour l'exploitation de leurs industries respectives. Après échange de lettres à cet égard, il a été convenu que Balland et Cⁱᵉ feraient eux-mêmes la construction et que Dupuis frères auraient, comme locataires, un emplacement et la force motrice nécessaires.

Le plan et l'exécution des constructions fut confié à l'architecte Dériaz et soumis ensuite à l'examen de Dupuis frères, qui l'acceptèrent et qui surveillèrent les travaux.

Après l'achèvement des constructions, un bail a été signé entre parties le 30 novembre 1885, par lequel Balland et Cⁱᵉ louaient à Dupuis frères le premier étage, pour une durée de 15 années à partir du 1ᵉʳ décembre suivant et pour le prix annuel de 5700 francs. Les parties s'installèrent dans leurs locaux respectifs et le 7 janvier 1886, la transmission de Dupuis frères entra en activité.

Peu après, et en tout cas avant le 17 dit, Dupuis frères se sont plaints de trépidations dans leurs locaux et sur les établis pendant la mise en activité de la force motrice, ce qui rendait, disaient-ils, difficile et imparfait le travail des ouvriers. Ils attribuaient la cause de ces vibrations à un défaut de rigidité dans la construction des planchers et la direction des poutres.

Pour se rendre compte de l'inconvénient signalé, le bailleur et le preneur nommèrent, d'un commun accord, trois experts qui, après de nombreux essais successifs, durent reconnaître qu'ils n'avaient pu obtenir aucun résultat utile ou pratique de leurs recherches : ils recommandèrent aux parties de faire examiner par des spécialistes l'influence des vibrations sur le travail des ateliers de Dupuis frères.

Balland et Cie chargèrent ensuite Charbonnier fils, ingénieur, de la même mission. Dans trois rapports circonstanciés, ce technicien indique comme cause déterminante de l'intensité des vibrations, la vitesse excessive (2650 tours par minute) communiquée aux moteurs par Dupuis frères, ainsi que l'insuffisance ou la disposition défectueuse de leur outillage.

Après plusieurs tentatives infructueuses de renforcer les planchers, Dupuis frères firent placer un second plancher dans une partie de leurs locaux et cette expérience ayant donné relativement de bons résultats, ils demandèrent à Balland et Cie de faire poser un second plancher dans tout l'atelier, ce à quoi ceux-ci se refusèrent. Par exploit du 7 septembre 1887, Balland et Cie ont conclu contre Dupuis frères, devant le Tribunal civil, à ce qu'il lui plût condamner les défendeurs à leur payer :

a) La somme de 5700 fr., pour le loyer dès le 1er décembre 1886 au 30 novembre 1887, des ateliers et bureaux qu'ils occupent dans leur immeuble de la Coulouvrenière, le dit loyer payable par semestre et d'avance.

b) La somme de 630 fr. 90, pour la location et l'entretien, pendant le même temps, des moteurs et transmissions, payable par semestre et d'avance.

c) La somme de 630 fr., pour location de forces motrices hydrauliques, dès le 1er avril 1887 au 30 juin 1887, payable par trimestre et d'avance.

d) La somme de 630 fr., pour le même objet, dès le 1er juillet au 30 septembre 1887, payable par trimestre et d'avance.

Les sieurs Dupuis frères ont, par écriture du 28 septembre 1887, conclu au rejet de la demande, la somme à eux réclamée se compensant par les dommages qu'ils ont subis ensuite des défectuosités de l'immeuble des demandeurs, aux termes de l'article 276 CO. Dupuis frères ont conclu, en outre, à ce que les demandeurs soient condamnés à exécuter, dans le terme d'un mois, les travaux nécessaires pour mettre fin aux trépidations signalées.

Par exploit du 4 octobre 1887, les demandeurs ont conclu également à ce que les sieurs Louis et Gédéon Dériaz soient condamnés éventuellement à leur payer la somme réclamée en demande. Les frères Dériaz ont conclu au rejet de cette conclusion.

Par jugement du 10 avril 1888, le Tribunal civil a commis cinq experts avec mission de vérifier le bien-fondé des réclamations des preneurs, de dire, en cas de contestation de trépidations, si leur existence était de nature à entraver le travail des ouvriers de Dupuis frères, ou à préjudicier d'une façon quelconque à l'exploitation de leur industrie, et de rechercher et indiquer les causes de ces trépidations.

Les experts visitèrent à plusieurs reprises les locaux litigieux, ainsi que d'autres ateliers similaires et firent, entre autres expériences, enlever une partie du plancher des ateliers Dupuis frères; ils constatèrent que la construction coïncidait avec les plans.

Dans leur rapport du 18 octobre 1888, les dits experts ont conclu, en substance, comme suit :

Les vibrations ou trépidations produites par les machines et transmissions du rez-de-chaussée et du sous-sol se transmettent aux planchers et même à tout le bâtiment, comme dans tout immeuble contenant des machines et transmissions, et varient d'intensité suivant les parties du bâtiment. Les autres, produites par les transmissions des meules et par les meules elles-mêmes, se transmettent aux établis et aux cols de cygne même sur un sol rigide, avec établis et transmissions scellés dans le béton, comme l'a prouvé l'expérience faite au sous-sol. Les vibrations des établis et cols de cygne étaient plus fortes dans les deux ateliers Poulard et Gauthier, quoique la vitesse des meules de Dupuis frères soit supérieure de celle de ces deux ateliers.

En résumé, les experts déclarent que les trépidations et vibrations, telles qu'ils les ont constatées, qu'elles proviennent des planchers ou de l'outillage, sont sans action appréciable sur le travail des meules. Les deux experts diamantaires ajoutent qu'à leur avis, dans tous les locaux à leur connaissance, les trépidations sont plutôt plus fortes que dans l'atelier de Dupuis frères, lequel ne se trouve pas dans des conditions désavantageuses.

Le 22 janvier, le Tribunal civil a procédé à une vision locale, dont les opérations sont consignées dans son jugement du 29 dit.

Le 8 du même mois, les parties ont conclu comme suit devant le même Tribunal, à savoir :

Les demandeurs, à ce qu'il plaise au Tribunal homologuer le rapport des experts-commis, condamner Dupuis frères à leur payer :

a) La somme de 20,237 fr. 25 pour loyer arriéré à ce jour et le loyer courant, avec les intérêts de droit;

b) Celle de 1250 fr., pour expertises extrajudiciaires.

c) 500 fr., à titre de dommages-intérêts, pour perte de temps.

Les défendeurs, à ce qu'il plaise au Tribunal dire qu'il n'y a pas lieu d'homologuer le rapport des experts, et, préparatoirement, acheminer les demandeurs à prouver tant par titres que par témoins une nombreuse série d'allégués de fait tendant à justifier les conclusions défenderesses, faits énumérés dans le prédit jugement du 29 janvier 1888, et dire qu'il n'y a pas lieu de statuer en l'état sur les conclusions des demandeurs relatives soit au paiement du loyer, soit pour toutes autres causes.

Par son jugement du 29 janvier 1888 susvisé, le Tribunal civil a homologué le rapport des experts du 18 octobre 1888, condamné Dupuis frères à payer à Balland et Cie avec intérêts et dépens, dans lesquels sera compris le coût du rapport, la somme de 19,291 fr. 50, — mis hors de cause Dériaz frères et condamné Dupuis frères à leur payer les frais de l'instance, — mis les dépens ultérieurs à la charge de Dupuis frères s'ils les rendent nécessaires, et débouté les parties de toutes plus amples et contraires conclusions.

Le dit jugement se fonde, en abrégé, sur les motifs ci-après :

Dupuis frères ne contestent pas devoir les loyers représentant la somme de 19,291 fr. 80, mais ils prétendent que cette somme se compense avec les dommages-intérêts, d'un chiffre supérieur, que leur doivent les bailleurs.

Quant aux dommages-intérêts, les experts sont unanimes à reconnaître que les trépidations par eux constatées dans l'atelier de Dupuis frères sont sans action appréciable pour eux sur le travail des meules et que le dit atelier n'est pas, comparativement à d'autres, dans des conditions désavantageuses. Les juges, à la suite des visions locales auxquelles ils ont procédé, partagent entièrement l'opinion des experts, et considèrent comme mal fondée la double demande reconventionnelle de Dupuis frères.

Des faits offerts en preuve par les défendeurs, les uns sont non pertinents ou inutiles, et les autres, à les supposer établis, ne seraient pas de nature à infirmer l'opinion des experts.

Balland et Cⁱᵉ ne peuvent assimiler à un dommage que Dupuis frères leur auraient causé sans droit, les frais qu'ils ont faits volontairement avant l'introduction de l'instance aux fins de remédier si possible au préjudice souffert par les défendeurs. Dériaz et Cⁱᵉ ne justifient pas davantage que Dupuis frères, en basant leurs demandes reconventionnelles sur l'existence de défauts ou vices dans la construction de l'immeuble Balland et Cⁱᵉ, leur aient causé un dommage matériel. Ils trouvent dans les appréciations des experts et dans le jugement du tribunal une réparation suffisante.

Dupuis frères ont appelé de ce jugement à la Cour de justice civile, et à l'audience du 18 mars 1889, ils ont conclu à ce qu'il lui plaise admettre la preuve des faits par eux articulés en première instance, charger les deux experts diamantaires de procéder pendant trois ou quatre jours aux travaux en usage dans la taillerie des appelants et de dresser rapport de cette expérience; subsidiairement, nommer trois nouveaux experts avec la mission déterminée par le jugement préparatoire du 10 avril 1888.

Balland et Cⁱᵉ, ainsi que les consorts Dériaz, ont déclaré interjeter appel incident et reprendre leurs conclusions du 8 janvier 1889.

Par arrêt du 18 mars suivant, la Cour de justice, sans s'arrêter à l'offre de preuves par témoins et à la demande d'une nouvelle expertise faite par Dupuis frères, a confirmé le jugement rendu par le Tribunal civil.

Elle a considéré:

C'était à Dupuis frères de justifier l'exception qu'ils opposaient à une demande reconnue. Or non-seulement ils n'ont pas établi que le mode de construction fût la cause des trépidations dont ils se plaignent, mais la preuve contraire résulte des constatations faites. D'après la correspondance échangée, ils ont approuvé les plans de construction et en ont eux-mêmes surveillé l'exécution : les prétendus vices reprochés étaient parfaitement reconnaissables et appréciables par eux ; ils ne sauraient donc s'en plaindre, puisqu'ils pouvaient, comme hommes du métier, en prévoir les conséquences, les prévenir ou les faire corriger.

Quant à l'offre de preuve par témoins, la constatation des défauts allégués de leur cause et de leurs effets relève surtout de la compétence des experts ; une preuve testimoniale ne pourrait être opposée à des expertises réitérées.

D'autre part, le plus grand nombre des faits articulés sont vagues et généraux et tendent principalement à établir que les vibrations peuvent avoir de l'influence sur la facilité et le mérite général; or cette question, au point de vue général, n'est pas en discussion dans le procès, où il s'agit uniquement de savoir si, dans l'espèce, les vibrations reconnues par les experts entravaient le travail des ouvriers dans les locaux loués par Dupuis frères, et cette question a été résolue négativement par les experts. Dans cette situation, une nouvelle expertise est inutile. Enfin, sur la question des dommages-intérêts réclamés par Balland et Cie et par les consorts Dériaz, la Cour a simplement adopté les motifs des premiers juges.

Dupuis frères ont recouru au Tribunal fédéral contre cet arrêt, concluant à sa réforme, à un complément des actes du dossier et subsidiairement à une nouvelle expertise, la cause étant renvoyée aux tribunaux genevois.

Le recours a été écarté.

Motifs.

2. Il n'existe pas de litige sur la réclamation des demandeurs en elle-même. Devant la Cour de justice, Dupuis frères n'ont point contesté devoir les loyers dont il s'agit, mais ils ont seulement prétendu que cette dette se trouvait compensée par les dommages-intérêts auxquels ils ont droit de la part de Balland et Cie.

Le Tribunal fédéral doit, dès lors, se borner à examiner si la Cour de justice civile, par le fait qu'elle a repoussé cette conclusion en dommages-intérêts, a violé des dispositions du droit fédéral, en particulier les art. 276 et suivants du Code des obligations, ou s'il y a lieu d'ordonner l'administration des preuves offertes par les défendeurs, qui ne paraissent pas eux-mêmes admettre que leur dite conclusion puisse leur être adjugée sur le vu des pièces actuellement au dossier.

3. Dupuis frères fondent cette conclusion sur l'art. 276 CO., statuant que « le bailleur est tenu de délivrer la chose dans un » état approprié à l'usage pour lequel elle a été louée, et de l'en-» tretenir en cet état pendant toute la durée du bail »; ils prétendent que les lieux loués se trouvaient dans un état de nature à en amoindrir considérablement l'usage prévu par le contrat.

Or il y a lieu de remarquer tout d'abord qu'en modification de l'art. 1721 du Code civil précédemment en vigueur à Genève et obligeant le bailleur, qu'il soit ou non en faute, à réparer le dommage dont il est responsable vis-à-vis du preneur pour vices et défauts de la chose louée, — l'art. 277 CO. fait dépendre ce droit du preneur à des dommages-intérêts de l'existence d'une faute à la charge du bailleur.

A teneur du prédit article, le preneur est en droit: a) de se départir, conformément aux art. 122 à 125 ibidem, du contrat, si la chose délivrée est dans un état tel qu'elle soit impropre à l'usage pour lequel elle a été louée ou que cet usage en soit notablement amoindri, ou si la détérioration se produit pendant la durée du bail et la chose n'est pas remise en état dans un délai convenable (art. 277, al. 1 et 2); — b) d'exiger une réduction proportionnelle du loyer, lorsque cette détérioration de la chose louée se produit pendant la durée du bail sans la faute du preneur; — c) d'exiger des dommages-intérêts dans les deux cas ci-dessus, mais seulement si le bailleur est en faute (art. 277, al. 1 et 3).

Il va, à cet égard, de soi que pour le cas où la chose louée aurait été atteinte, lors de sa remise, de vices cachés qui en amoindrissent notablement l'usage, le preneur est de même en droit d'exiger aussi bien une réduction proportionnelle du loyer que la réparation du vice, et des dommages-intérêts en cas de faute du bailleur.

C'est toutefois au preneur, qui est entré en jouissance des lieux objets du bail, qu'incombe la preuve que ces locaux se trouvent dans un état qui les rend impropres à l'usage pour lequel ils ont été loués.

Les demandeurs, avec la Cour de justice, ont estimé être libérés de toute garantie aux termes des art. 276 et 277 précités, par le motif que Dupuis frères avaient adopté les plans, surveillé les travaux, et qu'ils auraient dû alors s'apercevoir des vices prétendus.

Cette prétention n'est pas admissible.

Ainsi que le Tribunal fédéral l'a prononcé dans son arrêt du 27 janvier 1889 en la cause Azzolini contre Geiger [1], le preneur ne peut, il est vrai, signaler postérieurement, comme vices de la chose louée, des défauts apparents au commencement du bail, et le bailleur n'est pas responsable de défauts qui n'auraient échappé à personne lors de l'examen usuel de la dite chose. Mais dans l'espèce, il n'est point prouvé que les vices signalés par les défendeurs aient été aussitôt reconnaissables par l'examen des plans ou par l'examen de la construction. Il y a bien plutôt lieu d'admettre que les vices en question ne pouvaient se révéler avant le commencement du travail dans les ateliers. Les demandeurs ont reconnu aussi expressément, et à diverses reprises, leur obligation de délivrer et de maintenir la chose louée dans un état de rigidité qui la rende propre à l'usage prévu par le contrat, d'où il suit qu'eux-mêmes n'ont jamais songé, avant le commencement du procès, à considérer l'adoption des plans ou la surveillance des travaux, par les défendeurs, comme impliquant une renonciation, de la part de ceux-ci, à la réparation des défauts signalés.

4. Toutefois l'arrêt de la Cour de justice se fonde, en outre, tout spécialement sur ce que les défendeurs n'ont pas apporté la preuve que la chose louée présente des vices tels que l'usage en soit notablement amoindri, et à cet égard le dit arrêt ne porte pas atteinte à des dispositions du droit fédéral.

En effet, si l'on considère la demande reconventionnelle des défendeurs comme une demande en dommages-intérêts, ainsi qu'ils l'intitulent eux-mêmes, les dits défendeurs, pour être recevables dans leurs conclusions, devraient non-seulement prouver que la chose a été délivrée dans un état la rendant impropre à l'usage pour lequel elle a été louée, ou que cet usage en soit notablement amoindri, mais encore que ces vices sont dus à la faute du bailleur. Or Dupuis frères n'ont pas même allégué, et en tout cas pas prouvé que les vibrations dont ils se plaignent dussent être attribuées à la faute de Balland et Cie; le contraire résulte de l'expertise et les preuves offertes par les défendeurs ne tendent point à établir une semblable faute.

[1] Voir cet arrêt à pages 129 et suivantes de ce volume.

5. A supposer que l'on doive considérer la conclusion de Dupuis frères comme une action en réduction proportionnelle du loyer, elle est dénuée de fondement en présence des constatations des jugements cantonaux et de la solution qu'ils ont donnée à la question de la preuve. Comme le Tribunal fédéral l'a, en effet, prononcé à de nombreuses reprises et constamment admis, il ne saurait, en présence de l'art. 30, al. 4, de la loi sur l'organisation judiciaire fédérale, entrer en matière sur des offres de preuve des parties, tendant à établir des faits pertinents, mais écartées par les tribunaux cantonaux, non pour fausse appréciation de leur pertinence, mais par le motif que le contraire de ce que ces preuves visaient était déjà établi au procès. Une semblable décision des tribunaux cantonaux ne peut, en effet, entraîner une violation de dispositions du droit fédéral, mais elle serait tout au plus de nature à porter atteinte à des prescriptions de procédures cantonales, dont l'interprétation et l'application échappent au contrôle du Tribunal fédéral.

Or tel est le cas dans l'espèce. En effet, les défendeurs, pour aboutir dans leur conclusion en réduction de loyer, devaient non-seulement prouver qu'il existe des trépidations dans les locaux loués et qu'elles sont la conséquence de la construction du bâtiment, mais encore que les dites vibrations ont pour effet de rendre impossible ou tout au moins d'amoindrir notablement l'usage pour lequel la chose a été louée, — alors que la Cour de justice constate, au contraire, expressément « que non-seulement » Dupuis frères n'ont pas établi que le mode de construction » fût la cause des trépidations dont ils se plaignent, mais que » la preuve du contraire résulte des diverses expertises faites, » et que les experts ont résolu négativement la question de sa- » voir si, dans l'espèce, les vibrations reconnues par eux entra- » vaient le travail des ouvriers. »

En présence de ces constatations de fait positives, le complément de preuves offert doit ainsi être repoussé. Les tribunaux cantonaux n'ont point méconnu la pertinence des faits allégués par les recourants, mais constaté que le contraire était établi.

6. Les conclusions en dommages-intérêts formulées devant les instances cantonales par Balland et Cie et par les consorts Dériaz ayant été abandonnées, il n'y a pas lieu de statuer à leur égard.

Bibliographie.

Das französische Barreau (*Le barreau français*). Conférence faite à la société des avocats-stagiaires de la Basse-Autriche, par M. le Dr Max Neuda, avocat à Vienne. Vienne, Moritz Perles, éditeur, 1889. Brochure de 36 pages.

L'organisation du barreau varie beaucoup d'un pays à l'autre. Tandis qu'en Angleterre, aux Etats-Unis et en France l'ordre des avocats jouit de la plus haute considération et d'une grande liberté de parole, ailleurs des causes politiques, non moins que l'emploi d'une procédure essentiellement écrite, l'ont maintenu dans une situation moins indépendante et moins considérée, Tel est le cas de l'Autriche, où la publicité des débats était inconnue jusqu'en 1850. On comprend facilement que dans ces conditions le barreau n'ait pas pu y prendre un grand essor et que des sommités telles que Mühlfeld, Berger, Giskra, Rechbauer, Vilas et Herzog comptent parmi les exceptions. Il s'est pourtant fondé dans la partie allemande de l'Autriche une société de jeunes avocats désireux de suivre les traces des grands maîtres. En leur exposant l'organisation et les privilèges du barreau français et en leur rappelant les noms des plus illustres d'entre eux, M. Neuda a fait, sans aucun doute, une œuvre méritoire. .

ACADÉMIE DE LAUSANNE. — L'Académie a conféré les diplômes de docteur et licencié en droit à M. Charles *Secretan*, à Lausanne. M. Secretan a pris pour sujet de sa dissertation : l'*Hypothèque sur les chemins de fer;* son travail, essentiellement consacré à l'étude de la loi fédérale du 24 juin 1874, figure dignement à côté de ceux de MM. Meili, Bärlocher et Russenberger sur la même matière.

Ch. Soldan, conseiller d'Etat, rédacteur.

Lausanne. — Imp. Corbaz & Comp.

XXXVIIᵉ ANNÉE. Nᵒ **26**.　·　SAMEDI 29 JUIN 1889.

JOURNAL DES TRIBUNAUX

REVUE DE JURISPRUDENCE

Paraissant à Lausanne une fois par semaine, le Samedi.

Rédaction : M. CHARLES SOLDAN, conseiller d'Etat, à Lausanne.
Administration : M. L. ROSSET, greffier du Tribunal cantonal, à Lausanne.
Abonnements : 12 fr. par an ; 7 fr. pour six mois. Pour l'étranger, le port en sus. On s'abonne à l'imprimerie CORBAZ & Cⁱᵉ, chez l'administrateur, M. ROSSET et aux bureaux de poste.
Annonces : 20 c. la ligne ou son espace. S'adresser à l'imprimerie CORBAZ & Cⁱᵉ.

SOMMAIRE. — *Tribunal fédéral :* Divorne et Cottier c. Fribourg ; délit de chasse et résistance à l'autorité ; question d'extradition. — GENÈVE. *Tribunal civil :* Santoux c. Mégevand ; destruction de l'animal d'autrui ; fautes concurrentes ; dommages-intérêts. — VAUD. *Tribunal cantonal :* Perrochon et consorts c. Eberhard ; subhastation ; second essai de vente infructueux. — Breuer c. Hamilton Russel ; contestation entre voyageur et hôtelier ; for. — *Cour civile :* Seewer c. Jaquerod ; accident de fabrique ; arrangement amiable et renonciation du lésé à toute réclamation ultérieure. — *Resumés d'arrêts.*

TRIBUNAL FÉDÉRAL
Séance du 31 mai 1889.

Délit de chasse et résistance à l'autorité. — Ressortissant d'un autre canton. — Question d'extradition. — Art. 58 de la Constitution fédérale ; art. 2 de la loi fédérale du 20 juillet 1852 sur l'extradition.

Divorne et Cottier contre Fribourg.

D'après la loi fribourgeoise, ce n'est point au Juge d'instruction, mais exclusivement à la Chambre d'accusation qu'il appartient d'assigner au délit sa véritable qualification. Ce n'est, dès lors, qu'après que la Chambre d'accusation a statué qu'il y a lieu de rechercher si une demande d'extradition doit être formulée ou pas en présence des prescriptions de la loi fédérale du 20 juillet 1852.

Les ressortissants vaudois Louis Divorne, à Château-d'Œx, et Victor Cottier, à Rougemont, ont été assignés, par exploit du 6 novembre 1888, à comparaître devant le préfet du district fribourgeois de la Gruyère, à Bulle, comme prévenus de délit de chasse sur le territoire du canton de Fribourg.

Ce magistrat, après avoir entendu les dénonciateurs et les prévenus, a ordonné, le 13 dit, l'incarcération de Divorne, aussi pour tentative d'assassinat, au dire du recourant. Divorne fut incarcéré, puis mis en liberté provisoire le 16 du même mois, moyennant un cautionnement de 4000 fr.

Par mandat du 1er décembre 1888, les recourants furent assignés à comparaître le 15 dit devant le Juge d'instruction de la Gruyère comme prévenus de tentative d'assassinat et de délit de chasse, sur quoi l'avocat Morard obtint la suspension de l'instruction, et ensuite d'intervention de la part de l'Etat de Vaud, l'enquête fut suspendue jusqu'à nouvel ordre.

L'Etat de Vaud estimant que le fait reproché à Divorne, à savoir d'avoir couché en joue un garde-chasse, ne constitue pas une tentative d'assassinat, mais doit être considéré comme une menace, pria, par office du 12 janvier 1889, l'Etat de Fribourg de donner décharge à Divorne du cautionnement par lui fourni et de se dénantir de cette affaire pour la remettre, avec le dossier de l'enquête, aux tribunaux vaudois, aux fins d'être jugée à teneur des lois vaudoises.

Par office du 29 dit, le Conseil d'Etat de Fribourg a répondu que les lois de ce canton ne lui permettent pas d'intervenir dans l'état de la cause.

C'est dans ces circonstances que Divorne et Cottier ont recouru au Tribunal fédéral, concluant à ce qu'il lui plaise prononcer qu'en application de la loi fédérale du 20 juillet 1852 sur l'extradition et de l'art. 58 de la constitution fédérale, c'est à l'autorité vaudoise, ensuite de la déclaration par elle faite, qu'il appartient de juger les accusations portées sur ses ressortissants domiciliés dans le canton. Les recourants font valoir qu'il est de principe qu'un Etat peut refuser l'extradition de ses ressortissants, s'il se charge de les juger d'après les lois du pays ; que, d'ailleurs, on ne saurait invoquer l'acceptation par les prévenus du for fribourgeois, attendu que le conseil de Divorne a protesté, dès le premier moment de l'instruction, contre les procédés arbitraires dont son client était victime.

Dans sa réponse, le procureur-général de Fribourg conclut, au nom de cet Etat :

1° A ce que l'affaire soit suspendue par le Tribunal fédéral jusqu'au prononcé de la Chambre d'accusation du canton de Fribourg ;

2° Subsidiairement, à ce que le recours soit déclaré mal fondé.

A l'appui de ces conclusions, l'Etat de Fribourg fait observer en résumé ce qui suit :

La loi fédérale sur l'extradition ne vise en rien le délit de chasse : cette question reste donc, dans tous les cas, soumise à la juridiction fribourgeoise. Il en serait autrement de l'accusation de tentative d'assassinat, si elle devait être maintenue ; ce crime est prévu par la loi fédérale de 1852 précitée et les autorités fribourgeoises ont le devoir, si elles veulent suivre en cause, de demander l'extradition. Mais c'est à la Chambre d'accusation qu'il appartient de définir la nature du crime ou du délit dont sont prévenus les recourants. Si cette autorité maintient l'accusation de la tentative d'assassinat, ce qui n'est pas probable, il ne pourra être suivi que moyennant une demande d'extradition ; si, au contraire, elle renvoie Divorne et Cottier devant le juge correctionnel, pour y répondre d'un délit non prévu dans la loi fédérale, les droits des autorités fribourgeoises reprendront tout leur empire.

Peu importe que le juge d'instruction ait qualifié de tentative d'assassinat les faits relevés contre les recourants, puisque c'est à la Chambre d'accusation seule qu'il appartient de dénommer les dits faits. La décision du juge d'instruction, suspendant l'instruction jusqu'au prononcé du Tribunal fédéral, est irrégulière et rendue incompétemment, ce droit appartenait à la seule Chambre d'accusation, qui n'est, dès lors, point dessaisie.

Si le Tribunal fédéral ne prononce pas la suspension de la cause, conformément à la première conclusion de l'Etat, il devra examiner si les faits imputés à Divorne et Cottier constituent un des crimes et délits prévus par la loi fédérale sur l'extradition. Or cette question doit être résolue négativement ; le délit commis par les recourants est évidemment celui de résistance à l'autorité, soit de menaces envers des fonctionnaires dans l'exercice de leurs fonctions (art. 112 et 114 Cp.). Le gouvernement vaudois reconnaît, d'ailleurs, dans son office du 12 janvier 1889, que ce délit n'est pas au nombre de ceux mentionnés à l'art. 2 de la loi fédérale.

Statuant, le Tribunal fédéral a décidé de ne pas entrer en

matière quant à présent, et a écarté le recours de Divorne et
Cottier sous la réserve formulée au considérant 5 ci-dessous.

Motifs.

1. Dans l'assignation à comparaître devant le préfet de la
Gruyère, les recourants ne sont poursuivis que pour délit de
chasse, tandis que le juge d'instruction qualifie, en outre, les
faits pour lesquels ils sont poursuivis de tentative d'assassinat.
Le procureur-général estime, de son côté, qu'en dehors du délit
de chasse, il ne peut s'agir d'aucun autre que de celui de résistance à l'autorité, non prévu par la loi fédérale sur l'extradition.

2. Conformément aux art. 223 et 233 du Code de procédure
pénale fribourgeois, c'est à la Chambre d'accusation seule à assigner au délit ou au crime sa véritable qualification et à renvoyer les prévenus, selon la gravité du cas, à l'autorité judiciaire
qui doit en connaître : la Chambre d'accusation a donc à examiner, dans l'espèce, quels sont les articles de la loi pénale qui lui
paraissent applicables aux faits reprochés aux accusés, et ce
n'est qu'après que cette autorité se sera déterminée à cet égard
qu'il pourra être établi si les recourants se trouvent ou non poursuivis pour un des crimes et délits prévus à l'art. 2 de la loi fédérale de 1852, et pour lesquels l'extradition doit être accordée.

Or une semblable décision n'est pas encore intervenue et il
paraît même, en présence des faits de la cause et des déclarations du Ministère public, fort improbable que la Chambre d'accusation retienne contre les accusés le chef de tentative d'assassinat, de telle façon qu'il est possible que le recours devienne
sans objet.

3. La circonstance que le juge d'instruction, dans son mandat
du 1er décembre, assigne les recourants pour tentative d'assassinat, ne saurait avoir pour conséquence de faire considérer ceux-
ci comme « juridiquement poursuivis » pour ce crime, aux termes de l'art. 2 susvisé, puisque la qualification du délit ne
rentre point, à teneur de la procédure pénale précitée, dans la
compétence de ce magistrat. Le Tribunal de céans a d'ailleurs,
dans une espèce récente concernant aussi le canton de Fribourg,
reconnu « qu'il ne rentre point dans les attributions du juge
» d'instruction, mais uniquement dans celles de la Chambre
» d'accusation, d'assigner au délit son véritable caractère. »

(Voir arrêt du Tribunal fédéral en la cause Ruerat, 19 janvier 1889.) [1]

4. L'art. 58 de la constitution fédérale, visé aussi par les recourants, est sans application aucune en l'espèce, attendu qu'ils ne sont pas renvoyés devant une juridiction extraordinaire et que les autorités fribourgeoises n'ont nullement manifesté l'intention de les soustraire aux tribunaux compétents.

5. Il y a lieu, dans cette situation, d'attendre, pour statuer définitivement sur le recours, la décision de la Chambre d'accusation, après laquelle les sieurs Divorne et Cottier pourront, le cas échéant, et s'ils l'estiment encore utile, s'adresser de nouveau au Tribunal de céans.

Genève. — TRIBUNAL CIVIL.
Audience du 17 février 1888.

Destruction de l'animal d'autrui. — Action en dommages et intérêts du propriétaire. — Faute concurrente, soit défaut de surveillance de la part de celui-ci. — Réduction proportionnelle de l'indemnité. — Art. 50, 51 et 66 CO.

Santoux contre Mégevand.

Ce n'est que dans les cas graves que le possesseur d'un fonds de terre est autorisé à tuer les animaux appartenant à autrui qui y causent du dommage; encore faut-il qu'il soit dans l'impossibilité de s'en défendre autrement. En dehors de ce cas, la destruction de l'animal d'autrui constitue un acte illicite tombant sous les règles ordinaires en matière de responsabilité.

Santoux a conclu à la condamnation du défendeur Mégevand à la somme de 400 fr., avec intérêts de droit et dépens, valeur de son chien de chasse tué par celui-ci.

Mégevand a conclu au déboutement du demandeur, avec dépens.

Le Tribunal a admis en principe les conclusions du demandeur, en les réduisant toutefois à 150 fr.

---

[1] Voir pages 113 et suivantes de ce volume.

Motifs.

Attendu qu'il résulte des enquêtes :

a) Que le 6 août 1887, à 6 heures du matin, Mégevand a tué d'un coup de fusil le chien de chasse de Santoux.

b) Que ce chien se trouvait dans la cour de la propriété de Mégevand, près d'un fumier, mais ne commettait en ce moment aucun dommage grave à la propriété de celui-ci.

c) Que ce chien basset noir, au museau blanc, était un courant, franc de renard, âgé de 4 ans, en un mot un excellent chien de chasse, dont le Tribunal fixe la valeur à la somme de 300 francs.

d) Que, d'une part, Santoux n'a point surveillé, gardé avec le soin voulu cet animal, lequel commettait des dégâts dans les propriétés environnantes et même avait étranglé quelque temps auparavant le chat de Mégevand.

e) Que, d'autre part, si Santoux a été avisé par Mégevand qu'il tuerait son chien s'il reparaissait sur sa propriété, — ce dont n'a point tenu compte le demandeur, — il résulte des enquêtes qu'au moment où ce chien de chasse a été tué par le défendeur, il se trouvait dans la cour de la propriété de Mégevand, près d'un fumier, et ne commettait aucun dégât assez grave qui pût motiver l'emploi d'une arme à feu par celui-ci.

En droit : Attendu qu'aux termes de l'art. 66 CO., le possesseur d'un fonds de terre a le droit de s'emparer des animaux appartenant à autrui qui y causent du dommage et de les retenir en garantie de l'indemnité qui peut lui être due, et dans les cas graves, il est même autorisé à les tuer s'il ne peut s'en défendre autrement.

Attendu que les faits ci-dessus énumérés et établis par les enquêtes constatent que Mégevand ne se trouvait point, dans sa propriété, en présence d'un animal si dangereux et occasionnant un dommage d'une telle importance, pour qu'il fût fondé de recourir de suite à l'emploi d'une arme à feu et de tuer le chien de chasse du demandeur.

Qu'il a commis une faute dont il est responsable aux termes de l'art. 50 CO.

Que, toutefois, puisqu'il résulte des enquêtes que Santoux n'a point surveillé ni gardé son chien avec le soin voulu, — ce dont il avait été prévenu par le défendeur, — vu les dégâts occasionnés précédemment par cet animal dans les propriétés environnantes, il y a lieu de dire et prononcer que Santoux, partie lésée, a commis de même une faute, laquelle, en application de l'al. 2 de l'art. 51 CO., autorise le juge à réduire proportionnellement les dommages-intérêts, et même à n'en point allouer du tout.

Que puisque ce chien de chasse avait une valeur de·300 fr., il était dans l'intérêt de son propriétaire de le surveiller et de le garder un peu mieux qu'il ne l'a fait.

Que, vu les circonstances de la cause, il y a lieu de réduire l'indemnité due au demandeur à la somme de 150 fr., en application de l'al. 2 de l'art. 51 CO.

Vaud. — TRIBUNAL CANTONAL.
Séance du 14 mai 1889.

Subhastation. — Second essai de vente infructueux. — Adjudication au créancier saisissant aux trois quarts de la taxe. — Art. 642 Cpc.

Perrochon et consorts contre dame Eberhard.

En matière de saisie immobilière par voie de subhastation, si, lors du second essai de vente, il ne se présente aucun enchérisseur ni au prix d'estimation, ni aux trois quarts de la taxe, l'immeuble est adjugé au créancier pour ce prix réduit, conformément à l'art. 642 Cpc.

Le fait par l'office de ne s'être pas conformé à cette disposition constitue de sa part un refus de procéder donnant ouverture à un recours des intéressés.

Par exploit du 18 septembre 1888, le procureur-juré Matthey, agissant au nom de Marie Perrochon et consorts, a pratiqué au préjudice de dame Eberhard, née Cevey, à Aubonne, une saisie par voie de subhastation, portant sur deux immeubles, soit un pré et un champ, sis dans la commune de Cheseaux.

Les experts désignés par le juge de paix ont taxé le premier de ces immeubles 184 fr. et le deuxième 396 fr.

Les conditions de vente portaient que si à la seconde mise aucun amateur ne se présentait aux trois quarts de la taxe, les immeubles seraient adjugés aux créanciers saisissants à ce prix réduit.

En dérogation à cette disposition, les conditions de mise portaient que l'adjudication ne pourrait avoir lieu que si les prix de vente couvraient les créances hypothécaires antérieures au saisissant.

Le 3 mars 1889, le champ subhasté a été publié au prix de taxe et un amateur a surenchéri à 400 fr. Ce prix de 400 fr. ne couvrant pas les charges grevant les immeubles, l'adjudication n'a pu être donnée.

Une nouvelle mise ayant eu lieu le 6 avril 1889, les deux immeubles ont été mis en vente à la valeur des charges qui les grèvent, plus les frais, soit à 1000 fr. Aucun amateur ne s'étant présenté, l'office, dit le procès-verbal, a levé la séance.

Par acte du 16 avril 1889, le procureur-juré Matthey, au nom qu'il agit, a déclaré recourir contre le procès-verbal du 6 avril 1889, concluant à ce qu'il soit prononcé avec dépens que ce procès-verbal est modifié en ce sens que les immeubles exposés aux enchères le dit jour sont adjugés aux créanciers saisissants aux trois quarts de la taxe. Subsidiairement, que le juge de paix de Romanel doit modifier le procès-verbal du 6 avril 1889 dans le sens indiqué par la conclusion ci-dessus.

Ce recours est fondé sur le motif que le juge de paix de Romanel a méconnu les dispositions du Code de procédure civile sur la poursuite par voie de subhastation et notamment l'article 642 de ce Code, l'inobservation de ces articles constituant, en outre, un refus de procéder donnant ouverture à un recours.

Le recours a été admis et l'affaire renvoyée au juge de paix, dans le sens indiqué plus loin.

Motifs.

Considérant que le 2 mars 1889 les immeubles exposés en mise publique à l'instance du procureur-juré Matthey n'ont pu être adjugés, le montant des créances hypothécaires antérieures à celle du saisissant n'ayant pas été atteint (art. 9 des conditions de vente).

Que de nouvelles enchères ayant été fixées au 6 avril 1889, l'office aurait dû en tout état de cause procéder conformément à l'art. 642 Cpc.

Qu'aux termes de cet article, si aucun enchérisseur ne se présente ni au prix d'estimation, ni aux trois quarts de la taxe, l'immeuble est adjugé au créancier pour ce prix réduit.

Que, dès lors, les immeubles exposés en vente auraient dû être adjugés le 6 avril 1889 aux créanciers saisissants, et ce au prix réduit, soit aux trois quarts de la taxe.

Que le fait par l'office de n'avoir pas procédé conformément à l'art. 642 Cpc., constitue de sa part un refus de procéder donnant ouverture à un recours des intéressés.

Considérant qu'il y a lieu, dès lors, de renvoyer l'affaire au juge de paix pour qu'il modifie le procès-verbal du 6 avril 1889 et qu'il rende une ordonnance d'adjudication en faveur des créanciers saisissants.

————o——o————

Séance du 21 mai 1889.

Contestation entre voyageur et hôtelier.— Procédure sommaire. — For de la situation de l'hôtel. — Art. 104, 106, § b, et 198 de la loi sur l'organisation judiciaire.

Breuer contre Hamilton Russel.

L'art. 106, § b, de la loi sur l'organisation judiciaire, lequel institue une procédure sommaire pour le règlement des contestations entre voyageurs et hôteliers ou maîtres de pension, entend que la difficulté soit tranchée par le juge de la situation de l'hôtel et à très bref délai. On ne saurait obliger le maître d'hôtel instant à la réclamation à s'adresser aux juges dans le ressort desquels le voyageur se transporte successivement.

G. Breuer, maître d'hôtel à Montreux, est en désaccord avec A. Hamilton-Russel au sujet d'une note d'hôtel, Breuer réclamant une somme de 80 fr. 75 et Hamilton en contestant la quotité.

Ce dernier s'est rendu auprès du Juge de paix de Montreux et a effectué en mains de ce magistrat un dépôt de 50 fr., somme qu'il estimait devoir au maximum.

Par acte du 15 avril 1889, le procureur-juré Dupuis, agissant au nom de Breuer et se fondant sur les art. 104 et 106 de la loi judiciaire, a requis le Juge d'assigner les parties en cause et de statuer sur la difficulté qui les divise.

Le 17 avril 1889, le Juge de paix de Montreux a refusé de donner suite à cette réquisition en se fondant sur les motifs suivants :

Hamilton-Russel a quitté les dépendances de l'hôtel Breuer le 20 mars et s'est mis en pension dans un autre hôtel de la contrée, où il est resté jusqu'au 10 avril. Du 20 mars au 10 avril, Breuer n'a pas fait de réquisition au Juge pour lui soumettre la difficulté. Dès le 10 avril, Hamilton-Russel s'est rendu à Ouchy et par conséquent le for du litige n'est plus Montreux.

Par acte du 27 avril 1889, Breuer a recouru contre cette décision, concluant avec dépens :

1° Que le refus de suivre rendu par le Juge de paix de Montreux est annulé, ce magistrat étant compétent pour connaître du litige.

2° Que la cause est renvoyée devant lui pour prononcer sommairement sur le fond.

Ce recours est fondé en résumé sur les motifs suivants :

L'art. 106 de la loi judiciaire a créé un for spécial en ce qui concerne les difficultés entre hôteliers et voyageurs. L'action doit donc être tranchée non pas par le Juge du for du domicile du voyageur, mais par celui du for de la situation de l'hôtel. Si Breuer a tardé à nantir le Juge de paix de la difficulté qui avait surgi entre lui et Hamilton-Russel, cela tient uniquement au fait que celui-ci avait remis au Juge une somme de 50 fr. et que, dès lors, il attendait d'être cité devant ce magistrat pour voir statuer sur ce différend.

Le recours a été admis et l'affaire renvoyée au Juge de paix de Montreux pour qu'il statue en la cause.

Motifs.

Considérant que le Juge de paix est compétent pour statuer sommairement et définitivement sur les contestations qui s'élèvent entre voyageurs et hôteliers ou maîtres de pension relativement aux prétentions de ceux-ci (loi judiciaire, 106, § b).

Que, dans ces cas, l'instruction de la cause est sommaire, le prononcé, qui doit être rendu immédiatement, ne pouvant faire l'objet d'aucun recours (loi judiciaire, 198).

Que pour que cette disposition atteigne le but en vue duquel elle a été introduite dans la loi, il faut que la difficulté qui a surgi soit tranchée par le juge de la situation de l'hôtel et à très bref délai.

Que, dès lors, on ne saurait prétendre que le maître d'hôtel instant à la réclamation soit tenu de s'adresser aux juges dans le ressort desquels le voyageur se transporte successivement.

Vaud. — COUR CIVILE.

Séances des 5, 11 et 13 juin 1889.

Accident de fabrique. — Arrangement amiable et renonciation du lésé à toute réclamation ultérieure. — Établissement ne tombant pas sous le coup des lois fédérales. — Art. 2 de la loi fédérale du 23 mars 1877 sur le travail dans les fabriques; art. 10 et 14 de la loi fédérale du 25 juin 1881 sur la responsabilité civile des fabricants; art. 10 de la loi fédérale du 26 avril 1887 sur l'extension de la responsabilité civile; articles 50 et 51 CO.

Seewer contre Jaquerod.

Si l'art. 10 de la loi fédérale du 25 juin 1881 interdit aux fabricants de limiter ou d'exclure d'avance leur responsabilité, rien ne s'oppose au contraire à ce que le lésé déclare, postérieurement à l'accident, se contenter d'une indemnité déterminée à l'amiable et renoncer à toute réclamation ultérieure.

Un établissement industriel n'occupant pas en moyenne plus de quatre ouvriers ne saurait tomber sous le coup des lois fédérales concernant la responsabilité civile des fabricants.

Avocats des parties :

MM. Dubois, pour Seewer, demandeur.
Dupraz, pour Aug. Jaquerod, défendeur.

Le défendeur Auguste Jaquerod exploite pour son compte, à Aigle, indépendamment de la fabrique qu'il possède en commun avec son frère, sous la raison sociale « Jaquerod frères », une scierie dans laquelle il n'occupe en moyenne pas plus de quatre ouvriers.

La scierie du défendeur ne figure pas sur la liste des fabriques qui sont soumises au régime spécial prévu par les lois fédérales.

Le défendeur avait contracté en faveur de ses ouvriers, auprès de la Compagnie suisse d'assurances contre les accidents, à Winterthour, une assurance collective combinée.

Le demandeur Seewer a été employé pendant plusieurs années dans cet établissement en qualité de scieur. Le 22 mars 1888, alors qu'il travaillait à la scie circulaire, dans l'usine du défendeur, Seewer a été victime d'un accident, ensuite duquel il a dû subir l'amputation du pouce et de l'index de la main droite. Il

a été en traitement à l'infirmerie d'Aigle pendant quarante-trois
jours et a repris son travail le 16 juin 1888.

Le 2 juin, Seewer a perçu de la compagnie d'assurances une
indemnité de mille francs et a signé la quittance d'indemnité
dont suit la teneur :

« Je soussigné J.-P. Seewer, scieur, reconnais avoir reçu de
» M. A. Jaquerod, à Aigle, la somme de 1000 fr., nous disons
» mille francs, montant de l'indemnité qui m'était due en répa-
» ration de l'accident dont j'ai été victime le 22 mars 1888.

» Par suite du paiement de la susdite somme, je tiens et re-
» connais M. A. Jaquerod pour bien et valablement quitte et
» déchargé de toutes les suites de l'accident dont j'ai été atteint
» et sur lesquelles je déclare être dès à présent parfaitement
» fixé.

» En conséquence, je me désiste de toute action ou poursuites
» ayant pour principe l'accident du 22 mars 1888 et je renonce
» à en exercer aucune dans l'avenir, devant quelque juridiction
» que ce soit et pour quelque cause que ce soit, aussi bien en
» vertu des lois fédérales des 25 juin 1881 et 26 avril 1887, qu'en
» vertu du contrat d'assurance à la Société suisse d'assurances
» contre les accidents, à Winterthour, contre M. A. Jaquerod.

» Fait à Aigle, le 21 juin 1888.

» Lu et approuvé l'écriture ci-dessus.

» (Signé) Pierre Seewer. »

Seewer s'est déclaré satisfait de l'offre qui lui était faite de
lui payer la somme de mille francs à titre d'indemnité et il a
même dit devant deux personnes « que ça l'embêtait de prendre
» cet argent qu'il savait n'avoir pas gagné. »

Pendant les premiers mois de l'année 1888, Aug. Jaquerod n'a
jamais occupé dans sa scierie plus de quatre ouvriers. Il est arrivé quelquefois, mais exceptionnellement seulement, qu'un ou
deux ouvriers de la maison Jaquerod frères ont travaillé comme
manœuvres pour Auguste Jaquerod. Même dans ce cas, il n'y a
jamais eu en tout dans l'usine du défendeur plus de cinq ouvriers
de l'une et de l'autre usines.

Le défendeur loue parfois ses engins de scierie à d'autres personnes qui exécutent des travaux pour leur compte.

Le demandeur n'a pas établi que, peu d'instants avant l'accident, Seewer ait fait remarquer à son patron qu'un tas de bois
coupé pour le foyer était une cause d'embarras pour le tra-

vail à la scie circulaire, mais que celui-ci aurait répondu qu'il fallait laisser ce bois en place.

Ensuite de ces faits, Seewer a ouvert action à Jaquerod devant la Cour civile en paiement de la somme de 3500 fr., avec intérêt au 5 % dès le 4 septembre 1888, sous modération de justice.

Le défendeur Jaquerod a conclu avec dépens, tant exceptionnellement qu'au fond, à ce qu'il plaise à la Cour débouter le demandeur Seewer des fins de sa demande; — très subsidiairement, et pour le cas où la Cour ferait application de la législation fédérale sur la responsabilité spéciale, et ne mettrait d'ailleurs pas le défendeur au bénéfice d'une des exceptions prévues à l'art. 2 de la loi fédérale du 25 juin 1881, il a conclu à ce qu'il plaise à la Cour dire et prononcer que la somme de 486 fr. 30 sera déduite de l'indemnité civile accordée à Seewer.

Statuant, la Cour civile a débouté Seewer de toutes ses conclusions, avec dépens.

Motifs.

Considérant en droit et tout d'abord sur le moyen exceptionnel opposé par Jaquerod à la réclamation de Seewer, moyen tiré de la quittance du 21 juin 1888, que le 21 juin 1888, en donnant quittance à la société d'assurances de l'indemnité de mille francs qu'il a perçue, Seewer a déclaré par écrit « se désister de toute
» action ou poursuite ayant pour principe l'accident du 22 mars
» 1888 et renoncer à en exercer aucune dans l'avenir devant
» quelque juridiction que ce soit et pour quelque cause que ce
» soit, aussi bien en vertu des lois fédérales des 25 juin 1881 et
» 26 avril 1887, qu'en vertu du contrat d'assurance à la société
» suisse d'assurances contre les accidents, à Winterthour, contre
» M. A. Jaquerod. »

Que cette renonciation a été librement consentie par Seewer, qui, du reste, n'en a pas demandé la nullité en invoquant, par exemple, l'erreur, la violence ou le dol.

Que Seewer a déclaré devant deux personnes qu'il était satisfait de son indemnité.

Considérant que l'art. 10 de la loi fédérale du 25 juin 1881, qui interdit aux fabricants de limiter ou d'exclure d'avance leur responsabilité, n'est pas applicable en l'espèce, puisqu'il s'agit d'une renonciation formelle et expresse qui a été signée par Seewer en toute connaissance de cause, environ trois mois après l'accident, et alors qu'ayant repris son travail chez le défendeur, il était éclairé sur les conséquences de l'accident du 22 mars 1888.

Par ces motifs, la Cour civile, à la majorité absolue, admet ce moyen exceptionnel.

Considérant ensuite, *sur la cause au fond,* que la scierie dans laquelle Seewer a subi l'accident du 22 mars 1888 appartient à Auguste Jaquerod seul et qu'elle est absolument séparée et distincte de la fabrique de Jaquerod frères.

Que le défendeur n'occupe pas en moyenne plus de quatre ouvriers pour l'exploitation de cette scierie.

Que, dès lors, celle-ci ne saurait tomber sous le coup de la loi fédérale sur la responsabilité civile des fabricants, du 25 juin 1881, et de celle sur l'extension de cette responsabilité, du 26 avril 1887.

Qu'il résulte, du reste, des pièces versées au dossier, et notamment du rapport adressé le 11 août 1888 par l'inspecteur fédéral des fabriques Nusperli, au Département de l'agriculture et du commerce du canton de Vaud, que la scierie appartenant au défendeur ne figure pas sur la liste des fabriques qui sont soumises à la responsabilité spéciale prévue par les lois fédérales susrappelées.

Attendu qu'à supposer même qu'il fût établi que cette scierie occupe plus de cinq ouvriers en moyenne, il n'appartient pas à la Cour de céans de décider qu'elle aurait dû être portée sur cette liste.

Qu'en effet, aux termes des art. 14 de la loi fédérale du 25 juin 1881 et 10 de celle du 26 avril 1887, il appartient au Conseil fédéral, en cas de doute, de décider en dernier ressort si un établissement qui ne figure pas sur la liste des fabriques aurait dû y être porté et si, par conséquent, un accident ou une maladie survenus dans cet établissement doivent être mis au bénéfice des dispositions des susdites lois.

Qu'au surplus, par arrêt rendu dans cette cause le 19 mars dernier [1], le Tribunal cantonal a décidé qu'en aucun cas les tribunaux ne seraient compétents pour dire que les lois fédérales sont applicables en l'espèce, alors même qu'il serait établi en

---

[1] Voir pages 227 et suivantes de ce volume.

fait qu'Auguste Jaquerod occupe en moyenne plus de cinq ouvriers dans sa scierie.

Considérant que l'on ne saurait admettre, ainsi que le voudrait le demandeur, qu'Auguste Jaquerod ait engagé sa responsabilité en ne protégeant pas sa scie circulaire au moyen d'un couvre-scie.

Qu'en effet, la loi fédérale du 23 mars 1887, et spécialement l'art. 2 de cette loi, n'étant pas applicables à la scierie que le défendeur exploite pour son compte à Aigle, on ne saurait lui faire un grief de n'avoir pas protégé la scie circulaire.

Que, du reste, il n'a été établi à la charge du défendeur aucune faute, négligence ou imprudence qui puisse entraîner sa responsabilité en vertu des art. 50 et 51 du Code des obligations.

Résumés d'arrêts.

Compétence. — Les parties ne sauraient déroger valablement aux règles fixées par la loi en ce qui concerne la compétence des juges et tribunaux au moyen de simples lettres adressées au juge. Une telle dérogation n'est possible que par une convention expresse consignée au procès-verbal de l'audience (loi sur l'organisation judiciaire, art. 220).

TC., 11 juin 1889. Michel c. Bertholet.

Jury. — Lorsque le procès-verbal de l'audience d'un tribunal criminel constate que, d'après la déclaration du chef du jury, ce corps est entré immédiatement en délibération, qu'il a toujours été au complet, qu'il a délibéré à huis-clos sans désemparer et sans recevoir de communication du dehors, cette mention fait pleine foi de son contenu jusqu'à inscription de faux.

CP., 21 mai 1889. Chollet.

Lettre de change. — L'action de l'accepteur tendant à ce que le tireur fasse provision est régie par les principes généraux du droit civil et non par les prescriptions spéciales du droit de change. En effet le tireur ne s'oblige, conformément au droit de change, que vis-à-vis du preneur, mais non vis-à-vis du tiré (CO. 742, al. 3). Le simple fait que le tireur charge le tiré de payer le montant de la lettre de change n'établit aucune présomption en faveur de l'existence de la provision ou d'un rapport de droit civil quelconque à la base d'un tel mandat.

Cour d'appel de Zurich, 20 avril 1889.

Naturalisation. — Lorsque le citoyen suisse qui entend renoncer à sa nationalité remplit les conditions exigées par l'art. 6 de la loi fédérale du 3 juillet 1876, c'est-à-dire n'a plus de domicile en Suisse, jouit de la capacité civile d'après les lois du pays dans lequel il réside, et a acquis une nationalité étrangère, la libération de la nationalité suisse ne peut lui être refusée. La preuve que le requérant jouit de la capacité civile d'après les lois du pays de sa résidence peut être faite par tous les moyens propres à former la conviction du juge ; celui-ci les apprécie librement.

TF., 12 avril 1889. Burri.

Recours. — La partie défaillante peut demander au Tribunal cantonal la nullité du jugement par défaut rendu contre elle, mais uniquement si l'assignation a été irrégulière (Cpc. 436, § f). Aucune disposition ne lui permet de recourir pour un autre motif (Cpc. 300).

TC., 21 mai 1889. Amez-Droz c. Rogron et Cie.

Saisie. — A teneur de l'art. 582 Cpc., le juge fixe le lieu et le jour de la vente après avoir entendu, *s'il y a lieu*, le créancier et le débiteur. Dès lors, il n'est pas *tenu* d'entendre le débiteur et, par conséquent, le fait de ne l'avoir pas entendu ne saurait avoir pour conséquence de faire annuler l'avis de vente.

TC., 7 mai 1889. Sprintz c. Muller.

Sceau. — Il y a lieu à révocation du sceau accordé à un exploit à l'instance d'un agent d'affaires qui n'est pas porteur d'une procuration régulière au moment où le sceau est requis. Il importe peu que l'exploit ait été présenté au juge par l'huissier, ni que la partie ait signé postérieurement un acte confirmatif de pouvoirs (Cpc. 25, 72, lettre f, et 75).

TC., 16 avril 1889. Dupuis c. Martinet soit Laurent.

Ch. SOLDAN, conseiller d'Etat, rédacteur.

Lausanne. — Imp. CORBAZ & Comp.

XXXVIIe ANNÉE. N° **27.**   SAMEDI 6 JUIILLET 1889.

JOURNAL DES TRIBUNAUX

REVUE DE JURISPRUDENCE

Paraissant à Lausanne une fois par semaine, le Samedi.

Rédaction : M. CHARLES SOLDAN, conseiller d'Etat, à Lausanne.

Administration : M. L. ROSSET, greffier du Tribunal cantonal, à Lausanne.

Abonnements : 12 fr. par an ; 7 fr. pour six mois. Pour l'étranger, le port en sus. On s'abonne à l'imprimerie CORBAZ & Cie, chez l'administrateur, M. ROSSET et aux bureaux de poste.

Annonces : 20 c. la ligne ou son espace. S'adresser à l'imprimerie CORBAZ & Cie.

TRIBUNAL FÉDÉRAL

Séance du 15 juin 1889.

Obligation solidaire. — Paiement effectué par l'un des coobligés. — Subrogation aux droits du créancier. — Nantissement. — Art. 168, al. 3, 559 et 564 CO.

Usine genevoise de dégrossissage d'or contre Rambosson, Delattre et Barrès.

L'associé qui a payé une dette sociale peut, comme tout débiteur solidaire, invoquer en sa faveur la disposition de l'art. 168, al. 3, CO., et le créancier payé n'a, en particulier, comme tel, aucun droit ni aucun intérêt à l'entraver dans l'exercice du droit de subrogation que cette disposition lui confère.

Delattre et Rambosson, bijoutiers, à Genève, ont formé en 1878 une société en nom collectif, sous la raison sociale : « Delattre et Rambosson ».

Le 11 novembre 1880, Delattre et Rambosson ont remis en nantissement à l'Usine genevoise de dégrossissage d'or, en garantie de toutes les sommes que la société pourrait devoir à celle-ci, Delattre vingt et Rambosson quinze actions de la dite usine.

Le 31 janvier 1886, la société Delattre et Rambosson prit fin ensuite d'expiration de son terme ; par lettre du 27 dit, l'usine avait été informée de cette dissolution et invitée à arrêter les écritures au 31 janvier.

Par une autre lettre du même jour, Delattre informait l'usine, soit son directeur Lacroix, qu'il reprenait la suite des affaires de la maison qui allait se liquider et demandait qu'il lui fût accordé un crédit de 35,000 fr., garanti par les titres remis par lui en nantissement en 1880, ce à quoi l'usine consentit ; le certificat de ce nantissement en second rang est du 16 mars 1886.

Dans la circulaire de la société du 31 janvier 1886, il est dit que cette dernière est dissoute et que « notre sieur Delattre reste seul chargé de l'actif et du passif de notre maison » ; dans la même circulaire, Delattre déclare « reprendre dès aujourd'hui » la suite des affaires de la maison Delattre et Rambosson ». Les mêmes indications furent insérées dans le n° 14 de la *Feuille officielle suisse du commerce* pour 1886, et dans le n° 43 de la même feuille, du 28 avril 1886, l'annonce qui précède est rectifiée en ce sens que « l'associé J. Delattre est resté liquidateur » de la société, et non chargé de l'actif et du passif. »

Au 31 janvier 1886, la société Delattre et Rambosson eût été créancière de l'usine, si différents effets remis par la première à la seconde eussent été payés à leur échéance ; tel ne fut toutefois pas le cas, et, à la date du 15 février 1888, l'usine était créancière de Delattre et Rambosson pour une somme de 16,351 fr.

A cette même date, Rambosson a assigné l'usine et Delattre devant le Tribunal de commerce pour entendre ordonner la restitution des quinze actions lui appartenant, la somme de 16,351 francs 65 c. restant due à l'usine par l'ancienne société Delattre et Rambosson étant suffisamment garantie par les vingt actions appartenant à Delattre.

L'usine assigna, de son côté, sur le 5 mars 1888, Delattre et Rambosson en paiement de la prédite somme de 16,531 fr. 65.

Le 9 avril suivant, Delattre a été déclaré en faillite.

Le 22 mai 1888, Rambosson acquitta de ses deniers le solde

de la dette de l'ancienne société, s'élevant alors à 16,769 fr. 25 c.
et les quinze titres remis par lui en nantissement lui furent res-
titués. Rambosson réclama en outre la restitution des vingt actions déposées par Delattre et demanda à être subrogé sur ces
titres à tous les droits de l'usine à concurrence de la somme
de 16,769 fr. 25 c., en se fondant sur les art. 168, 504, 507 et
508 CO.

L'usine résista à cette réclamation en prétendant, en premier
lieu, que Rambosson avait connu et autorisé le nantissement
constitué le 16 mars 1886 en garantie du crédit de 35,000 fr.
accordé à Delattre ; en second lieu, que Delattre, en remettant
les vingt actions en nantissement, a entendu garantir la société
Delattre et Rambosson et non son associé individuellement, que
Rambosson n'aurait donc rien à prétendre sur les titres Delattre, lesquels ne constituaient pas un gage remis au créancier
par le débiteur principal; en troisième lieu, que le droit du débiteur solidaire à être subrogé aux droits du créancier qu'il a
payé, est subordonné à l'existence d'un recours contre son co-
débiteur et que ce recours n'existerait pas dans l'espèce, ou tout
au moins ne pourrait s'exercer sur la totalité de la somme remboursée à l'usine.

Rambosson prétendit de son côté être créancier de Delattre
de la somme de 52,624 fr., et en outre que Delattre s'était personnellement chargé, vis-à-vis de l'usine, de la dette de la société Delattre et Rambosson.

Delattre et Barrès, commissaire à son concordat, sans contester ce dernier point, ont affirmé que contrairement à l'allégué
de Rambosson, et abstraction faite de la créance de 16,769 fr.
25 cent., Delattre est créancier de 2069 fr. de Rambosson.

Par jugement du 21 février 1889, le Tribunal de commerce a
condamné l'usine à remettre à Rambosson les vingt actions dont
il s'agit, à concurrence des 16,769 fr. 25 par lui payés pour la
société Rambosson et Delattre, ordonné à cet effet la vente de
ces titres.

L'usine de dégrossissage a appelé de ce jugement, et conclu
à ce qu'il plaise à la Cour civile le réformer et débouter sieur
Rambosson de toutes ses conclusions ; subsidiairement, surseoir
à statuer jusqu'à ce qu'il ait été dit droit sur le règlement définitif des comptes réciproques entre les deux associés, renvoyer
à ces fins la cause devant les premiers juges; très subsidiaire-

ment, commettre un ou trois experts pour régler le compte définitif de Rambosson avec Delattre; plus subsidiairement encore, acheminer l'appelante à prouver que Rambosson prenait connaissance du copie de lettres de la société Delattre et Rambosson et qu'il ne voulait pas que l'usine poursuive Delattre.

Delattre et Barrès ont déclaré s'en rapporter à justice, sous le bénéfice des réserves par eux formulées en première instance et par lesquelles ils déclaraient ne pas reconnaître qu'en raison de la dissolution de la société Delattre et Rambosson, Delattre soit resté chargé de l'actif et du passif, et estimaient que Delattre ne doit être considéré que comme liquidateur de la société.

Rambosson a conclu à la confirmation du jugement de première instance et estime avoir prouvé par la lettre de Delattre, du 30 janvier 1888, qu'il a payé la dette prise par Delattre à sa charge personnelle.

Par arrêt du 29 avril 1889, la Cour de justice civile a statué comme suit :

La Cour admet l'appel interjeté contre le jugement du Tribunal de commerce du 21 février 1887; au fond, réforme le dit jugement en ce qu'il a déclaré que Rambosson était subrogé à concurrence de 16,769 fr. 25 dans les droits de l'usine de dégrossissage sur les vingt actions remises en nantissement par Delattre, et, statuant à nouveau sur ce point, dit que Rambosson n'est en l'état subrogé dans les droits de l'usine qu'à concurrence de la somme de 14,700 fr., dit que la différence entre ce chiffre et celui de 16,769 fr. 25, soit la somme de 2069 fr., avec intérêts dès le 22 mai 1888, sera versée par l'usine de dégrossissage d'or à la Caisse des consignations pour être payée à qui de droit lorsqu'il aura été statué définitivement sur les comptes à régler entre Delattre et Rambosson, — confirme pour le surplus le jugement dont est appel et condamne l'appelant aux dépens de l'appel.

Cet arrêt est fondé en substance sur les motifs ci-après :

L'usine n'a pu fournir la preuve du fait que Rambosson aurait donné son consentement au deuxième nantissement opéré par Delattre, le 27 janvier 1886. Aux termes de l'art. 168 CO., les droits de l'usine ont passé à Rambosson, à concurrence de la somme intégrale payée par celui-ci et pour autant que Rambosson jouit d'un droit de recours contre Delattre; or, Delattre, la société Delattre et Rambosson, et Rambosson, — à supposer qu'ils constituent trois personnalités distinctes, — sont tenus solidairement des engagements de la société, et le paiement du créancier par un des débiteurs solidaires a donc de plein droit pour effet de subroger ce dernier dans tous les droits du créancier.

Delattre se prétend créancier, — abstraction faite de la créance de 16,769 fr. 25, — de 2069 fr. de Rambosson; l'instruction de la cause n'a pas porté sur ce point et Rambosson ne produisant pas de titre de sa créance, la Cour ne peut, en l'état, déterminer si cette créance est actuellement de 14,700 fr. 25 seulement, comme le prétend Delattre (soit de 16,769 fr. 25, moins 2069 fr.), ou si elle est très supérieure à 16,769 fr., ainsi que l'affirme Rambosson. Dans ces circonstances, Rambosson n'a le droit de se faire payer par privilège qu'à concurrence de ce qu'il est dors et déjà établi que Delattre lui doit, soit de la somme de 14,700 francs 25 c.

L'usine de dégrossissage d'or a recouru contre cet arrêt au Tribunal fédéral, concluant à ce qu'il lui plaise mettre à néant le dit arrêt, avec dépens; subsidiairement, ordonné qu'il sera procédé à l'expertise préparatoire requise par l'usine de dégrossissage devant les juges cantonaux.

F. Rambosson a conclu au rejet du recours.

Par écriture du 14 juin 1889, Mᵉ Célestin Martin, à Genève, conseil des sieurs Delattre et Barrès, déclare que le débat actuel concernant particulièrement l'usine et le sieur Rambosson, il ne se présentera pas aux débats de ce jour et se borne à s'en rapporter à ce que le Tribunal fédéral statuera selon droit, sur le vu des pièces du dossier et sous le bénéfice des mêmes réserves qu'il a fait insérer dans l'arrêt dont est recours.

Le Tribunal fédéral a écarté le recours et maintenu l'arrêt de la Cour de justice.

Motifs.

2. Bien que Delattre et Rambosson aient remis les actions à la défenderesse pour garantir une dette sociale, et qu'aux termes de l'art. 559 CO., la société en nom collectif peut devenir débitrice sous sa raison sociale, il ne peut toutefois être soutenu que les dites actions aient été remises en gage par Delattre et Rambosson pour la dette d'autrui. En effet, à teneur de l'article 564 ibidem, les associés sont tenus solidairement des enga-

gements de la société et sont ainsi solidairement responsables de toutes les dettes sociales. Il est dès lors hors de doute que l'associé qui a payé une dette sociale peut, comme tout débiteur solidaire, invoquer en sa faveur la disposition de l'art. 168, al. 3, CO., et le créancier payé n'a, en particulier, comme tel, aucun droit ni aucun intérêt à l'entraver dans l'exercice du droit de subrogation que cette disposition lui confère.

Une fois ce paiement effectué, le litige ne touche plus que les rapports des débiteurs entre eux. La question de savoir dans quelle mesure Rambosson est en droit d'exercer son recours contre Delattre ensuite de ce paiement, ne concerne donc plus l'usine comme créancière de la société Delattre et Rambosson ; les droits de celle-ci se trouvent transportés *eo ipso*, par le fait du dit paiement, au sieur Rambosson, pour autant que celui-ci jouit d'un recours contre Delattre. L'usine n'est dès lors, comme créancière de la société Delattre et Rambosson, à aucun titre autorisée à se refuser à la restitution des actions déposées par Delattre. La question de savoir si et dans quelle mesure Rambosson est au bénéfice d'un droit de recours contre Delattre, ne se pose et ne doit être résolue qu'entre ces deux personnes et non point entre le débiteur solidaire qui a payé et le créancier satisfait.

3. En revanche, la défenderesse serait en droit, en vertu du nantissement constitué en sa faveur, le 16 mars 1886, par Delattre sur ses titres, de refuser la remise des dits titres à Rambosson, pour le cas où ce dernier aurait renoncé en faveur de la dite défenderesse à son droit de subrogation, ou s'il était établi que Rambosson n'a aucun droit de recours contre Delattre. Et en effet, l'usine résiste à la demande de restitution de ces titres formulée par Rambosson, en alléguant que celui-ci a eu connaissance de ce second nantissement et qu'il n'a d'ailleurs aucun droit de recours contre Delattre.

Ces deux exceptions sont, toutefois, dépourvues de fondement.

En ce qui concerne la première, la Cour de justice civile a établi en fait, d'une manière définitive pour le Tribunal de céans, que Rambosson n'a point eu connaissance du second nantissement dont il s'agit. Cette connaissance de la part de Rambosson ne serait d'ailleurs point décisive, puisqu'il n'eût en tout cas pas été en droit de s'opposer à un nantissement en second rang, et n'avait aucun intérêt à le faire, garanti qu'il était, — pour le

cas où il aurait dû payer, en sa qualité de débiteur solidaire, la
dette de la société Delattre et Rambosson, — par la subrogation
prévue à l'art. 168 CO. précité. Il n'est point allégué que Rambosson ait jamais renoncé expressément à ce droit, et il n'existe
en la cause aucun fait permettant de conclure à l'existence d'une
pareille renonciation.

En ce qui touche la seconde exception, non-seulement il n'est
nullement établi que Rambosson ne possède pas de recours
contre Delattre, mais le contraire résulte des pièces de la cause.

Delattre a reconnu, et la Cour de justice a constaté qu'il s'était
obligé, vis-à-vis de Rambosson, à payer seul la créance de l'u-
sine défenderesse; il a prétendu seulement être créancier de
Rambosson de 2069 fr. Cet aveu, confirmé d'ailleurs par la lettre
de Delattre du 30 janvier 1888, est décisif vis-à-vis de la défenderesse, aussi longtemps qu'il n'est pas le résultat d'une simulation ou d'une intention frauduleuse. Or, la défenderesse ne l'a
pas même prétendu et encore moins prouvé; en particulier, ce
n'est pas en vue de démontrer une fraude ou simulation qu'elle
a demandé une expertise, qui ne serait d'ailleurs pas de nature
à aboutir à cet effet. Cette demande d'expertise doit, dès lors,
tomber, comme sans importance, pour autant qu'elle tendrait à
contester la sincérité de l'aveu de Delattre.

4. En ce qui a trait à la créance de 2069 fr. que Delattre prétend avoir contre Rambosson et que celui-ci conteste, c'est avec
raison que la défenderesse elle-même n'a pas requis que l'expertise demandée portât sur ce point. Cette question, en effet, ne
touche que les prédits associés et ne peut être tranchée que dans
un procès entre eux, où ils figurent comme demandeur et défendeur.

C'est donc avec raison que la Cour n'a point statué à ce sujet,
mais ordonné le dépôt de cette somme à la Caisse des consignations jusqu'à droit connu, en particulier jusqu'à l'établissement
définitif du compte entre Delattre et Rambosson.

5. La défenderesse prétend enfin aujourd'hui que la liquidation des avoirs de la société Delattre et Rambosson n'étant pas
terminée, Rambosson ne saurait exercer de recours contre son
ancien associé Delattre, mais seulement contre la fortune sociale. Ce moyen ne serait toutefois pas de nature à faire donner
une autre solution au litige. Il ne trouve en fait aucune justification dans les pièces de la cause, et de ce chef déjà il n'y a pas

lieu de l'examiner. Il est bien évident qu'il ne résulte pas du fait que les comptes entre les anciens associés ne sont pas encore définitivement réglés, que la liquidation ne soit pas terminée.

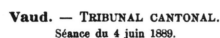

Vaud. — Tribunal cantonal.
Séance du 4 juin 1889.

Droit de rétention du bailleur. — Opposition au déplacement des meubles saisis par un tiers créancier. — Art. 294 CO.

Fiaux contre Dagon.

Le bailleur a le droit de retenir les meubles garnissant les lieux loués et de s'opposer à ce qu'ils soient déplacés et vendus aussi longtemps qu'il n'est pas complètement désintéressé.

Le 28 septembre 1888, le procureur-juré Matthey, agissant au nom de Jules Fiaux, à Lausanne, a mis sous le poids du séquestre divers meubles taxés 114 fr., appartenant à dame Jaquenoud, demeurant à Lausanne, maison Dagon, pour parvenir au paiement de la somme de 47 fr. et accessoires qui lui est due.

Le 26 janvier 1889, la vente des objets séquestrés a été annoncée pour le 9 février 1889.

Le dit jour, l'avocat Métraux, mandataire de Dagon, a déclaré à l'huissier s'opposer au déplacement des objets saisis au préjudice de dame Jaquenoud, le loyer, qui s'élève à 158 fr. 50, n'étant pas payé.

Le 13 mars 1889, Matthey a requis un supplément de séquestre qui a porté sur un lit et une machine à coudre taxés ensemble 70 fr.

Fiaux a versé en mains du Juge de paix de Lausanne la somme de 158 fr. 50, montant du loyer dû à Dagon, et le procureur-juré Matthey a, en outre, offert de payer tout ce qui pourrait être dû.

Malgré ce dépôt, Dagon a refusé de consentir au déplacement et à la vente des objets séquestrés et en conséquence l'huissier a renvoyé la vente, qui était fixée au 27 avril 1889.

Dagon a fait procéder, le 8 mai 1889, à la vente des objets séquestrés, qui lui ont été adjugés pour le prix de 155 fr.

Fiaux a recouru contre le refus de l'huissier-exploitant de procéder à la vente des objets séquestrés, en se fondant sur les motifs suivants :

Si le bailleur a le droit de retenir les meubles qui sont sa garantie, ce droit ne peut pas porter préjudice aux créanciers qui prétendraient se payer sur ces meubles après avoir désintéressé le bailleur : Dagon ayant été désintéressé par le versement de la somme de 158 fr. 50 opéré en mains du Juge de paix, ne peut plus s'opposer au déplacement et à la vente des objets séquestrés.

Le recours a été écarté.

Motifs.

Considérant que le bailleur d'un immeuble a pour garantie du loyer de l'année écoulée et de l'année courante un droit de rétention sur les meubles qui garnissent les lieux loués (CO. 294).

Qu'il a, dès lors, le droit de retenir ces meubles et de s'opposer à ce qu'ils soient déplacés et vendus aussi longtemps qu'il n'est pas complètement désintéressé.

Que bien que Fiaux ait fait en mains du Juge un dépôt de 158 fr. 50 pour désintéresser Dagon, cette somme ne suffit pas, puisqu'elle ne correspond qu'au montant du loyer échu.

Que le droit de rétention du bailleur devant servir aussi de garantie pour le paiement de l'année courante, Dagon n'est ainsi pas complètement désintéressé.

Que c'est, dès lors, avec raison qu'il s'est opposé au déplacement des meubles et que l'huissier-exploitant a refusé de donner suite à la réquisition de vente formulée par Fiaux.

—————o——o————— .

Séance du 4 juin 1889.

Procédure devant le juge de paix. — Incident sur preuve. — Recours écarté préjudiciellement. — Art. 188 et 195, § *d*, de la loi sur l'organisation judiciaire.

Henchoz contre Billard.

Aucun recours en réforme n'est prévu par la loi contre les jugements incidents rendus par les juges de paix. Les parties ne peuvent porter ces jugements devant le Tribunal cantonal qu'avec le jugement au fond et comme motif de nullité de ce dernier.

Par exploit du 30 avril 1889, Fanny Billard, à Château-d'Œx, a conclu à ce qu'il soit prononcé :

1° Que la saisie notifiée par Louis Henchoz le 5 avril 1889 est nulle et ne peut déployer aucun effet.

2° Que cette opposition est maintenue.

A l'audience du Juge de paix de Château-d'Œx du 8 mai 1889, le défendeur a conclu à libération des conclusions de la demanderesse et au maintien de la saisie du 5 avril 1889.

A la dite audience, la demanderesse a annoncé vouloir prouver par témoins son allégué n° 9, ainsi conçu : « Depuis le 2 » août jusqu'au 9 octobre, la vache n'a pas payé sa nourriture; » elle a coûté au moins 30 centimes par jour et cela pendant 68 » jours, ce qui fait un total de 20 fr. 40. »

Le défendeur s'est opposé à cette preuve testimoniale.

Par jugement incident du dit jour, le Juge de paix de Château-d'Œx a débouté le défendeur de son opposition et a dit que les frais suivront le sort de la cause.

Au rapport de la sentence, le défendeur a déclaré recourir au Tribunal cantonal et a demandé la suspension de la cause jusqu'au jugement du recours, ce qui a été admis par la demanderesse.

Le recours a été écarté préjudiciellement.

Motifs.

Considérant qu'aux termes de l'art. 188 de la loi judiciaire, les difficultés touchant l'administration des preuves sont réglées sommairement par le Juge de paix sur exposition verbale des parties.

Qu'aucun recours en réforme contre les jugements incidents rendus par les juges de paix n'est prévu par la loi.

Que les parties ne peuvent porter ces jugements devant le Tribunal cantonal qu'avec le jugement au fond et comme motif de nullité de ce dernier (loi judiciaire, art. 195, § *d*).

Qu'il y a lieu, dès lors, d'écarter préjudiciellement le recours de L. Henchoz.

Vaud. — Tribunal civil du district de Morges.
Séances des 15 et 16 juin 1889.

Société anonyme. — Capital social non entièrement versé. — Action en responsabilité contre les fondateurs. — Loi vaudoise du 14 décembre 1852 sur les sociétés commerciales.

Société des usines et moulins Bornu en discussion contre Lenoir.

Les fondateurs d'une société anonyme sont personnellement et solidairement responsables vis-à-vis des tiers de la faute grave qu'ils commettent en induisant le public en erreur au sujet du capital social, soit en indiquant celui-ci à un chiffre supérieur au montant réellement versé.

Avocats des parties :
MM. Morel, pour masse des usines et moulins Bornu, demanderesse.
Métraux, pour A. Lenoir, défendeur.

La masse en discussion des biens de la société des usines et moulins Bornu, à La Sarraz, a ouvert action à Alfred Lenoir, ex-notaire, à Morges, aux fins de faire prononcer avec dépens :

1° Que soit en sa qualité de fondateur de la société des usines et moulins Bornu, soit en réparation du dommage et des pertes qu'il a fait subir à ses créanciers par son fait, sa faute, sa négligence ou son imprudence, soit ensuite de la souscription qu'il a faite conjointement avec les autres membres du syndicat, de la totalité du capital social, le défendeur Lenoir est personnellement responsable vis-à-vis des créanciers de la dite société jusqu'à concurrence de la part non versée sur le capital social, part qui s'élève à la somme de 129,600 fr.

2° Que, dès lors, le défendeur Lenoir doit faire immédiat paiement, soit versement en mains du liquidateur de la société des usines et moulins Bornu, M. le juge Pittet, à Cuarnens, de la somme de 90,000 fr., ce sans préjudice du plus ou du moins et sous réserve de son recours contre ses co-obligés et de tout règlement de compte avec eux, la prédite somme de 90,000 fr. portant intérêt au 5 °/₀ dès le jour fixé pour le versement par la sommation du 31 août 1887, soit dès le 1ᵉʳ octobre 1887.

Le défendeur Lenoir a conclu, tant exceptionnellement qu'au fond, à libération avec dépens.

L'instruction de la cause a établi, entre autres, les faits suivants :

Le 1ᵉʳ juin 1881, il a été constitué un syndicat en vue d'assurer la souscription de tous les titres, ainsi que la constitution définitive de la *Société des usines et moulins Bornu*, alors en formation et dont les statuts avaient été élaborés préalablement par les soins de la Banque suisse des fonds publics.

Dans l'acte syndicataire, les souscripteurs déclaraient avoir connaissance des statuts et charger la Banque suisse des fonds publics de placer les 600 actions du syndicat. Il était convenu que si la Banque suisse n'avait pas réalisé tous les titres au 30 septembre 1881, la quantité d'actions invendues serait répartie entre les syndicataires au prorata de leur participation.

Le syndicat constitué se composait de :

J.-L. Claparède, qui a souscrit	. .	100 actions
Ch. de Stoutz »	. . .	100 »
Alfred Lenoir »	. . .	100 "
M. Fehrenbach »	. . .	100 "
Et la Banque suisse des fonds publics, qui a souscrit	. . . .	200 »
Total égal au fonds social .	. . .	600 actions.

Chaque action étant de cinq cents francs, le fonds social était ainsi de 300,000 fr.

Ensuite de cette souscription, la société des usines et moulins Bornu s'est définitivement constituée en faisant instrumenter ses statuts par le notaire Charles Bugnon, à Lausanne, le 29 juin 1881, en conformité de l'art. 25 de la loi vaudoise du 14 décembre 1852 sur les sociétés commerciales, alors en vigueur. Les statuts de la dite société ont été soumis à l'approbation du Conseil d'Etat du canton de Vaud qui a donné son autorisation, conformément à la dite loi, art. 23, le 5 juillet 1881.

Les dits statuts, qui portent que le fonds social est fixé à 300,000 fr., divisés en 600 actions de 500 fr. chacune, ont été rendus publics conformément aux art. 27 et 30 de la même loi, par extrait déposé au greffe du Tribunal de Cossonay le 8 juillet 1881 et par avis inséré dans la *Feuille des avis officiels* du canton de Vaud.

Les statuts de la société anonyme des usines et moulins Bornu n'ont été enregistrés au registre du commerce que le 5 avril 1883 et cette dernière inscription rappelle que le capital social est fixé à 300,000 fr.

La société a commencé ses opérations dès après la ratification accordée par le Conseil d'Etat, c'est-à-dire dès le 5 juillet 1881.

Les membres du syndicat ont opéré, le 1ᵉʳ août 1881, les versements suivants sur leurs souscriptions et ont levé 250 actions.

J.-L. Claparède sur	50	actions	. . .	Fr.	20,000.—
C. de Stoutz	» 50	»	. . .	»	20,000.—
Alfred Lenoir	» 50	»	. . .	»	20,000.—
Fehrenbach	» 10	»	. . .	»	4,000.—
Banque suisse	» 100	»	. . .	»	40,000.—
	Sur 260 actions		. . .	Fr.	104,000.—

La Banque suisse de fonds publics est parvenue à placer 45 titres pour 19,100 fr.

L'Assurance financière a remboursé 2 actions par 1000 fr.

Le 21 octobre 1881, le syndicat de la société des usines et moulins Bornu a procédé à sa liquidation. Lors de cette dernière il restait 295 titres à placer, qui, avec les 305 titres susmentionnés, formaient le total des actions, soit 600. Au lieu de se répartir ces titres au prorata de leur participation, ainsi qu'ils en avaient pris l'engagement, les membres du syndicat se sont répartis sur le solde seulement 108 actions et ont rendu à la société des usines et moulins Bornu 187 actions qui sont restées à la souche.

Les membres du syndicat ont fait, le 21 octobre 1881, les versements suivants sur les 108 actions qu'ils s'étaient réparties le dit jour et dont ils ont reçu les titres :

J.-L. Claparède sur	18	actions	. .	Fr.	6,883.33
Ch. de Stoutz	» 18	»	. .	»	6,883.33
Alfred Lenoir	» 18	»	. .	»	6,883.33
Fehrenbach	» 18	»	. .	»	6,883.33
Banque suisse	» 36	»	. .	»	13,766.68
	108 actions		. .	Fr.	41,300.—

Ultérieurement le directeur Meyer a pris dix actions et a versé leur montant par 5000 fr.

De ce qui précède il ressort que malgré la souscription ferme de 600 actions par les membres du syndicat, il n'a été effectivement levé que 423 actions, sur lesquelles il a été versé une somme de 170,400 fr.; il aurait dû être versé sur ces 423 actions, à teneur des statuts et pour assurer la constitution du capital social, une somme de 211,500 fr.

Les souscripteurs redoivent de ce chef une somme de 41,100 fr.

Les 177 actions qui n'ont été ni levées ni versées, mais qui ont été laissées à la souche, contrairement aux engagements pris par le syndicat des souscripteurs, représentent, au taux de 500 fr., une somme de 88,500 fr.

Il ressort, de ce qui précède, qu'une somme de 129,600 fr. n'a pas été versée sur le capital social de la société des usines et moulins Bornu, dont le syndicat s'était engagé à souscrire toutes les actions, et que néanmoins la société a commencé ses opérations et s'est donnée, vis-à-vis des tiers et du public, comme ayant un capital de garantie de 300,000 fr.

La faillite de la société des usines et moulins Bornu a été définitivement prononcée le 4 septembre 1886.

La liquidation de la société laisse un déficit net qui peut être évalué à 90,000 fr., sans préjudice du plus ou du moins.

Le défendeur Lenoir a été sommé d'avoir à verser le montant du déficit présumé laissé par la société vis-à-vis de ses créanciers, soit la somme de 90,000 fr. Cette sommation étant demeurée sans résultat, la masse a ouvert l'action actuelle.

Par jugement du 16 juin 1889, le Tribunal du district de Morges a admis les conclusions de la masse demanderesse avec dépens.

Motifs.

Considérant, en droit, que la Cour civile, par jugement du 17 avril 1888 [1], a renvoyé cette cause devant le Tribunal de céans, attendu que les faits accomplis et les engagements contractés sont antérieurs à l'entrée en vigueur du Code fédéral des obligations et que, dès lors, ils doivent être régis par les lois cantonales existant sur la matière avant le 1er janvier 1883.

Que, dans sa séance du 3 mai 1881, le conseil d'administration de la Banque suisse des fonds publics a autorisé l'administrateur délégué et le directeur à traiter et conclure avec la société anonyme (ancienne) du moulin Bornu, avec nouvelle promesse de vente, à condition que les risques à courir soient au préalable couverts par la formation d'un syndicat souscrivant

[1] Voir pages 317 et suiv. du *Journal des Tribunaux* de 1888.

d'avance tous les titres de la société nouvelle, syndicat auquel la Banque suisse restait intéressée.

Qu'un projet provisoire des statuts de la société anonyme des usines et moulins Bornu a été élaboré par les soins de l'administration de la Banque suisse et a été soumis à un certain nombre de personnes, qui y ont adhéré et se sont constituées en syndicat, suivant acte du 1er juin 1881.

Que la Banque suisse des fonds publics souscrivit pour sa part 200 actions et A. Lenoir 100 actions.

Que la société a été régulièrement constituée le 5 juillet 1881, soit après la formation du syndicat, et qu'ainsi A. Lenoir, qui faisait partie de ce dernier et qui avait souscrit un sixième du capital social, doit être considéré comme l'un des fondateurs de la société anonyme des usines et moulins Bornu.

Considérant, d'autre part, que les fondateurs, après s'être constitués en syndicat et après avoir chargé la Banque suisse des fonds publics de réaliser les 600 actions de la société anonyme des usines et moulins Bornu, par émission, placement ou vente à la Bourse, ont pris l'engagement, dans l'acte syndicataire, de se répartir la quantité d'actions invendues au prorata de leur participation.

Que cet engagement n'a pas été exécuté, puisque sur 295 actions à répartir, 108 seulement l'ont été et 187 sont restées à la souche.

Que les statuts de la société anonyme des usines et moulins Bornu, approuvés par le Conseil d'Etat du canton de Vaud, indiquent que le fonds social est de 300,000 fr. et qu'il n'a été réellement versé que 170,400 fr.

Que, dans une société anonyme, les créanciers n'ont d'autre garantie que le fonds social.

Que les fondateurs de la société, soit les syndicataires, n'ont pu être déchargés valablement de toute responsabilité après la constitution de la société, puisque le fait de la souscription emporte l'obligation de verser le montant de l'action et que l'acte constitutif du 29 juin 1881 n'indique pas que seulement 413 actions étaient libérées, mais dit expressément que le capital social est fixé à 300,000 fr., divisé en 600 actions de 500 fr. chacune.

Qu'ainsi les dits fondateurs, qui ont, le sachant et le voulant, induit en erreur le public et les créanciers de la société, ont commis une faute grave ou un délit qui les rend personnellement et solidairement responsables vis-à-vis des tiers, soit des créanciers, jusqu'à concurrence du capital social de 300,000 fr.

Que la loi vaudoise du 14 décembre 1852 sur les sociétés commerciales a bien entendu que le capital social d'une société anonyme devait être un capital réel et non fictif.

Que, d'autre part, les syndicataires sont responsables de tout ce qu'ils ont promis d'apporter à la société, c'est-à-dire du versement du montant des actions souscrites par eux.

Que bien que l'acte syndicataire indique un taux inférieur pour la reprise des actions, soit 400 fr. et 350 fr. au lieu de 500 francs, les fondateurs n'en demeurent pas moins garants de la totalité du capital social.

Que si une émission d'actions pouvait se faire à un taux aussi inférieur, elle aurait pour effet d'avantager outre mesure les fondateurs soit syndicataires et de leur procurer un bénéfice considérable au préjudice des créanciers, opération qui doit être condamnée comme illégale, dangereuse et immorale.

Qu'en agissant de la sorte de connivence avec les autres syndicataires, en ne remplissant pas lui-même ses obligations vis-à-vis de la société des usines et moulins Bornu et en n'exigeant pas que ses co-associés remplissent les leurs, Alfred Lenoir a, par son fait, sa faute, sa négligence ou son imprudence, causé un dommage considérable à la dite société, soit à ses créanciers.

Que chacun est responsable du dommage qu'il a causé, non-seulement par son fait, mais encore par sa négligence ou par son imprudence.

Il n'y a pas eu recours.

Affaire Seewer c. Jaquerod *(accident de fabrique)*. — Nous avons publié, dans notre dernier numéro, le jugement rendu dans cette cause par la Cour civile, en mentionnant que M. l'avocat Dubois avait défendu les intérêts du demandeur Seewer. M. Dubois nous prie de faire savoir à nos lecteurs que, s'il est intervenu dans la dite affaire, c'est à titre de conseil désigné *d'office* à Seewer par le Tribunal cantonal.

Nous nous empressons de faire droit à cette demande.

Ch. Soldan, conseiller d'Etat, rédacteur.

Lausanne. — Imp. Corbaz & Comp.

XXXVIIᵉ ANNÉE. Nᵒ **28.**   SAMEDI 13 JUILLET 1889.

JOURNAL DES TRIBUNAUX

REVUE DE JURISPRUDENCE

Paraissant à Lausanne une fois par semaine, le Samedi.

Rédaction : M. CHARLES SOLDAN, conseiller d'Etat, à Lausanne.
Administration : M. L. ROSSET, greffier du Tribunal cantonal, à Lausanne.
Abonnements : 12 fr. par an ; 7 fr. pour six mois. Pour l'étranger, le port en sus. On s'abonne à l'imprimerie CORBAZ & Cⁱᵉ, chez l'administrateur, M. ROSSET et aux bureaux de poste.
Annonces : 20 c. la ligne ou son espace. S'adresser à l'imprimerie CORBAZ & Cⁱᵉ.

TRIBUNAL FÉDÉRAL

Traduction d'un arrêt du 13 avril 1889.

Convention entre une société de fromagerie et le fromager. — Droit de rétention conventionnel attribué à la société sur les fromages fabriqués. — Défaut de possession. — Cautionnement garantissant l'exécution de la même convention. — Prétendue diminution des sûretés. — Art. 224, 228, 294, 503 et 508 CO.

Fromagerie de Hemmiken contre Stampfli et consorts.

Sauf ce qui est statué par l'art. 294 CO., en ce qui concerne le droit de rétention du bailleur, le droit de rétention, tel qu'il est prévu aux art. 224

et suivants, suppose que le créancier ait la disposition des objets à rete-
nir ; un tel droit ne peut être créé par simple convention des parties,
mais il ne peut naître et subsister que si les conditions exigées par la loi
sont remplies.

———

La convention passée entre la société de fromagerie de Hemmiken (Bâle-Campagne) et son fromager, au sujet de la fourniture du lait par la première, stipule, entre autres, que ce dernier sera tenu de fournir caution pour l'exécution de ses engagements, puis il est ajouté ce qui suit : « En outre, la société de
fromagerie pourra, pour plus ample sûreté, retenir comme gage
les fromages fabriqués jusqu'à ce qu'elle soit payée de ce qui
lui sera dû. » Les défendeurs Stampfli et consorts se sont portés
cautions du fromager vis-à-vis de la société, en s'en référant,
quant à l'étendue de leur cautionnement, au contrat intervenu
entre eux.

La société ayant attaqué les cautions en paiement du prix du
lait fourni, celles-ci ont objecté que la société n'avait pas fait
usage du droit que la convention lui conférait de garder les
fromages fabriqués comme gage ; or, en agissant ainsi, elle a
diminué les sûretés qui garantissaient la dette et qui eussent
suffi à en assurer le paiement; dès lors, les cautions sont libérées à teneur de l'art. 503 CO.

Appelé à se prononcer sur cette exception, le Tribunal fédéral l'a écartée par les motifs que la *Revue de jurisprudence en
matière de droit civil fédéral* résume comme suit :

« Les fromages fabriqués ne se trouvant pas sous la garde de
la société, mais sous celle du fromager lui-même, elle n'a pu
acquérir sur eux ni un droit de gage, ni un droit de rétention.
Les défendeurs reconnaissent, il est vrai, que la société ne détenait pas les dites marchandises, mais ils prétendent, en argu-
mentant du droit de rétention du bailleur (CO. 294), que la détention n'est pas une condition absolument indispensable de
l'existence du droit de rétention et qu'en l'espèce la convention
intervenue entre parties a créé un droit de rétention sans transférer la possession de la chose. La Cour ne saurait admettre
cette manière de voir. Il est vrai que le droit de rétention du
bailleur existe sans qu'il ait la possession des objets sur lesquels
il s'exerce; mais s'il en est ainsi, c'est grâce à une disposition
spéciale de la loi, qu'il n'est pas permis d'étendre à des cas

qu'elle n'a pas entendu viser [1]. Au surplus, l'art. 224 CO. suppose, pour que le droit de rétention puisse déployer les effets prévus à l'art. 228, que le créancier ait la garde, soit la faculté de disposer des objets; il va sans dire qu'un tel droit de rétention ne saurait être créé par simple convention des parties, mais qu'il ne peut naître et subsister que si les conditions exigées par la loi sont réunies. En adoptant la thèse contraire, on rendrait absolument illusoire dans la pratique le principe qu'un droit de gage mobilier ne peut être constitué que par la voie du nantissement.

» Il résulte de ce qui précède que la convention passée entre parties au sujet de la fourniture du lait n'a pas conféré à la société demanderesse un droit d'être payée par préférence sur le produit des fromages fabriqués, ceux-ci formant sa garantie spéciale et non le gage commun des créanciers; dès lors, la société ne pouvait non plus diminuer une telle sûreté. Peut-être eût-elle pu exiger que ces marchandises lui fussent remises en nantissement; mais ni la convention, ni la loi ne l'obligeaient à se faire donner cette nouvelle garantie et à procéder à cet effet, le cas échéant, par la voie contentieuse, etc. Du moment que les cautions estimaient que l'attitude expectante de la créancière portait préjudice à leurs droits, elles auraient dû, conformément à l'art. 503 CO., exiger d'elle qu'elle poursuivît la rentrée de sa créance aussitôt l'échéance arrivée. C'est ce qu'elles n'ont pas fait et, dès lors, elles ne sauraient se prévaloir d'une prétendue négligence de la créancière » [2].   C. S.

[1] Comp. arrêt Fromagerie de Rinderbach c. Banque du commerce de Berne, *Journal des Tribunaux* de 1885, p. 203.

[2] Comp. arrêt Hoffmann, Zwinck et Cie c. Matthey, *Journal des Tribunaux* de 1888, p. 369 et suiv.

Genève. — COUR DE JUSTICE CIVILE.
Arrêt du 4 février 1889.

Bail à loyer.— Effets de l'enregistrement effectué conformément à la loi genevoise. — Congé irrégulier. — Art. 281 et 290 CO.

Taponnier et Cie contre Soutter, Goss et Zoppino.

En réservant les dispositions du droit cantonal en ce qui concerne les effets particuliers de l'inscription du bail sur des registres fonciers, hypothécai-

res ou autres analogues, l'art. 281, al. 3, CO. n'a visé que des registres
publics, conférant aux baux le caractère de droits réels sur l'immeuble,
ce que ne fait pas l'enregistrement tel qu'il est pratiqué à Genève.

————

En 1884, Taponnier et Cie avaient loué de Ferrier un local
dans sa maison; en 1888, Ferrier a vendu cette maison à Soutter, Goss et Zoppino, qui ont donné congé à Taponnier et Cie
pour le 15 avril 1889, par exploit du 1er novembre 1888. Taponnier et Cie ont protesté contre ce congé et ont assigné les intimés devant le tribunal, pour en entendre prononcer la nullité.
Ils font valoir :

1° Que le bail étant enregistré ne peut être rompu par la
vente de l'immeuble.

2° Que le congé n'est pas conforme aux délais prévus par les
art. 281 et 290 CO.

La Cour a rejeté la première conclusion, mais a adopté la seconde et déclaré nul le congé signifié par exploit du 1er novembre.

Motifs.

I. Attendu que l'art. 281 CO., qui décide que si, pendant la
durée du bail, le bailleur aliène la chose louée, le preneur n'a
pas le droit d'exiger du tiers détenteur la continuation du bail,
ajoute : « Il n'est pas dérogé par le présent article aux effets
particuliers de l'inscription du bail sur les registres fonciers,
hypothécaires ou autres analogues, tels qu'ils peuvent être réglés par le droit cantonal. »

Que le principal et le plus sérieux argument apporté par les
demandeurs en faveur de leurs prétentions, consiste à dire que
c'est à la suite de la proposition, faite par la députation genevoise
au Conseil des Etats, d'ajouter les registres de l'enregistrement
aux registres fonciers et hypothécaires mentionnés dans le projet
du Code, que les mots « ou autres analogues », qui n'existaient
pas dans le dit projet, furent ajoutés dans le texte définitif de
l'art. 281.

Attendu que des comptes-rendus de journaux, rapportant la
discussion à laquelle cette proposition a donné lieu au Conseil
des Etats, produits par Taponnier et Cie à défaut de procès-
verbaux, il résulte que, par une première votation, le Conseil
des Etats avait admis la manière de voir de la députation genevoise et adopté sa proposition conçue en ces termes : « Sont

réservés les effets particuliers de l'enregistrement, dè l'inscription des baux sur les registres fonciers, hypothécaires ou autres »; mais que, presque immédiatement, sur la proposition d'un député, le Conseil des Etats est revenu de sa décision et a renvoyé la proposition de la députation genevoise à une commission, afin que celle-ci pût examiner ce que sont les registres de l'enregistrement; qu'en définitive le Conseil des Etats, au lieu de mentionner l'enregistrement concurremment avec l'inscription des baux sur les registres fonciers et hypothécaires, ajouta simplement à la mention de ces registres les mots « ou autres analogues », voulant évidemment dire par là qu'il fallait que ces autres registres fussent analogues aux registres fonciers ou hypothécaires, c'est-à-dire que, comme eux, ils fussent publics et qu'ils conférassent aux baux le caractère de droits réels sur l'immeuble, ce que ne fait pas l'enregistrement.

Attendu que les textes allemand et italien du Code des obligations, qui mentionnent expressément la condition de la publicité des registres que le législateur a entendu assimiler aux registres fonciers et hypothécaires dans l'art. 281, ne peuvent laisser aucun doute à cet égard.

Qu'on doit donc décider que le législateur fédéral n'a pas entendu conférer à l'enregistrement du bail les mêmes effets qu'à son inscription sur les registres fonciers ou hypothécaires.

II. Attendu qu'aux termes de l'art. 281, § 2, CO., l'acquéreur ne peut expulser le preneur qu'à la condition d'observer les délais prescrits à l'art. 290, et qu'aux termes de cet article, s'il s'agit d'appartements non meublés ou de bureaux......, le congé ne peut être donné que pour le plus prochain terme fixé par l'usage local, et, à défaut d'usage, pour la fin d'un terme de six mois; dans les deux cas, moyennant un avertissement préalable de trois mois.

Attendu qu'il est constant qu'en l'espèce, les termes de six mois tombaient sur le 31 janvier et le 31 juillet.

Que, par suite, les intimés devaient, pour donner un congé régulier aux locataires, leur signifier ce congé assez tôt pour qu'un délai de trois mois pleins s'écoulât entre la signification du congé et l'échéance du terme.

Qu'en signifiant le congé le 1er novembre seulement, alors que l'échéance du plus prochain terme de six mois tombait sur le 31 janvier suivant, les intimés n'ont pas donné aux demandeurs un avertissement préalable de trois mois et n'ont pas observé les prescriptions de l'art. 290.

Que, par suite, ce congé doit être déclaré nul.

Attendu qu'il est sans importance que le congé n'ait été donné que pour le 15 avril.

Qu'en effet ce délai ultérieur, qui n'ôterait aucune valeur au congé si ce dernier avait été donné en conformité des dispositions de l'art. 290, ne saurait avoir pour effet de le rendre valable lorsque ces dispositions n'ont pas été observées.

Le recours exercé au Tribunal fédéral contre cet arrêt a été écarté par cette autorité pour cause d'incompétence (voir p. 289 et suivantes de ce volume).

Genève. — TRIBUNAL DE COMMERCE.
Séance du 17 janvier 1889.

Assurance contre les accidents. — Cession du portefeuille de la compagnie à un autre assureur. — Résolution du contrat.

Compagnie *La France industrielle* contre Bristlen frères.

L'acte par lequel une compagnie cède et transporte à une autre son portefeuille n'est point opposable aux tiers assurés, qui peuvent, dès la date de la cession, poursuivre la résolution de leur contrat.

Quant à la résiliation demandée :

Attendu que, par police du 4 avril 1881, Bristlen frères se sont assurés auprès de la société demanderesse ;

Attendu que, par jugement en date du 22 octobre 1886, ils ont été condamnés à payer à leur ouvrier Roux, auquel un accident était arrivé, une somme de 1000 fr. ; qu'ils réclamèrent, à leur tour, le remboursement de cette somme à *La France industrielle* ; que celle-ci laissa prononcer un jugement par défaut contre elle, le 17 mai 1887 ; qu'elle y fit opposition et que, derechef, elle se laissa condamner comme défaillante, en date du 5 juillet suivant ;

Attendu que, grâce à ces moyens de procédure, elle arriva à gagner du temps, et qu'aujourd'hui elle excipe de compensation entre le solde de la somme qu'elle reste devoir, étant donnée une imputation opérée de 400 fr., et les primes auxquelles elle prétend avoir droit ;

Attendu que ces primes comportent les huit trimestres de 1887 et de 1888 ; qu'au moment où elle eût dû, sans contestation désormais possible de sa part, payer l'indemnité dont s'agit, trois trimestres n'étaient pas encore échus et qu'ainsi, en ne réglant pas la somme dont elle était débitrice, même en imputant la compensation des seuls trimestres dus, à laquelle elle pouvait prétendre alors, *La France industrielle* a montré combien elle est peu sérieuse en affaires, et combien sa bonne foi est douteuse ;

Attendu, d'autre part, qu'il résulte des renseignements fournis en l'instance, soit qu'elle ne peut plus exercer en Suisse, parce qu'elle ne s'est pas soumise à la loi fédérale, soit que ses affaires sont loin d'être brillantes, soit enfin qu'elle a cédé son portefeuille à la compagnie *La Providence ;*

En ce qui concerne spécialement ce dernier point :

Vu la jurisprudence du tribunal de céans ;

Attendu que l'acte par lequel une compagnie cède et transporte à une autre son portefeuille, n'est point opposable aux tiers assurés, qui peuvent, dès la date de la cession, poursuivre la résolution de leur contrat ;

Attendu qu'il résulte d'une lettre de sieur Roussy, agent de la demanderesse, que celle-ci a remis la suite de ses contrats en Suisse à *La Providence,* dont il est également l'agent ;

Attendu, dès lors, que l'existence légale que *La France industrielle* prétend avoir vis-à-vis de ses assurés suisses, est absolument fictive ; qu'en fait c'est, sous son nom, en face de *La Providence* qu'ils se trouvent ;

Attendu que Bristlen frères se sont assurés à la demanderesse ; qu'ils ne peuvent être contraints d'accepter une autre compagnie comme débitrice des indemnités éventuelles auxquelles ils peuvent avoir droit et que, dès lors, soit pour ce motif, soit pour le manque de garanties que présente leur partie adverse, ils sont fondés à requérir la résolution du contrat ;

Attendu, toutefois, que cette demande n'a été faite que tardivement ; qu'elle ne saurait avoir un effet rétroactif jusqu'au 1er janvier 1887 ; que c'eût été aux défendeurs à nantir plus tôt la justice de leur prétention ; qu'en conséquence, il paraît équitable de ne prononcer la dite résiliation que dès le 1er janvier courant, et de dire que Bristlen frères doivent à la demanderesse les primes échues jusqu'à la dite date.

Quant à ces primes :

Attendu que leur taux ne peut être établi avec les pièces aux dossiers ; qu'il convient d'impartir un délai aux défendeurs pour faire les déclarations prévues en l'art. 4 de la police ; pour dire, notamment, en ce qui touche chacun des huit trimestres échus et dus, le nombre des ouvriers par eux employés et le chiffre des salaires payés.

Neuchâtel. — TRIBUNAL CANTONAL.
Séance du 11 janvier 1889.

Raison sociale. — Droit de choisir la raison d'une société dissoute. — Art. 868 CO.

Ditisheim contre Ditisheim frères.

Le droit que l'art. 868 CO. confère à une maison de commerce sur sa raison sociale s'éteint avec la maison elle-même.

Maurice Ditisheim et ses deux frères s'étaient associés à la Chaux-de-Fonds sous la raison sociale *Ditisheim frères*. Cette société fut liquidée et Maurice Ditisheim fut autorisé par ses anciens associés à continuer le même genre de commerce sous la raison sociale *Maurice Ditisheim, successeur de Ditisheim frères*.

Un autre Ditisheim, du prénom de Léopold, était aussi établi à la Chaux-de-Fonds, sous la raison *L. Ditisheim*. A sa mort, ses fils Boniface et Isaac ont repris la suite de ses affaires sous la raison *Ditisheim frères*. Maurice Ditisheim a introduit son action contre Boniface et Isaac Ditisheim en alléguant qu'ils prennent sans droit le nom de *Ditisheim*, tandis qu'ils s'appellent *Dietesheim*, qu'ils accaparent la raison sociale du demandeur et cela dans un but dolosif, d'où il conclut à ce que le tribunal interdise à Boniface et Isaac Ditisheim l'usage de cette raison et les condamne à une indemnité de 3000 fr.

Les défendeurs ont soutenu que la société de Maurice Ditisheim et ses frères a été dissoute et qu'en conséquence la raison Ditisheim frères a cessé d'exister ; donc eux, les défendeurs, ont été dans leur droit de choisir une raison qui n'appartenait à aucune maison.

Le Tribunal cantonal a donné gain de cause aux défendeurs.

Motifs.

Attendu que les défendeurs ont justifié que leur nom de famille était *Ditisheim* et non *Dietesheim.*

Que, lorsqu'ils se sont associés sous la raison *Ditisheim frères*, la maison portant cette raison s'était dissoute.

Que le droit qu'avait cette maison à cette raison sociale s'est éteint avec la maison même.

Qu'au moment où Boniface et Isaac Ditisheim ont fait inscrire au registre du commerce leur société sous la raison *Ditisheim frères*, il n'existait aucune maison de commerce sous cette raison.

Que le droit de choisir cette raison leur était donc acquis.

Vaud. — Tribunal cantonal.
Séance du 13 juin 1889.

Opposition aux opérations de la saisie. — Citation devant un magistrat incompétent. — Sceau révoqué. — Art. 416 Cpc.; art. 57 de la loi sur l'organisation judiciaire.

Gleyre contre Bally et consorts.

Il y a lieu à révocation du sceau accordé à une opposition aux opérations de la saisie portant citation devant le juge de paix, alors que le magistrat compétent est le président.

En matière d'opposition aux opérations de la saisie, il n'y a pas lieu à citation en conciliation.

En date du 7 décembre 1888, H. Gleyre, à Aubonne, a notifié à Henri Bally, à Prilly, une saisie spéciale pour parvenir au paiement de la somme de 115 fr., montant d'un billet de change du 20 novembre 1888, avec intérêt au 6 °/₀ dès cette date.

Le 11 janvier 1889, l'huissier-exploitant du cercle de Romanel a mis sous le poids de la saisie réelle divers meubles appartenant au débiteur Bally et taxés 470 fr. Après deux sursis, la vente des objets saisis a été annoncée pour le 27 avril 1889.

Par exploit du 27 avril, donné sous le sceau de l'assesseur Saltzmann, remplaçant le Juge de paix de Romanel indiqué comme absent, l'agent d'affaires Rapin-Rochat, se disant agir au nom de H. Bally, C. Dutoit et des frères Wicky, ces derniers en leur qualité de créanciers premiers saisissants, ont fait opposition à la vente des objets saisis au préjudice de Bally.

Cette opposition est fondée sur les motifs suivants : Le débiteur n'a pas été entendu pour les conditions de vente ; il n'y a pas eu de publicité suffisante et les créanciers premiers saisissants n'ont pas été avisés de la saisie.

Par acte du 7 mai 1889, le procureur-juré Matthey, au nom qu'il agit, a recouru contre le sceau de cet exploit, dont il demande la révocation par les motifs suivants :

I. Le Juge de paix n'était pas compétent pour sceller l'exploit d'opposition ; la somme en litige dépassant 100 fr., c'était au Président du Tribunal qu'il appartenait de permettre la notification (Cpc. art. 416).

II. L'assesseur Saltzmann n'avait pas le droit de signer l'exploit, le Juge de paix n'ayant pas été absent de chez lui le 27 avril 1889.

III. C'est à tort que l'exploit portait citation en conciliation devant le Juge de paix ; citation devait être donnée directement devant le magistrat compétent sans passer par la conciliation du Juge de paix.

IV. C'est au débiteur seul qu'appartient le droit d'opposer aux opérations de la saisie. De plus, l'exploit d'opposition ne rentre pas dans les cas prévus par l'art. 415 Cpc.

Le recours a été admis et le sceau de l'opposition révoqué.

Motifs.

Considérant que l'opposition formulée par H. Bally et consorts, par exploit du 27 avril 1889, constitue une opposition aux opérations de la saisie, puisqu'elle se fonde sur des irrégularités qui auraient été commises à l'occasion de la notification de l'avis de vente.

Que, dès lors, c'est à tort que les opposants ont notifié leur exploit sous le sceau du Juge de paix du cercle de Romanel et ont cité Gleyre en conciliation devant ce magistrat.

Qu'en effet, l'opposition aux opérations de la saisie porte citation, suivant la compétence, devant le Juge ou le Tribunal du for de la saisie (Cpc. art. 416).

Qu'aux termes de l'art. 57 de la loi judiciaire, le Président du Tribunal était seul compétent pour statuer en la cause, puisqu'il s'agit d'une prétention personnelle ou mobilière excédant 100 fr. en capital et ne dépassant pas 500 fr.

Que, du reste, il n'y avait pas lieu, en l'espèce, à citer la partie en conciliation, cette formalité n'étant pas prévue par l'article 416 Cpc. en cas d'opposition aux opérations de la saisie.

Attendu, au surplus, que le 27 avril 1889, le Juge de paix du cercle de Romanel ne s'est pas absenté de son domicile, ainsi que cela résulte d'une déclaration émanant de ce magistrat qui figure au dossier de la cause.

Que, dès lors, l'assesseur Saltzmann n'avait aucune mission pour permettre la notification de l'exploit du 27 avril 1889.

Vaud. — TRIBUNAL CANTONAL.
Séance du 25 juin 1889.

Descendant non institué héritier dans le testament de son ascendant, mais honoré d'un legs. — Droit de requérir le bénéfice d'inventaire. — Art. 620 et 733 Cc.; art. 918 Cpc.

Chevalley contre succession Pingoud.

Le descendant qui n'est pas institué héritier dans le testament de son ascendant, mais qui est honoré d'un legs, peut, comme tous les autres héritiers, demander le bénéfice d'inventaire de la succession.

Jules Pingoud, grand-père d'Henri-Edouard Chevalley, à Lausanne, est décédé le 28 mars 1889, à Yens.

Par son testament homologué le 4 avril suivant, Jules Pingoud a « légué à son petit-fils Henri-Edouard Chevalley, fils de » Louis Chevalley, à Lausanne, la somme de trois mille francs » pour sa part à la succession.... »

Par acte du 13 avril 1889, Louis Chevalley, agissant au nom de son fils Henri-Edouard, autorisé par la justice de paix de Lausanne, s'est adressé au juge de paix de Villars-sous-Yens pour obtenir le bénéfice d'inventaire de la succession Jules Pingoud.

Le dit juge de paix a pris acte de cette demande et a ordonné l'envoi des pièces au président du tribunal de Morges.

Ce magistrat a refusé d'accorder au requérant le bénéfice d'inventaire de la succession du grand-père maternel de son fils, en se fondant sur les motifs suivants :

En vertu des art. 733 Cc. et 918 Cpc., les héritiers seuls peuvent demander le bénéfice d'inventaire d'une succession ; or H.-Ed. Chevalley n'est que légataire et non pas héritier ; il ne peut donc être admis à demander le bénéfice d'inventaire.

Par acte du 29 mai, Louis Chevalley, agissant au nom de son fils, a déclaré recourir contre ce prononcé, en résumé par les motifs suivants :

Henri-Edouard Chevalley est descendant direct du Jules Pingoud et sur le même pied que les autres petits-fils de celui-ci, dans la succession duquel il a droit à sa part légitimaire ; le descendant renvoyé à sa légitime est réputé héritier (Cc. 620). Le recourant a en tout cas droit à sa légitime ; quelle que soit la dénomination sous laquelle il est appelé dans le testament, il doit cependant être considéré comme héritier pour sa part légitimaire.

Le recours a été admis et la cause renvoyée au président pour qu'il prononce à nouveau dans le sens indiqué ci-dessous.

Motifs.

Considérant que le descendant renvoyé à sa légitime est réputé héritier (Cc. 620).

Que dès lors le descendant qui est au bénéfice d'un legs dans la succession de son ascendant doit être considéré comme héritier pour la part de ce legs qui correspond à sa légitime.

Attendu, d'autre part, que le descendant qui est honoré d'un legs et qui n'est pas institué héritier est toujours libre d'accepter les dispositions du testament ou de refuser son legs pour revendiquer sa part légitimaire.

Que jusqu'à ce qu'il ait fait usage de ce droit d'option, et pour qu'il puisse le faire en toute connaissance de cause, il faut qu'il puisse, comme tous les autres héritiers, demander le bénéfice d'inventaire, puisque c'est le seul moyen de connaître exactement les forces de la succession.

Vaud. — COUR CIVILE.

Séances des 20 et 25 juin 1889.

Prescription. — Moyens fondés tant sur le droit fédéral que sur le droit cantonal. — Cause supérieure à 3000 fr. — Compétence de la Cour civile.— Art. 146 et suiv., 882 et 883 CO.;

art. 76 de la constitution vaudoise du 1er mars 1885; art. 31 de la loi sur l'organisation judiciaire.

Charlotte Böhy contre Garcin et consorts.

La Cour civile est compétente pour connaître d'un procès portant sur une valeur supérieure à 3000 fr. lorsque, pour apprécier les faits de la cause, le juge doit les examiner à la fois à la lumière des lois fédérales et au point de vue des lois cantonales.

Les délais de prescription ou d'interruption de la prescription doivent partir non pas dès la date du titre, mais ils doivent être calculés en prenant pour point de départ le jour où une réclamation a été formulée par le créancier.

Avocats des parties :

MM. MEYER, pour Charlotte Böhy, demanderesse à l'exception.
CERESOLE, pour Garcin et consorts, défendeurs à l'exception.

Par exploit du 1er février 1889 et pour être payée de 6000 fr. et accessoires que Charlotte Böhy, à Nyon, prétend lui être dus par les héritiers d'Amélie Garcin née Michaud, en vertu d'une cédule du 23 janvier 1872, la dite Charlotte Böhy a pratiqué une saisie en mains de Jules et Alfred Michaud et de Caroline Valeiry née Michaud, à Nyon, sur ce que ceux-ci peuvent devoir aux héritiers Garcin, qui sont : 1° Robert Garcin, à Neuchâtel ; 2° Charles Garcin, à Vienne (Dauphiné); 3° Tony Garcin, à Ulm; 4° Louise Garcin, à Lausanne ; 5° Eugène Garcin, à Lucerne, et 6° veuve de Paul Garcin, actuellement femme de César Dupuis, procureur-juré à Vevey.

Le 9 février 1889, les enfants Garcin ont opposé à cette saisie par divers moyens.

A l'audience du 18 février 1889 du juge de paix du cercle de Nyon, Charlotte Böhy a passé expédient sur l'opposition de Robert Garcin et sur celle de dame Dupuis-Garcin et leur a offert les frais.

L'opposition des enfants Garcin est fondée sur les moyens suivants :

1° La cédule du 23 janvier 1872 est prescrite;
2° Elle est sans cause ou fondée sur une fausse cause ;
3° La saisissante n'a pas observé l'art. 567 Cpc.;
4° La saisie viole l'art. 59 de la constitution fédérale.

Dans leur demande du 11 mars, Charles, Tony, Louise et Eugène Garcin ont conclu à ce qu'il soit prononcé par la Cour civile que leur opposition à la saisie de Charlotte Böhy est admise et que cette saisie est nulle et de nul effet ; — subsidiairement, que cette opposition est admise en ce qui concerne la part de Charles Garcin et que, comme par ses deux passé-expédient du 18 février, la défenderesse en a déjà reconnu le bien fondé en ce qui concerne les parts de Robert Garcin et de dame Dupuis, il y a lieu de déduire de la dite saisie les parts de trois des enfants Garcin à la créance de six mille francs que la défenderesse réclame.

Dans une demande exceptionnelle du 15 avril 1889, Charlotte Böhy a conclu à ce qu'il plaise à la Cour civile se déclarer incompétente et prononcer, par voie d'exception dilatoire, que la cause est reportée en l'état devant le tribunal compétent, soit devant le Tribunal civil du district de Nyon, attendu qu'il s'agit d'un procès de droit civil vaudois, le Code fédéral des obligations n'étant pas applicable à l'espèce.

Dans leur réponse exceptionnelle les hoirs Garcin ont conclu à libération des fins de la demande exceptionnelle. Ils ont en outre fait la déclaration suivante :

« Les défendeurs à l'exception attachent d'ailleurs une impor-
» tance tellement secondaire aux moyens d'opposition autres
» que celui de la prescription, qu'ils déclarent ici formellement
» renoncer tant à celui sous n° 2 relatif à l'absence de cause de
» l'obligation réclamée, qu'à celui tiré de la violation de l'ar-
» ticle 567 Cpc. »

Statuant, la Cour civile a écarté les conclusions exceptionnelles de Charlotte Böhy et dit que les dépens suivront le sort de la cause au fond.

Motifs :

Considérant, *en droit,* qu'ensuite de la déclaration ci-dessus, l'opposition des enfants Garcin n'est plus fondée que sur le moyen tiré de la prescription, les opposants invoquant à ce sujet les dispositions des art. 882 et 883 CO.

Considérant que les enfants Garcin se fondent principalement sur la circonstance que depuis mort de leur mère (12 novembre 1876), ils n'ont payé aucun intérêt à Charlotte Böhy et que la prescription leur est ainsi acquise personnellement et en dehors de celle dont aurait pu bénéficier leur mère.

Considérant que cette question de prescription comprend deux époques, à savoir celle antérieure à 1883, dont tous les actes sont régis par les lois cantonales, et celle postérieure au 1ᵉʳ janvier 1883, date de l'entrée en vigueur du Code fédéral des obligations.

Que pour apprécier les faits de la cause, le juge doit donc les examiner à la lumière des lois cantonales, aussi bien qu'à celle de la loi fédérale actuellement en vigueur.

Qu'en tout cas il est impossible de faire abstraction des dispositions du Code fédéral, puisqu'une partie de la prescription, au dire des demandeurs, a couru sous l'empire de cette loi.

Qu'au surplus les défendeurs à l'exception ont, dans leur demande au fond, invoqué formellement en leur faveur les art. 146 et suivants, 882 et 883 CO., relatifs à la prescription, ainsi que les art. 160 et suivants sur la solidarité.

Considérant en outre qu'aux termes de l'art. 883, dernier paragraphe, CO., l'interruption de la prescription est exclusivement régie, à partir du 1ᵉʳ janvier 1883, par les dispositions de ce code.

Que les délais de prescription ou d'interruption de prescription doivent partir non pas dès la date du titre, ainsi que le soutient Charlotte Böhy, mais qu'ils doivent être calculés en prenant pour point de départ le jour où une réclamation a été formulée par le créancier.

Considérant qu'ensuite de ce qui précède, la Cour civile est bien compétente pour statuer en la cause, les art. 76 de la constitution cantonale du 1ᵉʳ mars 1885 et 31 de la loi sur l'organisation judiciaire du 23 mars 1886 mettant dans ses attributions la connaissance des causes où il s'agit de l'application des lois fédérales dont l'objet est d'une valeur de 3000 fr. au minimum.

Zurich. — COUR D'APPEL
Traduction d'un arrêt du 20 avril 1889.

Inondation. — Dommage causé par l'installation défectueuse d'un ouvrage appartenant à une commune. — Responsabilité de celle-ci. — Art. 50, 62, 64 et 67 CO.

Sulzer contre commune de Winterthour.

A défaut de dispositions légales limitant leur responsabilité de ce chef, l'Etat ou la commune propriétaires d'un ouvrage de la nature de ceux prévus à l'art. 67 CO. sont tenus des dommages qu'ils peuvent occasionner de la même manière qu'un particulier quelconque.

Dans la nuit du 23 au 24 mars 1887, la rivière de l'Eulach, sur laquelle est située la ville de Winterthour, grossit subitement ; le canal de l'Eulach déborda, et l'eau vint inonder la cave de la demanderesse dame Sulzer, où elle causa des dégâts considérables. Ensuite de ces faits, dame Sulzer a ouvert une action en dommages et intérêts à la ville de Winterthour, estimant que l'inondation était due à l'installation défectueuse de la vanne réglant l'entrée de l'eau de l'Eulach dans le canal.

Les deux instances ont admis en principe les conclusions de la demande. La Cour d'appel a reconnu qu'en effet le dommage avait été causé par l'installation défectueuse de la vanne de réglage appartenant à la commune de Winterthour et a condamné celle-ci en application de l'art. 67 CO. Le tribunal de première instance s'était fondé exclusivement sur l'art. 50, combiné avec les art. 62 et 64 CO. L'arrêt d'appel s'exprime comme suit à ce sujet :

« Les dispositions légales citées par le jugement de première instance ne sont à la vérité pas applicables en l'espèce ; en effet, il ne s'agit point, dans le cas actuel, d'un dommage causé par des employés ou fonctionnaires publics dans l'accomplissement de leur travail ; en revanche, l'art. 67 est applicable. Il n'est pas douteux, en effet, que l'expression « ouvrage », dont se sert cet article, doit aussi comprendre une canalisation, un canal, une prise d'eau ou une vanne. D'autre part, il paraît de même incontestable qu'à défaut de dispositions légales limitant leur responsabilité de ce chef, l'Etat ou la commune propriétaires d'un tel ouvrage sont tenus à cet égard de la même manière qu'un particulier quelconque ».   C. S.

Résumés d'arrêts.

Usure. — En vertu du principe *nulla pœna sine lege*, l'usure ne peut être frappée d'une peine que si une disposition expresse de la loi la réprime comme un délit. On ne saurait faire tomber l'usure sous le coup d'un article du code pénal visant d'une manière générale les délits « contre l'ordre public » ; en effet elle n'est dirigée ni contre la tranquillité et l'ordre dans l'Etat, ni contre le fonctionnement régulier des institutions publiques.

TF., 3 mai 1889. Kuhn et Hübscher.

Ch. Soldan, conseiller d'Etat, rédacteur.

Lausanne. — Imp. Corbaz & Comp.

XXXVIIe ANNÉE. N° **29**.　　　SAMEDI 20 JUILLET 1889.

JOURNAL DES TRIBUNAUX

REVUE DE JURISPRUDENCE

Paraissant à Lausanne une fois par semaine, le Samedi.

Rédaction : M. CHARLES SOLDAN, conseiller d'Etat, à Lausanne.
Administration : M. L. ROSSET, greffier du Tribunal cantonal, à Lausanne.
Abonnements : 12 fr. par an ; 7 fr. pour six mois. Pour l'étranger, le port en sus. On s'abonne à l'imprimerie CORBAZ & Cie, chez l'administrateur, M. ROSSET et aux bureaux de poste.
Annonces : 20 c. la ligne ou son espace. S'adresser à l'imprimerie CORBAZ & Cie.

TRIBUNAL FÉDÉRAL
Traduction d'un arrêt du 25 mai 1889.

Accident de chemin de fer. — Arrangement amiable. — Suites ultérieures de la lésion. — Action en indemnité. — Prescription. — Art. 6 et 10 de la loi fédérale du 1er juillet 1875 ; article 8 de la loi fédérale du 26 avril 1887 sur l'extension de la responsabilité civile.

Kurz contre Chemins de fer badois.

En matière d'accidents de chemin de fer ayant entraîné mort d'homme ou lésion corporelle, la prescription de l'action en indemnité court à partir du jour du décès ou de la lésion, et non dès celui où les conséquences dommageables de celle-ci se sont manifestées. La disposition exceptionnelle de l'art. 6, al. 2, de la loi du 1er juillet 1875 ne saurait être appliquée alors qu'il n'y a pas eu d'action ouverte avant l'expiration du délai de prescription.

Fréd. Kurz, à Bâle, au service de l'administration des chemins de fer badois dès 1879, a été fortement contusionné à la jambe droite le 29 décembre 1880, par un tonneau qu'il était occupé à décharger de wagon; ensuite de cet accident, il passa 18 jours à l'hôpital aux frais de la dite administration, puis reprit son service comme étant guéri.

Le 7 janvier 1888, après avoir été transféré peu de temps auparavant à un poste plus pénible selon lui, Kurz dut abandonner son travail en raison de douleurs qu'il ressentait dans la jambe droite. Le médecin constata l'existence d'une périostite, due probablement aux suites de l'accident survenu en 1880.

Le 3 avril 1888, Kurz était de nouveau guéri, mais comme il lui était resté une certaine faiblesse dans la jambe qui l'empêchait de continuer son service, il fut renvoyé le 26 avril 1888.

Kurz a alors ouvert action à l'administration des chemins de fer badois, fondé sur les art. 2, 3 et 5 de la loi fédérale du 1er juillet 1875 et a conclu au paiement de son salaire du 7 janvier au 2 avril 1888, ainsi que d'une indemnité de 8000 fr.

L'administration défenderesse a consenti à payer le salaire réclamé, mais elle a contesté devoir l'indemnité, en invoquant entre autres la prescription.

Les deux instances cantonales ont admis le moyen de libération tiré de la prescription, et le Tribunal fédéral s'est prononcé dans le même sens.

Motifs.

4. Le conseil de la partie demanderesse a soutenu à l'audience de ce jour que le fait dommageable fondant son action ne s'est produit que le 7 janvier 1888, attendu que c'est seulement dès cette date que la capacité de travail du demandeur a été diminuée. Antérieurement à cette date, il n'y avait pas de dommage; la réparation n'en pouvait, dès lors, pas être demandée juridiquement. Il suit de là que, conformément à l'adage *agere non valenti non currit præscriptio*, la prescription n'a pu commencer à courir avant cette date. — Le demandeur ajoute que l'art. 10 de la loi fédérale sur la responsabilité des chemins de fer diffère essentiellement de la disposition correspondante de la loi allemande, qui lui a servi de modèle, en ce qui concerne la détermination du point de départ de la prescription de l'action en dommages et intérêts. En effet, d'après la loi allemande, c'est à partir du jour de l'accident que court la prescription (sauf le cas de décès donnant ouverture à une action des ayants droit de la victime en réparation du préjudice qu'ils ont souffert par la pri-

vation de leur soutien); le législateur suisse, au contraire, n'a
pas adopté ce point de vue. Il résulte du Message du Conseil
fédéral du 26 mai 1874 que le législateur suisse n'a pas voulu
distinguer, en ce qui concerne le point de départ de la prescription, comme le fait la loi allemande, entre l'action en aliments
des ayants droit en cas de décès, pour laquelle la prescription ne
court que du jour du décès, et les autres actions, dont la prescription court déjà dès le jour de l'accident. En conséquence, on
a choisi un point de départ uniforme, savoir le jour où s'est produit le fait donnant ouverture à l'action en dommages et intérêts
(mort, lésion, etc.). Le Conseil fédéral fait expressément remarquer, à ce sujet, que dans les cas où il s'est agi, au début, d'une
simple lésion, suivie plus tard de mort, ce n'est point du jour de
la lésion, mais bien de celui du décès que doit courir la prescription. En rapprochant ce qui précède du fait que la rédaction
de l'art. 10 de la loi fédérale diffère du modèle allemand, on doit
admettre que d'après la première il n'y a pas lieu de distinguer
suivant les cas, et que ce n'est pas dès le jour de l'accident, mais
dès celui où les conséquences dommageables s'en sont manifestées que doit courir la prescription. Un tel système, estime la
partie demanderesse, est d'ailleurs conforme aux principes généraux du droit et il suit de là qu'en l'espèce l'action n'est point
prescrite.

5. L'argumentation qui précède ne saurait toutefois être adoptée par la Cour de céans; elle n'est, en effet, compatible ni avec
le texte, ni avec le but de l'art. 10 de la loi fédérale sur la responsabilité des chemins de fer. Ainsi que les premiers juges
l'ont admis avec raison, cette loi a entendu soumettre les actions
qui en dérivent à une prescription spéciale, particulière à la
matière, différant de celle du droit commun au point de vue de
sa durée, qui est plus courte, de son point de départ et des
causes d'interruption (comp. arrêt du Tribunal fédéral dans la
cause Weber c. Central-Suisse, *Rec. off.*, VII, p. 539 et suiv.,
cons. 2). Si, d'une part, la responsabilité des chemins de fer est
étendue au-delà de ce qui est admis par le droit commun, spécialement au point de vue du renversement de l'*onus probandi*,
d'autre part, cette responsabilité est restreinte quant à sa durée.
Le législateur a voulu que ces questions de responsabilité se
liquident promptement; la responsabilité de l'entreprise ne doit
pas durer indéfiniment, la preuve des circonstances dans les-

quelles l'accident s'est produit devenant plus difficile à mesure que le temps s'écoule. C'est pour ces motifs que l'art. 10 de la loi fédérale a pris purement et simplement pour point de départ de la prescription un événement déterminé se manifestant extérieurement, tel que lésion, décès, destruction ou avarie, et non point, comme le fait le droit commun, le moment de la naissance ou de l'exigibilité de l'obligation (art..149 CO), ou le jour où la partie lésée a eu connaissance du dommage et de la personne qui en est l'auteur (CO. 69). L'art. 10 précité dispose expressément qu'en cas de lésion corporelle la prescription de l'action en indemnité court à partir du jour « où a été causée la blessure ». Au point de vue grammatical déjà, cette disposition ne peut viser que le jour où l'ayant droit a été atteint dans son corps par une lésion, et non pas, comme le voudrait le demandeur, le moment où les conséquences dommageables de celles-ci se sont manifestées. Toutes les fois que le législateur a réellement entendu faire courir la prescription dès cette dernière date (par exemple en ce qui concerne la responsabilité des fabricants à raison des maladies professionnelles de leurs ouvriers), il a eu soin de le dire clairement dans la loi, par opposition au point de départ admis en matière de décès ou de lésions corporelles. Quant à la divergence existant entre la rédaction de l'art. 10 de la loi fédérale et celle de la loi allemande sur la responsabilité (art. 8), elle est sans importance en la cause. En effet, ainsi que cela résulte précisément du Message du Conseil fédéral du 26 mai 1874, invoqué par le recourant, le législateur a donné la préférence au premier de ces textes essentiellement par des motifs de rédaction, en vue d'éviter des malentendus auxquels celui de la loi allemande pourrait donner lieu.

6. Le conseil de la partie demanderesse a soutenu, en outre, dans les débats de ce jour, qu'il y a lieu de faire application en l'espèce, par analogie, de l'art. 6. al. 2, de la loi sur la responsabilité des chemins de fer, attendu que le principe qui est à la base de cette disposition doit valoir non pas seulement pour les cas où l'accident donne lieu à un jugement, mais encore pour ceux où il intervient un arrangement amiable. Ce moyen n'est pas davantage fondé. La loi ne permet une action en indemnité fondée sur un dommage constaté seulement après coup qu'au cas où le lésé a fait valoir ses droits avant l'expiration du délai de prescription et que le juge a expressément réservé une revi-

sion ultérieure du jugement. Il n'est évidemment pas admissible d'appliquer cette disposition tout à fait spéciale à des cas dans lesquels il n'y a pas eu d'action en indemnité ouverte avant l'expiration du délai de prescription. Les circonstances de fait diffèrent d'ailleurs essentiellement dans ces deux hypothèses. Dans les cas de l'art. 6, al. 2, la responsabilité de la partie défenderesse, ainsi que toutes les circonstances de l'accident, est établie par un jugement; au contraire, il n'en est pas de même lorsque les parties s'arrangent à l'amiable.

7. Enfin, l'avocat du demandeur a encore invoqué l'art. 8 *in fine* de la loi du 26 avril 1887 sur l'extension de la responsabilité civile, en soutenant qu'à teneur de cette disposition légale, la prescription n'a pas été encourue, puisque l'autorité compétente n'a reçu aucune déclaration au sujet de l'accident du 29 décembre 1880 ; or, la disposition légale dont il s'agit est applicable en l'espèce, au dire du demandeur, attendu que, antérieurement à la loi du 26 avril 1887, une circulaire du Conseil fédéral de 1873 a déjà imposé aux administrations de chemins de fer l'obligation de dénoncer les accidents à l'autorité compétente. Cette argumentation est absolument dénuée de fondement. L'art. 8 de la loi fédérale du 26 avril 1887, — il n'est pas besoin de le démontrer plus longuement, — n'est aucunement applicable à la présente cause ; celle-ci est exclusivement régie, au point de vue de la prescription, par l'art. 10 de la loi sur la responsabilité, laquelle ne connaît pas la cause d'interruption prévue à l'art. 8 de la loi fédérale du 26 avril 1887.　　C. S.

Genève. — JUSTICE DE PAIX CIVILE.

Séance du 17 mai 1889.

Bris de glace. — Action en dommages et intérêts. — Prétendue négligence ou imprudence. — Libération. — Art. 50 CO.

Union-Suisse contre Ruegger et Herzog.

La négligence ou l'imprudence consiste dans le fait qu'un individu commet un acte qu'il aurait pu empêcher, prévoir, éviter avec un peu de réflexion. On ne saurait, dès lors, reprocher une négligence ou une imprudence à celui qui fait une chute involontaire sur un trottoir en pente, rendu glis-

sant par la pluie, ni, par conséquent, le rend re responsable d'un bris de glace survenu à cette occasion. _____

Attendu en fait que le défendeur, garçon boulanger, passant par la rue Traversière, glissa si malheureusement qu'en tombant il brisa une glace du café Siegfried, glace dont le prix est réclamé par la société demanderesse qui en a payé le remplacement.

Attendu que des enquêtes il résulte que ce jour-là il pleuvait; que devant le café Siegfried le trottoir est en pente, et qu'il y existe une bouche à eau avec couvercle en fer.

Attendu qu'il ressort à l'évidence des faits de la cause que le défendeur n'a pas agi à dessein.

Mais attendu que la demanderesse invoque les dispositions de l'art. 50 CO., lesquelles prévoient « que quiconque cause un dommage par négligence ou par imprudence, est tenu de le réparer, » et tout en reconnaissant que le défendeur n'a pas agi à dessein, soit avec intention de nuire, allègue qu'il y eut négligence ou imprudence de sa part, et que la négligence imputable au défendeur réside dans le fait que ce dernier aurait dû éviter de passer par une rue en pente un jour de pluie, et aurait dû prévoir que le trottoir pouvait être glissant; que n'ayant pas pris cette précaution, il a commis un quasi-délit et causé un préjudice dont il doit la réparation.

Attendu que cette argumentation n'est pas sérieuse; qu'en effet le défendeur ne pouvait ni empêcher la pluie de tomber et, par conséquent, rendre glissants le trottoir et le couvercle de la bouche à eau, ni se prémunir contre le fait que le trottoir est en pente à cause, évidemment, de la conformation du sol sur lequel la rue est construite; qu'il n'est pas non plus évident qu'il pût éviter de passer par la dite rue.

Que la négligence ou l'imprudence consiste dans le fait qu'un individu commet un acte qu'il aurait pu empêcher, prévoir, éviter avec un peu de réflexion; que ce n'est pas le cas en l'espèce, puisque le défendeur ne pouvait prévoir que la pluie ayant rendu glissants trottoir et bouche à eau, cela occasionnerait de sa part une chute capable de causer un dommage.

Qu'évidemment le défendeur n'est l'auteur d'aucun quasi-délit; qu'il n'a commis aucun acte constituant de sa part une faute; que, dès lors, il ne peut être rendu responsable des suites de l'accident qui lui est arrivé.

Vaud. — TRIBUNAL CANTONAL.

Séances des 6 et 13 juin 1889.

Servitude de passage. — Prescription. — Ouvrages existant sur le fonds dominant seulement. — Etendue de la servitude. — Art. 478, 479, 480, 492 et 1638 Cc.

Vessaz frères contre veuve Christinat et hoirs Christinat.

Le droit de passage constitue une servitude discontinue qui ne peut être acquise par prescription que si elle est apparente.

L'art. 479 Cc., statuant que les servitudes apparentes sont celles qui s'annoncent par des ouvrages extérieurs, ne prescrit pas que ces ouvrages doivent se trouver nécessairement sur le fonds servant. L'apparence est suffisamment établie lorsque le propriétaire du fonds asservi voit sur le fonds dominant un ouvrage qui ne laisse pas de doute sur l'existence de la servitude.

Avocats des parties :

MM. BLANC, pour Vessaz frères, demandeurs et recourants.

BERDEZ, pour veuve et hoirs Christinat, défendeurs et recourants.

Dans une demande du 1ᵉʳ août 1888, Abram-Frédéric dit Abram-Henri Vessaz; Frédéric-Louis Vessaz et Abram-Samuel Vessaz, tous trois fils de feu Samuel-Joseph Vessaz, à Chabrey, ont conclu à ce qu'il plaise au Tribunal prononcer :

1° Que les immeubles ci-après désignés, appartenant à la défenderesse Lisette veuve de Jean-Louis Christinat, sont grevés d'une servitude de passage à char pour l'usage et l'utilité des immeubles ci-après désignés appartenant aux demandeurs les frères Vessaz, savoir :

Immeubles de Lisette Christinat, commune de Chabrey :

Art. 204, pl. fᵒ 12, nᵒ 63, pré de 20 ares 57 m.

  » 196 » 1 » 6 » 14 »

Immeubles des frères Vessaz, commune de Chabrey :

Art. 1084, pl. fᵣ 1, nᵉ 7, 1ᵉ, place de 4 ares 2 m.

  » 1085 » 1 » 7, 2ᵉ, logement, grange et écurie de 1 are 74 m.

  » 1086 » 1 » 7, 3ᵉ jardin de 1 are 6 m.

2° Que les possesseurs des dits immeubles Vessaz pourront pratiquer à perpétuité ce passage comme ils l'ont pratiqué jusqu'à ce jour et qu'il ne saurait rien être fait, sur les fonds servants, qui tendît à diminuer l'usage de cette servitude ou à le rendre plus incommode.

3° Qu'en conséquence c'est sans droit que Jean-Louis Christinat a établi, entre les deux propriétés, une barrière séparative qui empêche l'exercice du droit de passage, et que cette barrière sera enlevée, au besoin par voie d'exécution forcée, pour autant qu'elle est un obstacle au libre exercice du passage ci-dessus réclamé.

Dans leur réponse, Lisette veuve de Jean-Louis Christinat et ses enfants Emile, Adolphe, Adèle et Auguste Christinat ont conclu à libération des fins de la demande et, subsidiairement, à ce qu'il soit prononcé que la servitude de passage réclamée par les demandeurs est limitée aux fonds non bâtis qui leur appartiennent, à l'exclusion des bâtiments élevés sur ces fonds.

L'instruction de la cause, dans laquelle des preuves par témoins ont été entreprises, établit entre autres les faits suivants :

Les immeubles ci-dessus désignés appartenaient primitivement au même propriétaire.

Depuis plus de 30 ans avant 1888 il a existé, sur la limite entre ces deux héritages, un chemin de dévestiture construit et entretenu par main d'homme. Ce chemin, après avoir suivi cette limite, traversait la propriété de la défenderesse pour aboutir à la voie publique.

Le dit chemin empruntait le sol des deux héritages, de telle façon cependant que la plus grande partie de sa largeur se trouvait sur la propriété de la défenderesse, et il mordait pour partie de sa largeur sur la propriété des demandeurs.

De tout temps, soit durant plus de 30 ans avant l'année 1888, les propriétaires des fonds Vessaz ont dévêtu et invêtu habituellement ces fonds par le chemin susmentionné, entre autres, et cela à pied et à char.

Ce chemin était bordé des deux côtés, en 1888, par une haie d'épines plantée par main d'homme et existant depuis plus de 30 ans.

La haie se trouvait au midi du chemin sur la propriété des demandeurs et, du côté nord, sur la propriété de la défenderesse.

Au droit de la propriété des demandeurs et du côté de cette propriété, on avait ménagé dans la haie une trouée qui permettait le passage à char. Cette trouée existait depuis plus de 30 ans avant 1888.

Pour suivre la limite entre les deux propriétés, le chemin faisait un coude brusque, très prononcé et déviait presque à angle droit de la direction qu'il avait sur le restant de son parcours.

Jean-Louis Christinat, mari de la défenderesse, a modifié le tracé du chemin, le 22 mars 1888; il a construit à la limite des deux propriétés une palissade soit barrière fixe et le 11 mai suivant il a modifié le tracé du chemin contournant le fonds appartenant à sa femme pour le placer au centre du dit immeuble et le distancer ainsi du passage utilisé par les demandeurs.

Ceux-ci ont réclamé, mais en vain, le rétablissement de l'état ancien des lieux.

En 1866, les demandeurs Vessaz ont construit sur leur fonds une maison d'habitation, grange et écurie, puis en 1883 une remise. .

Lors de la construction de leur maison, les demandeurs ont acquis pour la dévestiture de celle-ci le terrain nécessaire à la construction d'un chemin tendant de leur maison à la route de Villars-le-Grand à la Sauge.

Antérieurement à 1866, cette dévestiture aboutissant à la route n'existait pas; la propriété Vessaz se terminait du côté de la route par un tertre impraticable aux chars et elle était bordée d'une haie d'épines qui empêchait tout passage de ce côté-là.

Ensuite de ces faits, le Tribunal d'Avenches, estimant en résumé que le droit de passage litigieux est propriété des frères Vessaz, lesquels en ont toujours joui conformément à l'article 1638 Cc.; que c'est donc à tort que le mari de la défenderesse a modifié l'état des lieux; que cependant les demandeurs en construisant des bâtiments ont aggravé la servitude, a, par jugement du 3 novembre 1888, admis les conclusions des demandeurs, réduites toutefois par l'admission de la conclusion subsidiaire des défendeurs, en sorte que le passage est limité aux fonds non bâtis appartenant aux demandeurs, à l'exclusion des bâtiments élevés sur leurs dits fonds.

Quant aux frais du procès, le Tribunal a prononcé que chaque partie gardera ceux qu'elle a faits.

Les hoirs Christinat et Lisette Christinat ont recouru contre ce jugement dont ils demandent la nullité et la réforme par les motifs suivants :

A. *Nullité*. Le Tribunal n'a pas résolu les allégués des recourants sous n°˙ 22 et 26 et il s'est borné, en ce qui concerne ces deux allégués, à s'en référer au fait 10, qui ne s'applique pas aux deux faits ci-dessus.

B. *Réforme.* 1° Les demandeurs Vessaz n'ont point établi que le passage réclamé fût apparent et cela ne résulte point des solutions de fait intervenues.

2° Les demandeurs n'ont point établi ni même allégué que leur possession acquisitive ait revêtu les caractères exigés par l'art. 1638 Cc.

Les frères Vessaz ont aussi recouru, mais éventuellement, leur pourvoi devant être considéré comme non avenu si les défendeurs ne recouraient pas de leur côté. Les hoirs Vessaz sollicitent la réforme du jugement en ce sens que les conclusions prises par eux en demande leur soient allouées intégralement; subsidiairement, ils demandent que les dépens leur soient alloués en totalité ou tout au moins pour les trois quarts.

Le Tribunal cantonal a écarté les recours des parties et maintenu le jugement du Tribunal d'Avenches tant sur le fond que sur les dépens.

Motifs.

Examinant, en premier lieu, le *moyen de nullité* invoqué par les défendeurs et considérant que les faits 22 et 26 sont ainsi conçus :

« *N° 22.* Depuis plus de 30 ans avant 1888 et même avant
» 1883, le chemin qui traverse la propriété de Lisette Christi-
» nat était séparé de la propriété des demandeurs par une clô-
» ture et une haie qui permettait de passer ni à pied ni à
» char. »

« *N° 26.* C'est à cette époque, en 1883, que Abram-Samuel
» Vessaz a enlevé la clôture et une partie de la haie qui séparait
» les deux propriétés et empêchait le passage. »

Que ces deux allégués ont fait l'objet d'une preuve testimoniale et que le Tribunal leur a donné la réponse suivante : « On s'en réfère à la solution du fait 10. »

Que le fait 10 s'exprime comme suit :

« N° 10. Au droit de la propriété des demandeurs et du côté
» de cette propriété, on avait ménagé dans cette haie une trouée
» qui permettait le passage à char. Cette trouée a existé depuis
» plus de trente années avant 1888. »

Que le Tribunal a répondu par un « oui » à ce fait dont la preuve a aussi été entreprise par témoins.

Considérant que les recourants estiment que cette solution ne saurait s'appliquer aux allégués 22 et 26, lesquels n'auraient pas ainsi été résolus par le Tribunal, comme le veut l'art. 283 Cpc.

Considérant, à ce sujet, que les allégués 22 et 26 tendaient à établir que la haie bordant le chemin était un obstacle au passage et que cette haie n'a été enlevée qu'en 1883.

Que l'allégué 10 avait pour but de prouver qu'il avait réellement existé une haie sur la limite des propriétés des parties et que dans cette haie il avait été pratiqué depuis plus de 30 ans une trouée permettant le passage à char.

Considérant que la solution de l'allégué 10 est en corrélation directe avec les questions posées au Tribunal par les allégués 22 et 26, puisqu'elle résoud la question de l'existence de la haie, de sa durée et même aussi celle du passage à pied et à char.

Que, dès lors, le Tribunal d'Avenches pouvait très bien s'en référer à la solution du fait 10 pour répondre aux allégués 22 et 26 et qu'une telle réponse doit être envisagée comme suffisante et comme remplissant bien les conditions exigées par l'article 283 Cpc.

Qu'ainsi il n'y a pas lieu à faire application, dans l'espèce, du § c de l'art. 436 Cpc.,

Le Tribunal cantonal écarte la nullité demandée.

Examinant ensuite les recours des parties au point de vue de la *réforme* et reprenant la cause en son entier,

Considérant que le droit de passage constitue une servitude discontinue qui ne peut être acquise par prescription que si elle est apparente (art. 478 et 480 Cc.).

Que l'art. 479 Cc., statuant que les servitudes apparentes sont celles qui s'annoncent par des ouvrages extérieurs, ne prescrit pas que ces ouvrages doivent se trouver nécessairement sur le fonds servant.

Que, dès lors, l'apparence est suffisamment établie lorsque le propriétaire du fonds asservi voit sur le fonds dominant un ouvrage qui ne laisse pas de doute sur l'existence de la servitude.

Considérant que, dans l'espèce, l'inspection locale n'a révélé aucun signe apparent de la servitude, l'état des lieux ayant été changé par le mari de la défenderesse.

Mais attendu qu'il résulte des preuves testimoniales entreprises et des solutions données par le Tribunal de jugement que le chemin litigieux qui existait depuis plus de trente ans était construit et entretenu par main d'homme (solution de l'allégué 3).

Que ce chemin était bordé des deux côtés en 1888 par une haie d'épines plantée par main d'homme (solut. de l'allégué 8).

Que, du côté midi du chemin, cette haie se trouvait sur la propriété des demandeurs et que du côté nord elle était sur la propriété de la défenderesse (solution 9).

Qu'au droit de la propriété des demandeurs et du côté de cette propriété on avait ménagé dans la haie une trouée existant depuis plus de trente ans, qui permettait le passage à char (solution de l'allégué 10).

Considérant que soit le chemin construit et entretenu par main d'homme, soit la haie plantée aussi par main d'homme et la trouée qui y était pratiquée du côté des demandeurs, pour permettre le passage à char, constituent bien des ouvrages extérieurs dans le sens donné à cette expression par l'art. 479 Cc.

Que, dès lors, les demandeurs Vessaz ont établi au procès que le passage réclamé par eux était apparent.

Considérant qu'il s'agit maintenant de savoir si la possession au bénéfice de laquelle se prétendent les demandeurs revêt les caractères exigés par l'art. 1638 Cc. pour que la prescription soit acquise.

Considérant à ce sujet qu'il résulte de la solution testimoniale donnée à l'allégué 7 que de tout temps, soit durant plus de 30 ans avant l'année 1888, les propriétaires des fonds Vessaz ont dévêtu et invêtu habituellement ces fonds par le chemin litigieux et cela à pied et à char.

Considérant que ce fait établit d'une manière suffisante que les frères Vessaz ont possédé ce chemin et en ont usé avec tous les réquisits voulus par l'art. 1638 Cc.

Que, dans ces circonstances, les demandeurs ont bien acquis par prescription le droit de passage litigieux.

Que, dès lors, le recours de Lisette et des hoirs Christinat n'est pas fondé et qu'il doit être écarté.

En ce qui concerne l'*étendue de la servitude :*

Considérant qu'aux termes de l'art. 492 Cc., celui qui a un droit de servitude ne peut en user que suivant son titre, sans pouvoir faire, ni dans le fonds qui doit la servitude, ni dans le fonds à qui elle est due, de changement qui aggrave la condition du premier.

Considérant que les frères Vessaz ont construit une grange, une écurie et une remise sur le fonds dominant et qu'ils ont aggravé la condition du fonds servant en usant du passage pour le service de ces bâtiments.

Que la servitude du passage doit, dès lors, se limiter aux fonds non bâtis des demandeurs, à l'exclusion des bâtiments élevés sur ces fonds.

Qu'ainsi la conclusion subsidiaire des défendeurs est fondée et que c'est avec raison que le Tribunal d'Avenches l'a admise.

Zurich. — Cour d'appel
Traduction d'un arrêt du 4 mai 1889.

Convention. — Forme écrite exigée pour la validité de la convention. — Correspondance. — Art. 12 CO.

Müller contre Weil.

Lors même que la correspondance échangée entre parties permet de constater leur accord sur les points essentiels, elle ne doit pas être envisagée comme constituant une convention parfaite, si leur intention évidente était de ne s'engager définitivement que par un acte en due forme, revêtu de la signature de la partie obligée.

Müller, ancien voyageur de commerce pour le compte de Weil, a ouvert action à ce dernier en paiement du salaire convenu, suivant reconnaissance souscrite par le défendeur. De son côté, Weil a réclamé reconventionnellement à Müller 475 fr., en se fondant sur ce que ce dernier aurait cautionné vis-à-vis de lui un client qu'il lui avait recommandé dans le temps et dont on n'a pu obtenir un paiement quelconque. En effet, Müller avait transmis à la maison Weil une commande d'un nommé B.; sur l'observation de Weil, contenue dans sa lettre du 8 septembre 1886, que B. ne paraissait pas assez sûr. Müller répondit le 10 septembre 1886 en priant son patron « d'exécuter la commande B. aux mêmes conditions que la commande H. La prudence, ajoutait-il, serait bien mieux à sa place dans d'autres occasions qu'ici ».

Weil prétend que Müller a garanti verbalement la commande H. ; c'est ce qui explique pourquoi, dans sa lettre du 8 septembre, Weil a écrit cette phrase : « Quant à H., nous lui livrerons contre votre garantie ». Or Müller a tacitement accepté cette condition et, par le passage plus haut cité de sa lettre du 10 septembre, il a pris le même engagement aussi en ce qui concerne B.

Müller a contesté avoir cautionné quoi que ce soit.

Les deux instances ont débouté Weil de ses conclusions reconventionnelles.

Motifs.

Il arrive fréquemment, surtout lors de l'échange de plusieurs lettres successives, que l'ensemble de leur contenu permet de constater l'accord des parties sur les points essentiels de la convention, sans que cependant elles aient entendu considérer d'ores et déjà le contrat comme parfait, leur intention évidente étant au contraire de ne s'engager définitivement que par un acte en due forme, revêtu de la signature de celles des parties qui s'obligerait. Dans de telles conditions, la correspondance ne peut pas être considérée comme constituant une « convention », c'est-à-dire une déclaration de volonté faite dans l'intention de s'obliger.

En l'espèce, il n'est nullement établi que le demandeur, en expédiant la lettre du 10 septembre 1886, ait entendu s'obliger juridiquement comme caution de B. pour le crédit à faire à celui-ci ; il est permis de croire, plutôt, qu'il supposait que le défendeur, s'il acceptait son offre, lui enverrait un acte de cautionnement régulier à signer, que cet acte fixerait d'une manière exacte le chiffre de son engagement, et que c'est seulement après l'avoir signé qu'il se trouverait lié ; le défendeur n'ayant rien fait de semblable, le demandeur a pu croire qu'il renonçait à exiger un cautionnement et se chargeait lui-même des risques de l'opération, en présence de son observation consistant à dire que la prudence serait mieux à sa place dans d'autres occasions. Le demandeur était d'autant plus fondé à envisager les choses de cette manière qu'en général les patrons n'attribuent pas une grande importance aux garanties de cette nature que leur donnent leurs voyageurs et qu'il serait même préférable, dans la règle du moins, de s'en passer complètement.

Un point plus important encore est que certains indices sem-

blent établir que le défendeur lui-même n'estimait pas, ni lors
de la correspondance visée plus haut, ni encore assez longtemps
après, que la lettre plus haut mentionnée pût constituer un cautionnement obligeant valablement le demandeur. En effet, le 4
août 1887, soit le jour où Weil a souscrit la reconnaissance en
vertu de laquelle le demandeur lui a ouvert l'action actuelle, B.
était en faillite depuis longtemps, ensorte que le défendeur ne
pouvait ignorer qu'il ne pourrait être payé intégralement de sa
créance contre lui ; or, nonobstant ce fait, l'idée ne lui est pas
venue d'insérer dans sa reconnaissance une réserve quelconque
ayant trait à une prétention qu'il aurait contre le demandeur à
raison du cautionnement donné pour B. Quant au cautionnement concernant H., né dans des circonstances analogues, le
fait que le demandeur l'a reconnu ne saurait prouver quoi que
ce soit en ce qui concerne le prétendu cautionnement résultant
de la lettre du 10 septembre ; en effet, cette reconnaissance est
le résultat d'une transaction et, d'autre part, le demandeur n'a-
vait aucun motif de contester la validité de ce cautionnement,
puisque H. était notoirement solvable.   C. S.

Bibliographie.

System und Geschichte des schweizerischen Privatrechts *(Système et histoire du droit privé suisse)*, par M. le professeur Eug. Huber.
Troisième volume. Bâle, librairie Detloff, 1889. — 779 pages.

Le *Journal des Tribunaux* a déjà rendu compte, d'une manière complète [1], des deux premiers volumes du grand ouvrage
systématique et historique dont M. le professeur Huber a entrepris la publication sous les auspices du Conseil fédéral et de
la Société suisse des juristes. Il a indiqué le but que s'est proposé l'auteur et le plan auquel il s'est arrêté. Nous pouvons
donc aujourd'hui nous dispenser de revenir sur ce qui a été déjà
dit et nous borner à indiquer brièvement le contenu du nouveau
volume qui sort de presse et qui se distingue, comme ses prédé-
cesseurs, par ces qualités de fond et de forme qui ont valu à
l'auteur les félicitations unanimes du monde juridique.
    Les deux premiers tomes de l'ouvrage de M. Huber étaient
consacrés à l'étude comparée des dispositions cantonales régis-

---

[1] Voir page 205 du *Journal des Tribunaux* de 1888.

sant le droit des personnes, le droit de famille et le droit de succession. Il restait donc à traiter le droit des choses et le droit des obligations, pour autant qu'ils sont encore régis par le droit cantonal. Telle est en effet la matière du livre qui vient de paraître. En ce qui concerne le droit des choses, l'auteur étudie successivement les choses et les droits réels en général, les divers systèmes réglant les formes de leur constatation, puis la possession, la propriété et ses modes d'acquisition ; les servitudes, les autres charges foncières (rentes foncières, *Gülten*, etc.), les régimes hypothécaires (qui à eux seuls occupent près de 200 pages du volume); enfin les droits privés sur des choses publiques et les régales, en particulier celle des mines.

Quant à la partie du droit des obligations encore soumise à l'empire des législations cantonales, elle est naturellement assez restreinte ; comme contrats proprement dits, M. Huber y fait rentrer la donation ; la vente, l'échange et la licitation d'immeubles ; le bail à cheptel et les dispositions relatives à l'inscription des baux dans un registre public ; le contrat de rente viagère, l'indivision et le contrat d'assurance. M. Huber étend, en outre, son étude comparée à certains domaines spéciaux où le droit cantonal est resté en force : ainsi la responsabilité des employés et fonctionnaires de l'Etat, le contrat régissant leurs droits et obligations vis-à-vis de ce dernier ; les dispositions concernant les courtiers, agents de change, etc. ; la forme des contrats immobiliers ; l'amortisation, la cession et l'extinction des créances hypothécaires ; enfin certaines prescriptions touchant de près à la procédure, telles que celles régissant la transaction, l'action paulienne, etc.

Avec le volume qui vient de paraître, M. Huber a terminé la première partie de son ouvrage, savoir l'exposé systématique et comparatif du droit privé des différents cantons. A lui seul, ce travail de bénédictin suffirait à illustrer son auteur. Mais le savant professeur de Marbourg n'entend pas s'en tenir là ; un quatrième volume, véritable couronnement de l'œuvre, sera consacré à l'histoire du droit privé suisse et nous fera voir comment, parties de points de départ souvent identiques, nos institutions ont subi des transformations successives, plus ou moins lentes et plus ou moins nombreuses, qui ont fini par les différencier à l'infini. Les trois volumes actuellement parus étalent devant nos yeux le dédale de nos lois civiles cantonales ; le quatrième nous en montrera le fil conducteur et nous permettra d'en saisir et l'origine et le développement.   C. S.

Ch. SOLDAN, conseiller d'Etat, rédacteur.

Lausanne. — Imp. CORBAZ & Comp.

XXXVIIe ANNÉE. Nos **30** et **31**. SAMEDI 27 JUILLET 1889.

JOURNAL des TRIBUNAUX

REVUE DE JURISPRUDENCE

Paraissant à Lausanne une fois par semaine, le Samedi.

Rédaction : M. Charles Soldan, conseiller d'Etat, à Lausanne.

Administration : M. L. Rosset, greffier du Tribunal cantonal, à Lausanne.

Abonnements : 12 fr. par an; 7 fr. pour six mois. Pour l'étranger, le port en sus. On s'abonne à l'imprimerie Corbaz & Cⁱᵉ, chez l'administrateur, M. Rosset et aux bureaux de poste.

Annonces : 20 c. la ligne ou son espace. S'adresser à l'imprimerie Corbaz & Cⁱᵉ.

TRIBUNAL FÉDÉRAL

Séance du 21 juin 1889.

Rupture de promesses de mariage. — Action en dommages et intérêts. — Application du droit cantonal. — Art. 50 et suiv., 69, 76 et 882 CO.; art. 27 et 36, al. 2, de la loi fédérale sur l'état civil et le mariage; art. 47 et suiv. Cc. bernois.

Ernest A. contre Edwige H.

L'action en dommages et intérêts fondée sur la rupture de promesses de mariage a sa source dans le droit de famille, et non dans un délit ou quasi-

délit ; elle est, dès lors, régie par le droit cantonal et non par le droit fédéral.

———

En l'année 1874, Ernest A., alors étudiant, né le 18 septembre 1856, faisait connaissance à l'école de musique dirigée par le professeur Reichel, à Berne, de demoiselle Edwige H., née le 30 avril 1857.

En 1875, E. A., sur le point de se rendre à l'université de Strasbourg, échangea avec demoiselle H. l'anneau des fiançailles. Le 21 juin de la même année, E. A. demandait à demoiselle H. si elle voulait l'attendre, lui assurant qu'avant cinq ans il pourrait lui offrir une existence assurée; demoiselle H. lui donna sa parole de ne point se lier avec un autre pendant cet intervalle.

Après son départ de Berne, E. A. entretint, jusqu'en 1878, une correspondance suivie avec demoiselle H. qu'il qualifiait de « fiancée ». Il la prie de croire à son amour, à sa fidélité et à son serment, et ajoute qu'il ne reculera devant aucune difficulté ou obstacle de la part de ses parents ; qu'il a engagé son honneur à sa fiancée, qu'il ne l'abandonnerait jamais, etc.

Le 1er mai 1878, les deux parties eurent des relations intimes, qui furent suivies de la grossesse de demoiselle H. Dans sa lettre du 28 octobre, A. appelle sa fiancée « ma chère et fidèle épouse » ; il y fait allusion à l'enfant attendu et se réjouit, par ce motif, de se marier bientôt.

Au commencement de novembre 1878, les deux parties se rendirent au bureau de l'état civil de Berne, pour faire procéder aux publications du mariage, lesquelles eurent lieu à Berne le 7 dit, dans la teneur suivante :

« Il y a promesse de mariage entre : 1° A., Ernest, étudiant » en droit, de Wynigen, demeurant à Strasbourg, célibataire, né » à Burgdorf, le 18 septembre 1856, et 2° H., Edwige, de Ober- » entfelden, domiciliée à Berne, célibataire, née à Langnau, le » 30 avril 1857 ».

Personne ne fit opposition, mais le jour de la cérémonie, qui devait être célébrée le 28 novembre 1878, E. A. était, ensuite d'intervention de son père, emmené de force à Burgdorf, et le mariage n'eut pas lieu.

Le 4 janvier 1879, demoiselle H., abandonnant les leçons de musique qui lui avaient fourni jusqu'alors un revenu suffisant pour son entretien, se rendit à Nice, où elle donna le jour à un garçon, le 25 dit ; cet enfant resta auprès de sa mère, après le retour de celle-ci à Berne, où elle ne retrouva presque plus de leçons.

E. A. n'a point contesté ces faits, ni par exploit, ni au cours des interpellations à l'audience des tribunaux fribourgeois.

A partir de cette époque, aucune relation n'eut lieu entre parties jusqu'en janvier 1883, où une entrevue les réunit, sans témoins, à l'hôtel du Jura, à Berne. Au dire de demoiselle H., dans cette entrevue, qui dura de 2 à 5 heures, A. refusa de reconnaître l'enfant à cause des droits successoraux, ajoutant qu'il voulait bien se marier avec l'instante, mais que pour le moment sa situation pécuniaire ne le lui permettait pas encore. Demoiselle H. l'ayant alors menacé d'un procès, A. la supplia de n'en rien faire, sinon il se brûlerait la cervelle ; il répéta qu'il serait heureux de l'épouser.

A., interpellé sur cette entrevue, laquelle, selon lui, ne se serait pas prolongée plus de 10 minutes, déclara que demoiselle H. exigeait seulement la reconnaissance de l'enfant, qu'elle ne voulait plus du mariage, et que, sur refus du défendeur d'accéder à cette reconnaissance, elle le poursuivit de ses imprécations.

Invité par l'avocat Manuel, en juillet et en août 1885, à donner suite à sa promesse de mariage, ou à transiger avec la demoiselle H., A. déclara, dans un entretien verbal, vouloir en référer à ses parents, mais plus tard, ni lui, ni son père ne donnèrent plus aucune réponse.

A., qui venait d'être reçu avocat (en juillet 1885), transféra son domicile à Fribourg.

Par exploit en date du 13 janvier 1886, demoiselle H. mit en demeure A. d'avoir à contracter le mariage convenu dans le courant de 1879, ou, à ce défaut, de lui acquitter une indemnité de 6000 fr., modération du juge réservée.

Par écriture du 28 dit, demoiselle H. ouvrit à A., devant le Tribunal de la Sarine, une action en paiement de 6000 fr. à titre de dommages-intérêts, en se fondant sur les art. 50 et suivants CO., ainsi que sur les dispositions du Code civil bernois, notamment sur le principe que quiconque cause sans droit à autrui un dommage est tenu de le réparer.

Dans sa réponse du 5 mars suivant, A. oppose à la demande sept exceptions, à savoir :

1° Une exception d'inadmissibilité, attendu que les promesses de mariage intervenues entre parties sont dépourvues de sanction légale et n'ont pas été conclues conformément à la loi bernoise ;

2° Une exception d'inadmissibilité tirée de la minorité du défendeur et de son incapacité de contracter sans les autorisations prévues par la loi ;

3° Une fin de non-recevoir tirée du défaut de constitution en demeure dans les délais légaux et de la déchéance encourue à teneur de la loi bernoise, combinée avec l'art. 36 de la loi fédérale sur l'état civil;

4° Une exception de prescription tirée de la déchéance encourue par la demanderesse au vu des dispositions de la loi bernoise relative aux actions concernant l'entretien des enfants naturels;

5° et 6° Une même fin de non-recevoir, tirée des art. 52 et 53, n° 2, de la loi fribourgeoise sur les enfants naturels ;

7° Une fin de non-recevoir tirée de la prescription prévue à l'art. 69 CO., combinée avec l'art. 883, alinéa 2, ibidem.

A l'audience du Tribunal de la Sarine du 27 mai 1886, demoiselle H., sommée par le défendeur d'indiquer sur quelles dispositions du droit bernois elle base son action, a déclaré qu'elle invoque spécialement les art. 47, 48 et suivants Cc. bernois, tout en revendiquant le bénéfice des art. 50 et suivants CO.

Par jugement du 12 février 1887, le dit Tribunal a écarté toutes les exceptions péremptoires soulevées, et par arrêt du 18 mai suivant, la Cour d'appel a confirmé ce jugement.

A. recourut contre cet arrêt au Tribunal fédéral qui, par décision du 24 juin 1887, a refusé d'entrer en matière sur le recours, le dit arrêt n'apparaissant pas comme un jugement au fond aux termes de l'art. 29 de la loi sur l'organisation judiciaire fédérale.

Statuant au fond, le Tribunal de la Sarine a, par jugement du 16 novembre 1888, accordé à la demanderesse ses conclusions en paiement d'une somme de 6000 fr. et débouté le défendeur de ses conclusions libératoires.

La Cour d'appel, sur recours du sieur A., a confirmé ce jugement par arrêt du 29 avril 1889.

Cet arrêt se fonde, en substance, sur les motifs ci-après :

L'inexécution de la promesse de mariage, sur laquelle se fonde l'action de demoiselle H., appelle l'application des dispositions des art. 47 et 48 Cc. bernois : les deux co-contractants étaient bernois et domiciliés dans le canton de Berne au moment du contrat, lequel a été passé dans ce canton. Ces articles n'ont point été abrogés, ainsi que le prétend le défendeur, par la loi ecclésiastique bernoise du 18 janvier 1874 ; ils se trouvent complétés par les art. 50 et 55 CO. — Le fait que le père A. a entravé le mariage de son fils ne constitue point le motif suffisant prévu à l'art. 48 Cc. bernois pour excuser l'inexécution du contrat, puisqu'à ce moment le fils A. était *sui juris* quant au droit de contracter mariage, et que c'est lui seul qui, lors de la mise en demeure du 13 janvier 1886, s'est, étant majeur tant au regard de la loi fédérale qu'à celui de la législation bernoise, opposé aux conclusions de la demanderesse. La tentative, faite seulement dans le procès actuel par le défendeur, de présenter la demanderesse sous un jour défavorable, afin de justifier ainsi sa rupture avec elle, a complètement échoué dans la procédure sur les preuves, laquelle a eu, au contraire, un résultat à tous égards favorable à la demoiselle H. En prenant en considération le tort matériel et moral que la rupture des fiançailles a causé à la demoiselle H. et surtout le fait que c'est à cette rupture, avec l'appareil de la police, qu'il faut attribuer la perte de ses leçons, son seul gagne-pain, la demande de 6000 fr. de dommages-intérêts n'apparaît pas comme exagérée.

E. A. a recouru au Tribunal fédéral contre cet arrêt, ainsi que contre l'arrêt incidentel rendu le 18 mai 1887 par la Cour d'appel de Fribourg ; il a déclaré reprendre ses premières conclusions libératoires.

Le Tribunal fédéral, s'estimant incompétent, n'est pas entré en matière sur le recours.

Motifs.

Sur la question préalable, soulevée d'office, de la compétence du Tribunal fédéral :

2. Il y a lieu de rechercher en première ligne si la demande est fondée sur une obligation ayant sa source dans les rapports de famille, auquel cas, le droit cantonal étant demeuré applicable, la compétence du Tribunal de céans serait exclue aux termes de l'art. 76 CO.

3. L'action de demoiselle H. se caractérise comme une demande en dommages-intérêts pour inexécution d'une promesse de mariage.

Bien que la demande originaire soit fondée sur l'art. 50 CO. et sur des dispositions, non spécifiées, du Code civil bernois, la partie actrice a modifié cette attitude dès les débats du 27 mai 1886, et a basé, dès lors, sa prétention en première ligne et principalement sur les art. 47 et suivants du dit Code civil, sans renoncer pour cela, le cas échéant et subsidiairement, au bénéfice de l'art. 50 CO. précité. Les instances cantonales, dans les divers jugements rendus en la cause, se sont également placées sur ce terrain, et si le dernier arrêt de la Cour d'appel, dont est recours, combine les dispositions de l'art. 50 CO. avec celles susvisées du Code bernois, il n'en attribue pas moins à ces dernières une influence autonome et prépondérante sur la solution du litige.

4. La question du caractère à attribuer à la dite action, aux termes des art. 47 et suivants du Code bernois, devant être résolue conformément au droit cantonal, c'est l'arrêt cantonal qui est décisif à cet égard. Or les instances cantonales ont toutes reconnu qu'elle apparaissait comme une action *sui generis* dérivant d'un contrat, soit de la promesse de mariage intervenue entre parties, action ne pouvant sans doute avoir pour effet de forcer l'exécution de la promesse, mais se résolvant en dommages-intérêts en cas d'inexécution imputable à l'une des parties. — En particulier, l'arrêt dont est recours insiste sur ce que, la demande se basant sur la rupture non justifiée de la promesse de mariage, l'inexécution du *contrat* est régie par les dispositions des art. 47, 48 et 49 Cc. bernois, statuant entre autres, la première, que les promesses de mariage, soumises aux lois de la morale et de l'honneur, ne donnent aucun droit de contrainte, et la seconde, que pour le cas où la publication des promesses de mariage a eu lieu une fois avec l'autorisation des fiancés et des personnes auxquelles la loi confère un droit d'opposition, le Tribunal devra condamner celui des fiancés qui refuse sans motif suffisant de procéder au mariage à de justes dommages-intérêts, sur la demande de la partie adverse, en tenant compte, pour leur supputation, des dispositions de l'art. 49 ibidem.

5. En revanche, la Cour cantonale n'avait point à examiner et le Tribunal fédéral a seul à décider si cette action *ex contractu* relève du droit des obligations, ou a sa source dans le droit de famille.

Or, si l'on prend en considération les dispositions susvisées du droit bernois, plaçant la promesse de mariage sous l'égide de la morale et de l'honneur, refusant toute contrainte contre le fiancé qui rompt, mais accordant seulement au fiancé innocent une indemnité représentative du tort matériel et moral subi par le fait de la retraite non justifiée de son copromettant ; si l'on retient, d'autre part, que l'action en dommages-intérêts peut être intentée sur le simple fait de l'inexécution de la promesse du mariage, sans qu'il soit nécessaire que la rupture se caractérise comme un délit ou quasi-délit, il y a lieu d'admettre que cette action a uniquement sa source dans la promesse du mariage, et que les particularités caractérisant les conséquences juridiques d'une semblable promesse trouvent leur origine dans le droit de famille, auquel elle appartient.

Cette solution est conforme à celle adoptée par les législations cantonales qui prévoient cette action (Huber, *System*, I, pages 190, etc.). Le Tribunal fédéral est donc incompétent pour prononcer sur la cause, qui reste soumise au droit cantonal, en conformité de l'art. 76 CO.

6. C'est en vain qu'à l'encontre de ce qui précède, le recourant invoque un arrêt rendu le 9 mars 1888 par la Cour d'appel de Berne (v. *Zeitschrift des bernischen Juristenvereins*, T. XXIV, pag. 365 et suiv.), lequel admet que l'action en dommages-intérêts pour rupture injustifiée des fiançailles ou des promesses de mariage n'appartient pas au droit de famille, mais apparaît comme un acte illicite du défendeur, et que, dès lors, les art. 50 et suivants CO. sont applicables.

Il faut constater d'abord que la question de l'applicabilité de l'art. 76 CO. ressortit à la compétence souveraine du Tribunal fédéral. En outre, dans l'espèce précitée, l'action avait été uniquement introduite conformément aux dispositions susvisées du Code des obligations, et non aux termes de l'art. 48 Cc. La Cour s'est, dès lors, bornée à déclarer que le Code des obligations était applicable, sans examiner la question au point de vue des prescriptions du Code civil bernois.

A supposer que la Cour ait voulu déclarer que l'action en dommages-intérêts ensuite d'inexécution de promesses de mariage se caractérise dans tous les cas comme une action *ex quasi delicto*, une pareille appréciation est inadmissible ensuite de ce qui précède. En outre, elle aurait pour conséquence d'abolir cette action en dommages-intérêts, prévue dans presque tous les codes civils cantonaux, et les art. 50 et suiv. CO., lesquels ont des réquisits et des effets essentiellement différents, pourraient seuls être invoqués en pareille matière. Or une pareille opinion n'a été exprimée dans aucun canton, et très spécialement pas dans le canton de Berne, qui a, au contraire, dans la loi du 31 décembre 1882 sur l'introduction du Code des obligations, maintenu les art. 47 et suivants du Code civil (comp. Vogt, *Anleitung,* page 14; Code civil de Zurich, nouvelle édition de 1888, art. 581). Au contraire, l'action autonome ensuite de simple rupture de fiançailles continue à exister comme une action *sui generis,* concurremment avec les art. 50 et suiv. CO., ce qui n'exclut pas que, selon les circonstances, ces derniers ne puissent aussi être appliqués (v. Motifs du projet du Code civil allemand, IV, page 5).

7. Les exceptions dilatoires opposées par le recourant en cours d'instance, lesquelles ont fait l'objet de l'arrêt de la Cour cantonale du 18 mai 1887, et que le sieur A. a déclaré continuer à invoquer devant le Tribunal fédéral, sont, pour autant qu'elles peuvent toucher à la compétence du Tribunal fédéral, les suivantes :

a) L'exception tirée de la prescription selon l'art. 69 CO.;

b) Exception fondée sur la minorité du défendeur lors de la conclusion de la promesse de mariage, le sieur A. n'ayant alors pas encore atteint 24 ans ;

c) Exception tirée de ce que les publications du mariage n'ont eu lieu qu'à Berne, contrairement aux prescriptions de la loi fédérale sur l'état civil ;

d) Exception de prescription fondée sur l'art. 36, § 2, de la loi précitée, statuant que la publication cesse d'être valable si dans le délai de six mois elle n'a pas été suivie de la célébration du mariage.

Ces exceptions sont toutefois inadmissibles. En effet :

Ad a. Cette exception n'a été formulée que pour le cas où l'action de D^lle H. apparaîtrait comme une *actio ex delicto;* elle tombe donc, après la solution négative donnée à cette question dans les considérants qui précèdent.

Ad b. La question de savoir si le contrat de fiançailles peut avoir les conséquences des art. 48 et suivants du Code civil bernois si les fiancés n'ont pas encore atteint 24 ans, mais sont âgés seulement des 20 ans révolus exigés à l'art. 27 de la loi fédérale du 24 décembre 1874, pour contracter mariage, appelle l'interprétation d'une loi cantonale et échappe à la compétence du Tribunal de céans.

Ad c et d. Il en est de même des questions de savoir si une seule publication était suffisante au regard de l'art. 48 précité et si la déchéance, soit prescription de la publication, statuée à l'art. 36, al. 2, de la loi fédérale de 1874, doit avoir pour effet d'entraîner la prescription de l'action en dommages-intérêts du prédit art. 48.

8. L'incompétence du Tribunal fédéral devant être reconnue en conformité de l'art. 76 CO. déjà cité, il n'y a plus lieu de rechercher si cette incompétence résulterait également de l'article 882 du même Code, ni d'entrer en matière sur ce qui a trait aux art. 50 et suiv. CO., lesquels, ainsi qu'il a déjà été dit, n'ont été invoqués que subsidiairement. Aussi l'arrêt dont est recours est-il fondé en première ligne sur l'art 48 Cc. bernois, sans que les art. 50 et suiv. CO., aussi invoqués, aient exercé une influence décisive sur cette sentence.

<hr>

Bâle - Ville. — TRIBUNAL CIVIL
Traduction d'un jugement du 19 février 1889.

Cautionnement. — Acte non remis au créancier. — Obligation non valable. — Renouvellement du cautionnement. — Erreur essentielle. — Art. 18, 19, 489 à 491 CO.

Vogel et Herter contre Weiss.

Pour que le contrat de cautionnement soit parfait, il ne suffit pas qu'il soit fait en la forme écrite; il faut encore que l'acte soit remis au créancier ou à son représentant.

La partie qui souscrit un nouveau cautionnement, en vue du renouvellement d'un engagement précédent qu'elle croit à tort valable, se trouve dans une erreur essentielle de nature à infirmer le contrat.

<hr>

En 1886, L. Dreyfus, se trouvant débiteur de H. Weiss de la somme de 10,000 fr. par billets de change, a promis à ce dernier de lui fournir le cautionnement de J. Vogel et G. Herter en vue du renouvellement des dits effets. Weiss a accepté cette offre et a remis à Dreyfus un formulaire à faire signer par les cautions, d'après lequel celles-ci s'engageraient solidairement pour

le terme de cinq ans. Dreyfus obtint, en effet, la signature de
cet engagement par les cautions, mais ne le remit point à Weiss,
prétextant que l'une d'elles n'avait pas voulu le souscrire.

Dans la suite, Weiss se trouva dans le cas de devoir accorder
à Dreyfus un nouveau terme pour le paiement; à cette occasion,
Dreyfus lui fit voir l'acte de cautionnement et promit de le
remettre à Weiss s'il lui faisait des conditions plus favorables.
Weiss n'ayant pas voulu accepter ces propositions, envoya à
Vogel et Herter un nouvel acte de cautionnement à signer, en
expliquant que vu les nouveaux arrangements pris avec Dreyfus,
il y avait lieu de renouveler le cautionnement précédent. Weiss
ajoutait à ce sujet que l'engagement souscrit le 10 mai 1886
pour le terme de cinq ans aurait pu être dénoncé pour le 10 mai
1891, tandis que, grâce au nouveau délai accordé au débiteur
principal, le capital ne serait exigible que le 1er janvier 1892.
Weiss passa sous silence, à cette occasion, le fait que l'acte de
cautionnement précédent se trouvait encore en mains de Dreyfus, et les cautions, supposant que Weiss était en possession de
cet acte, consentirent à signer le nouvel engagement.

Dans la suite, Vogel et Herter ont appris comment les choses
s'étaient passées en réalité; ils ont alors ouvert action à Weiss
en restitution de l'acte de cautionnement souscrit par eux, alléguant que Weiss leur avait fait croire à tort que le cautionnement primitif était valable et qu'il s'agissait uniquement de le
renouveler, alors qu'au contraire il n'était jamais devenu parfait.
Weiss a contesté le bien-fondé de cette argumentation; c'est en
son nom et sur son ordre, dit-il, que Dreyfus a obtenu la signature des cautions sur l'acte primitif; l'engagement de ces dernières est donc devenu parfait. Quant à la circonstance que l'acte
est resté en mains de Dreyfus, il est sans importance au point de
vue de la responsabilité des demandeurs.

Le Tribunal civil a condamné le défendeur à restituer l'acte
de cautionnement aux demandeurs.

Motifs.

Il est établi par les allégués concordants des deux parties
que le nouvel acte de cautionnement signé par les demandeurs
a été souscrit en vue du renouvellement du cautionnement précédent, qui était considéré comme valable. Si cet engagement
était effectivement valable, le renouvellement doit être envisagé
comme l'étant également; dans le cas contraire, le second acte
doit être déclaré nul et de nul effet pour cause d'erreur essen-

tielle de la part des demandeurs, conformément aux art. 18 et 19 CO.

Or, il est réellement établi que le premier cautionnement n'est pas devenu parfait. D'après les art. 489 à 491 CO., le cautionnement est valablement donné par le fait que la caution s'engage par écrit envers le créancier à lui garantir l'exécution de l'obligation contractée par le débiteur principal. Un tel engagement écrit envers le créancier suppose que l'acte soit remis au créancier ou à son mandataire. En l'espèce, Dreyfus n'était nullement le représentant du créancier; il était le débiteur principal, qui avait promis d'obtenir le cautionnement des demandeurs et s'il s'est procuré les signatures de ces derniers, c'est dans son propre intérêt et non dans celui du défendeur. Aussi longtemps que Dreyfus a gardé par devers lui l'acte signé par les demandeurs, sans le remettre au défendeur, la déclaration de la volonté de cautionner n'était pas accomplie vis-à-vis du créancier et par conséquent le cautionnement non encore parfait. Il importe peu, à cet égard, que Dreyfus ait manqué à ses obligations envers le défendeur en lui dissimulant l'acte.

Il suit de là que la souscription du second acte ne constituait pas le renouvellement d'un cautionnement déjà existant, mais la création d'un nouveau; or, comme il est établi que telle n'était point l'intention des parties, mais qu'au contraire les demandeurs n'ont consenti à le signer que parce qu'ils se trouvaient dans une erreur essentielle au sujet de la nature de l'engagement souscrit précédemment par eux, l'acte prémentionné doit leur être restitué comme étant nul et de nul effet.

Ce jugement a été confirmé, le 28 mars 1889, par la Cour d'appel. C. S.

Genève. — TRIBUNAL DE COMMERCE.
Audience du 14 février 1889.

Société en nom collectif. — Dissolution. — Demande d'exclusion d'un associé. — Tardiveté. — Art. 576 et 578 CO.

Bocquin contre Kurz.

L'exclusion d'un associé en nom collectif ne peut être requise qu'aussi longtemps que la dissolution de la société n'est pas prononcée.

Par jugement du 13 décembre dernier, rendu à la requête de Bocquin, mais sur commun accord entre les parties, le Tribunal a déclaré la société Bocquin et Kurz dissoute, et a nommé Delaquis son liquidateur.

Aujourd'hui le demandeur conclut à ce qu'il soit prononcé qu'il sera seul admis à reprendre la suite des affaires de cette société, à l'exclusion de Kurz, auquel, après établissement des comptes, il paierait sa part d'actif; subsidiairement, il prétend à des dommages-intérêts et à la suppression de l'appointement mensuel de son ex-associé.

Attendu qu'en droit, il base ses prétentions sur les art. 576 et 578 CO.

Attendu que la lecture de ces articles indique que si l'exclusion d'un associé peut être requise, ce ne peut être qu'antérieurement à la dissolution; que MM. Schneider et Fick déclarent qu'en pareil cas, le juge a le libre choix d'ordonner ou la dissolution de la société, ou l'exclusion du sociétaire; que le bon sens, du reste, suffit pour faire comprendre que lorsque la société est dissoute, c'est-à-dire n'existe plus si ce n'est que pour sa liquidation, il n'est pas possible d'en exclure l'une des personnes qui en firent partie.

Attendu que dans l'exploit introductif d'instance, le demandeur déclare lui-même que la société dont s'agit est actuellement dissoute.

Attendu, dès lors, que légalement la demande principale de Bocquin est inadmissible; qu'au surplus, en fait, elle paraît peu fondée.

Attendu que les conclusions subsidiaires de Bocquin doivent également, ainsi que son offre de preuve, être rejetées à l'heure actuelle; que Kurz, en effet, a fort bien pu travailler pour le compte de la société et peut encore s'occuper pour sa liquidation, tout en n'allant pas au laboratoire; que ce sont, au surplus, des faits sur lesquels le liquidateur est, en l'état, seul bastant pour donner son avis; que c'est lui aussi qui aura à se prononcer sur le mode de liquidation qui lui paraîtra le plus avantageux pour tous les intéressés, et que ce n'est que lorsque ce liquidateur déclarera sa mission terminée et rendra ses comptes, que le demandeur, s'il n'en est pas satisfait, pourra les contester en justice.

Attendu, dès lors, que pour le moment, Bocquin doit aussi être débouté de ses conclusions subsidiaires.

Audience du 16 mai 1889.

Vente d'un fonds de commerce. — Interdiction de concurrence. — Exploitation par le vendeur d'un commerce similaire sous le nom d'une personne interposée. — Dommages et intérêts.

Ruegsegger contre Marolf.

Est passible de dommages et intérêts le vendeur d'un fonds de commerce qui, s'étant interdit de faire concurrence à l'acheteur, exploite nonobstant un commerce similaire sous le nom d'une personne interposée. Il y a en outre lieu de faire fermer ce commerce.

Le demandeur Ruegsegger a acheté de Christian Marolf l'établissement de boucherie que ce dernier possédait au boulevard James-Fazy, avec la clientèle le concernant. Lors de cette vente, le défendeur s'est interdit de se rétablir dans le même genre de commerce et d'ouvrir une boucherie sur la rive droite du Rhône, en ce qui concerne la ville, et de fournir sa clientèle actuelle.

Cette remise a été effectuée en août 1887 ; en septembre 1888, un sieur Marolf ouvrit, à la rue de Lausanne, une boucherie dont le demandeur requiert la fermeture, en soutenant que celui qui exploite ce commerce est bien son vendeur primitif, tandis que celui-ci le conteste.

Attendu que des explications fournies, notamment en comparution personnelle, et des faits de la cause, il résulte que si le bail du local où cette nouvelle boucherie se trouve a été passé par un sieur Gottfried Marolf, non inscrit, du reste, comme boucher au registre du commerce, d'autre part, il est constant que ce monsieur n'habite pas le canton de Genève, qu'il est domicilié à Berne, qu'il est le frère du défendeur qui est seul inscrit sur le susdit registre comme boucher ; enfin, que c'est le défendeur qui, vis-à-vis de la clientèle, est la seule personne qui faisait aller ce commerce ; qu'il conste de tout ce que dessus qu'en réalité c'est bien Christian Marolf qui, au moyen du procédé douteux et bien connu d'une personne interposée, a essayé de violer son engagement et, après avoir touché le prix de sa vente, de frustrer son acheteur du bénéfice de cette opération.

Attendu qu'une telle manière d'agir, qui montre, de la part du défendeur, fort peu de bonne foi et mérite un blâme sévère, a causé un réel préjudice à Ruegsegger ; que Marolf lui en doit réparation.

Attendu que le Tribunal a en mains les éléments voulus pour arrêter à 800 fr. et aux dépens les dommages-intérêts dus à cet égard par le défendeur au demandeur.

Attendu, en outre, qu'il convient d'ordonner la fermeture, — si elle n'est déjà faite, — de l'établissement dont s'agit, sis à la rue de Lausanne, dans les 24 heures dès la signification du présent jugement, à peine de 40 fr. de dommages-intérêts par chaque jour de retard.

Neuchâtel. — TRIBUNAL CANTONAL.

Séance du 7 juin 1889.

Accident de chemin de fer survenu pendant la période de construction. — Faute de la compagnie. — Art. 1er de la loi fédérale du 1er juillet 1875.

Casassa contre Jura-Berne-Lucerne.

Les compagnies de chemins de fer sont responsables des accidents survenus dans la construction du chemin, s'ils sont le résultat d'une faute quelconque de leur part.

Il y a faute à la charge de l'entreprise si elle n'a pas pris ou ordonné les mesures nécessaires pour prévenir les effets dangereux de la substance explosible qu'elle emploie et qu'elle met entre les mains de ses employés et de ses ouvriers.

J. Casassa, occupé en qualité de mineur à la construction d'un tunnel entre Renan et la Chaux-de-Fonds, fut blessé grièvement aux yeux par un morceau de dynamite qui se trouvait sous son outil et qui fit explosion. Cet accident a eu pour lui les conséquences les plus graves; l'œil droit a dû être enlevé, et la vision de l'œil gauche a tellement diminué que Casassa est incapable de travailler désormais et de soutenir sa famille, qui se compose de sa femme et de deux enfants. Il a réclamé la somme de 22,000 fr. à titre d'indemnité pour la réparation du préjudice qu'il a souffert, tandis que la compagnie du chemin de fer a conclu à libération par le motif que l'accident doit être imputé à un manque de vigilance de la part de Casassa.

Il a été établi dans l'instruction du procès qu'avant l'accident de Casassa, deux autres accidents également causés par la dynamite avaient eu lieu dans le même tunnel et étaient arrivés à deux ouvriers de la même entreprise; que des ouvriers de l'entreprise ont, à plusieurs reprises, trouvé dans ce tunnel des morceaux de dynamite qui n'avaient pas brûlé, ou de la dynamite qui n'avait pas fait explosion au fond des trous de mine; que Casassa lui-même a sorti un jour d'un ancien trou de mine de ce tunnel une cartouche de dynamite qui n'avait pas brûlé; que le mineur Z. a trouvé très souvent dans les déblais des morceaux de dynamite qui n'avaient pas brûlé, et qu'il a remarqué qu'il y avait des coups qui n'étaient pas partis et dont la dynamite était laissée dans le trou de mine; que l'un des entrepreneurs a dit plusieurs fois que la dynamite était de mauvaise qualité parce qu'elle ne brûlait pas entièrement, et qu'il fallait changer leur dynamite.

Le Tribunal cantonal a condamné la compagnie à payer au demandeur, à titre d'indemnité, la somme de 10,000 fr.

Motifs.

Considérant qu'il y a lieu à faire dans la cause l'application de l'art. 1er de la loi fédérale du 1er juillet 1875.

Que cet accident doit être imputé à une faute de l'entreprise, qui a manqué de vigilance et n'a pas pris ou ordonné les mesures nécessaires pour prévenir les effets dangereux de la substance explosible qu'elle emploie et qu'elle met entre les mains de ses employés ou de ses ouvriers.

Qu'avertie par des accidents antérieurs, survenus dans le même tunnel et causés par la même substance, l'entreprise devait redoubler de vigilance et faire soigneusement vérifier si toute la dynamite fournie par elle pour les mines avait fait explosion et s'il ne s'en trouvait pas des morceaux dans les déblais.

Que cette vérification était d'autant plus nécessaire que la dynamite était employée au percement d'un tunnel, travail qui offre des dangers spéciaux et qui exige, de la part de l'entreprise, un redoublement de précautions.

Que si les effets de la dynamite ne sont pas toujours les mêmes, mais varient selon la nature plus ou moins résistante de la roche pour laquelle elle est employée, la compagnie n'en doit pas moins prendre, dans l'intérêt de ses employés et de ses ouvriers, les précautions et les mesures les plus propres à prévenir toute possibilité d'accident dans l'emploi de la substance si dangereuse et délicate à manipuler qu'elle remet à ses ouvriers.

Que la compagnie défenderesse n'a relevé contre le demandeur aucune négligence ni aucune faute qui soit de nature à exonérer la compagnie de la responsabilité qu'elle a encourue.

<hr/>

Vaud. — TRIBUNAL CANTONAL.
Séances des 27 juin et 2 juillet 1889.

Lettre de change. — **Acceptation.** — **Prescription.** — **Enrichissement illégitime.** — **Action civile ordinaire.** — **Admission.** — Art. 70 et suiv., 813, 882 et 901 CO.; art. 1004 Cc.

Bær contre Rod.

Il n'y a chose jugée que si la chose demandée dans le second procès est la même que celle qui a fait l'objet du premier jugement ou passé-expédient.

L'extinction des obligations nées antérieurement au 1er janvier 1883 est régie, dès cette date, par le Code fédéral des obligations.

L'accepteur et le tireur, même après avoir été libérés par suite de prescription ou de déchéance, restent obligés par les voies civiles ordinaires envers le porteur, jusqu'à concurrence du bénéfice qu'ils ont fait à ses dépens.

<hr/>

Avocats des parties :

MM. GAUDARD, pour Jean Bær, défendeur et recourant.

DUPRAZ, pour Jean Rod, demandeur et intimé.

Dans une demande du 24 août 1888, le procureur-juré Dupuis, à Vevey, agissant au nom de Jean Rod, au dit lieu, a conclu à ce qu'il soit prononcé :

1° Que Jean Bær, boucher à Montreux, est le débiteur de Jean Rod et doit lui faire prompt paiement de la somme de 661 francs, avec intérêt dès le 15 août 1877, sous déduction de 78 fr. 75 cent. et des intérêts prescrits, pour autant qu'il s'est enrichi à ses dépens, en invoquant la prescription de l'acceptation du 7 septembre 1877.

2° Que le séquestre imposé en mains de A. Panchaud, à Corsier, le 19 juillet 1888, pour parvenir au paiement de la dite dette, est régulier et qu'il peut y être suivi.

Dans sa réponse, Bær a conclu tant exceptionnellement qu'au fond :

1° A libération des fins de la demande.

2° Reconventionnellement, à ce qu'il soit prononcé que Rod

est son débiteur et doit lui faire immédiat paiement de 500 fr., avec intérêt légal, à titre de dommages-intérêts, modération de justice réservée, le produit de la vente juridique de la vache séquestrée devant, en outre, être livré intact au défendeur. Pour le cas où la conclusion n° 1 de la demande serait admise, le défendeur conclut néanmoins à l'admission de cette conclusion n° 2 de la réponse, le droit lui étant accordé de compenser les valeurs qu'il pourrait devoir à Rod avec celles que ce dernier lui redevrait.

L'instruction de la cause, dans laquelle des preuves par témoins ont été entreprises, a établi, entre autres, les faits suivants :

Le 7 septembre 1877, Bær a accepté par 661 fr., y compris 2 francs pour frais de retour, une traite de 459 fr. et une seconde traite de 200 fr. tirées sur lui par Rod. Ces deux traites, qui représentaient le prix de marchandises livrées par Rod à Bær, n'ont pas été payées par ce dernier.

Le 13 octobre 1877, Rod a agi par voie de saisie générale mobilière au préjudice de Bær pour être payé de 661 fr., montant des deux traites prémentionnées. Ensuite de cette poursuite mobilière, Rod a obtenu, le 17 novembre 1877, un acte de défaut de biens contre le défendeur Bær.

Toujours pour être payé de la même valeur, Rod a, le 19 septembre 1877, pratiqué une saisie-subhastation au préjudice de Bær.

Le 20 novembre 1877, une saisie-otage a été pratiquée en faveur de la Caisse d'épargne de Vevey et au préjudice de Bær sur les immeubles de celui-ci déjà subhastés par Rod.

Le 17 janvier 1878, la Caisse d'épargne a obtenu, ensuite de cet otage, une ordonnance de mise en possession, laquelle a été signifiée le 25 du même mois.

Bær n'ayant pas réemptionné les immeubles otagés, ceux-ci ont fait l'objet, le 4 septembre 1879, d'un retrait entre la Caisse d'épargne et Susanne-Élise Cousin, créancière hypothécaire en second rang.

La saisie-subhastation de Rod, présentée au contrôle le 24 septembre 1877, a été radiée le 23 juillet 1879.

Ensuite de cette saisie, Rod a perçu, après déduction des frais, 78 fr. 75, montant d'une répartition de loyers de l'immeuble subhasté.

2

Par exploit du 23 août 1883, Rod a agi par voie de saisie-arrêt en mains de la faillite Stæmpfli, et le 11 juin 1888 il a pratiqué un séquestre au préjudice de Bær.

Bær a opposé à ce séquestre en se fondant sur ce que le titre, soit l'acceptation invoquée et les valeurs réclamées étaient prescrites et sur ce qu'il ne devait rien.

Par exploit du 19 juillet 1888, Rod a déclaré passer expédient partiellement des conclusions de cette opposition, sans reconnaître d'ailleurs par là le bien-fondé de tous les moyens d'opposition.

Par exploit du même jour, 19 juillet 1888, Rod a pratiqué un nouveau séquestre au préjudice de Bær, en mains de A. Panchaud, à Corsier, séquestre portant sur une vache que le dit Panchaud avait vendue à Bær.

Ce séquestre avait pour but de parvenir au paiement, sous déduction des acomptes perçus, de la somme de 661 fr. et intérêts, pour autant que Bær doit à Rod pour enrichissement illégitime.

Pour suivre à son séquestre, Rod a cité Bær en conciliation et a obtenu acte de non-conciliation.

La vache séquestrée était destinée à la boucherie, Panchaud fournissant des bêtes à cet effet. Bær remplit l'office d'aide dans la boucherie exploitée par sa femme et fait fréquemment des achats de bétail. La vache séquestrée pouvait donner pour la boucherie un bénéfice d'environ 45 fr.

Les fournitures faites par Rod à Bær en 1876 et 1877 ont été utilisées pour l'immeuble de Bær, que Rod a saisi plus tard et dont Bær a été dépossédé par d'autres créanciers.

Dans sa réponse, Bær a opposé les quatre moyens suivants à la demande de Rod :

I⁰ˢ moyen exceptionnel. Il y a chose jugée ensuite de l'action ouverte par Bær et à laquelle le passé-expédient de Rod a mis fin.

II⁰ moyen. La saisie-subhastation de Rod du 19 septembre 1877, pour obtenir le paiement de l'acceptation du 7 septembre 1877, a été périmée et cette acceptation elle-même est prescrite sous l'empire de la loi vaudoise. Les art. 70 et suivants CO. sur l'enrichissement illégitime ne sont ainsi pas applicables.

III⁰ moyen. Les deux premiers alinéas de l'art. 882 CO. doivent seuls être invoqués utilement, et non le troisième alinéa. Ainsi la forme et les conditions dans lesquelles a été prescrite l'acceptation du 7 septembre 1877 restent régies par le droit cantonal, lequel ne connaît en matière de lettre de change que la prescription pure et simple, sans le palliatif de l'action civile ordinaire pour cause d'enrichissement illégitime.

IVe moyen. Le séquestre de Rod est irrégulier, puisqu'il ne se fonde que sur un acte de défaut de biens éteint par la prescription décennale.

Par jugement du 12 février 1889, le Tribunal civil du district de Vevey a alloué au demandeur ses conclusions, écarté les conclusions libératoires et reconventionnelles du défendeur et condamné ce dernier aux dépens. Ce jugement est basé entre autres sur les motifs suivants :

Ier moyen. Il n'y a pas chose jugée dans l'espèce, attendu que le 19 juillet 1888 Rod n'a pas passé expédient sur une demande identique à celle qui forme l'objet du présent procès.

IIe moyen. Les dispositions du Code fédéral des obligations sur l'enrichissement illégitime ne sont pas inapplicables ainsi que le prétend Bær, attendu que la poursuite exercée par Rod a été éteinte postérieurement à l'entrée en vigueur du dit Code et que le titre qui fondait la saisie n'a pu se prescrire que sous l'empire du Code fédéral.

IIIe moyen. Il ne s'agit pas ici des effets de l'acceptation de la lettre de change acceptée par Bær, mais bien des effets de l'extinction de cette obligation par la prescription; c'est donc bien le 3me alinéa de l'art. 882 CO. qui doit déterminer la loi à appliquer.

IVe moyen. La prescription décennale de l'acte de défaut de biens n'est pas encourue, attendu qu'elle a été l'objet d'actes interruptifs, savoir les diverses poursuites exercées par Rod contre Bær.

Fond. Bær s'est enrichi illégitimement aux dépens de Rod des sommes pour lesquelles il s'est constitué débiteur par effet de change, sous déduction des acomptes perçus ; en effet, la lettre de change acceptée pour marchandises fournies et qui a été éteinte par la prescription, a mis dans les mains de Bær des biens meubles dont il a reconnu le prix et dont il a personnellement bénéficié.

Bær a recouru contre ce jugement, dont il demande la réforme par les motifs ci-après : A supposer que la lettre de change acceptée ait été prescrite après le 1er janvier 1883, les engagements de Bær envers Rod restent régis par la loi cantonale. L'article 813 CO. n'est pas applicable et, le fût-il, il n'exclut pas l'application du droit cantonal aux rapports obligatoires ordinaires des parties. Or le droit cantonal ne justifie pas les conclusions de Rod et toute action basée sur les rapports de droit originaires des parties est prescrite, du reste. Rod n'a jamais interrompu la prescription de cette action ; il a toujours agi en vertu du droit de change et l'action civile ordinaire, si elle existe rétroactivement, est prescrite. Les art. 882, premier et second alinéas, et 901 CO. ont été méconnus par le Tribunal de jugement.

A l'audience des plaidoiries du 27 juin 1889, Bær, par l'organe de son conseil, a reconnu que l'effet de change de 1877 avait été éteint sous l'empire du Code des obligations.

Le Tribunal cantonal a écarté le recours.

Motifs.

Examinant le pourvoi et considérant que la déclaration ci-dessus de Bœr a comme conséquence l'abandon par le recourant des deuxième et quatrième moyens de sa réponse.

Qu'il n'y a plus lieu, dès lors, qu'à s'occuper des moyens n⁰⁸ 1 et 3.

Sur le moyen n° 1, considérant que par exploit du 11 juin 1888, Rod avait agi par voie de séquestre contre Bær pour être payé des 661 fr. représentant l'acceptation du 7 septembre 1877.

Que Bær a opposé à ce séquestre, estimant qu'il ne devait rien et que la réclamation de Rod était prescrite.

Que Rod a alors passé expédient partiellement sur cette opposition sans reconnaître d'ailleurs le bien-fondé de tous les moyens de Bær.

Considérant que dans le procès actuel, Rod a conclu au paiement de 661 fr., sous déduction de 78 fr. 75 et des intérêts prescrits, pour autant que Bær s'est enrichi à ses dépens.

Considérant qu'en passant expédient, Rod n'a pas renoncé à faire valoir son titre et n'a pas abandonné définitivement tout droit contre Bær, mais qu'il s'est borné à renoncer à son séquestre.

Considérant dès lors que le passé-expédient de Rod n'a point la portée que Bœr voudrait lui attribuer.

Considérant que l'art. 1004 Cc. n'est dès lors pas applicable à l'espèce, puisque la chose demandée n'est pas la même,

Le Tribunal cantonal écarte ce moyen.

Sur le 3ᵉ moyen et sur le fond, considérant qu'il s'agit de discuter dans l'espèce non point les effets de l'acceptation de la lettre de change et de l'étendue des engagements que Bœr a pris, mais bien les conséquences de l'extinction par la prescription de l'obligation contractée par le défendeur.

Considérant que cette question doit dès lors être discutée à la lumière du 3ᵉ alinéa de l'art. 882 CO., qui statue que les faits postérieurs au 1ᵉʳ janvier 1883, notamment la transmission ou l'extinction d'obligations nées antérieurement à cette date, sont régis par le dit Code.

Qu'il s'agit bien dans l'espèce de l'extinction, postérieure au 1ᵉʳ janvier 1883, de l'obligation qu'avait contractée Bœr avant cette date.

Considérant que dans ces circonstances les §§ 1 et 2 de l'article 882 CO. ne sont pas applicables, puisqu'ils ne visent que les effets juridiques de faits antérieurs au 1ᵉʳ janvier 1883.

Considérant que l'art. 901 CO. ne saurait non plus être valablement invoqué par Bœr, le procès actuel n'ayant pas pour but de déterminer la responsabilité résultant de l'apposition d'une signature sur une lettre de change.

Qu'au surplus cet art. 901 ne contredit en rien l'art. 882, dont il ne fait qu'appliquer le principe.

Considérant dès lors qu'il y a lieu d'appliquer à l'extinction de la lettre de change acceptée par Bœr les dispositions du Code fédéral des obligations et non celles des lois cantonales.

Considérant qu'aux termes de l'art. 813 CO., l'accepteur et le tireur, même après avoir été libérés par suite de prescription ou de déchéance, restent obligés par les voies civiles ordinaires envers le porteur, jusqu'à concurrence du bénéfice qu'ils auraient fait à ses dépens.

Considérant que cette disposition est une application de la règle générale de l'art. 70, qui dit que celui qui, sans cause légitime, s'est enrichi aux dépens d'autrui, est tenu à restitution.

Que tel est bien le cas dans l'espèce.

Qu'en effet le billet de change accepté par Bœr a eu pour conséquence de mettre en ses mains des marchandises fournies par Rod, dont il a reconnu le prix et dont il a bénéficié personnellement.

Que dès lors les conclusions de Rod sont fondées.

Séance du 9 juillet 1889.

Procédure devant le juge de paix. — Question de compétence. — Jugement au fond rendu sans instruction de la cause. — Nullité. — Art. 5 Cpc.; art. 195 de la loi sur l'organisation judiciaire.

Etat et commune de Fribourg contre Henseler.

Il y a lieu à nullité du jugement que le juge rend sur le fond de la cause, alors que les parties se sont bornées à discuter la question de compétence et qu'elles n'ont été ni appelées ni entendues sur le fond.

Par exploit du 21 mars 1889, le procureur-juré Dupuis, à Vevey, qui agit au nom de l'Etat et de la ville de Fribourg, a pratiqué une saisie mobilière au préjudice d'Antoine Henseler, à Montreux, pour parvenir au paiement de diverses sommes dues aux instants.

Par exploit du 13 avril 1889, Henseler a fait opposition à cette saisie, estimant ne pas devoir les sommes qui lui sont réclamées.

A l'audience du Juge de paix du cercle de Montreux, du 25 avril 1889, l'Etat et la ville de Fribourg ont conclu exceptionnellement à libération de l'opposition formée par Henseler, entre autres par le motif que les juges vaudois ne seraient pas compétents pour statuer en la cause.

Par jugement du 2 mai 1889, le Juge de paix a écarté les conclusions exceptionnelles des défendeurs et s'est déclaré compétent pour statuer en la cause.

Au rapport de la sentence, les défendeurs ont déclaré recourir au Tribunal cantonal.

Par acte du 13 mai 1889, le représentant des défendeurs a déclaré qu'en annonçant à l'audience du 2 mai 1889 qu'il recourait contre le jugement sur déclinatoire, il n'entendait pas soulever un incident suspensif, son seul but étant de réserver ses droits pour le moment où le Juge aurait statué sur le fond. Il demandait, en conséquence, que l'instruction de la cause soit reprise pour qu'il soit statué sur le fond.

Le 23 mai 1889, le Juge de paix a pris séance pour rendre son jugement sans avoir assigné à nouveau les parties.

Par ce jugement, le Juge de paix a admis les conclusions de l'exploit d'opposition et a écarté les conclusions tant exceptionnelles que de fond de l'Etat et de la commune de Fribourg.

Par acte du 4 juin 1889, le procureur-juré Dupuis a déclaré

recourir contre les jugements des 2 et 23 mai 1889 en se fondant sur les motifs suivants :

I. Le jugement du 2 mai n'aurait pas dû être rendu isolément mais seulement avec le jugement au fond (loi jud., art. 189).

II. Les parties n'ont pas été entendues sur le fond de la cause. Lorsque les recourants ont déclaré que leur intention n'était pas de porter le recours incident isolément au Tribunal supérieur, le juge aurait dû réassigner les parties pour qu'elles procèdent sur le fond.

Le Tribunal cantonal a admis le recours, annulé le jugement et renvoyé la cause au Juge de paix de Villeneuve pour être instruite et jugée à nouveau en ce qui concerne le fond.

Motifs.

Considérant tout d'abord, *sur le I⁰ʳ moyen*, que les parties ne peuvent recourir au Tribunal cantonal contre les jugements rendus par les juges de paix que dans les cas expressément prévus par l'art. 195 de la loi judiciaire.

Que le recours ne rentre dans aucun des cas prévus par cette disposition de la loi.

Que, du reste, les recourants ne se sont pas opposés à la manière de procéder du Juge, lorsque celui-ci a annoncé qu'il allait statuer sur la question de compétence sans que les parties aient procédé sur le fond.

Par ces motifs, le Tribunal cantonal écarte ce moyen, le jugement sur déclinatoire du 2 mai 1889 étant ainsi maintenu.

Attendu, *sur le II⁰ moyen*, qu'à l'audience du 25 avril les parties n'ont fait aucun procédé relatif au fond de la cause.

Qu'au contraire elles se sont bornées à discuter la question de compétence.

Que, dès lors, avant de rendre son jugement sur le fond de la cause, le Juge de paix aurait dû assigner à nouveau les parties pour qu'elles puissent discuter contradictoirement la question à juger.

Attendu qu'il ne peut être rendu de jugement sans que les parties aient été entendues ou régulièrement appelées (Cpc. article 5).

Que cette prescription est d'ordre public et que, dès lors, si elle est violée, ce fait seul doit entraîner la nullité du jugement.

Qu'en l'espèce, ainsi qu'il est dit ci-dessus, les parties n'ont été ni appelées ni entendues sur le fond de la cause.

Zurich. — Cour de cassation

Traduction d'un arrêt du 10 avril 1889.

Obligation au porteur frappée d'opposition. — Vente. — Action en garantie et en résiliation. — Art. 229, 235 et suiv., et 243 CO.

Walker contre Bernhardt.

L'art. 243 CO., relatif à la garantie des défauts de la chose vendue, ne vise que les choses corporelles et non point les droits de créance.

Pour que le vendeur soit tenu à garantie pour cause d'éviction, conformément à l'art. 235 CO., il ne suffit pas que des prétentions quelconques soient élevées par un tiers sur la chose vendue; il faut encore qu'elles soient reconnues fondées.

Nous avons publié, à pages 70 et suivantes de ce volume, un jugement rendu le 30 novembre 1888 par le Tribunal de commerce de Zurich, dans une cause Walker contre Bernhardt, concernant l'acquisition par un tiers d'une obligation au porteur frappée d'opposition. Le dit tribunal avait, on s'en souvient, débouté l'acquéreur Walker des fins de son action tendant à la résiliation du marché passé entre parties, à raison des défauts de la chose vendue et de l'éviction de l'acheteur.

Walker a recouru en cassation contre le prononcé du Tribunal de commerce, estimant qu'il viole manifestement des dispositions précises de la loi, soit les art. 229, 235 et 243 CO. La Cour de cassation n'a pas admis cette manière de voir. Tout d'abord, en ce qui concerne l'art. 243 CO., elle a estimé qu'il ne trouvait pas son application en l'espèce, attendu que cette disposition, qui parle des défauts enlevant à la chose vendue sa valeur ou son utilité prévue ou les diminuant sensiblement, vise exclusivement les choses corporelles et non les droits de créance. L'arrêt de cassation continue ensuite en ces termes :

« A supposer même que l'on veuille, fondé sur ce que certaines règles du droit des choses s'appliquent aussi au commerce des droits de créance, attachés à la personne du possesseur du titre, en inférer à tort que les droits incorporés dans les titres au porteur constituent des choses, il serait peut-être permis de parler d'un défaut de la chose vendue si le débiteur était insolvable, mais non point lorsque la créance (envisagée comme une chose corporelle) n'existe pas ou qu'elle est saisie. Ce serait une faute de logique que de prétendre qu'un titre au porteur frappé d'opposition n'est pas marchand, tout comme ce serait un raisonnement absolument faux que de dire d'une chose corporelle, une pierre précieuse par exemple, qu'elle n'est pas marchande parce qu'elle a fait l'objet d'un vol effectif ou supposé et qu'elle a été séquestrée pour ce motif. C'est à tort qu'on voudrait voir un défaut de la chose vendue dans le fait que cette chose, ou cette créance, ne peut se vendre en raison d'obstacles juridiques, ou ne peut, pour la même cause, être employée ou rapporter des intérêts. Aussi la loi évite-t-elle avec raison la terminologie inexacte qui consisterait à parler de défauts juridiques de la chose vendue, par opposition aux défauts corporels (l'arrêt cite ici une décision du Tribunal supérieur de commerce allemand, t. XVI, p. 22 à 26, ainsi que le manuel de droit privé prussien de Dernburg, t. II, § 143, qui soutient une opinion contraire). »

Puis l'arrêt continue comme suit :

« Les premiers juges ont admis que le vendeur, qui ignorait, lors de la cession, que les titres vendus par lui étaient frappés d'opposition, n'est pas responsable envers l'acquéreur du préjudice qui peut résulter pour lui de ce fait, si, dans la suite, l'opposition vient à être reconnue non fondée. Cette manière de voir n'est point en contradiction avec les art. 229 et 235 CO. L'article 229 oblige à la vérité le vendeur à transférer à l'acheteur la pleine propriété et jouissance de la chose vendue ; il est vrai également que lorsque celle-ci consiste en un droit de créance résultant d'un titre au porteur, la jouissance de l'acquéreur est diminuée par toute opposition quelconque, même reconnue non fondée dans la suite, en ce sens qu'il ne peut, aussi longtemps que dure l'opposition, toucher ni le capital ni les intérêts, ni réaliser son titre au cours du jour. Mais, à teneur de l'art. 235, la garantie découlant de l'obligation du vendeur de transférer à l'acheteur la pleine propriété et jouissance de la chose vendue, consiste dans la promesse que l'acheteur ne souffrira aucune éviction totale ou partielle, en vertu d'un droit qui compétait déjà à un tiers au moment de la vente ; or les premiers juges ne se sont pas mis en contradiction avec ce texte de loi lorsqu'ils ont estimé que ce droit du tiers devait être établi et qu'il ne suffisait pas d'une simple prétention formulée par les voies juridi-

ques [1]; cette manière de voir est d'autant plus admissible que les obligations que les art. 238 et suivants imposent au vendeur au cas où un tiers fait valoir des prétentions et que celles-ci sont reconnues fondées, supposent naturellement que le tiers obtienne gain de cause. »
                                                                C. S.

————o——◆——o————

Zurich. — COUR D'APPEL
Traduction d'un arrêt du 4 mai 1889.

Accident causé par un enfant. — Action en responsabilité contre le père. — Surveillance suffisante. — Libération. — Article 61 CO.

————

Schmied contre Ruppert.

D'après nos usages, des garçons de l'âge de 14 ans ne sont soumis à une surveillance particulière de leurs parents ni en ville, ni à la campagne. Dès lors, le père ne saurait être rendu responsable des conséquences d'un accident causé par son fils parvenu à cet âge que si les circonstances du cas lui imposaient l'obligation d'une surveillance spéciale.

Le 20 février 1888, jour du mardi-gras, un certain nombre de jeunes garçons s'amusaient sur la rue à Robenhausen. L'un d'eux, le jeune Adolphe Weber, âgé de 15 ans, était muni d'un pistolet avec lequel il s'exerçait à tirer. Un de ses camarades, le jeune Albert Ruppert, âgé de 14 ans, lui ayant demandé de le laisser tirer à son tour, Weber lui remit son arme. Ruppert déchargea une première fois son pistolet sans accident, sur quoi survinrent d'autres garçons, plus jeunes, et parmi eux Alfred Schmied, âgé de 10 ans, lequel, malgré une invitation d'avoir à s'éloigner, s'obstina à rester auprès de Weber et Ruppert. Au second coup que tira ce dernier, la bourre vint frapper Schmied au côté droit du visage, lui contusionnant fortement l'œil. Au

————

[1] Pour comprendre ce passage, il est nécessaire de relever ici une divergence existant entre le texte allemand et le texte français de l'art. 235 CO. En effet, tandis que ce dernier parle de l'éviction totale ou partielle que l'acheteur vient à souffrir « en vertu *d'un droit* qui compétait déjà à un tiers au moment de la vente, le premier vise l'éviction « aus *Rechtsgründen* (motifs juridiques), welche schon zur Zeit des Verkaufes bestanden haben. » La rédaction du texte français peut être invoquée comme un argument de plus en faveur de la thèse adoptée par les tribunaux de Zurich.

dire de l'expert, l'accident a entraîné une diminutioń assez notable de la faculté visuelle.

Ensuite de ces faits, le père Schmied a réclamé au père Ruppert une indemnité de 500 fr., en se fondant sur l'art. 61 CO., mais la Cour d'appel l'a débouté des fins de son action.

Motifs.

2. Le défendeur peut se libérer de la responsabilité statuée à l'art. 61 CO. en justifiant qu'il a exercé la surveillance qui lui incombait à l'égard de son fils de la manière usitée et avec l'attention commandée par les circonstances. Cette preuve doit être envisagée comme faite s'il est établi que ni l'usage ni les circonstances du cas ne l'astreignaient à le surveiller d'une manière particulièrement sévère, car il va sans dire que dans cette hypothèse il ne saurait être question d'un manque de surveillance ordinaire. Or cette preuve est effectivement faite dans l'espèce; c'est ce qui résulte des faits de la cause, que le juge doit examiner à ce point de vue, alors même que le défendeur n'a pas entrepris de preuves spéciales dans le but d'établir sa libération.

3. En effet, il n'est pas d'usage chez nous que des garçons de l'âge de 14 ans soient soumis à une surveillance particulière, ni en ville, ni à la campagne. Il est plutôt de règle qu'ils soient abandonnés à eux-mêmes, à moins de circonstances spéciales. La seule question à examiner en l'espèce est, dès lors, celle de savoir si peut-être les circonstances particulières du cas astreignaient le défendeur à surveiller son fils d'une manière plus rigoureuse que d'habitude. Cette question doit toutefois être résolue négativement. Si le jeune Ruppert était parti de la maison en emportant une arme à feu, ou si son père avait su qu'il avait l'intention de se servir de l'arme d'un tiers, on serait sans doute en droit d'exiger de lui une surveillance spéciale; chacun sait, en effet, que le maniement d'armes à feu exige un degré de prudence et de précaution que ne possèdent pas encore des jeunes gens de 14 ans, et qui doit, dès lors, être remplacé par une surveillance attentive. Mais, en l'espèce, c'est sans être muni d'une arme que le fils du défendeur est sorti dans la rue, et il n'a été ni établi, ni même allégué, que le défendeur ait su que son garçon se proposait de tirer. **C. S.**

France. — TRIBUNAL CIVIL DE NICE.

Audience du 20 mai 1889.

Bail. — Maison de jeu. — Cause illicite. — Nullité des conventions.

A. contre D.

Le bail fait en vue de l'exploitation dans les lieux loués du jeu de bac-carat, qui est la condition même de son existence et dont les produits doivent profiter aux deux parties, a une cause illicite, et les contractants, dont la turpitude est commune, ne sont recevables ni à demander l'exé-cution de la convention, ni à revenir sur l'exécution librement accomplie.

Attendu que, par acte du 31 janvier 1888, D., agissant en qualité de président de la société du Casino central de Menton, loua à A. le local du Casino dans lequel se trouvait installé le grand cercle de Menton, ainsi que tout le mobilier existant dans ce local pour une, deux, trois, six ou neuf années, au gré du preneur.

Attendu qu'il fut convenu qu'A. verserait à la société, à titre de loyer, pour la première année, 25 °/₀ sur les recettes brutes de la cagnotte du jeu de baccarat et 20 °/₀ sur les bénéfices nets produits par les représentations théâtrales, et pour chacune des années suivantes 20 °/₀ des recettes de la cagnotte et en outre une somme d'argent déterminée.

Qu'il fut aussi entendu qu'une somme de 5000 fr., qui avait été déjà remise à la société par A., en exécution d'une prétendue convention, annulée plus tard, serait affectée au paiement des loyers de deuxième, troisième et quatrième années.

Enfin, il fut expressément stipulé que le bail n'aurait d'effet que pour autant que le preneur serait autorisé à établir dans les lieux loués un cercle avec jeu de baccarat et qu'il serait résilié de plein droit si le cercle ainsi autorisé venait à être fermé pour quelque cause que ce fût.

Attendu qu'il résulte de l'analyse qui précède que ce bail avait été fait en vue de l'exploitation dans les lieux loués du jeu de baccarat, qui était la condition même de son existence et dont les produits devaient profiter aux deux parties.

Qu'il avait donc une cause illicite.

Qu'aucune action utile ne peut se fonder sur un contrat entaché de ce vice radical et absolu, et que les contractants, dont la turpitude est commune, comme dans le cas actuel, ne sont recevables ni à demander l'exécution de la convention, ni à revenir sur l'exécution librement accomplie.

Qu'il suit de là que A., bien qu'il renonce à continuer le bail, ainsi que le droit lui en avait été réservé, ne peut être admis à réclamer le remboursement de la somme de 5000 fr. versée par lui en exécution des stipulations de ce bail.

Par ces motifs, le Tribunal déclare le demandeur mal fondé dans sa demande. *(Gazette des Tribunaux.)*

Bibliographie.

De la justification du délit par l'état de nécessité. Thèse de doctorat présentée à la Faculté de droit de Genève, par M. PAUL MORIAUD.

L'expression allemande de *Nothstand* est très difficile à traduire en français.

Le terme d'*état de nécessité* ne reproduit pas d'une manière complètement satisfaisante l'idée contenue dans le mot de *Noth*, détresse, misère.

Mais, en attendant que la science en ait trouvé une meilleure, il est·permis de se servir de cette locution d'*état de nécessité*, déjà admise par les auteurs italiens, *stato di necessità*.

Quelle est donc la notion qu'il s'agit de qualifier ?

M. Paul Moriaud propose la définition suivante : « Un état de choses tel que la sauvegarde d'un bien nécessite la commission d'un acte en lui-même délictueux. »

Toute personne peut se trouver dans une situation telle, que pour conserver un de ses biens, elle ne puisse pas faire autrement que de commettre un acte qui a les caractères d'un délit.

L'exemple le plus frappant de cet état de nécessité est celui du drame de la *Mignonette.* Surpris par une tempête, les quatre hommes qui composaient l'équipage d'un yacht portant ce nom n'avaient eu que le temps de sauter dans une chaloupe. Là ils se trouvaient sans eau, et bientôt sans aucune nourriture, en pleine mer. Après plusieurs jours de souffrances, le capitaine, le pilote et le matelot se décidèrent à tuer le mousse pour se repaître de sa chair, et sauver ainsi leur vie.

Les cas de nécessité ne sont pas tous aussi terribles, loin de là. — L'auteur de la thèse en cite un assez grand nombre qui ne présentent rien d'extraordinaire.

Ainsi, un paysan conduit, dans la rue, une charrette remplie de volailles qu'il offre en vente. Un voleur s'empare de deux oies et s'enfuit. Le propriétaire dépouillé s'élance à sa poursuite. Pendant ce temps, un agent de police met en contravention le paysan pour avoir abandonné son véhicule sur la voie publique. Il était pourtant dans la nécessité d'abandonner sa charrette pour conserver sa propriété.

L'*acte nécessaire* diffère de la *légitime défense* en ce qu'il sauve un bien aux dépens d'un innocent, tandis que celui qui se défend le fait aux dépens de l'agresseur.

L'état de nécessité est-il une cause de justification du délit ?

Les législations résolvent cette question d'une manière très imparfaite, parce qu'elles sont restées sous l'influence de la théorie de la *contrainte morale,* qu'a développée Feuerbach, et en vertu de laquelle l'état de nécessité exclut la liberté de nos décisions; il constitue une contrainte morale qui détruit l'impùtabilité.

« On est en état de contrainte morale, dit Rossi, lorsqu'on se trouve placé entre deux maux immédiats, de manière que l'un ou l'autre soit impossible à éviter. Celui qui, dans cette position, prend le parti de commettre l'acte défendu, n'agit pas involontairement; à la vérité, le jeu de la liberté n'est point arrêté, mais la faculté de choisir est resserrée dans des bornes très étroites; il ne peut pas s'abstenir, dans ce sens qu'il ne peut pas s'empêcher de prendre l'un ou l'autre des deux seuls partis qui lui restent : souffrir un mal immédiat ou nuire à autrui. »

L'auteur de la dissertation repousse la théorie de la contrainte morale.

En effet, si l'on considère l'homme comme un être libre, on doit admettre que tant qu'un choix entre deux ou plusieurs alternatives est offert à sa détermination, l'acte qu'il entreprend volontairement est un acte libre. Or, dans l'état de nécessité, l'homme se détermine pour une des alternatives ; il pourrait se déterminer en faveur de l'autre. Il n'est pas irresponsable.

Si, au contraire, on nie la liberté, la contrainte n'est pas une cause de non-imputabilité, puisque toute action dérive d'une contrainte irrésistible.

Ainsi, qu'on admette ou qu'on nie le libre arbitre, on arrive au même résultat: l'état de nécessité, considéré comme produisant une contrainte morale, ne serait pas un motif d'impunité.

Le principe essentiel que l'on doit poser pour résoudre la question est celui-ci : Entre deux maux, il faut choisir le moindre. Il faut sauver le plus grand des biens, et si l'on en doit perdre un d'entre deux égaux, il importe peu que ce soit l'un ou l'autre.

Lorsqu'il y a conflit entre plusieurs intérêts, le droit, ne pouvant accorder sa protection à tous, sacrifiera le moins important au plus important.

Ces conflits d'intérêt sont fréquents sur le terrain du droit privé, comme sur celui du droit pénal. Si les biens en présence sont de valeur inégale, la loi ne peut admettre que le plus petit se conserve aux dépens du plus grand ; elle doit approuver la conservation du plus grand aux dépens du plus petit.

Mais comment décider lorsque les biens en présence sont égaux ? En ce cas, la loi doit rester neutre, elle ne peut pas autoriser expressément un individu à sauver sa vie aux dépens de la vie d'un innocent; mais, d'autre part, elle ne peut pas exiger qu'il sacrifie son existence à celle d'autrui. La loi ne peut ni l'approuver, ni le désapprouver. Le droit n'est pas la morale ; il se désintéresse d'un conflit entre biens égaux, il ne doit pas protéger un individu aux dépens des autres.

L'auteur tire de ce principe la conclusion suivante : « L'acte » nécessaire est, dans la généralité des cas : aux yeux du législateur, un acte ni juste, ni injuste, qu'il ne permet ni n'interdit ; aux yeux du juge, un acte dont la justice est en raison » directe de la supériorité du mal qu'il a écarté, sur le mal » qu'il a causé ».

Nous avons cherché à exposer, d'une manière tout à fait objective, cette théorie qui peut certainement être critiquée ; notre but a été d'attirer l'attention des juristes sur un travail qui se recommande par des qualités remarquables : l'abondance des idées, la richesse des connaissances juridiques, et la profondeur de la pensée.　　　　　　　　　　Alfred MARTIN, prof.

Résumés d'arrêts.

Assurance. — A moins d'une disposition expresse de la loi prohibant une telle clause, rien ne met obstacle à ce que les statuts d'une compagnie d'assurances sur la vie stipulent qu'il n'y aura pas lieu au paiement du montant de la police en cas de suicide de l'assuré, sans qu'il soit fait de distinction suivant que le suicidé était privé ou non de l'usage de la raison. Une telle convention n'est contraire ni à l'art. 17, ni aux articles 177 et 181 CO., non plus qu'aux art. 2 et 13 de la loi fédérale du 25 juin 1885 concernant la surveillance des entreprises privées en matière d'assurance.

TF., 8 juin 1889. Hoirs *Fiertz* c. Banque d'assurance sur la vie et d'épargne de Stuttgardt.

Cautionnement. — Les frais du procès en validation de séquestre intenté par le créancier au débiteur principal rentrent dans ceux dont les cautions sont tenues conformément à l'article 499, al. 2, CO., si elles ont été mises, en temps utile, à même de les prévenir en désintéressant le créancier.

TF., 8 février 1889. Mosimann et Lehmann c. Hofer.

Demeure. — La règle *dies interpellat pro homine*, consacrée par l'art. 117, al. 2, CO. s'applique à toutes les obligations pour lesquelles le jour du paiement a été déterminé et non pas seulement à celles résultant d'opérations à échéance fixe *(Fixgeschäfte)*. Il se peut, il est vrai, que l'indication du jour ait seulement pour but d'autoriser le créancier à exiger le paiement dès cette époque, mais non pas d'obliger le débiteur à payer sans sommation préalable. Toutefois une telle intention des parties ne doit pas se présumer ; elle ne peut être admise que si elle résulte de circonstances spéciales.

TF., 8 février 1889. Mosimann et Lehmann c. Hofer.

Etat de frais. — Les états de frais ne sont réglés par le magistrat modérateur qu'après le jugement (Cpc. 192) ou ensuite de tous autres actes emportant engagement de l'une des parties à payer les dépens, tels que transaction, passé-expédient ou désistement.

C'est dès lors avec raison que le juge refuse de modérer un état de frais établi contre une partie dont l'obligation de payer ne résulte pas d'un des actes énumérés ci-dessus.

TC., 18 juin 1889. Aviolat c. Caisse hypothécaire.

Ch. Soldan, conseiller d'Etat, rédacteur.

Lausanne. — Imp. Corbaz & Comp.

JOURNAL DES TRIBUNAUX

REVUE DE JURISPRUDENCE

Paraissant à Lausanne une fois par semaine, le Samedi.

Rédaction : M. Charles Soldan, conseiller d'Etat, à Lausanne.
Administration : M. L. Rosset, greffier du Tribunal cantonal, à Lausanne.
Abonnements : 12 fr. par an ; 7 fr. pour six mois. Pour l'étranger, le port en sus. On s'abonne à l'imprimerie Corbaz & Cⁱᵉ, chez l'administrateur, M. Rosset et aux bureaux de poste.
Annonces : 20 c. la ligne ou son espace. S'adresser à l'imprimerie Corbaz & Cⁱᵉ.

La revision de la loi sur l'organisation judiciaire fédérale.

I

La loi du 27 juin 1874 sur l'organisation judiciaire fédérale souffre, comme la loi sur l'état civil et le mariage, d'une élaboration trop hâtive. Votée avant que l'on eût pu se rendre entièrement compte de la transformation opérée par la création d'une instance suprême de réforme, elle est loin de résoudre toutes les difficultés qu'il faut surmonter pour conduire des procès à un tribunal unique par vingt-cinq chemins divers.

De bonne heure, le besoin de reviser la loi s'est fait sentir ; les rapports annuels du Conseil fédéral et du Tribunal fédéral en ont fait comprendre la nécessité. La Société suisse des juristes l'a constatée dans ses sessions de 1882 et 1886, et finalement le département de justice et police a chargé un magistrat éminent et un juriste distingué, M. le Dr Henri Hafner, juge fédéral, d'élaborer un avant-projet de loi revisée avec exposé des motifs.

Ce projet a paru, il vient d'être traduit en français par M. l'avocat Nessi, à Genève, et servira de base aux délibérations de la Société suisse des juristes, dans sa session annuelle, à Lucerne.

Le projet élaboré par M. le juge Hafner est une œuvre remarquable à tous égards : par sa science et son expérience, l'auteur était à même de satisfaire à la fois aux exigences de la doctrine et à celles de la pratique. Le projet, beaucoup plus complet que la loi actuelle, paraît prévoir toutes les éventualités et leur donner une solution satisfaisante. Il se distingue aussi par un respect profond de l'esprit et de la lettre de la Constitution fédérale ; l'auteur n'a point cédé à la tendance trop générale d'étendre, sous prétexte d'interprétation, les attributions des autorités fédérales au-delà des limites fixées par la Constitution. Mais, tout en se renfermant strictement dans sa mission, M. Hafner reconnaît que la revision de l'organisation judiciaire fédérale devrait, pour être complète, entraîner quelques modifications à la Constitution fédérale et à la loi du 22 novembre 1850 sur la procédure civile fédérale.

Le projet maintient, dans ses grandes lignes, l'organisation actuelle ; la revision porte essentiellement sur certains points spéciaux. La réforme la plus importante consiste dans l'extension de la compétence du Tribunal fédéral comme instance de recours civile et pénale et dans la subdivision de ce Tribunal en deux sections.

On peut actuellement recourir en réforme auprès du Tribunal fédéral contre les jugements civils au fond rendus par la dernière instance judiciaire cantonale, en application des lois fédérales, lorsque l'objet du litige est d'au moins trois mille francs, ou non susceptible d'évaluation. Le projet abaisse ce minimum de valeur à mille francs et admet que les procès roulant sur une somme inférieure pourront faire l'objet d'un recours en cassation si le droit cantonal a été appliqué à tort, au lieu du droit fédéral.

Au pénal, le recours en cassation n'est admis aujourd'hui

contre les jugements cantonaux que pour fausse application de quelques lois fédérales : lois fiscales, lois sur l'émission des billets de banque, l'assurance, etc. Le projet admet le pourvoi en cassation contre tout jugement pénal en dernier ressort, appliquant une loi fédérale.

De cette extension de compétence résultera un accroissement du nombre des affaires portées devant le Tribunal fédéral et par suite la nécessité de porter de 9 à 13 le nombre des juges et de diviser le Tribunal en deux sections de six membres présidées par le Président du Tribunal fédéral, connaissant : la première, des pourvois en réforme et en cassation contre les jugements cantonaux en matière civile et sur les infractions au droit de propriété industrielle ; la seconde, de toutes les contestations de droit public et des recours en matière pénale. Les chambres d'accusation et criminelle subsistent. Le Tribunal en corps décide toutes les affaires qui ne sont pas attribuées à une section ou à une chambre, notamment les contestations civiles que le Tribunal doit juger en premier et dernier ressort, les recours contre les décisions des commissions d'estimation, etc.

Le projet conserve l'ordre des matières de la loi de 1874 : I. Dispositions générales. — II. Administration de la justice civile. — III. Administration de la justice pénale. — IV. Contestations de droit public. — Il introduit un titre V : Traitements et frais.

II.

Pour l'administration de la justice civile, le Tribunal fédéral fonctionne soit comme instance unique, soit comme instance suprême sur recours.

Comme instance unique, il connaît, *ratione personæ*, des différends de droit civil :

1° Entre la Confédération et un ou plusieurs cantons ;

2° Entre des corporations ou des particuliers comme demandeurs et la Confédération comme défenderesse, lorsque le litige représente une valeur d'au moins 3000 fr. en capital ;

3° Entre cantons ;

4° Entre des cantons d'une part et des corporations ou des particuliers d'autre part, lorsque le litige représente une valeur d'au moins 3000 francs en capital et que l'une des parties le requiert.

Le projet ne modifie pas ces dispositions, mais il assimile aux différends de droit civil ceux de droit public (par exemple, les contestations en matière d'impôt) si, à teneur de la législation cantonale, ces différends sont du ressort des tribunaux ordinaires.

Jusqu'ici, le Tribunal fédéral devait se déclarer incompétent lorsque des contestations entre l'Etat et les particuliers, relatives aux impôts, à la solde des milices, étaient portées devant lui, parce qu'il s'agissait de relations de droit public. La compétence du Tribunal fédéral en cette matière serait justifiée. Il n'y a pas, dans la réalité des choses, de différence tranchée entre les réclamations pécuniaires fondées sur le droit administratif et celles qui se basent sur le droit civil ; la personnalité des parties devrait, dans l'un comme dans l'autre cas, déterminer la compétence du Tribunal fédéral.

L'assimilation des contestations administratives et surtout des réclamations en matière d'impôt aux contestations civiles aurait l'avantage de suppléer indirectement à une lacune de la Constitution fédérale en matière d'exécution des jugements : tandis qu'à teneur des art. 61 et 67 les jugements civils et les jugements pénaux (par voie d'extradition) sont exécutoires dans toute la Suisse, l'exécution des arrêts administratifs hors du canton où ils ont été rendus dépend du bon plaisir des autorités des autres cantons, et le fisc en est réduit, pour sauvegarder ses droits, à mettre la main, par voie de séquestre, sur tous les biens de la partie adverse qui peuvent se trouver dans le canton et à ressusciter ainsi en matière administrative une procédure que les premiers pactes fédéraux proscrivaient déjà en matière civile.

L'assimilation des contestations administratives aux contestations civiles pourrait, semble-t-il, être formulée par le projet d'une manière plus étendue ; la compétence du Tribunal fédéral devrait être déterminée exclusivement par la personnalité des parties et la nature du litige et non par les organisations judiciaires cantonales qui sont fort diverses et peuvent être modifiées en tout temps. Il conviendrait d'appliquer aux contestations administratives la règle d'interprétation que le projet formule à l'art. 30, 4°, pour déterminer la compétence en matière civile : le Tribunal fédéral est compétent alors même que, d'après la législation cantonale, l'espèce relèverait non des tribunaux ordinaires, mais des tribunaux spéciaux, statuant d'après une procédure spéciale.

Le Tribunal fédéral connaît, en outre, en premier et dernier ressort, en matière civile, *ratione materiæ*, des différends concernant le heimatlosat, des contestations entre communes touchant le droit de cité, de diverses contestations prévues par la législation sur les chemins de fer, les banques d'émission, etc., des procès qui sont portés devant lui par les deux parties ou lui sont attribués par la constitution ou la législation d'un canton, etc. — Le projet ne modifie pas la compétence du Tribunal en ce domaine. La plupart de ces contestations sont de droit public et devraient logiquement rentrer sous titre IV de la loi.

Comme instance civile suprême, le Tribunal fédéral prononce sur les recours contre les jugements cantonaux pour fausse application des lois fédérales. C'est le domaine le plus important de son activité, celui que la loi actuelle a le moins bien organisé et dans lequel le projet introduit les modifications les plus importantes.

L'exposé des motifs constate que le but essentiel de l'institution du recours civil au Tribunal fédéral était, dans l'esprit des auteurs de la Constitution (cf. art. 114), d'assurer l'application uniforme des lois fédérales dans le domaine privé. La réalisation uniforme du droit fédéral, tel doit donc être le but essentiel; les autres buts que l'on peut avoir en vue en créant une instance suprême, notamment la garantie d'une bonne administration de la justice, ne viennent qu'en seconde ligne.

Ce principe posé, quel sera le caractère de la Cour suprême? Doit-elle être une Cour d'appel reprenant la cause *ab ovo*, jugeant le fait et le droit? Doit-elle, au contraire, se baser sur l'état de fait établi par le Tribunal cantonal? Et dans ce cas, se bornera-t-elle à casser la décision pour fausse application de la loi, ou la réformera-t-elle?

L'exposé des motifs écarte le système de l'appel et celui de la cassation pour maintenir celui de la réforme, mais en le modifiant quelque peu. On ne pourrait faire du Tribunal fédéral une cour d'appel sans transformer complètement les lois de procédure cantonales et sans dépasser le but essentiel assigné à l'instance de recours. Le renvoi des décisions cassées devant les tribunaux cantonaux, pour qu'ils statuent à nouveau, compliquerait inutilement la procédure, en augmentant les frais. Dans la règle, le Tribunal fédéral prononcera donc la sentence définitive en se basant sur les faits tels qu'ils ont été constatés par les tribunaux cantonaux.

Mais le système actuel doit être modifié sur plusieurs points : En première ligne, dans les litiges susceptibles d'estimation, la somme minimum à partir de laquelle le recours est admis, doit être abaissée de 3000 fr. à 1000 fr.

« Il suffit, dit l'exposé des motifs, de jeter un coup d'œil sur les revues qui publient les jugements des tribunaux cantonaux, pour voir combien ces tribunaux interprètent le droit fédéral d'une façon inégale et pour comprendre que la jurisprudence fédérale intervient beaucoup trop rarement pour y remédier et pour assurer l'application uniforme du droit fédéral. Notons encore que non-seulement l'application inégale des lois fédérales empêche d'obtenir l'unité du droit que l'on a en vue, mais encore rend le droit incertain dans une mesure très regrettable ».

La valeur du litige sera déterminée par l'exploit de demande.

Les pourvois en matière de propriété littéraire ou industrielle sont admissibles sans égard à la valeur de l'objet.

Dans les autres litiges portant sur une valeur de moins de 1000 fr., on pourra se pourvoir *en cassation* si le Tribunal cantonal a appliqué le droit cantonal au lieu du droit fédéral. Ce recours est non suspensif et le jugement cassé est renvoyé au Tribunal cantonal pour qu'il statue à nouveau. — Au point de vue juridique pur, il est sans doute très important que la jurisprudence fédérale détermine au plus tôt la limite d'application du droit fédéral. Cependant, en pratique, au point de vue de l'uniformité du droit, il est aussi dangereux de laisser subsister un arrêt qui fausse la loi fédérale qu'une décision qui l'ignore, et les motifs qui ont fait établir un minimum de valeur limitant le droit de recours sont aussi péremptoires dans le second cas que dans le premier, surtout si, au lieu de la réforme, on devait instituer pour ces petits procès : la cassation, avec le double prononcé qu'elle nécessite et les frais plus considérables qui en résultent pour les parties.

Comme aujourd'hui, on ne pourra se pourvoir que contre les jugements au fond des tribunaux cantonaux de dernière instance. Toutefois, les parties peuvent, si elles sont d'accord, recourir contre un jugement préparatoire ou interlocutoire ou contre un jugement au fond de première instance.

Par le terme de *tribunaux*, le projet comprend non-seulement les tribunaux civils ordinaires, mais aussi les tribunaux extraordinaires, les conseils de prud'hommes, et même les tribunaux de l'ordre pénal, en tant qu'ils statuent sur des réclamations civiles. On ne pourra pas, par contre, recourir contre la sentence d'arbitres, même imposés par la loi. Il est vrai que dans presque tous les cantons, les sentences arbitrales peuvent faire l'objet d'un recours à la Cour cantonale supérieure (cf. loi vaudoise sur l'organisation judiciaire, art. 115), contre le jugement de laquelle on peut se pourvoir au Tribunal fédéral. Mais, dans ce cas, les procès devront nécessairement passer par une triple instance, alors que le législateur, en instituant l'arbitrage, voulait, au contraire, abréger la procédure et diminuer les frais. Il conviendrait donc, semble-t-il, d'assimiler les arbitres imposés par la loi à des tribunaux ordinaires.

Cela permettrait aux cantons d'ériger les tribunaux arbitraux en instances cantonales uniques, de la décision desquelles il faudrait recourir directement au Tribunal fédéral.

Le projet institue enfin un recours en matière non contentieuse contre les jugements de dernier ressort des tribunaux cantonaux qui rejettent les demandes à fins de sommation ou d'annulation de lettres de change ou d'effets à ordre endossables ou de titres au porteur.

L'état de fait qui doit servir de base à la décision en droit du Tribunal fédéral est souvent si défectueux ou si incomplet, que cette autorité se trouve dans l'impossibilité d'exercer sur le jugement attaqué le droit de contrôle que lui confèrent la constitution et la loi. Cet inconvénient est surtout sensible lorsqu'il s'agit de jugements rendus dans des cantons où la procédure est orale ; le Tribunal fédéral se trouve alors en présence de jugements qui ne renferment aucune indication sur les réclamations des parties, sur les faits invoqués par elles à l'appui, sur les moyens de preuve dont elles se sont servies. La loi actuelle ne donne pas au Tribunal fédéral la faculté de faire compléter le dossier, excepté dans le seul cas où la demande à preuve d'un fait important n'a pas été admise.

Pour parer à cet inconvénient, le projet impose aux tribunaux cantonaux, dans les procès qui pourront être soumis au Tribunal fédéral, certaines règles de procédure : — le contenu essentiel des déclarations de témoins et d'experts sera consigné au procès-verbal ; — en motivant leur décision, les tribunaux sont tenus d'indiquer d'une manière précise sur quelles dispositions légales elle se fonde ; — les jugements seront communiqués d'office aux parties.

Si le jugement est défectueux sur l'un de ces points, le Tribunal cantonal devra le rectifier ; le Tribunal fédéral peut même annuler le jugement et renvoyer la cause au Tribunal cantonal pour nouvelle instruction et nouveau prononcé.

L'obligation de ténoriser le dire des témoins porte une atteinte assez profonde aux procédures cantonales basées sur la conviction morale : le juge sera obligé de tenir compte de la déposition d'un témoin lors même que celui-ci ne lui paraîtrait pas digne de foi, car, s'il ne le fait, son prononcé paraîtra en contradiction avec le procès-verbal. La déclaration du témoin, une fois écrite, acquerra force probante, à moins que l'on n'insère également au procès-verbal les motifs de suspicion contre cette déclaration, ce qui serait bien délicat. La ténorisation ne donnera au Tribunal fédéral qu'une reproduction inexacte et incomplète de la déposition ; il ne pourra pas, comme le juge cantonal, voir la physionomie du témoin, entendre l'accent qu'il donne à ses paroles, percevoir ses réticences, etc. Si l'autorité suprême veut revoir les dépositions des témoins, elle s'expose donc à commettre de graves erreurs dans l'appréciation des faits. Il serait, semble-t-il, préférable et suffisant d'exiger, conformément à la procédure vaudoise, que le jugement renferme la décision du tribunal sur chacun des faits sur lesquels une preuve par témoins a été entreprise.

De crainte que les parties ne se croient autorisées à recourir au Tribunal fédéral en se basant exclusivement sur une prétendue fausse appréciation des faits, ce qui augmenterait outre mesure l'étendue de la tâche du Tribunal et le détournerait de sa mission principale : réaliser l'uniformité du droit, le projet pose en principe que le Tribunal fédéral base sa décision sur les faits constatés par le Tribunal cantonal.

Toutefois, comme il est à désirer que le Tribunal fédéral ne rende pas seulement une justice formelle et que ses décisions, correctes au point de vue du droit, ne constituent pas en fait des iniquités, parce qu'elles sont basées sur des données notoirement fausses, le Tribunal fédéral pourra revoir l'appréciation des faits et preuves lorsqu'elle sera en opposition avec les pièces ou reposera sur une fausse application des dispositions fédérales de procédure, ou s'il s'agit d'interpréter des déclarations de volonté. — Il est à désirer que le Tribunal fédéral ne fasse pas un usage trop étendu de ce droit de revision, car il est bien rare que les pièces d'un dossier suffisent pour donner au juge une connaissance exacte de tous les éléments de la cause, et quelque prévention que l'on puisse avoir contre la justice de clocher, il n'en est pas moins certain que c'est souvent dans la connaissance personnelle qu'a le juge des parties en cause, des témoins et des faits et dans l'opinion qu'il se forme ainsi, indépendamment de la lecture du dossier, que se trouvent les meilleures garanties contre les erreurs judiciaires.

Dans la règle, le Tribunal fédéral prononce lui-même le jugement définitif. Mais, s'il est nécessaire de compléter le dossier, ou si la cause relève exclusivement du droit cantonal, il la renverrait au tribunal qui a jugé. Si la cause ressort en partie au droit cantonal, le Tribunal fédéral peut appliquer ce droit ou charger le Tribunal cantonal de l'appliquer.

Le projet règle d'une façon beaucoup plus complète que la loi actuelle la procédure du recours. Le délai est porté de 20 à 30 jours, à partir de la communication du jugement. Le recours est suspensif; il est déposé au greffe du tribunal dont le jugement est attaqué. Il mentionne le jugement et les modifications réclamées, il énonce les griefs sommairement. Dans les 10 jours, le greffier adresse au Tribunal fédéral copie du jugement avec tout le dossier. Le pourvoi qui paraît recevable est communiqué à la partie adverse, elle peut produire une réponse dans les 30 jours; si elle ne le fait pas, elle est censée demander la confirmation du jugement attaqué. Un échange ultérieur d'écritures n'est autorisé qu'exceptionnellement. En évitation de frais et de temps, les débats oraux sont supprimés; exceptionnellement seulement, dans les procès de 5000 fr. au moins, le tribunal peut les ordonner à la demande d'une partie.

Le recours au Tribunal fédéral est un recours en réforme; le Tribunal fédéral ne connaît pas, dans la règle, des vices de procédure dont peut être entaché un jugement cantonal. Les recours en nullité et les demandes de revision d'un jugement cantonal doivent donc toujours être adressées à l'autorité cantonale supérieure. Si le recours au cantonal est exercé dans le délai accordé pour recourir au fédéral, le recourant pourra éviter la péremption en notifiant à l'autorité cantonale son pourvoi au fédéral. Si le recours au cantonal est exercé après le recours au fédéral, la décision du Tribunal fédéral sera ajournée jusqu'à ce que l'autorité cantonale ait statué. Après que le Tribunal fédéral a jugé lui-même la cause définitivement, on ne peut plus recourir au cantonal. Par contre, on peut demander la revision de l'arrêt du Tribunal fédéral, dans les cas prévus par la loi de procédure civile fédérale; la revision n'est accordée que si le demandeur a subi un dommage.

III

En matière pénale, le Tribunal fédéral, constitué en chambre d'accusation, en chambre criminelle avec jury et en cour de cassation, connaît aujourd'hui des infractions que la constitution ou la législation fédérale ont déférées aux assises fédérales, exclusivement, ou en concurrence avec les tribunaux cantonaux, si, dans ce dernier cas, le Conseil fédéral n'a pas renvoyé la cause devant un tribunal cantonal. La cour de cassation connaît, de plus, des recours contre des jugements cantonaux pour contravention aux lois fiscales fédérales, à la loi sur l'émission des billets de banque et sur l'assurance. Le Tribunal en corps statue sur les pourvois contre les décisions du tribunal militaire extraordinaire et des tribunaux cantonaux pour contravention à la loi sur l'état civil et le mariage.

Beaucoup d'autres lois fédérales renferment des dispositions pénales; les infractions à ces lois sont jugées exclusivement par les tribunaux cantonaux dont les arrêts ne peuvent être portés devant le Tribunal fédéral qu'indirectement, par voie de recours de droit public.

Comment combler cette lacune et réaliser l'uniformité du droit pénal fédéral? « D'un bout à l'autre de la Suisse, dit M. Hafner, on paraît d'accord sur ce point, c'est qu'il n'y a pas lieu d'étendre la compétence des assises fédérales. » C'est un organisme coûteux et difficile à mettre en mouvement. — Le département de justice et police a exprimé le désir que certaines causes pénales soient déférées au Tribunal fédéral sans jurés. M. Hafner estime qu'une telle institution serait inconstitutionnelle, le pacte fédéral ne reconnaissant comme première instance pénale fédérale que les assises : « Il y a, de plus, dit l'art. 106 de la constitution, un *jury* pour les affaires pénales ». Pour le cas où la constitution serait revisée sur ce point, l'avant-projet contient des dispositions éventuelles organisant le Tribunal fédéral en cour pénale de première instance.

Par contre, et en première ligne, l'avant-projet réalise l'uniformité du droit pénal en instituant un pourvoi en cassation au Tribunal fédéral contre tout jugement pénal définitif rendu par un tribunal cantonal de dernière instance, pour fausse application du droit fédéral.

Le pourvoi doit être formé contre un jugement de *seconde* instance, ou de première instance s'il n'est pas. susceptible d'appel ou si le pourvoi émane du Conseil fédéral, les intéressés n'ayant pas recouru.

Le pourvoi doit être formulé contre un prononcé d'autorité *judiciaire;* le recours contre les décisions pénales d'autorités administratives s'exerce auprès du Conseil fédéral.

Il doit être fondé sur la violation d'une prescription de *droit* fédéral et non d'une disposition de procédure.

Le pourvoi doit être déclaré par écrit dans les huit jours dès celui de la communication du jugement, au greffe du tribunal qui a jugé. Dans les trois semaines qui suivent, le recourant doit, à peine de déchéance, présenter ses moyens au Tribunal fédéral.

Si le Tribunal fédéral estime le recours fondé, il casse le jugement attaqué et renvoie l'affaire, pour nouvelle décision, soit au tribunal qui a jugé, soit à un autre tribunal du même canton. Le jugement cantonal peut aussi être cassé lorsqu'il est rédigé d'une manière si incomplète que le Tribunal fédéral ne peut exercer sur lui son contrôle. Il serait possible, semble-t-il, et désirable en vue de simplifier la procédure, d'autoriser le Tribunal fédéral à prononcer lui-même le jugement définitif, lorsque le dossier de la cause est suffisamment complet.

IV

Le projet apporte peu de modifications aux dispositions de la loi actuelle sur les contestations de droit public. Le Tribunal fédéral continue à connaître, en première et dernière instance, des conflits de compétence entre les autorités fédérales d'une part et cantonales d'autre part, et des différends de droit public entre cantons. Il prononce sur les recours pour violation des droits garantis aux citoyens par la constitution et les lois fédérales et par les constitutions cantonales, ainsi que sur les réclamations pour violation de concordats ou de traités.

Les contestations purement administratives restent réservées au Conseil fédéral. — L'énumération de ces contestations faite par la loi de 1874 était fort empirique et, par suite, le départ des attributions entre le Conseil fédéral et le Tribunal fédéral tout à fait arbitraire. Ainsi, la garantie des droits des Suisses établis, prévue aux art. 43 et 45 de la constitution fédérale, et celle de la liberté de conscience et de culte, prévue aux art. 49 et 50, rentre dans le droit constitutionnel et non dans le droit administratif; aussi l'avant-projet met-il ces garanties sous la sauvegarde du Tribunal fédéral.

« Nous reconnaissons, dit M. Hafner, que toutes les contestations concernant des droits garantis aux citoyens par les constitutions ne sont pas propres à être tranchées par une sentence judiciaire; en effet, la constitution n'est pas organisée dans toutes ses parties de telle façon qu'en cas de violation de droits constitutionnels, il y eût toujours les conditions requises pour l'intervention d'un tribunal; elle se borne parfois à poser une base sur laquelle la législation doit édifier.

» Le jugement de contestations de cette nature par un tribunal présuppose que le droit en question est déterminé et développé par la constitution, ou une loi d'exécution, d'une manière assez claire et assez précise pour qu'il suffise au juge de recourir à la logique pour constater ce droit, dans le cas où tout doute sur son essence et son étendue n'est pas levé par le texte même de la constitution ou de la loi. Lors, au contraire, que l'application d'une disposition constitutionnelle ne peut se faire qu'en complétant l'œuvre du législateur, il vaut mieux en charger ce dernier.

» Une telle mission n'est jamais conférée à une cour de droit public; elle ne serait nullement apte à la remplir. »

Mais, « les art. 43 et 45 de la constitution fédérale déterminent les droits des Suisses établis et les cas dans lesquels l'établissement peut être refusé ou retiré, d'une façon si claire et si précise que leur application n'offrira jamais une difficulté sérieuse au Tribunal fédéral. »

» On peut en dire autant de l'art. 49 : la constitution ne se borne pas à proclamer d'une manière générale l'inviolabilité de la liberté de conscience et de croyance ; elle déduit elle-même, dans l'art. 49, toutes les conséquences de ce principe ; l'essence et l'étendue de ce droit s'en dégagent d'une manière si claire qu'un tribunal est parfaitement à même de ₁le protéger s'il est violé. »

Quant aux recours pour violation de droits garantis par les constitutions cantonales, le projet s'écarte de la loi actuelle en renvoyant au Conseil fédéral ceux qui concernent des matières administratives. « Les compétences se répartissent ainsi selon les matières, de la même manière que pour les dispositions correspondantes de la constitution fédérale. On voit par le message du 23 mai 1874 que cette distinction des compétences, la seule rationnelle, était, déjà alors, dans l'intention du Conseil fédéral, et que c'est seulement par suite d'un malentendu qu'elle n'est pas formulée par la loi. »

D'après l'art. 58 de la loi actuelle, le Tribunal fédéral statue sur les demandes d'extradition qui sont formulées en vertu des traités existants, pour autant que l'application du traité en question est contestée. Les mesures préliminaires restent dans la compétence du Tribunal fédéral.

Cet article est défectueux en la forme et au fond. Sa rédaction ambiguë ne permet pas de déterminer si le Tribunal fédéral doit statuer sur l'extradition elle-même ou émettre seulement un préavis sur l'admissibilité de la demande ; si l'on doit soumettre au Tribunal toutes les demandes d'extradition provenant d'un pays avec lequel la Suisse a un traité, ou seulement celles qui invoquent une disposition du traité ; si le Tribunal est appelé à statuer seulement lorsque c'est le prévenu qui conteste l'application du traité ou lorsque c'est un canton ou la Confédération.

Au fond, l'art. 58 a le tort d'instituer deux autorités distinctes pour statuer sur une seule matière, celle de l'extradition, de répartir les compétences entre ces autorités d'une manière purement empirique et de remettre à l'autorité politique et administrative la décision de questions d'ordre judiciaire.

D'après le projet, le Tribunal fédéral serait appelé à statuer sur les demandes d'extradition fondées sur des traités, toutes les fois que le prévenu ne s'y soumet pas volontairement. S'il y accède, l'extradition aurait lieu de plein droit. Ce système aurait l'avantage de la simplicité. Il y a lieu toutefois de craindre, surtout en présence de la jurisprudence française, que les garanties des traités et notamment celle de la spécialité de l'extradition ne soient pas suffisamment sauvegardées à l'égard de celui qui consent à l'extradition. Ce consentement plus ou moins forcé n'emporte généralement pas renonciation aux garanties des traités et il serait désirable qu'un prononcé judiciaire intervînt dans tous les cas, afin que les réserves nécessaires puissent être faites, le cas échéant.

Enfin, comme les motifs d'une extradition doivent être d'ordre purement juridique et non politique ou administratif, le Tribunal fédéral devrait être appelé à statuer sur toutes les demandes d'extradition, fondées sur des traités, ou pas. Les mesures préliminaires et d'exécution devraient être du ressort des autorités cantonales et toutes les difficultés que ces mesures pourraient soulever seraient tranchées par le Tribunal fédéral.

Il va sans dire que la matière de l'extradition ne peut être réglée exclusivement par la loi d'organisation judiciaire fédérale ; il est indispensable qu'elle fasse au plus tôt l'objet d'une loi spéciale, comme cela a lieu dans plusieurs Etats.

V

Le titre V et dernier de l'avant-projet s'occupe des traitements et frais de justice. Il reproduit en grande partie les dispositions de la loi de procédure civile de 1850 : En matière civile, chaque partie doit faire l'avance des frais qu'occasionnent ses actes ; le perdant supporte tous les frais. Dans les contestations de droit public, il ne peut, dans la règle, être demandé d'émolument, ni alloué d'indemnité aux parties.

On peut se demander s'il n'y aurait pas lieu d'augmenter, plus encore que ne le fait le projet, les attributions du Tribunal fédéral. En matière civile, par exemple, M. Munzinger aurait voulu que le Tribunal fédéral fût appelé à statuer sur les différends entre les Etats étrangers et la Confédération ou les cantons suisses. M. le professeur Carrard estimait que, si la loi actuelle ne prévoit pas ce cas, il semble presque que ce soit par un oubli, tellement la chose serait naturelle.

La Constitution fédérale dit, art. 113 *in fine*, que le Tribunal fédéral doit appliquer les traités, lois et arrêtés d'une portée générale votés par l'Assemblée fédérale. La situation du Tribunal fédéral suisse n'est donc pas tout à fait aussi indépendante que celle de la Cour suprême aux Etats-Unis; il n'est pas juge de la constitutionnalité des lois fédérales. La loi d'organisation judiciaire ne l'autorise pas non plus à statuer sur les recours contre des actes inconstitutionnels d'autorités fédérales: Assemblée ou Conseil fédéral. Ainsi, tandis que les citoyens sont protégés contre tout empiètement sur leurs libertés par une autorité cantonale, même par un Grand Conseil, ils n'ont aucune garantie contre les atteintes qui pourraient être portées à ces libertés par le pouvoir exécutif fédéral, car on ne peut recourir à l'Assemblée fédérale contre une décision du Conseil fédéral que dans le cas où il a prononcé lui-même sur un recours contre la décision d'une autorité cantonale. — En outre, tandis que la Confédération est protégée contre tout empiètement des cantons sur son domaine, la garantie que la Constitution fédérale donne aux cantons contre les empiètements de la Confédération est illusoire, puisque dans la décision des conflits de compétence entre autorités fédérales et autorités cantonales, le Tribunal fédéral est lié par les lois et arrêtés généraux, même inconstitutionnels, du pouvoir législatif fédéral. On peut objecter, il est vrai, que les lois et arrêtés ayant une portée générale passent par la filière du Conseil des Etats, qui représente ou est censé représenter les cantons, et qu'ils peuvent être soumis à la sanction du peuple suisse par voie de referendum. En outre, si le Tribunal fédéral était érigé en juge de la constitutionnalité des lois et arrêtés généraux, il pourrait se faire qu'il se place à un point de vue un peu différent de celui de l'Assemblée fédérale, ce qui aurait pour effet de bouleverser, sans grand profit, des institutions existantes. — En revanche, rien ne s'opposerait, semble-t-il, à ce que les citoyens pussent recourir au Tribunal fédéral contre les décisions de l'autorité exécutive fédérale et contre les arrêtés spéciaux de l'Assemblée fédérale; il ne serait pas nécessaire pour cela de modifier la Constitution, car elle prévoit, à l'article 113, 3°, le recours au Tribunal fédéral pour violation de droits constitutionnels d'une manière toute générale et sans spécifier, comme le fait la loi, qu'il s'agit seulement des réclamations contre les décisions d'autorités cantonales.

L'adoption du projet élaboré par M. le juge Hafner entraînerait des modifications assez importantes dans notre organisation judiciaire cantonale. Si l'on veut maintenir le principe généralement admis dans le canton de Vaud que les procès doivent se juger en deux instances, la conséquence naturelle de la revision serait l'extension des attributions de la Cour civile, et peut-être la création d'une Cour pénale pour juger les causes auxquelles la loi fédérale est applicable. Par suite, la compétence des tribunaux de district et des conseils de prud'hommes serait considérablement restreinte. Notre système de procédure civile se trouverait aussi profondément modifié par l'obligation de ténoriser les déclarations des témoins. En outre, devant les conseils de prud'hommes, chaque partie pourrait produire un écrit renfermant ses conclusions, les faits à l'appui, les moyens de droit, les preuves réclamées et les déclarations produites, ce qui transformerait complètement le caractère de la procédure purement orale que la loi vaudoise a instituée pour ces tribunaux arbitraux.   . Js BERNEY.

TRIBUNAL FÉDÉRAL
Traduction d'un arrêt du 7 juin 1889.

Séquestre pratiqué en Suisse sur des marchandises appartenant à un Français domicilié en France. — Nullité. — Art. 1er de la convention franco-suisse du 15 juin 1869.

Michaud contre Schenk.

L'art. 1er de la convention franco-suisse du 15 juin 1869 met obstacle à ce qu'un séquestre soit pratiqué en Suisse sur les biens d'un Français ayant son domicile en France.

Fritz Schenk, fromager à Heimenhausen (Berne), se prétend créancier de F. Michaud, commissionnaire à Charenton, près Paris, de la somme de 265 fr. 10 pour fromages fournis; cette valeur est contestée par Michaud. Le 30 avril 1889, Schenk a obtenu du Président du Tribunal du district de Wangen une ordonnance de séquestre portant sur un certain nombre de fro-

mages achetés par Michaud à Röthenbach, près Herzogenbuch-
see; ce séquestre, pratiqué dans le but d'éviter un procès coûteux en France, a été exécuté le 31 mai.

Michaud ayant recouru au Tribunal fédéral contre ce procédé, son pourvoi a été admis et le séquestre déclaré nul et de
nul effet.

Motifs.

2. Il est absolument évident que le for du séquestre est exclu
par l'art. 1er de la convention franco-suisse sur la compétence
judiciaire, pour autant que cette convention est applicable. En
d'autres termes, il est contraire à l'art. 1er précité de saisir le
juge du lieu où le séquestre a été pratiqué de la contestation au
fond portant sur l'existence de la créance fondant ce procédé. En
revanche, on peut avoir plus de doutes sur le point de savoir si
l'art. 1er du traité franco-suisse interdit le séquestre comme tel,
c'est-à-dire même au cas où la cause au fond serait portée, non
pas devant le juge du for du séquestre, mais devant le juge naturel du défendeur. La convention franco-suisse ne renferme pas,
à cet égard, une prohibition expresse, telle qu'elle se trouve, par
exemple, à l'art. 59, al. 1er, de la Constitution fédérale. Néanmoins, il y a lieu d'admettre que le séquestre n'est pas permis
dans les rapports juridiques franco-suisses, pour autant du
moins qu'il s'agit, comme en l'espèce, d'un séquestre pratiqué
contre un étranger uniquement en raison du fait que son domicile et son juge naturel se trouvent à l'étranger. En effet, le
séquestre constitue incontestablement un acte de la procédure,
et bien qu'il ne rentre pas dans les voies ordinaires de celle-ci,
il n'en est pas moins soumis au principe de l'art. 1er du traité,
pour autant qu'il est dirigé contre un étranger, de la même manière que les actions contentieuses ou les poursuites pour dettes
intentées suivant les formes ordinaires. Admettre la thèse contraire serait mettre le Suisse séquestré en France, ou le Français séquestré en Suisse, dans l'alternative ou de devoir subir
cette atteinte à ses biens, ou de devoir plaider dans l'autre pays
pour obtenir la levée du séquestre. Dans le cas du séquestre dirigé contre un étranger en raison de sa seule nationalité, procédé qui n'a plus sa raison d'être entre Suisses et Français en
présence de la convention sur la compétence judiciaire, une telle
conséquence irait manifestement à l'encontre du but et de l'esprit de ce traité; ce serait un moyen d'en éluder les disposi-

tions. Le fait que le séquestre n'est qu'une mesure provisoire n'infirme pas ce qui précède, cette circonstance ne lui ôtant pas le caractère d'un acte de procédure. Aussi le Tribunal fédéral s'est-il déjà prononcé dans le sens qui vient d'être indiqué par son arrêt rendu le 2 décembre 1881 en la cause Maire (voir *Rec. off.*, VIII, p. 767 [1]; comp. Curti, *Der Staatsvertrag zwischen der Schweiz und Frankreich*, p. 38 et suiv.; Schoch, *Artikel 59 der Bundesverfassung*, p. 140; Message du Conseil fédéral du 28 juin 1869, *Feuille fédérale* de 1869, II, p. 498; E. Roguin, *L'article 59 de la Constitution fédérale*, p. 161).   C. S.

Séance du 29 juin 1889.

Diffamation par la voie de la presse. — Action en dommages-intérêts contre le diffamateur. — Admission. — Inadmissibilité de la condamnation aux frais d'insertion du jugement. — Articles 50 et 55 CO.

Ochsenbein contre Petitpierre.

L'art. 55 CO. ne doit pas avoir pour conséquence de favoriser un lucre, mais seulement d'assurer le juste équivalent des atteintes portées à la situation personnelle du lésé.

La disposition précitée autorise le juge à allouer seulement « une indemnité équitable », à l'exclusion de toute autre adjonction ou aggravation, en particulier de la condamnation de l'auteur du dommage à payer l'insertion, dans des journaux, de l'arrêt à intervenir.

Le 13 mars 1888, la fille Marie Leroux fut conduite chez la femme Destral, tenant une maison de tolérance à Genève. Cette fille était porteur de papiers qui paraissaient réguliers et qui constataient qu'elle était Française, âgée de 23 ans. Elle déclarait qu'elle avait déjà séjourné en France dans trois établissements de prostitution. Quatre ou cinq jours après son arrivée, elle se présenta au Dispensaire pour y être visitée, mais comme elle était indisposée, le médecin l'invita à repasser. Elle revint, en effet, le 21, subit la visite, puis, étant tombée malade de la fièvre scarlatine, elle entra à l'hôpital le 24 mars. Elle reçut à l'hôpital la visite d'une demoiselle S., et la fille

[1] Voir *Journal des Tribunaux* de 1881, p. 785.

Leroux lui avoua alors qu'elle n'avait que 16 ans et qu'elle s'était servie des papiers de sa sœur aînée nommée Augustine. La fille Leroux ayant manifesté le désir de renoncer à sa vie passée, le pasteur Constant la fit sortir de l'hôpital et entrer au refuge.

Dans le courant de juillet 1888, une brochure signée : *Quidam* et intitulée : *Un crime. Appel au peuple de Genève,* fut distribuée dans les kiosques de la ville. Cette brochure attaquait l'administration de la police au sujet de sa conduite dans l'affaire de la fille Leroux ; cet écrit contenait, entre autres, les passages suivants :

« La fille Leroux fut cependant officiellement inscrite comme
» prostituée. Il faut tout dire : Marie n'a été ni vue, ni interro-
» gée, ni exhortée. On l'a inscrite sur sa demande, comme dit le
» formulaire, sans qu'elle ait rien demandé. Elle n'est pas même
» sortie de la maison. La tenancière est montée à l'Hôtel-de-
» Ville avec les papiers d'Augustine et la chose s'est faite en
» tête-à-tête. Entre fonctionnaires on s'accorde des facilités.
» Ainsi, M⁻⁻ Destral, proxénète officielle, a usé de moyens
» frauduleux pour obtenir l'inscription d'une mineure qu'elle a
» ensuite excitée à la débauche avec la garantie de l'adminis-
» tration. Elle tombe non-seulement sous le coup des arrêtés
» qui prévoient la fermeture de son établissement, mais encore
» sous le coup du code pénal.
» Le fonctionnaire chargé de l'inscription s'est, par complai-
» sance,..... — j'emploie un mot poli, — rendu complice du for-
» fait ».

Le Procureur général dénonça immédiatement cette brochure au Département de Justice et Police et demanda des renseignements pour poursuivre, suivant le cas, les coupables ou le diffamateur. Le chef de ce Département dénonçait le même jour les mêmes faits au Procureur général et réclamait une information.

Une procédure pénale fut dirigée à la réquisition du Département de Justice et Police du 14 juillet 1888 contre la femme Destral, en vertu de l'art. 213 Cp., sous prévention d'excitation d'une fille mineure à la débauche ; cette procédure aboutit à un arrêt de non-lieu, sous date du 15 septembre 1888, et sur conclusions conformes du Procureur général, par le motif que, la fille Leroux ayant déjà séjourné comme prostituée dans au moins trois maisons de tolérance de l'étranger, et étant porteur de papiers qui faisaient croire qu'elle était majeure, il n'existe pas contre la femme Destral prévention suffisante d'avoir excité la mineure Leroux à la débauche ou à la corruption, ainsi que ce délit est prévu à l'art. 213 du code pénal.

Par exploit du 13 septembre 1888, S. Petitpierre, employé au Département de Justice et Police, attaché au service des mœurs et chargé, en cette qualité, de l'inscription des filles publiques, s'estimant visé dans les passages susrelatés de la brochure : *Un crime*, a ouvert action, devant le Tribunal civil, au sieur Ochsenbein, lequel reconnut être l'auteur de l'écrit incriminé, tout en excipant que cet écrit ne renfermait aucun fait précis à la charge de Petitpierre : subsidiairement, et pour le cas où les faits seraient précisés, Ochsenbein en a offert la preuve.

Par jugement du 11 décembre 1888, le Tribunal a estimé que Ochsenbein était, en outre, l'auteur de deux autres écrits, dont l'un est intitulé : *Libres ou séquestrées,* et l'autre : *Quand la porte est ouverte, on ne passe pas par la fenêtre.* Ces brochures étaient également dirigées contre les maisons de tolérance de Genève, et des faits scandaleux qui s'y seraient passés.

Ochsenbein fut acheminé à prouver plusieurs de ses allégués, et après les enquêtes, le Tribunal, par jugement du 26 février 1889, l'a condamné à payer au demandeur 5000 fr. à titre de dommages-intérêts et ordonné que ce jugement, ainsi que celui du 11 décembre 1888, seraient insérés ensemble, aux frais d'Ochsenbein, dans cinq journaux, dont trois paraissent à Genève.

Ochsenbein interjeta appel de ce jugement auprès de la Cour civile, en faisant valoir en substance :

Les premiers juges ont outrepassé les conclusions des parties : la plainte ne portait que sur la brochure : *Un crime,* et il n'était pas loisible au Tribunal de prendre en considération les deux autres brochures. En ce qui concerne les faits offerts en preuve par Ochsenbein, les premiers juges admettent qu'il est établi que la fille Leroux n'a jamais été inscrite sur les registres des femmes publiques du Département de Justice et Police, alors que Ochsenbein s'est borné à déclarer qu'on l'a inscrite sans qu'elle ait rien demandé, qu'il est constant que cette jeune fille s'est réellement et a été réellement considérée comme inscrite à la police ; qu'une carte lui a été délivrée; qu'elle s'est pendant plusieurs jours livrée librement à la prostitution et qu'elle a été visitée trois fois officiellement. La brochure n'a, d'une manière générale, pas allégué autre chose : le fait le plus important qu'elle relève est la présence dans une maison de tolérance d'une mineure se livrant à ce métier malgré les lois et les règlements, et ce fait n'est pas contesté. Le nom du sieur Petitpierre n'a pas été prononcé dans la brochure incriminée, ce qui exclut une intention malveillante à son égard ; en outre, la critique même violente d'une institution tolérée par l'Etat, mais condamnée par un grand nombre de citoyens, ne peut être assimilée à une diffamation. Ochsenbein eût-il commis une erreur et affirmé l'inscription officielle de la fille Leroux sur les registres *ad hoc*, cette erreur ne pouvait causer aucun préjudice à Petitpierre, et sa réparation n'exigeait pas l'insertion du jugement dans cinq journaux de Genève et de l'étranger.

Par arrêt du 6 mai 1889, la Cour de justice réforma sur un point le jugement préparatoire du 11 décembre 1888 et maintint au fond le jugement de première instance du 26 février 1889, en réduisant toutefois à 2000 fr. la somme à payer à titre de dommages-intérêts par Ochsenbein à Petitpierre, et en n'en ordonnant l'insertion de son arrêt aux frais d'Ochsenbein que dans trois journaux genevois, au choix de Petitpierre.

Ochsenbein a recouru contre cet arrêt au Tribunal fédéral, concluant à ce que Petitpierre soit débouté de ses conclusions.

Le Tribunal fédéral a admis partiellement le recours, en ce sens que l'indemnité allouée à Petitpierre a été réduite à 500 fr. et que Ochsenbein a été libéré de toute insertion à ses frais dans les journaux.

Motifs.

2. La compétence du Tribunal fédéral, d'ailleurs reconnue par les parties, est hors de doute. La valeur du litige est, en effet, supérieure à 3000 fr., et il s'agit en la cause de l'application du Code fédéral des obligations.

3. La première question qui se pose dans l'espèce est celle de savoir si le défendeur s'est rendu coupable d'un acte illicite aux termes de l'art. 50 CO.

A cet égard, la Cour constate que le sieur Ochsenbein est le rédacteur de la brochure incriminée ; il doit donc être l'auteur d'un acte illicite, si cet écrit a causé sans droit un dommage à Petitpierre.

Bien que le nom de cet employé ne figure pas dans ce pamphlet, il résulte également des faits établis par la Cour, ainsi que du propre aveu du défendeur, que les attaques contenues dans la dite brochure étaient bien dirigées contre le fonctionnaire Petitpierre, d'ailleurs seul préposé à l'inscription des filles publiques dans les registres du Département.

C'est avec raison que l'arrêt attaqué signale comme une imputation particulièrement grave le passage de la dite brochure portant que « le fonctionnaire chargé de l'inscription s'est, par sa complaisance, — pour employer un mot poli, — rendu complice du forfait de l'excitation d'une mineure à la débauche » et que « l'inscription de la fille Leroux a été faite en tête-à-tête avec la tenancière de la maison publique », après quoi l'auteur ajoute encore « qu'entre fonctionnaires, on s'accorde des facilités ».

A supposer même que, contrairement aux constatations de l'arrêt cantonal, cette accusation de complicité doive être entendue, non dans sa signification la plus grave, mais seulement dans ce sens que Petitpierre, en procédant à l'inscription sans avoir vu la fille Leroux, s'est mis dans l'impossibilité de découvrir qu'elle était porteur de faux papiers et, en réalité, mineure, — les attaques contenues dans ce pamphlet n'en sont pas moins d'une haute gravité, et constituent certainement, dans les circonstances de la cause, l'acte illicite visé à l'art. 50 CO.

4. Il a, en effet, été constaté en fait par l'arrêt de la Cour que la fille Leroux n'a jamais été inscrite dans les registres, contrôlés spécialement à cette fin par le Tribunal, mais que son nom ne figure que dans le bulletin du bureau de salubrité, daté du 21 mars, dressé par le docteur chargé de la visite au dispensaire, ce qui prouve seulement que la fille Leroux a subi cette visite.

Il est donc constant que Petitpierre ne s'est livré, relativement à cette personne, à aucun acte quelconque rentrant dans ses fonctions. La fille Leroux était en possession non point d'une carte qui l'aurait autorisée à exercer la prostitution, mais d'un certificat de santé du docteur Figuière, daté du 21 mars, sur le vu duquel l'inscription de la fille Leroux aurait pu à la vérité avoir lieu, si elle ne fût tombée malade aussitôt après cette date, et reçue le 24 à l'hôpital; c'est par ce motif qu'elle ne put se présenter au bureau du fonctionnaire chargé de l'inscription et de l'exhortation préalable des filles soumises.

L'arrêt de la Cour constate également l'absence de toute collusion ou même de connivence en vue d'exciter une mineure à la débauche, entre Petitpierre et la femme Destral, tenancière de la maison de tolérance. Une semblable intention peut d'ailleurs d'autant moins s'être manifestée, que Marie Leroux était en possession des papiers de sa sœur, âgée de 23 ans, et que la femme Destral, pas plus que le docteur Figuière, n'avait de motif de se douter de l'irrégularité de cette pièce.

5. Dans cette situation, il est incontestable qu'en attribuant à Petitpierre des procédés qui, s'il les eût réellement commis, l'eussent exposé au mépris de ses concitoyens et à la répression pénale, — qu'en affirmant la connivence de ce fonctionnaire à cet effet avec une proxénète, et en laissant même entrevoir une certaine similitude entre les fonctions de Petitpierre et le métier infâme exercé par la femme Destral, le sieur Ochsenbein a commis un acte illicite, de nature à causer un dommage à celui qui en a été victime, et outrepassé les droits d'une critique permise. Cette critique, légitime tant qu'elle se borne à discuter des institutions, telles que l'ingérence de l'Etat dans la règlementation de la prostitution, cesse d'être tolérable lorsqu'elle dégénère, comme dans l'espèce, en diffamation. Les accusations d'Ochsenbein, quelle que puisse avoir été la bonne foi de leur auteur, n'en sont pas moins basées sur des faits faux ou inexacts, et la circonstance que le rédacteur de la brochure incriminée n'a pas même pris la peine de s'assurer de leur réalité, implique en tout cas de sa part une négligence grave, engageant sa responsabilité civile aux termes de la disposition sus-rappelée du Code des obligations.

6. Il suit de ce qui précède qu'Ochsenbein est tenu, en principe, aux termes du prédit art. 50 CO., de réparer le dommage causé par ses agissements.

Ce dommage n'est point matériel, dans le sens de l'art. 51 ibidem, et l'arrêt de la Cour le constate. En revanche, il faut rechercher s'il y a lieu de faire application au défendeur de l'article 55 du même Code, disposant qu'alors même qu'aucun dommage matériel ne serait établi, le juge peut allouer une indemnité équitable, si quelqu'un a été lésé par des actes illicites qui portent une grave atteinte à sa situation personnelle.

Or s'il ne peut être sérieusement contesté que les faits relevés plus haut à la charge du défendeur et recourant ne constituent

un acte illicite, il est également certain que les fausses allégations de la brochure incriminée étaient de nature à porter préjudice à la réputation, et par conséquent à la situation d'un fonctionnaire, que cet écrit représente comme le complice d'actes
criminels ou délictueux. Ces insinuations revêtent un caractère
de gravité tout particulier, lorsqu'elles tendent à faire croire
qu'un employé de la police des mœurs a favorisé le séjour antirèglementaire d'une mineure dans une maison de prostitution.

Il y a donc lieu de reconnaître, avec les instances cantonales,
la responsabilité civile d'Ochsenbein et de mettre à sa charge
des dommages-intérêts en conformité de l'art. 55 précité.

7. Si l'on prend toutefois en considération qu'il n'est pas établi que le recourant ait agi avec dol, mais qu'il y a lieu plutôt
d'admettre qu'entraîné par son zèle pour une bonne cause, il a
commis seulement une grave négligence en ne contrôlant pas
l'existence des faits articulés par lui de bonne foi à la charge du
demandeur, si l'on envisage, en outre, que le fait matériel du
séjour de la mineure Marie Leroux dans une maison de tolérance de Genève pendant onze jours est vrai, que c'est là un abus
évident contre lequel tout citoyen a le droit de protester ; si l'on
retient de plus qu'aucun dommage matériel n'a été causé au demandeur, qu'il n'a point été suspendu ou révoqué de ses fonctions, mais qu'au contraire les attaques dirigées contre lui ont
provoqué en sa faveur les témoignages les plus flatteurs de la
part de ses supérieurs ; en tenant compte enfin, en dehors de
tous ces motifs d'atténuation, de la quotité des indemnités
allouées par le Tribunal de céans dans des cas analogues, et du
fait que l'art. 55 susvisé ne doit pas avoir pour conséquence de
favoriser un lucre, mais seulement d'assurer le juste équivalent
d'atteintes portées à la situation personnelle, le montant de l'indemnité accordée par la Cour apparaît comme exagéré et il y a
lieu de le réduire dans une mesure considérable.

8. Il convient, en outre, de faire abstraction de la condamnation du recourant à payer l'insertion, dans des journaux, de
l'arrêt à intervenir. Les termes de l'art. 55 autorisent le juge à
allouer seulement « une indemnité équitable » (eine angemessene
Geldsumme dans le texte allemand), à l'exclusion de toute autre
adjonction ou aggravation, et en particulier de l'insertion dont
il s'agit, laquelle ne se justifierait, du reste, que comme conséquence d'une sentence pénale.

Bâle-Ville. — TRIBUNAL CIVIL.

Traduction d'un jugement du 2 avril 1889.

Clause pénale. — Action tendant à la fois à l'exécution de l'obligation principale et au paiement de l'indemnité. — Inadmissibilité de ce cumul. — Art. 179 CO.

Meisser contre Christen.

Sauf convention contraire des parties, lorsqu'une peine a été stipulée pour le cas où le contrat ne serait pas exécuté, le créancier doit demander, à son choix, l'exécution de l'obligation principale, ou la peine ; il ne saurait requérir à la fois l'une et l'autre.

Le marchand de comestibles Christen, à Bâle, a vendu en 1882 à E. Meisser son commerce de comestibles à Davos, en s'engageant en même temps, sous peine d'une indemnité conventionnelle de 10,000 fr., à ne pas faire concurrence à l'acquéreur pour Davos et les environs, ni en y établissant un commerce identique ou analogue, ni en faisant des fournitures, de sa maison de Bâle, à des maîtres d'hôtel ou à des particuliers de Davos. Christen ayant contrevenu à cet engagement, Meisser a ouvert action contre lui et a obtenu du Tribunal civil et de la Cour d'appel de Bâle la condamnation du défendeur au paiement de l'indemnité de 10,000 fr. (voir *Journal des Tribunaux* de 1886, p. 457 et suiv.).

Après s'être acquitté du montant de cette indemnité, Christen s'est considéré comme délié de la clause rappelée ci-dessus et a repris son commerce avec Davos sur une plus grande échelle encore que précédemment. Meisser a contesté que Christen eût le droit de procéder de la sorte, attendu que, suivant lui, la convention passée entre parties a entendu interdire la concurrence d'une manière absolue et n'a pas voulu permettre à Christen de reprendre, moyennant paiement de l'indemnité de 10,000 francs, la clientèle cédée à Meisser en même temps que le commerce de comestibles. En conséquence Meisser a ouvert une nouvelle action, concluant à ce qu'il soit fait défense au défendeur de fournir directement ou indirectement des articles de sa spécialité à Davos, et à ce qu'il soit condamné de nouveau au paiement de 10,000 fr.

Le Tribunal civil a repoussé ces conclusions.

Motifs.

A teneur de l'art. 179, al. 1er, CO., lorsqu'une peine a été stipulée pour le cas où le contrat ne serait pas exécuté, il appartient, dans la règle, au créancier de demander, à son choix, l'exécution de l'obligation principale ou la peine convenue; le cumul de ces deux sanctions est, dès lors, exclu sauf convention contraire des parties. Le troisième alinéa du dit art. 179 n'est point en contradiction avec ce qui précède; cette disposition prévoit, en effet, une autre convention des parties, en ce sens qu'elle leur permet de stipuler que le droit de choisir entre les deux alternatives appartiendra au débiteur. En tout cas, on ne saurait inférer de ce texte, par un raisonnement *a contrario,* que le créancier doive être présumé pouvoir exiger cumulativement l'exécution de l'obligation et le paiement de l'indemnité convenue; une telle interprétation irait directement à l'encontre de ce que dispose le premier alinéa de l'art. 179.

Le demandeur prétend, il est vrai, que les parties auraient entendu, lors de la conclusion du contrat, lui réserver ce droit de requérir à la fois l'exécution et la peine. C'est, dès lors, à lui qu'il incombe d'en faire la preuve. Or rien ne justifie une pareille manière d'envisager les faits; au contraire la lettre et l'esprit de la convention intervenue entre parties, et spécialement du passage ayant trait à l'interdiction de la concurrence, excluent un tel cumul. En demandant l'exécution de la peine convenue, le demandeur a, dès lors, fait son choix et l'obligation du défendeur a été limitée au paiement de l'indemnité; il suit de là qu'en acquittant celle-ci, le défendeur s'est délié de tout engagement ultérieur ayant trait à l'interdiction de concurrence que la convention lui imposait.　　　　　C. S.

———◦—◄❖►—◦——

Vaud. — Tribunal cantonal.

Séance du 13 juin 1889.

————

Instance en interdiction. — Preuve des faits de démence , d'imbécillité ou de prodigalité. — Art. 283 et suiv. Cc.; article 379 Cpc.

————

Dame Grenay contre dame Beauverd.

L'instant à l'interdiction doit consigner dans sa demande écrite les faits de démence, d'imbécillité ou de prodigalité sur lesquels il se fonde.

Les solutions données par le tribunal à des questions de droit ne sauraient lier le Tribunal cantonal, alors surtout qu'elles n'ont pas fait l'objet d'une preuve testimoniale.

_____

Par acte du 1ᵉʳ février 1889, Susette Beauverd née Grenay, à Chavornay, a adressé à la municipalité de Chavornay une demande tendant à l'interdiction civile de Rosine Grenay née Martin, au dit lieu, pour cause de prodigalité et d'imbécillité.

Dans sa séance du 2 février 1889, la municipalité de Chavornay a transmis cette demande à la justice de paix du cercle d'Orbe en l'accompagnant d'un préavis favorable.

Ensuite de cette demande, le juge de paix du cercle d'Orbe a fait une enquête et celle-ci a été soumise à la justice de paix de ce cercle, laquelle a donné un préavis favorable à la demande en interdiction formulée contre Rosine Grenay pour cause de prodigalité et d'incapacité de gérer.

Le Ministère public ayant jugé l'enquête complète a transmis le dossier au président du Tribunal d'Orbe.

Ensuite de l'audition de diverses personnes à son audience du 26 mars 1889, le Tribunal civil d'Orbe a donné les solutions suivantes à deux questions posées par lui :

1° Pendant qu'elle était tutrice, la dénoncée a-t-elle commis divers actes de prodigalité et est-ce pour ce motif que ses fonctions de tutrice lui ont été enlevées ?

Réponse : Oui, les fonctions de tutrice lui ont été enlevées pour cause de prodigalité et incapacité de gérer ;

2° Les facultés mentales de la dénoncée laissent-elles beaucoup à désirer ?

Réponse : Oui.

Ensuite de ces faits et par jugement du 26 mars 1889, le Tribunal civil du district d'Orbe a prononcé l'interdiction de Rosine Grenay née Martin, par le motif qu'elle avait commis des actes de prodigalité, et que, sans être dans un état complet d'imbécillité, ses facultés mentales laissaient cependant beaucoup à désirer.

Rosine Grenay a recouru contre ce jugement dont elle demande la nullité et subsidiairement la réforme.

A l'audience du Tribunal cantonal et par l'organe de son conseil, elle a déclaré renoncer à demander la nullité du jugement du 26 mars 1889. Par contre, elle a maintenu le surplus de son recours, tendant à la réforme de ce jugement en ce sens que l'interdiction ne soit prononcée que pour cause de prodigalité et non pour cause d'imbécillité ou de démence, ces derniers faits n'étant pas établis par la procédure.

Le recours a été admis et le jugement réformé en ce sens que l'interdiction n'est prononcée que pour cause de prodigalité.

Motifs.

Considérant que l'instante à l'interdiction n'a pas consigné dans sa demande écrite les faits de démence ou d'imbécillité sur lesquels elle se fondait (Cpc., art. 379).

Qu'elle aurait dû alléguer des faits concrets auxquels le Tribunal aurait pu, ensuite de l'audition des témoins, donner des solutions conformes aux art. 283 et suiv. Cpc.

Que la solution donnée par le Tribunal d'Orbe à la seconde question ci-dessus rappelée ne saurait lier la Cour de céans puisqu'il s'agit d'une pure question de droit, les parties n'ayant, du reste, pas annoncé vouloir entreprendre une preuve testimoniale sur cet allégué.

Qu'ainsi l'instante n'a pas établi à la charge de la dénoncée des faits de démence ou d'imbécillité qui puissent permettre de prononcer son interdiction pour cette cause.

Séance du 4 juillet 1889.

Action en interdiction. — **Faits motivant la demande non articulés par écrit.** — **Rejet.** — **Condamnation des instants aux dépens.** — **Art. 292 Co.; art. 379 et 387 Cpc.**

Commune du Lieu et Alfred Meyland contre Adolphe Meyland.

Pour qu'une action en interdiction puisse être considérée comme abusive, il suffit que par suite des irrégularités commises dans la manière de procéder des instants, le défendeur soit renvoyé des fins de la dénonciation par des motifs de forme et qu'ainsi les frais de toute l'instance deviennent inutiles.

On ne saurait faire supporter au dénoncé les frais d'une action irrégulièrement engagée et dans laquelle les prescriptions expresses de la loi ont été violées (Cpc. 387).

Avocats des parties :

MM. BERDEZ, pour commune du Lieu et Alf. Meyland, instants et recourants.

BLANC, pour Ad. Meyland, dénoncé et intimé.

Par lettre adressée le 11 février 1889 au juge de paix du cercle de Concise, Alfred Meyland, à Concise, a demandé l'interdiction, pour cause de prodigalité, de son oncle Adolphe Meyland, au dit lieu, alléguant que celui-ci aurait déjà mangé la plus grande partie de sa fortune, qu'il serait adonné à la boisson et qu'il battait sa femme et son petit garçon.

Par lettre adressée au même juge, le 18 février 1889, la municipalité de la commune du Lieu a également demandé l'interdiction d'Adolphe Meyland par le motif qu'il dissiperait son avoir.

Le 6 mars 1889, la municipalité de Concise a donné un préavis favorable à cette interdiction.

Ensuite de l'enquête instruite par le juge de paix du cercle de Concise, la jutice de paix a donné un préavis favorable à l'interdiction et a ordonné l'envoi des pièces au parquet du procureur général.

Par sa lettre du 4 mai 1889, le parquet a envoyé le dossier au président du Tribunal de Grandson, en lui faisant savoir qu'il estimait l'enquête complète.

A l'audience du Tribunal de Grandson du 27 mai 1889, Adolphe Meyland a conclu à libération et spécialement à ce que les dépens soient mis à la charge des demandeurs, par le motif que la demande est abusive, soit en la forme, soit au fond.

Par jugement du dit jour, le Tribunal de Grandson a repoussé la demande en interdiction par le motif que les demandeurs n'ont pas procédé conformément à l'art. 379 Cpc. Les dépens ont été mis à la charge des demandeurs, vu la manière irrégulière dont ils ont procédé.

Par acte du 6 juin 1889, la commune du Lieu et Alfred Meyland ont recouru contre ce jugement, mais en ce qui concerne les dépens seulement, en se fondant sur ce que la demande en interdiction n'était pas abusive.

Le recours a été écarté.

Motifs.

Considérant qu'aux termes de l'art. 292 du Cc., les faits de prodigalité sur lesquels les instants à l'interdiction entendaient se fonder auraient dû être articulés par écrit.

Qu'au lieu de procéder ainsi que le veut la loi, les instants à l'interdiction se sont bornés à formuler des dénonciations vagues, ne mentionnant même pas le montant des valeurs dissipées par Adolphe Meyland et ne fournissant aucune indication précise sur la manière dont le dénoncé aurait dilapidé son avoir.

Que leur demande d'interdiction a été écartée par le Tribunal de Grandson par le motif purement de forme qu'ils ne s'étaient pas conformés aux dispositions légales sur la matière.

Attendu que les instants à l'interdiction n'ont allégué aucun fait concret et n'ont entrepris aucune preuve tendant à établir les actes de prodigalité du dénoncé.

Que, par ce fait, le Tribunal de jugement, et après lui la Cour de céans, ne peuvent apprécier jusqu'à quel point la demande était fondée.

Considérant qu'il suffit, pour que l'action puisse être considérée comme abusive, que, par suite des irrégularités commises dans la manière de procéder des instants, le défendeur soit renvoyé des fins de la dénonciation *par des motifs de forme*, et qu'ainsi les frais de toute l'instance deviennent inutiles.

Qu'en effet, le seul fait par une partie de procéder d'une façon irrégulière constitue un abus.

Attendu que l'on ne saurait faire supporter au dénoncé les frais d'une action irrégulièrement engagée et dans laquelle les prescriptions expresses de la loi ont été violées.

Que, dès lors, il y a lieu de faire application en l'espèce du second alinéa de l'art. 387 du Cpc.

France. — COUR D'APPEL DE PARIS (2ᵉ chambre).

Audience du 14 mai 1889.

Accident. — **Chute ayant occasionné la mort.** — **Entrée de la victime dans un endroit où elle n'avait pas le droit d'accès.** — **Ignorance de la disposition des lieux.** — **Porte non fermée à clef.** — **Action en dommages-intérêts contre le propriétaire.** — **Rejet.**

Veuve Cozette contre Hachette.

Un propriétaire ne saurait être rendu responsable d'un accident survenu dans son immeuble, alors que la personne qui en a été victime a fait une chute dans un endroit où elle n'avait pas accès; qu'elle y a pénétré sans autorisation, et sans se faire renseigner, et que rien ne motivait son entrée dans les lieux dont elle ne connaissait pas la disposition.

On ne saurait faire grief au propriétaire de n'avoir pas fermé à clef la porte donnant accès à l'endroit dangereux.

« Attendu que le 16 janvier 1886, vers 7 heures trois quarts du soir, Cozette, maître d'armes, à Paris, s'est rendu dans la maison boulevard Saint-Germain, 195, appartenant à Hachette, en compagnie de Hazotte, à l'effet de visiter une salle d'escrime au rez-de-chaussée, dont ce dernier a la jouissance.

Attendu qu'arrivé dans la cour de la maison, Cozette fut invité par Hazotte à l'y attendre quelques moments, pendant qu'il montait au deuxième étage prendre les clefs de la salle d'escrime.

Attendu que, pendant l'absence de Hazotte, laquelle a duré trois ou quatre minutes seulement, Cozette a ouvert de son propre mouvement, et sans s'être adressé au concierge ni à aucune autre personne, la porte d'une remise dans laquelle se trouve une vaste ouverture destinée à la manœuvre d'un monte-charge.

Attendu que Cozette est tombé dans la dite ouverture et s'est fait à la tête des blessures qui ont déterminé la mort immédiate.

Attendu qu'il résulte suffisamment des faits susénoncés que le trou dans lequel Cozette est tombé ne se trouvait pas dans un endroit accessible aux personnes allant et venant soit dans la maison, soit dans la cour.

Que Cozette a commis une faute en ouvrant la porte d'un local qui ne lui avait été désigné ni par le défendeur ni par aucun de ses préposés, et où il ne devait pas pénétrer surtout après la nuit close sans l'avis et sans l'assistance du concierge préposé à la garde de l'immeuble.

Attendu, enfin, qu'il n'est justifié d'absolument aucun fait qui soit de nature à engager à un degré quelconque la responsabilité du défendeur.

Que Cozette a été victime de sa propre imprudence et de son inattention.

Par ces motifs, déclare la veuve Cozette mal fondée dans sa demande, l'en déboute, la condamne aux dépens. »

Sur appel interjeté de cette décision par la veuve Cozette, la Cour l'a confirmée par adoption de motifs.

———•—◆—•———

Bibliographie.

La vérité sur la recherche de la paternité, par M. Léon GIRAUD, docteur en droit. (Extrait de la *Revue critique de législation et de jurisprudence*. Paris, 1888.)

———

La Société suisse des juristes a discuté, l'an dernier, dans sa réunion de Neuchâtel, la question de la recherche de la paternité.

Nous pouvons indiquer aux nombreuses personnes que cette matière délicate intéresse, un travail, consciencieux et intéressant, que M. Léon Giraud, docteur en droit, a fait paraître dans la *Revue critique de législation*.

M. Giraud est un adversaire décidé de l'interdiction de la recherche de la paternité. D'après lui, rien n'est plus contestable que l'affirmation de certains partisans de l'article 340 du Code français, d'après lesquels cette règle stricte était absolument nécessaire pour faire disparaître les scandales que la recherche de la paternité rendait inévitables.

Le cri général contre cet abus, dont parle Bigot-Préameneu, ne se faisait entendre nulle part. En réalité, le législateur du Code n'a voulu poser le principe de l'interdiction qu'avec de nombreuses exceptions; c'est ce que prouve le texte primitif de l'art. 340 : « La loi n'admet point la recherche de la paternité *non avouée* », et le ministre de la justice estimait que cet aveu de la paternité pouvait résulter d'*écrits privés* et d'*autres circonstances.* »

Ces deux mots « non avouée » ne se retrouvent pas dans le texte définitif; mais comme il n'existe dans les procès-verbaux aucune trace de revirement dans l'opinion du législateur, on peut admettre que cette suppression s'explique par une inattention du copiste, ou par l'intervention d'une influence abusive.

La prohibition absolue de la recherche en paternité conduit à des conséquences si contraires à l'équité, que la jurisprudence française est obligée de recourir à des distinctions plus que subtiles pour pouvoir condamner à des dommages-intérêts l'auteur de la grossesse.

C'est ainsi que la Cour de Toulouse, dans un arrêt du 28 novembre 1861, admet la fille à prouver « non pas que le séducteur fût le père de l'enfant dont elle était accouchée, mais qu'elle était devenue mère par suite des relations intimes avec lui. »

Alfred MARTIN.

ACADÉMIE DE LAUSANNE. — L'Académie a conféré les diplômes de licencié et de docteur en droit à M. Simon DE FÉLICE, à Lausanne. M. de Félice a choisi pour sujet de sa dissertation : *Le droit de propriété, sa nature et son fondement;* la manière dont il a traité ce problème à la fois juridique, économique et philosophique prouve que l'auteur possède des connaissances solides et variées.

Ch. SOLDAN, conseiller d'Etat, rédacteur.

Lausanne. — Imp. CORBAZ & Comp.

JOURNAL des TRIBUNAUX

REVUE DE JURISPRUDENCE

Paraissant à Lausanne une fois par semaine, le Samedi.

Rédaction : M. Charles Soldan, conseiller d'Etat, à Lausanne.
Administration : M. L. Rosset, greffier du Tribunal cantonal, à Lausanne.
Abonnements : 12 fr. par an; 7 fr. pour six mois. Pour l'étranger, le port en
sus. On s'abonne à l'imprimerie Corbaz & Cie, chez l'administrateur, M. Rosset
et aux bureaux de poste.
Annonces : 20 c. la ligne ou son espace. S'adresser à l'imprimerie Corbaz & Cie.

TRIBUNAL FÉDÉRAL
Séance du 12 juillet 1889.

**Accident survenu à un ouvrier en dehors des locaux de la fa-
brique. — Action en responsabilité. — Libération du patron.
— Art. 1ᵉʳ et 2 de la loi fédérale du 25 juin 1881 sur la responsabilité civile des fabricants; art. 3 et 12 de la loi fédérale du
26 avril 1887 sur l'extension de la responsabilité civile.**

Enfants Baur contre Miauton.

*D'après la loi fédérale du 25 juin 1881 sur la responsabilité civile, le fa-
bricant, — qu'une faute soit ou non imputable à lui-même ou à une
personne dont il est responsable, — n'est tenu des conséquences du dommage causé à un ouvrier tué ou blessé que lorsque la mort ou les blessures se sont produites dans les locaux de la fabrique et par son exploitation.*

Le principe contraire consacré par la loi fédérale sur l'extension de la responsabilité civile n'est applicable qu'aux accidents survenus à partir du 1er novembre 1887, date de son entrée en vigueur.

Les héritiers de J.-J. Baur ont recouru au Tribunal fédéral contre le jugement du 23 mai 1889, publié à page 379 et suivantes de ce volume, par lequel la Cour civile les a déboutés de leur action en responsabilité contre Ernest Miauton, à Montreux, et auquel nous renvoyons pour les faits de la cause.

Le Tribunal fédéral a écarté le recours et maintenu le jugement.

Motifs.

2. La loi fédérale sur la responsabilité civile des fabricants, du 25 juin 1881, sur laquelle les demandeurs appuient leurs conclusions, dispose, à l'art. 1er, que « celui qui, selon la définition de la loi fédérale du 23 mars 1877, exploite une fabrique (fabricant) est responsable, dans les limites fixées par la présente loi, du dommage causé à un employé ou à un ouvrier tué ou blessé dans les locaux de la fabrique et par son exploitation, lorsque l'accident qui a amené la mort ou les blessures a pour cause une faute imputable soit à lui-même, soit à un mandataire, représentant, directeur ou surveillant, dans l'exercice de ses fonctions » — et à l'art. 2, que « le fabricant, lors même qu'il n'y aurait pas de faute de sa part, est responsable du dommage causé à un employé ou à un ouvrier tué ou blessé dans les locaux de la fabrique et par son exploitation, à moins qu'il ne prouve que l'accident a pour cause ou la force majeure, ou des actes criminels ou délictueux imputables à d'autres personnes que celles mentionnées à l'art. 1er, ou la propre faute de celui-là même qui a été tué ou blessé ».

Il résulte avec évidence, de ces dispositions si claires, que le fabricant, — qu'une faute soit ou non imputable à lui-même ou à une personne dont il est responsable, — n'est tenu des conséquences du dommage causé à un ouvrier tué ou blessé, que lorsque la mort ou les blessures se sont produites dans les locaux de la fabrique *et* par son exploitation. Cette interprétation, que les textes précités imposent avec nécessité, se trouve corroborée par le message du Conseil fédéral concernant la loi de 1881, laquelle subordonne la responsabilité des fabricants, ensuite des art. 1 et 2 ci-haut reproduits, à l'existence de la double condition que ces articles exigent, à savoir, d'une part, que l'accident

ait eu lieu dans la fabrique, et, d'autre part, qu'il soit la conséquence de l'exploitation, c'est-à-dire des travaux industriels
spéciaux exécutés dans les locaux de cette fabrique.

Le Tribunal fédéral s'est d'ailleurs prononcé déjà dans le
même sens (voir arrêt du 21 juillet 1882 en la cause Wickart
contre Email- und Metallwaarenfabrik Zug, *Rec.*, VIII, p. 533).

3. Or il est, dans l'espèce, hors de doute que l'accident, cause
de la mort de Baur, ne s'est point produit dans les locaux de la
fabrique de Miauton et qu'il n'a nullement été occasionné par
l'exploitation de celle-ci.

Baur, en effet, le jour de l'accident, travaillait, ainsi que le
jugement de la Cour le constate, à l'hôtel Breuer, à Bon-Port, et
il y était occupé, ensuite d'ordre de Miauton, il est vrai, à aider
le contre-maître Linderme aux réparations de l'ascenseur entreprises sous la direction de celui-ci et pour le compte de Harder
et Cⁱᵉ, constructeurs, à Bâle.

En présence des dispositions susrappelées de la loi de 1881,
c'est à tort que les recourants estiment, dans leur demande, « que
ces travaux exécutés par un certain nombre d'ouvriers constituent une véritable entreprise et doivent être assimilés à ceux
qui s'exécutent dans la fabrique ». Il est même incompréhensi-
ble qu'une pareille assimilation ait pu être prétendue, alors que
la loi exige expressément, pour que la responsabilité du fabricant
puisse être invoquée, l'existence simultanée des deux conditions
susmentionnées.

Ces conditions ne se trouvant pas réalisées, la loi de 1881
n'est pas applicable, et les conclusions en indemnité que les demandeurs ont formulées en se fondant sur les dispositions de la
dite loi ne sauraient être accueillies.

4. La loi fédérale du 26 avril 1887 sur l'extension de la responsabilité civile des fabricants, complétant la loi du 25 juin
1881, devrait trouver son application en l'espèce si elle eût été
en vigueur au moment de l'accident, soit le 29 septembre 1887.

Tel n'est toutefois point le cas, puisque le Conseil fédéral,
chargé, aux termes de l'art. 12 de la prédite loi du 26 avril
1887, de fixer l'époque de son entrée en vigueur, a, par arrêté
du 20 septembre 1887, décidé que cette loi sera exécutoire à
partir du 1ᵉʳ novembre de la même année.

5. Les deux lois fédérales spéciales sur la matière étant ainsi
inapplicables, le litige demeure régi par les principes généraux

du Code des obligations. Or les demandeurs n'ont pas même prétendu que l'accident dont Baur a été victime ait été causé par une faute quelconque du défendeur Miauton, ou d'une personne dont celui-ci était responsable, et il est évident que, dans cette situation, le dit défendeur ne saurait être tenu de dommages-intérêts envers les héritiers du défunt.

Séance du 12 juillet 1889.

Divorce. — Pension alimentaire mise à la charge de l'époux innocent. — Jugement réformé. — Art. 49 de la loi fédérale sur l'état civil et le mariage.

Favre-Bulle contre dame Favre-Guyot.

Le jugement qui prononce le divorce ne saurait condamner l'époux innocent à payer une pension alimentaire à son conjoint reconnu coupable, alors même que ce dernier est âgé et se trouve dans une situation précaire de santé et de fortune.

Ami-Virgile Favre-Bulle, étalonneur-juré, au Locle, veuf et père de sept enfants, a contracté mariage, le 28 avril 1876, avec Adèle-Hortense née Guyot, veuve Sandoz, mère de trois enfants; aucun enfant n'est issu de ce mariage.

Par demande en date du 8 décembre 1888, le mari Favre-Bulle a conclu à ce qu'il plaise au Tribunal cantonal prononcer le divorce des prédits époux et condamner la défenderesse aux frais et dépens.

A l'appui de sa demande, sieur Favre-Bulle alléguait en substance que des dissensions très graves s'élevèrent entre les époux, et même entre la femme du demandeur et les enfants qu'il avait eus de son premier mariage; que ces dissensions avaient pour cause le fait que la dame Favre-Bulle s'adonnait d'une façon continuelle et immodérée à la boisson et donnait lieu à de très fréquents scandales; que la continuation de la vie conjugale n'étant plus possible, la défenderesse a quitté volontairement, en avril 1884, son mari pour aller habiter chez son frère à la Chaux-de-Fonds; que le lien conjugal est profondément atteint et la vie commune impossible et qu'il y a lieu de prononcer le divorce en vertu de l'art. 47 de la loi fédérale sur l'état civil et le mariage.

Dans sa réponse, la dame Favre-Bulle concluait à ce qu'il plaise au Tribunal cantonal déclarer le demandeur mal fondé dans les conclusions de son action, l'en débouter, et, reconventionnellement, prononcer en faveur de la défenderesse et contre son mari la rupture du mariage par le divorce, condamner celui-ci à payer à sa femme une pension de 600 fr. par an et le condamner en outre aux frais et dépens.

Pour justifier ces conclusions, la dame Favre-Bulle faisait valoir que le mariage des époux en cause avait été malheureux du fait du mari et des enfants de celui-ci; que ces enfants étaient irrespectueux et grossiers envers la défenderesse, et que leur père soutenait en toutes circonstances leurs torts vis-à-vis de leur belle-mère; que le mari Favre-Bulle ne montrait jamais d'égards pour sa femme, et était très avare envers elle; qu'il passait toutes ses veillées au cabaret et la laissa presque sans soins pendant une longue maladie qu'elle fit en 1882.

Statuant par jugement du 11 mai 1889, le Tribunal cantonal a prononcé la rupture des liens matrimoniaux qui existent entre les époux Favre-Bulle, dit que le demandeur devra payer à la défenderesse une pension alimentaire de 400 fr., payable par trimestre et à l'avance, les frais du procès étant partagés par moitié entre les parties.

Ce jugement se fonde sur les motifs dont suit le résumé :

La funeste passion de la boisson, à laquelle s'adonnait dame Favre-Bulle, a persisté d'une manière scandaleuse, malgré les engagements qu'elle a signés à diverses reprises de s'abstenir de boissons enivrantes, et le mari, obligé par ses occupations de s'absenter pendant le jour, trouvait sa femme en rentrant dans un état de complète ébriété. Cet état de choses amena de graves dissentiments dans le ménage, et la dame Favre-Bulle quitta le domicile conjugal en 1884 pour aller habiter d'abord la Chaux-de-Fonds.

Ces faits ne sont pas contestés par la défenderesse, qui demande aussi le divorce par voie reconventionnelle en réclamant une pension annuelle de 600 fr.; c'est sur le chiffre de cette pension qu'a porté l'instruction de la procédure. Il résulte des circonstances de la cause que le lien conjugal est profondément atteint, qu'une séparation de fait existe depuis 5 ans et qu'en conséquence le divorce peut être prononcé à teneur de l'art. 47 de la loi fédérale sur l'état civil et le mariage. En ce qui concerne la demande de pension de dame Favre, celle-ci est âgée de 51 ans, malade et sans ressources, et, dans ces circonstances, son mari, qui est dans l'aisance, ne peut pas la laisser tomber à la charge de sa commune.

Le mari Favre a recouru contre ce jugement au Tribunal fédéral, concluant à ce qu'il lui plaise prononcer le divorce entre les dits époux en faveur du mari et mettre tous les frais de l'action à la charge de la partie adverse. A l'audience, il a conclu en outre à être libéré de la pension alimentaire que le jugement attaqué l'a condamné à servir à la partie adverse.

Statuant, le Tribunal fédéral a admis partiellement le recours, en ce sens que le mari Favre est libéré de l'obligation de payer une pension alimentaire à la défenderesse, et que les frais d'assise devant le Tribunal cantonal sont mis entièrement à la charge de celle-ci. Le jugement a été maintenu quant au surplus, tant au fond qu'en ce qui concerne les autres frais.

Motifs.

2. Le recourant se borne à conclure à ce que le divorce soit prononcé en sa faveur et à être, en conséquence, libéré de l'obligation de payer une pension alimentaire à sa femme, ainsi que la portion des frais du procès mise à sa charge.

Le jugement dont est recours constate à la charge de dame Favre-Bulle des faits nombreux et persistants d'ébriété, et ajoute que ce vice a été la cause des dissentiments qui se sont produits dans la famille, ainsi que de l'atteinte profonde portée au lien conjugal. Le même jugement ne relève en revanche aucun tort à la charge du mari ; il garde en particulier un silence complet sur les griefs articulés par la défenderesse contre son époux, et reproduits dans les faits du présent arrêt.

Il en résulte que, conformément au dit jugement, les torts doivent être attribués à la dame Favre, la circonstance que ce jugement n'examine pas et ne mentionne point même les susdits griefs devant être interprétée dans ce sens qu'ils ont apparu à la Cour cantonale comme dénués de fondement.

Une semblable conclusion se trouve corroborée par le fait que les enquêtes n'ont point établi que le mari Favre ait négligé de soigner sa femme pendant une grave maladie, et par la circonstance qu'aucun des témoins entendus à la réquisition de la défenderesse n'a déclaré savoir, autrement que par le dire de

celle-ci, que les enfants du mari Favre-Bulle auraient grossière-
ment injurié et frappé leur belle-mère.

3. Dans cette situation et en présence des constatations de
fait du jugement cantonal, le mari Favre doit être envisagé
comme l'époux innocent, et c'est, dès lors, à tort que la Cour
neuchâteloise, malgré la disposition de l'art. 49 de la loi fédérale sur le mariage, prévoyant que les indemnités sont à la
charge de la partie coupable, a condamné le recourant au paiement d'une pension alimentaire en faveur de sa partie adverse,
et il y a lieu de réformer le dit jugement sur ce point.

La mention, par ce jugement, des circonstances que la dame
Favre est âgée de 51 ans, qu'elle se trouve dans une situation
précaire de santé et de fortune, et qu'elle pourrait tomber à la
charge de sa commune, ne suffit nullement pour imposer,
contrairement au principe susrappelé, à l'époux réputé innocent, le paiement d'une pension à son conjoint reconnu coupable.

En revanche, il se justifie de maintenir la compensation des
frais extrajudiciaires devant les instances cantonales, cette compensation pouvant être fondée sur des motifs d'équité, tels par
exemple que la qualité d'époux des parties en cause, et l'état de
dénuement dans lequel se trouve la défenderesse.

Genève. — TRIBUNAL DE COMMERCE.
Audience du 20 juin 1889.

**Lettre de change. — Protêt prétendu tardif. — Frais à la charge
du tiré. — Art. 759, 762 et suiv. CO.**

Zahn et Cie contre veuve Fournier et fils.

---

*Aussi longtemps qu'une lettre de change peut être présentée au tiré pour
paiement, un protêt peut être dressé contre lui et les frais de cet acte sont
à la charge du tiré.*

Les demandeurs Zahn et Cie ont réclamé à veuve Fournier et
fils la somme de 110 fr., tandis que les défendeurs n'ont reconnu devoir que 100 fr., concluant à libération pour le surplus.

Le Tribunal a admis les conclusions des demandeurs, en les
réduisant toutefois à 107 fr. 60.

Motifs.

Attendu en, en fait, que le 5 juillet 1888, A. Fournier souscrivit à l'ordre des demandeurs un billet de 270 fr. qui, payable le 5 septembre suivant, revint protesté ; que des termes furent accordés aux débiteurs et que, notamment, ils promirent de payer 100 fr. par traite au 25 octobre, 100 fr. par traite au 15 novembre, et 93 fr. 50 par traite au 30 novembre 1888.

Attendu que la première et la troisième de ces traites furent payées ; que tel ne fut pas le cas de la deuxième ; que Zahn et Cie prétendent qu'elle fut prorogée au 28 novembre ; que les défendeurs contestent la réalité de cette affirmation.

Attendu que le protêt de cette traite de 100 fr. ne fut dressé que le 3 novembre.

Attendu qu'en se basant sur cette date, les défendeurs, qui reconnaissent devoir et offrent le capital réclamé, ne veulent point supporter les frais de protêt et autres.

Vu, en droit, les art. 759, 762, 765, 766 et 768 CO.

Attendu qu'il s'agit, en l'espèce, du recours d'un porteur contre le tiré d'une lettre de change ayant provision ; que si la loi fixe le délai du second jour non férié après celui de l'échéance, pour le terme extrême du protêt faute de paiement, elle a soin de spécifier que ce n'est qu'à l'égard du recours qui pourrait être exercé contre le tireur et les endosseurs.

Attendu que vis-à-vis du tiré d'une traite, ce recours peut être exercé pendant les trois ans prévus pour la prescription ; qu'à la vérité, pour exercer ce recours, le porteur n'est point tenu de faire dresser protêt ; que toutefois le protêt étant le seul moyen régulier et légal, en dehors de la preuve testimoniale ou de l'aveu, de constater la présentation du titre et le refus du paiement, le porteur soucieux de ses intérêts a le droit de le faire dresser, alors même qu'il ne veut exercer son recours que contre le tiré ; qu'il importe peu, en telle occurrence, que ce protêt soit, ou non, établi dans le délai fixé par l'art. 762 CO., car l'époque où il est fait n'a aucune action sur le recours qui doit être exercé.

Attendu, en définitive, que puisque, comme il vient d'être dit, le porteur a le droit de réclamer pendant trois ans, au tiré, le montant de la traite qu'il a en mains, et puisque le protêt n'est, vis-à-vis de ce tiré, que la constatation de la présentation du titre et du refus de paiement, il va de soi que, tant que cette présentation est possible, le protêt l'est également et qu'en vertu de la loi les frais de celui-ci sont dus par le tiré.

Attendu que si ce dernier veut éviter ces frais, le législateur lui en a donné la possibilité dans l'art. 759 ; qu'il n'a, pour cela, lorsque le délai du second jour non férié après celui de l'échéance est passé, qu'à consigner le montant de la traite, aux frais et risques du porteur, soit en justice, soit chez un magistrat, ou à la caisse des consignations.

Attendu que si cette consignation a eu lieu, ou bien le protêt devient inutile, ou bien, comme ses frais sont purement frustratoires, ils doivent rester à la charge de celui qui le fait faire.

Attendu que les défendeurs n'ont point fait une telle consignation ; qu'ils n'ont pas même offert à l'huissier protestant la somme qu'ils reconnaissaient devoir, puisque le dit huissier constate qu'absents, ils n'ont pas laissé de fonds pour payer l'effet exhibé ; que, dès lors, et sans avoir à examiner si, oui ou non, l'échéance de la traite avait été prorogée, — ce qui n'a aucune importance dans le cas spécial, — veuve Fournier-Quenel et fils sont malvenus à soutenir qu'ils ne doivent pas les frais de protêt et autres que, par leur manière d'agir, ils ont seuls nécessités.

Attendu que ces frais ne sont justifiés que jusqu'à concurrence de 7 fr. 60 ; que c'est donc pour 107 fr. 60 que les demandeurs doivent obtenir jugement, avec dépens.

Lucerne. — TRIBUNAL SUPÉRIEUR.

Traduction d'un arrêt du 15 juin 1888.

Bail. — Jouissance troublée par le fait du bailleur. — Résiliation accordée au preneur. — Art. 277 CO.

Ignace R. contre Marie D.

Le droit du preneur de se départir du bail à raison d'un trouble de jouissance qui amoindrit notablement pour lui l'usage de la chose louée n'existe pas seulement lorsque ce trouble a sa cause dans l'état de la chose louée, mais encore lorsqu'il résulte de la conduite du bailleur à son égard.

Ignace R. a conclu à la résiliation du bail qu'il a passé le 30 septembre 1885 avec Marie D., et par lequel celle-ci lui a loué une boulangerie et un appartement dans la maison qu'elle possède. A l'appui de ces conclusions, le demandeur fait valoir les motifs suivants :

a) La défenderesse a tenté de discréditer son commerce de boulangerie et de le ruiner d'une manière complète, en prétendant faussement que le demandeur se servirait des sébiles à recevoir la pâte en guise de vases de nuit.

b) Le 18 mars 1886, la défenderesse, son mari et sa domestique ont pénétré de force dans l'appartement du demandeur et s'y sont livrés à de graves voies de fait sur la personne de ce dernier, ainsi que sur celle de sa femme.

c) A ces motifs, qui rendent la continuation du bail intolérable, vient s'ajouter que la défenderesse, bien que sommée de faire réparer le four, l'a laissé dans l'état défectueux où il était, de telle sorte que la consommation de bois a été près du double·de ce qu'elle aurait dû être dans des circonstances normales.

Le Tribunal supérieur a prononcé la résiliation du bail pour le 24 mars 1886 et ordonné la restitution au demandeur de la somme de 167 fr. 71 qu'il avait dû déposer en mains du juge. En revanche, il n'a pas condamné la défenderesse à des dommages et intérêts.

Motifs.

A teneur de l'art. 277 CO., sous l'empire duquel le bail litigieux a été conclu, si la chose est délivrée dans un état tel qu'elle soit impropre à l'usage pour lequel elle a été louée ou que cet usage en soit notablement amoindri, le preneur a le droit de se départir du contrat; lorsque la détérioration se produit pendant la durée du bail sans la faute du preneur, il peut exiger une réduction proportionnelle du loyer, et même se départir du contrat si la chose n'est pas remise en état dans un délai convenable.

En présence de ces dispositions, il y a lieu de rechercher, avant tout, si un amoindrissement notable de la chose louée n'existe qu'au cas où les défauts dont se plaint le preneur affectent la chose louée elle-même, ou si au contraire l'art. 277 CO. peut aussi trouver son application alors que le trouble de la jouissance du preneur a sa cause dans les actes du bailleur. La question doit être résolue dans le sens de cette seconde alternative. Le droit commun attribue déjà une certaine importance à l'élément subjectif, puisqu'il admet que le preneur est fondé à se départir unilatéralement du bail, non-seulement lorsque la chose louée est ou devient inutilisable, mais encore lorsque la continuation de son usage constituerait pour lui un danger (comp. Windscheid, *Pandectes,* 6ᵐᵉ édit., t. II, p. 547). Une saine interprétation de l'art. 277 CO. doit conduire le juge à étendre par analogie le droit du preneur de se départir du bail aussi au cas où le trouble de jouissance qui amoindrit notablement pour lui l'usage de la chose louée a sa cause non point dans l'état de celle-ci, mais dans l'attitude du bailleur (comp. les arrêts Harder c. Wipf, et Breyer c. F., cités à pages 98 et 108 du *Journal des Tribunaux* de 1885, ainsi que le *Commentaire* de MM. Schneider et Fick, à l'art. 277, n° 1).

Ce principe étant admis, il y a lieu de rechercher si le motif allégué par le demandeur sous lettre *a* est de nature à justifier la résiliation du bail.

A cet égard il résulte des preuves testimoniales entreprises que dame D. a effectivement tenu, de sa fenêtre et en s'adressant à des écoliers stationnant devant la maison, le propos incriminé relatif à l'emploi des ustensiles de boulangerie. Ce propos constitue, dans l'opinion de la Cour, un motif suffisant pour entraîner la résiliation du bail, car il était de nature à porter une grave atteinte au crédit du demandeur et à compromettre, si ce n'est à rendre impossible, la continuation de son industrie.

Quant à l'objection consistant à dire qu'à teneur du bail, celui-ci ne peut être dénoncé avant l'expiration de la première année, elle ne saurait être prise en considération, attendu qu'en l'espèce la résiliation n'a pas lieu *ex contractu*, mais bien *ex lege.*

Dans ces circonstances, il paraît superflu d'examiner si les deux autres moyens invoqués par le demandeur sont fondés ou non, le premier étant suffisant pour faire résilier le bail.

C. S.

Vaud. — Tribunal cantonal.
Séance du 9 juillet 1889.

Preuve testimoniale. — Convention. — Cession. — Contrat de commission. — Commencement de preuve par écrit. — Articles 997, 999 et 1000 Cc.; art. 184 CO.

Hochstatter frères contre Savary-Duboux.

On ne peut s'opposer à la preuve testimoniale d'une cession, puisque, aux termes de l'art. 184 CO., la validité de cet acte n'est plus soumise à aucune condition de forme.

Le contrat de commission portant sur une valeur inférieure à 800 fr. peut être prouvé par témoins.

Dans une demande du 22 janvier 1889, Hochstatter frères, à Genève, ont conclu à ce qu'il plaise au Tribunal de Payerne prononcer que Savary-Duboux, à Payerne, est leur débiteur et doit leur faire prompt paiement, avec intérêt au 5 %. dès le 13 novembre 1888, de la somme de 1171 fr., pour solde d'un compte de marchandises.

Les demandeurs ont offert déduction sur les conclusions ci-dessus de la valeur des demi-muids et des pièces que le défendeur aurait restituées aux demandeurs depuis la citation en conciliation.

Dans sa réponse, le défendeur a offert de payer pour solde la somme de 360 fr. 33, qu'il n'a jamais refusé de livrer, et, sous le bénéfice de cette offre, il a conclu, tant exceptionnellement qu'au fond, à libération des conclusions de la demande.

A l'audience présidentielle du 8 juin 1889, les demandeurs ont dit vouloir prouver par témoins leurs allégués 2, 5 et 31, ainsi conçus :

« N° 2. Le 7 août 1888, J. Pauly (négociant, à Genève, qui » était en relations d'affaires avec Savary pour le commerce des » vins) a réglé compte avec le défendeur, qui a reconnu lui de- » voir un solde de 200 fr., après acceptation de deux effets de » change de 500 fr. chacun, que le défendeur a payés dès lors.

» N° 5. Pauly a cessionné aux demandeurs son commerce de » vins et spiritueux, ainsi que ses prétentions contre les débi- » teurs de ce commerce, ce dont le défendeur a été avisé.

» N° 31. Pauly a cessionné aux demandeurs son commerce et » ses créances, selon inventaire du 17 septembre 1888. »

Savary s'est opposé à ces preuves, vu les art. 995 et 997 Cc. et 184 CO.

De son côté, Savary a demandé à prouver entre autres, par témoins, ses allégués n°ʳ 12 et 13, ainsi conçus :

« N° 12. Il (Pauly) s'adressa alors au défendeur en le priant » de se charger de la vente du solde de ce vin (solde d'un wagon » de vin en gare de Payerne).

» N° 13. Le défendeur s'en chargea pour le compte de Pauly, » au prix de 40 cent. et moyennant 5 °/₀ de commission. »

Vu l'art. 997 Cc., les demandeurs se sont opposés à la preuve testimoniale de ces deux allégués, déclarant toutefois renoncer à cette opposition pour le cas où le défendeur abandonnerait la sienne.

Statuant sur ces deux incidents, le Président du Tribunal de Payerne a, par jugement du 8 janvier 1889 :

1° Rejeté la preuve par témoins des allégués 2, 5 et 31, par le motif que l'allégué 2 tend à prouver l'existence d'une convention supérieure à 800 fr. anciens ; que les allégués 5 et 31 ne sont que la conséquence naturelle du fait n° 2 et qu'il n'existe pas en la cause de commencement de preuve par écrit.

2° Admis la preuve testimoniale des allégués 12 et 13, ceux-ci n'ayant pour but que d'établir l'existence d'une commission et non d'une convention supérieure à 800 fr. anciens.

Au rapport de la sentence, Hochstatter frères ont déclaré recourir au Tribunal cantonal.

Statuant, le Tribunal cantonal a prononcé comme suit :

Motifs.

Considérant, *sur le premier incident*, que l'allégué n° 2 contient un fait concret et ne vise pas l'existence d'une convention.

Qu'en effet, il tend simplement à établir que Pauly a réglé compte avec Savary, lequel lui a reconnu devoir une certaine valeur.

Que, dès lors, la preuve du dit allégué n° 2 n'est pas contraire aux dispositions de l'art. 997 Cc.

Qu'à supposer même que cet allégué puisse être envisagé comme renfermant une convention, la preuve par témoins pourrait en être entreprise.

Qu'en effet, soit le compte de Savary, soit les deux dépêches qu'il a adressées à Pauly, soit enfin le billet de 500 fr. qu'il a souscrit lors du règlement de compte, rendent vraisemblable le fait allégué.

Qu'il existe ainsi, en l'espèce, un commencement de preuve par écrit, permettant de faire application de l'art. 1000 Cc.

Considérant, en outre, que l'art. 999 Cc. ne paraît pas applicable à l'espèce, la somme de 200 fr. mentionnée dans l'allégué 2 n'étant pas le restant d'une créance plus forte qui ne serait point prouvée par écrit.

Que la preuve de l'allégué 2 doit, dès lors, pouvoir être entreprise par témoins.

Considérant que les allégués 5 et 31 ne tendent pas non plus à établir une convention entre les parties en cause, mais que leur but est simplement de prouver l'existence de la cession faite par Pauly aux demandeurs de son commerce de vins.

Que l'art. 997 Cc. n'est, dès lors, pas applicable à ces deux allégués.

Considérant, en outre, que l'on ne peut s'opposer à la preuve testimoniale d'une cession, puisque, aux termes de l'art. 184 CO., la validité de cet acte n'est plus soumise à aucune condition de forme.

Que, du reste, l'art. 184 CO., n'est pas applicable au cas actuel, attendu que cet article a trait au transport des créances et qu'ici il s'agit de la remise d'un commerce.

Que, dès lors, les allégués 5 et 31 peuvent être prouvés par témoins.

Par ces motifs, le Tribunal cantonal admet le recours des demandeurs et réforme le jugement incidentel, en ce sens que la preuve testimoniale à entreprendre sur les allégués 2, 5 et 31 est admise.

Sur le deuxième incident, considérant que, par les allégués 12 et 13, le défendeur veut établir qu'il s'est chargé de vendre pour le compte de Pauly une certaine quantité de vin moyennant le paiement d'une commission.

Que l'on se trouve donc ici en présence d'un contrat de commission.

Que, contrairement à l'opinion émise dans le jugement dont est recours, un tel contrat constitue bien une véritable convention.

Considérant que la convention que veut établir le défendeur porte sur un chiffre inférieur à 800 fr. anciens.

Que, dès lors, la preuve testimoniale d'un tel acte est permise aux termes de l'art. 997 Cc.,

Le Tribunal cantonal écarte le recours et maintient le jugement incident sur ce point.

Résumés d'arrêts.

For. — L'action du propriétaire d'un immeuble tendant au déguerpissement du sous-locataire après l'expiration du bail principal n'est point une action personnelle, mais une action réelle. Elle peut dès lors être portée devant le juge de la situation de l'immeuble (art. 59 de la Constitution fédérale).

TF., 8 mars 1889. Chevalier.

Outrages. — L'outrage à un fonctionnaire public, délit prévu à l'art. 121 Cp., est puni de la peine de l'emprisonnement et non de celle de la réclusion.

CP., 3 août 1889. Piguet.

Spiritueux. — En disposant que la loi fédérale du 30 juin 1849 sur le mode de procéder à la poursuite des contraventions aux lois fiscales et de police de la Confédération est applicable aux contraventions à la loi fédérale du 23 décembre 1886 concernant les spiritueux ou aux règlements édictés pour son exécution, l'art. 17 de cette dernière loi ne vise manifestement que les règlements à édicter par le Conseil fédéral, conformément à l'art. 10, et non point les dispositions cantonales relatives à la vente en détail des boissons alcooliques.

Trib. de cassation fédéral, 27 juin 1889. Mayer et Cⁱᵉ.

Tribunal fédéral. — Un arrêt de cassation se bornant à statuer sur l'existence ou la non-existence de motifs de nullité d'un jugement d'appel ne peut être considéré comme un jugement « au fond » dans le sens de l'art. 29 de la loi sur l'organisation judiciaire fédérale. C'est au contraire le jugement d'appel qui doit être envisagé comme constituant ce jugement au fond, et c'est dès lors contre lui que le recours au Tribunal fédéral doit être dirigé.

TF., 8 juin 1889. Hoirs Fiertz c. Banque d'assurance sur la vie et d'épargne de Stuttgardt.

Vente. — En matière de vente sur échantillon, si l'acheteur refuse de prendre livraison de la chose vendue et la laisse pour compte, c'est au vendeur qu'il incombe de prouver que la marchandise fournie est conforme à l'échantillon.

Une légère différence dans la composition chimique du vin vendu et de celui fourni comme échantillon ne saurait justifier un laissé pour compte de la part de l'acheteur, alors que cette différence est telle qu'elle n'influe pas sur la qualité marchande du vin.

TF., 29 mars 1889, Cassinelli c. Schellenberg et Brupbacher.

Vente. — Lorsque le vendeur, bien que mis en demeure de livrer la marchandise promise, s'y refuse, l'acheteur est en droit d'exiger de lui des dommages et intérêts, dont la quotité doit être déterminée conformément à ce que prescrit l'article 116 CO. Ces dommages et intérêts doivent notamment comprendre le préjudice résultant pour l'acheteur de ce que la marchandise a haussé de prix dans l'intervalle ; en effet, le préjudice occasionné par une telle variation du cours a pu être prévu, au moment du contrat, comme une conséquence immédiate de son inexécution. Toutefois, pour déterminer le montant des dommages et intérêts, on ne doit pas prendre en considération le prix de la marchandise que l'acheteur a effectivement payé ailleurs pour remplacer celle promise, mais bien son cours au moment où, certain de l'inexécution du marché primitif, il aurait pu contracter avec un tiers à des conditions non encore aussi onéreuses qu'elles le sont devenues dans la suite grâce à la persistance de la hausse.

TF., 4 mai 1889. De Weerth et Cie c. Filature de Schaffhouse.

Vol. — Le dernier alinéa de l'art. 310 Cp., disposant qu'il n'y a pas lieu de prononcer la peine de la privation générale des droits civiques lorsque le délit de vol, d'escroquerie ou d'abus de confiance est dans la compétence du Tribunal de police, s'applique à l'ancienne compétence du Tribunal de police, telle qu'elle était fixée à l'art. 4 du décret du 23 décembre 1843 (soit 15 jours de réclusion ou d'emprisonnement au maximum).

CP., 12 juillet 1889. Croisier.

Ch. SOLDAN, conseiller d'Etat, rédacteur.

Lausanne. — Imp. CORBAZ & Comp.

JOURNAL des TRIBUNAUX

REVUE DE JURISPRUDENCE

Paraissant à Lausanne une fois par semaine, le Samedi.

Rédaction : M. Charles Soldan, conseiller d'Etat, à Lausanne.
Administration : M. L. Rosset, greffier du Tribunal cantonal, à Lausanne.
Abonnements : 12 fr. par an ; 7 fr. pour six mois. Pour l'étranger, le port en sus. On s'abonne à l'imprimerie Corbaz & Cie, chez l'administrateur, M. Rosset et aux bureaux de poste.
Annonces : 20 c. la ligne ou son espace. S'adresser à l'imprimerie Corbaz & Cie.

TRIBUNAL FÉDÉRAL

Séance du 13 juillet 1889.

Ouvrier de fabrique. — Accident. — Arrangement amiable et renonciation à toute réclamation ultérieure. — Validité. — Art. 10 de la loi fédérale du 25 juin 1881 sur la responsabilité civile des fabricants; art. 9 de la loi du 26 avril 1887 sur l'extension de la responsabilité civile.

Hoirs Cometta contre compagnie d'assurances *Le Soleil.*

L'art. 9 de la loi fédérale sur l'extension de la responsabilité civile, permettant d'attaquer tout contrat en vertu duquel une indemnité évidemment insuffisante serait attribuée ou aurait été payée à la personne lésée ou à ses ayants cause, n'est applicable qu'à partir du 1er novembre 1887, date de l'entrée en vigueur de la loi. Cette cause d'invalidation ne saurait rétroagir sur des actes de renonciation passés sous l'empire de l'ancienne loi.

Avocats des parties :

MM. WEITH, lic. en droit, pour hoirs Cometta, demandeurs et recourants.
. BOICEAU, avocat, pour compagnie *Le Soleil,* évoquée et intimée.

Par jugement du 22 mai 1889, publié à page 361 et suivantes de ce volume, la Cour civile du canton de Vaud a débouté les héritiers Cometta des fins de leur action en responsabilité contre la société lausannoise du gaz et la compagnie d'assurances *Le Soleil.* Les hoirs Cometta ayant recouru au Tribunal fédéral contre ce jugement, leur recours a été écarté.

Motifs.

Sur la première exception, opposée tant par la société défenderesse que par l'évoquée en garantie, et consistant à dire que Cometta ayant déclaré, plus de trois mois dès le jour de l'accident, renoncer à toute réclamation contre la société du gaz, celle-ci est libérée de toute responsabilité :

1. Par acte du 30 avril 1887, intitulé « quittance de sinistre », le demandeur Cometta, au nom duquel ses héritiers continuent à agir aujourd'hui, a expressément déclaré être suffisamment indemnisé par le paiement de la somme de 193 fr. 50 qu'il a touchée et renoncer à tout recours et à toute réclamation, soit contre la compagnie d'assurances *Le Soleil,* soit contre la société du gaz, quelles que puissent être d'ailleurs les conséquences ultérieures de l'accident qui l'a atteint.

Cet acte, volontairement consenti par le demandeur, a été passé sous l'empire de la loi fédérale sur la responsabilité civile des fabricants, du 25 juin 1881. La loi du 26 avril 1887 sur l'extension de cette responsabilité n'étant entrée en vigueur qu'à partir du 1er novembre de la même année, la disposition de l'art. 9 de cette loi portant que « peut être attaqué tout contrat » en vertu duquel une indemnité évidemment insuffisante serait » attribuée ou aurait été payée à la personne lésée ou à ses » ayants cause », ne peut être invoquée en l'espèce.

Cette cause d'invalidation, prévue par la loi nouvelle, ne saurait rétroagir sur le régime de la loi ancienne, encore applicable au susdit acte de renonciation.

La partie demanderesse n'a d'ailleurs pas même cherché, ni

devant l'instance cantonale, ni devant le Tribunal fédéral, à attaquer la validité de cette renonciation par des motifs de fond, tels que la violence, l'erreur ou le dol.

La disposition de l'art. 10 de la loi de 1881 susvisée, édictant que les fabricants n'ont pas le droit, par des conventions conclues avec leurs ouvriers, de limiter ou d'exclure d'avance la responsabilité civile, telle que cette loi la règle, n'est pas davantage applicable au cas actuel, puisque la renonciation de Cometta est postérieure de plus de trois mois à l'accident dont il prétendait avoir été la victime, et de six semaines au moins à l'apparition de l'abcès dont les suites paraissent avoir déterminé sa mort, soit au moment où la gravité de la lésion reçue pouvait être constatée.

Dans cette situation, c'est avec raison que la Cour vaudoise a estimé que la dite renonciation, formelle, expresse et sans réserve, doit avoir pour effet de décharger la société défenderesse de toute responsabilité civile.

2. L'admission de cette exception devant entraîner déjà le rejet du recours, il est superflu d'examiner, soit les autres moyens exceptionnels opposés par les parties, soit le fond de la cause.

3. Les héritiers Cometta ayant obtenu de plaider au bénéfice du pauvre, il n'y a pas lieu de mettre un émolument de justice à leur charge.

<hr />

Séance du 20 juillet 1889.

<hr />

Emancipation. — **Autorité compétente pour la prononcer.** — **Droits du père.** — **Art. 2 de la loi fédérale du 22 juin 1881 sur la capacité civile ; art. 476 à 487 Cc. français.**

<hr />

Recours Livache.

<hr />

L'émancipation prévue par la loi fédérale sur la capacité civile confère à l'émancipé la pleine capacité civile, ainsi que toutes les prérogatives de la majorité. Elle diffère à cet égard de l'émancipation du droit français et genevois, laquelle ne comportait qu'une diminution de l'incapacité du mineur, en lui conférant certains pouvoirs d'administration et en remplaçant la tutelle par une curatelle.

La loi fédérale exige que l'émancipation soit prononcée par une autorité; il ne suffit pas, pour la conférer, de la seule volonté du père ou de la mère.

<hr />

Félix-Auguste Livache, dont l'émancipation est demandée, est né à Genève le 6 juin 1870, d'Antoine-Alexandre Livache, citoyen genevois, et de Jeanne-Fanny Grasset, sa femme, décédée en 1872.

Le recourant Livache père expose que son fils est âgé de plus de dix-huit ans révolus, et que son émancipation doit être prononcée par l'autorité compétente, à savoir le père du mineur, à son défaut la mère, dont la déclaration (constatant qu'il entend conférer l'émancipation) doit être reçue par le Juge de paix assisté de son greffier (art. 477 Cc. français).

Par lettre adressée au recourant le 18 mars 1889, le Juge de paix de Genève, chargé des tutelles, a déclaré rejeter la demande qui lui avait été adressée le 16 janvier précédent, de recevoir la déclaration du recourant constatant qu'il confère l'émancipation à son fils Félix-Auguste.

Le Juge de paix s'appuie sur l'avis des membres du conseil de famille consultés à ce sujet le 26 janvier 1889, le dit conseil ayant déclaré à l'unanimité donner un avis défavorable à la demande d'émancipation, laquelle, selon lui, n'a d'autre but que de soustraire le tuteur aux décisions prises et à prendre par ce conseil, et fait naître la crainte que la fortune du mineur Livache ne soit dissipée avant sa majorité. Le Juge de paix ajoute que l'autorité compétente qui doit prononcer l'émancipation, aux termes de l'art. 2 de la loi fédérale sur la capacité civile, est le conseil de famille du mineur ; que le législateur, dans la dite loi, a entendu parler d'une autorité officielle et publique et non du père ou de la mère du mineur.

C'est contre cette décision que A.-A. Livache recourt au Tribunal fédéral, concluant à ce qu'il lui plaise casser la décision du Juge de paix du 18 mars 1889, et, en tant que de besoin, celle du conseil de famille du 26 janvier 1889.

A l'appui de son recours, A.-A. Livache fait valoir en substance :

Les dispositions du Code civil français, qui ne sont pas en contradiction avec la loi fédérale sur la capacité civile, et entre autres l'art. 477 de ce Code, doivent être considérés comme étant encore en vigueur à Genève ; d'après cet article, tant que le père ou la mère est vivant, il confère l'émancipation par sa seule volonté exprimée devant le juge de paix assisté de son greffier ; d'après l'art. 478 ibidem, le conseil de famille n'intervient, pour l'émancipation, que s'il n'y a plus ni père ni mère.

La loi fédérale sur la capacité civile confère, à l'art. 2, au droit cantonal la faculté de déterminer les autres conditions, ainsi que les formes de l'émancipation. Cette disposition n'est pas violée si l'on admet, avec le recourant, que sous l'empire de la loi fédérale, le père, à son défaut la mère, constitue une autorité capable de conférer l'émancipation, dans les formes prescrites par ce qui a été le droit cantonal jusqu'à présent. L'autorité du père n'est ni plus ni moins « publique » que celle d'un conseil de famille; elles sont d'ordre privé l'une et l'autre.

Le recourant cite encore, en faveur de sa thèse, le message du Conseil fédéral du 7 novembre 1879 concernant le projet de loi sur la capacité civile.

Le refus du Juge de paix porte atteinte aux droits paternels du sieur Livache, droits qu'il estime garantis par l'art. 2 précité de la loi fédérale du 22 juin 1881.

Dans sa réponse, le Juge de paix conclut au rejet du recours en faisant observer ce qui suit :

Le conseil de famille, auquel le dit recours a été communiqué, a déclaré de plus fort, le 7 mai 1889, qu'il estimait désavantageux à l'intérêt du mineur l'émancipation de celui-ci.

Sous le régime nouveau de la loi de 1881 sur la capacité civile, laquelle modifie radicalement la législation genevoise sur l'émancipation, celle-ci ne peut plus être prononcée par la seule volonté du père ou de la mère, mais l'autorité officielle et publique doit intervenir, non-seulement pour recevoir la déclaration des parents, mais bien pour prononcer l'émancipation requise; sinon il suffirait du désir du père ou de la mère seul pour enlever au conseil de famille son contrôle et pour exercer sur le mineur, devenu majeur par son émancipation, un ascendant souvent opposé à ses intérêts. Or l'autorité compétente dans le canton de Genève en matière de tutelle, c'est le Juge de paix et le conseil de famille ; il appartient donc à cette autorité de statuer sur la demande d'émancipation.

Le père, contrairement à l'opinion du recourant, ne constitue pas une autorité officielle et publique. Les termes du message du 7 novembre 1879 ne sauraient prévaloir contre les termes clairs de la loi, postérieure d'ailleurs de deux ans au dit message.

Par office du 21 juin écoulé, le Juge délégué a, sur le désir du Tribunal fédéral, demandé l'avis du Conseil d'Etat de Genève sur la question de savoir si, en présence de l'art. 2 de la

loi susvisée, les dispositions des art. 477 à 487 Cc. et tout particulièrement les droits du père résultant de l'art. 477 peuvent
et doivent être considérés comme étant encore en vigueur. Le
dit office ajoutait que le Conseil d'Etat pourrait examiner aussi,
le cas échéant, si en présence des dispositions du prédit article,
il n'y aurait pas lieu de faire mettre en harmonie, par l'autorité
législative cantonale, le chapitre du Code civil sur l'émancipation avec le principe noûveau de la loi fédérale.

Par office du 5 juillet 1889, le Conseil d'Etat répond que,
dans la situation actuelle, il n'existe dans le canton de Genève
aucune autorité compétente pour statuer sur une demande d'é-
mancipation lorsque le père ou la mère du mineur vit encore;
qu'un projet de loi modifiant les art. 476 à 487 du Code civil
vient d'être soumis au Grand Conseil, et qu'il en résulte que le
mode de faire actuellement suivi n'est que provisoire.

A sa réponse, le Conseil d'Etat joint une lettre du procureur
général, dans laquelle ce magistrat s'attache à démontrer que
les art. 476 à 487 Cc. sont abrogés de fait, et que l'autorité
compétente pour statuer sur les demandes d'émancipation jusqu'à la promulgation d'une loi harmonisant la loi fédérale sur
la capacité civile avec la législation fédérale, ne peut être que
le conseil de famille présidé par le Juge de paix; c'est à cette
autorité, du reste, que le projet de loi actuellement à l'étude
attribue cette compétence.

Le recours a été écarté.

Motifs.

1. L'art. 2 de la loi fédérale du 22 juin 1881 dispose que le
mineur âgé de 18 ans révolus peut être émancipé; que l'émancipation est prononcée par l'autorité compétente, et que le droit
cantonal détermine les autres conditions, ainsi que les formes
de l'émancipation.

L'effet de cette émancipation du droit fédéral (*Volljährig-
keitserklärung* du texte allemand) est de conférer à l'émancipé
la pleine capacité civile, ainsi que toutes les prérogatives de la
majorité. Il en résulte, dès lors, que cette institution nouvelle
est entièrement différente de l'émancipation du droit français
et genevois, laquelle ne comportait qu'une diminution de l'incapacité du mineur, en lui conférant certains pouvoirs d'administration et en remplaçant la tutelle par une curatelle. La confusion que le recours voudrait faire entre ces deux régimes

peut s'expliquer par la circonstance fortuite que, dans les textes, le même terme « d'émancipation » est employé pour désigner deux systèmes entièrement différents, mais elle ne peut être admise.

La « déclaration de majorité » du droit fédéral, conférant sans restriction la capacité civile dans toute son étendue, ne saurait laisser subsister l'émancipation restreinte et limitée du droit genevois, prévue et régie par les art. 477 et suiv. Cc.

2. En ce qui touche les formes dans lesquelles l'émancipation pleine et entière doit être prononcée, le droit cantonal est applicable. Or, il n'existe certainement dans le canton de Genève aucune loi attribuant au père la faculté de conférer cette émancipation totale. Lorsque l'art. 2 susvisé parle à cet égard de l'autorité compétente *(zuständige Amtsstelle)*, il n'a évidemment pas en vue le père ou la mère, qui ne présentent point ce caractère.

3. Tout en admettant avec raison l'abrogation de fait des art. 477 et suivants du Code civil, le Conseil d'Etat reconnaît qu'il n'existe actuellement à Genève, de par la loi, aucune autorité compétente à laquelle la fonction de prononcer l'émancipation conformément au prédit art. 2 ait été conférée, et qu'en attendant la promulgation d'une loi sur la matière, déjà soumise au Grand Conseil, c'est le conseil de famille, présidé par le Juge de paix, qui a été investi provisoirement de cette compétence.

A supposer cette extension des attributions du conseil de famille injustifiée, elle n'implique en tout cas pas une violation de l'art. 2 de la loi fédérale; elle pourrait tout au plus constituer une fausse application d'une loi cantonale et échapperait, de ce chef, au contrôle du Tribunal fédéral.

Le choix du conseil de famille, à cet effet, paraît, d'ailleurs, d'autant plus naturel que c'est lui qui, aux termes des lois genevoises, est investi d'une compétence générale en matière de tutelles, et dont l'autorisation avait à intervenir, sous l'ancien droit, pour donner force à certains actes du mineur émancipé.

4. Enfin les arguments tirés du message du Conseil fédéral du 7 novembre 1879 ne sauraient prévaloir contre le texte clair et précis de la loi de 1881, laquelle exige que les déclarations de majorité, soit émancipations du droit fédéral, soient reçues

par une autorité *(Amtsstelle)* compétente. Si le législateur fédéral eût voulu assimiler le père à une semblable autorité, il l'eût sans doute exprimé dans la loi.

Genève. — TRIBUNAL DE COMMERCE
Audience du 20 juin 1889.

Vente d'articles de mode. — Faculté laissée à l'acheteur de les rendre ou de les changer. — Exercice tardif de ce droit. — Condamnation de l'acheteur au paiement du prix. — Article 271 CO.

Schweiss contre Taminiau.

En matière de vente portant sur des objets de mode essentiellement fugitive, lorsqu'il est convenu entre parties que le vendeur reprendra ou échangera ce que l'acheteur aurait reconnu n'être pas de sa vente, il y a lieu d'admettre que cette restitution ou cet échange se fera dans un bref délai et que ce délai écoulé la vente sera définitive.

Vu le jugement par congé défaut du 16 mai dernier.

Attendu que, d'entrée de cause, Schweiss concluait à la reprise, par sa partie adverse, de diverses marchandises qu'elle lui avait vendues, et au remboursement du prix les concernant.

Attendu, en fait, qu'en septembre dernier, le demandeur a reçu de Taminiau un certain nombre de bracelets et boucles d'oreilles, au montant de 174 fr. 50., qui furent immédiatement payés ; que toutefois il était spécifié que Taminiau reprendrait ou échangerait ce que l'acheteur aurait reconnu n'être pas de sa vente.

Attendu que le 12 novembre suivant, le défendeur remit en commission, cette fois, à Schweiss diverses marchandises ; que ce dernier ne lui parla nullement alors de son intention de rendre une partie de celles qu'il avait achetées antérieurement.

Attendu que ce n'est qu'en janvier suivant que le demandeur émit la prétention de rendre les objets énumérés dans son exploit originaire ; que Taminiau s'y opposa, en déclarant les marchandises défraîchies ; que, cependant, il consentit par complaisance à échanger quatre des objets offerts.

Attendu que Schweiss sembla accepter cet arrangement, mais.

qu'en définitive, par exploit du 18 janvier, il assigna son vendeur aux fins susvisées.

Vu, en droit, les art. 269 et suiv. CO., notamment l'art. 271.

Attendu qu'il s'agit, en l'espèce, d'objets de mode essentiellement fugitive, qui ont quelque valeur pendant une saison, et qui, la saison suivante, risquent d'être fortement dépréciés ; que leur actualité, au point de vue de la forme, bien plus que la matière première dont ils sont composés, en fait le principal prix ; qu'il va de soi que Schweiss, en se réservant de rendre ou changer ces objets, et Taminiau, en consentant à cette réserve, ne l'ont fait qu'à la condition élémentaire et qui, pour être sous-entendue, n'en est pas moins certaine, que cette restitution ou cet échange se ferait dans un bref délai ; que ce délai écoulé, la vente était définitive ; qu'admettre le contraire aboutirait à donner à un acheteur ferme le droit d'exposer, pendant toute une saison, et souvent de défraîchir des objets par lui acquis, et lorsque la saison serait close et la vente devenue difficile, de les rendre à son fournisseur primitif ; que cela est inadmissible ; que de telles prétentions sont contraires, soit au bon sens, soit à l'équité commerciale, et doivent être repoussées ; qu'il y a lieu, dès lors, en rétractant le jugement auquel est opposition, de prononcer jugement à nouveau en faveur de Taminiau.

Vaud. — Tribunal cantonal.
Séance du 9 juillet 1889.

Commandement de payer. — Valeur non échue. — Opposition. — Question de frais. — Art. 200 de la loi sur l'organisation judiciaire.

Monnot contre Reuge et Cⁱᵉ.

Le commandement de payer ne peut être notifié que pour obtenir le paiement d'une valeur échue (loi sur l'organisation judiciaire, art. 200).

Dans sa demande du 25 octobre 1888, Marc Monnot, à Pézenay (France), a conclu à ce qu'il soit prononcé avec dépens que Reuge et Cⁱᵉ, à Ste-Croix, sont débiteurs envers Marc Monnot et doivent lui faire prompt paiement des valeurs suivantes :

a) 425 fr. pour solde de compte selon commandement de payer du 20 juillet 1888.

b) L'intérêt à cinq pour cent l'an sur cette somme dès le 3 septembre 1888.

Sur les conclusions de la citation en conciliation, le demandeur déclare déduire 15 fr., valeur d'un fût vide que les défendeurs lui ont restitué le 24 septembre.

Dans leur réponse du 14 janvier 1889, Reuge et Cⁱᵉ, à Sainte-Croix, ont pris les conclusions suivantes :

Ils continuent à offrir le paiement immédiat de la somme de 425 fr. et la moitié des frais du commandement de payer du 20 juillet 1888. Par gain de paix ils se déclarent prêts à transiger sur la base du paiement par eux des deux tiers des dits frais. Le tout sans déduction des frais de leur opposition du 18 août 1888, sous modération. Au bénéfice de ces offres, les défendeurs concluent à libération avec dépens des conclusions de la demande.

Reconventionnellement, Reuge et Cⁱᵉ concluent à ce qu'il soit prononcé avec dépens que le demandeur est leur débiteur et doit leur faire prompt paiement des frais de l'opposition du 18 août 1888, sous modération.

L'instruction de la cause a établi les faits suivants :

Selon facture du 17 février 1888, le demandeur a vendu et livré à Reuge et Cⁱᵉ 285 litres de vin rouge au prix de 40 cent. le litre, soit pour le prix total de 114 fr., sous déduction de 15 francs valeur d'un fût vide en retour.

Selon facture du 7 mai 1888, le demandeur a livré et vendu à Reuge et Cⁱᵉ 310 litres de vin rouge au prix de 40 cent. le litre, soit pour le prix total de 124 fr., payable le 7 août 1888.

En mai 1888, Reuge et Cⁱᵉ ont demandé à Monnot la prorogation au 30 juin d'un effet de 306 fr. 90 au 31 mai. Cette prorogation ne pouvant avoir lieu, Monnot a fait parvenir à Reuge et Cⁱᵉ 200 fr. pour faire honneur à la dite traite.

Le 16 juillet 1888, Reuge et Cⁱᵉ ont envoyé à Monnot une acceptation pour cette somme de 200 fr. Le 17 juillet, Monnot fit savoir à Reuge et Cⁱᵉ qu'il ne pouvait se contenter de leur acceptation et qu'il avait chargé un procureur d'opérer la rentrée de ce qui lui était dû.

Le 20 juillet 1888, Monnot a fait notifier par le procureur-juré Guisan un commandement de payer de 425 fr., comprenant la facture du 7 mai de 124 fr., qui n'était payable que le 7 août; il réclamait en outre l'intérêt dès le 20 juillet et 15 fr. pour le fût vide à rendre.

Le 18 août 1888, Reuge et Cie ont fait opposition à ce commandement de payer, expliquant qu'ils ne devaient pas toute la somme réclamée le 20 juillet et que le fût vide était à la disposition de Monnot. Le même jour ils écrivirent au procureur-juré Guisan, offrant de lui payer sans frais la somme de 425 fr. réclamée.

Le 31 août 1888, Monnot a ouvert action, réclamant le paiement de 440 fr., outre les frais du commandement de payer.

Le 7 septembre 1888, Reuge et Cie ont renouvelé leurs offres, s'engageant en outre à payer la demie des frais du commandement de payer.

Le 17 septembre 1888, le mandataire de Monnot exigeait le paiement de tous les frais.

Ensuite de ces faits et par jugement du 3 juin 1889, le Président du Tribunal de Grandson a prononcé que Reuge et Cie doivent payer à Monnot la somme de 425 fr., plus la moitié des frais du commandement de payer, sous déduction des frais de leur opposition du 18 août 1888; Monnot a été en outre condamné aux dépens. Ce jugement est fondé sur les motifs suivants :

Le commandement de payer du 20 juillet 1888 était irrégulier, puisqu'il comprenait la somme de 124 fr. qui n'était échue que le 7 août suivant et l'intérêt sur cette valeur, de plus 15 fr. pour prix d'un fût vide à rendre et qui contenait le vin payable seulement le 7 août. L'opposition des défendeurs était donc justifiée, puisque le jour de la notification du commandement de payer, celui-ci était entaché de plus-pétition.

Marc Monnot a recouru contre ce jugement, dont il demande la réforme par les motifs suivants :

Au moment où il a notifié son commandement de payer, Monnot était créancier de Reuge et Cie des deux tiers du montant de celui-ci. Au moment de l'opposition, toute la dette était échue. En tout cas Reuge et Cie ont eu tort de faire opposition pour tout le commandement de payer dont ils devaient les deux tiers. Ils auraient, en tout cas, dû reconnaître leur dette pour la somme de 301 fr.

L'offre qu'ils ont faite le 18 août aurait dû figurer dans l'opposition elle-même, afin que Monnot eût un titre exécutoire. Ils devaient une partie des frais et en outre ils auraient dû consigner les sommes offertes.

Le recours a été admis en ce sens que chaque partie garde ses frais.

Motifs.

Considérant qu'au moment où il a notifié son commandement de payer, Monnot n'était créancier de Reuge et Cⁱᵉ que de 301 francs, valeur échue.

Qu'il a ainsi fait figurer dans cet acte des sommes qui n'étaient pas encore échues.

Que le commandement de payer ne peut être notifié que pour obtenir le paiement d'une valeur échue (loi judiciaire, art. 200).

Que, dès lors, c'est à tort que Monnot a réclamé, le 20 juillet, à Reuge et Cⁱᵉ la somme de 425 fr., alors qu'il ne lui était dû que 301 fr., valeur échue.

Que, par conséquent, c'est avec raison que le Président du Tribunal de Grandson a mis à sa charge une partie des frais du commandement de payer, ainsi que les frais de l'opposition du 18 août 1888.

Attendu, d'autre part, que Reuge et Cⁱᵉ, qui ont reconnu devoir à Monnot la somme de 301 fr., ont fait, malgré cela, opposition au commandement de payer, sans mentionner qu'ils n'entendaient contester que la partie de la dette qui n'était pas échue.

Que c'est de ce fait qu'est résulté pour Monnot la nécessité d'ouvrir l'action actuelle.

Considérant, enfin, que bien que Reuge et Cⁱᵉ aient fait des offres de paiement, on ne saurait considérer celles-ci comme suffisantes, puisqu'ils n'ont pas consigné en mains de l'office les valeurs qu'ils reconnaissaient devoir.

Attendu qu'il résulte, de ce qui est dit ci-dessus, que les deux parties ont procédé irrégulièrement et ont ainsi provoqué le procès actuel, et par conséquent des frais qui auraient pu être évités.

Qu'il existe, dès lors, de sérieux motifs d'équité permettant au Tribunal cantonal de compenser les dépens tant de première que de seconde instance.

France. — Cour d'appel de Besançon (1ʳᵉ chambre).

· Audience du 11 juillet 1889.

Accident. — **Cause du dommage.** — **Imprudence de la victime.**

Gloriod contre Tyrode.

Pour qu'un fait de l'homme puisse donner ouverture à une action en dom-mages-intérêts, il ne suffit pas que ce fait soit illicite ; il faut encore qu'il ait été la cause effective du dommage dont on demande la réparation.

Le 12 mars 1889, le Tribunal de Pontarlier a rendu le juge-ment suivant :

« Attendu que le 26 juin 1888, Tyrode avait conduit d'Ouhans à Boujailles une machine à battre le blé, dite chemin de fer, qui fut déposée par lui devant l'auberge tenue par le sieur Tribut, où devait venir la prendre, pour la réparer, un sieur Jacques, mécanicien à Esserval ; que cette machine resta ainsi sur la voie publique jusqu'au 2 juillet suivant ; que dans cet intervalle, le 28 juin, plusieurs enfants, au nombre desquels se trouvait le jeune fils du demandeur, s'approchaient de cette machine ; que quelques-uns montèrent sur la plate-forme du véhicule, et mi-rent en mouvement le mécanisme ; que le jeune Gloriod, qui, à ce moment, avait imprudemment placé sa main gauche sur un engrenage, eut deux doigts de cette main pris entre les roues et écrasés jusqu'à la deuxième phalange.

Qu'il échet de rechercher si, à raison de ces faits, une respon-sabilité quelconque a été encourue par Tyrode.

Attendu que sans qu'il soit besoin de rechercher sous la garde de quelle personne se trouvait la machine au moment où l'acci-dent est arrivé, il est, dès à présent, constant qu'on ne peut in-voquer contre Tyrode d'autre fait que celui d'avoir abandonné sa machine sur la voie publique.

Que, sans doute, ce fait peut, sous certains rapports, consti-tuer par lui-même une faute d'une nature particulière ; que ce n'était pas, en effet, de la part de Tyrode l'exercice d'un droit, mais, bien au contraire, un acte pouvant tomber sous l'applica-tion de la loi pénale.

Mais, attendu pour qu'un fait de l'homme puisse donner ou-verture à une action en dommages-intérêts, il ne suffit pas que ce fait soit simplement illicite; qu'il est, en outre, de toute nécessité qu'il ait été la cause effective du dommage dont on demande la réparation.

Attendu qu'il n'en est nullement ainsi au cas particulier; que par elle-même, en tant que machine, la batteuse abandonnée par Tyrode ne présentait aucun danger, ou, du moins, ne pouvait en présenter que par la mise en mouvement de son mécanisme et de ses engrenages.

Que si le jeune Gloriod a été blessé, ce n'est évidemment pas parce que cette machine a été laissée sur la voie publique, ni parce qu'elle a pu occasionner un embarras ou un encombrement de nature à diminuer la sûreté du passage, mais uniquement parce que la machine a été mise en mouvement par les enfants qui jouaient avec le jeune Gloriod; qu'ainsi, le fait reproché à Tyrode n'a pu être que la cause occasionnelle, mais non la cause réelle ou déterminante de l'accident.

Que, dès lors, aucune responsabilité ne saurait lui incomber à raison de ce fait; que les parents du jeune enfant blessé ont eux-mêmes commis une faute grave en négligeant d'exercer sur lui une surveillance plus efficace; que la demande doit être rejetée comme mal fondée.

Par ces motifs, le Tribunal, jugeant en matière ordinaire et en premier ressort, déclare le demandeur mal fondé dans sa demande, l'en déboute et le condamne aux dépens. »

Sur l'appel de Gloriod, la Cour a confirmé ce jugement par adoption de motifs. *(Gazette des Tribunaux.)*

France. — TRIBUNAL CIVIL DE LA SEINE (3e chambre).
Audience du 20 juillet 1889.

Assurances sur la vie. — Primes. — Paiement. — Primes portables devenues quérables. — Modification du contrat. — Mise en demeure. — Déchéance. — Police. — Bénéficiaires. — Renonciation tacite.

La Bâloise contre époux Breton.

Bien que la prime soit, aux termes de la police, stipulée portable au domicile de la compagnie d'assurances, elle devient quérable, si, pendant un certain laps de temps, la compagnie l'a fait encaisser par ses agents.

Il y a là une modification formelle du contrat qui fait rentrer les parties sous l'empire des règles du droit commun.

Dès lors, la déchéance ne s'opère plus de plein droit, mais ne peut résulter que d'une mise en demeure régulière, portée à la connaissance du débiteur de la prime, ou régularisée d'après les prescriptions de la loi, si le débiteur n'a pu être trouvé au domicile qu'il avait indiqué dans la police.

Bien que les bénéficiaires indiqués dans la police aient été informés du fait qui pouvait faire encourir à l'assuré la déchéance du contrat, ils n'avaient aucune formalité à remplir, tant qu'ils n'avaient pas accepté formellement le bénéfice de l'assurance. On ne peut donc leur opposer leur silence comme une renonciation tacite à un droit qui ne leur était pas encore acquis.

———

Attendu qu'à la date du 25 décembre 1876, le sieur Eugène Brisset a assuré sur sa vie, à la compagnie *La Bâloise,* la somme de 6000 fr. payable après son décès à la demoiselle Amélie Brisset, sa sœur, devenue par la suite épouse Breton.

Attendu que le sieur Brisset étant décédé le 19 octobre 1887, les époux Breton réclament à la compagnie *La Bâloise* le paiement de la somme de 6000 fr., montant de l'assurance sus-énoncée.

Attendu que la compagnie oppose à cette demande la déchéance inscrite dans l'art. 4 de la police, et résultant du non-paiement des primes à partir du 25 décembre 1881, et en outre la renonciation tacite des époux Breton au bénéfice du contrat d'assurance.

En ce qui touche la déchéance,

Attendu que si, aux termes de l'art. 3 de la police, la prime était payable au domicile de la compagnie, il résulte des faits de la cause énoncés et reconnus par les parties, que la compagnie a chargé, à chaque échéance, depuis le contrat, pendant plusieurs années, ses agents d'aller toucher les primes.

Que par ce fait la prime, de portable qu'elle était, est devenue quérable.

Qu'il y a eu là une modification formelle du contrat qui fait rentrer les parties sous l'empire des règles du droit commun.

Que la déchéance résultant du non-paiement des primes ne peut plus s'opérer de plein droit, mais ne doit intervenir qu'après la régularisation, à l'égard de l'assuré, d'une mise en demeure, telle qu'elle est prévue par l'art. 1139 du Code civil.

Attendu que la compagnie, ayant fait présenter la quittance

du 25 décembre 1881 au domicile de Brisset, prétend n'avoir pas trouvé ce dernier au dit domicile.

Qu'elle n'a pas fait constater cette absence.

Qu'elle ne justifie pas qu'elle ait fait des démarches suffisantes pour se procurer la nouvelle adresse de son débiteur, et qu'elle ait cherché à régulariser d'une façon utile la mise en demeure prévue par la loi.

Qu'elle n'a, d'ailleurs, jamais cherché à notifier au sieur Brisset la déchéance du contrat encourue par lui.

Que de ce qui précède il résulte que la déchéance invoquée par la compagnie ne peut pas être aujourd'hui valablement opposée par elle.

En ce qui touche la renonciation tacite des époux Breton au bénéfice de l'assurance:

Attendu que les époux Breton n'ont formellement déclaré accepter le bénéfice de l'assurance qu'après le décès du sieur Brisset et par la demande dont le tribunal est saisi.

Que tous les actes antérieurs de cette procédure ne peuvent donc être considérés comme une renonciation à un droit qui ne leur était pas encore acquis.

Par ces motifs,

Condamne la compagnie *La Bâloise* à payer aux époux Breton la somme de 6000 fr., montant de l'assurance dont s'agit, ensemble les intérêts du jour de la demande;

Dit toutefois que les époux Breton devront, conformément à l'art. 4, § 3 de la police, payer à la compagnie *La Bâloise* les primes arriérées, augmentées des intérêts calculés sur la prime annuelle, à raison de 6 %. l'an, lesquelles se compenseront à due concurrence avec la condamnation ci-dessus prononcée, ce qui n'est pas contesté;

Et condamne la compagnie *La Bâloise* aux dépens.

Ch. SOLDAN. conseiller d'Etat, rédacteur.

AVIS

Lausanne. — Imp. CORBAZ & Comp.

XXXVIIe Année. N° **36.** Samedi 7 Septembre 1889.

JOURNAL DES TRIBUNAUX

REVUE DE JURISPRUDENCE

Paraissant à Lausanne une fois par semaine, le Samedi.

Rédaction : M. Charles Soldan, conseiller d'Etat, à Lausanne.
Administration : M. L. Rosset, greffier du Tribunal cantonal, à Lausanne.
Abonnements : 12 fr. par an ; 7 fr. pour six mois. Pour l'étranger, le port en sus. On s'abonne à l'imprimerie Corbaz & Cie, chez l'administrateur, M. Rosset et aux bureaux de poste.
Annonces : 20 c. la ligne ou son espace. S'adresser à l'imprimerie Corbaz & Cie.

TRIBUNAL FÉDÉRAL
Séance du 22 juillet 1889.

Société anonyme française. — Succursale en Suisse, non inscrite au registre du commerce. — Faillite prononcée en France. — Exécution du jugement en Suisse. — Art. 6 à 9, 15 et suivants de la convention franco-suisse du 15 juin 1869 ; art. 623 à 625 et 865 CO.

Société laitière de l'Est, en faillite, contre Genoud et Peyraud et consorts.

La convention franco-suisse du 15 juin 1869 a pour but d'assurer l'unité de la faillite, en déclarant compétent exclusivement le juge du domicile, soit du principal établissement du failli.
La circonstance que la succursale qu'une société anonyme française possède en Suisse n'est pas inscrite au registre du commerce ne saurait exercer aucune influence sur la capacité civile ou sur l'existence de la personnalité juridique de cette société.

Suivant statuts déposés à Besançon, en l'étude du notaire Fricker, le 15 avril 1882, il a été fondé une société anonyme ayant pour objet la fabrication de tous les produits qui dérivent du lait, et pour raison commerciale : « Société laitière de l'Est, compagnie franco-suisse. »

Cette société avait son siège à Besançon (statuts, art. 4), et deux établissements en Suisse, dont l'un à Avenches ; ce dernier n'a pas été inscrit au registre du commerce.

Pour parvenir au paiement de quelques fournitures faites à l'établissement d'Avenches, divers créanciers ont imposé des séquestres mobiliers et immobiliers sur les avoirs de la société au dit lieu, à savoir : Joseph Gendre et consorts, le 18 décembre 1888 ; Genoud et Peyraud, le 24 dit ; Christinat et consorts, les 18 et 27 dit.

En outre, ces divers groupes de créanciers ont ouvert action :

a) Genoud et Peyraud, devant la Cour civile vaudoise, par demande du 7 février 1889, tendant à ce qu'il lui plaise prononcer que les sieurs Léon Masson, à Besançon, et consorts, administrateurs de la compagnie franco-suisse, doivent leur faire prompt paiement du montant de leurs prétentions ;

b) Joseph Gendre et consorts, par demande du 28 février 1889, à la succursale d'Avenches de la compagnie franco-suisse, tendant à ce qu'il plaise à la même Cour condamner la dite succursale à payer le montant des prétentions des demandeurs ;

c) J.-L. Christinat et consorts, par demande du 1ᵉʳ mars 1889, concluant à ce qu'il plaise au Tribunal civil du district d'Avenches condamner la même succursale de la compagnie franco-suisse à payer aux demandeurs le montant de leurs prétentions, spécifié dans la dite demande.

Les trois groupes de créanciers demandeurs concluent respectivement, en outre, à ce qu'il soit prononcé que leurs prédits séquestres sont valables, réguliers et qu'il doit y être suivi.

Par jugement du 5 février 1889 du Tribunal de commerce de Besançon, la compagnie franco-suisse, société laitière de l'Est, a été déclarée d'office en faillite, comme étant en état de cessation de paiements ; à la suite de ce jugement et sur réquisition des parties, les opérations des prédites causes ont été suspendues jusqu'à la solution des questions litigieuses nées ensuite de la dite faillite.

Par décision du 9 mars 1889, communiquée le 12 dit au conseil du syndic de la faillite, le Conseil d'Etat du canton de Vaud, statuant sur une demande du dit conseil en date du 25 février précédent, a accordé l'exequatur dans ce canton au jugement du Tribunal de commerce de Besançon, prononçant la faillite susvisée.

Ce prononcé se fonde sur les motifs ci-après :

Les pièces exigées par l'art. 16 de la convention franco-suisse du 15 juin 1869 ont été produites. La partie contre laquelle l'exécution est poursuivie, quoique dûment avisée, n'a formulé aucune opposition à cette demande d'exequatur. Le siège de la société se trouvait à Besançon, et si elle a fait des opérations et fabriqué des produits à Avenches, elle n'y a jamais eu une succursale régulière inscrite au registre du commerce de cette localité. Au surplus, la convention du 15 juin 1869 précitée a voulu consacrer l'unité de la faillite dans les relations entre les deux pays. En aucun cas l'opposition des créanciers vaudois et fribourgeois de la société laitière ne rentre dans l'un des cas prévus à l'art. 17 de la convention prémentionnée ; ils n'ont ainsi pas qualité pour intervenir dans le débat, et, du reste, tous leurs droits demeurent réservés.

Le 21 mars 1889, le syndic de la faillite a adressé au président du Tribunal d'Avenches, en vertu de l'art. 746 Cpc., une requête tendant :

a) A ce qu'un avis soit inséré dans la *Feuille officielle* pour inviter les créanciers de la société à produire leurs prétentions à Besançon ;

b) A faire procéder, par l'office du juge de paix, à l'inventaire et à la taxe de l'actif dans le canton, en conformité de l'article 754 Cpc. ;

c) A ce que le président autorise le syndic de la faillite à se faire remettre les biens, après inventaire et taxe, même ceux qui peuvent être sous le poids du séquestre, et à vendre les biens meubles et immeubles en se conformant aux règles de la procédure, pour en répartir le prix conformément à la convention franco-suisse sur la compétence judiciaire du 15 juin 1869.

Le 28 mars 1889, à l'audience du président du Tribunal d'Avenches, le mandataire du syndic de la faillite de la compagnie franco-suisse a repris les conclusions de sa requête et demandé la mise à exécution effective dans le canton de Vaud du jugement déclaratif de faillite rendu le 5 février 1889 par le Tribunal de commerce de Besançon.

A la même audience du 28 mars, le procureur-juré Hermann,

à Avenches, agissant au nom de deux groupes de créanciers de la Société laitière de l'Est, a conclu :

a) Au nom de Giroud et Peyraud, au rejet des requêtes présentées au nom du syndic de la faillite, et a rappelé le séquestre opéré par ses dits mandants au préjudice des administrateurs de la succursale d'Avenches, sur les biens possédés par cette succursale ;

b) Au nom de Gendre et consorts, à ce que les requêtes susmentionnées soient écartées ; — subsidiairement, à ce qu'il soit prononcé que la succursale d'Avenches de la compagnie franco-suisse fera l'objet d'une faillite distincte à Avenches, sous l'autorité du juge vaudois, l'actif et le passif de cette faillite devant être séparés de ceux des autres établissements que possède la compagnie franco-suisse, ainsi que de l'actif et du passif du siège central de la société ; plus subsidiairement, pour le cas où les requêtes adverses seraient admises, à ce que le président veuille ordonner, en outre, qu'un appel sera adressé par la voie de la *Feuille des avis officiels* aux créanciers de la succursale d'Avenches, avec avis qu'ils peuvent déposer leurs interventions au greffe du Tribunal d'Avenches et que les prétentions des créanciers intervenus seront transmises par l'office du greffe au syndic de la faillite à Besançon.

Par jugement du 28, rendu public le 29 mars 1889, le président du Tribunal du district d'Avenches a écarté les requêtes de la masse en faillite Société laitière de l'Est et ordonné la liquidation juridique des biens de cette société situés dans le canton de Vaud, pour être traitée dans les formes de la procédure vaudoise, sous la direction d'un liquidateur nommé par le président et sous la surveillance de l'office du Tribunal du district, sous réserve que les prétentions des créanciers et le produit des ventes mobilières et immobilières, après paiement des privilèges, seront transmis au syndic de la masse à Besançon, conformément à l'art. 6 de la convention du 15 juin 1869.

Les parties ont recouru en réforme au Tribunal cantonal vaudois contre ce prononcé, et repris leurs conclusions de première instance, — la Société laitière de l'Est se fondant sur les art. 6 et 15 de la convention franco-suisse du 15 juin susvisée, ainsi que sur l'ordonnance d'exequatur accordée par le Conseil d'Etat au jugement du Tribunal de commerce de Besançon, et Genoud et Peyraud, ainsi que Gendre et consorts, sur ce que les tribunaux vaudois ne sauraient connaître la compagnie franco-suisse qui n'est pas inscrite en Suisse au registre du commerce, et sur ce qu'en tout cas l'art. 6 de la convention franco-suisse de 1869 n'est pas applicable, attendu qu'il s'agit d'étrangers possédant un établissement de commerce en Suisse, et qu'il est inadmissible que les biens composant cet établissement à Avenches soient liquidés en France.

Statuant par arrêt du 7 mai 1889 [1], le Tribunal cantonal a admis le moyen soulevé par Gendre et consorts et Genoud et Peyraud, tiré de ce que la succursale d'Avenches de la Société laitière de l'Est n'ayant pas été inscrite au registre du commerce, les tribunaux suisses ne sauraient connaître une telle société ; le Tribunal cantonal a écarté, en outre, les requêtes du syndic de la faillite de la prédite société, réformé le prononcé du président du Tribunal d'Avenches en ce sens que l'ordonnance de la faillite de la succursale d'Avenches de cette société est révoquée, et condamné le syndic de la dite faillite aux frais.

Cet arrêt se fonde sur les motifs ci-après :

En ce qui concerne la valeur et la portée de l'exequatur accordé par le Conseil d'Etat, cette autorité s'est conformée simplement à la disposition de l'art. 17 de la convention franco-suisse, et constaté par conséquent, sans entrer dans la discussion du fond de l'affaire, que les conditions prévues au dit article, et relatives uniquement aux formes de tout jugement, étaient remplies. Cette décision ne préjuge donc point la question soumise au Tribunal cantonal, et la Société laitière ne peut invoquer l'exequatur susmentionné pour demander la réforme du prononcé du président d'Avenches.

Sur le moyen soulevé par Gendre et consorts et par Genoud et Peyraud, l'établissement d'Avenches doit être considéré comme une véritable succursale de la compagnie, dont le siège est à Besançon. Aux termes de l'art. 623 CO., la société anonyme n'acquiert la personnalité civile que par l'inscription au registre du commerce ; la Société laitière de l'Est ne s'étant pas fait inscrire, ni sa succursale d'Avenches, au registre du commerce en Suisse, elle n'a pas acquis la personnalité civile et sa dite succursale n'a pas d'existence légale dans le canton de Vaud. Cette association sans existence juridique ne peut être mise en faillite ; l'art. 6 de

[1] Voir pages 347 et suiv. de ce volume.

la convention franco-suisse n'est pas applicable, la Société laitière de l'Est n'ayant aucun établissement de commerce en Suisse dans le sens juridique du mot.

Aux termes de l'art. 623 CO., les créanciers suisses ont le droit d'exercer des poursuites contre les biens de ceux qui ont agi au nom de la succursale d'Avenches de la Société laitière de l'Est.

Le sieur Violet, syndic de la faillite de cette société, a recouru au Tribunal fédéral contre cet arrêt, concluant à ce qu'il soit annulé et à ce que l'ordonnance d'exequatur du Conseil d'Etat ait ainsi libre cours.

Dans leur réponse, Genoud et Peyraud, ainsi que Gendre et consorts, ont conclu au rejet du recours, tout en maintenant d'ailleurs les considérations et les réquisitions subsidiaires par eux présentées en première instance.

Le Tribunal fédéral a admis le recours et déclaré nul et de nul effet l'arrêt du Tribunal cantonal, libre cours étant ainsi laissé à l'ordonnance d'exequatur du Conseil d'Etat de Vaud, dans le sens des considérants ci-dessous.

Motifs.

1. Ainsi que le Tribunal fédéral l'a reconnu aujourd'hui même dans son arrêt en la cause de la même Société laitière contre la décision de la Cour d'appel et de cassation de Berne refusant l'exequatur dans ce canton du jugement déclaratif de faillite du Tribunal de Besançon, la convention franco-suisse a pour but d'assurer l'unité du concours, en déclarant compétent exclusivement le juge du domicile, soit du principal établissement du failli.

Cette intention des parties contractantes ne résulte pas seulement des art. 6 à 9 de la dite convention, mais elle se trouve expressément consignée dans le message du Conseil fédéral du 28 juin 1869, lequel constate entre autres que les parties ont admis la compétence du juge du domicile, d'où il suit que dorénavant il ne peut y avoir qu'une faillite, que l'ouverture d'un concours spécial dans un autre pays n'est pas admissible et que tous les biens composant l'actif, en quelque lieu qu'ils se trouvent, doivent être livrés au juge de la faillite. Le message ajoute que pour atteindre le résultat voulu par les dites parties, il y a lieu de considérer le jugement déclaratif de faillite comme un jugement civil ordinaire, exécutoire dans l'autre Etat, et par conséquent soumis aux dispositions des art. 15 et suivants de la convention, relatifs à l'exécution des jugements civils.

Le principe de l'unité de la faillite ne doit, dès lors, point être restreint au cas prévu à l'art. 6, al. 1, de cette convention; cet article a voulu régler spécialement ce qui a trait à la faillite d'un ressortissant d'un des Etats contractants qui a son établissement commercial dans l'autre de ces Etats, tout en possédant des biens dans son pays d'origine, et dans ce cas, particulièrement de nature à faire naître des doutes, la convention a proclamé la compétence absolue du juge du domicile, soit du principal établissement du failli; elle a voulu exclure, aussi dans ce cas, mais non point dans ce seul cas, un concours séparé dans l'Etat d'origine du failli. L'art. 6, al. 1, formule ainsi un principe général, applicable à plus forte raison au cas, également fréquent, où le Français ou le Suisse réside dans son pays d'origine, mais possède des biens dans l'autre Etat contractant; l'application en pareille occurence du principe de l'unité de la faillite n'a pas été prévue, il est vrai, en termes exprès par la convention, mais ce silence s'explique par la considération que les parties contractantes, après avoir admis le principe de l'unité pour le cas prévu à l'art. 6 précité, ont sans doute estimé qu'il s'imposait avec plus de force encore dans l'alternative susmentionnée, comme conséquence des règles générales admises en matière d'exécution réciproque de jugements déclaratifs de faillite. La disposition de l'art. 9 de la convention, relative à la faillite d'un étranger établi dans l'un des Etats contractants, vient encore à l'appui de cette interprétation. (V. arrêt du Trib. féd. en la cause Bugnon, *Rec.* XII, p. 113 et suiv. [1].)

2. Les opposants au recours ne contestent point que ces principes soient applicables, non-seulement aux personnes physiques, mais aussi aux personnes juridiques, et par conséquent aux sociétés anonymes, et d'ailleurs la pratique constante des tribunaux a toujours appliqué, par exemple, aux personnes juridiques, l'art. 1er de la convention de 1869.

Il suit de ce qui précède qu'en cas de faillite d'une société anonyme possédant des établissements multiples, c'est le Tribunal de l'établissement principal, soit du siège de la société, qui est seul compétent.

---

[1] Voir page 246 et suiv. du *Journal des Tribunaux* de 1886.

Or, dans l'espèce, il résulte de l'art. 4 des statuts de la société que ce siège est à Besançon et il n'a point été prétendu que cette disposition ait reposé sur une fiction, en vue, par exemple, d'échapper à la législation du pays dans lequel la société aurait eu le centre réel de son activité. C'est à Besançon que la dite société a été fondée en 1882, que les actions ont été souscrites, que l'administration sociale centrale a toujours résidé et fonctionné. La succursale d'Avenches n'a jamais constitué un établissement autonome et indépendant, mais s'est bornée à déployer, dans les limites fixées par la société elle-même, une partie de l'activité industrielle sociale dont le centre, soit le domicile, n'a jamais cessé d'être à Besançon.

3. C'est à tort que l'arrêt attaqué dénie à la succursale d'Avenches la personnalité civile et l'existence légale dans le canton de Vaud par le seul motif qu'il n'a pas été procédé à son inscription dans le registre du commerce.

Si l'art. 624 CO., — lequel n'édicte d'ailleurs qu'une application du principe général contenu à l'art. 865, al. 4, *ibidem*, — statue que les succursales doivent être inscrites sur le registre du lieu où elles sont établies, c'est là une mesure d'ordre, dont la transgression par une société anonyme suisse ou étrangère établie en Suisse est punie par voie d'amende, mais cette disposition ne saurait exercer aucune influence sur la capacité civile ou sur l'existence de la personnalité juridique d'une société étrangère, et il ne saurait être prétendu, en particulier, qu'une succursale d'une pareille société n'existe que par le fait de son inscription au registre du commerce.

A supposer que cette inscription ait eu lieu, elle n'aurait pu avoir pour effet d'empêcher que l'actif net de la succursale d'Avenches ne doive être versé, conformément à la convention franco-suisse, à la masse de la faillite à Besançon. Cette inscription n'aurait point donné naissance à une personnalité juridique nouvelle, attendu qu'elle ne saurait entraîner, relativement aux sociétés anonymes étrangères, d'autres effets qu'au regard des sociétés indigènes.

L'inscription au registre du commerce en Suisse de la société mère constituée en France, en dehors de ses succursales en Suisse, ne peut être exigée en vue de lui faire obtenir la personnalité juridique et par suite la capacité civile, puisque cette société est exclusivement soumise au droit français.

Une disposition de droit cantonal faisant dépendre l'établissement d'une succursale de l'autorisation de l'État n'a pas même été invoquée et il n'y a dès lors pas lieu de rechercher si une pareille disposition pourrait encore subsister en présence de la convention de 1869 et des prescriptions du Code fédéral des obligations.

4. Il résulte de ce qui précède que la succursale de la Société laitière de l'Est à Avenches n'exerçant pas une activité commerciale indépendante, mais apparaissant comme une partie de l'exploitation sociale dont le siège était à Besançon, le Tribunal de commerce de cette ville était compétent pour déclarer la prédite société en faillite, et que le jugement de ce Tribunal ayant été publié et notifié dans les formes voulues par la convention de 1869, c'est avec raison que le Conseil d'Etat de Vaud lui a accordé l'exequatur sur le territoire de ce canton.

Il suit en outre des considérations ci-dessus que l'arrêt dont est recours, qui aurait pour effet de rompre l'unité de la faillite au profit des créanciers suisses séquestrants, ne saurait subsister.

5. Les conséquences de ces principes, au point de vue de la liquidation de la faillite, sont prévues et régies en ce qui concerne les immeubles, par les dispositions de l'alinéa 5 de l'art. 6 de la convention franco-suisse.

Bien que la dite convention ne contienne pas de disposition analogue expresse en ce qui a trait aux droits réels (droits de gage, de rétention, de revendication) grevant les meubles, il n'existe aucun motif, vu la tendance générale du traité, de les soustraire à l'appréciation du juge de la situation des dits meubles; ces droits réels ne sauraient, en effet, se trouver altérés en façon quelconque par la circonstance que l'ouverture de la faillite a lieu en France, et le surplus éventuel du produit des meubles, après liquidation des dits droits réels, sera seul versé à la masse. (V. Curti, *Der Staatsvertrag zwischen der Schweiz und Frankreich vom 15. Juni 1869*, p. 136 et 137.) Dans ces conditions, ces opérations de liquidation au lieu de la situation et conformément à la *lex rei sitae* ne peuvent nullement être assimilées à un concours séparé et à une négation du principe de l'unité et de la force attractive de la faillite. Il faut, en outre, admettre que les créanciers qui ont traité avec la succursale d'Avenches ont le droit, en cas de contestation de l'existence même de leur créance, de porter le litige devant le for de la succursale, à Avenches, conformément à l'art. 625 CO.

Genève. — TRIBUNAL CIVIL.
Audience du 20 juillet 1889.

Chèque égaré. — Demande en paiement de son montant. — Exception tirée de la non-annulation du titre. — Rejet. — Articles 835, 836 et 857 CO.

Treyvaud contre Malet.

En cas de perte d'un chèque, il n'y a pas lieu à suivre la procédure prévue à l'art. 857 CO. pour la consignation de son montant en justice et l'annulation du titre.

Le demandeur Treyvaud réclame au défendeur Malet 1000 fr. pour travaux exécutés pour son compte en 1886.

Le défendeur ne conteste pas ce chiffre, mais affirme ne redevoir que 500 fr. qu'il offre à bourse ouverte, et dont son conseil se porte fort, par le motif qu'à la date du 28 mars 1888, il a payé les autres 500 fr. au moyen d'un chèque sur son banquier, MM. Ernest Pictet et Cie, et remis à Treyvaud.

Le demandeur reconnaît avoir reçu ce chèque, mais déclare ne l'avoir pas encaissé pour l'avoir perdu; il conclut subsidiairement à ce que le défendeur soit condamné à lui en délivrer un duplicata.

Il est constant, d'autre part, et non contesté par Malet, que le chèque en question n'a pas été présenté chez MM. Ernest Pictet et Cie, et pas payé par eux; mais le défendeur prétend qu'il ne doit être contraint à en payer la valeur au demandeur qu'après que celui-ci en aura fait prononcer l'annulation conformément à l'art. 857 CO., faute de quoi il serait exposé à payer deux fois, étant responsable vis-à-vis du porteur.

Le Tribunal a débouté le demandeur des fins de son action.

Motifs.

Attendu que cette prétention n'est pas fondée.

Attendu, en effet, que l'art. 857 invoqué n'est pas applicable même au chèque créé au porteur.

Qu'en effet cet article prévoit que la somme à payer sera consignée en justice pour être délivrée au demandeur après l'expiration du délai de prescription ; or, le législateur a établi en ce qui concerne le chèque une prescription spéciale, qui est de 5 jours si le chèque est tiré, comme dans l'espèce, sur la place : le chèque dont s'agit ayant été créé le 28 mars 1888, dès le 3 avril suivant, la prescription était acquise et MM. Pictet et Cie n'étaient plus tenus d'acquitter le chèque; dès lors on ne voit pas comment on pourrait les contraindre à en déposer le montant en justice ou à la Caisse des consignations.

Attendu, d'autre part, que la crainte de Malet d'être exposé à payer deux fois n'est pas justifiée.

Attendu, en effet, que les dispositions relatives à la lettre de change sont applicables aux chèques (art. 836).

Qu'en conséquence, pour que le porteur du chèque égaré puisse exercer contre lui le recours prévu dans l'art. 835, il faudra qu'il justifie de sa propriété, ce qu'il ne pourra pas faire étant données les explications du demandeur.

Attendu, en conséquence, que la demande est fondée.

Vaud. — TRIBUNAL CANTONAL.
Séance du 11 juillet 1889.

Accident de fabrique. — Engrenages insuffisamment renfermés. — Responsabilité du patron. — Art. 2 de la loi fédérale sur le travail dans les fabriques, du 23 mars 1877 ; lois fédérales sur la responsabilité, des 25 juin 1881 et 26 avril 1887.

Zumbrunn contre Zahnd.

Constitue une faute grave à la charge d'un fabricant, le fait par lui de ne s'être pas conformé à la disposition de la loi prescrivant que les parties de machines et les courroies de transmission qui offrent des dangers pour les ouvriers doivent être soigneusement renfermées.

Avocats des parties :

MM. BOICEAU, pour H. Zumbrunn, demandeur et recourant.
ESTOPPEY, lic. en droit, pour S. Zahnd, défendeur et intimé.

Dans sa demande du 19 mai 1888, Henri Zumbrunn, à Brienz, a conclu à ce qu'il soit prononcé que Samuel Zahnd, maître tuilier, à Baulmes, est son débiteur et doit lui faire prompt paiement, avec intérêt au cinq pour cent, de la somme de 1500 fr.

Dans sa réponse, Samuel Zahnd a conclu à libération des conclusions de la demande.

L'instruction de la cause, au cours de laquelle sont intervenues des preuves testimoniales et par expertise, a établi les faits suivants :

Zumbrunn a travaillé en qualité d'ouvrier dans la tuilerie de Zahnd dès le 2 avril 1887 au 7 octobre suivant. Cette tuilerie travaillait à l'aide de moteurs mécaniques, notamment d'une machine à fabriquer les tuiles, pourvue d'engrenages qui n'étaient pas couverts.

Le 7 octobre, un jeune ouvrier nommé Bœuf laissa tomber dans l'engrenage un morceau d'argile. Zumbrunn, pour éviter que la machine ne fût détériorée, voulut retirer de l'engrenage l'argile qui y était tombée. Il eut deux doigts de la main gauche pris dans cet engrenage. Transporté à l'infirmerie d'Orbe, il subit le même jour l'amputation de la première phalange et de la moitié de la seconde phalange de l'index et du médium de la main gauche.

Les plaies de la main gauche dont souffrait Zumbrunn ne se sont fermées que vers le milieu de janvier 1888 ; jusqu'à ce moment il n'a pu se servir de la main mutilée pour aucun travail. Dès février 1888, Zumbrunn a pu exécuter quelque travail facile, mais ce n'est qu'à partir du mois d'avril de la même année qu'il a été en état de reprendre un travail véritable. Sa capacité de travail reste diminuée suivant la nature du travail auquel il s'occupe, et cela d'au moins un quart.

Zahnd avait recommandé à ses ouvriers de ne pas toucher aux machines en mouvement et de laisser au mécanicien le soin de remettre en état celles qui se dérangeraient. Il était grossier et brutal avec ses ouvriers.

Sous date du 31 janvier 1888, le Conseil fédéral a décidé que la tuilerie appartenant à Zahnd devait être soumise aux lois sur les fabriques et sur la responsabilité civile des fabricants.

Zumbrunn gagnait un franc par jour outre son entretien.

Ensuite de ces faits et par jugement du 5 juin 1889, le Tribunal civil du district d'Orbe a admis en principe les conclusions du demandeur, mais en les réduisant toutefois à la somme de 400 fr., portant intérêt au 5 % dès le 29 mars 1888. Quant aux dépens, le Tribunal d'Orbe les a compensés en ce sens que chaque partie gardera les frais qu'elle a faits.

Ce jugement est fondé, en résumé, sur les motifs suivants : Zumbrunn a commis une imprudence dont il doit subir les conséquences, en touchant aux engrenages malgré les recommandations expresses de Zahnd ; par contre, celui-ci a commis une faute en ne renfermant pas les engrenages qui actionnent la machine.

Par acte du 15 juin 1889, Zumbrunn a déclaré recourir contre ce jugement, concluant à l'adjudication avec dépens des conclusions de sa demande. Ce recours est fondé, en résumé, sur les motifs suivants :

La responsabilité du fabricant est atténuée si l'accident est imputable à une faute de la victime. En l'espèce, le Tribunal de jugement a constaté une imprudence de la victime, mais en même temps une faute grave à la charge du patron qui n'a pas couvert les engrenages ainsi qu'il aurait dû le faire en vertu des art. 2 et 3 de la loi sur les fabriques. En ce qui concerne les dépens, c'est à tort que le jugement les a compensés ; en effet, Zumbrunn a obtenu gain de cause en principe; le chiffre seul de l'indemnité a été réduit. Dès lors, c'est avec raison que le recourant a ouvert son action ; il ne doit donc pas supporter de frais.

Le recours a été admis et le jugement réformé en ce sens que l'indemnité à payer à Zumbrunn par Zahnd a été fixée à 1000 francs et que tous les dépens ont été mis à la charge de Zahnd.

Motifs.

Considérant que sous date du 31 janvier 1888, le Conseil fédéral a décidé que la tuilerie de Samuel Zahnd doit être considérée comme une fabrique, en application de la loi sur le travail dans les fabriques du 23 mars 1877.

Que, dès lors, les lois sur la responsabilité des fabricants des 25 juin 1881 et 26 avril 1887 doivent trouver leur application en l'espèce.

Attendu qu'aux termes de l'art. 2 de la loi du 23 mars 1877, les parties de machines et les courroies de transmission qui offrent des dangers pour les ouvriers doivent être soigneusement renfermées.

Que les engrenages qui ont causé l'accident du 7 octobre 1887 n'étaient pas suffisamment renfermés, bien qu'une paroi assez élevée garantît les ouvriers pendant le travail.

Qne le seul fait de ne s'être pas conformé à la loi constitue à la charge de Zahnd une faute grave.

Mais considérant que Zabnd et le chauffeur de la machine avaient expressément recommandé aux ouvriers de ne pas toucher aux machines en mouvement pour un autre motif que l'accomplissement des opérations nécessaires à leur travail.

Que Zumbrunn a commis une imprudence en voulant retirer des engrenages le morceau d'argile qui y était tombé.

Que cependant cette imprudence est excusable en une certaine mesure, en raison du fait que Zumbrunn voulait éviter un dérangement de la machine, connaissant la brutalité et la grossièreté de son patron.

Attendu, dès lors, que dans la fixation de l'indemnité qui doit être allouée au recourant, il y a lieu de tenir compte, dans une juste mesure, des fautes concurrentes du patron et de l'ouvrier.

Considérant que les plaies de la main gauche de Zumbrunn ne se sont fermées que vers le milieu de janvier 1888.

Que jusqu'à ce moment il n'a pu se servir de cette main pour aucun travail.

Que quoiqu'il ait pu reprendre depuis le mois d'avril 1888 un travail véritable, sa capacité de travail restera diminuée suivant la nature du travail qu'il entreprendra.

Qu'il y a lieu, dès lors, de tenir compte de ce fait dans la fixation de l'indemnité.

Attendu, quant aux dépens, que c'est à tort, en tous cas, que le Tribunal de jugement les a compensés, puisque Zumbrunn a obtenu gain de cause en principe.

Que le seul fait de la réduction du chiffre de l'indemnité ne saurait, dans une cause de cette nature, entraîner une telle compensation.

France. — Justice de paix du Ier arrondissement
DE PARIS.

Audience du 12 juillet 1889.

**Compagnie générale des omnibus. — Voyageurs. — Accident. —
Faits des tiers. — Responsabilité.**

Schnerber contre Compagnie générale des omnibus.

*Les entreprises de transport (dans l'espèce, la Compagnie générale des om-
nibus) sont responsables des accidents causés à leurs voyageurs, même
par le fait des tiers.*

M. Schnerber était monté sur l'impériale d'un omnibus. Dans
le parcours, un garçon épicier brisa une bouteille pleine d'huile.
Le liquide s'en alla s'étendre sur le pardessus de M. Schnerber
qui, de ce chef, réclame à la Compagnie une indemnité de 95 fr.

La Compagnie des omnibus résiste à cette demande, et soutient qu'elle ne saurait être responsable. Jugement en ces termes :

Attendu que Schnerber réclame à la Compagnie générale des
omnibus une somme de 95 fr., pour prix d'un pardessus qui aurait été détérioré par le bris d'une bouteille d'huile que portait
un voyageur; que la Compagnie, sans contester l'accident, repousse la réclamation du demandeur, et prétend n'être soumise,
dans l'espèce, ni à la responsabilité générale des art. 1382 et
suivants du Code civil, ni à la responsabilité spéciale de l'article 1784 du même Code.

Attendu que le contrat qui se forme tacitement entre un voyageur et une entreprise de transport a pour but, d'une part, d'assurer au voyageur le transport sain et sauf de sa personne et de
ses choses en un lieu déterminé; d'autre part, de garantir à
l'entreprise le prix stipulé pour frais de transports.

Attendu que Schnerber a payé sa place et rempli son obligation.

Attendu que la Compagnie générale des omnibus n'a pas
rempli la sienne, car elle n'a pas transporté Schnerber à sa destination sans qu'un accident ne lui soit arrivé.

Attendu que l'entreprise du transport est responsable de tous
les accidents qui, par son propre fait, surviennent à ses voyageurs pendant le trajet, à moins que ces accidents ne soient
protégés par la force majeure ou le cas fortuit.

Que, dans la cause, la force majeure ou le cas fortuit ne sont pas invoqués par la Compagnie des omnibus.

Attendu que l'entreprise de transport est encore directement responsable vis-à-vis de ses voyageurs des faits dommageables occasionnés par un tiers, sauf son recours contre lui.

Attendu d'ailleurs que, dans l'affaire qui nous est soumise, la Compagnie des omnibus a reconnu implicitement sa responsabilité, puisqu'elle a disciplinairement puni l'imprudence ou la négligence de son conducteur, et que la punition infligée a été approuvée par la préfecture de police.

Attendu, dès lors, que la demande de Schnerber est justifiée; que toutefois, le chiffre de la réclamation est exagéré et qu'il convient de le réduire à 50 fr.

Résumés d'arrêts.

Mandat. — La partie qui, lors de l'instruction de la cause devant le premier juge, n'a fait aucune réquisition tendant à l'éconduction d'instance de sa partie adverse, est à tard pour se prévaloir devant la Cour supérieure de l'absence de procuration.

TC., 20 août 1889. Franck c. Brasserie de Munich.

Preuve testimoniale. — La règle interdisant la preuve par témoins de conventions dont l'objet excède en capital la somme de 800 fr. anciens reçoit exception lorsqu'il existe un commencement de preuve par écrit. Pour qu'il existe un tel commencement de preuve, l'art. 1000 Cc. exige que l'acte écrit émane de celui contre lequel la demande est formée ou de celui qu'il représente et qu'il rende vraisemblable le fait allégué.

TC., 20 août 1889. Junod c. Rudin.

Ch. SOLDAN, conseiller d'Etat, rédacteur.

JOURNAL DES TRIBUNAUX

REVUE DE JURISPRUDENCE

Paraissant à Lausanne une fois par semaine, le Samedi.

Rédaction : M. CHARLES SOLDAN, conseiller d'État, à Lausanne.
Administration : M. L. ROSSET, greffier du Tribunal cantonal, à Lausanne.
Abonnements : 12 fr. par an; 7 fr. pour six mois. Pour l'étranger, le port en sus. On s'abonne à l'imprimerie CORBAZ & Cⁱᵉ, chez l'administrateur, M. ROSSET et aux bureaux de poste.
Annonces : 20 c. la ligne ou son espace. S'adresser à l'imprimerie CORBAZ & Cⁱᵉ.

Questions de droit civil fédéral.

VII

Obligations des membres d'une association.

On verra, par le simple rapprochement des dispositions expliquées sous les §§ 1 et 2 ci-après, que le Code fédéral connaît deux espèces d'associations *(Genossenschaften)*, l'une dont les membres, — et c'est la règle, — sont subsidiairement et solidairement tenus à raison des engagements sociaux; l'autre, dans laquelle les sociétaires n'encourent, — mais les statuts doivent le prescrire formellement, — aucune responsabilité personnelle de ce chef.

§ 1. *Responsabilité subsidiaire et solidaire des sociétaires.*

La responsabilité subsidiaire et solidaire des membres d'une association à raison des obligations sociales, porte non-seulement sur la mise des sociétaires, mais sur tous leurs biens. Voyons le texte même de la loi : *Si*, dit l'art. 689 [1], *les statuts ne contiennent aucune disposition d'où résulte une semblable exonération* (celle prévue à l'art. 688; voir sub § 2 ci-dessous), *ou si cette disposition n'a pas été régulièrement publiée* (cfr. art. 688, al. 2), *les sociétaires sont obligés solidairement et sur tous leurs biens. Ils ne sont, du reste, obligés que subsidiairement, en ce sens qu'ils sont seulement tenus de la perte subie par les créanciers dans la faillite de l'association.* Les sociétaires ne peuvent être affranchis d'une responsabilité personnelle (subsidiaire mais solidaire) que sous les conditions fixées à l'art. 688. A moins qu'ils n'en soient exonérés en due forme, ils sont tenus des engagements sociaux dans la même mesure que l'associé d'une société en nom collectif ou l'associé en nom d'une société en commandite, avec cette différence toutefois que les créanciers de l'association n'ont d'action directe contre eux, — chacun d'entre eux étant d'ailleurs obligé solidairement (cfr. art. 163 et suiv.), — que, lorsque l'association étant tombée en faillite et la faillite ayant été liquidée, les créanciers n'ont pas été couverts du montant intégral de leurs réclamations. L'action est alors donnée pour toutes les sommes non payées, pour tout le déficit accusé par la liquidation.

Si des créanciers avaient négligé d'intervenir dans la faillite, ou si, par leur faute, leurs productions se trouvaient écartées en tout ou en partie, ils perdraient, en conformité de l'art. 510 *in fine*, applicable par analogie, leur recours jusqu'à concurrence du préjudice résultant pour eux de cette négligence. On peut bien objecter, à la vérité, que ce que certains créanciers n'auront pas obtenu dans ces circonstances, profitera aux autres, dont le dividende sera naturellement plus élevé, et qu'en somme la responsabilité des sociétaires ne sera pas aggravée : ceux-ci paieraient en plus aux uns ce qu'ils auraient à payer en

---

[1] Loi allemande (loi prussienne de 1867, devenue loi impériale avec quelques modifications, ensuite de la déclaration du 19 mai 1879), art. 12, al. 1. *Haberstich*, II, 620; *Schneider et Fick*, 530; *Hafner*, 227; *L. Kirchofer*, Beiträge zum schweiz. Genossenschaftsrecht (Winterthur, 1888), 26 et suiv.

moins aux autres. Mais la loi dispose expressément qu'ils sont
« seulement tenus de la perte subie par les créanciers dans la
faillite de l'association »; elle exige donc une intervention, et une
intervention utile, de la part des créanciers. Cette intervention
peut n'être pas sans influence sur la liquidation de la faillite ; les
intervenants auront intérêt à ce que la vente des biens se fasse au
plus haut prix possible, ils veilleront à ce que les frais de la liquidation ne soient pas trop considérables, etc. Et puis, *vigilanti-
bus jura scripta sunt*.

D'après l'art. 690 [1] : *Celui qui entre dans une association dont
les membres sont personnellement obligés, est tenu, comme les
autres sociétaires, des engagements même contractés avant son
entrée. Toute convention contraire est nulle à l'égard des tiers.*
C'est le principe des art. 565 et 606, qu'il n'est pas nécessaire de
développer ici.

D'autre part, l'art. 691 [2] prescrit : *Lorsqu'un sociétaire personnellement obligé cesse de faire partie de l'association par
suite de décès, ou pour toute autre cause* (cfr. art. 684 et 685),
*il n'en reste pas moins tenu, lui ou ses héritiers, des engage-
ments contractés [3] antérieurement, si l'association tombe en faillite dans les* DEUX ANS *qui suivent l'inscription de sa sortie*
(cfr. art. 702, al. 1 et 2) *sur le registre du commerce.* Il serait
inadmissible que la responsabilité prît fin au moment où le sociétaire devient, de fait, étranger à l'association, soit même à
l'instant où cette circonstance est régulièrement portée à la connaissance des tiers. Aussi bien notre loi dispose que, quelle que
soit la cause de la sortie et à raison de toutes les dettes de l'association contractées antérieurement à la sortie, — car, sans
cela, rien ne serait plus facile que d'échapper à toute responsabilité en se retirant opportunément, — les associés sortants demeurent tenus pendant les *deux ans* qui suivent l'inscription de

[1] Loi allemande, 12, al. 2 et 3; *Haberstich*, II, 622; *Schneider et Fick*,
580; *Hafner*, 227.

[1] Loi française (du 24 juillet 1867), 52; loi allemande, 39, 68. *Haberstich*.
II, 622; *Schneider et Fick*, 531; *Hafner*, 228; *Kirchofer*, l. c., 80 et suiv.

[2] Il importe peu que les créances soient échues ou non; le délai de
prescription de l'art. 691 est absolu; il se calcule, dans tous les cas, depuis l'inscription de la sortie, et il n'est pas interrompu par les actes juridiques dirigés contre l'association (en sens contraire, la loi allemaude),
sauf la faillite déclarée.

leur sortie, si l'association tombe en faillite dans l'intervalle.
L'obligation personnelle, ajoute l'art. 692 [1], *cesse de même pour
l'ensemble des sociétaires lorsque la dissolution de l'association
ayant été inscrite sur le registre du commerce, la faillite n'en est
pas déclarée dans les deux ans qui suivent l'inscription.* Les
créanciers auront donc intérêt, dès le jour où la dissolution sera
inscrite, à produire en conformité de l'art. 712. Si les biens ont
été répartis avant l'expiration du délai de *deux ans*, on peut se
demander quels sont les droits des créanciers non payés, en dehors du cas prévu à l'art. 713 *in fine*. Ces créanciers ne peuvent
assurément plus ni poursuivre l'association, ni provoquer la faillite de cette dernière, puisque nous supposons que la liquidation
a eu lieu. Mais, comme ils se trouvent encore dans le délai de
deux ans, n'auraient-ils pas de recours contre les associés personnellement? Nous déciderions cette question par l'affirmative,
au vu de l'art. 691, dont l'application par analogie paraît incontestable, moyennant que les créanciers fissent constater juridiquement, avant la fin des deux années, que, faute d'actif, l'association ne peut plus être mise en état de faillite ni poursuivie.
Cette éventualité ne se présentera guère, au surplus, que pour
les créanciers inconnus au temps de la liquidation.

L'art. 693 [2] porte, de son côté : *Toute action fondée sur l'obligation personnelle des sociétaires, si elle n'est pas déjà éteinte
aux termes des art. 691 et 692, se prescrit par* UN AN *à partir
du jour où les opérations de la faillite* (sociale) *sont terminées.*
La législation spéciale sur la faillite détermine le jour où la liquidation doit être considérée comme close. Si la faillite a été
déclarée dans les deux ans après l'inscription de la sortie d'un
sociétaire, ou si elle est prononcée dans les deux ans qui suivent
le jour où la dissolution a été inscrite (art. 691 et 692), ni l'associé sortant (art. 691), ni le sociétaire en général (art. 692) ne
peuvent se considérer comme déchargés de leur responsabilité ;
au contraire, celle-ci se prolonge encore pendant *une année* à
partir de l'époque où « les opérations de la faillite sont terminées ». En revanche, si l'action des créanciers est prescrite selon

---

[1] Loi allemande, 63. *Haberstich*, II, 623; *Schneider et Fick*, 531; *Hafner*, 228; *Kirchofer*, l. c., 30.

[2] Loi française, 52; loi allemande, 68 ; *Haberstich*, II, 623; *Schneider et Fick*, 532; *Hafner*, 236 ; *Kirchofer*, l. c., 80.

les dits art. 691 et 692, toute obligation personnelle des sociétaires est éteinte. On doit admettre que, suivant l'art. 155, la prescription interrompue, dans l'hypothèse de l'art. 693, contre l'un des sociétaires, l'est également contre les autres, puisque nous avons affaire à des codébiteurs solidaires ; l'interruption peut, au reste, malgré l'art. 165, consister dans une reconnaissance de dette par l'un des sociétaires (cfr. art. 154, chiffre 1, 155).

Le *recours* des sociétaires les uns contre les autres est réglé par l'art. 168.

§ 2. *Exclusion par les statuts de toute responsabilité personnelle des sociétaires.*

En opposition avec la loi allemande, notre Code fédéral n'envisage pas comme un élément essentiel de l'association le fait que les sociétaires sont subsidiairement et solidairement responsables des obligations sociales. L'art. 688 [1] dit, en conséquence : *Les statuts peuvent exonérer de toute responsabilité personnelle quant aux engagements de l'association et déclarer que ces engagements seront uniquement garantis par les biens de l'association. Cette disposition des statuts doit être publiée dans la* Feuille officielle du commerce (cfr. art. 862) ; *lorsqu'elle l'a été, les sociétaires ne peuvent être poursuivis individuellement pour les dettes de l'association.* On n'est pas d'accord sur le point de savoir si les sociétaires peuvent, en accomplissant la formalité de l'art. 688 *in fine*, s'exonérer, *partiellement*, de leur responsabilité personnelle, ou si la loi n'autorise que deux espèces d'associations : celle où les associés sont en principe responsables en vertu de l'art. 689, et celle où ils sont déchargés de toute responsabilité en application de l'art. 688. L'ordre public est intéressé, croyons-nous, à ce que les associations ne puissent revêtir que l'une ou l'autre des formes prévues aux deux articles ci-dessus. Au surplus, l'historique de la rédaction du Code fédéral et le texte positif des dispositions dont s'agit, ne permettent pas d'arriver à un autre résultat, bien que dans la pratique, paraît-il, les associations avec responsabilité partielle des sociétaires se rencontrent par-ci par-là. Si donc une clause d'exonération

---

[1] *Haberstich*, II, 620 ; *Jacottet*, 385 ; *Schneider et Fick*, 529 ; *Hafner* 227 ; *Kirchofer*, l. c., 41 et suivantes.

partielle figurant dans les statuts avait été inscrite au registre
et publiée dans la *Feuille officielle du commerce*, elle ne serait
nullement opposable aux tiers et les associés seraient tenus des
engagements sociaux dans la mesure fixée par l'art. 689, c'est-
à-dire personnellement et solidairement sur tous leurs biens.

Lorsqu'une association a été fondée, dans les termes do l'article 688, les sociétaires n'assument aucune responsabilité personnelle et ne s'obligent que jusqu'à concurrence de leur apport,
comme les actionnaires d'une société anonyme. Si, les statuts
prévoyant une exonération de la responsabilité personnelle, la
clause qui la consacre n'a pas été inscrite et publiée, l'art. 689
redevient applicable ; si cette clause n'est publiée qu'après la
date à laquelle l'association a commencé de faire des opérations,
elle n'est opposable aux tiers que dès l'instant de sa publication.

§ 3. *De l'action des créanciers personnels des sociétaires.*

Il convient de se rappeler ici les règles contenues aux articles 569 et suivants (cfr. aussi art. 607); nous en ferons très
prochainement le sujet d'un article détaillé. Selon l'art. 694 [1] :
*Les créanciers personnels de l'un des sociétaires n'ont, pour se
faire payer ou pour obtenir des sûretés, aucune action sur les
biens, créances ou droits appartenant à l'association. Ils ne peuvent procéder à une saisie ou à tel autre acte d'exécution que sur
ce qui est dû au sociétaire pour dividendes et intérêts et sur la
part qui lui revient dans l'actif en cas de liquidation.* Si la situation des créanciers personnels d'un membre de l'association
est, en principe, soumise aux mêmes prescriptions que celle des
créanciers particuliers d'un membre d'une société en nom collectif, les créanciers personnels n'ont pas, en matière d'association, la faculté que leur reconnaît l'art. 574 de provoquer la dissolution sous certaines conditions déterminées. Les créanciers
sociaux sont, cela va sans dire, payés avant les créanciers personnels sur l'avoir de l'association, et, dans l'éventualité de l'article 689, ils peuvent concourir, pour le solde de leur réclamation
non intégralement couverte dans la liquidation de la faillite sociale, avec les créanciers particuliers sur les biens des sociétaires. V. ROSSEL.

[1] Loi allemande, 13. *Haberstich*. II. 624; *Schneider et Fick*, 532; *Hafner*, 229.

XXVIIe réunion de la Société suisse des juristes.

La Société suisse des juristes s'est réunie pour la 27° fois les
9 et 10 septembre, à Lucerne.

Deux objets de discussion étaient à l'ordre du jour :

Le projet de loi de M. le juge fédéral Hafner, concernant l'organisation judiciaire fédérale, et le contentieux de l'administration dans les cantons suisses.

I
Organisation judiciaire fédérale.

M. le professeur Alfred Martin, de Genève, présente le rapport sur le projet de loi de M. Hafner. L'examen du projet tout entier aurait ouvert un champ de discussion trop vaste ; aussi l'auteur du rapport s'est-il restreint à l'étude de cinq questions sur lesquelles ont porté exclusivement les délibérations de l'assemblée.

1. *Appréciation des faits de la cause par le Tribunal fédéral en cas de recours.*

En premier lieu, M. Martin se demande si le système sanctionné par l'art. 30 de la loi actuelle pour l'exercice du droit de recours au Tribunal fédéral contre les jugements cantonaux de dernière instance en matière civile doit être maintenu, toutefois avec les modifications prévues à l'art. 57 du projet de M. Hafner ; — ou bien, s'il y a lieu d'accorder au Tribunal fédéral le droit d'établir les faits en appréciant librement le résultat des preuves administrées devant les tribunaux cantonaux.

M. le rapporteur constate que l'art. 30 a donné lieu à deux interprétations très différentes. « D'après les uns, il signifie que le Tribunal fédéral doit se borner à une *revisio in jure,* c'est-à-dire qu'il doit rechercher si le juge cantonal a fait une juste application de la loi aux faits déclarés constants par lui ; d'après les autres, la disposition en question n'aurait d'autre but que d'interdire aux parties toutes conclusions nouvelles devant le Tribunal fédéral, ce qui laisserait à ce dernier toute compétence pour revoir la cause, en ce qui concerne les faits. »

La jurisprudence du Tribunal fédéral, confirmant plutôt la

première interprétation, ne résout pas la question d'une manière absolument claire et uniforme.

D'après certains arrêts cités par M. Martin et par le corapporteur M. Winkler, avocat à Lucerne, l'intention invoquée pour établir l'erreur est un point de fait lorsqu'il s'agit de l'intention, commune des deux parties et une question de droit lorsqu'on invoque l'intention d'une seule. Dans le procès de la Banque cantonale vaudoise contre la *Liberté*, le Tribunal fédéral a décidé que le dol était une question de fait et la négligence une question de droit résultant de l'ensemble de la cause.

Le projet de M. Hafner maintient le principe que les faits établis par le tribunal cantonal forment la base du jugement du Tribunal fédéral. Mais il apporte à cette règle trois exceptions qui en modifient considérablement la portée : le Tribunal fédéral peut revoir la décision de fait du tribunal cantonal :

1° Lorsqu'elle est en contradiction avec le contenu des actes dont il doit tenir compte.

2° Lorsque la prise en considération d'un fait qui paraît résulter d'une procédure probatoire repose sur une violation des dispositions de la législation fédérale.

3° Lorsqu'il s'agit de l'interprétation de la volonté des parties.

M. Martin voudrait aller plus loin encore. Dans son opinion, ou devrait laisser les tribunaux cantonaux instruire les causes d'après leurs lois de procédure; mais le résultat de cette instruction devrait, dans tous les cas, être apprécié avec la liberté la plus complète pour le Tribunal fédéral.

M. le rapporteur estime que la première exception formulée par le projet détruit la règle que le Tribunal fédéral est lié par la décision de fait du tribunal cantonal et qu'il convient de reconnaître formellement cet état de choses en proclamant, dans la loi, le droit de libre appréciation.

Dans la discussion, les orateurs ont été presque unanimes pour reconnaître que l'obligation de respecter l'état de fait établi par le jugement cantonal était une règle qui, non-seulement heurtait le sentiment de l'équité en obligeant le Tribunal fédéral à donner tort à une partie pour des motifs de pure forme, mais encore empêchait la haute Cour de réaliser pleinement l'unité d'application du droit fédéral, parce que la distinction entre le droit et le fait étant fort difficile, il arrivait souvent que la question de droit se trouvait préjugée par la manière en laquelle l'état de fait était établi par le jugement cantonal.

M. Winkler ajoute que les commentateurs du code de procédure civile allemand sont d'accord pour déplorer que le tribunal de l'empire soit lié par la détermination des tribunaux inférieurs sur les faits de la cause.

Dans l'idée de l'auteur du projet et dans celle des rapporteurs, la libre appréciation des faits laissée au Tribunal fédéral entraînerait comme conséquence nécessaire des modifications plus ou moins profondes dans les procédures cantonales :

« Pour que ce système puisse fonctionner, il faut que les tribunaux cantonaux transmettent des données complètes, c'est-à-dire renfermant les indications suffisantes pour que l'appréciation de la juridiction supérieure puisse avoir lieu en connaissance de cause. »

Dans ce but, M. Hafner propose diverses exceptions à la règle que les tribunaux cantonaux appliquent leurs lois de procédure : « Ils seraient tenus de dresser procès-verbal des dépositions des témoins et des experts. Lors même que la procédure est orale, les tribunaux doivent insérer dans le jugement un exposé complet de l'instruction. Les tribunaux seraient tenus d'indiquer exactement dans leurs considérants les dispositions de droit fédéral qu'ils appliquent, etc. »

M. Martin est partisan de ces innovations : « Qui veut la fin veut les moyens ». Bien que la procédure civile soit restée dans le domaine cantonal, la constitution fédérale, ayant en vue l'application uniforme des lois fédérales, a dû admettre implicitement que la loi fédérale édicterait les mesures nécessaires pour atteindre ce but.

M. Winkler va beaucoup plus loin : il voudrait mettre à la place de l'art. 57 du projet la règle formulée à l'art. 11 de la loi sur la responsabilité des entreprises de transports concessionnées : « Dans les cas où l'on peut recourir au Tribunal fédéral, les tribunaux cantonaux doivent apprécier les questions de fait librement, d'après l'ensemble des circonstances de la cause, sans être liés par les règles de la procédure cantonale en matière de preuves. » — M. Brunner, avocat à Berne, va plus loin encore et voudrait que dans les causes qui ressortissent à la fois au droit fédéral et au droit cantonal, le Tribunal fédéral pût apprécier librement l'application faite de leur droit par les tribunaux cantonaux.

M. Winkler estime que ces incursions de la loi fédérale dans le domaine de la procédure civile sont pleinement justifiées par l'art. 114 de la constitution fédérale, qui donne au Tribunal fédéral pour mission d'assurer l'application uniforme des lois fédérales. Cet article ne sera pleinement réalisé que si les causes soumises au Tribunal fédéral sont bien jugées, non-seulement en droit, mais aussi en fait.

La nécessité d'appliquer uniformément le droit fédéral limite le principe posé par la Constitution à l'art. 64 : l'administration de la justice n'est restée aux cantons que « sous réserve des at-
» tributions du Tribunal fédéral. »

L'administration de la justice *(Rechtsprechung)* comprend, d'après M. Winkler, en première ligne, l'organisation des tribunaux, en seconde ligne l'instruction du procès, et, seulement dans un sens très large, la preuve. La proposition de M. Winkler ne modifierait la procédure cantonale que dans ce dernier domaine; celles de MM. Hafner et Martin iraient plus loin, puisqu'en exigeant la ténorisation des témoignages, on modifierait les règles de la procédure cantonale sur l'instruction des procès.

On a, dit M. Winkler, adopté sans sourciller de nombreuses dispositions de lois fédérales qui modifient plus profondément encore la procédure cantonale. Ainsi celle de la loi sur les brevets d'invention qui institue pour certains procès une seule instance. C'est là une atteinte portée à l'organisation judiciaire elle-même.

La libre appréciation est d'ailleurs bien supérieure à la preuve légale. c'est le droit de l'avenir. Si elle n'est admise d'une manière illimitée que dans les cantons de Zurich, de Schaffhouse et du Tessin, la majorité des cantons l'accorde cependant aux juges dans une certaine mesure. Seuls Lucerne, Argovie et Saint-Gall ont conservé dans leurs codes la preuve légale dans toute son étendue et même dans ces cantons il règne dans la pratique une appréciation assez libre.

A cela, il fut répondu par MM. Hafner, Stooss, Grivet, etc., premièrement que la nécessité de l'innovation proposée, pour assurer l'application uniforme du droit fédéral, nécessité qui seule justifierait une incursion de la loi fédérale dans la procédure cantonale, n'était pas absolument démontrée; que la gradation que M. Winkler voulait établir entre l'organisation judiciaire, l'instruction du procès et la preuve au point de vue de leur dépendance plus ou moins grande du domaine cantonal n'était point incriticable ; que les quelques dispositions de procédure renfermées dans les lois fédérales ne concernaient que l'application de ces lois spéciales seules ; qu'au surplus, si l'on s'était laissé aller une fois à commettre une inconstitutionnalité, ce n'était pas une raison pour recommencer.

Finalement, MM. Stooss, Martin et Morel proposent la résolution suivante : « Le Tribunal fédéral prononce son jugement en prenant pour base de son appréciation les pièces du dossier qui ont été soumises à l'examen de la juridiction cantonale. Toutefois, il est lié par les dispositions de la procédure cantonale en matière de preuves. »

Ainsi le Tribunal fédéral ne serait plus lié par le prononcé du juge cantonal sur le fait. Il pourrait fonder son opinion en revoyant tous les éléments de la cause, tels qu'ils sont au dossier : expertises, titres, déclarations sermentales, etc. Mais si, dans son appréciation, le juge cantonal a été lié par une disposition de sa procédure, comme par exemple celle de la loi d'Uri, qui dit qu'il faut, pour renverser la déclaration sermentale d'un témoin classique, le témoignage de cinq autres témoins classiques, le Tribunal fédéral sera également lié par cette disposition.

Toutefois, comme il semblait implicitement admis par les auteurs de la proposition que certaines dispositions du projet Hafner concernant l'instruction du procès devant les tribunaux cantonaux, entre autres l'obligation de ténoriser les témoignages, de tenir un procès-verbal détaillé, devraient être admises, et, par suite, les procédures cantonales modifiées sur ces divers points, les juristes vaudois présents, MM. Gaulis, Soldan, Paschoud, ont fait des réserves formelles à cet égard.

M. Soldan a montré que l'obligation de tenir un procès-verbal des dépositions des témoins nuirait à la saine appréciation de ces dépositions par les tribunaux de district, qui seraient plus ou moins forcés d'accorder une valeur égale au dire de chaque témoin, quel que soit son degré de véracité ; de compter ces dépositions au lieu de les peser [1]. Il serait dangereux que le Tribu-

[1] Ce point de vue a déjà été développé par l'auteur du présent travail dans une précédente étude sur le projet de M. Hafner. Voir page 504 de ce volume.

nal fédéral fonde son jugement sur la déposition de témoins qu'il n'a pas entendus. Il conviendrait qu'il soit lié, comme l'est le Tribunal cantonal, par la solution que le tribunal de district a donnée aux points de fait sur lesquels une preuve testimoniale a été entreprise.

Il a donc été inscrit au protocole que l'adoption de la proposition Stooss et consorts ne préjudiciait en rien la question de savoir si certaines règles de procédure seraient imposées aux tribunaux cantonaux pour l'instruction des procès qui peuvent être portés par voie de recours au Tribunal fédéral.

Cette réserve faite, la résolution proposée par MM. Stooss et consorts a été adoptée à l'unanimité.

2. *Valeur minimum du litige.*

Les deux rapporteurs, comme M. Hafner, reconnaissent la nécessité d'abaisser la limite de valeur de l'objet en litige nécessaire pour que le recours puisse être soumis au Tribunal fédéral. Actuellement un grand nombre de procès où ie droit fédéral est appliqué ne sont pas portés devant le Tribunal fédéral et les tribunaux cantonaux établissent une jurisprudence très incertaine et variable suivant les cantons. Ils proposent donc d'abaisser le chiffre à 1000 francs.

M. Speiser, conseiller d'Etat, à Bâle, n'est pas partisan de cette innovation ; le recours au Tribunal fédéral, pour un procès de 1000 fr., occasionnerait aux parties des frais hors de proportion avec la valeur en litige. — M. Morel, juge fédéral, estime que l'unité d'application du droit fédéral ne doit pas exclure le soin d'une bonne justice et que le Tribunal fédéral ne pourra la rendre que s'il n'est pas surchargé de besogne. Il propose d'abaisser le chiffre à 2000 fr., ce qui est adopté.

Le projet supprimait toute limite minimum de valeur pour les procès concernant la propriété intellectuelle et pour la cassation des jugements cantonaux ayant appliqué à tort le droit cantonal au lieu du droit fédéral. Les rapporteurs se sont prononcés contre ces exceptions, estimant que les motifs invoqués en leur faveur pourraient être invoqués avec non moins de raison pour supprimer toute limite de valeur dans les autres causes.

Par contre, les rapporteurs estimaient que les causes au-dessous de 3000 fr. devraient pouvoir être portées en cassation devant le Tribunal fédéral par voie de recours de droit public, pour violation des droits garantis par la législation fédérale. Contrairement à la jurisprudence du Tribunal fédéral, MM. Martin et Winkler n'admettent pas que le législateur ait exclu tacitement la possibilité de ce recours toutes les fois qu'il a ouvert aux intéressés une autre voie de droit, ceci d'autant plus que précisément. pour les causes de moins de 3000 fr., le législateur a expressément exclu le recours civil. M. Morel, juge fédéral, estime que le recours pour violation de droits garantis doit s'entendre seulement des droits individuels et non des droits privés. Ce n'est pas les droits du bailleur, ni ceux du créancier gagiste, que le législateur constituant a eus en vue en instituant cette voie de droit. M. Martin répond que la distinction que l'on voudrait faire entre les droits individuels et les droits privés n'est point aisée à concevoir et qu'au surplus, la constitution ne l'ayant pas formulée, il n'est point permis de la créer par voie d'interprétation.

L'assemblée n'a pas pris de décision sur ces divers points. Elle ne s'est pas prononcée non plus sur la question de savoir s'il convenait d'assimiler aux contestations de droit civil les contestations de droit public entre cantons et corporations ou particuliers, spécialement en matière fiscale, lorsque, à teneur de la législation cantonale, la voie de droit était ouverte devant les tribunaux ordinaires pour ces contestations. — M. Speiser, tout en reconnaissant l'avantage qu'il y aurait à soumettre ce genre de contestations à une juridiction tout à fait impartiale, ne croit pas que cela puisse se faire sans modifier l'art. 110 de la constitution fédérale qui ne prévoit l'attribution au Tribunal fédéral que des différends de droit public concernant l'heimatlosat et le droit de cité. Comme les tribunaux créent dans une certaine mesure le droit par voie de jurisprudence, la souveraineté législative des cantons deviendrait illusoire si les procès de droit public cantonal étaient jugés par une autorité fédérale.

3. Recours contre les jugements des tribunaux d'arbitres professionnels.

Quant aux jugements civils rendus par les tribunaux de prud'hommes ou les tribunaux d'arbitres professionnels, les rapporteurs sont d'accord avec le projet pour imposer à la juridiction cantonale l'obligation de transmettre au Tribunal fédéral des dossiers renfermant tous les renseignements et toutes les don-

nées nécessaires pour que l'arrêt sur recours puisse être rendu
en pleine connaissance de cause, cela alors même que la procédure devant les tribunaux est, à teneur de la loi cantonale, purement orale.

4. *Institution d'une Cour pénale fédérale siégeant sans jury.*

M. le professeur Martin étudie à fond la question de savoir si
la constitution fédérale permet d'instituer une section du Tribunal fédéral en Cour pénale jugeant sans l'assistance du jury. —
Contrairement à M. Hafner, M. le rapporteur se prononce pour
l'affirmative. MM. Winkler et Morel partagent sa manière de
voir.

Le législateur constituant de 1848, en posant le principe qu'il
y a un jury pour les affaires pénales, n'avait en vue que le jugement des crimes et délits. Il ne prévoyait pas encore l'élaboration de lois administratives renfermant des dispositions pénales,
la répression de simples contraventions, cas dans lesquels l'institution d'assises fédérales est tout à fait hors de proportion
avec l'importance de la cause.

La constitution de 1874 ayant donné à la Confédération le
pouvoir de réprimer les infractions aux nombreuses lois administratives qui émanent de sa souveraineté, certaines dispositions
de la constitution de 1848, reproduites par elle, ont pris une
autre portée ; lors même que la lettre est restée la même dans
les deux documents, l'esprit est différent. Ainsi, l'art. 106 : « Il
y a un jury pour les affaires pénales », ne signifie plus que toutes
les affaires pénales devront être jugées avec le concours du jury,
mais seulement que pour certaines causes le jury est nécessaire.
Ces causes sont celles énumérées à l'art. 112, auquel l'art. 106
se réfère expressément.

5. *Procédure orale.*

Le projet de M. Hafner supprime la procédure orale et institue la procédure écrite pour les recours civils en réforme. Exceptionnellement, dans les procès dont la valeur capitale est de
5000 fr. au moins, le Tribunal fédéral peut ordonner des débats
oraux sur la demande d'une des parties.

La plupart des membres de l'assemblée se sont prononcés
pour le maintien des débats oraux. — M. le juge Morel a montré
que la plaidoirie était pour le Tribunal fédéral un excellent
moyen de contrôle. — M. Oswald estime que la procédure orale

est plus prompte que la procédure écrite et qu'il faut éviter d'accumuler sur les pupitres de MM. les juges des montagnes de dossiers. Si la procédure orale est plus coûteuse, ce n'est pas une raison pour priver de cette garantie les petites gens: la Confédération qui a toujours de l'argent à dépenser pour le cher bétail pourrait bien aussi rendre gratuit l'accès du Tribunal fédéral. — M. Winkler est d'avis qu'en tout cas la procédure orale ne doit pas être rendue dépendante de l'ordre ou de l'autorisation du juge, car cela pourrait prêter à l'arbitraire.

L'assemblée, par 49 voix contre 15, décide de conserver les débats oraux depuis 2000 fr.

II
Du contentieux de l'administration dans les cantons.

M. le Dʳ Paul Speiser a fait un exposé très complet de la doctrine et de l'application du principe de la séparation des pouvoirs. Il constate que ce principe ne peut être réalisé d'une manière absolue et que toute décision de l'administration ne peut être soumise à l'appréciation des tribunaux.

Le contrôle du pouvoir judiciaire sur les décisions administratives est possible, mais il ne peut s'étendre qu'aux décisions rendues en application d'une règle du droit; il ne peut s'exercer dans les cas où la décision administrative doit être inspirée par des motifs d'opportunité, de convenance et dans lesquels, par conséquent, la législation a laissé aux autorités administratives une certaine latitude d'appréciation dans l'accomplissement de leur tâche.

M. Boiceau, corapporteur, estime que toutes les fois qu'ils sont « en présence d'une décision administrative modifiant ou excluant l'exercice de leurs droits acquis ou individuels, ou les obligeant à des prestations personnelles, les particuliers doivent trouver dans la loi des dispositions protectrices analogues à celles qui leur permettent de revendiquer leurs droits ou de contester leurs obligations dans les litiges d'un ordre privé ».

Devant qui le particulier doit-il porter sa réclamation contre la décision administrative qu'il attaque? Dans tous les Etats modernes, il existe un recours à l'autorité administrative et dans certains cas à l'autorité législative elle-même.

Mais des critiques ont été élevées contre cette procédure. On fait remarquer que l'intérêt de l'administration reste le même à tous les degrés de l'échelle et qu'il est opposé à celui des particuliers et, quant à l'autorité législative, le point de vue politique et l'intérêt de parti déterminent le plus souvent ses décisions. C'est pourquoi on a songé à soumettre le contentieux de l'administration aux tribunaux.

Cette solution présente, au dire de M. Speiser, les inconvénients suivants :

1° C'est affaiblir l'autorité du pouvoir administratif que de l'obliger à faire valoir ses droits comme un particulier devant le juge civil.

2° Il est dangereux d'opposer l'administration à la justice et de laisser ainsi s'accréditer l'opinion que la justice doit décider selon le droit et l'administration selon l'opportunité.

3° Les tribunaux civils n'ont pas toutes les qualités requises pour statuer en matière administrative ; la juridiction administrative ne sera toujours qu'une branche accessoire de leur activité ; ils seront disposés à appliquer en matière administrative, en l'absence de dispositions spéciales, les règles du code civil.

M. Speiser admet cependant que des motifs d'opportunité justifient l'attribution aux tribunaux civils de certaines catégories de litiges de nature administrative. Ainsi les contestations fiscales qui se rattachent à des relations de droit civil (les impôts sur les successions, par exemple). Il admet aussi la compétence de l'autorité judiciaire en matière de contravention aux lois administratives ; l'application de la peine est un acte assez grave pour qu'on l'entoure de certaines garanties indépendantes de l'administration.

M. Boiceau estime que les tribunaux civils devraient être appelés à statuer en cas de contestation sur toute décision administrative ayant pour objet un droit de propriété ou une question d'état civil, excepté toutefois en matière fiscale. — La répression des contraventions aux dispositions d'une loi administrative devrait être dans la compétence des tribunaux pénaux, excepté :

a) Les simples amendes d'ordre ou dont la somme maximum est minime.

b) Lorsque le contrevenant déclare vouloir, en évitation de frais ultérieurs, se soumettre au prononcé administratif.

c) Quand il s'agit de peines à infliger par les autorités communales, réservé toutefois le recours à l'autorité judiciaire comme instance supérieure.

Pour parer aux inconvénients que rencontre l'attribution du contentieux administratif, soit aux tribunaux, soit à l'autorité exécutive, on a, dans quelques pays, la France, l'Allemagne entre autres, institué des tribunaux administratifs spéciaux ayant, au moins dans leur instance suprême, l'indépendance d'une cour de justice.

Les rapporteurs estiment qu'il n'est pas nécessaire d'instituer en Suisse une juridiction administrative s'exerçant par le moyen d'organes nouveaux et distincts de ceux qui existent.

Le point capital est d'organiser pour le contentieux administratif une procédure régulière qui offre au recourant toutes les garanties d'impartialité désirables, lui donne dans la mesure la plus large la faculté de présenter ses moyens de défense et de répondre aux arguments invoqués contre lui.

Il existe, dit M. Speiser, un contraste surprenant entre l'excès de formalités requises par la procédure civile et l'absence complète de règles pour les recours par voie administrative.

M. le rapporteur propose d'instituer en matière administrative les débats oraux et publics. Selon lui, toute décision d'un fonctionnaire unique devrait être susceptible de recours; le recours à l'autorité législative devrait être accordé aussi fréquemment que possible; le chef d'un département dont une décision est critiquée devrait s'abstenir de siéger lorsque le recours est porté devant le Conseil d'Etat; la décision sur recours devrait être motivée, etc.

Les délibérations sur le contentieux administratif et sur les rapports de MM. Speiser et Boiceau ont été renvoyées à l'ordre du jour de la prochaine session.

III

La Société des juristes avait proposé comme sujet de concours :

L'exposition et la critique des dispositions du Code des obligations sur le bail à loyer.

Trois mémoires ont été produits. Le jury, composé de MM. le Dr Attenhofer, président du Tribunal suprême de Lucerne, Miescher, président du Tribunal, à Bâle, et Picot, juge d'appel, à Genève, a décerné le premier prix de 500 fr. à M. le D^r Ar-

nold Janggen, avocat, à St-Gall, et le second prix de 300 fr. à
M. Hermann Stumm, étudiant en droit, à Bâle. — Le mémoire
de M. Janggen sera imprimé aux frais de la Société.

**

La Société a alloué, sur la proposition de M. Zürcher, une
somme de 200 fr. pour l'élaboration de formulaires statistiques
des crimes et délits en Suisse.

Elle a décidé que la session prochaine aurait lieu à Zurich.

Enfin, elle a formé son comité de MM. Roguin, juge fédéral,
président; Martin, professeur, à Genève; Morel, juge fédéral;
Zürcher, juge d'appel, à Zurich; Winkler, avocat, à Lucerne;
Miescher, président du Tribunal, à Bâle, et Stooss, juge d'appel,
à Berne.   J' BERNEY.

Genève. — TRIBUNAL DE COMMERCE.
Audience du 11 juillet 1889.

**Vente. — Laissé pour compte tardif et irrégulier. — Art. 246 à
248 CO.**

Rambert contre Foulhioux.

*Lorsque l'acheteur a reçu la marchandise, l'a transportée chez lui sans
protestations ni réserves, et même en a revendu une partie à ses clients,
il ne saurait plus être admis à la laisser pour compte au vendeur.*

Le demandeur Rambert requiert le paiement de 261 fr. 90,
montant avec frais d'un mandat tiré sur le défendeur Foulhioux
et impayé, tandis que ce dernier, ne reconnaissant devoir que
80 fr., conclut pour le surplus au déboutement de Rambert et à
sa condamnation en 150 fr. de dommages-intérêts.

Le Tribunal a admis les conclusions de la demande.

Motifs.

Attendu, en fait, que Rambert a vendu et expédié, en juin
1888, 500 kilos de savon blanc au prix de 51 fr. les 100 kilos;
que le défendeur a reçu cette marchandise; qu'il l'a transportée
et emmagasinée chez lui sans protestations ni réserves; que bien
plus, il s'est servi d'une partie de celle-ci pour la revendre à ses
clients.

Attendu que ce n'est que vers la fin août, soit deux mois environ après la prise de livraison, que Foulhioux émit la prétention de laisser le solde du marché pour compte.

Vu les art. 246 et 248 CO. et la jurisprudence constante du Tribunal de céans.

Attendu qu'aucune des formalités prévues n'a été accomplie à temps ; que l'avertissement donné au vendeur ne l'a pas été aussitôt que le permettait la marche habituelle des affaires ; que le dépôt en mains tierces de la marchandise n'a pas été effectué ; qu'enfin ce n'est que de nombreuses semaines après sa réception pure et simple, que Foulhioux, quoiqu'on puisse reconnaître sans délai une telle marchandise, a adressé requête au président du Tribunal de céans en nomination d'expert ; que cette expertise a eu lieu, mais que rien, après un tel laps de temps, ne garantit absolument l'authenticité de la marchandise examinée.

Attendu que, dans de telles circonstances, un laissé pour compte est d'autant plus inadmissible, que l'art. 247 du même code, invoqué par le défendeur, ne trouve point son application en l'espèce ; que rien, en effet, ne prouve ou ne laisse supposer la fraude du vendeur.

Attendu, au surplus, que ce laissé pour compte est mal fondé ; que Rambert a vendu au défendeur du savon garanti extra ; que les mots « soixante-douze pour cent d'huile » n'indiquent point que cette proportion se trouve dans le savon tel qu'il est livré, mais bien qu'elle est mise à la base de sa fabrication.

Attendu que cela est si vrai que du savon contenant 72 pour cent de matières grasses après fabrication est à l'état mou, et doit être mis dans des étuves pour être séché grâce à une forte évaporation, ce qui en augmente beaucoup le prix ; qu'il n'aurait donc pu être livré à Foulhioux aux conditions de la facture.

Attendu, au surplus, que le savon de Marseille, tel que celui dont il s'agit en l'espèce, comporte de 50 à 65 parties de corps gras ; que l'expert a cité, lors de sa comparution personnelle, deux auteurs, Pons et Wurtz, qui indiquent des chiffres fixes entre ces deux extrêmes ; que Larue, l'auteur de la *Théorie et pratique de la fabrication des bougies et des savons*, donne des moyennes assez semblables.

Attendu, dès lors, que la proportion constatée par l'expert de 63 °/. de corps gras dans le savon vendu, est normale et correspond au prix réclamé du défendeur ; qu'ainsi, même à ce point de vue, ce dernier doit être débouté de ses conclusions, condamné aux dépens et au paiement, avec intérêts, de la somme dont s'agit, laquelle est exacte.

Vaud. — TRIBUNAL CANTONAL.
Séance du 20 août 1889.

Procuration signée à l'étranger par un Vaudois et légalisée dans le canton de Vaud. — Irrégularité. — Incident à l'audience du Président. — Econduction d'instance. — Art. 71 et suiv., 73, 75, 76 et 110 Cpc. ; art. 31 et 54 de la loi sur l'organisation judiciaire ; loi du 14 septembre 1885 sur le visa et la légalisation.

Dériaz contre Auberson soit Werly.

Il appartient au Président de la Cour civile de prononcer sur tous les incidents qui s'élèvent en cours d'instruction, sous réserve du recours au Tribunal cantonal s'il y a lieu.

La loi du 14 septembre 1885 sur le visa et la légalisation n'a point eu pour effet de modifier les art. 71 à 78 Cpc., qui indiquent quelles sont les formes que doivent revêtir les procurations destinées à être utilisées devant les tribunaux. La procuration faite hors du canton doit être légalisée par une autorité du lieu où la signature a été donnée.

Dans sa demande du 22 mai 1889, Charles Werly, à Saint-Helena (Amérique), a conclu à ce qu'il soit prononcé :

1° Que contre paiement de ce qu'il doit à G. Dériaz, notaire, à Orbe, 2500 fr. et accessoires qu'il continue à lui offrir, le dit Dériaz doit remettre au demandeur, dans les trois jours dès le jugement définitif qui interviendra, ou dans tout autre délai qui sera fixé par le tribunal, l'obligation hypothécaire du capital de 10,000 fr., reçue Golaz, notaire, du 3 septembre 1881, faisant contre Emile Werly, à Orbe.

2° Que pour le cas où la remise du titre prémentionné n'aurait pas lieu dans le délai indiqué, G. Dériaz est débiteur de Ch. Werly et doit lui faire prompt paiement de la somme de 10,000 fr. et intérêts à 5 % dès le 3 septembre 1881, sous déduction des intérêts payés ou prescrits ; l'offre de payer au défendeur les valeurs qui lui sont dues, ainsi que cela est indiqué dans la conclusion qui précède, étant toujours maintenue.

Par exploit du 4 juin 1889, Dériaz a requis que préalablement
à toute instruction de la cause, Auberson soit tenu de produire
la procuration de Ch. Werly, dont il se disait porteur. Pour le
cas où il n'obtempérerait pas à cette réquisition dans les dix
jours dès la notification de l'exploit, Auberson était cité à comparaître à l'audience du Président de la Cour civile, pour voir
prononcer son éconduction d'instance.

Sous date du 11 juin 1889, Auberson a produit au dossier de
la cause une procuration¡datée de Saint-Helena, signée « Charles
Werly » et légalisée comme suit par le Juge de paix du cercle
d'Orbe, sous date du 8 décembre 1888 :

« N° 384. Le Juge de paix du cercle d'Orbe atteste`la vérité
» de la signature ci-dessus, à lui connue, de Charles Werly,
» confirmée par lettres des 23 septembre et 20 novembre 1888.

» Orbe, le huit décembre 1888.
» Le juge de paix,
» (L. S.) (Signé) L. Estoppey. »

Par exploit du 25 juin 1889, Dériaz, estimant que la procuration produite par Auberson était irrégulière, a donné citation
à Auberson pour l'audience du Président de la Cour civile, du
4 juillet suivant, pour qu'il soit prononcé que le dit Auberson
est éconduit de l'instance ouverte au nom de Charles Werly et
qu'il en doit les frais.

A l'audience du Président de la Cour civile du 4 juillet 1889,
Auberson a conclu exceptionnellement à libération des conclusions incidentelles de Dériaz, par le motif que d'après l'art. 110
Cpc., lorsqu'un incident est élevé hors de l'audience, l'exploit
doit porter assignation devant le Tribunal, soit en l'espèce devant la Cour civile et non devant le Président de ce corps. Quant
au fond de l'incident, il a conclu également à libération, la procuration produite étant conforme à l'art. 73, § 3, Cpc., et la vérité de la signature Charles Werly n'étant, du reste, pas contestée.

Par jugement incident du dit jour, le Président de la Cour
civile a écarté l'exception soulevée par Auberson et débouté Dériaz des conclusions incidentelles prises par lui. Ce jugement est
fondé en résumé sur les motifs suivants :

En ce qui concerne l'exception, le Président s'est fondé sur les
art. 168, 1ᵉʳ et 2ᵉ al., et 54 de la loi judiciaire ; le dernier article

ne fait aucune distinction entre les divers incidents, suivant qu'ils sont élevés à l'audience ou hors de l'audience.

Sur le fond de l'incident, le Président a admis qu'il y avait lieu de faire application en l'espèce de la loi de 1885 sur les légalisations et non des art. 75 et 76 Cpc. Auberson s'est du reste conformé à l'usage constant dans le canton de Vaud en matière de légalisation. En outre, si l'on n'admettait pas cette manière de procéder, on créerait des difficultés considérables aux Vaudois qui se trouvent à l'étranger et qui ne sont pas à proximité d'agents consulaires ou autorités constituées.

Les parties ont déclaré s'admettre réciproquement au recours.

Le Tribunal cantonal a admis le recours de Dériaz, et réformé le prononcé du Président de la Cour civile en ce sens que le notaire Auberson est éconduit de l'instance qu'il a ouverte au nom de Werly.

Motifs.

Statuant sur ce recours et considérant tout d'abord, *sur le moyen exceptionnel,* qu'il appartient au Président de prononcer sur tous les incidents qui s'élèvent en cours d'instruction, sous réserve du recours au Tribunal cantonal, s'il y a lieu (loi judiciaire, art. 54).

Que l'instruction et le jugement des causes soumises à la Cour civile, conformément à l'art. 31 de la loi sur l'organisation judiciaire, doivent avoir lieu d'après les règles prescrites pour les tribunaux de district.

Qu'il n'y a plus lieu, dès lors, de faire des distinctions entre les incidents qui se présentent à l'audience et ceux qui sont élevés hors de l'audience, ainsi que le prévoyait l'art. 110 du Cpc.

Que c'est, dès lors, avec raison que Dériaz a donné citation à sa partie adverse devant le Président de la Cour civile.

Par ces motifs, le Tribunal cantonal écarte le recours de la partie demanderesse et maintient le jugement du 4 juillet sur ce point.

Considérant ensuite, *sur les conclusions incidentelles prises par Dériaz,* que la loi du 4 septembre 1885 sur le visa et la légalisation n'a point eu pour effet de modifier les art. 71 à 78 du Cpc., qui indiquent quelles sont les formes que doivent revêtir les procurations destinées à être utilisées devant les tribunaux.

Attendu que l'on ne saurait admettre, ainsi que le voudrait la partie intimée, que la procuration produite par le notaire Auberson aurait été faite dans le canton.

Qu'en effet, bien qu'elle ait été écrite sur papier timbré vaudois, et par une personne demeurant dans le canton, elle a été signée en Amérique.

Que la procuration doit être considérée comme ayant été faite dans le lieu où elle a été signée, puisque c'est la signature qui peut seule lui donner une valeur.

Considérant que la procuration faite hors du canton doit être légalisée.

Que la légalisation doit elle-même être certifiée par la Chancellerie du canton de Vaud ou par la Chancellerie fédérale (Cpc. 76).

Qu'il résulte de la comparaison de l'art. 75 Cpc. avec l'art. 76 du même code, que la procuration faite hors du canton doit être légalisée par une autorité du lieu où la signature a été donnée, puisque dans ce cas la première légalisation faite à l'étranger doit être certifiée par la Chancellerie fédérale ou cantonale, ce qui n'est pas exigé par l'art. 75 Cpc.

Que bien que le Juge de paix du cercle d'Orbe ait déclaré s'être assuré de la vérité de la signature de Charles Werly, cette légalisation n'en est pas moins irrégulière en présence des articles 75, 76 Cpc.

Que, dès lors, Auberson n'a pas justifié sa vocation à agir au nom de Charles Werly.

Qu'il doit, par conséquent, être éconduit de son instance.

Séance du 22 août 1889.

Boisselier - tonnelier. — Défaut d'inscription au registre du commerce. — Demande de mise en faillite. — Admission. — Art. 1071 Cpc. ; art. 34 § 2 de la loi du 14 décembre 1852 sur les sociétés commerciales.

Fonjallaz contre Union du Crédit et Jayet.

Doit être envisagé comme commerçant et peut dès lors être mis en faillite celui qui, d'une façon assez continue, fabrique des tonneaux et des ustensiles de cave neufs pour les vendre.

Par demande du 5 juillet 1889, l'Union vaudoise du Crédit a

conclu à ce que la faillite de Alfred Fonjallaz, à Grandvaux, soit prononcée en vertu des art. 1071 Cpc. et 34 § 2ᵉ de la loi sur les sociétés commerciales.

Louis-Isaac Jayet, à Châtillens, a déclaré se joindre à cette demande.

Ensuite de l'enquête faite par le président du Tribunal de Lavaux et de l'instruction de la cause, ce magistrat a ordonné la discussion juridique des biens de Fonjallaz par jugement du 12 juillet 1889.

Ce jugement est fondé sur les motifs suivants :

Fonjallaz est en dessous de ses affaires, ses dettes s'élevant à 20,700 fr., tandis que son actif n'est que de 16,700 fr.

D'autre part, à côté de son travail de vigneron, il exerce le métier de boisselier-tonnelier, fabriquant des vases et ustensiles de cave. Il a fait dans ce but des achats de bois et de fer qui, dans l'espace de quatre ans, se sont élevés à 1500 fr. pour le bois et plus de 400 fr. pour le fer. Bien que non inscrit au registre du commerce, Fonjallaz revêt donc incontestablement la qualité de commerçant et, dès lors, l'art. 34 de la loi sur les sociétés commerciales lui est applicable. Du reste, il souscrit des effets de change pour payer les marchandises qu'il achète.

Fonjallaz a recouru contre ce jugement, dont il demande la réforme, en ce sens que l'ordonnance de discussion du 12 juillet 1889 soit révoquée. Il se fonde, dans ce but, sur des motifs qui sont, en résumé, les suivants :

Il n'est pas inscrit au registre du commerce et n'est pas commerçant. Son travail comme boisselier-tonnelier ne constitue qu'une occupation secondaire, un accessoire à côté de ses occupations de vigneron et d'agriculteur. Le fait d'avoir souscrit des effets de change ne lui confère pas la qualité de commerçant.

Le recours a été écarté.

Motifs.

Considérant que, de son propre aveu, Fonjallaz est au-dessous de ses affaires, son bilan soldant par un excédent de passif d'environ 4000 fr.

Attendu que Fonjallaz exerce, à côté de sa profession d'agriculteur, le métier de boisselier-tonnelier.

Qu'il résulte de l'enquête instruite par le président du Tribunal de Lavaux qu'il ne se borne pas uniquement à faire des réparations.

Qu'au contraire, et d'une façon assez continue, il fabrique des tonneaux et des ustensiles de cave neufs pour les vendre.

Qu'à cet effet il a acheté depuis trois ans des bois et du fer pour une valeur relativement importante, transformant ensuite ces matières premières pour les revendre sous forme de vases de cave, tonneaux et ustensiles de cave.

Qu'en ce faisant il a fait des actes de commerce, ce qui entraîne pour lui l'application des art. 1071 Cpc. et 34 de la loi sur les sociétés commerciales.

Considérant, d'autre part, que le fait que Fonjallaz n'était pas inscrit au registre du commerce ne saurait lui enlever sa qualité de commerçant.

France. — Tribunal civil de la Seine (1ʳᵉ chambre).
Audience du 7 juin 1889.

« Arthur de Bretagne », drame inédit de Claude Bernard. — Publication sans le consentement des héritiers. — Manuscrit. — Propriété. — Droit de publication. — Œuvre posthume. — Décret du 1ᵉʳ germinal an XIII. — Diffamation. — Prescription.

Veuve et héritiers Bernard contre Barral, Dentu et Cⁱᵉ.

En droit, la possession d'un manuscrit ne saurait être considérée comme une preuve suffisante de la propriété de l'ouvrage au profit du détenteur.

Il faut, en effet, distinguer entre le manuscrit considéré comme corps certain et comme objet corporel, et le droit incorporel qui s'attache à l'œuvre littéraire comprenant le droit de publication.

Comme corps certain, le manuscrit tombe sous l'application de la règle édictée par l'art. 2279 du Code civil; au contraire, le droit incorporel est régi par les lois concernant la propriété littéraire.

En ce qui concerne les œuvres posthumes, le décret du 1ᵉʳ germinal an XIII n'a point dérogé aux principes de la propriété littéraire; en effet, il dispose que les propriétaires par succession, ou à un autre titre, d'un ouvrage posthume, ont, à certaines conditions, les mêmes droits que les auteurs.

Il n'a donc pas eu pour objet de créer des droits nouveaux au profit des simples détenteurs, mais seulement de déterminer et de régler ceux des héritiers et autres propriétaires, et ceux qui en réclament l'application doivent tout d'abord justifier de leur titre de propriétaire.

Dans sa jeunesse, Claude Bernard, qui devait laisser après lui bien d'autres titres de gloire, avait composé un drame resté d'ailleurs inédit, en 5 actes et en prose, intitulé : « Arthur de Bretagne ».

Le futur savant qui s'ignorait encore, avait-il fondé de grandes espérances sur cet ouvrage dramatique ? Toujours est-il que Saint-Marc Girardin, c'est lui-même qui le raconte, se chargea de dissiper ses illusions à cet égard ; car voici la suscription mélancolique que le pauvre auteur désabusé avait mise sur la couverture de son œuvre : « Arthur de Bretagne », drame inédit, lu et refusé à nombreuses corrections par M. Saint-Marc Girardin, en novembre 1834. « Signé : Claude Bernard. »

C'est cet ouvrage, abandonné par l'auteur lui-même pour d'autres sujets d'étude, que l'on a exhumé et qui a été livré à la publicité, par M. Barral, à qui le savant avait donné le manuscrit à titre de souvenir affectueux.

Au lendemain de l'inauguration de la statue de Claude Bernard, M. Barral, son ancien élève, a cru compléter l'hommage rendu à l'illustre savant en publiant cette œuvre de sa jeunesse.

Mais Mᵐᵉ veuve Claude Bernard et ses filles, héritières de leur père, n'ont pas envisagé cette publication de la même manière.

Elles ont prétendu que l'ouvrage publié par M. Barral, sans leur consentement, et édité par la maison Dentu, était de nature à nuire à la mémoire du savant, en faisant croire au public qu'il s'agissait d'un ouvrage sérieux, et elles ont assigné MM. Barral, Dentu et Cⁱᵉ devant le Tribunal pour voir ordonner la suppression de l'ouvrage en question. Elles demandaient, en outre, des dommages-intérêts, à raison de la diffamation résultant, d'après elles, de la préface mise en tête de l'ouvrage par M. Barral.

Le Tribunal a rendu le jugement suivant :

« Attendu que dans le courant de novembre 1886, Dentu et Cⁱᵉ, libraires-éditeurs, ont fait paraître un ouvrage inédit de Claude Bernard, intitulé : « Arthur de Bretagne », avec une préface historique de Georges Barral.

Que la veuve et les filles de Claude Bernard estiment que cette publication, faite sans leur consentement, est illicite, et que la reproduction d'une œuvre de jeunesse, sans importance, est de nature à nuire à la mémoire de son auteur.

Qu'elles soutiennent, en outre, que la préface de Georges Barral contient certains passages qui constituent à leur égard une véritable diffamation.

Qu'elles demandent, en conséquence, tant à raison de la diffamation que du préjudice qu'elles auraient éprouvé, la condamnation solidaire des défendeurs à des dommages-intérêts.

Qu'elles concluent, en outre, à la suppression de l'ouvrage et à la destruction des exemplaires édités.

Attendu que les défendeurs soutiennent de leur côté que Georges Barral, étant propriétaire du manuscrit, comme l'ayant reçu de Claude Bernard lui-même, avait le droit de publier et de faire éditer cet ouvrage.

Que, du reste, il n'a agi que dans une pensée respectueuse de la mémoire de son ancien maître, et que les passages de la préface incriminés par les demanderesses n'excèdent pas les bornes de la critique ; qu'au surplus toute action en diffamation serait aujourd'hui prescrite.

En ce qui concerne la diffamation :

Attendu qu'il est constant, en fait, que plus de trois mois se sont écoulés depuis l'introduction de l'instance sans que la prescription ait été interrompue par aucun acte de procédure.

Qu'elle est, dès lors, acquise aux termes de l'art. 65 de la loi du 22 juillet 1881.

Que par suite, sans examiner le mérite de la demande, il y a lieu de déclarer la veuve et les demoiselles Claude Bernard non recevables de ce chef.

En ce qui concerne le droit de publication :

Attendu, en droit, que la possession d'un manuscrit ne saurait être considérée comme une preuve suffisante de la propriété de l'ouvrage au profit du détenteur.

Qu'il faut distinguer, en effet, entre le manuscrit considéré comme corps certain et comme objet corporel, et le droit incorporel qui s'attache à l'œuvre littéraire et qui comprend le droit de publication.

Que le manuscrit, en tant que corps certain, tombe sous l'application de la règle édictée par l'art. 2279 du Code civil, et que le droit incorporel, au contraire, est régi par les lois concernant la propriété littéraire.

Attendu, sans doute, que le fait même de la détention d'un manuscrit est une présomption sérieuse de la propriété de l'ouvrage, mais que cette circonstance est insuffisante à elle seule pour constituer une preuve, le manuscrit ayant pu être remis au détenteur à titre de dépôt, comme un simple souvenir ou comme autographe.

Qu'il appartiendrait, dès lors, à Georges Barral d'établir que les circonstances et les causes de sa possession ont le caractère d'une véritable cession de propriété, ou qu'il a été chargé par l'auteur lui-même d'assurer la publication du manuscrit.

Qu'il ne rapporte point cette preuve.

Qu'il ne justifie même point avoir entretenu avec Claude Bernard des relations de nature à rendre vraisemblable, à défaut d'une preuve directe, le droit de propriété qu'il revendique aujourd'hui.

Que, dans ces conditions, on ne saurait méconnaître à la veuve et aux héritières du nom et des ouvrages de Claude Bernard le droit de veiller sur sa mémoire, et de la protéger contre une publication qu'elles jugent inopportune.

Attendu, il est vrai, qu'il s'agit d'une œuvre posthume et que Georges Barral prétend trouver, tout au moins dans les dispositions du décret du 1er germinal an XIII, le droit absolu de faire la publication dont il s'agit.

Mais que ce décret n'a point dérogé aux principes qui viennent d'être rappelés.

Qu'il dispose, en effet, que les propriétaires par succession ou à un autre titre d'un ouvrage posthume ont à certaines conditions les mêmes droits que les auteurs.

Qu'il n'a donc pas eu pour objet de créer des droits nouveaux au profit des simples détenteurs, mais seulement de déterminer et de régler ceux des héritiers et autres propriétaires.

Que, s'il a voulu favoriser la publication des œuvres posthumes, il résulte de son texte que ceux qui réclament son application doivent tout d'abord justifier de leur titre de propriétaire.

Que, dès lors, Georges Barral, ne pouvant justifier de son titre, ne saurait se prévaloir des dispositions de ce décret.

Attendu, quant aux dommages-intérêts, que les demanderesses ne justifient pas d'un préjudice autre que celui qui sera réparé par l'allocation des dépens.

Par ces motifs, déclare les demanderesses non recevables en leur demande en dommages-intérêts pour cause de diffamation.

Ordonne la suppression de l'ouvrage intitulé: « Arthur de Bretagne ».

Dit que Dentu et Cie ne pourront à l'avenir mettre en vente et éditer le dit ouvrage.

Ordonne la destruction des exemplaires édités.

Et condamne pour tous dommages-intérêts les défendeurs conjointement et solidairement aux dépens.

(Gazette des Tribunaux.)

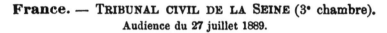

France. — Tribunal civil de la Seine (3ᵉ chambre).
Audience du 27 juillet 1889.

Dépôt de valeurs. — Retrait. — Formalités. — Signature. — Faux. — Responsabilité. — Art. 1928 Co. français.

Demoiselle Morel contre Société des dépôts et comptes-courants.

Le dépositaire salarié cesse d'être responsable lorsqu'il s'agit d'un faux que les circonstances rendaient difficile à supposer et à vérifier, et surtout lorsque c'est par une faute lourde du déposant que sa vigilance a été mise en défaut.

Spécialement la maison de banque qui, ayant reçu des valeurs en dépôt, demande pour les restituer une décharge signée par le déposant, n'engage pas sa responsabilité en remettant les titres contre des récépissés portant la fausse signature de ce déposant.

Attendu que la demoiselle Fleurie Morel avait déposé à la Société des dépôts et comptes-courants cinquante actions de la Banque ottomane et un titre de rente 5 % de 2500 fr.; que la société a remis les dites valeurs à Jauret, gendre de la demoiselle Fleurie Morel, sur des décharges portant la signature Fleurie Morel.

Attendu qu'après la vérification d'écritures ordonnée par jugement de cette chambre du 3 décembre 1887, il est reconnu que Jauret avait falsifié, sur les récépissés, les signatures de sa belle-mère et dissipé les valeurs; que la demoiselle Fleurie Morel réclame à la Société des dépôts le remboursement des valeurs soustraites ou 77,402 fr. 50 avec intérêts et 20,000 fr. de dommages-intérêts.

Attendu que si aux termes de l'art. 1928 du Code civil, le dépositaire salarié est plus strictement tenu des dommages-intérêts causés par sa faute, il cesse d'être responsable lorsqu'il s'agit d'un faux que les circonstances rendaient difficile à supposer et à vérifier et surtout lorsque c'est par une faute lourde du déposant que sa vigilance a été mise en défaut.

Attendu que, outre les valeurs réclamées, la demoiselle Fleurie Morel avait déposé à la société défenderesse un titre de

2500 fr. de rente italienne, 20 obligations communales, 30 obligations de la dette unifiée d'Egypte et 25 autres obligations ottomanes.

Que la plupart de ces dépôts et retraits avaient été opérés par Jauret, gendre de la déposante, et son mandataire habituel.

Attendu que, bien que dans ces conditions Jauret dût être connu et accepté comme le mandataire habituel de sa belle-mère, lorsqu'il voulut retirer les cinquante obligations ottomanes et le titre de 2500 fr. de rente française, la société exigea une autorisation en règle de la déposante.

Attendu que cette double autorisation fut produite par Jauret, munie, pour les deux valeurs, de la signature réelle de la demoiselle Fleurie Morel; mais que celle-ci avait commis la grave imprudence de remettre ces signatures en blanc à Jauret, en sorte qu'il remplit la feuille par l'autorisation, à l'insu de sa belle-mère, et ensuite signa faussement les deux décharges.

Attendu que les signatures vraies de la demoiselle Fleurie Morel, mises au bas de l'autorisation de retirer, se confondent avec celles des récépissés.

Attendu qu'en exigeant l'autorisation signée de la déposante, la société dépositaire avait agi avec la prudence nécessaire; que si elle a été trompée par la présentation de deux signatures fausses sur les deux décharges, les circonstances de la cause ne lui permettaient pas de soupçonner et de vérifier facilement le faux; qu'en effet les experts ont constaté que le caractère de l'écriture et des signatures de la demoiselle Fleurie Morel est tellement incertain et variable que les deux signatures types déposées par elle comme moyen de contrôle diffèrent plus entre elles deux que toutes les autres.

Attendu qu'ainsi c'est l'abus du blanc-seing qui a causé l'erreur de la société défenderesse; que c'est par la faute lourde de la déposante que cette erreur a été commise; que la compagnie a agi de bonne foi, trompée par les signatures réelles de deux autorisations, qui présentaient tous les caractères de sincérité désirables.

Par ces motifs, déclare la demoiselle Fleurie Morel mal fondée dans toutes ses demandes, fins et conclusions, l'en déboute et la condamne aux dépens.

France. — Tribunal de commerce de Lyon.
Audience du 8 juillet 1889.

Nom commercial. — Indication par un commerçant du nom de son grand-père. — Reproche de concurrence déloyale fait à ce commerçant par les propriétaires d'une maison fondée par cet aïeul et portant encore son nom. — Distinction existant entre les deux maisons. — Rejet de la demande.

Les petits-fils de C.-J. Bonnet contre Duchamp.

Un commerçant a le droit de faire suivre son nom de l'indication de celui de son grand-père, alors même que, dans la même ville, existe la maison de commerce fondée par cet aïeul, dont elle porte le nom.
Et, il ne peut être accusé de concurrence déloyale, lorsqu'il est démontré qu'il n'a jamais cherché à créer une confusion entre les deux maisons, et que cette confusion ne peut pas exister entre les deux établissements à raison de la différence des produits fabriqués.

Une importante maison de soieries noires, fondée par C.-J. Bonnet, existe à Lyon depuis de longues années, et est exploitée sous la raison sociale bien connue « Les petits-fils de C.-J. Bonnet ».

Cependant, un petit-fils de M. C.-J. Bonnet, Emile Duchamp, s'étant mis, il y a quelques années, à Lyon, à la tête d'une maison de commerce analogue, a fait suivre son nom de la mention absolument exacte d'ailleurs, au point de vue de l'état civil, de « petit-fils de C.-J. Bonnet ».

Les propriétaires de la maison exploitée sous la raison sociale « Les petits-fils de C.-J. Bonnet » se sont émus de cette adjonction de nom et ont assigné Duchamp devant le Tribunal de commerce de Lyon, afin qu'il eût à supprimer cette dénomination qu'ils lui reprochent comme constituant une concurrence déloyale.

Ils soutiennent que le nom commercial de « Les petits-fils de C.-J. Bonnet » est leur propriété exclusive ; que nul n'a le droit de l'employer ; ils demandent qu'il soit défendu à E. Duchamp de se nommer « petit-fils de C.-J. Bonnet », alléguant que la confusion se produit entre les deux établissements et que ce sont là tous les éléments de la concurrence déloyale.

E. Duchamp prétend qu'il a, en principe, le droit de rappeler quel fut son grand-père ; qu'il n'a jamais cherché à faire naître une équivoque préjudiciable à personne, que l'accusation de concurrence déloyale lancée contre lui par ses cousins ne repose sur aucun fondement sérieux.

Le Tribunal de commerce a rejeté la demande.

Motifs.

Attendu que les demandeurs ont assigné Duchamp, prétendant qu'il se rend coupable à leur égard de concurrence déloyale en usurpant le nom de « petit-fils de C.-J. Bonnet ».

Attendu qu'Emile Duchamp n'a fait qu'énoncer un fait exact et qu'il a, en principe, incontestablement le droit de le faire.

Qu'il y a lieu d'examiner seulement si une confusion est possible entre les deux maisons de commerce, et si E. Duchamp a voulu la faire naître, la concurrence déloyale n'existant qu'à cette seule condition.

Attendu que sur son timbre, en tête de ses papiers de commerce, non-seulement Duchamp n'a rien fait pour attirer l'attention sur sa qualification de « petit-fils de C.-J. Bonnet », mais que ces mots sont inscrits en petits caractères, tandis qu'au contraire « E. Duchamp » est inscrit en grosses lettres.

Que l'enseigne, rue Royale, nº 33, est dans les mêmes conditions, les mots « E. Duchamp » figurant en très grandes lettres, et les mots « petit-fils de C.-J. Bonnet » gravés très fins.

Qu'à l'entrée même du magasin, c'est le nom seul « E. Duchamp » qui se trouve sur une plaque de cuivre de plus d'un mètre de largeur.

Attendu que sur son timbre, ses en-tête, son enseigne, ses étoffes, ses circulaires, E. Duchamp a toujours eu soin de faire précéder son nom de « Ancienne maison J. Philippon et Cⁱᵉ ».

Que si une confusion avait pu jamais avoir lieu, elle n'eût pas pu se produire en présence de cette mention.

Qu'en effet, la confusion ne saurait naître que de ce qu'on prendrait E. Duchamp pour le successeur de C.-J. Bonnet au détriment de ceux qui le sont réellement.

Attendu, en outre, qu'il y a lieu de retenir que Duchamp fabrique principalement des étoffes façonnées et unies couleur, tandis que c'est dans la fabrication des étoffes noires unies que C.-J. Bonnet et ses successeurs se sont acquis une notoriété universelle.

Qu'il suit de là que les demandeurs ne sont pas fondés dans leur demande et doivent en être déboutés.

Ch. SOLDAN, conseiller d'Etat, rédacteur.

Lausanne. — Imp. CORBAZ & Comp.

JOURNAL des TRIBUNAUX

REVUE DE JURISPRUDENCE

Paraissant à Lausanne une fois par semaine, le Samedi.

Rédaction : M. Charles Soldan, conseiller d'Etat, à Lausanne.
Administration : M. L. Rosset, greffier du Tribunal cantonal, à Lausanne.
Abonnements : 12 fr. par an ; 7 fr. pour six mois. Pour l'étranger, le port en sus. On s'abonne à l'imprimerie Corbaz & Cie, chez l'administrateur, M. Rosset et aux bureaux de poste.
Annonces : 20 c. la ligne ou son espace. S'adresser à l'imprimerie Corbaz & Cie.

TRIBUNAL FÉDÉRAL
Séance du 13 septembre 1889.

Divorce. — Double recours au Tribunal cantonal et au Tribunal fédéral. — Suspension du prononcé du Tribunal cantonal. — Refus du Tribunal fédéral d'entrer en matière avant que ce prononcé soit intervenu. — Art 49 de la loi fédérale sur l'état civil et le mariage.

Guignard contre dame Guignard.

Lorsqu'un jugement de divorce rendu par le tribunal de district fait l'objet de deux recours, adressés l'un au Tribunal fédéral sur l'ensemble de la question, l'autre au Tribunal cantonal sur les conséquences ultérieures du divorce quant à l'entretien des enfants et aux intérêts civils des époux, le Tribunal fédéral ne peut entrer en matière sur le recours dont il est nanti avant que les questions de nature économique, mentionnées à l'article 49 de la loi fédérale sur l'état civil et le mariage, aient été tranchées par le Tribunal cantonal.

Par jugement rapporté en séance publique le 13 juillet 1889, le Tribunal civil du district de Lausanne, statuant sur l'instance en divorce qui divise les époux Guignard-Berche, à Lausanne, a prononcé ce que suit en application des art. 46 § *b* et 47 de la loi fédérale sur l'état civil et le mariage :

1° Le divorce est prononcé contre les deux époux Guignard-Berche.

2° L'enfant issu du mariage est confié à la mère pour son entretien et son éducation, tout en réservant en faveur du père les droits qui résultent pour lui des dispositions de l'art. 159 du code civil.

3° Louis-Florian Guignard paiera en mains de sa femme une pension mensuelle de 150 fr., payable d'avance à partir du jugement définitif, cette somme représentant la pension de la mère et celle de son enfant.

4° Pour le cas où la situation actuelle viendrait à changer, par exemple par le décès de l'enfant ou de la mère, par un nouveau mariage de celle-ci ou par la majorité de l'enfant, le Tribunal statuera à nouveau, tant sur le sort de l'enfant que sur la pension.

5° Les époux sont réciproquement déchus des avantages résultant pour eux du contrat de mariage reçu B. Curchod, notaire, le 8 juillet 1886.

Dans ces limites, les conclusions de la demande et celles reconventionnelles de la réponse sont admises.

Chaque partie supportera ses propres frais.

En conséquence, le mariage célébré devant l'officier d'état civil de Lausanne le 8 juillet 1886 entre les époux Guignard-Berche est rompu par le divorce prononcé contre les deux époux, pour causes prévues aux art. 46, lettre *b*, et 47 de la loi fédérale du 24 décembre 1874 sur l'état civil et le mariage.

Louis-Florian Guignard a interjeté deux recours contre ce jugement, à savoir :

L'un, daté du 23 juillet 1889, au Tribunal cantonal vaudois, concluant à la réforme du dit jugement, en ce sens :

1° Que le divorce n'est prononcé qu'en application des art. 46, lettre *b*, et 45 de la loi fédérale sur l'état civil et le mariage.

2° Que l'enfant issu du mariage est confié au recourant pour son entretien et son éducation, tout en réservant en faveur de la mère les droits qui résultent pour elle des dispositions de l'art. 159 Cc.

3° Que le recourant ne doit payer aucune pension à l'intimée.

Subsidiairement à la conclusion 3° ci-dessus :

a) Que dans le cas où le Tribunal cantonal maintiendrait le jugement en ce sens que l'enfant serait confié à l'intimée, la pension de 150 fr. allouée à celle-ci par le jugement doit être réduite dans les limites nécessaires pour pourvoir à l'entretien du dit enfant ;

b) Que dans le cas où le Tribunal cantonal maintiendrait le jugement en ce sens que le recourant doit payer une pension à l'intimée, le montant de cette pension doit être réduit.

Dans un second recours, adressé au Tribunal fédéral, sous date du 31 juillet 1889, le mari Guignard a conclu à ce qu'il plaise à ce tribunal réformer le jugement du Tribunal du district de Lausanne, en ce sens que le divorce ne soit point prononcé en vertu de l'art. 47, mais bien seulement en vertu des art. 46 *b* et 45 de la loi fédérale sur l'état civil et le mariage, — le recourant réservant d'ailleurs tous les droits résultant de son recours au Tribunal cantonal contre le même jugement, en ce qui concerne les effets ultérieurs du divorce quant à l'entretien et à l'éducation de l'enfant, et quant aux indemnités ou pensions auxquelles le recourant a été condamné par le susdit jugement.

Par office du 13 août 1889, le greffe du Tribunal cantonal vaudois informe la présidence du Tribunal fédéral que le dit Tribunal cantonal a décidé de suspendre le jugement de l'affaire jusqu'au moment où le Tribunal fédéral aura statué sur le recours qui lui est adressé.

A l'audience du Tribunal fédéral, le recourant a maintenu ses conclusions plus haut relatées, et le conseil de la dame Berche a conclu au rejet du recours.

Le Tribunal fédéral a décidé de ne pas entrer en matière, quant à présent, sur le recours de Guignard.

Motifs.

Il résulte de la teneur même des recours interjetés auprès du Tribunal fédéral et du Tribunal cantonal, dont les conclusions n'ont point été modifiées à l'audience de ce jour, que le sieur Guignard a porté devant l'instance supérieure cantonale le jugement du Tribunal du district de Lausanne, dont il demande la réforme en ce qui concerne les effets ultérieurs du divorce quant à l'entretien et à l'éducation de l'enfant, et quant aux indemnités au paiement desquelles le recourant a été condamné par le Tribunal de première instance.

Dans cette situation, le Tribunal fédéral ne se trouve pas en présence d'un jugement définitif d'après le droit cantonal sur les questions accessoires sus-rappelées, et il ne saurait, dès lors, entrer en matière sur les conclusions du recourant visant la fausse application des dispositions de la loi fédérale sur le divorce (art. 45, 46 et 47), avant que les questions de nature économique, mentionnées à l'art. 49 de la même loi, aient été tranchées par le Tribunal supérieur du canton de Vaud, de manière à ce que l'ensemble de la cause puisse ainsi être soumis au Tribunal de céans, conformément au prescrit du deuxième alinéa de l'art. 49 précité.

Vaud. — TRIBUNAL CANTONAL
Séance du 22 août 1889.

Testament. — Héritier institué pour « le reste » de la fortune du testateur. — Art. 618 Cc.

Dame Besson et consorts contre commune de Vevey (succession Reller).

Doit être envisagé comme héritier, et non comme légataire, celui qui est indiqué dans l'acte de dernière volonté comme devant recevoir « le reste » de la fortune du testateur, après divers legs.

Avocats des parties :

MM. RAMBERT, pour dames Besson et consorts, demanderesses et recourantes.

GAUDARD, pour commune de Vevey, défenderesse et intimée.

Dans une demande du 21 décembre 1888, Sophie Besson et consorts ont conclu à ce qu'il soit prononcé :

1° Que l'envoi en possession de la succession d'Alfred Reller, prononcé le 4 octobre 1888 en faveur de la ville de Vevey, est annulé.

2° Que Mmes Sophie Besson, Louise Eynard, Jenny Monnot et Henriette Deriaz sont héritières d'Alfred Reller, décédé à Vevey le 23 juin 1888 et qu'elles sont envoyées en possession par égales parts entre elles.

Sont réservés les droits des autres personnes qui pourraient se dire habiles à recueillir la succession d'Alfred Reller, concurremment avec ses tantes paternelles.

Sous réserve enfin du droit des héritiers de demander la réduction de tous les legs, conformément aux art. 623 et suivants Cc., il est expliqué que les demanderesses ne contestent nullement le droit de la ville de Vevey de recueillir comme légataire, en vertu du codicille du 3 août 1881, les titres et créances faisant partie de la succession revendiquée et évalués dans l'inventaire à 206,958 fr., à charge de payer sur cette somme les legs en argent indiqués au codicille du 3 août 1881, s'élevant ensemble à 103,000 fr., sauf réduction.

Dans sa réponse, la commune de Vevey a conclu à libération des fins de la demande, sa qualité d'héritière d'Alfred Reller étant reconnue en vertu du testament du 3 août 1881 et subsidiairement de celui du 2 août 1881. Toutes réserves sont faites quant au préjudice que la commune éprouve par le retard apporté à la liquidation de la succession et au règlement des legs, dont l'intérêt court à 5 °/₀, tandis que les biens formant la succession rapportent beaucoup moins. Ce préjudice se fera sentir jusqu'à droit connu sur le présent procès et le chiffre ne pourra être fixé qu'ultérieurement, mais la commune de Vevey s'en fera dédommager en temps opportun.

L'instruction de la cause a établi, entre autres, les faits suivants :

Alfred Reller, syndic de Vevey, décédé à Vevey le 23 juin 1888, a laissé trois actes de dernières volontés, intitulés *testament*, le premier du 14 septembre 1878, le second du 2 août 1881 et le troisième du 3 août 1881.

Le premier de ces actes porte une déclaration expresse de nullité, écrite de la main d'Alfred Reller.

Le testament du 2 août 1881 a été révoqué par son auteur et remplacé par celui du 3 août 1881.

Le testament du 2 août 1881 contenait la clause suivante :

« Je lègue à la ville de Vevey, pour restauration du temple de Saint-Martin, le reste de ma fortune, s'élevant à environ quatre-vingt-dix-mille francs. »

Et plus loin :

« Ma fortune consiste en titres en dépôt chez moi, chez MM. Carrard, banquiers, à Lausanne, et en quelques titres déposés chez M. Reverdin, à Genève, par l'entremise de M. Georges Glas, banquier, à Vevey.

» Les MM. Carrard gèrent aussi des titres déposés dans la maison Morau frères, à New-York.

» Quant au mobilier, argenterie, linge, vaisselle, bibliothèque, etc., etc., j'en dispose de la manière suivante :

» Je lègue à.....

. . . .

» Je m'oppose à toute vente publique et je charge Mlle Emma Meyer, de Bâle, de répartir les objets non mentionnés entre les parents et amis de la famille. La ville de Vevey, comme principal héritier, n'a droit qu'aux titres après les legs mentionnés à la première page.

» J'entends donc que la ville de Vevey, après avoir pris possession des titres, distribue ce qui revient à chacun et que Mlle Meyer préside à l'exécution des dispositions secondaires du testament pour tout ce qui n'est pas titres, actions, obligations, etc.»

Le testament du 3 août 1881 porte, entre autres, les dispositions ci-après :

« N'ayant pas d'héritiers directs, je lègue ma fortune de la manière suivante :

» Je lègue à...

» 1° . . . .

» 16° A la ville de Vevey, pour le nouvel orgue de Saint-Martin, dix mille francs.

« J'institue comme principal héritier de ma fortune, en titres, actions, obligations, etc., etc., après les legs mentionnés plus haut, la ville de Vevey. Je désire que ce capital, pouvant s'élever à environ quatre-vingt-dix mille francs, soit affecté à la restauration du temple de St-Martin, à Vevey.

» La ville de Vevey hériterait donc de ma fortune en titres, actions et obligations en dépôt chez . . . .

» Après avoir réalisé toutes ces valeurs, la ville de Vevey aurait à payer les legs qui figurent sur la première page de mon testament et garderait le reste, environ quatre-vingt-dix mille francs.

» Quant à ma fortune en meubles, argenterie, linge, etc., je la destine aux membres et amis de ma famille, suivant les dispositions particulières, et je charge Mademoiselle Emma Meyer, de Bâle, d'en faire la répartition. La ville de Vevey n'aura donc pas à s'ingérer dans ce partage, vu qu'elle n'hérite que des titres.

» Je fais des vœux pour la prospérité de notre chère ville de Vevey à laquelle j'ai toujours été vivement attaché.

» Dispositions particulières :

» Je désire que Mademoiselle Meyer ne soit contrecarrée par personne et puisse faire ses distributions librement, comme elle le jugera convenable, en tenant compte des dispositions générales ci-dessus indiquées.

» Le 3 août 1881.   (Signé) Alfred RELLER.

» *Obs*. Mademoiselle Meyer a le droit de choisir des souvenirs dans l'ensemble des objets que je laisse, même dans l'argenterie et le mobilier et c'est ce qui restera après ce choix qui revient aux titulaires indiqués, car ils ont tous reçu en argent le principal de ce que je leur destinais. »

La succession d'Alfred Reller comprend, d'après l'inventaire dressé par l'office de paix de Vevey, pour 206,958 fr. de créances et prétentions, intérêts compris.

Cette succession comprend également un immeuble porté dans l'inventaire à la taxe de 45,000 fr. et acquis par Reller le 29 juin 1886.

Les legs d'argent mentionnés dans l'acte du 3 août 1881 comme devant être payés sur le produit de la réalisation des titres, s'élèvent à la somme totale de 103,000 fr.

Alfred Reller ne possédait pas d'immeuble en 1881.

A la demande de la ville de Vevey, la succession d'Alfred Reller a été soumise à bénéfice d'inventaire, et le 4 octobre 1888 la ville de Vevey a été envoyée en possession de la succession Reller, comme héritière en vertu de l'acte du 3 août 1881.

Les demandeurs sont les tantes et neveu paternels d'Alfred Reller.

Le 24 octobre 1888, les demandeurs ont requis du président du Tribunal de Vevey la mise en possession en leur faveur de la succession d'Alfred Reller, comme héritiers ab intestat de celui-ci, les actes des 2 et 3 août 1881 devant être considérés comme de simples codicilles.

Ensuite de refus du président et de recours au Tribunal cantonal, ce dernier a maintenu le refus d'envoi en possession et réservé aux demanderesses le droit d'attaquer, par la voie de la procédure contentieuse, l'envoi en possession prononcé en faveur de la ville de Vevey.

Le 31 octobre 1888, les demanderesses ont obtenu un acte de non-conciliation.

L'une des demanderesses, dame Eynard, est décédée le 25 décembre 1888, en laissant comme unique héritier son fils Alfred Eynard.

Ensuite de ces faits, le Tribunal du district de Vevey, estimant en résumé que l'acte de dernière volonté d'Alfred Reller constitue bien un testament instituant comme héritier la commune de Vevey, a, par jugement du 24 juin 1889, écarté les conclusions de la demande et accordé à la commune de Vevey ses conclusions libératoires avec suite de dépens.

Sophie Besson et consorts ont recouru en réforme contre ce jugement par les motifs suivants : Le Tribunal de Vevey s'est attaché surtout aux termes et aux dénominations employés par le testateur et a laissé entièrement de côté la question, seule essentielle, de savoir si la ville de Vevey est appelée à succéder à l'universalité, à une quote-part de l'universalité des biens d'Alfred Reller, ou bien, si, au contraire, elle est simplement appelée à la succession pour un objet spécial. Or il résulte de la façon la plus claire des actes de dernière volonté des 2 et 3 août 1881, qu'Alfred Reller a appelé la ville de Vevey à recueillir le reste de sa fortune en titres de toute nature. La disposition principale dans laquelle la ville de Vevey est mentionnée n'a pas d'autre sens.

En outre, Reller a voulu exclure complètement la ville de Vevey de la succession à son mobilier, quand il dit que la dite ville n'aura pas à s'ingérer dans le partage du mobilier puisqu'elle n'hérite que des titres. Enfin, il résulte de la comparaison des actes des 2 et 3 août 1881 avec l'inventaire de la succession d'Alfred Reller que cette succession comprend, outre une certaine quantité d'objets mobiliers non légués. un immeuble taxé 45,000 fr., acquis par Reller en 1886.

On doit conclure de ce qui précède qu'Alfred Reller n'a pas disposé valablement, ni en termes généraux, ni sous forme d'objets spéciaux, de la totalité de sa fortune, soit dans l'état où elle se trouvait au moment de la confection des actes des 2 et 3 août 1881, soit surtout dans l'état où elle se trouvait au moment où elle s'est ouverte. A. Reller a manifesté clairement sa volonté que la ville de Vevey n'héritât que de ses titres ; la ville de Vevey n'est ainsi appelée à la succession que pour un objet spécial ; elle n'est donc pas héritière, mais simplement légataire. En conséquence, ni la ville de Vevey, ni aucune autre personne ne pouvant revendiquer la qualité d'héritier d'Alfred Reller en vertu des testaments de celui-ci, cette qualité ne peut être revendiquée qu'en vertu de la loi, par des personnes habiles à lui succéder *ab intestat.* Les recourantes se trouvant incontestablement dans les conditions voulues pour cela, doivent, par conséquent, être envoyées en possession de la succession d'Alfred Reller à titre d'héritières.

Le recours a été écarté.

Motifs.

Considérant que la question à juger dans le procès actuel est celle de savoir si l'acte de dernières volontés d'Alfred Reller en date du 3 août 1881 constitue bien un testament instituant comme héritière la ville de Vevey.

Considérant, à ce sujet, que le testament est l'acte par lequel le testateur nomme ou institue un ou plusieurs héritiers, de quelque manière que l'acte soit intitulé.

Que l'art. 618 Cc. définit la qualité d'héritier en disant que c'est celui en faveur duquel le testateur dispose de l'universalité de ses biens ou d'une quote-part dans l'universalité, ou du reste, ou du surplus, ou de l'excédent de ses biens.

Considérant que dans l'acte du 3 août 1881, intitulé *testament*, Reller dit vouloir disposer de toute sa fortune et qu'il distingue nettement entre une série de légataires et l'héritier principal.

Qu'en effet, après avoir distribué à diverses personnes et à des établissements charitables une partie de son avoir, Reller dit : « J'institue comme principal héritier de ma fortune en ti- » tres, actions, obligations, etc., etc., après les legs mentionnés » plus haut, la ville de Vevey. »

Qu'il dit en outre que la ville de Vevey, après avoir réalisé les valeurs, aura à payer les legs et gardera *le reste,* soit environ 90,000 francs.

Que cette expression « le reste » concorde avec la définition de l'héritier donnée à l'art. 618 Cc., et qu'il n'existe, dès lors, aucun doute sur l'institution d'héritier faite par Reller dans son testament.

Que si quelque doute pouvait encore subsister, il serait levé si l'on examine l'intention du testateur Reller.

Qu'en effet, en disant vouloir disposer de toute sa fortune, Reller a voulu donner tout ce qu'il possédait au moment où il a confectionné son testament.

Que son intention a bien été de ne faire que des legs à ses tantes, les demanderesses au procès actuel, puisqu'il a chargé la ville de Vevey, c'est-à-dire son principal héritier, ainsi qu'il la désigne, de remettre à ses parentes les legs dont elles étaient honorées.

Que le fait que Reller a institué la ville de Vevey héritière de sa fortune en *titres, actions, obligations,* etc., ne saurait avoir aucune importance, puisqu'en 1881, époque où a été rédigé l'acte attaqué aujourd'hui, le testateur n'avait qu'une fortune mobilière et que ce n'est qu'en 1886 qu'il est devenu propriétaire d'un immeuble à Vevey.

Que, du reste, en employant les mots « et cætera » à plusieurs reprises à l'égard de la ville de Vevey, Reller a bien entendu donner à celle-ci toutes les autres choses que celles qu'il avait spécialement désignées, à l'exception toutefois des meubles meublants qui ont reçu une destination particulière.

Qu'en outre, par le legs de 10,000 fr. fait à la ville de Vevey pour les orgues de St-Martin, le testateur a voulu distinguer nettement entre les légataires et l'héritier qu'il avait institué.

Qu'au surplus, à l'occasion de la distribution des meubles par demoiselle Meyer, le testateur a bien affirmé sa volonté de ne donner à ses tantes en principal que les sommes d'argent qui qui leur étaient léguées.

Que, dès lors, l'acte du 3 août 1881 constitue un véritable testament instituant la ville de Vevey héritière de la fortune délaissée par Alfred Reller.

Que c'est donc avec raison que la ville de Vevey a été seule envoyée en possession de la succession du dit Alfred Reller à l'exclusion des demanderesses, qui ne sont que des légataires.

Séance du 27 août 1889.

**Notaire. — Courtage. — Opération non conclue. —
Commission refusée.**

Mayor contre Barrelet.

*En matière commerciale, il est d'usage que le courtier n'a droit à une com-
mission que si les démarches qu'il a faites sur l'ordre de son mandant
ont abouti à un résultat.*

Dans sa demande du 11 février 1889, Rod. Mayor, notaire, à
Montreux, au nom duquel agissait le procureur-juré Rapin, à
Vevey, a conclu à ce qu'il soit prononcé que James-Henri Barrelet, à Vevey, est son débiteur et doit lui faire immédiat paiement de 375 fr., avec intérêt légal.

Dans sa réponse, J.-H. Barrelet a offert à Mayor de lui rembourser le coût de l'extrait de cadastre qu'il dit avoir payé,
contre remise du dit extrait. Il conclut sous le bénéfice de cette
offre à libération des conclusions de la demande.

L'instruction de la cause a établi les faits suivants :

Au mois de mai 1885, Mayor est entré en relations avec J.-H.
Barrelet, qui cherchait à emprunter 50,000 fr. sur son immeuble.
Dans cette même année, Mayor fit auprès de la compagnie *La
Bâloise* des démarches demeurées infructueuses pour obtenir le
prêt que demandait Barrelet.

En 1886-1887, Mayor fit dans le même but des démarches auprès de différentes maisons de banque ou sociétés de crédit. Sur
la demande qui en fut faite par Mayor, Barrelet lui expédia son
acte d'acquis par lettre du 3 décembre 1886. En outre, Mayor
se procura l'extrait de cadastre de Barrelet. Par cette lettre du
3 décembre 1886, Barrelet priait Mayor de lui retourner son acte
d'acquis, si ses démarches n'aboutissaient pas.

En 1887, Barrelet a retiré des mains du notaire Mayor le dit
acte d'acquis.

A une offre qui lui fut faite par Mayor, Barrelet répondit par
lettre du 11 mars 1888 :

« Merci de votre offre, mais MM. Couvreu et de Palézieux
» m'ayant, pour 45,000 fr., abaissé l'intérêt au 4 $\frac{1}{4}$ %, il n'y a
» plus que 6000 fr. sur lesquels je paie le 5 %; cela fait que je
» n'ai aucun intérêt à changer.

» Si donc vous me trouviez 50,000 fr. au 4 °/₀ avec amortisse-
» ment annuel si cela convenait, nous pourrions traiter. »

Mayor informa Barrelet que par lettre du 20 septembre 1888,
la société anonyme Leu et Cⁱᵉ l'avait avisé qu'elle était disposée
à prêter à Barrelet, par hypothèque en premier rang, 50,000 fr.
pour cinq ans, à 4 °/₀ l'an, avec une commission de ¹/₄ °/₀ au
prêteur.

Par lettre du 27 septembre 1888, Mayor demandait à Barrelet une réponse à cette proposition, « attendu, disait-il, que la
» somme en question serait placée ailleurs si Barrelet ne l'ac-
» ceptait pas. »

Barrelet ayant refusé verbalement cette offre, Mayor lui écrivit le 20 octobre 1888 pour l'engager à accepter son offre, en
l'avisant qu'en cas de refus il lui réclamerait une indemnité du
²/₄ °/₀, soit 375 fr.

Barrelet répondit le 3 octobre 1888 qu'il n'admettait pas les
propositions et réclamations du demandeur.

Mayor réclama alors à Barrelet une somme de 500 fr. et offrit
par lettre du 12 novembre 1888 de la réduire à 425 fr., débours
non compris, mais y compris la commission de banque prélevée
par le prêteur.

Ensuite de ces faits et par jugement du 27 juin 1889, le président du tribunal de Vevey a écarté les conclusions du demandeur et a alloué au défendeur ses conclusions libératoires, avec
dépens, en laissant Mayor au bénéfice de l'offre faite par Barrelet dans sa réponse. Ce jugement est fondé en résumé sur les
motifs suivants :

Mayor réclame une indemnité de 250 fr. comme courtier et
de 125 fr. comme notaire. Or, un notaire ne peut pas réclamer
des honoraires lorsqu'il n'a stipulé aucun acte; les 125 fr. ne lui
sont donc pas dus.

Quant à la réclamation de 250 fr., il est exact qu'en mai 1885
Barrelet a mis en œuvre Mayor, qui a rempli vis-à-vis de lui
l'office d'un courtier, et l'usage lui donnait droit à une rétribution dans le cas où le courtage aurait abouti, soit le ¹/₂ °/₀. Mais
ce courtage n'ayant pas abouti, Mayor a rendu à Barrelet son
acte d'acquis en lui faisant part de l'insuccès de ses démarches.

En ce qui concerne les faits qui se sont passés en 1888, il résulte de la lettre du 11 mars de la dite année, que c'est Mayor
qui a fait des offres de service à Barrelet, dont il n'avait reçu

aucun mandat, Barrelet s'étant borné à répondre qu'il serait disposé à traiter si Mayor lui faisait des offres nouvelles. Barrelet n'a donc pas mis Mayor en œuvre et ne lui doit aucune rémunération, puisqu'il n'a pas accepté ses offres.

Mayor a recouru contre ce jugement, concluant à ce qu'il soit réformé par les motifs suivants :

La lettre du 11 mars 1888 n'est que la suite des relations d'affaires commencées en 1885 ; elle donnait à Mayor mission de procurer la somme de 50,000 fr.; Mayor l'ayant trouvée, sa mission est accomplie et il lui est dû une commission.

L'emprunt désiré était difficile à obtenir. Barrelet a refusé toute indemnité et n'a fait aucune offre.

Le recours a été écarté.

Motifs.

Attendu que Mayor n'a stipulé pour le compte de Barrelet aucun acte notarié.

Que, dès lors, il n'a pas droit à des honoraires comme notaire pour les démarches qu'il a faites en vue de trouver la somme de 50,000 fr. que Barrelet cherchait à emprunter.

Considérant que si Barrelet a mis en œuvre Mayor dans le courant de l'année 1885, en vue de lui procurer une somme de 50,000 fr., au 4 %, celui-ci n'a pas réussi dans la mission qui lui avait été confiée.

Qu'il est d'usage, en matière commerciale, que le courtier n'a droit à une commission que si les démarches qu'il a faites sur l'ordre de son mandant ont abouti à un résultat.

Que, dès lors, pour les démarches qu'il a faites de 1885 à 1887, Mayor n'a droit à aucune rémunération.

Attendu qu'en 1887 Barrelet a retiré son acte d'acquis au bureau de Mayor et que celui-ci devait considérer son mandat comme terminé.

Que, dès lors, toutes les démarches faites par Mayor en 1888 ayant été faites sans mandat exprès de Barrelet, celui-ci demeurait libre d'accepter ou de refuser les offres que pouvait lui faire Mayor.

Considérant que les démarches faites par Mayor n'ont pas abouti à la conclusion de l'emprunt qu'il proposait à Barrelet.

Que, par conséquent, Barrelet ne saurait pas être tenu d'indemniser Mayor pour les démarches que celui-ci a faites de son propre chef.

Mais, attendu que Mayor a payé en 1885 le coût d'un extrait de cadastre de Barrelet et que par conséquent il a droit au remboursement de cette valeur.

Vaud. — COUR DE CASSATION PÉNALE.
Séance du 27 août 1889.

Jugement pénal. — Revision. — Nouveau jugement acquittant l'accusé. — Dépens non alloués à ce dernier. — Art. 483 et 539 Cpp.

Recours Chollet.

Lorsque, ensuite de la revision du premier jugement qui l'a condamné, l'accusé est reconnu non coupable, le tribunal est compétent pour statuer définitivement sur la question de savoir s'il y a lieu de lui accorder une indemnité. La Cour supérieure ne peut se nantir de cette question.

Avocat du recourant : M. GAUDARD.

M. le procureur général KAUPERT a combattu le recours.

Par arrêt du 10 avril 1889 du Tribunal d'accusation, Marc-Henri Chollet, ouvrier ferblantier, à Vevey, a été renvoyé devant le Tribunal criminel de Vevey comme accusé d'attentat à la pudeur avec violence et de voies de faits.

Par jugement du 7 mai 1889, Chollet a été condamné pour attentat à la pudeur, avec violence, à un an de réclusion, deux ans de privation générale des droits civiques et aux frais du procès, la durée de la détention préventive étant toutefois déduite de la peine.

Ce jugement a été maintenu par arrêt de la Cour de cassation pénale du 21 mai 1889.

Par arrêt du 27 juin 1889, le Tribunal cantonal a admis une demande de revision formée par Chollet, a, en conséquence, annulé le jugement du 7 mai 1889, a renvoyé la cause au Tribunal criminel du district de Lavaux pour être instruite et jugée à nouveau et a dit que le jugement qui interviendra statuera sur tous les frais de cette cause.

Par jugement du 18 juillet 1889, et ensuite du verdict du jury, Chollet a été libéré de toute peine, tous les frais étant mis à la charge de l'Etat.

Statuant sur la demande formulée par Chollet, tendant à ce qu'il lui soit. alloué la somme de 400 fr. à titre de dépens, la Cour criminelle de Lavaux a repoussé les conclusions prises dans ce sens.

Chollet a recouru contre ce jugement, concluant à ce qu'il lui soit alloué une indemnité de 500 fr., modération de justice réservée. Ce recours est fondé sur les motifs suivants :

Condamné en premier lieu par le Tribunal criminel de Vevey, Chollet a passé quatre mois en prison préventive. En vertu des art. 539 et 540 Cpp., Chollet peut réclamer non-seulement des dépens, mais encore une indemnité.

Conformément aux conclusions du Ministère public, le recours a été écarté.

Motifs.

Considérant que s'il peut y avoir recours en cassation à l'effet de faire réformer un jugement contradictoire pour fausse application de la loi (Cpp. 483), en l'espèce, le Tribunal criminel de Lavaux, statuant en vertu de l'art. 539 du Cpp., a usé du droit que lui confère cette disposition de la loi de refuser toute indemnité au condamné reconnu non coupable ensuite de la revision du premier jugement.

Que, du reste, la Cour de cassation n'a pas en mains, comme la Cour de première instance, les éléments nécessaires pour statuer sur la demande de Chollet.

Que le Tribunal criminel de Lavaux était compétent pour statuer définitivement sur les conclusions présentées par Chollet.

Que la Cour supérieure ne peut, par conséquent, entrer en matière sur les conclusions du recours.

———o—⟨⟩—o———

Affaire Dériaz c. Auberson soit Werly. — On nous fait remarquer que dans l'arrêt du Tribunal cantonal que nous avons publié dans nos n** 37 et 38 du 21 septembre 1889, à page 596, deux considérants de fait du jugement du Président de la Cour civile ont été omis.

Nous complétons, en conséquence, le dit arrêt par l'indication des deux faits ci-après qui peuvent avoir une certaine importance au point de vue de l'appréciation de la cause :

« Le Juge de paix du cercle d'Orbe a adressé la dite procuration (celle d'Auberson) à Werly avec une lettre en date du 20 octobre 1888.

Cette procuration, signée par Werly , a été retournée à l'adresse du Juge de paix d'Orbe avec une lettre confirmant la signature du dit Werly. »

Résumés d'arrêts.

Cautionnement. — Le créancier peut, sans engager sa responsabilité à l'égard des cautions, diminuer au préjudice de celles-ci les sûretés qu'il a obtenues de l'une d'entre elles, postérieurement au moment où le cautionnement a été fourni (CO. 508).

TF., 22 juin 1889. Amgehrn c. Caisse d'épargne et de prêts
de Bischofszell.

Discussion. — Celui qui requiert la mise en faillite d'un commerçant doit tout d'abord établir sa qualité de créancier. On ne saurait dire que le défendeur ait cessé ses paiements, par le motif qu'il refuse de payer, contestant la dette.

TC., 3 septembre 1889 Kesselring c. Schaub.

Opposition. — Lorsqu'un régisseur a été nommé aux biens d'enfants mineurs, le père, tuteur naturel, n'a pas vocation pour opposer à une saisie pratiquée sur ces biens.

TC., 9 juillet 1889. Soulier c. enfants Demont.

Recours. — Les parties ne peuvent recourir contre les jugements rendus par les juges de paix que pour en faire prononcer la nullité et uniquement dans les cas expressément prévus par l'art. 195 de la loi sur l'organisation judiciaire.

TC., 20 août 1889. Dame Moret c. Wuilleumier.

Recours. — La Cour de cassation pénale ne peut tenir compte d'un recours qui ne contient pas l'indication des moyens sur lesquels il est fondé (Cpp. 497 et 502).

CP., 27 août 1889. Vallotton.

Ch. SOLDAN, conseiller d'Etat, rédacteur.

Lausanne. — Imp. CORBAZ & Comp.

XXXVIIe ANNÉE. N° **40**.　　SAMEDI 5 OCTOBRE 1889.

JOURNAL des TRIBUNAUX

REVUE DE JURISPRUDENCE

Paraissant à Lausanne une fois par semaine, le Samedi.

Rédaction : M. Charles Soldan, conseiller d'État, à Lausanne.
Administration : M. L. Rosset, greffier du Tribunal cantonal, à Lausanne.
Abonnements : 12 fr. par an ; 7 fr. pour six mois. Pour l'étranger, le port en sus. On s'abonne à l'imprimerie Corbaz & Cie, chez l'administrateur, M. Rosset et aux bureaux de poste.
Annonces : 20 c. la ligne ou son espace. S'adresser à l'imprimerie Corbaz & Cie.

TRIBUNAL FÉDÉRAL
Séance du 7 septembre 1889.

Café-brasserie. — Jeu des petits-chevaux. — Interdiction. — Prétendue atteinte à la liberté de l'industrie et prétendu déni de justice. — Incompétence du Tribunal fédéral quant au premier de ces griefs. — Art. 31, 35 et 113 de la Constitution fédérale ; art. 59 de la loi sur l'organisation judiciaire fédérale.

Recours Villard.

Les contestations administratives ayant trait à l'art. 31 de la Constitution fédérale, qui consacre la liberté de commerce et d'industrie, sont réservées à la décision soit du Conseil fédéral, soit de l'Assemblée fédérale. Le Tribunal fédéral est incompétent pour en connaître.

Au mois de juillet 1888, E. Villard, citoyen français, demande au Conseil d'État de Genève l'autorisation d'installer un jeu dit des « petits-chevaux » dans sa brasserie à Plainpalais, laquelle prendra le titre de « Grand Casino de Plainpalais ».

Le 12 septembre suivant, le Conseil d'Etat répond à Villard « qu'il n'estime pas qu'il y ait lieu de lui accorder l'autorisation demandée, le Kursaal n'étant pas autorisé à faire jouer les petits-chevaux pendant la saison d'hiver. »

Le 30 octobre, Villard renouvelle sa demande, se fondant sur ce que « l'autorisation désirée aurait été octroyée au Kursaal jusqu'au 30 avril 1889 », mais il lui est répondu le 2 novembre que « les raisons qui ont motivé le refus du 12 septembre existent encore actuellement et que le Conseil d'Etat ne considère pas qu'il y ait lieu de modifier sa décision. »

Le 8 mars 1889, nouvelle requête de Villard, fondée essentiellement sur ce que le jeu en question aurait été exploité pendant tout l'hiver au Kursaal, et même réponse du Conseil d'Etat, qui, après avoir entendu le rapport d'une commission composée de trois de ses membres, maintient, le 19 mars, ses décisions négatives des 12 septembre et 2 novembre 1888.

Villard ayant néanmoins installé depuis, dans une des salles de son Casino, un jeu des petits-chevaux, le Conseil d'Etat, averti par les contraventions dressées à ce sujet par son département de justice et police, lui fait signifier le 5 juin que, « si, malgré ces contraventions, dont il ne tient pas compte, il continue à exploiter le dit jeu dans son établissement, le Conseil d'Etat se verra obligé d'en ordonner la fermeture, conformément à l'art. 5 de la loi du 4 juin 1887 relative à l'exercice du métier d'aubergiste et de logeur. »

Le 8 juin enfin, Villard refusant de se conformer aux ordres du Conseil d'Etat, celui-ci charge son département de justice et police de faire procéder immédiatement à la fermeture de la brasserie-café de l'Espérance, route de Carouge, « à moins que son tenancier ne cesse immédiatement le jeu des petits-chevaux. »

C'est contre cet arrêté que Villard recourt le 12 juin 1889 au Tribunal fédéral, concluant à ce qu'il lui plaise le déclarer nul et de nul effet, et ce par les considérations suivantes :

Bien qu'il soit difficilement contestable que le jeu des petits-chevaux présente les caractères d'un jeu de hasard, l'on semble généralement d'accord en Suisse de ne pas lui appliquer l'interdiction prévue à l'art. 35 de la Constitution fédérale de 1874. Il dépend donc uniquement de la législation cantonale d'édicter des dispositions spéciales à l'égard de ce jeu, ou de le faire rentrer dans les prescriptions déjà existantes. Or, dans le canton de Genève, non-seulement il n'a pas été légiféré sur cette matière, mais il n'existe même aucune disposition en vigueur sur les jeux de hasard ou autres, sauf pourtant à l'art. 208 du Code pénal, qui punit d'un emprisonnement de 3 jours à 3 mois et d'une amende de 100 à 5000 fr. quiconque aura tenu ou subventionné une maison de jeux de hasard, etc.

Si l'on considère que c'est là le seul texte concernant les jeux de hasard, et si l'on admet que le jeu des petits-chevaux rentre dans cette catégorie, l'on arrive forcément à reconnaître que, dans l'état actuel de la législation genevoise, le jeu des petits-chevaux devrait être absolument interdit. Toutefois, le Conseil d'Etat n'a pas estimé que ce jeu pût faire assimiler l'établissement qui l'exploite à une maison de jeu, puisqu'il a autorisé, dès sa création, le Kursaal de Genève à en établir deux.

Si donc le jeu des petits-chevaux n'est pas assimilé aux jeux de hasard visés à l'art. 208 du Code pénal, il ne peut y avoir d'interdiction spéciale en ce qui le concerne; il doit bien plutôt être traité sur le même pied que tout autre jeu d'agrément, dont l'exploitation n'est soumise à aucune autorisation spéciale, et c'est à tort que le Conseil d'Etat a cru devoir ordonner la fermeture du Casino de Plainpalais, en se basant sur l'art. 5 de la loi du 4 juin 1887. En effet, le tenancier du Casino n'a violé ni loi ni règlement quelconque, puisque le jeu des petits-chevaux, d'après l'interprétation même donnée par le Conseil d'Etat au sujet du Kursaal, ne tombe pas sous le coup du seul texte législatif en vigueur à Genève relativement aux jeux de hasard ou autres.

Et si ce raisonnement n'est pas exact, le Conseil d'Etat n'en commet pas moins un déni de justice, en refusant au recourant de le mettre au bénéfice de la même exception qu'il fait en faveur du Kursaal. Le dit recourant reconnaît que si l'interdiction du jeu des petits-chevaux était générale, il n'aurait qu'à s'incliner devant la décision intervenue, mais en l'état, il estime qu'elle constitue un déni de justice et la violation des principes d'égalité devant la loi et de liberté d'industrie, garantis par la Constitution aux citoyens français comme aux ressortissants suisses, aux termes du traité d'établissement du 23 février 1882.

Dans sa réponse du 27 juin, le Conseil d'Etat de Genève conclut au rejet du recours :

En la forme et en première ligne :

1° Il ne peut être question en l'espèce de déni de justice dans le sens légal du mot, l'arrêté dont il s'agit ne constituant point une décision de l'autorité judiciaire, qui se refuserait à statuer sur une demande du sieur Villard, mais une décision de l'autorité administrative ;

2° L'arrêté dont est recours ne viole en lui-même en aucune façon le principe d'égalité devant la loi, le Conseil d'Etat ayant le droit de prendre vis-à-vis de tous les tenanciers d'établissements un arrêté de fermeture, lorsqu'ils tombent sous le coup de la loi du 4 juin 1887 ;

3° Le troisième et principal grief du recourant, consistant à voir une atteinte à son droit à la liberté industrielle dans la condition proclamée par l'arrêté du Conseil d'Etat au maintien de l'autorisation de continuer l'exploitation de son café-brasserie, échappe, aux termes de l'art. 59, § 2, de la loi fédérale sur l'organisation judiciaire, à la compétence du Tribunal fédéral.

Subsidiairement et au fond, à l'appui des motifs ci-après :

Le recourant était, de par la loi de 1887, obligé de demander l'autorisation du Conseil d'Etat pour installer dans son établissement, autorisé comme brasserie, une industrie nouvelle, celle de l'exploitation du jeu des petits-chevaux. Il l'a effectivement demandée, et ne l'ayant pas obtenue, au lieu de recourir à l'autorité compétente contre les arrêtés qu'il prétend porter atteinte à son droit, il s'est mis au-dessus de la loi, n'a tenu aucun compte des refus du Conseil d'Etat et a installé de son chef, dans sa brasserie, l'exploitation qu'il n'avait pas été autorisé à établir. Il a donc contrevenu à la loi et aux arrêtés administratifs rendus par le Conseil d'Etat dans les limites de ses attributions et cette autorité était par conséquent parfaitement en droit d'ordonner, conditionnellement, la fermeture de l'établissement du sieur Villard.

Le recourant conteste, il est vrai, qu'il fût tenu de demander une autorisation pour établir le jeu non prohibé des petits-chevaux dans sa brasserie, mais en déplaçant ainsi la question, il n'améliore quand même pas sa situation en droit, car la loi oblige tout cafetier ou débitant de bière à requérir une autorisation, non-seulement pour exercer son état, mais encore pour reprendre un établissement déjà autorisé, et à plus forte raison pour transformer son industrie dans le même local ou dans un local agrandi : à preuve la requête réitérée du recourant lui-même.

Le recourant affirme ensuite que le Conseil d'Etat ne peut pas, sans déni de justice, refuser à lui ce qu'il a accordé au Kursaal de Genève ; mais cette affirmation procède d'une appréciation erronée de la nature de l'autorisation administrative. Le droit d'accorder une autorisation pour l'exercice d'une industrie comporte celui de poser des conditions à l'autorisation et celui de la refuser complètement et nul ne peut prétendre avoir un droit acquis à l'autorisation qu'il sollicite par le fait qu'elle a été accordée à d'autres, attendu qu'elle peut dépendre de circonstances personnelles et partant essentiellement variables. Or, le Kursaal de Genève ne peut être assimilé à un café-brasserie, et son organisation, les distractions qu'il offre au public, etc., y ont entraîné l'établissement d'un contrôle et d'une surveillance spéciale, qui n'existent et ne peuvent exister dans un simple café-brasserie, parce que le personnel de la police serait absolument insuffisant à cet effet.

Dans leurs mémoires respectifs de réplique et duplique, des 18 et 24 juillet dernier, les deux parties maintiennent leurs conclusions, tant principales que subsidiaires, plus haut formulées.

Le Tribunal fédéral a décidé de ne pas entrer en matière, pour cause d'incompétence, sur la partie du recours qui concerne la violation de la liberté d'industrie. Quant au surplus, le recours a été écarté comme dénué de fondement.

Motifs.

1. Le recourant estime que la décision du Conseil d'Etat du canton de Genève, du 8 juin 1889, par laquelle cette autorité a chargé le Département cantonal de justice et police de faire procéder immédiatement à la fermeture du café-brasserie de l'Espérance, à moins que le tenancier, M. Villard, ne cesse aussitôt le jeu dit des petits-chevaux, constitue à la fois un déni de justice, une violation du principe de l'égalité devant la loi et une atteinte à la liberté d'industrie, garantis par la Constitution aux citoyens français comme aux ressortissants suisses, aux termes du traité d'établissement du 23 février 1882.

2. En ce qui concerne avant tout la prétendue atteinte à la liberté d'industrie, il y a lieu de remarquer que, d'après les articles 113, al. 2, de la Constitution fédérale, et 59, al. 2, n° 3, de

la loi sur l'organisation judiciaire fédérale, du 27 juin 1874, les contestations administratives ayant trait à l'art. 31 de la Constitution fédérale, qui consacre la liberté de commerce et d'industrie, sont réservées à la décision soit du Conseil fédéral, soit de l'Assemblée fédérale. Le Tribunal fédéral n'a donc pas qualité pour examiner si les motifs invoqués par le Conseil d'Etat de Genève pour refuser à M. Villard l'autorisation d'installer dans son établissement le jeu des petits-chevaux sont ou ne sont pas compatibles avec la garantie de l'art. 31 précité, et à ce point de vue il ne peut entrer en matière sur le fond du recours.

3. Le Tribunal fédéral, par contre, est compétent pour connaître des autres griefs qui sont à la base du recours, mais il doit tous les écarter comme mal fondés.

En effet, il ne saurait être allégué avec fondement, pour démontrer l'existence d'un déni de justice au préjudice du recourant, qu'en ordonnant la fermeture de son établissement, pour le cas où il ne cesserait immédiatement d'y exploiter le jeu des petits-chevaux, le Conseil d'Etat ait interprété ou appliqué d'une façon manifestement arbitraire l'art. 5 de la loi du 4 juin 1887 sur l'exercice du métier d'aubergiste et de logeur, car cet article confère sans nul doute à cette autorité le droit de prendre une pareille mesure contre le tenancier de tout établissement déjà existant qui en changerait les conditions d'exploitation, sans en avoir obtenu au préalable une autorisation spéciale. C'est d'ailleurs ce que le recourant a reconnu lui-même par ses requêtes réitérées aux fins d'obtenir la permission de transformer son café-brasserie en casino et d'y introduire le jeu des petits chevaux.

Le recourant allègue, il est vrai, que l'autorisation d'exploiter le jeu en question a déjà été accordée depuis longtemps, et l'est encore, au Kursaal de Genève, mais le Conseil d'Etat, tout en ne contestant pas le fait, l'explique et le justifie par les conditions particulières d'organisation, de surveillance et de contrôle dans lesquelles se trouve le Kursaal et qui n'existent et ne peuvent exister pour de simples cafés-brasseries, même décorés du nom de Grand-Casino, soit en général pour tous les établissements du genre de celui de M. Villard. Les circonstances de fait n'étant ainsi pas les mêmes, l'argumentation de droit tirée du principe de l'égalité devant la loi manque de sa base principale, indispensable, et ne saurait être accueillie.

Quant au traité d'établissement franco-suisse de 1882, il suffira d'observer que le recourant lui-même, tout en l'invoquant incidemment en sa qualité de citoyen français domicilié en Suisse, ne prétend point qu'il ait subi une atteinte quelconque, à son préjudice, par le fait de l'arrêté dont il se plaint, ou, en d'autres termes, que cet arrêté ait été pris contre lui à raison de sa qualité d'étranger au pays. Il n'y a, par conséquent, pas lieu de s'y arrêter ultérieurement.

Vaud. — TRIBUNAL CANTONAL.
Séance du 27 août 1889.

Accident de chemin de fer. — Action en responsabilité. — Eléments du dommage. — Preuve testimoniale. — Admission. — Art. 11 de la loi fédérale du 1er juillet 1875.

Compagnie S. O.-S. contre enfants Meyer.

Les ayants droit d'une personne tuée dans un accident de chemin de fer peuvent entreprendre une preuve testimoniale tendant à établir que la victime employait plus de la moitié, soit environ les deux tiers de ce qu'elle gagnait pour l'entretien de sa femme et de ses enfants.

Dans une demande du 28 juin 1888, les enfants de feu Jean-Samuel Meyer, à Yverdon, ont conclu à ce qu'il soit prononcé que la compagnie des chemins de fer Suisse Occidentale-Simplon est leur débitrice et doit leur faire prompt paiement, avec intérêt au 5 °/. dès le 25 avril 1888, de la somme de 25,000 fr.

Dans sa réponse, la compagnie Suisse Occidentale-Simplon a conclu à libération des fins de la demande.

A l'audience présidentielle du 26 juillet 1889, les enfants Meyer ont demandé à prouver par témoins, entre autres, leur allégué n° 95, ainsi conçu :

« *N° 95.* Jean-Samuel Meyer employait plus de la moitié, en-
» viron les deux tiers de ce qu'il gagnait, indemnités de dépla-
» cements et de découches comprises, pour l'entretien de sa
» femme et de ses six enfants ».

La compagnie Suisse Occidentale-Simplon a déclaré s'opposer à cette preuve testimoniale, estimant que le fait qu'il s'agit de prouver ne peut pas faire l'objet d'une telle preuve, puisqu'il

n'est pas possible à des témoins de dire avec exactitude la part
de traitement que le défunt consacrait à sa famille. Elle a déclaré en outre que son opposition ne portait que sur les mots :
« environ les deux tiers », qui auraient pour but de restreindre
la compétence du Tribunal fédéral.

Par jugement incidentel du 26 juillet 1889, le président de la
Cour civile a écarté l'opposition de la défenderesse, maintenu
la preuve testimoniale entreprise sur le fait 95 et dit que les
frais suivront le sort de la cause au fond.

La compagnie Suisse Occidentale-Simplon ayant déclaré recourir au Tribunal cantonal, celui-ci a écarté le recours.

Motifs.

Examinant le pourvoi et considérant que Jean-Samuel Meyer,
qui était chauffeur à la compagnie Suisse Occidentale-Simplon,
a été victime le 21 janvier 1888, entre Cheyres et Estavayer,
d'un accident qui a entraîné sa mort.

Que les enfants Meyer réclament aujourd'hui des dommages-
intérêts à la compagnie Suisse Occidentale-Simplon, estimant
celle-ci responsable de la mort de leur père, et que, pour prouver
l'un des éléments du dommage qu'ils ont subi, ils veulent établir,
entre autres par témoins, que Jean-Samuel Meyer employait plus
de la moitié, environ les deux tiers de ce qu'il gagnait pour l'entretien de sa famille.

Considérant que cet allégué des demandeurs contient un fait
concret et précis qui peut faire l'objet d'un témoignage.

Que cet allégué a une certaine importance au procès, puisqu'il tend à établir l'un des éléments principaux du dommage
que prétendent avoir subi les demandeurs.

Que du reste aucune disposition de la procédure n'interdit la
preuve testimoniale de l'allégué en question.

Qu'en outre la solution que donnera la Cour civile à cet allégué ne peut avoir pour effet de restreindre en quoi que ce soit
la compétence du Tribunal fédéral.

Vu d'ailleurs l'art. 11 de la loi fédérale du 1er juillet 1875.

Considérant au surplus que la compagnie, qui admet la preuve
par témoins lorsqu'il s'agit de démontrer que plus de la moitié
du traitement allait aux obligations du ménage, est mal venue à
s'opposer à cette preuve lorsqu'il s'agit des deux tiers.

Séance du 3 septembre 1889.

***

Bail. — Droit de rétention du bailleur. — Sens des mots : « année écoulée et année courante ». — Art. 294 CO.

Union vaudoise du crédit contre Brière et Chabloz.

Pour déterminer l'étendue du droit de rétention prévu par l'art. 294 CO., il faut tenir compte non de l'année civile, mais de l'année telle qu'elle résulte du bail. Le privilège résultant du droit de rétention doit déployer ses effets pour le loyer de l'année au cours de laquelle le bailleur a revendiqué son privilège pour la première fois, ainsi que pour le loyer de l'année précédente [1].

***

Par exploit du 7 décembre 1888, le procureur-juré Perrin, à Morges, agissant au nom de l'Union du crédit, a notifié à Arthur Chabloz, à Morges, un exploit de saisie générale pour parvenir au paiement de la somme de 2250 fr., avec intérêt à 6 % dès l'échéance du titre et autres accessoires, due en vertu de billet de change du 24 juillet au 16 novembre 1888.

Le 7 février 1889, l'huissier-exploitant du cercle de Morges a mis sous le poids de la saisie des objets mobiliers d'une valeur totale de 3156 fr. 70, dont un certain nombre ont été réclamés par la femme du débiteur.

Par exploit du 2 mars 1889, le procureur-juré Guyon, à Morges, agissant au nom de William Brière, à Corseaux, a pratiqué un séquestre au préjudice de Chabloz, pour parvenir au paiement de la somme de 675 fr. due pour trois semestres de location au 24 décembre 1888, plus le loyer dès lors à raison de 450 francs l'an, à forme d'un bail du 31 mars 1887.

Le dit jour, l'huissier-exploitant a mis sous le poids du séquestre des objets garnissant les lieux loués pour une somme totale de 1942 fr. 40, objets qui avaient déjà été mis sous le poids de la saisie réelle à l'instance de l'Union du crédit.

Par transaction du 2 mars, Chabloz a reconnu devoir à Brière les sommes suivantes :

a) 450 fr., pour deux semestres de location au 24 décembre 1888, à forme de location du 31 mars 1887 ;

b) Le loyer courant dès le 24 décembre 1888 au 24 juin 1890.

***

[1] Comp. les arrêts de Gingins c. masse Mingard, et Schweizer c. Hofer, *Journal des Tribunaux* de 1888, p. 294 et 590.

La vente des objets saisis ayant produit la somme de 1934 fr., le juge de paix a établi comme suit, le 29 juin, le tableau de répartition de cette valeur.

Il est dû :

a) A William Brière :

1° Un an de location au 24 décembre 1888.	Fr.	450	—
2° » » » 1889.	»	450	—
3° Un semestre au 24 juin 1890	»	225	—
4° Frais d'action modérés	»	25	50
5° » de poursuite modérés . . .	»	23	45
Total . . .	Fr.	1173	95

b) A l'Union vaudoise du crédit :

1° Capital du billet de change	Fr.	2250	—
2° Commission et lettres	»	8	—
3° Intérêt à 6 °/₀	»	82	—
4° Frais de poursuite modérés	»	57	60
Total . . .	Fr.	2397	60

La vente ayant produit	Fr.	1934	—
dont il y a lieu de déduire :			
Frais de dépôt et de répartition . Fr. 16 90			
» vente privilégiés . . . » 26 40	»	43	30
il reste à répartir . . .	Fr.	1890	70
appliqués en premier lieu à payer la réclamation			
Brière privilégiée	»	1173	95
Le solde s'élevant à	Fr.	716	75

à tant moins de ce qui est dû à l'Union du crédit, à laquelle il reste dû, après ce paiement, 1654 fr. 45.

L'Union du crédit a recouru contre ce tableau de répartition, dont elle demande la modification par les motifs suivants :

Le juge a admis pour Brière un privilège trop étendu ; il ne peut être accordé que pour trois semestres et les accessoires de droit. Les frais d'action ne doivent être admis que par 21 fr. 50. Le recourant conclut, en conséquence, à ce que la somme allouée par privilège à l'hoirie Brière soit réduite à 719 fr. 95.

Par exploit du 5 août 1889, Brière a, entre autres, déclaré reconnaître que le semestre de loyer du 24 décembre 1889 au 24 juin 1890 n'est pas privilégié et doit être sorti du tableau de répartition.

Par exploit du 22 août 1889, l'Union du crédit a déclaré ne pas accepter cette offre comme insuffisante et maintenir les conclusions de son recours.

Le recours a été admis et le tableau de répartition réformé en ce sens que Brière n'est mis au bénéfice du privilège résultant de l'art 294 CO., que pour la somme de 719 fr. 95, le solde par 1170 fr. 75 étant attribué à l'Union vaudoise du crédit à tant moins de sa créance.

Motifs.

Considérant que le bailleur d'un immeuble a, pour garantie du loyer de l'année écoulée et de l'année courante, un droit de rétention sur les meubles qui garnissent les lieux loués et qui servent soit à l'arrangement, soit à l'usage de ces lieux (CO. 294).

Que pour déterminer l'étendue du droit de rétention prévu par l'art. 294 du CO., il faut tenir compte, non de l'année civile, mais de l'année telle qu'elle résulte du bail.

Que l'année du bail conclu entre Chabloz et Brière partait du 24 juin de chaque année civile, pour expirer le 22 juin de l'année civile suivante.

Que le privilège résultant du droit de rétention doit déployer ses effets pour le loyer de l'année au cours de laquelle le bailleur a revendiqué son privilège pour la première fois, ainsi que pour le loyer de l'année précédente.

Que Brière a fait valoir son droit de rétention pour la première fois le 2 mars 1889, soit au cours de l'année de bail qui a commencé le 24 juin 1888 pour expirer le 23 juin 1889.

Que, dès lors, il doit se trouver au bénéfice du privilège pour le loyer de la dite année, ainsi que pour celui qui reste dû pour l'année de bail qui a commencé le 24 juin 1887 pour prendre fin le 23 juin 1888.

Qu'en effet on ne saurait admettre, ainsi que le voudrait l'intimé, qu'il y ait lieu de prendre comme point de départ pour la computation du loyer privilégié le dernier terme semestriel qui a précédé les opérations pour lesquelles le bailleur revendique son privilège.

Que si le législateur avait voulu que la durée du privilège fût calculée de cette façon, il n'eût pas employé les expressions « année courante » et « année écoulée ».

Attendu, d'autre part, que c'est à tort que le juge de paix de

Morges a fait figurer dans le tableau de répartition la somme de 25 fr. 50 pour frais d'action réglés, alors que l'état de frais modérés le 23 mars 1889 ne se monte qu'à 21 fr. 50.

Attendu qu'ensuite des modifications apportées au tableau de répartition du 29 juin 1889, ainsi qu'il est dit ci-dessus, il y a lieu d'établir comme suit le nouveau tableau de répartition des valeurs provenant de la vente du mobilier saisi au préjudice de Chabloz :

Valeur à répartir après déduction des frais
privilégiés de l'office . . . . Fr.   1890 70

Brière est admis par privilège pour les valeurs suivantes :

Loyer du 24 décembre 1887 au
24 juin 1888 . . . . Fr.   225 —

Loyer dès le 24 juin 1888 au 24
juin 1889 . . . . »   450 —

Frais d'action modérés . . . »   21 50

»   de poursuite . . . . . »   23 45

Total . . .   »   719 95

Le solde par . . . Fr.   1170 75

étant en conséquence attribué à l'Union vaudoise du crédit, à tant moins de sa créance.

———o——o———

Séances des 18 et 24 septembre 1889.

Demande en interdiction pour cause de prodigalité contre un confédéré domicilié dans le canton. — Déclinatoire. — Compétence des tribunaux vaudois. — Art. 288 Co.; art. 379 et suivants Cpc.; art. 46 de la Constitution fédérale.

Dames de Stoutz et DeCombes contre de Stoutz.

Les tribunaux vaudois sont compétents pour prononcer sur la demande en interdiction dirigée contre un confédéré domicilié dans le canton, pour cause de prodigalité.

———

Avocats des parties :

MM. Panchaud, lic. en droit, pour A.-P. de Stoutz, demandeur à l'exception.

Berdez, avocat, pour dames de Stoutz et DeCombes, défenderesses à l'exception.

———

Par acte du 15 mars 1889, Adèle de Stoutz née DeCombes et

veuve Susanne DeCombes née Sautter, toutes deux à Genève, ont demandé l'interdiction, pour cause de prodigalité, de leur fils et petit-fils Adrien-Patrick de Stoutz, à Villeneuve.

Après avoir instruit l'enquête prévue par la loi sur cette demande en interdiction, le juge de paix du cercle de Villeneuve l'a transmise, avec les pièces, au Tribunal civil du district d'Aigle.

Le dénoncé Adrien-Patrick de Stoutz a alors signifié aux instantes à l'interdiction qu'il contestait la compétence des tribunaux vaudois pour statuer sur la dite demande d'interdiction, vu sa qualité de ressortissant genevois, soumis quant à sa capacité civile aux lois du canton de Genève, et, dans une demande exceptionnelle du 29 juin 1889, il a conclu à faire prononcer que les tribunaux vaudois étant incompétents pour statuer sur la demande d'interdiction formulée contre lui, en sa qualité de citoyen genevois, veuve Adèle de Stoutz née DeCombes et veuve Susanne DeCombes née Sautter, les deux à Genève, sont éconduites de leur instance et renvoyées à mieux agir.

Dans leur réponse, les défenderesses à l'exception ont conclu à libération des conclusions exceptionnelles prises contre elles et reconventionnellement qu'il soit prononcé que les tribunaux vaudois sont compétents pour statuer sur la demande en interdiction formulée contre A.-P. de Stoutz, domicilié à Villeneuve, celui-ci étant ainsi éconduit de sa demande exceptionnelle.

Par convention du 22 août 1889, les parties ont décidé de soumettre la cause exceptionnelle directement au Tribunal cantonal, en ce qui concerne le déclinatoire soulevé, conformément à l'art. 30 de la loi sur l'organisation judiciaire de 1886.

Statuant, le Tribunal cantonal a écarté les conclusions exceptionnelles du dénoncé de Stoutz, admis celles libératoires et reconventionnelles des instantes à l'interdiction et dit que les frais suivront le sort de la cause au fond.

Motifs.

Considérant, *en droit,* que la question à juger est celle de savoir si les tribunaux vaudois sont compétents pour statuer sur la demande d'interdiction formulée contre A.-P. de Stoutz, citoyen genevois, domicilié dans le canton de Vaud.

Considérant, à ce sujet, que le concordat conclu le 15 juillet 1822, entre quelques cantons de la Confédération, sur les tutelles et curatelles, dit à son art. 5 que c'est à l'autorité du canton

d'origine à interdire et à placer sous tutelle pour cause d'imbécillité, d'inconduite ou de dissipation, ses ressortissants établis
dans un autre canton, en se conformant à cet égard aux formes
en usage.

Considérant que le canton de Vaud n'a jamais adhéré à ce
concordat et s'est borné à réserver sa législation et ses droits de
souveraineté.

Que, dès lors, pour la question de tutelle, le canton de Vaud
a, en général, admis et appliqué le principe du domicile et non
celui de l'origine, à l'exception, cependant, des cas rentrant
dans l'application des traités posant un principe contraire,
comme, par exemple, celui conclu avec la France le 15 juin
1869.

Considérant que l'on ne saurait faire de distinction entre la
tutelle du mineur et celle de l'interdit.

Qu'en effet toutes deux concourent au même but et qu'elles
ont pour résultat de sauvegarder les biens d'une personne incapable de les gérer elle-même.

Considérant qu'il résulte de la pratique généralement suivie
dans le canton de Vaud que le principe du domicile a aussi été
appliqué en matière d'interdiction.

Qu'en effet, les tribunaux vaudois ont, à maintes reprises, prononcé l'interdiction d'étrangers au canton, tout comme des Vaudois se sont vu frapper d'interdiction par d'autres tribunaux
que ceux de leur canton, sans que celui-ci ait jamais soulevé de
réclamations à ce sujet.

Considérant, d'autre part, que l'art. 46 de la Constitution fédérale statue que les personnes établies en Suisse sont soumises,
dans la règle, à la juridiction et à la législation du lieu de leur
domicile, en ce qui concerne les rapports de droit civil.

Que ce principe du domicile a été appliqué dans le canton de
Vaud, ainsi qu'il est dit ci-dessus, avant la Constitution fédérale
et qu'il n'y a pas de motifs pour revenir à un autre système,
alors même que la loi prévue par le dit art. 46 n'a pas encore
été élaborée.

Considérant également que la loi fédérale de 1881 sur la capacité civile autorise les lois cantonales à priver de la capacité
civile entre autres les personnes qui, par la manière dont elles
administrent leur fortune, s'exposent, elles ou leur famille, à
tomber dans le besoin.

Que d'après cette loi, c'est aux cantons qu'il appartient de faire la procédure en matière d'interdiction et qu'il n'est fait aucune distinction entre les Suisses, ni aucune restriction en faveur de celui qui serait domicilié dans un autre canton que le sien.

Que dans le message du Conseil fédéral du 7 novembre 1879, accompagnant la présentation aux Chambres fédérales du projet de loi sur la capacité civile, le Conseil fédéral, tout en constatant qu'en ce qui concerne les étrangers à la Suisse le projet partait du principe de la nationalité (art. 10, §§ 1 et 2), réservait l'application du principe territorial aux rapports intercantonaux et qu'il ajoutait que depuis que l'art. 46 de la Constitution était en vigueur, les rapports de canton à canton n'avaient plus rien d'international.

Considérant, au surplus, que soit les dispositions du Code civil (art. 288), soit celles du Code de procédure civile (art. 379 et suivants), ne font aucune distinction entre le prodigue Vaudois et le non Vaudois domicilié dans le canton.

Considérant qu'il ressort de ce qui précède que les tribunaux vaudois sont bien compétents pour statuer sur la demande d'interdiction de A.-P. de Stoutz.

Vaud. — Cour de cassation pénale
Séance du 18 septembre 1889.

Jugement de police. — Prévenu âgé de moins de 18 ans. — Question de discernement non résolue. — Nullité. — Art. 55 Cp.; art. 524 Cpp.

Recours Despont.

Doit être annulé comme incomplet, en vertu de l'art. 524 Cpp., le jugement de police qui condamne un prévenu âgé de moins de 18 ans sans poser et résoudre la question de discernement.

Gratien Despont, de Bioley-Orjulaz, a été condamné le 28 août 1889 par le Tribunal de police du district d'Echallens, en vertu des art. 269, 270 § a, 272 §§ 11 et 12, 271 §§ a et b, 64, 309 et 141 Cp., à huit mois d'internement dans une colonie agricole et industrielle et aux frais, comme coupable des délits de vol et de vagabondage.

Despont a recouru contre le dit jugement, estimant que l'article 64 Cp. a été violé, attendu que, comme prévenu de vol, il devait être condamné à la réclusion, la peine du délit de vol devant être appliquée, puisque ce délit est plus grave que celui du vagabondage.

Dans son préavis, le ministère public a conclu à la nullité et à la réforme du jugement. invoquant, comme moyen de nullité, le fait que la question de discernement n'a pas été résolue conformément à l'art. 55 Cp. et, comme moyen de réforme, le fait que le Tribunal n'a pas condamné Despont à la peine accessoire de la privation des droits civiques, peine qui était encourue en vertu de l'art. 141 modifié Cp.

Le moyen de nullité a été admis.

Motifs.

Considérant qu'il résulte du dossier que Despont est né le 18 octobre 1872 et que, par conséquent, il est âgé de moins de 18 ans.

Que, dès lors, le Tribunal de police était dans l'obligation de poser et de résoudre la question de discernement, celle-ci pouvant exercer une influence sur la quotité de la peine, conformément à l'art. 55 Cp.

Que, dès lors, les faits admis par le Tribunal de police ne sont pas complets et qu'il y a lieu de faire application de l'article 524 Cpp.

Qu'au surplus le jugement n'indique pas tous les faits motivant la mention des articles appliqués dans la sentence (articles 271 *a* et *b*, 272 §§ 11 et 12 Cp.).

Ch. SOLDAN, conseiller d'Etat, rédacteur.

AVIS

L'administration du **Journal des Tribunaux** rachète des collections entières de ce journal, des volumes séparés et même des numéros isolés.

S'adresser à l'administrateur du journal, M. ROSSET, greffier du Tribunal cantonal, à Lausanne.

Lausanne. — Imp. CORBAZ & Comp.

XXXVIIe ANNÉE. N° **41**.   SAMEDI 12 OCTOBRE 1889.

JOURNAL des TRIBUNAUX

REVUE DE JURISPRUDENCE

Paraissant à Lausanne une fois par semaine, le Samedi.

Rédaction : M. Charles Soldan, conseiller d'Etat, à Lausanne.

Administration : M. L. Rosset, greffier du Tribunal cantonal, à Lausanne.

Abonnements : 12 fr. par an; 7 fr. pour six mois. Pour l'étranger, le port en sus. On s'abonne à l'imprimerie Corbaz & Cie, chez l'administrateur, M. Rosset et aux bureaux de poste.

Annonces : 20 c. la ligne ou son espace. S'adresser à l'imprimerie Corbaz & Cie.

Payerne et le Code de Berne.

Dans la notice que M. l'archiviste cantonal A. de Crousaz a publiée en 1885 dans le *Journal des Tribunaux* sur l'organisation judiciaire du canton de Vaud pendant les périodes de Savoie et de Berne, il a été rappelé qu'au siècle dernier la *ville de Payerne*, avec *Corcelles*, possédait deux tribunaux établis par la ville, savoir :

1° *La Justice,* présidée par l'avoyer et ayant, en outre, 18 assesseurs ;

2° *La Chambre d'appel,* présidée par le banneret et ayant de plus 12 assesseurs. « De là, était-il ajouté, appel à la Chambre des appellations *romandes*, à Berne [1] ».

[1] Voir *Journal des Tribunaux* de 1885, p. 162 et 163.

Cette dernière indication doit être rectifiée ; il paraît certain, en effet, que les pourvois exercés à Berne contre les jugements rendus par la Chambre d'appel de Payerne allaient à la Chambre des appellations *allemandes* et non à celle des appellations *romandes*. C'est ainsi que dans le gros procès jugé en 1886 par le Tribunal cantonal entre les usiniers du Corrençon et la commune de Payerne, il était fait mention d'une difficulté antérieure existant entre J. Winkelmann et dame Develey, au sujet des eaux du domaine de la Bretonnière ; or il résultait du dossier que cette cause avait été tranchée en dernière instance, le 23 novembre 1793, par la Chambre des appellations *allemandes*. Du reste, le Coutumier de Payerne, imprimé en 1733, est très positif à cet égard ; les lois 3, 6 et 7, titre XII, livre V, indiquent expressément « l'Illustre Chambre des Appellations Allemandes » comme étant l'autorité compétente pour connaitre des recours dirigés contre les sentences rendues en Chambre d'appel de Payerne.

Le fait est donc bien établi ; il n'en semble pas moins, au premier abord, assez difficile à expliquer. Payerne et Corcelles ayant indubitablement toujours été compris dans la partie romande du canton de Berne, comment se fait-il que les jugements rendus dans cette partie du Pays-de-Vaud fussent soumis au contrôle de la Chambre des appellations *allemandes ?*

M. l'archiviste cantonal de Crousaz croit avoir trouvé l'explication de cette anomalie, au moins apparente, dans un acte daté de février 1617 et tiré de la collection des Décrets romands. Cette pièce présentant un intérêt incontestable pour l'histoire du droit vaudois, nous pensons devoir en reproduire le texte même. En voici la teneur :

« Ayantz mes Seigneurs entendu par les Députés de leurs tres chers et feaulx, les nobles et honnorables Bourgeois de la Ville de Payerne, leur Intention, volonté et déclaration, touchant le Coustumier reformé du Pays de Vaulx, c'est qu'ils ne se peulvent conformer à Iceluy, ains desirantz estre laissez et maintenus jouxte leurs anciennes libertés, franchises, droictz, statuts, coustumes et usances, par nous et nos predecesseurs a ladicte Ville de Payerne cy devant confirmées, *et que pour daultres loix et statuts soit de la formalité de Justice ou pour daultres faicts, Ils desirent de se conformer aux Loix, Ordonnances et Statuts de la Ville de Berne ;* et mesdicts Seigneurs ne veulent contraindre lesdicts de Payerne à se soumettre et conformer audict Coustumier, ains accordent et permettent que les leurs dudict Payerne se puissent regler et tenir sellon leurs anciennes loix, statutz, coustumes et usances, à eux comme sus est dict confirmées, les voulant jouxte Icelles laisser, maintenir et proteger, au contenu des presentes confirmants, *et leur estant necessaire davoir daultres loix et statuts, Leurs Excellences leur Impartiront de leurs Ordonnances et Statutz celles qui leur seront necessaires....* Actum 15ma februarii 1617 » *(Weltsch Spruch-Buch*, soit Décrets romands, tome I, folio 248).

On voit par cet acte que la ville de Payerne avait adopté en principe, supplétoirement à ses coutumes, pour ce qui concernait le droit civil et la procédure civile, le Code de la ville de Berne (de 1615), au lieu du Coutumier de Vaud (de 1616). C'est pour cette raison que les recours contre les jugements rendus par la Cour de Payerne étaient portés à la Chambre des appellations *allemandes*, naturellement appelée à appliquer le droit bernois, et l'anomalie apparente relevée plus haut s'explique aisément.

Le décret de 1617, dont le texte précède, semble avoir été peu connu jusqu'ici, même au siècle dernier. Dans son introduction aux *Remarques sur les Loix et Statuts du Pays-de-Vaud*, Boyve dit à la vérité que la ville de Payerne ne voulut accepter ni le Coutumier de 1577 (celui de Moudon), ni le nouveau Code (Coutumier de Vaud) de 1616, et qu'elle suivait, du temps de l'auteur, un Coutumier spécial accordé le 5 février 1733 par LL. EE. de Berne. Mais, d'autre part, Boyve estime que « lorsque les petits Coutumiers.... se taisent sur une question en controverse, on doit avoir recours à notre Code des Loix et Statuts du Pays-de-Vaud, à moins que les nouvelles Ordonnances émanées depuis la promulgation du dit Code et auxquelles tous les sujets immédiats du dit pays sont également soumis, ne l'aient déjà décidée d'une autre manière. »

Les auteurs subséquents ont de même admis que le Coutumier de Vaud devait être regardé comme loi supplétoire dans les localités qui avaient d'autres statuts (voir, par exemple, la *Notice sur l'état de la législation civile dans le canton de Vaud*, qui se trouve en tête des *Remarques sur le Code civil*, de Secretan). Le décret de 1617, que M. l'archiviste de Crousaz vient de retrouver, semble établir que formulée dans les termes ci-dessus, cette règle est trop absolue et qu'elle doit subir une exception en ce qui concerne Payerne et Corcelles, où le droit supplétoire était la coutume de Berne et non celle de Vaud.

Quant au reste du gouvernement de Payerne, comprenant les communes de Missy, Trey et Sassel, il était régi par le Coutumier de Vaud ; chacune de ces communes avait une justice, d'où le recours s'exerçait à la *Cour gouvernale* et de là à la Chambre des appellations *romandes,* à Berne.

TRIBUNAL FÉDÉRAL
Séance du 21 septembre 1889.

Propos diffamatoires. — Plainte pénale. — Acquittement. — Action en dommages et intérêts. — Prétendue atteinte grave portée à la situation personnelle du lésé. — Art. 50, 51 et 55 CO.

Weber contre Matile.

L'allégation de faits vrais, même lorsqu'elle a été dommageable à la personne qu'ils visaient, n'implique pas nécessairement un acte illicite.

Le seul fait que le prévenu a été acquitté ne suffit pas pour faire considérer la plainte portée contre lui comme constituant un acte illicite donnant naissance à des dommages et intérêts. Il faudrait, pour cela, que le plaignant eût agi d'une manière dolosive ou frivole.

Le 15 février 1889, B. Weber, maître-tonnelier au Locle, a ouvert, par demande formée devant le Tribunal civil du Locle, une action à C. Matile, négociant au dit lieu, en se fondant sur les faits ci-après :

Pendant de longues années, B. Weber a travaillé de son métier de tonnelier pour C. Matile. Dernièrement des difficultés se sont élevées entre parties à l'occasion d'un règlement de compte. Ensuite de ces difficultés, C. Matile, dans l'intention de nuire au demandeur, a averti le cercle de l'Union républicaine « qu'il eût à surveiller B. Weber dans ses comptes. » Il a ajouté que lui, C. Matile, aurait déjà quitté plus tôt Weber, s'il avait su que F. W., tenancier de l'hôtel des Trois Rois, ne l'employait déjà plus depuis un an. Ce dernier propos ne relate pas un fait vrai, et quant au premier propos, il a eu pour conséquence le renvoi de B. Weber de son poste de tonnelier du cercle de l'Union républicaine.

Le demandeur est honnête, travailleur et jouit d'une bonne réputation; les propos susmentionnés lui ont causé un tort considérable. Au surplus, Matile a porté contre Weber une plainte en diffamation.

En droit, le demandeur a conclu à ce qu'il plaise au Tribunal, en application des art. 50 et 55 CO. :

1° Prononcer que C. Matile a calomnié Weber et lui a causé un préjudice moral et matériel.

2° Condamner C. Matile à la réparation de ce dommage par le paiement de la somme de 3500 fr., ou ce que justice connaîtra.

Dans sa réponse et demande reconventionnelle, Matile conclut à ce qu'il plaise au Tribunal :

1° Déclarer la demande de Weber mal fondée.

2° Dire que Weber a diffamé Matile et qu'il lui a causé non-seulement un dommage matériel, mais encore porté une atteinte grave à sa situation personnelle.

3° Condamner Weber à payer à Matile la somme de 4000 fr. à titre de dommages-intérêts.

A l'appui de ces conclusions, Matile alléguait en substance :

Vers la fin de 1888, Weber présenta à Matile une note d'ouvrages de 550 fr. Celui-ci refusa de payer, car Weber avait omis de porter en compte deux paiements importants. Weber remit alors le soin de ses intérêts à un agent d'affaires de la localité, qui, après vérification des comptes et des pièces justificatives, dut reconnaître l'exagération de la note de son client et accepta pour solde 72 fr. 75. Depuis lors Weber n'a cessé de formuler contre Matile les accusations les plus graves; il l'a traité en public de voleur, d'escroc; il a répandu le bruit qu'il vendait des vins de seconde cuvée et des marchandises falsifiées, si bien que Matile fut obligé de porter plainte pour injure et diffamation. Matile est négociant en vins, et les accusations lancées contre lui, les bruits répandus sur son compte ont eu pour effet de lui causer un dommage et de porter atteinte à sa situation personnelle.

Après la procédure sur preuves, le Tribunal cantonal a déclaré B. Weber mal fondé dans ses conclusions, dit que C. Matile est bien fondé dans ses conclusions reconventionnelles et condamné en conséquence Weber à payer à Matile la somme de 100 fr. à titre de dommages et intérêts, ainsi qu'aux frais et dépens du procès. Ce jugement est fondé sur les motifs suivants :

En fait, vers la fin de 1888, Weber présenta à Matile une note d'ouvrages de 500 fr. environ. Celui-ci refusa de la payer, alléguant qu'elle n'était pas juste et qu'en particulier Weber avait omis de porter en compte deux paiements antérieurs. Weber chargea alors un homme d'affaires de faire rentrer cette créance, mais celui-ci, après avoir vérifié les comptes antérieurs et les créances produites par Matile, déclara à son client « qu'un procès lui serait préjudiciable. » Muni des pleins-pouvoirs de Weber, il signa, le 28 janvier 1888, une quittance définitive et pour solde.

Quelque temps après, un ancien président du cercle de l'Union républicaine se trouvant chez Matile, celui-ci lui dit entre autres « qu'il fallait faire attention aux notes produites par B. Weber, » que lui Matile avait reçu de Weber un compte de 525 francs, lequel fut ramené à 75 fr. Puis, sur l'observation de son interlocuteur, que du moment où Matile avait renvoyé Weber, celui-ci perdrait aussi sa place chez le beau-père de Matile, ce dernier répondit : « Je crois qu'il n'y travaille plus, c'était du moins l'intention de mon beau-père de le renvoyer, parce qu'il a, par maladresse, versé une pièce de vin fin dans un demi-læger de vin ordinaire et que le vin a été perdu. » L'exactitude de ce dernier fait a été constatée par l'instruction.

Cette conversation fut rapportée par son prédécesseur au président actuel de l'Union républicaine; celui-ci ayant constaté chez Matile l'exactitude du renseignement donné sur Weber « et ne voulant pas » dit-il, « avoir sous sa responsabilité ce tonnelier au service du cercle, » il proposa au comité de boucler son compte et de le remplacer, ce qui fut voté à l'unanimité.

En ce qui touche la demande reconventionnelle, il est établi qu'au commencement de 1889, Weber a, dans un établissement public du Locle, traité Matile de voleur; qu'il a, à deux reprises, une fois dans un atelier de graveur et devant les ouvriers, accusé Matile de lui avoir escroqué 200 fr., en lui faisant signer pour solde une quittance de 333 fr. au lieu de 533 fr. qui auraient été dus; qu'il a, en outre, prononcé sur son ancien patron des propos injurieux en ajoutant « qu'il en savait long sur le compte de Matile et qu'il irait le dire partout. »

La plainte pénale portée par Matile contre Weber, le 4 février 1889, était basée sur les mêmes griefs, et par jugement correctionnel, rendu le 10 mai suivant, Weber fut libéré ensuite de verdict du jury. Ce verdict retient seulement, à la charge de Weber, la circonstance qu'il a accusé Matile de lui avoir fait tort de 200 fr. sur un règlement de compte, mais le jury ajoute que Weber a agi, en ce fait, sans intention coupable.

En droit, le Tribunal cantonal a considéré :

Sur la demande de Weber : Les propos de Matile n'ont pas le caractère d'actes illicites pouvant entraîner une responsabilité aux termes des art. 50 et 55 CO. En rapportant dans une conversation des faits vrais, et en donnant, sur la demande d'un tiers, des renseignements privés et exacts, Matile n'a pas excédé les limites de son droit, ni causé un dommage imprudemment ou à dessein.

La plainte pénale adressée à l'autorité compétente par Matile ne constitue pas un acte illicite, puisqu'elle n'a pas été portée d'une manière dolosive ou frivole.

Sur la demande reconventionnelle : en prononçant imprudemment à l'égard de Matile des propos diffamatoires de nature à nuire à sa réputation ou au crédit, Weber a commis un acte illicite tombant sous l'application de l'art. 50 CO. Il doit donc être déclaré responsable, en principe, du dommage causé par cet acte. En l'absence d'éléments permettant de déterminer ce dommage d'une manière positive, le Tribunal, l'appréciant en tenant compte des circonstances, le fixe à la somme de 100 fr.

Weber a recouru contre ce jugement au Tribunal fédéral, en reprenant ses conclusions en paiement d'une somme de 3500 fr. ou de ce que justice connaîtra et en concluant en outre au rejet de la demande reconventionnelle de Matile. Celui-ci, de son côté, a maintenu cette demande, réclamant la somme que le Tribunal fédéral jugera équitable.

Le Tribunal fédéral a écarté le recours et maintenu en son entier le jugement du Tribunal cantonal.

Motifs.

1. En ce qui touche d'abord l'action ouverte par Weber à Matile, le Tribunal fédéral ne saurait accueillir les conclusions du demandeur, en présence des constatations de fait de l'instance cantonale, constatations qui lient ce Tribunal aux termes de l'art. 30 de la loi sur l'organisation judiciaire fédérale et qui sont d'ailleurs conformes au résultat des preuves apportées en la cause.

Il y a lieu, à cet égard, d'adopter purement et simplement

les motifs des premiers juges. Il est évident que l'allégation de faits vrais, même lorsqu'elle a été dommageable au demandeur, n'implique pas, en particulier dans les circonstances établies par le jugement attaqué, un acte illicite.

2. Il en est de même de la plainte pénale portée par Matile contre Weber. Le Tribunal cantonal, et dans une certaine mesure le jury correctionnel, ont admis l'existence des accusations et propos injurieux mis en circulation par Weber contre sa partie adverse. Il va de soi que le fait que le jury a acquitté le prévenu ne suffit pas pour faire considérer la plainte portée par le défendeur comme un acte illicite donnant naissance à des dommages-intérêts. Au contraire, il serait nécessaire à cet effet, ainsi que le Tribunal cantonal le fait justement observer, qu'il fût établi que Matile a agi d'une manière dolosive ou frivole; cette preuve n'a non-seulement pas été rapportée, mais c'est le contraire qui résulte des constatations définitives du Tribunal cantonal.

3. Sur la demande reconventionnelle de Matile, le Tribunal cantonal a établi, en fait, que Weber a traité sa partie adverse de voleur, dans un établissement public; qu'il l'a accusée à deux reprises, dont une fois publiquement, dans l'atelier du sieur Pellaton, de lui avoir escroqué 200 fr., et qu'il a enfin prononcé contre Matile des propos injurieux.

Le sieur Weber n'ayant point prouvé la vérité de ses allégations, celles-ci constituent incontestablement un acte illicite, en ce que leur contenu est essentiellement de nature à nuire à l'honneur et au crédit de celui contre qui elles ont été dirigées, et ce caractère ne peut avoir échappé à leur auteur.

Le sieur Weber est, dès lors, tenu, en présence des art. 50 et 51 CO., de réparer le dommage causé par ses actes illicites.

4. En ce qui concerne la quotité de ce dommage matériel et la somme allouée à Matile pour sa réparation, rien ne peut faire admettre qu'en appréciant à 100 fr. l'indemnité à payer par Weber à sa partie adverse, le Tribunal ait usé arbitrairement de la faculté que lui attribue l'art. 51, al. 1, précité CO., de déterminer l'importance des dommages-intérêts.

5. Le montant de cette indemnité doit être maintenu, et il n'est pas justifié de l'augmenter en application de l'art. 55 CO. Les actes à la charge du sieur Weber ne peuvent en effet être

envisagés comme portant une atteinte grave à la situation de Matile.

L'expression de voleur, dont Weber s'est servi, sans doute dans un moment de surexcitation, est une simple injure, dont l'effet ne saurait être de compromettre sérieusement la réputation de celui à qui elle a été adressée sans motif; il en est de même de la menace d'aller répéter en public diverses choses défavorables à Matile.

De même l'accusation d'escroquerie, bien que plus grave en elle-même, ne peut justifier l'application du prédit art. 55, si l'on prend en considération le lieu où elle a été formulée et les autres circonstances dans lesquelles elle s'est produite. En effet, il n'est ni établi, ni même vraisemblable en présence des faits du dossier, qu'un tort moral grave ait été causé de ce chef au défendeur Matile, tandis qu'aux termes de la loi, ce n'est qu'en pareil cas qu'une somme d'argent doit être allouée à titre de satisfaction. Le sieur Matile n'aurait vraisemblablement pas intenté à Weber une action en dommages-intérêts, si ce dernier n'était pas entré le premier dans cette voie.

6. Comme Matile n'a pas purement et simplement conclu au maintien du jugement cantonal, mais qu'il a demandé une augmentation de l'indemnité à lui allouée par les premiers juges, et qu'il s'est ainsi joint au recours du demandeur, il se justifie de compenser les dépens extrajudiciaires.

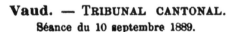

Vaud. — Tribunal cantonal.
Séance du 10 septembre 1889.

Transaction intitulée « désistement ». — Etat de frais. — Saisie réelle. — Opposition. — Sceau maintenu. — Art. 304, 412, 413 et 524 Cpc.; art. 214 de la loi sur l'organisation judiciaire.

Guerry contre Guerry.

Bien qu'un acte soit intitulé « désistement », il ne saurait être considéré comme tel au point de vue de ses effets juridiques s'il n'a pas été notifié conformément à l'art. 304 Cpc.

La transaction ne peut être assimilée au jugement en ce qui concerne l'exécution, que lorsqu'elle a été faite à l'audience du juge (Cpc. 524).

L'état de frais réglé ne tire sa force exécutoire que du titre en vertu duquel il a été modéré.

_____

Dans un procès pendant entre Henri Guerry et Ch. et Aug. Guerry, à Senarclens, les parties en cause ont signé la transaction, soit désistement, dont suit la teneur :

« Ensuite des conditions d'un partage opéré ce jour entre les
» frères Guerry, je soussigné déclare me désister des conclu-
» sions prises contre mes frères Ch. et Aug. Guerry, à Senar-
» clens, dans un procès en enlèvement d'un rucher, actuelle-
» ment pendant devant le tribunal de Cossonay.

» Les dépens suivront le sort de l'art. 304 du Cpc. et demeu-
» rent à la charge de la partie qui succombe.

» Les défendeurs acceptent le présent désistement et le pro-
» cès est terminé.

» Cossonay. le 16 février 1889.

» (Signé) Henri Guerry. Charles Guerry. Par proc. Aug.
» Guerry, (signé) Michaud, proc.-juré.»

Le 11 mars 1889, le président du tribunal de Cossonay a réglé l'état des frais dus par Henri Guerry à ses frères à la somme de 223 fr. 45.

Ensuite de réquisition du procureur-juré Michaud et procédant en vertu de l'art. 214 de la loi judiciaire, l'huissier-exploitant du cercle de Cossonay a mis sous le poids de la saisie réelle un cheval taxé 365 fr.

Par exploit du 8 juillet 1889, Henri Guerry a fait opposition aux opérations de cette saisie par les motifs suivants :

I. Les instants à la saisie ne pouvaient procéder conformément à l'art. 214 de la loi judiciaire, la dite saisie n'étant pas fondée sur l'un des titres prévus par l'art. 524 Cpc.

II. Un procès en régularisation d'offres réelles est pendant entre parties en vue de régler un compte dans lequel est compris l'état de frais du 11 mars 1889. Les instants à la saisie ne pouvaient donc procéder aussi longtemps que ce procès n'était pas liquidé.

III. Le dit état de frais est du reste payé par règlement de compte.

IV. Le titre qui a fondé la saisie n'est pas de ceux auxquels la compensation ne peut être opposée. C'est une transaction sous seing privé.

Les frères Guerry ont recouru contre le sceau accordé à cette opposition. Ils invoquent les art. 412 et 413 Cpc. qui prohibent toute opposition qui n'est pas appuyée d'un titre postérieur au jugement constatant l'exécution totale ou partielle de l'obligation.

Le recours a été écarté.

Motifs.

Considérant que l'état de frais réglé ne tire sa force exécutoire que du titre en vertu duquel il a été modéré.

Que dès lors, pour connaître la force exécutoire de l'état de frais du 11 mars 1889, il faut examiner la nature du titre en vertu duquel il a été réglé, soit de la convention dite désistement du 16 février 1889.

Que bien que ce titre soit intitulé « désistement », il ne saurait être considéré comme tel, puisqu'il n'a pas été notifié conformément à l'art. 304 Cpc.

Que le fait que les parties ont donné leur signature au pied de cette pièce tend au contraire à lui donner le caractère de transaction, bien que l'art. 304 Cpc. ait été invoqué en ce qui concerne les frais.

Attendu que la transaction ne peut être assimilée au jugement en ce qui concerne l'exécution que lorsqu'elle a été faite à l'audience du juge.

Que tel n'est pas le cas en l'espèce, le titre du 16 février ne revêtant, du reste, pas non plus la forme d'un passé-expédient.

Que, dès lors, on ne saurait pas admettre que la saisie du 29 juin 1889 ait été faite en vertu d'un jugement ou d'un titre assimilé au jugement pour l'exécution (Cpc. art. 524).

Que, par conséquent, l'art. 412 Cpc. n'est pas applicable en l'espèce.

———o-·o———

Séance du 10 septembre 1889.

———

Contestation entre patron et employé. — Arbitrage conventionnel et non légal. — Jugement. — Recours écarté préjudiciellement. — Art. 346 Cpc.; art. 114 de la loi sur l'organisation judiciaire; art. 66 de la loi du 26 novembre 1888 sur les conseils de prud'hommes.

———

Pittet contre Delaloye.

———

L'art. 114 de la loi sur l'organisation judiciaire a été abrogé à partir du 1er janvier 1889 par l'art. 66 de la loi du 26 novembre 1888 sur les con-

seils de prud'hommes. Dès lors, aussi longtemps que ces conseils ne sont pas encore établis, les contestations entre patrons et ouvriers doivent être portées devant les juges et tribunaux ordinaires.

Par exploit du 29 juin 1889, L. Delaloye, à Clarens, a donné citation à Cyprien Pittet, restaurateur à Lausanne, devant le Juge de paix du cercle de Lausanne, en vertu de l'art. 114 de la loi sur l'organisation judiciaire, pour procéder à la nomination d'un tribunal arbitral chargé de statuer sur la difficulté née entre parties au sujet d'un contrat de louage de services.

A l'audience du 1ᵉʳ juillet 1889, le Juge de paix a procédé à la constitution du tribunal arbitral.

Devant ce tribunal, Delaloye a conclu au paiement, avec dépens, de la somme de 500 fr. à titre de dommages-intérêts à la suite de la rupture par Pittet du contrat de louage de services le liant au demandeur, plus le paiement du salaire convenu dès le 26 mai au jour de la sortie.

Pittet a conclu à libération, avec dépens, des conclusions prises contre lui, sous offre de payer au demandeur la somme de 110 fr. représentant son salaire dès le 26 mai au 26 juin 1889.

Par leur jugement du 13 juillet 1889, les arbitres ont accordé à Delaloye ses conclusions tout en les réduisant à 80 fr., acte lui étant donné de l'offre de Pittet. Les dépens ont été compensés en ce sens que chaque partie garde ses frais et paiera la moitié de ceux de l'arbitrage.

Par acte du 22 juillet 1889, Pittet a recouru contre ce jugement, dont il demande la réforme. Le moyen de nullité consiste à dire que le jugement dont est recours n'indique pas les solutions de fait ou ne les indique que d'une façon vague et absolument incomplète. On ne voit pas quelle a été l'attitude réciproque des parties dans l'altercation.

Dans le mémoire qu'il a adressé au Tribunal cantonal, Delaloye soulève à l'encontre du recours en réforme un moyen préjudiciel fondé sur le motif que l'art. 114 de la loi judiciaire a été abrogé par la loi sur les conseils de prud'hommes du 26 novembre 1888, entrée en vigueur le 1ᵉʳ janvier 1889. Dès lors on se trouve en présence, non plus d'un arbitrage légal, mais d'un arbitrage conventionnel, qui ne peut être porté devant le Tribunal cantonal que pour en faire prononcer la nullité.

Le recours a été écarté.

Motifs.

Statuant tout d'abord sur le recours en nullité et considérant que le jugement du 13 juillet 1889 expose les circonstances dans lesquelles a eu lieu l'altercation qui a donné lieu au procès actuel.

Qu'il est conforme aux prescriptions de l'art. 346 Cpc.

Que l'on ne saurait admettre, ainsi que le voudrait le recourant, qu'il y ait eu, en l'espèce, violation des formes essentielles de tout jugement,

Par ces motifs, le Tribunal cantonal écarte le recours en nullité.

Statuant ensuite sur le moyen préjudiciel soulevé par l'intimé et considérant que l'art. 66 de la loi sur les conseils de prud'hommes du 26 novembre 1888, entrée en vigueur le 1er janvier 1889, a abrogé l'art. 114 de la loi sur l'organisation judiciaire.

Que les conseils de prud'hommes ne sont pas encore établis dans le canton.

Que, dès lors, les contestations entre patrons et ouvriers qui excèdent la compétence des Juges de paix sont portées devant les tribunaux ou juges ordinaires.

Qu'ainsi on ne saurait dire que l'arbitrage intervenu en la cause actuelle soit un arbitrage légal, bien que dans l'exploit introductif d'instance Delaloye ait invoqué les art. 114 et 115 de la loi judiciaire.

Que, dans ces circonstances, on se trouve en présence d'un arbitrage conventionnel qui ne peut être porté au Tribunal cantonal que pour en faire prononcer la nullité (Cpc. 434).

France. — COUR D'APPEL DE PARIS (1re chambre).

Audience du 10 mai 1889.

Epoux français. — Naturalisation et divorce en Suisse. — Exécution, par la femme, du jugement prononcé en Suisse. — Renonciation à communauté. — Exécution de la liquidation en France. — Exception opposée par la femme à cette exécution, tirée du défaut d'exequatur du jugement étranger.

Dame Blondé contre Blondé.

Lorsqu'à la suite de divorce prononcé, en Suisse, au profit d'un époux

français, naturalisé Suisse, la femme a exécuté le jugement en renonçant
à la communauté, et en acceptant le règlement de ses reprises, elle devient
non recevable à se refuser à l'exécution de la liquidation en France, sous
le prétexte qu'il s'agirait d'une question d'état, et que le jugement des
tribunaux suisses ne serait pas exécutoire à son égard.

Le 14 août 1888, le Tribunal civil de la Seine, saisi des difficultés soulevées par la dame Blondé, sur l'exécution de la liquidation de ses reprises, dressé par Mᵉ Fontana, notaire à Genève, à la suite d'un jugement de divorce prononcé par les
tribunaux suisses, au profit de M. Blondé, qui s'était antérieurement fait naturaliser Suisse, a rendu le jugement suivant :

« Attendu qu'un jugement du Tribunal de Genève, du 17
juillet 1886, passé en force de chose jugée, d'après la législation
suisse, a prononcé le divorce entre les époux Blondé, parties
en cause; que la défenderesse a exécuté ce jugement, en renonçant à la communauté et en procédant à la liquidation de ses
reprises devant Fontana, notaire à Genève;

Qu'aux termes de l'acte dressé par le notaire, le 21 décembre
1886, ses reprises ont été liquidées à 14,000 fr.; que pour le règlement de cette somme, il lui a été remis par Blondé 1000 fr.
espèces et trois billets, payables à Paris, savoir : un de 3500 fr.
à l'échéance du 30 avril 1887, un de 5208 fr. 30, à l'échéance du
30 octobre 1887, un troisième de 5303 fr. 30 à l'échéance du 30
avril 1888; que le premier billet a été payé à son échéance; que
l'action de Blondé a pour but, en faisant déclarer exécutoire
en France l'acte susénoncé, reçu Fontana, notaire, d'arriver à
le libérer du montant des autres billets, soit par le versement
des fonds, soit par leur consignation, et de faire radier l'hypothèque légale de sa femme.

Attendu que la défenderesse soutient que toutes les conclusions du demandeur sont basées sur la validité du divorce, prononcé par le Tribunal de Genève, et que ce jugement ne peut
lui être opposé comme obtenu en fraude de la loi française, à
laquelle elle reste soumise, la naturalisation acquise par son
mari postérieurement au mariage n'ayant pas effet à son encontre; qu'elle conclut, en conséquence, au débouté de la demande.

Attendu que la question n'est pas de savoir si la défenderesse
aurait pu décliner la compétence du Tribunal de Genève, ou,

lorsque l'exécution de la décision émanant de cette juridiction a été poursuivie, contester qu'elle lui fût opposable.

Qu'il résulte des documents de la cause que la dite défenderesse a été informée de la dite procédure de divorce, et que c'est en connaissance de cause qu'elle ne s'est pas défendue.

Qu'ensuite, et le divorce prononcé, elle a renoncé en la forme légale à la communauté, a procédé, devant le notaire, à la liquidation de ses reprises et accepté le règlement de leur montant en deniers et billets.

Qu'elle est aujourd'hui non recevable à prétendre se soustraire à l'exécution de l'acte auquel elle a ainsi concouru.

Attendu qu'elle objecte vainement que, s'agissant d'une question d'état, elle ne pourrait transiger sur icelle.

Que l'acte, dont l'exécution est réclamée, a pour objet le règlement d'intérêts pécuniaires de tous points susceptibles de former la matière de conventions de la nature de celles qui ont été conclues.

Qu'il implique, il est vrai, l'existence du jugement prononçant le divorce; mais qu'on ne saurait assimiler à une transaction sur une question d'état, l'acte par lequel l'une des parties participe à l'exécution du jugement qui statue sur une semblable question, et lui reconnaît ainsi l'autorité de la chose jugée.

Qu'en dehors des cas de collusion, laquelle n'est pas alléguée avoir existé entre les parties qui ont concouru à l'acte, celui-ci doit, comme tout autre, produire ses effets juridiques.

Attendu qu'il résulte de ce qui précède que Blondé est fondé dans ses conclusions aux fins d'obtenir l'exequatur de l'acte liquidatif dressé par le notaire Fontana, d'arriver à sa libération vis-à-vis de la défenderesse, et de faire ordonner la radiation de l'hypothèque légale de celle-ci.

Mais qu'il n'échet de lui allouer les dommages-intérêts qu'il sollicite; que le préjudice allégué n'est pas justifié.

Par ces motifs, déclare exécutoire en France l'acte de liquidation des reprises de la défenderesse, dressé par Fontana, notaire à Genève, le 21 décembre 1886.

En conséquence, dit qu'à défaut par la défenderesse de recevoir le montant des deux derniers billets, que le demandeur lui a souscrits pour le paiement de ses reprises, et ce, contre la remise des dits billets et main-levée de son hypothèque légale, le dit demandeur est autorisé à effectuer le versement du montant des effets dont s'agit à la Caisse des dépôts et consignations, en capital et intérêts au jour du protêt.

Dit que, sur le vu d'un extrait du présent jugement, le conservateur du deuxième bureau des hypothèques de la Seine sera tenu d'opérer la radiation de l'hypothèque légale prise par la défenderesse, à quoi faire contraint quoi faisant bien et valablement déchargé.

Déclare Blondé mal fondé dans sa demande en dommages-intérêts et l'en déboute.

Condamne la défenderesse aux dépens. »

Appel ayant été interjeté par Mme Blondé, la Cour a maintenu la décision des premiers juges par adoption de motifs avec amende et dépens.

Résumés d'arrêts.

Compétence. — Le procès-verbal dressé par le juge de paix, constatant que les parties ont convenu que le jugement de la cause qui les divise resterait dans la compétence de ce magistrat, fait pleine foi de son contenu jusqu'à inscription de faux. Aucune disposition de la loi n'exige qu'une telle convention doive être signée par les parties (loi sur l'organisation judiciaire, art. 220).

TC., 10 septembre 1889. Leuba c. Richon.

Jugement. — Il y a lieu à nullité du jugement rendu par un tribunal de district, lorsqu'il n'a pas délibéré et rendu de décision sur un point de fait objet d'une preuve testimoniale (Cpc., 283 et 436, *b* et *c*).

TC., 5 septembre 1889. Masse Bettex c. Lin et Buache.

Jugement. — Lorsque le juge admet un moyen exceptionnel qui met fin au procès, il n'y a pas lieu de renvoyer la cause à un autre magistrat. Il importe peu que la partie qui a soulevé ce moyen l'ait qualifié de « déclinatoire. »

TC., 17 septembre 1889. Cosandey c. Chapuis.

Ch. SOLDAN, conseiller d'Etat, rédacteur.

Lausanne. — Imp. CORBAZ & Comp.

XXXVIIᵉ ANNÉE. Nº **42.** SAMEDI 19 OCTOBRE 1889.

JOURNAL DES TRIBUNAUX

REVUE DE JURISPRUDENCE

Paraissant à Lausanne une fois par semaine, le Samedi.

Rédaction : M. CHARLES SOLDAN, conseiller d'Etat, à Lausanne.
Administration : M. L. ROSSET, greffier du Tribunal cantonal, à Lausanne.
Abonnements : 12 fr. par an ; 7 fr. pour six mois. Pour l'étranger, le port en sus. On s'abonne à l'imprimerie CORBAZ & Cⁱᵉ, chez l'administrateur, M. ROSSET et aux bureaux de poste.
Annonces : 20 c. la ligne ou son espace. S'adresser à l'imprimerie CORBAZ & Cⁱᵉ.

SOMMAIRE. — *Tribunal fédéral :* Nägeli c. Schweizer et consorts ; société anonyme ; capital non versé ; action des tiers créanciers contre les souscripteurs. — Hilfiker c. hoirie Morel ; conduite d'eau ; rupture ; responsabilité du propriétaire du bâtiment. — VAUD. *Tribunal cantonal :* Hoirs Meylan c. hoirs Piguet ; saisie ; recours contre le sceau signé d'un indivis. — *Résumés d'arrêts.*

TRIBUNAL FÉDÉRAL
Traduction d'un arrêt du 14 septembre 1889.

Société anonyme fondée en violation des prescriptions légales. — Capital social non versé. — Action des tiers créanciers contre les souscripteurs en paiement de leurs parts. — Admission. — Art. 16, 24, 25, 617, 618, 622 et 623 CO.

Jacob Nägeli contre Emma Schweizer et consorts.

Ne sauraient être opposés à la société anonyme, non plus qu'à ses créanciers, des arrangements particuliers passés entre les souscripteurs et les fondateurs ou promoteurs de l'entreprise, d'après lesquels le montant de la souscription ne devrait pas être versé ou ne devrait être versé que sous certaines conditions.

Le fait que les prescriptions légales relatives à la fondation des sociétés anonymes ont été violées, n'entraine point la nullité de la société ; cette dernière n'en existe pas moins juridiquement, si d'ailleurs elle a été inscrite au registre du commerce.

En 1885 il a été fondé à Zurich une société anonyme sous la dénomination de *Bijouteriefabrik Zürich.* Le capital social était fixé à 500,000 fr., divisés en mille actions au porteur de 500 fr. chacune. Les pièces qui ont servi à faire inscrire la société au registre du commerce indiquaient le capital social comme intégralement souscrit et le 20 °/. du montant des actions comme versé; en réalité, il n'y a eu aucun versement effectué, mais seulement un apport de marchandises fait par la société en nom collectif G. Stapfer, composée de deux des fondateurs, apport évalué à un chiffre fort exagéré.

La société anonyme étant tombée en faillite, Emma Steiner et consorts, créanciers de la masse, ont intenté un procès aux souscripteurs en paiement du montant non encore versé de leurs actions, et leurs conclusions ont été admises par le Tribunal d'appel de Zurich. Ensuite de recours de Jacob Nägeli, l'un des défendeurs, cette décision a été confirmée par le Tribunal fédéral.

L'arrêt rendu par cette Cour, trop long pour être publié *in extenso,* renferme des considérants de principe fort intéressants, dont nous extrayons ce qui suit :

A l'action dirigée contre eux, les fondateurs Nägeli et consorts opposaient tout d'abord une exception consistant à dire qu'ils ne pouvaient plus être tenus au versement du montant de leurs souscriptions, puisque, la société étant tombée en faillite, il n'était plus possible de leur remettre des titres d'action réguliers en échange de leurs versements. Le Tribunal fédéral a écarté cette exception, estimant que la faillite de la société a modifié la situation et que, les organes de celle-ci ayant disparu, les souscripteurs doivent se contenter de recevoir, en lieu et place d'un titre d'action régulier, une simple quittance de leurs versements, accompagnée de la constatation de leur qualité d'actionnaires. « Le droit résultant de la qualité d'actionnaire et le titre d'action ne sont pas deux choses identiques ; alors même que dans des conditions normales le premier s'incorpore dans le second, cependant la possession du titre n'est pas une condition absolument indispensable pour que les droits et obligations de l'actionnaire prennent naissance. L'adoption de la thèse contraire aboutirait à cette conséquence que les souscripteurs d'actions qui n'auraient pas reçu leurs titres avant la faillite de la société seraient libérés de l'obligation d'effectuer leurs versements et qu'ainsi les créanciers sociaux n'auraient rien à prétendre contre eux, sauf leur action en dommages et intérêts contre les fondateurs ou administrateurs. Or une telle conséquence est manifestement inadmissible. »

En second lieu, le recourant soutenait n'avoir jamais eu l'intention de s'engager au paiement du montant des actions souscrites par lui, mais seulement de se procurer une garantie pour sa créance contre la société en nom collectif G. Stapfer. Cette objection a également été écartée. « Le souscripteur est tenu vis-à-vis de la société anonyme, et par conséquent vis-à-vis des tiers, dans les termes de la déclaration de participation souscrite par lui (comp. CO., art. 16, al. 2). Des arrangements particuliers avec des promoteurs ou fondateurs, d'après lesquels les versements ne devraient pas s'effectuer du tout ou ne devraient avoir lieu que sous certaines conditions non indiquées dans la souscription, peuvent déployer leurs effets vis-à-vis des parties contractantes, mais ils ne sauraient être opposés à la société elle-même. En effet, les promoteurs ou fondateurs d'une société anonyme ne sont point les représentants de celle-ci, alors même qu'ils s'emploient à sa création. La société anonyme apparaît, au contraire, à leur égard, comme un tiers ; ses droits contre le souscripteur se fondent immédiatement sur sa déclaration écrite de vouloir en faire partie (comp. Wiener, *Zeitschrift für Handelsrecht*, t. 24, p. 450 et suiv.). La société et ses fondateurs n'étant ainsi pas des personnes identiques, et les seconds n'étant pas non plus les représentants de la première, on ne saurait non plus opposer à l'action de la société, fondée sur les termes de la souscription, une exception tirée d'un dol commis par les promoteurs ou fondateurs (CO. 24 et 25). »

Les considérants ci-après réfutent un troisième moyen présenté par le recourant :

« 5. Le défendeur a soutenu, en outre, ne pouvoir être recherché en vertu de sa souscription, ainsi que le prévoit l'art. 617 CO., attendu que la société anonyme n'a jamais eu d'existence valable. En réponse à ce moyen, il y a lieu de considérer ce qui suit : La société anonyme fondée sous la dénomination de *Bijouteriefabrik Zürich* a été inscrite au registre du commerce et elle a effectivement commencé ses opérations. Il est vrai que lors de sa fondation les prescriptions normatives de la loi ont été gravement violées, puisque la constatation du versement du 20°/. sur chaque action était absolument fausse. Mais le fait que les dispositions normatives de la loi ont été violées lors de sa fondation ne saurait avoir pour conséquence la nullité d'une société anonyme constituée d'une manière régulière en la forme par l'inscription au registre du commerce. Il est vrai que ces dispositions sont impératives, en ce sens qu'il ne peut y être dérogé par l'intention commune des parties et que l'autorité préposée au registre du commerce doit s'assurer qu'elles ont été observées et refuser l'inscription lorsqu'elle constate que tel n'est pas le cas ; l'intention de la loi est bien que des sociétés anonymes ne puissent être fondées que moyennant l'observation de toutes les prescriptions normatives qu'elle édicte. Mais si malgré l'inobservation de ces dispositions une société anonyme parvient à obtenir l'inscription au registre du commerce, si, par exemple, elle réussit comme en l'espèce à tromper le préposé par des déclarations fausses, la société ainsi inscrite n'est point nulle. L'accomplissement de la formalité de l'inscription déploie ses effets nonobstant la violation de la loi ; il confère à la société la personnalité juridique ; l'inscription couvre le vice résultant de l'inobservation de la loi. Aucune disposition expresse de la loi ne prévoit comme sanction la nullité de la société ; le système adopté par le législateur ne fait pas non plus présumer qu'il ait voulu cette nullité. Il résulte au contraire des prescriptions du Code (art. 623) que le principe de la responsabilité personnelle et solidaire n'est admis que pour les actes accomplis au nom de la société *avant* son inscription au registre du commerce et non point pour ceux faits au nom d'une société déjà inscrite, mais constituée en violation des dispositions normatives de la loi ; lorsqu'il s'agit d'actes passés au nom d'une société inscrite au registre du commerce, cette dernière seule est envisagée comme liée, d'où résulte implicitement que la loi la considère comme ayant une existence juridique et la traite en conséquence. C'est dans ce sens d'ailleurs que se sont prononcées soit la doctrine soit la pratique allemandes, dont l'importance au point de vue de l'interprétation du Code fédéral des obligations est d'autant plus grande que les dispositions de ce Code sur la création des sociétés anonymes ont suivi, dans leurs principes essentiels, la novelle allemande de 1870. Le droit français admet au contraire qu'une société anonyme fondée en violation des prescriptions impératives de la loi peut être déclarée nulle et de nul effet à la réquisition de tout intéressé. Il y a lieu de remarquer toutefois que même en France il est admis que les actionnaires ne peuvent pas opposer aux tiers la nullité de la société, mais qu'au contraire ils sont tenus vis-à-vis des tiers, nonobstant la nullité de la société, des engagements contractés au nom de celle-ci pendant son existence de fait (voir Lyon-Caën et Renault, *Précis de droit commercial,* 1ʳᵉ édition, I, n° 470). — Le défendeur soutient aussi que la société anonyme *Bijouteriefabrik Zürich* n'a pas pu prendre valablement naissance, vu le défaut d'un capital social effectif. Ce point de vue ne peut pas non plus être admis. En effet, le capital social a été souscrit, et cela intégralement; le fait que le versement n'a pu en être obtenu n'empêche pas la société d'avoir acquis une existence juridique. Le défendeur est du reste d'autant moins fondé à se prévaloir de ce moyen qu'il a déclaré lui-même, conjointement avec les autres fondateurs, que le capital social était entièrement souscrit; cela étant, il ne saurait évidemment être admis après coup à prétendre que ce capital ne peut être réalisé en tout ou en partie vu l'insolvabilité de certains souscripteurs, ou pour d'autres motifs.

» 6. L'exception consistant à dire que le défendeur est libéré par le fait qu'il a été crédité dans le livre de caisse du montant de sa souscription n'est pas davantage fondée. Cette écriture est le fait des fondateurs de la société; or, comme les premiers juges le disent avec raison, il va de soi que les fondateurs ne pouvaient libérer un souscripteur qu'en annulant sa souscription, et que, une fois la souscription transmise à la société, la libération prononcée par les fondateurs ne peut être opposée à la société et qu'au surplus celle-ci ne pourrait pas davantage libérer le souscripteur de son engagement. »   C. S.

Séance du 28 septembre 1889.

Conduite d'eau. — Rupture. — Marchandises avariées dans le magasin d'un locataire. — Responsabilité du propriétaire du bâtiment. — Art. 50, 51, 67, 68 et 277 CO.

Hilfiker contre hoirie Morel.

L'installation d'une conduite d'eau dans un bâtiment apparaît comme un des « ouvrages » de main d'homme, visés à l'art. 67 CO.
La responsabilité légale résultant de l'art. 67 précité est indépendante

de toute faute du propriétaire et persiste en dehors de celle-ci ; elle est en-
courue dès le moment où il est établi que le dommage a été causé par un
vice de construction ou un défaut d'entretien de l'ouvrage ou de l'instal-
lation.

Les effets de cette responsabilité ne sauraient être exclus ou amoindris
par le fait de l'existence de rapports contractuels entre parties, d'un bail,
par exemple.

————

Par jugement du 22 juin 1889, le Tribunal cantonal de Neuchâtel a déclaré la demande du sieur Hilfiker bien fondée en
principe, prononcé que l'hoirie Morel, défenderesse, doit payer
au demandeur la somme capitale de 5000 fr. avec intérêt à 5 °/₀
dès le jour de l'introduction de la demande, donné acte à la défenderesse de la réserve, insérée par elle dans ses conclusions,
de son droit de recours contre la commune de Neuchâtel, et mis
à sa charge les frais du procès.

Ce jugement est fondé sur les faits ci-après :

S. Hilfiker, à la tête d'un commerce de blanc, est locataire de
l'hoirie Morel, à Neuchâtel, par contrat du 22 décembre 1885,
pour le prix annuel de 3100 fr., d'un logement dans la maison
n° 2, et de deux magasins avec bureau au rez-de-chaussée de la
maison n° 8 de la rue des Terreaux, en dite ville.

Le premier étage de la maison n° 8 au-dessus des magasins et
du bureau Hilfiker est loué au banquier Albert Bovet, dont l'appartement était fermé en septembre 1888.

Par police du 16 décembre 1867, la dame Lucien Morel, au
nom de l'hoirie, s'est abonnée auprès de la Société des Eaux
pour la fourniture d'eau dans les appartements de son immeuble,
au prix annuel de 70 fr. 30.

Par cette convention d'abonnement, dame Morel déclare accepter toutes les clauses et conditions prévues dans les règlements et tarifs de la société des 18 août 1866 et 13 août 1867,
dont l'art. 10 stipule que « les abonnés seront exclusivement
» responsables envers les tiers de tous dommages auxquels l'é-
» tablissement ou l'existence de leur conduite pourrait donner
» lieu, à moins qu'il ne soit établi que le dommage provient de
» la faute de la société ou de ses agents. »

Les travaux de l'installation de l'eau dans cet immeuble ont
été exécutés par la Société des Eaux.

Le 15 décembre 1877, par circulaire adressée à ses abonnés,
cette société leur a proposé la combinaison suivante :

« Tout abonné qui paiera annuellement à la Société des Eaux
» une somme représentant le 4 % des frais d'installation de sa
» concession, sera complètement déchargé des frais d'entretien,
» soit changement de robinets, caoutchoucs, fuites, remplace-
» ment partiel ou complet de la tuyauterie, fouilles et travaux,
» sur la voie publique, de la dite installation d'eau. Cette somme
» sera ajoutée au chiffre de l'abonnement annuel, et encaissée
» comme ce dernier, par semestre. »

L'hoirie Morel s'est mise au bénéfice de cette circulaire et elle
paie régulièrement cette finance d'abonnement.

En 1887, le service des eaux a été transféré de la Société des
Eaux à la Municipalité de Neuchâtel.

Par circulaire du 30 décembre 1887, le Conseil municipal a
dénoncé les conventions ou polices d'abonnement à ses abonnés
pour le 1er juillet 1888, époque probable de la mise en vigueur
de nouveaux règlements et tarifs alors à l'étude.

Ce travail de revision n'étant pas terminé à cette dernière
date, une circulaire du Conseil municipal, du 26 juin, reporta
au 1er janvier 1889 les effets de la dénonciation du 30 décembre
1887.

Peu après, le service des eaux de la ville de Neuchâtel a passé
à la commune, qui a succédé à la Municipalité, les contrats et
conventions conclus originairement avec la Société des Eaux
demeurant en vigueur.

Vers la fin de l'année 1887, les eaux du Champ-du-Moulin
ont été amenées à Neuchâtel et employées à l'usage du public.

Le bas des Terreaux où est situé l'immeuble de l'hoirie Morel
se trouve dans les fortes pressions de l'eau de la ville.

La conduite d'eau qui, dans cette maison, part du rez-de-
chaussée où sont les magasins Hilfiker, est actuellement en fer,
et cette partie de la canalisation en fer s'arrête à 1 mètre 45
centimètres au-dessus du plancher des cabinets du premier étage.
Cette partie, primitivement en plomb, a été refaite en fer il y a
deux à trois ans; au-dessus de cette partie, l'ancienne conduite
ou canalisation en plomb subsiste, et le raccord de ces deux canalisations est fait par un petit bout de tuyau en laiton, vissé en
bas dans la conduite en fer et soudé en haut dans la conduite en
plomb. Un coulisseau en bois protégeait et recouvrait toute cette
canalisation dans les cabinets du premier étage.

Dans la nuit du 15 au 16 septembre 1888, la conduite a éclaté dans la partie ancienne en plomb et dans ces cabinets. Ceux-ci ont été inondés, et l'eau, s'infiltrant en partie par une ouverture pratiquée dans le plancher des cabinets pour y faire passer la conduite d'eau, s'est répandue par les plafonds du rez-de-chaussée et le long des murs dans le bureau et les magasins Hilfiker, où elle a causé des dégâts et endommagé des marchandises.

L'expertise du 25 septembre 1888 a constaté qu'il existait dans le raccord en laiton un morceau de soudure de 15 millimètres de diamètre environ, libre et non fixé aux parois, et qu'un excès de soudure adhérente rétrécissait l'intérieur de la conduite. De plus, à un mètre au-dessus du raccord, à l'endroit où un branchement à l'équerre se greffe sur la conduite en plomb, cette dernière présentait une déformation qui en rétrécissait le diamètre, la rupture affectait la forme d'une déchirure à la partie la plus saillante d'un gonflement anormal qui avait déterminé un amincissement notable des parois.

Dans leur lettre explicative du 23 février 1889, les experts s'expriment comme suit sur les causes auxquelles ils attribuent la rupture de la conduite :

« Les experts supposent que le morceau de soudure libre,
» emprisonné entre les deux étranglements de la conduite en
» plomb, était mis en mouvement par la pression de l'eau, au
» moment de l'ouverture des robinets supérieurs, était lancé
» jusqu'au coude à l'équerre, sans pouvoir aller plus loin, ni re-
» descendre, et empêchait ainsi le libre passage de l'eau.

» La conduite en plomb, sur un mètre de longueur, avait donc
» à soutenir toute la pression de l'eau et devait naturellement
» se distendre à la longue, se gonfler et se rompre. Enfin, comme
» la conduite était recouverte d'un coulisseau en bois, son état
» défectueux n'a pu être constaté en temps utile. »

Un autre expert, entendu précédemment, a, selon son rapport du 19 septembre, estimé que les anciens tuyaux en plomb ne pouvaient résister à la pression, surtout à celle des nouvelles eaux des Gorges de l'Areuse, soit du Champ-du-Moulin.

Hilfiker, informé de la rupture de la conduite et de la présence de l'eau dans ses magasins, prit immédiatement les mesures propres à prévenir un plus grand dommage. Il fit transporter les marchandises à Pierre à Bot et dans divers locaux pour être séchées, pliées et emballées à nouveau. Ce travail a duré trois semaines et a occupé sept personnes. Les magasins et le bureau Hilfiker ont été en réparation pendant neuf semaines, durant lesquelles le grand magasin est demeuré vide.

La valeur totale des marchandises avariées par l'eau a été fixée par les experts, qui ont pris pour base les prix de facture, à la somme de 6852 fr. 30. Sur cette somme, ils ont admis une dépréciation de 60 % pour les pièces très avariées, de 40 % pour les pièces moins avariées, et ils ont fixé la moins-value de la marchandise à 3653 fr. 95.

Le demandeur a apprécié comme suit le préjudice qui lui a été causé :

a) Moins-value de la marchandise . . . . Fr. 3653 95
b) Liste de frais du greffe de la justice de paix
    pour expertises . . . . »   90 40
c) Indemnité générale . . . . »   2000 —

Ensemble . . . Fr. 5744 35

A propos du poste c ci-dessus, le Tribunal fait observer qu'outre le dommage apprécié par les experts, le demandeur a aussi subi un préjudice résultant du bénéfice perdu sur les marchandises avariées, du dommage résultant de l'arrêt qu'a subi la vente des marchandises, du dommage causé par l'eau aux meubles et aux fournitures de bureau, de la nécessité de remplacer le papier mouillé qui enveloppait environ 400 pièces de tissus et toiles, et des frais occasionnés par les mesures conservatoires qui ont dû être prises.

Les appréciations des premiers experts ont été confirmées par une seconde expertise du 26 février 1889.

Le demandeur a remarqué encore postérieurement à l'ouverture de l'instance, et pendant l'instruction de la procédure, que l'humidité des murs avait endommagé une certaine quantité de pièces de toile, qui n'avaient pas souffert de l'eau en septembre et qui avaient été placées dans les rayons du bureau.

Une expertise, également datée du 26 février 1889, constate que la moins-value subie par ces marchandises s'élève, pour un premier parti, à 40 % de son prix de facture, soit à 24 fr. 40, et pour un autre parti, à 50 % de son prix d'achat, soit à 333 fr.

C'est ensuite de ces faits que Hilfiker a ouvert à l'hoirie Morel, soit à dame veuve Olympe Morel née Morelet et à ses trois enfants, une action tendant à ce qu'il plaise au Tribunal cantonal condamner les défendeurs solidairement à payer au demandeur la somme de 5744 fr. 35, avec intérêt à 5 °/. dès le jour de l'introduction de l'instance.

L'hoirie défenderesse a conclu, de son côté, à ce qu'il plaise au Tribunal:

1° Principalement, déclarer mal fondées les conclusions formulées contre elle et condamner le demandeur aux frais ;

2. Subsidiairement, et si l'hoirie Morel était reconnue responsable en principe, réduire la part lui incombant de l'indemnité qui sera accordée, selon l'appréciation du juge, en tenant compte des circonstances de la cause et en application de l'article 51 CO.

3. Sous-subsidiairement, et si l'hoirie Morel était condamnée à la réparation du dommage envers Hilfiker, réduire à connaissance du juge le chiffre de la demande.

4. Réserver, dans le cas d'application des conclusions 2 ou 3, le recours de l'hoirie Morel contre la commune de Neuchâtel.

A l'appui de ces conclusions, la défenderesse alléguait qu'il existe des actes d'omission, de négligence et d'imprudence à la charge du demandeur, et elle estimait être déchargée de toute responsabilité dans les circonstances de la cause.

L'hoirie Morel a, en outre, dénoncé juridiquement le litige à la commune de Neuchâtel, réservant en outre une action directe pour le dommage causé par l'eau à son immeuble. La commune a répondu qu'elle décline toute responsabilité et qu'elle s'opposera à toute action qui pourrait lui être intentée.

Statuant sur les conclusions susrappelées, le Tribunal cantonal a prononcé comme il a été dit plus haut, en condamnant la défenderesse à payer à Hilfiker une indemnité de 5000 fr., en vertu de l'art. 67 CO.

Les deux parties ont porté ce jugement, par voie de recours, devant le Tribunal fédéral. L'hoirie Morel a conclu à la réforme du jugement dans ce sens que la demande de Hilfiker soit déclarée mal fondée; subsidiairement, que le chiffre de l'indemnité soit réduit. De son côté Hilfiker a demandé que les conclusions de sa demande lui soient adjugées en plein, soit 5744 fr. 35 au lieu de 5000 fr.

Le Tribunal fédéral a écarté le recours de l'hoirie Morel et admis partiellement celui de Hilfiker, en ce sens que l'indemnité allouée à ce dernier est portée à 5357 fr. 40.

Motifs.

2. L'art. 67 CO. dispose que le propriétaire d'un bâtiment ou de tout autre ouvrage est responsable du dommage causé par le défaut d'entretien ou par le vice de construction, sauf, dans ce dernier cas, son recours contre le constructeur, aux termes de l'art. 362.

La question principale que soulève la cause est celle de savoir si c'est avec raison que le jugement, dont est recours, a fait application de cette disposition aux faits susvisés.

Or il y a lieu de résoudre affirmativement cette question.

En effet :

L'hoirie défenderesse, propriétaire de l'immeuble n° 8, dans lequel la rupture de la conduite d'eau s'est produite, a fait établir cet appareillage dans son bâtiment, et elle est incontestablement aussi propriétaire de cette canalisation.

Il n'est point douteux qu'une pareille installation apparaît comme un des « ouvrages » de main d'homme, visés par le législateur lorsqu'il a édicté la disposition de l'art. 67 précité.

3. Dans cette situation, la responsabilité de l'hoirie Morel, dans la mesure édictée à l'art. 67 en question, ne saurait être révoquée en doute. Ainsi que le Tribunal fédéral l'a déjà reconnu, cette responsabilité légale est indépendante de toute faute du propriétaire et persiste en dehors de celle-ci ; elle est encourue dès le moment où il est établi que le dommage a été causé par un vice de construction ou un défaut d'entretien de l'ouvrage ou de l'installation (v. arrêt du 6 novembre 1885, Wapp c. Unternehmung der Werdenberger Binnencanalbaute, consid. 3, *Rec.* XI, p. 536 [1]).

Or, que l'accident, cause du dommage éprouvé par le demandeur, doive être attribué à un défaut d'entretien, ainsi que l'admet le Tribunal cantonal par ses constatations de fait, qu'il doive être considéré plutôt comme la conséquence d'un vice de construction, ou qu'il soit dû à l'influence commune et simultanée de ces deux éléments, il est certain que c'est, soit à l'une de ces causes, soit à ces causes combinées, et non à une force majeure ou à un cas fortuit qui se serait produit en dehors d'elles, qu'est due la rupture de la conduite d'eau de la maison n° 8. Cette constatation, résultant de rapports d'expertise con-

[1] Voir *Journal des Tribunaux* de 1885, p. 774.

cordants, suffit, vu le prescrit de l'art. 67 susvisé, pour imposer
à l'hoirie défenderesse la responsabilité édictée par cette disposition légale, et c'est avec raison, dès lors, que le jugement dont
est recours a estimé que la seule condition de cette responsabilité est l'existence du dommage comme conséquence de l'état
défectueux d'une installation.

4. Les moyens invoqués par la défenderesse dans sa plaidoirie, à l'encontre de l'application de l'art. 67 CO., ne sauraient
être accueillis.

C'est d'abord en vain que l'hoirie Morel estime qu'un contrat
de bail la liant avec le sieur Hilfiker, l'art. 277, al. 2, CO., disposition visant spécialement un semblable rapport de droit,
pouvait seule être invoquée en l'espèce. En effet, la responsabilité légale introduite par l'art. 67 du même code est une prescription d'une portée générale, dont les effets ne sauraient être
exclus ou amoindris par le fait de l'existence de rapports contractuels entre parties ; il est même vraisemblable que son application la plus fréquente aura précisément lieu en pareil cas.

C'est également à tort que l'hoirie défenderesse a prétendu
que les eaux, cause du dommage souffert par le sieur Hilfiker,
étant la propriété de la commune de Neuchâtel, c'est à celle-ci
que le demandeur eût dû ouvrir action. Cette objection est sans
valeur en présence des termes précis de l'art. 67, dont le bénéfice, ainsi qu'il a été dit, peut être invoqué sans restriction contre le propriétaire de l'ouvrage dont la défectuosité a déterminé
le dommage; or il n'est point contestable et il n'a pas été sérieusement contesté que l'hoirie Morel, pour utiliser les eaux de la
société, lesquelles ont passé actuellement à la commune, ne soit
devenue propriétaire du dit ouvrage, soit des installations de
branchements, de tuyauterie et de conduites.

Enfin, c'est avec tout aussi peu de raison que la prédite hoirie
formule un dernier moyen de libération, en alléguant que Hilfiker
aurait dû sommer d'abord son propriétaire de prendre toutes
les mesures nécessaires pour parer à toute chance de rupture
de la canalisation, et que, ne l'ayant point fait, il est déchu de
toute réclamation (art. 68 CO.).

Une semblable prétention ne peut subsister en présence de la
circonstance que la canalisation établie dans le n° 8, où le demandeur a ses magasins, lui était absolument étrangère et qu'il
ne l'utilisait aucunement, son appartement se trouvant dans la

maison nº 2 ; il n'est pas même établi qu'il eût connaissance de l'existence de cette canalisation, reléguée dans son arrière-magasin, derrière le mur de son bureau ; le jugement cantonal a même admis son entière ignorance à cet égard. En tout cas, le coulisseau de bois, dont les conduites avaient été recouvertes dans un appartement dont Hilfiker n'avait pas la jouissance, l'aurait empêché de constater leur état défectueux. Au surplus, le robinet d'arrêt, dont la fermeture eût pu conjurer l'accident ou atténuer ses conséquences, se trouvait dans les caves de l'hoirie Morel, et la circonstance qu'il était demeuré ouvert pendant l'absence prolongée du banquier Bovet, dont l'appartement, ainsi que celui du second étage, était alimenté par la canalisation en question, ne saurait à aucun point de vue être imputée à faute au demandeur.

Dans ces circonstances, c'est à juste titre que le jugement attaqué a repoussé l'application des art. 50, 51, al. 2, et 277, al. 2, CO. et qu'il a déclaré l'hoirie défenderesse responsable envers Hilfiker, sauf son recours, le cas échéant, contre la commune de Neuchâtel, conformément à l'art. 67 *ibidem, in fine.*

5. En accordant au demandeur 5000 fr. à titre d'indemnité, le Tribunal cantonal s'est placé au point de vue des conclusions de la demande, lesquelles tendaient à l'obtention de la somme de 5744 fr. 35, réclamée encore aujourd'hui, et qui ne saurait en aucun cas être dépassée.

Le Tribunal cantonal a admis en fait, en se basant sur les expertises intervenues, que le dommage constaté au préjudice de Hilfiker, pour moins-value de la marchandise au moment du dépôt de la demande, s'élevait à 3653 fr. 95, plus 90 fr. 40 pour frais d'expertise, payés au greffe de la Justice de paix.

En présence des résultats concordants des dites expertises, le Tribunal de céans a d'autant moins de motifs pour modifier ce poste qu'il n'a été produit aucun indice de nature à le faire apparaître comme empreint d'exagération.

La somme de 1255 fr. 65, allouée en outre par le Tribunal cantonal à Hilfiker pour parfaire les 5000 fr. au paiement desquels la défenderesse a été condamnée, n'est point exagérée, en présence des inconvénients nombreux dont le demandeur a eu à souffrir ensuite de l'accident qui l'a atteint, tels qu'arrêt dans l'exploitation normale de son commerce ensuite de réparation des locaux et du séchage des marchandises, avaries du matériel et du mobilier de bureau, etc.; cette somme comprend d'ailleurs des débours, du montant de 523 fr. 65, dont Hilfiker a justifié en procédure, pour factures diverses payées par lui ensuite du dit accident.

Mais il a été établi en procédure, par diverses preuves et expertises, que, postérieurement au dépôt de la dite demande, deux séries d'autres marchandises ont été trouvées avariées, et ont subi, ensuite de l'action délétère de l'eau, des avaries évaluées à 24 fr. 40 et 333 fr., soit en tout 357 fr. 40. Le Tribunal cantonal a omis de tenir compte dans son appréciation générale de cet élément de fait établi en procédure, quoiqu'il déclare prendre pour base les dépenses strictement occasionnées et la perte certaine éprouvée; il se justifie, dès lors, par les motifs déduits ci-dessus, d'en imposer également la réparation à la défenderesse et de majorer d'autant l'indemnité à payer par celle-ci au demandeur.

Vaud. — TRIBUNAL CANTONAL
Séance du 19 septembre 1889.

Exploit de saisie. — Procuration non présentée et titre non produit par l'instant. — Recours contre le sceau signé d'un indivis. — Moyen préjudiciel. — Sceau révoqué. — Art. 1325, 1326 et 1351 Co.; art. 25 et 566 Cpc.

Hoirs Meylan contre hoirs Piguet.

Chaque indivis a le droit d'agir juridiquement pour la conservation des droits de l'indivision et cela sans procuration des indivis (Cc. 1351, 1325 et 1326).

Il y a lieu à révocation du sceau accordé à un exploit de saisie à l'instance d'un agent d'affaires qui ne produit ni une procuration spéciale du mandant, ni le titre fondant la poursuite.

Par exploit notifié sous le sceau du juge de paix du cercle du Chenit, le 15 août 1889, l'agent d'affaires Schaub, agissant au nom des hoirs Piguet, au Sentier, a pratiqué une saisie immobilière au préjudice de l'hoirie Meylan, au dit lieu, pour parvenir au paiement de la somme de 500 fr. et accessoires due en vertu de reconnaissance du 2 décembre 1864.

Par acte du 23 août 1889, signé : « Les recourants hoirs d'Ami Meylan », la dite hoirie a recouru contre le sceau de cet exploit de saisie, en se fondant sur le motif que Schaub n'avait produit au juge ni procuration ni le titre en vertu duquel la saisie était requise.

Dans le mémoire qu'ils ont fait parvenir au Tribunal cantonal, les intéressés ont soulevé un moyen préjudiciel consistant à dire que le recours de l'hoirie Meylan n'a pas été signé par la partie. Chacun des indivis aurait dû signer le recours ou donner procuration à l'un d'eux pour signer.

Le Tribunal cantonal, écartant le moyen préjudiciel, a admis le recours au fond et révoqué le sceau de l'exploit de saisie.

Motifs.

Statuant tout d'abord sur ce moyen préjudiciel, et considérant que l'hoirie Piguet n'a pas établi que le membre de l'hoirie Meylan qui a signé le recours n'avait pas vocation pour le faire au nom de ses co-indivis.

Que de la solidarité qui existe entre les indivis on peut conclure qu'ils ont chacun le droit d'agir juridiquement pour la conservation des droits de l'indivision et cela sans procuration des indivis (Cc. 1351, 1352, 1326).

Par ces motifs, le Tribunal cantonal écarte ce moyen préjudiciel.

Statuant ensuite sur le recours, et considérant qu'aux termes de l'art. 25 Cpc., la partie instante, les procureurs-jurés, les avocats et les fondés de pouvoirs spéciaux ont seuls le droit de requérir le sceau d'un exploit.

Que, dès lors, en requérant le sceau de l'exploit du 15 août, Schaub aurait dû présenter au juge une procuration spéciale de ses mandants, ce qu'il n'a pas fait.

Qu'il importe peu que le juge ait su que l'hoirie Piguet avait chargé Schaub de faire cette saisie.

Que, dès lors, à ce point de vue déjà, le juge aurait dû refuser son sceau à l'exploit de saisie du 15 août 1889.

Attendu, d'autre part, que le juge de paix ne doit autoriser une saisie que sur la production d'un titre conforme aux conditions exigées par les art. 547 et 549 Cpc. (art. 566 Cpc.).

Qu'il résulte des renseignements fournis à la Cour par le juge, que celui-ci avait vu le titre au bureau de Schaub, mais que le dit titre ne lui avait pas été présenté en même temps que l'exploit.

Que bien que le juge connût le titre, il devait néanmoins en exiger la production.

Résumés d'arrêts.

Compétence. — Rentre dans la compétence de la Cour civile l'action tendant à faire prononcer la régularité de mesures provisionnelles requises en vue d'obtenir l'exécution d'un bail à loyer fait pour le prix de 4,500 fr. par an. Il importe peu, au point de vue de la compétence, qu'il ne s'agisse que d'interpréter des clauses accessoires du dit bail (art. 31 de la loi sur l'organisation judiciaire).

Cour civile, 1er octobre 1889. de Canisy c. de Stoutz.

Preuve testimoniale. — Il est permis de prouver par témoins une convention portant sur un capital supérieur à 800 fr. anciens, s'il existe un commencement de preuve par écrit, émané de celui contre lequel la preuve est administrée et rendant vraisemblable le fait allégué (Cc. 997 et 1000).

TC., 17 septembre 1889. Rapin c. Vauthier et consorts.

Recours. — Doit être écarté comme tardif, le recours exercé contre le jugement rendu par un juge de paix et déposé en mains de ce magistrat le dernier jour du délai de recours après 6 heures du soir (art. 160 et 195 de la loi sur l'organisation judiciaire; arrêté du 15 janvier 1889).

TC., 17 septembre 1889. Epoux Bally c. veuve Henny.

Recours. — Le recours en réforme d'un jugement pénal n'est accordé qu'au condamné, au Ministère public et à la partie civile (Cpp. 489).

CP., 11 septembre 1889. Bourgeois c. Chopard.

Ch. SOLDAN, conseiller d'Etat, rédacteur.

Lausanne. — Imp. CORBAZ & Comp.

XXXVIIe ANNÉE. N°s 43 et 44. SAMEDI 26 OCTOBRE 1889.

JOURNAL des TRIBUNAUX

REVUE DE JURISPRUDENCE

Paraissant à Lausanne une fois par semaine, le Samedi.

Rédaction : M. Charles Soldan, conseiller d'Etat, à Lausanne.

Administration : M. L. Rosset, greffier du Tribunal cantonal, à Lausanne.

Abonnements : 12 fr. par an ; 7 fr. pour six mois. Pour l'étranger, le port en sus. On s'abonne à l'imprimerie Corbaz & Cie, chez l'administrateur, M. Rosset et aux bureaux de poste.

Annonces : 20 c. la ligne ou son espace. S'adresser à l'imprimerie Corbaz & Cie.

Questions de droit civil fédéral.

VIII.

De la responsabilité des associés dans la société en nom collectif, et des droits, tant des créanciers sociaux que des créanciers personnels des associés.

§ 1. A l'égard des créanciers sociaux.

I. Les créanciers sociaux ont, en première ligne, le droit de poursuivre la société en justice, de provoquer sa faillite, de saisir et de faire vendre ses biens. Ils sont même fondés à réclamer, à l'exclusion des créanciers personnels des associés, le paiement de ce qui leur est dû sur le prix de ces biens. C'est donc l'avoir social qui garantit tout d'abord les créanciers de la société ; les associés ne sont que subsidiairement responsables, quoique solidairement et sur toute leur fortune, des engagements contractés par la société. Tout ceci n'est pas dit *expressis verbis* par la loi, mais résulte du texte même de l'art. 564 [1] : *Les associés sont tenus,* SOLIDAIREMENT *et sur tous leurs biens, des engagements de la société. Toute clause contraire est nulle et de nul effet à l'égard des tiers. Néanmoins on ne peut rechercher un associé personnellement à raison d'une dette sociale que lorsque la société a été dissoute ou qu'elle a été l'objet de poursuites restées infructueuses.* Bien que la société en nom collectif forme une unité juridique à l'égard des tiers, l'élément individuel y joue un grand rôle. Assurément, les dettes sociales se paieront avant tout sur l'actif social, mais les associés en demeurent tenus, entre eux pour leur part et portion, et solidairement pour le tout envers les créanciers de la société. Aussi longtemps que la société est debout, c'est elle qui est débitrice, en tant que personne juridique capable de s'obliger ; en effet, tous les actes dont sont nées des obligations pour elle, ont été passés par elle, en son nom et pour son compte. Et ceci s'entend, non-seulement des obligations découlant d'un contrat ; elle est liée également par les obligations dérivant de quasi-contrats, de délits ou de quasi-délits. Il semblerait, en conséquence, que l'associé ne pût être exposé personnellement à des poursuites de la part des créanciers sociaux que lorsque la société est en état de faillite, car une fois la société en faillite, la fiction de son unité juridique disparaît et les associés représentent désormais cette unité évanouie. En droit commercial allemand, les créanciers ont le choix

[1] C. comm. fr., 22 ; C. comm. all., 122 ; C. zurichois, 1298, 1301, 1302. *Haberstich*, II, 390, 396 ; *Jacottet*, 320 ; *Schneider et Fick*, 437 ; *Hafner*, 170 ; *Munzinger*, Motifs, 71 ; *Message du Cons. féd.*, 58 ; *Rapp. Soc. industr. et comm. du canton de Vaud*, 107 ; *Journal des Tribunaux*, XXX (1882), 67 ; *Revue de jurispr. féd.*, II, 52 (: l'associé peut être personnellement recherché à raison des dettes sociales *dès que* la société est en faillite et avant que la liquidation soit terminée, la phase dans laquelle se trouve la liquidation étant indifférente ; *idem*, III, 221) ; III, 108 (: il peut être recherché *dès l'instant de la dissolution*, et encore que la société ne soit point liquidée) ; IV, 26 (: la cessation de paiements non suivie de la déclaration de faillite ne permet pas encore aux créanciers sociaux de poursuivre les associés individuellement).

de s'adresser à la société ou aux associés individuellement. Notre Code n'a point suivi ce système ; il s'est rangé à celui de la jurisprudence française et du droit zurichois qui, plus favorable aux associés, les traite non comme s'ils étaient des cautions solidaires, mais des cautions simples de la société (cfr. art. 493).

Ils ne peuvent être recherchés, à raison d'une dette sociale, que si l'un ou l'autre des deux faits suivants s'est produit :

1° *Dissolution de la société*, par suite de l'une ou l'autre des causes énumérées à l'art. 545 (cfr. art. 572 et suiv.), — sauf les cas, cela va de soi, où la société serait continuée et ne se trouverait pas en état de faillite ;

2° *Poursuites restées infructueuses* dans le sens de l'art. 493.

Mais lorsque l'un ou l'autre de ces faits s'est produit, les créanciers sociaux sont fondés à s'adresser directement aux associés. Ceux-ci, en adoptant la forme de la société en nom collectif, ont accepté d'être tenus *solidairement* et sur tous leurs biens, car la responsabilité solidaire est de l'essence même de cette espèce de société. Les associés-gérants sont sur ce point dans la même situation que les autres ; malgré l'opinion de MM. Schneider et Fick, il en est de même, dans les limites où ils sont responsables, à l'égard des associés qui se sont retirés ou qui ont été exclus [1]. Nous avons dit que la solidarité était de droit pour les associés en nom collectif. Les auteurs se sont demandé si elle ne pouvait pas être écartée par une clause formelle insérée dans les statuts et duement publiée. Ceux qui admettaient la possibilité de déroger aux dispositions légales sur la solidarité, invoquaient essentiellement le principe de la liberté des conventions. Le Code fédéral a repoussé cette théorie, il a créé certains types de sociétés qu'il n'est pas possible de modifier au gré des parties ; spécialement, la responsabilité solidaire des associés est le caractère le plus saillant des sociétés en nom collectif, elle est pour ainsi dire d'ordre public. Dès lors, l'art. 564 nous enseigne que toute clause restreignant ou excluant la solidarité des associés est nulle absolument, qu'elle ait été ou non portée à la connaissance des tiers : une société en nom collectif,

---

[1] M. *Hafner* a exprimé l'opinion que nous adoptons. Il a fait observer avec raison que, tant qu'elle est debout, la société est obligée en première ligne, et que l'associé sortant ou exclu ne doit pas être traité avec moins de rigueur que les autres.

sans responsabilité solidaire des associés, ne serait plus une société en nom collectif dans le sens de notre loi.

Il n'est pas nécessaire, pour que les associés soient obligés solidairement, que les engagements aient été pris sous la signature sociale (v. art. 553, chiffre 3, et 561). D'autre part, les associés recherchés peuvent opposer toutes les exceptions appartenant à la société. En outre, il faut reconnaître, comme le fait la jurisprudence allemande [1], que les décisions ou jugements rendus contre la société elle-même n'autorisent pas les créanciers qui les ont obtenus à exécuter directement ces décisions ou ces jugements contre les associés. En revanche, si un jugement a débouté un créancier d'une demande formée contre la société, l'associé recherché personnellement peut exciper *de re judicata*.

Nous avons encore à examiner une question : *Quelle est la responsabilité de celui qui entre dans une société déjà existante ?* Le Code de commerce allemand et le Code zurichois statuent que le nouvel associé est tenu solidairement de toutes les obligations contractées par la société avant qu'il en ait fait partie. *Bluntschli* a justifié ce point de vue comme suit : « La raison sociale symbolise la persistance de l'être collectif, et tous les individus qu'il englobe doivent être tenus comme l'être collectif lui-même et assujettis à la même responsabilité. » Si ces considérations sont contestables, la responsabilité de chaque associé étant d'une nature toute personnelle, il n'en est pas moins vrai que la solution des deux codes précités se recommande par des raisons pratiques. Le crédit de la société en est accru et les créanciers ne courent pas le risque de ne plus avoir, à un moment donné, que des associés sortis comme garants de leurs créances sociales. Ce principe que le nouvel associé est tenu à l'égal de tout autre des dettes antérieures à son entrée est posé comme immuable par les législations allemande et zurichoise. Dans son projet (art. 73), M. Munzinger ne voulait établir qu'une présomption dans ce sens ; mais, après de longues discussions, on résolut d'adopter la solution la plus rigoureuse pour les nouveaux associés, qui, avant d'entrer dans une société en nom collectif déjà constituée, feront bien de se renseigner très exacte-

---

[1] *Arrêts du R. O. H. G.*, VI, 416 ; XX, 180 (1re période), et V, 70 (nouvelle période).

ment sur la situation financière de cette société. L'art. 565 [1] de notre Code, qui règle ce point, dispose : *Celui qui entre comme associé en nom collectif dans une société de cette nature, déjà existante, est tenu solidairement même des dettes de la société antérieures à son entrée, que la raison sociale ait ou non subi une modification* (pourvu que l'ancienne société n'ait pas été dissoute, qu'une nouvelle n'ait point pris sa place, car alors l'associé entrerait non pas dans « une société déjà existante », mais dans une société différente qui ne serait pas tenue, à moins de convention spéciale, des dettes de l'autre). *Toute clause contraire est nulle et de nul effet à l'égard des tiers.* Il va sans dire que l'art. 565 ne vise pas le cas d'une personne qui s'associe en nom collectif avec un négociant — hypothèse dans laquelle les dettes de ce dernier ne seraient supportées que par lui, — mais de l'entrée dans une société déjà formée et non dissoute *(bestehende Gesellschaft)*. La nullité des clauses contraires au 1er al. de l'art. 565 est aussi radicale que celle de l'art. 564, al. 2.

Relativement à la sortie d'un associé, nous n'avons pas de dispositions spéciales dans la loi. Mais un principe tout naturel veut qu'il soit tenu des dettes sociales contractées antérieurement à l'époque à partir de laquelle il est devenu légalement étranger à la société, jusqu'à ce qu'il en ait été déchargé d'une manière quelconque ou jusqu'à ce qu'elles se soient éteintes par paiement, prescription (cfr. art. 585 et suiv.), etc.

II. Les art. 566 à 568 règlent la question de la *faillite* de la société en nom collectif, et notamment l'ordre dans lequel les droits des créanciers sociaux, des associés et des créanciers personnels de ceux-ci peuvent s'exercer sur les biens de la société déclarée en état de faillite. Cette question est assez importante pour que nous en exposions rapidement l'historique et les généralités. Trois grands systèmes ont été proposés tour à tour, aux fins de régler cette matière :

1° *Le système ancien ou de droit commun*, qui n'est pas complètement abandonné, et d'après lequel il n'y a pas de faillite de la société, mais seulement de chacun des associés. L'actif de chaque associé, comprenant sa fortune particulière et sa part

---

[1] C. comm. all., 118 ; C. zur., 1299. *Haberstich*, II, 391 ; *Jacottet*, 321 ; *Schneider et Fick*, 439 ; *Hafner*, 171 ; *Munzinger*, l. c., 72 et suiv.

dans l'avoir de la société, sert à payer à la fois les dettes sociales et ses dettes personnelles. Il n'existe ici de privilège ni en faveur des créanciers sociaux sur les biens de la société, ni en faveur des créanciers personnels de l'associé sur les biens de leur débiteur. Le principal inconvénient de ce système, c'est qu'il est très difficile de déterminer la part de chaque associé dans la société. Comme l'a fait remarquer M. Munzinger, cette fixation de parts est souvent embarrassante lorsque, parmi les associés, les uns ont un passif, les autres un actif dans la société. Il est, par exemple, absurde de partager également le fonds social entre un associé dont l'actif est de 10,000 fr. et un autre associé dont les apports ont été absorbés en totalité par sa contribution aux dettes, par ses prélèvements, et qui, dès lors, n'a plus rien dans la société. Le résultat d'un semblable partage préjudicierait énormément aux droits des créanciers particuliers du premier associé en avantageant à l'excès les créanciers du second. Afin d'éviter un pareil résultat, un négociant glaronnais, M. Trümpi, avait proposé, au cours de la discussion (en 1862) sur un projet de loi concernant la faillite des sociétés, de procéder comme suit: La masse de chaque associé aurait prélevé l'actif de ce dernier dans la société, et ce qui serait resté du fonds social n'aurait été, qu'après ce prélèvement, partagé entre les masses des divers associés. M. Trümpi avait expliqué son système au moyen d'un exemple que nous renonçons à donner, mais qu'on trouvera dans les *Motifs* de Munzinger.

M. Munzinger et M. Fick signalèrent le défaut essentiel de ce système : M. Trümpi n'avait pas encore imaginé de règle pour déterminer la proportion dans laquelle l'actif social restant après les prélèvements devait être partagé entre les associés, lorsqu'il a été convenu que le gain et la perte ne seraient point répartis par tête, c'est-à-dire également. M. Munzinger ne se servit pas moins des propositions de M. Trümpi, en les modifiant successivement pour arriver au système qui fut adopté dans le projet de 1879 et que recommandait le message du Conseil fédéral. D'après le dit projet de 1879, les associés concouraient dans la faillite de la société avec les créanciers de celle-ci, non-seulement pour leurs créances personnelles contre la société, mais aussi pour le capital de leurs apports en tant que ces apports n'avaient pas été réduits par des pertes. Ce que les associés retiraient ainsi de la masse sociale s'ajoutait à leurs biens personnels et contribuait, en même temps que ceux-ci, à désintéresser les créanciers particuliers des associés, avec lesquels concouraient les créanciers sociaux pour le solde de leurs créances non éteintes dans la liquidation de la société elle-même.

La majorité de la commission du Conseil des Etats se prononçait pour le projet, tandis que la minorité se rangeait à l'opinion de la jurisprudence française, qui est conforme aux principes admis dans le Code de commerce allemand et le Code zurichois. Les Chambres fédérales, après de longs débats, adoptèrent enfin cette dernière manière de voir (voir sous chiffre 3 ci-après).

2° Le *système anglais*. D'après ce système, il y a non-seulement faillite de la société, mais la masse sociale et celle de chaque associé doivent être séparées l'une de l'autre d'une manière si complète que les créanciers de la société sont payés par privilège sur la masse sociale, et les créanciers particuliers par privilège également sur les biens personnels des associés. On lui reproche de fausser le caractère de la société en nom collectif, en diminuant la responsabilité de chaque associé, puisque la loi attribue aux créanciers particuliers un privilège sur les biens personnels et sacrifie les intérêts des créanciers sociaux pour le solde non acquitté de leurs créances dans la liquidation de la société. En un mot, il y a incompatibilité entre ce système et la notion même de la société en nom collectif.

3° Enfin, le *système français*, qui a passé dans le Code de commerce allemand et qui est devenu celui de notre loi. Ici, l'avoir social forme un tout distinct, aussi bien dans les rapports des associés entre eux que dans leurs rapports avec les tiers. Chaque associé peut, en conséquence, devenir créancier ou débiteur de la société; en cas de faillite de la société, la créance d'un associé contre celle-là fait partie de l'avoir de ce dernier, en rentrant dans le passif social, et vice versa. D'un autre côté, la faillite de la société n'entraîne pas de plein droit la faillite particulière de chacun des associés (cfr. art. 573). Au surplus, les créanciers sociaux sont payés sur la masse sociale avant les créanciers personnels des associés. Mais il est temps de donner le texte même de notre loi. L'art. 561 [1] est de la teneur suivante : *En cas de faillite de la société en nom collectif, les créanciers de la société sont payés sur ses biens ; à l'exclusion des créanciers personnels des différents associés.* L'art. 567 [2] porte en outre : *Les associés en nom collectif ne sont pas admis à concourir dans la faillite de la société pour le montant de leurs apports, mais ils peuvent faire valoir comme tous autres créanciers les créances qu'ils ont contre la société à quelque autre titre que ce soit* (comme bailleurs, vendeurs, prêteurs, etc.). Tout ce système est basé sur le fait que la société en nom collectif est douée de personnalité. En entrant dans une semblable société, l'associé se dépouille, en faveur de celle-ci, de la propriété de son apport, sur lequel ses créanciers particuliers comme lui-même perdent tout droit. Pourvu que l'associé n'agisse pas *in fraudem creditorum,* il est libre de disposer de ses biens dans le but qui lui paraît le plus convenable, et, entre autres, de les verser dans une société. Il en résulte que la masse sociale est destinée avant tout à désintéresser les créanciers sociaux, qu'en cas de faillite sociale les associés ne peuvent intervenir pour le montant de leurs apports, mais qu'ils ont la faculté de produire, comme tous autres créanciers sociaux, les créances qu'ils ont à d'autres titres contre la société. On a vivement critiqué la théorie de notre code, et ce aussi bien avant que pendant les délibérations des Chambres fédérales. On lui a reproché de partir d'une hypothèse erronée : la volonté de l'associé de se dépouiller de son apport ; de porter en soi une iniquité flagrante envers les créanciers personnels des associés ; d'exagérer le caractère de personne juridique attribué par la loi à la société en nom collectif ; de sacrifier notamment les droits de l'épouse, etc. Nous estimons que ces griefs ne sont pas fondés. Il n'est pas douteux que la société en nom collectif ne soit un être juridique

[1] C. comm. all. 122 ; C. zür. 1305. *Haberstich*, II, 392 et s. ; *Jacottet*, 322 ; *Schneider et Fick*, 440 ; *Hafner*, 171 ; *Munzinger*, Cc., 75 et s. ; *Mess. du Cons. féd.*, 56 et suiv. ; *Rapp. comm. Cons. nat.*, 28 ; *Rapp. comm. Cons. des Etats*, 21 ; *Rapp. Soc. indust. et comm. du canton de Vaud*, 30 ; *Rapp. au Cons. d'Etat du canton de Vaud*, 30 ; *Rapp. au Cons. d'Etat du canton de Genève*, 82 ; *Brunner*, Vortrag, 28 ; *Journal des Tribunaux*, XXX (1882), 145.

[2] *Haberstich*, II, 394 ; *Jacottet*, 322 ; *Schneider et Fick*, 442 ; *Hafner*, 171. Voir note précédente.

indépendant de la personne des associés. Elle a une vie propre ; elle acquiert et s'oblige pour et par elle-même. Il est donc logique de décider que l'actif social doit appartenir, en première ligne, aux créanciers de la société ; les créanciers particuliers des associés n'ont aucun droit sur la masse sociale tant qu'il existe des créanciers sociaux non désintéressés, puisqu'en fin de compte les apports des associés ont passé en propriété à la société et ne peuvent leur revenir que sous déduction des dettes sociales qui les grèvent. Et puis, les associés étant indéfiniment responsables, il est tout naturel, comme nous le verrons à l'article 568, que les créanciers sociaux concourent avec les créanciers particuliers sur les biens personnels de leurs débiteurs. Admettre une solution différente équivaudrait à ruiner le crédit des sociétés en nom collectif et à détruire la notion même de ces sociétés. D'ailleurs, le système de notre loi est infiniment plus pratique et plus simple que tous ceux qui lui ont été opposés. Si nous cherchons à condenser les résultats acquis, nous voyons qu'en Suisse :

1° Les créanciers sociaux sont colloqués sur la masse sociale par privilège, antérieurement aux créanciers personnels (cfr. article 569) ;

2° Les associés ne peuvent réclamer leurs apports (mais bien leurs créances) dans la faillite de la société. Si des apports avaient été frauduleusement distraits de la masse sociale, ils pourraient y être réintégrés ;

3° Enfin, comme le prescrit l'art. 568 [1] : *Lorsque les biens de la société sont insuffisants pour désintéresser complètement ses créanciers, ceux-ci ont le droit de poursuivre le paiement du solde de leurs créances sur les biens personnels de chacun des associés, en concurrence avec les créanciers particuliers de ces derniers.* Dans les faillites respectives de la société et des associés, les créanciers sociaux peuvent intervenir pour le montant intégral de leurs créances, en application de l'art. 167. Si un créancier social avait omis de produire, lors de la liquidation de la société, il ne serait pas déchu du droit de faire valoir sa créance contre les associés individuellement ; mais il faudrait

---

[1] C. comm. all. 122 ; C. zür. 1806. *Haberstich*, II, 594 ; *Jacottet*, 322 ; *Schneider et Fick*, 442 ; *Hafner*, 172. *Rev. de jurispr. féd.*, II, 52 (voir note ad art. 564), III, 221 *(idem)*.

vraisemblablement décider, comme l'a fait le Tribunal supérieur de l'empire d'Allemagne en matière de commerce [1], qu'il
ne peut faire valoir cette créance que jusqu'à concurrence du
solde qui lui serait resté dû s'il avait produit. N'oublions pas,
qu'aussitôt la faillite de la société déclarée, les créanciers sociaux peuvent réclamer aux associés la totalité de leurs créances, en sorte que la faillite de la société entraîne en général
celle des associés. Remarquons encore que la créance de la
femme constitue une dette *particulière* de l'associé et qu'elle
est traitée comme telle; elle n'est donc colloquée ni avant, ni
avec les créanciers sociaux sur les biens de la société.

§ 2. Droits des créanciers particuliers des associés.

I. Nous avons déjà plus ou moins anticipé sur cette matière,
en commentant les art. 566 à 568. En cas de faillite de la société en nom collectif, les créanciers personnels des associés
n'ont absolument rien à prétendre, puisque l'actif social est réparti tout d'abord entre les créanciers sociaux. Si la faillite sociale produisait, par extraordinaire, un excédent actif, il revien-
drait aux associés suivant leurs droits. Mais, aussi longtemps
que la société subsiste, quelle est, vis-à-vis de l'avoir social, la
situation des créanciers particuliers? On le devine aisément,
notre loi envisageant la société comme une personne juridique
distincte des associés et sa fortune comme un ensemble de
biens distinct aussi du patrimoine personnel de ces derniers.
L'avoir social est l'élément de vie de la société. Sans lui, pas de
crédit, impossibilité d'atteindre le but social. Les associés ont
abandonné la propriété de leur apport à la société, qui en dispose librement par ses gérants. Dès lors, l'art. 569 [2] nous apprend : *Les créanciers personnels d'un associé n'ont, pour se
faire payer ou pour obtenir des sûretés, aucune action sur les
biens, créances ou droits compris dans l'actif social. Ils ne peuvent procéder, à une saisie ou à tel autre acte d'exécution que
sur les intérêts, honoraires et bénéfices auxquels leur débiteur a
droit dans la société, ou sur la part qui lui revient dans la liquidation.* Ainsi les créanciers personnels des associés ne peuvent

[1] *Arrêts du R. O. H. G.* XVII, 284, 351 (1re pér.).

[2] C. comm. all. 119; C. zür. 1805. *Haberstich*, II, 398; *Jacottet*, 322;
Schneider et Fick, 448; *Hafner*, 172.

se récupérer d'aucune manière, tant que la société n'est pas liquidée, et, en cas de faillite, tant que les créanciers sociaux n'ont pas été satisfaits, sur une partie quelconque de l'avoir social proprement dit. Les seuls biens ou droits sur lesquels ils pourront se faire payer — outre la fortune particulière — sont :

1° Les *intérêts*, *honoraires* ou *bénéfices*, si leur débiteur est fondé à en prétendre, car ces sommes constituent des dettes de la société envers les associés, pour autant qu'elles n'ont pas été destinées à l'augmentation des apports, en conformité de l'article 557, al. 1, et qu'elles ne sont pas devenues des apports ;

2° *La part de l'associé dans la liquidation* de la société, sans que, d'ailleurs, cette liquidation puisse être provoquée par les créanciers particuliers, lorsqu'il n'existe pas une cause légale de dissolution (cfr. art. 545, 548, 549, 572, al. 2), si ce n'est dans les circonstances et sous les conditions prévues à l'art. 574. Ce n'est donc, sous réserve de l'art. 574, que sur le droit *éventuel* de l'associé dans l'actif que ses créanciers personnels peuvent recourir à des actes d'exécution ;

3° *Les créances de l'associé contre la société*, ainsi que la *nue-propriété des apports en jouissance* faits par lui à la société. Mais les créanciers particuliers ont la faculté de poursuivre le recouvrement de leurs créances sur les biens personnels de l'associé et sur les droits énumérés ci-dessus, aussi bien par la voie de l'exécution ordinaire que par celle de l'exécution extraordinaire (séquestre) ou de la faillite.

L'art. 570 [1] ajoute cette disposition qui paraît, à première vue, assez obscure : *Le créancier personnel qui a sur les biens de l'un des associés un droit de préférence ne peut le faire valoir que dans le sens de l'alinéa 2 de l'article précédent.* Les mots : « droits de préférence » *(Vorzugsrecht)* sont beaucoup trop vagues et n'indiquent pas suffisamment la pensée du législateur. La loi entend nécessairement par « droit de préférence », non pas les hypothèques, les privilèges, les droits de gage spéciaux qui n'affectent que des choses parfaitement déterminées, mais les *privilèges généraux*, soit sur tous les immeubles, comme les hypothèques légales et judiciaires du droit français, soit sur tous les meubles et les immeubles du débiteur. A Genève, par exemple,

[1] C. comm. all. 120. *Haberstich*, II, 399 ; *Jacottet*, 328 ; *Schneider et Fick*, 448 ; *Hafner*, 372.

ou dans les districts catholiques du Jura bernois, où les mineurs et les interdits ont une hypothèque légale sur toute la fortune immobilière de leur tuteur, un pupille ne pourrait faire valoir cette hypothèque sur la part éventuelle que son tuteur, membre d'une société en nom collectif, aurait à prétendre dans les immeubles sociaux, que selon les art. 560, al. 2, et 574; il est évident que, s'il y avait faillite de la société, les créanciers sociaux seraient payés avant lui, malgré son « droit de préférence », parce que ce droit ne pourrait grever des biens appartenant non point à l'associé, mais à la société; c'est seulement après liquidation, et s'il revient une part à l'associé, que cette part rentre dans l'avoir personnel de ce dernier. Quant aux droits de préférence *spéciaux,* les créanciers personnels peuvent les faire valoir, en vertu de leur droit de suite, et pour autant qu'ils ne l'ont pas perdu, sur la chose affectée à la garantie de leurs créances. Je suppose que j'entre dans une société en nom collectif et que j'y apporte un immeuble grevé d'une hypothèque de 10,000 fr. au profit de X., mon créancier. Celui-ci, quoique mon créancier personnel, pourra exercer son action hypothécaire contre l'immeuble grevé qui se trouve entre les mains d'un tiers détenteur, — la société, au cas particulier.

II. Nous expliquerons ici, faute de pouvoir lui assigner une place plus convenable, la disposition ainsi conçue de l'art. 571 [1] : *Le débiteur de la société ne peut opposer la compensation de ce que lui doit l'un des associés personnellement. De même, l'un des associés ne peut opposer la compensation de ce que son créancier doit à la société. Toutefois, un créancier de la société qui est en même temps débiteur de l'un des associés peut opposer la compensation à ce dernier, dans les cas prévus à l'article 564, alinéa 3* (c'est-à-dire, lorsqu'il est autorisé à actionner directement l'associé, la société étant dissoute, ou ayant été en butte à des poursuites infructueuses). Nous retrouvons une nouvelle preuve du caractère de personne juridique conféré par notre code à la société en nom collectif. En effet, l'art. 131 établissant que la compensation n'a lieu qu'entre personnes débitrices l'une de l'autre, l'art. 571 nous montre qu'en matière de compensation tout spécialement, il ne faut point confondre la

[1] C. comm. all. 121 ; C. zür. 1296, 1297. *Haberstich*, II, 399 ; *Jacottet*, 324 ; *Schneider et Fick*, 444 ; *Hafner*, 173.

société avec la personne des associés. Éclairons par des exemples les diverses hypothèses de l'art. 571 :

Cas du 1ᵉʳ alinéa. X., débiteur de 1000 fr. d'une société en nom collectif composée de A. et B., est en même temps créancier de ce dernier pour pareille somme de 1000 fr. B. le poursuit au nom de la société ; X. ne peut opposer la compensation, car il est créancier, non point de sa créancière la société, au nom de laquelle agit l'associé B., mais de B. personnellement.

Cas du 2ᵉ alinéa. X., créancier de l'associé A. pour 1000 fr., le poursuit. A. oppose l'exception de compensation en se basant sur ce que son créancier X. est débiteur d'un montant égal envers la société. Cette exception ne sera pas accueillie, car X. n'est pas débiteur de son débiteur, mais de la société, être moral, doué de personnalité juridique et distinct de la personne même des associés.

Cas du 3ᵉ alinéa. X., créancier de la société pour 1000 fr., l'a poursuivie en vain, ou cette dernière est dissoute. Mais il est, à ce moment, recherché par B. qui est membre de cette société ; X. lui doit, en effet, 1000 fr. Il sera fondé à exciper du chef de la compensation, car, en cette occurence, X. fait valoir ses droits, non plus contre la société, mais personnellement contre l'associé B., qui devient son débiteur particulier ; en conséquence, le principe de l'art. 131 est applicable. De même, l'associé, recherché personnellement par un créancier social en vertu de l'art. 564, pourrait opposer la compensation, s'il était lui-même créancier du poursuivant.

M. Jacottet s'est posé la question suivante : Devra-t-on admettre par analogie le débiteur d'une société dissoute, poursuivi par le liquidateur, à opposer la compensation avec ce qui lui est dû par un associé? Il répond négativement et nous croyons que cette solution est exacte. Non-seulement, comme l'expose M. Jacottet, ce serait, en adoptant le point de vue contraire, jeter le trouble dans la liquidation, et compromettre l'égalité entre les associés ; mais la société dissoute ne se confond pas encore, aussi longtemps que la liquidation et le partage ne sont pas terminés, avec la personne même des associés (cfr. art. 573, al. 1).

Il va sans dire, au surplus, que, pour être susceptibles de compensation, les créances mentionnées au troisième alinéa de l'art. 571 doivent satisfaire aux conditions posées par les articles 131 et suivants. Il se peut en outre que, dans les cas des 1ᵉʳ et 2ᵉ alinéas du même article, la solution soit différente, si la société s'était chargée de la dette de l'associé (cas du 1ᵉʳ alinéa), ou si la société avait cédé sa créance à l'associé (cas du 2ᵉ alinéa); ici la compensation serait opposable.

Notons encore que l'art. 571 n'a trait qu'à la compensation *légale;* la compensation peut intervenir *conventionnellement,* même dans le cas où le dit article la défend, pourvu que l'associé qui l'a consentie ait été en droit de le faire (cfr. art. 561 et 563). V. ROSSEL.

TRIBUNAL FÉDÉRAL
Séance du 20 septembre 1889.

Discussion de biens prononcée dans le canton de Vaud. — Liquidation d'immeubles appartenant au discutant et sis dans le canton de Fribourg. — Concordat du 7 juin 1810 sur les effets d'un failli remis en nantissement à un créancier dans un autre canton.

Fanchette Ræmy contre Dupraz.

Le concordat du 7 juin 1810 sur les effets d'un failli remis en nantissement à un créancier dans un autre canton ne vise que les biens meubles. En ce qui concerne les immeubles, le juge du lieu de leur situation peut ouvrir à leur égard un concours séparé, conformément aux lois de son canton, sous la seule réserve que le solde actif, s'il y en a un, soit remis à la masse principale.

Antoine Thiémard, de Massonnens (Fribourg), aubergiste à Palézieux (Vaud), est décédé dans cette localité en 1887; ses héritiers ayant répudié sa succession, le tribunal vaudois du district d'Oron prononça la discussion juridique des biens du défunt, parmi lesquels se trouvaient deux immeubles sis sur territoire fribourgeois.

Sous date du 26 février 1878, le juge liquidateur d'Oron adressa au président du tribunal fribourgeois de la Glane une délégation pour procéder à la vente aux enchères des prédits immeubles et dresser un tableau de répartition des deniers entre les créanciers hypothécaires.

La mise aux enchères de ces immeubles, laquelle eut lieu le 21 mars suivant, demeura sans résultat.

Le 21 juillet 1878, les créanciers hypothécaires furent avisés par lettres-missives que les collocations, pour ce qui concernait les fonds invendus, auraient lieu en l'audience du président, à l'hôtel de ville de Romont, le 27 du même mois.

Les créanciers ne s'étant pas présentés à cette audience et n'ayant élevé aucune réclamation, les deux immeubles invendus, n°s 887 *a* et 887 *b* du cadastre de Massonnens et taxés 2385 fr., furent adjugés à demoiselle Fanchette Ræmy, créancière, en vertu d'une lettre de rente en premier rang, du capital de 631 francs 89 c., et à Ferdinand Perroud, à Ferlens, créancier en second rang, en vertu d'une gardance de dams de 4000 fr. La demoiselle Ræmy fut colloquée en premier rang pour la somme de 635 fr. 89 et Perroud jusqu'à concurrence de 1749 fr. 11.

Le juge fribourgeois transmit les actes de collocation, — après que les radiations et nouvelles inscriptions au cadastre eurent été opérées, — au juge liquidateur, à Oron, qui les fit parvenir aux créanciers intéressés.

Ces opérations eurent lieu en application de la procédure en matière de faillite adoptée, aux termes des circulaires du Conseil d'Etat fribourgeois des 16 septembre 1805 et 8 juin 1821, par les cantons de Vaud et de Fribourg.

Les hoirs Perroud n'ayant pas fait de démarches pour obtenir le retrait (Code de la discussion des biens, art. 200), la demoiselle Ræmy, s'envisageant comme seule propriétaire des immeubles sur lesquels elle avait été colloquée, en fit opérer, sous date du 22 juin 1887, la mutation au cadastre en sa faveur.

Le 23 juillet 1888, Alexandre Dupraz, négociant à Rue, obtint des hoirs Perroud la cession de la collocation de leur père et ouvrit à demoiselle Ræmy une action tendant à faire prononcer la nullité de la collocation à elle délivrée en 1878, ainsi que de la mutation qu'elle a fait inscrire au contrôle le 22 juin 1887. Le sieur Dupraz estimait que les procédés du juge liquidateur d'Oron en 1878 étaient nuls par le double motif qu'il n'avait pas observé la procédure en matière de liquidation d'immeubles prévue par la loi de 1851 sur la discussion des biens, et que le concordat intervenu entre les cantons de Fribourg et de Vaud le 8 juin 1821 avait été abrogé par la loi précitée.

Le tribunal de la Glane ayant débouté le sieur Dupraz des fins de son action, il recourut au tribunal cantonal, qui les admit par arrêt du 4 mars 1889, en se fondant en résumé sur les motifs ci-après :

Il s'agit d'abord de déterminer la portée des circulaires des 16 septembre 1805 et 8 juin 1821, concernant la réciprocité entre Fribourg et Vaud en matière de liquidation de discussions juridiques.

La circulaire du 16 septembre 1805 stipule que les biens du failli doivent être liquidés au lieu où la discussion est ouverte et elle autorise donc les autorités fribourgeoises à adhérer aux réquisitions des autorités vaudoises, dans le cas où celui-ci, dont la discussion est ordonnée dans le canton de Vaud, possède des biens sis dans le canton de Fribourg, — mais ce seulement en ce qui concerne l'inventorisation et la taxe juridique de ses biens et non en ce qui touche l'attribution de propriété, résultant des ventes ou collocations.

Il en est de même de la circulaire du 8 juin 1821, laquelle réserve à la commission éditale seule de procéder à la collocation des créanciers sur les immeubles.

Ces circulaires n'ont donc d'autre portée que de faire reconnaître le principe de l'unité de la faillite pour l'un et pour l'autre des deux cantons, tout en respectant leurs droits de souveraineté respectifs en ce qui touche l'attribution de la propriété immobilière. Les dites circulaires ne font point un devoir au juge fribourgeois de procéder sans autres aux opérations de la liquidation des biens sis dans le canton de Fribourg et d'en adjuger la propriété par vente ou collocation sans contrôle, ni ratification de l'autorité supérieure cantonale ; au contraire, elles exigent seulement que le juge fribourgeois procède aux opérations requises de la part du liquidateur de la faillite vaudoise, sauf au dit juge à procéder conformément à la loi éditale fribourgeoise.

Or, les dispositions de cette loi, qui n'est autre que le Code de la discussion des biens, de 1851, n'ont pas été observées, notamment celles des art. 6 et 7, statuant que la faillite est déclarée par jugement du Tribunal cantonal et que le jugement est rendu public par triple insertion dans la *Feuille officielle*, — et de l'article 185 *ibidem*, prévoyant la ratification des opérations de la faillite par le Tribunal cantonal.

Dans ces circonstances, il y a lieu d'annuler la procédure devant le tribunal de la Glâne et la décision de ce tribunal.

C'est contre cet arrêt que demoiselle Ræmy recourt au Tribunal fédéral; elle l'estime rendu en violation des concordats stipulés entre Fribourg et Vaud, les 13 septembre 1805 et 8 juin 1821, et elle conclut à son annulation.

Dans sa réponse, le sieur Dupraz conclut au rejet du recours, par des moyens qui seront examinés, autant que de besoin, dans les motifs de droit ci-après :

Dans leur réplique et duplique, les parties reprennent, avec de nouveaux développements, leurs conclusions respectives.

Le Tribunal fédéral a écarté le recours.

Motifs.

1. L'opposant au recours dénie d'abord à la recourante qualité pour réclamer contre l'arrêt attaqué, en ce sens que les concordats de 1805 et de 1821 invoqués, à supposer qu'ils aient une existence réelle, n'accordent leurs garanties qu'aux tribunaux et aux ressortissants du canton qui a requis le ministère des tribunaux de l'autre canton : dans l'espèce, c'est une ressortissante du canton de Fribourg qui se plaint d'une décision rendue par les tribunaux fribourgeois, c'est-à-dire de son propre canton, en application des dits concordats. L'opposant au recours estime que les prédits concordats n'ont point été conclus en vue de cas semblables et que la demoiselle Ræmy est mal venue à exciper de leur violation.

Cette exception ne saurait être accueillie.

Les art. 113, chiffre 3, de la Constitution fédérale, et 59, litt. *b,* de la loi sur l'organisation judiciaire attribuent un droit de recours aux particuliers pour violation de concordats intercantonaux ou de traités avec l'étranger.

En outre, les obligations imposées, au dire de demoiselle Ræmy, au canton de Fribourg par les concordats en question, ont trait à toutes les faillites ouvertes dans le canton de Vaud et doivent être respectées à l'égard de tous les créanciers, qu'ils soient ressortissants de l'un ou de l'autre des cantons, ou étrangers.

2. Les cantons de Vaud et de Fribourg ont adhéré au concordat fédéral de 1810, confirmé en 1818, concernant les effets d'un failli remis en nantissement à un créancier dans un autre canton. La question posée par le recours est celle de savoir si les prédits cantons ont conclu entre eux, en 1821, et en dehors des stipulations du concordat fédéral, une convention spéciale sur la liquidation des immeubles de la faillite, et, dans le cas de

l'affirmative, si cette convention était encore en vigueur en 1878, date de la collocation litigieuse.

A cet égard, il y a lieu de remarquer :

En l'année 1821, le concordat fédéral de 1810/1818 n'avait pas encore reçu d'interprétation définitive sur la question de savoir s'il était applicable seulement aux biens meubles, ou bien aussi aux immeubles du failli ; il ne s'agissait, en 1821, que de fixer cette interprétation, et c'est dans ce but que les gouvernements de Vaud et de Fribourg s'entendirent, par correspondance, sur un mode de vivre à cet égard, en ce sens qu'une seule faillite serait ouverte, comprenant également les immeubles, et ce au domicile du failli.

Cette faillite unique devait être soumise aux principes suivants, résultant de l'entente susvisée :

La commission éditale requerra l'intervention du Tribunal dans le ressort duquel les immeubles sont situés, à l'effet d'en faire opérer la taxe et la vente ; le tribunal requis en transmettra le résultat à la commission éditale, pour ratification de l'échute, et, en cas de ratification, cette commission en donnera connaissance au tribunal pour qu'il fasse passer l'acte de vente. Dans les cas où la commission procèdera à la collocation sur ces immeubles sis hors du canton, elle en fera expédier acte par son greffier, mais l'acte de transmission devra dans tous les cas être stipulé par un notaire du canton où les fonds sont situés. Ces formalités remplies, le tribunal requis transmettra les actes notariaux qui auront été dressés à la commission, pour être remis aux intéressés.

Il ressort de ces principes que les opérations de la faillite unique, telles que son ouverture, les interventions des créanciers et leur collocation, étaient entièrement de la compétence du juge de la faillite, qu'aucune faillite spéciale ne devait être prononcée sur les immeubles sis dans le canton requis, et que les opérations de la faillite ressortissaient aux seules autorités du canton où elle avait été ouverte, à l'unique réserve de ce qui est dit plus haut en ce qui touche la stipulation de l'acte de transmission de propriété.

3. Une semblable interprétation du concordat fédéral de 1810/1818 rentrait certainement dans les attributions des gouvernements susmentionnés. Mais à supposer que le mode de vivre dont il s'agit puisse être considéré comme ayant été vala-

blement conclu entre les dits gouvernements, en l'absence de toute intervention du pouvoir législatif, il n'en est pas moins certain que les parties pouvaient y renoncer ou le modifier, si ensuite d'un changement intervenu dans leur législation, ou d'une nouvelle interprétation donnée aux concordats fédéraux sur la faillite, ils étaient amenés à admettre que le prédit arrangement ne devait plus sortir ses effets.

Or c'est précisément ce qui paraît avoir eu lieu. Depuis une série d'années, sous l'influence du nouveau Code fribourgeois sur la discussion des biens, et sans doute aussi de la décision du Conseil fédéral du 12 mars 1851, — prononçant que le concordat de 1810/1818 ne visait que les biens meubles, et qu'en conséquence le juge du lieu de la situation des immeubles peut ouvrir à leur égard un concours séparé conformément aux lois de son canton, sous la seule réserve que le solde actif, s'il y en a un, soit remis à la masse principale, — les autorités de Fribourg ont procédé à la liquidation juridique des immeubles sis sur le territoire de ce canton, et en particulier aux collocations des créanciers, en conformité de la loi fribourgeoise (voir entre autres décision du Tribunal cantonal de Fribourg, du 28 décembre 1887, concernant la discussion des biens de J.-J. Berger). Il est, en outre, établi que, dans le canton de Vaud, le même mode de procéder a été également suivi en ce qui concerne la liquidation des droits réels inscrits sur les immeubles situés dans le canton.

Dans cette situation, il ne saurait être prétendu que l'arrêt dont est recours, en revendiquant au for de la situation de statuer, en ce qui concerne l'attribution de la propriété de l'immeuble en cas de faillite, conformément à la loi éditale (Code de la discussion de biens) en vigueur dans le canton de Fribourg, ait violé un concordat intercantonal.

La question de savoir si la Cour cantonale a fait d'ailleurs une saine application à l'espèce des art. 6, 7 et 185 du prédit Code, échappe à la cognition du Tribunal de céans.

Bâle-Ville. — TRIBUNAL CIVIL.
Traduction d'un jugement du 18 juin 1889.

Contrebande. — Salaire promis pour la faire pratiquer. — Obligation immorale. — Nullité. — Art. 17 et 75 CO.

Matter et consorts contre Vellard.

Est nulle comme contraire aux bonnes mœurs la promesse d'un salaire faite par un commerçant à la personne qu'il charge de faire passer des marchandises en contrebande.

Le dépôt effectué à titre de garantie par le contrebandier doit de même être envisagé comme ayant été fait en vue d'atteindre un but immoral et ne peut, dès lors, donner lieu à une action en répétition.

Suivant convention écrite passée avec J.-B. Vellard, en janvier 1888, B. Matter, J. Janin et J. Bisel ont, à plusieurs reprises, effectué pour le compte du premier des transports de montres de Bâle à Mulhouse en se soustrayant aux lois douanières allemandes. Afin d'assurer la livraison régulière de la marchandise, Vellard s'est fait remettre par Matter et Janin ensemble 2500 fr., et par Bisel 1000 fr. « en dépôt comme garantie ». Le dernier envoi a été livré le 14 juillet 1888 par Matter, Janin et Bisel aux commissionnaires-expéditeurs Meyer et Schauenberg, à Mulhouse, qui l'ont expédié à leur tour à l'adresse de C.-F. Leutsch, à Leipzig. A Leipzig, la marchandise fut confisquée comme contrebande.

Matter, Janin et Bisel ont alors ouvert action à Vellard en paiement de leur salaire (1011 fr., sous déduction de 337 fr. déjà reçus) et en restitution du dépôt de 3500 fr., estimant qu'en remettant la marchandise au commissionnaire-expéditeur de Mulhouse ils ont rempli leurs engagements et ne peuvent plus être recherchés. Le défendeur Vellard conteste, au contraire, devoir le solde du salaire convenu, attendu que le prix payé pour la contrebande ne peut être réclamé en justice ; il se refuse, en outre, à restituer le montant déposé à titre de garantie, soutenant que ce dépôt a été exigé et fourni dans le but d'assurer la remise de la marchandise au lieu de destination, c'est-à-dire à Leipzig, et, en outre, par le motif que les demandeurs, en effectuant le dépôt, avaient en vue un but illicite ou immoral, ce qui les empêche d'en exiger la répétition, à teneur de l'art. 75 CO. Les demandeurs, de leur côté, contestent que le fait d'éluder les lois fiscales d'un Etat étranger constitue une *causa turpis* et ils invoquent à l'appui de cette thèse un arrêt rendu par la Cour d'appel de Lübeck, le 4 juin 1866 (Seuffert, *Archiv*, XXI, n° 32).

Le Tribunal civil a débouté les demandeurs des fins de leur action et son jugement a été confirmé purement et simplement par la Cour d'appel, le 15 août 1889.

Motifs.

Le fait d'introduire en contrebande des marchandises dans un pays étranger ne constitue pas une infraction à nos lois, et, dès lors, le contrat de louage de services sur lequel les demandeurs fondent leur action n'est pas contraire à la loi, du moins au point de vue du tribunal de céans ; il ne suit point de là, toutefois, que l'objet de ce contrat soit moral. Non-seulement, en effet, le métier consistant à pratiquer habituellement la contrebande semble malhonnête au point de vue des rapports d'amitié qui doivent exister entre nations différentes; mais il doit encore être considéré comme immoral au premier chef par l'ensemble des manœuvres frauduleuses dont il entraîne forcément l'emploi. Mais ce qui est particulièrement grave, c'est que la pratique de la contrebande exerce une action démoralisante dans le pays même où on s'y livre. Le gain que la contrebande procure à ceux auxquels ne répugnent pas les manœuvres malhonnêtes qui l'accompagnent, fait du tort au commerce honnête ; de plus il incite, si ce n'est oblige parfois le commerçant dont la situation financière est tendue, à imiter l'exemple qui lui est donné. Les sentiments bas que suppose la pratique de la contrebande chez ceux qui s'y livrent sont ainsi propagés, en même temps que s'affaiblissent les principes de loyauté et d'honnêteté qui forment la base des relations commerciales normales.

Il suit de ce qui précède que les prestations pour lesquelles un salaire a été promis aux demandeurs, sans être contraires à la loi, n'en sont pas moins immorales ; le contrat qui les a pour objet est, dès lors, nul à teneur de l'art. 17 CO. et les prétentions que les demandeurs en déduisent doivent être écartées comme ne reposant pas sur une cause licite.

Quant aux 3500 fr. déposés à titre de garantie, il y a lieu de considérer en première ligne que la portée de cette garantie n'est pas établie. L'affirmation des demandeurs qu'il existerait à ce sujet un contrat écrit n'a pu être prouvée, et les allégués du défendeur, consistant à dire que la valeur en question aurait été déposée en vue de garantir la réussite de la contrebande, paraissent aussi vraisemblables et aussi dignes de foi que ceux des demandeurs, d'après lesquels le dépôt ne devrait garantir que la remise régulière des marchandises à eux confiées. A défaut de preuves, c'est l'affirmation du défendeur qui doit l'emporter ; or, cela étant, il y a lieu de repousser les conclusions de la demande, puisqu'il est établi que le dernier envoi a été confisqué et n'a ainsi pas réussi et que le défendeur a subi de ce chef un préjudice supérieur au montant des valeurs déposées.

Mais à supposer même qu'il soit fait abstraction de ce point de vue, les demandeurs n'en devraient pas moins être déboutés des fins de leur action en vertu de l'art. 75 CO. Il est vrai que les 3500 fr. ont été déposés à titre de garantie, mais il est certain aussi que sans cette garantie le défendeur n'aurait pas chargé les demandeurs de passer ses marchandises en contrebande et qu'en faisant le dépôt exigé d'eux, ces derniers entendaient engager le défendeur à les charger de pareilles missions. Or il est évident que si la contrebande est immorale, le mandat donné en vue de la faire pratiquer l'est également. Le dépôt à titre de garantie avait donc pour objet une chose contraire aux bonnes mœurs, d'où suit que les conclusions tendant à la restitution de ce dépôt ne sauraient être admises.   C. S.

Vaud. — TRIBUNAL CANTONAL.
Séance du 19 septembre 1889.

Convention supérieure à 800 fr. anciens. — Preuve testimoniale. — Commencement de preuve par écrit. — Art. 995, 997 et 1000 Cc.; art. 184 CO.

Masses Walter fils et Anna Walter contre Walter père.

Les allégués des parties, la preuve entreprise sur l'un d'eux, non plus qu'un arrêt du Tribunal cantonal, ne sauraient être envisagés comme des commencements de preuve par écrit dans le sens de l'art. 1000 Cc.

Une convention verbale ne saurait remplacer l'acte écrit exigé par l'article 184, al. 2, CO., pour qu'une cession soit opposable aux tiers.

Dans une demande du 1er mai 1889, Louis Walter père, à Grandson, a conclu à ce qu'il soit prononcé que l'opposition des commissaires de la faillite d'Anna Walter-Jeanneret, opposition notifiée à L' Walter père par exploit du 25 mars 1889, étant écartée, la réponse donnée par le liquidateur de cette discussion aux interventions produites par L' Walter père, sous numéros 14, 15 et 16, est maintenue telle quelle.

Dans sa réponse, la masse d'Anna Walter, à Yverdon, a conclu à libération des conclusions prises contre elle en demande, sous offre d'admettre les interventions du demandeur sous numéros 14, 15 et 16 en sixième classe, sous déduction :

A. de 2400 fr. dus à Anna Walter, en vertu du concordat.

B. 708 fr. 85 livrés à compte en marchandises.

C. 4092 fr. 95, valeur payée par L' Walter fils, par compensation.

Dans une seconde demande du 29 mai 1889, L' Walter père a conclu à ce qu'il plaise à la Cour civile prononcer que l'opposition des commissaires de la faillite de L' Walter fils, opposition notifiée à L' Walter père, par exploit du 25 mars 1889, étant écartée, la réponse donnée par le liquidateur de cette discussion aux interventions produites par Louis Walter père, sous n°" 13 et 14, est maintenue. — Si la faillite défenderesse l'exige, le demandeur L' Walter père est prêt à lui restituer, en l'état où ils se trouvent, les livres de crédit du discutant et à abandonner à la dite faillite ceux des crédits qu'il n'a pas fait rentrer ; mais cela sous réserve de produire, en relief, une intervention pour une valeur égale au montant des crédits non encore rentrés.

Dans sa réponse, la masse en discussion de Louis Walter, à Yverdon, a conclu à libération des conclusions prises contre elle, sous offre d'admettre les interventions du demandeur sous n°" 13 et 14 en sixième classe, sous les déductions indiquées dans les conclusions de la masse d'Anna Walter, et reconventionnellement elle conclut à ce qu'il soit prononcé que L' Walter père, à Grandson, est le débiteur de la masse instante de la somme de 4092 fr. 95, pour montant des crédits de son fils, dont il a pris possession, cette valeur devant se compenser avec les interventions du demandeur sous n°" 13 et 14 jusqu'à concurrence des sommes réclamées.

A l'audience préliminaire, les parties ont convenu de réunir ces deux procès en évitation de frais et en simplification de procédure.

A la même audience, le demandeur a annoncé vouloir prouver par témoins entre autres ses allégués nᵒˢ 20, 23, 25, 28, 32, 33, 6 *bis* et 7 *bis*, ainsi conçus :

Nᵒ 20. Antérieurement au 13 décembre 1887, il avait été convenu verbalement entre Lⁱ Walter fils et le demandeur, que ce dernier paierait les dettes concordataires de Lⁱ Walter fils et qu'en par-contre, Louis Walter fils vendait toutes ses marchandises et cessionnait tous les comptes créditeurs au demandeur.

Nᵒ 23. L'état des débiteurs de Louis Walter fils accusait un total de créances s'élevant à 6572 fr. 45, sur lesquelles Louis Walter fils en indiquait pour 2500 fr. comme mauvaises.

Nᵒ 25. Tous les crédits qui, dans le dit état, sont biffés au crayon bleu avaient été payés par leurs débiteurs au greffe du Tribunal antérieurement à la remise du dit acte au demandeur.

Nᵒ 28. Dès lors le demandeur n'a encaissé net, sur les crédits de Louis Walter fils, que 1316 fr. 10.

Nᵒ 32. Alors Alfred Walter et Louis Walter fils s'en furent ensemble, le 13 décembre 1887, chez un avocat et le prièrent de leur rédiger une convention qui leur fournît les moyens légaux d'enlever ce solde de marchandises, malgré l'opposition de dame Walter. Ils omirent de parler à l'avocat des crédits antérieurement cessionnés.

Nᵒ 33. L'avocat, ignorant la cession des crédits, rédigea aussitôt la dite convention du 13 décembre 1887, sans y mentionner la cession des crédits.

Nᵒ 6 bis. De son côté, Lⁱ Walter fils, rentré en possession de ses biens, remit ses livres de crédits et une partie de ses marchandises au demandeur et il lui promit de lui remettre, ultérieurement, le solde des marchandises, — le tout en par-contre des paiements effectués par le demandeur.

Nᵒ 7 bis. Cela se passait antérieurement au 9 décembre 1887.

Les masses défenderesses se sont opposées aux preuves testimoniales entreprises sur ces allégués; par le motif qu'ils tendent à prouver une convention dont l'objet est d'une valeur supérieure à 800 fr. anciens et qu'ils vont à l'encontre de la convention du 13 décembre 1887 et des aveux de la partie; que cette preuve est, en outre, contraire à l'art. 184 CO. et que les allégués 23 et 28 ne paraissent pas de nature à pouvoir être prouvés par témoins.

Le demandeur a conclu à libération de l'incident soulevé, alléguant, entre autres, qu'il existe des commencements de preuve par écrit.

Statuant, le président de la Cour civile a, par jugement du 23 août 1889, écarté les conclusions incidentelles prises par les défenderesses, maintenu les preuves testimoniales entreprises par le demandeur et dit que les frais suivront le sort de la cause au fond.

Les masses Walter ont recouru contre ce jugement incidentel, mais dans leur mémoire elles ont déclaré renoncer à leur opposition à la preuve testimoniale entreprise sur les allégués 23, 25 et 28.

Le recours a été écarté.

Motifs.

Considérant, sur le pourvoi, que l'opposition à preuve des masses Walter ne porte plus que sur les allégués 6 *bis*, 7 *bis*, 20, 32 et 33.

Considérant que les dits allégués tendent à établir une convention dont l'objet excède en capital la somme de 800 fr. anciens.

Que la preuve d'une telle convention ne peut être faite par témoins au regard des dispositions des art. 995 et 997 Cc., sauf les exceptions apportées à ces dispositions.

Que le demandeur a déclaré se mettre au bénéfice de l'exception prévue à l'art. 1000 Cc., invoquant comme commencement de preuve par écrit les faits 16 et 26 *bis*, la preuve annoncée sur la première partie du fait 25 *bis*, l'arrêt du Tribunal cantonal du 18 septembre 1888, ainsi que l'état des crédits produits par le dit demandeur.

Considérant qu'aux termes de l'art. 1000 Cc. on appelle commencement de preuve par écrit tout acte par écrit qui est émané de celui contre lequel la demande est formée ou de celui qu'il représente et qui rend vraisemblable le fait allégué.

Considérant que les allégués des parties, la preuve entreprise sur l'un d'eux, ainsi que l'arrêt du Tribunal cantonal ne remplissent nullement les conditions légales exigées ci-dessus et que dès lors ils ne sauraient être envisagés comme des commencements de preuve par écrit.

Considérant, en ce qui concerne l'état des crédits produits par le demandeur, que cette pièce émane de la partie Walter fils, qu'elle rend vraisemblable le fait allégué et qu'elle doit dès lors rentrer dans la catégorie des actes définis à l'art. 1000 Cc.

En ce qui concerne l'argument tiré du § 2 de l'art. 184 CO., considérant que la masse de Louis Walter fils doit être envisagée comme tiers au sens du dit article, attendu qu'elle n'est pas partie contractante et qu'elle a un intérêt particulier et distinct de celui de Louis Walter fils.

Que la qualité de tiers doit à plus forte raison être attribuée à la masse en discussion d'Anna Walter.

Considérant que les allégués dont la preuve par témoins est demandée tendent à établir une convention *verbale* qui ne peut remplacer l'*acte écrit* dont il est question à l'art. 184 CO.

Que, dans ces circonstances, c'est avec raison que le président de la Cour civile a autorisé la preuve testimoniale des allégués 6 *bis*, 7 *bis*, 20, 32 et 33.

Séance du 19 septembre 1889.

Preuve testimoniale. — Convention supérieure à 800 fr. anciens. — Prétendue dérogation à une convention précédente. — Art. 975 et 995 Co.

Clavel contre Thœni et Leder.

Il ne peut être reçu aucune preuve par témoins d'une convention dont l'objet excède 800 fr. anciens.

Dans sa demande du 25 mai 1889, François Clavel fils, à Lausanne, au nom duquel agit le procureur-juré Dombald, à Rolle, a conclu à ce qu'il plaise au Tribunal prononcer :

1° Que Thœni et Leder, négociants en vins, à Gênes, sont ses débiteurs et doivent lui faire immédiat paiement des valeurs suivantes :

a) 239 fr. 28, pour commission et menus frais sur quatre ventes de vin que les défendeurs n'ont pas livré.

b) 500 fr., à titre de dommages-intérêts.

2° Que le séquestre opéré au préjudice des défendeurs, le 23 avril 1889, est régulier et qu'il peut y être suivi.

Le demandeur s'est, en outre, réservé de rendre les défendeurs responsables des dommages-intérêts qui pourraient lui être réclamés par les acheteurs du vin qui n'a pas été livré.

Dans leur réponse du 10 juin 1889, Thœni et Leder ont conclu à libération des conclusions de la demande et, reconventionnellement, à ce qu'il soit prononcé que le demandeur doit leur payer, à titre de dommages-intérêts, la somme de 1000 fr. avec intérêt légal dès la demande juridique.

Dans sa demande, Clavel a allégué entre autres les faits suivants :

« N° 1. Dans le courant de l'année 1888, les défendeurs ont entretenu avec le demandeur une correspondance au sujet du placement de vin d'Italie.

» N° 2. Le demandeur s'est chargé du placement de vins pour le compte des défendeurs. »

A l'audience du 4 juillet 1889, le demandeur a allégué et a annoncé vouloir prouver par témoins le fait n° 26, ainsi conçu :

« Dans le courant du mois de mars 1889 et dans une entrevue qui eut lieu entre le demandeur et M. Leder, il a été convenu que les expéditions de vins à faire par la maison Thœni et Leder seraient faites pour le compte de Clavel et directement à celui-ci. »

Thœni et Leder se sont opposés à la preuve testimoniale entreprise sur cet allégué, pour autant que Clavel entend prouver par témoins qu'il aurait été convenu entre lui et le sieur Leder qu'il serait lui, demandeur, considéré dans l'avenir comme acheteur de Thœni et Leder et seul responsable du prix des vins. Ils fondent leur opposition sur l'art. 995 Cc., les marchés non exécutés par eux étant d'une valeur supérieure à 800 fr. anciens.

Clavel a conclu à libération de cette opposition à preuves. Il se fonde sur ce qu'il s'agit d'établir une dérogation aux arrangements qui avaient pu être pris auparavant par lettres et qu'il s'agit aussi d'expliquer dans quelles conditions ces arrangements ont été conclus, preuve par témoins autorisée par l'article 975 Cc.

Par jugement incident du 4 juillet 1889, le Président du Tribunal du district de Rolle a écarté la preuve testimoniale entreprise sur l'allégué n° 26 et a dit que les frais suivront le sort de la cause au fond. Ce jugement est fondé en résumé sur les motifs suivants :

Le demandeur cherche à établir une nouvelle convention intervenue avec les défendeurs qui changerait la *nature* du contrat conclu primitivement entre parties, de sorte qu'il arriverait à prouver par témoins une convention supérieure à 800 fr. anciens. Il ne s'agit pas de prouver une dérogation à une convention existante, mais une nouvelle convention.

Que les parties s'étaient admises réciproquement au recours. Le recours a été écarté.

Motifs.

Considérant qu'il ne peut être reçu aucune preuve par témoins d'une convention dont l'objet excéderait 800 fr. anciens (Cc. 995).

Que, dès lors, on ne saurait admettre Clavel à prouver par témoins son allégué 26, qui tend à établir une convention portant sur un capital supérieur à la susdite somme.

Attendu que c'est à tort que Clavel prétend qu'il s'agit uniquement de prouver qu'il a été dérogé à la convention liée dans le courant de l'année 1888 par la correspondance entre parties et que, par conséquent, l'art. 975 Cc. serait applicable en l'espèce.

Qu'en effet, l'allégué n° 26 tend à établir une convention par laquelle Thœni et Leder se seraient engagés à vendre des vins à Clavel, tandis que la première convention alléguée constituerait un contrat de courtage.

Que ces deux conventions s'excluent absolument l'une l'autre et que, par conséquent, l'art. 975 n'est point applicable en l'espèce.

* * *

Vaud. — COUR DE CASSATION PÉNALE.
Séance du 10 septembre 1889.

Vagabondage, mendicité et rupture de ban. — Confédéré. — Condamnation à l'internement dans une colonie. — Art. 141 et 142 mod. Cp.; arrêté du 2 mars 1878.

Ministère public contre Guye.

Les art. 141 à 144 modifiés du Code pénal ne faisant aucune distinction entre les Vaudois et les ressortissants d'autres cantons en ce qui concerne la peine applicable aux délits qui y sont prévus, le tribunal a le choix de condamner des confédérés à l'internement ou à la réclusion.

Par jugement rendu le 26 août 1889, le Tribunal de police du district d'Yverdon a condamné Emile Guye, terrassier, pour vagabondage, mendicité et rupture de ban, à trois ans d'internement dans une colonie agricole et industrielle, à cinq ans de privation générale des droits civiques et aux frais de la cause, en vertu des art. 141 et 142 modifiés, 132 et 164 du Code pénal.

Le Procureur général a recouru contre ce jugement, concluant à ce qu'il plaise à la Cour de cassation pénale remplacer les trois ans d'internement par un an de réclusion, les autres dispositifs du jugement étant maintenus. Ce recours est fondé en résumé sur les motifs suivants :

Guye est Neuchâtelois. Or si les art. 141 et 142 du Code pénal ne disent pas que les Vaudois seuls peuvent être condamnés à l'internement, tandis que les étrangers doivent être condamnés à la réclusion, il résulte cependant de l'arrêté du 2 mars 1878 que l'internement s'applique aux Vaudois seulement. D'un autre côté, le Conseil d'Etat a invité, par sa lettre du 5 octobre 1888, le parquet à veiller à ce qu'aucun étranger au canton ne fût condamné à l'internement.

Le recours a été écarté et le jugement maintenu.

Motifs.

Considérant que la loi du 21 janvier 1875, modifiant les articles 141 à 144 du Code pénal, ne fait aucune distinction entre les Vaudois et les ressortissants d'autres cantons en ce qui concerne la peine applicable pour vagabondage.

Que la loi ne faisant aucune distinction entre ces deux catégories de citoyens, la Cour de céans ne saurait faire elle-même cette distinction.

Que l'arrêté du 2 mars 1878, qui se borne à fixer pour les communes vaudoises la contribution à payer à l'Etat pour les internés infirmes ou âgés, ne saurait avoir pour effet de modifier la loi du 21 janvier 1875.

Qu'il en est de même des directions données par le Conseil d'Etat au ministère public.

Que le Tribunal de police d'Yverdon pouvait, dès lors, choisir entre les deux peines prévues par l'art. 144 modifié du Code pénal.

Jugement criminel. — Condamné en état d'arrestation. — Délai de recours. — Prétendue communication du jury avec le dehors. — Moyen de nullité. — Rejet. — Art. 484, § e, et 498 Cpp.

Recours Laurent.

Est régulier et non tardif, l'acte de recours remis le troisième jour par un condamné en état d'arrestation au geôlier de la prison, mais déposé seulement le quatrième jour, par ce fonctionnaire, au greffe du Tribunal.

Lorsque le procès-verbal constate qu'il résulte de la déclaration du jury que celui-ci n'a pas reçu de communications du dehors, cette déclaration ne peut être contredite et détruite que par une inscription de faux.

Défenseur d'office du recourant : M. l'avocat Durand.
M. le procureur général Kaupert a combattu le recours.

J. Laurent, agent d'affaires, à Ste-Croix, a été condamné le 7 septembre 1889 par le Tribunal criminel du district de Grandson, en application des art. 283, 287 2°, 288 § b, 69, 309 et 310 du Code pénal, à six mois de réclusion, à la privation générale des droits civiques pendant un an et aux frais, comme coupable d'abus de confiance commis sur des valeurs qui lui avaient été confiées dans l'exercice de sa profession d'agent d'affaires, savoir :

b) En 1887 et 1888, sur une somme supérieure à 20 fr. anciens, au préjudice de Louis Eggly, à Genève.

a) En 1888 et 1889, sur des sommes supérieures à 20 fr. anciens, au préjudice de Amstutz et Denner, à Bâle, et de Böhne, Schwarzer et Cie, à Altstetten.

Laurent a recouru en nullité contre le jugement ci-dessus, estimant que le jury a reçu une communication du dehors par le fait qu'un juré suppléant a assisté à la délibération du jury.

Dans sa plaidoirie, le Procureur général a conclu au rejet du recours, d'abord préjudiciellement par le motif qu'il aurait été déposé tardivement.

Ce moyen préjudiciel a été écarté, mais le recours rejeté quant au fond.

Motifs.

Examinant le moyen préjudiciel et considérant que l'art. 498 Cpp. statue que si le condamné est en état d'arrestation, le greffier doit se transporter dans la prison pour recevoir sa déclaration de recours lorsque la demande lui en est faite par l'intermédiaire d'un parent, d'un défenseur ou du geôlier qui ne peut s'y refuser.

Considérant que dans l'espèce il résulte des pièces et des explications du geôlier des prisons de Grandson que Laurent a remis à ce fonctionnaire, dans le délai de trois jours, l'acte de recours contre le jugement ci-dessus, mais que le geôlier n'a déposé cet acte que le quatrième jour au greffe du Tribunal de Grandson.

Considérant que le recourant a, dès lors, satisfait aux obligations de l'art. 498 Cpp. et qu'il ne saurait être victime du retard apporté par le geôlier dans le dépôt du recours.

La Cour de cassation pénale, à la majorité absolue, écarte ce moyen préjudiciel,

Sur le recours lui-même, considérant qu'il peut y avoir recours en nullité aux termes de l'art. 484, § *e*, du Cpp., si le jury n'a pas déclaré être entré en délibération immédiatement après les débats et avoir toujours été au complet sans qu'aucun des jurés ait reçu de communications du dehors.

Considérant que le procès-verbal de l'audience du 7 septembre 1889 constate que le jury criminel de Grandson a répondu affirmativement aux questions ci-dessus qui lui ont été posées par le Président de la Cour.

Considérant qu'une telle déclaration du jury ne peut être contredite et détruite que par une inscription de faux.

Que, dès lors, Laurent aurait dû s'inscrire en faux contre cette déclaration figurant au procès-verbal, ce qu'il n'a pas fait.

Qu'en présence d'une telle constatation, le § *e* de l'art. 484 Cpp. n'est pas applicable à l'espèce.

Société suisse des Juristes.

Le Comité central de la Société suisse des juristes, dans sa séance du 6 octobre, a décidé de mettre au concours la question suivante :

De la notion et des limites de la liberté de la presse, en droit fédéral. Exposé historique et critique, accompagné de l'examen de la législation et de la jurisprudence étrangères.

Un premier prix de 500 fr. et un second prix de 300 fr. seront, sur le rapport d'un jury, décernés aux meilleurs mémoires présentés sur cette question.

Les membres de la société, ainsi que les autres juristes suisses, sont invités à prendre part à ce concours : ils feront parvenir à M. le juge fédéral Roguin, président de la société, à Lausanne, avant le 30 juin 1890, leurs mémoires, écrits dans l'une des trois langues nationales et revêtus d'une épigraphe, qui sera répétée comme adresse d'un pli cacheté renfermant l'indication du nom de l'auteur.

L'étendue de chaque mémoire ne doit pas excéder six feuilles d'impression. La Société des juristes restera propriétaire des mémoires couronnés, qu'elle aura la faculté de faire imprimer.

Le Comité a adopté la question suivante comme sujet des discussions de l'assemblée générale de la société à sa réunion prochaine, qui aura lieu à Zurich :

1° *Du Procureur général de la Confédération et des attributions à conférer à cet office, « de lege ferenda »*.

Un avis ultérieur indiquera un sujet de discussion pour le second jour de la réunion à Zurich.

Résumés d'arrêts.

Distraction d'objets saisis. — Le délit de distraction d'objets saisis est suffisamment établi s'il résulte du jugement que le prévenu a disposé d'un objet saisi à son préjudice. Il n'y a pas lieu d'annuler un tel jugement en application de l'article 524 Cpp.

CP., 1er octobre 1889. Sprintz

Mandat. — Le mandat est révocable en tout temps, alors même qu'il a été expressément stipulé pour une durée déterminée. Mais il y a lieu à indemnité si la révocation est faite à contretemps.

Lorsque le mandat est salarié, la révocation entraîne la suppression du salaire convenu.

Cour d'appel de Zurich, 10 septembre 1889. Lehmann c. Hoffmann.

Ch. Soldan, conseiller d'Etat, rédacteur.

Lausanne. — Imp. Corbaz & Comp.

XXXVIIe ANNÉE. No **45.**   SAMEDI 9 NOVEMBRE 1889.

JOURNAL des TRIBUNAUX

REVUE DE JURISPRUDENCE

Paraissant à Lausanne une fois par semaine, le Samedi.

Rédaction : M. CHARLES SOLDAN, conseiller d'État, à Lausanne.
Administration : M. L. ROSSET, greffier du Tribunal cantonal, à Lausanne.
Abonnements : 12 fr. par an ; 7 fr. pour six mois. Pour l'étranger, le port en sus. On s'abonne à l'imprimerie CORBAZ & Cⁱᵉ, chez l'administrateur, M. ROSSET et aux bureaux de poste.
Annonces : 20 c. la ligne ou son espace. S'adresser à l'imprimerie CORBAZ & Cⁱᵉ.

TRIBUNAL FÉDÉRAL
Séance du 28 septembre 1889.

Loi fribourgeoise du 28 septembre 1888 sur les auberges et autres établissements analogues. — Prétendue atteinte à la garantie du droit de propriété et à l'égalité devant la loi. — Art. 4 de la constitution fédérale ; art. 9 et 12 de la constitution fribourgeoise.

Bassler, Perriard et consorts contre Fribourg.

La garantie de l'inviolabilité de la propriété ne saurait avoir pour consé- quence de restreindre le droit du législateur de modifier un état de droit ancien et, pour donner satisfaction à des besoins nouveaux, de porter atteinte à un ordre de choses consacré par des droits privés acquis. Tout au plus peut-on déduire de cette garantie l'obligation pour l'Etat d'in- demniser ceux dont les droits privés se trouvent lésés par la nouvelle loi.

La garantie de l'égalité des citoyens devant la loi n'est point absolue, mais doit être entendue dans ce sens seulement que l'égalité de traitement doit exister, étant données les mêmes |circonstances de fait, à condition toutefois que les différences introduites se justifient en elles-mêmes et n'apparaissent pas comme arbitraires.

———

Il existait jusqu'ici dans le canton de Fribourg deux espèces de concessions d'auberge, l'une à temps illimité et l'autre à temps limité. Depuis quelques années, les autorités fribourgeoises avaient manifesté l'intention d'abolir contre indemnité les droits d'auberge à durée illimitée, et un projet de loi avait déjà été soumis au Grand Conseil à cet effet. Modifiant cette intention, le Conseil d'Etat présenta au Grand Conseil un nouveau projet, lequel fut adopté le 28 septembre 1888. Cette loi contient entre autres les dispositions suivantes :

L'art. 2 contient des prescriptions spéciales sur la durée des concessions, laquelle varie selon qu'elles ont trait à des auberges, hôtels, cercles, cafés, pintes, etc.

Art. 6. Toute concession est exercée selon les règles prescrites et moyennant l'acquittement préalable d'une patente annuelle.

Art. 7. Le prix de la patente est fixé par le Conseil d'Etat, selon l'importance de l'établissement pour lequel le droit est concédé.

Art. 9. Le Conseil d'Etat veille à ce que le nombre des établissements soit aussi restreint que possible; à cet effet, il refuse l'octroi de nouvelles concessions, le renouvellement de concessions expirées, ou peut, par mesures de bien-être public, retirer des droits concédés pour une durée illimitée.

Dans ce dernier cas, le concessionnaire est indemnisé à titre d'équité de la moins-value locative du bâtiment servant à l'exploitation. Le chiffre de l'indemnité est fixé par les tribunaux, s'il y a contestation.

Art. 60. Les concessions actuellement existantes sont exercées conformément aux dispositions de la présente loi.

Toutefois il est déduit chaque année sur le prix de la patente aux concessionnaires de droit temporaire, jusqu'à l'expiration de ce droit, une somme calculée proportionnellement au coût et à la durée de leur concession.

Art. 61. Le Conseil d'Etat a le droit de traiter en tout temps avec les intéressés le retrait d'une concession d'une durée illimitée.

La conséquence de cette loi fut d'imposer à tous les conces-sionnaires de droits temporaires ou d'une durée illimitée, l'ac-quittement d'une patente.

Sous date du 1er décembre 1888, la Direction des finances adressa aux intéressés une circulaire concernant l'application de la loi, et les concessionnaires à durée illimitée reçurent de la même autorité et à la même date l'avis ci-après :

« Par la loi du 28 septembre 1888 sur les auberges, tous ces
» établissements sont soumis à une patente annuelle de 15 fr.
» par cent francs de la valeur locative, dans les limites de 200
» francs à 1200 fr. Le Conseil d'Etat est autorisé à traiter avec
» les propriétaires de droits d'auberges pour le retrait de leur
» concession.

» Avant de faire des propositions pour le prix des patentes
» pour l'année prochaine, nous désirons savoir pour quel prix
» et à quelles conditions vous consentiriez au retrait du droit
» d'auberge attaché à votre immeuble. Veuillez nous faire par-
» venir votre réponse jusqu'au 7 décembre prochain. »

Les concessionnaires à temps illimité, incertains si l'Etat ra-chèterait leurs concessions, estimèrent ne pas devoir se soumet-tre à l'obligation de payer une patente annuelle et déposèrent, sous date du 10 décembre 1888, en mains du Tribunal fédéral un recours, par lequel ils concluaient à ce qu'il lui plaise pro-noncer :

1° Que spécialement les art. 1er et 60 de la loi fribourgeoise du 28 septembre 1888, et, généralement, les dispositions de cette loi, pour autant qu'ils viseraient les droits perpétuels d'auberge existant dans le canton de Fribourg, sont nuls, comme portant atteinte au droit de propriété garanti à l'art. 12 de la constitu-tion cantonale fribourgeoise.

2° Que la dite loi, eu égard à son art. 19, 2e alinéa, est an-nulée comme inconstitutionnelle, en ce sens qu'elle viole le principe d'égalité des citoyens devant la loi, inscrit aux art. 4 de la constitution fédérale et 9 de la constitution cantonale.

3° Subsidiairement que, à l'encontre de l'interprétation du gouvernement fribourgeois, les droits perpétuels d'auberge échappent à l'application de la loi du 28 septembre 1888, la-quelle ne vise que les concessions temporaires.

4° Subsidiairement encore, que la loi du 28 septembre 1888 est nulle comme portant atteinte aux mêmes dispositions constitutionnelles relatives au droit de propriété, pour autant qu'elle imposerait aux propriétaires de droits perpétuels le paiement d'une patente annuelle, soit une diminution de leur droit, sans équitable et proportionnelle indemnité.

Dans sa réponse, le Conseil d'Etat conclut :

1° A ce que les deux premières conclusions soient déclarées mal fondées.

2° A ce qu'il ne soit pas entré en matière sur la troisième et quatrième conclusion.

Dans leur réplique et duplique, les parties reprennent avec de nouveaux développements leurs conclusions précédentes.

Il sera tenu compte, autant que de besoin, dans les motifs de droits du présent arrêt, des arguments invoqués par les parties dans leurs écritures respectives.

Par ordonnance du 31 décembre 1888, et avec l'assentiment du procureur général de Fribourg, le président du Tribunal fédéral a suspendu le paiement des patentes jusqu'après le prononcé de ce Tribunal sur le présent recours.

Le Tribunal fédéral a écarté le recours, en réservant toutefois certains droits des recourants, ainsi qu'il est dit dans les considérants ci-dessous.

Motifs.

1. Les conclusions 1 et 4 du recours tendent à l'annulation de la loi attaquée, pour autant que celle-ci impose aux concessionnaires d'auberge l'obligation du paiement préalable d'une patente annuelle, à peine de suspension de l'exercice de leur droit de concession.

Les recourants font valoir en substance que leurs concessions perpétuelles constituent des droits privés acquis, intimément liés aux immeubles sur lesquels ils reposent, et que la circonstance que ces droits ont été désignés sous l'appellation de concession, ne change rien à leur caractère de droits réels, reconnu d'ailleurs à diverses reprises par l'Etat de Fribourg. Ils estiment qu'une atteinte ne saurait être portée à ces droits acquis que contre indemnité, ainsi que le prescrit l'art. 12 de la constitution cantonale.

L'Etat de Fribourg conteste, de son côté, que les concessions d'auberge à temps illimité puissent être considérées et traitées comme des droits réels de nature privée, attendu qu'antérieurement aux lois de 1804 et de 1837, toutes ces concessions avaient été faites à bien plaire et que le législateur de 1837 lui-même, en reconnaissant que les droits d'auberge étaient perpétuels, n'a voulu que consacrer un usage, lequel ne saurait engager l'avenir, en présence des droits de l'Etat fondés sur l'origine précaire des dites concessions et incompatibles avec la notion d'un droit perpétuel : l'Etat reconnaît d'ailleurs, dans l'art. 9 de la loi, devoir une indemnité pour le cas où il lui conviendrait, par des mesures de bien-être public, de retirer des droits concédés pour une durée illimitée.

L'Etat estime qu'en tout cas on ne peut contester son droit de soumettre toutes les concessions à un droit de patente, qu'il a déjà exercé précédemment, et que même l'existence de droits privés serait impuissante à l'empêcher de légiférer ainsi qu'il a cru devoir le faire.

Cet acte législatif ne saurait impliquer une violation de la garantie de la propriété, inscrite à l'art. 12 de la constitution cantonale.

2. En ce qui concerne ce premier point du litige, il y a lieu de retenir d'abord que la loi du 28 septembre 1888 n'a point pour but, ni pour effet, d'abolir sans autres les anciennes concessions d'auberge. A son art. 60, al. 1er, elle dispose au contraire expressément que les dites concessions, encore existantes, sont exercées conformément aux dispositions de cette même loi.

De même l'art. 61 *ibidem*, en réservant au Conseil d'Etat le droit de traiter en tout temps avec les intéressés le retrait d'une concession d'une durée illimitée, reconnaît implicitement l'existence de ces concessions. Enfin et surtout, l'art. 9 n'autorise leur retrait que moyennant une indemnité dont elle prévoit le mode, en prescrivant qu'elle devra équivaloir à la moins-value locative du bâtiment servant à l'exploitation. D'ailleurs, dans ses écritures, l'Etat a également expressément reconnu que les concessions à temps illimité ne pourraient être retirées que contre le paiement de l'indemnité prévue par la loi.

Le retrait des concessions en question, tel qu'il est prévu par la loi du 28 septembre 1888, ne porte dès lors pas atteinte à l'art. 12 de la constitution cantonale. Le mode d'indemnité déterminé par la dite loi est considéré comme juste par les recourants eux-mêmes, lesquels, dans leur recours (*ad* conclusion 1, chiffre 3), reconnaissent « qu'aux termes de l'art. 9, le conces-
» sionnaire perpétuel, auquel on retirerait son droit, serait in-

» demnisé de toute la moins-value locative de la part du bâti-
» ment qui servait à l'exploitation de son industrie et qu'il
» serait ainsi remboursé de toute sa perte ».

Les recourants ne formulent d'ailleurs pas de grief touchant
le retrait des concessions, mais ils se plaignent seulement d'être
astreints au paiement, qu'ils estiment inconstitutionnel, d'un
droit de patente annuelle, avant le rachat de leurs dites concessions.

3. A ce sujet, il est établi que toutes les concessions, sans
distinction, doivent être soumises, sous le régime de la loi attaquée, à l'acquittement préalable d'une patente annuelle, basée
sur la valeur locative que l'établissement est censé avoir d'après
l'importance de l'exploitation à laquelle se rapporte la concession, patente se montant, pour les hôtels et auberges, à 15 fr.,
et pour les cafés, restaurants et brasseries, à 25 fr. pour chaque
centaine ou fraction de centaine de francs de valeur locative,
dans les limites de 200 à 1200 fr. (loi art. 2 et 19).

Ce droit de patente exigé des concessionnaires apparaît, aux
termes des art. 6 et 19, qui parlent de « l'exercice de la conces-
» sion moyennant l'acquittement préalable d'une patente an-
» nuelle », et du « prix de patente des concessions », comme un
équivalent pour l'autorisation d'exploiter cette industrie, et la
question soulevée par le recours est celle de savoir si le législateur fribourgeois, en exigeant des concessionnaires à temps illimité le paiement d'une semblable taxe, porte atteinte à un droit
privé acquis, que les recourants estiment posséder en vertu de
leur concession.

A cet égard, le droit de l'Etat de modifier un état de droit
ancien par la voie de la législation ne saurait être contesté
d'une manière générale, pas plus que la nécessité où il peut se
trouver, dans le but de donner ainsi satisfaction à des besoins
nouveaux, de porter atteinte à un ordre de choses consacré par
des droits privés acquis. Il était ainsi loisible au législateur fribourgeois, en vertu du droit souverain de l'Etat, de modifier le
système en vigueur jusqu'ici en matière de concessions d'auberge
et de les subordonner au paiement annuel préalable d'une patente. En ce faisant, il n'a point méconnu la garantie de l'inviolabilité de la propriété inscrite à l'art. 12 de la constitution
cantonale : cette disposition, en effet, ne saurait point avoir pour
conséquence, ainsi qu'il vient d'être dit, de restreindre la liberté

du législateur; on peut tout au plus en déduire l'obligation pour l'Etat d'indemniser les concessionnaires, pour autant que leurs droits privés se trouveraient lésés par la loi.

Dans cette situation, l'annulation de la loi attaquée ne saurait être prononcée, et il y a lieu d'écarter la première conclusion du recours.

4. Il n'est point nécessaire de résoudre en l'état la question de savoir si le canton de Fribourg est tenu d'indemniser les recourants et éventuellement dans quelle mesure, ensuite d'atteinte portée à leurs droits privés. La solution de cette question, loin de s'imposer actuellement, serait intempestive et prématurée, en présence, d'une part, des assurances contenues dans la loi elle-même et confirmées dans les écritures de l'Etat, et, d'autre part, du fait que l'existence des prétendus droits acquis des recourants n'a point encore été reconnue par les voies juridiques.

La loi du 28 septembre 1888, dans plusieurs de ses dispositions précitées, déclare expressément que les concessions à temps illimité ne seront retirées que contre le paiement d'une indemnité que cette loi détermine; le Conseil d'Etat, dans ses écritures, reconnaît aussi cette obligation vis-à-vis de tous les concessionnaires justifiant du caractère de droit privé de leur concession, et il ajoute d'une manière générale que « si des » droits privés existent, il est loisible aux ayants droit de les » faire valoir dans une autre forme par action civile et indivi- » duelle en réparation du dommage, auquel cas l'Etat de Fri- » bourg est prêt à leur répondre ».

Bien que cette déclaration ne vise pas expressément les patentes annuelles, elle doit toutefois être comprise dans ce sens que l'Etat reconnaît son obligation d'indemniser, pour autant que des droits privés seraient lésés par la présente loi; il n'y a, en effet, pas de différence à faire à cet égard entre le retrait des concessions et l'obstacle mis à leur exploitation par l'exigence du paiement préalable d'un droit de patente.

5. Il suit de ce qui précède, d'une part, que les concessions à temps illimité, pour autant qu'elles reposent sur un droit privé, continuent à pouvoir être exploitées, jusqu'à leur rachat, et, d'autre part, que cette exploitation, si elle est subordonnée à l'acquittement préalable du droit de patente, doit entraîner pour l'Etat l'obligation d'indemniser, dans tous les cas où il

serait reconnu que cette exigence porte atteinte à des droits acquis. Bien que le Conseil d'Etat, dans ses écritures, n'ait pas expressément admis cette dernière conséquence, il est évident qu'elle découle avec nécessité du fait que l'Etat de Fribourg a reconnu en principe son obligation d'indemniser dans les cas de lésion d'un droit privé.

Au reste, le recours ne pourrait, en la forme, être actuellement déclaré fondé, puisque, ainsi qu'il a été déjà dit, la preuve de l'existence des dits droits privés acquis, affirmée par les recourants et contestée par le canton de Fribourg, n'a point été encore apportée par les intéressés. Il y a donc lieu de renvoyer d'abord les recourants au juge civil compétent, aux fins de lui faire trancher préalablement ces questions, — que le Tribunal de céans ne saurait aborder comme Cour de droit public, — sauf aux dits recourants, selon la décision qui interviendra, à nantir, le cas échéant, de rechef le Tribunal fédéral par la voie d'un nouveau recours.

6. La conclusion 2 du recours, basée sur une prétendue violation du principe de l'égalité devant la loi, ne peut être non plus accueillie.

Les recourants veulent voir une telle violation dans la disposition de l'art. 19, al. 2, de la loi attaquée, d'après laquelle la patente est diminuée de 25 % en faveur des communes ou paroisses propriétaires d'établissements dans lesquels on ne débite pas de la boisson distillée soumise au monopole.

Ce grief est dénué de fondement. Ainsi que le Tribunal fédéral l'a fréquemment reconnu, la garantie de l'égalité des citoyens devant la loi n'est point absolue, mais doit être entendue dans ce sens seulement que l'égalité de traitement doit exister étant données les mêmes circonstances de fait, à condition toutefois que les différences introduites se justifient en elles-mêmes et n'apparaissent pas comme arbitraires.

Or, dans l'espèce, la disposition attaquée traite tous les particuliers sur le même pied et met seulement les communes ou paroisses, sans exception, au bénéfice d'une réduction de la patente, mais en faveur des seuls établissements qui ne débitent pas de liqueurs alcooliques.

La situation privilégiée faite aux communes et paroisses n'est point arbitraire et peut se justifier soit au point de vue de certaines garanties spéciales que ces corporations présentent en matière de police, soit, surtout, en vue de la diminution de la consommation de l'alcool.

7. La 3ᵉ conclusion doit enfin également être repoussée. Elle tend à faire prononcer que les droits perpétuels d'auberge échappent à la loi du 28 septembre 1888, laquelle ne prévoit, à ses art. 2 et 19, que les concessions temporaires.

Il y a lieu de faire remarquer d'abord que cette conclusion se trouve en contradiction flagrante avec la conclusion n° 1, laquelle est précisément basée sur l'allégation que les dispositions de la loi attaquée portent une atteinte inconstitutionnelle aux droits de propriété des recourants.

En outre la question, soulevée par la conclusion n° 3, de savoir si la loi précitée vise les concessions perpétuelles, ne pourrait être résolue que par le juge civil compétent, attendu qu'elle a trait seulement à l'application de la loi, et non à la constitutionnalité de ses dispositions.

Bâle-Ville. — TRIBUNAL D'APPEL.
Traduction d'un arrêt du 29 août 1889.

Droit de rétention du bailleur. — Limitation de ce droit au loyer proprement dit, à l'exclusion des autres droits et créances dérivant du bail. — Art. 294 CO.

Bauer contre Bender.

Le droit de rétention du bailleur, tel qu'il est établi à l'art. 294 CO., ne garantit que le loyer proprement dit, à l'exclusion des autres droits et créances dérivant du bail.

Bauer était locataire d'un immeuble appartenant à Bender. Lors de la résiliation du bail, le bailleur fit valoir son droit de rétention sur les meubles garnissant les lieux loués et appartenant à Bauer, cela pour être payé du loyer, des frais de deux procès relatifs à la résiliation du bail, du montant de dommages causés par l'eau grâce à la faute de Bauer, des frais nécessaires pour remettre les lieux loués en état, enfin d'une indemnité en raison de l'impossibilité d'utiliser l'appartement pendant la durée des réparations.

Le Tribunal civil a admis le droit de rétention pour toutes

ces prétentions, à l'exception de la dernière (indemnité pour non-utilisation des lieux loués), et cela en se fondant sur les motifs déjà indiqués dans sa décision concernant le litige Löliger c. Gutersohn [1].

Ensuite de recours, la Cour d'appel n'a admis le droit de rétention que pour le loyer seul, toutes les autres prétentions étant considérées comme non privilégiées.

Motifs.

Il est vrai que soit en droit commun, soit d'après des législations récentes, suisses ou étrangères, le privilège légal du bailleur n'est pas restreint au loyer proprement dit, mais doit s'étendre encore à d'autres créances ayant leur source dans le bail. Toutefois les lois en question, ou bien disposent expressément que le privilège du bailleur s'étend à toutes les obligations résultant du bail, ou bien elles spécifient les créances autres que le loyer qui sont mises au bénéfice de ce privilège (comp. entre autres Code civil français, art. 2102; ordonnance pour la ville de Bâle de 1719, § 448; projet de Code civil bâlois, § 619; projet de Code civil pour l'empire allemand, § 521). Les projets de loi fédérale sur le droit des obligations des années 1875 (art. 306), 1876 (art. 306) et 1879 (art. 315) se plaçaient au même point de vue, en accordant tous au bailleur un droit de gage, soit de rétention, « pour garantie de ses droits et créances dérivant du bail ».

Le texte définitif de l'art. 294 du Code des obligations accordant au bailleur un droit de rétention pour le « loyer » et seulement pour celui-ci, on doit en inférer que c'est intentionnellement et en opposition avec ce qui est admis dans les législations citées plus haut et dans les projets fédéraux antérieurs, que le législateur suisse a entendu restreindre ce droit de rétention au loyer proprement dit et ne pas l'étendre à d'autres prétentions du bailleur. L'expression « loyer » a, du reste, un sens fixé par la loi elle-même et nettement limité; on comprendrait d'autant moins que le législateur ait choisi ce terme s'il eût réellement voulu viser tous les droits et créances du bailleur dérivant du bail.

Cette interprétation, qui s'appuie à la fois sur le texte même et sur l'historique de la loi, se trouve encore confirmée si l'on

[1] Voir *Journal des Tribunaux* de 1887, p. 59.

considère que la limitation du droit de rétention au loyer de l'année écoulée et de l'année courante, telle que l'établit l'article 294, ne pourrait s'appliquer facilement à toutes les créances dérivant du bail ; en effet, à l'exception du loyer, ces créances ne sont généralement pas de nature à pouvoir être attribuées à une année ou à un mois déterminé.

Le principe admis par le Tribunal civil aboutirait, dès lors, en pratique à des distinctions arbitraires, comme on en remarque du reste effectivement dans les jugements qu'il a rendus. On ne s'explique pas pourquoi, par exemple, les frais de procès, ceux de réparation de dommages causés par l'eau grâce à une faute du locataire, les indemnités pour mobilier manquant, etc., devraient être garantis par le droit de rétention, tandis qu'il n'en serait pas de même des dommages et intérêts dus pour résiliation du bail ou pour restitution tardive et incomplète de la chose louée.   C. S.

Vaud. — TRIBUNAL CANTONAL.
Séance du 24 septembre 1889.

Procédure devant le juge de paix. — Jugement n'énonçant pas les conclusions des parties et prononçant sur une question excédant la compétence du juge. — **Nullité.** — **Art. 186, 190, 195, §§ *a* et *b*, et 220 de la loi sur l'organisation judiciaire.**

Société d'assurances *La Providence* contre Matthey.

Il y a lieu à nullité du jugement de juge de paix qui n'énonce pas les conclusions des parties et statue sur une question dont la valeur excède la compétence de ce magistrat.

Par exploit du 10 juillet, la société d'assurances *La Providence*, à Paris, a ouvert action à Auguste Matthey, à Bex, pour faire prononcer qu'il est son débiteur et doit lui faire prompt paiement des sommes suivantes :

a) 19 fr. 40, pour trimestre de prime du 29 janvier au 29 avril 1889, plus 4 fr. 35 pour frais concernant le dit trimestre de prime, le tout avec intérêt légal dès le 25 avril 1889 ;

b) 19 fr. 40, pour trimestre de prime du 29 avril au 29 juillet 1889, avec intérêt légal dès la demande juridique.

A l'audience du juge de paix du 22 juillet, Matthey s'est présenté et n'a pris aucune conclusion.

Par jugement du 29 juillet, le juge de paix du cercle de Bex a écarté les conclusions de la demanderesse et accordé au défendeur ses conclusions avec dépens, le jugement disant que Matthey a conclu à libération de l'action qui lui est intentée et à ce que le contrat qui le lie à la société *La Providence* soit résilié à teneur des art. 18 et 19 CO.

La société *La Providence* a recouru contre ce jugement, dont elle demande la nullité en vertu des art. 195, § *b*, et 220 de la loi sur l'organisation judiciaire.

Le Tribunal cantonal a admis le recours, annulé le jugement et renvoyé la cause au juge de paix d'Ollon pour être instruite et jugée à nouveau.

Motifs.

Considérant qu'aux termes de l'art. 195, § *b*, de la loi sur l'organisation judiciaire, il peut y avoir recours en nullité contre une sentence rendue par un juge de paix, si la dite sentence n'est pas conforme à l'art. 190 de la dite loi.

Considérant que cet art. 190 exige que le jugement énonce, entre autres, les conclusions des parties, soit la question à juger.

Considérant que, dans l'espèce, le juge de paix de Bex ne s'est pas conformé à cette disposition expresse de la loi.

Qu'en effet, on ne voit nulle part au procès-verbal de l'instruction du procès que Matthey ait pris les conclusions sur lesquelles le juge de paix a statué.

Que ces conclusions n'ont ni été déposées par écrit, ni dictées au procès-verbal, ainsi que le veut l'art. 186 de la loi judiciaire.

Considérant, d'autre part, que le juge de paix n'était pas compétent pour statuer sur la résiliation du contrat passé entre Matthey et la société *La Providence*, le dit contrat portant sur une somme de 10,000 fr. et dépassant ainsi de beaucoup la compétence du juge de paix.

Que ce magistrat aurait dû, dès lors, se déclarer d'office incompétent (art. 220 de la loi judiciaire) et que ne l'ayant pas fait, le jugement doit, à ce second point de vue encore, être annulé aux termes de l'art. 195, § *a*, de la loi judiciaire.

Séance du 1er octobre 1889.

Exploit d'opposition rédigé par un agent d'affaires et non par un avocat. — Recours contre le sceau. — Rejet. — Art. 3 de la loi du 25 novembre 1880 sur le barreau ; art. 170 du tarif des émoluments en matière judiciaire, du 2 septembre 1887.

Forster contre Weber.

Si les avocats brevetés dans le canton et les personnes qui leur sont assimilées par l'art. 3 de la loi sur le barreau peuvent seuls recevoir mandat d'instruire et de plaider les procès civils, on ne saurait admettre toutefois qu'ils puissent seuls rédiger un exploit de citation en conciliation ou une opposition. En effet, la citation en conciliation, premier acte du procès, ne constitue pas un acte d'instruction de la cause.

Pour parvenir au paiement de diverses valeurs qui lui sont dues par Th. Weber, à Cully, G. Forster, au dit lieu, a pratiqué le 2 août 1889 une saisie portant sur les récoltes d'immeubles appartenant au dit Weber.

Par exploit du 3 septembre 1889, l'agent d'affaires Corthésy, à Cully, agissant au nom de Weber, a fait opposition à cette saisie en se fondant sur le motif que Weber ne devait rien à Forster le 3 septembre, les titres qui ont fondé la saisie étant payés ou devant se payer au moyen de la vente du vin en moût.

Le procureur-juré Deprez, à Cully, agissant au nom de Forster, a recouru contre le sceau accordé à cet exploit d'opposition, en se fondant sur les moyens suivants :

1° L'agent d'affaires Corthésy n'a pas présenté de procuration spéciale et régulière l'autorisant à opposer à la saisie de Forster au nom de Weber ;

2° L'exploit n'est pas signé par un avocat.

Or les avocats seuls ou les personnes qui leur sont assimilées par la loi sur le barreau peuvent recevoir mandat d'instruire les procès civils. L'agent d'affaires Corthésy ne pouvait donc recevoir mandat ou faire opposition, cet acte constituant certainement un acte d'instruction du procès.

Le recours a été écarté.

Motifs.

Considérant, *sur le 1er moyen*, que Corthésy était porteur d'une procuration de Weber au moment où il a requis le sceau de l'exploit d'opposition du 3 septembre 1889.

Qu'en effet il a fait parvenir au Tribunal cantonal une procuration légalisée le 13 mars 1886, qui était partiellement en blanc à cette époque, mais qui a été remplie dès lors.

Que Forster n'a pas établi et qu'il ne résulte aucunement du dossier que Corthésy n'a pas produit sa procuration au juge de paix lorsqu'il a requis le sceau de l'exploit.

Que c'était à Forster à faire une telle preuve.

Attendu, *sur le 2ᵉ moyen,* que si les avocats brevetés dans le canton et les personnes qui leur sont assimilées par l'art. 3 de la loi sur le barreau peuvent seuls recevoir mandat d'instruire et de plaider les procès civils, on ne saurait pas admettre, ainsi que le voudrait le recourant, qu'ils puissent seuls rédiger un exploit de citation en conciliation ou une opposition.

Qu'en effet la citation en conciliation, premier acte du procès, ne constitue pas un acte d'instruction de la cause.

Qu'il résulte, en outre, de l'art. 170 du tarif des émoluments et indemnités en matière judiciaire que les procureurs-jurés et mandataires en matière contentieuse peuvent réclamer un émolument pour une citation.

Que puisqu'un tel émolument est prévu, ils doivent être considérés comme autorisés à rédiger une citation, soit une opposition.

———◦—⊰⧓⊱—◦———

Vaud. — COUR DE CASSATION PÉNALE.
Séance du 1ᵉʳ octobre 1889.

Ordonnance de renvoi. — Plaignant non renvoyé condamné à une peine. — Recours admis. — Art. 444 Cpp.

Recours Vacheron.

Le plaignant qui n'est pas renvoyé en police conjointement avec le prévenu ne peut être condamné à aucune peine. Le Tribunal a seulement la faculté de mettre tout ou partie des frais à sa charge.

Ensuite de plaintes réciproques de Charles-Louis Vacheron et d'Henri Vacheron, le juge de paix du cercle de Cudrefin a renvoyé Charles-Louis Vacheron devant le tribunal de police du district d'Avenches comme accusé d'injures, de diffamation et d'outrage public aux mœurs.

Statuant sur cette affaire, le tribunal de police d'Avenches a reconnu coupable :

a) *Charles-Louis Vacheron :*

1° D'avoir troublé la paix publique en causant du scandale dans le village de Mur par ses cris et ses paroles grossières à l'adresse de son frère Henri ;

2° D'avoir outragé publiquement les mœurs par des actions obscènes en descendant son pantalon contre les membres de la famille de son frère Henri ;

3° D'avoir imputé méchamment à son dit frère d'être voleur et à la femme et à la fille de celui-ci d'avoir des relations charnelles avec un de leurs voisins ;

b) *Henri Vacheron :*

D'avoir, par ses faits et gestes, provoqué dans une certaine mesure ces scandales en secouant un paquet de clefs à l'approche de son frère pour lui reprocher une détention qu'il avait subie.

Vu ces faits et faisant application des art. 64, 135, 195, 263 et 266 Cp., le tribunal de police d'Avenches a condamné Charles-Louis Vacheron à 30 jours de réclusion et Henri Vacheron à une amende de 6 fr. Statuant sur les frais, le tribunal a dit que Henri Vacheron en supportera la quinzième partie, le solde devant être payé par Charles-Louis Vacheron.

Henri Vacheron a recouru contre ce jugement, estimant qu'il ne pouvait être condamné, puisque aucune ordonnance de renvoi n'avait été rendue contre lui.

Le recours a été admis et Henri Vacheron libéré de toute peine.

Motifs.

Considérant, sur le pourvoi, qu'en effet Henri Vacheron n'a pas été renvoyé devant le tribunal de police d'Avenches, l'ordonnance de renvoi du juge de paix de Cudrefin ne visant que Charles-Louis Vacheron.

Que, dès lors, Henri Vacheron, qui n'était plus que plaignant, ne pouvait être condamné à aucune peine et que le tribunal avait seulement la faculté de mettre tout ou partie des frais à sa charge, en vertu de l'art. 444 Cpp.

Séance du 1er octobre 1889.

Tamponnement de wagons. — Condamnation pénale. — Jugement incomplet. — Nullité. — Art. 67, *b*, du Code pénal fédéral; art. 524 Cpp.

Recours Dupuis.

Il y a lieu d'annuler comme incomplet le jugement de police qui reconnait le prévenu coupable d'avoir été la cause d'un tamponnement de wagons, par l'effet d'un oubli, sans dire en quoi cet oubli a consisté.

Alexis Dupuis, aiguilleur à la gare de Villeneuve, a été condamné, le 19 septembre 1889, par le Tribunal de police du district d'Aigle, en application de l'art. 67, *b*, du Code pénal fédéral, à cinq jours d'emprisonnement, 25 fr. d'amende et aux frais, comme coupable d'avoir, le 12 juillet, à Villeneuve, par l'effet d'un oubli, été la cause d'un tamponnement de wagons qui aurait pu avoir des conséquences graves pour les voyageurs et les employés du train de banlieue n° 841.

Dupuis a recouru contre ce jugement, dont il demande la nullité par le motif que le Tribunal d'Aigle n'a énoncé aucun fait à sa charge permettant de le condamner.

Le pourvoi a été admis et la cause renvoyée au Tribunal de police du district de Vevey.

Motifs.

Considérant que Dupuis a été reconnu coupable d'avoir été la cause d'un tamponnement de wagons, par l'effet d'un oubli.

Considérant que le Tribunal de police n'a pas dit en quoi avait consisté cet oubli, celui-ci ne constituant pas un fait, mais bien l'appréciation d'un fait.

Que, du reste, l'oubli ne suppose pas nécessairement l'imprudence punie par l'art. 67, § *b*, du Cp. fédéral qui a été appliqué en l'espèce.

Que, dès lors, le jugement dont est recours n'énonce pas de fait à la charge du recourant et qu'ainsi il y a lieu de faire application de l'art. 524 dernier alinéa Cpp.

Ch. SOLDAN, conseiller d'Etat, rédacteur.

Lausanne. — Imp. CORBAZ & Comp.

JOURNAL des TRIBUNAUX

REVUE DE JURISPRUDENCE

Paraissant à Lausanne une fois par semaine, le Samedi.

Rédaction : M. Charles Soldan, conseiller d'Etat, à Lausanne.

Administration : M. L. Rosset, greffier du Tribunal cantonal, à Lausanne.

Abonnements : 12 fr. par an ; 7 fr. pour six mois. Pour l'étranger, le port en sus. On s'abonne à l'imprimerie Corbaz & Cie, chez l'administrateur, M. Rosset et aux bureaux de poste.

Annonces : 20 c. la ligne ou son espace. S'adresser à l'imprimerie Corbaz & Cie.

SOMMAIRE. — *Tribunal fédéral :* Keller c. Etat de Berne ; contravention ; part d'amende promise au dénonciateur ; réclamation de celui-ci ; nature civile. — Genève. *Tribunal de commerce :* Vita c. Vollerin ; responsabilité des hôteliers ; objet déposé par un non-voyageur. — Vaud. *Tribunal cantonal :* Commune d'Ormont-dessous c. Ganahl ; louage de services pour une durée indéterminée ; congé donné ; prétendue tacite reconduction. — *Résumés d'arrêts.*

TRIBUNAL FÉDÉRAL

Séance du 12 octobre 1889.

Contravention. — Part d'amende promise au dénonciateur. — Action en paiement intentée par ce dernier au fisc. — Nature civile de cette réclamation. — Compétence du Tribunal fédéral. — Art. 27, § 4, de la loi sur l'organisation judiciaire.

Keller contre Etat de Berne [1].

Une promesse par laquelle une récompense est offerte publiquement à celui qui s'acquittera d'une prestation déterminée fait naitre, d'une part, pour

---

[1] La question que traite le présent arrêt a assez d'analogie avec celle qui a divisé, il y a quelques années, la commune d'Aubonne et l'Etat de Vaud, au sujet d'une amende pour contravention à la loi sur le droit de mutation, amende remise partiellement par le Conseil d'Etat et dont la commune d'Aubonne réclamait sa part intégrale (voir *Journal des Tribunaux,* année 1886, p. 507 et 542; année 1887, p. 202). Le Tribunal fédéral a admis, en ce qui concerne la compétence des autorités judiciaires, le même principe que le Tribunal neutre du canton de Vaud.

le promettant, l'obligation de droit privé de remplir sa promesse, et, d'autre part, pour celui qui a exécuté la prestation, le droit d'exiger du dit promettant la récompense promise.

La circonstance que la récompense n'est pas offerte pour un cas spécial, ni à une personne déterminée, mais qu'elle est érigée en règle pour toute une catégorie de cas prévus par la loi, ne saurait rien changer au caractère juridique de la prétention du tiers.

Dès lors, le Tribunal fédéral est compétent pour connaître de l'action qu'un gendarme intente au canton pour réclamer la part d'amende que la loi lui attribue ensuite de la dénonciation d'une contravention, alors que cette part excède 3000 francs.

———

Le 9 mai 1886, Nicolas-Benoît Keller, sergent de gendarmerie et percepteur d'ohmgeld à Neuveville, canton de Berne, dénonça par procès-verbal dressé contre la maison de commerce Béguin et Cⁱᵉ, alors à Neuveville, les membres de cette société comme coupables de diverses fraudes et contraventions, principalement à la loi sur l'ohmgeld du 9 mars 1841.

Cette dénonciation fut transmise le 13 mai 1886 au Juge d'instruction du district de Neuveville, lequel informa sur les délits dont les nommés Célestin Béguin, Charles-Albert Tilloz et Emile Apothéloz étaient accusés ; un quatrième inculpé, le nommé Christian Schmidt, s'était soustrait par la fuite.

Par arrêt du 23 juillet 1887, intervenu sur appel contre le jugement de première instance, la Chambre de police déclara Béguin et Tilloz coupables de fraude d'ohmgeld, de tromperie et de contravention à l'ordonnance sur le contrôle des boissons spiritueuses, puis Apothéloz coupable de complicité de fraude d'ohmgeld, et les condamna, en application des art. 11, 17 et 18, lettre *b*, de la loi sur l'ohmgeld du 9 mars 1841, ainsi que d'autres dispositions de lois cantonales : *a)* pour fraudes d'ohmgeld, à des amendes ascendant ensemble à la somme de 8127 fr. 55, et, pour d'autres délits, à des amendes de 100 fr.

Le montant de ces amendes, diminué d'un rabais de 2056 fr. 89 cent., que l'Etat de Berne paraît avoir accordé, fut acquitté par les condamnés à la recette du district de Neuveville, la perception et la répartition des amendes incombant à l'autorité administrative. Le dernier versement fut opéré le 15 décembre 1887.

Selon l'art. 21 de la loi sur l'ohmgeld du 9 mars 1841, « toutes » les amendes prévues aux art. 17 et 18 appartiendront moitié » au dénonciateur et moitié à l'Etat. »

L'art. 1ᵉʳ de la loi du 6 octobre 1851 sur la répartition des amendes prescrit : « à moins de disposition exceptionnelle con-
» traire, le produit de toutes les amendes appartiendra : un
» tiers au dénonciateur... »

A son art. 2, cette même loi dispose que les fonctionnaires sa-
lariés qui dénonceront un délit en vertu des devoirs de leur charge, ne seront point considérés comme dénonciateurs, mais elle ajoute : « quant aux dénonciations des gendarmes, les dispo-
» sitions législatives particulières au corps de la gendarmerie
» continueront à leur être applicables ». L'art. 17 de la loi du 1ᵉʳ septembre 1868 sur l'organisation du corps de la gendarmerie ordonne que « les parts d'amendes attribuées au dénoncia-
» teur sont dévolues aux gendarmes dans tous les cas de con-
» travention aux lois et ordonnances concernant les péages,
» l'ohmgeld, le débit ou la distillation de spiritueux, l'exercice
» de l'industrie, la police des poids et mesures, » etc.

La loi du 2 mai 1886 sur l'emploi du produit des amendes, entrée en vigueur, selon son art. 4, le 1ᵉʳ juillet 1886, et abrogeant toutes les dispositions contraires, notamment celles de la loi du 6 octobre 1851, « sauf les dispositions des lois spéciales
» réglant d'une autre manière le produit des amendes », a sup-
primé les parts d'amendes dévolues aux dénonciateurs et les a remplacées par des indemnités, accordées en compensation, et « d'un chiffre assez élevé pour que les recettes actuelles des
» agents de police ne soient pas amoindries ».

En application de cette loi, le Conseil exécutif prit, sous date du 9 février 1887, un arrêté fixant les gratifications et les in-
demnités à accorder dans les affaires pénales, et, par circulaire du 29 juin suivant, adressée aux préfets et au commandant du corps de la gendarmerie, le même Conseil déclare que la loi du 2 mai 1886 sort tous ses effets dès le 1ᵉʳ janvier 1887 et qu'à partir de cette époque, les parts d'amendes sont remplacées par les gratifications annuelles dont font mention les art. 4 à 14 de l'arrêté susvisé, dans tous les cas où le recouvrement de l'a-
mende s'est opéré postérieurement au 1ᵉʳ janvier 1887, puisque le droit de réclamer une part d'amende n'existe pas à partir du jour où la dénonciation a été faite, ni même à partir du jour où la condamnation a été prononcée, mais seulement lors du *paiement* de l'amende ou de l'émolument.

Keller estimait au contraire être en droit, ensuite de sa dénonciation du 9 mai 1886, déclarée fondée par le jugement de la Chambre de police du 23 juillet 1887, et ensuite du paiement des amendes par les condamnés, de réclamer :

La moitié des amendes de 8127 fr. 55 prononcées en application de la loi sur l'ohmgeld, art. 17 et 18, soit . Fr. 4063 77

Et un tiers de l'amende de 100 fr. susmentionnée, soit . . . . » 33 33

Au total . . . Fr. 4097 10

La direction de police du canton de Berne ayant fait délivrer à Keller, en date du 30 décembre 1887, la somme de 200 fr. à titre de gratification extraordinaire, le demandeur n'accepta ce montant qu'à titre d'acompte et sous réserve de tous ses droits.

Une requête adressée par Keller au Grand Conseil de Berne le 16 avril 1888, aux fins d'obtenir le paiement de la part d'amendes par lui réclamée, ne fut pas prise en considération.

Une autre requête, avec mise en demeure, en date du 1er novembre 1888, transmise au Conseil exécutif à la même fin, et sous réserve des suites prévues aux art. 117 et 119 CO., n'eut pour effet qu'une offre faite par la direction de police de proposer au Conseil exécutif le paiement d'une somme de 1000 fr. pour solde de toute réclamation de la part de Keller; celui-ci déclina toutefois cette offre, et, sous date des 27/28 mars 1889, il a ouvert action à l'Etat de Berne devant le Tribunal fédéral, concluant à ce que l'Etat, soit son fisc, soit condamné à lui payer :

1° Les parts d'amendes lui revenant comme dénonciateur des contraventions commises par Béguin, Tilloz et Apothéloz, à teneur de l'arrêt rendu par la Chambre de police du canton de Berne, ensemble une somme de 4097 fr. 18, sauf à déduire un montant de 200 fr., accepté par le demandeur à titre d'acompte, soit un solde principal de 3897 fr. 10.

2° L'intérêt moratoire de ce solde dès le 1er décembre 1888.

3° Tous frais et dépens.

Par requête incidente du 17 avril 1889, l'Etat de Berne a conclu à ce qu'il plaise au Tribunal fédéral se déclarer incompétent pour statuer sur la demande dirigée contre lui par Keller.

A l'appui de la dite exception, l'Etat fait valoir en substance:

Le demandeur estime que sa réclamation constitue une demande civile aux termes de l'art. 27, chiffre 4°, de la loi sur l'organisation judiciaire; or tel n'est pas le cas, la prétention de Keller ressortissant certainement au domaine du droit public; elle ne saurait, dès lors, être poursuivie, par voie d'action civile, devant un tribunal du canton, ni devant le Tribunal fédéral.

Les amendes appartiennent, comme toutes les pénalités, à la sphère du droit pénal, et par conséquent du droit public; elles peuvent être converties d'office, en cas de non-paiement, en emprisonnement ou en travail forcé. La part de l'amende attribuée au dénonciateur ne saurait dépouiller ce caractère de droit public, en statuant que pour le cas où par un motif ou par un autre l'amende ne serait pas payée, la part du dénonciateur tombe également (art. 565 procédure pénale bernoise). Ce caractère de l'amende persiste même après sa perception, et le fait qu'elle a été payée par le condamné ne saurait donner naissance à un rapport de droit privé entre l'Etat et le dénonciateur. La répartition de l'amende est une affaire de pure administration; le droit à une part de cette amende appartient au domaine du droit public, et il ne peut être arbitrairement transformé en droit privé. Le demandeur fonde sa prétention sur la loi sur l'ohmgeld du 9 mars 1841 et sur la loi du 6 octobre 1881 sur la répartition du produit des amendes, lois appartenant également au domaine du droit public. Or des rapports ayant leur fondement dans une loi administrative appartiennent au droit administratif. La demande du sieur Keller n'a donc point trait à une prétention civile; aux termes de l'art. 27 de la loi sur l'organisation judiciaire, le Tribunal fédéral ne prononce que sur des contestations civiles; ce Tribunal est, dès lors, incompétent pour statuer sur la présente action.

Dans sa réponse, le sieur Keller conclut au rejet de l'exception :

Bien que la part d'amende destinée au délateur revête, aussi bien que celle revenant au fisc, le caractère d'une peine de droit public, le fisc, à partir du moment de la perception de tout ou partie de l'amende, est devenu, en proportion des encaissements faits par lui et d'après les règles établies par les lois, simplement débiteur des tiers auxquels ces lois attribuent une quotepart de l'amende. Ce n'est point une prestation d'ordre public que l'Etat s'impose lorsqu'il s'acquitte envers un citoyen pour un service rendu, lors même que les fonds à ce destinés proviendraient d'une prestation publique, d'impôts, d'amendes ou de confiscations. Le délateur réclame à titre de *salaire* la récompense que lui promet la loi, et non point au même titre que l'amende que fait payer l'Etat au délinquant : la réclamation de Keller est de nature privée, que l'on considère sa dénonciation comme procédant d'un employé de l'ohmgeld, d'un sergent de gendarmerie, ou d'un simple citoyen. Le dénonciateur a un droit privé à sa part de l'amende, comme un fonctionnaire en a un à son traitement; l'Etat peut, il est vrai, faire remise de l'amende, par voie de grâce, au condamné, et dans ce cas le dénonciateur perd aussi sa part, mais du moment où l'amende est payée, ce dernier a acquis un droit privé sur la part que la loi lui promet.

Keller s'est adressé par voie de requête, il est vrai, au Grand Conseil et au Conseil exécutif, mais déjà dans ses suppliques il laissait entendre qu'il s'adresserait, en cas d'insuccès, au Tribunal fédéral; il n'a en tout cas jamais soumis sa prétention aux autorités cantonales à titre de contestation administrative. Lors de la discussion du Grand Conseil relative à cet objet, le directeur du Département de Justice a dit textuellement dans son rapport :

« Keller prétend avoir un droit acquis en vertu de sa dénon-
» ciation et nonobstant la loi du 9 mai 1886. Cette question *est*
» *du ressort des tribunaux,* auxquels il est loisible à Keller de
» s'adresser. Quant à la décision du gouvernement, elle est défi-
» nitive en vertu de l'art. 42 de la Constitution, qui attribue au
» Conseil exécutif la connaissance, en dernière instance, de
» toutes les contestations administratives. Nous vous propo-
» sons, en conséquence, de ne pas entrer en matière sur le re-
« cours. »

Il résulte de ce qui précède que l'interprétation de l'Etat, d'après laquelle les tribunaux en question ne seraient autres que des tribunaux administratifs, ou l'autorité administrative elle-même, est dépourvue de tout fondement.

Dans leur réplique et duplique, les parties soutiennent, avec de nouveaux développements, leur point de vue respectif.

Statuant sur l'exception d'incompétence, le Tribunal fédéral l'a repoussée et a renvoyé la cause au juge délégué pour l'instruction au fond.

Motifs.

2. Le Tribunal fédéral, nanti de la demande du sieur Keller,

en vertu de l'art. 27, chiffre 4, de la loi sur l'organisation judiciaire fédérale, est incontestablement compétent pour statuer en la cause en ce qui concerne la valeur du litige, laquelle est supérieure à 3000 fr. La seule question douteuse, au point de vue de cette compétence, est celle de savoir si cette contestation apparaît comme une contestation civile, ou plutôt comme un procès rentrant dans le domaine du droit public : dans la première de ces alternatives, la compétence du Tribunal de céans devrait être admise, alors qu'il y aurait lieu, en revanche, de la dénier dans la seconde.

Les parties reconnaissent d'un commun accord que la question de savoir si le rapport de droit dont il s'agit tombe, au point de vue du temps, sous l'empire de la loi du 2 mai 1886, ne doit être tranchée que lors de l'examen éventuel de la prétention à la base de la demande.

3. L'Etat de Berne estime que la réclamation du demandeur se caractérise comme ressortissant au domaine du droit public, tandis que le sieur Keller prétend, au contraire, qu'elle appartient exclusivement à la sphère du droit civil.

Ce dernier point de vue apparait comme justifié.

En effet :

a) Le rapport de droit existant entre l'Etat de Berne et le tiers qui élève une prétention vis-à-vis du fisc aux termes des art. 21 de la loi sur l'ohmgeld du 9 mars 1841 et 1ᵉʳ de la loi du 6 octobre 1851 sur la répartition du produit des amendes, rentre par analogie dans la notion de la pollicitation, soit promesse d'une récompense *(Auslobung* du droit allemand).

Conformément à la doctrine et à la législation moderne, une promesse, par laquelle une récompense est offerte publiquement à celui qui s'acquittera d'une prestation déterminée, fait naître, — en particulier lorsque cette prestation intéresse l'utilité publique, — d'une part, pour le promettant, l'obligation de droit privé de remplir sa promesse, et, d'autre part, pour celui qui a exécuté la prestation, le droit d'exiger du dit promettant la récompense promise (voir Dernburg, *Lehrbuch des preussischen Privatrechts*, 3ᵉ édition, vol. II, page 26 et suiv.; Windscheid, *Pandectes*, 6ᵉ édition, vol. II, § 308; Stobbe, *Deutsches Privatrecht*, § 171; projet de code civil allemand, art. 581 et motifs de ce projet, II, page 518 et suivantes).

Or, dans l'espèce, les conditions d'une semblable promesse se trouvent réalisées, puisque, d'un côté, le législateur, dans les dispositions précitées des lois de 1841 et de 1851, promet au dénonciateur une part déterminée des amendes, et que, d'un autre côté, le sieur Keller fonde sa réclamation sur le fait, incontesté, de la dénonciation faite le 9 mai 1886 à la préfecture de Neuveville, par suite de laquelle les dénoncés ont été condamnés à une amende.

La circonstance que la récompense n'était pas offerte pour un cas spécial, ni à une personne déterminée, mais qu'elle était érigée en règle pour toute une catégorie de cas prévus par la loi, ne saurait rien changer au caractère juridique de la prétention du tiers (voir Laurent, XV, n°° 473 et 474); de même le fait que cette récompense est promise dans une loi portant le caractère administratif, ne saurait avoir d'influence à cet égard. En effet, de semblables actes de droit public n'en peuvent pas moins présenter des dispositions donnant naissance à des droits privés. C'est ainsi que le Tribunal fédéral a admis à réitérées fois qu'une concession de chemin de fer, laquelle n'est point un acte bilatéral, mais bien un acte émané de la souveraineté de l'Etat, peut contenir des dispositions semblables, etc.

b) Aux motifs ci-haut déduits, s'ajoute que la part des amendes promise aux dénonciateurs par la loi de 1841 porte aussi le caractère d'un avantage pécuniaire, assuré aux fonctionnaires de la police en dehors de leur traitement fixe, comme le seraient des émoluments et autres frais. Il est vrai que cet avantage est offert à tout tiers, et par conséquent aussi au non-fonctionnaire qui a fait une-dénonciation. Mais il est évident qu'en réalité, ce sont les agents de police qui sont appelés en première ligne, par suite de leurs fonctions, à opérer de semblables dénonciations, et que c'est surtout à leur égard que l'art. 21 précité déploie son effet. Cette opinion se trouve corroborée par les lois postérieures à celle de 1841 susvisée. C'est ainsi que la loi du 6 octobre 1851, à son art. 2, tout en disposant que les fonctionnaires salariés qui dénonceront un délit en vertu des devoirs de leur charge ne seront point considérés comme dénonciateurs, ajoute que « quant aux dénonciations des gendarmes, les dispo- » sitions législatives particulières au corps de la gendarmerie » continueront à leur être applicables », et les art. 17 des lois sur l'organisation du corps de la gendarmerie des 9 décembre 1861 et 1er septembre 1868 stipulent expressément que « les

» parts d'amendes attribuées au dénonciateur sont dévolues aux
» gendarmes dans tous les cas de contraventions aux lois et or-
» donnances concernant les péages, l'ohmgeld, » etc. De même
la loi du 2 mai 1886 sur l'emploi du produit des amendes considère aussi évidemment le produit de celles-ci comme ayant fait
partie intégrante du traitement des prédits agents. En effet, en
abolissant pour l'avenir leur répartition directe, elle introduit
en compensation un système d'indemnités, qui seront accordées
dans une mesure assez élevée « pour que les recettes annuelles
» des agents de police ne soient pas amoindries ». (Art. 3.)

Or le paiement du traitement et des émoluments alloués aux
fonctionnaires et agents peut être poursuivi par la voie d'une
action civile (voir *Rec.*, XIII, page 535, consid. 2, arrêt Lam-
belet c. Vaud ; voir aussi Serwey, *Das öffentliche Recht und die
Verwaltungsrechtspflege*, pages 324 et 325).

Enfin, l'art. 565 du Cpp. bernois, en statuant que le fisc ne
peut être poursuivi par le dénonciateur en paiement d'une indemnité dans les cas où une remise totale ou partielle de l'a-
mende a été faite, par voie de grâce, au condamné, — reconnaît
implicitement le caractère privé du droit du dit dénonciateur à
sa quote-part de l'amende, dans les autres cas.

Il suit de tout ce qui précède que le Tribunal de céans est
compétent pour statuer sur la demande au fond.

Genève. — TRIBUNAL DE COMMERCE.
Audience du 25 avril 1889.

**Responsabilité des hôteliers. — Objet déposé par un non-voya-
geur. — Art. 486 CO.**

Vita contre Vollerin.

---

*Les hôteliers ne sont tenus des détériorations d'objets à eux apportés que
s'ils l'ont été par des voyageurs qui logent chez eux.*

Le 19 janvier 1889, un repas de noce avait lieu chez l'hôtelier
Vollerin, et les mariés avaient engagé et payé l'harpiste Vita
pour jouer pendant le bal. Ce bal terminé, Vita laissa son instrument chez Vollerin et lui dit qu'il viendrait le chercher le

lendemain matin. Lorsqu'il revint le lendemain, il trouva la harpe brisée. Il réclame, en conséquence, le prix de cet instrument par 600 fr. Vollerin, soutenant qu'il n'a pas agi, en l'espèce, comme commerçant, excipe d'incompétence du Tribunal de commerce. Le Tribunal s'est déclaré incompétent et a renvoyé le demandeur à mieux agir.

Motifs.

Vu l'art. 486 CO.

Attendu que les hôteliers ne sont tenus des détériorations d'effets à eux apportés, que s'ils l'ont été par les voyageurs qui logent chez eux.

Attendu que Vita n'était point dans ce cas; qu'il n'a point logé chez le défendeur; que bien plus, comme sus est dit, ce n'est pas ce dernier qui l'a amené à la fête dont s'agit.

Attendu, d'autre part, que Vollerin n'exerce point un commerce qui, comme les tenanciers de vestiaires, par exemple, dans les grandes réunions, puisse le rendre directement responsable des dégâts arrivés à un objet déposé; que ce n'est pas en qualité d'hôtelier, mais bien à titre de complaisance privée et particulière que Vollerin a accepté le dépôt de Vita; que, dès lors, sans examiner le fond du débat, il ressort que le Tribunal de céans est incompétent.

Vaud. — TRIBUNAL CANTONAL.
Séance du 26 septembre 1889.

Louage de services. — Contrat fait pour une durée indéterminée. — Congé donné. — Services continués effectivement. — Prétendue tacite reconduction. — Art. 342 et 343 CO.; article 286 Cpc.

Commune d'Ormont-dessous contre Dr Ganahl.

Le Code des obligations distingue nettement, en ce qui concerne le louage de services, entre le contrat à terme fixe et celui d'une durée indéterminée. Il ne prévoit la tacite reconduction que pour le contrat à terme fixe (article 342); quant au contrat à durée indéterminée, chacune des parties peut y renoncer en observant les délais fixés par la loi ou par l'usage (art. 343).

Avocats des parties :

MM. Ruchet, pour commune d'Ormont-dessous, défenderesse et recourante.

Berdez, pour Dʳ Ganahl, demandeur et intimé.

Par exploit du 25 février 1889, le Dʳ Théodore Ganahl, au Sépey, a conclu à ce qu'il soit prononcé que la commune d'Ormont-dessous est sa débitrice et doit lui faire prompt paiement de la somme de 870 fr. pour montant de la pension convenue dès le 1ᵉʳ janvier au 31 décembre 1888, avec intérêt au 5°/₀ dès le 16 janvier 1889.

Dans sa réponse la commune d'Ormont-dessous a conclu à libération des conclusions du demandeur Ganahl.

L'instruction de la cause, dans laquelle des preuves testimoniales ont été entreprises, a établi entre autres les faits suivants:

Par convention du 1ᵉʳ septembre 1885, passée entre les communes d'Ormont-dessous, Ormont-dessus et Leysin d'une part et Théodore Ganahl, docteur-médecin, d'autre part, ce dernier s'est engagé à exercer la profession de médecin dans les trois communes susindiquées, à des conditions déterminées dans la convention, et par contre les trois communes ont pris l'obligation de lui payer une pension annuelle de 1500 fr., dus 870 francs par la commune d'Ormont-dessous, 480 fr. par celle d'Ormont-dessus et 150 fr. par celle de Leysin.

Cette convention porte entre autres les clauses suivantes :

« 2° Il (le docteur Ganahl) s'engage de plus à traiter gratuitement, quant aux consultations et aux visites, les personnes assistées par les communes susdites. Les médicaments devront être payés par la ou les communes respectives, de même que les frais nécessités par des opérations.

» 3° Toute personne qui réclame le traitement gratuit doit être pourvue d'une déclaration *ad hoc*, signée par l'autorité compétente de la commune d'origine ou de domicile.

» 8° Cette convention est faite pour un temps indéterminé et pourra être résiliée par chaque partie moyennant un avertissement préalable de trois mois. »

Par lettre du 4 octobre 1887, le docteur Ganahl a avisé les

trois communes qu'il allait quitter le pays et qu'en conséquence il donnait sa démission pour le 31 décembre 1887.

Les trois communes firent des démarches en vue de trouver un remplaçant pour le docteur Ganahl; une invitation fut adressée aux postulants par la voie des journaux, mais les démarches faites n'aboutirent pas et aucun remplaçant ne fut agréé. Le docteur Ganahl a alors ajourné son projet de quitter le pays et il a continué, dès le 1er janvier 1888 jusqu'au 31 décembre suivant, à remplir les fonctions de médecin. Il a continué à exercer ses fonctions au su et au vu des autorités communales des trois communes.

En automne 1888, lorsque le docteur Ganahl a réclamé au boursier de la commune d'Ormont-dessous le paiement de la pension convenue, le boursier a refusé de payer en alléguant la démission. Les communes d'Ormont-dessus et de Leysin ont, au contraire, reconnu devoir au demandeur la pension convenue pour 1888.

A teneur de la convention du 1er septembre 1885, la pension du docteur Ganahl devait se payer par trimestre. Avant la résiliation dénoncée par le docteur Ganahl, ce dernier se présentait sinon régulièrement, du moins habituellement à chaque fin du trimestre chez le boursier d'Ormont-dessous pour retirer sa pension. En 1888 le docteur Ganahl n'a réclamé de pension ni à la fin du premier, ni à la fin du second trimestre; ce n'est qu'à la fin du troisième trimestre qu'il a formulé la prétention qu'il soutient aujourd'hui dans sa demande.

En confirmation d'offres antérieures, le 12 janvier 1888, le demandeur a reçu de la commune de St-Gallenkirch, dans le Vorarlberg, un appel pour remplir, à des conditions avantageuses, une place de médecin au dit endroit. Après avoir prié la dite commune d'attendre quelque temps, le demandeur lui a répondu définitivement, en juin, qu'il était obligé de refuser son appel, attendu qu'il ne pourrait dénoncer son contrat avec les communes des Ormonts que moyennant un avertissement préalable de trois mois et qu'il ne voulait quitter son poste que lorsqu'il serait remplacé par un autre médecin. Aucun médecin n'est venu s'établir aux Ormonts en 1888.

Pendant toute l'année 1888, le docteur Ganahl a traité tous les malades qui se sont présentés, sans s'inquiéter s'ils étaient assistés ou pas; en outre, il s'est transporté Vers l'Eglise pour les consultations au moins une fois par semaine.

Avant l'année 1888, lorsque le docteur Ganahl s'absentait de la contrée, il donnait au préalable avis de ses absences à l'autorité municipale. En 1888, le docteur Ganahl a, à diverses reprises, quitté la contrée pour plusieurs jours.

En septembre 1887, la municipalité d'Ormont-dessous avait nommé le Dr Ganahl comme vérificateur des décès, mais il a refusé sa nomination par le motif qu'il allait quitter le pays.

En décembre 1884, le demandeur avait donné sa démission pour la fin de l'année et la défenderesse refusa de payer la pension réclamée pour 1885. Après discussion, il fut alloué au docteur Ganahl la pension pour 1885, sous condition qu'une convention serait liée pour les années ultérieures.

Ensuite de ces faits et statuant sur les conclusions indiquées plus haut, le Tribunal du district d'Aigle, estimant que bien que le Dr Ganahl ait dénoncé sa convention pour le 31 décembre 1887, ses services se sont prolongés pendant toute l'année 1888 sans opposition, que le contrat qui liait les parties s'est ainsi trouvé renouvelé pour cet espace de temps par le fait de la tacite reconduction (art. 342 CO.), a, par jugement du 3 juillet 1889, accordé au demandeur ses conclusions avec dépens et écarté les conclusions de la défenderesse.

La commune d'Ormont-dessous a recouru contre ce jugement, dont elle demande la réforme, estimant en résumé que le Tribunal d'Aigle a fait une fausse application de l'art. 342 CO.

Le Tribunal cantonal a admis le recours et réformé le jugement en ce sens que les conclusions du Dr Ganahl sont rejetées, mais il a compensé les dépens de première instance, chaque partie gardant ses frais.

Motifs.

Considérant, sur le pourvoi, que le Code fédéral des obligations distingue nettement, en ce qui concerne le louage de services, entre le contrat à terme fixe et celui d'une durée indéterminée.

Que pour le contrat à terme fixe, l'art. 342 prévoit la tacite reconduction, tandis que pour le contrat à durée indéterminée l'art. 343 statue que chacune des parties peut y renoncer en observant les délais fixés par la loi ou par l'usage.

Considérant que, dans l'espèce, l'art. 8 de la convention stipule que cet acte est fait pour un temps indéterminé et qu'il pourra être résilié moyennant un avertissement préalable de trois mois.

Que, dans ces conditions, on ne saurait appliquer ici les dispositions de l'art. 342 qui sont relatives au contrat de louage de services conclu pour une année ou pour un terme fixe plus court.

Qu'il y a lieu, dès lors, de faire application de l'art. 343 CO.

Considérant que, par lettre du 4 octobre 1887, le Dr Ganahl a avisé les trois communes qu'il allait quitter le pays et qu'en conséquence il donnait sa démission pour le 31 décembre 1887.

Considérant que, par cette lettre, le Dr Ganahl a donné un véritable congé et qu'il a dénoncé d'une manière claire et précise son contrat pour le 31 décembre 1887.

Que la commune d'Ormont-dessous, bien que n'ayant pas répondu à cette lettre, a cependant accepté le congé donné par le Dr Ganahl, puisqu'elle a réclamé les services d'un autre médecin en ouvrant un concours dans la *Feuille des avis officiels*.

Que le Dr Ganahl n'a pas protesté contre l'ouverture de ce concours qu'il connaissait et qu'il s'est même aidé à chercher un docteur pour le remplacer.

Qu'en outre, dans son budget pour l'année 1888, la commune d'Ormont-dessous n'a pas fait figurer au chapitre des dépenses la pension qu'elle allouait précédemment au Dr Ganahl.

Considérant qu'il résulte de ce qui précède que les deux parties ont bien envisagé comme résiliée la convention du 1er septembre 1885 qui les liait.

Que si le Dr Ganahl a continué pendant l'année 1888 à soigner les malades comme il le faisait précédemment, ce n'est, dès lors, pas en qualité de médecin pensionné, mais comme tout autre homme de l'art au bénéfice d'une patente lui donnant le droit d'exercer sa profession.

Considérant, d'autre part, qu'à supposer que l'on puisse appliquer en l'espèce l'art. 342, second alinéa, du CO., Ganahl n'a pas prouvé que le contrat ait été renouvelé par la tacite reconduction.

Qu'en effet, il a été établi plus haut que le Dr Ganahl a donné un véritable congé à la commune d'Ormont-dessous et que celle-ci a accepté la résiliation de la convention.

Que, du reste, les services du Dr Ganahl ne se sont pas prolongés sans opposition de la part de la commune, puisque celle-ci a refusé de payer la pension à la première réclamation qu'en a faite le demandeur.

Que la lettre écrite aux autorités de St-Gallenkirch, dans

laquelle le Dr Ganahl disait ne pouvoir quitter les Ormonts vu la convention qui le liait, ne saurait être opposée aujourd'hui aux conclusions libératoires de la commune d'Ormont-dessous qui a ignoré cette lettre.

Qu'enfin, le fait que les communes d'Ormont-dessus et de Leysin ont payé leur part de pension au demandeur pour 1888 ne peut avoir comme conséquence d'obliger la défenderesse à s'acquitter de l'obligation qu'elle avait contractée par la convention.

Considérant qu'il résulte de ce qui précède, que le Dr Ganahl n'était pas en droit de réclamer à la commune d'Ormont-dessous, pour l'année 1888, l'exécution de la convention du 1er septembre 1885, puisqu'il avait résilié cet acte pour le 31 décembre 1887.

Que c'est, dès lors, à tort que le Tribunal du district d'Aigle a accordé au demandeur ses conclusions.

Statuant sur les dépens de première instance et considérant qu'il résulte des faits de la cause que Ganahl a continué à soigner les malades dans la vallée des Ormonts pendant l'année 1888 comme s'il était encore médecin pensionné par les communes de cette vallée et qu'il s'est cru lié par sa convention jusqu'à l'arrivée d'un remplaçant.

Qu'en outre, postérieuremeut à sa lettre de démission, il a refusé les offres qui lui étaient faites par une commune du Vorarlberg, alléguant l'existence de la convention du 1er septembre 1885 et le délai d'avertissement de trois mois qu'il devait observer pour donner son congé.

Qu'il existe ainsi, dans l'espèce, des motifs d'équité pour compenser les dépens.

Vu l'art. 286, dernier paragraphe, Cpc.

Résumés d'arrêts.

Convention. — Le principe de l'art. 111 CO., savoir que toute obligation de faire se résout en dommages et intérêts en cas d'inexécution imputable au débiteur, s'applique aussi à des conventions préliminaires ayant pour objet la conclusion d'un accord définitif. La partie à laquelle est imputable l'inexécution d'un tel engagement préalable est, dès lors, responsable,

envers l'autre, dans la mesure où cette dernière était intéressée à la conclusion et à l'exécution du contrat définitif.

TF., 4 octobre 1889. Profumo c. Stumm.

Indemnité. — Lors de l'allocation de l' « indemnité équitable » prévue à l'art. 55 CO. pour réparation d'un préjudice
moral, le juge peut prendre en considération la gravité de la
faute commise par l'auteur du dommage. En effet, le principe
posé à cet égard par l'art. 51, al. 1, a une portée générale et
doit être appliqué non-seulement dans le cas d'un dommage
matériel, mais encore dans celui d'un préjudice moral, ne
pouvant être évalué directement en une somme d'argent.

TF., 17 mai 1889. Moos c. Gerster.

Jugement. — La composition inconstitutionnelle d'une autorité
constituée, par exemple d'un tribunal dans lequel siègent des
juges dont les fonctions sont expirées, constitue une atteinte
aux droits garantis à tous les citoyens, laquelle fonde un recours de droit public au Tribunal fédéral.

TF., 19 octobre 1889. Bolard frères c. Guerry.

Preuve testimoniale. — Doit être admise, la preuve testimoniale qui, sans aller à l'encontre d'un acte valable, tend à établir les circonstances qui ont précédé et accompagné la signature de cet acte (Cc. 974 et 975).

TC., 19 septembre 1889. Masse Dériaz c. Mercier.

Recours. — Doit être écarté comme tardif, le recours contre un
jugement par défaut déposé après l'expiration du délai accordé par la loi pour obtenir le relief, soit de 20 jours dès sa
notification si le jugement a été rendu par un juge de paix
(Cpc. 442).

TC., 24 septembre 1889. Batzli c. Riccard.

Recours. — Lorsqu'un jugement de juge de paix n'indique pas
si et quand il a été communiqué aux parties, le délai de recours doit partir dès la date du jugement, à moins que le recourant n'établisse qu'il a été rendu public postérieurement
(art. 191 de la loi sur l'organisation judiciaire).

TC., 24 septembre 1889. Pidoux c. Cosandey.

Ch. SOLDAN, conseiller d'Etat, rédacteur.

Lausanne. — Imp. CORBAZ & Comp.

XXXVII° ANNÉE. Nᵒˢ **47** et **48**. SAMEDI 23 NOVEMBRE 1889.

JOURNAL DES TRIBUNAUX

REVUE DE JURISPRUDENCE

Paraissant à Lausanne une fois par semaine, le Samedi.

Rédaction : M. CHARLES SOLDAN, conseiller d'Etat, à Lausanne.
Administration : M. L. ROSSET, greffier du Tribunal cantonal, à Lausanne.
Abonnements : 12 fr. par an; 7 fr. pour six mois. Pour l'étranger, le port en sus. On s'abonne à l'imprimerie CORBAZ & Cⁱᵉ, chez l'administrateur, M. ROSSET et aux bureaux de poste.
Annonces : 20 c. la ligne ou son espace. S'adresser à l'imprimerie CORBAZ & Cⁱᵉ.

Des droits sur les eaux.

I

Des règles spéciales concernant les eaux.

Le commencement du XIX° siècle a été marqué dans le domaine juridique par une tendance que l'on pourrait qualifier de spiritualiste : on s'efforçait d'organiser le droit sur des principes généraux, abstraits, rationnels; d'édicter des règles applicables à toutes les personnes et à tous les biens, quelle que fût la catégorie à laquelle ils se rattachaient. On classait les rapports juridiques d'après leur essence même et non d'après la nature de leur sujet ou de la matière qu'ils régissaient. La révolution française avait déterminé chez les législateurs et les juristes un courant qui les poussait à rechercher l'unité, la simplicité, la généralité ; à se rapprocher des catégories rationnelles du droit romain, par aversion pour le régime d'empirisme et de privilèges qui avait caractérisé le moyen âge.

La tendance actuelle est autre ; l'expérience d'un demi-siècle a montré que les principes généraux, les règles *a priori* ne tenaient pas suffisamment compte des nécessités de la vie pratique. La civilisation a marché rapidement et crée chaque jour des rapports nouveaux qui entrent dans le domaine du droit. Les cadres façonnés par les juristes romains se trouvent trop étroits pour contenir ces matières nouvelles et sautent de toute part : on ne peut plus grouper les contrats en réels et consensuels depuis que toute manifestation concordante de volonté crée une convention obligatoire. La responsabilité civile ne peut plus guère être appréciée selon les notions de faute et de cas fortuit, depuis que le sujet de droit est fréquemment une personne anonyme, une société, un ensemble de personnes parmi lesquelles il est impossible de déterminer celle à qui l'on peut imputer une défaillance de volonté.

Le droit, comme les autres sciences et arts, tend à se rapprocher de la réalité, à la serrer de plus près, à se plier davantage aux formes et aux exigences de la vie et des affaires, *à se matérialiser*. On envisage davantage le cas spécial, on ne craint point de créer des exceptions très nombreuses aux règles générales pour rendre le droit plus conforme à la nature des choses : — Les règles du mandat varient suivant que l'objet de ce contrat est de vendre ou d'acheter des objets mobiliers, ou de prêter de l'argent ; selon que le représentant est commerçant ou pas. — Les règles du louage sont différentes suivant qu'il s'agit de la jouissance d'une chose, d'élever une construction ou d'effectuer un transport et, dans ce dernier cas, elles varieront encore avec la personnalité du voiturier : les obligations du transporteur ne sont pas les mêmes s'il est simple camionneur que s'il est compagnie de chemins de fer.

De même, la distinction entre les droits personnels et les droits réels, fondée sur l'essence même du rapport juridique, s'efface toujours plus devant celle que le législateur a créée entre les droits sur les immeubles et les droits sur les meubles.

Certaines opérations, — l'assurance, — certaines substances même, — les vins, — ont les honneurs d'une législation spéciale.

On peut donc aujourd'hui, sans être taxé d'empirisme, chercher à réunir, pour les considérer dans leur ensemble, les règles de droit qui concernent les eaux, bien que ce groupement soit purement artificiel et déterminé par une circonstance extérieure.

D'ailleurs, l'élément liquide a de tout temps attiré l'attention spéciale du législateur et été régi par des dispositions particulières. Les juristes romains eux-mêmes lui faisaient une place à part ; le préteur lui avait consacré l'*actio aquæ pluviæ arcendæ* contre les ouvrages qui pouvaient causer un dommage en détournant l'eau de son cours naturel, les interdits *ne quid in flumine publico* pour protéger la navigation, *de aqua quotidiana, de rivis, de fonte, de cloacis*, etc.

Le code Napoléon et ceux qui l'imitent, le code civil vaudois, entre autres, dans les chapitres intitulés : *De l'accession* et *Des servitudes qui dérivent de la situation des lieux*, ne s'occupent guère d'autre chose que du simple régime des eaux, et dans le projet de code civil qui doit couronner l'œuvre d'unification du droit allemand, les auteurs, désespérant de soumettre l'élément liquide aux principes généraux qui régissent les droits réels, ont dû conserver pour lui les lois spéciales et les usages locaux.

L'eau, l'un des quatre corps simples de la chimie d'autrefois, présente en effet, comme la terre, l'air et la lumière du soleil, au point de vue juridique, un aspect particulier. Ces biens sont des biens originaires d'où procèdent toutes les autres choses susceptibles d'appropriation individuelle, tous les produits naturels ou industriels qui composent la richesse sociale et font l'objet des droits réels.

Indispensables à l'existence de l'homme et se trouvant en quantité trop considérable sur notre planète pour que les individus songent à se les approprier, l'eau, l'air, la lumière et, dans les contrées peu peuplées, la terre rentrent dans la catégorie juridique des *choses communes à tous*.

Lorsque la population s'accroît et se concentre sur certains points, formant des centres populeux, des villes et des villages, le besoin d'eau, de terre, d'air, de lumière augmente et chacun n'étant plus sûr d'en trouver toujours autant qu'il lui conviendra, l'œuvre d'appropriation individuelle commence.

Le pouvoir social intervient alors, et, dans l'intérêt du public, c'est-à-dire de tous les habitants présents et à venir, déli-

mite certaines parts de terre, d'eau qui ne seront pas susceptibles d'appropriation individuelle et resteront affectées à la
jouissance de tous en commun. Il constitue ainsi le *domaine public*.

La jouissance des choses du domaine public est limitée, l'usage
en est régi par des lois spéciales qui rentrent dans le droit administratif.

Quant à l'eau qui reste dans le domaine privé, elle est aussi
soumise à des règles spéciales en vue de régler les conséquences
juridiques découlant de sa nature particulière et de son extrême
mobilité.

Les règles de droit applicables à l'eau faisant partie du domaine public et à l'eau susceptible d'appropriation privée feront
l'objet de notre étude. Au préalable, nous chercherons à déterminer, dans le présent article, la nature des droits sur les eaux
et à résoudre les questions qui se soulèvent à cet égard.

II

Nature de l'eau au point de vue juridique.

L'eau, à l'instant où elle devient susceptible d'appropriation,
circule sous la terre, jaillit en source, ou tombe en pluie sur la
surface du sol; aussi l'envisage-t-on communément comme un
accessoire du sol et, comme telle, elle participe à la nature immobilière de celui-ci.

Cependant, l'eau n'est immeuble ni par nature, ni par destination, ni par disposition de la loi.

Par nature, rien de plus mobile, de plus meuble que l'eau.
Elle est susceptible de se transporter d'un lieu à l'autre sans
détérioration, sans diminution, bien plutôt avec augmentation
de valeur. Elle se déplace sans cesse sous l'influence de l'attraction qui la pousse à se rendre par toutes les voies au point le
plus bas. Elle ne reste point attachée au sol sur lequel elle
jaillit, comme les fruits et les récoltes qui ne deviennent meubles qu'à leur maturité : au contraire, elle semble avoir hâte de
le quitter et de précipiter sa course vers des espaces lointains.

L'eau serait-elle immeuble par destination ? Elle est utilisée
essentiellement dans quatre buts : pour l'alimentation de l'homme
et des animaux, l'irrigation, la navigation et comme force motrice. Il va sans dire que celui qui emploie l'eau pour les usages

domestiques, pour abreuver ses animaux, ou pour faire aller des usines n'a point l'intention d'attacher à perpétuelle demeure les molécules dont il a fait emploi au fonds dans lequel il les a utilisées. Par l'usage même, cette eau a perdu la pureté ou la force de chute qui seule faisait sa vertu, elle est mise au rebut. En vue de la navigation, l'homme désire fixer l'eau dans les bassins navigables en quantité suffisante pour permettre à ses embarcations de flotter, mais presque tous les champs de navigation, lacs et cours d'eau sont alimentés par un courant continu et doivent, par suite, avoir une issue par où le trop-plein s'échappe, de sorte que les molécules d'eau n'y font qu'un séjour temporaire et n'y sont point attachées à perpétuelle demeure.

Il en est autrement de l'eau destinée à l'irrigation. Le but du propriétaire qui fait des étangs et des fossés d'irrigation est de fixer l'eau sur son domaine et de l'incorporer dans sa terre et dans les plantes qu'elle produit. Ainsi, l'on peut considérer l'eau destinée à l'irrigation et renfermée dans les étangs ou canaux construits par un propriétaire sur son fonds, comme immeuble par destination, du moins pour autant que cette eau doit être absorbée, et non pour le surplus qui s'écoule hors des limites du fonds.

La loi ne déclarant point d'ailleurs expressément que l'eau doit être envisagée comme immeuble, l'on doit conclure que l'eau est *meuble*, excepté lorsqu'elle se congèle ou lorsqu'elle est employée par un propriétaire à l'irrigation de son fonds.

Un droit de propriété immobilière sur une source indépendant du fonds serait donc une monstruosité juridique.

III

Nature des conventions sur les eaux.

Si les contrats qui ont pour objet de l'eau sont généralement envisagés comme des conventions immobilières, c'est qu'à l'aliénation de l'eau est jointe ordinairement la faculté de la prendre sur un fonds. Avoir acquis l'eau n'est rien, si l'on ne s'est en même temps assuré le droit de la recueillir et de l'amener chez soi en permanence. Dans ce but, on se fait céder avec l'eau, soit la propriété de l'espace de terrain sur lequel la source jaillit ou qu'elle doit parcourir, soit le droit de faire et de maintenir sur les fonds voisins les travaux nécessaires pour la capter et la conduire sur son héritage. Cette servitude ou ce droit de propriété foncière ayant généralement une valeur plus grande que l'eau elle-même, le droit d'eau devient l'accessoire et le contrat principal porte sur la propriété de la partie du fonds qui entoure la source ou, plus souvent, sur une servitude de prise ou de passage d'eau. — Si les contractants ont eu uniquement en vue l'aliénation de l'eau, leur convention ne crée qu'un droit mobilier. Le cas peut se présenter lorsque l'eau, par sa rareté ou par ses qualités thérapeutiques, acquiert une valeur élevée. Ainsi la convention par laquelle un établissement d'eaux thermales, comme Vichy ou Evian, autorise un particulier à venir prendre de l'eau à sa source pour suivre un traitement ou pour en faire le commerce, est un contrat mobilier.

L'importance de cette distinction est grande. La forme des contrats d'aliénation, leur portée, le mode de transfert de la propriété est différent, selon qu'il s'agit de meubles ou d'immeubles.

Pour savoir quelle règle de droit il convient d'appliquer aux contestations concernant des eaux, il faudra donc avant tout rechercher dans les actes, dans l'intention des parties et dans les circonstances accessoires, quelle est la nature juridique du contrat.

Celui qui a besoin d'eau pour alimenter sa maison, pour faire marcher son usine, ou pour arroser ses prés, veut avoir la certitude que l'eau qu'il acquiert ne cessera de couler chez lui. La forme d'un contrat mobilier ne saurait donc guère lui convenir. La formalité de la tradition étant nécessaire pour opérer le transfert de propriété, il ne devient maître de l'eau qu'au jour le jour, au fur et à mesure que le vendeur l'amène chez lui ou qu'elle entre dans les canaux faits pour la recevoir. Mais rien ne lui garantit que son vendeur ne coupera pas, demain peut-être, les conduites d'eau ou ne vendra pas le fonds sur lequel jaillit la source, et que le tiers acquéreur ne s'opposera pas à ce qu'il continue à prendre l'eau sur laquelle il n'a pas encore acquis un droit réel.

Veut-il, pour dissiper cette incertitude, transformer ses droits mobiliers en servitude de prise et de passage d'eau, notre acquéreur ne pourra le faire qu'à condition d'avoir un fonds dominant pour l'usage et l'utilité duquel la servitude est instituée. Or, une société ayant pour but l'alimentation de l'eau, ou la distribution de forces motrices, peut fort bien ne pas être propriétaire du réservoir dans lequel elle emmagasine ses eaux ; on peut d'ailleurs contester que la servitude de prise et de passage d'eau soit constituée pour l'usage et l'utilité du réservoir : le but de la prise de l'eau n'est pas tant l'usage du réservoir, qui ne sert que d'intermédiaire, que celui des fonds des abonnés. Mais il se peut qu'il n'y ait pas encore d'abonnés au moment où la société acquiert sa servitude ; il se peut aussi que ces abonnés aient en vue non pas l'utilité du fonds qu'ils habitent, et dont ils ne sont peut-être que locataires, mais simplement leur alimentation personnelle. En pareille occurrence, c'est par une pure fiction que le réservoir est envisagé comme fonds dominant.

L'intention des parties décide s'il y a vente mobilière d'eau ou constitution de servitude immobilière. Il n'est pas toujours facile de la déterminer, car il est évident que la plupart des contractants ont en vue exclusivement les avantages matériels de leur transaction et se préoccupent peu du caractère juridique qu'elle revêt.

IV

Conventions entre sociétés d'eaux et leurs abonnés.

S'agit-il, par exemple, de conventions passées entre des particuliers et une société qui fournit de l'eau, on pourra se demander si les abonnés ont un simple droit personnel à la livraison de l'eau, un droit de servitude de prise d'eau sur la source, ou sur le réservoir ; un droit de co-propriété sur la source, sur le réservoir, ou sur les canaux qui leur amènent l'eau depuis le réservoir, ou seulement sur l'embranchement affecté exclusivement à leur usage.

Nous nous trouvons d'abord en présence de l'art. 327 Cc. qui statue que les tuyaux servant à la conduite des eaux, dans une maison ou autres fonds, sont immeubles et font partie du fonds auquel ils sont attachés.

Pris à la lettre, cet article attribuerait à tous les abonnés la propriété des canalisations depuis la source jusqu'au canal distributeur et à chaque abonné la propriété du tuyau qui conduit l'eau du canal distributeur chez lui.

Mais cet article ne peut et ne doit pas être pris à la lettre. Il serait absurde de soutenir qu'il établit une présomption absolue de propriété en faveur du fonds dominant. Il est certain que le propriétaire du fonds asservi doit pouvoir par convention garder la propriété des tuyaux qui sont sur son fonds. Lorsque l'article 327 Cc. a été élaboré, on ne prévoyait probablement pas la constitution de sociétés dans le but d'amener l'eau au domicile des particuliers. Si les tuyaux et conduites ont été établis par la société, à ses frais, sur le terrain qu'elle possède ou qu'elle s'est asservi, ils doivent continuer à faire partie de son matériel d'exploitation, au même titre que les fils qu'une compagnie de téléphone installe chez les particuliers. La présomption que le matériel de l'entreprise appartient à l'entrepreneur est assez forte pour renverser celle tirée de l'art. 327.

En l'absence de dispositions précises du contrat, il y a lieu de tenir compte du but poursuivi par l'abonné et la société. L'abonné voulait-il augmenter la valeur de son fonds en lui assurant des moyens d'alimentation ou une force motrice? Voulait-il simplement satisfaire à des besoins personnels de son économie domestique ou de son industrie? Un indice important pour déterminer l'intention, c'est la forme en laquelle le prix d'achat de l'eau doit être payé: si c'est une fois pour toutes, il est à présumer que l'acquéreur a voulu assurer à *son fonds* non-seulement l'eau à venir, mais le droit de faire les travaux nécessaires pour se la procurer; s'il est payable sous forme de redevance périodique, il est probable que l'acquéreur a voulu assurer à *sa personne* un droit à l'eau seulement pendant qu'il habiterait le fonds où elle est conduite ou y exercerait son industrie.

L'intention de la société est moins facile à déterminer: si, d'un côté, il est avantageux pour elle de s'assurer dès l'origine et définitivement un certain débit d'eau en constituant des servitudes sur ses réservoirs, d'un autre côté, elle a un grand intérêt à conserver ses canalisations libres de toute charge et à ne conclure que des contrats à temps afin de pouvoir élever ses prix si la demande d'eau augmente. — Dans le doute, la circonstance que la société fait elle-même les travaux de canalisation, fournit les tuyaux et les entretient, tandis que c'est dans la règle à celui auquel une servitude est due à faire les ouvrages nécessaires pour en user; le fait que les canaux qui amènent l'eau chez les abonnés empruntent le domaine public sur lequel on ne peut acquérir qu'exceptionnellement un droit réel, feront incliner vers la supposition que l'abonné n'a qu'un simple droit personnel à la livraison de l'eau.

Il reste à voir sous quelle forme un droit réel peut être constitué au profit des abonnés sur les parties de la canalisation sur lesquelles la société elle-même n'a qu'un droit de servitude.

Il ne paraît pas qu'aux termes de notre Code, on puisse instituer une servitude sur une servitude: « La servitude, dit l'article 424 Cc., est une charge imposée sur *un fonds* », c'est-à-dire sur un immeuble par nature, et non sur un droit immobilier. Le droit d'établir des servitudes ne compète qu'au *propriétaire* du fonds (art. 477).

La loi sur l'inscription des droits réels pose pour principe que l'inscription est indispensable pour conférer ou transférer un droit réel, et prévoit l'inscription des charges qui grèvent les *fonds ;* elle ne prévoit nulle part celle d'une charge qui grèverait une *charge;* il serait impossible de découvrir au registre foncier l'existence d'un droit de cette nature. — Une servitude ne saurait donc valablement exister sur une autre servitude.

Ainsi, la société ne pourra établir de droits réels au profit des abonnés qu'en les admettant à participer à son droit, au même titre qu'elle-même. Pourrait-elle se borner à leur céder une part de son droit de servitude en conservant sa propriété pleine et entière sur le réservoir, son fonds dominant ?

En principe, une cession de servitude à un tiers est contraire à l'essence même de ce droit qui n'existe que s'il est utile au fonds pour lequel il était primitivement établi. Mais, en matière d'eau, nous avons vu qu'une fiction nécessaire a conduit à envisager le réservoir que possède la société comme le fonds dominant, alors que ce n'était point lui qui en réalité devait bénéficier de la servitude. La cession de droits aux abonnés a simplement pour effet de dissiper la fiction et de substituer, au réservoir, le véritable fonds dominant : celui de l'abonné pour lequel en réalité l'eau est prise et amenée.

Ainsi, les abonnés peuvent se faire céder une part du droit de servitude de prise et de passage d'eau dont jouit la société. Ils peuvent également se faire céder un droit de copropriété sur son réservoir. Ils peuvent enfin, et c'est, dans la pratique, le cas le plus fréquent, se faire céder un droit de servitude de prise et passage d'eau sur le fonds dont la société est propriétaire : sur le réservoir. Un tel droit entraînera la jouissance des accessoires nécessaires, c'est-à-dire des droits de servitude de prise et de passage constitués sur les fonds des particuliers, au profit de la société.

L'inscription des droits sur les eaux, lorsque les canalisations sont un peu longues, comme l'est, par exemple, celle du Pont-de-Pierre à Lausanne, nécessitera un grand nombre d'écritures et il suffirait que l'on omît un seul fonds grevé de la servitude de passage pour diminuer considérablement la valeur de celle-ci. On s'est donc demandé s'il n'y aurait pas lieu d'instituer, à la place du contrôle des charges, dans chaque commune, un plan spécial sur lequel figureraient les droits de passages d'eau ou de passages à pied ou à char et qui servirait à constater ce genre de servitudes, comme cela existe dans le canton de Zurich et, en matière fédérale, pour les chemins de fer. Ce mode de procéder ne simplifierait pas beaucoup les inscriptions, puisque chaque propriétaire asservi devrait également venir reconnaître ses charges. Par contre, il compliquerait beaucoup les recherches, puisqu'il obligerait celui qui veut connaître les charges qui grèvent un fonds à consulter deux registres : le contrôle et le registre des passages.

V

Indivision des droits d'eau.

La double nature mobilière de l'eau et immobilière des droits qui permettent d'en user, soulève des difficultés spéciales en cas d'indivision.

Dans plusieurs localités, des communautés d'eau se sont constituées par la division et la subdivision d'anciens domaines seigneuriaux jouissant d'une servitude d'eau. Le droit des membres de ces indivisions est double. Il consiste, d'une part, dans la copropriété mobilière des molécules d'eau et, d'autre part, dans la cojouissance de la servitude foncière de prise et de passage. Souvent la quantité d'eau est trop faible pour pouvoir se subdiviser entre les divers fonds qu'elle doit irriguer, elle ne peut leur profiter que si elle est partagée, non selon la quantité, mais selon le temps. D'autre part, l'entretien de la servitude nécessite des frais qui doivent être faits en commun. En vue de régler ces divers points, les indivis se réunissent ordinairement en association ayant ses statuts et où les décisions sont prises à la majorité comptée tantôt par tête, tantôt d'après l'étendue des fonds que représentent les votants.

La question s'est posée si un membre de l'association peut s'en retirer ou s'il reste tenu d'en faire partie en tant que propriétaire d'un droit indivis astreint à certaines charges.

Il faut distinguer l'association volontaire de l'indivision incidente. De l'association l'indivis peut se retirer ; il n'est alors plus lié par le régime convenu, mais il reste astreint aux obligations que la loi impose à tout indivis. Il doit coopérer à l'entretien et ne peut s'y soustraire qu'en abandonnant son droit à l'eau, comme peut le faire le propriétaire d'un mur mitoyen (Cc. 444).

L'indivis peut d'ailleurs provoquer le partage, ce qui soulève de nouvelles questions :

Le partage de la servitude ne peut généralement s'effectuer commodément en nature. La vente de ce droit réel ne peut avoir lieu qu'au profit d'un ou de plusieurs des indivis, du ou des propriétaires asservis ou d'un tiers propriétaire d'un fonds qui puisse profiter de l'eau (Cc. 477). Quant à la vente de l'eau, comme meuble distinct de la servitude, elle n'est pas possible, puisque l'acquéreur n'aurait aucun moyen juridique de venir la prendre.

VI
De l'hypothèque sur un droit d'eau.

La question s'est posée de savoir comment il pourrait être procédé à l'inscription d'une hypothèque consentie par acte de revers par l'acquéreur d'un droit d'eau. Pouvait-on considérer l'hypothèque comme grevant seulement le droit d'eau, de sorte qu'au cas de non-paiement, le propriétaire du fonds asservi serait rentré purement et simplement par voie d'otage et de confusion en possession de sa propriété pleine et entière sur son fonds ? Fallait-il envisager l'hypothèque comme grevant tout le fonds dominant et par suite le droit d'eau, comme accessoire ? Ou encore, une telle hypothèque ne rentrait-elle pas dans un des cas d'acte de revers autorisés par la loi ?

Cette question dépend de la question plus générale de savoir s'il est possible de grever d'une charge foncière un droit réel autre que la propriété ; si l'on peut instituer une hypothèque ou une servitude sur un usufruit, une hypothèque ou une servitude ?

En droit romain justinianéen, on pouvait grever d'hypothèque les choses incorporelles, c'est-à-dire les droits, et notamment les droits réels : hypothèque, servitude, usufruit. — Par contre, on ne pouvait établir une servitude que sur un fonds ; on ne pouvait en établir sur une autre servitude : *servitus servitutis esse non potest.*

Bien qu'aucune disposition ne l'interdise expressément, il n'est cependant pas conforme à l'esprit de la législation vaudoise, ni à la nature des droits réels immobiliers qu'elle consacre, d'admettre qu'un usufruitier, le bénéficiaire d'une servitude ou un créancier hypothécaire puisse instituer un autre droit réel, hypothèque ou servitude, sur celui dont il jouit.

« Sont seuls susceptibles d'hypothèques, dit l'art. 1586, les biens immobiliers qui sont dans le commerce et leurs accessoires réputés immeubles ». Lors même que la loi n'emploie pas le terme de « fonds » et que par biens immobiliers on peut entendre non-seulement les immeubles par nature, mais encore les immeubles par destination et ceux par l'objet auquel ils s'appliquent, il paraît cependant résulter de cet article que la loi n'avait en vue que les immeubles par nature. Si, par « biens immobiliers », le législateur avait voulu désigner toutes les catégories d'immeubles, il aurait jugé superflu d'ajouter : « les accessoires », immeubles par destination.

D'ailleurs, il ne serait guère conforme à la nature de l'hypothèque, telle qu'elle est constituée par la loi vaudoise, qu'elle pût être établie sur un autre droit. L'hypothèque suppose une garantie d'une durée indéterminée ; l'usufruit s'éteint à la mort du bénéficiaire. L'hypothèque doit pouvoir se réaliser au profit de n'importe quel titulaire, par voie de revestiture ; une servitude ne peut être acquise que par celui qui possède un fonds dominant. L'hypothèque une fois constituée est un accessoire de la créance ; elle ne peut être cédée indépendamment de celle-ci, et la créance n'est pas un « bien immobilier ».

Quant à la servitude, elle ne peut être constituée que par un *propriétaire* sur sa *propriété,* dit l'art. 477 Cc.

« Un immeuble ne peut être valablement.... grevé de charges ou d'hypothèques que par le propriétaire inscrit.... », dit l'article 13 de la loi sur l'inscription des droits réels. — Tandis que le registre foncier permet de constater immédiatement si la propriété d'un immeuble est pleine et entière, franche de toute charge ou hypothèque, il n'existe aucun registre destiné à constater que des servitudes ou des hypothèques sont ou non grevées d'autres charges.

De là, il faut conclure que l'on ne peut grever de charges ou d'hypothèques un droit d'eau envisagé lui-même comme une servitude, et comme ce droit d'eau ne peut être envisagé comme un droit de propriété immobilière sur l'eau, il ne peut être constitué d'hypothèque par acte de revers sur ce droit d'eau.

VII
Droit désirable.

Les difficultés que présente l'institution de droits sur les eaux résultent de ce que notre législation foncière ne laisse pas assez de latitude à la libre convention et assujettit les droits réels à des règles générales trop absolues. Les parties peuvent, sans doute, échapper à ces restrictions en se faisant accorder les facultés qu'elles veulent obtenir sous la forme de droits personnels ; mais, elles souffrent alors de l'insécurité attachée à des droits dont l'exercice dépend de la volonté de celui qui les a concédés. Cette situation légale est plus particulièrement préjudiciable en matière d'eau, parce que cette substance indispensable à l'homme ne peut facilement être remplacée lorsqu'elle vient à manquer ; elle présente aussi, quoique à un degré moindre, des inconvénients sérieux pour toutes les autres transactions.

L'art. 477 du Cc. est un de ceux dont l'observation soulève le plus de difficultés. Cet article prescrit que les charges foncières sont établies pour l'usage et l'utilité d'un fonds. — Les sociétés qui ont pour objet l'alimentation de l'eau ne satisfont à cette obligation que par une fiction. Elles acquièrent la propriété du terrain sur lequel est construit leur réservoir et l'on envisage les droits de prise et de passage d'eau qu'elles se font concéder, comme institués pour l'usage et l'utilité de ce réservoir. La disposition de l'art. 477, rigoureusement appliquée, empêcherait une société minière de s'assurer, autrement qu'en acquérant un droit de propriété, le passage de son minerai sur les fonds qui séparent les fouilles du domaine public. Elle empêcherait celui qui se propose d'acquérir un immeuble de s'assurer d'avance d'une servitude de vue.

Aucune raison sérieuse ne milite en faveur du maintien de cette disposition de droit absolu ; elle ne favorise ni l'agriculture, ni l'industrie, ni le crédit. Sa raison d'être est toute historique

et doit se chercher dans la crainte de voir réapparaître les droits
féodaux du moyen âge et spécialement la célèbre corvée qui as-
treignait les vassaux, dont les terres étaient attenantes au château, à battre les fossés pour empêcher les grenouilles de trou-
bler la quiétude du seigneur par leurs cris. — Aujourd'hui, l'on
ne craint plus rien de semblable. D'ailleurs, la charge imposée
à un fonds n'est pas plus onéreuse lorsqu'elle est instituée en
faveur d'une personne ou d'une société que lorsqu'elle est établie pour l'usage et l'utilité d'un autre fonds. La seule disposition légale que puisse avoir intérêt à maintenir celui qui crain-
drait le retour du servage, c'est celle qui prescrit que la servitude
ne doit grever que le fonds et non la personne du propriétaire.
Aller plus loin dans le régime du droit absolu, c'est contrarier
l'institution d'entreprises que la loi devrait au contraire favoriser, parce qu'elles ont pour but d'augmenter la richesse générale en mettant à la portée des consommateurs les produits du
sol et les matières qu'il renferme. Une servitude foncière devrait
pouvoir être instituée en faveur d'une personne et aliénée par
elle comme peut l'être un usufruit, mais sans être limitée quant
à sa durée par la vie de l'acquéreur.

Une seconde disposition qui restreint outre mesure la liberté
des transactions est celle de l'art. 1586, duquel on doit inférer
que les biens immeubles par l'objet auquel ils s'appliquent, c'est-
à-dire les droits réels autres que la propriété, ne peuvent être
grevés d'hypothèque. Pourquoi ne serait-il pas possible d'hypothéquer tous les droits réels immobiliers qu'il est permis d'aliéner ? Il est certainement très onéreux pour celui qui acquiert
une servitude ou qui libère son fonds d'une charge de devoir
hypothéquer non-seulement le droit sur lequel porte la transaction, mais encore le fonds qu'il s'agit de gratifier ou de libérer
du droit. Le crédit du vendeur serait suffisamment sauvegardé
s'il lui était possible de rentrer en cas de non-paiement en possession du droit qu'il a aliéné.

Bien que le registre foncier ne soit pas organisé pour signaler
les droits qui grèvent les démembrements de la propriété, il serait possible d'indiquer par une marque spéciale que l'annota-
tion faite sur ce registre concerne une charge qui grève non le
fonds lui-même mais un droit sur le fonds.

Il n'y a pas à redouter que des conflits surgissent entre le
créancier hypothécaire du fonds dominant dont le droit s'étend

à toutes les accessions de l'immeuble, et le créancier hypothécaire de la servitude : si le droit d'eau est déjà grevé de son
hypothèque lorsqu'il entre dans le patrimoine du propriétaire du
fonds dominant, il va sans dire que l'hypothèque qui grève ce
fonds n'atteint la servitude que dans l'état où elle se trouve,
c'est-à-dire grevée d'un droit préférable.

Le rang des hypothèques étant déterminé par l'inscription, on
pourrait peut-être alléguer que dans le court espace de temps
qui s'écoule entre l'inscription de la servitude et celle de l'hypothèque qui la grève, l'hypothèque déjà inscrite sur le fonds dominant a eu le temps de s'étendre à la servitude de préférence à
l'hypothèque spéciale à celle-ci.

Ce point de vue ne serait pas soutenable, car on doit envisager l'inscription de deux droits renfermés dans un même acte et
dont l'un n'est que la condition de l'autre comme faite simultanément, lors même que les moyens matériels dont dispose l'officier public ne lui permettent pas d'inscrire toutes les indications
essentielles de l'acte dans le même instant.   J' BERNEY.

TRIBUNAL FÉDÉRAL
Séance du 19 octobre 1889.

**Impôt dû à l'Etat de Fribourg. — Saisie dans le canton de Vaud.
— Opposition. — Rejet. — Art. 412 Cpc.; art. 61 de la Constitution fédérale.**

Recours Henseler.

*La garantie de l'art. 61 de la Constitution fédérale n'a trait qu'aux jugements civils définitifs; les prononcés de nature administrative concernant
des questions fiscales et relevant ainsi du droit public, ne rentrent pas
dans cette catégorie.*

La garantie constitutionnelle prémentionnée ne peut, du reste, être invoquée que lorsqu'il y a refus d'exécution.

Par exploit du 21 mars 1889, le procureur-juré Dupuis, à
Vevey, agissant au nom de l'Etat et de la ville de Fribourg, a
pratiqué une saisie mobilière au préjudice d'Antonin Henseler, à
Montreux, pour parvenir au paiement des sommes suivantes :

a) 45 fr. 50 pour impôt cantonal sur l'industrie et le commerce, dû à l'Etat de Fribourg en 1888 ;

b) 34 fr. 15 pour impôt de la commune de Fribourg sur le commerce et l'industrie, en 1888 ;

c) 4 fr. pour pénalité de retard.

Par exploit du 13 avril 1889, Henseler a fait opposition à cette saisie, estimant ne pas devoir les sommes qui lui sont réclamées.

Par jugements des 2 et 23 mai 1889, le juge de paix du cercle de Montreux s'est déclaré compétent pour juger la cause et a admis l'opposition de Henseler.

Par arrêt du 9 juillet 1889[1], le Tribunal cantonal a maintenu le jugement sur déclinatoire du 2 mai 1889, annulé le jugement sur le fond du 23 mai et renvoyé la cause devant le juge de paix du cercle de Villeneuve.

A l'audience de ce magistrat. du 19 août 1889, Henseler a conclu de rechef à la nullité de la saisie du 21 mars précédent et au maintien de son opposition ; les défendeurs ont également repris leurs conclusions au fond et conclu, en outre, exceptionnellement au rejet de l'opposition, celle-ci allant à l'encontre d'un titre exécutoire.

Statuant par jugement du même jour, le juge a écarté les conclusions du demandeur et admis celles des défendeurs, libre cours étant ainsi laissé à la saisie et condamné A. Henseler aux frais.

Ce jugement se fonde, en résumé, sur les motifs suivants :

Henseler, bien que domicilié à Montreux, suivant permis d'établissement du 15 décembre 1887, exerce à Fribourg le métier d'imprimeur et y est inscrit au registre du commerce. Henseler se refuse à payer les impôts que lui réclament l'Etat et la ville de Fribourg ; il estime qu'étant domicilié à Montreux, il ne peut être imposé à double.

L'exception doit être admise ; le coupon d'impôt arrêté par le Conseil d'Etat de Fribourg constitue un titre exécutoire aux termes de l'art. 4, lettre *i*, de la loi fribourgeoise sur les poursuites pour dettes, du 24 octobre 1849. A teneur de l'art. 61 de la Constitution fédérale, les jugements définitifs rendus dans un canton sont exécutoires dans toute la Suisse ; dès lors, Henseler ne pouvait opposer sur le fond de la saisie, conformément à l'art. 412 Cpc. vaudois.

Au fond, Henseler ne saurait invoquer en sa faveur une dou-

[1] Voir page 486 de ce volume.

ble imposition ; il n'a payé dans le canton de Vaud qu'un impôt de capitation à la commune du Châtelard, son domicile, tandis que l'Etat et la ville de Fribourg ne lui réclament qu'un impôt spécial pour l'exercice de son industrie d'imprimeur ; il doit payer cet impôt, puisqu'il est inscrit au registre du commerce de Fribourg, comme chef de la maison d'imprimerie Ant. Henseler.

Henseler a recouru au Tribunal fédéral contre ce jugement, concluant à ce qu'il lui plaise l'annuler, pour violation de l'article 61 de la Constitution fédérale. C'est à tort que le juge de paix a, pour sanctionner une saisie en vertu de pièces qui n'ont en procédure vaudoise aucune force exécutoire, considéré les coupons d'impôts comme des jugements civils exécutoires.

Le Tribunal fédéral a écarté le recours.

Motifs.

1. La garantie de l'art. 61 de la Constitution fédérale n'a trait qu'aux jugements *civils* définitifs : or les décisions des autorités fribourgeoises déclarant A. Henseler passible de l'impôt sur l'industrie et le commerce se caractérisent comme des prononcés de nature administrative, émanés des autorités fiscales du canton de Fribourg et relevant ainsi du droit public. Ces décisions ne rentrent, dès lors, point dans la catégorie des jugements visés à l'art. 61 précité. Au surplus, le recours d'Ant. Henseler ne saurait être accueilli, car la garantie constitutionnelle du dit article ne vise que l'obligation imposée à tous les cantons de rendre exécutoires les jugements civils définitifs prononcés dans un autre canton ; elle ne saurait donc être invoquée que lorsqu'il y a refus d'exécution (voir arrêt du Tribunal fédéral, *Rec.* III, page 644).

2. En outre, le juge de paix de Montreux, entrant en matière sur le fond de la cause, a basé son jugement sur le fait, constaté par lui, que le recourant possède et exploite un établissement industriel dans le canton de Fribourg, et qu'il est, en conséquence, débiteur de l'impôt réclamé.

Le recourant serait d'ailleurs mal venu à se plaindre de la compétence que s'est attribuée le juge vaudois de son domicile, qu'il a lui-même nanti, et comme, d'autre part, il n'a point argué d'une double imposition, la question de la garantie constitutionnelle en cette matière ne saurait, en l'état, occuper le tribunal de céans.

Séance du 25 octobre 1889.

Industrie employant ou produisant des gaz irrespirables. — Décès d'un ouvrier. — Défaut de connexité entre ce décès et l'exploitation de la fabrique. — Action en responsabilité. — Rejet. — Art. 5 de la loi fédérale du 23 mars 1877 sur le travail dans les fabriques; art. 3 de la loi fédérale du 25 juin 1881 sur la responsabilité civile des fabricants; art. 50 CO.; art. 29 de la loi sur l'organisation judiciaire fédérale; arrêté fédéral du 19 décembre 1887.

Veuve Fer contre Société pour la fabrication de l'acide tartrique.

En matière d'industries désignées par le Conseil fédéral comme engendrant des maladies graves, le fabricant n'est responsable du dommage causé à un employé ou à un ouvrier par une de ces maladies que s'il est constaté qu'elle a eu exclusivement *pour cause l'exploitation de la fabrique.*

Avocat de la société défenderesse : M. E. MEYER.

Jules Fer, d'Ollon, est entré au service de la société pour la fabrication de l'acide tartrique à Gland le 10 octobre 1885 et l'a quittée le 24 mars 1888, pour cause de maladie. Admis à l'infirmerie de Nyon, en vertu d'une déclaration portant qu'il était atteint de tuberculose pulmonaire et intestinale, il y est décédé le 13 avril 1888, à l'âge de 39 ans ; son certificat mortuaire mentionne comme maladie une tuberculose généralisée.

Se fondant sur ce que la mort de J. Fer était due au fait d'avoir travaillé plusieurs années dans la fabrique de Gland, sa veuve Adèle Fer a intenté, le 23 octobre 1888, une action civile à cette dernière, concluant à ce qu'elle fût déclarée responsable du dommage éprouvé par la mort de son mari et condamnée à lui payer en conséquence, avec intérêt légal dès le 16 août 1888, une somme de 6000 fr., modération de justice réservée. A l'appui de cette demande, portée devant la Cour civile, veuve Fer fait valoir ce qui suit :

En entrant au service de la défenderesse, Jules Fer jouissait d'une parfaite santé; seulement à partir de l'automne 1887, il s'est plaint de violents maux d'entrailles. Tous les ouvriers de la fabrique de Gland souffrent de maux pareils, au point même de se rouler par terre de douleur, et le directeur a alors coutume de leur dire de boire du vin rouge. L'industrie de la défenderesse a pour effet, entre autres, de donner une violente soif aux ouvriers; ceux-ci n'osent cependant pas boire l'eau qui alimente la fabrique et il ne s'en trouve pas d'autre potable à proximité. La dite industrie est la cause unique des violents maux d'entrailles soufferts par les ouvriers et spécialement par Jules Fer. La maladie de ce dernier a, elle aussi, été causée soit directement par le fait de l'industrie exploitée par la société, soit indirectement par celui de la débilitation de J. Fer, laquelle était due elle-même exclusivement à l'industrie de la défenderesse. Nombre d'ouvriers ont quitté la fabrique à la suite d'atteintes à leur santé, qu'ils estimaient y avoir reçues. Jusqu'à la mort de Fer, la fabrique était installée d'une façon défectueuse, notamment en ce qui concerne le purgeur. Les résidus de la fabrication émettent de fortes vapeurs qui empestent le rez-de-chaussée et de là toute la fabrique : pour son travail, J. Fer devait se tenir constamment au rez-de-chaussée, à une petite distance de la cuve du purgeur, sous le manteau de la cheminée, dont le fort courant attirait les vapeurs du dit purgeur. Dès la mort de Fer, la défenderesse a apporté des modifications à ses installations, spécialement en ce qui concerne le purgeur; elle emploie pour sa fabrication d'importantes quantités d'acide sulfurique et muriatique, qui émettent des vapeurs pestilentielles des plus nuisiles à la santé. Enfin les objets de cuivre étaient constamment recouverts de vert-de-gris.

La société défenderesse a conclu à libération des conclusions de la demande, en contestant que la maladie et la mort de J. Fer aient été causées par l'industrie qu'elle exploite à Gland.

Les experts (Dr Larguier et professeur Chuard, Lausanne), chargés par la Cour civile de rapporter sur l'allégué concernant les prétendus défauts d'installation de la fabrique de Gland et sur la question de savoir si la fabrication de l'acide tartrique est une industrie malsaine, et si le séjour de Fer dans la dite usine doit être considéré comme la seule cause de ses maux et de sa mort, ont constaté :

1° Que la fabrication de l'acide tartrique n'a point pour effet de provoquer une soif excessive.

2° Que rien dans les opérations qu'elle nécessite ne peut avoir d'influence sur l'état de l'intestin des ouvriers de l'usine, et que, quant à Fer, le fait qu'il était atteint de tuberculose intestinale suffit à expliquer les douleurs violentes qu'il a pu ressentir dans ces organes.

3° Que l'affection à laquelle Fer a succombé a dû être indubitablement la tuberculose généralisée. « Rien ne démontre que » Fer ait contracté la tuberculose à l'usine de Gland et nous » ne voyons pas comment il aurait pu s'y débiliter plus qu'en » tout autre endroit, le travail exigé de lui n'étant pas pénible » et l'industrie elle-même ne pouvant être considérée comme » malsaine. »

4° Que les vapeurs ou produits gazeux expulsés du torréfacteur par le purgeur ne pouvaient agir d'une façon pernicieuse sur la santé des ouvriers et spécialement sur celle de Fer.

5° Que la fabrique de Gland emploie effectivement soit l'acide chlorhydrique seul, soit un mélange d'acides chlorhydrique et sulfurique, mais que la vapeur sortant de la cuve à dissolution n'est acide que dans une proportion à peine perceptible, et qu'à l'endroit où travaillait Fer, celui-ci n'a pas pu en souffrir ; que quant à l'acide sulfurique, employé à la décomposition du tartrate de chaux, sa manipulation n'offre d'autre danger que celui des brûlures dues à ses propriétés corrosives, mais qu'il n'émet aucune vapeur à la température où il est utilisé dans l'usine.

Partant, les experts concluent en résumé qu'il n'y a pas lieu d'établir de relation entre la maladie et la mort de J. Fer et le fait qu'il a travaillé à la fabrique de Gland.

C'est également la conclusion qu'a formulée dans son rapport le Dr Morax, à Morges, chargé, sur requête de la demanderesse, de fonctionner comme troisième expert et de préaviser sur les mêmes questions ci-dessus énoncées.

Statuant, la Cour civile a écarté la demande de veuve Fer par le motif que la maladie à laquelle J. Fer a succombé n'a pas été provoquée par le fait de son travail dans la fabrique de la société défenderesse, mais par d'autres causes. Dans les faits de son jugement, la Cour prénommée a constaté, entre autres, qu'il n'a pas été établi que tous les ouvriers de la fabrique de Gland souffrent de maux de ventre pareils à ceux de Fer, que nombre d'entre eux aient quitté cette fabrique à la suite des atteintes que leur santé y aurait reçues, que la fabrique elle-même ait été installée d'une façon défectueuse et que son exploitation ait produit des effets nuisibles à la santé.

Par lettre du 11 septembre 1889, la demanderesse a avisé le greffe de la Cour civile « qu'elle recourt en cassation contre ce » jugement, se basant uniquement pour cela sur la fausseté de » tous les faits avancés par la partie adverse. »

Dans sa plaidoirie, l'avocat de la défenderesse a conclu au maintien pur et simple de l'arrêt cantonal et déclaré renoncer à toute indemnité pour dépens en la présente instance.

Le Tribunal fédéral a écarté le recours et maintenu le jugement de la Cour civile.

Motifs.

2. Les termes dans lesquels la demanderesse a formulé son pourvoi contre l'arrêt cantonal peuvent faire surgir des doutes au point de vue de sa recevabilité comme recours de droit civil dans le sens de l'art. 29 de la loi sur l'organisation judiciaire fédérale du 27 juin 1874. Toutefois le fait, d'une part, de la comparution de dame Fer à l'audience de ce jour et la circonstance, d'autre part, que la législation vaudoise ne connaît point de pourvoi en cassation à l'égard des jugements de la Cour civile cantonale, permettent de supposer qu'en envoyant au greffe de cette dernière sa déclaration du 11 septembre 1889, la recourante entendait bien évidemment se prévaloir du moyen que l'art. 29 susvisé lui accordait. Il y a d'ailleurs d'autant moins de raison de s'arrêter à un défaut de formalité que la partie défenderesse elle-même n'a pas cru devoir, ni avant, ni durant les plaidoiries de ce jour, en faire l'objet d'aucune exception, ni réserve.

3. *Au fond :*

Il s'agit, en l'espèce, d'une réclamation pour réparation d'un dommage, basée non pas sur un contrat, mais sur une responsabilité en dehors de toute stipulation entre parties; et bien que ni la demande, ni l'arrêt dont est recours ne contiennent aucune indication au sujet des dispositions d'une loi spéciale ou du droit commun dont la dame Fer prétend faire dériver cette responsabilité, il est cependant permis d'inférer de l'ensemble de la procédure qu'elle a entendu se fonder, d'une part, sur les lois fédérales de 1881 et 1887, réglant la responsabilité civile des fabricants, et subsidiairement, d'autre part, sur les art. 50 et suivants du Code fédéral des obligations, qui sanctionnent l'obligation de réparer tout dommage causé sans droit à autrui.

4. Les lois fédérales des 23 mars 1877, 25 juin 1881 et 26

avril 1887 sur la responsabilité civile des fabricants consacrent le principe d'après lequel quiconque exploite, dans une fabrique, une industrie engendrant des maladies déterminées et dangereuses, est responsable du dommage causé à un employé ou à un ouvrier par une de ces maladies, lorsqu'il est constaté qu'elle a exclusivement pour cause l'exploitation de la fabrique. Et l'arrêté du 19 décembre 1887, rendu par le Conseil fédéral en exécution de l'art. 5, lettre *d*, de la loi fédérale précitée du 23 mars 1877, désigne comme engendrant certainement et exclusivement des maladies déterminées et dangereuses, et, dès lors, comme soumises en principe à la responsabilité civile, les industries dans lesquelles on emploie ou produit entre autres (art. 1ᵉʳ, n° 5) des gaz irrespirables, tels que *l'acide sulfureux, l'acide chlorhydrique,* etc.

Or, comme il appert du dossier que Jules Fer a travaillé dans la fabrique de la défenderesse jusqu'au mois de mars 1888 et n'est décédé que le 13 avril de la même année, et comme il est incontestable que l'industrie exploitée dans cette fabrique appartient effectivement à la catégorie de celles visées par l'arrêté précité du Conseil fédéral, puisqu'on y emploie, au dire des experts, soit l'un, soit l'autre des acides susindiqués, l'application au cas particulier de ce même arrêté, ainsi que du principe de la responsabilité en question, ne saurait être à ce double point de vue formellement contestée.

Mais l'arrêté du Conseil fédéral, aussi bien que l'art. 3 de la loi fédérale de 1881, exigent, en outre, expressément qu'il soit constaté que la maladie ayant donné lieu au dommage, à raison duquel on invoque la responsabilité civile du fabricant, a eu *exclusivement* pour cause l'exploitation de la fabrique, soit l'emploi ou la production de substances déclarées dangereuses dans le sens plus haut énoncé.

Or, ainsi que le juge cantonal l'a déclaré dans l'état des faits, la demanderesse n'a point prouvé en l'espèce que tel ait été le cas de la maladie dont souffrait son mari, et les experts, au contraire, sont unanimes pour déclarer que la tuberculose pulmonaire et intestinale à laquelle J. Fer a succombé n'a aucunement été causée par son travail à l'usine de Gland. Cette maladie, d'ailleurs, n'est pas à considérer comme une de celles engendrées tout spécialement et exclusivement par certaines industries, à l'instar du *tremor mercurialis,* de l'intoxication saturnine, de la nécrose phosphorique, etc., mais bien, de l'avis des mêmes experts, comme la suite d'une prédisposition physique le plus souvent héréditaire. D'autre part, l'industrie exploitée par la défenderesse ne saurait, à son tour, être envisagée comme une de celles dans lesquelles le genre de l'occupation ordinaire et habituelle exerce sur le corps humain une influence durable, de nature à engendrer des maladies de l'espèce de celle dont J. Fer est mort.

5. La responsabilité civile découlant des dispositions légales sur le travail dans les fabriques ne pouvant ainsi être invoquée *in casu* par la demanderesse, il resterait à examiner si elle peut fonder sa réclamation sur l'autre principe général institué par l'art. 50 CO. Mais cette question doit, elle aussi, recevoir une solution négative, attendu que veuve Fer n'a point réussi à démontrer en procédure qu'il y ait eu rapport de cause à effet entre la maladie et la mort de son mari et l'exploitation de la fabrique dans laquelle il travaillait, et encore moins que le dommage dont elle se plaint ait été causé par un acte illicite imputable à la faute d'un tiers. Il est à noter à ce sujet que, ainsi qu'il appert de l'arrêt attaqué, l'instance cantonale n'a refusé l'admission d'aucune des preuves offertes et réclamées par dite demanderesse et que celle-ci n'a requis dans l'instance actuelle aucun complément d'instruction.

Neuchâtel. — Tribunal cantonal.
Jugement du 29 juillet 1889.

Convention. — **Erreur sur la personne et dol.** — Nullité. — Art. 20 et 24 CO.

O. Q. contre A. Z.

Est nul pour vice du consentement le contrat que l'une des parties a été amenée à conclure ensuite des affirmations inexactes du représentant de l'autre partie sur la personne de cette dernière.

Le 27 avril 1888, A. Z. reçut dans son magasin la visite d'un voyageur de commerce qu'il ne connaissait pas et qui se présentait comme représentant d'une société de viticulteurs de Cognac, au nom de laquelle il lui offrit la concession du monopole pour

Neuchâtel et les environs d'un cognac appelé *Reale Cognac*.
Ce voyageur lui remit une carte qui portait les mots : *Reale
Cognac. Union vinicole de la Charente. O. Q., Cognac*. Au vu de
cette carte, A. Z., qui est depuis longtemps en affaires avec la
maison O. Q. par l'intermédiaire de son représentant à Neuchâtel, M. P. F., fit immédiatement remarquer au voyageur qu'il
n'entrerait pas en relations avec la maison O. Q. et qu'il n'accepterait pas le monopole offert, parce que par ce fait il ferait concurrence à son ami et client, M. P. F. Là-dessus le voyageur lui
déclara que la société représentée par lui ne travaillait point
avec la maison O. Q., que M. O. Q. était bien à la tête de la société, mais que son rôle dans cette affaire se bornait à la présidence de cette société, à laquelle il prêtait son nom seulement
pour la vente, afin de lui procurer une clientèle qui était déjà
acquise à son nom personnel. Sur ces explications, A. Z. signa
le monopole proposé par le voyageur et fit sa commande de
Reale Cognac. Peu de jours après, il reçut la facture de la maison O. Q. « à la commande que vous avez faite à notre voyageur ».
Par cette même lettre, la maison lui écrivait que pour le texte
de l'annonce du monopole il pourrait se baser « sur l'annonce
suivante : Reale Cognac, de la maison O. Q., à Cognac ». A. Z.,
se voyant induit en erreur, écrivit à O. Q. qu'il n'accepterait son
envoi qu'à la condition de ne payer la marchandise qu'après
vente et que M. P. F. ait sa commission sur cette commande
comme traitée par lui. Cette condition n'ayant pas été acceptée,
A. Z. refusa de prendre livraison de la marchandise. O. Q. l'assigna devant les tribunaux en paiement du prix, mais sa demande fut rejetée.

Motifs.

Considérant que le défendeur n'a consenti à conclure le contrat que le représentant de la maison demanderesse lui proposait qu'après avoir obtenu de lui la certitude qu'il traitait avec
une société absolument indépendante de cette maison.

Que le dossier renferme la preuve que les affirmations de ce
voyageur n'étaient pas véridiques, car le défendeur a contracté
en réalité avec la maison O. Q., bien qu'il eût déclaré au voyageur qu'il ne voulait pas traiter avec cette maison, et qu'il lui
eût demandé à ce sujet des explications réitérées et des éclair-
cissements.

Que n'ayant aucun motif de ne pas ajouter foi aux déclarations du voyageur, il a conclu un contrat avec une autre société ou une autre maison que celle qu'il avait en vue et qui était l'Union vinicole de la Charente.

Qu'il a été induit en erreur sur la personne avec laquelle il contractait.

Que cette erreur est essentielle.

Qu'à un autre point de vue aussi, il est certain que le défendeur a été amené à contracter par des moyens dolosifs, soit par la tromperie volontaire de celui qui, par ses affirmations inexactes, a déterminé la conclusion du contrat.

Que les art. 20 et 24 C. O. sont donc applicables, et que le contrat doit être déclaré nul pour vice du consentement.

Vaud. — TRIBUNAL CANTONAL.
Séance du 1er octobre 1889.

Assurance du droit. — Dépôt non effectué dans le délai fixé. — Econduction d'instance. — Procureur-juré. — Procuration non produite. — Responsabilité personnelle quant aux frais. — Articles 73, 74, 84, 86 et 444 Cpc.

Willommet soit dame Rychen contre Mercier.

Le prononcé d'éconduction d'instance ne constitue pas un jugement incident, mais doit être envisagé comme un véritable jugement au fond ; ce prononcé doit, dès lors, pouvoir être frappé de recours comme tout autre jugement.

Le prononcé par lequel le président donne acte au défendeur du fait que le demandeur n'a pas assuré le droit et éconduit le dit demandeur de son instance, consiste en une simple déclaration faite au procès-verbal par le président seul, sans que les parties aient à être assignées et entendues.

Le procureur-juré qui ne justifie pas de ses pouvoirs pour représenter une partie éconduite d'instance ainsi qu'il vient d'être dit, doit être personnellement rendu responsable des frais.

Dans une demande du 13 mai 1889, Marie Rychen née Mercier, à Bernex (Genève), au nom de laquelle agit le procureur-juré Willommet, à Yverdon, a conclu à ce qu'il soit prononcé que Auguste Mercier, en sa qualité d'héritier de feu Jacques Mercier, est débiteur de dame Rychen et doit lui faire remise immédiate de la somme de 430 fr. provenant de sa part dans le legs de 8000 fr. fait par Jacques Mercier en faveur des enfants de Louis Mercier, avec jouissance en faveur de ce dernier, avec offre de déposer cette valeur à la Banque cantonale pour les intérêts être remis à qui de droit, une fois que les formalités exigées par la loi auront été remplies.

Par acte du 27 mai 1889, les parties sont convenues que Marie Rychen satisfera à l'assurance du droit par un dépôt de 250 fr. à effectuer dans un délai expirant le 27 juin 1889.

Le 28 juin, le procureur-juré Grandjean, mandataire de Auguste Mercier, ayant constaté que Marie Rychen n'avait pas assuré le droit, a requis l'éconduction d'instance de la demanderesse, en ajoutant que dans l'espèce c'était le procureur-juré Willommet qui devait être éconduit d'instance et condamné aux frais personnellement, puisqu'il n'avait pas produit de procuration.

Par jugement du 27 juillet 1889, le président du Tribunal de Grandson a statué sur cette requête et, vu les art. 86, 79 et 74 Cpc., il a prononcé l'éconduction d'instance de Willommet et l'a condamné personnellement aux frais.

Willommet a recouru contre ce jugement, dont il demande la *nullité* par le motif qu'il n'a pas été assigné devant le président, et la *réforme*, attendu qu'il est porteur d'une procuration de la demanderesse, que sa vocation n'a jamais été contestée par sa partie adverse et qu'ainsi il n'est pas personnellement responsable des frais.

Dans son mémoire, Mercier a soulevé les deux moyens préjudiciels suivants:

1° Aucun recours n'est autorisé par la loi contre le prononcé prévu à l'art. 86 Cpc.;

2° L'acte de recours n'énonce pas séparément les moyens qui doivent entraîner la nullité (444 Cpc.).

Les moyens préjudiciels ont été rejetés et le recours écarté quant au fond.

Motifs.

Examinant ces moyens, et *sur le premier:* Considérant que le prononcé d'éconduction d'instance ne constitue pas un jugement incident, mais qu'il doit être envisagé comme un véritable jugement au fond.

Que ce prononcé doit, dès lors, pouvoir être frappé de recours comme tout autre jugement,

Le Tribunal cantonal écarte ce moyen.

Sur le second : Considérant que le recourant a indiqué dans son recours un seul moyen de nullité, tiré du défaut d'assignation.

Que ce moyen est énoncé séparément dans le recours.

Que, dès lors, Willommet n'a pas contrevenu aux dispositions de l'art. 444 Cpc.,

Le Tribunal cantonal écarte aussi ce second moyen préjudiciel.

Statuant sur le recours de Willommet et, *quant à la nullité :* Considérant qu'aux termes de l'art. 86 Cpc., le président donne acte au défendeur du fait que le demandeur n'a pas assuré le droit et que, par ce même acte, le demandeur est éconduit de son instance et condamné aux frais.

Considérant qu'un tel prononcé consiste en une simple déclaration faite au procès-verbal des opérations du procès par le président seul et sans que les parties aient à être assignées et entendues.

Que, dès lors, le moyen de nullité de Willommet n'est pas fondé,

Le Tribunal écarte ce moyen de nullité.

Sur la réforme : Considérant que dès le début du procès, Willommet a pris la qualité de mandataire de dame Rychen, ce qu'il était en droit de faire dans son office de procureur-juré sans être porteur d'une procuration et sauf à justifier sa vocation en temps utile (Cpc. 73, 2ᵉ alinéa).

Qu'en s'annonçant comme mandataire, Willommet s'exposait à être rendu responsable de tous les frais dans le cas où il ne justifierait pas de sa vocation (Cpc. 73, 3ᵉ alinéa).

Que Willommet n'a produit de procuration de Marie Rychen qu'avec son recours, soit le 6 août 1889 et par conséquent postérieurement au prononcé attaqué par lui aujourd'hui.

Que, dès lors, il n'y a pas lieu de tenir compte de cette pièce, le Tribunal cantonal devant statuer sur la cause en l'état où elle se trouvait le 27 juillet 1889, jour où l'éconduction d'instance a été prononcée.

Considérant qu'aux termes de l'art. 74 Cpc., Willommet devait justifier sa vocation en produisant sa demande et que ne l'ayant pas fait il doit en supporter les conséquences.

Considérant que la défenderesse Marie Rychen n'étant pas domiciliée dans le canton devait assurer le droit conformément à l'art. 84 Cpc.

Que ne l'ayant pas fait, c'est dès lors avec raison que le président a éconduit d'instance celui qui se disait agir au nom de la demanderesse ; qu'à supposer même que Willommet eût été porteur d'une procuration régulière, il n'en était pas moins tenu d'assurer le droit, puisque la personne qu'il représentait était domiciliée hors du canton.

Que le recours de Willommet n'est, dès lors, pas fondé.

Séance du 1er octobre 1889.

Renonciation à succession. — Procuration reconnue irrégulière après coup. — Demande en révocation de l'ordonnance de renonciation. — Rejet. — Art. 504 et 517 Cpc.

Dériaz contre Auberson soit succession Werly.

Une fois qu'une ordonnance de renonciation à succession et l'ordonnance de discussion qui l'a suivie sont devenues définitives, aucun recours n'ayant été interjeté dans le délai légal, on ne saurait les faire révoquer par le motif que la procuration en vertu de laquelle la déclaration de renonciation a été présentée aurait été reconnue irrégulière depuis.

Le 12 novembre 1888 est décédée Caroline Werly née Juvet.

Le 21 décembre 1888, le notaire Auberson s'est présenté devant le Juge de paix d'Orbe au nom de l'un des héritiers de la défunte, son fils Charles Werly, à St-Helena, pour renoncer à la succession de la dite dame Werly.

Ensuite de cette renonciation et de celle faite par Emile Werly le 24 décembre 1888, l'office de paix du cercle d'Orbe a prononcé la vacance de cette succession le 7 février 1889. Le 13 février 1889, le Président du Tribunal d'Orbe a ordonné la discussion juridique de la succession de dame Werly.

Le 29 août 1889, le notaire Auberson s'est présenté à l'audience du Juge de paix d'Orbe et a requis que la renonciation faite par lui de la succession de dame Werly soit révoquée et que Ch. Werly soit envoyé en possession de la succession de sa mère. Cette réquisition est fondée sur le motif suivant : Cette renonciation a été faite en vertu de procuration de Werly du 20 novembre 1888, légalisée par le Juge de paix du cercle d'Orbe le 8 décembre suivant. Dans un procès soutenu par Auberson au nom de Werly contre Deriaz, celui-ci ayant contesté la régularité de la légalisation de la dite procuration, le Tribunal cantonal a accordé à Dériaz ses conclusions, sa procuration n'ayant pas été légalisée conformément à l'art. 76 Cpc. [1]. Si la dite procuration a été trouvée irrégulière pour suivre aux opérations, elle doit l'être aussi pour les commencer et la renonciation faite le 21 décembre 1888 n'est pas régulière.

Le Juge de paix d'Orbe, admettant les motifs invoqués par Auberson, a, par ordonnance du 29 août 1889, révoqué celle du 7 février 1889, et a prononcé l'envoi en possession de la succession de dame Werly en faveur de Charles Werly.

Cette décision ayant été communiquée au Président du Tribunal d'Orbe, ce magistrat a, le 30 août 1889, révoqué l'ordonnance par lui rendue le 13 février 1889 qui prononçait la discussion juridique de la succession de dame Werly.

Par actes déposés au greffe de paix du cercle d'Orbe et au greffe du Tribunal du district de ce nom, Gustave Dériaz a recouru contre ces deux ordonnances en se fondant sur les motifs suivants :

Les ordonnances du Juge de paix d'Orbe du 7 février 1889 et du Président du Tribunal du 13 février 1889 étaient devenues définitives faute de recours. Il n'y avait donc pas lieu de les révoquer par le motif que la procuration dont Auberson était porteur aurait été irrégulièrement légalisée. Du reste le Juge de paix a considéré Dériaz comme mandataire de Werly le 29 août 1889 et comme tel, il l'a avisé de l'ordonnance qu'il avait rendue à cette date, tandis qu'il ne l'avait ni assigné ni entendu avant de prononcer sur la réquisition d'Auberson. Vu l'irrégularité des procédés faits dans cette affaire, il y aurait lieu de faire application de l'art. 504 Cpc.

Ce recours a été admis.

Motifs.

Considérant que les ordonnances des 7 et 13 février 1889 étaient devenues définitives, aucun recours n'ayant été interjeté dans le délai de dix jours, prévu par l'art. 507 Cpc.

Que, dès lors, c'est à tort et sans droit qu'Auberson a requis la révocation de celle du 7 février 1889.

[1] Voir page 596 de ce volume.

Qu'il importe peu que la procuration en vertu de laquelle Auberson avait déclaré renoncer à la succession de dame Werly ait été mise de côté comme irrégulièrement légalisée pour un procès civil.

Que ce fait ne permettait nullement à Auberson de faire révoquer les ordonnances précédemment rendues à son instance.

Attendu, en ce qui concerne les frais du recours, que c'est sur la réquisition formelle d'Auberson que le Juge de paix et le Président du Tribunal d'Orbe ont révoqué leurs décisions des 7 et 13 février 1889.

Que, dès lors, c'est le dit Auberson qui doit supporter les frais occasionnés par les actes irréguliers dont est recours (Cpc. art. 504).

Zurich. — COUR D'APPEL.
Traduction d'un arrêt du 7 septembre 1889.

Obligation immorale. — Nullité. — Art. 17 CO.

L'art. 17 CO. frappe de nullité non-seulement les contrats qui ont pour objet direct une chose contraire aux bonnes mœurs, mais encore celles conclues, dans l'intention commune des parties, en vue d'un but immoral. Tel est, par exemple, le bail d'un immeuble passé aux fins d'y établir une maison de prostitution.

Le propriétaire d'un immeuble avait loué celui-ci à la tenancière d'une maison de prostitution, connaissant le métier exercé par sa locataire et sachant qu'elle se proposait de le continuer dans les lieux nouvellement loués. En raison de cette circonstance, le prix du bail fut fixé à un chiffre excédant de plus de moitié le montant normal du loyer. Plus tard, bailleur et locataire furent condamnés tous les deux pour favorisation de débauche. La locataire quitta alors les lieux loués sans donner congé, et la maison resta inoccupée pendant deux mois.

Le bailleur a ouvert action en paiement de ces deux mois de loyer, estimant que le bail ne pouvait être résilié sans avertissement préalable. La défenderesse a conclu à libération, en se fondant sur ce que le contrat de bail ayant été conclu dans un but immoral, il est frappé de nullité et ne peut en conséquence donner lieu à une action en justice.

Cette exception a été admise et le demandeur débouté des fins de son action.

Motifs.

1. Les conclusions de la demande doivent être écartées, attendu que le contrat à la base de l'action apparaît comme immoral dans le sens de l'art. 17 CO. et ne peut, dès lors, obliger ceux qui l'ont conclu.

2. Le texte de l'art. 17 précité pourrait faire admettre que cette disposition ne vise que les conventions qui ont pour objet direct une chose contraire aux bonnes mœurs; en l'espèce, on ne serait donc pas en présence d'un contrat immoral, puisque le simple fait de remettre des locaux à bail ne renferme en lui-même rien de contraire aux bonnes mœurs. Mais pour interpréter sainement l'art. 17, on doit aller plus loin et admettre que le législateur fédéral a voulu, par cette disposition, frapper de nullité toutes les conventions passées dans un but immoral, en d'autres termes toutes celles fondées sur un *turpis causa*. C'est ce qui résulte du fait que la plupart des autres législations, et spécialement le droit commun, ont posé ce principe, et que le Code des obligations n'a certainement pas entendu autre chose à cet égard que de constater un principe généralement admis ailleurs. Or il est manifeste et il serait superflu de démontrer longuement que si l'interprétation indiquée ci-dessus est admise, le contrat de bail conclu entre parties rentre dans la catégorie des conventions visées par l'art. 17 CO.   C. S.

France. — COUR D'APPEL D'ALGER (2ᵉ chambre).
Audience du 28 juin 1889.

Contrat d'assurance. — Réassurance auprès d'une autre compagnie. — Demande en résiliation. — Irrecevabilité.

La Caisse générale contre Baschiera.

L'assuré n'est pas en droit de demander la résiliation de son contrat, pour le motif que la compagnie d'assurances aurait réassuré tout ou partie de son portefeuille à une autre compagnie, tout en conservant son existence propre; ce contrat de réassurance n'apporte, en effet, aucune modification au contrat synallagmatique intervenu entre l'assureur et l'assuré, et même l'assureur ajoute par là à ses garanties de solvabilité.

Attendu que le contrat de réassurance générale des risques en cours assurés par une compagnie n'opère point novation.

Qu'il n'apporte en lui-même aucune modification au contrat synallagmatique intervenu entre l'assureur et l'assuré.

Que l'assuré ne peut en faire grief à l'assureur qui ajoute par là à ses garanties de solvabilité.

Qu'il est constant et reconnu par les parties que, le 12 juin 1882, la *Caisse générale* a réassuré son portefeuille à la *Métropole*, moyennant un prix forfait de 3,000,000 de francs, et qu'elle s'est interdit de contracter de nouvelles assurances; qu'il résulte des documents de la cause qu'elle n'en a pas moins conservé son existence propre, qu'elle est régulièrement représentée par un conseil d'administration, que ses assemblées d'actionnaires sont tenues aux époques fixées par ses statuts, qu'elle a continué de payer sa patente personnelle de régler des sinistres et de recevoir et quittancer des primes pour les assurances en cours.

Qu'elle ne s'est donc point substitué, mais juxtaposé la *Métropole*.

Qu'il n'est établi ni allégué aucun fait impliquant sa liquidation.

Que, s'il est vrai que le 5 février 1889, requête ait été présentée aux administrateurs et commissaires de la *Caisse générale* à l'effet de faire prononcer la dissolution de la société et la répartition de son actif, il ne résulte point des documents produits que cette dissolution et cette répartition aient été réalisées ou ordonnées.

Qu'il n'est donc point établi que la *Caisse générale* ait modifié les conditions de l'assurance de Baschiera, ni diminué les garanties promises par son contrat.

Que, d'autre part, l'on ne saurait voir de grief à l'encontre de la *Caisse générale* dans l'antidate alléguée de l'avenant rectificatif du 1er décembre 1883.

Que, en effet, il résulte des documents de la cause que la convention que consacre cet acte était arrêtée en principe entre les parties depuis la fin de novembre 1883 et que, par suite, cette prétendue antidate du 1er décembre était la véritable date à laquelle la convention d'avenant était intervenue.

Attendu, en conséquence, que la demande reconventionnelle de Baschiera n'est point fondée et doit être rejetée.

Attendu que, depuis le jugement déféré, il est échu deux années de primes de la police n° 2488, et trois années de chacune des polices n° 2873 et 2945.

Qu'il échet, par application de l'art. 464 du Code de procédure civile, de prononcer condamnation en paiement de ces primes.

Ch. SOLDAN, conseiller d'Etat, rédacteur.

Lausanne. — Imp. CORDAZ & Comp.

XXXVIIᵉ ANNÉE. Nᵒ 49.   SAMEDI 7 DÉCEMBRE 1889.

JOURNAL des TRIBUNAUX

REVUE DE JURISPRUDENCE

Paraissant à Lausanne une fois par semaine, le Samedi.

Rédaction : M. CHARLES SOLDAN, conseiller d'Etat, à Lausanne.
Administration : M. L. ROSSET, greffier du Tribunal cantonal, à Lausanne.
Abonnements : 12 fr. par an; 7 fr. pour six mois. Pour l'étranger, le port en sus. On s'abonne à l'imprimerie CORBAZ & Cᵉ, chez l'administrateur, M. ROSSET et aux bureaux de poste.
Annonces : 20 c. la ligne ou son espace. S'adresser à l'imprimerie CORBAZ & Cᵉ.

Eugène Kaupert.

Le 25 novembre s'est éteint, à l'âge de 71 ans, un des doyens des juristes vaudois, le procureur-général EUGÈNE KAUPERT.

La presse quotidienne a déjà exprimé les regrets unanimes qui ont accueilli la nouvelle de ce départ prématuré; elle a rendu compte également de la belle carrière de ce magistrat consciencieux et dévoué, tout entière consacrée à la recherche de la vérité et de la justice.

Le *Journal des Tribunaux* ne peut que s'associer à ces manifestations de douloureuse sympathie. Tour à tour avocat, juge de district, officier du ministère public et enfin procureur-général, Eugène Kaupert a constamment donné l'exemple du dévouement à la chose publique et d'une vie de travail et de désintéressement. Aussi sa mémoire restera-t-elle gravée dans le cœur de tous ceux qui ont eu le privilège de connaître ce noble caractère.

***

Genève. — TRIBUNAL CIVIL.
Audience du 22 octobre 1889.

Mariage entre étrangers devant un consul anglais. — Défaut d'inscription à l'état civil. — Demande en nullité. — Irrecevabilité. — Art. 10, 25, 50, 52 et 53 de la loi fédérale sur l'état civil et le mariage.

Dame Klasson contre Trübner.

Pour exister valablement en Suisse, le mariage doit avoir été célébré ou contracté conformément à la législation du canton ou du pays sur le territoire duquel il a eu lieu.

On ne peut demander la nullité d'un mariage qu'à la condition que ce mariage existe valablement ainsi qu'il vient d'être dit.

La demanderesse dame Klasson, sujette russe, expose qu'elle s'est mariée le 3 avril 1886, à Genève, par devant le consul anglais de cette ville, avec le sieur Trübner, sujet anglais. Le mariage n'a été précédé d'aucune publication et n'a pas été inscrit sur les registres de l'état civil de Genève. Mme Klasson conclut à ce que le tribunal prononce la nullité de ce mariage célébré en dehors des formalités de la loi genevoise et de la loi fédérale sur l'état civil, le mariage et le divorce. Le défendeur, lequel fait défaut, n'a ni domicile ni résidence connus à Genève, et ne comparaît pas, ni personne pour lui.

Examinant la question de savoir si la demande est **recevable** à la forme, le Tribunal l'a résolue dans le sens de la **négative**.

Motifs.
Attendu qu'on ne peut demander la nullité d'un mariage qu'à

condition que ce mariage existe, c'est-à-dire qu'il ait été célébré ou contracté (voir art. 50, 52, 53 de la loi fédérale du 24 décembre 1874).

Attendu que pour exister valablement en Suisse, les mariages doivent avoir été célébrés ou contractés conformément à la législation du canton ou du pays sur le territoire duquel ils ont eu lieu (voir art. 25 de la loi fédérale).

Attendu que la condition essentielle de l'existence d'un mariage conclu dans la Confédération suisse et dans le canton de Genève, est l'inscription sur les registres de l'état civil : « Tout mariage doit être inscrit dans l'arrondissement (ou la commune pour le droit cantonal) où il a eu lieu » (art. 4 de la loi fédérale susvisée ; art. 10 de la loi genevoise du 20 mars 1880).

Attendu que le mariage dont arguë la demanderesse aurait été célébré à Genève.

Que celle-ci ne justifie pas de l'inscription, sur les registres de l'état civil, de ce mariage qui aurait été passé dans cette ville sans observation des lois cantonale et fédérale.

Qu'il résulte des faits et des explications données que cette inscription n'a pas eu lieu.

Attendu que ce prétendu mariage n'ayant pas été conclu valablement suivant la législation du canton de Genève, où il est censé avoir été passé, n'existe pas au regard de cette législation et de la législation suisse.

Qu'une demande en nullité d'un tel mariage ne peut être valablement et légalement formée.

Saint-Gall. — Commission des recours.
Traduction d'un arrêt du 22 mai 1888.

Vin de mauvaise qualité. — Vente. — Action en dommages et intérêts de l'acheteur pour atteinte portée à son crédit. — Rejet. — Art. 50, 55, 243, 249 à 253 CO.

H. Z. contre A. G.

L'acheteur ne peut demander des dommages et intérêts à raison des défauts de la chose vendue qu'au cas où il demande en même temps la résiliation de la vente. Si, au contraire, il garde la marchandise, il ne peut réclamer qu'une diminution du prix, mais non des dommages et intérêts à raison de l'atteinte qu'il aurait subie dans son crédit par le fait de la livraison d'une marchandise de mauvaise qualité.

Le 17 mars 1886, H. Z. a livré à A. G. un fût de vin Markgräfler au prix de 173 fr. 80. A. G. affirme avoir encavé ce vin dans la supposition qu'il était de bonne qualité et ne l'avoir mis en perce qu'au moment où il en avait besoin, soit en octobre 1886, époque à laquelle le vin lui parut plat et suspect. Lors d'une visite qu'il fit au vendeur le 11 novembre 1886, H. Z. examina le vin et le déclara naturel, sur quoi A. G. lui paya la facture de 173 fr. 80 et lui fit ajouter sur la quittance la mention suivante : « Garanti Markgräfler pur récolte 1885 ». A. G. laissa alors le vin sans l'examiner de plus près, jusqu'à ce qu'au mois d'août 1887, la commission de santé vint en prélever des échantillons. Elle déclara ne pouvoir admettre ce vin pour du véritable Markgräfler et le fit analyser par le chimiste cantonal, qui conclut que le liquide en question n'était pas du Markgräfler, mais un vin de qualité très inférieure, très probablement étendu et notablement soufré.

Dans la suite, A. G., ayant été actionné par H. Z. en paiement d'une autre facture de 534 fr. 35, non contestée, a conclu reconventionnellement à une indemnité de 300 fr., en vertu des articles 50, 55, 110 et 243 CO. Le Tribunal de district a admis cette conclusion reconventionnelle, en la réduisant toutefois à 100 fr., et cela par les motifs suivants :

H. Z. ayant garanti à nouveau la qualité du vin le 11 novembre 1886, lors du paiement de sa facture, le délai de garantie prévu à l'art. 257 CO. n'était pas écoulé lorsque la commission de santé a procédé à son examen au mois d'août 1887. Il résulte, d'autre part, du rapport de cette commission, qu'il n'a pas été touché au vase contenant le vin litigieux, ensorte que le coupage dont il a été l'objet ne peut pas être mis à la charge de A. G. Le fait que le vin a été reconnu être de qualité inférieure justifie de la part de l'acheteur une action en dommages et intérêts, vu la moins-value de la marchandise et l'atteinte portée à son crédit ; il est de même fondé à réclamer le remboursement des frais d'analyse.

Ensuite de recours de H. Z., ce jugement a été annulé par la Commission des recours, comme violant les art. 249 à 253, 50 et 55 CO.

Motifs.

A supposer même, à tort ou à raison, que les premiers juges aient pu, sans violer la loi, considérer l'identité du vin comme établie et estimer, eu égard à la déclaration de garantie du 11 novembre 1886, que l'expertise du mois d'août 1887 et l'exception de garantie opposée plus tard encore ont eu lieu en temps utile, ils ont néanmoins méconnu les art. 249 à 253 CO. en allouant à l'acheteur une indemnité pour atteinte portée à son crédit. En effet, à teneur de l'art. 249 CO., A. G. avait le choix entre l'action en résiliation et l'action en réduction de prix; il pouvait également, puisqu'il s'agissait de choses fongibles (CO. 252), exiger de l'autre marchandise recevable de même espèce que celle commandée.

Ce n'est que lorsque l'acheteur choisit l'alternative de l'action en résiliation de la vente, ce qui lui impose l'obligation de rendre la chose achetée au vendeur, qu'il peut demander en même temps des dommages et intérêts, mais seulement à raison du préjudice direct qui est résulté pour lui de la livraison d'une marchandise défectueuse, et non point pour atteinte portée à son crédit. — Si, au contraire, l'acheteur préfère demander une réduction de prix, auquel cas il garde la chose vendue, il ne peut réclamer une indemnité, mais seulement la réduction du prix convenu, et si la moins-value est égale au prix lui-même, il ne peut demander que la résiliation de la vente. En d'autres termes, ce qu'il peut exiger, c'est la restitution du prix payé, avec intérêts, moyennant la restitution de la chose vendue, ou bien la livraison d'autre marchandise recevable de même espèce, plus la réparation du préjudice direct qu'il a subi par le fait de la livraison de marchandise défectueuse.

Le droit de l'acheteur de réclamer une indemnité pour atteinte portée à son crédit ne résulte pas davantage des art. 50 et 55 CO. En effet, la circonstance que le vendeur lui a fourni un vin « plat et passablement acide, fortement soufré, non véritable, très inférieur et probablement étendu », au lieu d'un Markgräfler correspondant au prix d'ailleurs minime de 55 cent. le litre, ne saurait être envisagée comme un « dommage causé sans droit » dans le sens de l'art. 50 CO., et encore moins comme une « atteinte grave portée à la situation personnelle » de l'acheteur (article 55 CO.). Il s'agit uniquement là de l'inexécution de l'obligation que le vendeur avait de fournir une marchandise possédant

les qualités promises et exempte de défauts sensibles (CO. 243).
D'ailleurs, au cas même où l'acheteur aurait subi une atteinte à
son crédit, ce ne serait que pour avoir mis le vin en vente, au
lieu de le laisser pour compte au vendeur, conformément aux
art. 249, 252 et 253 CO.

Quant aux art. 50 et suivants CO., ils ne pourraient justifier
une action en dommages et intérêts que si la consommation du
vin avait eu pour conséquence une atteinte à la santé.

C. S.

Vaud. — TRIBUNAL CANTONAL.
Séance du 3 octobre 1889.

Servitude d'égout. — Passage du fonds asservi au domaine public. — Servitude non expropriée. — Art. 342 Cc.

Commune de Sainte-Croix contre Margot-Ducret.

S'il est vrai que l'on ne peut acquérir une servitude sur le domaine public, il n'en résulte pas que les servitudes existant sur une propriété du domaine privé soient éteintes par le seul fait du passage de celle-ci dans le domaine public. Tandis que le propriétaire d'un fonds grevé d'une servitude ne peut s'en affranchir sans le consentement du créancier de la servitude, en revanche l'administrateur du domaine public peut toujours l'affranchir de la servitude dont il est grevé moyennant expropriation en la forme légale.

Avocats des parties :
MM. Paschoud, pour commune de Ste-Croix, défenderesse et recourante.
Gamboni, pour Ph. Margot, demandeur et recourant.

Dans sa demande du 21 décembre 1888, Philippe Margot-Ducret, à Ste-Croix, a conclu à ce qu'il soit prononcé contre la commune de Ste-Croix :

a) Qu'étant au bénéfice d'un droit de servitude en faveur de sa propriété désignée plus bas, il ne doit rien à la commune de Ste-Croix pour contribution d'aqueduc.

b) Que la saisie mobilière générale, instée par la commune à son préjudice par exploit en date du 9 août 1888, est en conséquence nulle et de nul effet et que la commune doit en supporter les frais.

c) Que son opposition est maintenue avec suite de tous dépens.

Désignation de l'immeuble : Art. 461, pl. f° 2, n° du 111 de la
commune de Ste-Croix.

Dans sa réponse, la commune de Ste-Croix a conclu à libération des conclusions de la demande.

L'instruction de la cause, au cours de laquelle sont intervenues des preuves testimoniales, a établi les faits suivants :

Philippe Margot-Ducret est propriétaire d'un immeuble figurant au cadastre de la commune de Ste-Croix sous art. 461,
plan folio 2, n° du 111.

Par acte notarié Jaccard, du 3 octobre 1855, les frères Louis
et Ulysse Sueur ont concédé à Samuel Margot-Ducret, anté-
possesseur de Ph. Margot, sur leur terrain désigné comme suit
au cadastre de la commune de Ste-Croix, art. 7678, plan folio 2,
n° du 110, une servitude obligeant les dits frères Sueur à recevoir et à recueillir les égouts provenant de la maison et du
fonds Margot-Ducret. On lit entre autres dans cet acte :

« Lors de la construction de son bâtiment neuf au village de
» Ste-Croix, figurant au cadastre de cette commune sous arti-
» cle 461, plan folio 2, n° du 111, Samuel Margot a dû établir,
» pour l'écoulement des eaux pluviales et des égouts de cette
» maison, un aqueduc soit coulisse mesurant un vide de 12 pou-
» ces en carré et venant aboutir sur la propriété des frères
» Sueur, qu'elle traverse sur une hauteur de septante-deux
» pieds et demi.

» Afin d'éviter toute difficulté que pourrait susciter par la
» suite l'établissement du canal dont il est fait mention ci-des-
» sus, les prénommés Louis et Ulysse Sueur déclarent par les
» présentes n'apporter aucune opposition à cette construction
» et accorder au prénommé Margot, et à ses ayants droit, le
» droit de laisser subsister cet aqueduc tel qu'il existe actuel-
» lement sur leur possession située Aux Jardins Jaques, rière
» Ste-Croix, portée sous art. du 7678 du cadastre, plan folio 2,
» n° du 310, s'engageant de recueillir les eaux provenant de ce
» canal et de les conduire ou d'en disposer à leur gré, toutefois
» sous la réserve que si le conduit dont ils permettent l'exis-
» tence venait à s'obstruer, Samuel Margot devra seul en faire
» opérer le curage et le dégagement, en supporter les frais et

» rétablir après cette opération les lieux dans l'état où ils
» étaient auparavant.

» Pour le cas où ce canal devrait être réparé ou reconstruit
» en tout ou en partie, il est spécialement réservé que le dit
» Margot ne pourra effectuer cette reconstruction qu'en obser-
» vant les mêmes dimensions que celles qu'il occupe maintenant
» et sans aucune opposition de la part des frères Sueur ou de
» leurs ayants droit,

» Le dit Samuel Margot ayant construit en outre une autre
» coulisse sur la propriété Sueur désignée ci-devant et dont les
» eaux sont déversées dans l'aqueduc prémentionné, les frères
» Sueur déclarent que ce canal, qui est établi sur une hauteur
» de sept pieds, participe au bénéfice des concessions accordées
» par la présente, comme aussi il devra être observé strictement
» à son égard les prescriptions contenues dans cette concession
» qui est consentie à perpétuité par les parties et gratuitement. »

Ph. Margot est actuellement propriétaire du fonds dominant
qui appartenait précédemment à son père Samuel Margot.

Par suite de la correction de la route d'Yverdon à Pontarlier,
qui a nécessité l'expropriation des terrains qui appartenaient
en 1855 aux frères Sueur, ces terrains sont entrés dans le domaine public de la commune de Ste-Croix. Lors de la construction de cette route, Samuel Margot a, par exploit du 4 septembre 1875, fait défense aux entrepreneurs de boucher la coulisse
servant à l'évacuation des égouts de la maison, la dite maison
étant au bénéfice d'une servitude sur les terrains acquis par
l'Etat et la commune de Ste-Croix.

L'expropriation des terrains nécessaires à la construction de
cette route a eu lieu entre autres à la condition que l'Etat ferait
rétablir à ses frais les coulisses et conduites d'eau coupées par
le tracé.

La partie inférieure de la coulisse concédée en 1855 à Samuel Margot se trouve sous la route nouvelle sur une longueur
de 10 mètres 80. Les entrepreneurs de la route ont fait entrer
les eaux provenant de cette coulisse dans l'aqueduc qui a été
construit sous la route par l'Etat pour le compte de la commune
de Ste-Croix. Le dit aqueduc se déverse dans l'Arnon, qui a été
lui-même voûté dès 1880 sur une certaine longueur et a été
transformé ainsi en égout collecteur.

Le 19 avril 1884, le conseil communal de Ste-Croix a décidé

que tout propriétaire usant d'un aqueduc ou embranchement destiné à conduire les eaux ménagères et autres dans un aqueduc collecteur ou principal construit aux frais de la commune paierait une finance qui a été fixée à 2 fr. 50 par ménage. La maison de Margot a été portée au tableau des contributions d'aqueduc pour une somme de 10 fr. par an, représentant les contributions de quatre ménages.

Par exploit du 9 août 1889, la commune de Ste-Croix a pratiqué une saisie mobilière au préjudice de Margot pour parvenir au paiement de la somme de quarante francs qu'il devrait pour imposition d'aqueduc en 1885, 1886, 1887 et 1888.

. Par exploit du 7 septembre 1888, Philippe Margot a fait opposition à cette saisie, invoquant comme motif qu'il se trouvait au bénéfice d'une servitude pour l'écoulement de ses eaux sur l'immeuble précédemment Sueur et que, par conséquent, il ne pouvait être tenu de payer la contribution qui lui était réclamée.

Par jugement du 27 octobre 1888, le vice-président de la Justice de paix du cercle de Ste-Croix a écarté les conclusions de Margot avec dépens.

Margot ayant recouru contre ce jugement, celui-ci a été annulé par arrêt du Tribunal cantonal du 4 décembre 1888.

Ensuite de ces faits et par jugement du 14 août 1889, le Tribunal de Grandson a accordé à Margot ses conclusions et a dit qu'il serait fait une masse de tous les frais, dont un tiers resterait à la charge de Margot, le surplus devant être supporté par la commune de Ste-Croix à l'exception des frais de saisie et d'opposition qui seront supportés en entier par la commune de Ste-Croix. Ce jugement est fondé, en résumé, sur les motifs suivants :

Le fonds servant appartenant autrefois aux frères Sueur, bien qu'ayant passé dans le domaine public communal, ne peut être déchargé purement et simplement et par ce seul fait de la servitude dont il est grevé en faveur de l'immeuble Margot; l'extinction de cette servitude doit être acquise par voie d'expropriation et moyennant une juste et préalable indemnité. La commune étant chargée de la servitude de recueillir les égouts, doit le faire et payer les frais nécessaires pour s'en débarrasser.

En ce qui concerne les dépens, le Tribunal a dit qu'ils seraient compensés, ainsi qu'il est rappelé ci-dessus, Margot ayant laissé ignorer à la commune l'acte du 3 octobre 1855 et ayant ainsi provoqué le procès.

La commune de Ste-Croix a recouru contre ce jugement, concluant à ce qu'il soit réformé et ce par les motifs suivants :

Le sol de la route traversé par la coulisse de la maison Margot fait partie du domaine public; Margot ne saurait, dès lors, prétendre avoir une servitude sur le domaine public (Cc. 342).

Les contributions réclamées ne se rapportent pas aux frais de construction de la coulisse dont l'existence a fait l'objet de l'acte du 3 octobre 1855. mais aux frais faits depuis 1880 pour le voûtage de l'Arnon et sa transformation en égout collecteur. Les égouts de la maison Margot s'écoulant dans l'Arnon, la dite maison profite du voûtage de ce ruisseau. Si la coulisse était restée dans l'état dans lequel elle se trouvait en 1855, les égouts de la maison Margot se répandraient sur les champs et prés et procureraient des émanations dangereuses.

Margot-Ducret a également recouru contre ce dit jugement. mais en ce qui concerne les dépens seulement. Il n'est pas exact, dit le recours, que Margot ait dissimulé l'acte de 1855. Il l'a produit déjà devant le Juge de paix et l'a invoqué devant ce magistrat. Malgré cela la commune a persisté à suivre au procès.

Le Tribunal cantonal a écarté le recours de la commune de Ste-Croix et admis celui de Margot-Ducret.

Motifs.

Statuant tout d'abord sur le recours de la commune de Sainte-Croix :

Considérant que par l'acte du 3 octobre 1855, les frères Sueur s'étaient engagés à recevoir à perpétuité sur leurs fonds, eux et leurs ayants droit, les égouts provenant de la maison Margot.

Que le fonds précédemment Sueur était ainsi grevé en faveur du fonds Margot d'une servitude qui obligeait les propriétaires à recueillir les eaux de la maison Margot, dès leur sortie de la coulisse qui dépend de ce bâtiment, pour en disposer à leur gré.

Que ce fonds n'a pu devenir une dépendance du domaine public que dans l'état où il se trouvait lorsqu'il a subi ce changement de destination.

Que l'extinction de la servitude dont il était grevé ne pouvait résulter de ce seul changement, mais aurait dû être acquise par voie d'expropriation de la servitude elle-même.

Que s'il est vrai que l'on ne peut acquérir une servitude sur le domaine public, il n'en résulte pas que les servitudes existant sur une propriété du domaine privé soient éteintes par le seul fait de leur passage dans le domaine public.

Que tandis que le propriétaire d'un fonds grevé d'une servitude ne peut s'en affranchir sans le consentement du créancier de la servitude, en revanche l'administrateur du domaine public peut toujours l'affranchir de la servitude dont il est grevé moyennant expropriation en la forme légale, ce qui n'a pas eu lieu en l'espèce.

Considérant qu'il résulte de ce qui précède que la servitude qui pesait sur le fonds précédemment Sueur est demeurée en force.

Que la commune de Ste-Croix, qui est actuellement propriétaire du dit fonds, est dès lors tenue d'exécuter toutes les obligations résultant de l'acte du 3 octobre 1855.

Attendu que la commune de Ste-Croix est autorisée à faire payer une finance aux propriétaires des immeubles dont les égouts sont introduits dans l'aqueduc collecteur qu'elle a établi.

Mais considérant que par l'acte du 3 octobre 1855 les frères Sueur se sont chargés non-seulement de recueillir, mais encore de disposer des eaux provenant du canal débouchant de la maison Margot sur leur terrain.

Que, par conséquent, si aujourd'hui leur ayant droit, soit la commune de Ste-Croix, a fait aboutir ce canal dans l'aqueduc collecteur, c'est parce qu'il lui a convenu de se débarrasser de cette manière de ces eaux.

Que, dès lors, la commune de Ste-Croix se trouve à la fois créancière et débitrice de la contribution qu'elle réclame à Margot,

Par ces motifs, le Tribunal cantonal écarte le recours de la commune de Ste-Croix et maintient, quant au fond, le jugement du 14 août 1889.

Statuant ensuite sur le recours de Margot et considérant que celui-ci a obtenu l'adjudication de ses conclusions.

Qu'il n'a ni prolongé abusivement, ni compliqué le procès.

Que l'on ne saurait dire, ainsi que l'a fait le Tribunal de Grandson, que Margot aurait laissé ignorer à la commune de Ste-Croix l'existence de l'acte du 3 octobre 1855.

Qu'au contraire, dans son opposition déjà, il a invoqué cet acte.

Que, dès lors, il n'existe aucun motif d'équité quelconque pour compenser les dépens,

Par ces motifs, le Tribunal cantonal admet le recours de Margot.

Séance du 6 novembre 1889.

Action en changement d'état civil. — Assignation irrégulière. — Jugement par défaut. — Nullité. — Art. 34, 35, 426 et suivants, 436, § f, Cpc.

Meylan et consorts contre commune du Chenit.

La procédure prévue par les art. 426 et suivants Cpc. s'applique aux cas où il s'agit simplement de rectifier une erreur qui s'est glissée dans les actes de l'état civil, et non aux actions touchant au fond même du droit, par exemple à la nullité d'actes qui ont eu pour effet de légitimer des enfants nés avant le mariage.

Il y a lieu à nullité du jugement par défaut rendu contre un défendeur domicilié dans le canton, si l'assignation adressée à ce dernier a été faite conformément à l'art. 35 Cpc. et non à l'art. 34.

Avocats des parties :

MM. Decollogny, pour Meylan et consorts, défendeurs et recourants.

Métraux, pour commune du Chenit, demanderesse et intimée.

Dans une demande du 17 août 1889, la commune du Chenit a ouvert action à Julien-Louis Meylan; Marie Henry, épouse divorcée d'avec Tranquille Désétables, femme du précédent; Jeanne-Marie-Louise Meylan et Louis-Emile Meylan, ces deux derniers enfants reconnus de Julien-Louis Meylan, tous à Paris, pour faire prononcer :

1° Que Jeanne-Marie-Louise Meylan et Louis-Emile Meylan ne sont pas enfants légitimes par mariage du 3 août 1886 de Julien-Louis Meylan, mais que, en tant que nés d'une femme qui était mariée, l'un le 31 août 1881, durant le mariage, l'autre le 8 février 1885, également pendant le mariage, ils sont enfants légitimes de Tranquille Désétables et de sa femme Marie Henry, actuellement femme Meylan.

2° Qu'en conséquence les actes de naissance enregistrés à Paris aux dates ci-dessus et transcrits d'office dans le registre des naissances de l'état civil du Sentier et du Brassus, doivent être rectifiés dans le sens ci-dessus, conformément à la loi.

Dans cette demande, les défendeurs étant indiqués comme étant à Paris et sans domicile connu dans le canton, l'avis du dépôt de cette pièce leur a été notifié conformément à l'art. 35 Cpc. avec assignation pour l'audience du Tribunal fixée au 30 septembre 1889.

A la dite audience, les défendeurs ne se sont pas présentés ; ils ont été proclamés et continuant à faire défaut, le Tribunal du district de La Vallée, jugeant par défaut, a accordé à la demanderesse ses conclusions et lui a alloué les dépens.

Julien-Louis Meylan et consorts ont recouru contre ce jugement, dont ils demandent la nullité par le motif qu'ils n'ont pas été assignés régulièrement, attendu qu'ils sont domiciliés à Froideville près Ballens depuis le 25 août 1886 et que le mode de notification choisi par la demanderesse ne s'applique qu'aux personnes domiciliées hors du canton.

A l'audience du Tribunal cantonal, le conseil de la commune du Chenit a soulevé une exception consistant à dire qu'aucun recours en nullité n'est ouvert contre le jugement attaqué, attendu qu'il ne s'agit pas ici d'un jugement par défaut, mais d'un prononcé statuant simplement sur la rectification d'actes de l'état civil.

Le Tribunal cantonal a écarté cette exception, et statuant sur le fond, il a admis le recours et annulé le jugement par défaut.

Motifs.

Examinant cette exception et considérant que la procédure prévue par les art. 426 et suivants Cpc. s'applique aux cas où il s'agit simplement de rectifier une erreur qui s'est glissée dans les actes de l'état civil.

Que tel n'est pas le cas dans l'espèce, la présente action touchant au fond même du droit, puisqu'il s'agit ici de faire annuler des actes qui ont eu pour effet de légitimer deux enfants nés avant le mariage.

Que, dès lors, on se trouve en présence d'une action personnelle ordinaire, dans laquelle la partie défaillante ne saurait être privée de son droit de recours en nullité.

Que, du reste, la commune du Chenit elle-même a bien envisagé le procès comme une action ordinaire, puisqu'elle a assigné les défendeurs en se conformant à la procédure prévue pour l'assignation des personnes sans domicile connu dans le canton,

Le Tribunal cantonal écarte cette exception.

Sur le recours lui-même, considérant qu'il résulte des pièces du dossier que Julien-Louis Meylan est domicilié à Froideville rière Ballens dès le 25 août 1886.

Que la commune du Chenit n'a pas ignoré que le défendeur était domicilié dans le canton, puisque les 18 septembre 1887 et 13 juillet 1888, elle a correspondu avec lui à Froideville au sujet de la reconnaissance des deux enfants qu'il avait eus avant son mariage.

Considérant que Julien-Louis Meylan étant domicilié dans le canton, la commune du Chenit devait, pour l'action personnelle qu'elle lui intentait, l'assigner conformément à l'art. 34 Cpc.

Qu'en suivant les règles de la procédure concernant l'assignation des personnes sans domicile dans le canton, la demanderesse a, dès lors, procédé irrégulièrement.

Considérant ainsi que dans l'espèce le jugement par défaut rendu contre les défendeurs Meylan l'a été sans qu'il y ait eu assignation ou appointement régulier.

Que l'art. 436, §*f*, du Cpc. est, dès lors, applicable à l'espèce.

Vaud. — COUR DE CASSATION PÉNALE
Séance du 25 octobre 1889.

Injures. — Jugement rendu par le juge de paix. — Prévenu assigné irrégulièrement. — Nullité. — Art. 8 et 431 Cpp.; art. 224 de la loi sur l'organisation judiciaire.

Recours Jan.

Il y a lieu à nullité du jugement par lequel le juge de paix condamne le prévenu du fait d'injures, alors que la citation qui lui est notifiée porte simplement qu'il doit « être entendu sur des faits au sujet desquels une enquête s'instruit » et ne dit pas qu'il sera passé au jugement immédiatement après l'audition des parties.

Par mandat de comparution du 5 octobre 1889, le juge de paix du cercle de Nyon a assigné Charles Jan, représentant de commerce, à Genève, à comparaître à son audience du 7 octobre suivant pour « être interrogé sur des faits au sujet desquels une enquête s'instruit. »

Le dit jour, le juge a tenté la conciliation, a procédé à une enquête sommaire et entendu les témoins amenés par le plaignant Jules Charbonnier, puis a passé au jugement de la cause.

Par son jugement du même jour, 7 octobre, le juge a constaté que Jan s'est rendu coupable d'injures graves envers Jules Charbonnier et l'a condamné à une amende de 30 fr. et aux frais de la cause.

Par acte adressé sous pli chargé, le 9 octobre 1889, au juge de paix du cercle de Nyon, Jan a déclaré recourir à la Cour de cassation contre le jugement du 7 octobre, dont il demande la nullité par les motifs suivants :

1° Le recourant n'a été cité que pour être entendu dans une enquête qui s'instruisait. Le mandat ne mentionnait pas qu'il pourrait être jugé immédiatement après l'enquête, ensorte qu'il a été condamné sans avoir été duement appelé, formalité essentielle prescrite par l'art. 8 Cpp. ;

2° Il est résulté de cette informalité que le recourant n'a pas pu utiliser les moyens de défense dont la loi lui permettait de se servir et qu'en particulier il lui a été impossible de faire citer ou d'amener des témoins.

La Cour de cassation a admis le recours, annulé le jugement et renvoyé la cause au juge de paix de Coppet.

Motifs.

Considérant, *sur le premier moyen*, qu'il ne peut être rendu de jugement sans que les parties aient été entendues ou duement appelées (Cpp., art. 8).

Que la citation donnée au prévenu doit mentionner qu'il sera passé au jugement même en son absence (Cpp., art. 431).

Que dans les causes dont le jugement est attribué au juge de paix, le plaignant et le prévenu doivent être appelés conformément aux dispositions du Code de procédure pénale (loi judiciaire, art. 224).

Que le mandat par lequel Jan avait été cité à comparaître à l'audience du 7 octobre n'était qu'un simple mandat de comparution qui ne mentionnait pas qu'il serait passé au jugement immédiatement après l'audition des parties.

Que, dès lors, Jan n'avait pas été duement appelé pour le juge ment de la cause, l'art. 8 du Code de procédure pénale ayant été ainsi violé.

Qu'une telle informalité est d'ordre public et doit entraîner la nullité du jugement.

———————•—◦———————

Presse. — Droit de réponse. — Etendue de ce droit. — Refus d'insérer la réponse. — Contravention. — Art. 36 de la loi sur la presse du 26 décembre 1832.

Ministère public et Fauquez contre Vincent.

———————

En accordant un droit de réponse à la personne relativement à laquelle des faits ont été publiés dans un journal ou écrit périodique, l'art. 36 de la loi sur la presse du 26 décembre 1832 ne fait aucune réserve ni exception en faveur des actes qui ont fait l'objet d'une discussion au sein d'une assemblée délibérante.

L'obligation d'insérer la réponse est absolue. L'éditeur ne saurait pas davantage s'y soustraire par le motif que cette réponse a plus du double de lignes que l'article visé; il peut, dans ce cas, se borner à ne publier que le nombre de lignes prévu par la loi.

———————

Dans son n° 200, du samedi 24 août 1889, le journal l'*Estafette*, dont Lucien Vincent, à Lausanne, est éditeur responsable, a publié un article concernant une pétition adressée par Chavannes-Burnat au Grand Conseil du canton de Vaud et lue dans une séance de cette assemblée. L'*Estafette* a reproduit sans commentaire cette pétition qui renferme la mention suivante : « Note d'Aloys Fauquez (en dépôt en banque), 1 fr. 50. »

Par lettre du 26 août 1889, Aloys Fauquez, nommé dans l'article de l'*Estafette* du 24 août, s'est adressé à l'éditeur de ce journal pour le prier, conformément à la loi sur la presse, d'insérer une réponse qu'il avait faite au *Nouvelliste vaudois*.

Par lettre du 28 août, Lucien Vincent, éditeur responsable de l'*Estafette*, a accusé réception à Fauquez de sa lettre du 26 août, mais s'est refusé à insérer la réponse de ce dernier en se fondant sur ce que l'*Estafette* a publié textuellement et sans commentaire un document appartenant au domaine public.

Le 30 août 1889, Fauquez a déposé en mains du Juge informateur de Lausanne une plainte à la suite de laquelle Lucien

Vincent a été renvoyé devant le Président du Tribunal de Lausanne comme accusé de contravention à l'art. 36 de la loi sur la presse du 26 décembre 1832.

A l'audience du 8 octobre 1889, Fauquez s'est porté partie civile et a conclu à l'allocation de 75 fr. de dommages-intérêts.

Par jugement du dit jour, le vice-président du Tribunal de Lausanne a libéré Vincent des fins de la plainte, a repoussé les conclusions de la partie civile et a mis les frais à la charge de l'Etat. Ce jugement est fondé sur les motifs suivants :

Bien que le nom de Fauquez soit cité dans la pétition de Chavannes-Burnat, reproduite par l'*Estafette*, il y a lieu d'admettre qu'un journal a le droit de reproduire un document public, alors surtout que cette publication n'est accompagnée d'aucun commentaire et ne renferme aucun fait nouveau qui puisse être relevé par le plaignant. Dans l'espèce, il y a lieu de tenir compte du fait que la réponse de Fauquez visait des faits étrangers à ceux relatés par la pétition de Chavannes-Burnat. Elle était primitivement destinée à un autre journal et elle excédait dans une notable mesure la limite tracée au § 2 de l'art. 36 de la loi sur la presse. Dans ces circonstances le refus d'insertion de l'*Estafette* paraît justifié.

Le Ministère public a recouru contre ce jugement, concluant à ce qu'il soit réformé en ce sens que Vincent, éditeur responsable de l'*Estafette*, soit condamné à une amende de 40 fr. et à tous les frais du procès. Ce recours est fondé, en résumé, sur les motifs suivants :

L'art. 36 de la loi sur la presse fait à l'éditeur d'un journal l'obligation absolue d'insérer une réponse qui lui est adressée par une personne au sujet de laquelle il a publié un article sous quelque forme que ce soit. Il suffit, pour faire naître le droit de réponse, que des faits relatifs à une personne aient été publiés dans le journal sans que la loi exige que les faits soient injurieux, diffamatoires ou même simplement blessants. La loi n'a prévu aucune exception en faveur des imputations renfermées dans des actes qui ont fait l'objet de discussions d'une assemblée délibérante. Cette notion du « document public » n'existe pas dans la loi.

Le fait que la réponse de Fauquez était destinée à l'origine à un autre journal que l'*Estafette* est sans importance, la personne citée ayant le droit de s'adresser à n'importe lequel des journaux qui ont publié des faits qui la touchent.

Si la réponse de Fauquez excédait le nombre des lignes auxquelles il avait droit, l'*Estafette* ne pouvait pas refuser d'insérer toute la lettre, mais elle pouvait retrancher tout ce qui, dans la réponse, excédait la limite prévue au 2ᵉ alinéa de l'art. 36 de la loi sur la presse.

Fauquez a également recouru contre ce jugement, concluant à ce qu'il soit réformé en ce sens que l'éditeur responsable de l'*Estafette* soit condamné à lui payer, à titre de dommages-intérêts pour refus d'insertion de sa réponse, la somme de 75 francs, modération réservée. Ce recours invoque des motifs analogues à ceux présentés par le Ministère public et ajoute que la sanction du refus d'insertion de la réponse est la condamnation à une amende et à des dommages-intérêts.

La Cour de cassation pénale a admis le recours et réformé le jugement en ce sens que L. Vincent est condamné, en vertu de l'art. 36 de la loi sur la presse, à une amende de 30 fr. et, en outre, à payer à Fauquez, à titre de dommages et intérêts, la somme de 15 fr.

Motifs.

Considérant qu'aux termes de l'art. 36 de la loi sur la presse, du 26 décembre 1832, « l'éditeur de tout journal ou écrit pé-
» riodique, dans lequel auront été publiés des faits relatifs à
» une personne, sera tenu d'y insérer gratuitement la réponse
» de la dite personne, dans un des deux premiers numéros qui
» suivra la demande qui en sera faite ».

Que Fauquez ayant été nommé dans un article paru dans le n° 200 de l'*Estafette*, avait le droit d'exiger que ce journal publiât gratuitement sa réponse à l'article qui contenait des faits le concernant.

Que la loi ne fait aucune distinction suivant la nature des faits mentionnés par le journal.

Que notamment elle ne fait aucune réserve ni exception en faveur des actes qui ont fait l'objet d'une discussion au sein d'une assemblée délibérante.

Qu'il importe peu que la lettre de Fauquez fût relative à des faits étrangers à ceux relatés par la pétition de Chavannes et eût été destinée primitivement à un autre journal.

Que, dès lors, le journal l'*Estafette* était tenu d'insérer la réponse de Fauquez dans les limites prévues par le 2ᵉ alinéa de l'art. 36 susrappelé.

Attendu que l'obligation d'insérer la réponse est absolue et que l'éditeur ne saurait s'y soustraire par le motif que cette réponse a plus du double de lignes que l'article visé.

Que si cette réponse dépassait le nombre de lignes auquel Fauquez avait droit, l'éditeur n'était point tenu de l'insérer intégralement, mais pouvait se borner à ne publier que le nombre de lignes prévu par la loi.

Que, faute d'avoir inséré la réponse de Fauquez, Vincent a contrevenu à l'art. 36 de la loi sur la presse et doit, par conséquent, être frappé de la peine prévue par cette disposition de la loi.

Attendu qu'en ne publiant pas la lettre de Fauquez, Vincent a causé à celui-ci un dommage, puisque, pour obtenir gain de cause, le dit Fauquez a dû recourir à des procédés juridiques.

Qu'il faut cependant tenir compte du fait que l'article publié par l'*Estafette* ne contenait aucun commentaire ni aucune expression blessante à l'égard de Fauquez.

Qu'il y a lieu, dès lors, de n'allouer à Fauquez qu'une indemnité représentant les frais, démarches et déboursés que le refus d'insertion de Vincent lui a occasionnés.

Vaud. — TRIBUNAL CIVIL DU DISTRICT D'AIGLE.
Séance du 12 juin 1889.

Droit de passage. — Lieux d'aisances communs à deux maisons. — Destination du père de famille. — Art. 484 Cc.

Tauxe contre Desplands.

Si le propriétaire de deux fonds entre lesquels il existe un signe apparent de servitude dispose de l'un des fonds sans que le contrat contienne aucune convention relative à la servitude, celle-ci continue d'exister activement ou passivement en faveur du fonds aliéné ou sur le fonds aliéné.

Avocats des parties :
MM. Cossy, pour Henri Tauxe, demandeur.
Dupraz, pour Alfred Desplands, défendeur.

Alfred Desplands était propriétaire, par héritage de son père, feu Jean-Emmanuel Desplands, des immeubles désignés comme suit au cadastre de la commune d'Aigle : Article 156, plan folio 33, n° 141. Milieu du Bourg, maison d'habitation, bâtiment de 18 mètres ; — article 155, plan folio 33, n° 88'. Dit lieu, latrines de 7 mètres ; et article 228, plan folio 33, n° 140, dit lieu, maison d'habitation de 56 mètres.

Le 7 novembre 1871, Alfred Desplands a vendu à Henri Tauxe les deux premiers articles ci-dessus, l'acte de vente stipulant que les lieux d'aisances seraient possédés en indivision par le vendeur et l'acheteur, pour servir aux besoins de leurs deux maisons.

Ces deux maisons, soit articles 156 et 288, plan folio 33, n°° 141 et 88' du cadastre d'Aigle, sont contiguës et séparées seulement par un mur. Une ouverture, soit porte, sans moyen de fermeture, existe à la hauteur à peu près du second étage de la maison Tauxe dans le mur de séparation ; elle donne accès des escaliers intérieurs de la maison Tauxe sur un corridor de la maison Desplands, longeant le dit mur et conduisant aux lieux d'aisances indivis.

Ce corridor est le seul passage conduisant de la maison Tauxe aux lieux d'aisances sans passer par les locaux habités ; les dits lieux d'aisances servent aux besoins des deux maisons, qui n'en ont pas d'autres.

Le passage par l'ouverture pratiquée dans le mur de séparation et le corridor Desplands a été utilisé continuellement par les habitants de la maison actuellement Tauxe, avant le 7 novembre 1871, et depuis jusqu'à fin 1888, concurremment avec les passages qui existent par les cuisines.

Jean-Aimé-Emmanuel Desplands, père d'Alfred Desplands, était propriétaire de la maison aujourd'hui Tauxe et de la maison aujourd'hui Desplands, et c'est lui qui a créé l'escalier, l'ouverture et le corridor longeant le mur, que Tauxe invoque comme un signe apparent de servitude. C'est encore lui qui a établi les dits escaliers, ouverture et corridor pour l'usage et l'utilité des deux immeubles, aujourd'hui Desplands et Tauxe.

L'état de fait ci-dessus, établi par le père Desplands, propriétaire des deux maisons, a été maintenu par Alfred Desplands jusqu'à fin 1888. Il existait lors de la vente du 7 novembre 1871 ; l'acte de cette vente ne contient aucune clause relative à ce passage.

Desplands s'est opposé en décembre 1888 à ce que Tauxe l'utilise.

Il y a plus de deux ans, les lieux d'aisances et la galerie y conduisant ont été partagées entre les parties de manière à ce que chacune d'elles possède la moitié des commodités et la moitié de la galerie. La dite galerie n'a été séparée que sur une partie de sa longueur, laissant la place nécessaire pour se rendre du corridor litigieux aux deux lieux d'aisances.

Avant que le père Desplands fût devenu propriétaire de l'immeuble aujourd'hui Tauxe et à cette époque propriété de M. Clavel, le premier a demandé au second l'autorisation de créer à ce moment déjà l'ouverture actuellement litigieuse. Le père Clavel a refusé son autorisation.

Ensuite de ces faits, Henri Tauxe a ouvert action à Alfred Desplands pour faire prononcer que l'immeuble appartenant au dit Desplands, art. 288, maison d'habitation, est assujetti vers le deuxième étage, envers les immeubles art. 156 et 155, maison d'habitation et latrines, à un droit de passage, ce droit pouvant s'exercer depuis l'escalier intérieur de la maison Tauxe jusqu'aux lieux d'aisances, en passant par l'ouverture existant dans le mur de séparation et par le corridor conduisant à ces lieux d'aisances, en longeant le dit mur.

Le défendeur Desplands a conclu à libération des fins de la demande.

Par jugement du 12 juin 1889, devenu définitif faute de recours, le Tribunal civil du district d'Aigle a admis les conclusions du demandeur.

Motifs.

Considérant que si le propriétaire de deux fonds entre lesquels il existe un signe apparent de servitude, dispose de l'un des fonds sans que le contrat contienne aucune convention relative à la servitude, elle continue d'exister activement ou passivement en faveur du fonds aliéné ou sur le fonds aliéné (Cc., art. 484).

Que ces conditions se trouvent réalisées dans l'espèce, en ce sens qu'il existe entre les deux maisons ci-devant Desplands un signe apparent de servitude réciproque, savoir l'escalier et l'ouverture mettant en communication l'escalier commun aux deux maisons avec les lieux d'aisances d'une part et l'appartement de derrière du second étage de la maison actuellement Desplands, d'autre part, et que la vente de la maison actuellement Tauxe

a été passée par Desplands à ce dernier, sans aucune réserve
tendant à refuser à Tauxe le passage existant par le corridor
Desplands, pour se rendre aux lieux d'aisances indivis.

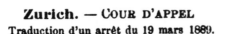

Zurich. — COUR D'APPEL
Traduction d'un arrêt du 19 mars 1889.

**Droit de rétention du bailleur. — Chars remisés dans une cour
loués. — Art. 294 CO.**

Escher Wyss et Cie contre Specht.

*Les chars remisés dans une cour louée dans ce but sont au nombre des ob-
jets sur lesquels le bailleur peut exercer son droit de rétention conformément à l'art. 294 CO. Il importe peu qu'ils soient déplacés de temps en
temps d'une manière passagère.*

Le commissionnaire-expéditeur Specht-Fuog, à Zurich, a loué
en septembre 1884, de la maison Escher Wyss et Cie, les locaux
nécessaires pour ses bureaux, ainsi qu'un magasin. Il avait de
plus, ainsi que l'admet le jugement, la cojouissance d'une cour
et cela principalement en vue d'y remiser ses chars. En fait,
Specht a continué jusqu'au 1er juillet 1888 à utiliser cette cour
dans ce but. A cette dernière date, Specht a loué à Aussersihl
un grand magasin, deux caves, une écurie et une cour.
Le 28 juin 1888, les chars précédemment remisés dans la cour
Escher Wyss et Cie ont été saisis ; ils ont été vendus le 3 août
suivant à la réquisition du créancier instant à la poursuite.
Escher Wyss et Cie ayant fait valoir leur droit de rétention sur les
chars du débiteur, pour être payés de 940 fr., montant du loyer
de l'année courante, et ayant demandé à être colloqués pour
cette somme sur le produit de la vente, le créancier saisissant a
contesté cette prétention et un procès s'est engagé entre lui et la
maison Escher Wyss et Cie au sujet de la répartition des valeurs
réalisées. Les parties ont reconnu que la solution de la question
dépend uniquement de savoir si, à la date du 3 août, jour où la
vente des chars saisis a eu lieu, Escher Wyss et Cie étaient au
bénéfice d'un droit de rétention sur ces derniers. Le créancier a
contesté ce droit de rétention, par le motif que les chars litigieux
n'avaient été remisés dans la cour que d'une manière passagère,

insuffisante pour fonder un droit de rétention ; qu'ils ont, du reste, été déménagés le 1ᵉʳ juillet 1888, époque à laquelle ils ont été conduits à Aussersihl ; enfin que ces chars ne pouvaient être envisagés comme servant à l'arrangement ou à l'usage de la cour louée.

La Cour d'appel a néanmoins admis l'existence du droit de rétention revendiqué par Escher Wyss et Cⁱᵉ.

Motifs.

1. Les chars sur lesquels on revendique un droit de rétention doivent être envisagés comme se trouvant encore dans les lieux loués à l'époque où ce droit a été exercé. Il y a lieu de considérer à ce sujet qu'il s'agit d'objets qui, par leur destination même, ne sont remisés et mis à l'abri que temporairement, et se trouvent hors de la remise pendant tout le temps durant lequel ils sont utilisés conformément à leur destination propre. Cette circonstance conduit à faire admettre que des objets de ce genre ne peuvent être considérés comme déménagés qu'à partir du moment où ils sont transférés dans un autre lieu pour y rester à demeure, et non point déjà lorsqu'ils sont enlevés à titre passager en vue de leur utilisation, ni lorsque, après avoir servi, ils restent momentanément remisés dans un autre endroit, au lieu d'être réintégrés immédiatement dans leur remise habituelle. Si l'on applique les principes qui précèdent au cas actuel, on ne saurait envisager les chars saisis comme ne se trouvant plus dans la cour de la maison défenderesse au moment où le droit de rétention a été exercé.

(Suit une série de considérants de fait tendant à établir que ces chars devaient régulièrement être remisés dans cette cour jusqu'au 3 août.)

2. La seconde condition du droit de rétention, savoir qu'il s'agisse d'objets servant à l'arrangement ou à l'usage de la cour louée, est également remplie en l'espèce. En effet, cette cour a été louée dans l'intention de l'utiliser comme remise ; cela étant, les objets en vue desquels le bail a été conclu doivent être considérés comme servant à l'arrangement et à l'usage des lieux loués. Si l'on repoussait cette manière de voir, le droit de rétention deviendrait absolument illusoire toutes les fois qu'il s'agit d'un bail portant sur des magasins, dépôts, etc., puisqu'en général il n'y a pas besoin d'installations spéciales pour arranger et utiliser ces locaux. Aussi la pratique a-t-elle interprété les

expressions « arrangement » et « usage » des lieux loués en ce sens qu'on doit y comprendre tous les objets qui se trouvent en connexité intime et essentielle avec la destination du local ; or c'est ce qui est le cas de chars par rapport à la cour où ils sont remisés [1]. Admettre ce principe, c'est en même temps reconnaître implicitement que la nécessité, résultant de la nature même de certains objets, de les sortir de temps en temps des lieux loués ne saurait être un obstacle à l'acquisition d'un droit de rétention sur ces objets ; il en résulte simplement que ce droit est plus facilement sujet à s'éteindre, puisque les objets sur lesquels il porte peuvent aisément être enlevés sous prétexte de les utiliser conformément à leur destination.   C. S.

France. — Cour d'appel de Paris (3ᵉ chambre).
Audience du 17 mai 1889.

Assurance sur la vie. — Décès de l'assuré. — Demande en paiement des sommes assurées. — Exception de déchéance tirée d'une prétendue réticence ou dissimulation reprochée à l'assuré. — Appréciation des déclarations de l'assuré. — Rejet de l'exception.

Schlumpf frères contre l'*Urbaine*.

Pour que la dissimulation ou la réticence reprochée à l'assuré entraîne la nullité d'un contrat d'assurance sur la vie, et décharge l'assureur de ses obligations, il faut que la dissimulation ou la réticence ait été volontaire et dolosive, de nature à influer sur l'opinion de l'étendue du risque.

On ne saurait attribuer ce double caractère de dissimulation ou de réticence volontaire et dolosive au fait par l'assuré de n'avoir pas fait connaître et déclaré certains accidents qui lui seraient survenus antérieurement au jour où il a contracté son assurance, et dont il a pu méconnaître lui-même la portée et la gravité, et se considérer comme parfaitement rétabli, sans crainte de les voir se renouveler, encore bien même que ces accidents puissent, dans une certaine mesure, être considérés comme se rattachant à la maladie qui a amené le décès.

Adolphe Harang, négociant en vins et spiritueux, avait contracté, successivement, à la compagnie l'*Urbaine*, quatre assu-

---

[1] Comp. les arrêts Sattler c. Manège de St-Jakob, *Journal des Tribunaux* de 1885, p. 236; Baumann et Cᵢᵉ c. Kündig, *ibid.*, p. 718; Bangert et Dürr c. Fabian et Cᵢᵉ, *ibid.*, année 1888, p. 56.

rances sur la vie, de 50,000 fr. chacune, aux termes de quatre polices, en date des 26 juin et 25 septembre 1885, et 16 mars et 19 avril 1886, dont il paraît avoir cédé le bénéfice à des créanciers.

Harang est mort le 20 septembre 1886, enlevé par une congestion cérébrale.

Les cessionnaires du bénéfice du contrat du 19 avril 1886, Schlumpf frères, ont réclamé de la compagnie l'*Urbaine* le paiement de la somme assurée, et sur le refus de cette compagnie d'y satisfaire, l'ont assignée devant le Tribunal de commerce de la Seine.

La compagnie d'assurances a opposé à cette demande une exception de déchéance tirée de ce que Harang n'aurait point, au moment du contrat, fait connaître divers accidents cérébraux dont il avait été atteint antérieurement.

Le Tribunal de commerce de la Seine, rejetant l'exception de déchéance, a admis la demande de Schlumpf frères, et ce jugement a été confirmé par la Cour d'appel.

Motifs.

Considérant que Schlumpf frères sont cessionnaires réguliers du bénéfice résultant du contrat d'assurance, objet du litige.

Qu'en effet, Harang a, par transfert en date du 17 mai 1886, régulièrement cédé le bénéfice de la police dont il s'agit à Schlumpf frères.

Que ceux-ci sont donc recevables en leur action.

Considérant que, si la dissimulation ou la réticence par l'assuré vis-à-vis de l'assureur peut entraîner la nullité de la convention passée entre eux, et décharger l'assureur de ses obligations, il faut que la dissimulation ou la réticence soit volontaire et dolosive, de nature à influer sur l'opinion de l'étendue du risque.

Considérant que les compagnies d'assurances sur la vie ne contractent jamais sans avoir, au préalable, interrogé l'assuré et contrôlé ses allégations par un examen médical extrêmement sérieux.

Que, dans l'espèce, Harang a contracté successivement, et à des dates assez rapprochées, quatre assurances dont le chiffre était important; que ces quatre assurances ont été faites à la même compagnie l'*Urbaine* et que les agents de cette compagnie avaient, lors de ces contrats successifs, leur attention ap-

pelée de plus en plus sérieusement sur chacune de ces conventions.

Considérant qu'il ne résulte pas des documents du procès
comme des enquêtes et contre-enquêtes auxquelles il a été procédé, que Harang ait été de mauvaise foi, et ait voulu dissimuler quoi que ce fût dont il se serait rendu compte.

Qu'il résulte même de sa déclaration faite à la compagnie,
lors du premier contrat, à la date du 26 juin 1885, qu'il a indiqué qu'au conseil de revision il avait été réformé pour blessure
avec cicatrice vicieuse de la main gauche; qu'à cette question :
« Pouvez-vous dire quelles maladies vous avez faites? » il a répondu, à cette même date : « Aucune. »

Que, lors des trois contrats ultérieurs, et les 25 septembre
1885, 16 mars et 19 avril 1886, la question à laquelle Harang
était tenu de répondre, a été formulée ainsi : « Depuis l'examen
ci-dessus rappelé, avez-vous eu quelque maladie ou infirmité? »

Considérant qu'en répondant négativement, Harang n'a pas
commis une réticence ou dissimulation coupable et volontaire
pouvant entraîner l'annulation de la convention.

Qu'en effet, il est établi qu'aucune infirmité ou maladie n'é-
tait survenue au dit Harang.

Que si, ainsi que cela résulte des enquête et contre-enquête,
deux accidents, sur la gravité desquels les médecins ont donné
leurs appréciations et explications, se sont produits, il ne résulte pas des documents versés aux débats que Harang ait pu,
ou ait nécessairement dû les connaitre exactement, et s'en rendre assez rigoureusement compte pour y attacher une importance sérieuse au point de vue du risque de l'assureur.

Que, s'il est vrai que ces accidents, qui n'ont été que passa-
gers et n'ont pas laissé de trace ultérieure, peuvent, peut-être,
se rattacher à la congestion cérébrale qui a causé la mort d'Harang, celui-ci n'était pas en faute, dès l'instant où, ne constatant plus sur lui-même la moindre trace de ces deux indisposi-
tions, il ne les signalait pas.

Qu'en effet, l'une d'elles n'avait été qu'un saignement de nez
arrêté lorsque le médecin appelé était arrivé, et qui n'avait nécessité aucune médication, et l'autre, bien qu'ayant amené une
prostration de quelques heures dont Harang n'avait pu apprécier la gravité, n'avait eu sur sa santé apparente aucun effet
appréciable pour lui-même.

Considérant, en outre, que la complexion d'Harang était de nature à appeler l'attention des médecins de la compagnie sur le danger d'une apoplexie pour celui avec lequel le contrat était formé, et que l'assureur n'a pas pu ne pas s'apercevoir, lors du contrat, des risques qu'il courait.

Considérant que c'est à la compagnie qu'il appartenait de faire la preuve d'une réticence ou dissimulation dolosive et volontaire, imputable à Harang.

Que cette preuve n'a pas été faite.

Adoptant, au surplus, les motifs des premiers juges,

Et considérant, dès lors, qu'il n'y a pas lieu de statuer sur les conclusions additionnelles, prises par la compagnie l'*Urbaine*, tendant à la restitution du montant des sommes par elle payées en exécution provisoire du jugement, avec intérêts, les dites conclusions étant sans objet en présence de la décision de la Cour.

———o—o———

France. — COUR D'APPEL DE PARIS (3ᵉ chambre).
Audience du 31 octobre 1889.

———

Apiculteurs et raffineurs. — Demande à fin d'enlèvement de ruches et de dommages-intérêts. — Preuve à faire. — Rejet de la demande. — Art. 1383 et 1385 du Code civil français.

Raffinerie parisienne contre Champagne, Lefebvre et Longa.

——— —

Les apiculteurs propriétaires de ruches peuvent être déclarés responsables du préjudice subi par les propriétaires voisins, à raison de l'installation trop rapprochée des ruches d'abeilles; mais, pour que cette responsabilité soit encourue, il faut qu'il soit démontré que le dommage reproché est imputable aux abeilles provenant des ruches appartenant aux apiculteurs mis en cause.

———

Attendu que la société la Raffinerie parisienne, propriétaire d'une usine à Saint-Ouen, demande contre trois apiculteurs: Champagne, Lefebvre et Longa, l'enlèvement de leurs ruches sous une astreinte de 200 fr. par jour et des dommages-intérêts: soit 20,000 fr. à Champagne, 15,000 fr. à Lefebvre et 15,000 fr. à Longa.

Attendu qu'il est constant que les trois défendeurs, domiciliés à Coye (Oise), sont propriétaires de nombreuses ruches d'abeilles qu'ils transportent, dans la saison des fleurs, en maintes localités des départements de l'Oise, de Seine-et-Oise, de Seine-et-Marne et à Saint-Ouen.

Qu'à Saint-Ouen, l'usine de la Raffinerie parisienne est envahie pendant la dite saison par une grande quantité d'abeilles.

Qu'il résulte du rapport de l'expert Rehm et des documents du procès, qu'attirées par le sucre, les abeilles pénètrent par milliers dans l'usine par les fenêtres, les portes et toutes les ouvertures de moindre dimension.

Qu'elles butinent dans les sirops, les mélasses, en consommant une grande quantité, y meurent souvent, en sorte que les pains où se trouvent leurs corps doivent être refondus.

Qu'elles piquent et blessent les ouvriers qui travaillent demi-nus.

Attendu que le dommage et le trouble constatés sont réels.

Qu'ils sont peut-être causés par le voisinage trop rapproché des ruches, ce qui pourrait laisser supposer une idée de spéculation de la part des apiculteurs.

Attendu que si, en principe, les abeilles sont sauvages et *res nullius,* il n'en est pas ainsi dans l'espèce où, domestiquées, elles sont transportées pour un temps, pour être ensuite rapportées au domicile des apiculteurs, lors de la cueillette du miel.

Attendu qu'en ces conditions, aux termes des art. 1383 et 1385 du Code civil, les propriétaires des dites abeilles seraient tenus de réparer le dommage causé par ces animaux pendant le temps qu'ils s'en servent, pourvu que la faute ou la responsabilité des dits propriétaires soient clairement démontrées.

Mais attendu que d'autres apiculteurs sont établis dans le même canton dès avant la fondation de l'usine.

Que même l'un des défendeurs au moins, Longa, est dans ce cas.

Que les ruches, placées à Saint-Ouen, sont à proximité de la plaine de Gennevilliers, qui produit des prairies artificielles, trèfles, sainfoins, luzernes, légumes, arbres fruitiers et jouit de côtes boisées.

Que tous ces végétaux, très recherchés pour la nourriture des abeilles, ont pu attirer des apiculteurs indépendamment de la Raffinerie parisienne.

Attendu que les essais faits pour reconnaître la provenance des abeilles trouvées à l'usine à l'aide de poudre colorante, n'ont pu réussir à cause de la distance à traverser par les abeilles.

Qu'en effet, toutes les ruches sont, d'après les constats, à plus de 100 mètres de la raffinerie.

Attendu que, ainsi, la preuve à rapporter par la société demanderesse contre les défendeurs, n'est pas fournie.

Que l'expertise n'a pu l'établir.

Que la société demanderesse n'a fait aucune articulation permettant de compléter la preuve qui lui incombe.

Qu'ainsi le trouble et le dommage constatés ne peuvent être sûrement imputés aux défendeurs.

Par ces motifs, déclare la société la Raffinerie parisienne mal fondée en sa demande, l'en déboute; la condamne aux dépens.

Ensuite d'appel interjeté par la Raffinerie parisienne, ce jugement a été confirmé avec amende et dépens.

————∘—∘————

France. — COUR D'APPEL DE CHAMBÉRY.
Audience du 29 octobre 1889.

————

Non-internement d'un fou dans un asile d'aliénés. — Meurtre commis par lui. — Ordonnance de non-lieu. — Responsabilité civile du père. — Art. 1382 et 1384 du Code civil français.

————

Hoirs Villard contre Vinit.

————

Bien qu'aucune disposition légale n'oblige un père à provoquer l'internement dans un asile d'aliénés de son fils en état de démence, ce père qui le garde dans son domicile est civilement responsable des actes dommageables, du meurtre qu'il a commis. Pourvu, en effet, que le père de famille ait eu connaissance de l'aliénation de son fils, il se trouve en faute non pas dans les termes de l'art. 1384, mais en vertu des dispositions de l'art. 1382 du Code civil. Le fait de garder chez lui un fou dont les agissements pouvaient devenir dangereux, suffit pour constituer à sa charge un acte positif d'imprudence.

————

Attendu, en droit, que la responsabilité édictée contre le père et la mère par le dernier paragraphe de l'art. 1384 du Code civil, quant aux dommages causés par leurs enfants, est uniquement applicable au cas où ces enfants sont encore mineurs et habitent avec eux, et que cette disposition ne saurait être étendue à l'hypothèse d'un dommage causé par un des dits enfants, même s'il est atteint d'aliénation mentale et réside avec eux, si en fait le dit enfant, comme dans l'espèce, n'est plus en état de minorité, condition expressément retenue par l'article précité pour engendrer la responsabilité dont s'agit; qu'à cet égard il y a lieu d'adopter les considérations qui ont déterminé les premiers juges.

Attendu, à la vérité, qu'en dehors du cas prévu par le dit article 1384, la responsabilité du père pour la réparation du dommage causé par un de ses enfants pourrait, suivant les circonstances, être engagée, si ce dernier, habitant avec lui, était en état d'aliénation mentale, mais à la condition que cet état de démence fût certain et manifeste pour le père.

Qu'il est incontestable que, lorsqu'il en est ainsi, le père, qui a légalement qualité pour provoquer soit l'interdiction, soit même l'internement de son enfant dans une maison d'aliénés, et qui, maître dans son domicile, s'y trouve naturellement investi d'un droit et d'une obligation de surveillance sur tous ceux qui y résident, devient, en fait, le gardien de l'enfant même majeur, mais aliéné, auquel il a ouvert ce domicile; que si, en pareille circonstance, alors qu'on peut redouter de la part de ce dernier des actes de nature à compromettre la sécurité des personnes, il en conserve personnellement la garde sans recourir aux dispositions autorisées par la loi et sans prendre les mesures exceptionnelles que son état comporte, il commet, par ce seul fait, une imprudence et assume la responsabilité générale édictée par l'art. 1382 du Code civil.

Que l'on ne peut sérieusement contester que cette solution ne soit conforme à la volonté du législateur, volonté suffisamment manifestée par la disposition spéciale contenue au § 7 de l'article 475 du Code pénal, à l'égard de tous ceux qui ont la garde d'un aliéné.

Attendu, dès lors, qu'il y a lieu uniquement, dans la cause actuelle, de rechercher en fait si l'état d'aliénation mentale qui, à la suite de l'homicide commis sur la personne de Joseph Villard, par François Vinit, a motivé l'ordonnance de non-lieu rendue en faveur de ce dernier, s'était, antérieurement à cet événement, manifesté d'une manière suffisante aux yeux de Barthélemy Vinit, son père.   (*Gazette des Tribunaux.*)

Loi fédérale sur la poursuite pour dettes et la faillite.

Quelque soignée que soit la rédaction de la loi fédérale acceptée le 17 novembre, l'application de cette importante œuvre législative ne se fera pas sans provoquer au début quelques hésitations et quelques tâtonnements. S'ils ne peuvent être évités complètement, ils se trouveront tout au moins beaucoup diminués dès le moment où les hommes d'affaires auront entre les mains un commentaire pratique et autorisé de la loi.

MM. *Leo Weber* et *Brüstlein*, tous les deux secrétaires au Département fédéral de justice et police, ont entrepris de rédiger et de publier ce livre si utile. La grande part que ces deux juristes ont prise à l'élaboration de la loi, leur connaissance parfaite de la matière et les excellents travaux qu'ils ont déjà fait paraître sur d'autres sujets, sont pour nous un gage certain que leur commentaire sera absolument à la hauteur de son but. Aussi ne voulons-nous pas attendre à plus tard pour le recommander à tous.

Les matériaux, du reste, sont déjà prêts et l'ouvrage, qui aura environ dix feuilles d'impression, pourra sortir de presse les premiers mois de l'année prochaine. Ajoutons qu'il paraîtra *dans les rois langues,* et que le texte français est confié à M. Brüstlein, qui manie l'allemand et le français avec une égale habileté. Il y aura également une édition italienne dont le soin est remis à M. le Dr *Colombi*, secrétaire du Tribunal fédéral. C'est dire que toutes les mesures ont été prises pour que le commentaire trouve d'emblée un accueil favorable auprès de tous les hommes d'affaires de la Suisse.　　　　　　　　　　　　　　　C. S.

BARREAU. — Dans sa séance du 3 décembre, le Tribunal cantonal a accordé le brevet d'avocat à M. François *Secretan*, licencié en droit, à Lausanne, ensuite des examens qu'il a subis.

ACADÉMIE DE LAUSANNE. — L'Académie a conféré, le 25 novembre, le diplôme de licencié en droit à MM. *Cordey*, Eugène, de Lutry; *Dubuis*, Alphonse, de Corbeyrier, et *Manuel*, Charles, de Rolle.

M. Cordey avait choisi pour sujet de sa dissertation : *Les principales découvertes de la nouvelle école d'anthropologie cri-*

minelle; M. Dubuis a traité : *Du projet de loi fédérale sur la poursuite pour dettes et la faillite et des principes sur lesquels elle repose*, et M. Manuel : *Des valeurs en marchandises en droit allemand, français et suisse.*

Résumés d'arrêts.

Assurance du droit. — Le jugement sur une question d'assurance du droit peut amener la fin du procès si le cautionnement n'est pas produit ou si le dépôt n'est pas effectué dans le délai fixé (Cpc. 85); un tel prononcé constitue donc un jugement au fond, contre lequel les parties peuvent recourir aussi bien en ce qui concerne le fond qu'en ce qui a trait aux dépens.

Alors même qu'il est porteur d'une procuration produite au dossier, le procureur-juré doit néanmoins être rendu personnellement responsable des frais qu'a occasionnés le retard qu'il apporte dans l'exécution des obligations que lui imposent les art. 84 et suivants Cpc.

TC., 12 novembre 1889. Estoppey et Lafond c. dame Girauldt soit Grec.

Chose jugée. — La chose jugée ne peut résulter que d'un jugement définitif et non d'un jugement provisoire, tel qu'une ordonnance de mesures provisionnelles.

TC., 5 novembre 1889. Perret c. dame Perret.

Cumulation de délits. — Lors même qu'en cas de cumulation de délits, la peine du délit le plus grave est seule appliquée (Cp. 64), il n'y a pas moins lieu de mentionner également, dans le dispositif du jugement, l'article de la loi pénale réprimant le délit le moins grave.

CP., 19 novembre 1889. Dorville.

Louage de services. — La partie qui amène la résiliation d'un contrat de louage de services avant le terme fixé, par l'inobservation des clauses de ce contrat, peut être condamnée à des dommages et intérêts; toutefois il y a lieu de réduire l'indemnité s'il y a également une faute imputable à l'autre partie (CO. 346).

Cour civile, 20 novembre 1889. Rudin c. Junod.

Ch. SOLDAN, conseiller d'Etat, rédacteur.

Lausanne. — Imp. CORBAZ & Comp.

XXXVIIe Année. N° 50.   Samedi 14 Décembre 1889.

JOURNAL des TRIBUNAUX

REVUE DE JURISPRUDENCE

Paraissant à Lausanne une fois par semaine, le Samedi.

Rédaction : M. Charles Soldan, conseiller d'Etat, à Lausanne.

Administration : M. L. Rosset, greffier du Tribunal cantonal, à Lausanne.

Abonnements : 12 fr. par an; 7 fr. pour six mois. Pour l'étranger, le port en sus. On s'abonne à l'imprimerie Corbaz & Cie, chez l'administrateur, M. Rosset et aux bureaux de poste.

Annonces : 20 c. la ligne ou son espace. S'adresser à l'imprimerie Corbaz & Cie.

Les numéros 51 et 52, qui paraîtront avant la fin de l'année, renfermeront les tables et répertoires du présent volume du *Journal des Tribunaux*.

———— ◇ ◆ ◇ ————

Vaud. — Tribunal cantonal.

Séance du 5 novembre 1889.

———

Ordonnance de subrogation. — Recours du tiers saisi. — Défaut de vocation. — Moyen préjudiciel admis. — Art. 608 Cpc.

———

Blanche contre Banque cantonale.

Le tiers saisi n'a aucune vocation pour recourir contre l'ordonnance de subrogation rendue en faveur du créancier instant à la poursuite; dès

*lors son recours doit être écarté préjudiciellement, l'art. 608 Cpc. ne s'ap-
pliquant pas à lui.*

_____

Par exploit du 17 juillet 1889, la Banque cantonale, au nom
de laquelle agissait le procureur-juré Jaton, à Payerne, a pratiqué une saisie en mains d'Alfred Blanche, à Grandcour, sur
tout ce qu'il pouvait devoir à Constant Blanche, au dit lieu, ou
sur tout ce qu'il pouvait détenir lui appartenant et notamment
sur une cédule du 27 mai 1889, du capital de 3000 fr., souscrite
par le tiers saisi en faveur du débiteur.

Cette saisie était faite pour parvenir au paiement de deux
billets de change, l'un de 1360 fr., l'autre de 1300 fr., dus par
Constant Blanche à la Banque cantonale.

A l'audience du juge de paix du cercle de Grandcour du 24
août 1889, Daniel Blanche, père du tiers saisi Alfred Blanche, a
déclaré que celui-ci a payé, pour le compte de Constant Blanche, le 18 juin 1889, 50 fr. et le 27 juillet suivant 154 fr., et que,
par conséquent, il ne doit plus à celui-ci pour solde de la cédule
que 2 fr. 79 c., valeur échue.

Le dit jour, le juge de paix de Grandcour a accordé à la Banque cantonale la subrogation aux droits de Constant Blanche
contre Alfred Blanche. Cette ordonnance a été notifiée à Alfred
Blanche le 21 septembre 1889.

Par acte du 25 septembre 1889, Alfred Blanche a déclaré recourir contre cette ordonnance, en se fondant sur le motif qu'elle
est irrégulière et en outre qu'elle ne saurait être maintenue en
présence de l'ordonnance de vente rendue en faveur de la même
créancière le 22 août par le juge de paix du cercle de Payerne
sur la même cédule.

Dans le mémoire qu'il a fait parvenir au Tribunal cantonal
au nom de la Banque cantonale, le procureur-juré Jaton a soulevé les deux moyens préjudiciels suivants :

1º Alfred Blanche n'a pas qualité pour recourir contre l'ordonnance de subrogation du 24 août; ce droit n'appartient qu'au
débiteur et non au tiers saisi.

2º On ne peut demander la nullité d'une saisie que par voie
d'opposition à l'exploit de saisie et non par recours contre une
ordonnance de subrogation.

Le premier moyen préjudiciel a été admis et le recours écarté.

Motifs.

Considérant que le tiers saisi n'a aucun intérêt à recourir contre une ordonnance subrogeant le créancier aux droits du débiteur contre lui.

Qu'en effet, il lui importe peu d'être appelé à payer en mains du dit débiteur ou en mains du créancier de celui-ci.

Que l'ordonnance de subrogation ne constitue pas un titre contre lui, puisque le créancier est obligé d'ouvrir action dans le cas où le débiteur conteste devoir la valeur qui lui est réclamée par le créancier.

Que, dès lors, il n'a aucune vocation à recourir contre la dite ordonnance et que, par conséquent, son recours doit être écarté préjudiciellement, l'art. 603 Cpc. ne s'appliquant pas à lui.

———◦—◦———

Séances des 21 et 28 novembre 1889.

Ecoulement des eaux du fonds supérieur sur le fonds inférieur. — Coulisse les amenant dans l'intérieur du fonds inférieur. — Aggravation de la servitude. — Art. 426 Cc. ; art. 105 du Code rural.

Compagnie Suisse Occidentale-Simplon contre Gaille.

Si le propriétaire du fonds supérieur a le droit d'écouler les eaux qui en proviennent naturellement sur le fonds inférieur, en les réunissant même au moyen d'un aqueduc, il ne saurait cependant être admis à les amener dans l'intérieur du dit fonds au moyen d'une coulisse souterraine. En effet, le fait d'amener les dites eaux à une certaine surface du sol du fonds inférieur constitue une aggravation de la servitude.

Avocats des parties :

MM. Dupraz, pour Compagnie S. O.-S., demanderesse et recourante.

Paschoud, pour Armand Gaille, défendeur et intimé.

———

Dans sa demande du 28 juillet 1888, la compagnie Suisse Occidentale-Simplon a conclu à ce qu'il soit prononcé :

1° Que les immeubles de la compagnie Suisse Occidentale-Simplon sis dans la commune de Concise sont libres de toute servitude de recevoir les eaux qui s'écoulent de la cave de la maison du défendeur, Armand Gaille, sise dans la dite commune, savoir :

Désignation des immeubles :

A. Ceux de la compagnie Suisse Occidentale-Simplon :

Art. du 1890, plan folio 10. A Concise, gare aux voyageurs, 1 are 80 mètres.

A Concise, couvert et lieux d'aisance.

»   »   A Concise, emprise de la voie.

B. Ceux d'Armand Gaille :

Art. du 1833, plan folio 10, du 16. A Concise, en Portel, coulage et étable à porc, soit bâtiment de 20 mètres.

Art. du 1833, plan folio 10, du 16. A Concise, en Portel, midi, logement et pharmacie, soit bâtiment de 1 are 35 mètres.

2° Qu'en conséquence, c'est sans droit que le défendeur a construit la coulisse actuellement existante, par laquelle il écoule sur le terrain de la compagnie demanderesse les eaux de sa cave.

3° Que la dite coulisse doit être supprimée et que la compagnie défenderesse est en droit de faire procéder à sa démolition, le tout aux frais du défendeur.

Dans sa réponse du 2 décembre 1888, Armand Gaille a pris les conclusions suivantes :

Il maintient son engagement de ne pas déverser sur le fonds de la compagnie demanderesse les eaux qui ne proviennent pas naturellement de son fonds. Il maintient également son engagement de détruire les travaux qui auraient été exécutés sans droit par ses antépropriétaires sur le terrain de la compagnie pour faciliter l'écoulement des eaux de son fonds. Sous bénéfice de ces offres et engagements, il conclut à libération des fins de la demande, pour autant donc qu'il s'agit des eaux qui découlent naturellement de son fonds.

L'intruction de la cause a établi les faits suivants :

La compagnie Suisse Occidentale-Simplon est propriétaire dans la commune de Concise de divers immeubles comprenant la gare aux voyageurs et dépendances, ainsi que l'emprise de la voie, immeubles dont la désignation cadastrale figure dans les conclusions ci-dessus transcrites.

Armand Gaille est également propriétaire à Concise d'un immeuble dont la désignation cadastrale est indiquée ci-dessus, qui est contigu à celui de la compagnie Suisse Occidentale-Simplon.

Le fonds de Gaille est supérieur à celui de la compagnie.

Dans la cave de la maison de Gaille, il existe un puits qui recueille les eaux naturelles provenant soit de sources profondes, soit d'une couche de gravier qui se trouve dans ce terrain. Pour écouler le trop-plein de ce puits, Gaille ou ses antépossesseurs ont construit une coulisse qui mène l'eau jusqu'au fossé de la cour de la gare. Cette coulisse a une longueur de 21 m. 10 sur le terrain de Gaille et de 2 m. 95 dans le terrain de la compagnie. Elle aboutit, à 1 m. 50 au-dessous du sol, au pied d'un talus appartenant à la compagnie, qui provient de travaux d'abaissement du niveau de la place de la gare exécutés par la compagnie Suisse Occidentale-Simplon.

La coulisse litigieuse a été construite depuis moins de 30 ans et sans que la compagnie ait accordé d'autorisation. Il résulte de l'expertise que les eaux qui s'écoulent par cette coulisse sont uniquement des eaux naturelles provenant du puits qui se trouve dans la maison Gaille, alimenté lui-même par l'eau de sources profondes jaillissant sur le fonds du dit Gaille.

Par exploit notifié le 24 mai 1888, la compagnie Suisse Occidentale-Simplon a cité Gaille à comparaître le 28 mai suivant, en l'étude du notaire Criblet, à Grandson, pour passer un acte authentique constatant que c'est à bien plaire qu'il fait écouler les eaux de sa cave sur le terrain de la dite compagnie. Gaille n'a pas comparu en l'étude du notaire Criblet, ni à l'audience de conciliation du Juge de paix de Concise.

Ensuite de ces faits et par jugement du 30 août 1889, le Tribunal civil du district de Grandson a admis les conclusions libératoires de Gaille, repoussé les conclusions de la compagnie Suisse Occidentale-Simplon et a condamné la dite compagnie aux dépens. Ce jugement est fondé sur les motifs suivants :

Aux termes de l'art. 426 Cc., les fonds inférieurs sont assujettis, envers ceux qui sont plus élevés, à recevoir les eaux qui en découlent naturellement ; le propriétaire du fonds supérieur est autorisé à réunir ses eaux dans des fossés ou aqueducs et à les faire écouler de cette façon sur le fonds inférieur. Gaille est resté dans les limites de ses droits et la compagnie ne peut réclamer de lui que la démolition de la partie de la coulisse débouchant sur le fonds qui lui appartient.

La compagnie Suisse Occidentale-Simplon a recouru contre ce jugement, concluant à ce qu'il soit réformé en résumé par les motifs suivants :

I. C'est donner à la servitude prévue par l'art. 426 Cc. une extension abusive et en tout cas aggraver la servitude que de diriger dans l'*intérieur* du fonds inférieur, non à la surface du sol, mais par des coulisses souterraines, des eaux recueillies sur un certain espace, fussent-elles même de celles prévues à l'article 105 du Code rural. Le débiteur de la servitude pourrait, le cas échéant, ne connaître l'existence de la dite servitude que par ses conséquences dommageables.

II. La loi cantonale du 5 décembre 1854 sur la police des chemins de fer pose, à son art. 1er, le principe général que les chemins de fer sont assimilés aux routes et considérés comme des dépendances du domaine public. L'art. 3 de la dite loi déclare applicable aux localités riveraines des chemins de fer les servitudes imposées par la loi sur la police des routes concernant la police des eaux. Or l'art. 19 de la loi sur la police des routes dit qu' « il ne peut être dirigé sur les routes aucune eau » courante et aucun égout de fontaine. Les égouts de fontaine, » dit l'art. 28, doivent être dirigés de manière à ce qu'ils ne se » jettent pas sur les routes. » En présence de ces dispositions légales, la compagnie recourante ne peut être tenue de recevoir l'égout du puits de Gaille, qui constitue en réalité une fontaine, puisque l'art. 5 du Code rural est invoqué en l'espèce.

Le Tribunal cantonal a admis le recours et alloué à la compagnie Suisse Occidentale-Simplon les conclusions prises par elle dans sa demande.

Motifs.

Considérant tout d'abord, *sur le premier moyen*, que les fonds inférieurs sont assujettis envers ceux qui sont plus élevés à recevoir les eaux qui en découlent naturellement.

Que le propriétaire supérieur peut réunir ses eaux dans des fossés ou aqueducs (coulisses) et les faire écouler de cette manière sur le fonds inférieur (Cc. 426 ; Cr. 105).

Qu'en l'espèce. les eaux que Gaille écoule sur le fonds de la compagnie Suisse Occidentale-Simplon sont des eaux naturelles, puisqu'elles proviennent de sources profondes qui jaillissent sur le fonds supérieur.

Que, dès lors, Gaille est en droit de faire écouler ces dites eaux sur le terrain de la compagnie recourante, même en les réunissant dans une coulisse.

Mais attendu que le propriétaire supérieur ne peut rien faire qui aggrave la servitude du fonds inférieur.

Que si les eaux du fonds supérieur peuvent être écoulées *sur* le fonds inférieur, il n'en résulte pas que les dites eaux puissent être amenées à l'intérieur du dit fonds au moyen d'une coulisse souterraine.

Que le fait seul d'amener les dites eaux à une certaine profondeur sous la surface du sol du fonds inférieur constitue une aggravation de la servitude.

Qu'en effet, lorsque les eaux sont amenées à une certaine profondeur, elles peuvent causer au fonds inférieur un dommage considérable dont le propriétaire pourrait ne s'apercevoir que lorsqu'il serait difficile à réparer.

Que, dès lors, Gaille ne saurait être autorisé à maintenir la coulisse litigieuse.

———o–o———

Séance du 19 novembre 1889.

Preuve sermentale. — Droit du président de faire catégoriser la partie interrogée. — Art. 223 Cpc.

Enning contre Baatard.

En matière de preuve sermentale, il appartient au président de faire catégoriser la partie interrogée si ses réponses ne sont pas claires.

Dans sa demande du 19 août 1889, L. Enning, à Renens, a conclu à ce qu'il soit prononcé que G. Baatard, au dit lieu, est son débiteur et doit lui faire prompt paiement de la somme de 300 fr., avec intérêt au 5 °/₀ dès le 26 juillet 1889, modération réservée, pour dommages-intérêts résultant de l'inexécution d'un contrat de vente conclu entre parties.

A l'audience du Président du 19 octobre 1889, Baatard a conclu à libération des conclusions de la demande.

A la dite audience, Enning a allégué le fait n° 26 et annoncé vouloir le prouver par le serment déféré à Baatard.

Teneur de l'allégué 26 : Le 19 mai, Baatard a dit à Enning les paroles suivantes :

« Je prends toute votre paille, mais le premier wagon au prix
» de 8 fr. les 100 kilos et le reste à 8 fr. 20, frais de pesage par
» moitié et livrable sur wagon. »

Baatard a accepté le serment et les parties ont convenu que le serment serait prêté immédiatement pour éviter des frais ultérieurs.

Le Président ayant posé à Baatard le fait n° 26 sous forme de question, Baatard a répondu comme suit :

« J'admets toutes les paroles citées par M. Enning. Je déclare
» formellement ne jamais lui avoir acheté toute sa paille, ni en
» avoir désigné une quantité quelconque.
» Je m'en réfère à la lettre au dossier. »

Le Président a estimé que cette réponse n'était pas claire et catégorique, la première partie contredisant la seconde, et a, en conséquence, proposé de poser la question complémentaire suivante :

« Avez-vous *oui* ou *non* dit à Louis Enning : Je prends *toute* votre paille ? »

Le demandeur, estimant qu'il avait été répondu nettement par Baatard qu'il admettait les propos transcrits dans l'allégué 26, a pris acte de cette réponse, a déclaré l'admettre comme suffisante et s'opposer à ce qu'aucune autre question soit posée au défendeur. Il estime qu'à teneur de l'art. 223 Cpc., il appartient aux parties seules de poser des questions complémentaires.

Par jugement incident du dit jour, le Président a maintenu la question complémentaire par lui proposée et a dit que les frais suivront le sort de la cause au fond. Ce jugement est fondé sur les motifs suivants :

La preuve sermentale entreprise a pour but d'élucider d'une façon claire, précise et complète la question de savoir si oui ou non Baatard a tenu à Enning les propos que celui-ci lui attribue sous allégué n° 26. La question posée est donc pertinente. C'est le président qui dirige l'instruction de la cause et il lui appartient de faire en sorte que la preuve entreprise soit administrée d'une façon complète.

Au rapport de la sentence, Enning a déclaré recourir au Tribunal cantonal, le recours étant reconnu suspensif.

Le recours a été écarté.

Motifs.

Considérant qu'en acceptant le serment qui lui avait été déféré, Baatard s'est engagé à répondre clairement et d'une façon catégorique à la question qui lui était posée.

Que la réponse qu'il a donnée au fait 26 qui lui était posé sous forme de question n'était pas claire, puisque d'une part il admettait avoir prononcé les paroles que lui attribuait Enning et que, d'autre part, il contestait avoir acheté la paille objet du litige.

Qu'il y avait, dès lors, lieu de le faire catégoriser de manière à ce qu'il ne pût y avoir aucun doute sur la portée de sa réponse, en raison surtout de la circonstance que l'issue du procès dépendra probablement de la dite réponse.

Attendu qu'il appartient au Président de procéder à l'interrogatoire sur le fait à prouver (Cpc. 223).

Que, dès lors, il lui incombait de faire préciser la réponse de Baatard s'il estimait qu'elle n'était pas suffisamment claire.

Que l'on ne saurait dire que ce fût une question complémentaire proprement dite, puisqu'elle ne sortait pas des termes mêmes employés par le demandeur dans l'allégué 26.

Que, dès lors, c'est avec raison que le Président a posé la question qu'il a proposée et qu'il y a lieu, par conséquent, de la maintenir.

------◦▶▶◦------

Vaud. — COUR CIVILE.
Séances des 22 et 27 novembre 1889.

Accident de chemin de fer. — Transaction entre la compagnie et la personne lésée au sujet de l'indemnité à accorder à celle-ci. — Aggravation postérieure de l'état de la victime. — Nouvelle demande de dommages et intérêts. — Rejet. — Art. 18 et suiv. CO.; art. 7 de la loi fédérale du 1er juillet 1875.

Demoiselle Feron contre compagnie Suisse Occidentale-Simplon.

Lorsqu'une personne blessée dans un accident de chemin de fer a accepté une indemnité fixée à l'amiable et a déclaré « renoncer à toute réclamation ultérieure envers la compagnie », elle ne saurait se prévaloir d'une aggravation postérieure de son état pour exiger une indemnité plus élevée, alors qu'au moment de la transaction la durée de la maladie ne lui était indiquée que comme une probabilité et non point comme une certitude; on ne saurait dire, en effet, qu'en signant la transaction elle se soit trouvée dans une erreur essentielle.

Avocats des parties :

MM. RENOULT (avocat près la Cour d'appel de Paris) pour Mlle Feron, demanderesse.

DUPRAZ, à Lausanne, pour compagnie S. O.-S., défenderesse.

Le 21 août 1886, la demanderesse, Mlle Marie Feron, domici-

liée à Paris, avait pris place, en IIe classe, dans le train **express**
n° 12, de Berne à Lausanne. Vers 2 ¹/₄ heures de l'après-midi, ce
train a déraillé entre les stations de Schmitten et de Guin. La
demanderesse a été blessée à ce déraillement et elle a dü séjourner à Lausanne, où elle a été soignée par les docteurs Dupont et Larguier.

A la date du 30 août 1886, le docteur Larguier a fait la déclaration suivante au sujet de l'accident arrivé à la demanderesse :

« Je soussigné, docteur en médecine de la Faculté de Paris,
» certifie que Mlle Feron, de Paris, âgée de 64 ans, est atteinte
» d'une synovite traumatique du genou gauche, causée par le
» déraillement survenu près de Fribourg, le 21 août 1886. La
» durée *probable* des conséquences de cet accident sera d'envi-
» ron deux mois. M. le Dr Dupont, chirurgien en chef de l'Hôpi-
» tal cantonal, qui a vu la malade avec moi à diverses reprises,
» confirme le diagnostic, ainsi que l'évaluation de la durée *pro-
» bable* de l'incapacité fonctionnelle.

» Lausanne, le 30 août 1886.

» (Signé)   Dr Larguier;   Dr Dupont. »

Le 31 août 1886, la demanderesse a signé la pièce ci-après
transcrite :

« *Transaction.*

» Je reconnais avoir reçu de la compagnie des chemins de **fer**
» de la Suisse Occidentale et du Simplon la somme de *mille*
» *francs* (1000 fr.) à titre d'indemnité pour l'accident dont j'ai
» été victime le 21 courant, lors du déraillement du train 12,
» près la gare de Guin.

» Par l'acceptation de cette somme de 1000 fr., je reconnais
» avoir été indemnisée équitablement de toutes les conséquences
» résultant du susdit accident, y compris les soins médicaux et
» dépenses de séjour, et déclare renoncer à toute réclamation
» ultérieure envers la compagnie de la Suisse Occidentale et du
» Simplon.

» Lausanne, le 31 août 1886.

» (Signé)   Marie Feron. »

La demanderesse étant rentrée à Paris, la synovite traumatique, au lieu de guérir comme il y avait lieu de l'espérer, a persisté; aujourd'hui, Marie Feron est atteinte d'une ostéite épi-
phylaire.

Elle ne peut plus se mouvoir qu'avec l'aide d'autres personnes et de cannes et elle est impotente pour le reste de sa vie.

Mⁱⁱᵉ Feron exerçait la profession d'institutrice donnant des leçons particulières. Elle donnait au prix de 80 fr. par mois un cours chez Mᵐᵉ Mouton et elle a donné pendant trois ans des leçons chez Mᵐᵉ Landis au prix de 60 fr. par mois. Elle doit, au contraire, avoir à gages maintenant une domestique spéciale qui lui coûte mensuellement 100 fr.

Outre l'indemnité de 1000 fr. stipulée dans la transaction du 31 août 1886, la compagnie défenderesse a payé pour frais de retour à Paris de Mⁱⁱᵉ Feron la somme de 147 fr.

Avant l'accident du 21 août 1886, la demanderesse était atteinte d'une maladie articulaire. L'accident de chemin de fer n'a pas créé l'état maladif dans lequel se trouve la demanderesse, mais il a imprimé à cette maladie un caractère qu'elle n'eût pas eu sans cet accident.

La compagnie a refusé de négocier à nouveau avec la demanderesse ensuite de l'indemnité qui lui avait été payée et de la transaction intervenue.

Ensuite de ces faits, Mⁱⁱᵉ Feron a ouvert action à la compagnie Suisse Occidentale-Simplon devant la Cour civile, pour faire prononcer que la transaction du 31 août 1886 étant annulée, la compagnie doit lui payer 50,000 fr. pour l'indemniser du dommage qu'elle a souffert; de quelle somme il y aura lieu de déduire les mille francs déjà reçus.

La compagnie Suisse Occidentale-Simplon a conclu, tant exceptionnellement qu'au fond, à libération des conclusions prises contre elle en demande.

A l'audience préliminaire du 2 octobre 1888, les parties ont consigné au procès-verbal qu'elles étaient d'accord sur la compétence de la Cour civile, admettant ainsi que c'est la législation fédérale, soit le Code fédéral des obligations, qui régit spécialement le procès. La compagnie a déclaré, en conséquence, reconnaitre l'applicabilité du Code des obligations au présent litige, ceci en modification de sa réponse.

Statuant, la Cour civile a débouté la demanderesse des conclusions de sa demande et admis celles libératoires de la compagnie défenderesse.

Motifs.

Considérant, *en droit,* que la compagnie défenderesse a admis l'état de fait tel qu'il résulte des jugements rendus précédemment soit par la Cour civile, soit par le Tribunal fédéral au sujet de l'accident de chemin de fer survenu le 21 août 1886 entre les stations de Schmitten et de Guin.

Qu'elle a ainsi reconnu avoir commis une négligence grave au sujet de cet accident, dont elle doit être tenue de réparer les conséquences dommageables dans la mesure prévue à l'art. 7 de la loi fédérale du 1er juillet 1875.

Considérant que, dans l'espèce, il résulte des faits de la cause que Marie Feron a été blessée dans l'accident du 21 août et qu'elle a dès lors subi un dommage.

Que, bien que cet accident n'ait pas créé l'état maladif dans lequel se trouve la demanderesse, il a cependant imprimé à cette maladie un caractère qu'elle n'eût pas eu sans cet accident.

Considérant qu'actuellement la demanderesse ne peut plus se mouvoir qu'avec l'aide d'autres personnes et de cannes et qu'elle est impotente pour le reste de sa vie.

Que, dès l'accident, elle a été privée du gain qu'elle pouvait faire en exerçant sa profession d'institutrice et qu'elle en sera aussi privée dans la suite.

Qu'elle doit, en outre, avoir à gages une domestique spéciale qui lui coûte mensuellement cent francs.

Que son état maladif a exigé et exige encore les soins d'un homme de l'art et qu'elle doit payer aussi des frais de pharmacie.

Qu'il y a lieu de tenir compte de tous ces éléments pour fixer le chiffre du dommage qu'elle a subi et qu'il doit en outre lui être alloué une somme équitablement fixée, indépendamment de l'indemnité, pour le préjudice pécuniaire démontré,

La Cour civile fixe à *quinze mille francs* le dommage subi par la demanderesse, les mille francs qu'elle a reçus le 31 août 1886 n'étant toutefois pas compris dans ce chiffre.

Mais attendu que la compagnie Suisse Occidentale-Simplon oppose à la réclamation de Marie Feron la transaction signée par celle-ci le 31 août 1886, par laquelle elle déclare « renoncer à » toute réclamation ultérieure envers la compagnie de la Suisse » Occidentale et du Simplon. »

Que Marie Feron estime que cette transaction est nulle, comme entachée d'erreur essentielle, la demanderesse ayant cru que sa maladie n'aurait pas une durée plus longue que celle que lui avaient indiquée les docteurs Larguier et Dupont dans leur déclaration du 30 août 1886.

Considérant que, dans cette transaction, Marie Feron a déclaré se charger de toutes les conséquences de l'accident et renoncer à toute réclamation ultérieure.

Qu'au moment où cette transaction a été signée, les parties n'avaient pas de certitude absolue sur la durée de la maladie de Marie Feron et qu'il y avait là un élément aléatoire que la demanderesse ne pouvait ignorer et dont elle a dû tenir compte.

Qu'en effet, si les docteurs Larguier et Dupont ont déclaré que la maladie de Marie Feron aurait une durée de deux mois, ils n'ont indiqué cette durée que comme une *probabilité* et non point comme une certitude.

Que, du reste, la compagnie Suisse Occidentale-Simplon n'est intervenue en rien dans cette déclaration, qui a été rédigée par les médecins que Marie Feron avait choisis et consultés elle-même.

Considérant que si Marie Feron a jugé à ce moment-là que la somme de 1000 fr. qui lui a été payée par la compagnie Suisse Occidentale-Simplon était suffisante pour l'indemniser, elle a pu se tromper dans son appréciation, mais que cette erreur ne vicie en rien le contrat qui avait précisément pour but de liquider la contestation qui pouvait s'élever sur l'importance de l'indemnité à allouer pour réparer le dommage causé à la demanderesse.

Considérant, enfin, que Marie Feron était atteinte avant l'accident du 21 août 1886 d'une maladie articulaire au genou, que les médecins Larguier et Dupont ont remarqué l'état de ce genou lors de leur première visite et qu'il y a lieu d'admettre que si d'un côté l'accident a imprimé à cette maladie une gravité qu'elle n'aurait peut-être pas eue, d'un autre côté l'accident n'aurait probablement pas eu les suites qu'il a eues, sans la dite maladie.

Que la demanderesse a dû tenir aussi compte de ce fait lorsqu'elle s'est chargée des conséquences de l'accident et a renoncé à toute réclamation ultérieure.

Que, dans ces circonstances, il n'est pas possible d'admettre que Marie Feron ait été dans une erreur essentielle en signant la transaction et de faire application, dans l'espèce, des art. 18 et suivants CO.

Que, dès lors, la dite transaction doit sortir tous ses effets et que Marie Feron ne saurait être admise à venir aujourd'hui demander aux tribunaux une nouvelle indemnité.

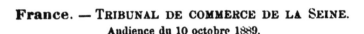

France. — Tribunal de commerce de la Seine.
Audience du 10 octobre 1889.

Fonds de commerce. — Vente. — Interdiction de s'intéresser directement ou indirectement dans le même commerce. — Fils du vendeur intéressé dans une maison concurrente. — Demande en restitution des sommes versées et en paiement de dommages-intérêts. — Rejet.

Maurens, Huet, Nicot et Cie contre Pujol.

Le cédant d'un fonds de commerce qui, s'étant interdit de prendre à l'avenir un intérêt, soit direct, soit indirect, dans le même commerce, fournit à son fils les fonds nécessaires pour lui permettre d'entrer en qualité d'intéressé dans une maison analogue et d'ailleurs déjà ancienne, ne fait qu'agir dans la plénitude de son droit, conformément à ses obligations de père de famille et ne commet aucune violation des engagements pris par lui envers son cessionnaire.

Attendu que les demandeurs requièrent contre Pujol père condamnation au paiement d'une somme de 100,000 fr. tant à titre de restitution qu'à titre de dommages-intérêts, en raison du préjudice qu'ils prétendent avoir souffert du fait du défendeur en raison de ce fait que, contrairement aux conventions du 31 mai 1889, Pujol père se serait intéressé dans une maison concurrente de celle qu'il cédait, et ce, sous le nom de son fils, qui, en l'espèce, n'aurait agi que pour le compte de Pujol père.

Mais attendu qu'il n'est point contesté par Pujol père que ce dernier ait fourni partie des fonds versés par son fils dans une maison de commerce de Paris faisant le même genre d'affaires que celle des demandeurs actuels.

Que si, à la vérité, il ne saurait être admis que Pujol père, malgré l'interdiction qui lui a été faite et à laquelle il a souscrit, puisse s'intéresser, soit directement, soit indirectement, dans une maison concurrente de celle de Maurens, Huet, Nicot et Cie, qui sont en réalité ses propres successeurs, il ressort formellement des pièces produites et des renseignements recueillis, que Pujol père n'a aucun intérêt ni direct, ni indirect dans la maison à laquelle son fils est attaché en qualité d'intéressé.

Qu'en l'espèce il a agi dans la plénitude de son droit et con-formément aux obligations imposées au père de famille en don-nant à son fils le moyen de trouver, dans une maison de com-merce dont l'existence est d'ailleurs déjà ancienne, une situation honorable et avantageuse.

Qu'en conséquence cet acte de bienfaisance paternelle ne constitue pas, contrairement aux allégations des demandeurs, une violation des engagements pris envers eux par le défendeur et ne saurait justifier la demande dont est saisi ce Tribunal en paiement de 100,000 fr., tant à titre de dommages-intérêts qu'à titre de restitution des sommes versées.

Qu'il convient donc de déclarer la dite demande mal fondée.

Par ces motifs, déclare Maurens, Huet, Nicot et Cⁱᵉ mal fon-dés en leur demande, les en déboute et les condamne aux dé-pens.

———•—◄►—•———

Résumés d'arrêts.

Assignation. — S'il est vrai qu'en matière de procédure devant le juge de paix, le délai pour comparaître est de cinq jours au moins (art. 176 modifié de la loi sur l'organisation judiciaire), cette disposition ne s'applique toutefois qu'au délai séparant le moment de la notification de l'exploit d'ouverture d'action et celui de la comparution. Il n'est pas nécessaire d'observer ce délai lorsque, l'action ayant été ouverte, il s'agit d'ordonner la comparution personnelle de l'une des parties.

TC., 26 novembre 1889. Genier c. Petter.

Forêts. — En matière de délits forestiers, la revision de la taxe du bois enlevé, à laquelle il peut être procédé conformément à l'art. 271 de la loi du 31 janvier 1873 sur les forêts, ne sau-rait être assimilée à l'expertise prévue par l'art. 134 Cpp. Il s'agit là, en effet, d'une procédure spéciale, distincte de la procédure ordinaire. Dès lors, et à la différence de ce qui est prescrit par l'art. 142 Cpp., il n'est point nécessaire que l'in-culpé soit avisé du jour où cette revision de taxe doit avoir lieu, afin de pouvoir y assister.

CP., 3 décembre 1889. Rod frères.

Inscription de faux. — Les considérants de droit d'un jugement ne faisant que reproduire l'opinion personnelle du juge ne sauraient être attaqués par une inscription de faux.

TC., 12 novembre 1889. Praz c. Jordan.

Jugement pénal. — En disposant que les jugements de police peuvent être annulés, si les faits admis par le Tribunal de police ne paraissent pas complets, l'art. 524, al. 2, Cpp. accorde à la Cour de cassation pénale une simple faculté. Cette disposition de la loi ne peut être invoquée par les condamnés, dont le droit de recours est strictement limité aux cas prévus par l'art. 490 Cpp.

CP., 3 décembre 1889. Rod frères.

Jugement. — Lorsqu'un jugement constate qu'une partie a comparu à une audience, une telle constatation fait pleine foi de son contenu et ne peut être contredite que par voie d'inscription de faux.

TC., 19 novembre 1889. Lavanchy c. Syrvet.

Jugement par défaut. — Le moyen consistant à dire que le recourant aurait été empêché de se rendre à l'audience du juge de paix à laquelle il a été condamné par défaut, ne rentre dans aucun des motifs de nullité prévus à l'art. 195 de la loi sur l'organisation judiciaire.

TC., 19 novembre 1889. Lavanchy c. Syrvet.

Mesures provisionnelles. — La transaction par laquelle des époux entre lesquels une instance en divorce est pendante conviennent, en lieu et place de mesures provisionnelles, de la pension à payer par le mari à la femme, n'a d'autre valeur que celle qu'aurait eue un prononcé sur mesures provisionnelles; elle ne revêt ainsi qu'un caractère purement provisoire et ne peut déployer d'effets que jusqu'au moment où le Tribunal rend son jugement.

TC., 5 novembre 1889. Perret c. dame Perret.

Saisie. — Lorsqu'il n'y a qu'un seul créancier saisissant, le juge n'a pas à dresser un tableau de répartition statuant sur le mérite de nantissements et de cessions consentis en faveur d'autres créanciers.

TC., 12 novembre 1889. Dutoit c. Stoudmann.

Ch. SOLDAN, conseiller d'Etat, rédacteur.

Lausanne. — Imp. CORBAZ & Comp.

JOURNAL ᴅᴇs TRIBUNAUX

REVUE DE JURISPRUDENCE

Paraissant à Lausanne une fois par semaine, le Samedi.

Rédaction : M. CHARLES SOLDAN, conseiller d'Etat, à Lausanne.

Administration : M. L. ROSSET, greffier du Tribunal cantonal, à Lausanne.

Abonnements : 12 fr. par an ; 7 fr. pour six mois. Pour l'étranger, le port en sus. On s'abonne à l'imprimerie CORBAZ & Cⁱᵉ, chez l'administrateur, M. ROSSET et aux bureaux de poste.

Annonces : 20 c. la ligne ou son espace. S'adresser à l'imprimerie CORBAZ & Cⁱᵉ.

SOMMAIRE. — TABLE DES MATIÈRES DU JOURNAL DES TRIBUNAUX DE 1889 : I. *Articles de fond, notices bibliographiques, articles divers.* — II. *Répertoire alphabétique des arrêts du Tribunal cantonal vaudois, du Tribunal fédéral et des autres décisions publiées dans ce volume.* — III. *Répertoire des textes et des articles de loi cités.* — IV. *Table des noms des parties.*

TABLE DES MATIÈRES

DU

JOURNAL DES TRIBUNAUX

de 1889.

I. Articles de fond, notices bibliographiques, articles divers.

ARTICLES DE FOND

II. Répertoire alphabétique des arrêts du Tribunal cantonal vaudois, du Tribunal fédéral et des autres décisions publiées dans ce volume.

Explication des abréviations.

TF.	veut dire	Tribunal fédéral.
TC.	»	Tribunal cantonal vaudois.
CP.	»	Cour de cassation pénale du canton de Vaud.
CO.	»	Code fédéral des obligations.
Cc.	»	Code civil vaudois.
Cp.	»	Code pénal »
Cr.	»	Code rural »
Cpc.	»	Code de procédure civile du canton de Vaud.
Cpp.	»	Code de procédure pénale »
P.	»	Page du *Journal des Tribunaux* de 1889.
V.	»	Voir.

A

Abandon malicieux. V. *Divorce.*

Accidents. V. *Chemins de fer, Fabricants, Responsabilité.*

Accusation. V. *Jury.*

Acquittement. V. *Frais, Responsabilité.*

Acte illicite. V. *Responsabilité.*

Action. V. *Agence matrimoniale, Bail, For.*

Agence d'émigration. V. *Impôts.*

Agence matrimoniale. Le fait de servir d'intermédiaire, moyennant rétribution, pour la conclusion de mariages, n'a en lui-même rien d'immoral. Mais l'agent matrimonial agit d'une manière immorale lorsqu'il procure un mariage qu'il sait être dénué de toute base morale. et, dans ce cas, il ne saurait être admis à poursuivre en justice le paiement de la provision stipulée (CO. 17).

Cour d'appel de Zurich, 8 décembre 1888. HAFNER — WOLFER. P. 94.

Agent d'affaires. V. *Sceau.*

Agent de change. V. *Marchés à terme.*

Alcool. V. *Spiritueux.*

Aliéné. V. *Responsabilité.*

Amende. V. *For.*

Animal. V. *Responsabilité.*

Annulation. V. *Chèque.*

Apiculteur. V. *Responsabilité.*

Appointement. V. *Assignation.*

Aqueduc. V. *Eaux.*

Arbitrage, arbitres. V. *Patrons et ouvriers, Recours.*

Assignation. Si le défendeur n'a pas été régulièrement assigné. le juge peut d'office ordonner le renvoi de l'audience ; en effet, ce cas doit être envisagé comme un cas de force majeure dans le sens de l'art. 290 Cpc.

TC., 26 mars 1889. Chablaix — Derendiger. P. 272.

Assignation. S'il est admissible que les parties soient réappointées verbalement à une audience subséquente, il faut que le procès-verbal de la première séance fasse mention de ce réappointement et du fait que les parties se sont considérées comme dûment assignées.

A ce défaut, l'appointement doit être envisagé comme irrégulier et comme ne pouvant justifier un jugement par défaut (Cpc. 5).

TC., 15 janvier 1889. Röthlisberger — Ferrier et consorts. P. 69.

Assignation. Lorsque la partie citée, bien que momentanément absente du pays, a néanmoins son domicile dans le canton, la notification de l'exploit qui lui est adressé doit se faire conformément à l'art. 34 Cpc., et non conformément à l'art. 35.

TC., 9 avril 1889. Wulliemier — Monnard et Pitton. P. 342.

Assignation. S'il est vrai qu'en matière de procédure devant le juge de paix, le délai pour comparaître est de cinq jours au moins (art. 176 modifié de la loi sur l'organisation judiciaire), cette disposition ne s'applique toutefois qu'au délai séparant le moment de la notification de l'exploit d'ouverture d'action et celui de la comparution. Il n'est pas nécessaire d'observer ce délai lorsque, l'action ayant été ouverte, il s'agit d'ordonner la comparution personnelle de l'une des parties.

TC., 26 novembre 1889. Genier — Petter. P. 815.

Assignation. V. *Délai, Discussion, Jugement par défaut, Suspension de cause.*

Assurance. L'art. 896 CO. ne réserve que les dispositions *spéciales* qui peuvent exister dans la législation cantonale en matière de contrat d'assurance. A défaut de telles dispositions, ce contrat est soumis aux règles générales établies par le Code fédéral des obligations.

TF., 9 novembre 1888. KRACHBELZ — Masse WALKER. P. 31.

Assurance. A moins d'une disposition expresse de la loi prohibant une telle clause, rien ne met obstacle à ce que les statuts d'une compagnie d'assurances sur la vie stipulent qu'il n'y aura pas lieu au paiement du montant de la police en cas de suicide de l'assuré, sans qu'il soit fait de distinction suivant que le suicidé était privé ou non de l'usage de la raison. Une telle convention n'est contraire ni à l'art. 17, ni aux articles 177 et 181 CO., non plus qu'aux art. 2 et 13 de la loi fédérale du 25 juin 1885 concernant la surveillance des entreprises privées en matière d'assurance.

TF., 8 juin 1889. Hoirs FIERTZ — BANQUE DE STUTTGARDT. P. 495.

Assurance. Pour que la dissimulation ou la réticence reprochée à l'assuré entraîne la nullité d'un contrat d'assurance sur la vie, et décharge l'assureur de ses obligations, il faut que la dissimulation ou la réticence ait été volontaire et dolosive, de nature à influer sur l'opinion de l'étendue du risque.

On ne saurait attribuer ce double caractère de dissimulation ou de réticence volontaire et dolosive au fait par l'assuré de n'avoir pas fait connaître et déclaré certains accidents qui lui seraient survenus antérieurement au jour où il a contracté son assurance, et dont il a pu méconnaître lui-même la portée et la gravité, et se considérer comme parfaitement rétabli, sans crainte de les voir se renouveler, encore bien même que ces accidents puissent, dans une certaine mesure, être considérés comme se rattachant à la maladie qui a amené le décès.

Cour d'appel de Paris, 17 mai 1889. SCHLUMPF FRÈRES — *L'Urbaine.* P. 792.

Assurance. Bien que la prime soit, aux termes de la police, stipulée portable au domicile de la compagnie d'assurances, elle devient quérable si, pendant un certain laps de temps, la compagnie l'a fait encaisser par ses agents. Il y a là une modification formelle du contrat, qui fait rentrer les parties sous l'empire des règles du droit commun.

Dès lors, la déchéance ne s'opère plus de plein droit, mais ne peut résulter que d'une mise en demeure régulière, portée à la connaissance du débiteur de la prime, ou régularisée d'après les prescriptions de la loi, si le débiteur n'a pu être trouvé au domicile qu'il avait indiqué dans la police.

Bien que les bénéficiaires indiqués dans la police aient été

informés du fait qui pouvait faire encourir à l'assuré la déchéance du contrat, ils n'avaient aucune formalité à remplir,
tant qu'ils n'avaient pas accepté formellement le bénéfice de
l'assurance. On ne peut donc leur opposer leur silence comme
une renonciation tacite à un droit qui ne leur était pas encore
acquis.

Trib. civil de la Seine, 20 juillet 1889. *La Bâloise* — BRETON. P. 558.

Assurance. L'acte par lequel une compagnie cède et transporte
à une autre son portefeuille n'est point opposable aux tiers
assurés, qui peuvent, dès la date de la cession, poursuivre la
résolution de leur contrat.

Trib. de commerce de Genève, 17 janvier 1889.
La France industrielle — BRISTLEN FRÈRES. P. 438.

Assurance. L'assuré n'est pas en droit de demander la résiliation de son contrat pour le motif que la compagnie d'assurances aurait réassuré tout ou partie de son portefeuille à une
autre compagnie, tout en conservant son existence propre ; ce
contrat de réassurance n'apporte, en effet, aucune modification au contrat synallagmatique intervenu entre l'assureur et
l'assuré, et même l'assureur ajoute par là à ses garanties de
solvabilité.

Cour d'appel d'Alger, 28 juin 1889. *Caisse générale* — BASCHIERA. P. 767.

Assurance. V. *Fabricants.*

Assurance du droit. Le prononcé par lequel le président donne
acte au défendeur du fait que le demandeur n'a pas assuré le
droit et éconduit le dit demandeur de son instance, consiste
en une simple déclaration faite au procès-verbal par le président seul, sans que les parties aient à être assignées et entendues (Cpc. 86).

TC., 1er octobre 1889. WILLOMMET soit RYCHEN — MERCIER. P. 761.

Assurance du droit. Le jugement sur une question d'assurance
du droit peut amener la fin du procès si le cautionnement
n'est pas produit ou si le dépôt n'est pas effectué dans le
délai fixé (Cpc. 85); un tel prononcé constitue donc un jugement au fond, contre lequel les part es peuvent recourir
aussi bien en ce qui concerne le fond qu'en ce qui a trait aux
dépens.

Alors même qu'il est porteur d'une procuration produite
au dossier, le procureur-juré doit néanmoins être rendu personnellement responsable des frais qu'a occasionnés le retard
qu'il apporte dans l'exécution des obligations que lui imposent les art. 84 et suivants Cpc.

TC., 12 novembre 1889. ESTOPPEY et LAFOND — GIRAULDT soit GREC. P. 800.

Auberges. L'art. 31 modifié. lettre *c*, de la constitution fédérale, lequel réserve de nouveau aux cantons le droit de soumettre l'exercice du métier d'aubergiste aux restrictions exigées par le bien-être public, ne crée pas par lui-même du droit cantonal et n'a pas pour effet de faire revivre de plein droit les restrictions précédemment consacrées par la législation cantonale, mais abrogées par le texte primitif de l'art. 31 précité. Pour que ces dispositions antérieures puissent rentrer en vigueur, il ne suffit pas d'une décision de l'autorité administrative, mais il faut un acte législatif.

TF., 2 février 1889. HAURI — ARGOVIE. P. 386.

Aubergistes et hôteliers. V. *Commerçant, Responsabilité.*

Autorisation. V. *Discussion.*

Aval. V. *Billet de change.*

Avocat. L'Administration fédérale des péages, poursuivant devant l'autorité judiciaire la répression d'une contravention, peut, comme partie civile, se faire assister d'un avocat, si le prévenu est aussi pourvu d'un défenseur.

CP., 26 février 1889. PÉAGES FÉDÉRAUX — GRUET. P. 205.

Avocat. V. *Exploit, Indemnité civile.*

B

Bail. Le locataire qui examine la chose louée avant de conclure n'est pas fondé à se prévaloir dans la suite de défauts qu'il pouvait constater à première vue et qui ont un caractère durable. En revanche, il est fondé à relever les défauts provenant du mauvais état d'entretien de la chose louée, ainsi que les inconvénients durables qui en amoindrissent notablement l'usage, mais que le premier examen ne pouvait révéler.

Le fait qu'un logement est infesté de punaises peut constituer une cause de résiliation du bail pour le preneur, si leur propagation est arrivée à un degré tel qu'elles ne puissent plus être détruites facilement par l'emploi des moyens ordinaires.

Lorsque deux preneurs ont loué conjointement et solidairement une maison, le décès de l'un d'eux peut constituer pour l'autre une « circonstance grave », dans le sens de l'art. 292 CO., l'autorisant à dénoncer le bail avant son expiration normale, moyennant indemnité.

TF., 25 janvier 1889. AZZOLINI — GEIGER. P. 129.

Bail. Si le preneur estime être troublé dans la paisible jouissance de la chose louée par des travaux que le bailleur y fait exécuter, c'est à ce dernier qu'il doit en demander compte; mais il ne saurait actionner directement l'entrepreneur des dits travaux.

Trib. civil de Genève, 23 juillet 1887. FAVRE — AVRIL FRÈRES. P. 164.

Bail. Le droit du preneur de se départir du bail à raison d'un trouble de jouissance qui amoindrit notablement pour lui l'usage de la chose louée (CO. 277) n'existe pas seulement lorsque ce trouble a sa cause dans l'état de la chose louée, mais encore lorsqu'il résulte de la conduite du bailleur à son égard.

Trib. supérieur de Lucerne, 15 juin 1888. R. — D. P. 537.

Bail. Si les vices et défauts de la chose louée peuvent autoriser le preneur à se départir du contrat ou à exiger une réduction proportionnelle du loyer, ils ne justifient une demande en dommages et intérêts de sa part que s'il existe une faute à la charge du bailleur. C'est, du reste, au preneur qui est entré en jouissance des lieux objet du bail, qu'incombe la preuve que ces locaux se trouvent dans un état qui les rend impropres à l'usage pour lequel ils ont été loués (CO. 276 et 277).

TF., 24 mai 1889. DUPUIS FRÈRES — BALLAND & Cie et DÉRIAZ. P. 391.

Bail. Si, avant l'expiration du délai de 30 jours assigné par le bailleur au preneur, conformément à l'art. 287 CO., le preneur paie le loyer en retard, le bailleur est déchu du droit d'invoquer ce retard pour obtenir la résiliation du bail.

Trib. civil de Genève, 18 juin 1886. MATHIEU-SAIGNOL — CHAUTANT. P. 143.

Bail. Est abusif, le séquestre pratiqué par le bailleur pour obtenir le paiement d'un loyer dont le prix lui est offert comptant. Un tel prononcé rendant la continuation du bail intolérable au preneur, la résiliation doit en être accordée à ce dernier avec dommages et intérêts.

TC., 5 mars 1889. GRIN — DECOPPET. P. 217.

Bail. La disposition de l'art. 292 CO., d'après laquelle, en cas de résiliation du bail à raison de circonstances graves qui en rendent la continuation intolérable, l'indemnité ne peut être inférieure au loyer d'un semestre, ne saurait être étendue par analogie au cas où la résiliation résulte de la faillite du bailleur (CO. 281). Dans ce cas, l'indemnité doit être calculée d'après le préjudice réellement éprouvé.

Cour d'appel de Zurich, 13 avril 1889. COMPAGNIE SINGER — X. P. 383.

Bail. En cas de perte totale de la chose remise à ferme, le bailleur est libéré de toute obligation (CO. 145). Dès lors, le canton qui a affermé la perception de l'ohmgeld cantonal ne saurait être recherché en responsabilité ensuite de la suppression de l'ohmgeld par la Confédération.

TF., 21 décembre 1888. Schuler — Glaris. P. 80.

Bail. Bien que le Code fédéral des obligations ne consacre expressément ce principe qu'en ce qui concerne le bail à ferme (art. 317), on doit cependant aussi admettre en matière de bail à loyer que le preneur est ténu de restituer la chose louée en bon état, à la fin du bail. Si, à la fin du bail, le preneur ne peut pas restituer la chose louée, il est tenu à des dommages et intérêts, en vertu de l'art. 110 CO., à moins qu'il ne prouve qu'aucune faute ne lui est imputable.

Cour d'appel de Zurich, 30 mars 1889. Meier — Isler. P. 368.

Bail. En réservant les dispositions du droit cantonal en ce qui concerne les effets particuliers de l'inscription du bail sur des registres fonciers, hypothécaires *ou autres analogues*, l'article 281, al. 3, CO. n'a visé que des registres publics, conférant aux baux le caractère de droits réels sur l'immeuble, ce que ne fait pas l'enregistrement tel qu'il est pratiqué à Genève.

Cour de justice de Genève, 4 février 1889.
Taponnier & Cie — Soutter, Goss et Zoppino. P. 435.

Bail. Le bailleur a le droit de retenir les meubles garnissant les lieux loués et de s'opposer à ce qu'ils soient déplacés et vendus aussi longtemps qu'il n'est pas complètement désintéressé (CO. 294).

TC., 4 juin 1889. Fiaux — Dagon. P. 424.

Bail. Pour déterminer l'étendue du droit de rétention prévu par l'art. 294 CO., il faut tenir compte non de l'année civile, mais de l'année telle qu'elle résulte du bail. Le privilège résultant du droit de rétention doit déployer ses effets pour le loyer de l'année au cours de laquelle le bailleur a revendiqué son privilège pour la première fois, ainsi que pour le loyer de l'année précédente.

TC., 8 septembre 1889. Union du Crédit — Brière et Chabloz. P. 633.

Bail. Le droit de rétention du bailleur, tel qu'il est établi à l'art. 294 CO., ne garantit que le loyer proprement dit, à l'exclusion des autres droits et créances dérivant du bail.

Trib. d'appel de Bâle, 29 août 1889. Bauer — Bender. P. 713.

Bail. Le droit de rétention du bailleur sert à la garantie du loyer proprement dit, à l'exclusion de toutes autres créances accessoires, telles qu'indemnité de résiliation pour défaut de paiement.

Cour de justice de Genève, 13 juin 1887.
Bonnet et Zentler — Pochelon et Duperret. P. 32.

Bail. Doivent être envisagés comme servant « à l'arrangement ou à l'usage » des lieux loués, dans le sens de l'art. 294 CO., et sont, par conséquent, soumis au droit de rétention du bailleur, tous les meubles dont le mode d'emploi se trouve en connexité naturelle et directe avec le local qu'ils garnissent. Tels sont des chars remisés dans une cour. La circonstance qu'il est nécessaire, pour les utiliser, de les sortir temporairement de leur remise, n'est point un obstacle à l'exercice du droit de rétention du bailleur.

Cour d'appel de Zurich, 19 mars 1889.
Escher Wyss & Cie — Specht-Fuog. P. 336 et 790.

Bail. **V.** *Compétence, Droit de rétention, For, Obligation immorale, Tribunal fédéral.*

Bail à ferme. Lorsque la chose remise à ferme est délivrée dans un état tel qu'elle soit impropre à l'usage, soit à l'exploitation pour lesquels elle a été louée, le preneur a le droit de se départir du contrat, conformément aux art. 122 et suivants CO.: il a, en outre, droit à des dommages et intérêts si le bailleur est en faute. Pour déterminer la quotité de ces dommages et intérêts, le juge peut prendre en considération, par analogie, la disposition de l'art. 310 CO.

TF., 18 mai 1889. Gasser — Grandjean et consorts et Armes réunies.
P. 385.

Bâtiment. **V.** *Responsabilité.*

Bénéfice d'inventaire. Le descendant qui n'est pas institué héritier dans le testament de son ascendant, mais qui est honoré d'un legs. peut, comme tous les autres héritiers, demander le bénéfice d'inventaire de la succession (Cc. 620.)

TC., 25 juin 1889. Chevalley — Pingoud. P. 443.

Billets de banque. L'opération consistant à changer un billet de banque ne doit pas être envisagée comme une cession, mais comme une vente-achat, chaque titre étant considéré comme une marchandise distincte. Dès lors, si la partie qui a changé un billet non valable et celle qui l'a accepté croyaient toutes les deux de bonne foi qu'il s'agissait d'un titre valable, la découverte de l'erreur autorise celle qui a reçu le billet à se faire rembourser par l'autre le prix qu'elle en a payé.

Trib. civil de Bâle, 5 février 1889. Kaiser — Eckenstein et Maier. P. 251.

Billet de change. Tandis que le souscripteur d'un billet de change reste obligé envers le porteur, même après l'expiration du délai de prescription, jusqu'à concurrence du bénéfice qu'il aurait fait à ses dépens, le donneur d'aval est, au contraire, libéré à l'échéance de ce délai (CO. 808, 813, 827 et 829).

Trib. de commerce de Genève, 13 décembre 1888.
CROT — CHAULMONTET et NOVEL. P. 89.

Billet de change. V. *Jeu.*

Boissons. V. *Spiritueux.*

Boucher. V. *Privilège.*

Boulanger. V. *Privilège.*

Bourgeoisie. En matière d'action en réclamation de bourgeoisie, on ne saurait, d'une manière absolue, refuser toute valeur probante à des titres ou documents n'émanant pas de la commune défenderesse. En pareille matière, il y a lieu de distinguer suivant les cas et de permettre la preuve de l'indigénat par tous les moyens de nature à former l'opinion du juge.

Sous le Coutumier de Vaud, la qualité de bourgeois était exigée des justiciers.

TC., 28 mars 1889. COMMUNE DE FOREL — BRIOD. P. 266.

Bourgeoisie. Lorsque la question de la constitutionnalité d'une décision imposant à une commune la réception d'un nouveau bourgeois a été tranchée définitivement par toute la série des autorités compétentes, il y a chose jugée à cet égard.

Le refus persistant et obstiné de la dite commune de délivrer à son nouveau ressortissant un diplôme de bourgeois, malgré les ordres réitérés de l'autorité supérieure, justifie, aux termes de la constitution valaisanne, la suspension du conseil communal et l'institution d'une régie temporaire.

TF., 22 mars 1889. COMMUNE DE ZERMATT — VALAIS (SEILER). P. 273.

Bris de glace. V. *Responsabilité.*

C

Café. V. *Responsabilité.*

Cantons. V. *Droit cantonal, Faillite.*

Capacité civile. Pour autant que l'application du droit cantonal n'est pas expressément réservée, la capacité civile est régie par la loi fédérale du 22 juin 1881 pour toutes les transactions rentrant dans le domaine du droit civil et par conséquent aussi pour les ventes d'immeubles, bien que celles-ci

soient soumises pour le reste aux dispositions du droit cantonal (par exemple en ce qui concerne les exceptions d'erreur,
de dol, etc.).

S'il est établi qu'au moment de la conclusion d'un contrat
l'une des parties était incapable de contracter pour la cause
mentionnée à l'art. 4 de la loi fédérale du 22 juin 1881, le contrat est radicalement nul. Il importe peu que l'autre partie ait
été de bonne foi. L'art. 6 de la loi prémentionnée n'est pas
davantage applicable ; celui qui est privé de la conscience de
ses actes est incapable de plein droit, sans qu'il doive préalablement être interdit.

TF., 2 février 1889. Hess — Ott. P. 143.

Capacité civile. Quelle que soit la capacité des personnes qui
peuvent posséder des immeubles dans le canton de Vaud, il
n'y a pas lieu de tenir compte des dispositions des lois étrangères qui régissent cette capacité, lorsqu'il s'agit de la propriété immobilière.

L'art. 1049 du Code civil vaudois, interdisant à la femme
mariée d'acquérir des immeubles par achat, durant le mariage, est applicable même à la femme française, vivant sous
le régime de la communauté légale du droit français, en ce
qui concerne l'acquisition d'immeubles sis dans le canton de
Vaud.

TC., 10 janvier 1889. Perret — Perret. P. 91.

Capacité civile. V. *Emancipation, Interdiction.*

Carte postale. V. *Diffamation.*

Cautionnement. Pour que le contrat de cautionnement soit parfait, il ne suffit pas qu'il soit fait en la forme écrite ; il faut
encore que l'acte soit remis au créancier ou à son représentant (CO. 489 à 491).

La partie qui souscrit un nouveau cautionnement, en vue du
renouvellement d'un engagement précédent qu'elle croit à tort
valable, se trouve dans une erreur essentielle de nature à infirmer le contrat (CO. 18 et 19).

Trib. civil de Bâle, 19 février 1889. Vogel et Herter — Weiss. P. 473.

Cautionnement. La circonstance que l'acte de cautionnement
ne désigne pas d'une manière précise la personne en faveur de laquelle le cautionnement est donné, n'a pas pour
effet d'invalider celui-ci. En effet, le cautionnement peut être
donné pour une obligation non encore contractée et en faveur
d'un créancier non encore déterminé (CO. 491).

Cour d'appel de Zurich, 16 février 1889.
Rothschild — Schmied et Keller. P. 272.

Cautionnement. Les frais du procès en validation de séquestre intenté par le créancier au débiteur principal rentrent dans ceux dont les cautions sont tenues conformément à l'article 499, al. 2, CO., si elles ont été mises, en temps utile, à même de les prévenir en désintéressant le créancier.

TF., 8 février 1889. Mosimann et Lehmann — Hofer. P. 496.

Cautionnement. Le créancier peut, sans engager sa responsabilité à l'égard des cautions, diminuer au préjudice de celles-ci les sûretés qu'il a obtenues de l'une d'entre elles, postérieurement au moment où le cautionnement a été fourni (CO. 508).

TF., 22 juin 1889. Angehrn — Caisse d'épargne de Bischofzell. P. 624.

Cautionnement. Si la caution a le droit, dans certains cas, d'exiger des sûretés du débiteur principal, ce droit ne saurait toutefois être exercé dans l'intention de porter préjudice aux créanciers de ce dernier (CO. 511).

Cour d'appel et de cassation de Berne, 13 avril 1888.
Masse Marggi — Marggi. P. 37.

Cautionnement. En matière de cautionnement destiné à garantir la gestion d'un fonctionnaire public, la caution est fondée à exiger de l'administration dont il relève qu'elle exerce à son égard une surveillance conforme à ce que prescrivent les dispositions légales ou règlementaires en vigueur. Une négligence grave de l'administration à cet égard doit entraîner la libération des cautions.

TF., 22 février 1889.
Argovie — Cautions Beck (hoirs Ehrsam et consorts). P. 209.

Cautionnement. Les cautions du failli concordataire, qui ont payé le créancier de celui-ci, ne peuvent recourir contre lui, proportionnellement aux paiements qu'ils ont faits à sa décharge, qu'à concurrence des dividendes afférents dans le concordat à la créance par eux réglée. Le failli est ainsi libéré, même vis-à-vis d'eux, pour tout ce qui excède la somme à laquelle le concordat a réduit la dite créance (CO. 504).

Trib. de commerce de Genève, 17 janvier 1889. Kessmann — Senn. P. 294.

Cautionnement. V. Exploit.

Cession. Une convention verbale ne saurait remplacer l'acte écrit exigé par l'art. 184, al. 2, CO. pour qu'une cession soit opposable aux tiers.

TC., 19 septembre 1889. Masses Walter — Walter. P. 694.

Cession. La cession d'un salaire, faite avant l'échéance de celui-ci, ne peut être opposée à un tiers, à moins qu'elle n'ait eu

lieu en faveur de l'un des fournisseurs privilégiés par le § 5
de l'art. 1575 Cc. Il importe peu que le salaire doive être payé
en nature, l'art. 199 CO. exigeant, au contraire, la mise en
possession pour que le transfert de propriété mobilière soit
opposable aux tiers.

Président du Trib. d'Aigle, 4 février 1889. KOHLY — DORMOND. P. 153.

Cession. V. *Billet de banque, Preuve testimoniale.*

Chemins de fer. Les compagnies de chemins de fer sont responsables des accidents survenus dans la construction du chemin
s'ils sont le résultat d'une faute quelconque de leur part (loi
fédérale du 1er juillet 1875, art. 1er).

Il y a faute à la charge de l'entreprise si elle n'a pas pris ou
ordonné les mesures nécessaires pour prévenir les effets dangereux de la substance explosible qu'elle emploie et qu'elle
met entre les mains de ses employés et de ses ouvriers.

Trib. cantonal de Neuchâtel, 7 juin 1889.
CASASSA — JURA-BERNE-LUCERNE. P. 478.

Chemins de fer. L'exploitation d'une ligne de chemin de fer,
dans le sens de l'art. 2 de la loi fédérale du 1er juillet 1875,
comprend seulement le transport de voyageurs et de marchandises sur la voie, ainsi que les opérations préparatoires ou
auxiliaires en rapport immédiat avec ce transport. Toutefois,
dans certaines circonstances, des travaux ne rentrant pas dans
l'exploitation proprement dite de la ligne peuvent être assimilés aux opérations d'exploitation dans le sens du prédit
article, lorsqu'une circonstance, touchant à cette exploitation,
comme la hâte résultant du passage inévitable et imminent
d'un train, par exemple, a imprimé à ce travail un caractère
particulièrement dangereux. Tel est le cas d'un employé qui
cherche à débarrasser la voie d'un animal furieux, au moment
où des trains approchent.

Lorsqu'un accident de chemin de fer est dû à des fautes
concurrentes de la compagnie et d'une personne non employée
pour le transport, il y a lieu de les charger chacune d'une part
de responsabilité vis-à-vis de la victime.

TF., 22 décembre 1888. BLANC — VILLA et S. O.-S. P. 81.

Chemins de fer. Pour que l'art. 2 de la loi fédérale du 1er juillet
1875 sur la responsabilité des chemins de fer soit applicable, il
n'est pas nécessaire que la victime ait été blessée ou tuée dans
l'exercice de ses fonctions ; il suffit que l'accident soit arrivé
dans l'exploitation, soit pendant le transport de voyageurs ou
de marchandises, ou lors d'opérations préparatoires ou auxiliaires en rapport immédiat avec ce transport.

Le transport d'un train de ballast doit être envisagé comme rentrant dans l'exploitation, au sens de l'article précité.

TF., 28 février 1889. Apothéloz — Compagnie S. O.-S. P. 177.

Chemins de fer. Le fait de traverser un passage à niveau, bien que les barrières soient fermées et malgré une observation du garde-barrières, constitue une violation des prescriptions de police, dans le sens de l'art. 4 de la loi fédérale du 1er juillet 1875, et a pour effet de libérer la compagnie de toute responsabilité en cas d'accident, quelle que soit la cause immédiate de celui-ci.

La compagnie satisfait à ses obligations en veillant à la fermeture régulière des barrières; on ne saurait exiger d'elle qu'elle donne un avertissement verbal à ceux qui voudraient passer malgré les barrières fermées, ni surtout qu'elle les en empêche de force.

TF., 9 novembre 1888. Müller — Nord-Est. P. 32.

Chemins de fer. En thèse générale, les compagnies de chemins de fer, qu'il s'agisse d'une ligne à voie normale ou d'un tramway, ne sauraient être rendues responsables du fait qu'un cheval s'emporte à l'approche d'un train et qu'il en résulte un accident.

Trib. supérieur de Thurgovie, 31 janvier 1889. Kollbrunner — Frauenfeld-Wyl. P. 332.

Chemins de fer. En matière d'accidents de chemin de fer ayant entraîné mort d'homme ou lésion corporelle, la prescription de l'action en indemnité court à partir du jour du décès ou de la lésion, et non dès celui où les conséquences dommageables de celle-ci se sont manifestées. La disposition exceptionnelle de l'art. 6, al. 2, de la loi du 1er juillet 1875 ne saurait être appliquée alors qu'il n'y a pas eu d'action ouverte avant l'expiration du délai de prescription.

TF., 25 mai 1889. Kurz — Chemins de fer badois. P. 449.

Chemins de fer. En matière d'accidents de chemins de fer, le tribunal est libre d'allouer à titre d'indemnité un capital ou une rente. Le choix dépend des circonstances.

L'allocation d'un capital paraît préférable lorsque la victime, en raison d'une négligence grave à la charge de la compagnie, ne doit pas être indemnisée du chef seul de l'art. 5 de la loi fédérale du 1er juillet 1875, mais aussi en application de l'art. 7 de cette loi.

TF., 15 décembre 1888. S. O.-S. — Cruchon. P. 20.

Chemins de fer. Lorsqu'une personne blessée dans un accident de chemin de fer a accepté une indemnité fixée à l'amiable et a déclaré « renoncer à toute réclamation ultérieure envers la compagnie », elle ne saurait se prévaloir d'une aggravation postérieure de son état pour exiger une indemnité plus élevée, alors qu'au moment de la transaction la durée de la maladie ne lui était indiquée que comme une probabilité et non point comme une certitude; on ne saurait dire, en effet, qu'en signant la transaction elle se soit trouvée dans une erreur essentielle.

Cour civile, 27 novembre 1889. Feron — Compagnie S. O.-S. P. 809.

Chemins de fer. La circonstance que l'abondance des neiges interrompt momentanément la circulation des trains, ne peut être envisagée comme une impossibilité d'exécuter l'obligation, devant entraîner l'extinction de celle-ci et la restitution du prix payé, à teneur de l'art. 145 CO.

Trib. de commerce de Genève, 28 février 1889.
Henneberg et Goss — P.-L.-M. P. 318.

Chemins de fer. V. *Jugement pénal, Preuve testimoniale.*

Chèque. En cas de perte d'un chèque, il n'y a pas lieu à suivre la procédure prévue à l'art. 857 CO. pour la consignation de son montant en justice et l'annulation du titre.

Trib. civil de Genève, 20 juillet 1889. Treyvaud — Malet. P. 570.

Chirurgien. V. *Responsabilité.*

Chose jugée. La chose jugée ne peut résulter que d'un jugement définitif et non d'un jugement provisoire, tel qu'une ordonnance de mesures provisionnelles.

TC, 5 novembre 1889. Epoux Perret. P. 800.

Chose jugée. Il n'y a chose jugée que si la chose demandée dans le second procès est la même que celle qui a fait l'objet du premier jugement ou passé-expédient (Cc. 1004).

TC., 2 juillet 1889. Bær — Rod. P. 480.

Circonstance aggravante. Lorsqu'il résulte des débats que le délit est accompagné de circonstances aggravantes non mentionnées dans l'ordonnance de renvoi, le tribunal de police n'est tenu de se déclarer incompétent que si ces circonstances nouvelles sortent le délit de sa compétence (Cpp. 442).

CP., 7 mai 1889. Pidoux. P. 382.

Circonstance aggravante. La Cour criminelle ne peut, sous peine de nullité de son jugement, prononcer une condamnation pour une circonstance aggravante dont l'existence ne résulte pas du verdict du jury (Cpp. 484, § i).

CP., 28 décembre 1888. Bergier. P. 61.

Circonstance aggravante. V. *Extradition.*

Clause pénale. Sauf convention contraire des parties, lorsqu'une peine a été stipulée pour le cas où le contrat ne serait pas exécuté, le créancier doit demander, à son choix, l'exécution de l'obligation principale, ou la peine ; il ne saurait requérir à la fois l'une et l'autre (CO. 179).

Trib. civil de Bâle, 2 avril 1889. MEISSER — CHRISTEN. P. 521.

Code fédéral des obligations. L'extinction des obligations nées antérieurement au 1ᵉʳ janvier 1883 est régie, dès cette date, par le Code fédéral des obligations (CO. 882).

TC., 2 juillet 1889. BÆR — ROD. P. 480.

Code fédéral des obligations. La clause par laquelle l'une des parties s'interdit de faire concurrence à l'autre, quoique pouvant être ajoutée à des contrats divers (vente, bail, louage de services, etc.), constitue toujours une convention de la nature de celles régies par le Code fédéral des obligations. Dès lors, bien qu'une telle clause se trouve insérée dans une vente immobilière, elle n'en est pas moins régie par le droit fédéral en ce qui concerne sa validité et ses effets. En revanche, c'est le droit cantonal qui régit la question de savoir si la non-exécution d'une telle clause peut entraîner la résiliation de la vente elle-même.

TF., 27 avril 1889. HEIERLI — HARTMANN. P. 384.

Code fédéral des obligations. V. *Assurance.*

Collation. V. *Droit de collation.*

Commandement de payer. Le commandement de payer ne peut être notifié que pour obtenir le paiement d'une valeur échue (art. 200 de la loi sur l'organisation judiciaire).

TC., 9 juillet 1889. MONNOT — REUGE & Cⁱᵉ. P. 553.

Commandement de payer. V. *Opposition.*

Commerçant. L'inscription d'une personne au registre du commerce a pour conséquence nécessaire de lui conférer la qualité de commerçant et, par conséquent, de la soumettre aux dispositions des lois spéciales à cette catégorie de citoyens, notamment à celle de l'art. 1071 Cpc.

TC., 29 janvier 1889. ZIMMERMANN — MANDRIN. P. 117.

Commerçant. Doit être envisagé comme un commerçant, celui qui exploite un hôtel et se livre, à ce titre, à des opérations commerciales. Il importe peu qu'il ne soit pas inscrit au registre du commerce, cette circonstance n'ayant pas pour effet de le soustraire aux dispositions des lois cantonales sur la mise en faillite des commerçants.

TF., 15 février 1889. Röthlisberger — Ferrier & Cᶦᵉ et consorts. P. 160.

Commerçant. Doįt être envisagé comme commerçant et peut dès lors être mis en faillite celui qui, d'une façon assez continue, fabrique des tonneaux et des ustensiles de cave neufs pour les vendre.

TC., 22 août 1889. Fonjallaz — Union du Crédit et Jayet. P. 599.

Commerçant. V. *Discussion.*

Commerce. V. *Liberté de commerce et d'industrie.*

Commission. En matière commerciale, il est d'usage que le courtier n'a droit à une commission que si les démarches qu'il a faites sur l'ordre de son mandant out abouti à un résultat.

TC., 27 août 1889. Mayor — Barrelet. P. 619.

Commission (contrat de). V. *Droit de rétention, Mandat, Preuve testimoniale.*

Commission fédérale d'estimation. V. *Expropriation.*

Communauté. V. *Divorce, France.*

Communes. V. *Bourgeoisie, Responsabilité.*

Comparution personnelle. V. *Assignation.*

Compensation. En disposant que le juge prononce librement, en tenant compte des circonstances, lorsque la compensation est contestée, l'art. 137 CO. a simplement entendu dire qu'il n'est pas lié par les règles de la procédure cantonale en matière de preuves; mais il n'a pas entendu abandonner à sa libre appréciation la question de la validité ou de la nullité de l'acte, eu égard aux faits constatés.

La compensation d'une dette contractée envers le failli avec une créance acquise contre lui par le débiteur, avant l'ouverture de la faillite, ne peut être contestée, même si l'acquéreur connaissait l'insolvabilité de son créancier, que si l'acquisition a eu lieu dans le but de porter préjudice à la masse.

TF., 3 novembre 1888. Masse Schildenecht — Huber et Æbi. P. 9.

Compensation. L'exception de compensation ne saurait être soulevée comme moyen d'opposition contre une saisie pratiquée en exécution d'un jugement définitif.

TC., 16 avril 1889. Gétaz — Lévy. P. 344.

Compétence. Le juge de paix, nanti d'une réclamation personnelle et mobilière inférieure à 100 francs, doit nécessairement statuer en la cause. Il ne saurait décliner sa compétence par le motif que, dans l'exploit d'ouverture d'action, la partie demanderesse aurait fait des réserves au sujet d'autres questions litigieuses pendantes entre parties (loi sur l'organisation judiciaire, art. 105).

TC., 8 janvier 1889. RIGAZZI et CHIOCCA — PERRIN. P. 62.

Compétence. Le juge de paix n'est compétent que pour statuer sur les prétentions personnelles ou mobilières n'excédant pas la valeur de 100 fr. (loi sur l'organisation judiciaire, article 105). S'il est nanti d'une prétention immobilière, il doit se déclarer incompétent, même d'office, à moins qu'une convention expresse, admettant sa compétence, n'ait été consignée au procès-verbal d'audience (art. 220).

TC., 4 décembre 1888. MARGOT — COMMUNE DE STE-CROIX. P. 46.

Compétence. La disposition de l'art. 220 de la loi sur l'organisation judiciaire, à teneur de laquelle le juge incompétent doit, à moins d'une convention expresse des parties, renvoyer l'affaire dans l'état où elle se trouve au juge compétent, est d'ordre public.

Dès lors, le Tribunal cantonal, nanti d'un recours contre un jugement rendu par un magistrat incompétent, doit en prononcer d'office la nullité.

TC., 13 décembre 1888. MEYLAN — GROBÉTY & FILS. P. 58.

Compétence. Les parties ne sauraient déroger valablement aux règles fixées par la loi en ce qui concerne la compétence des juges et tribunaux, au moyen de simples lettres adressées au juge. Une telle dérogation n'est possible que par une convention expresse consignée au procès-verbal de l'audience (loi sur l'organisation judiciaire, art. 220).

TC., 11 juin 1889. MICHEL — BERTHOLET. P. 415.

Compétence. Le procès-verbal dressé par le juge de paix, constatant que les parties ont convenu que le jugement de la cause qui les divise resterait dans la compétence de ce magistrat, fait pleine foi de son contenu jusqu'à inscription de faux. Aucune disposition de la loi n'exige qu'une telle convention doive être signée par les parties (loi sur l'organisation judiciaire, art. 220).

TC., 10 septembre 1889. LEUBA — RICHON. P. 656.

Compétence. V. *Circonstance aggravante, Cour civile, Interdiction, Jugement, Opposition, Patrons et ouvriers, Tribunal fédéral.*

Composition du tribunal. V. *Jugement, Tribunal.*

Conclusions. V. *Jugement, Recours.*

Conclusions reconventionnelles. Lorsque, les conclusions reconventionnelles prises devant lui dépassant sa compétence, le juge de paix a renvoyé toute la cause au président et que ce jugement est devenu définitif faute de recours, la partie instante ne saurait réassigner le défendeur devant le juge de paix pour voir prononcer sur ses conclusions.

TC., 7 mai 1889. Schær — Baussmann. P. 374.

Concordat. V. *Cautionnement.*

Concurrence déloyale. La notoriété d'une maison de commerce constitue son patrimoine, et les manœuvres qui ont pour but de le lui ravir en tout ou en partie constituent des actes de concurrence déloyale.

Commet un acte de concurrence déloyale, l'ancien employé d'une maison de commerce qui prend cette qualité sur ses factures, adresses ou annonces, cherchant ainsi à s'attirer sa clientèle en annonçant au public qu'il a été l'un des collaborateurs à la notoriété de cette maison.

Trib. de commerce de la Seine, 22 novembre 1888. Redfern and Sons — Williamson. P. 29.

Concurrence déloyale. Est passible de dommages et intérêts le vendeur d'un fonds de commerce qui, s'étant interdit de faire concurrence à l'acheteur, exploite nonobstant un commerce similaire sous le nom d'une personne interposée. Il y a, en outre, lieu de faire fermer ce commerce.

Trib. de commerce de Genève, 16 mai 1889. Ruegsegger — Marolf. P. 477.

Concurrence déloyale. Le cédant d'un fonds de commerce qui, s'étant interdit de prendre à l'avenir un intérêt, soit direct, soit indirect, dans le même commerce, fournit à son fils les fonds nécessaires pour lui permettre d'entrer en qualité d'intéressé dans une maison analogue et d'ailleurs déjà ancienne, ne fait qu'agir dans la plénitude de son droit, conformément à ses obligations de père de famille, et ne commet aucune violation des engagements pris par lui envers son cessionnaire.

Trib. de commerce de la Seine, 10 octobre 1889. Maurens, Huet, Nicot & Cie — Pujol. P. 814.

Concurrence déloyale. V. *Code fédéral des obligations, Nom commercial, Responsabilité.*

Condition. En disposant qu'en principe l'accomplissement de la condition résolutoire n'a point d'effet rétroactif, l'art. 174, al. 2, CO. ne formule pas un principe de droit impératif, mais une simple règle d'interprétation, qui n'exclut pas la convention contraire des parties.

TF., 8 février 1889. MOSIMANN et LEHMANN — HOFER. P. 175.

Conduite d'eau. V. *Eaux, Responsabilité.*

Consentement. Est nul pour vice du consentement, le contrat que l'une des parties a été amenée à conclure ensuite des affirmations inexactes du représentant de l'autre partie sur la personne de cette dernière (CO. 20 et 24).

Trib. cantonal de Neuchâtel, 29 juillet 1889. Q. — Z. P. 759.

Consentement. V. *Convention.*

Constitut possessoire. Pour qu'il y ait constitut possessoire dans le sens de l'art. 202 CO., il ne suffit pas que celui qui aliène une chose sans s'en dessaisir ait l'intention d'en transférer la possession à l'acquéreur ; il faut encore qu'il garde la chose entre ses mains en vertu d'un rapport de droit particulier *(besonderes Rechtsverhältniss).* Il importe peu que ce rapport de droit résulte d'une convention ou d'une disposition de la loi, du droit de famille, par exemple.

La nullité d'une semblable mise en possession à l'égard des tiers doit d'ailleurs être prononcée toutes les fois qu'elle a eu pour but de les léser. Il suffit, à cet égard, que les deux parties aient su que l'aliénation compromettrait les droits des tiers, lesquels, sans cela, auraient été payés intégralement ou pour une partie ; il n'est pas nécessaire qu'elles aient agi dans une intention proprement dolosive.

TF., 26 avril 1889. STEINER — Masse STEINER. P. 368.

Constructions. Le recours au Conseil d'Etat prévu à l'art. 8 de la loi du 22 mai 1875 sur la police des constructions ne peut s'exercer que contre la décision de la municipalité faisant opposition au projet de construction. Le Conseil d'Etat n'est, du reste, pas compétent pour statuer sur la question de savoir s'il existe ou non une servitude de passage, cette question étant de la compétence exclusive des tribunaux.

TC., 10 avril 1889. LOUIS — CLÉMENT. P. 323.

Constructions. V. *Responsabilité.*

Contrat. V. *Convention, Déni de justice.*

Contravention. V. *Forêts, Spiritueux.*

Contrebande. V. *Obligation immorale.*

Convention. Lors même que la correspondance échangée entre parties permet de constater leur accord sur les points essentiels, elle ne doit pas être envisagée comme constituant une convention parfaite, si leur intention évidente était de ne s'engager définitivement que par un acte en due forme, revêtu de la signature de la partie obligée (CO. 12).

Cour d'appel de Zurich, 4 mai 1889. MÜLLER — WEIL. P. 461.

Convention. Le principe de l'art. 111 CO., savoir que toute obligation de faire se résout en dommages et intérêts en cas d'inexécution imputable au débiteur, s'applique aussi à des conventions préliminaires ayant pour objet la conclusion d'un accord définitif. La partie à laquelle est imputable l'inexécution d'un tel engagement préalable est, dès lors, responsable. envers l'autre, dans la mesure où cette dernière était intéressée à la conclusion et à l'exécution du contrat définitif.

TF., 4 octobre 1889. PROFUMO — STUMM. P. 735.

Convention. V. *Preuve testimoniale.*

Correspondance. V. *Convention.*

Coulissiers. V. *Marchés à terme.*

Cour civile. La Cour civile est compétente pour connaître d'un procès portant sur une valeur supérieure à 3000 fr., lorsque, pour apprécier les faits de la cause, le juge doit les examiner à la fois à la lumière des lois fédérales et au point de vue des lois cantonales.

Cour civile, 25 juin 1889. BÖHY — GARCIN et consorts. P. 444.

Cour civile. Rentre dans la compétence de la Cour civile l'action tendant à faire prononcer la régularité de mesures provisionnelles requises en vue d'obtenir l'exécution d'un bail à loyer fait pour le prix de 4500 fr. par an. Il importe peu, au point de vue de la compétence, qu'il ne s'agisse que d'interpréter des clauses accessoires du dit bail (art. 31 de la loi sur l'organisation judiciaire).

Cour civile, 1er octobre 1889. DE CANISY — DE STOUTZ. P. 672.

Cour civile. V. *Compétence, Incident.*

Courtage. V. *Commission.*

Cumulation de délits. Lors même qu'en cas de cumulation de délits, la peine du délit le plus grave est seule appliquée (Cp. 64), il n'y a pas moins lieu de mentionner également, dans le dispositif du jugement, l'article de la loi pénale réprimant le délit le moins grave.

CP., 19 novembre 1889. DORVILLE. P. 800.

D

Déclinatoire. Lorsque le déclinatoire est soulevé dans une cause portée devant le juge de paix, ce magistrat doit se déterminer sur cette question avant tout procédé ultérieur.

TC., 26 février 1889. Diaconesses de St-Loup — Vauthey. P. 215.

Déclinatoire. V. *Compétence, Jugement, Recours.*

Défaut. Si le juge sait que la partie défaillante est empêchée de comparaître, par exemple en raison d'un cas de force majeure, il doit ordonner le renvoi d'office. Aucun recours n'est d'ailleurs prévu contre l'appréciation que le juge fait d'un pareil cas (Cpc. 290).

TC., 14 mai 1889. Griffon — Cart. P. 876.

Défenseur. V. *Avocat.*

Délai. Le défendeur qui entend se prévaloir de ce que le délai de comparution prévu à l'art. 176 de la loi sur l'organisation judiciaire n'a pas été observé, doit ou bien ne pas se rendre à la citation, ou bien comparaître à l'audience et soulever par dictée au procès-verbal le moyen tiré de l'inobservation de la loi, auquel cas il peut demander le renvoi de l'audience. Si, au contraire, il se présente à l'ouverture de l'audience, sans soulever ce moyen, il est réputé avoir couvert le vice dont la citation était entachée.

TC., 26 mars 1889. Chablaix — Derendiger. P. 272.

Délai. V. *Assignation, Recours.*

Délit. V. *Extradition, Faillite, Forêts, Responsabilité.*

Demeure. La règle *dies interpellat pro homine*, consacrée par l'art. 117, al. 2, CO., s'applique à toutes les obligations pour lesquelles le jour du paiement a été déterminé et non pas seulement à celles résultant d'opérations à échéance fixe (*Fixgeschäfte*). Il se peut, il est vrai, que l'indication du jour ait seulement pour but d'autoriser le créancier à exiger le paiement dès cette époque, mais non pas d'obliger le débiteur à payer sans sommation préalable. Toutefois une telle intention des parties ne doit pas se présumer; elle ne peut être admise que si elle résulte de circonstances spéciales.

TF., 8 février 1889. Mosimann et Lehmann — Hofer. P. 496.

Déni de justice. Un recours pour violation de l'art. 4 de la Constitution fédérale ne peut se justifier que lorsque le recourant a épuisé toutes les instances cantonales ; en effet, ce n'est qu'à partir de ce moment qu'il peut être question d'un déni de justice de la part des autorités cantonales.

TF., 15 mars 1889. STIRLING. P. 243.

Déni de justice. L'interprétation qu'une Cour cantonale donne à un contrat ne saurait être envisagée comme impliquant un déni de justice que si elle va directement à l'encontre de la saine logique ou d'un texte absolument clair.

TF., 25 janvier 1889. COTTING — GIROD. P. 144.

Dépens. Lorsque la condamnation principale prononcée contre plusieurs codéfendeurs n'établit pas de solidarité entre eux, il n'y a pas davantage lieu de les condamner solidairement aux dépens.

Le demandeur qui, par une transaction, met hors de cause plusieurs des codéfendeurs, aggrave par là la position des défendeurs restant au procès (CO. 168, dernier alinéa). Cette aggravation justifie une compensation de dépens (Cpc. 286. al. 2).

TC., 24 janvier 1889. JAQUIER — CHAPPUIS. P. 127.

Dépens. V. Interdiction, Louage d'ouvrage, Recours, Revision.

Dépôt. La personne qui confie à un de ses amis une somme d'argent, à la charge de la remettre après sa mort à ses petits-enfants, fait un acte contraire à la loi.

Cette disposition, en effet, ne constitue ni un don manuel, ni une libéralité testamentaire, mais bien un dépôt qui prend fin par la mort du déposant. Lorsque le décès de ce dernier vient à se produire, c'est à sa succession seule que le dépositaire doit remettre les sommes qui lui ont été confiées en dépôt, et, s'il ne le fait pas, l'héritier est en droit de lui demander réparation du préjudice qu'il lui a causé.

Cour d'appel de Paris, 20 novembre 1888. BONNAIRE — MÉTEYER. P. 14.

Dépôt. V. Responsabilité.

Désistement. Bien qu'un acte soit intitulé « désistement », il ne saurait être considéré comme tel au point de vue de ses effets juridiques s'il n'a pas été notifié conformément à l'article 304 Cpc.

TC., 10 septembre 1889. GUERRY — GUERRY. P. 649.

Désistement. V. Recours.

Destination du père de famille. V. Servitude.

Diffamation. Dès le moment que le juge a constaté l'existence du délit de diffamation et qu'il a admis que le prévenu en est l'auteur, il n'a pas besoin d'autres motifs pour justifier une condamnation à des dommages et intérêts ; la constatation du délit suffit pour établir que le plaignant a subi un dommage que le condamné doit être tenu de réparer.

CP., 22 janvier 1889. Belet — Blanc et Corbaz. P. 118.

Diffamation. Le délit de diffamation par carte postale se commet non-seulement au lieu d'expédition de la carte incriminée, mais successivement dans tous les lieux où celle-ci a circulé à découvert.

En conséquence, le tribunal du lieu où elle a été reçue par le destinataire, diffamé, est compétent.

Cour d'appel de Dijon, 5 décembre 1888. Pierron. P. 45.

Diffamation. V. *Presse, Responsabilité.*

Discernement. V. *Jugement pénal.*

Discussion. Il y a lieu à nullité de l'ordonnance de mise en faillite prononcée contre un débiteur qui n'a été ni cité, ni entendu à l'audience.

L'irrégularité qui consiste à ne pas assigner la partie en cause ne saurait être considérée comme étant sans intérêt.

TC., 27 décembre 1888. Diener frères & Cie — Hirt & Cie. P. 59.

Discussion. Celui qui requiert la mise en faillite d'un commerçant doit tout d'abord établir sa qualité de créancier. On ne saurait dire que le défendeur ait cessé ses paiements, par le motif qu'il refuse de payer, contestant la dette.

TC., 3 septembre 1889. Kesselring — Schaub. P. 624.

Discussion. Une fois qu'une ordonnance de renonciation à succession et l'ordonnance de discussion qui l'a suivie sont devenues définitives, aucun recours n'ayant été interjeté dans le délai légal, on ne saurait les faire révoquer par le motif que la procuration en vertu de laquelle la déclaration de renonciation a été présentée aurait été reconnue irrégulière depuis (Cpc. 507).

TC., 1er octobre 1889. Dériaz — Auberson soit succession Werly. P. 764.

Discussion. L'autorisation de plaider accordée au liquidateur par le commissaire (Cpc. 752, § c, et 746) est une autorisation générale qui ne renferme aucune restriction. Dès lors, cette autorisation ne peut être accordée conditionnellement, le bien ou le mal fondé d'une cause devant être apprécié par le magistrat chargé de juger le procès.

TC., 9 avril 1889. Masse Demoinsel — Vernet. P. 352.

Discussion. V. *Commerçant, Faillite, Recours, Société en nom collectif.*

Disposition à cause de mort. V. *Dépôt.*

Dissimulation. V. *Assurance.*

Distraction d'objets saisis. Le délit de distraction d'objets saisis est suffisamment établi s'il résulte du jugement que le prévenu a disposé d'un objet saisi à son préjudice. Il n'y a pas lieu d'annuler un tel jugement en application de l'article 524 Cpp.

CP., 1ᵉʳ octobre 1889. Sprintz. P. 704.

Divorce. Le jugement qui prononce le divorce ne saurait condamner l'époux innocent à payer une pension alimentaire à son conjoint reconnu coupable, alors même que ce dernier est âgé et se trouve dans une situation précaire de santé et de fortune.

TF., 12 juillet 1889. Epoux Favre. P. 532.

Divorce. La « sommation judiciaire » prévue à l'art. 46, lettre d, de la loi fédérale sur l'état civil et le mariage doit être faite antérieurement à l'ouverture de l'action en divorce pour cause d'abandon malicieux. Elle constitue un procédé laissé à l'initiative de la partie, et non un acte d'instruction fait par le juge en cours d'instance.

TF., 6 décembre 1888. Zgraggen. P. 241.

Divorce. Lorsqu'à la suite de divorce prononcé, en Suisse, au profit d'un époux français, naturalisé Suisse, la femme a exécuté le jugement en renonçant à la communauté, et en acceptant le règlement de ses reprises, elle devient non recevable à se refuser à l'exécution de la liquidation en France, sous le prétexte qu'il s'agirait d'une question d'état et que le jugement des tribunaux suisses ne serait pas exécutoire à son égard.

Cour d'appel de Paris, 10 mai 1889. Blondé — Blondé. P. 653.

Divorce. Lorsqu'un jugement de divorce rendu par le tribunal de district fait l'objet de deux recours, adressés l'un au Tribunal fédéral sur l'ensemble de la question, l'autre au Tribunal cantonal sur les conséquences ultérieures du divorce quant à l'entretien des enfants et aux intérêts civils des époux, le Tribunal fédéral ne peut entrer en matière sur le recours dont il est nanti avant que les questions de nature économique, mentionnées à l'art. 49 de la loi fédérale sur l'état civil et le mariage, aient été tranchées par le Tribunal cantonal.

TF., 18 septembre 1889. Guignard — Guignard. P. 609.

Divorce. V. *France.*

Dol. V. *Consentement.*

Domaine public. V. *Servitude.*

Domicile. Le principe que la femme mariée n'a d'autre domicile que celui de son mari, ne souffre pas d'exception en cas de séparation de biens et de fait; même dans ce cas, le mari reste le chef de la communauté et la femme n'exerce la libre administration de ses biens propres que moyennant certaines restrictions.

TF., 12 avril 1889. Meyer. P. 336.

Domicile élu. V. *For.*

Dommages et intérêts. V. *Chemins de fer, Convention, Indemnité, Indemnité civile, Louage de services, Louage d'ouvrage, Responsabilité, Vente.*

Donation. Une donation peut être déguisée sous la forme d'un acte à titre onéreux, si elle a une cause licite. En conséquence, un amant qui signe une reconnaissance de dette en faveur de sa maîtresse contracte une obligation valable qu'il peut être tenu d'exécuter.

Trib. civil de la Seine, 26 février 1889. Lefèvre — Hoirs Parain. P. 208.

Double imposition. V. *Impôts.*

Droit cantonal. V. *Assurance, Cour civile, Hypothèque, Séquestre.*

Droit de collation. La renonciation du collateur au droit de collation et la remise des biens constituant la collature ne libèrent pas de plein droit le collateur de toute obligation d'indemnité pour entretien futur des dits biens. Au contraire, toutes les fois qu'une pareille obligation d'entretien est liée au droit de patronage et que le patron perçoit des revenus du bénéfice soumis au droit de collation, le collateur est astreint à l'obligation d'entretien et, par conséquent, à indemniser le tiers qui assume la dite obligation.

TF., 18 janvier 1889. Paroisse d'Ueberstorf — Berne. P. 127.

Droit de réponse. V. *Presse.*

Droit de rétention. Sauf ce qui est statué par l'art. 294 CO., en ce qui concerne le droit de rétention du bailleur, le droit de rétention, tel qu'il est prévu aux art. 224 et suivants, suppose que le créancier ait la disposition des objets à retenir ; un tel droit ne peut être créé par simple convention des parties, mais ne peut naître et subsister que si les conditions exigées par la loi sont remplies.

TF., 13 avril 1889. Fromagerie de Hemmiken — Stæmpfli et consorts. P. 433.

Droit de rétention. Le commissionnaire jouit d'un droit de rétention sur les marchandises en commission ou sur le prix qui en a été réalisé, pourvu que sa créance soit échue et qu'il y ait connexité entre celle-ci et la chose retenue. Si les deux parties sont des commerçants, il suffit, pour qu'il y ait connexité, que la créance et la possession de la chose résultent de leurs relations d'affaires (CO. 224 et 442).

TF., 17 mai 1889. Masse Bourquin — Masse Augsburger. P. 353.

Droit de rétention. V. *Bail.*

E

Eaux. Si le propriétaire du fonds supérieur a le droit d'écouler les eaux qui en proviennent naturellement sur le fonds inférieur, en les réunissant même au moyen d'un aqueduc, il ne saurait cependant être admis à les amener dans l'intérieur du dit fonds au moyen d'une coulisse souterraine. En effet, le fait d'amener les dites eaux à une certaine profondeur sous la surface du sol du fonds inférieur constitue une aggravation de la servitude. (Cc. 426.; Cr. 105).

TC., 28 novembre 1889. Compagnie S. O.-S. — Gaille. P. 803.

Echantillon. V. *Vente.*

Econduction d'instance. V. *Assurance du droit, Mandat, Recours.*

Effet rétroactif. V. *Condition.*

Egalité devant la loi. La garantie de l'égalité des citoyens devant la loi n'est point absolue, mais doit être entendue dans ce sens seulement que l'égalité de traitement doit exister étant données les mêmes circonstances de fait, à condition toutefois que les différences introduites se justifient en elles-mêmes et n'apparaissent pas comme arbitraires.

TF., 28 sept. 1889. Bassler, Perriard et consorts — Fribourg. P. 705.

Election de domicile. V. *For.*

Emancipation. L'émancipation prévue par la loi fédérale sur la capacité civile confère à l'émancipé la pleine capacité civile, ainsi que toutes les prérogatives de la majorité. Elle diffère à cet égard de l'émancipation du droit français et genevois, laquelle ne comportait qu'une diminution de l'incapacité du mineur, en lui conférant certains pouvoirs d'administration et en remplaçant la tutelle par une curatelle.

La loi fédérale exige que l'émancipation soit prononcée par

une *autorité;* il ne suffit pas, pour la conférer, de la seule volonté du père ou de la mère.

TF., 20 juillet 1889. LIVACHE. P. 547.

Enfants. V. *Opposition, Responsabilité.*

Enregistrement. V. *Bail.*

Enrichissement illégitime. On ne saurait envisager comme un paiement *volontaire*, mettant obstacle à l'action en répétition de l'indû, ainsi qu'il est dit à l'art. 72 CO., celui qui n'est consenti que pour éviter un prononcé d'otage.

TC., 17 janvier 1889. BERTHOLET — AVIOLAT-MONOD. P. 127.

Enrichissement illégitime. V. *Lettre de change.*

Envoi en possession. A l'exception de l'art. 934 Cpc., qui vise seulement l'héritier bénéficiaire, aucune disposition de la loi ne prévoit un droit de recours contre une décision accordant ou refusant l'envoi en possession d'une succession.

L'ordonnance d'envoi en possession peut être attaquée par celui qui y a intérêt suivant les formes de la procédure contentieuse.

TC., 4 décembre 1888. BESSON — Succession RELLER. P. 38.

Envoi en possession. Le juge à qui est demandé l'envoi en possession d'une succession ne peut l'ordonner que si le requérant justifie de sa qualité d'héritier. Il ne saurait en particulier envoyer en possession le mari, non institué héritier dans le testament de sa femme, par le motif que la succession comprendrait des créances qui seraient en réalité sa propriété et non celle de sa femme.

TC., 2 avril 1889. Hoirs JUNOD — JUNOD. P. 299.

Erreur. V. *Cautionnement, Consentement.*

Escroquerie. Le fait de séjourner un certain temps dans un hôtel, sans payer la note, ne constitue pas nécessairement une escroquerie (Cp. 282).

CP., 17 janvier 1889. PIGUET. P. 109.

Etat. V. *Responsabilité.*

Etat civil. La procédure prévue par les art. 426 et suivants Cpc. s'applique aux cas où il s'agit simplement de rectifier une erreur qui s'est glissée dans les actes de l'état civil, et non aux actions touchant au fond même du droit, par exemple à la nullité d'actes qui ont eu pour effet de légitimer des enfants nés avant le mariage.

TC., 6 novembre 1889. MEYLAN et consorts — COMMUNE DU CHENIT. P. 780.

Etat de frais. Les états de frais ne sont réglés par le magistrat modérateur qu'après le jugement (Cpc. 192) ou ensuite de tous autres actes emportant engagement de l'une des parties à payer les dépens, tels que transaction, passé-expédient ou désistement.

C'est dès lors avec raison que le juge refuse de modérer un état de frais établi contre une partie dont l'obligation de payer ne résulte pas d'un des actes énumérés ci-dessus.

TC., 18 juin 1889. Aviolat — Caisse hypothécaire. P. 496.

Etat de frais. Pour qu'un état de frais soit définitif et exécutoire, il suffit que le juge modérateur ait donné avis du règlement par lettre à chacune des parties et qu'aucune d'elles n'ait interjeté recours dans les dix jours dès cet avis. Aucune disposition de la procédure ne prévoit que l'état de frais doive être pourvu de la déclaration d'exécution.

L'absence d'avis du règlement ne saurait avoir d'autre conséquence que d'autoriser la partie non avisée à recourir au Président du Tribunal cantonal après le délai prévu par l'article 192 Cpc.

TC., 2 avril 1889. Chenuz — Chenuz. P. 801.

Etat de frais. L'état de frais réglé ne tire sa force exécutoire que du titre en vertu duquel il a été modéré.

TC., 10 septembre 1889. Guerry — Guerry. P. 649.

Etrangers. V. *France.*

Eviction. V. *Vente.*

Exception. V. *Jugement.*

Exception dilatoire. L'exception dilatoire doit être présentée, conformément aux art. 157 et suivants Cpc., soit dans une demande exceptionnelle, soit dans une réponse au fond, au choix du défendeur. Elle ne saurait être soulevée pour la première fois dans un recours.

TC., 17 janvier 1889. Bertholet — Aviolat-Monod. P. 128.

Exécution. V. *Etat de frais, Transaction.*

Exécution des jugements. La garantie de l'art. 61 de la Constitution fédérale n'a trait qu'aux jugements *civils* définitifs; les prononcés de nature administrative concernant des questions fiscales et relevant du droit public, ne rentrent pas dans cette catégorie.

La garantie constitutionnelle prémentionnée ne peut, du reste, être invoquée que lorsqu'il y a refus d'exécution.

TF., 19 octobre 1889. Henseler. P. 751.

Exécution forcée. Aucune disposition de la procédure civile non contentieuse ne prévoit un droit de recours quant à l'exécution forcée, sauf celui prévu à l'art. 535 Cpc., relatif au délai d'exécution accordé par le juge.

TC., 20 novembre 1888. Hoirs MARTIN — SCHOPFER. P. 32.

Expert, expertise. V. *Forêts, Jugement.*

Exploit. Si les avocats brevetés dans le canton et les personnes qui leur sont assimilées par l'art. 3 de la loi sur le barreau peuvent seuls recevoir mandat d'instruire et de plaider les procès civils, on ne saurait admettre toutefois qu'ils puissent seuls rédiger un exploit de citation en conciliation ou une opposition. En effet, la citation en conciliation, premier acte du procès, ne constitue pas un acte d'instruction de la cause.

TC., 1er]octobre 1889. FORSTER — WEBER. P. 717.

Exploit. Le seul fait que deux personnes sont cautions solidaires de la même cédule ne saurait constituer entre elles ni une société civile, ni une indivision. En conséquence, l'exploit qui leur est adressé doit être notifié à chacune d'elles; il ne suffit pas qu'il le soit à l'une seulement. En effet, la disposition de l'art. 24, lettre *g*, Cpc. constitue une exception à la règle générale et doit, dès lors, être interprétée restrictivement.

TC., 20 mars 1889.
CAISSE DE CONSIGNATION — Hoirs BERTHOLET et ALLAMAND. P. 223.

Exploit. V. *Assignation, Saisie, Sceau.*

Expropriation. Tous les griefs dirigés contre la décision d'une commission fédérale d'estimation peuvent faire l'objet d'un pourvoi au Tribunal fédéral, y compris celui consistant à dire que le dispositif de la décision serait obscur ou équivoque. La partie qui n'use pas de son droit de recours dans le délai prescrit par l'art. 35 de la loi fédérale du 1er mai 1850 sur l'expropriation pour cause d'utilité publique ne peut plus le faire dans la suite, alors même que la commission aurait donné à sa décision une interprétation défavorable à cette partie.

TF., 4 mai 1888. GOTHARD — DISTRICT D'URI. P. 128.

Extinction des obligations. V. *Code fédéral des obligations.*

Extradition. Même s'il a consenti volontairement à son extradition, le prévenu a le droit, dans le cas de poursuites pour un autre délit que celui à la base de la demande d'extradition, d'exiger qu'une nouvelle requête d'extradition soit formulée de ce chef.

Lorsque, une demande d'extradition ayant été faite, il se

révèle plus tard une circonstance aggravante du délit, laquelle entraine une peine plus grave, il n'est pas nécessaire de formuler une nouvelle demande d'extradition, pourvu toutefois que le prévenu soit poursuivi réellement pour l'acte délictueux mentionné dans le mandat d'arrêt et que cet acte ne rentre pas dans une autre catégorie de crimes ou de délits.

TF., 21 décembre 1888. MAGNENAT. P. 49.

Extradition. Le prévenu poursuivi pour un délit non mentionné à l'art. 2 de la loi fédérale du 24 juillet 1852 sur l'extradition ne saurait se faire un grief de ce que les formalités qu'elle prescrit n'ont pas été observées à son égard.

TF., 10 janvier 1889. Veuve RUERAT. P. 113.

Extradition. D'après la loi fribourgeoise, ce n'est point au juge d'instruction. mais exclusivement à la Chambre d'accusation qu'il appartient d'assigner au délit sa véritable qualification. Ce n'est, dès lors, qu'après que la chambre d'accusation a statué qu'il y a lieu de rechercher si une demande d'extradition doit être formulée ou pas en présence des prescriptions de la loi fédérale du 20 juillet 1852. .

TF., 31 mai 1889. DIVORNE et COTTIER -- FRIBOURG. P. 401.

F

Fabricants. D'après la loi fédérale du 25 juin 1881 sur la responsabilité civile, le fabricant. — qu'une faute soit ou non imputable à lui-même ou à une personne dont il est responsable, — n'est tenu des conséquences du dommage causé à un ouvrier tué ou blessé que lorsque la mort ou les blessures se sont produites dans les locaux de la fabrique et par son exploitation.

Le principe contraire consacré par la loi fédérale sur l'extension de la responsabilité civile n'est applicable qu'aux accidents survenus à partir du 1er novembre 1887, date de son entrée en vigueur.

TF., 12 juillet 1889. BAUR — MIAUTON. P. 379 et 529.

Fabricants. La loi fédérale du 25 juin 1881, sur la responsabilité civile des fabricants, n'est point applicable aux accidents survenus hors des locaux de la fabrique et en dehors de son exploitation.

Trib. civil de Genève, 8 novembre 1887. MÉGARD — TARPIN. P. 197.

Fabricants. La question de savoir si un établissement industriel doit être rangé dans la catégorie des fabriques soumises aux lois fédérales des 25 juin 1881 et 26 avril 1887 est du ressort du Conseil fédéral.

En conséquence, l'allégué consistant à dire qu'un tel établissement emploie plus de cinq ouvriers n'est pas pertinent en la cause pour autant qu'il s'agit de l'application de ces lois ; la preuve en doit toutefois être permise, si l'action est aussi fondée sur les art. 50 et suivants CO.

TC., 19 mars 1889. JAQUEROD — SEEWER. P. 227.

Fabricants. En matière d'industries désignées par le Conseil fédéral comme engendrant des maladies graves, le fabricant n'est responsable du dommage causé à un employé ou à un ouvrier par une de ces maladies que s'il est constaté qu'elle a eu *exclusivement* pour cause l'exploitation de la fabrique (art. 3 de la loi fédérale du 25 juin 1881).

TF., 25 octobre 1889.
FER — SOCIÉTÉ POUR LA FABRICATION DE L'ACIDE TARTRIQUE. P. 754.

Fabricants. Constitue une faute grave à la charge d'un fabricant, le fait par lui de ne s'être pas conformé à la disposition de la loi prescrivant que les parties de machines et les courroies de transmission qui offrent des dangers pour les ouvriers doivent être soigneusement renfermées (art. 2 de la loi fédérale du 23 mars 1877).

TC., 11 juillet 1889. ZUMBRUNN — ZAHND. P. 571.

Fabricants. L'art. 9 de la loi fédérale sur l'extension de la responsabilité civile, permettant d'attaquer tout contrat en vertu duquel une indemnité évidemment insuffisante serait attribuée ou aurait été payée à la personne lésée ou à ses ayants cause, n'est applicable qu'à partir du 1er novembre 1887, date de l'entrée en vigueur de la loi. Cette cause d'invalidation ne saurait rétroagir sur des actes de renonciation passés sous l'empire de l'ancienne loi.

TF., 13 juillet 1889. COMETTA — SOCIÉTÉ DU GAZ et *Le Soleil.* P. 361 et 545.

Fabricants. Si l'art. 10 de la loi fédérale du 25 juin 1881 interdit aux fabricants de limiter ou d'exclure d'avance leur responsabilité, rien ne s'oppose au contraire à ce que le lésé déclare, postérieurement à l'accident, se contenter d'une indemnité déterminée à l'amiable et renoncer à toute réclamation ultérieure.

Un établissement industriel n'occupant pas en moyenne plus de quatre ouvriers ne saurait tomber sous le coup des lois fédérales concernant la responsabilité civile des fabricants.

Cour civile, 13 juin 1889. SEEWER — JAQUEROD. P. 411.

Fabricants. A teneur de l'art. 9 de la loi fédérale du 25 juin 1881, lorsque l'ouvrier de fabrique victime d'un accident a droit à une assurance, il suffit que le fabricant ait payé la moitié des primes pour qu'il puisse imputer la somme totale reçue de la compagnie d'assurance à tant moins de l'indemnité qu'il doit supporter.

En disposant que le fabricant n'a droit à cette déduction que lorsque l'assurance à laquelle il contribue comprend tous les accidents et toutes les maladies, le 3ᵉ alinéa de l'art. 9 précité ne vise que les maladies ou accidents survenus à l'ouvrier dans l'exercice de sa profession et en corrélation directe avec son travail.

Président du Trib. de Lausanne, 14 mars 1889.
König — Chavannes-Burnat & Cⁱᵉ. P. 251.

Faillite. Le concordat du 7 juin 1810 sur les effets d'un failli remis en nantissement à un créancier dans un autre canton ne vise que les biens meubles. En ce qui concerne les immeubles, le juge du lieu de leur situation peut ouvrir à leur égard un concours séparé, conformément aux lois de son canton, sous la seule réserve que le solde actif, s'il y en a un, soit remis à la masse principale.

TF., 20 septembre 1889. Rémy — Dupraz. P. 686.

Faillite. V. *Commerçant, For, France, Société anonyme, Société en nom collectif.*

Faits. En résolvant les points de fait sur lesquels une preuve testimoniale a été entreprise, le juge doit se borner à donner à chaque allégué une réponse correspondant à la question qui lui a été posée. Il peut, il est vrai, ajouter à sa réponse une explication de nature à en atténuer la portée, mais il ne saurait en aucun cas être admis à introduire au procès, par la solution donnée à un allégué, des moyens d'opposition qui n'ont pas été invoqués en procédure par la partie intéressée.

Le fait que le président a ajouté à sa réponse une explication n'ayant aucun rapport avec la question posée ne saurait toutefois entraîner la nullité du jugement; le Tribunal cantonal doit simplement, en cas de recours, faire abstraction de cette explication.

TC., 26 mars 1889. Pochon — Ponnaz. P. 296.

Faits. Lorsque les parties ont admis la preuve testimoniale d'un allégué portant que le testateur était sain d'esprit au moment de la confection du testament, la décision du Tribunal sur ce point de fait est définitive et lie le Tribunal cantonal.

TC., 21 février 1889. Belet — Blanc. P. 185.

Faits. Ne constitue pas une décision régulière et suffisante sur un point de fait prouvé par témoins, la réponse par laquelle le président déclare « s'en référer à la procédure ». Une telle réponse est de nature à entraîner la nullité du jugement (Cpc. 283 et 436, § *b*).

TC., 12 décembre 1888. Cart — Griffon. P. 57.

Faits. Aux termes de l'art. 190 de la loi du 23 mars 1886 sur l'organisation judiciaire, l'art. 283 Cpc. n'est pas applicable aux causes jugées par le juge de paix. Dès lors, il n'est pas nécessaire que le juge donne à chaque fait sur lequel une preuve testimoniale a été entreprise une solution, ainsi que l'exige le dit art. 283; il suffit que tous les faits soient suffisamment rappelés dans le jugement.

TC., 27 novembre 1888. Genre — Jaccard. P. 46.

Faits. V. *Fraude, Interdiction, Jugement, Jugement pénal, Preuve testimoniale.*

Faute. V. *Responsabilité.*

Faux. V. *Responsabilité.*

Femme mariée. D'après les principes de la législation vaudoise concernant le régime matrimonial, les meubles achetés pendant le mariage sont la propriété du mari, alors même qu'ils auraient été payés au moyen de fonds provenant de la fortune de la femme.

TC., 12 février 1889. Parisod — Banque cantonale. P. 165.

Femme mariée. V. *Capacité civile, Domicile, France, Mesures provisionnelles, Prescription.*

Fonctionnaire public. V. *Cautionnement.*

For. L'art. 59 de la constitution fédérale ne vise que les réclamations de nature *civile.* Il ne saurait, dès lors, être invoqué en ce qui concerne les poursuites tendant au paiement d'amendes.

TF., 24 novembre 1888. Sutermeister. P. 47.

For. L'action du propriétaire d'un immeuble tendant au déguerpissement du sous-locataire après l'expiration du bail principal n'est point une action personnelle, mais une action réelle. Elle peut dès lors être portée devant le juge de la situation de l'immeuble (art. 59 de la Constitution fédérale).

TF., 8 mars 1889. Chevalier. P. 543.

For. Les exceptions énumérées à l'art. 11 Cpc. ne se rapportent qu'à la règle posée à l'art. 10 du dit Code et n'ont nullement trait au principe admis par l'art. 9, qui ne souffre aucune exception. Dès lors, l'action tendant à la délivrance d'un immeuble légué, sis dans le canton de Vaud, doit être portée devant les tribunaux vaudois, bien que la succession ait été ouverte en France. Le principe d'unité de la succession ne peut être appliqué que dans le cas d'une succession ouverte dans le canton.

TC., 11 décembre 1888. Rave — Meunier. P. 25.

For. L'art. 106 § *b* de la loi sur l'organisation judiciaire, lequel institue une procédure sommaire pour le règlement des contestations entre voyageurs et hôteliers ou maîtres de pension, entend que la difficulté soit tranchée par le juge de la situation de l'hôtel et à très bref délai. On ne saurait obliger le maître d'hôtel instant à la réclamation à s'adresser aux juges dans le ressort desquels le voyageur se transporte successivement.

TC., 21 mai 1889. Breuer — Hamilton Russel. P. 409.

For. En droit français, le syndic de la faillite représente aussi bien le failli que ses créanciers ; en poursuivant la réalisation des créances du failli, il agit toujours en qualité de représentant direct ou indirect de ce dernier. Dès lors il peut, aussi bien que les créanciers eux-mêmes, invoquer une élection de domicile faite en faveur de ceux-ci ; le domicile élu par une partie persiste après l'ouverture de la faillite.

Le for contractuel doit être présumé valable et, par conséquent, déployer ses effets aussi longtemps que la nullité du contrat dont il découle n'a pas été établie.

TF., 18 avril 1889.
Compagnie d'assurances l'*Armement* — X. et consorts. P. 306.

For. V. *Diffamation, France.*

Forêts. En matière de délits forestiers, la revision de la taxe du bois enlevé, à laquelle il peut être procédé conformément à l'art. 271 de la loi du 31 janvier 1873 sur les forêts, ne saurait être assimilée à l'expertise prévue par l'art. 134 Cpp. Il s'agit là, en effet, d'une procédure spéciale, distincte de la procédure ordinaire. Dès lors et à la différence de ce qui est prescrit par l'art. 142 Cpp., il n'est point nécessaire que l'inculpé soit avisé du jour où cette revision de taxe doit avoir lieu, afin de pouvoir y assister.

CP., 3 décembre 1889. Rod frères. P. 815.

Forme des conventions. V. *Cautionnement, Convention.*

Frais. L'accusé acquitté ne peut être condamné à tout ou partie des frais que s'il est reconnu auteur du fait (loi sur l'organisation judiciaire, art. 231).

Cour de cassation pénale, 28 décembre 1888. Francfort. P. 79.

Frais. V. *Cautionnement, Etat de frais, Interdiction, Plaignant, Procureur-juré.*

Frais de retour. V. *Lettre de change.*

France. L'art. 1ᵉʳ de la convention franco-suisse du 15 juin 1869 met obstacle à ce qu'un séquestre soit pratiqué en Suisse sur les biens d'un Français ayant son domicile en France.

TF., 7 juin 1889. Michaud — Schenk. P. 512.

France. La convention diplomatique de 1869, entre la France et la Suisse, n'établit la compétence réciproque des tribunaux des deux nations qu'en vue des contestations pouvant se résoudre en une condamnation à une somme d'argent; elle ne s'applique pas aux actions en divorce ou en séparation de corps.

Le tribunal français, saisi d'une de ces actions, reste toutefois compétent, suivant une jurisprudence constante, pour statuer sur les mesures concernant le domicile assigné à la femme, la garde des enfants, la pension alimentaire et les mesures conservatoires.

Quant à la provision *ad litem*, si, en principe, il n'appartient qu'au tribunal compétent pour connaître d'une demande en séparation de corps ou en divorce de l'allouer à la femme, il appartient cependant au tribunal compétent pour connaître des mesures provisoires que ces demandes comportent, d'allouer à la femme, privée de la jouissance de ses biens, une somme suffisante pour faire face aux dépenses du voyage qu'elle est obligée d'entreprendre pour porter sa demande devant le tribunal étranger compétent, et toutes autres dépenses préliminaires à l'introduction de la procédure elle-même.

Cour d'appel de Paris, 26 mars 1889. Epoux Galli. P. 233.

France. La convention franco-suisse du 15 juin 1869 a pour but d'assurer l'unité de la faillite, en déclarant compétent exclusivement le juge du domicile, soit du principal établissement du failli.

La circonstance que la succursale qu'une société anonyme française possède en Suisse n'est pas inscrite au registre du commerce ne saurait exercer aucune influence sur la capacité civile ou sur l'existence de la personnalité juridique de cette société.

TF., 22 juillet 1889.
Société laitière de l'Est — Genoud & Peyraud et consorts. P. 561.

France. Ni la convention franco-suisse du 15 juin 1869, ni celle du 18 juillet 1828 qui l'a précédée, n'ont réglé ce qui concerne les droits et rapports de famille entre les époux ressortissants des deux pays contractants, en particulier leurs droits quant aux biens de la communauté.

TF., 12 avril 1889. SIMOND — Hoirs PRALON. P. 337.

France. Les traités franco-suisses de 1828 et 1869 ne règlent la compétence qu'en matière de successions. Il est dès lors impossible, en l'absence de dispositions spéciales visant les partages de communauté, d'appliquer à ces partages les principes édictés pour les partages de successions. Une demande en partage de communauté ne peut être assimilée à une action personnelle et mobilière réglementée par les deux conventions précitées. Dans ces conditions, le droit commun conserve son empire et c'est le tribunal dans le ressort duquel étaient domiciliés les époux au moment de la dissolution de la communauté qui doit connaître de l'action tendant au partage de cette communauté.

Cour d'appel de Chambéry. 5 février 1889. SIMOND — Hoirs PRALON. P. 230.

France. V. *Divorce, For, Société anonyme.*

Fraude. Lorsque la partie qui invoque une vente à l'appui d'un droit de propriété qu'elle revendique, ne s'oppose pas à la preuve testimoniale d'allégués tendant à établir que cette vente est simulée et frauduleuse, elle ne saurait protester plus tard contre la solution donnée à ces allégués par le premier juge. Cette solution est définitive et lie le Tribunal cantonal.

TC., 21 mars 1889. MEYLAN — CAPT. P. 283.

Fraude. V. *Cautionnement, Compensation, Constitut possessoire.*

G

Garantie. V. *Vente.*
Greffe. V. *Recours.*

H

Héritier. V. *Succession.*
Honoraires. V. *Médecin.*
Hôteliers et aubergistes. V. *Commerçants, For, Responsabilité.*
Hypothèque. La subrogation d'hypothèque constitue une transaction immobilière au premier chef. À teneur de l'art. 64 de

la Constitution fédérale, elle tombe, dès lors, sous l'application du droit cantonal et non du droit fédéral.

TF., 1ᵉʳ février 1889. Buеche — Rossé. P. 144.

I

Immeubles. V. *Capacité civile, Faillite.*

Impôts. Les bénéfices réalisés par l'exploitation de la succursale d'une maison de commerce sont soumis à l'impôt dans le canton sur le territoire duquel cette succursale a son siège.

A teneur de la loi fédérale du 24 décembre 1880, les sous-agences d'émigration doivent être envisagées comme des succursales de la maison principale.

TF., 4 mai 1889. Rommel & Cⁱᵉ — Vaud et Bale. P. 369.

Impôts. V. *Exécution des jugements.*

Imprudence. V. *Responsabilité.*

Incapacité. V. *Capacité civile.*

Incident. Il appartient au président de la Cour civile de prononcer sur tous les incidents qui s'élèvent en cours d'instruction, sous réserve du recours au Tribunal cantonal, s'il y a lieu.

TC., 20 août 1889. Dériaz — Auberson soit Werly. P. 596.

Incident. V. *Délai, Recours, Suspension de cause.*

Incompatibilité. V. *Tribunal.*

Indemnité. Lors de l'allocation de l' « indemnité équitable » prévue à l'art. 55 CO. pour réparation d'un préjudice moral, le juge peut prendre en considération la gravité de la faute commise par l'auteur du dommage. En effet, le principe posé à cet égard par l'art. 51, al. 1, a une portée générale et doit être appliqué non-seulement dans le cas d'un dommage matériel, mais encore dans celui d'un préjudice moral, ne pouvant être évalué directement en une somme d'argent.

TF., 17 mai 1889. Moos — Gerster. P. 736.

Indemnité. V. *Responsabilité.*

Indemnité civile. La Cour de cassation pénale peut revoir le jugement de police en ce qui concerne les dommages et intérêts réclamés par la partie civile pour intervention d'un avocat dans un procès pénal.

CP., 20 février 1889. Péages fédéraux — Gruet. P. 205.

Indemnité civile. V. *Diffamation.*

Indivision. Chaque indivis a le droit d'agir juridiquement pour la conservation des droits de l'indivision et cela sans procuration des indivis (Cc. 1351, 1325 et 1326).

TC., 19 septembre 1889. Hoirs Meylan — Hoirs Piguet. P. 670.

Indû. V. *Enrichissement illégitime.*

Informalité. V. *Délai.*

Injures. V. *Jugement pénal, Presse.*

Inscription·de faux. Les considérants de droit d'un jugement ne faisant que reproduire l'opinion personnelle du juge ne sauraient être attaqués par une inscription de faux.

TC., 12 novembre 1889. Praz — Jordan. P. 815.

Inscription de faux. V. *Compétence, Jugement, Jury, Procès-verbal.*

Institution d'héritier. V. *Succession.*

Interdiction. Les tribunaux vaudois sont compétents pour prononcer sur la demande en interdiction dirigée contre un confédéré domicilié dans le canton, pour cause de prodigalité.

TC., 24 septembre 1889. de Stoutz et DeCombes — de Stoutz. P. 636.

Interdiction. Doit être interdit celui qui, par son penchant pour la boisson, se laisse entraîner à des dépenses qui excèdent son revenu.

TC., 20 février 1889. Veuve K. — Dame D. P. 201.

Interdiction. L'instant à l'interdiction doit consigner dans sa demande écrite les faits de démence, d'imbécillité ou de prodigalité sur lesquels il se fonde (Cpc. 379).

Les solutions données par le tribunal à des questions de droit ne sauraient lier le Tribunal cantonal, alors surtout qu'elles n'ont pas fait l'objet d'une preuve testimoniale.

TC., 18 juin 1889. Grenay — Beauverd. P. 522.

Interdiction. Pour qu'une action en interdiction puisse être considérée comme abusive, il suffit que, par suite des irrégularités commises dans la manière de procéder des instants, le défendeur soit renvoyé des fins de la dénonciation par des motifs de forme et qu'ainsi les frais de toute l'instance deviennent inutiles.

On ne saurait faire supporter au dénoncé les frais d'une action irrégulièrement engagée et dans laquelle les prescriptions expresses de la loi ont été violées (Cpc. 387.)

TC., 4 juillet 1889. Commune du Lieu et Meyland — Meyland. P. 524.

Intérêt. V. *Titres au porteur.*

Internement. V. *Vagabondage.*

Interprétation. V. *Déni de justice.*

Inviolabilité de la propriété. V. *Propriété.*

J

Jeu. Si une obligation de change, souscrite à titre de couverture pour des opérations de jeu, ne peut être poursuivie en justice, cette exception ne saurait toutefois être opposée au tiers porteur de bonne foi.

> Trib. de commerce de Genève, 20 décembre 1888.
> RAMEL et DEMOLE — BORSIER. P. 55.

Jeu. V. *Marchés à terme, Obligation immorale.*

Juge ad hoc. V. *Tribunal.*

Juge de paix. V. *Compétence, Conclusions reconventionnelles, Déclinatoire, Faits, Jugement, Recours.*

Jugement. La composition inconstitutionnelle.d'une autorité constituée, par exemple d'un tribunal dans lequel siègent des juges dont les fonctions sont expirées, constitue une atteinte aux droits garantis à tous les citoyens, laquelle fonde un recours de droit public au Tribunal fédéral.

> TF., 19 octobre 1889. BOLARD FRÈRES — GUERRY. P. 736.

Jugement. Il y a lieu à nullité du jugement rendu par un tribunal de district, lorsqu'il n'a pas délibéré et rendu de décision sur un point de fait objet d'une preuve testimoniale (Cpc. 283 et 436, *b* et *c*).

> TC., 5 septembre 1889. Masse BETTEX — LIN et BUACHE. P. 656.

Jugement. Lorsque le juge admet un moyen exceptionnel qui met fin au procès, il n'y a pas lieu de renvoyer la cause à un autre magistrat. Il importe peu que la partie qui a soulevé ce moyen l'ait qualifié de « déclinatoire. »

> TC., 17 septembre 1889. COSANDEY — CHAPUIS. P. 656.

Jugement. En prévoyant les cas de nullité des jugements rendus par les juges de paix, l'art. 195 de la loi sur l'organisation judiciaire ne fait pas de distinction entre les jugements par défaut et ceux rendus en contradictoire.

> TC., 26 février 1889. DIACONESSES DE ST-LOUP — VAUTHEY. P. 215.

Jugement. Il est inadmissible que le juge puisse, après la clôture des débats et en l'absence des parties, recevoir de nouveaux renseignements de l'expert entendu en la cause. Bien qu'une pareille irrégularité ne rentre dans aucun des cas prévus à l'art. 436 Cpc., on ne saurait laisser subsister un jugement rendu dans de telles conditions, l'art. 3 Cpc. étant une disposition d'ordre public dont la violation ne doit pas être tolérée

TC., 16 avril 1889. Matthey — Cornu. P. 303.

Jugement. Il y a lieu à nullité du jugement de juge de paix qui n'énonce pas les conclusions des parties et statue sur une question dont la valeur excède la compétence de ce magistrat (art. 186, 190, 195 et 220 de la loi sur l'organisation judiciaire).

TC., 24 septembre 1889. *La Providence* — Matthey. P. 715.

Jugement. Il y a lieu à nullité du jugement, si le juge de paix retranche à tort des faits et moyens nouveaux invoqués par l'une des parties (loi sur l'organisation judiciaire, art. 195, § *d*).

TC., 29 janvier 1889. Perrin — Buache. P. 106.

Jugement. Il y a lieu à nullité du jugement que le juge rend sur le fond de la cause, alors que les parties se sont bornées à discuter la question de compétence et qu'elles n'ont été ni appelées ni entendues sur le fond (Cpc. 5).

TC., 9 juillet 1889. Fribourg — Henseler. P. 486.

Jugement. L'informalité résultant de ce que le procès-verbal ne mentionne pas que le jugement, dont le prononcé a dû être renvoyé, a néanmoins été rendu immédiatement, n'est pas de nature à entraîner la nullité du jugement (Cpc. 190 et 436).

TC., 10 avril 1889. Louis — Clément. P. 328.

Jugement. Lorsqu'un jugement constate qu'une partie a comparu à une audience, une telle constatation fait pleine foi de son contenu et ne peut être contredite que par voie d'inscription de faux.

TC., 19 novembre 1889. Lavanchy — Syrvet. P. 816.

Jugement. V. *Assurance du droit, Circonstance aggravante, Faits, Inscription de faux, Recours.*

Jugement incident. V. *Recours.*

Jugement par défaut. Il y a lieu à nullité du jugement par défaut rendu contre un défendeur domicilié dans le canton, si l'assignation adressée à ce dernier a été faite conformément à l'art. 35 Cpc. et non à l'art. 34.

TC., 6 novembre 1889. Meylan et consorts — Commune du Chenit. P. 780.

Jugement par défaut. Le moyen consistant à dire que le recourant aurait été empêché de se rendre à l'audience du juge de paix à laquelle il a été condamné par défaut, ne rentre dans aucun des motifs de nullité prévus à l'art. 195 de la loi sur l'organisation judiciaire.

TC., 19 novembre 1889. Lavanchy — Syrvet. P. 816.

Jugement par défaut. Bien que l'art. 198 de la loi sur l'organisation judiciaire statue que les prononcés relatifs à des contestations entre patrons et ouvriers, quant au contrat de louage de services, ne peuvent faire l'objet d'aucun recours, cependant on doit admettre la nullité de tout jugement de ce genre pour lequel les parties n'ont pas été entendues ou assignées régulièrement.

La loi du 23 mars 1886 sur l'organisation judiciaire n'a pas abrogé l'art. 442 Cpc., lequel demeure applicable à tous les jugements par défaut.

Il y a lieu à nullité du jugement par défaut rendu à la suite d'une assignation qui n'indique pas l'heure de la comparution.

TC., 22 janvier 1889. Nicaty — Grobéty. P. 141.

Jugement par défaut. V. *Assignation, Défaut, Recours*.

Jugement pénal. En disposant que les jugements de police peuvent être annulés si les faits admis par le Tribunal de police ne paraissent pas complets, l'art. 524, al. 2, Cpp. accorde à la Cour de cassation pénale une simple faculté. Cette disposition de la loi ne peut être invoquée par les condamnés, dont le droit de recours est strictement limité aux cas prévus par l'article 490 Cpp.

CP., 3 décembre 1889. Rod frères. P. 816.

Jugement pénal. Il y a lieu à nullité du jugement de police qui ne mentionne pas des faits desquels il semble résulter qu'une condamnation antérieure serait déjà intervenue pour le fait objet de la poursuite (Cpp. 524).

CP., 28 décembre 1888. Givel. P. 108.

Jugement pénal. Doit être annulé comme incomplet, en vertu de l'art. 524 Cpp., le jugement de police qui condamne un prévenu âgé de moins de 18 ans, sans poser et résoudre la question de discernement.

CP., 18 septembre 1889. Despont. P. 639.

Jugement pénal. Il y a lieu d'annuler comme incomplet le jugement pénal qui reconnaît le prévenu coupable d'avoir été la cause d'un tamponnement de wagons, par l'effet d'un oubli, sans dire en quoi cet oubli a consisté (Cpp. 524).

CP., 1er octobre 1889. Dupuis. P. 720.

Jugement pénal. Il y a lieu à nullité du jugement par lequel le juge de paix condamne le prévenu du fait d'injures, alors que la citation qui lui est notifiée porte simplement qu'il doit « être entendu sur des faits au sujet desquels une enquête s'instruit », et ne dit pas qu'il sera passé au jugement immédiatement après l'audition des parties (Cpp. 8 et 431 ; art. 224 de la loi sur l'organisation judiciaire).

CP., 25 octobre 1889. Jan. P. 782.

Jugement pénal. V. *Distraction d'objets saisis, Indemnité civile, Revision.*

Juridiction militaire. En soumettant aux dispositions de ce code les militaires qui, en dehors du service, sont, à une occasion quelconque, revêtus de leur habit militaire, la loi fédérale du 27 août 1851 ne distingue nullement entre le soldat porteur de son uniforme dans sa demeure particulière et le soldat se trouvant hors de chez lui.

TF., 6 décembre 1888. Jenny — Direction militaire de Fribourg. P. 17.

Jury. Lorsque l'accusé déclare renoncer au jury, et que cette déclaration est confirmée par son défenseur, la Cour criminelle est tenue de constater à sa charge le délit tel qu'il résulte de l'arrêt d'accusation. En effet, en faisant une telle déclaration, l'accusé se reconnaît coupable des faits mis à sa charge par cet arrêt.

CP., 5 mars 1889. Arm. P. 222.

Jury. Lorsque le procès-verbal de l'audience d'un tribunal criminel constate que, d'après la déclaration du chef du jury, ce corps est entré immédiatement en délibération, qu'il a toujours été au complet, qu'il a délibéré à huis clos sans désemparer et sans recevoir de communication du dehors, cette mention fait pleine foi de son contenu jusqu'à inscription de faux.

CP., 21 mai 1889. Chollet. P. 415.

Jury. Lorsque le procès-verbal constate qu'il résulte de la déclaration du jury que celui-ci n'a pas reçu de communications du dehors, cette déclaration ne peut être contredite et détruite que par une inscription de faux (Cpp. 484, § e).

CP., 19 septembre 1889. Laurent. P. 702.

L

Laissé pour compte. V. *Vente.*

Légalisation. V. *Procuration.*

Légitimation. V. *Etat civil.*

Legs. V. *For.*

Lettre de change. Bien qu'une traite porte la mention « sans frais », elle n'en doit pas moins être présentée au tiré lors de son échéance (CO. 763).

La preuve que la présentation a eu lieu incombe au tireur.

Les frais de retour d'une traite qui n'a pas été présentée au tiré ne peuvent être exigés de celui-ci.

TC., 26 février 1889. Vez — Gautier Pozzy & Cie. P. 212.

Lettre de change. La prescription des lettres de change est régie par la loi du lieu où l'effet a été créé et accepté. Le changement de domicile du débiteur ne saurait soustraire les parties aux lois qui les dominaient irrévocablement dès le moment où le contrat s'est formé.

Trib. de commerce de Genève, 10 janvier 1889. Dumollard — Martin. P. 293.

Lettre de change. L'accepteur et le tireur, même après avoir été libérés par suite de prescription ou de déchéance, restent obligés par les voies civiles ordinaires envers le porteur, jusqu'à concurrence du bénéfice qu'ils ont fait à ses dépens (CO. 813).

TC., 2 juillet 1889. Bær — Rod. P. 480.

Lettre de change. L'action de l'accepteur tendant à ce que le tireur fasse provision est régie par les principes généraux du droit civil et non par les prescriptions spéciales du droit de change. En effet, le tireur ne s'oblige, conformément au droit de change, que vis-à-vis du preneur, mais non vis-à-vis du tiré (CO. 742, al. 3). Le simple fait que le tireur charge le tiré de payer le montant de la lettre de change n'établit aucune présomption en faveur de l'existence de la provision ou d'un rapport de droit civil quelconque à la base d'un tel mandat.

Cour d'appel de Zurich, 20 avril 1889. P 415.

Lettre de change. V. *Jeu, Protêt.*

Liberté de commerce et d'industrie. Les contestations administratives ayant trait à l'art. 31 de la constitution fédérale, qui consacre la liberté de commerce et d'industrie, sont réservées à la décision soit du Conseil fédéral, soit de l'Assemblée fédérale. Le Tribunal fédéral est incompétent pour en connaître.

TF., 7 septembre 1889. Villard. P. 625.

Liberté de culte et de croyance. La loi vaudoise du 22 janvier 1834 sur la liberté religieuse n'a point été abrogée par la constitution de 1861 et ne se trouve point en contradiction avec celle-ci, pour autant qu'elle protège le droit du père de famille de diriger l'éducation religieuse de ses enfants.

TF., 15 mars 1889. Stirling. P. 243.

Liberté de la presse. V. *Presse.*

Location. V. *Bail.*

Loi étrangère. V. *Capacité civile.*

Louage de services. Le Code des obligations distingue nettement, en ce qui concerne le louage de services, entre le contrat à terme fixe et celui d'une durée indéterminée. Il ne prévoit la tacite reconduction que pour le contrat à terme fixe (art. 342); quant au contrat à durée indéterminée, chacune des parties peut y renoncer en observant les délais fixés par la loi ou par l'usage (CO. 343).

TC., 26 septembre 1889. Commune d'Ormont-dessous — Ganahl. P. 730.

Louage de services. La partie qui amène la résiliation d'un contrat de louage de services avant le terme fixé, par l'inobservation des clauses de ce contrat, peut être condamnée à des dommages et intérêts; toutefois il y a lieu de réduire l'indemnité s'il y a également une faute imputable à l'autre partie (CO. 346).

Cour civile, 20 novembre 1889. Rudin — Junod. P. 800.

Louage de services. En disposant que, s'il y a de justes motifs, chacune des parties peut demander la résiliation du contrat de louage de services avant le terme fixé, l'art. 346 CO. n'a pas entendu que l'existence d'un motif de résiliation doive être préalablement établie par un jugement. Mais celle des parties qui met fin au contrat par un acte de volonté unilatéral est tenue de démontrer, en cas de contestation à ce sujet, que les faits justifiaient la résiliation. A cet effet, elle doit s'appuyer sur des faits précis et non point seulement sur des appréciations générales de tierces personnes.

Lorsque, dans un contrat de louages de services, l'employé est prêt à continuer ses services, malgré le refus du maître de les recevoir, il ne peut pas demander l'exécution du contrat, mais seulement des dommages et intérêts. Ces derniers consistent dans le montant du salaire convenu, sous déduction du bénéfice que l'employé a pu retirer du fait que l'attitude du maître l'a, de son côté, libéré de ses obligations. En revanche, il n'y a lieu d'allouer à l'employé une indemnité plus étendue (par exemple pour atteinte à son crédit, plus grande difficulté de se placer, etc.) que si la résiliation du contrat implique à la charge du maître un acte illicite et quasi-délictueux dans le sens des art. 50 et suiv. CO.

TF., 9 mars 1889. Schon — Société anonyme dynamite Nobel. P. 256.

Louage de services. V. *Jugement par défaut.*

Louage d'ouvrage. Les dommages et intérêts alloués à une partie pour exécution tardive d'un ouvrage par l'autre partie peuvent, suivant le cas, consister dans les dépens du procès.

Trib. de commerce de Genève, 20 décembre 1888.
Jeanneret — Bornand. P. 184.

M

Maison de jeu. V. *Obligation immorale.*

Maître de pension. V. *Privilège.*

Maîtres et employés. V. *Louage de services.*

Maladies professionnelles. V. *Fabricants.*

Mandat. Le mandat est révocable en tout temps, alors même qu'il a été expressément stipulé pour une durée déterminée. Mais il y a lieu à indemnité si la révocation est faite à contre-temps (CO. 402).

Lorsque le mandat est salarié, la révocation entraîne la suppression du salaire convenu.

Cour d'appel de Zurich, 10 septembre 1889. Lehmann — Hoffmann. P. 704.

Mandat. L'intermédiaire qui, chargé de vendre un fonds de commerce, a présenté un acquéreur sérieux, se trouve avoir rempli son mandat et a droit à une commission, alors même que la vente primitivement conclue aurait été résiliée avant l'entrée en possession de l'acquéreur.

Trib. de commerce de la Seine, 22 février 1889.
André — Veuve Humbert et Boniface. P. 224.

Mandat. La partie qui, lors de l'instruction de la cause devant le premier juge, n'a fait aucune réquisition tendant à l'éconduction d'instance de sa partie adverse, est à tard pour se prévaloir devant la Cour supérieure de l'absence de procuration.

TC., 20 août 1889. Franck — Brasserie de Munich. P. 576.

Mandat. V. *Indivision, Procuration, Procureur-juré, Sceau.*

Manuscrit. V. *Propriété littéraire.*

Marchés à terme. La loi française du 28 mars 1885 a reconnu la légalité des marchés à terme sur effets publics et autres.

Mais, aux termes de l'art. 76 du Code de commerce, ces marchés ne peuvent avoir lieu qu'avec le concours obligatoire des agents de change. La nullité des négociations d'effets publics par l'intermédiaire de coulissiers, sans le ministère de ces agents, est d'ordre public.

Trib. civil de la Seine, 14 décembre 1888.
PETITE BOURSE DES FONDS PUBLICS — MASMANN. P. 110.

Mariage. Pour exister valablement en Suisse, le mariage doit avoir été célébré ou contracté conformément à la législation du canton ou du pays sur le territoire duquel il a eu lieu (art. 25 de la loi fédérale sur l'état civil et le mariage).

On ne peut demander la nullité d'un mariage qu'à la condition que ce mariage existe valablement ainsi qu'il vient d'être dit.

Trib. civil de Genève, 22 octobre 1889. KLASSON — TRÜBNER. P. 770.

Mariage. V. *Domicile, Femme mariée, France, Prescription.*

Médecin. Un médecin, comme toute autre personne ayant droit à une rémunération, est lié en principe par le taux qu'il en a lui-même déterminé.

Par exemple, s'il a fixé le prix de ses visites à 8 francs, il ne peut réclamer plus tard un chiffre supérieur, sous prétexte qu'il aurait appris ultérieurement que la fortune de sa cliente permettait une demande d'honoraires plus élevée.

Trib. civil de la Seine, 6 février 1889. BONHOMME — HUET. P. 173.

Médecin. V. *Responsabilité.*

Médecine. L'art. 23 de la loi sur l'organisation sanitaire, autorisant les médecins étrangers à venir dans le canton en consultation lorsqu'ils sont expressément appelés et pourvu que cette pratique exceptionnelle ne constitue pas un exercice périodique et régulier de leur art, ne peut être invoqué par un simple rhabilleur soit rebouteur.

La circonstance qu'une personne non autorisée à pratiquer l'art de guérir n'a pas fait d'offres de services, mais s'est simplement rendue à des appels de malades qui demandaient ses soins avec insistance, n'a pas pour effet d'empêcher l'application des dispositions pénales de la loi.

CP., 16 avril 1889. PACCARD. P. 329.

Mendicité. V. *Vagabondage.*

Mesures. V. *Poids et mesures.*

Mesures provisionnelles. L'art. 108 de la loi sur l'organisation judiciaire vise les cas où il s'agit d'intervenir dans les désordres ou dissensions domestiques, mais il ne s'applique nullement au règlement des intérêts civils des époux. La femme mariée qui prétend avoir droit à se faire remettre les objets mobiliers qui lui ont été reconnus par son mari, par le motif que celui-ci manifesterait l'intention de quitter clandestinement son domicile en les emportant, doit procéder par voie de mesures provisionnelles.

TC., 16 avril 1889. Bruschi — Dame Bruschi. P. 384.

Mesures provisionnelles. La transaction par laquelle des époux entre lesquels une instance en divorce est pendante conviennent, en lieu et place de mesures provisionnelles, de la pension à payer par le mari à la femme, n'a d'autre valeur que celle qu'aurait eue un prononcé sur mesures provisionnelles et ne peut déployer d'effets que jusqu'au moment où le tribunal rend son jugement.

TC., 5 novembre 1889. Epoux Perret. P. 816.

Mesures provisionnelles. V. *Cour civile, France, Tribunal fédéral.*

Meubles. V. *Constitut possessoire, Femme mariée, Tradition.*

Militaire. V. *Juridiction militaire.*

Moyens. V. *Jugement.*

N

Nationalité. V. *Naturalisation.*

Naturalisation. Lorsque le citoyen suisse qui entend renoncer à sa nationalité remplit les conditions exigées par l'art. 6 de la loi fédérale du 3 juillet 1876, c'est-à-dire n'a plus de domicile en Suisse, jouit de la capacité civile d'après les lois du pays dans lequel il réside, et a acquis une nationalité étrangère, la libération de la nationalité suisse ne peut lui être refusée. La preuve que le requérant jouit de la capacité civile d'après les lois du pays de sa résidence peut être faite par tous les moyens propres à former la conviction du juge ; celui-ci les apprécie librement.

TF., 12 avril 1889. Burri. P. 416.

Naturalisation. En prescrivant que le gouvernement cantonal nanti d'une déclaration de renonciation à la nationalité
suisse, en donne connaissance aux autorités de la commune
d'origine et fixe un délai d'opposition de quatre semaines au
plus, l'art. 7 de la loi fédérale du 3 juillet 1876 n'a pas entendu qu'une opposition faite après l'expiration de ce délai
soit non recevable. Le délai ci-dessus doit être envisagé comme
un simple délai d'ordre, d'autant plus que l'existence des
conditions exigées par la loi pour que la renonciation soit
valable doit être examinée d'office.

TF., 19 octobre 1888. WEBER. P. 47.

Négligence. V. *Responsabilité.*

Nom commercial. Un commerçant a le droit de faire suivre son
nom de l'indication de celui de son grand-père, alors même
que, dans la même ville, existe la maison de commerce fondée
par cet aïeul, dont elle porte le nom.

Et il ne peut être accusé de concurrence déloyale, lorsqu'il
est démontré qu'il n'a jamais cherché à créer une confusion
entre les deux maisons, et que cette confusion ne peut pas
exister entre les deux établissements à raison de la différence
des produits fabriqués.

Trib. de commerce de Lyon, 8 juillet 1889. BONNET — DUCHAMP. P. 607

Notification. V. *Assignation.*

Nullité. V. *Circonstance aggravante, Compétence, Discussion.
· Faits, Jugement, Jugement par défaut, Jugement pénal, Mariage, Recours, Suspension de cause, Tribunal.*

O

Obligation. V. *Chemin de fer, Clause pénale, Convention, Donation, Pollicitation, Titres au porteur.*

Obligation immorale. Est nulle, comme contraire aux bonnes
mœurs, la promesse d'un salaire faite par un commerçant à
la personne qu'il charge de faire passer des marchandises en
contrebande (CO. 17).

Le dépôt effectué à titre de garantie par le contrebandier
doit de même être envisagé comme ayant été fait en vue d'atteindre un but immoral et ne peut, dès lors, donner lieu à une
action en répétition (CO. 75).

Trib. civil de Bâle, 18 juin 1889. MATTER et consorts — VELLARD. P. 62

Obligation immorale. L'art. 17 CO. frappe de nullité non-seulement les contrats qui ont pour objet direct une chose contraire

aux bonnes mœurs, mais encore celles conclues, dans l'intention des parties, en vue d'un but immoral. Tel est, par exemple, le bail d'un immeuble passé aux fins d'y établir une maison de prostitution.

Cour d'appel de Zurich, 7 septembre 1889.

Obligation immorale. Le bail fait en vue de l'exploitation dans les lieux loués du jeu de baccarat, qui est la condition même de son existence et dont les produits doivent profiter aux deux parties, a une cause illicite, et les contractants, dont la turpitude est commune, ne sont recevables ni à demander l'exécution de la convention, ni à revenir sur l'exécution librement consentie.

Trib. civil de Nice, 20 mai 1889. A. — D. P. 492.

Obligation immorale. V. *Agence matrimoniale.*

Ohmgeld. V. *Bail.*

Opposition. L'art. 208 de la loi sur l'organisation judiciaire fait une énumération limitative des cas où le débiteur peut faire opposition à un commandement de payer passé en force. Le juge doit refuser son sceau à l'exploit d'opposition qui ne rentre pas dans ces cas.

TC., 22 janvier 1889. PILTER — Dame PELFINI. P. 128.

Opposition. En matière d'opposition à saisie, le débat doit être restreint aux limites fixées par l'opposant lui-même. Dès lors, si l'opposition est fondée sur un unique moyen, tiré de la prescription du titre en vertu duquel la saisie a été pratiquée, le tribunal n'a pas à examiner si ce titre, éteint par novation, a été remplacé par un autre encore valable.

TC., 14 février 1889. WEBER — MŒLSCH P. 151.

Opposition. Lorsqu'un régisseur a été nommé aux biens d'enfants mineurs, le père, tuteur naturel, n'a pas vocation pour opposer à une saisie pratiquée sur ces biens.

TC., 9 juillet 1889. SOULIER — Enfants DEMONT. P. 624.

Opposition. Il y a lieu à révocation du sceau accordé à une opposition formée à une saisie pratiquée en vertu d'un jugement exécutoire, alors que cette opposition n'est appuyée d'aucun titre postérieur au jugement constatant l'exécution totale ou partielle (Cpc. 412 ; loi sur l'organisation judiciaire, art. 214).

TC., 18 décembre 1888. CHABLAIX — DUTOIT. P. 47.

Opposition. Il y a lieu à révocation du sceau accordé à une opposition aux opérations de la saisie portant citation devant le juge de paix, alors que le magistrat compétent est le président.

En matière d'opposition aux opérations de la saisie, il n'y a pas lieu à citation en conciliation (Cpc. 416).

TC., 13 juin 1889. GLEYRE — BALLY et consorts. P. 441.

Opposition. V. *Compensation, Exploit, Faits, Vente.*

Ordonnance d'adjudication, de subrogation. V. *Saisie.*

Outrages. L'outrage à un fonctionnaire public, délit prévu à l'art. 121 Cp., est puni de la peine de l'emprisonnement et non de celle de la réclusion.

CP., 3 août 1889. PIGUET. P. 543.

Ouvrage. V. *Responsabilité.*

Ouvriers et patrons V. *Jugement par défaut, Louage de services.*

P

Pactum reservati dominii. V. *Vente.*

Paiement. Dès le moment où il a connaissance du séquestre-arrêt, le tiers saisi ne peut plus payer valablement au débiteur sans l'autorisation du créancier. Il importe peu que l'ordonnance prononçant l'adjudication des valeurs saisies ne lui ait pas encore été signifiée.

TC., 15 janvier 1889. SCHAUB — ROCHAT. P. 103.

Paiement. V. *Assurance, Enrichissement illégitime, Subrogation.*

Parents. V. *Responsabilité.*

Partage de communauté. V. *France.*

Partie civile. V. *Avocat.*

Passage. V. *Servitude.*

Patrons et ouvriers. L'art. 114 de la loi sur l'organisation judiciaire a été abrogé à partir du 1er janvier 1889 par l'art. 66 de la loi du 26 novembre 1888 sur les Conseils de prud'hommes. Dès lors, aussi longtemps que ces Conseils ne sont pas encore établis, les contestations entre patrons et ouvriers doivent être portées devant les juges et tribunaux ordinaires.

TC., 10 septembre 1889. PITTET — DELALOYE. P. 651.

Patrons et ouvriers. V. *Jugement par défaut, Louage de services.*

Péages. V. *Avocat.*

Peine. .V. *Plaignant.*

Peine conventionnelle. V. *Clause pénale.*

Père. V. *Opposition, Responsabilité.*

Péremption. V. *Saisie.*

Personne interposée. V. *Concurrence déloyale.*

Perte de la chose. V. *Bail.*

Plaignant. Le plaignant qui n'est pas renvoyé en police conjointement avec le prévenu ne peut être condamné à aucune peine. Le tribunal a seulement la faculté de mettre tout ou partie des frais à sa charge (Cpp. 444).

CP., 1er octobre 1889. VACHERON. P. 718.

Plainte. V. *Responsabilité.*

Poids et mesures. En prescrivant que, dans les contrats nouveaux, toutes mentions relatives aux poids et aux mesures devront être faites conformément aux dispositions de la loi fédérale du 3 juillet 1875, le législateur n'a pas entendu frapper de nullité les conventions dans lesquelles les parties auraient indiqué des poids ou mesures non conformes au système légal. Il ne s'agit là que d'une prescription relative à la police des transactions et non d'une disposition ayant trait à la validité des conventions.

TF., 1er mars 1889. ZÜGER — ZILTENER. P. 225.

Police des constructions. V. *Constructions.*

Pollicitation. Une promesse par laquelle une récompense est offerte publiquement à celui qui s'acquittera d'une prestation déterminée fait naître, d'une part, pour le promettant, l'obligation de droit privé de remplir sa promesse, et, d'autre part, pour celui qui a exécuté la prestation, le droit d'exiger du dit promettant la récompense promise.

La circonstance que la récompense n'est pas offerte pour un cas spécial, ni à une personne déterminée, mais qu'elle est érigée en règle pour toute une catégorie de cas prévus par la loi, ne saurait rien changer au caractère juridique de la prétention du tiers.

Dès lors, le Tribunal fédéral est compétent pour connaître de l'action qu'un gendarme intente au canton pour réclamer la part d'amende que la loi lui attribue ensuite de la dénonciation d'une contravention, alors que cette part excède 3000 francs.

TF., 12 octobre 1889. KELLER — BERNE. P. 721.

Possession. V. *Tradition.*

Pouvoirs pour agir. V. *Discussion, Indivision, Mandat, Opposition, Procureur-juré, Sceau.*

Pratique illégale de la médecine. V. *Médecine.*

Préfet substitut. V. *Tribunal.*

Prescription. Les délais de prescription ou d'interruption de la prescription doivent partir non pas dès la date du titre, mais ils doivent être calculés en prenant pour point de départ le jour où une réclamation a été formulée par le créancier.

Cour civile, 25 juin 1889. Böhy — Garcin et consorts. P. 444.

Prescription. Lors même que des époux sont séparés de corps, le mariage n'en subsiste pas moins. Dès lors, on ne saurait admettre que la prescription coure entre époux simplement séparés de corps (Cc. 1661; CO. 153, § 3).

TC., 4 avril 1889. Déglon — Déglon. P. 321.

Prescription. V. *Billet de change, Chemins de fer, Lettre de change, Opposition, Séquestre.*

Présentation. V. *Lettre de change.*

Presse. La liberté de la presse n'est point absolue et, pas plus que la manifestation verbale de la pensée, elle ne saurait assurer l'impunité en matière d'injures ou de diffamation. Elle ne peut aller jusqu'à autoriser un correspondant de journaux à publier des faits calomnieux et attentatoires à l'honneur ou à la situation personnelle des citoyens (art. 55 de la constitution fédérale).

TF., 30 mars 1889. Sandmeier — Pradel. P. 352.

Presse. En accordant un droit de réponse à la personne relativement à laquelle des faits ont été publiés dans un journal ou écrit périodique, l'art. 36 de la loi sur la presse du 26 décembre 1832 ne fait aucune réserve ni exception en faveur des actes qui ont fait l'objet d'une discussion au sein d'une assemblée délibérante.

L'obligation d'insérer la répouse est absolue. L'éditeur ne saurait pas davantage s'y soustraire par le motif que cette réponse a plus du double de lignes que l'article visé; il peut, dans ce cas, se borner à ne publier que le nombre de lignes prévu par la loi.

CP., 5 novembre 1889. Ministère public et Fauquez — Vincent. P. 74.

Presse. V. *Responsabilité.*

Preuve. V. *Bourgeoisie, Tribunal fédéral.*

Preuve par titres. La partie qui, à l'audience présidentielle, admet sans opposition une preuve littérale annoncée par la partie adverse, est à tard pour contester, à l'audience au fond, la signature des titres sous seing privé produits antérieurement à cette audience.

TC., 11 décembre 1888.
Hoirs Babelay — Banque cantonale et Postes fédérales. P. 40.

Preuve sermentale. V. *Serment.*

Preuve testimoniale. Il ne peut être reçu aucune preuve par témoins d'une convention dont l'objet excède 800 francs anciens (Cc. 995).

TC., 19 septembre 1889. Clavel — Thœni et Leder. P. 698.

Preuve testimoniale. Il est permis de prouver par témoins une convention portant sur un capital supérieur à 800 fr. anciens, s'il existe un commencement de preuve par écrit, émané de celui contre lequel la preuve est administrée et rendant vraisemblable le fait allégué (Cc. 997 et 1000).

TC., 17 septembre 1889. Rapin — Vauthier et consorts. P. 672.

Preuve testimoniale. On ne peut s'opposer à la preuve testimoniale d'une cession, puisque, aux termes de l'art. 184 CO., la validité de cet acte n'est plus soumise à aucune condition de forme.

Le contrat de commission portant sur une valeur inférieure à 800 fr. (anciens) peut être prouvé par témoins.

TC., 9 juillet 1889. Hochstatter — Savary. P. 540.

Preuve testimoniale. La règle interdisant la preuve par témoins de conventions dont l'objet excède en capital la somme de 800 fr. anciens reçoit exception lorsqu'il existe un commencement de preuve par écrit. Pour qu'il existe un tel commencement de preuve, l'art. 1000 Cc. exige que l'acte écrit émane de celui contre lequel la demande est formée ou de celui qu'il représente et qu'il rende vraisemblable le fait allégué.

TC., 20 août 1889. Junod — Rudin. P. 576.

Preuve testimoniale. Les allégués des parties, la preuve entreprise sur l'un d'eux, non plus qu'un arrêt du Tribunal cantonal, ne sauraient être envisagés comme des commencements de preuve par écrit dans le sens de l'art. 1000 Cc.

TC., 19 septembre 1889. Masses Walter — Walter. P. 694.

Preuve testimoniale. Des faits concrets, tels que démarches, pourparlers, remise de fonds, etc., peuvent être prouvés par témoins, la Cour supérieure restant libre d'en tirer telles inférences que de droit.

TC., 8 janvier 1889. Delapraz — Dulon. P. 62.

Preuve testimoniale. Les ayants droit d'une personne tuée dans un accident de chemin de fer peuvent entreprendre une preuve testimoniale tendant à établir que la victime employait plus de la moitié, soit environ les deux tiers de ce qu'elle gagnait pour l'entretien de sa femme et de ses enfants.

TC., 27 août 1889. S. O.-S. — Meyer. P. 631.

Preuve testimoniale. Doit être admise, la preuve testimoniale qui, sans aller à l'encontre d'un acte valable, tend à établir les circonstances qui ont précédé et accompagné la signature de cet acte (Cc. 974 et 975).

TC., 19 septembre 1889. Masse Dériaz — Mercier. P. 736.

Preuve testimoniale. V. *Fabricants, Faits, Fraude.*

Privation des droits civiques. Le délit de vol prévu à l'article 271, lettre *a*, rentrant dans la compétence ancienne du tribunal de police, à teneur de l'art. 14 de la loi du 23 décembre 1843, n'est pas puni de la peine accessoire de la privation des droits civiques (Cp. 300, § *c*).

CP., 12 février 1889. Mayor. P. 128.

Privation des droits civiques. V. *Vol.*

Privilège. Aux termes de l'art. 1575, § 5, Cc., un privilège n'est accordé aux boulangers, bouchers et maîtres de pension que pour les fournitures de subsistances faites au débiteur et à sa famille. Les fournitures faites à des ouvriers auxquels le débiteur donne la pension ne peuvent être considérées comme privilégiées, les droits de préférence établis par la loi devant être interprétés strictement.

TC., 28 décembre 1888. Mousquini et Gonthier — Echenard. P. 63.

Privilège. V. *Cession.*

Procédure devant le Tribunal fédéral. V. *Tribunal fédéral.*

Procès-verbal. Le procès-verbal d'audience fait pleine foi de son contenu aussi longtemps que l'inexactitude n'en a pas été établie par voie d'inscription de faux.

TC., 15 janvier 1889. Aviolat-Monod — Dutoit. P. 128.

Procès-verbal. V. *Compétence, Jury.*

Procuration. La loi du 14 septembre 1885 sur le visa et la légalisation n'a point eu pour effet de modifier les art. 71 à 78 Cpc., qui indiquent quelles sont les formes que doivent revêtir les procurations destinées à être utilisées devant les tribunaux. La procuration faite hors du canton doit être légalisée par une autorité du lieu où la signature a été donnée.

TC., 20 août 1889. Dériaz — Auberson soit Werly. P. 596.

Procuration. V. *Discussion, Indivision, Mandat, Sceau.*

Procureur-juré. Le procureur-juré chargé d'une poursuite n'a pas besoin d'une procuration spéciale de son mandant pour recourir au Tribunal cantonal contre le tableau de répartition dressé à la suite de la saisie pratiquée par lui.

TC., 28 décembre 1888. Mousquini et Gonthier — Echenard. P. 63.

Procureur-juré. Le procureur-juré qui ne justifie pas de ses pouvoirs pour représenter une partie éconduite d'instance faute d'avoir assuré le droit, doit être personnellement rendu responsable des frais (Cpc. 73 et 74).

TC., 1er octobre 1889. Willommet soit Rychen — Mercier. P. 761.

Procureur-juré. V. *Assurance du droit.*

Prodigalité. V. *Interdiction.*

Promesse. V. *Pollicitation.*

Promesses de mariage. L'action en dommages et intérêts fondée sur la rupture de promesses de mariage a sa source dans le droit de famille, et non dans un délit ou quasi-délit; elle est, dès lors, régie par le droit cantonal et non par le droit fédéral (CO. 76).

TF., 21 juin 1889. Æbi — Haberstich. P. 465.

Propriété. La garantie de l'inviolabilité de la propriété ne saurait avoir pour conséquence de restreindre le droit du législateur de modifier un état de droit ancien et, pour donner satisfaction à des besoins nouveaux, de porter atteinte à un ordre de choses consacré par des droits privés acquis. Tout au plus peut-on déduire de cette garantie l'obligation pour l'Etat d'indemniser ceux dont les droits privés se trouvent lésés par la nouvelle loi.

TF., 28 septembre 1889. Bassler, Perriard et consorts — Fribourg. P.705.

Propriété littéraire. En droit, la possession d'un manuscrit ne saurait être considérée comme une preuve suffisante de la propriété de l'ouvrage au profit du détenteur.

Il faut, en effet, distinguer entre le manuscrit considéré comme corps certain et comme objet corporel, et le droit incorporel qui s'attache à l'œuvre littéraire comprenant le droit de publication.

Comme corps certain, le manuscrit tombe sous l'application de la règle édictée par l'art. 2279 du Code civil; au contraire, le droit incorporel est régi par les lois concernant la propriété littéraire.

En ce qui concerne les œuvres posthumes, le décret du 1er germinal an XIII n'a point dérogé aux principes de la propriété littéraire; en effet, il dispose que les propriétaires par succession, ou à un autre titre, d'un ouvrage posthume, ont, à certaines conditions, les mêmes droits que les auteurs.

Il n'a donc pas eu pour objet de créer des droits nouveaux au profit des simples détenteurs, mais seulement de déterminer et de régler ceux des héritiers et autres propriétaires, et ceux qui en réclament l'application doivent tout d'abord justifier de leur titre de propriétaire.

Trib. civil de la Seine, 7 juin 1889.
Bernard — Barral, Dentu & Cⁱᵉ. P. 601.

Propriété mobilière. V. *Tradition.*

Prosélytisme. V. *Liberté de culte et de croyance.*

Prostitution. V. *Obligation immorale.*

Protêt. Aussi longtemps qu'une lettre de change peut être présentée au tiré pour paiement, un protêt peut être dressé contre lui et les frais de cet acte sont à la charge du tiré.

Trib. de commerce de Genève, 20 juin 1889.
Zahn & Cⁱᵉ — Veuve Fournier et fils. P. 535.

Provision. V. *Lettre de change.*

Punaises. V. *Bail.*

Q

Quasi-délit. V. *Responsabilité.*

R

Raison de commerce. Le droit que l'art. 868 CO. confère à une maison de commerce sur sa raison sociale s'éteint avec la maison elle-même.

Trib. cantonal de Neuchâtel, 11 janvier 1889.
Ditisheim — Ditisheim frères. P. 440.

Raison de commerce. V. *Nom commercial.*

Reclusion. V. *Vagabondage.*

Recours. La circonstance que la partie intimée déclare se désister du jugement par défaut qu'elle a obtenu, ne dispense pas le Tribunal cantonal de statuer sur le recours exercé contre ce dernier, tant que ce recours n'est pas retiré.

TC., 9 avril 1889. Wulliemier — Monnard et Pitton. P. 342.

Recours. Le prononcé relatif à un retranchement de conclusions ne peut être assimilé au jugement incident proprement dit;

il doit plutôt être envisagé comme un jugement au fond, susceptible d'un recours suspensif.

TC., 26 mars 1889.
Schumacher — Paroisse catholique de Montreux. P. 286.

Recours. Le prononcé d'éconduction d'instance ne constitue pas un jugement incident, mais doit être envisagé comme un véritable jugement au fond; ce prononcé doit, dès lors, pouvoir être frappé de recours comme tout autre jugement.

TC., 1er octobre 1889. Willommet soit Rychen — Mercier. P. 761.

Recours. Aucune disposition de la procédure ne réserve la suspension de l'instruction du procès en cas de recours contre un incident en matière de production de pièces en vue d'une expertise.

TC., 20 février 1889. Nobs — Rebeaud. P. 168.

Recours. La partie défaillante peut demander au Tribunal cantonal la nullité du jugement par défaut rendu contre elle, mais uniquement si l'assignation a été irrégulière (Cpc. 436, § *f*). Aucune disposition ne lui permet de recourir pour un autre motif (Cpc. 300).

TC., 21 mai 1889. Amez-Droz — Rogron & Cie. P. 416.

Recours. Aucune disposition de la loi n'autorise le discutant à recourir au Tribunal cantonal contre les décisions du liquidateur relatives à la liquidation des biens de la masse.

TC., 8 janvier 1889. Epoux Walter — Masse Walter. P. 63.

Recours. L'art. 444 Cpc., lequel exige que l'acte de recours concluant à la nullité du jugement énonce séparément les divers moyens qui doivent entraîner la nullité, est aussi applicable aux causes jugées par les juges de paix.

TC., 27 novembre 1888. Genre — Jaccard. P. 32.

Recours. L'art. 913 Cpc. ne prévoit aucun recours contre la décision du juge de paix donnant acte à des héritiers de leur renonciation à une succession.

TC., 5 mars 1889. Allaz — Enfants Belet. P. 239.

Recours. Aucune disposition ni de la loi du 23 mars 1886 sur l'organisation judiciaire, ni le Code de procédure civile, ne prévoit un recours contre la décision du juge de paix portant qu'il y a lieu de nommer des arbitres en application de l'article 114 de la première de ces lois.

TC., 18 décembre 1888. Possio frères et Lavanchy — Bréchon. P. 68.

Recours. Les parties ne peuvent recourir contre les jugements rendus par les juges de paix que pour en faire prononcer la nullité et uniquement dans les cas expressément prévus par l'art. 195 de la loi sur l'organisation judiciaire.

TC., 20 août 1889. Moret — Wuilleumier. P. 624.

Même décision :

TC., 9 avril 1889. Masse Demoinsel — Vernet. P. 352.

Recours. Les parties ne peuvent recourir contre les jugements rendus que par les juges de paix que pour en faire prononcer la nullité (art. 195 de la loi sur l'organisation judiciaire). Ne constitue pas un des motifs de nullité prévus, la circonstance que le juge aurait fait une fausse application de l'article 286 Cpc. concernant les dépens.

TC., 27 décembre 1888.

Commune de Gollion — Commune de Vullierens. P. 63.

Recours. Le recours dirigé contre un jugement de juge de paix et demandant que la cause soit renvoyée pour nouvelle instruction, doit être envisagé comme un recours en nullité.

TC., 18 décembre 1888. Karlen — Henchoz. P. 147.

Recours. Sous réserve de ce qui est prévu par l'art. 183 de la loi sur l'organisation judiciaire, en ce qui concerne le déclinatoire, aucun recours au Tribunal cantonal n'est accordé aux parties contre les jugements incidents rendus par les juges de paix. Ces recours ne peuvent être portés au Tribunal cantonal que conjointement avec le recours au fond et comme moyen de nullité du jugement, conformément à l'art. 195, lettre *d*, de la loi précitée.

TC., 5 février 1889. Olivier — Gries-Bach. P. 144.

Recours. Aucun recours en réforme n'est prévu par la loi contre les jugements incidents rendus par les juges de paix. Les parties ne peuvent porter ces jugements devant le Tribunal cantonal qu'avec le jugement au fond et comme motif de nullité de ce dernier (loi sur l'organisation judiciaire, art. 188 et 195. § *d*).

TC., 4 juin 1889. Henchoz — Billard. P. 425.

Recours. L'art. 197 de la loi sur l'organisation judiciaire, disposant que les recours contre les jugements des juges de paix doivent être déposés en mains de ces magistrats, concerne toutes les décisions rendues par eux en matière contentieuse. Il n'y a pas lieu de faire une distinction entre les causes que le juge de paix est appelé à juger dans sa compétence et celles dans lesquelles il se borne à donner son sceau à l'exploit d'ouverture d'action et à tenter la conciliation.

TC., 16 avril 1889. GÉTAZ — LÉVY. P. 344.

Recours. L'art. 197 de la loi du 23 mars 1866 sur l'organisation judiciaire n'est applicable qu'aux recours dirigés contre les décisions rendues par les juges de paix en matière contentieuse. Cette disposition de la loi n'ayant point modifié l'art. 507 Cpc., les recours en matière non contentieuse doivent être déposés au greffe de l'autorité dont relève l'acte.

TC., 11 décembre 1888.
WUILLEMIER et DELÉDERRAY — LAURENT et consorts. P. 47.

Recours. L'art. 507 Cpc. n'a pas été abrogé par la loi du 23 mars 1886 sur l'organisation judiciaire. Dès lors, les recours interjetés contre les décisions rendues par les juges de paix en matière non contentieuse doivent être déposés non en mains de ces magistrats, mais au greffe de la justice de paix, dans les heures fixées pour l'ouverture de ces bureaux par l'arrêté du Conseil d'Etat.

TC., 26 février 1889. HEER — HANTSCH ET FILS. P. 224.

Recours. Doit être écarté comme tardif, le recours exercé contre le jugement rendu par un juge de paix et déposé en mains de ce magistrat le dernier jour du délai de recours après 6 heures du soir (art. 160 et 193 de la loi sur l'organisation judiciaire; arrêté du 15 janvier 1889).

TC., 17 septembre 1889. BALLY — HENNY. P. 672.

Recours. Doit être écarté comme tardif, le recours contre un jugement par défaut déposé après l'expiration du délai accordé par la loi pour obtenir le relief, soit de 20 jours dès sa notification si le jugement a été rendu par un juge de paix (Cpc. 442).

TC., 24 septembre 1889. BATZLI — RICARD. P. 786.

Recours. Lorsqu'un jugement de juge de paix n'indique pas si et quand il a été communiqué aux parties, le délai de recours doit partir dès la date du jugement, à moins que le recourant n'établisse qu'il a été rendu public postérieurement (art. 191 de la loi sur l'organisation judiciaire).

TC., 24 septembre 1889. PIDOUX — COSANDEY. P. 786.

Recours. La Cour de cassation pénale ne peut tenir compte d'un recours qui ne contient pas l'indication des moyens sur lesquels il est fondé (Cpp. 497 et 502).

CP., 27 août 1889. VALLOTTON. P. 624.

Recours. Le recours en réforme d'un jugement pénal n'est accordé qu'au condamné, au Ministère public et à la partie civile (Cpp. 489).

CP., 11 septembre 1889. Bourgeois — Chopard. P. 672.

Recours. Le recours doit être déposé au greffe dans les heures d'ouverture de ce bureau, telles qu'elles sont fixées par l'arrêté du Conseil d'Etat rendu en vertu de l'art. 160 de la loi du 23 mars 1886 sur l'organisation judiciaire.

CP., 19 février 1889. Hirsig. P. 204.

Recours. Est régulier et non tardif, l'acte de recours remis le troisième jour par un condamné en état d'arrestation au geôlier de la prison, mais déposé seulement le quatrième jour, par ce fonctionnaire, au greffe du Tribunal (Cpp. 498).

CP., 19 septembre 1889. Laurent. P. 702.

Recours. Le recours contre les jugements rendus par le juge de paix en matière pénale s'exerce par lettre chargée adressée dans les trois jours dès la communication du jugement au magistrat qui a prononcé.

Est irrégulier et doit être écarté préjudiciellement, le recours adressé directement au Tribunal cantonal (art. 226 de la loi sur l'organisation judiciaire).

CP., 28 décembre 1888. Nogarède — Ramuz. P. 44.

Recours. V. *Assurance du droit, Divorce, Envoi en possession. Exécution forcée, Incident, Jugement par défaut, Saisie, Sceau, Tribunal fédéral.*

Recours au Tribunal fédéral. V. *Déni de justice, Divorce, Tribunal fédéral.*

Rectification des actes de l'état civil. V. *Etat civil.*

Régie. V. *Bourgeoisie, Opposition.*

Régime matrimonial. V. *Femme mariée, France.*

Registre du commerce. V. *Commerçant, France, Société anonyme.*

Renonciation à la nationalité suisse. V. *Naturalisation.*

Renonciation à succession. V. *Discussion, Recours.*

Renonciation au jury. V. *Jury.*

Renvoi d'audience. V. *Assignation, Défaut.*

Répétition de l'indû. V. *Enrichissement illégitime.*

Réponse. La seule conséquence de la tardiveté du dépôt de la réponse est que les conclusions prises dans cette écriture ne peuvent être reconventionnelles ; on ne saurait prononcer le retranchement de la réponse pour ce motif.

TC., 26 mars 1889.

Schumacher — Paroisse catholique de Montreux. P. 286.

Résiliation. V. *Bail, Bail à ferme, Louage de services.*

Responsabilité. La négligence ou l'imprudence consiste dans le fait qu'un individu commet un acte qu'il aurait pu empêcher, prévoir, éviter avec un peu de réflexion. On ne saurait, dès lors, reprocher une négligence ou une imprudence à celui qui fait une chute involontaire sur un trottoir en pente, rendu glissant par la pluie, ni, par conséquent, le rendre responsable d'un bris de glace survenu à cette occasion.

Justice de paix de Genève, 17 mai 1889.

Union-Suisse — Ruegger et Herzog. P. 453.

Responsabilité. Pour qu'un fait de l'homme puisse donner ouverture à une action en dommages et intérêts, il ne suffit pas que ce fait soit illicite ; il faut encore qu'il ait été la cause effective du dommage dont on demande la réparation.

Cour d'appel de Besançon, 11 juillet 1889. Gloriod — Tyrode. P. 557.

Responsabilité. Le fait de diriger, par la voie de la presse, des affirmations calomnieuses contre la mémoire d'une personne décédée, constitue un acte illicite donnant ouverture à une action en dommages et intérêts de la part des héritiers du défunt, dans le sens de l'art. 55 CO.

TF., 15 février 1889. Hoirs Pignat — *Ami du Peuple* soit Philipona. P. 145.

Responsabilité. L'allégation de faits vrais, même lorsqu'elle a été dommageable à la personne qu'ils visaient, n'implique pas nécessairement un acte illicite.

Le seul fait que le prévenu a été acquitté ne suffit pas pour faire considérer la plainte portée contre lui comme constituant un acte illicite donnant naissance à des dommages et intérêts. Il faudrait, pour cela, que le plaignant eût agi d'une manière dolosive ou frivole.

TF., 21 septembre 1889. Weber — Matile. P. 644.

Responsabilité. Le fait de s'opposer à une construction projetée en invoquant une servitude qu'on n'est pas en mesure de prouver, constitue une imprudence pouvant obliger son auteur à la réparation du préjudice causé (CO. 50).

TC., 10 avril 1889. Louis — Clément. P. 323.

Responsabilité. Bien qu'aucune disposition légale n'oblige un père à provoquer l'internement dans un asile d'aliénés de son fils en état de démence, ce père qui le garde dans son domicile est civilement responsable des actes dommageables, du meurtre qu'il a commis. Pourvu, en effet, que le père de famille ait eu connaissance de l'aliénation de son fils, il se trouve en faute non pas dans les termes de l'art. 1384, mais en vertu des dispositions de l'art. 1382 du Code civil français. Le fait de garder chez lui un fou dont les agissements pouvaient devenir dangereux, suffit pour constituer à sa charge un acte passif d'imprudence.

Cour d'appel de Chambéry, 29 octobre 1889.
Hoirs VILLARD — VINIT. P. 797.

Responsabilité. Si, en principe, les tribunaux ont le droit incontestable d'examiner si un médecin a commis une faute et une imprudence, ou s'il s'est écarté des règles de sa profession, il ne leur appartient pas de trancher des questions d'ordre scientifique, d'appréciation et de pratique médicale.

Ils ne sauraient davantage se prononcer sur l'opportunité d'une opération, sur la méthode préférable à employer et sur le meilleur traitement à suivre; ils doivent se borner à rechercher s'il y a eu, de la part de l'homme de l'art, imprudence, négligence, défaut de soins, ou maladresse manifeste.

Trib. civil de la Seine, 22 janvier 1889. GÉRARD — PONCET. P. 122.

Responsabilité. Les apiculteurs propriétaires de ruches peuvent être déclarés responsables du préjudice subi par les propriétaires voisins, à raison de l'installation trop rapprochée des ruches d'abeilles; mais, pour que cette responsabilité soit encourue, il faut qu'il soit démontré que le dommage reproché est imputable aux abeilles provenant des ruches appartenant aux apiculteurs mis en cause.

Cour d'appel de Paris, 31 octobre 1889.
RAFFINERIE PARISIENNE — CHAMPAGNE, LEFEBVRE et LONGA. P. 795.

Responsabilité. Celui qui, vendant un fonds de commerce, s'engage à ne pas établir un commerce faisant concurrence à celui de l'acheteur, est tenu à réparation s'il vient à manquer à cet arrangement.

Cour civile, 28 décembre 1888. SEREX — Masse DUMAS. P. 71.

Responsabilité. L'art. 55 CO. ne doit pas avoir pour conséquence de favoriser un lucre, mais seulement d'assurer le juste équivalent des atteintes portées à la situation personnelle du lésé.

La disposition précitée autorise le juge à allouer seulement « une indemnité équitable », à l'exclusion de toute autre adjonction ou aggravation, en particulier de la condamnation de l'auteur du dommage à payer l'insertion, dans des journaux, de l'arrêt à intervenir.

TF., 29 juin 1889. Ochsenbein — Petitpierre. P. 514.

Responsabilité. D'après nos usages, des garçons de l'âge de 14 ans ne sont soumis à une surveillance particulière de leurs parents ni en ville, ni à la campagne. Dès lors, le père ne saurait être rendu responsable des conséquences d'un accident causé par son fils parvenu à cet âge que si les circonstances du cas lui imposaient l'obligation d'une surveillance spéciale (CO. 61).

Cour d'appel de Zurich, 4 mai 1889. Schmied — Ruppert. P. 490.

Responsabilité. Ce n'est que dans les cas graves que le possesseur d'un fonds de terre est autorisé à tuer les animaux appartenant à autrui qui y causent du dommage ; encore faut-il qu'il soit dans l'impossibilité de s'en défendre autrement (CO. 66). En dehors de ce cas, la destruction de l'animal d'autrui constitue un acte illicite tombant sous les règles ordinaires en matière de responsabilité.

Trib. civil de Genève, 17 février 1888. Santoux — Mégevand. P. 405.

Responsabilité. L'installation d'une conduite d'eau dans un bâtiment apparaît comme un des « ouvrages » de main d'homme, visés à l'art. 67 CO.

La responsabilité légale résultant de l'art. 67 précité est indépendante de toute faute du propriétaire et persiste en dehors de celle-ci ; elle est encourue dès le moment où il est établi que le dommage a été causé par un vice de construction ou un défaut d'entretien de l'ouvrage ou de l'installation.

Les effets de cette responsabilité ne sauraient être exclus ou amoindris par le fait de l'existence de rapports contractuels entre parties, d'un bail, par exemple.

TF., 28 septembre 1889. Hilfiker — Hoirs Morel. P. 661.

Responsabilité. A défaut de dispositions légales limitant leur responsabilité de ce chef, l'Etat ou la commune propriétaire d'un ouvrage de la nature de ceux prévus à l'art. 67 CO., sont tenus des dommages qu'ils peuvent occasionner, de la même manière qu'un particulier quelconque.

Cour d'appel de Zurich, 20 avril 1899. Sulzer — Winterthour. P. 447.

Responsabilité. Un propriétaire ne saurait être rendu responsable d'un accident survenu dans son immeuble, alors que la personne qui en a été victime a fait une chute dans un endroit où elle n'avait pas accès ; qu'elle y a pénétré sans autorisation et sans se faire renseigner, et que rien ne motivait son entrée dans les lieux dont elle ne connaissait pas la disposition.

On ne saurait faire grief au propriétaire de n'avoir pas fermé à clef la porte donnant accès à l'endroit dangereux.

Cour d'appel de Paris, 14 mai 1889. Cozette — Hachette. P. 526.

Responsabilité. Les hôteliers ne sont tenus des détériorations d'objets à eux apportés que s'ils l'ont été par des voyageurs qui logent chez eux (CO. 486).

: **Trib. de commerce de Genève, 25 avril 1889. Vita — Vollerin. P. 729.**

Responsabilité. Le propriétaire d'un café est directement responsable de la perte ou du vol d'un vêtement remis par un consommateur à un des garçons de l'établissement.

Cette responsabilité dérive du contrat de dépôt volontaire qui naît tacitement de la remise de l'objet au préposé du maître de l'établissement.

Justice de paix de Lyon, 25 janvier 1889. P. 333.

Responsabilité. Le dépositaire salarié cesse d'être responsable lorsqu'il s'agit d'un faux que les circonstances rendaient difficile à supposer et à vérifier, et surtout lorsque c'est par une faute lourde du déposant que sa vigilance a été mise en défaut.

Spécialement la maison de banque qui, ayant reçu des valeurs en dépôt, demande pour les restituer une décharge signée par le déposant, n'engage pas sa responsabilité en remettant les titres contre des récépissés portant la fausse signature de ce déposant.

Trib. civil de la Seine, 27 juillet 1889. Morel — Société des dépôts. P. 605.

Responsabilité. Les entreprises de transport (dans l'espèce la Compagnie générale des omnibus) sont responsables des accidents causés à leurs voyageurs, même par le fait des tiers.

Justice de paix de Paris, 12 juillet 1889.
Schnerber — Compagnie générale des Omnibus. P. 575.

Responsabilité. V. *Assurance du droit*, *Bail*, *Bail à ferme*, *Cautionnement*, *Chemins de fer*, *Concurrence déloyale*, *Convention*, *Diffamation*, *Fabricants*, *Indemnité*, *Louage de services*, *Louage d'ouvrage*, *Mandat*, *Promesses de mariage*, *Procureur-juré*, *Séquestre*, *Société anonyme*, *Vente*.

Rétention. V. *Bail*, *Droit de rétention*.

Réticence. V. *Assurance*.

Retrait. Si l'ordonnance de revestiture n'a pas été signifiée régulièrement dans le délai prévu à l'art. 665 Cpc. au créan-

cier de rang égal ou postérieur, le droit de retrait appartenant à ce créancier ne se prescrit que par dix ans dès la date
de l'ordonnance de mise en possession.

TC., 20 mars 1889.
Caisse de consignation — Bertholet et Allamand. P. 239.

Retranchement de conclusions. V. *Recours.*

Rétroactivité. V. *Condition.*

Revestiture. V. *Retrait.*

Revision. Si la demande de revision suspend l'exécution du jugement (Cpc. 549, § 2), elle ne saurait avoir pour effet de suspendre le prononcé de la Cour de cassation sur le recours
interjeté contre le même jugement. Il y a seulement lieu à
suspendre l'exécution de ce dernier jusqu'à droit connu sur la
demande de revision.

CP., 16 avril 1889. Morel P. 352.

Revision. Lorsque, ensuite de la revision du premier jugement
qui l'a condamné, l'accusé est reconnu non coupable, le tribunal est compétent pour statuer définitivement sur la question
de savoir s'il y a lieu de lui accorder une indemnité. La Cour
supérieure ne peut se nantir de cette question (Cpp. 483 et
539).

CP., 27 août 1889. Chollet. P. 622.

S

Saisie. A teneur de l'art. 582 Cpc., le juge fixe le lieu et le
jour de la vente après avoir entendu, *s'il y a lieu,* le créancier et le débiteur. Dès lors, il n'est pas *tenu* d'entendre le
débiteur et, par conséquent, le fait de ne l'avoir pas entendu ne saurait avoir pour conséquence de faire annuler
l'avis de vente.

TC., 7 mai 1889. Sprintz — Muller. P. 416.

Saisie. Lorsqu'il n'y a qu'un seul créancier saisissant, le juge
n'a pas à dresser un tableau de répartition statuant sur le
mérite de nantissements et de cessions consentis en faveur
d'autres créanciers.

TC., 12 novembre 1889. Dutoit — Stoudmann. P. 816.

Saisie. Il n'est pas admissible que le créancier procède par un
seul exploit à la saisie d'un usufruit mobilier et à celle d'un
usufruit immobilier. Pour la première, il y a lieu de se confor-

mer aux art. 601 et suivants Cpc., et, pour la seconde, aux art. 683 et suivants du même Code.

TC., 19 février 1889. Saugy — Banque cantonale. P. 198.

Saisie. En matière de saisie immobilière par voie de subhastation, si, lors du second essai de vente, il ne se présente aucun enchérisseur ni au prix d'estimation, ni aux trois quarts de la taxe, l'immeuble est adjugé au créancier pour ce prix réduit. conformément à l'art. 642 Cpc.

Le fait par l'office de ne s'être pas conformé à cette disposition constitue de sa part un refus de procéder donnant ouverture à un recours des intéressés.

TC., 14 mai 1889. Perrochon et consorts — Eberhard. P. 407.

Saisie. Aucune disposition de la loi ne prescrit la communication d'une ordonnance rendue en vertu de l'art. 603, al. 1. Cpc., dans le cas où l'instant à la saisie en mains tierces fait défaut. Dès lors, le délai de recours contre cette ordonnance court dès le jour où elle a été rendue et non dès celui où l'intéressé en a eu connaissance.

TC., 19 mars 1889. Crédit d'Aigle — Michaud. P. 240.

Saisie. Aucune disposition de la procédure n'accorde au tiers saisi un droit de recours contre l'ordonnance que rend un juge de paix ensuite de saisie-arrêt.

Si le tiers saisi déclare que les objets saisis en ses mains appartiennent à une personne autre que le débiteur, le juge doit rendre une ordonnance de subrogation et non une ordonnance d'estimation et de vente.

TC., 11 décembre 1888.
Wuillemier et Deléderray — Laurent et consorts. P. 48.

Saisie. Le tiers saisi n'a aucune vocation pour recourir contre l'ordonnance de subrogation rendue en faveur du créancier instant à la poursuite; dès lors son recours doit être écarté préjudiciellement, l'art. 608 Cpc. ne s'appliquant pas à lui.

TC., 5 novembre 1889. Blanche — Banque cantonale. P. 801.

Saisie. Le fait par le créancier instant à la poursuite de s'informer auprès du tiers saisi sur la valeur due par celui-ci au débiteur, ne peut être considéré comme une ouverture d'action ou un procédé équivalent empêchant la péremption d'être encourue (Cpc. 718, § c).

L'art. 724 Cpc., statuant que la question de péremption est instruite et jugée sous forme d'opposition, conformément à la procédure contentieuse. n'est applicable qu'au débiteur saisi.

et non à des créanciers en concours dans le tableau de répartition.

En établissant un tableau de répartition de valeurs saisies, le juge ne doit pas y admettre des poursuites périmées.

TC., 28 décembre 1888. Mousquini et Gonthier — Echenard. P. 63.

Saisie. V. *Cession, Commandement de payer, Opposition, Paiement. Procureur-juré, Retrait, Sceau.*

Santé. V. *Médecine.*

Sceau. L'art. 25 Cpc., en posant le principe général que l'exploit ne peut être accordé que sur la réquisition personnelle de la partie instante, d'un fondé de pouvoir spécial, d'un procureur-juré ou d'un avocat, ne fait pas de distinctions. Il importe donc peu que l'exploit ne vise qu'une reprise de cause.

TC., 20 novembre 1888. Rosat — Banque cantonale soit Genton. P. 48.

Sceau. Il y a lieu à révocation du sceau accordé à un exploit de saisie à l'instance d'un agent d'affaires qui ne produit ni une procuration spéciale du mandant, ni le titre fondant la poursuite (Cpc. 25 et 566).

TC., 19 septembre 1889. Hoirs Meylan — Hoirs Piguet. P. 670.

Sceau. Il y a lieu à révocation du sceau accordé à un exploit à l'instance d'un agent d'affaires qui n'est pas porteur d'une procuration régulière au moment où le sceau est requis. Il importe peu que l'exploit ait été présenté au juge par l'huissier, ni que la partie ait signé postérieurement un acte confirmatif de pouvoirs (Cpc. 25, 72. § *f*, et 75).

TC., 16 avril 1889. Dupuis — Martinet soit Laurent. P. 416.

Sceau. La loi ne prévoit aucun recours contre le sceau accordé par le juge de paix à un exploit de citation en conciliation.

TC., 28 décembre 1888. Nicaty — Grobéty. P. 64.

Sceau. V. *Opposition.*

Séparation de biens. V. *Domicile.*

Séparation de corps. V. *Prescription.*

Séquestre. La question de savoir si un séquestre est régulier ou non tombe exclusivement sous l'application du droit cantonal. Le Tribunal fédéral n'est, dès lors, point compétent pour prononcer à ce sujet (loi sur l'organisation judiciaire fédérale, art. 29).

TF., 16 novembre 1888. Von Schweikhardt et Endress—Rothschild. P. 48.

Séquestre. Les lois cantonales peuvent prescrire qu'un séquestre n'est accordé que si l'instant répond des dommages et intérêts qu'il peut entraîner ; elles peuvent aussi disposer, d'une manière générale, que le séquestre a lieu aux périls et risques de l'instant. Toutefois ces dispositions sont sans préjudice à l'action en dommages et intérêts prévue à l'art. 50 CO., s'il existe à la charge de l'instant un acte illicite dans le sens de cet article : en particulier, les cantons ne sauraient soumettre cette action à un délai de prescription plus court que celui fixé à l'art. 69 CO.

En matière de séquestre, le dommage doit être envisagé comme se continuant aussi longtemps que dure le séquestre : en conséquence, la prescription de l'action en dommages et intérêts ne court que du jour où il est levé.

TF., 26 octobre 1888. Veuve ZEYS — FRÈRES GONIN. P. 48.

Séquestre. V. *Bail, Cautionnement, France, Paiement.*

Serment. En matière de preuve sermentale, il appartient au président de faire catégoriser la partie interrogée si ses réponses ne sont pas claires (Cpc. 223).

TC., 19 novembre 1889. ENNING — BAATARD. P. 807.

Servitude. Le droit de passage constitue une servitude discontinue qui ne peut être acquise par prescription que si elle est apparente (Cc. 478 et 480).

L'art. 479 Cc., statuant que les servitudes apparentes sont celles qui s'annoncent par des ouvrages extérieurs, ne prescrit pas que ces ouvrages doivent se trouver nécessairement sur le fonds servant. L'apparence est suffisamment établie lorsque le propriétaire du fonds asservi voit sur le fonds dominant un ouvrage qui ne laisse pas de doute sur l'existence de la servitude.

TC., 13 juin 1889. VESSAZ — CHRISTINAT. P. 455.

Servitude. Si le propriétaire de deux fonds entre lesquels il existe un signe apparent de servitude dispose de l'un des fonds sans que le contrat contienne aucune convention relative à la servitude, celle-ci continue d'exister activement ou passivement en faveur du fonds aliéné ou sur le fonds aliéné (Cc. 484).

Trib. civil du district d'Aigle, 12 juin 1889. TAUXE — DESPLANDS. P. 787.

Servitude. S'il est vrai que l'on ne peut acquérir une servitude sur le domaine public, il n'en résulte pas que les servitudes existant sur une propriété du domaine privé soient éteintes par le seul fait du passage de celle-ci dans le domaine public. Tandis que le propriétaire d'un fonds grevé d'une servitude ne peut s'en affranchir sans le consentement du créancier de la servitude, en revanche l'administrateur du domaine public peut toujours l'affranchir de la servitude dont il est grevé moyennant expropriation en la forme légale.

TC., 3 octobre 1889. COMMUNE DE STE-CROIX — MARGOT. P. 774.

Servitude. V. *Constructions, Eaux, Responsabilité.*

Simulation. V. *Fraude.*

Société. V. *Raison de commerce, Subrogation.*

Société anonyme. Les fondateurs d'une société anonyme sont personnellement et solidairement responsables vis-à-vis des tiers de la faute grave qu'ils commettent en induisant le public en erreur au sujet du capital social, soit en indiquant celui-ci à un chiffre supérieur au montant réellement versé.

Trib. civil de Morges, 16 juin 1889.
USINES ET MOULINS BORNU — LENOIR. P. 427.

Société anonyme. Ne sauraient être opposés à la société anonyme, non plus qu'à ses créanciers, des arrangements particuliers passés entre les souscripteurs et les fondateurs ou promoteurs de l'entreprise, d'après lesquels le montant de la souscription ne devrait pas être versé ou ne devrait être versé que sous certaines conditions.

Le fait que les prescriptions légales relatives à la fondation des sociétés anonymes ont été violées n'entraîne point la nullité de la société; cette dernière n'en existe pas moins juridiquement, si d'ailleurs elle a été inscrite au registre du commerce.

TF., 14 septembre 1889. NÆGELI — SCHWEIZER et consorts. P. 657.

Société anonyme. Lorsqu'une société anonyme française, ayant son siège principal en France, et une succursale en Suisse, ne s'est pas fait inscrire au registre du commerce en Suisse et n'y a pas non plus fait inscrire sa succursale, l'art. 6 de la convention franco-suisse du 15 juin 1869 ne lui est pas applicable en cas de faillite. Ceux qui ont agi en son nom sont personnellement et solidairement responsables des engagements qu'ils ont pris envers des tiers.

TC., 7 mai 1889.
SOCIÉTÉ LAITIÈRE DE L'EST — GENOUD et PEYRAUD et consorts. P. 347.

Société anonyme. V. *France.*

Société en nom collectif. L'exclusion d'un associé en nom collectif ne peut être requise qu'aussi longtemps que la dissolution de la société n'est pas prononcée (CO. 576 et 578).

Trib. de commerce de Genève, 14 février 1889. BOCQUIN — KURZ. P. 475.

Société en nom collectif. La dissolution de la société en nom collectif ne modifie en aucune façon les engagements contractés envers les tiers (CO. 551).

La faillite de la société en nom collectif peut être déclarée même après la dissolution, tant que le partage n'est pas terminé (CO. 573).

Cour de justice de Genève, 17 décembre 1888.
MIVELAZ — COMPTOIR D'ESCOMPTE et consorts. P. 139.

Solidarité. Il n'est pas indispensable que la solidarité résultant de la convention des parties soit stipulée d'une manière expresse; l'intention de s'obliger solidairement peut découler des circonstances de fait qui accompagnent la convention (CO. 1er et 162).

TF., 25 janvier 1889. AZZOLINI — GEIGER. P. 129.

Solidarité. V. *Bail, Dépens, Subrogation.*

Solutions de fait. V. *Faits.*

Sommation. V. *Divorce.*

Sous-location. V. *For.*

Spiritueux. En disposant que la loi fédérale du 30 juin 1849 sur le mode de procéder à la poursuite des contraventions aux lois fiscales et de police de la Confédération est applicable aux contraventions à la loi fédérale du 23 décembre 1886 concernant les spiritueux ou aux règlements édictés pour son exécution, l'art. 17 de cette dernière loi ne vise manifestement que les règlements à édicter par le Conseil fédéral, conformément à l'art. 10, et non point les dispositions cantonales relatives à la vente en détail des boissons alcooliques.

Trib. de cassation fédéral, 27 juin 1889. MAYER & Cᶦᵉ. P. 543.

Statut personnel. V. *Capacité civile, Interdiction.*

Subhastation. V. *Saisie.*

Subrogation. L'associé qui a payé une dette sociale peut, comme tout débiteur solidaire, invoquer en sa faveur la disposition de l'art. 168, al. 3, CO., et le créancier payé n'a, en particulier, comme tel, aucun droit ni aucun intérêt à l'entraver dans l'exercice du droit de subrogation que cette disposition lui confère.

TF., 15 juin 1889.
USINE DE DÉGROSSISSAGE D'OR — RAMBOSSON et consorts. P. 417.

Subrogation d'hypothèque. V. *Hypothèque.*

Succession. Doit être envisagé comme héritier, et non comme légataire. celui qui est indiqué dans l'acte de dernière volonté comme devant recevoir « le reste » de la fortune du testateur, après divers legs.

TC., 22 août 1889.

Besson et consorts — Commune de Vevey (succession Keller). P. 612.

Succession. V. *Bénéfice d'inventaire, Dépôt, Discussion, Envoi en possession, For, Recours.*

Succursale. V. *France, Impôts, Société anonyme.*

Suicide. V. *Assurance.*

Suspension de cause. Lorsque l'incident tendant à la suspension du procès est élevé hors de l'audience, la partie requérante à l'incident doit assigner la partie adverse à comparaître devant ce magistrat. Il y a lieu à nullité du prononcé rendu sur cet incident sans que la partie opposante à la suspension ait été ni entendue, ni même régulièrement citée (Cpc. 5, 109, 110 et 127).

TC., 2 avril 1889. Ægerter — Montandon. P. 320.

Suspension de cause. V. *Divorce, Recours, Revision.*

T

Tableau de répartition. V. *Procureur-juré, Saisie.*

Tacite reconduction. V. *Louage de services.*

Tardiveté. V. *Recours, Réponse.*

Testament. V. *Faits, Succession.*

Titre. V. *Preuve par titre.*

Titres au porteur. Lorsque des obligations au porteur sont remboursables par le tirage au sort, l'intérêt des obligations sorties au tirage cesse de plein droit. Le possesseur de ces titres, auquel incombe la charge de surveiller le tirage, ne peut réclamer ces intérêts, alors même que, par erreur, ils lui auraient été payés pendant un certain temps, et alors surtout que la compagnie débitrice a employé tous les moyens de publicité possibles pour faire parvenir le résultat du tirage à la connaissance des intéressés.

Trib. civil de la Seine, 26 janvier 1889. Maitre — Crédit foncier. P. 125.

Tradition. Le simple transfert verbal de la garde d'une chose mobilière, même accompagné de l'attouchement de celle-ci, ne

constitue pas la mise en possession définie à l'art. 200 CO.:
cette dernière suppose une transmission effective des moyens
de disposer de la chose.

TF., 16 novembre 1888.
VON SCHWEIKHARDT et ENDRESS — ROTHSCHILD. P. 64.

Tradition. V. *Constitut possessoire.*

Traite. V. *Lettre de change.*

Transaction. Les transactions doivent se renfermer dans leur
objet et ne régler que les différends qui s'y trouvent compris
(Cc. 1530 et 1531).

Cour civile, 21 novembre 1888. ALESMONIÈRES — PACCAUD. P. 64.

Transaction. La transaction ne peut être assimilée au jugement
en ce qui concerne l'exécution, que lorsqu'elle a été faite à
l'audience du juge (Cpc. 524).

TC., 10 septembre 1889. GUERRY — GUERRY. P. 649.

Transaction. V. *Chemins de fer, Désistement, Mesures provisionnelles.*

Transport. V. *Responsabilité.*

Tribunal. Le substitut du préfet ne peut revêtir aucune fonction
judiciaire, ni même fonctionner comme juge *ad hoc.*
   Un tribunal composé irrégulièrement ne peut infliger aucune peine. Les jugements qu'il a pu rendre doivent être frappés de nullité.

CP., 5 février 1889. FAVROD-COUNE et HENCHOZ — ROSAT. P. 120.

Tribunal. V. *Jugement.*

Tribunal de police. V. *Circonstance aggravante, Jugement pénal.*

Tribunal fédéral. L'art. 27 de la loi sur l'organisation judiciaire fédérale ne soumet point à la connaissance du Tribunal
fédéral les litiges entre un particulier et une corporation, par
exemple une commune.

TF., 8 mars 1889. BELLAMY — GENÈVE. P. 224.

Tribunal fédéral. Un arrêt de cassation se bornant à statuer
sur l'existence ou la non-existence de motifs de nullité d'un
jugement d'appel ne peut être considéré comme un jugement
« au fond » dans le sens de l'art. 29 de la loi sur l'organisation judiciaire fédérale. C'est au contraire le jugement d'appel qui doit être envisagé comme constituant ce jugement au

fond, et c'est dès lors contre lui que le recours au Tribunal fédéral doit être dirigé.

TF., 8 juin 1889.

Hoirs FIERTZ — BANQUE D'ASSURANCE ET D'ÉPARGNE de STUTTGARDT. P. 543.

Tribunal fédéral. Le Tribunal fédéral, nanti par la voie d'un recours de droit civil, ne saurait entrer en matière sur les offres de preuves des parties tendant à établir des faits pertinents, mais écartés par les Tribunaux cantonaux; non pour fausse appréciation de leur pertinence, mais par le motif que le contraire de ce que ces preuves visaient était déjà établi au procès.

TF., 24 mai 1889. DUPUIS FRÈRES — BALLAND & Cⁱᵉ et DÉRIAZ. P. 391.

Tribunal fédéral. Lors de la détermination de la valeur du litige porté devant le Tribunal fédéral par la voie d'un recours de droit civil, on ne doit prendre en considération que la réclamation principale, à l'exclusion de ses accessoires, tels qu'intérêts et dividendes. La question de compétence doit d'ailleurs être examinée d'office par le Tribunal fédéral, sans qu'il soit lié à cet égard par les déclarations des parties.

TF., 2 mars 1889. GYR — MOTTAZ. P. 193.

Tribunal fédéral. En matière de contestations sur la durée d'un bail ou la régularité d'un congé signifié, la détermination de la valeur litigieuse doit se faire en prenant pour maximum le montant total du loyer afférent à la période objet de la contestation.

TF., 5 avril 1889. SOUTTER, GOSS et ZOPPINO — TAPONNIER & Cⁱᵉ. P. 289.

Tribunal fédéral. En matière de recours de droit public dirigé contre des lois, le délai de recours ne part que du jour de la publication officielle de la loi qui la rend obligatoire pour tous. Il en est ainsi même si la loi entre en vigueur à la suite de son acceptation par le peuple; cette dernière ne pouvant suppléer à la promulgation de la loi, on ne saurait faire courir le délai de recours dès le jour de la votation populaire.

TF., 1ᵉʳ mars 1889. SPIESS — MOSER. P. 240.

Tribunal fédéral. En application de l'art. 63 de la loi sur l'organisation judiciaire fédérale, le Président du Tribunal fédéral peut, dans le cas d'un recours de droit public contre une condamnation pénale, ordonner la suspension de l'exécution de la peine, alors même que le recourant a commencé à la subir.

Président du Trib. fédéral, 14 décembre 1888. STIRLING. P. 11.

Tribunal fédéral. V. *Expropriation*, *Liberté de commerce et d'industrie, Pollicitation.*

U

Usufruit. V. *Saisie.*

Usure. En vertu du principe *nulla pœna sine lege*, l'usure ne peut être frappée d'une peine que si une disposition expresse de la loi la réprime comme un délit. On ne saurait faire tomber l'usure sous le coup d'un article du Code pénal visant d'une manière générale les délits « contre l'ordre public » : en effet, elle n'est dirigée ni contre la tranquillité et l'ordre dans l'Etat, ni contre le fonctionnement régulier des institutions publiques.

TF., 3 mai 1889. Kuhn et Hübscher. P. 448.

V

Vagabondage. Les art. 141 à 144 modifiés du Code pénal ne faisant aucune distinction entre les Vaudois et les ressortissants d'autres cantons en ce qui concerne la peine applicable aux délits qui y sont prévus, le tribunal a le choix de condamner des confédérés à l'internement ou à la réclusion.

CP., 10 septembre 1889. Guye. P. 700.

Valeur litigieuse. V. *Compétence, Tribunal fédéral.*

Vente. La vente d'une chose mobilière sous réserve de propriété jusqu'au paiement intégral du prix est licite, aucune disposition du Code fédéral des obligations ne prohibant une convention de cette nature.

Cour civile, 28 décembre 1888. Serex — Masse Dumas. P. 71.

Vente. Lorsque le vendeur, bien que mis en demeure de livrer la marchandise promise, s'y refuse, l'acheteur est en droit d'exiger de lui des dommages et intérêts, dont la quotité doit être déterminée conformément à ce que prescrit l'art. 116 CO. Ces dommages et intérêts doivent notamment comprendre le préjudice résultant pour l'acheteur du fait que la marchandise a haussé de prix dans l'intervalle ; en effet, le préjudice occasionné par une telle variation du cours a pu être prévu, au moment du contrat, comme une conséquence immédiate de son inexécution. Toutefois, pour déterminer le montant des dommages et intérêts, on ne doit pas prendre en considération le prix de la marchandise que l'acheteur a effectivement payé ailleurs pour remplacer celle promise, mais bien son cours au moment où, certain de l'inexécution du marché primitif, il aurait pu contracter avec un tiers à des conditions non encore aussi onéreuses qu'elles le sont devenues dans la suite, grâce à la persistance de la hausse.

TF., 4 mai 1889. DE WEERTH & Cⁱᵉ — FILATURE DE SCHAFFHOUSE. P. 544.

Vente. Lorsque l'acheteur a reçu la marchandise, l'a transportée chez lui sans protestations ni réserves, et même en a revendu une partie à ses clients, il ne saurait plus être admis à la laisser pour compte au vendeur (CO. 246 à 248).

Trib. de commerce de Genève, 11 juillet 1889.
RAMBERT — FOULHIOUX. P. 594.

Vente. L'acheteur ne peut demander des dommages et intérêts à raison des défauts de la chose vendue qu'au cas où il demande en même temps la résiliation de la vente. Si, au contraire, il garde la marchandise, il ne peut réclamer qu'une diminution du prix, mais non des dommages et intérêts à raison de l'atteinte qu'il aurait subie dans son crédit par le fait de la livraison d'une marchandise de mauvaise qualité (CO. 249 à 253).

Commission des recours de St-Gall, 22 mai 1888. Z. — G. P. 771.

Vente. L'art. 243 CO., relatif à la garantie des défauts de la chose vendue, ne vise que les choses corporelles et non point les droits de créance.

Pour que le vendeur soit tenu à garantie pour cause d'éviction, conformément à l'art. 235 CO., il ne suffit pas que des prétentions quelconques soient élevées par un tiers sur la chose vendue ; il faut encore qu'elles soient reconnues fondées.

Cour de cassation de Zurich, 10 avril 1889.
WALKER — BERNHARDT. P. 170 et 488.

Vente. En matière de vente portant sur des objets de mode essentiellement fugitive, lorsqu'il est convenu entre parties que le vendeur reprendra ou échangera ce que l'acheteur aurait reconnu n'être pas de sa vente, il y a lieu d'admettre que cette restitution ou cet échange se fera dans un bref délai et que ce délai écoulé, la vente sera définitive (CO. 271).

Trib. de commerce de Genève, 20 juin 1889. SCHWEISS — TAMINIAU. P. 552.

Vente. En matière de vente sur échantillon, le vendeur ne répond pas seulement de la conformité de la marchandise vendue avec l'échantillon fourni ; il est encore tenu à garantie, comme tout vendeur quelconque, en vertu de l'art. 243 CO., à raison des défauts qui enlèvent à la chose sa valeur ou son utilité prévue, ou qui les diminuent sensiblement.

Ainsi, dans un marché de vin, le vendeur garantit, sauf convention contraire, que le vin est propre à la consommation.

L'état de la marchandise vendue doit s'apprécier au moment de sa livraison à l'endroit convenu.

Trib. de commerce de Zurich, 14 décembre 1888.
GHIRON CONSOLO — HERDY et GÜNTERT. P. 155.

Vente. En matière de vente sur échantillon, si l'acheteur refuse de prendre livraison de la chose vendue et la laisse pour compte, c'est au vendeur qu'il incombe de prouver que la marchandise fournie est conforme à l'échantillon.

Une légère différence dans la composition chimique du vin vendu et de celui fourni comme échantillon ne saurait justifier un laissé pour compte de la part de l'acheteur, alors que cette différence est telle qu'elle n'influe pas sur la qualité marchande du vin.

TF., 29 mars 1889. CASSINELLI — SCHELLENBERG et BRUPBACHER. P. 544.

Vente. V. *Billet de banque, Vin.*

Vente immobilière. V. *Capacité civile, Code fédéral des obligations.*

Vin. Un acheteur ne peut se plaindre, en principe, de ce que le vin qui lui a été livré avait subi, à l'état de vendange, une addition de sucre, cette circonstance n'ayant pu, en effet, influer sur les qualités substantielles de la chose et intéressant seulement une de ces qualités accessoires au sujet desquelles l'erreur ne vicie le contrat que si des explications ont été échangées par les contractants ou si le vendeur s'est rendu coupable d'une réticence frauduleuse.

Il est scientifiquement acquis que les moûts soumis au sucrage donnent des vins tout à fait comparables aux vins naturels, si toutefois l'emploi du sucre est pratiqué avec discernement et mesure.

Ainsi une addition de quatorze cents grammes de sucre par hectolitre de vin, qui est inférieure au quart de la tolérance légale, ne saurait être considérée comme une altération du produit naturel, et, en conséquence, l'acheteur, bien qu'ayant ignoré l'emploi d'un procédé de sucrage réduit à ces proportions modérées, n'est pas fondé à en tirer grief contre le vendeur et à contester au vin vendu ses qualités loyales et marchandes.

Trib. civil de Muret, 14 février 1889.
LACAZE et LOISIER — DE PALLANING. P. 188.

Vin. V. *Vente.*

Violation de la constitution. V. *Déni de justice.*

Voiturier. V. *Responsabilité.*

Vol. Le dernier alinéa de l'art. 310 Cp., disposant qu'il n'y a pas lieu de prononcer la peine de la privation générale des droits civiques lorsque le délit de vol, d'escroquerie ou d'abus de confiance est dans la compétence du Tribunal de police, s'applique à l'ancienne compétence du Tribunal de police, telle qu'elle était fixée à l'art. 14 du décret du 23 décembre 1843 (soit 15 jours de réclusion ou d'emprisonnement au maximum).

CP., 12 juillet 1889. CROISIER. P. 544.

Vol. V. *Privation des droits civiques.*

III. Répertoire des textes de loi cités dans ce volume.

I. — ACTES CANTONAUX.

A. — Code civil.

B. — Code de procédure civile.

C. — Code pénal.

D. — Code de procédure pénale.

E. — Loi du 23 mars 1886 revisant l'organisation judiciaire et les Codes de procédure civile et pénale.

F. — Actes cantonaux divers (dans l'ordre chronologique).

II. — ACTES FÉDÉRAUX.

A. — Constitution fédérale.

B. — Code fédéral des obligations.

C. — Actes fédéraux divers (dans l'ordre chronologique).

III. — TRAITÉS INTERNATIONAUX.

IV. — CONCORDATS.

———o—o———

IV. Table des noms des parties.